COLECÇÃO DICIONÁRIOS JURÍDICOS

Dicionário de Contencioso Administrativos
Carlos Alberto Fernandes Cadilha

**Dicionário de Conceitos Jurídicos
nos Domínios do Ordenamento do Território,
do Urbanismo, e do Ambiente**
Paula Morais

**Dicionário Jurídico I
Direito Civil, Direito Processual Civil
e Organização Judiciária**
Ana Prata

**Dicionário Jurídico II
Direito Penal e Direito Processual Penal**
Ana Prata, Catarina Veiga e José Manuel Vilalonga

Dicionário Jurídico Alemão-Português
F. Silveira Ramos

Dicionário de Latim Jurídico
Fernanda Carrilho

**Dicionário da Parte Geral
do Código Civil Português**
António Katchi

DICIONÁRIO JURÍDICO

ANA PRATA
PROFESSORA DA FACULDADE DE DIREITO
DA UNIVERSIDADE NOVA DE LISBOA

CATARINA VEIGA
ASSESSORA DO TRIBUNAL CONSTITUCIONAL
MESTRE EM DIREITO

JOSÉ MANUEL VILALONGA
MESTRE EM DIREITO

DICIONÁRIO JURÍDICO

– DIREITO PENAL

– DIREITO PROCESSUAL PENAL

2.ª Edição

Actualizada até 31 de Agosto de 2008

Reimpressão da edição de Março/09

DICIONÁRIO JURÍDICO

AUTORES
ANA PRATA (COORDENADORA)
CATARINA VEIGA
JOSÉ MANUEL VILALONGA

EDITOR
EDIÇÕES ALMEDINA, SA
Av. Fernão de Magalhães, n.º 584, 5.º Andar
3000-174 Coimbra
Tel.: 239 851 904
Fax: 239 851 901
www.almedina.net
editora@almedina.net

PRÉ-IMPRESSÃO | IMPRESSÃO | ACABAMENTO
G.C. – GRÁFICA DE COIMBRA, LDA.
Palheira – Assafarge
3001-453 Coimbra
producao@graficadecoimbra.pt

Janeiro, 2010

DEPÓSITO LEGAL
291782/09

Os dados e as opiniões inseridos na presente publicação
são da exclusiva responsabilidade do(s) seu(s) autor(es).

Toda a reprodução desta obra, por fotocópia ou outro qualquer processo,
sem prévia autorização escrita do Editor,
é ilícita e passível de procedimento judicial contra o infractor.

Biblioteca Nacional de Portugal – Catalogação na Publicação
PRATA, Ana, e outros
Direito jurídico / Ana Prata, José Manuel Vilalonga,
Catarina Veiga. – 2 v.. - (Dicionários jurídicos)
2º v. : Direito penal, direito processual penal. -   p.
ISBN 978-972-40-3765-3
I – VILALONGA, José Manuel
II – VEIGA, Catarina
CDU   347

NOTA INTRODUTÓRIA DA 1.ª EDIÇÃO

Este volume do Dicionário Jurídico corresponde a um projecto já antigo, mas que só agora foi possível começar a concretizar: o de alargar o Dicionário Jurídico a vários dos mais importantes ramos do Direito.

Não dispondo eu das qualificações necessárias à realização desse projecto, só com a colaboração essencial de especialistas nas várias áreas poderia ajudar a levar a cabo tal tarefa.

Catarina Veiga, mestre em Processo Penal, e José Manuel Vilalonga, doutorando em Direito Penal, são os autores deste livro.

A minha contribuição – muito gratificante para mim, pelo que aprendi e pelo convívio mais estreito que me proporcionou com ambos – consistiu na aplicação da minha longa experiência de elaboração do volume de Direito Civil, Processo Civil e Organização Judiciária, na feitura de algumas (poucas) entradas, na actualização legislativa de certos aspectos e na correcção final do texto.

Trata-se, em qualquer caso, de um ensaio destinado a ser completado e melhorado, como necessariamente acontece com uma primeira experiência.

ANA PRATA

NOTA DA 1.ª EDIÇÃO

O Dicionário Jurídico que agora se publica é o resultado de um projecto que conta vários anos. Foi começado por Catarina Veiga, a convite da coordenadora, e, numa fase ainda remota, foi integrado por José Manuel Vilalonga.

Decorreu, entretanto, um logo período no qual várias versões e revisões se sucederam, num constante e indispensável diálogo entre a coordenação e a autoria material das entradas. As diversas actividades que, inevitavelmente, se interpuseram entre o início do trabalho e o seu termo explicam a dilação que foi muito para além do pretendido por todos.

Não obstante o tempo decorrido e o trabalho despendido, é uma primeira versão aquela que agora se torna pública. Será, seguramente, possível identificar omissões. Contudo, considerou-se globalmente atingido um grau de utilidade que justifica a edição deste trabalho.

A crítica de um público alargado e a constante releitura, actualização e desenvolvimento das entradas, bem como a introdução de novos conteúdos, permitirão o aperfeiçoamento de versão futura. Assim o entendam e desejem os leitores a quem este primeiro texto se dirige.

CATARINA VEIGA
JOSÉ MANUEL VILALONGA

A

Abandono (Dir. Penal) – V. *Exposição ou abandono*.

Abandono de seringas (Dir. Penal) – Crime previsto no artigo 32.º do Decreto-Lei n.º 15/93, de 22 de Janeiro, que se traduz no abandono em local público de seringas ou material utilizado no consumo ilícito de estupefacientes de modo a criar perigo para a vida ou integridade física de outrem.
V. *Crime; Consumo; Estupefaciente; Perigo; Integridade física; Vida*.

Abate clandestino (Dir. Penal) – Crime contra a saúde pública previsto no artigo 22.º do Decreto-Lei n.º 28/84, de 20 de Janeiro, que se traduz genericamente na causação da morte de animais para consumo público com violação das respectivas regras sanitárias.
V. *Crime; Saúde pública*.

"Aberratio ictus" (Dir. Penal) – V. *Erro de execução*.

Abertura da audiência para aplicação retroactiva da lei penal mais favorável (Proc. Penal) – Se, após o trânsito em julgado da condenação mas antes de ter cessado a execução da pena, entrar em vigor lei penal mais favorável, o condenado pode requerer a reabertura da audiência para que lhe seja aplicado o novo regime, beneficiando assim da aplicação do regime mais favorável, princípio consagrado no n.º 4 do artigo 2.º, C. P..
V. artigo 371.º-A, C. P. P..
V. *Trânsito em julgado; Condenação; Pena; Audiência de discussão e julgamento; Retroactividade; Irrectroactividade da lei penal; Aplicação da lei penal no tempo*.

Aboletamento (Dir. Penal) – V. *Crimes em aboletamento*.

Aborto (Dir. Penal) – Crime contra a vida intra-uterina previsto no artigo 140.º, C. P..
A incriminação do aborto visa a protecção da vida humana desde a nidação (implantação do feto no útero) até ao nascimento. Por ser assim, antes da nidação não existe a possibilidade de cometer um crime de aborto e depois do início do nascimento a lesão da vida é considerada homicídio
A incriminação do aborto, na sua configuração normativa, compreende três modalidades: o terceiro que faz a mulher grávida abortar sem o consentimento desta; o terceiro que faz a mulher grávida abortar com o consentimento desta; e a própria mulher grávida que consente no aborto praticado por terceiro ou que por facto próprio aborta.
O crime de aborto consuma-se com a morte do feto.
O artigo 142.º, C. P., prevê situações em que a interrupção voluntária da gravidez não é punível. O sistema português de não punição da interrupção voluntária da gravidez articula prazos (com excepção do n.º 1-*a* do mesmo artigo 142.º) com indicações (terapêuticas, eugénicas e criminológicas) e com o consentimento da mulher grávida. O Código prevê ainda a possibilidade de interrupção voluntária da gravidez por opção da mulher, desde que realizada nas primeiras dez semanas de gravidez – alínea *e*) do n.º 1 do artigo 142.º; v. ainda a Lei n.º 16/2007, de 17 de Abril, relativa ao regime da exclusão da ilicitude nos casos de interrupção voluntária da gravidez.
As circunstâncias em que a interrupção voluntária da gravidez não é punível são

certificadas em atestado médico – artigo 142.º, n.º 2, C. P.. No caso de interrupção voluntária da gravidez por opção da mulher nas primeiras dez semanas de gravidez a certificação circunscreve-se à comprovação de que a gravidez não excede as dez semanas.

Os requisitos do consentimento constam dos n.ᵒˢ 4 e 5, do artigo 142.º, C. P.. O consentimento é prestado em documento assinado pela mulher grávida ou a seu rogo, sempre que possível três dias antes da intervenção; no caso de a mulher grávida ser menor de 16 anos ou psiquicamente incapaz, o consentimento é prestado pelo representante legal, por ascendente ou descendente ou, na sua falta, por qualquer parente da linha colateral. Se não for possível obter o consentimento e a intervenção for urgente, o médico decide em consciência, socorrendo-se, se possível, do parecer de outro ou outros médicos.

No caso de interrupção voluntária da gravidez por opção da mulher nas primeiras dez semanas de gravidez, o documento do qual consta o consentimento deve ser entregue no estabelecimento de saúde até ao momento da interrupção, sendo sempre exigido um período de reflexão não inferior a três dias, a contar da data da primeira consulta destinada a facultar à mulher grávida informação relevante para a formação da sua decisão livre consciente e responsável. A informação prestada deve proporcionar o conhecimento sobre:

– As condições de efectuação, no caso concreto, da eventual interrupção voluntária da gravidez e das suas consequências para a saúde da mulher;

– As condições de apoio que o estado pode dar à prossecução da gravidez e à maternidade;

– A disponibilidade de acompanhamento psicológico e social durante o período de reflexão.

O artigo 141.º, C. P., prevê situações de agravação do crime de aborto: assim, o aborto é agravado quando dele resultar morte ou ofensa à integridade física da mulher, ou quando o agente se dedicar habitualmente à prática de aborto ou o realizar com intenção lucrativa.

V. Portaria n.º 741-A/2007, de 5 de Julho, que estabelece as medidas a adoptar nos estabelecimentos de saúde oficiais ou oficialmente reconhecidos com vista à realização da interrupção da gravidez nas situações previstas no artigo 142.º, C. P..

V. *Crime; Aborto agravado; Feto; Indicações; Interrupção voluntária da gravidez; Nidação; Vida intra-uterina; Documento; Assinatura; Representação; Ascendente; Descendente; Parentesco; Integridade física; Ofensa à integridade física grave; Ofensa à integridade física por negligência; Ofensa à integridade física qualificada; Ofensa à integridade física simples; Morte.*

Aborto agravado (Dir. Penal) – Tipo incriminador, constante do artigo 141.º, C. P., que prevê uma moldura penal agravada para os casos em que do aborto, ou dos meios empregados, resultar a morte ou uma ofensa à integridade física grave da mulher grávida, e para as situações em que o aborto é realizado por quem se dedica à prática profissional do aborto ou por quem o realiza com intenção lucrativa.

Trata-se de uma agravação aplicável apenas ao agente que faz com que a mulher grávida aborte, não tendo aplicação nos casos em que a mulher grávida é agente do crime, como resulta expressamente no artigo 141.º, n.º 2, *in fine*, C. P..

V. *Aborto; Moldura penal; Habitualidade; Morte; Integridade física; Ofensa à integridade física grave; Tipo.*

Absolvição (Proc. Penal) – Decisão judicial que põe termo à acção penal considerando que o arguido não deve ser condenado pelo crime de que vem acusado. É o que acontece quando, em julgamento, não se faz prova da acusação: ou porque não se faz prova dos factos imputados ao arguido ou porque se prova, em julgamento, que não foi o arguido que praticou o crime – absolvição por inexistência do crime ou absolvição por inexistência da autoria imputada. Pode absolver-se o arguido, também, por aplicação do princípio do *"in dubio pro reo"* – não se condena o arguido por, do julgamento, resultarem dúvidas sobre a prática do crime que lhe é imputado.

Cfr. o Assento n.º 7/99, do Supremo Tribunal de Justiça, publicado no *Diário da República* I-A série, de 3 de Agosto de 1999: "Se em processo penal for deduzido pedido cível, tendo o mesmo por fundamento um facto ilícito criminal, verificando-se o caso previsto no artigo 377.º, n.º 1, do Código de Processo Penal, ou seja, a absolvição do arguido, este só poderá ser condenado em indemnização civil se o pedido se fundar em responsabilidade extracontratual ou aquiliana, com exclusão da responsabilidade civil contratual".

V. *Acção penal; Arguido; Julgamento; Crime; Pedido de indemnização civil; Facto; Autoria; "In dubio pro reo"; Autoria.*

Abuso de autoridade (Dir. Penal) – Designação da Secção III do Capítulo IV do Título V do Livro II do Código Penal, onde se encontram previstos os crimes de *Violação de domicílio por funcionário*, de *Concussão*, de *Emprego de força pública contra a execução de lei ou de ordem legítima*, de *Recusa de cooperação* e de *Abuso de poder* – artigos 378.º a 382.º, respectivamente (v. estas expressões).

Trata-se de um conjunto de crimes relativos ao exercício abusivo de funções de funcionário. A noção de funcionário consta do artigo 386.º, C. P., que faz corresponder ao conceito de funcionário o agente que exerce diversas funções taxativamente enumeradas.

V. *Crime; Funcionário.*

Abuso de cartão de garantia ou de crédito (Dir. Penal) – Crime previsto no artigo 225.º, C. P., que se traduz genericamente no abuso da possibilidade, conferida pela posse de cartão de garantia ou de crédito, de levar o emitente a fazer um pagamento, causando prejuízo a este ou a terceiro.

Trata-se de um crime semipúblico (o procedimento criminal depende de queixa) e, em alguns casos (os do artigo 207.º, C. P. – o agente for familiar da vítima ou o valor em causa for diminuto e destinado à satisfação de uma necessidade do agente ou de um seu familiar), particular (o procedimento criminal depende de queixa e de acusação particular).

Admite a restituição ou a reparação, nos termos do artigo 206.º, C. P., ou seja, se o prejuízo causado for reparado até ao início da audiência em 1.ª instância, a pena é especialmente atenuada.

O artigo 225.º, n.º 5, C. P., prevê duas agravações: em função do valor elevado e em função do valor consideravelmente elevado do prejuízo.

V. *Crime; Crime particular; Crime semipúblico; Reparação; Restituição; Valor consideravelmente elevado; Valor elevado; Atenuação especial da pena.*

Abuso de confiança (Dir. Penal) – Crime semipúblico (isto é, o respectivo procedimento criminal depende de queixa) – cuja tentativa é punível, não obstante a pena prevista ser de prisão até 3 anos – previsto no artigo 205.º, C. P., que se traduz na apropriação ilegítima de coisa móvel que haja sido entregue ao agente a título não translativo da propriedade.

O artigo 205.º, C. P., contém, no n.º 4, duas qualificações em função do valor elevado e em função do valor consideravelmente elevado da coisa, sendo, no primeiro caso, aplicável pena "de prisão até 5 anos" ou "pena de multa até 600 dias" e, no segundo, "de prisão de 1 a 8 anos".

O n.º 5 do mesmo artigo contém uma qualificação em função da qualidade do agente, aí se dispondo que, "se o agente tiver recebido a coisa em depósito imposto por lei em razão de ofício, emprego ou profissão, ou na qualidade de tutor, curador ou depositário judicial, é punido com pena de prisão de 1 a 8 anos".

A tentativa é punível, de acordo com o n.º 2 do artigo 205.º, C. P..

O artigo 105.º da Lei n.º 15/2001, de 5 de Junho (Regime Geral das Infracções Tributárias), prevê um crime fiscal também designado abuso de confiança, que se traduz na não entrega à administração fiscal de prestação tributária deduzida nos termos da lei e de entrega obrigatória.

V. *Crime; Crime particular; Tentativa; Coisa móvel; Tutor; Curador; Propriedade; Crime qualificado; Valor consideravelmente elevado; Valor elevado.*

Abuso de confiança contra a segurança social (Dir. Penal) – Crime contra a segurança social previsto no artigo 107.º da Lei n.º 15/2001, de 5 de Junho (Regime Geral das Infracções Tributárias), que se traduz na não entrega às instituições de segurança social das contribuições deduzidas pelas

entidades empregadoras do valor das remunerações devidas a trabalhadores e a membros de órgãos sociais.
V. *Crime; Abuso de confiança.*

Abuso de designação, sinal ou uniforme (Dir. Penal) – Crime contra sinais de identificação, previsto no artigo 307.º, C. P., que ocorre quando alguém utiliza, ilegitimamente e com a intenção de fazer crer que lhe pertencem, "designação, sinal, uniforme ou traje próprio de função do serviço público, nacional ou estrangeiro".

O artigo 307.º, n.º 2, C. P., prevê uma agravação para os casos em que a designação, o sinal, o uniforme ou o traje é privativo de pessoa que exerce a autoridade pública.
V. *Crime; Agravação.*

Abuso de informação (Dir. Penal) – Crime previsto no artigo 378.º do Código dos Valores Mobiliários que se traduz genericamente na utilização de "informação privilegiada" na negociação de instrumentos financeiros, adquirida em virtude da titularidade de órgão de administração ou de fiscalização de entidade emitente de valores mobiliários ou em virtude do exercício de profissão ou actividade ilícita junto dessa entidade.

Também comete o crime de abuso de informação qualquer pessoa que adquira junto dos sujeitos que exercem funções em entidade emitente de valores mobiliários "informação privilegiada" e a utilize para negociar instrumentos financeiros.

É informação privilegiada "toda a informação não tornada pública que, sendo precisa e dizendo respeito a qualquer emitente ou a valores mobiliários ou outros instrumentos financeiros, seria idónea, se lhe fosse dada publicidade, para influenciar de maneira sensível o seu preço no mercado" (n.º 3 do artigo 378.º do Código dos Valores Mobiliários). Relativamente aos instrumentos derivados sobre mercadorias, "entende-se por informação privilegiada toda a informação com carácter preciso que não tenha sido tornada pública e respeite, directa ou indirectamente, a um ou mais desses instrumentos derivados e que os utilizadores dos mercados em que aqueles são negociados esperariam receber ou teriam direito a receber em conformidade, respectivamente, com as práticas de mercado ou com o regime de divulgação de informação nesses mercados" (n.º 4 do artigo 378.º do Código dos Valores Mobiliários).
V. *Crime.*

Abuso de liberdade de imprensa (Dir. Penal) – V. *Atentado à liberdade de imprensa; Crimes cometidos através da imprensa.*

Abuso de poder (Dir. Penal) – Crime previsto no artigo 382.º, C. P., inserido na secção referente ao abuso de autoridade, que se traduz no abuso de poderes ou na violação de deveres inerentes à função de funcionário, com intenção de obter, para o agente ou para terceiro, benefício ilegítimo ou de causar prejuízo a outra pessoa.

É punido com pena de prisão até 3 anos ou com pena de multa.

É um crime especial, uma vez que o agente tem de ser funcionário.

Trata-se de uma incriminação residual relativamente aos demais crimes inseridos na secção referente ao abuso de autoridade, dado apenas ter aplicação fora dos casos de *Violação de domicílio por funcionário*, de *Concussão*, de *Emprego de força pública contra execução de lei ou de ordem legítima* e de *Recusa de cooperação* (v. estas expressões)
V. *Abuso de autoridade; Crime; Prejuízo; Crime especial; Funcionário; Pena de prisão; Pena de multa.*

Abuso de poderes (Dir. Penal) – Crime previsto no artigo 26.º da Lei n.º 34/87, de 16 de Julho (Infracções dos Titulares de Cargos Políticos), que consagra a punição do titular de cargo político que abuse de poder ou que viole dever com intenção de obter benefício ilegítimo.
V. *Cargo político, Crime; Abuso de poder.*

Abuso do exercício de profissão (Dir. Penal) – Crime previsto no artigo 27.º do Decreto-Lei n.º 15/93, de 22 de Janeiro (tráfico e consumo de estupefacientes), que consagra a punição do médico que passe receitas, ministre ou entregue substâncias ou preparações indicadas nos artigos 21.º, n.ºs 2 (substâncias compreendidas nas tabelas I a III anexas ao diploma) e 4 (subs-

tâncias compreendidas na tabela IV anexa ao diploma), e 25.º (substâncias compreendidas nas tabelas I a VI anexas ao diploma) do mesmo diploma com fim não terapêutico.
V. *Crime; Estupefaciente, Tráfico e outras actividades ilícitas.*

Abuso e simulação de sinais de perigo (Dir. Penal) – Crime previsto no artigo 306.º, C. P., que se traduz na utilização abusiva de "sinal ou chamada de alarme ou de socorro", ou na simulação da necessidade de auxílio em virtude de desastre, perigo ou necessidade colectiva.
V. *Crime.*

Abuso sexual de crianças (Dir. Penal) – Crime contra a autodeterminação sexual, previsto no artigo 171.º, C. P., que se traduz na prática de acto sexual de relevo com ou em menor de 14 anos. Também constitui crime levar o menor a praticar o acto consigo ou com outra pessoa.
O n.º 2 do artigo 171.º, C. P., consagra uma agravação para a prática de "cópula, coito oral ou coito anal com menor de 14 anos".
O n.º 3 do artigo 171.º, C. P., prevê várias incriminações: prática de actos exibicionistas perante menor de 14 anos; e actuação sobre menor de 14 anos por meio de conversa, escrito, espectáculo ou objecto pornográfico; utilização de menor de 14 anos em fotografia, filme ou gravação pornográficos.
O artigo 171.º, C. P., n.º 4, consagra uma agravação para a prática com intenção lucrativa dos actos referidos nas alíneas *a*) a *d*) do n.º 3 da mesma disposição.
V. *Crime; Autodeterminação sexual; Acto sexual de relevo.*

Abuso sexual de menores dependentes (Dir. Penal) – Crime previsto no artigo 172.º, C. P., que ocorre quando alguém leva menor entre 14 e 18 anos que lhe tenha sido confiado para educação ou assistência a praticar acto sexual de relevo consigo ou com outrem, quando o importuna praticando actos exibicionistas ou quando sobre o menor actua por meio de conversa, espectáculo, escrito ou objecto pornográficos.

A pena é agravada se os actos sexuais forem cópula, coito anal ou oral ou se o agente tiver intenção lucrativa.
V. *Crime; Abuso sexual de crianças; Acto sexual de relevo.*

Abuso sexual de pessoa incapaz de resistência (Dir. Penal) – Crime contra a liberdade sexual, previsto no artigo 165.º, C. P., que se traduz na prática de acto sexual de relevo com pessoa inconsciente ou incapaz de opor resistência, com aproveitamento do seu estado de incapacidade.
O artigo 165.º, n.º 2, C. P., consagra uma agravação para a prática de cópula, coito anal, coito oral ou introdução vaginal ou anal de partes do corpo ou objectos.
V. *Crime; Liberdade sexual; Acto sexual de relevo; Agravação.*

Abuso sexual de pessoa internada (Dir. Penal) – Crime contra a liberdade sexual, previsto no artigo 166.º, C. P., que se traduz genericamente na prática de acto sexual de relevo com pessoa internada em estabelecimento no qual são executadas "reacções criminais privativas da liberdade", em hospital ou em estabelecimento de educação por quem exerça funções nesse estabelecimento.
O tipo incriminador exige que o agente se aproveite das funções que exerce e que a vítima se encontre confiada ao agente ou ao seu cuidado.
O artigo 166.º, n.º 2, C. P., consagra uma agravação para a prática de cópula, coito anal, coito oral ou introdução vaginal ou anal de partes do corpo ou objectos.
V. *Crime; Liberdade sexual; Acto sexual de relevo; Tipo; Agravação; Vítima.*

Açambarcamento (Dir. Penal) – Crime previsto no artigo 28.º do Decreto-Lei n.º 28/84, de 20 de Janeiro (infracções económicas e contra a saúde pública), que se traduz genericamente na manipulação artificial do abastecimento regular do mercado de bens essenciais ou de primeira necessidade.
O n.º 1 do artigo enumera um conjunto taxativo de comportamentos puníveis, tais como a ocultação de existências, a recusa de venda ou de entrega de bens essenciais, o encerramento do estabelecimento com o

fim de impedir a venda dos bens ou o não levantamento dos bens nos locais de descarga.
V. *Crime*.

Açambarcamento de adquirente (Dir. Penal) – Crime previsto no artigo 29.º do Decreto-Lei n.º 28/84, de 20 de Janeiro (infracções económicas e contra a saúde pública), que se traduz genericamente na aquisição de bens essenciais ou de primeira necessidade em quantidade manifestamente desproporcionada às necessidades de abastecimento do agente ou de renovação normal das suas reservas, em situação de notória escassez ou com prejuízo do regular abastecimento do mercado.
V. *Crime*.

Acareação (Proc. Penal) – Inquirição simultânea de duas ou mais pessoas – quer se trate de testemunhas quer das próprias partes – quando haja oposição directa acerca de determinado facto (ou factos) constante dos seus depoimentos.

A acareação pode ser feita por iniciativa do tribunal ou de autoridade judiciária ou a requerimento de qualquer das partes, e visa, ao colocar face a face os autores das declarações contraditórias, fornecer ao tribunal elementos de orientação e esclarecimento no apuramento da verdade.

O artigo 146.º, C. P. P., que se ocupa da "prova por acareação", admite que a acareação se realize "entre co-arguidos, entre o arguido e o assistente, entre testemunhas ou entre estas, o arguido e o assistente sempre que houver contradição entre as suas declarações e a diligência se afigurar útil à descoberta da verdade", aplicando-se "correspondentemente às partes civis". Nos termos desta disposição, "a entidade que presidir à diligência, após reproduzir as declarações, pede às pessoas acareadas que as confirmem ou modifiquem e, quando necessário, que contestem as das outras pessoas, formulando-lhes em seguida as perguntas que entender convenientes para o esclarecimento da verdade".
V. *Inquirição; Testemunho; Testemunha; Tribunal; Prova por acareação; Facto; Autoridade judiciária; Requerimento; Prova; Arguido; Assistente; Partes civis*.

Acção
1. (Dir. Penal) – Primeiro elemento da noção formal de crime genericamente aceite pela doutrina: crime como acção típica, ilícita, culposa e punível.

Acção penalmente relevante é o comportamento humano, dominado ou dominável, pela vontade.

O conceito de acção (conceito que naturalmente evoluiu com a dogmática geral do direito penal, nomeadamente com as várias escolas que abordaram a teoria geral da infracção – escolas clássica, finalista e neoclássica) assume na actualidade uma função selectiva negativa ou de delimitação, dado que, fundamentalmente, permite excluir do quadro da relevância penal determinados fenómenos insusceptíveis de constituir a base de análise da responsabilidade jurídico-penal de um sujeito.

Assim, não constitui acção penalmente relevante a *nula cogitatio* (a mera intenção), a movimentação decorrente do exercício de uma *vis absoluta* (força irresistível) sobre o agente e os actos reflexos.

É discutido, na jurisprudência e na doutrina, se determinados comportamentos automáticos e certos actos em estados de profunda inconsciência são abrangidos, ou não, pelo conceito de acção (sendo maioritária a corrente que admite nestas constelações de casos a qualificação do comportamento do agente como acção, apreciando posteriormente a relevância das circunstâncias em sede de culpa).

O conceito de acção assume, ainda, uma função de classificação, na medida em que abrange todas as formas possíveis de aparecimento do comportamento punível, ou seja, a noção de acção contém os elementos comuns a todas as formas de cometimento do crime. Assim, sempre que alguém é criminalmente responsável pelo cometimento de um facto, pode afirmar-se que praticou uma acção.

O conceito de acção desempenha, por último, uma função de definição e de ligação, na medida em que representa um mínimo de substância ou de materialidade capaz de suportar as predicações posteriores (acção típica, ilícita e culposa).

V. Jorge de Figueiredo Dias, *Direito Penal, Parte Geral*, Tomo I, *Questões Funda-*

mentais, *A doutrina geral do crime*, 2.ª edição, 2007, p. 251 e segs..
V. *Acto automático; Acto reflexo; Conceito final de acção; Conceito causal de acção; Conceito negativo de acção; Conceito pessoal de acção; Conceito social de acção; Culpa; Escola clássica; Escola finalista; Escola neoclássica; "Nula cogitatio"; Ilicitude; Punibilidade; Teoria geral da infracção; Tipo*.
2. (Proc. Penal) – É o processo de determinação em juízo da responsabilidade criminal dos sujeitos.
V. *Responsabilidade criminal; Culpa*.

Acção civil (Proc. Penal) – Em processo penal fala-se na acção civil quando nele se faz correr o pedido de indemnização civil, por via do chamado sistema de adesão da acção civil à acção penal, que se verifica sempre que haja danos, patrimoniais ou não patrimoniais a reparar, resultantes do crime: assim, o pedido cível de indemnização por danos derivado de um ilícito penal deve ser deduzido no processo penal respectivo, nos termos do artigo 71.º, C. P. P.. Diz a lei: "O pedido de indemnização civil fundado na prática de um crime é o deduzido no processo penal respectivo, só o podendo ser em separado, perante o tribunal civil, nos casos previstos na lei" – v. artigo 72.º, C. P. P..
Logo que, no decurso do inquérito, tomarem conhecimento de eventuais lesados, as autoridades judiciárias e os órgãos de polícia criminal devem informá-los da possibilidade de deduzirem pedido de indemnização civil em processo penal.
Ver artigos 75.º a 77.º do C. P. P..
V. *Processo de adesão; Indemnização; Pedido de indemnização civil; Dano; Dano patrimonial; Dano não patrimonial; Lesado; Autoridade judiciária; Órgão de polícia criminal; Pedido de indemnização civil*.

Acção crime (Proc. Penal) – V. *Acção penal*.

Acção de prevenção (Proc. Penal) – Conjunto de actos que compete ao Ministério Público e à Polícia Judiciária (através da Direcção Central para o combate à corrupção, fraudes e infracções económicas e financeiras) "realizar, sem prejuízo da competência de outras autoridades", nos termos definidos no artigo 1.º da Lei n.º 36/94, de 29 de Setembro – Lei do Combate à Corrupção e Criminalidade Económica e Financeira (alterada pela Lei n.º 90/99, de 10 de Julho) –, relativos aos seguintes crimes:
a) corrupção, peculato e participação económica em negócio;
b) administração danosa em unidade económica do sector público;
c) fraude na obtenção ou desvio de subsídio, subvenção ou crédito;
d) infracções económico-financeiras cometidas de forma organizada, com recurso à tecnologia informática;
e) infracções económico-financeiras de dimensão internacional ou transnacional.
A Polícia Judiciária "realiza as acções por iniciativa própria ou do Ministério Público" – n.º 2 da mesma disposição.
Nos termos do n.º 3, estas acções compreendem, nomeadamente: *a)* a recolha de informação relativamente a notícias de factos susceptíveis de fundamentar suspeitas do perigo da prática de um crime; *b)* a solicitação de inquéritos, sindicâncias, inspecções e outras diligências que se revelem necessárias e adequadas à averiguação da conformidade de determinados actos ou procedimentos administrativos, no âmbito das relações entre a Administração Pública e as entidades privadas; *c)* a proposta de medidas susceptíveis de conduzirem à diminuição da corrupção da criminalidade económica e financeira.
V. também Lei n.º 19/2008, de 21 de Abril, que estabelece novas medidas de combate à corrupção.
V. *Ministério Público; Polícia Judiciária; Crime; Corrupção; Peculato; Participação económica em negócio; Administração danosa; Fraude; Direito penal económico; Facto; Notícia do crime; Diligência; Fraude na obtenção de subsídio ou subvenção; Criminalidade económica; Direito penal económico*.

Acção encoberta (Proc. Penal) – Nos termos do disposto no artigo 1.º da Lei n.º 101/2001, de 25 de Agosto (Regime Jurídico das Acções Encobertas para Fins de Prevenção e Investigação Criminal), é a acção desenvolvida por funcionário de investigação criminal, ou por terceiro actuando sob o controlo da Polícia Judiciária, para prevenção ou repressão de determinados crimes ["*a)* homicídio voluntário, desde que o agente não seja conhecido; *b)* contra a liberdade e contra a autodeterminação sexual a que corresponda, em abstracto, pena superior a 5 anos de prisão, desde que o agente não seja conhecido, ou sempre que sejam expressamente referidos ofendidos menores de 16 anos ou outros incapazes; *c)* relativos ao tráfico e viciação de veículos furtados ou roubados; *d)* escravidão, sequestro e rapto ou tomada de reféns; *e)* organizações terroristas e terrorismo; *f)* captura ou atentado à segurança de transporte por água, ar, caminho de ferro ou rodovia a que corresponda, em abstracto, pena igual ou superior a oito anos de prisão; *g)* executados com bombas, granadas, matérias ou engenhos explosivos, armas de fogo e objectos armadilhados, armas nucleares, químicas ou radioactivas; *h)* roubo em instituições de crédito, repartições da Fazenda Pública e correios; *i)* associações criminosas; *j)* relativos ao tráfico de estupefacientes e de substâncias psicotrópicas; *l)* branqueamento de capitais, outros bens ou produtos; *m)* corrupção, peculato e participação económica em negócio e tráfico de influências; *n)* fraude na obtenção ou desvio de subsídio ou subvenção; *o)* infracções económico-financeiras cometidas de forma organizada ou com recurso à tecnologia informática; *p)* infracções económico-financeiras de dimensão internacional ou transnacional; *q)* contrafacção de moeda, títulos de créditos, valores selados, selos e outros valores equiparados ou a respectiva passagem; *r)* relativos ao mercado de valores mobiliários] com ocultação da sua qualidade e identidade" (v. artigo 2.º).

Devem estas acções ser desenvolvidas de forma adequada aos fins de prevenção e repressão criminais identificados em concreto, nomeadamente a descoberta de material probatório, e proporcionais quer àquelas finalidades quer à gravidade do crime em investigação.

A realização de uma acção encoberta no âmbito do inquérito depende de prévia autorização do competente magistrado do Ministério Público, sendo obrigatoriamente comunicada ao juiz de instrução, considerando-se a mesma válida se não for proferido despacho de recusa; se a acção decorrer no âmbito da prevenção criminal, é competente para a autorização o juiz de instrução, mediante proposta do Ministério Público.

A Polícia Judiciária fará o relato da intervenção do agente encoberto à autoridade judiciária competente no prazo máximo de quarenta e oito horas após o termo daquela.

V. *Funcionário; Polícia Judiciária; Crime; Homicídio; Autodeterminação sexual; Pena; Ofendido; Menor; Furto; Roubo; Escravidão; Sequestro; Rapto; Tomada de reféns; Organizações terroristas; Terrorismo; Atentado à segurança de transporte por ar, água ou caminho de ferro; Associação criminosa; Arma; Tráfico e outras actividades ilícitas; Estupefaciente; Branqueamento; Corrupção; Peculato; Participação económica em negócio; Tráfico de influência; Fraude na obtenção de subsídio ou subvenção; Desvio de subvenção, subsídio ou crédito bonificado; Infracções anti-económicas e contra a saúde pública; Contrafacção de moeda; Passagem de moeda falsa; Prevenção; Inquérito; Ministério Público; Juiz de instrução; Autoridade judiciária.*

Acção livre na causa (Dir. Penal) – Expressão que designa a situação em que o agente actua num estado de inimputabilidade por anomalia psíquica, por si provocado com a intenção de praticar o facto, provocação essa que ocorre num momento em que o sujeito dispunha de capacidade de avaliação da ilicitude do facto e da liberdade de se determinar de acordo com essa avaliação.

Nos casos de acção livre na causa, o agente, no momento em que se coloca intencionalmente no estado de inimputabilidade, dispõe das condições que permitem afirmar a imputabilidade. Daí a designação *acção livre na causa*, já que o facto praticado, na perspectiva do agente, é livre na causa (embora no momento da execução o agente se encontre sob o efeito da anomalia psíquica por si provocada).

O artigo 20.º, n.º 4, C. P., determina a não exclusão da imputabilidade nesta categoria de casos.

V. *Anomalia psíquica; Ilicitude; Imputabilidade; Inimputabilidade; Facto.*

Acção penal (Proc. Penal) – Acção que é exercida pelo Ministério Público (a lei utiliza a expressão "exercer a acção penal") com carácter eminentemente público: em processo penal, o Estado é o titular da acção penal, exercendo o seu poder de prossecução criminal por intermédio e representado por aquele.

Traduz-se na realização de um conjunto de actos, legalmente ordenados, que visam a determinação da responsabilidade criminal do(s) agente(s) do(s) crime(s).

No âmbito do direito penal contravencional, têm intervenção na acção penal outras entidades públicas, nomeadamente autoridades administrativas (o Decreto-Lei n.º 17/91, de 10 de Janeiro, respeitava ao processamento e julgamento de contravenções e transgressões). As Leis n.ºˢ 25/2006, de 30 de Junho, 28/2006, de 4 de Julho, e 30/2006, de 11 de Julho, procederam à extinção das contravenções e das transgressões no ordenamento nacional.
V. *Ministério Público; Direito penal secundário.*

Acção típica (Dir. Penal) – Comportamento proibido descrito na norma penal.

A descrição da acção típica, isto é, a descrição do facto penalmente relevante compreende elementos objectivos (reportados ao mundo exterior – o agente, o objecto, a acção, entre outros) e elementos subjectivos (reportados à atitude psicológica do agente – dolo, negligência ou especiais intenções, como, por exemplo, a ilegítima intenção de apropriação da coisa furtada no crime de furto).
V. *Acção; Elementos do tipo; Elementos objectivos do tipo; Elementos subjectivos do tipo; Tipo; Dolo; Negligência.*

Aceleração processual (Proc. Penal) – Mecanismo processual deduzido em requerimento que pode ser efectuado por qualquer um dos intervenientes processuais (Ministério Público, assistente, arguido, partes civis), no qual se solicita o rápido andamento e tramitação dos actos a efectuar ou a ordenar.

O requerimento é dirigido ao Procurador-Geral da República, se o processo estiver sob a direcção do Ministério Público, ou ao Conselho Superior da Magistratura, se o processo decorrer perante o tribunal e estiver sob a direcção e disciplina de juiz, e tem cabimento quando são excedidos os prazos previstos na lei para a duração de cada fase do processo.

O pedido de aceleração processual é instruído pelo juiz ou pelo Ministério Público "com os elementos disponíveis e relevantes para a decisão" e remetido, "em três dias, à entidade competente para a decisão. Encontram-se impedidos de intervir na deliberação os juízes que, por qualquer forma, tiverem participado no processo".

"O Procurador-Geral da República profere despacho no prazo de cinco dias" e, "se a decisão competir ao Conselho Superior da Magistratura, uma vez distribuído o processo, vai à primeira sessão ordinária ou a sessão extraordinária, se nisso houver conveniência, e nela o relator faz uma breve exposição, em que conclui por proposta de deliberação", não havendo lugar a vistos, embora a deliberação possa ser "adiada até dois dias para análise do processo".

A decisão pode ser uma das previstas no n.º 5 do artigo 109.º, C P. P., a saber: *a)* indeferimento do pedido por falta de fundamento ou por os atrasos se encontrarem justificados; *b)* requisição de informação complementar que terá de ser facultada no prazo máximo de cinco dias; *c)* ordem para que se proceda a inquérito, "em prazo que não pode exceder quinze dias, sobre os atrasos e as condições em que se verificaram, suspendendo a decisão até à realização [...] [deste]; *d)* proposta ou determinação de adopção das medidas disciplinares, de gestão, de organização ou de racionalização de métodos que a situação justificar".

Uma vez tomada, "a decisão é notificada ao requerente e imediatamente comunicada ao tribunal ou à entidade que tiverem o processo a seu cargo", sendo-o também "às entidades com jurisdição disciplinar sobre os responsáveis por atrasos que se tenham verificado".

Caso o pedido, feito pelo arguido, assistente ou partes civis, seja considerado "manifestamente infundado, o tribunal, ou o juiz de instrução [...] condena o peticionante no pagamento de uma soma entre seis e vinte Unidades de conta".

V. artigos 108.º a 110.º, C. P. P..
V. *Requerimento; Ministério Público; Assistente; Arguido; Partes civis; Acto; Procurador-Geral da República; Conselho Superior da Magistratura; Tribunal; Juiz; Prazo; Impedimento de juiz; Despacho; Juiz relator; Notificação; Juiz de instrução; Unidade de conta; Encerramento do inquérito.*

Acesso à justiça – O artigo 20.º da Constituição assegura a todos, no seu n.º 1, "o acesso ao direito e aos tribunais para defesa dos seus direitos e interesses legítimos", estabelecendo que a justiça não pode ser denegada por insuficiência de meios económicos. O n.º 2 da mesma disposição afirma ainda que "todos têm direito, nos termos da lei, à informação e consulta jurídica e ao patrocínio judiciário".

No mesmo sentido dispõe o artigo 7.º n.º 1, da Lei de Organização e Funcionamento dos Tribunais Judiciais (Lei n.º 3/99, de 13 de Janeiro, rectificada pela Declaração de rectificação n.º 7/99, de 16 de Fevereiro, e alterada pela Lei n.º 101/99, de 26 de Julho, pelos Decretos-Leis n.ºˢ 323/2001, de 17 de Dezembro, e 38/2003, de 8 de Março – este rectificado pela Declaração de rectificação n.º 5-C/2003, de 30 de Abril –, e pela Lei n.º 105/2003, de 10 de Dezembro, pelo Decreto-Lei n.º 53/2004, de 18 de Março, pela Lei n.º 42/2005, de 29 de Agosto, e pelo Decreto-Lei n.º 76-A/2006, de 29 de Março, rectificado este pela Declaração de rectificação n.º 28-A/2006, de 26 de Maio).

Devem ter-se ainda em consideração os n.ºˢ 4 e 5 do referido artigo 20.º da Constituição que dispõem, respectivamente, que "todos têm direito a que uma causa em que intervenham seja objecto de decisão em prazo razoável e mediante processo equitativo" e que, "para defesa dos direitos, liberdades e garantias pessoais, a lei assegura aos cidadãos procedimentos judiciais caracterizados pela celeridade e prioridade, de modo a obter tutela efectiva e em tempo útil contra ameaças ou violações desses direitos".

A Lei n.º 34/2004, de 29 de Julho, com as alterações da Lei n.º 47/2007, de 28 de Agosto, estabelece o regime de acesso ao direito e aos tribunais e do apoio judiciário que visa garantir a informação, a protecção jurídica e o acesso aos tribunais a todos os cidadãos, independentemente dos seus recursos económicos.

O já referido artigo 7.º da Lei de Organização e Funcionamento dos Tribunais Judiciais remete para lei especial o regime de acesso aos tribunais em caso de insuficiência de meios económicos.

A Lei n.º 30-E/2000, de 20 de Dezembro, alterada pelo já referido DL n.º 38/2003, estabelecia o regime de acesso ao direito e aos tribunais, procurando garantir a informação, a protecção jurídica e o acesso aos tribunais a todos os cidadãos, independentemente dos seus recursos económicos, alargando-se a protecção jurídica aos estrangeiros e aos apátridas que residissem habitualmente em Portugal; esta Lei n.º 30-E/2000 instituía um regime de protecção jurídica, traduzido em consulta jurídica e apoio judiciário.

Esta Lei foi revogada pela Lei n.º 34/2004, de 29 de Julho – na transposição da Directiva n.º 2003/8/CE, do Conselho, de 27 de Janeiro –, com as alterações da Lei n.º 47/2007, de 28 de Agosto. Nesta se enunciam idênticos objectivos aos da lei revogada, dizendo o n.º 2 do seu artigo 1.º que, para a concretização daqueles objectivos, se desenvolverão "acções e mecanismos sistematizados de informação jurídica e de protecção jurídica". "O acesso ao direito e aos tribunais constitui uma responsabilidade do Estado, a promover, designadamente, através de dispositivos de cooperação com as instituições representativas das profissões jurídicas", compreendendo a informação e a protecção jurídicas – artigo 2.º. O n.º 2 do artigo 3.º determina que o Estado garante uma adequada remuneração bem como o reembolso das despesas realizadas aos profissionais forenses que intervierem no sistema de acesso ao direito e aos tribunais [...]", sendo proibida a obtenção por aqueles de remuneração diversa daquela a que tiverem direito nos termos desta lei e da portaria que fixe os montantes a pagar. Dando seguimento a este objectivo – e ao do alargamento da prestação social de apoio judiciário a mais cidadãos –, a Portaria n.º 210/2008, de 29 de Fevereiro (que altera a Portaria n.º 10/2008, de 3 de Janeiro), estabelece os termos em que os advogados estagiários podem participar no sistema do acesso ao direito, os termos em que os defensores nomeados para os processos nos quais não haja mandatário constituído podem intervir, bem como as condições e compensações devidas aos profissionais forenses pela inscrição em escalas de prevenção (escalas referentes a lotes de processos para os quais são necessários advogados por não haver, no processo respectivo, mandatário constituído). A essas compensações monetárias pela intervenção nos processos, no que respeita aos valores dos honorários dos profissionais forenses, passa a aplicar-se a tabela de honorários que se encontra actualmente em vigor e que resulta da Portaria n.º 1386/2004, de 10 de Novembro.

O Decreto-Lei n.º 71/2005, de 17 de Março, completa a transposição da mencionada Directiva n.º 2003/8/CE, "relativa à melhoria do acesso à justiça nos litígios transfronteiriços, através do estabelecimento de regras mínimas comuns relativas ao apoio judiciário no âmbito desses litígios, desenvolvendo o regime previsto na Lei n.º 34/2004 [...]". De acordo com o artigo 2.º, n.º 2, deste diploma, "entende-se por «litígio transfronteiriço» o litígio em que o requerente de protecção jurídica tem à data da apresentação do pedido domicílio ou residência habitual num Estado membro da União Europeia diferente do Estado membro do foro". O artigo 3.º dispõe que, "no caso de pedido de apoio judiciário apresentado por residente noutro Estado membro da União Europeia para acção em que os tribunais portugueses sejam competentes, o apoio judiciário, a conceder nos termos da Lei n.º 34/2004, de 29 de Julho, abrange ainda os seguintes encargos específicos decorrentes do carácter transfronteiriço do litígio: *a)* Serviços prestados por intérprete; *b)* Tradução dos documentos exigidos pelo tribunal ou pela autoridade competente e apresentados pelo beneficiário do apoio judiciário que sejam necessários à resolução do litígio; *c)* Despesas de deslocação a suportar pelo requerente, na medida em que a lei ou o tribunal exijam a presença física, em audiência, das pessoas a ouvir e o tribunal decida que estas não possam ser ouvidas satisfatoriamente por quaisquer outros meios".

A Resolução da Assembleia da República n.º 11/2003, de 25 de Fevereiro, aprovou, para ratificação, a Convenção sobre Acesso à Informação, Participação do Público no Processo de Tomada de Decisão e Acesso à Justiça em Matéria de Ambiente, assinada em Aarhus, na Dinamarca, em 25 de Junho de 1998; a Convenção foi ratificada pelo Decreto do Presidente da República n.º 9/2003, também de 25 de Fevereiro; segundo aviso publicado no *Diário da República* I-A série, de 24 de Julho, o respectivo instrumento de ratificação foi depositado em 9 de Junho de 2003, tendo a Convenção entrado em vigor para Portugal em 7 de Setembro de 2003; de novo, em 23 de Outubro de 2003, o Aviso n.º 210/2003 torna público o mesmo facto.

V. Decreto-Lei n.º 71/2005, de 17 de Março – acesso à justiça nos litígios transfronteiriços.

A Lei n.º 47/2007, de 28 de Agosto procedeu à 1.ª alteração da referida Lei n.º 34/2004.

V. *Apoio judiciário; Tribunal; Consulta jurídica; Patrocínio judiciário; Estrangeiros; Apátrida; Litígio transfronteiriço; Honorários; Nomeação oficiosa; Advogado; Advogado estagiário; Intérprete; Documento; Defensor; Processo; Mandatário; Tribunal.*

Acesso ao direito – V. *Acesso à justiça.*

Acesso ilegítimo (Dir. Penal) – Crime previsto no artigo 7.º da Lei n.º 109/91, de 17 de Agosto (criminalidade informática), que se traduz genericamente no acesso "a um sistema ou a uma rede informática", sem autorização, com intenção de obtenção de um benefício ou vantagem ilegítimos.

V. *Crime.*

Acesso indevido (Dir. Penal) – Crime, previsto no artigo 44.º da Lei n.º 67/98, de 26 de Outubro (Lei da Protecção de Dados Pessoais), que se traduz genericamente no acesso ilegítimo a dados pessoais.

V. *Crime; Dados pessoais.*

Acessoriedade (Dir. Penal) – Teoria de acordo com a qual a responsabilidade do participante é determinada em função (é acessória) da responsabilidade do autor.

Existem fundamentalmente três formulações desta teoria: acessoriedade restrita, acessoriedade limitada e acessoriedade plena.

V. *Participante; Autor; Acessoriedade limitada; Acessoriedade plena; Acessoriedade restrita; Acessoriedade externa; Acessoriedade interna.*

Acessoriedade externa (Dir. Penal) – A acessoriedade externa ou quantitativa reporta-se à exigência de um determinado estado executivo do facto do autor para que o comparticipante seja punido.

Como exemplo, pode indicar-se a parte final do artigo 26.º do Código Penal, na medida em que exige que o facto do autor tenha atingido a fase de início da execução para que o instigador seja punido.

V. *Acessoriedade; Instigador; Facto; Autor.*

Acessoriedade interna (Dir. Penal) – A acessoriedade interna ou qualitativa reporta-se à exigência de determinadas características do facto do autor para que o participante seja punido. Diz-se, neste sentido, por exemplo, que de acordo com a teoria da acessoriedade limitada, é necessário que o autor pratique um facto típico e ilícito para que o participante seja punido.

V. *Acessoriedade; Acessoriedade limitada; Facto; Ilicitude.*

Acessoriedade limitada (Dir. Penal) – Modalidade da teoria da acessoriedade, nos termos da qual a responsabilidade do participante é determinada em função da tipicidade e da ilicitude do facto praticado pelo autor, sendo a culpa individual.

De acordo com esta teoria, a tipicidade e a ilicitude do facto do autor comunicam-se ao participante, ou seja, para que o participante (agente não principal) seja punido é necessário que o autor (agente principal) pratique um facto típico e ilícito.

A doutrina maioritária considera que esta modalidade de acessoriedade é a consagrada nos artigos 26.º, 27.º, 28.º e 29.º, C. P., preceitos relativos à participação de vários agentes na prática de um crime.

O artigo 26.º refere meramente quem é punido como autor (o autor material, o autor mediato, o co-autor e o instigador).

O artigo 27.º estabelece o regime de punição do cúmplice (cúmplice material e cúmplice moral).

O artigo 28.º trata da ilicitude na comparticipação, determinando que, nos casos em que a ilicitude ou o grau de ilicitude do facto depende de uma qualquer qualidade especial do agente ou de relação deste com a vítima, basta que essa qualidade ou relação se verifique em um dos comparticipantes para que a responsabilidade se estenda aos demais (fala-se a este propósito de inversão da acessoriedade, já que é um comparticipante periférico a determinar a responsabilidade dos outros comparticipantes, nomeadamente dos principais).

Por último, o artigo 29.º determina que a culpa é individual.

Em face do teor dos preceitos referidos, não é inequívoco concluir que seja a teoria da acessoriedade limitada a acolhida na lei. No entanto, constitui argumento nesse sentido o artigo 29.º, na medida em que estabelece o carácter individual da culpa. O artigo 28.º pode também ser visto como argumento no mesmo sentido, dado consagrar uma regra de comunicação da ilicitude de um comparticipante aos demais comparticipantes.

Não obstante, alguns autores (nomeadamente Cavaleiro de Ferreira, *Lições de Direito Penal*, Parte Geral, I, *A lei penal e a teoria do crime no Código penal de 1982*, 1992, págs. 451 e segs.) consideram que a lei acolhe a teoria da acessoriedade restrita.

V. *Acessoriedade; Autor; Facto; Culpa; Ilicitude; Participante; Comparticipação; Co-autor; Cúmplice; Cúmplice material; Cúmplice moral; Instigador; Tipo; Acessoriedade restrita; Acessoriedade plena.*

Acessoriedade plena (Dir. Penal) – Modalidade da teoria da acessoriedade, nos termos da qual a responsabilidade do participante é determinada em função da tipicidade e da ilicitude do facto praticado pelo autor, bem como da sua culpa.

De acordo com esta teoria, a tipicidade e a ilicitude do facto praticado pelo autor, bem como a sua culpa, comunicam-se ao participante, ou seja, para que um participante seja punido, é necessário que o autor pratique um facto típico, ilícito e que actue com culpa.

V. *Acessoriedade; Acessoriedade limitada; Acessoriedade restrita; Autor; Culpa; Facto; Ilicitude; Participante; Tipo.*

Acessoriedade qualitativa (Dir. Penal)
– V. *Acessoriedade interna.*

Acessoriedade quantitativa (Dir. Penal)
– V. *Acessoriedade externa.*

Acessoriedade restrita (Dir. Penal) – Modalidade da teoria da acessoriedade, nos termos da qual a responsabilidade do participante é determinada em função da tipicidade do facto praticado pelo autor.
De acordo com esta teoria, não se verifica a comunicação, entre o autor e o participante, da ilicitude do facto e da culpa do agente. Nessa medida, estes juízos são autónomos relativamente a cada comparticipante.
V. *Acessoriedade; Acessoriedade limitada; Acessoriedade plena; Autor; Comparticipação; Culpa; Ilicitude; Participante; Tipo; Facto.*

Aclaração de acórdão (Proc. Penal) – Pode qualquer das partes requerer ao tribunal (colectivo) que tenha proferido o Acórdão "o esclarecimento de alguma obscuridade ou ambiguidade que [...] contenha", não cabendo recurso da decisão que indeferir o esclarecimento e considerando-se a decisão que o deferir complemento e parte integrante do acórdão. Requerida a aclaração, "o prazo para arguir nulidades ou pedir a reforma só começa a correr depois de notificada a decisão proferida sobre esse requerimento" – artigos 289.º, n.º 1-a), e 670.º, n.ºˢ 2 e 3, C. P. C., aplicáveis por força do artigo 716.º do mesmo Código.
V. *Acórdão; Tribunal da Relação; Nulidade; Notificação; Requerimento; Supremo Tribunal de Justiça.*

Aclaração de sentença (Proc. Penal) – Pode qualquer das partes requerer no tribunal que proferiu a sentença o esclarecimento de alguma ambiguidade ou obscuridade que considere que a mesma contenha – possibilidade conferida de acordo com o disposto no n.º 1-a) do artigo 669.º, C. P. C..
O pedido de aclaração tem, pois, cabimento quando alguma parte importante do texto da sentença não permita compreender o pensamento do julgador ou, por comportar dois ou mais sentidos diversos, suscite dúvidas sobre aquele em que foi utilizado. A jurisprudência dominante entende que o objecto da aclaração só pode ser a parte decisória da sentença, não podendo incidir sobre a respectiva fundamentação.
Em processo penal a expressão utilizada pela lei é *Correcção de sentença* – v. artigo 380.º, n.º 1, C. P. P.: o tribunal procede, oficiosamente ou a requerimento, à correcção de sentença quando:
a) não sendo nula a sentença, não tiverem sido observados ou não tiverem sido integralmente observados os requisitos a que deve obedecer a elaboração da sentença;
b) a sentença contiver erro, lapso, obscuridade ou ambiguidade cuja eliminação não importe modificação essencial. "Se já tiver subido recurso da sentença, a correcção é feita, quando possível, pelo tribunal competente para conhecer do recurso" – n.º 2.
V. *Jurisprudência; Fundamentação; Recurso; Tribunal; Competência; Nulidade da sentença; Correcção de sentença; Sentença.*

Acórdão (Proc. Penal) – Sentença proferida por um tribunal colectivo.
V. *Sentença; Tribunal colectivo.*

Acórdão lavrado contra o vencido (Proc. Penal) – Acórdão que resulta do vencimento do (primitivo) relator e que espelha a posição maioritária do tribunal colectivo.
É, assim, um acórdão que é lavrado por outro relator e que reflecte a posição jurisprudencial que fez vencimento entre os juízes que compõem o tribunal de que emana a decisão.
V. *Acórdão; Tribunal colectivo; Relator; Juiz; Voto de vencido.*

Acórdão uniformizador de jurisprudência (Proc. Penal) – V. *Recurso para fixação de jurisprudência; Jurisprudência; Uniformização de jurisprudência; Recurso de decisão proferida contra jurisprudência fixada pelo Supremo Tribunal de Justiça.*

Acordo (Dir. Penal) – V. *Consentimento.*

Acta (Proc. Penal) – É o documento em que se regista o que ocorre em determinada sessão da audiência (ou acto processual), ficando esta nele transcrita.

Nos termos do artigo 362.º, C. P. P., a acta da audiência contém: o lugar, a data e a hora de abertura e encerramento da audiência e das sessões que a compuseram; os nomes dos juízes, jurados e do representante do Ministério Público; a identificação do arguido, do defensor, do assistente, das partes civis e respectivos advogados; identificação de testemunhas, peritos consultores técnicos e intérpretes e a indicação de todas as provas produzidas e examinadas em audiência; os requerimentos, decisões, a assinatura do presidente e funcionário de justiça.

V. *Audiência de discussão e julgamento; Documento; Funcionário de justiça; Assinatura; Requerimento; Arguido; Defensor; Assistente; Partes civis; Advogado; Testemunha; Perito; Consultor técnico; Intérprete; Prova; Juiz; Ministério Público.*

"Actio libera in causa" (Dir. Penal) – V. *Acção livre na causa.*

Actividade ilegal de radiodifusão (Dir. Penal) – Crime previsto no artigo 65.º da Lei n.º 4/2001, de 23 de Fevereiro (Lei da Rádio), que se traduz no exercício da actividade de radiodifusão sem a respectiva habilitação legal.

São declarados perdidos a favor do Estado os bem utilizadas no exercício ilegal de actividades de radiodifusão.

V. *Crime.*

Actividade ilegal de televisão (Dir. Penal) – Crime previsto no artigo 72.º da Lei n.º 27/2007, de 30 de Julho (Lei da Televisão), que se traduz no exercício de actividade de televisão sem a respectiva habilitação legal.

V. *Crime.*

Actividade ilícita de recepção de depósitos e outros fundos reembolsáveis (Dir. Penal) – Crime previsto no artigo 200.º do Decreto-Lei n.º 298/92, de 31 de Dezembro (Regime Geral das Instituições de Crédito e Sociedades Financeiras), que ocorre quando alguém recebe do público, por conta própria ou alheia, depósitos ou outros fundos reembolsáveis sem que para tal exista a necessária autorização.

O agente será punido com pena de prisão até três anos.

V. *Crime; Pena de prisão.*

Acto – V. *Acto processual; Acto jurídico.*

Acto automático (Dir. Penal) – Comportamento realizado sem uma vontade consciente por parte do autor.

São comportamentos que resultam da aprendizagem de determinadas rotinas e cuja execução não implica uma actualização consciente do modo de agir (é exemplo corrente de um automatismo – de um acto automático – fazer o laço nos atacadores de um sapato).

É debatida na doutrina e na jurisprudência a distinção entre acto automático e acto reflexo no contexto da noção de acção penalmente relevante. A questão fundamental não é tanto a da diferença entre acto automático e acto reflexo (diferença teoricamente assente), mas antes a do enquadramento de determinados casos de fronteira numa ou noutra categoria (por exemplo, o caso do condutor de um veículo motorizado que, em virtude da dor causada por uma mosca que pousa na sua vista, vira bruscamente o volante, originando um acidente).

A distinção é relevante, uma vez que o acto reflexo é excluído, por via de regra, do conceito de acção penalmente relevante, ao passo que o automatismo, sendo abrangido pelo conceito de acção, é avaliado em sede de culpa. Isto é, se alguém agride outrem na sequência de um acto reflexo (alguém é submetido a uma carga eléctrica que lhe impulsiona o braço contra a cara de outra pessoa), não é responsabilizado, porque, desde logo, não se pode falar de uma acção penalmente relevante. Será, porventura, responsabilizado o agente que deu origem a esse acto reflexo (no exemplo, o agente que originou a descarga eléctrica no corpo de quem pratica o acto reflexo). Se se tratar de um acto automático (por exemplo, o agente que guina o volante do automóvel porque se assusta com uma mosca que lhe entrou na vista, causando assim um acidente), afirma-se a prática de uma acção penalmente relevante, sendo a situação concreta gerada pelo susto analisada em sede culpa.

V. *Acção; Acto reflexo; Culpa; Autor; Jurisprudência.*

Acto decisório (Proc. Penal) – V. *Actos decisórios*.

Acto de instrução (Proc. Penal) – Toda a diligência praticada pelo juiz de instrução, necessária para as finalidades desta fase, e que visa, a final, a comprovação judicial da decisão de deduzir acusação ou de arquivar o inquérito.

Nos termos do disposto no artigo 290.º, C. P. P., o juiz de instrução pode conferir aos órgãos de polícia criminal o encargo de procederem a quaisquer diligências e investigações relativas à instrução, salvo tratando-se do interrogatório do arguido, da inquirição de testemunhas e de actos que por lei sejam cometidos em exclusivo à competência do juiz – v. artigos 268.º, 269.º e 270.º, C. P. P..

Os actos de instrução efectuam-se pela ordem que o juiz reputar mais conveniente para o apuramento da verdade.

O juiz indefere os actos requeridos que entenda não interessarem à instrução ou servirem apenas para protelar o andamento do processo e pratica ou ordena oficiosamente aqueles que considerar úteis – v. artigo 291.º, C. P. P..

Do despacho que indeferir os actos requeridos cabe apenas reclamação.

As diligências de prova realizadas em acto de instrução são reduzidas a auto.

V. *Diligência; Juiz; Instrução; Acusação; Inquérito; Arquivamento do inquérito; Órgão de polícia criminal; Arguido; Inquirição; Testemunha; Auto; Actos de inquérito; Prova; Processo; Juiz de instrução*.

Acto de secretaria (Proc. Penal) – Actos que a secretaria de um tribunal deve praticar – e que competem aos funcionários judiciais –, independentemente de despacho. É o que acontece, por exemplo, com a junção ao processo de requerimentos, respostas, articulados, alegações que àquele respeitem, desde que tenham sido apresentados dentro do prazo e não suscite dúvidas a legalidade da junção; esta deve verificar-se no próprio dia da apresentação, desde que seja possível, e, caso haja dúvidas sobre a legalidade ou tempestividade da junção, deve a secretaria "submetê-los a despacho do juiz, para este a ordenar ou recusar" – artigo 166.º, C. P. C..

V. *Despacho; Tribunal; Funcionário de justiça; Requerimento; Articulado; Alegações orais; Prazo; Juiz*.

Acto inútil (Proc. Penal) – Numa manifestação do princípio da economia processual, o artigo 137.º do Código de Processo Civil determina que "não é lícito realizar no processo actos inúteis, incorrendo em responsabilidade disciplinar os funcionários que os pratiquem". A prática de actos inúteis, desconforme com o princípio da economia processual, não tem qualquer efeito sobre o processo, não implicando, designadamente, a sua nulidade.

A prática de actos inúteis pelas partes pode configurar litigância de má fé, designadamente quando realizada com culpa grave ou dolo, consubstanciando "um uso manifestamente reprovável ["do processo ou dos meios processuais"], com o fim de conseguir um objectivo ilegal, impedir a descoberta da verdade, entorpecer a acção da justiça ou protelar, sem fundamento sério, o trânsito em julgado da decisão" (artigo 456.º, n.º 2-*d*), Código de Processo Civil, na redacção do Decreto-Lei n.º 329--A/95, de 12 de Dezembro).

De acordo com o artigo 448.º, n.º 1, Código de Processo Civil, as custas relativas aos actos inúteis não ficam a cargo da parte vencida que não os tenha realizado, mas da parte ou funcionário a quem se tenha ficado a dever a sua prática (artigo 448.º, n.º 2, C. P. C.).

O artigo 109.º-*a*) do Estatuto da Câmara dos Solicitadores (aprovado pelo Decreto--Lei n.º 88/2003, de 26 de Abril, alterado pela Lei n.º 49/2004, de 24 de Agosto) determina, quanto a estes profissionais, que não devem "promover diligências inúteis [...] [para] a correcta aplicação do direito e descoberta da verdade".

V. *Economia processual; Custas; Dolo; Culpa; Trânsito em julgado; Funcionário de justiça; Solicitador; Câmara dos Solicitadores; Processo; Nulidade*.

Acto jurídico – É o facto voluntário que produz, em atenção à vontade que exprime, efeitos de direito. Estes efeitos não têm, porém, de ser queridos, nem sequer conhecidos, pelo autor do acto.

V. *Facto jurídico; Autor; Actos*.

Acto processual (Proc. Penal) – Todo o acto praticado num processo, isto é, aquele cuja disciplina resulta da sua inserção numa sequência de actos de significado apreensível em conjunto que visa a determinação da responsabilidade criminal dos agentes dos crimes.

O acto processual é, no final, e ainda que deva ser em momento posterior, assinado por quem a ele presidir, por aquelas pessoas que nele tiverem participado e pelo funcionário de justiça que tiver feito a redacção. As assinaturas e as rubricas são feitas pelo próprio punho – v. artigo 95.º, C. P. P..

Nos termos do artigo 103.º do C. P. P., os actos processuais praticam-se nos dias úteis, às horas de expediente dos serviços de justiça e fora do período de férias judiciais. Exceptuam-se os actos processuais relativos a arguidos detidos ou presos, ou indispensáveis à garantia da liberdade das pessoas; os actos de inquérito e de instrução, bem como os debates instrutórios e audiências relativamente aos quais for reconhecida, por despacho de quem a elas presidir, vantagem em que o seu início, prosseguimento ou conclusão ocorra sem aquelas limitações; os actos relativos a processos sumários e abreviados; os actos processuais relativos aos conflitos de competência; requerimentos de recusa e pedidos de escusa; os actos relativos à concessão da liberdade condicional, quando se encontrar cumprida a parte da pena necessária à sua aplicação; os actos de mero expediente, bem como as decisões das autoridades judiciárias, sempre que necessário.

Aplicam-se à contagem de prazos para actos processuais as disposições da lei do processo civil. Correm em férias os prazos relativos a processos nos quais devam praticar-se os actos relativos a arguidos detidos ou presos, ou indispensáveis à garantia da liberdade das pessoas; os actos de inquérito e de instrução, bem como os debates instrutórios e audiências relativamente aos quais for reconhecida, por despacho de quem a elas presidir, vantagem em que o seu início, prosseguimento ou conclusão ocorra sem aquelas limitações.

V. artigos 103.º a 107.º, C. P. P..

V. *Processo; Actos; Funcionário de justiça; Férias judiciais; Arguido; Preso; Detenção; Debate instrutório; Processo sumário; Processo abreviado; Competência; Conflito de competência; Liberdade condicional; Autoridade judiciária; Pena; Escusa; Inquérito; Instrução; Actos de inquérito; Debate instrutório; Despacho; Renúncia ao decurso e prática de acto fora do prazo.*

Acto reflexo (Dir. Penal) – Comportamento que se produz inconscientemente e imediatamente por força de um estímulo fisiológico-corporal (é exemplo corrente a reacção do joelho a uma pancada ou a reacção ao contacto com um cabo eléctrico).

O acto reflexo é, por via de regra, excluído do conceito de acção penalmente relevante, já que não é identificável nele a expressão de uma vontade do agente.

V. *Acção, Acto automático.*

Actos (Dir. Penal) – Expressão utilizada pela lei penal em contextos variados. Não existe, porém, definição legal. Pode, contudo, afirmar-se genericamente que acto é o comportamento humano exteriorizado.

V. *Acto automático; Acto reflexo; Acto sexual de relevo; Actos de execução; Actos exibicionistas; Actos homossexuais com adolescentes; Actos preparatórios; Actos sexuais com adolescentes.*

Actos decisórios (Proc. Penal) – Nos termos do artigo 97.º, C. P. P., os actos decisórios do juiz tomam a forma de sentenças (quando conhecerem a final do objecto do processo), despachos (quando conhecerem de qualquer questão interlocutória ou quando puserem termo ao processo) ou acórdãos (quando forem proferidos por um tribunal colegial).

Os actos decisórios do Ministério Público tomam a forma de despacho.

Estes actos obedecem aos requisitos formais dos actos escritos ou orais e são actos sempre fundamentados, devendo especificar os motivos de facto e de direito da decisão.

V. artigo 380.º, n.º 3, C. P. P..

V. *Despacho; Sentença; Acórdão; Juiz; Ministério Público; Magistratura judicial; Fundamentação de sentença; Motivo de facto; Motivo de direito.*

Actos de execução (Dir. Penal) – As alíneas do n.º 2 do artigo 22.º do Código Penal determinam o que são actos de execução.

São actos de execução os que preencherem um elemento constitutivo de um tipo de crime (alínea *a*)); os que forem idóneos a produzir o resultado típico (alínea *b*)); e os que, segundo a experiência comum e salvo circunstâncias imprevisíveis, forem de natureza a fazer esperar que se lhes sigam actos das espécies anteriores (alínea *c*)).

A prática de actos de execução de um crime que o agente decidiu cometer fundamenta a responsabilidade penal por crime na forma tentada, nos termos do artigo 22.º, n.º 1, C. P..

A tentativa só é punível se ao crime consumado corresponder pena máxima superior a três anos, de acordo com o artigo 23.º, n.º 1, C. P..

V. *Actos; Actos preparatórios; Crime; Consumação; Consumação formal; Consumação material; "Iter criminis"; Resultado; Tentativa; Tentativa acabada; Tentativa impossível; Tentativa inacabada; Tentativa inidónea; Tipo.*

Actos de inquérito (Proc. Penal) – Conjunto de diligências que visam investigar a existência de um crime, determinar os seus agentes e a sua responsabilidade, através da recolha de provas.

Tais diligências são levadas a cabo pelo Ministério Público que dirige o inquérito, assistido pelos órgãos de polícia criminal que actuam sob a directa orientação daquele e na sua dependência funcional.

Os actos de inquérito são, assim, diligências efectuadas numa fase que se destina à recolha de indícios da prática do crime e do(s) seu(s) agente(s).

A tramitação da fase de inquérito está regulada nos artigos 262.º a 285.º, C. P. P., e, nos termos destes dispositivos, há:

1) actos de inquérito do Ministério Público (v. artigo 267.º, C. P. P.): este "pratica os actos e assegura os meios de prova necessários à realização das finalidades referidas no artigo 262.º, n.º 1 [...] [finalidades que são as de investigar a existência de um crime, determinar os seus agentes e a responsabilidade deles]";

2) actos de inquérito a praticar pelo juiz de instrução (v. artigo 268.º, C. P. P.), nomeadamente: "*a)* Proceder ao primeiro interrogatório judicial de arguido detido; *b)* Proceder à aplicação de uma medida de coacção ou de garantia patrimonial [...]; *c)* Proceder a buscas e apreensões em escritório de advogado, consultório médico ou estabelecimento bancário [...]; *d)* Tomar conhecimento, em primeiro lugar, do conteúdo da correspondência apreendida [...]; *e)* Declarar a perda, a favor do Estado, de bens apreendidos, quando o Ministério Público proceder ao arquivamento do inquérito [...]; [...]".

3) actos a ordenar ou autorizar pelo juiz de instrução (v. artigo 269.º; C. P. P.): buscas domiciliárias, apreensões de correspondência, intercepções, gravação ou registo de conversações e comunicações, efectivação de perícias e efectivação de exames e;

4) actos que podem ser delegados pelo Ministério Público nos órgãos de polícia criminal (v. artigo 270.º, C. P. P.): "O Ministério Público pode conferir a órgãos de polícia criminal o encargo de procederem a quaisquer diligências e investigações relativas ao inquérito" (com as excepções previstas no n.º 2 do mesmo artigo – receber depoimentos ajuramentados; ordenar a efectivação de perícias e assistir a exames; ordenar ou autorizar revistas e buscas, nos termos e limites do artigo 174.º, n.ºˢ 3 e 4).

V. *Diligência; Crime; Inquérito; Responsabilidade criminal; Prova; Ministério Público; Órgão de polícia criminal; Indícios; Juiz de instrução; Arquivamento do inquérito; Arguido; Detido; Primeiro interrogatório judicial de arguido detido; Apreensão; Busca; Advogado; Meios de prova; Acto; Perícia; Perito; Exame; Revistas; Acto de instrução.*

Actos de instrução (Proc. Penal) – V. *Instrução; Acto de instrução.*

Actos exibicionistas (Dir. Penal) – Crime contra a liberdade sexual que se encontrava previsto no artigo 171.º, C. P.. Traduzia-se na prática, perante uma pessoa, de actos de carácter exibicionista, importunando-a.

A lei não definia actos exibicionistas. Contudo, dada a inserção sistemática do tipo incriminador assim designado, bem como o significado corrente da expressão, podia afirmar-se que actos exibicionistas eram actos por via dos quais o seu autor tornava visíveis zonas do corpo directamente relacionadas com a actividade sexual.

A Lei n.º 59/2007, de 4 de Setembro, alterou a redacção do artigo 171.º, C.P.. Actualmente o crime correspondente (constante do artigo 170.º, C.P.) designa-se "importunação sexual".

V. *Actos; Crime; Liberdade sexual; Tipo; Importunação sexual.*

Acto sexual de relevo (Dir. Penal) – O Código Penal, nos artigos 163.º, 165.º a 167.º, 171.º 172.º, 173.º e 174.º utiliza o conceito de acto sexual de relevo.

Não existe definição legal de acto sexual de relevo. Uma vez que esta fórmula é utilizada a par de outros conceitos, o seu conteúdo pode variar em função do contexto normativo da sua utilização.

Por contraposição a outros actos sexuais expressamente referidos (cópula, coito oral, coito anal e introdução vaginal ou anal com partes do corpo ou objectos), e tendo presente o significado comum das fórmulas utilizadas pela lei penal para referir esses actos (dos quais também não existe noção legal), pode concluir-se que a noção de acto sexual de relevo tem um conteúdo residual: é acto sexual de relevo o acto sexual que não é cópula, coito oral, coito anal ou introdução vaginal ou anal de partes do corpo ou de objectos. Trata-se, portanto, de todo e qualquer acto sexual, isto é, de todo e qualquer acto que se traduza na expressão efectiva da dimensão sexual do indivíduo que não possa ser reconduzido a cópula, coito oral ou coito anal.

V. *Abuso sexual de crianças; Abuso sexual de menores dependentes; Abuso sexual de pessoa incapaz de resistência; Abuso sexual de pessoa internada; Coacção sexual; Fraude sexual.*

Actos homossexuais com adolescentes (Dir. Penal) – Crime que se encontrava previsto no artigo 175.º, C. P.. Traduzia-se na prática de actos homossexuais de relevo com menor entre 14 e 16 anos ou em fazer com que esses actos fossem praticados pelo menor com outrem.

O Tribunal Constitucional, nos Acórdãos n.ºs 247/05 (*in Diário da República*, II, de 27 de Outubro de 2005) e 351/05 (*in Diário da República*, II, de 20 de Outubro de 2005), decidiu julgar inconstitucional, por violação do princípio da igualdade, a norma do artigo 175.º, C. P., na medida em que, diversamente do que acontece com o artigo 174.º relativo aos actos heterossexuais, não exige o abuso da inexperiência da vítima por parte do agente do crime como condição da incriminação, isto é como elemento do crime.

A Lei n.º 59/2007, de 4 de Setembro, alterou a redacção do artigo 175.º, C.P., concretizando, no plano legislativo, o juízo de inconstitucionalidade a que se fez referência.

V. *Acto sexual de relevo; Autodeterminação sexual; Crime.*

Actos introdutórios (Proc. Penal) – São os actos a praticar no início da audiência de discussão e julgamento e que estão previstos nos artigos 329.º a 339.º, C. P. P..

Entre eles contam-se a chamada – o funcionário de justiça, de viva voz e publicamente, começa por identificar o processo e chama as pessoas que nele devem intervir – e a abertura da audiência – o tribunal entra na sala e o presidente declara aberta a audiência.

Verifica-se, já em audiência, enquanto acto introdutório, se há falta do Ministério Público, do defensor, do representante do assistente ou das partes civis, de testemunhas, peritos, consultores técnicos e, também, apura-se da presença do arguido – v. artigos 330.º, 331.º, 332.º e 333.º, C. P. P..

Por último, e antes de a audiência entrar na fase de produção da prova, o tribunal conhece e decide das questões prévias ou incidentais que existam – artigo 338.º – e, depois, procede-se às exposições introdutórias – artigo 339.º, C. P. P..

V. *Exposições introdutórias; Presença do arguido; Contumácia; Ministério Público; Defensor; Arguido; Falta do Ministério Público, do defensor e do representante do assistente ou das partes civis; Assistente; Partes civis; Perito; Consultor técnico; Testemunha; Falta do assistente, de testemunhas, peritos, consultores técnicos ou das partes civis.*

Actos preparatórios (Dir. Penal) – O Código Penal refere-se a actos preparatórios para estabelecer o seu regime punitivo (artigo 21.º). Não contém, porém, uma definição.

O conceito de actos preparatórios há-de, nessa medida, apurar-se negativamente em função do conceito de actos de execução, contido no artigo 22.º, C. P..

Actos preparatórios são, nessa perspectiva, comportamentos humanos que exteriorizam e concretizam a decisão da prática de um crime e que ainda não podem ser considerados actos de execução, por não se subsumirem em nenhuma das alíneas do n.º 2 do artigo 22.º, C. P..

Os actos preparatórios não são puníveis, salvo disposição em contrário.

São exemplos de actos preparatórios puníveis os crimes dos artigos 271.º, 275.º e 344.º, C. P., dos quais consta a afirmação expressa da punição de actos preparatórios de determinados crimes, expressamente referidos nesses preceitos: o artigo 271.º prevê a punição dos actos preparatórios dos crimes dos artigos 256.º, n.º 1 (Falsificação de documento), 262.º (Contrafacção de moeda), 263.º (Depreciação do valor de moeda metálica), 268.º, n.º 1, (Contrafacção de valores selados) 269.º (Contrafacção de selos, cunhos, marcas ou chancelas) e 270.º (Pesos e medidas falsos); o artigo 275.º prevê a punição dos actos preparatórios dos artigos 272.º (Incêndios, explosões e outras condutas especialmente perigosas), 273.º (Energia nuclear) e 274.º (Incêndio florestal); por último, o artigo 344.º prevê a punição dos actos preparatórios dos crimes dos artigos 308.º (Traição à pátria) a 317.º (sendo que os artigos 309.º a 315.º se encontram revogados – o artigo 316.º prevê o crime de "Violação de segredo de Estado" e o artigo 317.º prevê o crime de "Espionagem") e dos artigos 325.º a 327.º ("Alteração violenta do Estado de direito", "Incitamento à guerra civil ou à alteração violenta do Estado de direito" e "Atentado contra o Presidente da República", respectivamente).

V. *Actos; Actos de execução; Consumação; Consumação formal; Consumação material; Crime; "Iter criminis"; Tentativa; Tentativa acabada; Tentativa impossível; Tentativa inacabada; Tentativa inidónea.*

Actos sexuais com adolescentes (Dir. Penal) – Crime previsto no artigo 173.º, C. P., que se traduz na prática de cópula, coito anal, coito oral ou de acto sexual de relevo com menor entre 14 e 16 anos abusando da sua inexperiência.

V. *Acto sexual de relevo, Autodeterminação sexual, Crime.*

Acto urgente (Proc. Penal) – Acto que deve ser realizado, oficiosamente ou a requerimento, sob pena de a sua não realização imediata acarretar atrasos ao processo e dessa demora resultar perigo para a aquisição ou conservação da prova ou para a descoberta da verdade.

V. artigo 320.º, C. P. P.: "O presidente, oficiosamente ou a requerimento, procede à realização dos actos urgentes ou cuja demora possa acarretar perigo para a aquisição ou a conservação da prova, ou para a descoberta da verdade, nomeadamente à tomada de declarações [...]".

V. *Prova; Requerimento; "Ex officio"; Processo.*

Actuação em nome de outrem (Dir. Penal) – A actuação em nome de outrem não exclui a responsabilidade penal do representante.

Nos termos do artigo 12.º, n.º 1, C. P., é punível quem age voluntariamente como titular de um órgão de uma pessoa colectiva, sociedade ou mera associação de facto, ou em representação legal ou voluntária de outrem, mesmo quando o respectivo tipo de crime exigir determinados elementos pessoais e estes só se verificarem na pessoa do representado ou mesmo quando o tipo de crime exigir que o agente pratique o facto no seu próprio interesse e o representante actue no interesse do representado.

A ineficácia do acto que serve de fundamento à representação também não exclui a responsabilidade penal (artigo 12.º, n.º 2, C. P.).

V. o Acórdão do Tribunal Constitucional n.º 395/2003, publicado no *Diário da República*, II série, de 6 de Fevereiro de 2003, no qual o Tribunal Constitucional decidiu não julgar inconstitucional a norma do artigo 7.º, n.º 1, do Regime Geral das Infracções Ficais não Aduaneiras, na medida em que consagra a punição do

representante de facto da pessoa colectiva ou equiparada.
V. *Representação; Crime; Tipo; Pessoa colectiva; Órgãos da pessoa colectiva.*

Acumulação (Dir. Penal) – Expressão que se refere às situações em que se procede à incriminação de comportamentos que potenciam a produção de um determinado evento grave, ainda que isolados assumam relevância reduzida.
Fala-se de acumulação a propósito dos crimes ambientais, nos quais é característica a necessidade de punir comportamentos que, por si, não causam (podem não causar) lesão significativa nos bens ambientais protegidos pela incriminação, mas que, em conjunto com outros comportamentos (em acumulação), produzirão resultado lesivo significativo.
V. *Causalidade cumulativa; Crimes ambientais; Resultado.*

Acumulação de infracções (Dir. Penal; Proc. Penal) – Ocorre com a prática pelo agente de duas ou mais infracções na mesma ocasião, ou com a prática de infracções em momentos diferentes: neste último caso, ocorre quando uma infracção é posterior a outra e a prática da segunda se verifica antes de o agente ter sido julgado (com trânsito em julgado) pela praticada anteriormente.
V. *Concurso real; Concurso ideal; Agente; Trânsito em julgado.*

Acusação (Proc. Penal) – Peça processual deduzida pelo Ministério Público ou pelo assistente – no caso dos crimes particulares a acusação pelo assistente é obrigatória – contra o arguido, em virtude de durante o inquérito se considerar terem sido recolhidos indícios suficientes de se ter verificado o crime e de se ter apurado quem foi o seu agente ou agentes.
A acusação contém, sob pena de nulidade, nos termos do n.º 3 do artigo 283.º, C. P. P.: as indicações tendentes à identificação do arguido; a narração dos factos que fundamentam a aplicação ao arguido de uma pena ou de uma medida de segurança (incluindo, se possível, o lugar, o tempo e a motivação da sua prática, o grau de participação que o agente neles teve e quaisquer circunstâncias relevantes); a indicação das normas aplicáveis; a indicação das testemunhas e eventuais peritos e consultores técnicos a serem ouvidos em julgamento e a indicação de provas a produzir ou requerer. Deve ser sempre datada e assinada.
Com a dedução da acusação termina a fase de inquérito (que também pode terminar com o arquivamento – v. artigo 277.º, C. P. P.).
O Assento do Supremo Tribunal de Justiça, publicado no *Diário da República*, I-A série 157/92, de 10 de Julho de 1992, decidiu que, deduzida acusação, a mesma tem de ser notificada ao arguido nos termos dos artigos 283.º, n.º 5, 277.º, n.º 3, 113.º, n.º 1, alínea *c)*, todos do Código de Processo Penal. Caso se verifique que aquele está ausente em parte incerta, a notificação a fazer-lhe será a edital prevista naquele artigo 113.º, n.º 1, alínea *c)*, prosseguindo depois o julgamento e a indicação de provas a produzir ou requerer. Deve ser sempre datada e assinada.
V. o Assento n.º 4/93 do Supremo Tribunal de Justiça, publicado no *Diário da República*, I-A série, de 26 de Março de 1996, que decidiu o seguinte: "A alínea *a)* do n.º 2 do artigo 311.º do Código de Processo Penal inclui a rejeição da acusação por manifesta insuficiência de prova indiciária".
Por seu lado, o Assento n.º 3/00, publicado no *Diário da República*, I-A série, de 11 de Fevereiro de 2000, entendeu que, "na vigência do regime dos Códigos de Processo Penal de 1987 e de 1995, o tribunal, ao enquadrar juridicamente os factos constantes da acusação ou da pronúncia, quando esta existisse, poderia proceder a uma alteração do correspondente enquadramento, ainda que em figura criminal mais grave, desde que previamente desse conhecimento e, se requerido, prazo ao arguido da possibilidade de tal ocorrência, para que o mesmo pudesse organizar a respectiva defesa".
V. *Ministério Público; Assistente; Crime; Acusação particular; Crime particular; Nulidade; Indícios; Crime público; Suspeito; Arguido; Pena; Medida de segurança; Participante; Testemunha; Perito; Consultor técnico; Julgamento; Facto; Prova; Inquérito; Pronúncia; Arquivamento do inquérito; Notificação; Acusação.*

Acusação particular (Proc. Penal) – Peça processual necessariamente deduzida contra o arguido pelo assistente para que o processo prossiga os seus termos, sob pena de arquivamento do processo, no caso de se tratar de um crime particular.

É efectuada findo o inquérito, quando o procedimento depender dela, depois de o Ministério Público ter notificado o assistente para que a apresente, em virtude de se considerar terem sido recolhidos indícios suficientes de se ter verificado o crime e de se ter apurado quem foi o seu agente (ou agentes). Na notificação feita ao assistente para deduzir acusação, o Ministério Público indica se foram recolhidos indícios suficientes da verificação do crime e de quem foram os seus agentes.

Nos crime públicos e semipúblicos, a acusação particular é, nos termos do artigo 284.º, C. P. P., deduzida pelo assistente, até dez dias após a notificação da acusação do Ministério Público (feita nos termos do disposto no artigo 283.º, C. P. P.), pelos factos acusados por este (diz-se, neste caso, que o assistente adere à acusação deduzida pelo Ministério Público), por parte deles ou por outros que não importem alteração substancial daqueles.

Deve conter as indicações tendentes à identificação do arguido, a narração dos factos que fundamentam a aplicação ao arguido de uma pena ou de uma medida de segurança (incluindo, se possível, o lugar, o tempo e a motivação da sua prática, o grau de participação que o agente neles teve e quaisquer circunstâncias relevantes), a indicação das normas aplicáveis, a indicação das testemunhas e eventuais peritos e consultores técnicos a serem ouvidos em julgamento e a indicação de provas a requerer.

A mediação em processo penal pode ter lugar em processo por crime cujo procedimento dependa de acusação particular (V. Lei n.º 21/2007, de 12 de Junho).

V. *Assistente; Acusação; Crime; Crime particular; Arguido; Ofendido; Inquérito; Arquivamento do inquérito; Crime público; Crime semipúblico; Ministério Público; Notificação; Participante; Testemunha; Perito; Consultor técnico; Prova; Julgamento; Indícios; Agente; Notificação; Mediação em processo penal.*

Acusação pelo assistente (Proc. Penal) – De acordo com o artigo 284.º, C. P. P., é a acusação que é deduzida pelo assistente, até dez dias após a notificação da acusação do Ministério Público (feita nos termos do disposto no artigo 283.º, C. P. P.), pelos factos acusados por este, por parte deles ou por outros que não importem alteração substancial daqueles: diz-se, neste caso, que o assistente adere à acusação deduzida pelo Ministério Público.

Deve conter, sob pena de nulidade, as indicações referidas no artigo 283.º., C. P. P., referentes à acusação deduzida pelo Ministério Público.

Contudo, esta acusação feita pelo assistente pode limitar-se a mera adesão à acusação proferida pelo Ministério Público e, neste caso, só devem ser indicadas as provas a produzir ou a requerer que não constem da acusação já antes elaborada pelo Ministério Público.

Nos crimes particulares, o assistente deduz acusação, nos termos do artigo 285.º C. P. P., findo o inquérito, depois de o Ministério Público o ter notificado para o efeito. Nestes processos, o Ministério Público pode deduzir acusação nos termos do artigo 285.º, n.º 3, C. P. P..

V. *Acusação; Assistente; Ministério Público; Acusação pelo Ministério Público; Acusação particular; Alteração substancial dos factos descritos na acusação ou na pronúncia; Nulidade; Crime particular; Prova; Inquérito; Notificação; Crime; Indícios; Crime público; Crime semi-público; Arguido; Pena; Medida de segurança; Perito; Consultor técnico.*

Acusação pelo Ministério Público (Proc. Penal) – Acusação, deduzida no prazo de dez dias, quando após o inquérito se encontrem recolhidos indícios suficientes de se ter verificado o crime e de quem foi o(s) seu(s) agente(s) – artigo 283.º, n.º 1, C. P. P.: "Se durante o inquérito tiverem sido recolhidos indícios suficientes de se ter verificado crime e de quem foi o seu agente, o Ministério Público, no prazo de dez dias, deduz acusação contra aquele".

Esta acusação, nos termos do disposto artigo 283.º, n.º 3, C. P. P., deve conter, sob pena de ser nula: indicações tendentes à identificação do arguido; narração dos factos que fundamentam a aplicação ao arguido de uma pena ou de uma medida de segurança; indicação das disposições legais aplicáveis; rol com um máximo de vinte testemunhas, com a respectiva identificação; indicação de eventuais peritos ou consultores técnicos; indicação de outras provas a produzir ou requerer; data e assinatura.

Com a dedução desta peça processual termina a fase do inquérito.

Nos crimes particulares, o Ministério Público pode deduzir acusação depois da acusação do assistente, nos termos do artigo 285.º, n.º 3, C. P. P..

V. *Acusação; Ministério Público; Inquérito; Indícios; Crime; Nulidade; Arguido; Pena; Medida de segurança; Testemunha; Rol de testemunhas; Perito; Consultor técnico; Assinatura; Crime particular; Assistente; Prazo.*

Adequação (Dir. Penal) – V. *Causalidade adequada.*

Adequação social (Dir. Penal) – Critério que assenta numa ideia de aceitação de determinados comportamentos por parte da sociedade e que fundamenta a exclusão da responsabilidade penal em casos que, de acordo com uma perspectiva puramente literal, estariam abrangidos pelo tipo incriminador.

São exemplos de casos em que a exclusão da responsabilidade penal pode fundamentar-se em critérios de adequação social as agressões entre os participantes num jogo de boxe ou as pequenas agressões físicas do educador infligidas ao seu educando no exercício do poder-dever de educar.

Por via de regra, os critérios de adequação social fundamentam a exclusão da tipicidade.

Para quem considere que a tipicidade não é excluída nestas situações, será então de admitir a exclusão da responsabilidade penal por justificação do facto.

V. *Causas de exclusão da tipicidade; Causas de justificação; Responsabilidade criminal; Tipo.*

Adiamento da audiência (Proc. Penal) – Em processo penal a audiência é contínua.

Assim, o adiamento da audiência só é admissível quando "não sendo a simples interrupção bastante para remover o obstáculo:

a) faltar ou ficar impossibilitada de participar pessoa que não possa ser de imediato substituída e cuja presença seja indispensável, por força da lei ou de despacho do tribunal, excepto se estiverem presentes outras pessoas, caso em que se procederá à sua inquirição ou audição, mesmo que tal implique a alteração da ordem de produção de prova (referida no artigo 341.º, C. P. P.);

b) for absolutamente necessário proceder à produção de qualquer meio de prova superveniente e indisponível no momento em que a audiência estiver a decorrer;

c) surgir qualquer questão prejudicial, prévia ou incidental, cuja resolução seja essencial para a boa decisão da causa e que torne altamente inconveniente a continuação da audiência;

d) for necessário proceder à elaboração de relatório social ou de informação dos serviços de reinserção social".

V. artigo 328.º, C. P. P..

Em caso de interrupção da audiência ou do seu adiamento, aquela retoma-se a partir do último acto processual praticado na ausência interrompida ou adiada.

A interrupção e o adiamento dependem sempre de despacho fundamentado do presidente, que é notificado a todos os sujeitos processuais.

V. Acórdão do Supremo Tribunal de Justiça, n.º 11/2008, publicado no *Diário da República* de 11 de Dezembro de 2008 que decidiu: *Nos termos do artigo 328.º, n.º 6, do Código de Processo Penal, o adiamento da audiência de julgamento por prazo superior a 30 dias implica a perda de eficácia da prova produzida com sujeição ao princípio da imediação. Tal perda de eficácia ocorre independentemente da existência de documentação a que alude o artigo 363.º do mesmo diploma.*

V. *Prova; Arguido; Relatório Social; Inquirição; Meio de prova; Audiência de discussão e julgamento; Julgamento; Lei; Tribunal; Despacho; Meios de prova; Questão prejudicial; Questão prévia; Serviços de reinserção social; Relatório Social; Acto processual; Sujeito processual.*

Administração danosa (Dir. Penal) – Crime previsto no artigo 235.º, C. P., que se traduz na provocação de dano patrimonial importante, em unidade económica do sector público ou cooperativo, com infracção intencional de normas de controlo ou de regras económicas de uma gestão racional.

O Código Penal não define normas de controlo nem regras económicas de uma gestão racional, pelo que a densificação de tais conceitos há-de decorrer de uma ideia de gestão normalmente diligente e cuidada.

De acordo com o artigo 235.º, n.º 2, C. P., a punição não tem lugar se o dano se verificar contra a expectativa fundada do agente.

V. *Crime; Dano patrimonial*.

Admissão do recurso (Proc. Penal) – De acordo com o artigo 414.º, n.º 1, C. P. P., "interposto o recurso e junta a motivação ou expirado o prazo para o efeito, o juiz profere despacho e, em caso de admissão, fixa o respectivo efeito e regime de subida".

"A decisão que admita o recurso ou que determine o efeito que lhe cabe ou o regime de subida não vincula o tribunal superior" (n.º 3 do mesmo artigo). O n.º 4 estabelece que, "se o recurso não for interposto de decisão que conheça, a final, do objecto do processo, o tribunal pode, antes de ordenar a remessa do processo ao tribunal superior, sustentar ou reparar aquela decisão"; por seu lado, o n.º 5 dispõe que, "havendo arguidos presos, deve mencionar-se tal circunstância, com indicação da data da privação da liberdade e do estabelecimento prisional onde se encontrem".

O n.º 2 da mesma disposição determina que "o recurso não é admitido quando a decisão for irrecorrível, quando for interposto fora de tempo, quando o recorrente não tiver as condições necessárias para recorrer ou quando faltar a motivação".

Se o recurso subir nos próprios autos e houver arguidos privados da liberdade, o tribunal, antes da remessa do processo para o tribunal superior, ordena a extracção de certidão das peças processuais necessárias ao seu reexame.

Havendo vários recursos da mesma decisão, dos quais alguns versem sobre matéria de facto e outros exclusivamente sobre matéria de direito, são todos julgados conjuntamente pelo tribunal competente para conhecer matéria de facto.

V. artigo 414.º, C. P. P..

V. *Recurso; Interposição de recurso; Motivação do recurso; Prazo; Despacho; Efeito suspensivo do processo; Efeito suspensivo do recurso; Efeito devolutivo do recurso; Subida dos recursos; Preso; Não admissão do recurso; Matéria de direito; Matéria de facto*.

Admoestação (Dir. Penal) – Pena, cujo regime geral se encontra consagrado no artigo 60.º C. P.: consiste numa solene censura oral feita ao agente, em audiência, pelo tribunal.

A admoestação só tem lugar se ao agente dever ser aplicada pena de multa não superior a 120 dias, se o dano tiver sido reparado e se o tribunal concluir que, por esse meio, se realizam de forma adequada e suficiente as finalidades da punição. A admoestação não será aplicada, por regra, se o agente, nos 3 anos anteriores ao facto, tiver sido condenado em qualquer pena, incluída a de admoestação.

O artigo 90.º-C, C. P., prevê a admoestação como pena aplicável às pessoas colectivas.

A admoestação consubstancia também sanção no direito das contra-ordenações. De acordo com o artigo 51.º do Decreto-Lei n.º 433/82, de 27 de Outubro (que contém o regime geral do ilícito de mera ordenação social), a entidade competente para a aplicação da coima pode proferir, por escrito, uma admoestação, quando a reduzida gravidade da infracção e da culpa do agente o justifique.

V. artigo 7.º, n.º 1-*a*), do Decreto-Lei n.º 28/84, de 20 de Janeiro (Infracções Anti-Económicas e Contra a Saúde Pública).

De acordo com os artigos 4.º, n.º 1-*a*), e 9.º da Lei Tutelar Educativa, aprovada pela Lei n.º 166/99, de 14 de Setembro, a admoestação consubstancia uma medida tutelar educativa. Ela "consiste na advertência solene feita pelo juiz ao menor, exprimindo o carácter ilícito da conduta e o seu desvalor e consequências e exortando-o a adequar o seu comportamento às normas e valores jurídicos e a inserir-se, de uma forma digna e responsável, na vida em comunidade".

V. *Pena; Audiência de discussão e julgamento; Pena de multa; Dano; Fins das penas; Contra-ordenação; Coima; Culpa; Infracção; Medidas tutelares educativas; Juiz; Menor.*

Adopção – Criação, por sentença judicial, de um vínculo jurídico semelhante ao que resulta de filiação natural entre duas pessoas, independentemente dos laços de sangue – artigo 1586.º do Código Civil.

O n.º 7 do artigo 36.º da Constituição da República dispõe que "a adopção é regulada e protegida nos termos da lei, a qual deve estabelecer formas céleres para a respectiva tramitação".

O artigo 1974.º, n.º 1, do Código Civil, diz que a adopção só será decretada quando o tribunal entender que ela trará vantagens para o adoptando, se funde em motivos legítimos, não envolva sacrifício injusto para os outros filhos do adoptante e seja possível supor que entre o adoptante e o adoptando se estabelecerá uma ligação idêntica à da filiação.

A adopção pode ser plena ou restrita, divergindo o respectivo regime jurídico no que respeita aos pressupostos e efeitos. O Decreto-Lei n.º 496/77, de 25 de Novembro, introduziu profundas alterações no regime da adopção, designadamente, no que respeita aos requisitos do adoptante, vindo, depois, o Decreto-Lei n.º 120/98, de 8 de Maio, e, mais recentemente, a Lei n.º 31/2003, de 22 de Agosto, a alterar de novo vários preceitos do Código Civil e da legislação pertinente na matéria (a denominada O. T. M., o Decreto-Lei n.º 185/93, de 22 de Maio, e a Lei n.º 147/99, de 1 de Setembro – Lei de Protecção de Crianças e Jovens em Perigo).

V. artigos 1973.º e segs., C. C., tendo os artigos 1974.º, 1978.º, 1979.º, 1980.º, 1981.º, 1983.º e 1992.º a redacção que lhes foi dada pela Lei n.º 31/2003, de 22 de Agosto, que também aditou ao Código Civil o artigo 1978.º-A.

A Convenção Relativa à Protecção das Crianças e à Cooperação em Matéria de Adopção Internacional, foi adoptada na Haia em 29 de Maio de 1993, foi aprovada, para ratificação, pela Resolução da Assembleia da República n.º 8/2003, de 25 de Fevereiro, e ratificada pelo Decreto do Presidente da República n.º 6/2003, da mesma data; o respectivo instrumento de ratificação foi depositado em 19 de Março de 2004, estando a Convenção em vigor para Portugal desde 1 de Julho de 2004, conforme o Aviso n.º 110/2004, de 3 de Junho, e sendo a autoridade nacional competente e Direcção-Geral da Segurança Social da Família e da Criança.

V. também a Convenção Europeia em Matéria de Adopção de Crianças, aberta à assinatura dos Estados em Estrasburgo, a 24 de Abril de 1967, assinada por Portugal em 4 de Julho de 1978, aprovada, para ratificação, com duas reservas, pela Resolução da Assembleia da República n.º 4/90, de 31 de Janeiro, e ratificada por Decreto do Presidente da República n.º 7/90, de 20 de Fevereiro, e cujo instrumento de ratificação foi depositado segundo aviso publicado no *Diário da República*, I-A série, de 30 de Maio.

Advogado – Licenciado em Direito, inscrito na Ordem dos Advogados, que exerce o mandato judicial como profissão.

O artigo 208.º da Constituição da República dispõe que "a lei assegura aos advogados as imunidades necessárias ao exercício do mandato e regula o patrocínio forense como elemento essencial à administração da justiça".

Participam na administração da justiça, competindo-lhes, de forma exclusiva e com as excepções previstas na lei, exercer o patrocínio das partes.

No exercício da sua actividade, os advogados gozam de discricionariedade técnica e encontram-se apenas vinculados a critérios de legalidade e às regras deontológicas próprias da profissão.

O artigo 114.º, n.º 1, da Lei de Organização e Funcionamento dos Tribunais Judiciais (Lei n.º 3/99, de 13 de Janeiro, rectificada pela Declaração de rectificação n.º 7/99, de 16 de Fevereiro, e alterada pela Lei n.º 101/99, de 26 de Julho, pelos Decretos-Leis n.ºs 323/2001, de 17 de Dezembro, e 38/2003, de 8 de Março – este rectificado pela Declaração de rectificação n.º 5-C/2003, de 30 de Abril –, e pela Lei n.º 105/2003, de 10 de Dezembro, pelo Decreto-Lei n.º 53/2004, de 18 de Março, pela Lei n.º 42/2005, de 29 de Agosto, e pelo Decreto-Lei n.º 76-A/2006, de 29 de Março, o último rectificado pela Declaração de rectificação n.º 28-A/2006, de 26 de Maio), reproduz o referido preceito constitucional.

Os advogados devem encontrar-se obrigatoriamente inscritos na Ordem dos Advogados, instituição que os representa (artigos 61.º, n.º 1, 65.º e 200.º da Lei n.º 15/2005, de 26 de Janeiro de 2006 – que aprova o Estatuto da Ordem dos Advogados e revoga o anterior estatuto, contido no Decreto-Lei n.º 84/84, de 16 de Março –, e artigo 1.º, n.º 1, da Lei n.º 49/2004, de 24 de Agosto"A inscrição como advogado depende do cumprimento das obrigações de estágio com classificação positiva, nos termos do Regulamento dos Centros Distritais de Estágio" – artigo 192.º do referido Estatuto. V. também os artigos 179.º a 181.º do Estatuto da Ordem dos Advogados, nos quais se estabelecem as regras de inscrição na Ordem dos Advogados e a forma de obtenção da respectiva cédula profissional .

Por outro lado, os artigos 196.º, 197.º, 198.º, 199.º e 200.º do Estatuto estabelecem o reconhecimento do título profissional de advogado em Portugal aos nacionais dos demais estados membros da União Europeia, "sendo, como tal autorizados a exercer a respectiva profissão", as pessoas que "nos respectivos países membros da União Europeia, estejam autorizadas a exercer as actividades profissionais" enumeradas no corpo do artigo 196.º, implicando o exercício da advocacia, nestes casos, "igualdade de direitos e de deveres em relação aos advogados inscritos em Portugal, nomeadamente no que respeita ao uso do "seu título profissional de origem", expresso na respectiva língua oficial e com a indicação da organização profissional a que pertence ou da jurisdição junto da qual se encontra admitido nos termos da lei do seu estado de origem".

Os advogados da União Europeia podem ainda exercer a sua actividade em Portugal com o título de advogado, mediante prévia inscrição na Ordem dos Advogados, (artigos 197.º e 198.º). O exercício da advocacia por parte destes advogados com o título profissional de origem "depende de prévio registo na Ordem dos Advogados" – artigo 198.º, e estão sujeitos às "regras profissionais e deontológicas aplicáveis aos advogados portugueses, sem prejuízo das regras do estado de origem a que devam continuar a sujeitar-se".

Quanto à prestação ocasional de serviços profissionais de advocacia em Portugal por advogados da União Europeia "que exerçam a sua actividade [...] com o seu título profissional de origem", ela "é livre, sem prejuízo de estes deverem dar prévio conhecimento desse facto à Ordem dos Advogados" (v. artigo 198.º). Os "advogados da União Europeia que exerçam a sua actividade com o seu título profissional de origem estão sujeitos às regras profissionais e deontológicas aplicáveis aos advogados portugueses, sem prejuízo das regras do estado de origem a que devem continuar a sujeitar-se", sendo que aqueles que se encontrem estabelecidos em Portugal a título permanente e registados "elegerão, de entre si, um representante ao Congresso dos Advogados Portugueses".

A Lei n.º 49/2004, de 24 de Agosto de 2004 define o sentido e o alcance dos actos próprios dos advogados e dos solicitadores (v. artigo 1.º: "apenas os licenciados em Direito com inscrição em vigor na Ordem dos Advogados e os solicitadores inscritos na Câmara dos Solicitadores podem praticar os actos próprios dos advogados e dos solicitadores) e tipifica o crime de procuradoria ilícita (crime cometido por quem "não sendo advogado nem solicitador praticar actos próprios dos advogados e dos solicitadores e auxiliar ou colaborar na prática de actos próprios dos advogados e dos solicitadores" – v. artigo 7.º). Esta Lei não foi revogada pela Lei n.º 15/2005, na medida em que os Estatutos, no seu artigo 62.º, no que diz respeito ao conceito de mandato forense ("considera-se mandato forense o mandato judicial conferido para ser exercido em qualquer tribunal, incluindo os tribunais ou comissões arbitrais e os julgados de paz"), para ela remetem.

Para os advogados e os advogados estagiários, quando pleiteiem oralmente, é obrigatório o uso da toga ou trajo profissional – artigo 69.º dos Estatutos.

No campo da deontologia profissional, e no exercício da sua profissão "a honestidade, probidade, rectidão, lealdade, cortesia e sinceridade são obrigações profissionais". Assim, deve o advogado proceder com urbanidade. O advogado "é obrigado a guardar segredo profissional no que respeita a todos os factos cujo conhecimento lhe advenha do exercício das suas funções ou da prestação dos seus serviços" – v. artigos 83.º, 87.º e 90.º do Estatuto da Ordem dos Advogados.

O Decreto-Lei n.º 76-A/2006, de 29 de Março, rectificado pela Declaração de rectificação n.º 28-A/2006, de 26 de Maio, dispõe, no seu artigo 38.º, n.º 1, que "sem prejuízo da competência atribuída a outras entidades [...] os advogados [...] podem fazer reconhecimentos simples e com menções especiais, presenciais e por semelhança, autenticar documentos particulares, certificar, ou fazer certificar, traduções de documentos nos termos previstos na lei notarial", determinando o n.º 2 da mesma disposição que estes reconhecimentos, autenticações e certificações "conferem ao documento a mesma força probatória que teria se tais actos tivessem sido realizados com intervenção notarial".

V. *Mandato judicial; Intervenção obrigatória de advogado; Ordem dos Advogados; Trânsito em julgado; Segredo; Segredo profissional; Tribunal; Mandato; Advogado estagiário; Solicitador; Documento; Notário; Documento autêntico.*

Advogado estagiário – Os licenciados em Direito que queiram tornar-se advogados inscrevem-se na Ordem dos Advogados, para o efeito realizando um estágio, período durante o qual se designam por advogados estagiários (designação que substituiu a antiga designação legal de candidatos à advocacia), encontrando-se a sua competência definida no artigo 189.º da Lei n.º 15/2005, de 26 de Janeiro (que revogou o Decreto-Lei n.º 84/84, de 16 de Março), – Estatuto da Ordem dos Advogados.

De acordo com o n.º 1 deste artigo 189.º, uma vez obtida a cédula profissional como advogado estagiário, "este pode autonomamente, mas sempre sob orientação do patrono, praticar os seguintes actos profissionais: *a)* Todos os actos da competência dos solicitadores; *b)* Exercer a advocacia em processos penais da competência de tribunal singular e em processos não penais quando o respectivo valor caiba na alçada da 1.ª instância; *c)* Exercer a advocacia em processo da competência dos tribunais de menores e em processos de divórcio por mútuo consentimento; *d)* Exercer a consulta jurídica". "Pode ainda o advogado estagiário praticar actos próprios da advocacia em todos os demais processos, independentemente da sua natureza e do seu valor, desde que efectivamente acompanhado de advogado que assegure a tutela do seu tirocínio, seja o seu patrono ou o seu patrono formador" – n.º 2 da mesma disposição.

"O advogado estagiário deve indicar, em qualquer acto em que intervenha, apenas e sempre esta sua qualidade profissional" – artigo 189.º, n.º 3.

O artigo 192.º, n.º 1, deste diploma estabelece que "a inscrição como advogado depende do cumprimento das obrigações de estágio com classificação positiva, nos termos do regulamento dos centros distritais de estágio aprovado". "Exceptuam-se do disposto no número anterior, prescindindo-se da realização do estágio e da obrigatoriedade de se submeter ao exame final de avaliação e agregação, podendo requerer a sua inscrição imediata como advogados: *a)* Os doutores em Ciências Jurídicas, com efectivo exercício da docência; *b)* Os antigos magistrados com exercício profissional por período igual ou superior ao do estágio, que possuam boa classificação".

O estágio destina-se "a habilitar e certificar publicamente que o candidato, licenciado em Direito, obteve formação técnico-profissional e deontológica adequada ao início da actividade e cumpriu com os demais requisitos impostos pelo presente Estatuto e regulamentos para a aquisição do título de advogado", tendo "a duração global mínima de dois anos e tem início, pelo menos, duas vezes em cada ano civil, em datas a fixar pelo conselho geral".

V. artigos 184.º e segs. do referido Estatuto.

Na falta ou impedimento de advogados, o patrocínio, no âmbito do apoio judiciário, pode ser exercido "por advogado estagiário".

De acordo com o artigo 12.º da Portaria n.º 210/2008, de 29 de Fevereiro (que altera a Portaria n.º 10/2008, de 3 de Janeiro), que regulamenta a Lei n.º 34/2004, de 29 de Julho (acesso ao direito), na redacção dada pela Lei n.º 47/2007, de 28 de Agosto, "sem prejuízo das competências estatutárias que lhes estão cometidas, os advogados estagiários podem participar no sistema de acesso ao direito, mediante acompanhamento por parte do seu patrono, em todas as diligências e processos a este atribuídos". "A Ordem dos Advogados define os termos da participação dos advogados estagiários, em diligências e processos que não estejam atribuídos ao seu patrono".
V. *Apoio judiciário; Nomeação oficiosa; Honorários; Ordem dos Advogados; Magistrado; Advogado; Consulta jurídica.*

Afinidade – Vínculo que liga cada um dos cônjuges aos parentes do outro.
"A afinidade determina-se pelos mesmos graus e linhas que definem o parentesco e não cessa pela dissolução do casamento".
A afinidade não gera afinidade.
V. artigos 1584.º e 1585.º do Código Civil.
A relevância jurídica da afinidade é menos extensa do que a do parentesco: assim, por exemplo, não produz efeitos sucessórios e, quanto a alimentos, apenas os produz no caso do padrasto ou madrasta, relativamente a enteados menores que estejam ou estivessem a cargo do cônjuge, no momento da morte deste (v. artigo 2009.º, n.º 1-*f*), Código Civil).
V. *Parentesco.*

Agente (Dir. Penal) – O Código Penal e a legislação penal avulsa referem-se em vários preceitos ao agente.
Não é, contudo, fornecida uma definição.
Nessa medida, deve entender-se que tal termo pretende significar, de modo genérico, o sujeito penalmente responsável, independentemente da sua forma de comparticipação.
V. *Autor; Autor material; Autor mediato; Co-autor; Comparticipação; Cúmplice, Instigador.*

Agente encoberto (Dir. Penal; Proc. Penal) – Agente que, ao abrigo da Lei n.º 101/2001, de 25 de Agosto (Lei das acções encobertas para fins de prevenção e investigação criminal), e no âmbito de uma acção encoberta, desenvolva uma conduta que consubstancie a prática de actos preparatórios ou de execução de uma infracção, em qualquer forma de comparticipação diversa da instigação e da autoria mediata.
V. *Agente; Acção encoberta; Actos preparatórios; Actos de execução; Comparticipação; Instigador; Autoria; Autor mediato.*

Agente infiltrado (Dir. Penal; Proc. Penal) – V. *Agente encoberto.*

Agente principal (Dir. Penal) – V. *Autor.*

Agente provocador (Dir. Penal; Proc. Penal) – Designação que se reporta ao agente que, de modo dissimulado e inserido no âmbito e uma investigação, leva outrem à prática de um crime.
O sistema português não admite a prova obtida por via da actuação do agente provocador.
V. *Agente encoberto; Prova; Crime.*

Agente secundário (Dir. Penal) – V. *Cúmplice, Instigador, Participante.*

Agravação (Dir. Penal) – Aumento dos limites mínimo e máximo da pena de um tipo base, ou de um deles, por força de uma circunstância tipicamente descrita.
V. *Agravação pelo resultado; Circunstâncias agravantes; Pena; Tipo.*

Agravação pelo resultado (Dir. Penal) – Aumento dos limites da pena de um tipo base, ou de um dos seus limites, por força de um resultado tipicamente descrito objectivamente imputável à conduta do agente e subjectivamente imputável ao agente, pelo menos a título de negligência (artigo 18.º, C. P.).
O resultado agravante pode porém ser doloso, ou seja, o resultado típico que fundamenta uma agravação da pena pode estar abrangido pelo dolo do agente (é o caso das ofensas à integridade física graves, previstas no artigo 144.º, C. P.; por exemplo, o agente pretende causar uma ofensa à integridade física de outrem, pri-

vando-o de um membro – artigo 144.º-*a)*, C. P.).

O tipo base, nos casos de agravação pelo resultado, pode ser doloso ou negligente (v., quanto aos casos de tipo base negligente, o exemplo das ofensas à integridade física por negligência, previstas no n.º 3 do artigo 148.º C. P.).

V. *Agente; Agravação; Crime preterintencional; Imputação objectiva; Imputação subjectiva; Negligência; Tipo; Resultado.*

Agravante (Dir. Penal) – V. *Circunstâncias agravantes.*

Ajuda ao suicídio (Dir. Penal) – V. *Incitamento ou ajuda ao suicídio.*

Alçada (Proc. Civil; Proc. Penal) – Limite de valor da acção dentro do qual um tribunal julga sem que das suas decisões caiba recurso ordinário.

A alçada dos tribunais é decisiva para definir a forma de processo a empregar em razão do respectivo valor; a admissibilidade dos recursos por efeito das alçadas é regulada pela lei em vigor ao tempo em que foi instaurada a acção.

No domínio do processo penal, não há alçadas, enquanto critério definidor da forma de processo (artigo 72.º, C. P. P.). A alçada apenas poderá ser relevante em caso de dedução do pedido de indemnização civil em separado e correspondente recurso. A admissibilidade dos recursos por efeito das alçadas é regulada pela lei em vigor ao tempo em que foi instaurada a acção.

V. *Acção; Tribunal; Recurso; Recursos ordinários; Indemnização.*

Alcoólico – Pessoa que ingere habitualmente, com sinais de dependência, bebidas alcoólicas ou que, não as ingerindo habitualmente, revela sinais de dependência dessas bebidas.

Alegações orais (Proc. Penal) – Dissertação oral que é realizada finda a produção da prova em julgamento, sucessivamente, pelo Ministério Público, pelos advogados do assistente e das partes civis e pelo advogado defensor do arguido, e na qual se expõem as conclusões, de facto e de direito, que tenham extraído da prova produzida em audiência.

As alegações orais não podem exceder para cada um dos intervenientes uma hora.

Nos termos do artigo 360.º, C. P. P., é admissível réplica, "a exercer uma só vez". "A réplica deve conter-se dentro dos limites estritamente necessários para a refutação dos argumentos contrários que não tenham sido anteriormente discutidos" – n.º 2 do mesmo artigo. A réplica não pode exceder para cada parte os vinte minutos.

V. *Julgamento; Prova; Ministério Público; Advogado; Assistente; Partes civis; Defensor; Arguido; Réplica.*

Alibi (Proc. Penal) – Expressão de uso corrente que visa significar o meio de defesa apresentado pelo arguido para fazer prova de que, no momento da prática do crime e, assim, da ocorrência do facto ou factos de que é acusado, estava em lugar diferente daquele em que o(s) facto(s) porque é acusado foi cometido.

V. *Arguido, Facto; Crime.*

Aliciamento de forças armadas ou de outras forças militares (Dir. Penal) – Crime previsto no artigo 39.º do Código de Justiça Militar, aprovado pela Lei n.º 100/ 2003, de 15 de Novembro (encontrava-se previsto no artigo 237.º, C. P. – Aliciamento de forças armadas), que se traduz em intentar o recrutamento de elementos das Forças Armadas Portuguesas para uma guerra contra Estado ou território estrangeiros, pondo-se em perigo a convivência pacífica entre os povos.

V. *Crime; Crime de empreendimento.*

Alteração da qualificação jurídica dos factos (Dir. Penal; Proc. Penal) – Verifica-se uma alteração da qualificação jurídica dos factos quando os factos imputados ao arguido são subsumidos num tipo legal de crime diferente daquele ao qual os mesmos factos tinham sido anteriormente subsumidos. Assim, há alteração da qualificação jurídica dos factos constantes da acusação, quando o tribunal decide subsumir os factos constantes da acusação num tipo de crime diverso daquele que consta da acusação.

De acordo com o artigo 358.º, n.º 3, C. P. P., é aplicável à alteração da qualificação jurídica no julgamento o regime da alteração não substancial de factos, ou seja, o presidente do tribunal comunica a alteração ao arguido e concede-lhe, se ele o requerer, o tempo estritamente necessário para a preparação da defesa.

V. Acórdão do Supremo Tribunal de Justiça n.º 7/2008, publicado no *Diário da República*, I Série, de 30 de Julho: "Em processo por crime de condução perigosa de veículo ou por crime de condução de veículo em estado de embriaguez ou sob a influência de estupefacientes ou substâncias psicotrópicas, não constando da acusação ou da pronúncia a indicação, entre as disposições legais aplicáveis, do n.º 1 do artigo 69.º do Código Penal, não pode ser aplicada a pena acessória de proibição de conduzir ali prevista, sem que ao arguido seja comunicada, nos termos dos n.ºˢ 1 e 3 do artigo 358.º do Código de Processo Penal, a alteração da qualificação jurídica dos factos daí resultante, sob pena de a sentença incorrer na nulidade prevista na alínea b) do n.º 1 do artigo 379.º deste último diploma legal".

V. *Crime; Tipo; Ilicitude; Culpa; Moldura penal; Agravação; Subsunção; Alteração não substancial dos factos descritos na acusação ou na pronúncia.*

Alteração de factos (Proc. Penal) – Alteração dos elementos descritivos da acção que é imputada ao arguido, acção essa geradora de responsabilidade criminal.

Quando se fala em alteração de factos, faz-se referência a uma mudança (que pode resultar, por exemplo, de novas provas) na descrição dos acontecimentos que consubstanciam a prática do crime pelo arguido.

V. *Alteração da qualificação jurídica dos factos; Alteração substancial dos factos; Alteração não substancial dos factos descritos na acusação ou na pronúncia; Alteração dos factos descritos na acusação ou no requerimento para abertura da instrução.*

Alteração de marcos (Dir. Penal) – Crime previsto no artigo 216.º, C. P., que se traduz em arrancar ou alterar marco, com intenção de apropriação, total ou parcial, para o agente ou para terceiro, de coisa imóvel alheia.

V. *Crime; Coisa imóvel.*

Alteração dos factos descritos na acusação ou no requerimento para abertura da instrução (Proc. Penal) – Nos termos do artigo 303.º, C. P. P., se dos actos de instrução ou do debate instrutório resultar alteração não substancial dos factos descritos ou na acusação do Ministério Público ou do assistente, ou no requerimento para a abertura da instrução, o juiz, oficiosamente ou a requerimento, comunica a alteração ao defensor, interroga o arguido sobre ela sempre que possível e concede-lhe, a requerimento, um prazo para preparação da defesa não superior a oito dias com o consequente adiamento do debate instrutório, se necessário.

Uma alteração substancial dos factos descritos na acusação ou no requerimento para abertura da instrução não pode ser tomada em conta pelo tribunal para o efeito de pronúncia do processo em curso, nem implica extinção da instância.

A comunicação da alteração substancial dos factos ao Ministério Público vale como denúncia para que ele proceda pelos novos factos, se estes forem autonomizáveis em relação ao objecto do processo.

V. *Alteração de factos; Instrução; Debate instrutório; Acusação; Ministério Público; Assistente; Requerimento; Requerimento para a abertura da instrução; Juiz; "Ex officio"; Inquérito; Defensor; Arguido; Pronúncia; Objecto do processo; Prazo; Denúncia.*

Alteração não substancial dos factos descritos na acusação ou na pronúncia (Proc. Penal) – Situação que ocorre quando, no decurso da audiência, se verificar uma alteração não substancial dos factos descritos naquelas peças processuais – acusação ou decisão de pronúncia –, mas "com relevo para a decisão da causa".

Neste caso, o presidente deve, oficiosamente ou a requerimento, comunicar a alteração ao arguido e conceder-lhe, a requerimento, o tempo necessário para preparar a defesa, salvo se a alteração provier de factos alegados pela defesa.

Processualmente a tramitação é idêntica quando o tribunal alterar a qualificação jurídica dos factos que tenham sido descritos na acusação ou na pronúncia.
Esta situação está prevista no artigo 358.º, C. P. P..
O Assento n.º 2/93, do Supremo Tribunal de Justiça, publicado no *Diário da República*, I-A série, de 10 de Março de 1993, entendeu: "Para os fins dos artigos 1.º, alínea *f)*, 120.º, 284.º, n.º 1, 303.º, 309.º, n.º 2, 359.º, n.ºˢ 1 e 2, e 379.º, alínea *b)*, do Código de Processo Penal, não constitui alteração substancial dos factos descritos na acusação ou na pronúncia a simples alteração da respectiva qualificação jurídica (ou convolação), ainda que se traduza na submissão de tais factos a uma figura criminal mais grave". A este respeito, o Acórdão n.º 445/97 do Tribunal Constitucional, publicado no *Diário da República* I-A série, de 5 de Agosto de 1997, decidiu: "Declarar inconstitucional com força obrigatória geral – por violação do princípio constante do n.º 1 do artigo 32.º da Constituição –, a norma ínsita na alínea *f)* do n.º 1 do artigo 1.º do Código de Processo Penal em conjugação com os artigos 120.º, 284.º, n.º 1, 303.º, n.º 3, 309.º, n.º 2, 359.º, n.ºˢ 1 e 2, e 379.º, alínea *b)*, do mesmo Código, quando interpretada nos termos constantes do Acórdão lavrado pelo Supremo Tribunal de Justiça, de 27 de Janeiro de 1993 e publicado, sob a designação de Assento n.º 2/93, no *Diário da República*, I-A série, de 10 de Março de 1993 – aresto esse entretanto revogado pelo Acórdão n.º 279/95, do Tribunal Constitucional –, no sentido de não constituir alteração substancial dos factos descritos na acusação ou na pronúncia a simples alteração da respectiva qualificação jurídica, mas tão-somente na medida em que, conduzindo a diferente qualificação jurídica dos factos à condenação do arguido em pena mais grave, não se prevê que este seja prevenido da nova qualificação e se lhe dê, quanto a ela, oportunidade de defesa".
V. *Facto; Audiência de discussão e julgamento; Alteração de factos; Acusação; Pronúncia; Arguido; Juiz; "Ex officio"; Requerimento; Instrução; Qualificação jurídica; Alteração substancial dos factos; Alteração substancial dos factos descritos na acusação ou na pronúncia; Pena; Alteração da qualificação jurídica dos factos.*

Alteração substancial dos factos (Proc. Penal) – De acordo com o artigo 1.º-*f)*, C. P. P., é a alteração de factos que tem por efeito a imputação ao arguido de um tipo de crime diverso ou a agravação dos limites máximos das sanções aplicáveis.
V. *Facto; Alteração de factos; Arguido; Tipo; Crime; Sanção; Crime diverso.*

Alteração substancial dos factos descritos na acusação ou na pronúncia (Proc. Penal) – Alteração dos factos que ocorre no julgamento, relativamente aos factos que tenham sido descritos na acusação ou na pronúncia. A alteração substancial de factos não pode ser tomada em conta pelo tribunal para o efeito de condenação do arguido no processo em curso, nem implica a extinção da instância.
Todavia, a comunicação dessa alteração ao Ministério Público vale como denúncia para que ele proceda pelos factos novos, o que sucede se estes forem autonomizáveis em relação ao objecto do processo.
Ressalvam-se desta situação "os casos em que o Ministério Público, o arguido e o assistente estiverem de acordo com a continuação do julgamento pelos novos factos" (se estes não determinarem a incompetência do tribunal, nos termos do n.º 3 do artigo 359.º, C. P. P.). Neste caso, "o presidente concede ao arguido, a requerimento deste, prazo para a preparação da defesa, não superior a dez dias, com o consequente adiamento da audiência, se necessário".
V. *Facto; Alteração de factos; Acusação; Inquérito; Instrução; Pronúncia; Tribunal; Arguido; Ministério Público; Assistente; Denúncia; Competência; Requerimento; Audiência de discussão e julgamento; Objecto do processo.*

Alteração violenta do Estado de Direito (Dir. Penal) – Crime previsto no artigo 325.º, C. P., que se traduz na tentativa de destruição, de alteração ou de subversão do Estado de Direito constitucionalmente estabelecido, por meio de violência ou ameaça de violência.
O artigo 325.º, n.º 2, C. P., prevê uma agravação do crime previsto no n.º 1 para os casos em que o facto é praticado por meio de violência armada.

Por seu turno, o n.º 3 do artigo 325.º, C. P., consagra a atenuação especial da pena prevista no n.º 2 nos casos em que o agente, não tendo exercido funções de comando, se render sem opor resistência ou entregar ou abandonar as armas antes ou imediatamente depois da advertência da autoridade.
V. *Agravação; Atenuação especial da pena; Crime; Crime de empreendimento; Desistência; Tentativa; Arma.*

Âmbito de protecção da norma (Dir. Penal) – V. *Esfera de protecção da norma; Norma jurídica.*

Ameaça (Dir. Penal) – Crime previsto no artigo 153.º, C. P., que consiste em "ameaçar outra pessoa com a prática de crime contra a vida, a integridade física, a liberdade pessoal, a autodeterminação sexual ou bens patrimoniais de considerável valor, de forma adequada a provocar-lhe medo ou inquietação ou a prejudicar a sua liberdade de determinação".
A lei não explicita o que se deve considerar como "bens patrimoniais de considerável valor". É, no entanto, sustentável a aplicação do critério constante do artigo 202.º-*a*), C. P., segundo o qual "valor elevado" é aquele que exceder 50 unidades de conta avaliadas no momento da prática do facto.
O crime de ameaça é agravado, nos termos do artigo 155.º, C. P., quando realizado por meio de ameaça com prática de crime punível com pena superior a 3 anos, contra pessoa particularmente indefesa, contra uma das pessoas referidas na alínea *j*) do n.º 2 do artigo 132.º, C. P., ou por funcionário com grave abuso de autoridade.
O crime de ameaça é um crime semipúblico.
V. *Crime; Autodeterminação sexual; Integridade física; Liberdade pessoal; Liberdade sexual; Circunstâncias agravantes; Pena; Crime semipúblico.*

Ameaça com prática de crime (Dir. Penal) – Crime contra a paz pública, previsto no artigo 305.º, C. P., que se traduz em causar alarme ou inquietação entre a população mediante ameaça com prática de crime ou fazendo-se crer simuladamente que um crime vai ser cometido.
V. *Ameaça; Crime; Paz pública.*

Amnistia (Dir. Penal) – Termo originário do vocábulo grego *amnestia* que significa esquecimento.
De acordo com o artigo 128.º, n.º 2, C. P., a amnistia extingue o procedimento criminal e, no caso de ter havido condenação, faz cessar a execução tanto da pena e dos seus efeitos, como da medida de segurança.
A amnistia traduz uma manifestação de soberania e consubstancia uma medida de graça que consiste em, através de acto da Assembleia da República (artigo 161.º-*f*) da Constituição da República), considerar não praticados – e, consequentemente, neutralizados os respectivos efeitos – determinados crimes.
Assim, o crime amnistiado considera-se não praticado (ao passo que o perdão se reporta somente aos efeitos da infracção).
Contudo, o artigo 77.º, n.º 4, C. P., ao contrário do que consagrava o regime anterior ao Código Penal de 1982, estabelece que a amnistia (assim como a prescrição da pena, o indulto e o perdão genérico) não obsta à reincidência, isto é, o crime amnistiado é ainda considerado para efeito de punição do agente como reincidente, se entretanto ele praticar outro crime.
Os fundamentos tradicionais da amnistia são a magnanimidade, a ocorrência de eventos especiais e a celebração de festas regulares. São também apontadas como fundamento da amnistia razões de política geral, bem como a correcção do direito, da jurisprudência ou da actividade da Administração.
A amnistia distingue-se do perdão genérico, dado este referir-se somente à pena. Distingue-se igualmente do indulto e da comutação de pena, uma vez que estes têm natureza individual.
Eduardo Correia, *Direito Criminal* – III (2), 1980, pág. 18, refere os conceitos de amnistia própria e de amnistia imprópria. A amnistia própria, concedida antes do trânsito em julgado da sentença penal, seria a medida que se referiria globalmente

ao crime; já a amnistia imprópria, concedida posteriormente à condenação definitiva, referir-se-ia fundamentalmente à pena, aproximando-se, por essa via, do perdão genérico.

Diversos aspectos do regime da amnistia (tais como o seu carácter condicional ou não condicional) são regulados pela respectiva lei que a prevê, sendo, desse modo, variáveis os regimes consagrados e sendo até comum a adopção de soluções próprias de outras figuras, tais como do perdão genérico.

O Tribunal Constitucional apreciou a conformidade à Constituição da Lei n.º 6/96, de 23 de Março, nos Acórdãos n.ᵒˢ 444/97, publicado no *Diário da República*, II série, de 22 de Julho de 1997, e 510/98,publicado no *Diário da República*, II série, de 20 de Outubro de 1998, tendo em ambos os arestos formulado juízos de não inconstitucionalidade.

V. *Pena; Medida de segurança; Crime; Perdão; Prescrição da pena; Indulto; Comutação de pena; Reincidência; Medida de graça; Trânsito em julgado; Perdão genérico.*

Amortização de quota não liberada (Dir. Penal) – Crime, previsto no artigo 511.º do Código das Sociedades Comerciais, que ocorre quando "o gerente de sociedade [...], em violação da lei, amortizar, total ou parcialmente, quota não liberada".

A amortização da quota é realizada de acordo com os artigos 232.º e segs. do Código das Sociedades Comerciais.

V. *Crime.*

Amortização ilícita de quota dada em penhor ou que seja objecto de usufruto (Dir. Penal) – Crime, previsto no artigo 512.º do Código das Sociedades Comerciais, que ocorre quando "o gerente de sociedade [...], em violação da lei, amortizar ou fizer amortizar, total ou parcialmente, quota sobre a qual incida direito de usufruto ou de penhor, sem consentimento do titular deste direito".

Também comete este crime "o sócio titular da quota que promover a amortização ou para esta der o seu assentimento, ou que, podendo informar do facto, antes de executado, o titular do direito de usufruto ou de penhor, maliciosamente o não fizer".

A amortização da quota é realizada de acordo com os artigos 232.º e segs. do Código das Sociedades Comerciais.

V. *Consentimento; Crime.*

Analogia – Quando, na regulação de um caso omisso na ordem jurídica, valham as mesmas razões que justificam determinado regime dado pela lei a outro caso, diz-se que há analogia entre os dois.

Assim sendo, deve aplicar-se a lei existente ao caso omisso – v. artigo 10.º do Código Civil.

O artigo 11.º do Código Civil estabelece, no entanto, que "as normas excepcionais não comportam aplicação analógica [...]".

Por exemplo o artigo 1.º, n.º 3, C. P., proíbe o recurso à analogia para qualificar um facto como crime, definir um estado de perigosidade ou determinar a pena ou medida de segurança que lhes corresponde.

A doutrina distingue, normalmente, entre *analogia legis* e *analogia iuris*.

V. *Analogia "iuris"; Analogia "legis"; Norma excepcional; Crime; Perigosidade; Pena; Medida de segurança.*

Analogia *iuris* – Esta analogia supõe a elaboração de um princípio normativo, extraído de uma ou de várias disposições legais e sua subsequente aplicação a um caso omisso.

Analogia "legis" – Consiste no recurso a uma concreta norma legal que é aplicada a um caso omisso, análogo àquele para que foi enunciada.

V. *Analogia.*

Angariação de mão-de-obra ilegal (Dir. Penal) – Crime previsto no artigo 185.º da Lei n.º 23/2007, de 4 de Julho (relativo às condições de entrada, permanência, saída e afastamento de estrangeiros do território português), que se consubstancia no aliciamento ou na angariação, com o objectivo de introdução no mercado de trabalho, de cidadãos estrangeiros não habilitados com autorização de residência, autorização de permanência ou visto de trabalho.

O tipo incriminador contém um elemento subjectivo especial consistente na "intenção lucrativa, para si ou para terceiro".
V. *Crime; Estrangeiros; Elementos subjectivos especiais do tipo; Tipo.*

"Animus autoris" (Dir. Penal) – Atitude volitiva, de acordo com a qual o agente se considera autor do facto praticado, isto é, considera o facto como facto seu, dado ser ele quem decide sobre a concretização ou não do processo executivo do crime.
O *animus autoris* é referido a propósito da matéria da comparticipação, nomeadamente no contexto da distinção entre autor e participante. O *animus autoris* não fundamenta, porém, de acordo com a doutrina dominante, um critério decisivo dessa distinção.
V. *"Animus socci"; Autoria; Comparticipação; Domínio do facto; Participante; Teoria subjectiva da participação.*

"Animus defendendi" (Dir. Penal) – Intenção de defesa.
É o elemento subjectivo da causa de justificação legítima defesa.
Para que o facto seja justificado por legítima defesa, não basta que o agente actue numa situação em que objectivamente se verificam os respectivos pressupostos. É necessário também que o agente tenha a percepção dessa situação, actuando então de acordo com essa consciência.
Para quem considera que a tipicidade apenas compreende elementos objectivos, a causa de justificação apenas abrange igualmente elementos objectivos, prescindindo-se, por essa via, de um momento subjectivo da análise da ilicitude (Cavaleiro de Ferreira).
A doutrina maioritária, assim como a jurisprudência, consideram, contudo, que o *animus defendendi* é elemento da legítima defesa.
V. *Legítima defesa; Elementos objectivos do tipo; Ilicitude, Facto; Causas de justificação; Tipo.*

"Animus socci" (Dir. Penal) – Atitude volitiva, de acordo com a qual o agente se considera mero participante do facto praticado, isto é, não considera o facto como seu, mas sim como facto alheio, submetendo a sua actuação à decisão do autor.
O *animus socci* é referido a propósito da matéria da comparticipação, nomeadamente no contexto da distinção entre autor e participante. O *animus socci* não fundamenta porém um critério decisivo dessa distinção.
V. *"Animus autoris"; Autoria; Comparticipação; Domínio do facto; Participante; Teoria subjectiva da participação.*

Anomalia psíquica (Dir. Penal) – A anomalia psíquica consubstancia uma perturbação da capacidade do agente de entender o significado e o sentido dos seus actos.
Uma vez que a lei renunciou à consagração de elementos densificadores do conceito de anomalia psíquica, dever-se-á entender que, com tal expressão, são abrangidas todas as causas de perturbação grave do entendimento e da vontade do sujeito.
A anomalia psíquica é fundamento de inimputabilidade. O artigo 20.º, C. P., contém o regime geral da inimputabilidade em razão de anomalia psíquica. A anomalia psíquica gera a inimputabilidade quando, por força dela, o agente for incapaz, no momento da prática do facto, de avaliar a ilicitude deste ou de se determinar de acordo com essa avaliação.
O tribunal pode também declarar a inimputabilidade de "quem, por força de uma anomalia psíquica grave, não acidental e cujos efeitos não domina, sem que por isso possa ser censurado, tiver, no momento da prática do facto, a capacidade para avaliar a ilicitude deste ou para se determinar de acordo com essa avaliação sensivelmente diminuída" (artigo 20.º, n.º 2, C. P.). Por outro lado, "a comprovada incapacidade do agente para ser influenciado pelas penas pode", de acordo com o n.º 3 do mesmo artigo 20.º, "constituir índice" da situação de imputabilidade diminuída prevista no n.º 2 do mesmo artigo.
"A imputabilidade não é excluída quando a anomalia psíquica tiver sido provocada pelo agente com intenção de praticar o facto" (artigo 20.º, n.º 4).
De acordo com o artigo 104.º, C. P., – anomalia psíquica anterior – o agente não declarado inimputável e condenado em

prisão é internado em estabelecimento adequado, quando, por virtude de anomalia psíquica de que sofria já ao tempo do crime, se mostrar que o regime dos estabelecimentos comuns lhe será prejudicial. Tal internamento não impede a concessão de liberdade condicional nos termos do artigo 61.º, C. P..

De acordo com o artigo 105.º, C. P., – anomalia psíquica posterior – se a anomalia psíquica sobrevier ao agente depois da prática do crime, o tribunal ordena o internamento em estabelecimento destinado a inimputáveis. Se a anomalia psíquica sobrevinda não tornar o agente criminalmente perigoso, a execução da pena de prisão suspende-se (artigo 106.º, C. P.).

Se a anomalia psíquica tiver sido simulada, "as alterações ao regime normal da execução da pena caducam" (artigo 108.º, C. P.).

O artigo 11.º do Decreto-Lei n.º 433/82, de 27 de Outubro, consagra regime essencialmente idêntico ao do artigo 20.º, C. P., no âmbito do ilícito de mera ordenação social.

V. *Culpa; Imputabilidade; Imputabilidade diminuída; Inimputabilidade; Acção livre na causa; Liberdade condicional; Suspensão da execução da pena de prisão; Ilícito de mera ordenação social; Facto; Ilicitude; Crime; Internamento; Pena; Suspensão da execução da pena de prisão.*

Anomalia psíquica anterior (Dir. Penal) – V. *Anomalia psíquica.*

Anomalia psíquica posterior (Dir. Penal) – V. *Anomalia psíquica.*

Anomalia psíquica simulada (Dir. Penal) – V. *Anomalia psíquica.*

Antecedentes criminais (Proc. Penal) – A expressão designa o conjunto de informações relativas ao passado criminal de um cidadão (como refere Figueiredo Dias, *Direito Penal Português, Parte Geral,* Lisboa Aequitas, parágrafo 1019, "o repertório das decisões de natureza penal proferidas pelas instâncias judiciárias do Estado") corporizadas num único documento – o certificado de registo criminal.

O regime do registo criminal português encontra-se na Lei n.º 57/98, de 18 de Agosto (regulamentada e desenvolvida pelo Decreto-Lei n.º 381/98, de 27 de Setembro, alterado pelo Decreto-Lei n.º 20/2007, de 23 de Janeiro). No seu artigo 1.º dispõe esta que "a identificação criminal tem por objecto a recolha, o tratamento e a conservação de extractos de decisões e de comunicações de factos [...] com o fim de conhecer os antecedentes criminais" dos indivíduos. O artigo 2.º prescreve que "a identificação criminal deve processar-se no estrito respeito pelo princípio da legalidade e, bem assim, pelos princípios da autenticidade, veracidade, univocidade e segurança dos elementos identificativos".

O director geral dos Serviços Judiciários é o responsável pelas bases de dados de identificação criminal, nos termos e para os efeitos definidos na alínea *h)* do artigo 2.º da Lei n.º 10/91, de 29 de Abril.

A necessidade de registo destas informações justifica-se pela ajuda na investigação criminal, policial e judicial, e como auxiliar da justiça penal, nomeadamente no momento da escolha do tipo (e *quantum*) de pena a aplicar, aquando (do fim) do julgamento.

O artigo 342.º, C. P. P., revela esta preocupação quando, no seu n.º 1, prescreve que, no julgamento, "o presidente começa por perguntar ao arguido pelo seu nome, filiação [...] e sobre a existência de processos pendentes [...]".

V. Acórdão do Supremo Tribunal de Justiça n.º 9/2007, publicado no *Diário da República* de 6 de Julho: o arguido em liberdade que, em inquérito, ao ser interrogado nos termos do artigo 144.º, C. P. P., se legalmente advertido, presta falsas declarações a respeito dos seus antecedentes criminais, incorre na prática do crime de falsas declarações, p. e p. no artigo 359.º, n.ºs 1 e 2 do Código Penal.

V. *Registo criminal; Documento; Dados pessoais; Pena; Julgamento; Inquérito; Falsidade de depoimento ou declaração.*

Antijuridicidade – É a contrariedade ao direito.
V. *Ilicitude.*

Anulabilidade – Característica de um acto jurídico inválido, por vício de forma ou de fundo, que permite requerer a anulação do mesmo.

O acto anulável, apesar de viciado, comporta-se juridicamente como se fora válido, sendo os seus efeitos retroactivamente destruídos quando é exercido o direito potestativo de anulação.
V. *Acto jurídico*.

Apátrida (Dir. Penal) – Indivíduo que não tem qualquer nacionalidade.
Vários preceitos fazem referência aos apátridas. Desde logo, a Constituição, no artigo 33.º, n.º 8, ao estabelecer que "é garantido o direito de asilo aos estrangeiros e aos apátridas perseguidos ou gravemente ameaçados de perseguição, em consequência da sua actividade em favor da democracia, da libertação social e nacional, da paz entre os povos, da liberdade e dos direitos da pessoa humana".
Veja-se, igualmente, a Lei n.º 15/98, de 26 de Março, relativa ao direito de asilo, que no n.º 1 do artigo 1.º repete o disposto no citado n.º 8 do artigo 33.º da Constituição.
O Decreto-Lei n.º 41/2006, de 21 de Fevereiro, alterando o Decreto-Lei n.º 176/2003, de 2 de Agosto, dispõe, no seu artigo 7.º, n.º 3, que se consideram "equiparados a residentes para efeitos de atribuição da prestação de subsídio de funeral os [...] apátridas portadores de título de protecção temporária válidos"; nos termos do n.º 4 da mesma disposição, "consideram-se ainda equiparados a residentes para efeitos de atribuição da prestação de abono de família a crianças e jovens: *a)* os [...] apátridas portadores de título de protecção temporária válido; *b)* os cidadãos estrangeiros portadores de títulos válidos de permanência, ou respectivas prorrogações, nos termos e condições a definir em portaria conjunta dos Ministros de Estado e da Administração Interna, da Presidência e do Trabalho e da Solidariedade Social".
V., também, artigo 6.º do Decreto-Lei n.º 237-A/2006, de 14 de Dezembro – aprova o Regulamento da Nacionalidade Portuguesa.
V. *Asilo; Processo de extradição; Residência; Nacionalidade*.

Apenso (Proc. Penal) – Documento ou conjunto de documentos que constituem um volume autónomo do processo principal, mas que fazem parte integrante deste.
V. *Documento; Processo*.

Aplicação da lei no espaço – V. *Aplicação das leis no espaço*.

Aplicação da lei penal no espaço (Dir. Penal) – Delimitação do âmbito de eficácia geográfica da lei penal.
Trata-se de matéria genericamente regulada nos artigos 4.º, 5.º, 6.º e 7.º, C. P..
O artigo 4.º consagra o princípio da territorialidade da aplicação da lei penal portuguesa, ou seja, a lei penal portuguesa é a aplicável aos crimes cometidos em território nacional.
O artigo 5.º determina os casos em que a lei penal portuguesa é aplicável a factos praticados fora do território nacional. De acordo com este preceito, a lei penal portuguesa aplica-se a factos praticados fora do território nacional, quando estiverem em causa determinados interesses nacionais (princípio da defesa dos interesses nacionais), quando estiverem em causa factos considerados criminosos pela comunidade internacional (princípio da universalidade), quando estiverem envolvidos cidadãos portugueses (princípio da nacionalidade) e quando for recusada a extradição do agente do crime (princípio da administração supletiva da justiça penal).
O artigo 6.º consagra restrições à aplicação da lei penal portuguesa a factos praticados fora do território nacional. De acordo com este preceito, a lei penal portuguesa apenas será aplicável nos casos em que o agente não foi julgado no estrangeiro ou nos casos em que tendo sido julgado se haja furtado ao cumprimento total ou parcial da condenação.
Por seu turno, o artigo 7.º consagra o critério de localização geográfica do facto, de acordo com o qual o facto se considera praticado em território nacional desde que um dos seus elementos tenha conexão com este território (princípio da ubiquidade).
Outros diplomas contêm preceitos relativos à aplicação dos respectivos regimes no espaço.
V. artigo 12.º do Decreto-Lei n.º 423/91, de 30 de Outubro (diploma que consagra o regime de protecção das vítimas de crimes

violentos); aí se determina que, se o crime for cometido no estrangeiro, o regime de protecção tem também aplicação no caso de a vítima ser portuguesa e não ter direito a indemnização pelo Estado em cujo território o dano foi produzido.

V. *Aplicação das leis no espaço; Lugar da prática do facto; Princípio da administração supletiva da justiça penal; Princípio da defesa dos interesses nacionais; Princípio da nacionalidade; Princípio da territorialidade; Princípio da validade universal.*

Aplicação da lei penal no tempo (Dir. Penal) – Delimitação do âmbito de eficácia temporal da lei penal.

Trata-se de matéria genericamente regulada no artigo 29.º da Constituição da República e nos artigos 2.º e 3.º, Código Penal.

O princípio geral é o da aplicação da lei vigente no momento da prática do facto (artigo 29.º, n.º 4, da Constituição, e artigo 2.º, n.º 1, C. P.), considerando-se que tal momento é aquele em que o agente actuou ou, no caso de omissão, devia ter actuado, independentemente do momento em que o resultado se tiver produzido (artigo 3.º, C. P.).

É porém aplicável retroactivamente a lei penal que for mais favorável ao agente (artigo 29.º, n.º 4, da Constituição).

O artigo 2.º, n.º 2, C. P., determina que, quando um facto deixa de ser crime, cessa a responsabilidade criminal, assim como os efeitos da condenação que tenha ocorrido pela prática desse facto.

O n.º 4 do mesmo artigo determina a aplicação da lei penal mais favorável; se tiver havido condenação, ainda que transitada em julgado, cessam a execução e os seus efeitos penais, logo que a pena cumprida atinja o limite máximo previsto na lei nova. Fora destes casos, o condenado poderá beneficiar do regime mais favorável constante da nova lei, desde que requeira a abertura da audiência, nos termos do artigo 371.º-A, C. P. P..

O n.º 3 do artigo 2.º, C. P., determina que, quando a lei penal vigora para um determinado período de tempo, o facto praticado no domínio da vigência desse regime continua a ser punido, mesmo que o julgamento ocorra quando o regime já não se encontra em vigor. Trata-se de uma situação de caducidade da lei, ao passo que nos n.ºˢ 2 e 4 do artigo estão previstas situações de revogação.

V. Acórdãos do Tribunal Constitucional n.ºˢ 644/98, publicado no *Diário da República*, II série, de 31 de Julho de 1999, que decidiu não julgar inconstitucional a parte final do n.º 4 do artigo 2.º do Código Penal, segundo a qual não se aplica retroactivamente a lei penal mais favorável nos casos em que a decisão do caso já transitou em julgado, e 677/98, publicado no *Diário da República*, II série, de 4 de Março de 1999, que decidiu julgar materialmente inconstitucional, por violação do princípio da aplicação retroactiva da lei penal mais favorável, consagrado no n.º 4 do artigo 29.º da Constituição, a norma constante do n.º 4 do artigo 2.º do Código Penal, na parte em que veda a aplicação da lei penal nova que transforma em crime semipúblico um crime público, quando tenha havido desistência da queixa apresentada e trânsito em julgado da sentença condenatória.

O Acórdão uniformizador de jurisprudência n.º 11/2005, publicado no *Diário da República*, I-A, de 19 de Dezembro, fixou a seguinte doutrina: "Sucedendo-se no tempo leis sobre o prazo de prescrição do procedimento contra-ordenacional, não poderão combinar-se, na escolha do regime concretamente mais favorável, os dispositivos mais favoráveis de cada uma das leis concorrentes".

V. *Momento da prática do facto; Omissão; Resultado; Descriminalização; Despenalização; Caso julgado; Trânsito em julgado; Princípio da irretroactividade da lei penal; Caducidade da lei; Revogação da lei; Crime semipúblico; Crime público; Sentença condenatória; Prescrição; Contra-ordenação.*

Aplicação das leis no espaço – Existe um problema de aplicação de leis no espaço, ou de conflito de leis, sempre que um dado facto ou relação jurídica podem, em função dos elementos que os integram ou das circunstâncias em que se verificaram, ser referidos a várias ordens jurídicas alternativamente, isto é, sempre que se encontram em conexão com vários ordenamentos, designadamente estaduais.

O estudo das regras que, em cada ordem jurídica, definem as conexões relevantes, ou não, e determinam qual é o ordenamento que deve regular os factos ou relações em questão, é objecto do direito internacional privado.

V. *Lei; Extradição; Lugar da prática do facto.*

Apoio judiciário – O apoio judiciário, modalidade de protecção jurídica, instituído em substituição da assistência judiciária pelo Decreto-Lei n.º 387-B/87, de 29 de Dezembro, alterado pela Lei n.º 46/96, de 3 de Setembro, foi entretanto regulado pela Lei n.º 30-E/2000, de 20 de Dezembro, alterada pelo Decreto-Lei n.º 38/2003, de 8 de Março (rectificado pela Declaração de rectificação n.º 5-C/2003, de 30 de Abril).

A Lei n.º 30-E/2000, foi mais tarde revogada pela Lei n.º 34/2004, de 29 de Julho que sofreu as alterações introduzidas pela Lei n.º 47/2007, de 28 de Agosto – na transposição da Directiva n.º 2003/8/CE, do Conselho, de 27 de Janeiro. Continua-se a incluir o apoio judiciário nas medidas de protecção jurídica, destinadas a evitar que a alguém seja impedido ou dificultado o conhecimento, o exercício ou a defesa dos respectivos direitos, "em razão da sua condição social ou cultural, ou por insuficiência de meios económicos".

Também o artigo 20.º da Constituição da República Portuguesa assegura a todos, no seu n.º 1, "o acesso ao direito e aos tribunais para defesa dos seus direitos e interesses legítimos", estabelecendo, igualmente, que a justiça não pode ser denegada por insuficiência de meios económicos.

De acordo com o disposto no artigo 8.º, encontra-se "em situação de insuficiência económica aquele que, tendo em conta o rendimento, o património e a despesa permanente do seu agregado familiar, não tem condições objectivas para suportar pontualmente os custos de um processo".

Nos termos do artigo 16.º do diploma referido, "o apoio judiciário compreende as seguintes modalidades:

a) Dispensa de taxa de justiça e demais encargos com o processo;
b) Nomeação e pagamento da compensação de patrono;
c) Pagamento da compensação de defensor oficioso;
d) Pagamento faseado da taxa de justiça e demais encargos com o processo;
e)Nomeação e pagamento faseado da compensação de patrono;
f) Pagamento faseado da compensação de defensor oficioso;
g) Atribuição de agente de execução."

"O regime de apoio judiciário aplica-se em todos os tribunais, qualquer que seja a forma de processo, nos julgados de paz e noutras estruturas de resolução alternativa de litígios a definir por portaria do membro do Governo responsável pela área da justiça aplicando-se "também, com as devidas adaptações, aos processos de contra-ordenações [...]" (artigo 18.º).

"O apoio judiciário é independente da posição processual que o requerente ocupe na causa e do facto de já ter sido concedido à parte contrária", devendo ser requerido "antes da primeira intervenção processual, salvo se a situação de insuficiência económica for superveniente, caso em que deve ser requerido antes da primeira intervenção processual que ocorra após o conhecimento da situação de insuficiência económica ou se, em virtude do decurso do processo, ocorrer um encargo excepcional, suspendendo-se, nestes casos, o prazo para pagamento da taxa de justiça e demais encargos com o processo até à decisão definitiva do pedido de apoio judiciário [...]"; o apoio mantém-se, para efeitos de recurso, seja qual for a decisão sobre a causa, e é "extensivo a todos os processos que sigam por apenso àquele em que essa concessão se verificar, sendo-o também ao processo principal, quando concedido em qualquer apenso"; mantém-se ainda para as execuções fundadas em sentença proferida em processo em que a concessão tenha existido – artigo 18.º.

O requerimento do apoio judiciário pode ser feito pelo próprio interessado, pelo Ministério Público em sua representação, por advogado, advogado estagiário ou solicitador em representação do interessado (bastando, então, para comprovar essa representação, as assinaturas conjuntas do interessado e do patrono) – artigo 19.º.

"O procedimento de protecção jurídica na modalidade de apoio judiciário é autónomo relativamente à causa a que respeite, não tendo qualquer repercussão sobre o andamento desta, com excepção [...]" dos casos previstos nos n.ᵒˢ 2 a 5 do artigo 24.º, dos quais se destaca a situação de o pedido ser apresentado na pendência de acção judicial e o requerente pretender a nomeação de patrono, situação em que "o prazo que estiver em curso [se] interrompe com a junção aos autos do documento comprovativo da apresentação do requerimento [...]", só se reiniciando, "conforme os casos: *a)* A partir da notificação ao patrono nomeado da sua designação; *b)* A partir da notificação ao requerente da decisão de indeferimento do pedido de nomeação de patrono".

A nomeação de patrono, sendo concedida, é realizada pela Ordem dos Advogados – artigo 30.º.

A nomeação de patrono é notificada pela Ordem dos Advogados ao patrono nomeado e ao requerente, e, "para além de ser feita com a expressa advertência do início do prazo judicial, é igualmente comunicada ao tribunal". V. artigos 30.º e 31.º.

O patrono nomeado pode pedir escusa mediante requerimento dirigido à Ordem dos Advogados ou à Câmara dos Solicitadores alegando os respectivos motivos – interrompendo este pedido, quando apresentado na pendência de processo, qualquer prazo que esteja em curso –, que, sendo concedida, impõe imediatamente a nomeação e designação de novo patrono excepto no caso de o fundamento do pedido ser a inexistência de fundamento legal da pretensão, caso em que a Ordem dos Advogados pode recusar nova nomeação para o mesmo fim (artigo 34.º do mesmo diploma).

O beneficiário do apoio judiciário pode requerer a substituição do patrono nomeado, fundamentando o seu pedido (artigo 32.º).

A Portaria n.º 1085-A/2004, de 31 de Agosto (rectificada pela Declaração de Rectificação n.º 91/2004, de 21 de Outubro), alterada pela Portaria n.º 288/2005, de 21 de Março, fixa os critérios de apreciação e de prova da insuficiência económica, aprovando a Portaria n.º 1085-B/2004, da mesma data, os formulários de requerimento de protecção jurídica para pessoas singulares e colectivas ou equiparadas.

V. também o Decreto-Lei n.º 71/2005, de 17 de Março, que completa a transposição da Directiva n.º 2003/8/CE, do Conselho, de 27 de Janeiro, "relativa à melhoria do acesso à justiça nos litígios transfronteiriços, através do estabelecimento de regras mínimas comuns relativas ao apoio judiciário no âmbito desses litígios, desenvolvendo o regime previsto na Lei n.º 34/2004 [...]".

V. Acordo Europeu sobre a Transmissão de Pedidos de Assistência Judiciária, aberto à assinatura em Estrasburgo em 27 de Janeiro de 1977, aprovado para ratificação pelo Decreto do Governo n.º 57/84, de 28 de Setembro, tendo o instrumento de ratificação por parte de Portugal sido depositado em 16 de Junho de 1986, conforme aviso publicado no *Diário da República*, I-A série, de 15 de Julho de 1986.

V. *Acesso à justiça; Preparos; Custas; Advogado; Advogado estagiário; Ministério Público; Ordem dos Advogados; Solicitador; Câmara dos Solicitadores; Tribunal; Presunção; Presunção de insuficiência económica; Prazo, Documento; Requerimento; Taxa de justiça; Sentença; Apenso; Defensor oficioso.*

Apologia pública de um crime (Dir. Penal) – Crime previsto no artigo 298.º, C. P., que ocorre quando alguém, em reunião pública, através de meio de comunicação social, por divulgação de escrito ou outro meio de reprodução técnica, recompensa ou louva outra pessoa por ter praticado um crime, de forma adequada a criar o perigo da prática de outro crime da mesma espécie.

V. *Crime*.

Apreensão (Proc. Penal) – Meio de obtenção de prova levado a cabo pelos órgãos de polícia criminal, através de autorização, validação ou ordem de autoridade judiciária, e que se destina a apreender objectos que tenham servido ou estivessem destinados a servir a prática de um crime, os que constituírem o seu produto, lucro, preço ou recompensa, bem como todos os objectos que tiverem sido deixados pelo agente no local do crime ou, ainda, quaisquer outros susceptíveis de servirem de prova.

Existem, ainda, tipos específicos de apreensões – apreensão de correspondência, apreensão em estabelecimento bancário e apreensão em escritório de advogado ou em consultório médico – reguladas nos artigos 179.º, 180.º e 181.º, C. P. P., cujos objectivos são os *supra* referidos.

Antes de se proceder à diligência, é entregue ao visado cópia do despacho que a determinou (que tem um prazo máximo de validade de 30 dias – n.º 4 do artigo 174.º), salvo nos casos do artigo 174.º, n.º 5, C. P. P.: "ressalvam-se as revistas e as buscas efectuadas por órgão de polícia criminal nos casos: *a)* de terrorismo, criminalidade violenta ou altamente organizada, quando haja fundados indícios da prática iminente de crime que ponha em grave risco a vida ou a integridade de qualquer pessoa; *b)* em que os visados consintam, desde que o consentimento prestado fique, por qualquer forma, documentado; ou *c)* aquando de detenção em flagrante por crime a que corresponda pena de prisão.

V. *Prova; Meios de prova; Métodos proibidos de prova; Órgão de polícia criminal; Autoridade judiciária; Crime; Apreensão de correspondência; Advogado; Despacho; Terrorismo; Criminalidade violenta ou altamente organizada; Consentimento; Documento; Detenção em flagrante delito; Pena de prisão; Revista; Busca.*

Apreensão de correspondência (Proc. Penal) – É um meio de obtenção de prova (artigos 179.º e segs., C. P. P.) e uma medida cautelar e de polícia (artigo 252.º, C. P. P.). "Nos casos em que deva proceder-se à apreensão de correspondência, os órgãos de polícia criminal transmitem-na intacta ao juiz que tiver ordenado ou autorizado a diligência", nos termos do artigo 252.º, n.º 1, C. P. P..

"Tratando-se de encomendas ou valores fechados susceptíveis de serem apreendidos, e sempre que tiverem fundadas razões para crer que eles podem conter informações úteis à investigação de um crime ou conduzir à sua descoberta, e que podem perder-se em caso de demora, os órgãos de polícia criminal informam do facto, pelo meio mais rápido, o juiz, o qual pode autorizar a sua abertura imediata" – n.º 2 do mesmo artigo. V. o n.º 3 da mesma disposição legal para os casos em que é ordenada a suspensão da remessa de qualquer correspondência.

É proibida, sob pena de nulidade, a apreensão e qualquer outra forma de controlo da correspondência entre o arguido e o seu defensor, salvo se o juiz tiver fundadas razões para crer que aquela constitui objecto ou elemento de um crime.

Nos termos do disposto no n.º 1, do artigo 179.º, C. P. P., "sob pena de nulidade, o juiz pode autorizar ou ordenar, por despacho, a apreensão, mesmo nas estações de correios e de telecomunicações, de cartas, encomendas, valores, telegramas ou qualquer outra correspondência, quando tiver fundadas razões para crer que:

a) a correspondência foi expedida pelo suspeito ou lhe é dirigida, mesmo que sob nome diverso ou através de pessoa diversa;

b) está em causa crime punível com pena de prisão superior, no seu máximo, a três anos; e

c) a diligência se revelará de grande interesse para a descoberta da verdade ou para a prova".

Podem realizar-se apreensões em escritório de advogado, consultório médico e estabelecimento bancário.

V. *Apreensão; Pena de prisão; Prova; Diligência; Nulidade; Juiz; Crime; Arguido; Defensor; Órgão de polícia criminal; Medida cautelar e de polícia; Meio de obtenção da prova; Advogado.*

Apreensão de coisas sem valor, perecíveis, perigosas ou deterioráveis (Proc. Penal) – "Se a apreensão respeitar a coisas sem valor, perecíveis, perigosas ou deterioráveis ou cuja utilização implique perda de valor ou qualidades, a autoridade judiciária pode ordenar a sua venda ou afectação a utilidade pública ou socialmente útil, as medidas de conservação ou manutenção necessárias ou a sua destruição imediata" – artigo 185.º, C. P. P..

A autoridade judiciária determina qual a forma a que deve obedecer a venda e o produto apurado reverte para o Estado.

V. *Apreensão; Autoridade judiciária.*

Apropriação ilegítima (Dir. Penal) – Crime previsto no artigo 234.º do Código Penal, que se traduz genericamente na apropriação ilegítima de bens, do sector público ou cooperativo, por parte de quem, por força do cargo que desempenha, detém a administração, a gerência ou a "simples capacidade" de dispor desses bens.

O que seja a "simples capacidade" de dispor dos bens não é pacífico. Uma orientação maximalista considerará essa capacidade como o poder fáctico de disposição dos bens. Uma outra orientação, mais restritiva, considerará apenas a possibilidade jurídica de disposição dos bens. A interpretação mais restrita parece adequar-se melhor ao sentido da incriminação, dado o entendimento mais amplo implicar uma extensão injustificada da norma incriminadora.

A pena aplicável é a "que ao respectivo crime corresponder, agravada de um terço nos seus limites mínimo e máximo".

Verifica-se, nesta medida, que o tipo do artigo 234.º consubstancia uma agravação, uma vez que é necessário determinar o crime cometido pelo agente através do acto de apropriação ilegítima (furto, abuso de confiança, entre outros), procedendo-se então ao agravamento da pena nos termos referidos.

A tentativa é sempre punível.

V. *Agravação; Crime; Furto; Abuso de confiança; Tentativa; Tipo.*

Apropriação ilegítima em caso de acessão ou de coisa achada (Dir. Penal) – Crime previsto no artigo 209.º do Código Penal, que se traduz na apropriação ilegítima de coisa alheia que tenha entrado na posse do agente por efeito de força natural, erro, caso fortuito ou por qualquer outra maneira, independentemente da sua vontade. Também comete o crime quem se apropriar de coisa alheia que haja encontrado.

Trata-se de um crime semipúblico, sendo particular nos casos a que se refere o artigo 207.º, C. P., ou seja, quando o agente for familiar da vítima ou quando a coisa furtada tiver reduzido valor.

No caso de restituição da coisa ou reparação do prejuízo causado, sem dano ilegítimo de terceiro, até ao início da audiência em 1.ª instância, a pena é especialmente atenuada (cfr. artigo 206.º, Código Penal).

V. *Crime; Crime semipúblico; Crime particular; Reparação; Restituição; Audiência de discussão e julgamento; Pena; Atenuação especial da pena*

Aproveitamento de obra contrafeita ou usurpada (Dir. Penal) – Crime previsto no artigo 199.º do Código dos Direitos de Autor e dos Direitos Conexos – Decreto-Lei n.º 63/85, de 14 de Março, alterado pelas Leis n.ºs 45/85, de 17 de Setembro, 114/91, de 3 de Setembro, e 50/2004, de 24 de Agosto, e pelos Decretos-Leis n.ºs 332/97, 333/97 e 334/97, todos de 27 de Novembro – que se traduz genericamente na venda, importação, exportação ou distribuição, por qualquer modo, de "obra usurpada ou contrafeita ou de cópia não autorizada de fonograma ou de videograma".

V. *Crime.*

Aproveitamento indevido de segredo (Dir. Penal) – Crime previsto no artigo 196.º, C. P., que consiste no aproveitamento, sem consentimento, de segredo relativo à vida comercial, industrial, profissional ou artística alheia, de que o agente tenha tomado conhecimento em razão do seu estado, do seu ofício, do seu emprego, da sua profissão ou da sua arte, provocando prejuízo a outra pessoa ou ao Estado.

V. *Crime; Consentimento; Segredo de Estado; Sigilo profissional.*

Aquisição de moeda falsa para ser posta em circulação (Dir. Penal) – Crime previsto no artigo 266.º, C. P., que se traduz genericamente na aquisição, transporte ou introdução em território português de moeda falsa, com intenção de a pôr em circulação.

Não obstante o limite máximo de pena ser três anos, a tentativa é punível, de acordo com o artigo 266.º, n.º 2, C. P..

V. *Crime; Moeda; Tentativa; Limite máximo da pena de prisão.*

Aquisição ilícita de quotas ou acções (Dir. Penal) – Crime previsto no artigo 510.º do Código das Sociedades Comerciais que ocorre quando o "gerente, administrador ou director de sociedade [...], em violação da lei, subscrever ou adquirir para a sociedade quotas ou acções próprias desta".

Constitui igualmente crime a aquisição para a sociedade, pelo respectivo gerente, administrador ou director, em violação da lei, de "quotas ou acções de outra sociedade que com aquela esteja em relação de participações recíprocas ou em relação de domínio".
V. *Crime*.

Aresto – Decisão proferida por um tribunal colectivo e, assim, termo que significa o mesmo que acórdão.
V. *Acórdão; Tribunal colectivo*.

Arguido (Proc. Penal) – Dispõe o artigo 57.º, n.º 1, C. P. P., que "assume a qualidade de arguido todo aquele contra quem for deduzida acusação ou requerida instrução num processo penal".

Trata-se, pois, de uma qualificação processual atribuída a todo aquele contra quem for aberto inquérito, deduzida acusação ou requerida instrução num processo penal e que, por isso, seja considerado suspeito da prática de um crime.

O arguido tem, processualmente, direitos (entre outros, direito de não dizer a verdade sobre os factos que lhe são imputados; direito ao silêncio; direito ao recurso; direito a constituir advogado ou solicitar a nomeação de um defensor; direito a ser informado dos factos que lhe são imputados antes de prestar declarações perante qualquer entidade;) e deveres processuais (entre outros, dever de responder com verdade sobre a sua identificação, dever de comparência pessoal nos actos para que é convocado) – v. artigo 61.º, C. P. P..

Quando detido, a comunicação em privado que ocorra entre arguido e defensor ocorre à vista quando assim o impuserem razões de segurança, mas em condições de não ser ouvida pelo encarregado da vigilância.

Em consequência do que ficou dito, actualmente o arguido num processo de natureza acusatória é sujeito e não objecto do processo, significando isto que se lhe deve assegurar uma posição jurídica que lhe permita uma participação constitutiva na "declaração do direito do caso concreto". Desde o momento em que uma pessoa adquira o estatuto de arguido, é-lhe assegurado o exercício de direitos e deveres processuais, sem prejuízo da aplicação de medidas de coacção e de garantia patrimonial e da efectivação de diligências probatórias.

Quer isto dizer que, do ponto de vista legal, existe no nosso sistema jurídico uma igualdade de armas entre a acusação e a defesa e que o arguido se encontra munido de direitos e garantias processuais que lhe devem permitir influenciar, activamente, a decisão a proferir pelo tribunal no caso concreto.

De acordo com o artigo 59.º, n.º 2, C. P. P., a pessoa sobre quem recair suspeita da prática de um crime pode ser constituída, a seu pedido, como arguido, sempre que estiverem a ser realizadas diligências destinadas a apurar a sua responsabilidade.

V. artigos 57.º a 61.º, C. P. P..

V. *Crime; Suspeito; Inquérito; Acusação; Instrução; Facto; Direito; Dever jurídico; Recurso; Defensor; Identificação da pessoa; Identificação de suspeito; Acto processual; Objecto do processo; Princípio da igualdade de armas; Tribunal; Constituição de arguido; Diligência; Medidas de coacção; Obrigatoriedade de constituição de arguido; Medidas de garantia patrimonial*.

Arma (Dir. Penal) – A Lei n.º 5/2006, de 23 de Fevereiro, "estabelece o regime jurídico relativo ao fabrico, montagem, reparação, importação, exportação, transferência, armazenamento, circulação, comércio, aquisição, cedência, detenção, manifesto, guarda, segurança, uso e porte de armas, seus componentes e munições, bem como o enquadramento legal das operações de prevenção criminal", do seu âmbito ficando excluídas "as actividades relativas a armas e munições destinadas às Forças Armadas, às Forças e serviços de segurança, bem como a outros serviços públicos cuja lei expressamente as exclua, bem como aquelas que destinem exclusivamente a fins militares", e, ainda, "as actividades [...] relativas a armas de fogo cuja data de fabrico seja anterior a 31 de Dezembro de 1980, bem como aquelas que utilizem munições obsoletas, constantes do anexo a este diploma e que dele faz parte integrante, e que pelo seu interesse histórico, técnico e artístico possam ser preservadas e conservadas em colecções públicas ou privadas" (artigo 1.º).

Nos termos do artigo 2.º, n.º 1, desta Lei, são muito os tipos de armas caracterizados, desde o "aerossol de defesa" ("todo o contentor portátil de gases comprimidos cujo destino seja unicamente o de produzir descargas de gases momentaneamente neutralizantes da capacidade agressora"), o "arco" ("arma branca destinada a lançar flechas mediante o uso da força muscular"), a "arma de alarme" ("dispositivo com a configuração de uma arma de fogo, destinado unicamente a produzir um efeito sonoro semelhante ao produzido por aquela no momento do disparo"), à "arma automática" ("arma de fogo que, mediante uma única acção sobre o gatilho, faz uma série contínua de disparos"), "arma biológica" ("engenho susceptível de libertar ou de provocar contaminação por agentes microbiológicos ou outros agentes biológicos, bem como toxinas, seja qual for a sua origem ou modo de produção, de tipos e quantidades que não sejam destinados a fins profilácticos de protecção ou outro de carácter pacífico e que se mostrem nocivos ou letais"), "arma eléctrica" ("todo o sistema portátil alimentado por fonte energética e destinado unicamente a produzir descarga eléctrica momentaneamente neutralizantes da capacidade motora humana"), "arma de fogo inutilizada" ("arma de fogo a que foi retirada ou inutilizada peça ou parte essencial para obter o disparo do projéctil e que seja acompanhada de certificado de inutilização emitido ou reconhecido pela Direcção Nacional da Polícia de Segurança Pública (PSP)"), "arma de fogo transformada" (dispositivo que, mediante uma intervenção modificadora, obteve características que lhe permitem funcionar como arma de fogo"), "arma química" ("engenho ou qualquer equipamento, munição ou dispositivo especificamente concebido para libertar produtos tóxicos e seus precursores que pela sua acção química sobre os precursores vitais possa causar a morte ou lesões em seres vivos"), "arma de *softair*" ("mecanismo portátil com a configuração de arma de fogo das classes A, B,.B1, C e D, integral ou parcialmente pintado com cor fluorescente, amarela ou encarnada, por forma a não ser susceptível de confusão com as armas das mesmas classes, apto a disparar esfera plástica cuja energia à saída da boca do cano não seja superior a 1,3J"), "arma veterinária" ("mecanismo portátil com a configuração de uma arma de fogo destinado unicamente a disparar projéctil de injecção de anestésicos ou outros produtos veterinários sobre animais"), ou à "faca de borboleta" ("arma branca composta por uma lâmina articulada num cabo ou empunhadura dividido longitudinalmente em duas partes também articuladas entre si, de tal forma que a abertura da lâmina pode ser obtida instantaneamente por acção de uma mola sob tensão ou outro sistema equivalente"),

O n.º 2 do mesmo artigo ocupa-se, também com grande pormenor e exaustividade, do enunciado das partes das armas de fogo, constituindo objecto do n.º 3 o rol de "munições das armas de fogo e seus componentes", e contendo o n.º 4 as formas de funcionamento das armas de fogo. A classificação das armas, munições e seus acessórios consta do artigo 3.º.

Os artigos 4.º a 11.º estabelecem as condições de aquisição, detenção, uso e porte de cada uma das classes de armas.

Por seu lado, os artigos 12.º a 19.º tratam dos termos em que é concedida licença para uso e porte de armas de cada uma das classes, dispondo o artigo 20.º que, "para além da não verificação dos requisitos exigidos na presente lei para a concessão da licença pretendida, pode o pedido ser recusado, nomeadamente, quando tiver sido determinada a cassação da licença ao requerente, não forem considerados relevantes os motivos justificativos da pretensão ou não se considerem adequados para os fins requeridos".

Para dispor de licença de uso e de porte de armas de fogo, é necessária a frequência de cursos "ministrados pela PSP ou por entidades por si credenciadas para o efeito", bem como a submissão a exame médico destinado "a certificar se o requerente está apto, ou apto com restrições, à detenção, uso e porte de arma, bem como se está na posse de todas as suas faculdades psíquicas, sem historial clínico que deixe suspeitar poder vir a atentar contra a sua integridade física ou de terceiros".

Os artigos 30.º e segs. ocupam-se do regime da compra e venda e doação de armas e munições, e os artigos 37.º e 38.º da aquisição por morte e do empréstimo das mesmas.

Os portadores de qualquer arma encontram-se obrigados a cumprir um conjunto de regras que constam dos artigos 39.º e 40.º, para além de outras que resultem de outros dispositivos regulamentares; por seu lado, os artigos 41.º a 44.º contêm regras relativas ao uso, porte e transporte de armas de fogo, de armas eléctricas, de aerossóis de defesa e de outras "de letalidade reduzida".

O artigo 87.º desta Lei n.º 5/2006 prevê o crime de tráfico de armas.

A actividade de armeiro está regulada nos artigos 47.º a 55.º.

"Só é permitido efectuar disparos com armas de fogo em carreiras e campos de tiro devidamente autorizados ou no exercício de actos venatórios, em campos de treino de caça, em provas desportivas e em práticas recreativas em propriedades rústicas privadas com condições de segurança para o efeito", ficando excluídas do regime deste diploma "as carreiras e campos de tiro para uso militar ou policial, estejam ou não afectos à prática de tiro desportivo" (artigo 56.º).

Os artigos 60.º a 69.º contêm o regime da importação, exportação e transferência de armas e munições.

Esta lei cria "o cartão europeu de arma de fogo" – "o documento que habilita o seu titular a deter uma ou mais armas de fogo em qualquer Estado membro da União Europeia desde que autorizado pelo Estado membro de destino" (artigo 70.º).

Os artigos 109.º e segs. enunciam normas que visam o reforço da prevenção criminal, dispondo-se, nomeadamente, que "as forças de segurança devem planear e levar a efeito, periodicamente, operações especiais [...] em áreas geográficas delimitadas com a finalidade de controlar, detectar, localizar, prevenir a introdução, assegurar a remoção ou verificar a regularidade da situação de armas, seus componentes ou munições [...], reduzindo o risco da prática de infracções [...]".

As armas devem constar de um cadastro, organizado e fiscalizado pela PSP.

V. *Licença de uso e porte de arma; Porte de arma; Detenção ilegal de arma; Detenção de arma proibida; Detenção de armas e outros dispositivos, produtos ou substâncias em locais proibidos; Tráfico de armas; Uso e porte de arma sob o efeito de álcool e substâncias estupefacientes ou psicotrópicas.*

Arquivamento do inquérito (Proc. Penal) – Encerramento pelo Ministério Público, por despacho, da fase processual de investigação da prática do crime e do seu agente, quando se tenha recolhido prova bastante: *a)* ou da não verificação do crime, *b)* ou de o arguido indiciado o não ter praticado a qualquer título, ou *c)* quando seja legalmente inadmissível o procedimento criminal – artigo 277.º, n.º 1, C. P. P..

Com o arquivamento do inquérito o processo instaurado não prossegue.

V. o já referido artigo 277.º, C. P. P., que, no seu n.º 2, prescreve que o inquérito é igualmente arquivado se não tiver sido possível ao Ministério Público obter indícios suficientes da verificação de crime ou de quem foram os seus agentes.

O despacho de arquivamento é comunicado ao arguido, ao assistente, ao denunciante com faculdade de se constituir assistente e a quem tenha manifestado o propósito de deduzir pedido de indemnização civil nos termos do artigo 75.º, C. P. P., bem como ao respectivo defensor ou advogado.

Nos casos previstos no n.º 1, sempre que se verificar que existiu por parte de quem denunciou ou exerceu um alegado direito de queixa uma utilização abusiva do processo, o tribunal condena-o no pagamento de uma soma entre seis e vinte unidades de conta, sem prejuízo do apuramento de responsabilidade penal.

V. *Inquérito; Ministério Público; Despacho; Prova; Crime; Indícios; Arguido; Assistente; Denúncia; Pedido de indemnização civil; Defensor; Advogado; Queixa; Unidade de conta.*

Arquivamento do inquérito em caso de dispensa de pena (Proc. Penal) – Situação processual prevista no artigo 280.º, C. P. P., que ocorre quando o Ministério Público, com a concordância do juiz de instrução, se decida pelo arquivamento do processo se este for por crime relativamente ao qual se encontre prevista na lei penal a possibilidade de dispensa de pena.

A decisão de arquivamento não é susceptível de impugnação.

V. *Inquérito; Ministério Público; Juiz; Instrução; Juiz de instrução; Indícios; Prova; Dispensa de pena; Crime.*

Arrancamento, destruição ou alteração de editais (Dir. Penal) – Crime, previsto no artigo 357.º, C. P., que se traduz em arrancar, destruir, danificar, alterar ou, por qualquer forma, impedir que se conheça edital afixado por funcionário competente.

V. *Crime; Edital.*

Arremesso de objectos (Dir. Penal) – Crime previsto no artigo 24.º da Lei n.º 16/2004, de 11 de Maio, que se traduz genericamente no arremesso de objectos, durante espectáculo desportivo, no respectivo recinto, criando-se perigo para a integridade física dos intervenientes no espectáculo.

V. *Crime; Integridade física.*

Arrendamento urbano – "Arrendamento urbano é o contrato pelo qual uma das partes concede à outra o gozo temporário de um prédio urbano, no todo ou em parte, mediante retribuição".

O arrendamento urbano "pode ter como fim a habitação, a actividade comercial ou industrial, o exercício de profissão liberal ou outra aplicação lícita do prédio".

V. artigos 1022.º e segs. do Código Civil, e Lei n.º 6/2006, de 27 de Fevereiro que aprova o novo Regime do Arrendamento Urbano.

Arrependimento (Dir. Penal) – Sentimento de autocensura pelo cometimento de um facto.

Esta circunstância constitui atenuante geral na determinação da medida da pena, podendo fundamentar a atenuação especial da pena, de acordo com o artigo 72.º, n.º 2-c), Código Penal, segundo o qual pode ser ponderado, para efeito de atenuação especial da pena, a circunstância de ter havido acto demonstrativo de "arrependimento sincero do agente, nomeadamente a reparação, até onde lhe era possível, dos danos causados".

A doutrina utiliza também esta expressão no âmbito da desistência.

V. *Atenuação especial da pena; Circunstâncias atenuantes; Determinação da medida da pena; Medida da pena; Pena; Dano; Reparação; Desistência.*

Arrependimento activo (Dir. Penal) – V. *Arrependimento; Desistência.*

Arresto (Proc. Penal) – Apreensão judicial de bens.

Tem legitimidade para a requerer o credor que tenha justo receio de perder a garantia patrimonial do seu crédito. Em processo penal pode ser requerido arresto preventivo pelo Ministério Público ou pelo lesado.

V. *Ministério Público; Lesado; Arresto preventivo.*

Arresto preventivo (Proc. Penal) – É uma medida de garantia patrimonial, prevista no artigo 228.º, C. P. P., que é decretada pelo juiz, a pedido do Ministério Público ou do lesado, nos termos da lei de processo civil.

Ocorre sempre que tiver sido fixada e não prestada caução económica e cessa, sendo revogada, quando o arguido ou o civilmente responsável prestem a caução económica imposta.

V. *Medidas de garantia patrimonial; Juiz; Ministério Público; Lesado; Caução económica; Arguido.*

Arrolamento – Consiste na avaliação e descrição de bens e no seu depósito. Pode ser requerido quando haja justo receio de extravio e/ou dissipação de bens.

Arrombamento (Dir. Penal) – De acordo com a alínea d) do artigo 202.º do Código Penal, arrombamento é "o rompimento, fractura ou destruição, no todo ou em parte, de dispositivo destinado a fechar ou impedir a entrada, exterior ou interiormente, de casa ou de lugar fechado dela dependente".

Este conceito é utilizado na descrição de circunstâncias agravantes de alguns crimes contra o património, tais como o furto qualificado – artigo 204.º, n.º 2-e), C. P..

V. *Agravação; Crime; Crimes contra o património; Furto qualificado.*

Articulado (Proc. Penal) – Forma a que devem obedecer algumas peças processuais escritas. São textos curtos e numerados, que sistematizam e sintetizam os argumentos do sujeito que os apresenta.

Ascendente – Pessoa de quem um indivíduo juridicamente descende.

Asilo (Dir. Penal) – Protecção concedida pelo Estado a estrangeiro ou apátrida perseguido ou gravemente ameaçado de perseguição em consequência de actividade exercida no Estado da sua nacionalidade ou da sua residência habitual em favor da democracia, da libertação social e nacional, da paz entre os povos, da liberdade ou dos direitos da pessoa humana.

Têm também direito à concessão de asilo os estrangeiros e os apátridas que, receando, com fundamento, ser perseguidos em virtude da sua raça, religião, nacionalidade, opiniões políticas ou integração em certo grupo social, não possam ou, em virtude desse receio, não queiram voltar ao Estado da sua nacionalidade ou da sua residência habitual.

O regime legal do direito de asilo consta do artigo 33.º da Constituição da República e da Lei n.º 15/98, de 26 de Março.

O artigo 33.º, n.º 8, da Constituição determina o seguinte: "É garantido o direito de asilo aos estrangeiros e aos apátridas perseguidos ou gravemente ameaçados de perseguição, em consequência da sua actividade em favor da democracia, da libertação social e nacional, da paz entre os povos, da liberdade e dos direitos da pessoa humana".

O artigo 1.º da Lei n.º 15/98 repete o disposto no n.º 8 do artigo 33.º da Constituição. Este diploma consagra os procedimentos tendentes à concessão de asilo.

V. *Apátrida; Estrangeiros; Nacionalidade; Residência habitual.*

Assédio (Dir. Penal) – V. *Coacção sexual; Violação.*

Assento – Existindo soluções opostas da mesma questão fundamental de direito tomadas, no domínio da mesma legislação, em dois acórdãos do Supremo Tribunal de Justiça (ou, excepcionalmente, das Relações), a parte vencida pelo acórdão mais recente, ou o Ministério Público, podia recorrer daquele e requerer uma decisão definitiva, por meio de assento, proferido, em Tribunal Pleno, pelo Supremo Tribunal de Justiça – isto era o que se dispunha nos artigos 763.º a 770.º, C. P. C., entretanto revogados pelo Decreto-Lei n.º 329-A/95, de 12 de Dezembro.

O Acórdão do Supremo Tribunal de Justiça que resolvia o conflito era publicado na 1.ª Série do jornal oficial e no *Boletim do Ministério da Justiça*.

Os assentos assim proferidos constituíam precedente para todos os tribunais, tendo a doutrina neles estabelecida força obrigatória geral, de acordo com o artigo 2.º do Código Civil.

Um sector da doutrina portuguesa vinha sustentando a inconstitucionalidade deste artigo 2.º do Código Civil, por violação do artigo 115.º, n.º 5, da Constituição da República (actual artigo 112.º, n.º 5, da Constituição).

Chamado a pronunciar-se sobre a questão, em dois processos, o Tribunal Constitucional entendeu no seu Acórdão n.º 810/93, de 7 de Dezembro, publicado no *Diário da República*, II série, de 2 de Março de 1994, bem como no Acórdão n.º 376/94, de 11 de Maio de 1994, publicado no *Diário da República*, II série, de 7 de Setembro de 1994, "julgar inconstitucional a norma do artigo 2.º do Código Civil, na parte em que atribui aos tribunais competência para fixar doutrina com força obrigatória geral, por violação do disposto no artigo 115.º da Constituição". Um terceiro Acórdão (n.º 743/96) no mesmo sentido foi publicado no *Diário da República*, I-A série, de 18 de Julho de 1996, pelo que o artigo 2.º do Código Civil foi declarado inconstitucional com força obrigatória geral. Note-se, porém, que a formulação dos acórdãos citados permitia o entendimento da subsistência dos Assentos, desde que vinculassem apenas os tribunais e não dispusessem da força obrigatória geral que aquela norma lhes atribuía.

Entretanto, o mencionado DL n.º 329-A/95 veio revogar o artigo 2.º do Código Civil.

Actualmente e nos termos do artigo 437.º, C. P. P., há um recurso extraordinário (para o pleno das secções criminais do Supremo Tribunal de Justiça, do acórdão proferido em último lugar) que pode ser interposto quando, no domínio da mesma legislação, o Supremo Tribunal de Justiça proferir dois acórdãos que, relativamente à mesma questão de direito, assentem em soluções opostas. Pode tal recurso ser interposto pelo arguido, pelo assistente ou pelas partes civis e é obrigatório para o Ministério Público que recorrem para o pleno das secções criminais do acórdão proferido em último lugar; este recurso é também admissível quando um Tribunal da Relação proferir acórdão que esteja em oposição com outro, da mesma ou de diferente Relação ou do Supremo Tribunal de Justiça, e dele não for admissível recurso ordinário, salvo se a orientação perfilhada naquele acórdão estiver de acordo com a jurisprudência já anteriormente fixada pelo Supremo Tribunal de Justiça.

Em regra, a decisão que resolver o conflito tem eficácia no processo em que o recurso foi interposto e nos processos cuja tramitação tiver sido suspensa; todavia, a decisão que resolver o conflito não constitui jurisprudência obrigatória para os tribunais judiciais, mas estes devem fundamentar as divergências relativas à jurisprudência fixada naquela decisão.

Ver os artigos 437.º e seguintes, C. P. P..

É importante ter em conta o artigo 17.º, n.º 2, do já referido DL n.º 329-A/95, que dispõe que "os assentos já proferidos têm o valor de acórdãos proferidos nos termos dos artigos 732.º-A e 732.º-B" do Código de Processo Civil.

V. *Acórdão; Supremo Tribunal de Justiça; Tribunal da Relação; Ministério Público; Recurso para o tribunal pleno; Diário da República; Recursos extraordinários; Jurisprudência; Ministério Público; Arguido; Partes civis; Recurso para fixação de jurisprudência.*

Assessoria militar (Just. Militar) – Esta categoria foi aprovada pelo Estatuto dos Juízes Militares e dos Assessores Militares do Ministério Público, aprovado pela Lei n.º 101/2003, de 15 de Novembro.

Esta Lei regula a assessoria ao Ministério Público nos processos por crimes estritamente militares, composta por oficiais das Forças Armadas e da Guarda Nacional Republicana. Integram a Assessoria Militar os Núcleos de Assessoria Militar dos Departamentos de Investigação e Acção Penal (D. I. A. P.) de Lisboa e Porto.

Cabe aos assessores militares coadjuvar o Ministério Público:

a) no exercício da acção penal relativamente a crimes estritamente militares;

b) na promoção e realização de acções de prevenção referidas a este tipo de crimes;

c) na direcção da investigação destes crimes;

d) na fiscalização da actividade processual da Polícia Judiciária Militar;

e) na promoção da execução de penas e medidas de segurança aplicadas a militares na efectividade de serviço.

Os assessores militares são nomeados pelo Procurador-Geral da República, desempenham as respectivas funções em regime de comissão normal e vencem de acordo com o posto respectivo. Estão, também, sujeitos ao dever de reserva que impende sobre os magistrados do Ministério Público, além dos deveres inerentes ao estatuto da condição militar.

V. *Juiz militar; Ministério Público; Crimes militares; Forças Armadas; Guarda Nacional Republicana; D.I.A.P.; Acção penal; Polícia Judiciária Militar; Pena; Medida de segurança; Procurador-Geral da República.*

Assinatura – Subscrição de um documento pelo nome do seu autor.

A assinatura pode ser autógrafa – feita pelo punho do signatário –, de chancela – consiste na aposição de um carimbo ou de uma outra reprodução mecânica da assinatura –, a rogo – assinatura de um terceiro a pedido do autor do documento, quando este não saiba ou não possa assinar – ou digital – assinatura electrónica realizada por um processo baseado num "sistema criptográfico assimétrico composto de um algoritmo ou série de algoritmos, mediante o qual é gerado um par de chaves assimétricas exclusivas e interdependentes, uma das quais privada e outra pública, e que permite ao titular usar a chave privada para declarar a autoria do documento electrónico ao qual a assinatura é aposta e concordância com o seu conteúdo, e ao destinatário usar a chave pública para verificar se a assinatura foi criada mediante o uso da correspondente chave privada e se o documento electrónico foi alterado depois de aposta a assinatura".

O artigo 7.º, n.º 1, do Decreto-Lei n.º 290-D/99, de 2 de Agosto, de 2 de Agosto, alterado pelo Decretos-Leis n.ºˢ 62/2003, de 3 de Abril, e 165/2004, de 6 de Julho, estabelece que "a aposição de uma assinatura electrónica qualificada a um documento electrónico equivale à assinatura autógrafa dos documentos com forma escrita sobre suporte de papel e cria a presunção de que:

a) A pessoa que após a assinatura electrónica qualificada é o titular desta ou é representante, com poderes bastantes, da pessoa colectiva titular da assinatura electrónica qualificada;

b) A assinatura electrónica qualificada foi aposta com a intenção de assinar o documento electrónico;

c) O documento electrónico não sofreu alteração desde que lhe foi aposta a assinatura electrónica qualificada".

O Decreto-Lei n.º 234/2000, de 25 de Setembro, cria o Conselho Técnico de Credenciação como estrutura de apoio ao Instituto das Tecnologias de Informação na Justiça no exercício das funções de autoridade credenciadora de entidades certificadoras de assinaturas digitais.

O artigo 373.º do Código Civil determina que os documentos particulares sejam assinados pelo seu autor ou por outrem a seu rogo, quando o rogante não saiba ou não possa assinar, admitindo, porém, que a assinatura seja substituída por reprodução mecânica "nos títulos emitidos em grande número ou nos demais casos em que o uso o admita". Há casos em que a lei exige que os documentos contenham a assinatura do seu autor reconhecida notarialmente.

A assinatura faz parte dos elementos de identificação que devem constar do bilhete de identidade, nos termos do artigo 5.º-*h)* da Lei n.º 33/99, de 18 de Maio, alterada pelo Decreto-Lei n.º 323/2001, de 17 de Dezembro, esclarecendo o artigo 12.º que por assinatura se entende "o nome civil, escrito pelo respectivo titular, completa ou abreviadamente, de modo habitual e característico e com liberdade de ortografia", devendo a assinatura ser feita sempre "perante funcionário dos serviços de identificação civil"; "se o requerente não puder ou não souber assinar, faz-se no bilhete de identidade a menção adequada".

O artigo 164.º do Código de Processo Civil impõe a assinatura dos termos e autos pelo juiz e respectivo funcionário para que sejam válidos, admitindo que baste a assinatura do funcionário, se o juiz não intervier no acto, "salvo se [este] exprimir a manifestação de vontade de alguma das partes ou importar para ela qualquer responsabilidade, porque nestes casos é necessária também a assinatura da parte ou do seu representante". Por seu lado, o artigo 157.º, Código de Processo Civil, na redacção dada pelo Decreto-Lei n.º 180/96, de 25 de Setembro, exige que as decisões judiciais sejam "datadas e assinadas pelo juiz ou relator, que devem rubricar ainda as folhas não manuscritas e proceder às ressalvas consideradas necessárias; os acórdãos serão também assinados pelos outros juízes que hajam intervindo, salvo se não estiverem presentes, do que se fará menção"; a mesma disposição admite que as assinaturas dos juízes sejam feitas com o nome abreviado; "os despachos e sentenças proferidos oralmente no decurso de acto de que deva lavrar-se auto ou acta são aí reproduzidos", garantindo "a assinatura do auto ou da acta, por parte do juiz, [...] a fidelidade da reprodução".

V. *Documento; Presunção; Representação; Pessoa colectiva; Bilhete de identidade; Documento particular; Auto; Termo; Juiz; Funcionário de justiça; Juiz relator; Despacho; Sentença; Acórdão; Mandado; Secretaria judicial.*

Assistência do público a actos processuais (Proc. Penal) – O procedimento vem regulado no artigo 87.º do C. P. P..

Aos actos processuais declarados públicos pela lei, nomeadamente às audiências, pode assistir qualquer pessoa. Oficiosamente ou a requerimento do Ministério Público, do arguido ou do assistente pode, porém, o juiz decidir, por despacho, restringir a livre assistência do público ou que o acto, ou parte dele, decorra com exclusão da publicidade.

Em caso de processo por crime de tráfico de pessoas ou contra a liberdade e autodeterminação sexual, os actos processuais decorrem, em regra, com exclusão da publicidade.

V. *Publicidade; Acto; Requerimento; Ministério Público; Arguido; Assistente; Juiz; Audiência de discussão e julgamento.*

Assistente (Proc. Penal) – Pessoa ou entidade ofendida com a prática de determinado crime que, uma vez assim constituída processualmente, tem a posição de colaborador do Ministério Público, a ele subordinando a sua actividade e intervenção no processo.

Podem constituir-se como assistentes os ofendidos, as pessoas de cuja queixa ou acusação particular depender o procedimento criminal, bem como qualquer pessoa nos crimes contra a paz e a humanidade e, ainda, nos crimes de tráfico de influência, favorecimento pessoal praticado por funcionário, denegação de justiça, prevaricação, peculato, participação económica em negócio, abuso de poder e de fraude na obtenção ou desvio de subsídio ou subvenção. Podem ainda constituir-se assistentes, "no caso de o ofendido morrer sem ter renunciado à queixa, o cônjuge sobrevivo não separado judicialmente de pessoas e bens ou a pessoa, de outro ou do mesmo sexo, que com o ofendido vivesse em condições análogas às dos cônjuges, os descendentes e adoptados, ascendentes e adoptantes, ou, na falta deles, irmãos e seus descendentes, salvo se alguma destas pessoas houver comparticipado no crime.

Tratando-se de procedimento dependente de acusação particular, o requerimento de constituição de assistente tem lugar no prazo de 10 dias a contar da advertência que lhe é feita (pela autoridade judiciária ou órgão de polícia criminal) da obrigatoriedade de ter esta posição processual – artigos 246.º, n.º 4 e 68.º, n.º 2, ambos do C. P. P..

Nos termos do n.º 2 do artigo 69.º, C. P. P., compete em especial aos assistentes:

a) Intervir no inquérito e na instrução, oferecendo provas e requerendo as diligências que se afigurarem necessárias;

b) deduzir acusação independente da do Ministério Público e, no caso de procedimento dependente de acusação particular, ainda que aquele a não deduza;

c) interpor recurso das decisões que os afectem, mesmo que o Ministério Público o não tenha feito.

Os assistentes são sempre representados por advogado. Podem ser acompanhados por advogado nas diligências em que intervierem – artigo 70.º, C. P. P..

A sentença absolutória condena o assistente em custas, nos termos do artigo 376.º, CPP e do Regulamento das Custas Processuais (Decreto-Lei n.º 34/2008, de 26 de Fevereiro).

V. o Assento n.º 8/99, publicado no *Diário da República* I-A série, de 10 de Agosto de 1999, que decidiu: "O assistente não tem legitimidade para recorrer, desacompanhado do Ministério Público, relativamente à espécie e medida da pena aplicada, salvo quando demonstrar um concreto e próprio interesse em agir".

V. *Ofendido; Crime; Ministério Público; Queixa; Acusação particular; Crime contra a humanidade; Tráfico de influência; Favorecimento pessoal praticado por funcionário; Denegação de justiça; Prevaricação; Peculato; Participação económica em negócio; Abuso de poder; Fraude na obtenção de subsídio ou subvenção; Recurso; Pena; Medida da pena; Advogado; Autoridade judiciária; Órgão de polícia criminal; Prazo; Comparticipação; Inquérito; Instrução; Prova; Diligência; Recurso; Custas.*

Associação criminosa (Dir. Penal) – Crime, previsto no artigo 299.º, C. P., que se traduz na promoção ou na fundação de grupo, organização ou associação, cuja finalidade ou actividade seja dirigida à prática de crimes.

Incorre também na pena prevista para o crime de associação criminosa quem fizer dela parte ou quem a apoiar, nomeadamente fornecendo armas, munições, instrumentos de crime, guarda ou locais para as reuniões, ou qualquer auxílio para que se recrutem novos elementos.

O artigo 299.º, n.º 3, C. P., consagra uma agravação para quem dirigir ou chefiar associação criminosa.

Beneficiará de especial atenuação da pena ou, mesmo, de não punição, o agente que impedir ou que se esforçar seriamente por impedir a continuação dos grupos, organizações ou associações, ou comunicar à autoridade a sua existência, de modo a que aquela possa evitar a prática de crimes.

Diversos diplomas consagram, nos respectivos âmbitos, incriminações para a criação de associações criminosas. É o caso, nomeadamente, do artigo 28.º do Decreto-Lei n.º 15/93, de 22 de Janeiro (genericamente designado por *Lei da droga*), que tem por epígrafe "Associações criminosas" e que consagra a punição da constituição de associação cuja finalidade é a prática de crimes de tráfico de estupefacientes; assim também o artigo 89.º da Lei n.º 15/2001, de 5 de Junho (Regime Geral das Infracções Tributárias), que tem por epígrafe "Associação criminosa" e que consagra a incriminação da constituição de associação cuja finalidade seja a prática de crimes fiscais; ver ainda o artigo 11.º da Lei n.º 50/2007, de 31 de Agosto, relativa aos comportamentos susceptíveis de alterar a verdade desportiva, preceito que prevê igualmente a punição de quem fundar ou pertencer a associação criminosa destinada a praticar crimes previstos no mencionado diploma.

V. *Crime; Pena; Agravação; Atenuação especial da pena; Desistência; Estupefaciente; Crimes tributários.*

Associação de auxílio à imigração ilegal (Dir. Penal) – Crime previsto no artigo 183.º da Lei n.º 23/2007, de 4 de Julho (relativo à entrada, permanência, saída e afastamento de estrangeiros do território nacional), que consiste na fundação de associação, grupo ou organização que se dedique à prática do crime de auxílio à imigração ilegal.

V. *Crime; Auxílio à imigração ilegal; Associação criminosa; Estrangeiros.*

Atentado à liberdade de imprensa (Dir. Penal) – Crime previsto no artigo 33.º da Lei n.º 2/99, de 13 de Janeiro (Lei de Imprensa), que se traduz num conjunto de comportamentos, expressamente enunciados, tais como a perturbação da circulação de publicações ou a sua apreensão, bem como a destruição de materiais necessários ao exercício da actividade jornalística, com o intuito de atentar contra a liberdade de imprensa.

V. *Crime; Crimes cometidos através da imprensa.*

Atentado à segurança de transporte por ar, água ou caminho de ferro (Dir. Penal) – Crime previsto no artigo 288.º, C. P., que se traduz, genericamente, em atentar contra a segurança de transporte por ar, água ou caminho de ferro, através dos comportamentos expressamente previstos nas quatro alíneas do n.º 1 do preceito (destruição de material de sinalização, colocação de obstáculos à circulação, emissão de avisos ou de sinais falsos e prática de actos dos quais possa resultar desastre), criando desse modo perigo para a vida ou para a integridade física de outrem ou para bens patrimoniais alheios de valor elevado.

Os n.ºˢ 2 e 3 do artigo 288.º do Código Penal consagram a punição das situações em que o perigo foi criado negligentemente e em que a conduta do agente é negligente, respectivamente.

V. *Crime; Crime de perigo; Integridade física; Negligência; Valor elevado; Vida.*

Atentado à segurança de transporte rodoviário (Dir. Penal) – Crime, previsto no artigo 290.º, C. P., que se traduz em atentar contra a segurança de transporte rodoviário, através dos comportamentos expressamente previstos nas quatro alíneas do n.º 1 do preceito (destruição de material de sinalização ou de via de circulação, colocação de obstáculos à circulação, emissão de avisos ou de sinais falsos e prática de actos dos quais possa resultar desastre), criando desse modo perigo para a vida ou para a integridade física de outrem ou para bens patrimoniais alheios de valor elevado.

O artigo 290.º, n.ºˢ 2 e 3, C. P., consagram a punição das situações em que o perigo foi criado negligentemente e em que a conduta do agente é negligente, respectivamente.

V. *Crime; Crime de perigo; Integridade física; Valor elevado; Vida; Negligência.*

Atentado contra a Constituição da República (Dir. Penal) – Crime previsto no artigo 8.º da Lei n.º 34/87, de 16 de Julho (relativa aos crimes de titulares de cargos políticos), que consagra a punição do titular de cargo político que atente contra a Constituição, tentando alterá-la de modo ilegítimo.
V. *Cargo político; Crime; Constituição da República Portuguesa.*

Atentado contra a liberdade de programação e informação (Dir. Penal) – Crime, previsto no artigo 67.º da Lei n.º 4/2001, de 23 de Fevereiro (Lei da Rádio), que se traduz genericamente na perturbação de emissão de rádio ou na apreensão ou danificação de materiais necessários para a emissão, com o intuito de atentar contra a liberdade de programação ou de informação.
Crime previsto no artigo 74.º da Lei n.º 27/2007, de 30 de Julho (Lei da Televisão), que consiste em impedir ou perturbar emissão televisiva ou apreender ou danificar materiais necessários ao exercício da actividade de televisão com o intuito de atentar contra a liberdade de programação e informação.
V. *Crime.*

Atentado contra o Estado de Direito (Dir. Penal) – Crime previsto no artigo 9.º da Lei n.º 34/87, de 16 de Julho (relativa aos crimes de titulares de cargos políticos), que consagra a punição do titular de cargo político que tente alterar ou subverter o Estado de Direito.
V. *Crime; Cargo político.*

Atentado contra o Presidente da República (Dir. Penal) – Crime, previsto no artigo 327.º, C. P., que se traduz em atentar contra a vida, a integridade física ou a liberdade do Presidente da República ou de quem constitucionalmente o substituir.
Ao agente só será aplicada a pena prevista (5 a 15 anos de prisão) se pena mais grave lhe não couber por força de outra disposição legal.
No caso de consumação do crime, o agente é punido com a pena correspondente ao crime praticado, agravada de um terço nos seus limites mínimo e máximo.
V. *Crime; Vida; Integridade física; Pena; Agravação; Crime de empreendimento; Concurso de normas; Limite máximo da pena de prisão; Limite mínimo da pena de prisão; Limites da pena.*

Atenuação especial da pena (Dir. Penal) – De acordo com o artigo 72.º, n.º 1, C. P., o tribunal atenua especialmente a pena, para além dos casos especial e expressamente previstos na lei, quando existirem circunstâncias – anteriores, posteriores ao crime ou contemporâneas dele – que diminuam por forma acentuada a ilicitude do facto, a culpa do agente ou a necessidade da pena.
O n.º 2 do mesmo preceito consagra uma enumeração exemplificativa de circunstâncias que podem ser consideradas pelo tribunal, para efeito de atenuação especial da pena, que se prendem com a existência de ameaça contra o agente, com os motivos deste, com o seu arrependimento e com o decurso de "muito tempo" sobre a prática do crime.
O artigo 73.º, C. P., consagra os termos da atenuação especial da pena. De acordo com este preceito, havendo lugar à atenuação especial da pena, o limite máximo da pena de prisão é reduzido de um terço; o limite mínimo da pena de prisão é reduzido a um quinto se for igual ou superior a 3 anos, e ao mínimo legal se for inferior; o limite máximo da pena de multa é reduzido de um terço e o limite mínimo reduzido ao mínimo legal; e, se o limite máximo da pena de prisão não for superior a 3 anos, pode a mesma ser substituída por multa.
A pena especialmente atenuada é passível de substituição, incluindo a suspensão, "nos termos gerais" (artigo 73.º, n.º 2, C. P.), isto é, a pena especialmente atenuada pode ser substituída por outra, desde que se verifiquem os pressupostos da substituição.
Os limites mínimos legais das penas de prisão e de multa encontram-se previstos, respectivamente, nos artigos 40.º, n.º 1 (um mês), e 47.º, n.º 1 (10 dias), C. P.
V. *Crime; Pena; Culpa; Ilicitude; Arrependimento; Limites da pena; Pena de multa; Pena de prisão; Substituição da multa por trabalho; Substituição da pena curta de prisão; Suspensão da execução da pena de prisão.*

Atenuante (Dir. Penal) – V. *Circunstâncias atenuantes*.

Atestado falso (Dir. Penal) – Crime previsto no artigo 260.º, C. P., que se traduz na passagem – por médico, dentista, enfermeiro, parteira, dirigente ou empregado de laboratório ou de instituição de investigação que sirva fins médicos, ou por pessoa encarregada de fazer autópsias – de atestado ou certificado, que sabe não corresponder à verdade, sobre o estado do corpo ou da saúde física ou mental, o nascimento ou a morte de uma pessoa, destinado a fazer fé perante autoridade pública ou a prejudicar interesses de outra pessoa.

Também incorre em responsabilidade criminal, nos termos do artigo 260.º, n.º 2, C. P., o veterinário que passar atestado nos mesmos termos relativo a animais.

Incorre ainda em responsabilidade penal, nos termos do n.º 3 do artigo 260.º do Código Penal, quem passar atestado falso, arrogando-se falsamente as qualidades ou funções referidas.

V. *Crime*.

Audiência de discussão e julgamento (Proc. Penal) – Designação dada à audiência (julgamento) presidida por um magistrado judicial – seja ela feita por tribunal singular ou colectivo –, com poderes de disciplina e direcção, na qual é discutido e julgado um processo que consubstancia um ilícito penal.

São ouvidos todos os intervenientes processuais e produzidas todas as provas necessárias para a descoberta da verdade.

A audiência de julgamento é "pública, sob pena de nulidade insanável, salvo nos casos em que o presidente decidir a exclusão ou a restrição da publicidade" (artigo 321.º, n.º 1, C. P. P.) e integra deveres de conduta para todas as partes nela intervenientes: arguido, advogados, defensores e pessoas que assistem à audiência.

Os poderes de disciplina e direcção dos trabalhos cabe ao juiz que preside à sessão. As decisões relativas à disciplina da audiência são tomadas sem formalidades.

V. artigos 321.º, 322.º, 323.º, 85.º e 87.º, todos do C. P. P..

O objectivo da audiência de julgamento é a produção de prova relativamente ao crime objecto do processo em apreciação pelo tribunal, sendo todos os meios de prova nela apresentados submetidos ao princípio do contraditório.

V. *Julgamento*; *"Césure"*; *Juiz*; *Tribunal colectivo*; *Tribunal singular*; *Nulidade*; *Nulidades insanáveis*; *Juiz presidente*; *Arguido*; *Advogado*; *Defensor*; *Prova*; *Princípio do contraditório*; *Meios de prova*; *Objecto do processo*; *Adiamento da audiência*.

Aumento de risco (Dir. Penal) – Critério de imputação objectiva, de acordo com o qual o resultado típico é imputável à conduta do agente quando este, através da sua conduta, aumente ilicitamente o risco de produção do evento, isto é, a possibilidade de produção do resultado típico.

A este critério subjaz o princípio segundo o qual a toda a actividade humana é inerente um dado grau de risco. O direito permite, consoante os casos, determinados níveis de risco. A ultrapassagem desses níveis fundamenta a imputação objectiva do evento típico à conduta do agente.

Trata-se, pois, de situações em que o agente actua incumprindo normas que visam evitar determinados perigos. Por exemplo, o condutor que viaja em excesso de velocidade incumpre uma norma (a que estabelece os limites de velocidade) que visa prevenir a produção de acidentes. Se, em consequência do incumprimento dessa norma, ou seja, em consequência do excesso de velocidade, o condutor provocar um acidente do qual resulta a morte de uma outra pessoa, esse resultado (a morte) é imputado à acção do condutor, uma vez que este aumentou ilicitamente o risco de ocorrência de acidentes e, consequentemente, de produção de danos nos demais utilizadores da via pública.

V. *Acção típica*; *Imputação objectiva*; *Resultado*; *Critérios de risco*; *Risco*; *Risco proibido*; *Risco permitido*.

Autenticação – Dizem-se autenticados os documentos particulares cujo conteúdo é confirmado pelas partes perante o notário.

Estes documentos adquirem a força probatória dos documentos autênticos, embora os não substituam quando a lei exija documento desta natureza para a validade do acto.

V. *Documento; Documento autêntico; Documento particular; Notário.*

Auto (Proc. Penal) – Acto processual destinado a conhecer e fazer constar do processo um determinado acto praticado na presença do juiz ou de um funcionário judicial.

O artigo 99.º, n.º 1, C. P. P., diz que é o instrumento destinado a fazer fé quanto aos termos em que se desenrolaram os actos processuais, a cuja documentação a lei obrigar e aos quais tiver assistido quem o redige, bem como a recolher as declarações, requerimentos, promoções e actos decisórios orais que tiverem ocorrido.

Assim, nos termos do artigo 100.º, C. P. P., a redacção do auto é efectuada pelo funcionário de justiça, ou pelo funcionário de polícia criminal durante o inquérito, sob a direcção da entidade que presidir ao acto. Sempre que o auto dever ser redigido por súmula, compete à entidade que presidir ao acto velar por que a súmula corresponda ao essencial do que se tiver passado ou das declarações prestadas, podendo, para o efeito, ditar o conteúdo do auto ou delegar, oficiosamente ou a requerimento, nos participantes processuais ou nos seus representantes.

O funcionário pode redigir o auto utilizando meios estenográficos, estenotípicos ou outros diferentes da escrita comum, bem como socorrer-se de gravação magnetofónica ou audiovisual.

Quando se perder, extraviar ou destruir auto ou parte dele, procede-se à sua reforma no tribunal em que o processo tiver ocorrido ou dever correr termos em primeira instância, mesmo quando nele tiver havido algum recurso. A reforma é ordenada pelo juiz, oficiosamente ou a requerimento, do Ministério Público, do arguido, do assistente ou das partes civis.

V. artigos 99.º, 100.º, 101.º e 102.º, C. P. P.

V. *Acto; Acto processual; Actos de inquérito; Processo; Juiz; Requerimento; Promoção; Acto decisório; Funcionário; Funcionário de justiça; Participante processual; Tribunal; Recurso; Juiz; Ministério Público; Assistente; Partes civis.*

Auto de inquérito (Proc. Penal) – Documento que contém, através da redução a escrito, as diligências de prova realizadas em inquérito para investigação do crime.

Concluído o inquérito, o auto fica à guarda do Ministério Público ou é remetido ao tribunal competente para a instrução ou julgamento.

V. artigo 275.º, C. P. P., que determina a redução a auto das diligências de prova realizadas durante o inquérito, dos actos a praticar pelo juiz de instrução durante o inquérito e dos actos a ordenar ou a autorizar pelo juiz de instrução durante o inquérito.

V. *Auto; Documento; Inquérito; Crime; Prova; Ministério Público; Tribunal; Instrução; Julgamento; Juiz de instrução.*

Auto de instrução (Proc. Penal) – As diligências de prova realizadas em acto de instrução são documentadas mediante gravação ou redução a auto, sendo juntos ao processo os requerimentos apresentados pela acusação e pela defesa, bem como outros documentos que se considerem de interesse para a apreciação da causa.

V. artigo 296.º, C. P. P., que determina a redução a auto das diligências de prova realizadas em acto de instrução.

V. *Auto; Documento; Instrução; Prova; Requerimento.*

Auto de notícia (Proc. Penal) – Documento que, de acordo com o artigo 243.º, C. P. P., é lavrado, por autoridade judiciária, órgão de polícia criminal ou outra entidade policial, sempre que presenciem qualquer crime de denúncia obrigatória e que, valendo como denúncia da prática de determinado crime, é obrigatoriamente remetido ao Ministério Público, no mais curto prazo, que não pode exceder dez dias.

Do auto de notícia devem constar: os factos que constituem o crime, o dia, hora, local e as circunstâncias em que aquele terá sido cometido e todos os elementos que se possam averiguar acerca da identificação dos agentes e ofendidos, bem como todos os meios de prova conhecidos.

V. *Auto; Autoridade judiciária; Inquérito; Órgão de polícia criminal; Crime; Denúncia; Ministério Público; Meios de prova; Ofendido.*

Autodeterminação sexual (Dir. Penal) – O Código Penal, nos artigos 163.º a 179.º,

consagra os crimes contra a liberdade sexual e contra a autodeterminação sexual.
Os crimes contra a autodeterminação sexual constam dos artigos 171.º a 179.º do Código, e são: *Abuso sexual de crianças, Abuso sexual de menores dependentes, Recurso à prostituição de menores; Lenocínio de menores* – v. estas expressões).
Traço comum dos crimes contra a autodeterminação sexual é a reduzida idade das vítimas (idade que é dividida em diversos escalões, mas que se situa sempre abaixo dos 18 anos).
Nessa medida, pode dizer-se que os crimes contra a autodeterminação sexual visam proteger o livre desenvolvimento da personalidade do menor, presumindo a lei que a prática de actos sexuais com menor, em menor ou por menor de certa idade, mesmo fora dos casos de extorsão de contactos sexuais de forma coactiva ou análoga, prejudica o desenvolvimento global do menor.
V. *Crime; Liberdade sexual; Menor*.

Automatismo (Dir. Penal) – V. *Acto automático*.

Autor (Dir. Penal) – Designação genérica que se refere ao agente principal do crime. Cabem nesta categoria o autor material, o autor mediato e o co-autor.
A inclusão do instigador na figura da autoria não é pacífica, não obstante este comparticipante ser punido como autor, de acordo com o artigo 26.º, C. P. (disposição legal que se refere em termos gerais à matéria da autoria). A doutrina maioritária considera que o instigador é um participante.
São várias as teorias que procuram a identificação de um critério de autoria.
As teorias causais da autoria, fazendo assentar a doutrina da participação na doutrina da causalidade, sustentam que é autor quem dá origem, numa perspectiva causal, ao evento típico.
As teorias teleológicas, partindo duma perspectiva normativa da análise das questões penais, e portanto também da matéria da comparticipação, concluem que é autor quem realiza com culpa um facto ilícito que lesa bens jurídicos. Os defensores destas teorias sustentam que o conceito de autor resulta de uma apreciação do sentido (significado) do comportamento típico (por exemplo, averiguando o que pretende a lei abranger com a expressão "matar outrem").
As teorias ontológicas da autoria partem de uma análise do significado real (concreto ou social, consoante as perspectivas) do comportamento humano para afirmar quem é o autor do facto.
As teorias objectivas da autoria caracterizam o autor em função do tipo de actos que o agente pratica.
As teorias subjectivas da autoria caracterizam, por seu turno, o autor em função da atitude psicológica do agente, isto é, em função da sua intenção.
O critério distintivo entre autor e participante comummente aceite pela doutrina é o do domínio do facto. De acordo com este critério, é autor quem tem o domínio do facto, isto é, quem tem a possibilidade de fazer avançar o processo executivo do crime até à consumação (domínio positivo do facto). O agente que detém o domínio positivo do facto detém, em princípio, o domínio negativo, ou seja, domina a possibilidade de fazer parar o processo executivo do facto.
V. artigo 31.º da Lei n.º 2/99, de 13 de Junho.
V. *Agente; Autor material; Autor mediato; Autoria; Co-autor; Comparticipação; Domínio do facto; Domínio negativo do facto; Domínio positivo do facto; Instigador; Participante; Teoria objectiva da participação; Teoria objectiva formal da autoria; Teoria objectiva material da autoria; Teoria subjectiva da participação; Facto*.

Autoria (Dir. Penal) – Termo que se refere à parte da matéria da comparticipação que tem por objecto as questões relativas às várias categorias de autores, ou seja, abrange genericamente as questões relacionadas com a autoria material, a autoria mediata e com a co-autoria.
V. *Comparticipação; Autor; Autor material, Autor mediato; Autor singular; Autoria paralela; Co-autor; Autoria cumulativa*.

Autoria cumulativa (Dir. Penal) – Termo que se refere às situações em que dois ou mais autores desencadeiam, autonomamente e sem conhecimento recíproco (caso contrário, tratar-se-ia de co-autoria), processos lesivos insuficientes para produzir o evento típico, mas que, conjugados, vêm efectivamente a produzi-lo.

V. *Acumulação; Autor; Autor material; Autor singular; Causalidade cumulativa; Co-autor; Resultado; Tipo.*

Autoria imediata (Dir. Penal) – V. *Autor material.*

Autoria material (Dir. Penal) – V. *Autor material.*

Autoria mediata (Dir. Penal) – V. *Autor mediato.*

Autoria paralela (Dir. Penal) – Expressão que se reporta à situação em que dois ou mais autores desencadeiam processos lesivos autónomos e suficientes para originar o evento típico, não existindo entre eles qualquer acordo ou o conhecimento da actuação do outro (ou outros) –, pois, se esse conhecimento existir, tratar-se-á de uma situação de co-autoria.

Distingue-se das situações de co-autoria precisamente pela ausência de comunhão de esforços para produzir o evento.

Se ambos os processos lesivos atingirem o seu objecto, os respectivos autores serão punidos por crime consumado. Se só um atingir o objecto (e, desse modo, produzir o resultado típico), haverá lugar à punição do autor cuja conduta produziu o evento por facto consumado; o autor que não atingiu o objecto será punido por facto tentado. Se, por último, o evento for produzido, mas não for possível imputá-lo a qualquer um dos autores, haverá lugar à punição de todos os autores por crime tentado, por força da aplicação do princípio *in dubio pro reo*.

V. *Autor; Autor material; Autor singular; Co-autor; Imputação objectiva; Princípio do "in dubio pro reo"; Objecto do crime; Resultado; Tentativa; Tipo.*

Autoria singular (Dir. Penal) – V. *Autor singular.*

Autoridade administrativa – Designam-se por autoridades administrativas todos os órgãos ou agentes do Estado e dos demais entes públicos, aos quais, para o desempenho de atribuições de natureza administrativa, sob a forma de actos jurídicos, a ordem jurídica confere poderes públicos.

São, assim, aqueles órgãos – ou as pessoas físicas que constituem o suporte dos órgãos, institucionalmente considerados – do Estado ou dos entes públicos menores que tenham competência para a prática de actos jurídicos, no exercício de poderes públicos, cujos efeitos irão interferir com as esferas jurídicas de terceiros, independentemente do seu consentimento.

É devida taxa de justiça pela impugnação das decisões das autoridades administrativas no âmbito de processos contra-ordenacionais, quando a coima não tenha sido previamente liquidada, sendo a taxa autoliquidada nos 10 dias subsequentes ao recebimento da impugnação pelo tribunal, no montante de 1 UC, podendo ser corrigida, a final, pelo juiz, nos termos da tabela III – que faz parte integrante do Regulamento das Custas Processuais: Decreto-Lei n.º 34/2008, de 26 de Fevereiro – tendo em consideração a gravidade do ilícito – artigo 8.º do Regulamento das Custas Processuais.

V. *Acto; Acto jurídico; Consentimento; Taxa de justiça; Contra-ordenação; Tribunal; Juiz; Ilícito.*

Autoridade de polícia criminal (Proc. Penal) – De acordo com a caracterização do artigo 1.º-*d*), C. P. P., são autoridades de polícia criminal todas as pessoas – directores, oficiais, inspectores e subinspectores de polícia e todos os funcionários policiais – a quem as leis respectivas reconhecerem aquela qualificação.

V. *Órgão de polícia criminal; Transmissão e recepção de denúncias e queixas.*

Autoridade judiciária (Proc. Penal) – Segundo o artigo 1.º-*b*), C. P. P., é autoridade judiciária a pessoa pertencente à magistratura, nomeadamente o juiz, juiz de instrução e Ministério Público, cada um relativamente aos actos processuais que cabem na sua competência.

É sob a direcção e na dependência da autoridade judiciária competente (de acordo com a fase em que o processo se

encontrar) que os órgãos de polícia criminal actuam no processo. A autoridade judiciária pode, a todo o tempo, avocar o processo, fiscalizar o seu andamento e legalidade e dar instruções específicas sobre a realização de quaisquer actos – v. artigo 2.º da Lei n.º 49/2008, de 27 de Agosto (Lei da Organização da Investigação Criminal).
V. *Juiz; Juiz de instrução; Magistratura; Magistratura judicial; Ministério Público; Acto processual; Órgão de polícia criminal.*

Autoridade tributária (Proc. Penal) – Autoridades tributárias são as entidades ligadas ao processo de julgamento das infracções tributárias e à aplicação das coimas e sanções acessórias, nomeadamente nos processos de contra-ordenação tributária, quer aduaneiras, quer fiscais, e que são: o director-geral das alfândegas e dos impostos especiais sobre o consumo; os directores das Direcções Regionais de Contencioso e Controlo Aduaneiro; os directores das alfândegas e os chefes das delegações aduaneiras; directores de finanças; directores de finanças adjuntos; coordenadores de postos aduaneiros; chefes de finanças, nos termos do artigo 59.º da Lei n.º 15/2001, de 5 de Junho – Regime Geral das Infracções Tributárias.
A aplicação das coimas e sanções acessórias compete às seguintes autoridades tributárias:
a) tratando-se de contra-ordenação aduaneira, ao director-geral das Alfândegas e dos Impostos Especiais sobre o consumo, aos Directores das Direcções Regionais de Contencioso e Controlo Aduaneiro, aos directores das alfândegas e aos chefes das delegações aduaneiras;
b) tratando-se de contra-ordenação fiscal, a aplicação das coimas previstas nos artigos 114.º e 116.º a 126.º (respectivamente, os crimes: falta de entrega da prestação tributária; falta ou atraso de declarações; falta ou atraso na apresentação ou exibição de documentos ou de declarações; falsificação, viciação e alteração de documentos fiscalmente relevantes; omissões e inexactidões nas declarações ou em outros documentos fiscalmente relevantes; inexistência de contabilidade ou de livros fiscalmente relevantes; não organização da contabilidade e atrasos na sua execução; falta de apresentação dos livros de escrituração; violação do dever de emitir ou exigir recibos ou facturas; falta de designação de representantes; pagamento indevido de rendimentos), bem como as contra-ordenações autónomas, ao dirigente do serviço tributário local da área onde a infracção teve lugar e a aplicação das coimas previstas nos artigos 114.º, 118.º 119.º a 126.º quando o imposto em falta seja superior a 25 000 Euros e nos artigos 113.º, 115.º, 127.º (impressão de documentos por tipografias não autorizadas) e 128.º ao director de finanças da área onde a infracção teve lugar, a quem compete, ainda, a aplicação de sanções acessórias.
V. *Regime Geral das Infracções Tributárias; Contra-ordenação; Sanção acessória; Coima.*

Autor imediato (Dir. Penal) – V. *Autor material.*

Autor material (Dir. Penal) – Ao autor material refere-se o artigo 26.º, primeira proposição, do Código Penal: quem pratica o facto por si mesmo.
Trata-se do agente principal que pratica efectivamente o facto descrito no tipo incriminador, tendo, por essa via, o domínio positivo e negativo do facto.
V. *Autor; Autor singular; Autoria; Domínio do facto; Domínio negativo do facto; Domínio positivo do facto; Executor material.*

Autor mediato (Dir. Penal) – Ao autor mediato refere-se o artigo 26.º, segunda proposição, do Código Penal: quem pratica o facto por intermédio de outrem.
A lei utiliza também a expressão "autoria mediata": assim acontece nomeadamente no artigo 6.º, n.º 1, da Lei n.º 101/2001, de 25 de Agosto (Lei que contém o regime das acções encobertas para fins de prevenção e investigação criminal), ao excluir a punição do agente encoberto que pratique actos preparatórios ou de execução de uma infracção em qualquer forma de compartipação diversa da instigação e da autoria mediata.
O autor mediato tem o domínio positivo do facto por via do domínio da vontade do executor material, ou seja, o autor mediato instrumentaliza uma outra

pessoa, exerce um poder sobre o outro, para praticar, através deste, a infracção.

As situações, identificadas pela doutrina, de domínio da vontade de outrem são a indução em erro relevante, a instrumentalização de vontades débeis – tais como a de menor ou a de inimputável em razão de anomalia psíquica – e o domínio de aparelhos de poder organizado à margem da lei, nos quais, a par de uma forte hierarquia e de um forte sentido de respeito pelas ordens das cúpulas, existe uma significativa fungibilidade ao nível do executor material da ordem, ou seja, o executor material pode ser um de vários agentes que integram o grupo destinatário da ordem que assegura o respectivo cumprimento, sendo indiferente a identidade concreta de quem o faz.

Há, portanto, autoria mediata, para além de outras situações, quando alguém diz, a uma criança de, por hipótese, seis anos ou a uma pessoa portadora de anomalia psíquica, para retirar sem pagar um objecto de uma loja, ou quando alguém convence outra pessoa a disparar sobre uma parede, sabendo que no outro lado se encontra a vítima e que a parede não resiste ao disparo, convencendo, porém, o atirador de que a parede é de pedra e que não se encontra ninguém por perto (atirador que actua então em erro), ou ainda quando o líder de uma associação criminosa ordena a execução de um homicídio.

V. *Autor; Autoria; Domínio negativo do facto; Domínio positivo do facto; Erro; Anomalia psíquica; Executor material; Inimputabilidade; Compartícipação; Agente; Agente encoberto; Actos preparatórios.*

Autor paralelo (Dir. Penal) – V. *Autoria paralela.*

Autor singular (Dir. Penal) – Autor que pratica o facto por si mesmo (primeira proposição do artigo 26.º, C. P.), sem o concurso de outro participante principal.

Trata-se de uma expressão que se refere à situação em que apenas existe um autor que pratica efectivamente o facto. O autor singular é, pois, o autor material.

No entanto, e não obstante as expressões autor singular e autor material poderem ser utilizadas em sinonímia, é possível afirmar-se que os co-autores podem igualmente ser considerados autores materiais, uma vez que a classificação de autor material se refere ao agente que pratica efectivamente o facto – ainda que em conjunto com outro ou outros.

V. *Autor, Autor material; Co-autor; Compartícipação; Facto.*

Auxílio à imigração ilegal (Dir. Penal) – Crime previsto no artigo 183.º da Lei n.º 23/2007, de 4 de Julho (relativo à entrada permanência, saída e afastamento de estrangeiros do território nacional), que se traduz, genericamente, no favorecimento da entrada irregular de cidadão estrangeiro em território nacional.

V. *Crime; Associação de auxílio à imigração ilegal; Estrangeiros.*

Auxílio ao suicídio (Dir. Penal) – V. *Suicídio; Incitamento ou ajuda ao suicídio.*

Auxílio de funcionário à evasão (Dir. Penal) – Crime, previsto no artigo 350.º, C. P., que consiste genericamente na libertação ou na facilitação da evasão de preso, por funcionário encarregado da guarda de pessoa legalmente privada da liberdade.

O n.º 2 do mesmo preceito consagra a responsabilidade penal do funcionário que, não sendo encarregado da guarda, estiver obrigado, em virtude da função que desempenha, a exercer vigilância sobre pessoa legalmente privada da liberdade ou a impedir a sua evasão.

V. *Crime; Evasão; Funcionário.*

Auxílio judiciário mútuo em matéria penal (Proc. Penal) – Cooperação que compreende a comunicação de informações, de actos processuais e de outros actos públicos admitidos pelo direito português, quando se afigurarem necessários à realização das finalidades do processo e ainda os actos necessários à recuperação ou apreensão de instrumentos, objectos ou produtos da infracção.

O pedido de auxílio que seja solicitado a Portugal é cumprido em conformidade com a lei portuguesa.

Podem solicitar auxílio as autoridades ou entidades estrangeiras competentes para o procedimento, segundo o direito do respectivo Estado ou da respectiva organização internacional.

Este processo de cooperação judiciária internacional está regulado na Lei n.º 144/99, de 31 de Agosto.

Esta Lei aplica-se às seguintes formas de cooperação judiciária internacional: "extradição; transmissão de processos penais; execução de sentenças penais; transferência de pessoas condenadas a penas e medidas de segurança privativas da liberdade; vigilância de pessoas condenadas ou libertadas condicionalmente; auxílio judiciário mútuo em matéria penal".

As formas de cooperação "regem-se pelas normas dos tratados, convenções e acordos internacionais que vinculem o Estado português". Na execução de um pedido de cooperação formulado a Portugal observam-se as disposições do Código de Processo Penal e legislação complementar relativas à recusa de testemunhar, às apreensões, às escutas telefónicas, e ao segredo profissional ou de Estado.

"A lei portuguesa aplica-se à indemnização devida por detenção ou prisão ilegal ou injustificada ou por outros danos sofridos pelo suspeito e pelo arguido: *a)* no decurso de procedimento instaurado em Portugal para efectivação de um pedido de cooperação formulado a Portugal; *b)* no decurso de procedimento instaurado no estrangeiro para efectivação de um pedido de cooperação formulado por uma autoridade portuguesa".

Aplica-se a estes processos de auxílio judiciário mútuo o princípio *do non bis in idem*.

São requisitos do pedido: "*a)* a autoridade de que emana e a autoridade a quem se dirige, podendo fazer esta designação em termos gerais; *b)* o objecto e motivos do pedido; *c)* a qualificação jurídica dos factos; *d)* a identificação do suspeito; *e)* a narração dos factos, incluindo o lugar e o tempo da sua prática; *f)* o texto das disposições legais aplicáveis no Estado que o formula; *g)* quaisquer documentos relativos ao facto".

V. artigos 1.º a 13.º, 19.º, 21.º a 23.º e segs. da referida Lei n.º n.º 144/99.

Foi publicada a Resolução da Assembleia da República n.º 61/2006 no *Diário da República* n.º 234, Série I de Dezembro de 2006, que aprova, para ratificação, o Protocolo da Convenção Relativa ao Auxílio Judiciário Mútuo em Matéria Penal entre os Estados Membros da União Europeia, elaborado pelo Conselho nos termos do artigo 34.º do Tratado da União Europeia, assinado no Luxemburgo em 16 de Outubro de 2001 – na mesma ressaltam as obrigações que os países signatários assumem no que se refere à troca de informações sobre operações bancárias e à cooperação em matéria de fuga aos impostos.

V. *Acto; Acto processual; Processo; Processo de extradição; Execução de sentenças penais estrangeiras; Liberdade condicional; Testemunha; Apreensão; Escutas telefónicas; Sigilo profissional; Indemnização; Dano; Suspeito; Arguido; Detenção; Prisão ilegal; Princípio do "non bis in idem"; Qualificação; Facto; Documento; Sentença; Segredo de Estado.*

Auxílio material (Dir. Penal) – Expressão com vários significados.

1. Crime previsto no artigo 232.º, C. P., que ocorre quando alguém auxilia "outra pessoa a aproveitar-se do benefício de coisa obtida por meio de facto ilícito típico contra o património". Se houver lugar a restituição ou reparação até ao início da audiência de julgamento em 1.ª instância, a pena será especialmente atenuada (se a reparação ou restituição forem parciais, a pena poderá ser especialmente atenuada).

Trata-se de um crime público. Se o agente for cônjuge, ascendente, descendente, adoptante, adoptado, parente ou afim até ao 2.º grau da vítima, ou com ela viver em condições análogas às dos cônjuges, é semipúblico (n.º 2 do artigo 232.º, C. P.).

2. Crime aduaneiro previsto no artigo 101.º da Lei n.º 15/2001, de 5 de Junho (Regime Geral das Infracções Tributárias), que se traduz na prestação de auxílio material a outrem para aproveitamento de benefício económico proporcionado por mercadoria objecto de crime aduaneiro.

3. Comportamento característico do cúmplice material.

V. *Crime; Crime público; Crime semipúblico; Crime aduaneiro; Cúmplice; Cúmplice material; Ilicitude; Tipo; Atenuação especial da pena.*

B

Balística (Proc. Penal) – V. *Prova pericial*.

Base de dados (Dir. Penal) – Na Lei n.º 67/98, de 26 de Outubro (rectificada pela Declaração de rectificação n.º 22/98, de 28 de Novembro), que constitui a Lei da Protecção de Dados Pessoais, não se encontra uma noção de base de dados, surgindo tal conceito no Decreto-Lei n.º 122/2000, de 4 de Julho – que transpôs para a ordem jurídica interna a Directiva n.º 96/9/CE, do Parlamento e do Conselho, de 11 de Março, relativa à protecção jurídica das bases de dados. O artigo 1.º, n.º 2, deste último DL diz que, "para o efeito do disposto no presente diploma, entende-se por «base de dados» a colectânea de obras, dados ou outros elementos independentes, dispostos de modo sistemático ou metódico e susceptíveis de acesso individual por meios electrónicos ou outros". Estabelece o artigo 4.º que "as bases de dados que, pela selecção ou disposição dos respectivos conteúdos, constituam criações intelectuais são protegidas em sede de direito de autor", não incidindo esta tutela "sobre o seu [da bases] conteúdo e não prejudica eventuais direitos que subsistam sobre o mesmo".

A Lei n.º 33/99, de 18 de Maio, alterada pelo Decreto-Lei n.º 323/2001, de 17 de Dezembro, e pelo Decreto-Lei n.º 194/2003, de 23 de Agosto, que regula a identificação civil e a emissão do bilhete de identidade de cidadão nacional estabelece, no seu artigo 1.º, que "a identificação civil tem por objecto a recolha, tratamento e conservação dos dados pessoais individualizadores de cada cidadão com o fim de estabelecer a sua identidade civil", declarando que serão garantidos na identificação civil os princípios da legalidade, autenticidade, veracidade, univocidade e segurança dos dados identificadores dos cidadãos.

"A base de dados de identificação tem por finalidade organizar e manter actualizada a informação necessária ao estabelecimento da identidade dos cidadãos e à emissão do correspondente bilhete de identidade" – artigo 21.º da Lei n.º 33/99. Nos termos do artigo 22.º, "além dos elementos identificadores que constam do bilhete de identidade, são recolhidos os seguintes dados pessoais do respectivo titular: *a)* número e ano do assento de nascimento e conservatória onde foi lavrado; *b)* filiação; *c)* impressão digital; *d)* endereço postal; *e)* estado civil e, se casado, o nome do cônjuge; *f)* perda da nacionalidade; *g)* data do óbito".

"Os dados pessoais constantes da base de dados são recolhidos e actualizados a partir de declarações dos seus titulares ou de impressos próprios por eles preenchidos ou a seu pedido, exceptuando o número do bilhete de identidade, atribuído automaticamente na sua primeira emissão"; "a impressão digital é reconhecida no momento da entrega do pedido" sendo "a data da morte [...] recolhida da comunicação da conservatória do registo civil detentora do assento de óbito", e "a perda da nacionalidade [...] recolhida da comunicação da Conservatória dos Registos Centrais".

V. artigo 23.º da Lei que vem sendo citada.

"Os dados registados na base [...], bem como os constantes do respectivo pedido e do verbete onomástico, podem ser comunicados às entidades policiais e judiciárias, para efeitos de investigação ou de instrução criminal, sempre que os dados não possam ou não devam ser obtidos das pessoas a quem respeitam e as entidades em causa não tenham acesso à base de dados ou esta não contenha a informação referida", dependendo esta comunicação "de solicitação fundamentada do próprio magistrado ou de autoridade da polícia criminal [...]"; "a comunicação deve ser recusada quando o pedido se não mostrar fundamentado" (v. artigo 24.º).

Dispõe o artigo 27.º: "1 – Podem ainda aceder à informação sobre identificação civil os descendentes, ascendentes, o cônjuge, tutor ou curador do titular da informação ou, em caso de falecimento deste, os presumíveis herdeiros, desde que mostrem interesse legítimo e não haja risco de intromissão na vida privada do titular da informação; 2 – Mediante solicitação fundamentada, pode o Ministro da Justiça, ouvido o director-geral dos Registos e do Notariado, autorizar o acesso à informação sobre identificação civil a outras entidades, desde que se mostre comprovado o fim a que se destina, não haja risco de intromissão na vida privada do titular e a informação não seja utilizada para fins incompatíveis com os que determinaram a sua recolha".

De acordo com o artigo 34.º, n.º 3, do Código do Registo Civil, na redacção do Decreto-Lei n.º 36/97, de 31 de Janeiro, "o exame dos registos para fins de investigação científica ou genealógica só pode ser autorizado pelo director-geral dos Registos e do Notariado, a requerimento fundamentado dos interessados e desde que se mostre assegurado o respeito pela vida privada e familiar das pessoas a quem respeitam".

O titular da informação tem o direito a tomar conhecimento dos dados que lhe digam respeito, bem como a obter "a reprodução exacta dos registos", de igual modo se lhe atribuindo o direito de exigir a respectiva correcção, a supressão de dados que tenham sido indevidamente registados e o completamento das omissões – artigos 29.º e 30.º da mesma Lei n.º 33/99.

Segundo o artigo 31.º, "os dados são conservados na base de dados até cinco anos após a data do óbito do seu titular", podendo "ser conservados em ficheiro histórico durante 20 anos a partir do óbito do seu titular".

O Decreto-Lei n.º 86/2000, de 12 de Maio, criou a base de dados de emissão de passaportes e cometeu a respectiva gestão ao Serviço de Estrangeiros e Fronteiras; esta base tem "por finalidade organizar e manter actualizada a informação necessária ao controlo da emissão e concessão de passaportes, nas suas diferentes categorias [...]" (artigo 1.º). O artigo 2.º enuncia os dados pessoais que, para além dos que constam dos modelos de impressos para concessão de passaportes, são recolhidos para tratamento informatizado, sendo eles: o número, data e entidade emissora do bilhete de identidade, a filiação, o endereço postal, o estado civil e, se casado, o nome do cônjuge, a perda da nacionalidade e as situações de impedimento à concessão de passaporte.

O Decreto-Lei n.º 86/2000, de 12 de Maio, alterado pelo Decreto-Lei n.º 139/2006, de 26 de Julho, criou a base de dados de emissão de passaportes e cometeu a respectiva gestão ao Serviço de Estrangeiros e Fronteiras; esta base tem "por finalidade registar, armazenar, tratar, manter actualizada, validar e disponibilizar a informação associada ao processo de concessão dos passaportes, nas suas diferentes categorias [...]" (artigo 1.º).

V. *Dados pessoais; Protecção de dados pessoais; Estado civil; Morte; Descendente; Ascendente; Herdeiro; Maior; Menor; Passaporte; Bilhete de identidade.*

Bem apreendido pelos órgãos de polícia criminal (Proc. Penal) – Bem susceptível de vir a ser declarado perdido a favor do Estado.

O seu regime jurídico está definido no Decreto-Lei n.º 11/2007, de 19 de Janeiro.

Estes bens apreendidos pelos órgãos de polícia criminal, no âmbito de processos crimes e contra-ordenacionais, que venham a ser declarados perdidos a favor do Estado, são-lhes afectos quando: *a)* possuam interesse criminalístico, histórico, documental ou museológico; *b)* se trate de armas, munições, veículos, aeronaves, embarcações, equipamentos de telecomunicações e de informática ou outros bens fungíveis com interesse para o exercício das respectivas competências legais.

V. *Regime jurídico da avaliação, utilização e alienação de bens apreendidos pelos órgãos de polícia criminal.*

Bem jurídico (Dir. Penal) – O Direito Penal visa a protecção de bens jurídicos fundamentais, isto é, de valores essenciais à subsistência da sociedade como espaço de desenvolvimento máximo, em condições de igualdade, da pessoa.
A noção de bem jurídico não pode ser apresentada como conceito fechado. Contudo, pode dizer-se que bem jurídico é "a expressão de um interesse, da pessoa ou da comunidade, na manutenção ou integridade de um certo estado, objecto ou bem em si mesmo socialmente relevante e por isso juridicamente reconhecido como valioso" (Figueiredo Dias e Costa Andrade, *Direito Penal, Questões Fundamentais, A Doutrina Geral do Crime*, 1996, pág. 53, e Figueiredo Dias, *Direito Penal, Parte Geral*, Tomo I, *Questões fundamentais, A Doutrina Geral do Crime*, 2004, págs. 109 e 110).
V. *Direito penal; Escola clássica; Escola finalista; Escola neoclássica*.

Bigamia (Dir. Penal) – Crime previsto no artigo 247.º, C. P., que se traduz em contrair casamento sendo casado, ou em contrair casamento com pessoa casada.
V. *Crime*.

Bilhete de identidade – "O bilhete de identidade constitui documento bastante para provar a identidade civil do seu titular perante quaisquer autoridades, entidades públicas e privadas, sendo válido em todo o território nacional, sem prejuízo da eficácia reconhecida por normas comunitárias e por tratados e acordos internacionais" – artigo 3.º, n.º 1, da Lei n.º 33/99, de 18 de Maio, que revogou, em grande parte, a anterior Lei n.º 12/91, de 21 de Maio (Lei da Identificação Civil e Criminal), e que foi, entretanto, alterada pelos Decretos-Lei n.º 323/2001, de 17 de Dezembro e 194/2003, de 23 de Agosto.
"A apresentação do bilhete de identidade é obrigatória para os cidadãos nacionais quando exigida por legislação especial e ainda: *a)* Para matrícula escolar a partir do 2.º ciclo do ensino básico [a sua "não apresentação não impede a matrícula nas escolas, com carácter provisório, mas esta fica sem efeito se não for apresentado o bilhete de identidade na secretaria do estabelecimento de ensino no prazo de 60 dias"]; *b)* Para obtenção de passaporte; *c)* Para quaisquer pessoas sujeitas a obrigações declarativas perante a administração fiscal; *d)* Para obtenção de carta ou licença de condução de veículos motorizados, navios ou aeronaves; *e)* Para agentes ou funcionários da Administração Pública e para admissão aos respectivos concursos; *f)* Para os nubentes, nos termos da lei do registo civil; *g)* Para obtenção de carta de caçador ou de licença de uso ou porte de arma".
"A conferência da identidade que se mostre necessária a qualquer entidade, pública ou privada, efectua-se no momento da exibição do bilhete de identidade, o qual é restituído após a conferência" (artigo 42.º, n.º 1).
"O bilhete de identidade, além do número, data da emissão, serviço emissor e prazo de validade, contém os seguintes elementos identificadores do seu titular:
a) Nome completo; *b)* Filiação; *c)* Naturalidade; *d)* Data de nascimento; *e)* Sexo; *f)* Residência; *g)* Fotografia; *h)* Assinatura".
A emissão de bilhetes de identidade para cidadãos nacionais compete à Direcção-Geral dos Registos e do Notariado, suas delegações e às conservatórias que sejam designadas para tal em Portaria do Ministro de Justiça. Quando se trate de bilhetes de identidade requeridos no estrangeiro por portugueses, compete a respectiva emissão ao Centro para a Rede Consular da Direcção-Geral dos Assuntos Consulares e das Comunidades Portuguesas, nos termos do Decreto-Lei n.º 1/95, de 12 de Janeiro, alterado pelo Decreto-Lei n.º 115/2003, de 12 de Junho.
Os cidadãos estrangeiros, de nacionalidade desconhecida ou apátridas, só podem, em princípio, requerer bilhete de identidade se residirem há mais de seis meses em território português, mas "aos cidadãos brasileiros a que, nos termos da Convenção Luso-Brasileira, aprovada por Resolução de 29 de Dezembro de 1971, tenha sido concedido o estatuto de igualdade de direitos e deveres é atribuído bilhete de identidade de acordo com as disposições do Decreto-Lei n.º 126/72, de 22 de Abril [na redacção que lhe foi dada pelo Decreto-Lei n.º 117/93, de 13 de Abril]" – v. artigos 7.º e 8.º.

O Decreto-Lei n.º 133/97, de 30 de Maio, que se ocupa do regime do acolhimento e apoio social a pessoas de nacionalidade portuguesa, e a alguns seus familiares, que tenham sido forçados a abandonar os países de residência, "em consequência de decisões das autoridades [desses países] ou de ofensa ou ameaça dos seus direitos fundamentais", dispõe, no respectivo artigo 5.º, que o bilhete de identidade lhes é atribuído gratuitamente.

"O bilhete de identidade é solicitado pelo titular dos correspondentes dados de identificação, [...] com a assinatura por ele habitualmente usada"; e "pode ser remetido por via postal ao seu titular, mediante prévio pagamento da franquia postal e das despesas de remessa, nas condições a fixar por despacho do director-geral dos Registos e do Notariado". Pode pedir-se uma segunda via, isto é, uma réplica do original, "em caso de mau estado de conservação, perda, destruição, furto ou roubo, quando não se verificar alteração dos elementos dele constantes". O bilhete de identidade tem um prazo de validade, que é de "5 ou 10 anos, conforme tenha sido emitido antes ou depois de o titular atingir os 35 anos de idade, e é vitalício quando emitido depois de o titular perfazer 55 anos".

"O extravio, furto ou roubo do bilhete de identidade deve ser comunicado aos serviços de identificação civil que o tenham emitido" (artigo 41.º, n.º 1).

"É vedado a qualquer entidade pública ou privada reter ou conservar em seu poder bilhete de identidade, salvo nos casos expressamente previstos na lei ou mediante decisão de autoridade judiciária" (artigo 42.º, n.º 2).

O artigo 20.º desta Lei admite a emissão de bilhete de identidade provisório, "quando se verificar reconhecida urgência na [sua] obtenção [...] para a prática de quaisquer actos, e manifesta impossibilidade de serem apresentadas, em tempo oportuno, as certidões nas condições exigidas pelo presente diploma, ou se ocorrer caso fortuito ou de força maior, [podendo então] o director-geral dos Registos e do Notariado autorizar a emissão de bilhete de identidade provisório, válido por período não superior a 60 dias, com base em certidões cujo prazo de validade esteja ultrapassado ou em outros documentos fidedignos"; no n.º 2 dispõe-se que "pode ser autorizada a emissão de bilhete de identidade provisório com validade de um ano quando se suscitarem dúvidas sobre a nacionalidade do requerente, pela primeira vez, de bilhete de identidade", não contendo este último bilhete de identidade "a menção de cidadão nacional".

O Decreto-Lei n.º 148/93, de 3 de Maio, alterado pelos Decretos-Leis n.ºs 87/94, de 30 de Março, 173/94, de 25 de Junho e 87/01, de 17 de Março, extinguiu o Centro de Identificação Civil e Criminal, determinando que a identificação civil passa a constituir competência da Direcção-Geral dos Registos e Notariado, sendo nesta criada a Direcção dos Serviços de Identificação Civil. O artigo 2.º deste diploma, que criou a referida direcção, foi revogado pelo citado DL n.º 87/2001, que aprovou a lei Orgânica da Direcção-Geral dos Registos e do Notariado. A emissão de "bilhetes de identidade, quando se não encontre "descentralizada [...] pelas conservatórias do Registo Civil", compete, agora, à Divisão de Identificação Civil, compreendida na Direcção de Serviços de Identificação Civil (v. artigo 15.º, n.º 3-c), do referido DL n.º 87/2001).

"A base de dados de identificação civil tem por finalidade organizar e manter actualizada a informação necessária ao estabelecimento da identidade dos cidadãos e à emissão do correspondente bilhete de identidade" – artigo 21.º da Lei n.º 33/99.

Nos termos do artigo 2.º, n.º 1, da Lei n.º 5/95, de 21 de Fevereiro, alterada pela Lei n.º 49/98, de 11 de Agosto, "os cidadãos maiores de 16 anos devem ser portadores de documento de identificação sempre que se encontrem em lugares públicos, abertos ao público ou sujeitos a vigilância policial", considerando-se documento de identificação, para os cidadãos portugueses, o bilhete de identidade e o passaporte.

V. *Identificação da pessoa; Registo civil; Nacionalidade; Passaporte; Carta de condução; Arma; Porte de arma; Licença de uso e porte de arma; Nome; Estado civil; Assinatura; Estrangeiros; Certidão; Caso fortuito; Caso de força maior; Base de dados; Documento de identificação.*

Branqueamento (Dir. Penal) – Crime previsto no artigo 368.º-A, C. P., aditado pela Lei n.º 11/2004, de 27 de Março (rectificada pela Declaração de rectificação n.º 45/2004, de 5 de Junho).

Anteriormente, o crime correspondente, denominado *Conversão, transferência ou dissimulação de bens ou produtos*, encontrava-se previsto no artigo 23.º do Decreto-Lei n.º 15/93, de 22 de Janeiro (consumo e tráfico de estupefacientes) e traduzia-se na ocultação da origem ilícita de produtos provenientes da prática do crime de tráfico e outras actividades ilícitas, do crime denominado precursores (artigo 22.º do DL n.º 15/93 – fabrico, importação, exportação, transporte ou distribuição, sem autorização, de substâncias, equipamento ou materiais inscritos nas tabelas V e VI anexas ao diploma referido, com conhecimento de que tais substâncias vão ser utilizadas no cultivo, produção ou fabrico ilícitos de estupefacientes, ou ainda detenção de tais materiais com conhecimento do seu destino ilícito) e do crime de tráfico de menor gravidade.

A lista dos crimes geradores dos produtos e proventos cujo "branqueamento" originava a prática do crime vulgarmente conhecido como de "branqueamento de capitais" foi alargada através do artigo 2.º do Decreto-Lei n.º 325/95, de 2 de Dezembro, passando a abranger a genericamente designada criminalidade económica e financeira.

O artigo 23.º do referido DL n.º 15/93, bem como o DL n.º 325/95, entre outros diplomas, foram revogados pela Lei n.º 11/2004, de 27 de Março, que continha o regime substantivo e processual das medidas preventivas e repressivas de combate ao branqueamento de vantagens de proveniência ilícita, transpondo a Directiva n.º 2001/97/CE, do Parlamento Europeu e do Conselho, de 4 de Dezembro. Esta Lei foi, por seu turno, revogada pela Lei n.º 25/2008, de 5 de Junho, que estabelece medidas de natureza preventiva e repressiva de combate ao branqueamento de vantagens de proveniência ilícita e ao financiamento do terrorismo, transpondo para a ordem jurídica interna as Directivas n.ºs 2005/60/CE, do Parlamento Europeu e do Conselho, de 26 de Outubro, e 2006/70/CE, da Comissão, de 1 de Agosto.

Actualmente, a lista dos crimes geradores das vantagens cuja ocultação origina a prática do crime de branqueamento consta do n.º 1 do artigo 368.º-A, C. P., contendo os n.ºs 2 e 3 os comportamentos típicos do crime de branqueamento (conversão, transferência ou auxílio ou facilitação de alguma operação de conversão ou transferência de vantagens de origem ilícita com o fim de dissimular a respectiva origem – n.º 2 – ou ocultação ou dissimulação da verdadeira natureza, origem, localização, disposição, movimentação ou titularidade das vantagens de origem ilícita – n.º 3).

O n.º 4 da mesma disposição determina que o crime de branqueamento é punível, mesmo que o crime que se pretende ocultar tenha sido praticado fora do território nacional ou que não se conheça o seu autor.

O n.º 5 estabelece que o facto não é punível se o procedimento pelo facto subjacente depender de queixa e esta não tiver sido apresentada no respectivo prazo (salvo se se tratar dos crimes dos artigos 172.º e 173.º, C. P.: abuso sexual de crianças e abuso sexual de menores dependentes, respectivamente).

O n.º 6 prevê a agravação da pena em função da habitualidade do agente.

Os n.ºs 7, 8 e 9, sempre do mesmo artigo, prevêem situações de atenuação especial da pena (nos casos de reparação do dano causado pelo agente, e de colaboração deste na recolha de prova) e o n.º 10 determina que a pena aplicável ao crime de branqueamento não pode ser superior ao limite máximo da pena aplicável ao crime subjacente.

V. artigo 6.º da Lei n.º 11/2002, de 16 de Fevereiro, relativa ao regime sancionatório aplicável a situações de incumprimento das sanções impostas por regulamentos comunitários.

A Convenção Relativa ao Branqueamento, Detecção, Apreensão e Perda dos Produtos de Crime, aberta para assinatura em Estrasburgo em 8 de Novembro de 1990, foi aprovada, para ratificação, pela Resolução da Assembleia da República n.º 70/97, de 13 de Dezembro, tendo o instrumento de ratificação sido depositado em 19 de Outubro de 1998, conforme aviso publicado no *Diário da República*, I-A série, de 1 de Fevereiro de 1999.

V. *Crime; Estupefaciente; Consumo; Tráfico e outras actividades ilícitas; Precursores; Criminalidade; Direito penal económico; Queixa; Abuso sexual de crianças; Abuso sexual de menores dependentes; Agravação; Pena; Habitualidade; Atenuação especial da pena; Reparação; Reparação ao ofendido; Dano; Prova.*

Branqueamento de capitais (Dir. Penal) – V. *Branqueamento.*

Brigada anti-crime (Proc. Penal) – Unidade especial com competência específica em matéria de prevenção e investigação do tráfico de substâncias estupefacientes ou psicotrópicas.

Cada brigada anti-crime está na dependência do respectivo comando de brigada territorial da Guarda Nacional Republicana e, em cada comando regional, comando metropolitano e comando de polícia de segurança pública, são constituídas brigadas anti-crime na dependência do respectivo comando.

Estas brigadas foram criadas pelo Decreto-Lei n.º 81/95, de 22 de Abril.

"Sob a coordenação e direcção estratégica e táctica da Polícia Judiciária são criadas unidades de coordenação e intervenção conjunta, integrando aquela Polícia, a Guarda Nacional Republicana, a Polícia de Segurança Pública, o Serviço de Estrangeiros e Fronteiras e a Direcção-Geral das Alfândegas, às quais compete disciplinar e praticar a partilha de informações oriundas de cada força ou serviço integrante e a coordenação das acções que devam ser executadas em comum" – v. artigo 6.º do referido diploma.

V. *Estupefaciente; Substância psicotrópica; Crime; Tráfico e outras actividades ilícitas; Polícia de Segurança Pública; Guarda Nacional Republicana.*

Burla (Dir. Penal) – Crime previsto no artigo 217.º, C. P., que se traduz na determinação de outrem à prática de actos que lhe causem, ou causem a outra pessoa, prejuízo patrimonial, "por meio de erro ou engano sobre factos que astuciosamente provocou", com intenção de obtenção de enriquecimento ilegítimo.

Trata-se de um crime semipúblico.

Nos casos a que se refere o artigo 207.º-*a*), C. P., ou seja, nos casos em que o agente é cônjuge, ascendente, descendente, adoptante ou adoptado, parente ou afim até ao 2.º grau da vítima, ou quando o agente vive com a vítima em condições análogas às dos cônjuges, o crime é particular.

Há lugar à atenuação especial da pena nos casos de restituição ou reparação, de acordo com os artigos 217.º, n.º 4, e 206.º, C. P..

V. o Assento n.º 8/2000, de 4 de Maio, publicado no *Diário da República*, I-A série, de 23 de Maio de 2000, que entendeu: "No caso de a conduta do agente preencher as previsões de falsidade e de burla do artigo 256.º, n.º 1, alínea *a*), e do artigo 217.º, n.º 1, respectivamente, do Código Penal, revisto pelo Decreto-Lei n.º 48/95, de 15 de Março, verifica-se concurso real ou efectivo de crimes".

V. *Crime; Crime semipúblico; Burla qualificada; Ascendente; Descendente; Adopção; Parentesco; Afinidade; Atenuação especial da pena; Reparação, Restituição; Concurso de crimes.*

Burla informática e nas comunicações (Dir. Penal) – Crime previsto no artigo 221.º, C. P., que se traduz genericamente na intervenção no resultado do tratamento de dados, na estruturação incorrecta de programa informático ou na utilização incompleta, incorrecta ou não autorizada de dados, com intenção de obtenção de enriquecimento ilegítimo, causando prejuízo patrimonial a outrem.

É igualmente crime a utilização de meios que se destinem a diminuir, a alterar ou a impedir, total ou parcialmente, o normal funcionamento ou a exploração de serviços de telecomunicações, com intenção de obtenção de benefício ilegítimo, causando a outrem prejuízo patrimonial.

É um crime semipúblico.

O artigo 221.º, n.º 5, C. P., consagra agravações em função do valor elevado ou consideravelmente elevado do prejuízo causado.

Há lugar à atenuação especial da pena no caso de reparação ou restituição, de acordo com o artigo 206.º, C. P..

V. *Burla; Crime; Dados pessoais; Crime semipúblico; Agravação; Valor elevado; Valor consideravelmente elevado; Atenuação especial da pena; Reparação; Restituição.*

Burla para obtenção de alimentos, bebidas ou serviços (Dir. Penal) – Crime previsto no artigo 220.º, C. P., que se consubstancia, genericamente, na utilização de serviços em estabelecimento de comércio ou indústria, em hotel ou estabelecimento análogo ou em transporte público, com intenção de não pagar, exigindo o tipo incriminador que o agente negue solver a dívida contraída.

O crime é semipúblico, sendo particular nos casos a que se refere o artigo 207.º, C. P., isto é, quando o agente é cônjuge, ascendente, descendente, adoptante ou adoptado, parente ou afim até ao 2.º grau da vítima ou quando o agente vive com a vítima em condições análogas às dos cônjuges, ou ainda quando estiver em causa um valor diminuto ou uma necessidade de satisfação indispensável do agente ou de uma das pessoas referidas.

V. *Burla; Crime; Crime particular; Crime semipúblico; Ascendente; Descendente; Adopção; Afinidade.*

Burla qualificada (Dir. Penal) – Agravação da burla simples, prevista no artigo 218.º, C. P., em função de o prejuízo patrimonial decorrente da burla ser de valor elevado, de valor consideravelmente elevado, de o agente fazer da burla modo de vida ou de a pessoa prejudicada ficar em difícil situação económica.

Há lugar à atenuação especial da pena nos casos de restituição ou de reparação, nos termos do artigo 206.º, C. P..

V. *Burla; Agravação; Habitualidade; Valor consideravelmente elevado; Valor elevado; Atenuação especial da pena; Reparação; Restituição.*

Burla relativa a seguros (Dir. Penal) – Crime previsto no artigo 219.º, C. P., que se traduz genericamente em produzir ou agravar sensivelmente resultado de acidente, cujo risco esteja coberto por seguro, recebendo ou fazendo com que outra pessoa receba, em consequência, valor total ou parcialmente seguro.

O crime base, ou seja, o crime previsto no n.º 1 do artigo 219.º é semipúblico.

O artigo 219.º, n.º 3, C. P., prevê agravações em função do valor elevado ou consideravelmente elevado do prejuízo patrimonial provocado. Nestes casos, o crime é público.

Há lugar à atenuação especial da pena nos casos de reparação ou de restituição, de acordo com o artigo 206.º, C. P..

V. *Crime; Burla; Agravação; Atenuação especial da pena; Crime semipúblico; Crime público; Valor consideravelmente elevado; Valor elevado; Reparação; Restituição.*

Burla relativa a trabalho ou emprego (Dir. Penal) – Crime previsto no artigo 222.º, C. P., que se traduz genericamente em causar a outra pessoa prejuízo patrimonial, através de aliciamento ou promessa de trabalho ou emprego, no estrangeiro ou em Portugal, com intenção de obtenção de enriquecimento ilegítimo.

É aplicável a agravação prevista no artigo 218.º, n.º 2, C. P., em função do valor consideravelmente elevado do prejuízo patrimonial causado, de o agente fazer da burla modo de vida ou de a pessoa prejudicada ficar em situação económica difícil.

Há lugar à atenuação especial da pena nos casos de reparação ou de restituição.

V. *Crime; Burla; Agravação; Valor consideravelmente elevado; Valor elevado; Atenuação especial da pena; Reparação; Restituição.*

Burla tributária (Dir. Penal) – Crime tributário comum, previsto no artigo 87.º da Lei n.º 15/2001, de 5 de Junho (Regime Geral das Infracções Tributárias), que ocorre quando alguém determina, por meio de falsas declarações, falsificação ou viciação de documento fiscalmente relevante ou outros artifícios fraudulentos, a administração tributária ou da segurança social a efectuar atribuições patrimoniais das quais resulte enriquecimento do agente ou de terceiro.

V. *Crime; Crimes tributários; Crime tributário comum; Agente; Falsificação de documento; Falsidade de depoimento de declarações.*

Busca (Proc. Penal) – Meio de obtenção de prova.

Diligência ordenada quando haja indícios de que o arguido ou outra pessoa, ou os objectos relacionados com um crime ou que possam servir de prova desse crime, se encontram em lugar reservado ou não livremente acessível ao público.

São ordenadas ou autorizadas por despacho da autoridade judiciária competente e é, no acto, entregue cópia do despacho que a determinou, devendo sempre que possível a autoridade que a determinou presidir à diligência. O despacho tem um prazo de validade máxima de 30 dias, sob pena de nulidade.

Antes de se proceder à busca é entregue ao visado cópia do despacho que a determinou – v. artigo 176.º, C. P. P..

A busca pode ser realizada em casa habitada ou numa sua dependência, em escritório de advogado ou consultório médico, bem como em estabelecimento oficial de saúde, tendo de ser, sob pena de nulidade, nestes casos, realizada mediante as formalidades enunciadas no artigo 177.º, C. P. P.. Assim, se for uma busca domiciliária, só pode ser realizada entre as 21 e as 7 horas, nos casos de (v. n.º 2):

a) terrorismo ou criminalidade especialmente violenta ou altamente organizada;

b) consentimento do visado, documentado por qualquer forma;

c) flagrante delito pela prática de crime punível com pena de prisão superior, no seu máximo, a 3 anos.

As buscas domiciliárias também podem ser ordenadas pelo Ministério Público ou ser efectuadas por órgão de polícia criminal: entre as 7 e as 21 horas nos casos de terrorismo, criminalidade violenta ou altamente organizada; entre as 21 e as 7 horas nos casos de detenção em flagrante delito por crime a que corresponda pena de prisão e nos casos em que os visados consintam, desde que o consentimento prestado fique, por qualquer forma, documentado.

Nos casos em que a busca domiciliária for efectuada por órgão de polícia criminal sem consentimento do visado e fora de flagrante delito, a realização da diligência é, sob pena de nulidade, imediatamente comunicada ao juiz de instrução e por este apreciada em ordem à sua validação.

Tratando-se de busca em escritório de advogado ou em consultório médico, deve ser presidida, pessoalmente, pelo juiz, o qual avisa previamente o presidente do conselho local das Ordens dos Médicos ou Advogados; tratando-se de busca em estabelecimento oficial de saúde, o aviso é feito ao presidente do conselho directivo ou de gestão do estabelecimento ou a quem legalmente o substituir.

Para além destas situações, há casos em que os órgãos de polícia criminal podem proceder às buscas sem prévia autorização da autoridade judiciária, nomeadamente quando, no lugar em que se encontrem os agentes, estes tenham fundada razão para crer que neles se ocultam objectos relacionados com o crime, susceptíveis de servirem de prova e que de outra forma poderiam perder-se. Nos casos de terrorismo, criminalidade violenta ou altamente organizada, a realização da diligência é, sob pena de nulidade, imediatamente comunicada ao juiz de instrução e por este apreciada em ordem à sua validação.

V. artigos 34.º, da Constituição da República, e 174.º, 176.º e 177.º, C. P. P., relativos ao regime das buscas.

V. *Indícios; Arguido; Crime; Prova; Meio de obtenção de prova; Advogado; Nulidade; Despacho; Juiz; Ministério Público; Órgão de polícia criminal; Ordem dos Advogados; Autoridade judiciária; Juiz de instrução; Flagrante delito; Diligência; Nulidade; Terrorismo; Criminalidade violenta ou altamente organizada; Consentimento; Pena; Limites de pena; Limite máximo de pena de prisão.*

C

Caducidade – Genericamente, designa-se por caducidade a extinção não retroactiva de efeitos jurídicos em virtude da verificação de um facto jurídico *stricto sensu*, isto é, independentemente de qualquer manifestação de vontade.

Caducidade da lei – A lei caduca quando deixa de vigorar por força de qualquer circunstância diversa da publicação de nova lei.

Por exemplo, se tem um prazo de vigência, se se destina a realizar um dado fim que foi já alcançado.

V. *Lei; Vigência da lei*.

Calúnia (Dir. Penal) – Circunstância que, nos termos do artigo 183.º, n.º 1-*b*), C. P., constitui agravante dos crimes de difamação e de injúria.

A calúnia traduz-se no conhecimento, por parte do agente, da falsidade dos factos atentatórios da honra que imputa à vítima.

V. *Crime; Agravação, Difamação; Injúria; Facto*.

Câmara dos Solicitadores (Proc. Penal) – Organismo dotado de personalidade jurídica que representa todos os que no país exercem a função de solicitador.

A sua sede é em Lisboa e o seu fim é o estudo e a defesa dos interesses dos solicitadores nos aspectos profissional, moral e económico-social.

A inscrição na Câmara dos Solicitadores é condição necessária ao exercício da profissão (artigo 75.º, n.º 1, do respectivo Estatuto-Decreto-Lei n.º 88/2003, de 26 de Abril, alterado pelas Leis n.ºs 49/2004, de 24 de Agosto, e 14/2006, de 26 de Abril, que revogou o Decreto-Lei n.º 8/99, de 8 de Janeiro).

Entre as suas atribuições encontram-se a de "colaborar com a administração da justiça, propondo as medidas legislativas que considere adequadas ao seu bom funcionamento", a emissão de "parecer sobre os projectos de diplomas legislativos relacionados com as suas atribuições", a atribuição do título profissional de solicitador e das respectivas especialidades, e a defesa dos "direitos e interesses dos seus membros" (v. artigos 1.º a 4.º do Estatuto da Câmara dos Solicitadores). A Câmara dos Solicitadores tem como órgãos nacionais a assembleia-geral, o presidente, o conselho geral, o conselho superior, o congresso e a assembleia de delegados. Como órgãos regionais, as assembleias regionais, os presidentes regionais, os conselhos regionais e as secções regionais deontológicas. Prevêem-se ainda órgãos locais (as delegações de círculos e comarcas) e colégios de especialidade. Estes terão como órgãos a assembleia, o conselho, as assembleias regionais e as delegações regionais. É estruturada em colégio a especialidade de solicitador de execução.

A Câmara exerce as suas atribuições e competências conferidas por este Estatuto no território nacional e está internamente estruturada em duas regiões, Norte e Sul, e em delegações de círculo e de comarca. As atribuições e competências da Câmara são extensíveis à actividade dos solicitadores, qualquer que seja a sua especialização, e aos solicitadores estagiários.

São atribuições da Câmara (v. artigo 4.º):

"*a*) Colaborar na administração da justiça, propondo as medidas legislativas que considere adequadas ao seu bom funcionamento;

b) Atribuir o título profissional de solicitador e das respectivas especialidades;

c) Elaborar e aprovar os regulamentos internos de natureza associativa e profissional;

d) Emitir parecer sobre os projectos de diplomas legislativos relacionados com as suas atribuições;

e) Defender os direitos e interesses dos seus membros;

f) Promover o aperfeiçoamento profissional dos solicitadores;

g) Exercer o poder disciplinar sobre os seus membros;

h) Contribuir para o relacionamento com a Ordem dos Advogados e outros órgãos associativos de juristas ou profissionais liberais em Portugal e no estrangeiro."

A Câmara compreende órgãos nacionais, regionais, locais e os colégios da especialidade e respectivos órgãos. São órgãos nacionais: *a)* A assembleia-geral; *b)* O presidente da Câmara; *c)* O conselho geral; *d)* O conselho superior; *e)* O congresso; *f)* A assembleia de delegados.

São órgãos regionais: *a)* As assembleias regionais; *b)* Os presidentes regionais; *c)* Os conselhos regionais; *d)* As secções regionais deontológicas.

São órgãos locais as delegações de círculo e de comarca.

São órgãos dos colégios de especialidade a assembleia, o conselho, as assembleias regionais e as delegações regionais.

V. Decreto-Lei n.º 88/2003, de 26 de Abril que aprova o novo Estatuto da Câmara dos Solicitadores.

V. *Solicitador.*

Campanha contra esforço de guerra (Dir. Penal) – Crime que se encontrava previsto no artigo 314.º, C. P., entretanto revogado pela Lei n.º 100/2003, de 15 de Novembro.

O crime encontra-se actualmente previsto no artigo 31.º do Código de Justiça Militar, aprovado pela mesma Lei n.º 100/2003, que pune o português, estrangeiro ou apátrida, residente ou que se encontre em Portugal, que fizer ou reproduzir publicamente, em tempo de guerra, afirmações que sabe serem falsas ou grosseiramente deformadas, com intenção de impedir ou perturbar o esforço de guerra de Portugal ou de auxiliar ou fomentar operações inimigas.

V. *Crime; Crimes de guerra; Estrangeiros; Apátrida.*

Cancelamento (Proc. Penal) – Expressão usada no âmbito da matéria respeitante ao registo criminal e que significa o "apagamento" das informações constantes do certificado de registo criminal, por razões de política criminal.

Estão regulados nos artigos 15.º e 16.º da Lei n.º 57/98, de 18 de Agosto (regulamentada e desenvolvida pelo Decreto-Lei n.º 381/98, de 27 de Setembro, alterado pelo Decreto-Lei n.º 20/2007, de 23 de Janeiro) – Lei da Organização e Funcionamento da Identificação Criminal – respectivamente, os cancelamentos definitivo e provisório.

V. *Registo criminal; Antecedentes criminais; Cancelamento definitivo; Cancelamento provisório.*

Cancelamento definitivo (Proc. Penal) – Cancelamento automático e irrevogável do certificado de registo criminal de algumas decisões processuais penais dele constantes ou de determinados factos que sejam consequência, complemento ou execução de decisões que devam ser canceladas.

São sujeitas a cancelamento definitivo e, assim, apagadas automaticamente e de forma irrevogável: *a)* as decisões que tenham aplicado pena principal ou medida de segurança, decorridos 5, 7 ou 10 anos sobre a extinção da pena ou medida de segurança, se a sua duração tiver sido inferior a 5 anos, entre 5 e 8 anos, ou superior a 8 anos, respectivamente, e desde que, entretanto, não tenha ocorrido nova condenação por crime; *b)* as decisões de dispensa de pena e que apliquem pena de admoestação, decorridos 5 anos sobre o trânsito em julgado ou sobre a execução, respectivamente; *c)* as decisões que tenham aplicado pena acessória, após o decurso do prazo para esta fixado na respectiva sentença condenatória; *d)* as decisões consideradas sem efeito por disposição legal.

V. artigo 15.º da Lei n.º 57/98, de 18 de Agosto (regulamentada e desenvolvida pelo Decreto-Lei n.º 381/98, de 27 de Setembro, alterado pelo Decreto-Lei n.º 20/2007, de 23 de Janeiro).

– Lei da Organização e Funcionamento da Identificação Criminal.

V. *Cancelamento; Registo criminal; Certificado; Certificado de registo criminal; Antecedentes criminais; Facto; Pena; Pena principal; Medida de segurança; Extinção da pena; Crime; Dispensa de pena; Admoestação; Trânsito em julgado; Sentença condenatória; Pena acessória.*

Cancelamento provisório (Proc. Penal) – Cancelamento total ou parcial das decisões que do certificado deveriam constar, a mando do tribunal de execução de penas, desde que decorridos dois anos sobre a extinção da pena principal ou da medida de segurança, estando em causa qualquer dos fins a que se destina o certificado requerido, nos termos do disposto nos artigos 11.º e 12.º da Lei n.º 57/98, de 18 de Agosto (regulamentada e desenvolvida pelo Decreto-Lei n.º 381/98, de 27 de Setembro, alterado pelo Decreto-Lei n.º 20/2007, de 23 de Janeiro) – fins de emprego ou outros que não o emprego.

O director-geral dos Serviços Judiciários pode limitar o conteúdo ou recusar a emissão de certificados requeridos para fins não previstos na lei, se o requerente não justificar a necessidade de acesso à informação sobre identificação criminal – n.º 3 do artigo 12.º.

Este cancelamento é "revogado automaticamente no caso de o interessado incorrer em nova condenação por crime doloso", nos termos do n.º 3 do artigo 16.º da mesma Lei.

V. *Cancelamento; Registo criminal; Certificado; Certificado de registo criminal; Tribunal de Execução de Penas; Pena; Pena principal; Medida de segurança; Extinção da pena; Crime; Dolo; Antecedentes criminais.*

Capacidade judiciária – "A capacidade judiciária consiste na susceptibilidade de estar, por si, em juízo" – artigo 9.º, n.º 1, Código de Processo Civil.

Consiste, pois, na possibilidade de estar, por si, em juízo como autor (capacidade judiciária activa) ou como réu (capacidade judiciária passiva), decidindo sobre a orientação dos seus interesses em juízo.

Em princípio, a capacidade judiciária existe quando e na medida em que existe capacidade de exercício de direitos (artigo 9.º, n.º 2, do Código Civil).

Os incapazes são obrigatoriamente representados em juízo e, sendo a incapacidade resultante de inabilitação, têm de ser autorizados a estar em juízo pelo respectivo curador, salvo, naturalmente, se se tratar de actos que o incapaz possa realizar pessoal e livremente (artigo 10.º, n.º 1, Código Civil).

Se a incapacidade resultar de menoridade, é a ambos os pais que cabe a representação em juízo, sendo necessário o acordo deles para a propositura de acções e devendo ambos ser citados para qualquer acção movida contra o menor, salvo se o poder paternal não competir a ambos (v. artigo 10.º, n.ºs 2 e 3, C. P. C.).

Pelo que respeita especificamente à capacidade/incapacidade judiciária do inabilitado, v. artigo 13.º, Código de Processo Civil. De acordo com o artigo 19.º, C. P., os menores de 16 anos são inimputáveis.

V. *Inimputabilidade; Menor; Citação.*

Captura ou desvio de aeronave, navio, comboio ou veículo de transporte colectivo de passageiros (Dir. Penal) – Crime previsto no artigo 287.º, C. P., que se traduz genericamente no apossamento ou no desvio da rota normal de aeronave, navio, veículo de transporte colectivo de passageiros ou de comboio em circulação, nos quais se encontrem pessoas.

O artigo 287.º, n.º 4, C. P., contém as definições de aeronave em voo, de navio em curso de navegação, de comboio em curso de circulação e de veículo de transporte de passageiros em trânsito.

Considera-se que uma aeronave se encontra em voo "desde o momento em que, terminado o embarque, tenham sido fechadas todas as portas exteriores até ao momento em que uma dessas portas seja aberta para desembarque. Em caso de aterragem forçada, o voo é considerado como estando a decorrer até que a autoridade competente se responsabilize pela aeronave, bem como pelas pessoas e bens a bordo".

Considera-se que um navio se encontra em curso de navegação "desde o momento em que o pessoal de terra ou a tripulação comecem as operações preparatórias de uma determinada viagem até à chegada a local de destino".

Considera-se que um comboio se encontra em curso de circulação "desde o momento em que, terminado o embarque de passageiros, se inicia a marcha até ao momento em que deva ter lugar o desembarque".

Considera-se, finalmente, que um veículo de transporte colectivo de passageiros se encontra em trânsito "desde o momento em que, terminado o embarque de passageiros, se inicia a marcha até ao momento em que deva ter lugar o desembarque".

V. *Crime.*

Cargo político (Dir. Penal) – De acordo com o artigo 3.º da Lei n.º 34/87, de 16 de Julho (regime das infracções dos titulares de cargos políticos), é cargo político, para o efeito de aplicação da referida Lei, o de Presidente da República, o de Presidente da Assembleia da República, o de deputado à Assembleia da República, o de membro do Governo, o de deputado ao Parlamento Europeu, o de Ministro da República para Região Autónoma, o de membro de órgão de governo próprio de Região Autónoma, o de Governador de Macau, de secretário-adjunto do Governo de Macau ou de deputado à Assembleia Legislativa de Macau (estes cargos ainda constam do elenco legal, embora deva entender-se terem caducado as normas respectivas), o de membro de órgão representativo de autarquia local e o de governador civil.

Para o efeito de responsabilização pelos crimes de "corrupção passiva para acto ilícito", de "corrupção passiva para acto lícito", de "corrupção activa" e ainda para efeito de aplicação da dispensa ou atenuação da pena previstas no artigo 19.º da Lei n.º 34/87, equiparam-se aos titulares de cargos políticos nacionais os titulares de cargos políticos da União Europeia, independentemente da nacionalidade e residência e, quando a infracção tiver sido cometida, no todo ou em parte, em território português, os titulares de cargos políticos de outros Estados-membros da União Europeia.

V. *Atenuação especial da pena; Corrupção activa; Corrupção passiva para acto ilícito;* *Corrupção passiva para acto lícito; Lugar da prática do facto; Dispensa de pena.*

Carta de caçador (Proc. Penal) – A carta de caçador, nos termos do disposto no artigo 66.º do Decreto-Lei n.º 202/2004, de 18 de Agosto – Bases gerais da caça (alterado pelo Decreto-Lei 201/2005, de 24 de Novembro), só pode ser emitida a favor das pessoas que reúnam as seguintes condições: "*a)* terem mais de dezasseis anos; *b)* não serem portadoras de anomalia psíquica ou de deficiência orgânica ou fisiológica que torne perigoso o exercício da caça; *c)* não estarem sujeitas a proibição de caçar por disposição legal ou decisão judicial; *d)* terem sido aprovadas em exame destinado a apurar a aptidão e o conhecimento necessário ao exercício da caça".

Nos termos do n.º 2 do mesmo artigo, "a carta de caçador admite as seguintes especificações: *a)* sem arma de caça nem ave de presa; *b)* com arma de fogo; *c)* arqueiro-caçador; *d)* cetreiro".

A obtenção de carta de caçador fica dependente de "exame teórico ao qual têm acesso os candidatos que frequentarem com aproveitamento uma acção de formação a ministrar" – v. artigo 67.º do mesmo diploma.

Os portugueses e os estrangeiros residentes em território português que sejam titulares de carta de caçador ou documento equivalente emitido por outro país da União Europeia podem requerer ao director-geral de Recursos Florestais a emissão de carta de caçador portuguesa com especificação correspondente, desde que o referido documento esteja válido. A emissão de carta de caçador portuguesa, relativamente à equivalência concedida aos estrangeiros residentes em território português, é condicionada ao regime de reciprocidade.

A carta de caçador é válida até aos 60 anos e seguidamente por períodos de cinco anos. Os tipos, validade, condições gerais e específicas da licença de caça são regulamentados por portaria do Ministro da Agricultura, Desenvolvimento Rural e Pescas.

V. *Exercício da caça; Arma; Anomalia psíquica; Decisão.*

Carta de condução – A condução de um veículo motorizado supõe a obtenção pré-

via de uma licença para o efeito, a chamada carta de condução.
Sobre esta, v. Decreto-Lei n.º 45/2005, de 23 de Fevereiro, que transpôs a Directiva n.º 2000/56/CE, da Comissão, de 14 de Setembro, "no que diz respeito aos conteúdos programáticos das provas de exame e códigos comunitários harmonizados, e procede à reestruturação, num único diploma, dos vectores essenciais, de definição comunitária, relativos à carta de condução", revogando a legislação anterior e, designadamente, o Regulamento da Habilitação Legal para Conduzir, que tinha sido aprovado pelo artigo 1.º do Decreto-Lei n.º 209/98, de 15 de Julho. O DL n.º 45/2005 foi entretanto alterado pelo Decreto-Lei n.º 103/2005, de 24 de Junho.
V. *Bilhete de identidade*

Carta precatória (Proc. Penal) – Meio prescrito para a solicitação da prática de um acto judicial, feita por uma autoridade ou tribunal a outra autoridade ou tribunal, quando o acto deva ser praticado por tribunal ou cônsul português fora dos limites territoriais da jurisdição do tribunal ou autoridade que o ordena.
Sendo o acto urgente, pode ser requerido ou solicitado por telegrama, comunicação telefónica ou outro meio análogo de telecomunicações.
As cartas são dirigidas ao tribunal de comarca em cuja área de jurisdição o acto deva ser praticado; se este verificar que o acto deve ser praticado em lugar diferente daquele que vem indicado na carta, remete-a ao tribunal competente e comunica o facto ao tribunal que a expediu. A expedição da carta precatória não obsta a que o processo prossiga em tudo o que não depender absolutamente da realização da diligência que for solicitada.
V. *Tribunal; Tribunal de comarca; Diligência; Jurisdição.*

Cartão europeu de arma de fogo (Dir. Penal) – V. *Arma; Licença de uso e porte de arma.*

Casamento de conveniência (Dir. Penal) – Crime previsto no artigo 186.º da Lei n.º 23/2007, de 4 de Julho (relativa à entrada, permanência, saída e afastamento de estrangeiros), que ocorre quando alguém contrai casamento com o único objectivo de proporcionar a obtenção de um visto, de uma autorização de residência ou de defraudar a legislação vigente em matéria de aquisição da nacionalidade.
V. *Crime.*

Caso de força maior – Em sentido lato, o mesmo que *caso fortuito*: facto cuja verificação não era razoavelmente previsível e cujos efeitos não podiam ser evitados.
Segundo uma corrente doutrinária, trata-se de um facto de terceiros, imprevisível e inevitável, pelo qual a pessoa não é responsável e que a impede de cumprir um dever jurídico ou obrigação (por exemplo, guerra, roubo). Outra corrente considera-o essencialmente caracterizado pela ideia de inevitabilidade, sendo, assim, um acontecimento natural ou uma acção do homem que, se bem que previsível ou até previsto, não é evitável.
V. *Caso fortuito; Facto; Dever jurídico; Obrigação.*

Caso fortuito – Em sentido lato, usa-se como sinónimo de *caso de força maior*.
Numa definição doutrinária mais restrita, é o acontecimento natural, imprevisível e inevitável, a que for estranha a acção do homem, que torne impossível certo acto de uma pessoa – por exemplo, terramoto, inundação. Outra ideia corrente na doutrina baseia a distinção entre caso fortuito e caso de força maior na caracterização do primeiro pela imprevisibilidade e do segundo pela inevitabilidade. O caso fortuito é o facto que não foi previsto, porque não era realmente previsível, mas que, tendo-o sido, poderia também ter sido evitado.
V. *Caso de força maior.*

Caso julgado (Proc. Penal) – Diz-se que se forma caso julgado quando uma decisão judicial adquire força obrigatória por dela não se poder já reclamar nem recorrer por via ordinária.
Nos termos do disposto no artigo 84.º, C. P. P.: "a decisão penal, ainda que absolutória, que conhecer do pedido civil constitui caso julgado nos termos em que a lei atribui eficácia de caso julgado às sentenças civis".

Em processo penal, dizer-se que uma sentença transitou em julgado ou constitui caso julgado não significa que ela seja sempre definitivamente imutável: há casos em que são admissíveis os recursos extraordinários de revisão ou de fixação de jurisprudência.

Nos termos dispostos no artigo 449.º, C. P. P., a revisão de sentença transitada em julgado é admissível quando:

"a) uma outra sentença transitada em julgado tiver considerado falsos meios de prova que tenham sido determinantes para a decisão;

b) uma outra sentença transitada em julgado tiver dado como provado crime cometido por juiz ou jurado e relacionado com o exercício da sua função no processo;

c) os factos que serviram de fundamento à condenação forem inconciliáveis com os dados como provados noutra sentença, e da oposição resultarem graves dúvidas sobre a justiça da condenação;

d) se descobrirem novos factos ou meios de prova que, de per si ou combinados com os que foram apreciados no processo, suscitem graves dúvidas sobre a justiça da condenação". Neste caso, à sentença é equiparado o despacho que tiver posto fim ao processo.

e) se descobrir que serviram de fundamento à condenação provas proibidas nos termos dos n.ºˢ 1 a 3 do artigo do artigo 126.º;

f) se for declarada, pelo Tribunal Constitucional, a inconstitucionalidade com força obrigatória geral de norma de conteúdo menos favorável ao arguido que tenha servido de fundamento à condenação;

g) se uma sentença vinculativa do Estado português, proferida por uma instância internacional, for inconciliável com a condenação ou suscitar graves dúvidas sobre a sua justiça.

A fixação de jurisprudência está regulada nos artigos 437.º e segs., C. P. P..

Entende maioritariamente a jurisprudência portuguesa que o caso julgado não abrange os fundamentos de direito da decisão, mas tão somente esta.

Normalmente, encontra-se prevenida a hipótese de haver casos julgados contraditórios sobre uma mesma questão; mas, se existirem, deve ser cumprida a decisão que primeiro transitou em julgado (artigo 675.º, n.º 1, C. P. C.).

V. *Reclamação; Recurso; Recursos ordinários; Sentença; Pedido de indemnização civil; Absolvição; Recursos extraordinários; Recurso de revisão; Meios de prova; Crime; Juiz; Jurado; Despacho; Fundamentação de sentença; Recurso para fixação de jurisprudência; Arguido; Tribunal Constitucional; Inconstitucionalidade; Trânsito em julgado; Meios de prova.*

Cassação da licença de detenção, uso e porte de armas (Dir. Penal) – V. *Arma; Licença de uso e porte de arma; Medida de segurança.*

Cassação do título e interdição da concessão do título de condução de veículo com motor (Dir. Penal) – Medida de segurança prevista no artigo 101.º, C. P., que se traduz na apreensão da licença de condução de veículo motorizado ou na interdição da sua concessão, aplicável "em caso de condenação por crime praticado na condução de veículo com motor ou com ela relacionado, ou com grosseira violação dos deveres que a um condutor incumbem, ou de absolvição só por falta de imputabilidade".

Esta medida de segurança pode ser aplicada, por exemplo, ao agente que pratica o crime de condução perigosa de veículo rodoviário, previsto no artigo 291.º, C. P..

V. *Medida de segurança; Carta de condução; Crime; Absolvição; Imputabilidade; Crime de condução perigosa de veículo rodoviário.*

Caução (Proc. Penal) – Medida de coacção, de natureza pecuniária ou económica, que pode ser aplicada a arguido cujo crime seja punível com pena de prisão.

Deve atender-se, na fixação do seu montante, à condição sócio-económica do arguido, à gravidade do crime e ao dano por este causado.

Esta medida de coacção pode ser aplicada cumulativamente com qualquer outra, à excepção da prisão preventiva e da obrigação de permanência na habitação.

A caução é prestada por meio de depósito, penhor, hipoteca, fiança bancária ou fiança, sendo processada por apenso ao processo.

Durante o processo, o juiz pode impor o seu reforço ou modificação e considera-se quebrada a prestação da caução efectuada quando se verificar falta injustificada do arguido a acto processual a que deva comparecer ou o incumprimento de obrigações derivadas de medida de coacção que lhe tenha sido imposta cumulativamente.

Se o arguido não puder prestar caução ou se tiver dificuldades em prestá-la, o juiz pode aplicar outra medida de coacção admissível no caso, à excepção da prisão preventiva e da obrigação de apresentação periódica.

Este instituto está regulado nos artigos 197.º e 204.º a 208.º, C. P. P..

V. *Medidas de coacção; Arguido; Juiz; Crime; Dano; Prisão preventiva; Obrigação de permanência na habitação; Depósito; Penhor; Hipoteca; Fiança bancária; Fiança; Apenso; Processo; Obrigação de apresentação periódica; Pena de prisão.*

Caução de boa conduta (Dir. Penal) – Pena acessória, aplicável no âmbito da criminalidade económica, que se traduz no depósito de uma quantia pecuniária à ordem do tribunal por um determinado período.

A quantia será declarada perdida a favor do Estado se o agente praticar nova infracção durante o prazo fixado; caso assim não aconteça, o montante será restituído (cfr. artigos 8.º e 10.º do Decreto-Lei n.º 28/84, de 20 de Janeiro – infracções anti-económicas e contra a saúde pública).

O artigo 90.º-D, C. P., prevê a caução de boa conduta como pena aplicável às pessoas colectivas.

V. *Pena; Pena acessória; Criminalidade, Responsabilidade criminal das pessoas colectivas.*

Caução económica (Proc. Penal) – É uma medida de garantia patrimonial que o Ministério Público requer que se aplique ao arguido, quando haja fundado receio de que faltem ou diminuam substancialmente as garantias de pagamento da pena pecuniária, das custas do processo ou de outra qualquer dívida para com o Estado relacionada com o crime.

O requerimento indica os termos e modalidades em que deve ser prestada, aproveitando também ao lesado. A caução económica mantém-se distinta e autónoma relativamente à caução referida no artigo 197.º do C. P. P. (caução aplicada enquanto medida de coacção) e subsiste até à decisão final absolutória ou até à extinção das obrigações.

Havendo fundado receio de que faltem ou diminuam substancialmente as garantias de pagamento da indemnização ou de outras obrigações civis derivadas do crime, o lesado pode requerer que o arguido ou o civilmente responsável prestem caução económica.

V. artigo 227.º, C. P. P..

V. *Medidas de garantia patrimonial; Ministério Público; Arguido; Custas; Medidas de coacção; Absolvição; Indemnização; Obrigação; Crime; Lesado.*

Causa virtual (Dir. Penal) – V. *Causalidade hipotética.*

Causalidade (Dir. Penal) – Relação, assente numa ideia de causa/efeito, existente entre uma acção e um evento (resultado), que permite afirmar que a acção deu origem a (ou causou) esse evento.

V. *Causalidade adequada; Causalidade alternativa; Causalidade antecipada; Causalidade cumulativa; Causalidade hipotética; Desvio no processo causal; Imputação objectiva; Nexo de causalidade.*

Causalidade adequada (Dir. Penal) – De acordo com o artigo 10.º, C. P., quando um tipo legal compreender um certo resultado, o facto abrange não só a acção adequada a produzi-lo como a omissão da acção adequada a evitá-lo, salvo se outra for a intenção da lei.

Segundo a teoria da causalidade adequada, um evento é causa de um resultado quando, em abstracto, se apresenta geralmente adequado a produzi-lo, ou seja, quando em circunstâncias normais o produz.

Não basta portanto a verificação do resultado no caso concreto.

O resultado há-de ser previsível e de verificação normal, segundo as regras da experiência comum aplicadas às circunstâncias concretas da situação. Só assim será possível concluir pela existência de

nexo de causalidade, de acordo com a teoria da causalidade adequada.
V. *Causalidade; Imputação objectiva.*

Causalidade adiantada (Dir. Penal) – V. *Causalidade antecipada.*

Causalidade alternativa (Dir. Penal) – Verifica-se causalidade alternativa quando duas (ou mais) condições são aptas autonomamente para produzir o resultado.
Se ambas as condições se concretizarem e for possível concluir que o resultado tanto se produziria por força de uma como por força de outra, ambos os agentes são punidos por facto consumado.
Se se concluir que ambos praticaram actos de execução, não sendo possível identificar o autor do processo que produziu concretamente o resultado, ambos são punidos por tentativa – é, neste caso, aplicável o princípio *in dubio pro reo*. Se ambos tiverem praticado actos de execução, sendo possível identificar o agente que produziu o resultado, esse é punido por facto consumado e o outro é punido por facto tentado.
V. *Causalidade; Agente; Causalidade cumulativa; Princípio do "in dubio pro reo"; Autor; Consumação; Tentativa; Facto.*

Causalidade antecipada (Dir. Penal) – Verifica-se causalidade antecipada quando o resultado produzido por uma dada condição viria a produzir-se mais tarde por força de uma outra condição, ou quando o processo desencadeado pelo agente produz o resultado pretendido num momento anterior ao previsto.
Pode tratar-se de uma acção realizada com dolo geral, isto é, de uma acção executada através de vários actos, por via da qual o agente pretende produzir um determinado resultado, sendo-lhe indiferente o momento do processo executivo em que esse resultado se produz – por exemplo, o agente quer matar e ocultar o corpo, sendo-lhe indiferente se a vítima morre no momento das agressões físicas ou por asfixia, depois de ser enterrada.
O nexo de causalidade estabelece-se em relação à acção que produziu o resultado. Caso exista outro processo lesivo que viria a produzir o resultado, o seu agente pode ser punido a título de tentativa, nos termos gerais.
V. *Causalidade; Agente; Causalidade hipotética; Dolo geral; Resultado; Tentativa.*

Causalidade cumulativa (Dir. Penal) – Verifica-se causalidade cumulativa quando o resultado se produz por força da acção conjugada de duas condições que, autonomamente, não teriam a virtualidade de o produzir.
Os agentes podem ser punidos como co-autores, se se verificarem os respectivos pressupostos.
Caso não exista co-autoria, os agentes podem ser punidos, no limite, por tentativa.
V. *Causalidade; Causalidade alternativa; Causalidade paralela; Co-autor; Tentativa.*

Causalidade dupla (Dir. Penal) – V. *Causalidade alternativa.*

Causalidade hipotética (Dir. Penal) – Verifica-se causalidade hipotética quando existe um processo lesivo que produziria o resultado, não fora a interposição de um outro processo lesivo que efectivamente o produziu.
O agente do processo que originou o resultado é punido por facto consumado.
Se o processo que hipoteticamente viria a produzir o evento tiver sido desencadeado por terceiro (podendo mesmo ter causas naturais), o agente pode ser punido a título de tentativa, nos termos gerais.
V. *Causalidade; Agente; Consumação; Tentativa.*

Causalidade paralela (Dir. Penal) – V. *Causalidade alternativa.*

Causalidade virtual (Dir. Penal) – V. *Causalidade hipotética.*

Causas de desculpa (Dir. Penal) – Circunstâncias cuja verificação origina a exclusão da culpa do agente.
O Código Penal prevê expressamente situações em que é excluída a culpa do agente, nomeadamente nos artigos 33.º, n.º 2 (excesso de legítima defesa asténico), 35.º (estado de necessidade desculpante) e 37.º (obediência indevida desculpante).

A inexigibilidade de comportamento diverso, para lá da concretização que consta do artigo 35.º, C. P., constitui ainda fundamento geral de exclusão da culpa, cláusula que deverá ser densificada tendo por referência interpretativa a figura do estado de necessidade desculpante.

A culpa é ainda excluída nas situações de erro não censurável sobre a ilicitude (artigo 17.º, n.º 1, C. P.) e de inimputabilidade (artigos 19.º e 20.º, C. P.). Nestas situações, a culpa é excluída por força da não verificação dos seus elementos, isto é, o excluída é a consciência da ilicitude do agente ou a sua imputabilidade, consciência da ilicitude e imputabilidade, cuja verificação é necessária para que possa ser formulado o juízo de censura da culpa.

Jorge de Figueiredo Dias refere a distinção entre as causas de desculpa e as causas de exclusão da culpa. As primeiras derivariam da inexigibilidade, reconduzindo-se as segundas à inimputabilidade e ao erro sobre a ilicitude não censurável. O autor, porém, considera as causas de desculpa como causas de exclusão da pena (cfr. Figueiredo Dias, *Direito Penal, Parte Geral, Tomo I, Questões Fundamentais, A Doutrina Geral do Crime*, 2004, p. 505 e segs.).

A exclusão da culpa decorre da aceitação da decisão do agente, em face das opções que em concreto se lhe colocaram e da expectativa em relação ao agir normal das pessoas, isto é, do comportamento do destinatário médio da norma penal. Dito de outro modo, quando se afirma a exclusão da culpa do agente pela prática de um facto típico e ilícito, é realizado um juízo de não censura da sua decisão, juízo que implica a ponderação das circunstâncias em que ocorreu a acção, assim como das condições específicas do agente, e que tem por referência um padrão de normalidade da acção humana.

O facto permanece típico e ilícito, não obstante a exclusão da culpa.

A exclusão da culpa apenas aproveita ao respectivo agente, dado o juízo de censura da culpa ter natureza individual (v. artigo 29.º, C. P.).

V. *Culpa; Agente; Estado de necessidade desculpante; Legítima defesa; Obediência indevida desculpante; Erro; Inimputabilidade; Ilicitude; Tipo.*

Causas de exclusão da culpa (Dir. Penal) – V. *Causas de desculpa*.

Causas de exclusão da ilicitude (Dir. Penal) – V. *Causas de justificação*.

Causas de exclusão da pena (Dir. Penal) – A expressão reporta-se a circunstâncias que se referem à ausência de necessidade da pena, fundamentando ou originando a não aplicação daquela ao agente.

Trata-se de uma fórmula genérica que abrange os casos de dispensa e de isenção de pena.

V. *Pena; Dispensa de pena; Isenção de pena.*

Causas de exclusão da punibilidade (Dir. Penal) – V. *Condições objectivas de punibilidade.*

Causas de exclusão da tipicidade (Dir. Penal) – Circunstâncias que permitem afirmar o afastamento da tipicidade de um dado facto, não obstante a verificação da correspondência meramente objectiva (ou literal) entre esse facto e a descrição típica.

Alguma doutrina identifica, como exemplo de causa de exclusão da tipicidade, o consentimento dos participantes num torneio de boxe relativamente às ofensas à integridade física que são reciprocamente infligidas pelos lutadores.

V. *Tipo; Consentimento; Integridade física.*

Causas de extinção da responsabilidade criminal (Dir. Penal) – Ocorrências ou eventos que determinam a extinção da responsabilidade criminal, para além do cumprimento da pena.

A responsabilidade criminal extingue-se por força da prescrição do procedimento criminal (artigos 118.º e segs., C. P.), pela prescrição da pena e da medida de segurança (artigos 122.º e segs., C. P.), pela morte, pela amnistia, pelo perdão genérico e pelo indulto (artigos 127.º e 128.º, C. P.).

V. *Responsabilidade criminal; Pena; Prescrição do procedimento criminal; Prescrição da pena; Medida de segurança; Morte; Amnistia; Indulto; Perdão genérico.*

Causas de justificação (Dir. Penal) – Circunstâncias cuja verificação origina a exclusão da ilicitude do facto típico.

De acordo com o artigo 31.º, n.º 2, C. P., constituem causas de justificação a legítima defesa, o exercício de um direito, o cumprimento de um dever imposto por lei ou por ordem legítima da autoridade e o consentimento do titular do interesse jurídico lesado.

Podem também relevar no âmbito criminal causas de justificação de outros sectores normativos, já que, nos termos do artigo 31.º, n.º 1, C. P., o facto não será punível quando a sua ilicitude for excluída pela ordem jurídica considerada na sua totalidade.

São ainda identificadas pela doutrina outras causas de justificação que não se encontram expressamente previstas na lei, designadas por causas de justificação supralegais. São elas o direito de necessidade defensivo e a legítima defesa preventiva. O direito de necessidade defensivo ocorre quando alguém actua sobre um sujeito para evitar um perigo que esse sujeito, involuntariamente, cria e protagoniza. A legítima defesa preventiva verifica-se quando alguém repele uma agressão que ainda não é iminente.

À justificação do facto subjaz uma ponderação de valores que conclui pela prevalência de um determinado valor, identificado no caso, sobre o valor tutelado pelo tipo preenchido.

V. *Ilicitude; Tipo; Legítima defesa; Exercício de um direito; Conflito de deveres; Consentimento; Cumprimento de um dever; Causas de justificação supralegais; Direito de necessidade; Direito de necessidade defensivo; Legítima defesa preventiva; Facto.*

Causas de justificação supralegais (Dir. Penal) – Circunstâncias que implicam a exclusão da ilicitude do facto que não se encontram expressamente previstas na lei.

As causas de justificação supralegais decorrem da interpretação do sistema, nomeadamente do regime da justificação do facto, e da ponderação dos valores conflituantes no caso concreto.

Trata-se de situações de conflito entre interesses de dois ou mais sujeitos – próximo do conflito característico das causas de justificação legalmente previstas (nomeadamente, legítima defesa e direito de necessidade) –, conflito esse que fundamenta a exclusão da ilicitude.

A doutrina identifica como causas de justificação supralegais o direito de necessidade defensivo (no qual o agente actua sobre outrem para evitar um perigo pelo qual esse terceiro não responde – por exemplo, a imobilização por alguém de um veículo descontrolado que vai provocar um acidente, causando o agente, com essa imobilização, lesões no condutor do veículo, sem que este tenha responsabilidade na situação de descontrolo), e a legítima defesa preventiva (na qual o agente actua sobre o futuro agressor num momento em que a agressão ainda não é iminente, mas que é o único momento em que o agente pode repelir, eficazmente, a agressão – por exemplo, uma pessoa imobilizada dispara, de uma janela, sobre outra que se encontra na rua mas que se dirige a casa da vítima para a agredir).

Cfr. Maria Fernanda Palma, *A Justificação por Legítima Defesa como Problema de Delimitação de Direitos*, 1990, págs. 765 e segs..

V. *Causas de justificação; Ilicitude; Agente; Direito de necessidade defensivo; Legítima defesa preventiva.*

Censurabilidade (Dir. Penal) – Juízo de reprovação dirigido a quem, podendo actuar de acordo com o direito, opta por actuar ilicitamente.

V. *Culpa; Ilicitude.*

Centro educativo (Dir. Penal) – Estabelecimentos orgânica e hierarquicamente dependentes dos serviços de reinserção social, que se destinam à execução de medida tutelar de internamento, de medida cautelar de guarda em centro educativo, ao internamento para realização de perícia sobre a personalidade – quando a diligência incumba aos serviços de reinserção social –, ao cumprimento da detenção e ao internamento em fins-de-semana (artigos 144.º e 145.º da Lei Tutelar Educativa, aprovada pela Lei n.º 166/99, de 14 de Setembro).

V. *Medidas tutelares educativas; Medidas disciplinares; Menor; Internamento.*

Certidão – Documento autêntico destinado a comprovar actos constantes dos registos ou arquivos de qualquer repartição pública.

Dispõe o artigo 364.º do Código de Notariado que qualquer pessoa pode requerer certidões de registos, instrumentos e documentos arquivados nos cartórios notariais. O prazo para passagem de certidões é de três dias úteis a contar do pedido ou requisição, sendo de vinte e quatro horas quando haja urgência (artigo 159.º, Código do Notariado).

As certidões podem ser *de teor* (as que reproduzem literal e integralmente o texto original) e *de narrativa* (as que reproduzem apenas uma parte ou resumem o texto); umas e outras podem ainda ser integrais ou parciais. Podem também extrair-se certidões de certidões e, desde que expedidas na forma de lei, têm a força probatória das certidões de que foram extraídas. O artigo 544.º, n.º 3, do Código de Processo Civil dispõe que "o pedido de confrontação da certidão ou da cópia com o original ou com a certidão de que foi extraída" só pode ser feito dentro do prazo de dez dias.

V. artigos 383.º a 385.º do Código Civil, e artigos 164.º a 170.º do Código do Notariado.

V *Documento; Documento autêntico; Notário; Prazo.*

Certificado – É um documento, passado por uma entidade oficial ou repartição pública, que tem por fim provar um facto ou uma situação pessoal.

Os artigos 161.º a 163.º do Código do Notariado contêm regras sobre certificados, dispondo o artigo 159.º que os certificados, bem como as certidões, devem ser passados no prazo de três dias úteis a contar do respectivo pedido ou requisição, devendo, em caso de urgência, ser passados dentro do prazo máximo de vinte e quatro horas.

O artigo 163.º do Código do Notariado estabelece que no certificado "deve consignar-se com precisão o facto certificado e, em especial, a forma como ele veio ao conhecimento do notário".

V. *Documento; Notário; Prova; Certidão; Prazo; Facto.*

Certificado de registo criminal (Proc. Penal) – Documento que encerra o passado criminal do arguido através da inscrição dos seus antecedentes criminais.

Em processo penal tem uma função de auxílio na administração da justiça e, assim, de investigação judicial e policial, de instrução de processos e de execução de penas. Tem um papel, igualmente importante, na prática judicial, no momento de proceder à determinação da sanção a aplicar ao arguido, seja na escolha da natureza da sanção a aplicar, seja no *quantum* (medida) de pena a determinar.

A sua disciplina encontra-se na Lei n.º 57/98, de 18 de Agosto (estabelece o Regime jurídico da identificação criminal e de contumazes regulamentado e desenvolvido pelo Decreto-Lei n.º 381/98, de 27 de Novembro alterado pelo Decreto-Lei n.º 20/2007, de 23 de Janeiro) nomeadamente nos artigos 4.º (ficheiro central), 5.º (âmbito do registo criminal) e 9.º (certificado de registo criminal).

O registo é organizado em ficheiro central que pode ser informatizado, constituído pelos elementos "de identificação civil do arguido, por extractos de decisões criminais e por comunicações de factos a este respeitantes".

O certificado de registo criminal "é emitido com recurso preferencial a meios informáticos, pelos serviços de identificação criminal, a requisição ou requerimento, constituindo documento bastante para provar os antecedentes criminais do titular da informação".

A identificação criminal tem por objecto a recolha, o tratamento e a conservação de extractos de decisões e de comunicações de determinados factos (v. artigo 5.º):

a) decisões que apliquem penas e medidas de segurança, que determinem o seu reexame, suspensão, revogação e que declarem a sua extinção;

b) decisões que concedam ou revoguem a liberdade condicional ou a liberdade para a prova;

c) decisões de dispensa de pena;

d) decisões que determinem ou revoguem o cancelamento no registo;

e) decisões que apliquem perdões e que concedam indultos ou comutações de penas;

f) decisões que determinem a não transcrição em certificados do registo criminal de condenações que tenham aplicado;

g) decisões que ordenem ou recusem a extradição;

h) acórdãos proferidos em recurso extraordinário de revisão;

i) acórdãos de revisão e confirmação de decisões condenatórias estrangeiras.

Estão, ainda, sujeitos a registo criminal os seguintes factos:

a) o pagamento de multa;

b) o falecimento do arguido condenado".

V. *Documento; Documento autêntico; Arguido; Antecedentes criminais; Pena; Sanção; Medida da pena; Requerimento; Prova; Registo criminal; Condenação; Recursos extraordinários; Recurso de revisão; Pena de multa; Extradição; Perdão; Indulto; Cancelamento; Dispensa de pena; Liberdade condicional; Pena; Medida de segurança.*

"Césure" (Proc. Penal) – Designação dada ao tipo de julgamento penal que divide a fase da audiência de discussão e julgamento em dois momentos: num primeiro, julgar-se-á a questão da responsabilidade do arguido pelo facto de que vem acusado, sem se atender aos seus antecedentes criminais e, num segundo momento, proceder-se-á à determinação da sanção a aplicar, já relevando aqui as informações cadastrais referentes ao passado criminal do arguido.

Existe, assim, nos sistemas que adoptam este tipo de julgamento penal – com dois momentos distintos de avaliação – uma cisão entre as questões de facto e as questões de direito e, consequentemente, uma autonomização entre os momentos de consideração de cada uma delas na audiência de discussão e julgamento e na consequente sanção a aplicar (tipo e *quantum* de pena).

Esta orientação está vertida nos artigos 368.º e 369.º do C. P. P. impondo o nosso sistema ao juiz que, no momento de elaboração da sentença, ele distinga a questão da culpa da questão da determinação da sanção.

V. *Culpa; Arguido; Julgamento; Audiência de discussão e julgamento; Antecedentes criminais; Sentença; Sanção; Questão de facto; Questão de direito.*

Chaves falsas (Dir. Penal) – De acordo com o artigo 202.º-*f*), C. P., são chaves falsas as imitadas, contrafeitas ou alteradas, bem como as verdadeiras, quando, fortuita ou sub-repticiamente, estiverem fora do poder de quem tiver o direito de as usar; e, finalmente, as gazuas ou quaisquer instrumentos que possam servir para abrir fechaduras ou outros dispositivos de segurança.

Cidadania – V. *Nacionalidade; Jus soli; Jus sanguinis.*

Círculo judicial (Org. judiciária) – Circunscrição judicial que abrange uma ou várias comarcas e em que exerce jurisdição um tribunal de 1.ª instância, denominado tribunal de círculo.

Ver artigos 62.º e seguintes da Lei de Organização e Funcionamento dos Tribunais Judiciais – Lei n.º 3/99, de 13 de Janeiro, rectificada pela Declaração de rectificação n.º 7/99, de 16 de Fevereiro, e alterada pela Lei n.º 101/99, de 26 de Julho, pelos Decretos-Leis n.ºs 323/2001, de 17 de Dezembro, e 38/2003, de 8 de Março – este rectificado pela Declaração de rectificação n.º 5-C/2003, de 30 de Abril –, pela Lei n.º 105/2003, de 10 de Dezembro, pelo Decreto-Lei n.º 53/2004, de 18 de Março, pela Lei n.º 42/2005, de 29 de Agosto, e pelo Decreto-Lei n.º 76-A/2006, de 29 de Março, este rectificado pela Declaração de rectificação n.º 28-A/2006, de 26 de Maio.

V. *Comarca; Tribunal; Tribunal de primeira instância; Tribunal de círculo.*

Circunstâncias (Dir. Penal) – Situações concomitantes, anteriores ou posteriores ao facto, relacionadas com o próprio facto, com o agente ou com a vítima.

As circunstâncias abrangidas pela descrição típica são consideradas características essenciais do facto.

As circunstâncias acidentais, isto é, aquelas cuja verificação não é determinante do cometimento do facto típico, podem relevar ou não, mas apenas na determinação concreta da pena.

O artigo 71.º, n.º 2, C. P., estabelece que, na determinação concreta da pena, o tribunal atende a todas as circunstâncias que, não fazendo parte do tipo de crime, depuserem a favor do agente ou contra ele. O preceito contém uma enumeração exem-

plificativa de circunstâncias que podem ser ponderadas. Integram essa lista o grau de ilicitude do facto, a intensidade do dolo ou da negligência, os sentimentos do agente, as suas condições pessoais e a sua conduta anterior, entre outras.
V. *Circunstâncias agravantes; Circunstâncias atenuantes; Agente; Ofendido; Tipo; Pena; Ilicitude; Dolo; Negligência; Antecedentes criminais; Crime; Tipo.*

Circunstâncias acidentais (Dir. Penal) – V. *Circunstâncias.*

Circunstâncias agravantes (Dir. Penal) – Condições cuja verificação fundamenta uma pena concreta próxima do limite máximo ou anula o efeito de uma circunstância atenuante.
É exemplo de circunstância agravante a avidez como motivo do crime.
V. *Agravação; Circunstâncias; Circunstâncias atenuantes; Pena; Crime.*

Circunstâncias atenuantes (Dir. Penal) – Condições cuja verificação fundamenta uma pena concreta próxima do limite mínimo ou anula o efeito de uma circunstância agravante.
É exemplo de circunstância atenuante o arrependimento posterior à prática do crime.
V. *Circunstâncias; Circunstâncias agravantes; Pena; Arrependimento; Crime.*

Citação (Proc. Penal) – "Citação é o acto pelo qual se dá conhecimento ao réu de que foi proposta contra ele determinada acção e se chama ao processo para se defender. Emprega-se ainda para chamar, pela primeira vez, ao processo alguma pessoa interessada na causa".
Distingue-se da notificação que serve para, nos restantes casos, chamar alguém a juízo ou dar conhecimento de um facto. Tanto as citações como as notificações devem ser sempre acompanhadas de todos os elementos necessários para a plena compreensão do seu objecto.
V. artigo 228.º do Código de Processo Civil, na redacção que lhe foi dada pelo Decreto-Lei n.º 329-A/95, de 12 de Setembro.
V. *Notificação; Processo.*

Coacção (Dir. Penal) – Crime previsto no artigo 154.º, C. P., que ocorre quando alguém, por meio de violência ou de ameaça com mal importante, constrange outra pessoa a uma acção ou omissão, ou a suportar uma actividade.
O facto não é punível se a utilização do meio para atingir o fim visado não for censurável ou se visar evitar o suicídio ou a prática de facto ilícito típico.
O crime de coacção é agravado, nos termos do artigo 155.º, C. P., quando realizada por meio de ameaça com prática de crime punível com pena superior a 3 anos, contra pessoa particularmente indefesa, contra uma das pessoas referidas na alínea *l)* do n.º 2 do artigo 132.º, C. P., ou por funcionário com grave abuso de autoridade.
V. *Crime; Suicídio; Ilicitude; Tipo.*

Coacção à prática de jogo (Dir. Penal) – Crime previsto no artigo 112.º do Decreto-Lei n.º 422/89, de 2 de Dezembro (diploma sobre o jogo), que se traduz genericamente no uso de sugestão, ameaça ou violência para constranger outrem a jogar ou para obter desse outrem meios para a prática do jogo, independentemente de o jogo vir a ser realizado.
V. *Crime; Jogos de fortuna ou azar.*

Coacção contra órgãos constitucionais (Dir. Penal) – Crime previsto no artigo 333.º, C. P., que ocorre quando alguém, por meio de violência ou ameaça de violência, impede ou constrange o livre exercício das funções de órgão de soberania ou de "ministro da República".
O artigo 333.º, n.ºs 2 e 3, C. P., prevê tipos incriminadores para os casos em que o destinatário da coacção é órgão de governo próprio de Região Autónoma ou órgão de autarquia local, respectivamente.
O n.º 4 do mesmo artigo prevê incriminações para os casos em que o destinatário da coacção é membro dos órgãos referidos nos números 1, 2 e 3.
O n.º 1 do artigo 10.º da Lei n.º 34/87, de 16 de Julho, prevê a incriminação do titular de cargo político que impedir ou constranger, por meio não violento, o livre exercício das funções de órgão de soberania ou de região autónoma. O n.º 2 do mesmo artigo

prevê a incriminação do titular de cargo político que impedir ou constranger, por meio não violento, o livre exercício das funções de ministro da República em região autónoma (sic), de governador de Macau (sic), de assembleia regional, da Assembleia Legislativa de Macau (sic), de governo regional ou do Provedor de Justiça. O n.º 3 prevê a punição do titular de cargo político que pratique os mesmos factos contra órgão de autarquia local, e o n.º 4 a punição do titular de cargo político que pratique os mesmos factos contra membro de um dos órgãos referidos nos vários números do mencionado artigo 10.º.

V. *Crime; Coacção; Cargo político.*

Coacção de eleitor (Dir. Penal) – Crime previsto no artigo 340.º, C. P., que ocorre quando alguém, em eleição de órgão de soberania, de Região Autónoma ou de autarquia local, por meio de violência, ameaça de violência ou de grave mal, constrange um eleitor a votar ou o força a votar num certo sentido.

O crime encontra-se em relação de subsidiariedade expressa com outros tipos aplicáveis ao caso que prevejam pena mais grave, isto é, o tipo incriminador só é aplicável se pena mais grave não couber por força da aplicação de outra disposição legal.

V. *Crime; Coacção; Pena; Tipo; Concurso de normas.*

Coacção sexual (Dir. Penal) – Crime previsto no artigo 163.º, C. P., que, nos termos do respectivo n.º 1, ocorre quando alguém, por meio de violência, ameaça grave – ou depois de, para esse fim, a ter tornado inconsciente ou posto na impossibilidade de resistir –, constrange outra pessoa a sofrer ou a praticar, consigo ou com outrem, acto sexual de relevo.

O crime de coacção sexual tem ainda lugar, de acordo com o n.º 2 do mesmo artigo 163.º, quando alguém, abusando de autoridade resultante de uma relação familiar ou de dependência hierárquica, económica ou de trabalho, constrange outra pessoa (fora dos casos do n.º 1), por meio de ordem ou ameaça, a sofrer ou a praticar acto sexual de relevo, consigo ou com outrem.

V. *Crime; Coacção; Acto sexual de relevo.*

Co-arguido (Proc. Penal) – Qualificação processual atribuída a todo aquele contra quem for aberto inquérito, deduzida acusação ou requerida instrução num processo penal e que, por isso, seja considerado suspeito da prática de um crime, juntamente com outros arguidos, no mesmo processo-crime.

V. *Inquérito; Acusação; Suspeito; Crime; Arguido.*

Co-autor (Dir. Penal) – É co-autor, de acordo com a 3.ª proposição do artigo 26.º, C. P., aquele que "toma parte directa na execução do facto, por acordo ou juntamente com outro ou outros".

A doutrina identifica, fundamentalmente, dois elementos na co-autoria: tomar parte directa na execução do facto; e o acordo entre os co-autores.

A lei coloca em alternativa o acordo e a actuação juntamente com outro ou outros, o que transmite a ideia de ser essencial não um acordo prévio à prática do facto, mas sim a consciência de estar a actuar conjuntamente com outro ou outros comparticipantes.

V. *Autor; Comparticipação.*

Co-autoria (Dir. Penal) – V. *Co-autor.*

Código de Justiça Militar (Dir. Penal; Proc. Penal) – Diploma legal sistematizado que contém os crimes militares, o respectivo regime, bem como o processo inerente à justiça militar.

Os diplomas que aprovam o Código de Justiça Militar (C. J. M.) e o estatuto dos juízes militares e dos assessores militares foram promulgados e publicados em 15 de Novembro de 2003 – o Código de Justiça Militar foi aprovado pela Lei n.º 100/2003 e o Estatuto dos Juízes Militares e dos Assessores Militares do Ministério Público pela Lei n.º 101/2003.

O Código de Justiça Militar ocupa-se da tipificação dos crimes estritamente militares.

Porém, este diploma não é exaustivo quanto a este tipo de crimes. Desde logo, admite expressamente a existência de crimes estritamente militares puníveis por legislação de carácter especial (artigos 2.º e 107.º do Código de Justiça Militar). Por outro lado, há crimes militares que constam também do Código Penal (por exemplo, o crime de traição à Pátria). Encontram-se ainda tipificadas no Código de Justiça Militar condutas previstas no Estatuto de Roma, transpostas para a legislação nacional através da Lei n.º 31/2004, de 22 de Julho (por exemplo, os crimes de guerra).

O Código de Justiça Militar prevê alguns crimes que anteriormente constavam do Código Penal, como, por exemplo, os crimes de aliciamento de forças armadas – 237.º, C. P. –, de serviço militar em forças armadas inimigas – artigo 309.º, C. P. –, de campanha contra esforço de guerra – artigo 314.º, C. P. –, de sabotagem contra a defesa nacional – artigo 315.º, C. P. (os referidos preceitos do Código Penal foram revogados).

V. o Acórdão do Tribunal Constitucional n.º 291/00, publicado no *Diário da República*, I-A série, de 19 de Junho de 2000, que decidiu: "Declara com força obrigatória geral a inconstitucionalidade da norma do artigo 440.º, n.º 2, alínea b), do Código de Justiça Militar, na parte em que afasta a proibição da *reformatio in pejus* prevista no n.º 1, quando o promotor de justiça junto do tribunal superior se pronunciar, no visto inicial do processo, pela agravação da pena aplicada ao arguido recorrente".

V. *Tipicidade; Crime; Crime estritamente militar; Crimes militares; Traição à Pátria; Tribunal Penal Internacional; Crimes de guerra; Aliciamento de forças armadas ou de outras forças militares; Serviço militar em forças armadas inimigas; Campanha contra esforço de guerra; Sabotagem contra a defesa nacional; Juiz; Juiz militar; Assessoria militar; "Reformatio in pejus".*

Código de Processo Penal – V. *Direito adjectivo.*

Código Penal (Dir. Penal) – Diploma que contém o regime geral da infracção (relativo ao facto e à respectiva consequência jurídica), bem como os tipos incriminadores que integram o denominado direito penal de justiça.

O Código Penal em vigor foi aprovado pelo Decreto-Lei n.º 400/82, de 3 de Setembro, tendo sido objecto de vinte e uma alterações, das quais se destacam, pelas respectivas extensões, as decorrentes do Decreto-Lei n.º 48/95, de 15 de Março, da Lei n.º 65/98, de 2 de Setembro, e da Lei n.º 59/2007, de 4 de Setembro.

V. *Direito penal; Direito penal de justiça.*

Coima (Dir. Penal) – Sanção de natureza pecuniária aplicável a quem comete uma contra-ordenação.

Não tem natureza penal.

É aplicável por entidades administrativas, embora a decisão que aplica uma coima possa ser objecto de impugnação judicial, por via de recurso para os tribunais judiciais.

O não pagamento da coima dá lugar à respectiva execução.

O regime geral do ilícito de mera ordenação social encontra-se consagrado no Decreto-Lei n.º 433/82, de 27 de Outubro.

V. artigo 512.º, C. P. P., relativo ao destino das multas e das coimas.

V. *Contra-ordenação; Sanção; Recurso; Tribunal; Pena de multa; Execução; Ilícito de mera ordenação social.*

Coisa – Diz-se coisa tudo aquilo que pode ser objecto de relações jurídicas – artigo 202.º, Código Civil.

Pires de Lima e Antunes Varela, *Código Civil anotados*, Vol. I, 4.ª edição, págs. 192 e 193, na anotação do artigo 202.º do Código Civil, fazem as seguintes observações a propósito do âmbito do conceito: "a noção dada neste artigo é bastante mais restrita que o conceito correspondente do Código de 1867, para o qual (artigo 369.º) coisa era tudo aquilo que carecesse de personalidade. Há, na verdade, muitas realidades ou objectos que, embora não tenham personalidade, não podem ser objecto de direitos ou de relações jurídicas e, por isso, não devem ser consideradas coisas *sub species juris*. Haverá, entretanto, quem diga que a noção deste artigo 202.º peca ainda pelo facto de as relações jurídicas poderem ter por objecto, nem sempre coisas mas também pessoas, como sucede no poder paternal e no poder tutelar. Tem-se duvidado, porém, que essa concepção corresponda à melhor forma de transportar para o domínio do conceitualismo doutrinário o regime daqueles dois institutos".

Coisa fungível – "São fungíveis as coisas que se determinam pelo seu género, quantidade e qualidade [...]" – artigo 207.º do Código Civil –, como certa quantidade de um cereal ainda não especificado.

Fungível é, pois, a coisa que pode ser substituída por outra do mesmo género, quantidade e qualidade.

Sendo o critério de classificação das coisas em fungíveis e infungíveis de natureza jurídica e não naturalística, pode uma coisa fisicamente fungível ser juridicamente infungível, por as partes a terem considerado nessa qualidade. Quando a obrigação tem por objecto uma prestação de coisas fungíveis diz-se genérica, tendo o respectivo regime previsto e regulado nos artigos 539.º e segs., Código Civil.

V. *Coisa*.

Coisa imóvel – São coisas imóveis, nos termos do artigo 204.º, n.º 1, do Código Civil, os prédios rústicos e urbanos e respectivas partes integrantes (entendendo a lei por parte integrante a coisa móvel que se encontre ligada materialmente ao prédio com carácter de permanência), as águas, as árvores, arbustos e frutos naturais enquanto estiverem ligados ao solo, e os direitos inerentes aos imóveis mencionados.

V. *Coisa*.

Coisa infungível – Bem individualizado, identificado especificamente e insusceptível de ser substituído por outro.

Uma coisa pode, por sua natureza, ser infungível (infungibilidade natural) ou, não o sendo naturalmente, sê-lo, em dado caso, por as partes terem manifestado a sua vontade nesse sentido (infungibilidade convencional). Quando uma coisa infungível é objecto de um empréstimo, este constitui um contrato de comodato (v. artigo 1129.º do Código Civil).

V. *Coisa; Coisa fungível*.

Coisa móvel – O termo designa duas categorias de bens: os bens corpóreos que são susceptíveis de deslocação de um lugar para o outro, quer se movam por si próprios, como os animais, quer sejam coisas inanimadas, e os bens corpóreos imateriais, como as energias naturais.

Na lei portuguesa, a categoria das coisas móveis é delimitada por exclusão de partes (todas as que não são imóveis) – artigo 205.º do Código Civil.

Dentro dos bens móveis, há que distinguir os móveis sujeitos a registo dos restantes: móveis registáveis são, designadamente, os automóveis, os navios e as aeronaves.

O regime dos móveis sujeitos a registo é o aplicável às coisas móveis "em tudo o que não seja especialmente regulado" – artigo 205.º, n.º 2, Código Civil.

V. *Coisa; Coisa imóvel*.

Comarca (Org. Judiciária) – Circunscrição judicial que abrange, normalmente, a área do concelho.

Em cada comarca, há um tribunal de primeira instância denominado tribunal de comarca. Os tribunais de comarca são, regra geral, de competência genérica, mas podem ter uma competência especializada (por exemplo, tribunais cíveis, tribunais criminais, tribunais de família, tribunais de menores, tribunais de trabalho), uma competência específica ou uma competência específica mista (nestes, a jurisdição é limitada em função da forma do processo).

V. artigos 62.º e seguintes da Lei de Organização e Funcionamento dos Tribunais Judiciais – Lei n.º 3/99, de 13 de Janeiro (rectificada pela Declaração de rectificação n.º 7/99, de 16 de Fevereiro), alterada pela Lei n.º 101/99, de 26 de Julho, pelos Decretos-Leis n.ºˢ 323/2001, de 17 de Dezembro, e 38/2003, de 8 de Março – este rectificado pela Declaração de rectificação n.º 5-C/2003, de 30 de Abril –, pela Lei n.º 105/2003, de 10 de Dezembro, pelo Decreto-Lei n.º 53/2004, de 18 de Março, pela Lei n.º 42/2005, de 29 de Agosto, e pelo Decreto-Lei n.º 76-A/2006, de 29 de Março, rectificado o último pela Declaração de rectificação n.º 28-A/2006, de 26 de Maio).

V. *Tribunal; Tribunal de competência genérica; Tribunal de competência especializada*.

Comissão (Dir. Penal) – A expressão é utilizada para significar o cometimento do facto criminalmente relevante (comissão do crime).

Num sentido mais restrito, utiliza-se a expressão "crime comissivo" para referir o crime que se comete por acção (por con-

traposição ao crime omissivo ou por omissão).
V. *Acção; Crime; Comissão por acção; Comissão por omissão; Omissão.*

Comissão de Programas Especiais de Segurança (Proc. Penal) – Comissão criada na dependência directa do Ministro da Justiça, no âmbito da Lei n.º 93/99, de 14 de Julho – Lei de Protecção de Testemunhas em Processo Penal –, a quem cabe estabelecer e assegurar a efectivação dos programas especiais de segurança destes intervenientes processuais.

Com esta lei visa-se regular a "aplicação de medidas para protecção de testemunhas em processo penal quando a sua vida, integridade física ou psíquica, liberdade ou bens patrimoniais de valor consideravelmente elevado sejam postos em perigo por causa do seu contributo para a prova dos factos que constituem objecto do processo".

Para efeitos da presente lei considera-se:

a) Testemunha "qualquer pessoa que, independentemente do seu estatuto face à lei processual, disponha de informação ou de conhecimento necessários à revelação, percepção ou apreciação de factos que constituam objecto do processo, de cuja utilização resulte um perigo para si ou para outrem";

b) Intimidação "toda a pressão ou ameaça directa, indirecta ou potencial que alguém exerça sobre a testemunha com o objectivo de condicionar o seu depoimento ou declarações".

A não revelação da identidade da testemunha pode ter lugar durante alguma ou em todas as fases do processo; a decisão de não revelação da identidade é tomada pelo juiz de instrução, a requerimento do Ministério Público. A testemunha a quem for concedida a medida de não revelação de identidade pode prestar depoimento ou declarações com recurso à ocultação de imagem ou à distorção da voz, ou à teleconferência.

V., especialmente, artigos 1.º, 2.º, 16.º, 17.º e 20.º da referida Lei.

V. *Testemunha; Facto; Processo; Prova; Objecto do processo; Depoimento; Juiz de instrução; Teleconferência; Protecção de testemunhas em processo penal.*

Comissão de protecção de crianças e jovens em perigo (Proc. Penal) – É, nos termos da Lei n.º 147/99, de 1 de Setembro, alterada pela Lei n.º 31/2003, de 22 de Agosto, uma instituição oficial não judiciária, com autonomia funcional, que visa promover os direitos das crianças e dos jovens (pessoas com menos de 18 anos ou com menos de 21 anos que solicitem a continuação da intervenção protectora iniciada antes de terem atingido os 18 anos) e prevenir ou pôr termo a situações susceptíveis de afectar a sua segurança, saúde, formação, educação ou desenvolvimento integral.

"A intervenção para promoção dos direitos e protecção da criança e do jovem em perigo tem lugar quando os pais, o representante legal ou quem tenha a guarda de facto ponham em perigo a sua segurança, saúde, formação, educação ou desenvolvimento ou quando esse perigo resulte de acção ou omissão de terceiros ou da própria criança ou do jovem a que aqueles não se oponham de modo adequado a removê-lo" – v. artigo 3.º.

A intervenção para a promoção dos direitos e protecção da criança e do jovem em perigo obedece, nos termos do disposto no artigo 4.º, aos seguintes princípios: "interesse superior da criança", "privacidade", "intervenção precoce", "intervenção mínima", "proporcionalidade e actualidade", "responsabilidade parental", "prevalência da família", "obrigatoriedade da informação", "audição obrigatória e participação", "subsidiariedade".

Para a promoção dos direitos e protecção da criança e do jovem em perigo, pode verificar-se, no quadro deste diploma, a intervenção de entidades com competência em matéria de infância e juventude, de comissões de protecção de crianças e jovens e dos tribunais (os termos da intervenção judicial estão prescritos no artigo 11.º).

A intervenção das comissões de protecção depende de consentimento expresso dos seus pais, do representante legal ou da pessoa que tenha a sua guarda de facto. A intervenção das comissões de protecção e das entidades com competência em matéria de infância e juventude depende da não oposição da criança ou do jovem com idade igual ou superior a 12 anos; a oposição da criança com idade inferior a 12 anos é considerada relevante de acordo com a sua capacidade para compreender o sentido da intervenção.

As comissões de protecção exercem a sua competência na área do município onde têm sede e são as autoridades judiciárias e as entidades policiais que comunicam a estas comissões as situações de crianças e jovens em perigo de que tenham conhecimento no exercício das suas funções.

São criadas, também, nos termos da lei, as "comissões de acolhimento" que podem ser públicas ou cooperativas, sociais ou privadas com acordo de cooperação com o Estado.

V. artigos 6.º e segs. da referida Lei.

V. *Menor; Crianças; Jovens; Representação; Autoridade judiciária; Acção; Omissão; Competência; Tribunal.*

Comissão Nacional de Protecção de Dados (CNPD) (Proc. Penal) – Entidade administrativa independente, com poderes de autoridade, que funciona junto da Assembleia da República e que tem como atribuição controlar e fiscalizar o cumprimento das disposições legais e regulamentares em matéria de protecção de dados pessoais, "em rigoroso respeito pelos direitos do homem e pelas liberdades e garantias consagradas na Constituição e na lei".

A CNPD dispõe:

"*a)* de poderes de investigação e de inquérito, podendo aceder aos dados objecto de tratamento e recolher todas as informações necessárias ao desempenho das suas funções de controlo;

b) de poderes de autoridade, designadamente o de ordenar o bloqueio, apagamento ou destruição dos dados, bem como o de proibir, temporária ou definitivamente, o tratamento de dados pessoais, ainda que incluídos em redes abertas de transmissão de dados a partir de servidores situados em territórios português;

c) do poder emitir pareceres prévios ao tratamento de dados pessoais, assegurando a sua publicitação".

"A CNPD tem legitimidade para intervir em processos judiciais no caso de violação das disposições da presente lei e deve denunciar ao Ministério Público as infracções penais de que tiver conhecimento, no exercício das suas funções e por causa delas, bem como praticar os actos cautelares necessários e urgentes para assegurar os meios de prova".

A CNPD é representada em juízo pelo Ministério Público e está isenta de custas nos processos em que intervenha.

As entidades públicas e privadas devem prestar a sua colaboração à CNPD, facultando-lhe todas as informações que por esta, no exercício das suas competências, lhes forem solicitadas.

A CNPD é composta por sete membros de integridade e reconhecido mérito, dos quais o presidente e dois dos vogais são eleitos pela Assembleia da República, segundo o método da média mais alta de *Hondt.*

São aprovados por lei da Assembleia da República:

a) a lei orgânica e o quadro de pessoal da CNPD;

b) o regime de incompatibilidades, de impedimentos, de suspeições e de perda de mandato, bem como o estatuto remuneratório dos membros da CNPD.

O estatuto dos membros da CNPD garante a independência do exercício das suas funções.

A Comissão dispõe de quadro próprio de apoio técnico e administrativo, beneficiando os seus funcionários e agentes do estatuto e regalias do pessoal da Assembleia da República.

Compete em especial à CNPD:

a) emitir parecer sobre disposições legais, bem como sobre instrumentos jurídicos em preparação em instituições comunitárias e internacionais, relativos ao tratamento de dados pessoais;

b) autorizar ou registar os tratamentos de dados pessoais;

c) autorizar excepcionalmente a utilização de dados pessoais para finalidades não determinantes da recolha;

d) autorizar a interconexão de tratamentos automatizados de dados pessoais;

e) autorizar a transferência de dados pessoais;

f) fixar o tempo da conservação dos dados pessoais em função da finalidade, podendo emitir directivas para determinados sectores de actividades;

g) fazer assegurar o direito de acesso à informação, bem como do exercício do direito de rectificação e actualização;

h) autorizar a fixação de custos ou de periodicidade para o exercício do direito de acesso, bem como fixar os prazos máximos de cumprimento, em cada sector de actividade, das obrigações que incumbem aos responsáveis pelo tratamento de dados pessoais;

i) dar seguimento ao pedido efectuado por qualquer pessoa, ou por associação que a represente, para protecção dos seus direitos e liberdades no que diz respeito ao tratamento de dados pessoais e informá-lo do resultado;

j) efectuar, a pedido de qualquer pessoa, a verificação da licitude de um tratamento de dados, sempre que esse tratamento esteja sujeito a restrições de acesso ou de informação, e informá-la da realização da verificação;

k) apreciar as reclamações, queixas ou petições dos particulares;

l) dispensar a execução de medidas de segurança, podendo emitir directivas para determinados sectores de actividade;

m) assegurar a representação junto de instâncias comuns de controlo e em reuniões comunitárias e internacionais de entidades independentes da protecção de dados pessoais;

n) deliberar sobre a aplicação de coimas;

o) promover e apreciar códigos de conduta;

p) promover a divulgação e esclarecimento dos direitos relativos à protecção de dados e dar publicidade periódica à sua actividade;

q) exercer outras competências legalmente previstas.

V. artigos 21.º, 22.º, 23.º, 24.º, 25.º e 26.º da Lei n.º 67/98, de 26 de Outubro, rectificada pela Declaração de rectificação n.º 22/98, de 28 de Novembro – Lei da Protecção de Dados Pessoais.

V. *Dados pessoais; Base de dados; Legitimidade; Denúncia; Ministério Público; Processo; Meios de prova; Custas; Competência.*

Comissão por acção (Dir. Penal) – Cometimento do facto através de uma acção.

A expressão é utilizada para referir os crimes cujo cometimento implica a prática de uma acção, por contraposição aos crimes omissivos, ou seja, crimes cujo comportamento se traduz numa omissão, num não fazer.

V. *Acção; Comissão; Comissão por omissão.*

Comissão por omissão (Dir. Penal) – Cometimento do facto através de uma omissão. É, pois, sinónimo de crime omissivo.

As omissões podem ser puras ou impuras. As puras resultam do tipo incriminador da parte especial, ou seja, é o próprio tipo legal constante da parte especial que pune um comportamento omissivo. As impuras resultam da articulação do tipo da parte especial (que pune uma acção) com o artigo 10.º do Código Penal (que procede à equiparação da omissão à acção prevista na parte especial).

É exemplo de um crime omissivo o crime de omissão de auxílio, previsto no artigo 200.º, C. P..

V. *Comissão; Comissão por acção; Omissão; Omissão de auxílio; Omissão pura; Omissão impura.*

Comissões de protecção de crianças e jovens (Dir. Penal) – V. *Comissão de protecção de crianças e jovens em perigo.*

Comparticipação (Dir. Penal) – Expressão que designa a matéria relativa ao contributo de vários agentes para a prática do mesmo facto.

Abrange as questões relacionadas com a delimitação dos contributos penalmente relevantes e com a determinação dos critérios de punição dos vários agentes.

Numa classificação geral, comparticipantes são os autores e os participantes.

São vários os critérios de distinção entre a autoria e a participação.

No entanto, o critério genericamente aceite pela doutrina é o do domínio do facto. De acordo com tal critério, são autores o autor material, o autor mediato e o co-autor; são participantes o instigador (não obstante ser punido como autor, nos termos do artigo 26.º, C. P.) e o cúmplice (material ou moral).

O regime geral da comparticipação encontra-se nos artigos 25.º, 26.º, 27.º, 28.º e 29.º, C. P..

O artigo 25.º refere-se à desistência nos casos de comparticipação; o artigo 26.º identifica as formas de autoria ou, antes, determina quem "é punível como autor" (o autor material, o autor mediato, o co-autor e o instigador); o artigo 27.º caracteriza o cúmplice material e o cúmplice moral (quem dolosamente presta auxílio, material ou moral, respectivamente, ao autor) e determina a sua punição com a pena fixada para o autor, especialmente atenuada; o artigo 28.º estabelece que todos os comparticipantes são punidos pelo mesmo tipo de crime, quando a norma incriminadora exige determinadas qualidades do autor e estas apenas se verificam em um dos comparticipantes; finalmente, o artigo 29.º consagra o carácter individual da culpa.

V. *Agente; Acessoriedade limitada; Acessoriedade restrita; Acessoriedade plena; Autor; Autoria; Autor material; Autor mediato; Autoria paralela; Co-autor; Cúmplice; Domínio do facto; Domínio positivo do facto; Domínio negativo do facto; Instigador; Culpa; Dolo; Atenuação especial da pena.*

Comparticipante (Dir. Penal) – V. *Comparticipação; Participante.*

Competência (Proc. Penal) – Designa-se por competência do tribunal a medida do respectivo poder jurisdicional. As regras sobre competência destinam-se a determinar o tribunal onde o processo deve ser interposto e o ilícito penal deve ser julgado.

As competências dos vários tribunais estão definidas no Código de Processo Penal.

De acordo com o disposto no artigo 19.º, C. P. P., é competente para conhecer de um crime o tribunal em cuja área se tiver verificado a consumação. Com a alteração introduzida pela Lei n.º 48/2007, de 29 de Agosto foi introduzida um novo número neste artigo que diz: "tratando-se de crime que compreenda como elemento do tipo a morte de uma pessoa, é competente o tribunal em cuja área o agente actuou ou, em caso de omissão, devia ter actuado" (n.º 2).

V. artigo 19.º, C. P. P.

A competência do tribunal colectivo rege-se pelo o artigo 14.º, C. P. P.: compete ao tribunal colectivo julgar os processos que, não devendo ser julgados pelo tribunal de júri, respeitem aos crimes previstos no Título III e no Capítulo I do Título V, do Livro II do Código Penal. Compete-lhe, ainda, julgar os processos que, não devendo ser julgados pelo tribunal singular, respeitem a crimes dolosos ou agravados pelo resultado, quando for elemento do tipo a morte de uma pessoa, ou cuja pena máxima, abstractamente aplicável, for superior a 5 anos de prisão, mesmo quando, no caso de concurso de infracções, for inferior o limite máximo correspondente a cada crime.

O artigo 17.º, C. P. P., dispõe sobre a competência do tribunal/juiz de instrução: compete-lhes proceder à instrução, decidir quanto à pronúncia e exercer as funções jurisdicionais relativas ao inquérito, nos termos prescritos na lei.

O artigo 13.º, C. P. P., regula a competência do tribunal de júri: julgar os processos que, tendo a intervenção do júri sido requerida pelo Ministério Público, pelo assistente ou pelo arguido, respeitarem a crimes previstos no Título III e no Capítulo I do Título V, do Livro II do Código Penal; compete-lhe, ainda, julgar os processos que, não devendo ser julgados pelo tribunal singular, e tendo a intervenção do júri sido requerida pelo Ministério Público, pelo assistente ou pelo arguido, respeitarem a crimes cuja pena máxima, abstractamente aplicável, for superior a 8 anos de prisão.

A competência do tribunal singular encontra-se regulada no artigo 16.º, C. P. P.: compete-lhe julgar os processos que por lei não couberem na competência dos tribunais de outra espécie, julgar os processos que respeitem a crimes previstos no Capítulo II do Título V do Livro II do Código Penal ou cuja pena máxima, abstractamente aplicável, for igual ou inferior a 5 anos de prisão e, ainda, julgar os processos por crimes previstos no artigo 14.º, n.º 2-*b*): crimes cuja pena máxima, abstractamente aplicável, for superior a cinco anos de prisão, mesmo quando no caso de concurso de infracções, for inferior o limite máximo correspondente a cada crime, mesmo em caso de concurso de infracções, quando o Ministério Público, na acusação ou em requerimento, quando seja superveniente o conhecimento do concurso, entender que não deve ser aplicada, em concreto, pena de prisão superior a cinco anos.

Para a competência do Tribunal de Execução de Penas – v. Lei n.º 3/99, de 13 de Janeiro (v. o artigo 18.º, C. P. P.).

Sobre as competências dos tribunais superiores, em sede de recurso, v. artigos 427.º e seguintes, C. P. P. (nomeadamente, a competência dos Tribunais da Relação – nos artigos 427.º a 431.º – e do Supremo Tribunal de Justiça – artigos 432.º e seguintes).

Pode haver casos em que se estabeleça competência por conexão de processos – artigos 24.º e seguintes, C. P. P..

V. *Tribunal; Tribunal colectivo; Dolo; Agravação pelo resultado; Tipo; Tipo de crime; Morte; Pena; Pena de prisão; Crime; Concurso de crimes; Limite máximo da pena de prisão; Juiz de instrução; Tribunal de Instrução Criminal; Instrução; Pronúncia; Inquérito; Tribunal de júri; Ministério Público; Assistente; Arguido; Tribunal singular; Acusação; Requerimento; Conhecimento superveniente do concurso; Tribunal de Execução de Penas; Tribunal da Relação; Supremo Tribunal de Justiça; Conexão (competência por); Ilicitude; Processo; Código Penal; Crime; Prisão; Consumação; Elemento do tipo.*

Competência especializada (Org. Judiciária) – V. *Tribunal de competência especializada.*

Competência específica (Org. Judiciária) – V. *Tribunal de competência específica.*

Competência genérica (Org. Judiciária) – V. *Tribunal de competência genérica.*

Competência por conexão (Proc. Penal) – V. *Conexão (competência por).*

Comportamento lícito alternativo (Dir. Penal) – Critério de imputação objectiva.

De acordo com este critério, é excluído o nexo de imputação do resultado à acção nos casos em que o comportamento devido omitido – comportamento lícito exigível – originaria o mesmo resultado que o comportamento do agente no caso concreto causou.

É exemplo de comportamento lícito alternativo o do médico que, numa operação, ministra negligentemente, em vez da anestesia, uma substância letal, sendo certo que, caso tivesse sido ministrada a anestesia devida, o paciente morreria igualmente, porque tinha uma alergia à anestesia, da qual ninguém tinha conhecimento e que não era detectável de acordo com o estado actual (actualidade reportada ao momento da prática do facto) da ciência médica.

V. *Imputação objectiva; Ilicitude; Negligência; Nexo de causalidade.*

Compromisso (Proc. Penal) – Acto solene realizado pelos peritos e intérpretes.

O compromisso é condensado na seguinte frase: "Comprometo-me, por minha honra, a desempenhar fielmente as funções que me são confiadas".

É prestado perante a autoridade judiciária ou a autoridade de polícia criminal competente, as quais advertem previamente quem o dever prestar das sanções em que incorre se o recusar ou a ele faltar.

V. artigo 91.º, C. P. P..

V. *Perito; Intérprete; Autoridade judiciária; Sanção.*

Comunicação para acto processual (Proc. Penal) – Acto processual que se destina, nos termos do disposto no artigo 111.º, C. P. P., "a transmitir uma ordem de comparência perante os serviços de justiça ou uma convocação para participar em diligência processual", ou o conteúdo de acto realizado ou de despacho proferido no processo.

É feita pela secretaria judicial e é "executada pelo funcionário de justiça que tiver o processo a seu cargo ou por agente policial administrativo ou pertencente ao serviço postal que for designado para o efeito".

V. *Acto processual; Despacho; Diligência; Secretaria judicial; Funcionário de justiça; Processo.*

Comutação de pena (Dir. Penal) – De acordo com o artigo 134.º-f) da Constituição da República, compete ao Presidente da República indultar e comutar penas.

A comutação de penas é uma medida de graça consistente na substituição de uma pena por outra legalmente prevista.
V. *Pena; Amnistia; Indulto; Perdão genérico.*

Conceito causal de acção (Dir. Penal) – Noção introduzida pela escola moderna (positivista-naturalista), também designada por clássica, segundo o qual acção é o movimento corporal determinante de uma modificação do mundo exterior, ligada causalmente à vontade do agente (conceito natural de acção).

Este conceito que, no essencial, foi também acolhido pela escola neoclássica, foi objecto de críticas, dada a sua natureza excessivamente restritiva em relação à base de construção da noção de crime. Com efeito, um conceito puramente causal de acção, isto é, um conceito exclusivamente assente na ideia de acção como movimento corpóreo que produz alterações no mundo exterior dificilmente abrange crimes como a injúria ou os crimes omissivos.
V. *Acção; Crime; Escola clássica; Escola neoclássica; Injúria; Omissão; Agente.*

Conceito extensivo de autor (Dir. Penal) – Perspectiva segundo a qual é autor quem tiver dado origem ao facto típico – ou, antes, ao resultado típico –, não sendo necessário que a respectiva conduta corresponda ao comportamento descrito no tipo legal de crime.

De acordo com esta concepção, é, pois, autor todo o agente que tiver dado um contributo decisivo para a produção do resultado típico, isto é, um contributo sem o qual esse resultado não se teria produzido.

Esta perspectiva, que se aproxima do conceito unitário de autor, assenta numa ideia de equivalência de condições, uma vez que parifica, para efeito de determinação da autoria, vários contributos, em função da sua necessidade para a verificação do crime.
V. *Autor; Agente; Crime; Resultado; Tipo; Conceito unitário de autor.*

Conceito final de acção (Dir. Penal) – Conceito de acção sustentado pela denominada escola finalista.

Assente na ideia segundo a qual o ser humano dirige ou conduz (finalisticamente) os processos causais para fins intelectualmente antecipados, escolhendo para o efeito os meios correspondentes, acção, para a escola finalista, é a supra-determinação final de um processo causal, ou seja, é a condução de um processo causal com a finalidade de alcançar um objectivo previamente definido.

De acordo com esta noção, a caracterização da acção humana passa a ponderar os elementos relacionados com a intenção do sujeito.
V. *Acção; Escola finalista.*

Conceito formal de crime (Dir. Penal) – V. *Crime.*

Conceito material de crime (Dir. Penal) – V. *Crime.*

Conceito natural de acção (Dir. Penal) – V. *Conceito causal de acção.*

Conceito negativo de acção (Dir. Penal) – Conceito sustentado por alguns autores, nomeadamente Herzberg, segundo o qual acção é o "não evitar evitável de um resultado".

Esta noção pretende resolver a questão da identificação de um conceito de acção que abranja as diversas modalidades de crime – por acção, por omissão, dolosos, negligentes.

Não é, no entanto, suficientemente ampla. Com efeito, entre outras fragilidades, pode apontar-se como insuficiência deste conceito a circunstância de ser pensado fundamentalmente para os crimes de resultado ou, dito de outro modo, trata-se de um conceito que apenas se aplica inquestionavelmente aos crimes de resultado (e não aos de mera actividade).

De facto, dificilmente se identifica o resultado (material) que não se evita quando se entra ilegitimamente na casa de outrem, desde logo porque o crime em questão não pressupõe um qualquer evento autonomizável da conduta típica (violação de domicílio – artigo 191.º, C. P.). Poderá dizer-se, porém, que o resultado não evitado nestes casos é a lesão do bem jurídico tutelado pela norma incriminadora.

V. *Acção; Crime; Crime de resultado; Omissão; Resultado; Crime de mera actividade; Dolo; Negligência.*

Conceito pessoal de acção (Dir. Penal) – Conceito de acção ensaiado por Roxin, segundo o qual acção é a expressão da personalidade, abarcando tudo aquilo que pode ser imputado a uma pessoa como centro de acção anímico-espiritual.
Tal noção implica, pois, a ponderação, na definição de acção, do específico modo de ser do agente.
V. *Acção.*

Conceito restrito de autor (Dir. Penal) – Perspectiva segundo a qual só é autor quem pratica o facto descrito no tipo legal de crime.
De tal conceito decorre que formas especiais de participação, tais como a instigação ou a cumplicidade, só podem ser punidas através do recurso a normas de extensão da tipicidade, ou seja, a normas que alargam o âmbito de aplicação da norma incriminadora a outros agentes, para além de quem comete o facto típico.
V. *Autor; Crime; Instigador; Cúmplice.*

Conceito social de acção (Dir. Penal) – De acordo com este conceito, a acção é vista como comportamento socialmente relevante, ou seja, o critério para determinar a existência de uma acção penalmente relevante assenta nas perspectivas sociais vigentes na comunidade sobre o agir humano.
Esta noção faz, pois, relevar como critério decisivo da noção de acção as concepções sociais sobre a conduta humana.
Assim, a noção de acção, em vez de ser aferida em função das finalidades do direito penal, passa a ser analisada em função do entendimento socialmente dominante sobre o que é, ou deve ser, um acto humano.
V. *Acção; Fins das penas.*

Conceito unitário de autor (Dir. Penal) – Perspectiva segundo a qual é tratado como autor todo o interveniente no facto, independentemente do grau e da relevância do seu contributo.
Em face dos artigos 26.º e 27.º, C. P., que distinguem expressamente a autoria da cumplicidade, pode afirmar-se não ter sido esta a perspectiva acolhida pela lei portuguesa.
V. *Autor; Participante; Cúmplice.*

Concentração processual (Proc. Penal) – A noção de concentração processual refere-se à necessidade de as diligências processuais deverem decorrer num mesmo acto ou em actos próximos, para que a memória do julgador se mantenha actual.
V. *Continuidade processual; Diligência; Acto; Princípio da concentração.*

Concorrência desleal (Dir. Penal) – Crime, que se encontrava previsto no artigo 260.º do Decreto-Lei n.º 16/95, de 24 de Janeiro, e que se traduzia na prática de qualquer acto de concorrência contrário às normas e usos honestos, com intenção de causar prejuízo a outrem ou de alcançar, para si ou para terceiro, um benefício ilegítimo. O preceito incriminador continha uma enumeração exemplificativa (o que resultava da utilização do advérbio "nomeadamente") de comportamentos enquadráveis na cláusula geral caracterizadora do ilícito.
Este DL n.º 16/95 foi revogado pelo Decreto-Lei n.º 36/2002, de 5 de Março, que procedeu à aprovação do Código da Propriedade Industrial. Neste prevê o respectivo artigo 331.º a infracção concorrência desleal como contra-ordenação. O comportamento sancionado corresponde ao crime que se encontrava previsto no artigo 260.º do referido DL n.º 16/95.
V. *Contra-ordenação; Crime.*

Concurso (Dir. Penal) – Expressão que designa a situação em que várias normas são convocadas para a determinação da responsabilidade penal do sujeito.
V. *Concurso de normas; Concurso heterogéneo; Concurso ideal; Concurso real; Responsabilidade penal; Concurso de crimes.*

Concurso aparente (Dir. Penal) – V. *Concurso de normas.*

Concurso de crimes (Dir. Penal) – Situação em que vários tipos incriminadores são aplicáveis ao caso e contribuem efectivamente para determinar a responsabilidade penal do agente.

De acordo com o artigo 77.º, C. P., há concurso quando alguém pratica vários crimes antes de transitar em julgado a condenação por qualquer deles.

As regras de punição do concurso encontram-se também no artigo 77.º, C. P..

Quando alguém pratica vários crimes em concurso, é punido com uma única pena. A pena a aplicar é escolhida entre um limite máximo, composto pela soma das penas concretas aplicáveis a cada um dos crimes que integram o concurso, e um limite mínimo, composto pela pena concreta aplicada aos crimes mais elevada. O limite máximo não pode exceder 25 anos, no caso de pena de prisão, e 900 dias, no caso de pena de multa.

V. *Concurso; Concurso heterogéneo; Concurso homogéneo; Concurso ideal; Concurso real; Conhecimento superveniente do concurso; Trânsito em julgado; Sentença de condenação; Pena; Pena de multa; Pena de prisão; Limite máximo da pena de prisão; Limite mínimo da pena de prisão; Limite máximo da pena de multa; Limite mínimo da pena de multa; Sucessão de penas; Cúmulo por arrastamento; Responsabilidade penal.*

Concurso de normas (Dir. Penal) – Situação em que o facto praticado aparentemente corresponde à tipicidade de várias normas penais incriminadoras, dado objectivamente corresponder às várias descrições típicas, mas, por força de uma relação existente entre as normas potencialmente aplicáveis, apenas uma dessas normas será aplicada.

A doutrina maioritária reconduz a questão do concurso de normas – também designado por concurso aparente – a um problema de interpretação dos tipos incriminadores.

As relações existentes podem ser de especialidade, de consumpção e de subsidiariedade, não existindo uma fronteira rigorosa e precisa entre os vários casos que se enquadram em qualquer das três categorias enunciadas.

A relação de consumpção pode ser pura ou impura, e a relação de subsidiariedade pode ser expressa ou implícita.

Um tipo incriminador encontra-se numa relação de especialidade com outro, quando, assentando e abrangendo a descrição típica base, a ela acrescenta determinadas particularidades, sem, no entanto, a descaracterizar na sua substância. É exemplo do que se deixa dito a relação existente entre o crime de homicídio privilegiado (artigo 135.º, C. P.) e o crime de homicídio (artigo 131.º, C. P.).

Um tipo incriminador encontra-se numa relação de consumpção com outro quando a sua descrição típica abrange e, nessa medida, consome na sua valoração, a descrição típica de outro tipo.

É exemplo de consumpção, a relação que existe entre o crime de furto qualificado da alínea *f)* do n.º 1 do artigo 204.º, C. P., e o crime de violação de domicílio (artigo 190.º, C. P.).

A descrição típica abrangida pelo tipo mais amplo pode reportar-se a factos anteriores, a factos concomitantes ou a factos posteriores.

Por via de regra, à descrição típica mais abrangente corresponde uma pena mais grave – quando assim acontece, existe uma relação de consumpção pura (v. exemplo anterior); é possível, porém, a configuração de casos em que à descrição típica mais abrangente corresponda uma pena menos grave do que a que corresponde ao tipo consumido – existe nestas situações uma relação de consumpção impura, o que corresponderá, em princípio, a uma deficiente técnica legislativa.

Um tipo incriminador encontra-se numa relação de subsidiariedade com outro, quando a sua aplicação é condicionada à não aplicação de uma qualquer outra norma incriminadora. É exemplo de subsidiariedade a relação existente entre o crime de intervenções e tratamentos médico--cirúrgicos previsto no n.º 2 do artigo 150.º, C. P., e os crimes aplicáveis que prevejam pena mais grave (nomeadamente crimes de ofensas à integridade física).

Quando o próprio preceito consagra expressamente tal condição (com fórmulas próximas da seguinte: "[...] se pena mais grave não couber por força de outra disposição legal"), trata-se de uma relação de subsidiariedade expressa. Quando não existe uma qualquer fórmula expressa no preceito penal, mas a relação de subsidiariedade é identificável por via da interpretação jurídica, trata-se de uma relação de

subsidiariedade implícita (v., por exemplo, a relação que existe entre as regras da cumplicidade – artigo 27.º, C. P. –, e as regras relativas à autoria – artigo 26.º, C. P.).
V. *Concurso; Tipo; Pena; Interpretação da lei; Homicídio; Homicídio privilegiado; Ofensas à integridade física; Intervenções e tratamentos médico-cirúrgicos arbitrários; Interpretação; Cumplicidade; Autoria.*

Concurso de pessoas (Dir. Penal) – V. *Comparticipação.*

Concurso de riscos (Dir. Penal) – Situação em que vários riscos concorrem para a produção do evento.
Há imputação objectiva relativamente à acção dos agentes que desencadearam os riscos que efectivamente se concretizaram no resultado.
Assim, se duas pessoas, cada uma delas sem conhecimento da acção da outra, disparam contra a mesma vítima e ambas acertam mortalmente, ambas serão responsabilizadas pelo homicídio.
V. *Imputação objectiva; Homicídio.*

Concurso efectivo (Dir. Penal) – V. *Concurso de crimes.*

Concurso heterogéneo (Dir. Penal) – Modalidade de concurso de crimes na qual os crimes que integram o concurso correspondem a diversos tipos.
Numa outra formulação, o concurso heterogéneo existe quando os crimes que integram o concurso são crimes que protegem bens jurídicos diferentes. Assim, há concurso heterogéneo se o mesmo agente pratica, por exemplo, um crime de furto e um homicídio.
A classificação assenta num critério de distinção que contrapõe ao concurso heterogéneo o concurso homogéneo.
V. *Crime; Concurso de crimes; Concurso homogéneo; Furto; Homicídio; Bem jurídico.*

Concurso homogéneo (Dir. Penal) – Modalidade de concurso de crimes na qual o concurso é integrado pelo mesmo tipo de crime.
A classificação assenta num critério que contrapõe ao concurso homogéneo o concurso heterogéneo.

V. *Crime; Concurso de crimes; Concurso heterogéneo; Tipo.*

Concurso ideal (Dir. Penal) – Modalidade de concurso de crimes na qual a conduta do agente é apenas uma.
Trata-se de uma conduta que preenche várias vezes o mesmo tipo de crime ou que preenche vários tipos de crime (artigo 30.º, n.º 1, C. P.).
Assim, há concurso ideal, por exemplo, no caso em que o agente faz explodir uma bomba que causa vários homicídios e danos diversos. A conduta foi uma (premir o botão, por hipótese), mas os crimes praticados foram vários (diversos homicídios e diversos crimes de dano).
V. *Concurso de crimes; Crime; Agente; Crime; Homicídio; Crime de dano.*

Concurso real (Dir. Penal) – Modalidade de concurso de crimes na qual o agente pratica várias acções que preenchem os vários tipos de crime em concurso ou várias vezes o mesmo tipo de crime (artigo 30.º, n.º 1, C. P.).
Assim, há concurso real, por exemplo, se um agente disparar sete tiros matando sete pessoas (uma pessoa com cada tiro disparado).
V. *Crime; Agente; Concurso de crimes.*

Concurso verdadeiro (Dir. Penal) – V. *Concurso de crimes.*

Concussão (Dir. Penal) – Crime previsto no artigo 379.º, C. P., que ocorre quando um funcionário, no exercício das suas funções ou de poderes de facto delas decorrentes, por si ou por interposta pessoa com o seu consentimento ou ratificação, recebe, para si, para o Estado ou para terceiro, mediante indução em erro ou aproveitamento de erro da vítima, vantagem patrimonial que lhe não é devida, ou superior à devida, nomeadamente contribuição, taxa, emolumento, multa ou coima.
O artigo 379.º, n.º 2, C. P., consagra uma agravação para os casos em que o facto é praticado por meio de violência ou ameaça com mal importante, encontrando-se a norma incriminadora numa relação de subsidiariedade expressa com outros tipos

incriminadores aplicáveis ao caso que consagrem pena mais grave (ou seja, só se aplica se não for aplicável norma que consagre pena mais grave).

V. *Crime; Funcionário; Agravação; Erro; Ameaça; Concurso de normas; Consentimento; Coima; Multa; Vítima.*

Condenação (Dir. Penal) – V. *Sentença; Sentença condenatória.*

Condições de procedibilidade (Proc. Penal) – Circunstâncias de natureza vária, normalmente processuais, que têm de se verificar para que o processo se inicie e siga os seus termos (por exemplo, a apresentação de queixa).

As condições de procedibilidade são condicionantes do exercício do poder punitivo, na medida em que podem impedir que o procedimento pelo crime se instaure ou conclua, podendo impedir também a efectivação da responsabilidade e, por isso, enquanto impedimentos definitivos do procedimento, são também causas extintivas da responsabilidade.

V. *Processo; Queixa; Crime; Extinção do procedimento criminal.*

Condições de punibilidade (Dir. Penal) – V. *Condições objectivas de punibilidade; Punibilidade.*

Condições objectivas de punibilidade (Dir. Penal) – Circunstâncias relativas ao facto das quais depende a aplicação de uma pena.

A previsão de condições objectivas de punibilidade decorre da avaliação da adequação, da proporcionalidade e da necessidade da punição, em face da dignidade punitiva do facto.

Não estão em causa a tipicidade, a ilicitude ou a própria culpa do agente, mas sim a ponderação das finalidades relativas à punição que o facto concreto reclama.

V. *Punibilidade; Pena; Tipo; Ilicitude; Culpa; Agente; Fins das penas.*

Condições subjectivas de punibilidade (Dir. Penal) – Expressão que pode ser utilizada para referir circunstâncias que impedem que a um determinado sujeito seja aplicada uma pena, circunstâncias que têm que ver com o estatuto do sujeito do crime.

Porque muitos destes casos (por exemplo, imunidades) não têm que ver com os critérios subjacentes à categoria da punibilidade, a expressão não tem utilização corrente.

V. *Imunidade; Punibilidade; Pena.*

"Conditio sine qua non" (Dir. Penal) – V. *Teoria da equivalência das condições.*

Condução de veículo em estado de embriaguez ou sob a influência de estupefacientes ou substâncias psicotrópicas (Dir. Penal) – Crime previsto no artigo 292.º, C. P., que ocorre quando alguém, pelo menos por negligência, conduz veículo, com ou sem motor, em via pública ou equiparada, com uma taxa de álcool no sangue igual ou superior a 1,2g/l.

O crime encontra-se numa relação de subsidiariedade expressa com outros tipos aplicáveis que prevejam pena mais grave.

É também punido quem, pelo menos por negligência, conduzir veículo, com ou sem motor, em via pública ou equiparada, não estando em condições de o fazer com segurança, por se encontrar sob influência de estupefacientes, substâncias psicotrópicas ou produtos com efeito análogo perturbadores da aptidão física, mental ou psicológica.

V. artigos 152.º a 158.º do Código da Estrada, aprovado pelo Decreto-Lei n.º 114/94, de 3 de Maio, revisto e republicado pelo Decreto/Lei n.º 44/2005, de 23 de Fevereiro, referentes ao processo de fiscalização da condução sob o efeito do álcool ou de outras substâncias.

V. o Acórdão do Supremo Tribunal de Justiça n.º 15/96, de 7 de Novembro, publicado no *Diário da República*, I-A série, de 4 de Dezembro de 1996, que entendeu: "Os artigos 2.º e 4.º do Decreto-Lei n.º 124/90, de 14 de Abril, que punem como crime a condução sob o efeito do álcool com uma TAS igual ou superior a 1,2 g/l, não foram revogados pelo artigo 2.º do Decreto-Lei n.º 114/94, de 3 de Maio, pelo que aquela conduta não pode considerar-se descriminalizada até à entrada em vigor do Decreto-Lei n.º 48/95, de 15 de Março, que reviu e aprovou o actual Código Penal".

V. também o Assento n.º 5/99, de 17 de Junho, publicado no *Diário da República*, I-A série, de 20 de Julho de 1999, que decidiu: "O agente do crime de condução em estado de embriaguez, previsto e punido pelo artigo 292.º do Código Penal, deve ser sancionado, a título de pena acessória, com a proibição de conduzir prevista no artigo 69.º, n.º 1, alínea *a*), do Código Penal".

Decidiu o Acórdão do Supremo Tribunal de Justiça n.º 7/2008, publicado no *Diário da República*, I Série, de 30 de Julho: "Em processo por crime de condução perigosa de veículo ou por crime de condução de veículo em estado de embriaguez ou sob a influência de estupefacientes ou substâncias psicotrópicas, não constando da acusação ou da pronúncia a indicação, entre as disposições legais aplicáveis, do n.º 1 do artigo 69.º do Código Penal, não pode ser aplicada a pena acessória de proibição de conduzir ali prevista, sem que ao arguido seja comunicada, nos termos dos n.ºs 1 e 3 do artigo 358.º do Código de Processo Penal, a alteração da qualificação jurídica dos factos daí resultante, sob pena de a sentença incorrer na nulidade prevista na alínea *b*) do n.º 1 do artigo 379.º deste último diploma legal".

V. *Crime; Negligência; Concurso de normas; Tipo; Pena; Estupefaciente; Substância psicotrópica; Descriminalização; Pena acessória; Negligência.*

Condução perigosa de meio de transporte por ar, água ou caminho de ferro (Dir. Penal) – Crime previsto no artigo 289.º, C. P., que ocorre quando alguém conduz veículo destinado a transporte por ar, água ou caminho de ferro, não estando em condições para o fazer com segurança ou violando grosseiramente as regras de condução, e cria desse modo perigo para a vida ou para a integridade física de outrem ou para bens patrimoniais alheios de valor elevado.

A negligência é punida, nos termos dos n.ºs 2 e 3 do artigo 289.º. O n.º 2 prevê as situações em que o perigo é criado negligentemente e o n.º 3 aquelas em que a conduta que produz o perigo é negligente.

V. *Crime; Integridade física; Valor elevado; Negligência.*

Condução perigosa de veículo rodoviário (Dir. Penal) – Crime previsto no artigo 291.º, C. P., que se traduz na condução de veículo rodoviário não estando em condições de o fazer com segurança ou em violação grosseira das regras de circulação rodoviária, com criação de perigo para a vida ou integridade física de outrem ou para bens patrimoniais alheios de valor elevado.

V. Acórdão do Supremo Tribunal de Justiça n.º 7/2008, publicado no *Diário da República*, I Série, de 30 de Julho: "Em processo por crime de condução perigosa de veículo ou por crime de condução de veículo em estado de embriaguez ou sob a influência de estupefacientes ou substâncias psicotrópicas, não constando da acusação ou da pronúncia a indicação, entre as disposições legais aplicáveis, do n.º 1 do artigo 69.º do Código Penal, não pode ser aplicada a pena acessória de proibição de conduzir ali prevista, sem que ao arguido seja comunicada, nos termos dos n.ºs 1 e 3 do artigo 358.º do Código de Processo Penal, a alteração da qualificação jurídica dos factos daí resultante, sob pena de a sentença incorrer na nulidade prevista na alínea *b*) do n.º 1 do artigo 379.º deste último diploma legal".

V. *Crime; Integridade física; Valor elevado.*

Conexão (competência por) (Proc. Penal) – Diz-se que há competência por conexão de processos quando:

a) o mesmo agente tiver cometido vários crimes através da mesma acção ou omissão;

b) o mesmo agente tiver cometido vários crimes, na mesma ocasião ou lugar, sendo uns causa ou efeito dos outros, ou destinando-se uns a continuar ou a ocultar os outros;

c) o mesmo crime tiver sido cometido por vários agentes em comparticipação;

d) vários agentes tiverem cometido diversos crimes em comparticipação, na mesma ocasião ou lugar, sendo uns causa ou efeitos dos outros, ou destinando-se uns a continuar ou a ocultar os outros;

e) ou vários agentes tiverem cometido diversos crimes reciprocamente na mesma ocasião ou lugar".

V. artigo 25.º, C. P. P..

Há ainda conexão de processos quando o mesmo agente tiver cometido vários crimes cujo conhecimento seja da competência de tribunais com sede na mesma comarca – artigo 26.º, C. P. P..

Para que se opere a conexão de processos, é necessário que estes se encontrem na mesma fase processual, seja ela a instrução, o inquérito ou o julgamento.

Nos termos do artigo 26.º, C. P. P., a conexão não opera entre processos que sejam e processos que não sejam da competência de tribunais de menores.

V. artigos 24.º a 31.º, C. P. P..

V. *Competência; Processo; Agente; Crime; Acção; Omissão; Causalidade; Comparticipação; Comarca; Instrução; Inquérito; Julgamento; Tribunal de menores.*

Conferência (Proc. Penal) – Designa-se, por vezes, assim a reunião do tribunal colectivo para decidir de qualquer questão relativa ao processo que imponha a intervenção de todos os juízes.

V. *Tribunal colectivo.*

Confiança de menor – O artigo 1978.º, n.º 1, do Código Civil, na redacção que lhe foi dada pelo Decreto-Lei n.º 120/98, de 8 de Maio, e pela Lei n.º 31/2003, de 22 de Agosto, estabelece que, "com vista a futura adopção, o tribunal pode confiar o menor a casal, a pessoa singular ou a instituição quando não existam ou se encontrem seriamente comprometidos os vínculos afectivos próprios da filiação, pela verificação objectiva de qualquer das situações seguintes: *a)* Se o menor for filho de pais incógnitos ou falecidos; *b)* Se tiver havido consentimento prévio para a adopção; *c)* Se os pais tiverem abandonado o menor; *d)* Se os pais, por acção ou omissão, mesmo que por manifesta incapacidade devida a razões de doença mental, puserem em perigo grave a segurança, a saúde, a formação, a educação ou o desenvolvimento do menor; *e)* Se os pais do menor acolhido por um particular ou por uma instituição tiverem revelado manifesto desinteresse pelo filho, em termos de comprometer seriamente a qualidade e a continuidade daqueles vínculos, durante, pelo menos, os três meses [eram seis meses na versão anterior da lei] que precederam o pedido de confiança". O n.º 3 da mesma disposição dispõe que se considera "que o menor se encontra em perigo quando se verificar alguma das situações assim qualificadas pela legislação relativa à protecção e à promoção dos direitos dos menores", dizendo o n.º 5 que "têm legitimidade para requerer a confiança judicial do menor o Ministério Público, o organismo de segurança social da área da residência do menor, a pessoa a quem o menor tenha sido administrativamente confiado e o director do estabelecimento público ou a direcção da instituição particular que o tenha acolhido", e acrescentando o n.º 6 que "têm ainda legitimidade para requerer a confiança judicial do menor: *a)* O candidato a adoptante seleccionado pelos serviços competentes, quando, por virtude de anterior decisão judicial, tenha o menor a seu cargo; *b)* O candidato a adoptante seleccionado pelos serviços competentes, quando, tendo o menor a seu cargo e reunidas as condições para a atribuição da confiança administrativa, o organismo de segurança social não decida pela confirmação da permanência do menor, depois de efectuado o estudo da pretensão para a adopção ou decorrido o prazo para esse efeito".

O tribunal competente para decidir da confiança judicial do menor com vista à adopção é o tribunal de família – artigo 146.º-*c)* do Decreto-Lei n.º 314/78, de 27 de Outubro (O. T. M.); nos termos do artigo 149.º do mesmo diploma, na redacção da Lei n.º 133/99, de 28 de Agosto, "fora das áreas abrangidas pela jurisdição dos tribunais de família e de menores, cabe ao tribunal da respectiva comarca conhecer das causas que àqueles estão atribuídas", constituindo-se então o tribunal em tribunal de família e de menores.

O artigo 8.º do Decreto-Lei n.º 185/93, de 22 de Maio (rectificado pela Declaração de rectificação n.º 103/93, de 28 de Junho), na redacção da já citada Lei n.º 31/2003, dispõe que "o candidato a adoptante só pode tomar menor a seu cargo, com vista a futura adopção, mediante confiança administrativa, confiança judicial ou medida de promoção e protecção de confiança a pessoa seleccionada para a adopção", resultando a primeira "de decisão que entregue o menor, com idade superior a seis sema-

nas, ao candidato a adoptante ou confirme a permanência de menor a seu cargo", só podendo "ser atribuída se, após audição do representante legal e de quem tiver a guarda de direito e de facto do menor e, ainda, do menor com idade superior a 12 anos, resultar, inequivocamente, que estes não se opõem a tal decisão"; estando pendente processo de promoção e protecção ou tutelar cível, é ainda necessário que o tribunal considere que a confiança administrativa corresponde ao interesse do menor".
"Requerida a confiança judicial do menor, são citados para contestar, salvo se tiverem prestado consentimento prévio, os pais e, sendo caso disso, os parentes ou o tutor referidos no artigo 1981.º do Código Civil e o Ministério Público, quando não for o requerente", não sendo, em princípio, a confiança decidida sem prévia audição do organismo de segurança social da área da residência do menor; "o processo de confiança judicial é apensado ao processo de adopção". "Na sentença que decida a confiança judicial, o tribunal designa curador provisório ao menor, o qual exercerá funções até ser decretada a adopção ou instituída a tutela", sendo curador provisório a pessoa a quem o menor tenha sido confiado e, no caso de confiança a instituição, de preferência aquela que com ele tenha um contacto mais directo (artigos 164.º, 165.º e 167.º, antiga O. T. M., na redacção do referido DL n.º 120/98 e da Lei n.º 31/2003).

O artigo 9.º do DL n.º 185/93, sempre na redacção da Lei n.º 31/2003, enuncia os termos do processo a seguir, nos serviços de segurança social, após o estabelecimento da confiança administrativa, judicial ou a pessoa seleccionada do menor com vista à sua adopção.

O artigo 35.º, n.º 1-c), da Lei n.º 147/99, de 1 de Setembro, alterada pela Lei n.º 31/2003, prevê como medida de protecção de crianças e jovens em perigo a confiança a pessoa idónea. Esta "consiste na colocação da criança ou do jovem sob a guarda de uma pessoa que, não pertencendo à sua família, com eles tenha estabelecido relação de afinidade recíproca" (artigo 43.º do mesmo diploma).

O artigo 35.º, n.º 1, prevê ainda na alínea g), aditada pela referida Lei n.º 31/2003, a "confiança a pessoa seleccionada para a adopção ou a instituição com vista a futura adopção", que consiste: "*a)* Na colocação da criança ou do jovem sob a guarda de candidato seleccionado para a adopção pelo competente organismo de segurança social; *b)* Ou na colocação da criança ou do jovem sob a guarda de instituição com vista a futura adopção".

O artigo 1978.º-A, aditado ao Código Civil pela Lei n.º 31/2003, dispõe que, "decretada a confiança judicial do menor ou a medida de promoção e protecção de confiança a pessoa seleccionada para a adopção ou a instituição com vista a futura adopção, ficam os pais inibidos do exercício do poder paternal".

V. *Menor; Adopção; Pessoa singular; Legitimidade; Ministério Público; Tribunal de menores; Tribunal de comarca; Consentimento; Representação; Parentesco; Sentença; Incidente; Protecção de crianças e jovens em perigo; Poder paternal.*

Confirmação de sentença estrangeira (Proc. Penal) – A revisão e confirmação de sentença estrangeira – necessárias para que aquela produza efeitos, diversos dos probatórios, em Portugal – são realizadas pela "[...] Relação do distrito judicial em que esteja domiciliada a pessoa contra quem se pretende fazer valer a sentença" – artigo 1095.º do Código de Processo Civil.

O artigo 1096.º do Código de Processo Civil enuncia os requisitos da sentença estrangeira, necessários para que haja confirmação; são eles:

"*a)* Que não haja dúvidas sobre a autenticidade do documento de que conste a sentença nem sobre a inteligência da decisão;

b) Que tenha transitado em julgado segundo a lei do país em que foi proferida;

c) Que provenha de tribunal estrangeiro cuja competência não tenha sido provocada em fraude à lei e não verse sobre matéria da exclusiva competência dos tribunais portugueses;

d) Que não possa invocar-se a excepção de litispendência ou de caso julgado com fundamento em causa afecta a tribunal português, excepto se foi o tribunal estrangeiro que preveniu a jurisdição;

e) Que o réu tenha sido devidamente citado para a acção, nos termos da lei do país do tribunal de origem, e que no processo hajam sido observados os princípios do contraditório e da igualdade das partes;

f) Que não contenha decisão cujo reconhecimento conduza a um resultado manifestamente incompatível com os princípios da ordem pública internacional do Estado Português".

Nos casos das alíneas *a)* e *f)*, o tribunal tem de oficiosamente verificar o preenchimento dos requisitos, mas já quanto àqueles que constam das restantes alíneas, não está obrigado a investigar da sua verificação, devendo o requerido deduzir a sua oposição e provar a procedência desta; no entanto, também nestes casos, se o exame do processo ou o conhecimento derivados do exercício das suas funções levarem o tribunal a constatar a falta de qualquer deles, deverá negar a confirmação.

Da decisão da Relação, que confirme ou negue a confirmação, cabe recurso de revista e, caso a Relação não decida sobre o mérito, caberá recurso de agravo.

V. artigos 1094.º a 1102.º do Código de Processo Civil.

V. o Acordo de Cooperação Jurídica e Judiciária entre a República Portuguesa e a República de Angola, assinado em Luanda em 30 de Agosto de 1995, aprovado, para ratificação, pela Resolução da Assembleia da República n.º 11/97, de 4 de Março, e ratificado pelo Decreto do Presidente da República n.º 9/97, da mesma data.

V. também o Acordo entre a República Portuguesa e o Reino de Espanha Relativo à Cooperação Judiciária em Matéria Penal e Civil, assinado em Madrid a 19 de Novembro de 1997 e aprovado, para ratificação, pelo Decreto n.º 14/98, de 27 de Maio.

V. *Sentença; Tribunal da Relação; Recurso; Documento; Trânsito em julgado; Competência; Litispendência; Caso julgado; Princípio da igualdade de armas; Princípio do contraditório; Conhecimento oficioso; Recurso; Citação; Recurso de revista; Recurso de agravo; Cooperação judiciária internacional.*

Confissão (Proc. Penal) – Declaração produzida pelo arguido na qual este admite (confessa) a prática dos factos que lhe são imputados.

Para não ser ferida de nulidade, a confissão deve ser produzida de livre vontade e fora de qualquer coacção.

A lei prevê, nos termos do artigo 344.º, C. P. P., a confissão integral e sem reservas, e a confissão parcial e com reservas.

V. *Arguido; Facto; Nulidade; Coacção; Confissão integral; Confissão parcial.*

Confissão com reservas (Proc. Penal) – V. *Confissão parcial.*

Confissão integral (Proc. Penal) – Confissão integral ou sem reservas é a declaração feita pelo arguido quando pretende confessar os factos que lhe são imputados.

Neste caso, "o presidente, sob pena de nulidade, pergunta-lhe se o faz de livre vontade e fora de qualquer coacção".

Implica a "renúncia à produção de prova relativa aos factos que são imputados ao arguido e consideração daqueles como provados; passa-se de imediato às alegações orais e, se o arguido não dever ser absolvido por outros motivos, à determinação da sanção aplicável, devendo a taxa de justiça ser reduzida a metade".

V. artigo 344.º, C. P. P..

V. *Confissão; Prova; Facto; Arguido; Juiz presidente; Nulidade; Coacção; Alegações orais; Absolvição; Sanção; Taxa de justiça; Confissão parcial.*

Confissão parcial (Proc. Penal) – Confissão parcial ou com reservas é a declaração do arguido em que não é feita a confissão integral dos factos que lhe são imputados, com a consequência de o tribunal decidir, em sua livre convicção, se deve ter lugar, e em que medida, quanto aos factos confessados, a produção de prova.

V. artigo 344.º, C. P. P..

V. *Confissão; Arguido; Facto; Tribunal; Prova; Confissão integral.*

Confissão sem reservas (Proc. Penal) – V. *Confissão integral.*

Confisco (Dir. Penal) – Apreensão de bens com natureza sancionatória.

Conflito armado de carácter internacional (Dir. Penal) – De acordo com o artigo 2.º-*a)* da Lei n.º 31/2004, de 22 de Julho, relativa às violações do direito internacional humanitário, conflito armado de carácter internacional é aquele que "ocorre entre Estados, mesmo sem uma declaração formal de guerra, ainda que o estado de guerra não seja reconhecido por um deles".

Conflito armado de carácter internacional corresponde também "a uma situação de ocupação total ou parcial do território de um Estado, mesmo que essa ocupação não encontre qualquer resistência militar".

Por último, conflito armado de carácter internacional é ainda aquele que "se subsume a uma situação em que os povos lutam contra a dominação colonial, a ocupação estrangeira e contra os regimes de segregação, no exercício do direito dos povos à autodeterminação, consagrado na Carta das Nações Unidas e na declaração relativa aos princípios do direito internacional no que diz respeito às relações amigáveis e à cooperação entre os Estados" (artigo 2.º-a), da Lei n.º 31/2004, de 22 de Julho).

O Decreto do Presidente da República n.º 13/2000, de 30 de Março, ratifica a Convenção para a Protecção dos Bens Culturais em Caso de Conflito Armado, adoptada na Haia em 14 de Maio de 1954 e aprovada, para ratificação, pela Resolução da Assembleia da República n.º 26/2000, em 2 de Dezembro de 1999; o Primeiro Protocolo a esta Convenção foi aprovado, para ratificação, pela Resolução da Assembleia da República n.º 4/2005, de 14 de Fevereiro, e ratificado pelo Decreto do Presidente da República n.º 9/2005, da mesma data; o Aviso n.º 228/2005, de 23 de Maio, tornou público que Portugal depositou o instrumento de adesão a este Protocolo em 18 de Fevereiro de 2005.

V. *Conflito armado de carácter não internacional; Direito internacional humanitário.*

Conflito armado de carácter não internacional (Dir. Penal) – De acordo com o artigo 2.º-b) da Lei n.º 31/2004, de 22 de Julho, relativa às violações do direito internacional humanitário, conflito armado de carácter não internacional é "aquele que se desenrola no território de um Estado, se reveste de carácter prolongado e opõe as autoridades governamentais e grupos armados organizados ou estes grupos entre si, com excepção das situações de distúrbio e de tensão internas, tais como actos de violência esporádicos, isolados ou de carácter semelhante".

A Convenção para a Protecção dos Bens Culturais em Caso de Conflito Armado, adoptada na Haia em 14 de Maio de 1954, foi aprovada, para ratificação, pela Resolução da Assembleia da República n.º 26/2000, em 2 de Dezembro de 1999, e ratificada pelo Decreto do Presidente da República n.º 13/2000, de 30 de Março; o Primeiro Protocolo a esta Convenção foi aprovado, para ratificação, pela Resolução da Assembleia da República n.º 4/2005, de 14 de Fevereiro, e ratificado pelo Decreto do Presidente da República n.º 9/2005, da mesma data; o Aviso n.º 228/2005, de 23 de Maio, tornou público que Portugal depositou o instrumento de adesão a este Protocolo em 18 de Fevereiro de 2005.

V. *Conflito armado de carácter internacional; Direito internacional humanitário.*

Conflito de competência (Proc. Penal) – Situação processual que ocorre quando, em qualquer estado do processo, dois ou mais tribunais, de diferente ou da mesma espécie, se considerarem competentes (conflito positivo) ou incompetentes (conflito negativo) para conhecer do mesmo crime, imputado ao mesmo arguido.

O conflito cessa logo que um dos tribunais se declarar, mesmo oficiosamente, incompetente ou competente, segundo o caso.

Logo que se aperceber do conflito, o tribunal suscita-o junto do órgão competente para o decidir; o conflito pode também ser suscitado pelo Ministério Público, pelo arguido ou pelo assistente mediante requerimento dirigido ao órgão competente para a resolução.

V. artigos 34.º e 35.º, C. P. P..

V. *Processo; Tribunal; Competência; Incompetência; Crime; Arguido; Ministério Público; Assistente; Requerimento.*

Conflito de deveres (Dir. Penal) – De acordo com o artigo 36.º, C. P., não é ilícito o facto de quem, em caso de conflito no cumprimento de deveres jurídicos ou de ordens legítimas da autoridade, satisfizer dever ou ordem de valor igual ou superior ao do dever ou ordem que sacrificar.

O critério subjacente à escolha do dever conflituante que é cumprido é irrelevante, ou seja, existindo um conflito de deveres, não importa saber qual o fundamento do agente para cumprir um dos deveres conflituantes, desde que cumpra dever de valor igual ou superior ao do dever ou ordem que sacrifica. Assim, por exemplo, o médico, que tem de tratar de dois pacientes em igualdade de circunstâncias, tem a possibilidade de escolher o paciente que vai tratar.

A doutrina considera que entre um dever de acção e um dever de omissão não existe conflito, uma vez que o dever de omissão prevalece sobre o de acção. Assim, por exemplo, o agulheiro dos caminhos de ferro não poderia desviar a linha do comboio que vai matar 10 pessoas para uma linha na qual só mataria 1 pessoa, já que, relativamente a essa pessoa, impende sobre ele um dever de omissão.

V. *Causas de justificação; Ilicitude; Obediência hierárquica; Obediência indevida desculpante; Direito de resistência.*

Conhecimento oficioso – Há casos em que determinados factos e seus efeitos jurídicos devem ser conhecidos por iniciativa do tribunal, independentemente de os sujeitos no processo os invocarem.

Quando nos encontramos perante a situação de a lei determinar que o tribunal tem o dever de conhecer, por ofício, qualquer facto, diz-se que ele é de conhecimento oficioso do tribunal.

V. *Tribunal; Facto; Processo.*

Conhecimento público da condenação (Dir. Penal) – Em determinados casos, previstos legalmente (por exemplo, artigo 34.º da Lei n.º 2/99, de 13 de Janeiro – Lei de Imprensa; ou artigo 627.º, n.º 1-*c*), do Código do Trabalho), o tribunal pode ordenar o conhecimento público da condenação, tanto no âmbito criminal como no âmbito do ilícito de mera ordenação social.

V. *Sentença; Sentença condenatória; Crime; Ilícito de mera ordenação social.*

Conhecimento superveniente do concurso (Dir. Penal) – Nos termos do artigo 78.º, C. P., se, após de uma condenação transitada em julgado, mas antes de a respectiva pena estar cumprida, prescrita ou extinta, se mostrar que o agente praticou, anteriormente àquela condenação, outro ou outros crimes, são aplicáveis as regras de punição do concurso de crimes.

Tais regras são apenas aplicáveis nos casos em que os crimes foram objecto de condenações transitadas em julgado.

V. *Trânsito em julgado; Sentença condenatória; Pena; Extinção da pena; Prescrição da pena; Crime; Concurso de crimes.*

Consciência da ilicitude (Dir. Penal) – Conhecimento, por parte do agente, de que o facto que pratica é contrário à ordem jurídica.

O conhecimento exigido não é um conhecimento técnico, mas sim a representação leiga da contrariedade ao direito (valoração paralela na esfera laica do agente).

De acordo com o artigo 17.º, C. P., age sem culpa quem actuar sem consciência da ilicitude do facto, se o erro lhe não for censurável. Se o erro for censurável, o agente é punido com a pena aplicável ao crime doloso respectivo, a qual pode ser especialmente atenuada.

A doutrina tem defendido, como critério de aferição da censurabilidade do erro, a inevitabilidade ou invencibilidade deste. De acordo com tal perspectiva, o erro não é censurável quando for inevitável ou invencível, nomeadamente por o agente ter tomado todas as medidas para se elucidar sobre a valoração legal da situação (por exemplo, solicitou informação a um advogado).

Figueiredo Dias, *O problema da consciência da ilicitude em direito penal*, 4.ª edição, 1995, págs. 339 e segs., sustenta o critério da "rectitude" da consciência errónea. De acordo com esta posição, o erro não é censurável quando não corresponde a uma atitude desvaliosa, ou seja, quando ainda é possível identificar na decisão do agente a prossecução de um determinado valor.

O artigo 9.º do Decreto-Lei n.º 433/82, de 27 de Outubro, consagra regras idênticas no âmbito do ilícito de mera ordenação social.

V. *Ilicitude; Culpa; Dolo; Erro; Atenuação especial da pena; Ilícito de mera ordenação social.*

Conselho Superior da Magistratura –
O artigo 218.º da Constituição da República refere-se ao Conselho Superior da Magistratura como o órgão com competência para a nomeação, colocação, transferência e promoção dos juízes dos tribunais judiciais e para o exercício da acção disciplinar em relação a eles.

Este artigo 218.º enuncia a constituição do Conselho, determinando que, além do seu presidente – que é o presidente do Supremo Tribunal de Justiça –, ele tem dezasseis vogais, dos quais dois são designados pelo Presidente da República (sendo um deles necessariamente magistrado judicial), sete são eleitos pela Assembleia da República e outros sete são "eleitos pelos seus pares, de harmonia com o princípio da representação proporcional".

O Decreto-Lei n.º 926/76, de 31 de Dezembro, instituiu a Lei Orgânica do Conselho Superior da Magistratura, segundo a qual este passou a ser constituído basicamente por magistrados judiciais, com uma única excepção que se traduzia no facto de dele fazerem parte quatro funcionários de justiça, de intervenção restrita às matérias que lhes dissessem directamente respeito, já que os oficiais de justiça se encontravam, então, subordinados à gestão e disciplina do Conselho.

Em 1977, com a Lei n.º 85/77, de 13 de Dezembro, que aprovou o primeiro Estatuto dos Magistrados Judiciais, após a Constituição de 1976, a composição do Conselho Superior da Magistratura, incluindo embora uma maioria de magistrados judiciais, passou a ter uma fórmula mista: juízes e membros estranhos à judicatura (Presidente da República, Provedor da Justiça e quatro personalidades designadas pela Assembleia da Republica) – artigo 140.º do Estatuto dos Magistrados Judiciais.

O Conselho funciona em plenário e em conselho permanente, cabendo na sua competência também a jurisdição sobre os funcionários de justiça.

Ao Presidente do C. S. M. compete representar o Conselho, exercer as funções que lhe foram delegadas pelo Conselho, com a faculdade de as subdelegar no Vice--Presidente, dar posse ao Vice-Presidente, aos Inspectores Judiciais e ao Secretário, dirigir e coordenar os serviços de inspecções bem como exercer as demais funções conferidas na Lei.

Compete ao C. S. M., entre outras funções (artigo 149.º do E. M. J.):

a) nomear, colocar, transferir, promover, exonerar, apreciar o mérito profissional, exercer a acção disciplinar, em geral praticar todos os actos de idêntica natureza respeitantes a magistrados judiciais, sem prejuízo das disposições relativas ao provimento de cargos por via electiva;

b) apreciar o mérito profissional e exercer a acção disciplinar sobre funcionários de justiça sem prejuízo da competência disciplinar atribuída a juízes;

c) emitir parecer sobre diplomas legais relativos à orgânica judiciária e ao estatuto dos magistrados judiciais e, em geral, sobre matérias relativas à administração da justiça;

d) estudar e propor ao Ministro da Justiça providências legislativas com vista à eficiência e ao aperfeiçoamento das instituições judiciárias;

e) elaborar o plano anual de inspecções;

f) ordenar inspecções, sindicâncias e inquéritos aos serviços judiciais;

g) aprovar o regulamento interno de orçamentos relativos ao Conselho;

h) adoptar as providências necessárias à organização e boa execução do processo eleitoral;

i) alterar a distribuição de processos nos tribunais com mais de um juízo, a fim de assegurar a igualação e operacionalidade dos serviços;

j) estabelecer prioridades no processamento de causas que se encontrem pendentes nos tribunais por período considerado excessivo, sem prejuízo dos restantes processos de carácter urgente;

k) fixar o número e composição das secções do Supremo Tribunal de Justiça e dos Tribunais da Relação;

l) exercer as demais funções conferidas na Lei.

V. o Estatuto dos Magistrados Judiciais (Lei n.º 21/85, de 30 de Julho, alterada pelo Decreto-Lei n.º 342/88, de 28 de Setembro, pelas Leis n.ºs 2/90, de 20 de Janeiro, 10/94, de 5 de Maio, 44/96, de 3 de Setembro, 81/98, de 3 de Dezembro, 143/99, de 31 de Agosto, 3-B/2000, de 4 de Abril, e 42/2005, de 29 de Agosto).

V. *Juiz; Tribunal; Supremo Tribunal de Justiça; Magistratura judicial; Funcionário de justiça; Magistrado.*

Conselho Superior do Ministério Público – É o órgão através do qual a Procuradoria-Geral da República exerce a sua competência de disciplina e gestão dos quadros do Ministério Público.

As regras relativas a este Conselho estão consagradas no Estatuto do Ministério Público – Lei n.º 47/86, de 15 de Outubro, com as alterações introduzidas pelas Leis n.ºs 2/90, de 20 de Novembro, 23/92, de 20 de Agosto, 10/94, de 5 de Maio, 60/98, de 27 de Agosto, e 42/2005, de 29 de Agosto.

É composto pelo Procurador-Geral da República, procuradores-gerais adjuntos nos distritos judiciais, um procurador-geral-adjunto, eleito de entre e pelos outros procuradores-gerais-adjuntos, dois procuradores da República eleitos de entre e pelos procuradores da República, quatro delegados do procurador da República também eleitos, e três personalidades de reconhecido mérito, designadas pelo ministro da Justiça. Os membros eleitos exercem os cargos por um período de três anos, não imediatamente renovável.

V. *Ministério Público; Procuradoria-Geral da República; Procurador-geral adjunto; Procurador da República.*

Consentimento (Dir. Penal) – Manifestação de vontade do titular do interesse no sentido da admissão da afectação por terceiro desse interesse.

De acordo com o artigo 38.º, C. P., "o consentimento exclui a ilicitude do facto quando se referir a interesses jurídicos livremente disponíveis e o facto não ofender os bons costumes".

Nos termos do artigo 149.º, C. P., a integridade física considera-se livremente disponível para efeito de consentimento.

Para decidir se a ofensa ao corpo ou à saúde contraria os bons costumes, tomam-se em conta nomeadamente os motivos e os fins do agente ou do ofendido, bem como os meios empregados e a amplitude previsível da ofensa.

O consentimento pode ser expresso por qualquer meio que traduza uma vontade séria, livre e esclarecida do titular do interesse juridicamente protegido, e pode ser livremente revogado até à execução do facto.

O consentimento só é eficaz se for prestado por quem tiver mais de 14 anos e dispuser do discernimento necessário para avaliar o seu sentido e alcance no momento em que o presta.

Se o consentimento não for conhecido do agente, este é punível com a pena aplicável à tentativa.

Em algumas normas incriminadoras, a vontade do titular dos bens em causa constitui elemento do tipo, ou seja, é prevista no tipo incriminador como elemento do crime (v. artigos 156.º, n.º 1 – intervenções e tratamentos médico-cirúrgicos arbitrários –, e 190.º, n.º 1 – violação de domicílio –, ambos do Código Penal).

A doutrina estabelece uma distinção entre consentimento e acordo, em função de a vontade do titular do bem jurídico ser relevante em sede de tipicidade (fundamentando aqui o acordo a exclusão do tipo) ou em sede de ilicitude (consistindo então o consentimento uma causa de justificação), o que origina a referência a um "paradigma dualista" (cfr. Manuel da Costa Andrade, *Consentimento e Acordo em Direito Penal*, Coimbra Editora, 1990; v. também Jorge de Figueiredo Dias, *Direito Penal, Parte Geral, Tomo I, Questões Fundamentais, A Doutrina Geral do crime*, Coimbra Editora, 2004, págs. 442 e segs.)

V. *Consentimento presumido; Ilicitude; Agente; Ofendido; Bem jurídico; Elementos objectivos do tipo; Integridade física; Violação de domicílio; Tentativa; Tipo.*

Consentimento presumido (Dir. Penal) – De acordo com o artigo 39.º, n.º 2, C. P., "há consentimento presumido quando a situação em que o agente actua permitir supor que o titular do interesse juridicamente protegido teria eficazmente consentido no facto, se conhecesse as circunstâncias em que este é praticado".

Consubstancia, por exemplo, uma situação de consentimento presumido aquela em que alguém, para se certificar de que não existe uma inundação na casa do vizinho que se encontra de férias, e na impossibilidade de o contactar, parte um vidro de uma janela, para se introduzir no

interior da casa, praticando o inerente crime de dano.
De acordo com o n.º 1 do artigo 39.º, o consentimento presumido é equiparado ao consentimento efectivo.
V. *Consentimento; Agente; Crime de dano.*

Conservação, fomento e exploração dos recursos cinegéticos (Dir. Penal) – O regime jurídico da conservação, fomento e exploração dos recursos cinegéticos foi regulado pelo Decreto-Lei n.º 202/2004, de 18 de Agosto, com vista a proceder a alterações que permitam um melhor "enquadramento da actividade cinegética, [...] assegurando uma maior justiça, transparência e rigor em matéria de caça, com vista à gestão sustentável destes recursos naturais".
Com este diploma foram criadas determinadas zonas de caça: zonas de caça nacionais e municipais, zonas de caça associativa e turística. Além desta demarcação, foram criados também os terrenos classificados como não cinegéticos e de caça condicionada – v. artigos 9.º, 14.º e segs. e 30.º. Estabeleceram-se, igualmente, os requisitos para o exercício da caça – artigos 63.º e 76.º; e regulou-se a emissão da carta de caçador – artigo 66.º do referido diploma legal.
V. *Exercício da caça; Carta de caçador.*

Constituição da República Portuguesa – Lei Fundamental ou diploma básico do nosso sistema jurídico, na medida em que assegura o primado do Estado de Direito e encerra todos os princípios fundamentais a que a democracia deve obedecer, além de garantir os direitos fundamentais dos cidadãos, a divisão de poderes entre os vários órgãos constitucionais e de estabelecer os princípios basilares da democracia.
A Constituição da República Portuguesa divide-se em quatro partes:
1.ª) direitos e deveres fundamentais;
2.ª) organização económica;
3.ª) organização do poder político, e
4.ª) garantia e revisão da (própria) Constituição.
V. *Tribunal Constitucional; Inconstitucionalidade.*

Constituição de arguido (Proc. Penal) – É obrigatória a constituição de arguido, nos termos do disposto no artigo 58.º, n.º 1, C. P. P., quando:
a) correndo inquérito contra pessoa determinada, em relação à qual haja suspeita fundada da prática de crime, esta prestar declarações perante qualquer autoridade judiciária ou órgão de polícia criminal;
b) tenha de ser aplicada a qualquer pessoa uma medida de coacção ou garantia patrimonial;
c) um suspeito foi detido (nos termos e para os efeitos previstos nos artigos 254.º a 261.º, C. P. P.);
d) tenha sido levantado auto de notícia que dê uma pessoa como agente de um crime e aquele lhe for comunicado, salvo se a notícia for manifestamente infundada.
A constituição de arguido realiza-se através da "comunicação, oral ou por escrito, feita ao visado por uma autoridade judiciária ou um órgão de polícia criminal, de que a partir desse momento aquele deve considerar-se arguido num processo penal, e da indicação e, se necessário, explicação, dos direitos e deveres processuais" que passem a caber-lhe.
A constituição de arguido feita por órgão de polícia criminal é comunicada à autoridade judiciária no prazo de dez dias e por esta apreciada em ordem à sua validação, no prazo de dez dias.
A constituição como arguido implica a entrega de documento de que constem a identificação do processo e do defensor, se este tiver sido nomeado, e os direitos e deveres processuais que lhe caibam, pois, como refere o artigo 60.º, C. P. P., "desde o momento em que uma pessoa adquirir a qualidade de arguido é-lhe assegurado o exercício de direitos e deveres processuais, sem prejuízo da aplicação de medidas de coacção e de garantia patrimonial e da efectivação de diligências probatórias [...]".
Nos termos do n.º 5 do mesmo artigo, "a omissão ou violação das formalidades" referidas "implica que as declarações prestadas pela pessoa visada não possam ser utilizadas como prova". A não validação da constituição de arguido pela autoridade judiciária não prejudica as provas anteriormente obtidas.
V. artigos 57.º, 58.º e 59.º, C. P. P..

V. *Arguido; Inquérito; Autoridade judiciária; Órgão de polícia criminal; Medidas de coacção; Medidas de garantia patrimonial; Auto de notícia; Crime; Prova; Documento; Defensor; Processo Penal; Detenção; Detenção em flagrante delito; Detenção fora de flagrante delito.*

Constituição obrigatória de advogado (Proc. Penal)
V. *Intervenção obrigatória de advogado; Advogado.*

Consulta de auto e obtenção de certidão e informação por sujeitos processuais (Proc. Penal) – Durante o inquérito, o arguido, o assistente, o ofendido, o lesado e o responsável civil podem consultar, mediante requerimento, o processo ou elementos dele constantes, bem como obter os correspondentes extractos, cópias ou certidões, salvo quando, tratando-se de processo que se encontre em segredo de justiça, o Ministério Público a isso se opuser por considerar, fundamentadamente, que pode prejudicar a investigação ou os direitos dos participantes processuais ou das vítimas.

Se o Ministério Público se opuser à consulta ou obtenção dos elementos, o requerimento é presente ao juiz que decide por despacho irrecorrível.

Findo os prazos previstos no artigo 286.º, C. P. P. (prazos máximos de duração do inquérito), "o arguido, o assistente e o ofendido podem consultar todos os elementos do processo que se encontre em segredo de justiça, salvo se o juiz de instrução determinar, a requerimento do Ministério Público, que o acesso aos autos seja adiado por um período máximo de três meses, o qual pode ser prorrogado, por uma só vez, quando estiver em causa criminalidade "referente a terrorismo, criminalidade violenta, criminalidade especialmente violenta, criminalidade altamente organizada [artigo 1.º, alíneas *i)* a *m)*] "e por um prazo objectivamente indispensável à conclusão da investigação" – n.º 3 do artigo 89.º, C. P. P..

V. artigo 89.º, C. P. P..

V. *Arguido; Assistente; Ofendido; Lesado; Requerimento; Processo; Segredo de justiça; Ministério Público; Vítima; Participante processual; Criminalidade violenta; Prazo; Terrorismo; Criminalidade especialmente violenta;* *Criminalidade altamente organizada; Juiz de instrução.*

Consulta de auto e obtenção de certidão por outras pessoas (Proc. Penal) – Nos termos do artigo 90.º, C. P. P., "qualquer pessoa que nisso revelar interesse legítimo pode pedir que seja admitida a consultar auto de um processo que se não encontre em segredo de justiça e que lhe seja fornecida cópia, extracto ou certidão de auto ou de parte dele.

Sobre o pedido decide, por despacho, a autoridade judiciária que presidir à fase em que se encontra o processo ou que nele tiver proferido a última decisão.

V. *Processo; Segredo de justiça; Certidão; Autoridade judiciária; Auto.*

Consulta jurídica – A consulta jurídica é um direito conferido pelo artigo 20.º, n.º 2, da Constituição da República.

Constitui uma das modalidades da protecção jurídica atribuída pela Lei n.º 34/2004, de 29 de Julho, nos artigos 14.º e segs., com as alterações constantes da Lei n.º 47/2007, de 28 de Agosto.

V. também o Decreto-Lei n.º 71/2005, de 17 de Março, que completa a transposição da Directiva n.º 2003/8/CE, do Conselho, de 27 de Janeiro, "relativa à melhoria do acesso à justiça nos litígios transfronteiriços, através do estabelecimento de regras mínimas comuns relativas ao apoio judiciário no âmbito desses litígios, desenvolvendo o regime previsto na Lei n.º 34/2004 [...]".

De acordo com o artigo 15.º, n.º 1, a consulta jurídica pode ser prestada em gabinetes de consulta jurídica ou nos escritórios dos advogados que adiram ao sistema do acesso ao direito.

A criação de gabinetes de consulta jurídica, bem como as suas regras de funcionamento, são aprovadas por portaria do membro do Governo responsável pela área da justiça, ouvida a Ordem dos Advogados.

Os gabinetes podem abranger a prestação de serviços por solicitadores, em moldes a convencionar com a Câmara dos Solicitadores, a Ordem dos Advogados e o Ministério da Justiça.

A consulta jurídica consiste no esclarecimento técnico sobre o direito aplicável a questões ou casos concretos, nos quais avultem interesses pessoais legítimos ou direitos próprios lesados ou ameaçados de lesão. No âmbito da consulta jurídica cabem ainda as diligências extrajudiciais que decorram directamente do conselho jurídico prestado ou que se mostrem essenciais para o esclarecimento da questão colocada.

A Portaria n.º 1102/89, de 26 de Dezembro (alterada pela Portaria n.º 1159/93, de 8 de Novembro), aprovou o Regulamento dos Gabinetes de Consulta Jurídica de Lisboa e do Porto, aos quais "compete assegurar a orientação e conselho jurídico a todos aqueles que, por insuficiência de meios económicos, não tenham a possibilidade de custear os serviços de advogados, de acordo com os princípios estabelecidos no convénio celebrado entre o Ministério da Justiça e a Ordem dos Advogados e sem prejuízo do que se encontra estabelecido na Lei Orgânica do Ministério Público [actual Estatuto do Ministério Público]".

V. ainda:

– Portaria n.º 1231-A/90, de 26 de Dezembro, que aprova o Regulamento do Gabinete de Consulta Jurídica de Guimarães;
– Portaria n.º 993/91, de 30 de Setembro, que aprova o Regulamento do Gabinete de Consulta Jurídica de Évora;
– Portaria n.º 1000/91, de 1 de Outubro, que aprova o Regulamento do Gabinete de Consulta Jurídica de Lamego;
– Portaria n.º 1207/92, de 23 de Dezembro, que aprova o Regulamento do Gabinete de Consulta Jurídica da Covilhã;
– Portaria n.º 679/93, de 20 de Julho, que aprova o Regulamento do Gabinete de Consulta Jurídica de Ponta Delgada;
– Portaria n.º 741/93, de 16 de Agosto, que aprova o Regulamento do Gabinete de Consulta Jurídica de Vila do Conde;
– Portaria n.º 1256/93, de 9 de Dezembro, que aprova o Regulamento do Gabinete de Consulta Jurídica de Faro;
– Portaria n.º 506/95, de 27 de Maio, que aprova o Regulamento do Gabinete de Consulta Jurídica de Angra do Heroísmo;
– Portaria n.º 511/95, de 29 de Maio, que aprova o Regulamento do Gabinete de Consulta Jurídica de Vila Nova de Gaia;
– Portaria n.º 1471/95, de 22 de Dezembro, que aprova o Regulamento do Gabinete de Consulta Jurídica de Viana do Castelo;
– Portaria n.º 403/97, de 19 de Junho, que aprova o Regulamento do Gabinete de Consulta Jurídica de Matosinhos;
– Portaria n.º 1233/97, de 16 de Dezembro, que aprova o Regulamento do Gabinete de Consulta Jurídica de Sintra;
– Portaria n.º 622/98, de 28 de Agosto, que aprova o Regulamento do Gabinete de Consulta Jurídica da Guarda;
– Portaria n.º 272/99, de 13 de Abril, que aprova o Regulamento do Gabinete de Consulta Jurídica de Oliveira do Bairro;
– Portaria n.º 722/2000, de 6 de Setembro, que aprova o Regulamento do Gabinete de Consulta Jurídica da Horta;
– Portaria n.º 238/2001, de 20 de Março, que homologa o Regulamento do Gabinete de Consulta Jurídica do Barreiro;
– Portaria n.º 239/2001, de 20 de Março, que homologa o Regulamento do Gabinete de Consulta Jurídica de Albufeira;
– Portaria n.º 1150/2001, de 29 de Setembro, que homologa o Regulamento do Gabinete de Consulta Jurídica do Cadaval;
– Portaria n.º 1151/2001, de 29 de Setembro, que homologa o Regulamento do Gabinete de Consulta Jurídica de Castelo Branco;
– Portaria n.º 1152/2001, de 29 de Setembro, que homologa o Regulamento do Gabinete de Consulta Jurídica de Seia;
– Portaria n.º 1153/2001, de 29 de Setembro, que homologa o novo Regulamento do Gabinete de Consulta Jurídica de Coimbra, que veio substituir aquele que tinha sido aprovado pela Portaria n.º 421/91, de 21 de Maio;
– Portaria n.º 1154/2001, de 29 de Setembro, que homologa o Regulamento do Gabinete de Consulta Jurídica de Setúbal;
– Portaria n.º 1155/2001, de 29 de Setembro, que homologa o Regulamento do Gabinete de Consulta Jurídica do Estremoz;
– Portaria n.º 1156/2001, de 29 de Setembro, que homologa o Regulamento do Gabinete de Consulta Jurídica de Pombal.

A Lei n.º 49/2004, de 24 de Agosto, estabelece, no seu artigo 1.º, n.º 5-*b)*, que é acto próprio dos advogados e solicitadores "a consulta jurídica". O mesmo artigo, no seu n.º 2, dispõe que, além dos advogados e dos solicitadores, "podem ainda exercer consulta jurídica juristas de reconhecido mérito e os mestres e doutores em Direito cujo grau seja reconhecido em Portugal, inscritos para o efeito na Ordem dos Advogados nos termos de processo especial a definir no Estatuto da Ordem dos Advogados".

A Portaria n.º 1386/2004, de 10 de Novembro, "aprova a tabela de honorários dos advogados, advogados estagiários e solicitadores pelos serviços que prestem no âmbito da protecção jurídica [...]", estabelecendo o artigo 6.º, n.º 1, que "pela consulta jurídica efectuada para apreciação liminar da existência de fundamento legal da pretensão são devidos honorários no montante de um unidade de referência"; "ao patrono que, no âmbito da consulta jurídica prestada nos termos do número anterior, comprovadamente alcance a superação extrajudicial do litígio por transacção ou a sua resolução por meios alternativos, designadamente promovendo a mediação ou arbitragem, são devidos honorários no montante de cinco unidades de referência, que acrescem à remuneração prevista no número anterior" (n.º 2 deste artigo 6.º); "os honorários, a pagar pelo Cofre Geral dos Tribunais, devem ser solicitados em requerimento dirigido ao Instituto de Gestão Financeira e Patrimonial da Justiça, que [...] [nos casos de resolução do litígio sem recurso aos tribunais judicias que ficaram mencionados] procede ao pagamento após parecer da Direcção-Geral da Administração Extrajudicial".

V. *Advogado; Advogado estagiário; Solicitador; Ordem dos Advogados; Norma jurídica; Interpretação da lei; Honorários; Protecção jurídica; Apoio judiciário; Ministério Público; Solicitador; Câmara dos Solicitadores; Ordem dos Advogados; Acesso ao direito; Diligência; Lesado.*

Consultor técnico (Proc. Penal) – Pessoa que pode ser designada pelo Ministério Público, pelo arguido, pelo assistente ou pelas partes civis, para assistir à perícia ordenada e que pode sugerir a realização de "determinadas diligências e formular determinadas objecções ou observações que ficam a constar do auto" – artigo 155.º, C. P. P..

A designação de consultor técnico e o desempenho da sua função não podem atrasar a realização da perícia e o andamento normal do processo.

Na fase da audiência de discussão e julgamento, para a produção de prova, "as declarações de peritos e consultores técnicos são tomadas pelo presidente, a quem os outros juízes, os jurados, o Ministério Público, o defensor e os advogados do assistente e das partes civis podem sugerir quaisquer pedidos de esclarecimento ou perguntas úteis para a boa decisão da causa".

V. *Ministério Público; Arguido; Assistente; Partes civis; Perícia; Diligência; Auto; Audiência de discussão e julgamento; Juiz; Prova; Juiz presidente; Jurado; Defensor; Advogado.*

Consumação (Dir. Penal) – Forma de cometimento do crime que se contrapõe à tentativa.

Ocorre a consumação quando o crime se considera cometido.

A doutrina distingue entre consumação formal e consumação material.

V. *Crime; Consumação formal; Consumação material; Tentativa.*

Consumação formal (Dir. Penal) – A consumação formal tem lugar quando se verificam todos os elementos do tipo incriminador, ou seja, quando o facto preenche todos os elementos da norma penal. Por exemplo, o crime de abandono (artigo 138.º, C. P.) consuma-se formalmente quando, após a conduta de abandono, se verifica o perigo para a vida da vítima.

A consumação formal nem sempre coincide com a consumação material. Continuando com o exemplo citado, haverá no caso consumação material (para lá, portanto, da consumação formal) se a vítima vier a morrer. A morte da vítima já não é elemento do tipo de abandono mas ainda corresponde a um efeito do crime (o efeito que, em última análise, a norma visa evitar).

Há crimes em que a consumação formal coincide com a consumação material. É o caso do crime de homicídio. Com a morte da vítima, consuma-se formalmente o crime, porque a morte da vítima é elemento do crime, e verifica-se a consumação material, já que a morte da vítima constitui a efectiva lesão do bem jurídico protegido pela norma incriminadora.
V. *Consumação; Elementos do tipo; Tipo; Exposição ou abandono; Crime; Consumação material; Homicídio; Bem jurídico.*

Consumação material (Dir. Penal) – A consumação material tem lugar quando se verifica a efectiva lesão do bem jurídico tutelado pela norma incriminadora.
Por via de regra, a consumação material coincide com a consumação formal.
Contudo, em determinados casos, verifica-se a antecipação da tutela penal para fases em que o bem jurídico ainda não foi efectivamente lesado: assim acontece, por exemplo, nos crimes de perigo, como, por exemplo, o crime de exposição ou abandono – artigo 138.º, C. P.). Nestes casos, o crime considera-se formalmente consumado numa fase em que o processo lesivo ainda pode evoluir para a efectiva lesão do bem jurídico protegido; a consumação material só ocorrerá quando a lesão do bem jurídico tiver lugar.
Existe, nessa medida, desfasamento temporal entre a consumação formal e a consumação material, ou seja, uma e outra não coincidem.
V. *Consumação; Consumação formal; Bem jurídico; Crime; Crime de perigo; Exposição ou abandono; Exaurimento; Resultado não compreendido no tipo de crime.*

Consumo (Dir. Penal) – Crime que se encontrava previsto no artigo 40.º do Decreto-Lei n.º 15/93, de 22 de Janeiro, artigo que foi derrogado pelo artigo 27.º da Lei n.º 30/2000, de 29 de Novembro.
Actualmente, apenas se mantém em vigor quanto ao cultivo, ou seja, continua a ser crime de consumo o cultivo de substâncias estupefacientes.
Esta Lei n.º 30/2000 procedeu à descriminalização geral do consumo de estupefacientes, qualificando as condutas descriminalizadas como contra-ordenação.

V. *Crime; Estupefaciente; Contra-ordenação; Descriminalização.*

Consumpção (Dir. Penal) – V. *Concurso de normas.*

Consumpção impura (Dir. Penal) – V. *Concurso de normas.*

Consumpção pura (Dir. Penal) – V. *Concurso de normas.*

Contenção física pessoal (Dir. Penal) – V. *Medidas de contenção.*

Contestação (Proc. Penal) – Peça processual escrita apresentada pelo arguido antes da realização da audiência de discussão e julgamento, feita sem formalidades especiais, e que é acompanhada pelo rol de testemunhas, na qual o arguido expõe a sua versão dos factos relativos ao crime que lhe seja imputado e os qualifica criminalmente.
V. artigo 315.º, C. P. P..
V. *Arguido; Audiência de discussão e julgamento; Testemunha; Rol de testemunhas; Facto; Crime.*

Continuação criminosa (Dir. Penal) – V. *Crime continuado.*

Continuidade da audiência (Proc. Penal) – V. *Continuidade processual.*

Continuidade processual (Proc. Penal) – De acordo com o artigo 328.º, C. P. P., a audiência é contínua, devendo decorrer sem qualquer interrupção ou adiamento até ao seu encerramento.
São, porém, admissíveis as interrupções e os adiamentos necessários em função das circunstâncias do caso concreto – v. n.º 2, artigo 328.º, C. P. P..
O adiamento da audiência só é admissível quando, não sendo a simples interrupção bastante para remover o obstáculo:
a) faltar ou ficar impossibilitada de participar pessoa que não possa ser de imediato substituída e cuja presença seja indispensável por força da lei ou de despacho do tribunal, excepto se estiverem presentes outras pessoas, caso em que se procederá à sua audição ou inquirição;

b) for absolutamente necessário proceder à produção de qualquer meio de prova superveniente;

c) surgir qualquer questão prejudicial, prévia ou incidental, cuja resolução seja essencial;

d) for necessário proceder à elaboração de relatório social ou de informação dos serviços de reinserção social.

Em caso de interrupção ou de adiamento da audiência (que depende sempre de despacho fundamentado do presidente, notificado a todos os sujeitos processuais) esta retoma-se a partir do último acto processual.

V. *Audiência de discussão e julgamento; Concentração processual; Adiamento da audiência; Despacho; Tribunal; Relatório social; Questão prévia; Sujeito processual; Acto processual.*

Contrabando (Dir. Penal) – Crime aduaneiro, previsto no artigo 92.º da Lei n.º 15/2001, de 5 de Junho (Regime Geral das Infracções Tributárias), que se traduz num conjunto de comportamentos enunciados nas quatro alíneas desse artigo, que têm em comum a transferência – para dentro ou para fora do território nacional – de mercadorias com violação das disposições legais relativas ao trânsito aduaneiro.

V. *Crime; Crime aduaneiro.*

Contrabando de circulação (Dir. Penal) – Crime aduaneiro, previsto no artigo 93.º da Lei n.º 15/2001, de 5 de Junho (Regime Geral das Infracções Tributárias), que se traduz genericamente na circulação de mercadorias no território nacional com violação das leis aduaneiras relativas à circulação interna ou comunitária de mercadorias.

V. *Crime; Crime aduaneiro.*

Contrabando de mercadorias de circulação condicionada em embarcações (Dir. Penal) – Crime aduaneiro previsto no artigo 94.º da Lei n.º 15/2001, de 5 de Junho (Regime Geral das Infracções Tributárias), que se traduz na detenção a bordo de embarcação, de arqueação não superior a 750 t, de mercadorias de circulação condicionada destinadas a comércio, com excepção de pescado.

V. *Crime; Crime aduaneiro.*

Contradição entre a fundamentação e a decisão (Proc. Penal) – Existe esta contradição quando numa decisão há oposição entre o que ficou provado e o que é referido como fundamento da decisão tomada.

Constitui um dos fundamentos de recurso, previsto na alínea *b)* do n.º 2 do artigo 410.º do C. P. P..

Pode recorrer-se com este fundamento mesmo nos casos em que a lei restrinja a cognição do tribunal de recurso a matéria de direito.

V. *Recurso; Fundamentação de sentença; Prova; Matéria de direito; Tribunal.*

Contradição insanável da fundamentação (Proc. Penal) – É um vício da decisão e verifica-se quando se dá como provado e não provado o mesmo facto, afirmando-se e negando-se a mesma coisa ao mesmo tempo, quando se constata a oposição entre a fundamentação probatória da matéria de facto ou quando se dão como provados factos contraditórios entre si.

É um dos fundamentos de recurso, previsto na alínea *b)*, do n.º 2, do artigo 410.º, C. P. P., "desde que o vício resulte do texto da decisão recorrida, por si só ou conjugado com as regras da experiência comum".

Pode recorrer-se com este fundamento mesmo nos casos em que a lei restrinja a cognição do tribunal de recurso a matéria de direito.

V. *Prova; Facto; Fundamentação de sentença; Recurso; Matéria de direito; Tribunal.*

Contrafacção (Dir. Penal) – Crime previsto no artigo 196.º do Código dos Direitos de Autor e dos Direitos Conexos – aprovado pelo Decreto-Lei n.º 63/85, de 14 de Março, alterado pelas Leis n.ºˢ 45/85, de 17 de Setembro, e 114/91, de 3 de Setembro, e pelos Decretos-Leis n.ºˢ 332/97, 333/97 e 334/97, todos de 27 de Novembro – que se traduz genericamente na utilização, como sendo criação própria, de obra que seja reprodução total ou parcial de obra alheia.

V. *Crime.*

Contrafacção de moeda (Dir. Penal) – Crime previsto no artigo 262.º, C. P., que se traduz na falsificação de moeda com intenção de a pôr em circulação como legítima.

Ocorre também o crime de contrafacção de moeda quando alguém, com intenção de a pôr em circulação, falsifica ou altera o valor facial de moeda legítima para valor superior.
V. *Crime; Moeda.*

Contrafacção de selos, cunhos, marcas ou chancelas (Dir. Penal) – Crime previsto no artigo 269.º, C. P., que se traduz genericamente na falsificação de selos, cunhos marcas ou chancelas, ou na sua aquisição ou utilização.
V. *Crime.*

Contrafacção de valores selados (Dir. Penal) – Crime previsto no artigo 268.º, C. P., que ocorre quando alguém, com intenção de os empregar ou de os pôr em circulação, falsifica valores selados ou timbrados cujo fornecimento seja exclusivo do Estado português.
O artigo 268.º, n.º 2, C. P., consagra a incriminação da utilização e da recepção dos valores selados falsificados.
O n.º 4 do mesmo artigo contém ainda a incriminação de quem faz desaparecer dos valores selados o sinal de já terem sido utilizados.
V. *Crime.*

Contrafacção, imitação e uso ilegal de marca (Dir. Penal) – Crime que se encontrava previsto no artigo 264.º do Decreto-Lei n.º 16/95, de 24 de Janeiro, que se traduzia num conjunto de comportamentos, que eram expressamente enunciados, relativos à falsificação de marca e à sua utilização.
Os vários tipos incriminadores continham um elemento subjectivo especial comum, que consistia na "intenção de causar prejuízo a outrem ou de alcançar um benefício ilegítimo".
O DL n.º 16/95 foi revogado pelo Decreto-Lei n.º 36/2002, de 5 de Março, que procedeu à aprovação do Código da Propriedade Industrial.
O crime correspondente, com a mesma designação, encontra-se actualmente previsto no artigo 323.º do Código da Propriedade Industrial.
V. *Crime.*

Contra-interrogatório (Proc. Penal) – Mecanismo processual (baseado no sistema de *cross-examination* do processo penal anglo-americano) para recolher material probatório que é utilizado pelos advogados e pelo Ministério Público, e que se traduz na inquirição de testemunhas, de peritos, consultores técnicos ou do próprio arguido, após os seus depoimentos ou as respostas dadas na sequência das perguntas dos outros sujeitos processuais.
Por exemplo, findo o interrogatório directo de uma testemunha, os representantes da "parte contrária", fazem àquela, em contra-interrogatório, as "perguntas que entenderem necessárias para o esclarecimento da verdade".
V. *Prova; Advogado; Ministério Público; Testemunha; Perito; Arguido.*

Contra-ordenação (Dir. Penal) – De acordo com o artigo 1.º do Decreto-Lei n.º 433/82, de 27 de Outubro – alterado pelo Decreto-Lei n.º 244/95, de 14 de Setembro –, constitui contra-ordenação todo o facto ilícito e censurável que preencha um tipo legal no qual se comine uma coima.
O referido DL n.º 433/82 contém o regime geral do ilícito de mera ordenação social.
O ilícito de mera ordenação social não constitui infracção penal. A sanção principal (a coima), de natureza pecuniária, nunca é convertida em prisão. O seu não pagamento apenas dá origem ao respectivo processo executivo (regulado nos artigos 88.º e segs. do DL n.º 433/82).
A inclusão da análise do ilícito de mera ordenação social no contexto das matérias criminais justifica-se porque se trata igualmente de direito sancionatório público que tem a sua origem histórica relacionada com uma espécie de *depuração* do direito penal decorrente do princípio da intervenção mínima.
A instituição do ilícito de mera ordenação social tem por finalidade a prevenção de condutas que atentam contra uma determinada organização da vida social, condição da protecção de valores fundamentais. Trata-se, porém, de uma protecção remota (distanciada de uma efectiva e grave lesão de valores fundamentais), por

via da imposição de regras de funcionamento social que não visam, em primeira linha, evitar condutas que afectem directamente bens jurídicos fundamentais.

V. o Assento n.º 1/2001, do STJ, publicado no *Diário da República* I-A série, de 20 de Abril de 2001, que fixou a seguinte doutrina: "Como em processo penal, também em processo contra-ordenacional vale como data da apresentação da impugnação judicial a da efectivação do registo postal da remessa do respectivo requerimento à autoridade administrativa que tiver aplicado a coima – artigos 41.º, n.º 1, do Decreto-Lei n.º 433/82, de 27 de Outubro, 4.º do Código de Processo Penal e 150.º, n.º 1, do Código de Processo Civil e Assento do Supremo Tribunal de Justiça n.º 2/00, de 7 de Fevereiro de 2000".

O Assento n.º 1/2003, publicado no *Diário da República*, I-A série, de 27 de Janeiro de 2003, entendeu: "Quando em cumprimento do disposto no artigo 50.º do regime geral das contra-ordenações, o órgão instrutor optar, no termo da instrução contra-ordenacional, pela audiência escrita do arguido, mas, na correspondente notificação, não lhe fornecer todos os elementos necessários para que este fique a conhecer a totalidade dos aspectos relevantes para a decisão, nas matérias de facto e de direito, o processo ficará doravante afectado de nulidade, dependente de arguição, pelo interessado/notificado, no prazo de 10 dias após a notificação, perante a própria administração, ou, judicialmente, no acto de impugnação da subsequente decisão/acusação administrativa".

V. ainda o Acórdão n.º 5/2004, publicado no *Diário da República* I-A série, de 21 de Junho de 2004, que decidiu: "A extinção, por fusão, de uma sociedade comercial, com efeitos do artigo 112.º, alíneas *a)* e *b)*, do Código das Sociedades Comerciais, não extingue o procedimento por contra-ordenação praticada anteriormente à fusão nem a coima que lhe tenha sido aplicada".

V. também o Acórdão do Tribunal Constitucional n.º 27/2006, de 3 de Março, que declarou "a inconstitucionalidade, com força obrigatória geral, da norma constante do n.º 1 do artigo 74.º do Decreto-Lei n.º 433/82, de 27 de Outubro, na redacção que lhe foi dada pelo Decreto-Lei n.º 244/95, de 14 de Setembro, conjugada com o artigo 411.º do Código de Processo Penal, quando dela decorre que, em processo contra-ordenacional, o prazo para o recorrente motivar o recurso é mais curto do que o prazo da correspondente resposta, por violação do princípio da igualdade de armas, inerente ao princípio do processo equitativo, consagrado no n.º 4 do artigo 20.º da Constituição".

V. o Acórdão do Supremo Tribunal Administrativo n.º 2/2008, publicado no *Diário da República*, I Série, de 26 de Junho, que uniformiza a jurisprudência sobre a interpretação do artigo 25.º do R. G. I. T. – prescrição do concurso de contra-ordenações.

V. *Coima; Crime; Bem jurídico; Supremo Tribunal de Justiça; Requerimento; Arguido; Autoridade administrativa; Impugnação; Notificação; Matéria de facto; Matéria de direito; Nulidade; Prazo; Recurso; Motivação de recurso; Princípio da igualdade de armas; Princípio do processo equitativo.*

Contra-ordenação aduaneira (Dir. Penal) – Ilícito de mera ordenação social no âmbito do direito aduaneiro. Estes ilícitos constam da Lei n.º 15/2001, de 5 de Junho (Regime geral das Infracções Fiscais), e são o descaminho (artigo 108.º), a introdução irregular no consumo (artigo 109.º), a recusa de entrega, exibição ou apresentação de documentos e mercadorias (artigo 110.º), a violação do dever de cooperação (artigo 111.º) e a aquisição de mercadorias objecto de infracção aduaneira (artigo 112.º).

V. *Contra-ordenação.*

Contra-ordenação aeronáutica (Dir. Penal) – O Regulamento (CE) n.º 261/2004, do Parlamento Europeu e do Conselho, de 11 de Fevereiro, prevê, no seu artigo 16.º, que os Estados membros estabeleçam as regras aplicáveis às sanções aplicáveis em caso de infracção ao regime nele contido e assegurem a respectiva aplicação.

O Decreto-Lei n.º 10/2004, de 9 de Janeiro, aprovou o regime das contra-ordenações aeronáuticas, e o Decreto-Lei n.º 209/2005, de 29 de Novembro, "cria o

regime sancionatório aplicável ao Regulamento (CE) n.º 261/2004 [...]".
Os artigos 3.º, 4.º e 5.º deste último diploma contêm, respectivamente, o enunciado das contra-ordenações muito graves, graves e leves.
V. *Contra-ordenação*.

Contra-ordenação económica (Dir. Penal) – Ilícito de mera ordenação social praticado no âmbito de actividades económicas.
O Decreto-Lei n.º 28/84, de 20 de Janeiro (Infracções Anti-Económicas e Contra a Saúde Pública), prevê contra-ordenações nos artigos 57.º a 72.º.
O Decreto-Lei n.º 35/2006, de 20 de Fevereiro, que tem como objectivo assegurar a execução e garantir o cumprimento das obrigações decorrentes para o Estado Português do Regulamento (CE) n.º 1946/2003, do Parlamento Europeu e do Conselho, de 15 de Julho, relativo ao movimento transfronteiriço de organismos geneticamente modificados, contém, nos seus artigos 5.º a 9.º, a previsão das contra-ordenações e sanções, relativas à prática pelo exportador de um conjunto de actos e omissões.
V. *Contra-ordenação*.

Contra-ordenação fiscal (Dir. Penal) – Ilícitos de mera ordenação social no âmbito do direito fiscal.
Constam dos artigos 113.º a 128.º da Lei n.º 15/2001, de 5 de Junho (Regime Geral das Infracções Fiscais).
V. *Contra-ordenação*.

Contra-ordenação laboral (Dir. Penal) – De acordo com o artigo 614.º do Código do Trabalho, constitui contra-ordenação laboral todo o facto típico, ilícito e censurável que consubstancie a violação de uma norma que consagre direitos ou imponha deveres a qualquer sujeito no âmbito das relações laborais e que seja punível com coima.
O regime geral das contra-ordenações laborais consta dos artigos 614.º a 640.º do Código do Trabalho.
As contra-ordenações laborais, numa dada perspectiva, podem ser consideradas o contraponto do controlo das obrigações que impendem sobre o trabalhador que a entidade empregadora exerce através do poder disciplinar: trata-se do modo de sancionar o incumprimento pela entidade empregadora das respectivas obrigações emergentes da relação laboral.
É em face desta perspectiva que se pode explicar a inexistência de contra-ordenações laborais em que o agente seja o trabalhador.
V. *Contra-ordenação; Coima; Obrigação; Direito*.

Contravenção (Dir. Penal) – Categoria de infracção criminal que se traduzia numa protecção antecipada e indeterminada de direitos fundamentais, protecção relacionada com a actividade policial.
Os artigos 6.º e 7.º do Decreto-Lei n.º 400/82, de 3 de Setembro, referiam-se às contravenções, determinando a manutenção da vigência das normas de direito substantivo e processual a elas relativas. Por seu turno, o Decreto-Lei n.º 17/91, de 10 de Janeiro, continha o regime do processamento e julgamento de contravenções e transgressões. Contudo, num sistema em que vigoravam crimes e contra-ordenações, a subsistência de um terceiro ilícito de natureza penal não tinha justificação.
As Leis n.ᵒˢ 25/2006, de 30 de Junho, 28/2006, de 4 de Julho, e 30/2006, de 26 de Julho, procederam à extinção das contravenções existentes no ordenamento nacional.
V. *Contra-ordenação; Crime; Ilícito de mera ordenação social*.

Contumácia (Proc. Penal) – Situação jurídica do arguido que resulta de uma declaração – declaração de contumácia – cuja competência pertence ao juiz e que implica a suspensão dos termos ulteriores do processo, quando não se sabe do paradeiro do arguido.
Assim, o processo é suspenso até à apresentação ou à detenção do arguido, sem prejuízo, contudo, da realização de actos urgentes.
Se, depois de realizadas as diligências necessárias das notificações, não for possível notificar o arguido do despacho que designa dia para audiência, ou executar a detenção ou a prisão preventiva, o arguido

é notificado por editais para se apresentar em juízo, num prazo até 30 dias, sob pena de ser declarado contumaz – v. artigo 335.º, C. P. P..

Os editais contêm as indicações tendentes à identificação do arguido, do crime que lhe é imputado e das disposições legais que o punem e a comunicação de que, não se apresentando no prazo assinalado, será declarado contumaz.

Esta declaração caduca logo que o arguido se apresentar ou for detido, sendo sujeito a termo de identidade e residência.

Existe para a declaração da situação de contumácia o boletim de contumácia que é o meio de comunicação das decisões sobre contumácia sujeitas a registo aos serviços de identificação criminal – v. artigo 20.º da Lei n.º 381/98 de 27 de Novembro (que estabelece o regime jurídico da identificação criminal e contumazes). A declaração de contumácia sobre a qual tenha sido proferida decisão de cessação é eliminada pelo juiz respectivo do registo de contumazes.

No âmbito das suas atribuições em matéria de identificação criminal e de contumazes, a Direcção-Geral dos Serviços Judiciários dispõe de ficheiros informáticos – esta matéria está regulada no Decreto-Lei n.º 62/99, de 2 de Março, que estabelece o regime jurídico dos referidos ficheiros, nomeadamente ficheiros onomásticos, ficheiro central de registo, ficheiro de emissão de certificado de registo criminal e ficheiro de emissão de certificados de contumácia.

Para se saber qual ou quais os processos judiciais em que alguém foi declarado contumaz deve-se, de acordo com a lei que rege o acesso a esta informação, obter um certificado de contumácia.

O certificado de contumácia deve ser solicitado pelo próprio, pessoalmente:

a) nos serviços de identificação criminal de Lisboa;

b) nas Lojas do Cidadão de Lisboa, Porto e Funchal;

c) nas secretarias judiciais dos Tribunais de comarca das restantes localidades;

d) nas representações diplomáticas ou consulares portuguesas no estrangeiro.

Deve ser exibido documento de identificação válido e idóneo que permita comprovar:

a) que o requerente é o próprio;

b) todos os dados de identificação necessários (nome, freguesia e concelho de naturalidade, data de nascimento, nacionalidade, assinatura).

O certificado de contumácia pode ser requerido por um terceiro, nos mesmos locais indicados, desde que:

a) seja apresentada procuração, forense ou outra, ou declaração do titular comprovativa de que o pedido é feito em seu nome e no interesse e identificando o terceiro autorizado a requerer;

b) sejam exibidos documentos de identificação válidos e idóneos, quer do titular, quer do mandatário ou terceiro autorizado, que permitam confirmar, respectivamente, a sua legitimidade e os dados de identificação declarados.

Tratando-se de requerente sem documentos válidos em consequência da situação de contumácia, o pedido pode ser formulado em qualquer dos locais mencionados, com expressa menção dessa circunstância, mas a emissão é sempre precedida de análise e decisão expressa destes serviços centrais.

Pode ainda ter acesso à informação da existência, ou não, de uma situação de contumácia o terceiro que prove efectuar o pedido dessa informação com a finalidade de acautelar interesses ligados à celebração de negócio jurídico com indivíduo declarado contumaz ou para instruir processo da sua anulação.

Ver artigos 335.º, 336.º e 337.º, C. P. P..

V. o Assento n.º 10/00, publicado no *Diário da República* I-A série, de 10 de Novembro de 2000, que fixou a seguinte doutrina: "No domínio do Código Penal de 1982 e do Código de Processo Penal de 1987, a declaração de contumácia constituía causa de suspensão da prescrição do procedimento criminal".

V. o Acórdão do Supremo Tribunal de Justiça n.º 5/2008, de 13 de Maio, que entendeu: "no domínio da vigência do CP82 e do CPP87, versão originárias, a declaração de contumácia não constituía causa de suspensão da prescrição do procedimento criminal".

O Acórdão do Tribunal Constitucional n.º 183/08, publicado no *Diário da República* de 21 de Abril de 2008 "declara, com força obrigatória geral a inconstitucionalidade da norma extraída das disposições conjugadas do artigo 119.º, n.º 1, alínea a), C. P. e do artigo 336.º, n.º 1, C. P. P., ambos na redacção originária, na interpretação segundo a qual a prescrição do procedimento criminal se suspende com a declaração de contumácia".

V. *Arguido; Juiz; Competência; Detenção; Acto urgente; Caducidade; Termo de identidade e residência; Medidas de coacção; Prescrição; Suspensão da prescrição; Procuração; Contumaz; Edital; Certidão; Registo criminal; Identificação da pessoa; Dados pessoais.*

Contumaz (Proc. Penal) – Aquele que se recusa a comparecer em juízo ou que não foi encontrado pelo tribunal.

A declaração de contumácia implica:

a) a passagem imediata de mandado de detenção;

b) a anulabilidade dos negócios jurídicos de natureza patrimonial celebrados após a declaração;

c) a proibição de obter determinados documentos, certidões ou registos junto de autoridades públicas;

d) a possibilidade de ser decretado o arresto dos seus bens, na totalidade ou em parte.

O despacho que declarar a contumácia, com especificação dos respectivos efeitos, e aquele que declarar a sua cessação são registados no registo de contumácia.

V. Decreto-Lei n.º 20/2007, de 23 de Janeiro que procede à 1.ª alteração ao Decreto-Lei n.º 381/98, de 27 de Novembro que regulamenta e desenvolve o regime jurídico de identificação criminal.

Com este diploma transferiu-se para as entidades públicas o ónus, impendente sobre o cidadão, da obtenção do certificado do registo criminal junto dos serviços competentes para a respectiva emissão. O cidadão passa a apresentar o requerimento de certificado de registo criminal junto da autoridade pública onde deva iniciar o procedimento administrativo para cuja instrução a lei exige um certificado de registo criminal. Assim, com base na faculdade de acesso à informação constante do registo criminal prevista no artigo 6.º da Lei n.º 57/98, de 18 de Agosto (regime jurídico da identificação criminal e de contumazes), prevê-se que as autoridades públicas onde deva iniciar-se um procedimento administrativo para cuja instrução a lei exige um certificado de registo criminal solicitem a emissão do mesmo directamente aos serviços de identificação criminal, mediante requerimento apresentado pelo particular.

V. artigo 335.º e 337.º, C. P. P..

V. *Contumácia; Tribunal; Despacho; Certificado de registo criminal; Mandado, Detenção; Documento; Requerimento.*

Convenção – Acordo de vontades tendente à produção de efeitos jurídicos conforme com o conteúdo dessas vontades.

Embora o termo seja, muitas vezes, utilizado para designar os acordos negociais *a se*, também é frequente a sua utilização em sinonímia com cláusula.

No campo do direito internacional significa um convénio, acordo ou pacto internacional, estabelecido entre dois ou mais países para a resolução de problemas comuns ou para a prevenção dos mesmos.

V. *Tratado.*

Convenções de Genebra (Dir. Penal) – Tratados internacionais relativos a matérias de direito internacional humanitário, referidos na alínea *c)* do artigo 2.º da Lei n.º 31/2004, de 22 de Julho, que contém o regime das violações do direito internacional humanitário.

As Convenções de Genebra de 12 de Agosto de 1949 para Protecção das Vítimas de Guerra têm Protocolos Adicionais, adoptados em Genebra em 8 de Junho de 1977. O Protocolo II foi aprovado pela Resolução da Assembleia da República n.º 10/92, de 1 de Abril, tendo Portugal depositado o respectivo instrumento de ratificação em 27 de Maio de 1992, conforme o Aviso n.º 100/92, de 17 de Julho, estando aquele em vigor para Portugal desde 27 de Novembro de 1992.

V. alíneas *d)* e *e)* do artigo 2.º da referida Lei n.º 31/2004 referentes aos Protocolos Adicionais às Convenções de Genebra.

V. *Direito internacional humanitário.*

Conversão da multa não paga em prisão subsidiária (Dir. Penal) – De acordo com o artigo 49.º, C. P., a multa não paga voluntariamente é convertida em prisão subsidiária, nos termos descritos nos vários números do referido artigo.

Assim, "se a multa, que não tenha sido substituída por trabalho, não for paga voluntária ou coercivamente, é cumprida prisão subsidiária pelo tempo correspondente reduzido a dois terços, ainda que o crime não fosse punível com prisão, não se aplicando, para o efeito, o limite mínimo dos dias de prisão constante do n.º 1 do artigo 41.º [do Código Penal]".

O condenado pode pagar a multa a todo o tempo, evitando desse modo a execução da prisão subsidiária.

Se o condenado provar que o não pagamento não lhe é imputável, pode a execução da prisão subsidiária ser suspensa, com subordinação ao cumprimento de deveres ou regras de conduta de conteúdo não económico. Se os deveres ou as regras não forem cumpridos, a prisão subsidiária é executada.

O regime descrito é aplicável no caso de os dias de trabalho, pelos quais a multa foi substituída, não forem cumpridos culposamente pelo condenado.

V. *Pena de multa; Prisão subsidiária; Prisão; Culpa.*

Conversão, transferência ou dissimulação de bens ou produtos (Dir. Penal) – V. *Branqueamento.*

Convicções pessoais (Proc. Penal) – De acordo com o n.º 2 do artigo 130.º, C. P. P., na prova testemunhal, "a manifestação de meras convicções pessoais sobre factos ou a sua interpretação só é admissível nos casos seguintes e na estrita medida neles indicada:

a) quando for impossível cindi-la ao depoimento sobre factos concretos;

b) quando tiver lugar em função de qualquer ciência, técnica ou arte;

c) quando ocorrer no estádio de determinação da sanção".

É, nestes termos, um meio de prova admissível em processo penal.

V. *Depoimento; Testemunha; Facto; Sanção; Meios de prova; Prova.*

Convocação para acto processual (Proc. Penal) – Meio que se destina a dar conhecimento de qualquer facto a uma pessoa cuja comparência a acto processual seja necessária.

Pode a convocação ser feita inclusivamente por via telefónica, devendo lavrar-se cota no auto quanto ao meio utilizado.

"Revestem a forma de notificação, que indique a finalidade da convocação ou comunicação, por transcrição, cópia ou resumo do despacho ou mandado que a tiver ordenado, para além de outros casos que a lei determinar:

a) A comunicação do termo inicial ou final de um prazo legalmente estipulado sob pena de caducidade;

b) A convocação para interrogatório ou para declarações ou para participar em debate instrutório ou em audiência;

c) A convocação de pessoa que haja já sido chamada, sem efeito cominatório e tenha faltado;

d) A convocação para aplicação de uma medida de coacção ou de garantia patrimonial".

V. artigo 112.º, C. P. P..

V. *Facto; Acto processual; Auto; Notificação; Despacho; Mandado; Prazo; Caducidade; Debate instrutório; Audiência de discussão e julgamento; Medidas de coacção; Medidas de garantia patrimonial.*

Convocatória enganosa (Dir. Penal) – Crime, previsto no artigo 520.º do Código das Sociedades Comerciais, que se traduz genericamente em fazer constar de convocatória de assembleia geral de sócios, de assembleia especial de accionistas ou de assembleia de obrigacionistas informações contrárias à verdade.

O crime só pode ser cometido por quem tiver competência para convocar a assembleia.

V. *Crime.*

Cooperação judiciária internacional (Proc. Penal) – Interajuda existente entre o Estado português e as entidades judiciárias internacionais ou outros Estados, decorrente de vinculação emergente de tratados ou convenções no âmbito penal respeitante às seguintes matérias: extradição; transmissão de processos penais; execução de sentenças penais; transferência de pessoas condenadas a penas e medidas de segurança privativas da liberdade;

vigilância de pessoas condenadas ou libertadas condicionalmente; auxílio judiciário mútuo em matéria penal.

Estas relações são reguladas pela Lei n.º 144/99, de 31 de Agosto (alterada pelas Leis n.ºs 104/2001, de 25 de Agosto e 48/2003, de 22 de Agosto), e, subsidiariamente, pelas disposições do Código de Processo Penal.

A referida Lei aplica-se "à cooperação de Portugal com as entidades judiciárias internacionais estabelecidas no âmbito de tratados ou convenções que vinculem o Estado português".

A cooperação internacional em matéria penal "releva do princípio da reciprocidade". Todavia, "a falta de reciprocidade não impede a satisfação de um pedido de cooperação, desde que essa cooperação: *a)* se mostre aconselhável em razão da natureza do facto ou da necessidade de lutar contra certas formas graves de criminalidade; *b)* possa contribuir para melhorar a situação do arguido ou para a sua reinserção social; *c)* sirva para esclarecer factos imputados a um cidadão português".

Nos termos do disposto no artigo 8.º do mesmo diploma, "a cooperação não é admissível se, em Portugal ou noutro Estado em que tenha sido instaurado procedimento pelo mesmo facto,:

a) o processo tiver terminado com sentença absolutória transitada em julgado ou com decisão de arquivamento;

b) a sentença condenatória se encontrar cumprida ou não puder ser cumprida segundo o direito do Estado em que foi proferida;

c) o procedimento se encontrar extinto por qualquer outro motivo, salvo se este se encontrar previsto em convenção internacional, como não obstando à cooperação por parte do Estado requerido".

V. artigos 1.º e segs. da referida Lei.

V. *Processo de extradição; Sentença; Pena; Medida de segurança; Liberdade condicional; Facto; Arguido; Absolvição; Sentença absolutória; Trânsito em julgado; Sentença condenatória; Extinção do procedimento criminal.*

Corpo de delito (Proc. Penal) – Designava-se assim o conjunto de diligências de instrução de um processo crime no âmbito do Código de Processo Penal de 1929.

O Código de Processo Penal actualmente em vigor não faz referência à noção de corpo de delito.

V. *Crime; Diligência; Instrução.*

"Corpus Juris" (Dir. Penal) – Projecto de âmbito europeu que contém um conjunto de regras relativas à incriminação de comportamentos lesivos dos interesses económicos e financeiros da comunidade europeia e ao respectivo processo.

Correcção de sentença (Proc. Penal) – O tribunal procede, oficiosamente ou a requerimento, à correcção de sentença, quando:

a) não sendo nula a sentença, não tiverem sido observados ou não tiverem sido integralmente observados os requisitos a que deve obedecer a elaboração da sentença;

b) a sentença contiver erro, lapso, obscuridade ou ambiguidade cuja eliminação não importe modificação essencial.

"Se já tiver subido recurso da sentença, a correcção é feita, quando possível, pelo tribunal competente para conhecer do recurso" – v. artigo 380.º, n.ºs 1 e 2, C. P. P..

V. *Jurisprudência; Fundamentação de sentença; Recurso; Tribunal; Competência; Nulidade da sentença; Aclaração de sentença.*

Corrupção (Dir. Penal) – Designação geral relativa a crimes cometidos no exercício de certas funções (nomeadamente públicas).

Os crimes de corrupção (corrupção passiva para acto lícito ou ilícito, corrupção activa, entre outros) encontram-se nos artigos 374.º e segs., C. P., nos artigos 36.º e 37.º do Código de Justiça Militar (aprovado pela Lei n.º 100/2003, de 15 de Novembro), nos artigos 41.º-A, 41.º-B e 41.º-C do Decreto-Lei n.º 28/84, de 20 de Janeiro, nos artigos 16.º e segs. da Lei n.º 34/87, de 16 de Julho, e no Decreto-Lei n.º 390/91, de 10 de Outubro.

O termo é igualmente utilizado para referir a depreciação de um produto ou substância (v., por exemplo, o artigo 282.º, C. P., que prevê o crime de corrupção de substâncias alimentares ou medicinais).

A Convenção Relativa à Luta contra a Corrupção em Que Estejam Implicados Funcionários das Comunidades Europeias ou dos Estados Membros da União Europeia, assinada em Bruxelas em 26 de Maio de 1997, foi aprovada, para ratificação, pela Resolução da Assembleia da República n.º 72/2001, de 15 de Novembro, e ratificada pelo Decreto do Presidente da República n.º 58/2001, da mesma data; a Convenção entrou em vigor em 28 de Setembro de 2005.

A Convenção Penal sobre a Corrupção, aberta para assinatura em Estrasburgo, em 27 de Janeiro de 1999, foi aprovada, para ratificação, pela Resolução da Assembleia da República n.º 68/2001, de 26 de Outubro, tendo o instrumento de ratificação sido depositado, com uma declaração de reservas, em 7 de Maio de 2002, conforme aviso publicado no *Diário da República*, I-A série, de 2 de Julho de 2002.

Com a Lei n.º 19/2008, de 21 de Abril (que aprova medidas de combate à corrupção), são introduzidas, pelo seu artigo 6.º, alterações ao relatório sobre os crimes de corrupção (previsto no n.º 2 do artigo 14.º desta Lei n.º 17/2006) que deve conter uma parte específica relativa aos crimes associados à corrupção.

V. *Crime; Corrupção activa; Corrupção activa com prejuízo do comércio internacional; Corrupção activa no sector privado; Corrupção de substâncias alimentares ou medicinais; Corrupção passiva no sector privado; Corrupção passiva para acto ilícito; Corrupção passiva para acto lícito; Corrupção no desporto; Relatório sobre os crimes de corrupção.*

Corrupção activa (Dir. Penal) – Crime previsto no artigo 374.º, C. P., que ocorre quando alguém, por si ou por interposta pessoa com o seu consentimento ou ratificação, dá ou promete a funcionário, ou a terceiro, com o conhecimento daquele, vantagem patrimonial ou não patrimonial que ao funcionário não seja devida, para um qualquer acto ou omissão contrários aos deveres do cargo.

O artigo 18.º da Lei n.º 34/87, de 16 de Julho, consagra a incriminação da corrupção activa praticada por titular de cargo político.

O artigo 37.º do Código de Justiça Militar, aprovado pela Lei n.º 100/2003, de 15 de Novembro, consagra a incriminação da corrupção activa no âmbito militar.

V. artigos 41.º-A e 41.º-C do Decreto-Lei n.º 28/84, de 20 de Janeiro, e o Decreto-Lei n.º 390/91, de 10 de Outubro.

V. *Corrupção; Crime; Funcionário; Cargo político; Corrupção activa com prejuízo do comércio internacional; Corrupção activa no sector privado; Crimes militares.*

Corrupção activa com prejuízo do comércio internacional (Dir. Penal) – Crime previsto no artigo 41.º-A do Decreto-Lei n.º 28/84, de 20 de Janeiro, que tem lugar quando alguém, por si ou por interposta pessoa com o seu consentimento ou ratificação, dá ou promete a funcionário ou a titular de cargo público, nacional ou estrangeiro, ou a terceiro com conhecimento daqueles, vantagem patrimonial ou não patrimonial para obter ou conservar um negócio, um contrato ou outra vantagem indevida no comércio internacional.

V. *Crime; Corrupção; Corrupção activa; Funcionário; Cargo político.*

Corrupção activa no sector privado (Dir. Penal) – Crime previsto no artigo 41.º-C do Decreto-Lei n.º 28/84, de 20 de Janeiro, que ocorre quando alguém, por si ou por interposta pessoa, com o seu consentimento ou ratificação, dá ou promete a quem exerce funções para uma qualquer entidade do sector privado vantagem, patrimonial ou não patrimonial, como contrapartida de acto ou omissão que constitua uma violação dos seus deveres funcionais e de onde resulte uma distorção da concorrência ou prejuízo patrimonial para terceiros.

V. *Crime; Corrupção; Corrupção activa; Corrupção passiva no sector privado; Omissão; Dever.*

Corrupção de substâncias alimentares ou medicinais (Dir. Penal) – Crime previsto no artigo 282.º, C. P., que se verifica quando alguém, no aproveitamento, produção, confecção, fabrico, embalagem, transporte, tratamento ou outra actividade que sobre elas incida, de substâncias destinadas a consumo alheio, para serem comidas, mastigadas, bebidas, para fins medicinais ou cirúrgicos, as corrompe, falsifica, altera, reduz o seu valor nutritivo ou terapêutico, ou lhes junta ingredientes; ou quando alguém dissimula, vende, expõe à venda, tem em depósito para venda ou de qualquer forma entrega ao consumo alheio as substâncias referidas depois do prazo de validade ou estiverem avariadas, corruptas ou alteradas, criando deste modo perigo para a vida ou para a integridade física de outrem.

A negligência é punida, nos termos dos n.ᵒˢ 2 e 3 do artigo 282.º: o n.º 2 prevê a punição nos casos em que o perigo é criado negligentemente (embora a conduta seja dolosa), e o n.º 3 prevê a punição nos casos em que a própria conduta criadora do perigo é negligente.

V. *Crime; Crime de perigo concreto; Negligência.*

Corrupção no desporto (Dir. Penal) – O Decreto-Lei n.º 390/91, de 10 de Outubro, continha um conjunto de infracções penais relacionadas com a corrupção no desporto.

Os artigos 2.º, 3.º, 4.º e 5.º do mencionado diploma previam crimes relativos à oferta de vantagens e ao seu recebimento, para alterar ou falsear o resultado desportivo; previam também crimes relativos à administração de substâncias ou produtos susceptíveis de alterar o rendimento desportivo dos praticantes.

O DL n.º 390/91 foi revogado pela Lei n.º 50/2007, de 31 de Agosto, relativa à verdade, lealdade e correcção na actividade desportiva. Os artigos 8.º e 9.º da referida Lei prevêem os crimes de corrupção passiva e de corrupção activa, respectivamente.

De acordo com o referido artigo 8.º, é punido com pena de 1 a 5 anos de prisão o agente desportivo que por si ou mediante o seu consentimento ou ratificação, por interposta pessoa, solicitar ou aceitar, para si ou para terceiro, sem que lhe seja devida, vantagem patrimonial ou não patrimonial, ou a sua promessa, para um qualquer acto ou omissão destinados a alterar ou falsear o resultado de uma competição desportiva.

Nos termos do mencionado artigo 9.º, é punido com pena de prisão até 3 anos quem, por si ou mediante o seu consentimento ou ratificação, por interposta pessoa, der ou prometer a agente desportivo, ou a terceiro com conhecimento daquele, vantagem patrimonial ou não patrimonial, que lhe não seja devida, com o fim de alterar ou falsear o resultado de uma competição desportiva. A tentativa é punível.

É agente desportivo o participante, a qualquer título, numa competição desportiva, bem como os dirigentes desportivos (cf. artigo 1.º da Lei n.º 50/2007, de 31 de Agosto).

O artigo 10.º. prevê, ainda, o crime de tráfico de influência (que se traduz na aceitação de vantagem para abuso de influência junto de agente desportivo para obter decisão destinada a falsear o resultado de uma competição desportiva).

V. *Crime; Acto Omissão; Resultado; Tentativa.*

Corrupção passiva no sector privado (Dir. Penal) – Crime previsto no artigo 41.º-B do Decreto-Lei n.º 28/84, de 20 de Janeiro, que ocorre quando alguém que exerce funções, incluindo as de direcção, para uma qualquer entidade do sector privado, ainda que irregularmente constituída, por si ou por interposta pessoa, solicita ou aceita vantagem patrimonial ou não patrimonial, ou a sua promessa, como contrapartida de acto ou omissão que constitua uma violação dos seus deveres funcionais e de onde resulte uma distorção da concorrência ou prejuízo patrimonial para terceiros.

V. *Crime; Corrupção; Corrupção activa no sector privado.*

Corrupção passiva para acto ilícito (Dir. Penal) – Crime previsto no artigo 372.º, C. P., que ocorre quando um funcionário por si ou por interposta pessoa, com o seu consentimento ou ratificação, solicita ou aceita, para si ou para terceiro, sem que lhe seja devida, vantagem patrimonial ou não patrimonial, ou a sua promessa, para um qualquer acto ou omissão contrários aos deveres do cargo.

O artigo 16.º da Lei n.º 34/87, de 16 de Julho, consagra a incriminação da "corrupção passiva para acto ilícito praticada por titular de cargo político".

O artigo 36.º do Código de Justiça Militar, aprovado pela Lei n.º 100/2003, de 15 de Novembro, consagra a incriminação da

corrupção passiva para acto ilícito no âmbito militar.
V. também o artigo 41.º-B do Decreto-Lei n.º 28/84, de 20 de Janeiro.
V. *Crime; Cargo político; Corrupção; Corrupção passiva para acto lícito; Crimes militares.*

Corrupção passiva para acto lícito (Dir. Penal) – Crime previsto no artigo 373.º, C. P., que se verifica quando um funcionário, por si ou por interposta pessoa – com o seu consentimento ou ratificação –, solicita ou aceita, para si ou para terceiro, sem que lhe seja devida, vantagem patrimonial ou não patrimonial, ou a sua promessa, para um qualquer acto ou omissão, embora não contrários aos deveres do cargo.
O artigo 17.º da Lei n.º 34/87, de 16 de Julho (infracções dos titulares de cargos políticos), consagra a incriminação da "corrupção passiva para acto lícito praticada por titular de cargo político".
V. o artigo 41.º-B do Decreto-Lei n.º 28/84, de 20 de Janeiro (Infracções económicas e contra a saúde pública), que consagra o crime de corrupção passiva no sector privado.
V. *Crime; Cargo político; Corrupção; Corrupção passiva para acto ilícito; Corrupção passiva no sector privado.*

Costume – Regra não ditada em forma de comando pelos poderes públicos, mas resultante de um uso geral e prolongado e da existência da generalizada convicção da conformidade com o Direito dessa prática.
Ele pode constituir assim uma fonte de direito.
Em Portugal, o problema de saber se o costume é ou não fonte de direito não pode ser simplesmente resolvido pela invocação do artigo 1.º do Código Civil, que determina que só a lei constitui fonte de direito, já porque não é razoável perguntar a uma das fontes existentes na ordem jurídica se admite uma outra, já porque o Código Civil é um diploma ordinário que não tem legitimidade para se pronunciar acerca de problemas, como este, em que está em causa a conformação de todo o sistema jurídico. Também disposições, como a do artigo 3.º do Código Civil, em nada relevam para a solução da questão, não só pelas razões já enunciados mas também porque esta norma se refere aos usos, que não se confundem com o costume. O uso caracteriza-se apenas pela prática reiterada, não havendo qualquer convicção da juridicidade dela, nem dos sujeitos que a praticam nem das autoridades encarregadas da aplicação do direito.
Um dos problemas mais delicados que a identificação de uma norma costumeira coloca, pelo menos num sistema jurídico como o nosso, é o da duração da prática que consubstancia o respectivo *corpus*: sem que se possa daqui retirar mais do que uma pequena indicação, não pode, porém, deixar de se referir uma disposição, como a do artigo 1400.º, n.º 1, C. C., que confere relevância ao costume "seguido há mais de vinte anos"; sublinha-se que esta não é, contudo, indicação de grande relevância, já porque, à uma, se trata de um regime muito restrito, já porque, à outra, estamos perante uma indicação legal, o que, como já se referiu, não pode ser decisivo para o carácter normativo do costume.
O artigo 348.º do Código Civil determina que "àquele que invocar direito consuetudinário [...] compete fazer a prova da sua existência e conteúdo; mas o tribunal deve procurar, oficiosamente, obter o respectivo conhecimento"; e acrescenta que "o conhecimento oficioso incumbe também ao tribunal, sempre que este tenha de decidir com base no direito consuetudinário [...] e nenhuma das partes o tenha invocado, ou a parte contrária tenha reconhecido a sua existência e conteúdo ou não haja deduzido oposição".
Impõe-se, entretanto, não esquecer que uma norma consuetudinária, como qualquer outra de natureza ordinária, só é válida se não violar a Constituição da República Portuguesa.
V. *Fontes de direito; Prova; Conhecimento oficioso; Tribunal.*

Crianças (Dir. Penal) – Nos termos do artigo 2.º-g) da Lei n.º 31/2004, de 22 de Julho, relativa às violações do direito internacional humanitário, crianças são todos os seres humanos com idade inferior a 18 anos, nos termos da Convenção sobre os Direitos das Crianças, de 20 de Novembro de 1989, ratificada pelo Decreto do Presidente da República n.º 49/90, de 12 de Setembro.

De acordo com a alínea a) do artigo 5.º da Lei de Protecção de Crianças e Jovens em Perigo, aprovada pela Lei n.º 147/99, de 1 de Setembro, alterada pela Lei n.º 31/2003, de 22 de Agosto, criança ou jovem é a pessoa com menos de 18 anos ou a pessoa com menos de 21 anos que solicite a continuação da intervenção iniciada antes de atingir os 18 anos.

V. a Convenção Relativa à Protecção das Crianças e à Cooperação em Matéria de Adopção Internacional, adoptada na Haia em 29 de Maio de 1993, que foi aprovada, para ratificação, pela Resolução da Assembleia da República n.º 8/2003, de 25 de Fevereiro, e ratificada pelo Decreto do Presidente da República n.º 6/2003, da mesma data; o respectivo instrumento de ratificação foi depositado em 19 de Março de 2004, estando a Convenção em vigor para Portugal desde 1 de Julho de 2004, conforme o Aviso n.º 110/2004, de 3 de Junho, e sendo a autoridade nacional competente a Direcção-Geral da Segurança Social da Família e da Criança.

O Protocolo Facultativo à Convenção sobre os Direitos da Criança Relativo à Venda de Crianças, Prostituição Infantil e Pornografia Infantil, aberto para assinatura em Nova Iorque em 25 de Maio de 2000, foi aprovado, para ratificação, pela Resolução da Assembleia da República n.º 16/2003, de 5 de Março, ratificado pelo Decreto do Presidente da República n.º 14/2003, da mesma data, tendo entrado em vigor para Portugal em 16 de Junho de 2003.

A Convenção sobre os Direitos da Criança foi concluída em Nova Iorque em 20 de Novembro de 1989, tendo sido aprovada, para ratificação, pela Resolução da Assembleia da República n.º 20/90, de 12 de Setembro, e ratificada pelo Decreto do Presidente da República n.º 49/97, da mesma data; o respectivo instrumento de ratificação foi depositado em 21 de Setembro de 1990, conforme aviso publicado no Diário da República, I-A série, de 26 de Outubro de 1990; esta Convenção teve uma alteração, no seu artigo 43.º, n.º 2, aprovada, para ratificação, pela Resolução da Assembleia da República n.º 12/98, de 19 de Março, e ratificada pelo Decreto do Presidente da República n.º 12/98, da mesma data; o Aviso n.º 267/98, de 20 de Novembro, tornou público que Portugal aceitou a alteração.

O Decreto do Presidente da República n.º 22/2003, de 28 de Março, ratifica o Protocolo Facultativo à Convenção sobre os Direitos da Criança Relativo à Participação em Conflitos Armados, adoptado em Nova Iorque em 25 de Maio de 2000, aprovado, para ratificação, pela Resolução da Assembleia da República n.º 22/2003; o instrumento de ratificação foi depositado em 19 de Agosto de 2003, conforme o Aviso n.º 211/2003, de 29 de Outubro.

V. *Direito internacional humanitário; Protecção de crianças e jovens em perigo; Adopção; Lenocínio e tráfico de menores.*

Crime (Dir. Penal) – Num sentido formal, define-se crime como acção típica, ilícita, culposa e punível.

O carácter fragmentário do direito penal justifica o começo da adjectivação da acção como típica, uma vez que, por força do princípio da legalidade, só é crime o que a lei tipifica como tal.

Afirmada a tipicidade, está indiciada a ilicitude, que só será afastada se se verificar uma causa de justificação.

O juízo de culpa decorre do princípio do respeito pela dignidade da pessoa humana. Com efeito, para aplicar uma pena a um sujeito, é necessário que esse sujeito possa ser pessoalmente censurado pelo facto que praticou. Caso contrário, a aplicação da pena nenhuma conexão terá com a decisão do agente, tornando este mero instrumento da prossecução de finalidades que lhe são alheias.

É ainda identificada pela doutrina a punibilidade num sentido estrito, como momento de ponderações que têm que ver com a necessidade, a adequação e com a proporcionalidade da punição.

À par desta definição, a doutrina, desde Feuerbach, procura identificar uma definição substancial ou material de crime.

O conceito material de crime decorre da Constituição da República, nomeadamente do artigo 18.º, n.º 2, na medida em que tal preceito apenas permite a restrição legal de direitos, liberdades e garantias quando limitada ao necessário para salvaguardar outros direitos e interesses constitucionalmente protegidos. Os princípios da proporcionalidade, da necessidade e da subsidiariedade do direito penal, ínsitos no princípio do Estado de direito democrático, apontam, pois, para uma delimitação da noção de crime em função da protecção de bens jurídicos.

Desse modo, crime é – agora numa perspectiva substancial, material – a conduta humana que afecta de modo particularmente grave bens jurídicos essenciais à subsistência da comunidade.

Uma noção material de crime possibilita uma abordagem crítica do direito penal vigente. Desde logo, permite afirmar que não pode ser crime qualquer facto contrário à ordem jurídica, ou seja, que existem limites à incriminação. Já a questão de saber se existem obrigações constitucionais de punir certos comportamentos não obtém resposta unânime da doutrina.

Crime, de acordo com o estabelecido no artigo 1.º-a), C. P. P., é o conjunto de pressupostos de que depende a aplicação ao agente de uma pena ou de uma medida de segurança.

O Tribunal Constitucional fez apelo ao conceito material de crime, entre outros, no Acórdão n.º 211/95, publicado no *Diário da República*, II série, de 24 de Junho de 1995, no qual apreciou, no âmbito da fiscalização concreta da constitucionalidade, a conformidade à Constituição da norma incriminadora da deserção na marinha mercante, concluindo pela respectiva inconstitucionalidade. V. o Acórdão n.º 527/95 que procedeu à generalização do referido juízo de inconstitucionalidade, publicado no *Diário da República*, I-A série, de 10 de Novembro de 1995.

V. ainda o Acórdão do Tribunal Constitucional n.º 83/95, publicado no *Diário da República*, II série, de 16 de Junho de 1995, no qual o Tribunal Constitucional decidiu não julgar inconstitucional a incriminação da circulação automóvel sem carta de condução (artigo 1.º do Decreto-Lei n.º 123/90, de 14 de Abril).

V. *Ilicitude; Tipicidade; Causas de justificação; Culpa; Pena; Punibilidade; Princípio da legalidade; Princípio da necessidade; Princípio da proporcionalidade; Princípio da subsidiariedade; Bem jurídico; Princípio da fragmentariedade; Carta de condução; Constituição da República Portuguesa; Medida de segurança; Inconstitucionalidade.*

Crime aduaneiro (Dir. Penal) – São crimes aduaneiros os previstos nos artigos 92.º a 102.º da Lei n.º 15/2001, de 5 de Junho, que contém o Regime Geral das Infracções Tributárias.

Os crimes aduaneiros são: o contrabando, o contrabando de circulação, o contrabando de mercadorias de circulação condicionada em embarcações, a fraude no transporte de mercadorias em regime suspensivo, a introdução fraudulenta no consumo, a violação de garantias aduaneiras, a quebra de marcas e selos e a receptação de mercadorias objecto de crime aduaneiro.

V. *Crime; Contrabando; Contrabando de circulação; Contrabando de mercadorias de circulação condicionada em embarcações; Fraude no transporte de mercadorias em regime suspensivo; Introdução fraudulenta no consumo; Violação das garantias aduaneiras; Quebra de marcas e de selos; Receptação de mercadorias objecto de crime aduaneiro.*

Crime agravado pelo resultado (Dir. Penal) – V. *Crime; Resultado; Agravação pelo resultado.*

Crime artificial (Dir. Penal) – Expressão que designa as incriminações às quais não subjaz uma inequívoca ressonância ética pré-legal, ou seja, incriminações cujo desvalor decorre essencialmente da intervenção do legislador, não sendo identificável um correspondente desvalor social pré-jurídico.

Pode indicar-se como exemplo de crime artificial o crime de violação de normas de execução orçamental, previsto no artigo 14.º-c), da Lei n.º 34/87, de 16 de Julho, relativo aos crimes de responsabilidade dos titulares de cargos políticos, segundo o qual é punido o titular do cargo político que autorize alterações orçamentais proibidas por lei.

V. *Crime; Crime natural; "Mala prohibita"; Violação de normas de execução orçamental; Cargo político.*

Crime base (Dir. Penal) – A expressão (que é sinónimo de crime simples) é utilizada para referir os tipos incriminadores que prevêem condutas na sua forma simples, em relação às quais se criam tipos privilegiados ou tipos qualificados ou agravados, através da previsão de várias circunstâncias.
Assim, por exemplo, o homicídio simples (artigo 131.º, C. P.), com base no qual são construídos os demais homicídios dos artigos 132.º e segs..
V. *Crime; Tipo; Agravação; Crime privilegiado; Qualificação; Tipo base; Homicídio.*

Crime cometido em tempo de guerra (Dir. Penal) – De acordo com o artigo 8.º do Código de Justiça Militar, aprovado pela Lei n.º 100/2003, de 15 de Novembro, são considerados cometidos em tempo de guerra "os perpetrados estando Portugal em estado de guerra declarada com país estrangeiro".
O artigo 9.º do mesmo Código equipara, para determinados efeitos (aplicação do disposto no Livro I e nos Capítulos I a V do livro II do Código de Justiça Militar), a crimes cometidos em tempo de guerra "os perpetrados em estado de sítio ou em ocasião que pressuponha a aplicação das Convenções de Genebra para a Protecção das Vítimas de Guerra, bem como os relacionados com o empenhamento das Forças Armadas ou de outras forças militares em missões de apoio à paz, no âmbito dos compromissos internacionais assumidos pelo Estado Português".
As Convenções de Genebra encontram-se identificadas nas alíneas c), d) e e) do artigo 2.º da Lei n.º 31/2004, de 22 de Janeiro.
V. *Crime, Código de Justiça Militar; Convenções de Genebra.*

Crime complexo (Dir. Penal) – Crime cujo cometimento implica a afectação de mais do que um bem jurídico, ainda que sejam identificáveis vários níveis de protecção dos bens jurídicos abrangidos pela tutela conferida pela norma incriminadora.
Constitui exemplo de um crime complexo o crime de roubo (artigo 210.º, C. P.), uma vez que visa a protecção de bens patrimoniais e de bens pessoais.

A classificação decorre da distinção que contrapõe aos crimes complexos os crimes simples.
V. *Crime, Bem jurídico; Roubo; Crime base.*

Crime comum (Dir. Penal) – V. *Crime; Crime geral.*

Crime continuado (Dir. Penal) – De acordo com o artigo 30.º, n.º 2, C. P., constitui um só crime – continuado – a realização plúrima do mesmo tipo de crime ou de vários tipos de crime que fundamentalmente protejam o mesmo bem jurídico, executada por forma essencialmente homogénea e no quadro de uma mesma situação exterior que diminua consideravelmente a culpa do agente.
O regime do crime continuado, cuja aplicação é excluída dos crimes praticados contra bens eminentemente pessoais (salvo tratando-se da mesma vítima – n.º 3 do artigo 30.º, C. P.), tem por fundamento a menor culpa do agente, já que a situação (de facilitação – o quadro da solicitação de uma mesma situação exterior que diminua consideravelmente a culpa do agente, a que se refere o n.º 2 do artigo 30.º, C. P.) em que ele actua atenua as resistências naturais à prática de crimes.
O crime continuado é punível com a pena aplicável à conduta mais grave que integra a continuação – v. artigo 79.º, C. P.. Assim, por exemplo se forem praticados vários furtos, alguns qualificados, outros simples, a pena será a do furto qualificado (artigos 203.º e 204.º, C. P.).
V. *Crime; Bem jurídico; Concurso de crimes; Culpa; Furto.*

Crime contra a humanidade (Dir. Penal) – Crime previsto no artigo 9.º da Lei n.º 31/2004, de 22 de Julho (relativa às infracções de direito internacional humanitário), que se traduz, genericamente, na prática, num quadro de um ataque generalizado ou sistemático contra qualquer população civil, de um conjunto de crimes expressamente enunciados no referido artigo, tais como homicídio, extermínio, escravidão, deportação, privação da liberdade, tortura, ameaça, perseguição, *apartheid* ou actos desumanos, entre outros.

Ver ainda o artigo 7.º do Estatuto de Roma do Tribunal Penal Internacional e os artigos 7 a 7 (1) (k) do Relatório da Comissão Preparatória do Tribunal Penal Internacional, que prevêem os crimes contra a humanidade bem como os respectivos elementos.
V. *Crime; Crimes de guerra; Tribunal Penal Internacional; Homicídio; Escravidão; Ameaça; Prescrição.*

Crime de agressão (Dir. Penal) – Crime da competência do Tribunal Internacional Penal, de acordo com o artigo 5.º, n.º 1-*d*), do Estatuto de Roma do Tribunal Internacional Penal.
A competência do Tribunal Penal Internacional para o julgamento do crime de agressão depende, porém, da aprovação de uma disposição em que se enunciem as condições dessa competência e em que se definam os elementos do crime (como resulta do n.º 3 do referido artigo 5.º), aprovação que ainda não ocorreu, pelo que o Tribunal ainda não pode realizar julgamentos pelo crime de agressão.
V. *Crime; Tribunal Penal Internacional.*

Crime de aptidão (Dir. Penal) – V. *Crime; Crime de perigo abstracto-concreto.*

Crime de atentado (Dir. Penal) – V. *Crime; Crime de empreendimento.*

Crime de condução perigosa de veículo rodoviário (Dir. Penal) – V. *Condução perigosa de veículo rodoviário.*

Crime de dano (Dir. Penal) – Expressão que, em sinonímia com a de *crime de lesão*, se refere aos crimes cuja consumação implica a efectiva afectação do bem jurídico tutelado pela norma incriminadora.
A classificação decorre da distinção que contrapõe aos crimes de dano os crimes de perigo.
A expressão é também utilizada para referir os crimes patrimoniais cuja consumação implica uma afectação (destruição, inutilização, desfiguração) da coisa objecto do crime, por contraposição aos crimes patrimoniais cuja consumação implica uma deslocação da coisa (crimes de deslocação).

O crime que é legalmente designado por crime de dano (artigo 212.º, C. P.) enquadra-se nesta classificação doutrinal (é um crime patrimonial).
O crime de furto (artigo 203.º, C. P.) é um crime de deslocação. Os crimes de deslocação ainda podem ser divididos em crimes de fazer entregar e crimes de tomar. A conduta típica dos crimes de fazer entregar traduz-se numa actuação sobre um terceiro que, como a designação indica, o leva a fazer entrega da coisa objecto do crime. A burla (artigo 217.º, C. P.) é, neste sentido, um crime de fazer entregar. A conduta típica dos crimes de tomar traduz-se, por seu turno, em adquirir, por acção do próprio agente, o poder sobre a coisa objecto do crime. O crime de furto é um crime de tomar.
V. *Crime; Bem jurídico; Consumação; Crime de perigo; Furto; Burla.*

Crime de deslocação (Dir. Penal) – V. *Crime de dano.*

Crime de deslocamento (Dir. Penal) – Crime previsto no artigo 101.º da Lei n.º 107/2001, de 8 de Setembro (Lei do Património Cultural), que se traduz no "deslocamento de um bem imóvel classificado ou em vias de classificação", isto é, na remoção de um imóvel "do lugar que lhe compete, salvo se, na sequência do procedimento previsto na lei, assim for julgado imprescindível por motivo de força maior ou por manifesto interesse público, em especial no caso de a salvaguarda material do mesmo o exigir imperativamente, devendo então a autoridade competente fornecer todas as garantias necessárias quanto à desmontagem, à remoção e à reconstrução do imóvel em lugar apropriado" – artigo 48.º.
V. *Crime; Coisa imóvel.*

Crime de desobediência Dir. Penal) – V. *Desobediência.*

Crime de destruição de vestígios (Dir. Penal) – Crime previsto no artigo 103.º da Lei n.º 107/2001, de 8 de Setembro (Lei do Património Cultural), que se traduz na destruição de vestígios, bens ou outros indícios arqueológicos, em incumprimento

de disposições legais ou regulamentares ou de providências limitativas decretadas em conformidade com a Lei do Património Cultural.
V. *Crime*.

Crime de difamação (Dir. Penal) – V. *Difamação*.

Crime de embriaguez e intoxicação (Dir. Penal) – Crime previsto no artigo 295.º, C. P., que ocorre quando alguém, "pelo menos por negligência, se colocar em estado de inimputabilidade derivado da ingestão ou consumo de bebida alcoólica ou de substância tóxica e, nesse estado, praticar facto ilícito típico".
A pena prevista é a de prisão até 5 anos ou a de multa até 600 dias, não podendo, porém, ser superior à prevista para o facto ilícito típico praticado.
V. *Crime; Negligência; Inimputabilidade; Ilicitude; Tipo; Pena; Pena de prisão; Pena de multa*.

Crime de emissão de cheque sem provisão (Dir. Penal) – Crime previsto no artigo 11.º do Decreto-Lei n.º 454/91, de 28 de Dezembro, alterado pelos Decretos-Leis n.ᵒˢ 316/97, de 19 de Novembro, 323/2001, de 17 de Dezembro, e 83/2003, de 24 de Abril, e pela Lei n.º 42/2005, de 29 de Agosto, que se traduz genericamente na emissão de cheque para pagamento de quantia superior a € 150 sem provisão, causando-se desse modo prejuízo patrimonial ao tomador do cheque ou a terceiro.
V. o Acórdão uniformizador do Supremo Tribunal de Justiça n.º 13/97, de 8 de Maio, publicado no *Diário da República*, I-A série, de 18 de Junho de 1996, que decidiu: "A declaração «devolvido por conta cancelada», aposta no verso do cheque pela entidade bancária sacada, equivale, para efeitos penais, à verificação de pagamento por falta de provisão, pelo que deve haver-se por preenchida esta condição objectiva de punibilidade do crime de emissão de cheque sem provisão, previsto e punível pelo artigo 11.º, n.º 1, alínea *a*), do Decreto-Lei n.º 454/91, de 28 de Dezembro".
V. o Assento n.º 4/99, de 4 de Fevereiro de 1999, publicado no *Diário da República*, I-A série, de 30 de Março de 1999, em que se fixou a seguinte doutrina "No domínio do Código Penal de 1982, o crime de emissão de cheque sem provisão, previsto e punido pelo artigo 11.º, n.º 1, do Decreto-Lei n.º 454/91, de 28 de Dezembro, tinha a natureza pública, sendo ineficaz a desistência de queixa pelo ofendido, sem prejuízo do disposto nos artigos 313.º, n.º 2, e 303.º do mesmo Código".
Por seu lado, o Assento n.º 4/2000, de 19 de Janeiro, publicado no *Diário da República*, I-A série, de 17 de Fevereiro de 2000, decidiu: "Se, na vigência do Código Penal de 1982, mas antes do início do Decreto-Lei n.º 454/91, depois de ter preenchido, assinado e entregue o cheque ao tomador, o sacador solicita, por escrito, ao banco sacado que não o pague porque se extraviou (o que sabe não corresponder à realidade) e se, por isso, quando o tomador/portador lhe apresenta o cheque, dentro do prazo legal de apresentação, o sacado recusa o pagamento e, no verso do título, lança a declaração de que o cheque não foi pago por aquele motivo, o sacador não comete o crime previsto e punido pelo artigo 228.º, n.ᵒˢ 1, alínea *b*), e 2, nem o previsto e punido pelo artigo 228.º, n.º 1, alínea *b*), do Código Penal de 1982".
V. *Crime; Condições objectivas de punibilidade; Crime público; Desistência; Ofendido; Tomador do cheque; Sacador; Sacado*.

Crime de empreendimento (Dir. Penal) – Nos crimes de empreendimento, o tipo incriminador procede à equiparação entre actos de execução característicos da tentativa e a própria consumação, ou seja, nos crimes de empreendimento, a conduta típica traduz-se, materialmente, na prática de actos de execução.
São crimes de empreendimento, entre outros, os previstos nos artigos 325.º e 327.º, C. P. (Alteração violenta do Estado de direito e Atentado contra o Presidente da República, respectivamente), uma vez que a conduta punida por tais preceitos se traduz, materialmente, na tentativa de alteração ou de subversão do Estado de direito (no caso do artigo 325.º) e na tentativa de cometimento de crime contra a vida, integridade física ou liberdade do Presidente da República (no caso do artigo 327.º).

V. *Crime; Tipo; Actos de execução; Tentativa; Consumação; Alteração violenta do Estado de direito; Atentado contra o Presidente da República; Integridade física.*

Crime de estado (Dir. Penal) – Crime cuja consumação implica uma situação lesiva reversível prolongada para lá da consumação.
É exemplo de crime de estado o de furto, enquanto a coisa furtada for recuperável.
V. *Crime; Consumação; Crime duradouro; Furto.*

Crime de execução instantânea (Dir. Penal) – Crime cuja execução ocorre por força de um só acto.
A classificação decorre de um critério distintivo que contrapõe os crimes de execução instantânea aos crimes pluri-executivos.
V. *Crime; Actos de execução; Crime pluri-executivo.*

Crime de exportação ilícita (Dir. Penal) – Crime previsto no artigo 102.º da Lei n.º 107/2001, de 8 de Setembro (Lei do Património Cultural), que se traduz na exportação ou expedição de um bem classificado como de interesse nacional ou em vias de classificação como tal.
A negligência é punida, nos termos do n.º 2 do mesmo artigo.
V. *Crime; Negligência.*

Crime de fazer entregar (Dir. Penal) –
V. *Crime; Crime de dano.*

Crime de forma livre (Dir. Penal) – Crime cuja descrição típica abrange qualquer acção susceptível de originar o evento típico.
Nestes crimes, o tipo não determina o modo de cometimento do crime, pelo que a sua execução não se encontra vinculada, antes é livre (no modo de concretização), importando somente imputar o resultado típico produzido à acção do agente.
É exemplo de um crime de forma livre o crime de homicídio (artigo 131.º, C. P.), já que a conduta típica é caracterizada pelo verbo "matar", não se indicando um modo específico de o fazer.

A classificação decorre de um critério de distinção que contrapõe aos crimes de forma livre os crimes de forma vinculada, crimes que se caracterizam por a descrição típica apenas se referir a um determinado modo de execução do facto.
V. *Crime; Homicídio; Crime de forma vinculada; Tipo causal; Tipo modal; Tipo.*

Crime de forma vinculada (Dir. Penal) – Crime cuja descrição típica apenas se refere a um determinado modo de execução.
Nestes crimes, o tipo determina o modo de produção do evento típico.
O crime só é cometido se o agente executar o crime através da conduta tipicamente descrita, isto é, o cometimento do crime encontra-se vinculado ao modo de execução que o tipo prevê.
É exemplo de um crime de forma vinculada o crime de homicídio qualificado previsto na alínea c) do n.º 2 do artigo 132.º, C. P., na medida em que prevê o cometimento do homicídio através de tortura ou acto de crueldade. Prevê, portanto, um modo específico de matar outrem.
A classificação decorre de um critério de distinção que contrapõe aos crimes de forma vinculada aos crimes de forma livre.
V. *Crime; Homicídio qualificado; Crime de forma livre; Tipo causal; Tipo modal; Tipo; Tortura.*

Crime de genocídio (Dir. Penal) – Crime previsto no artigo 8.º da Lei n.º 31/2004, de 22 de Julho (diploma relativo às violações de direito humanitário, que revogou o artigo 239.º, C. P.), que se considera praticado quando alguém, com intenção de destruir, no todo ou em parte, um grupo nacional, étnico, racial ou religioso, como tal, pratica homicídio de membros do grupo, ofensa à integridade física grave de membros do grupo, sujeição do grupo a condições de existência ou a tratamentos cruéis, degradantes ou desumanos, susceptíveis de virem a provocar a sua destruição, total ou parcial, transferência forçada de crianças de um para outro grupo, ou imposição de medidas destinadas a impedir a procriação ou os nascimentos no grupo.

O incitamento público e directo à prática de genocídio é punido nos termos do n.º 2 do artigo 8.º da mesma Lei n.º 31/2004.

A incriminação do acordo com vista à prática de genocídio consta do n.º 3 do mesmo preceito.

V. ainda o artigo 6.º do Estatuto de Roma do Tribunal Penal Internacional, bem como os artigos 6 a 6(e) do Relatório da Comissão Preparatória do Tribunal Penal Internacional, que prevêem o crime de genocídio e os respectivos elementos.

V. *Crime; Direito internacional humanitário; Integridade física, Crianças; Crimes de guerra; Prescrição; Tribunal Penal Internacional (TPI)*.

Crime de imprensa (Dir. Penal) – V. *Crimes cometidos através da imprensa*.

Crime de lesão (Dir. Penal) – O mesmo que *crime de dano* (v. esta expressão).

Crime de mão própria (Dir. Penal) – Expressão que se refere a crimes que apenas implicam a responsabilidade do autor material.

Dito de outro modo, o crime de mão própria só pode ser cometido pelo agente que efectivamente pratica o facto.

É indicado pela doutrina como exemplo de crime de mão própria o crime de violação.

Ainda numa outra formulação, o crime de mão própria pressupõe uma especial condição do agente (como, por exemplo, o crime de condução de veículo em estado de embriaguez – artigo 292.º, C. P.).

V. *Crime; Autor; Agente; Violação; Condições subjectivas de punibilidade; Condução de veículo em estado de embriaguez ou sob a influência de estupefacientes ou substâncias psicotrópicas*.

Crime de mera actividade (Dir. Penal) – Classificação que se refere a crimes cuja consumação ocorre com o comportamento do agente, não exigindo o tipo qualquer evento material espacial e temporalmente autonomizado da conduta típica.

É exemplo de um crime de mera actividade o de violação de domicílio (artigo 191.º, C. P.), já que a acção de entrar em casa de outrem sem a devida autorização origina a consumação do crime.

A classificação decorre da distinção que contrapõe os crimes de mera actividade aos crimes de resultado.

V. *Crime; Agente; Consumação; Violação de domicílio; Crime de resultado*.

Crime de participação facultativa (Dir. Penal) – V. *Crime; Crime monossubjectivo*.

Crime de participação necessária (Dir. Penal) – V. *Crime; Crime plurissubjectivo*.

Crime de perigo (Dir. Penal) – Crime cuja consumação formal somente origina a possibilidade forte de lesão do bem jurídico protegido pelo respectivo tipo incriminador (perigo de lesão) e não a sua efectiva lesão.

É exemplo de um crime de perigo o crime de exposição ou abandono (artigo 138.º, C. P.). Trata-se de um crime que se considera consumado com a produção do perigo para a vida da vítima, não sendo exigido a produção da morte.

A classificação decorre de um critério que contrapõe os crimes de perigo aos crimes de lesão ou de dano.

V. *Crime; Consumação formal; Bem jurídico; Tipo; Exposição ou abandono; Crime de dano; Crime de perigo abstracto; Crime de perigo abstracto-concreto; Crime de perigo concreto; Perigo; Vítima*.

Crime de perigo abstracto (Dir. Penal) – Crime de perigo, em que a perigosidade da conduta típica é presumida pela lei.

Sendo a perigosidade pressuposta pela lei, o tipo não contempla qualquer referência expressa a ela, ou seja, da descrição normativa do crime não consta qualquer referência ao perigo. O perigo consubstancia, pois, o motivo da proibição, não exigindo a lei a concreta colocação em perigo do bem jurídico – como acontece com os crimes de perigo concreto.

É exemplo de um crime de perigo abstracto o crime de contrafacção de moeda (artigo 262.º, C. P.), já que basta, para a consumação do crime, a contrafacção da moeda com intenção de a colocar em circulação, independentemente de essa colocação vir a ocorrer.

V. *Crime; Crime de perigo; Bem jurídico; Crime de perigo abstracto-concreto; Crime de perigo concreto; Tipo; Contrafacção de moeda; Moeda.*

Crime de perigo abstracto-concreto (Dir. Penal) – Crime de perigo, cuja perigosidade é inerente à própria conduta (aproximando-se, por esta via, dos crimes de perigo abstracto), mas cujo tipo exige uma especial perigosidade da conduta, isto é, uma perigosidade da conduta particularmente intensa – o que, por se tratar de uma exigência relativa à perigosidade, aproxima esta categoria dos crimes de perigo concreto.

Dito de outro modo: em sentido formal, o tipo não se refere à perigosidade; no entanto, de um ponto de vista substancial, só as condutas particularmente aptas a produzir o perigo proibido é que preenchem o tipo incriminador (daí também se designarem como crimes de aptidão).

É indicado por Taipa de Carvalho, *Comentário Conimbricence do Código Penal*, Tomo II, 1999, comentário ao artigo 295.º, como exemplo de um crime de perigo abstracto-concreto, o crime de embriaguez e intoxicação, previsto no artigo 295.º, C. P..

V. *Crime; Crime de perigo; Crime de perigo abstracto; Crime de perigo concreto; Tipo; Embriaguez.*

Crime de perigo concreto (Dir. Penal) – Crime de perigo, cujo tipo prevê como resultado o próprio perigo referente a determinados bens jurídicos. O perigo é expressamente previsto pela norma incriminadora como resultado da conduta típica.

Assim, o crime só se consuma no momento em que é verificável factualmente uma situação de perigo, não bastando a realização da conduta pelo agente.

Por exemplo, o crime de abandono, previsto no artigo 138.º, C. P., é um crime de perigo concreto, já que a lei exige que se verifique perigo efectivo (concreto), não bastando que o agente abandone a vítima. Pode haver abandono, sem que haja perigo. Nesse caso, o crime não está consumado. Por exemplo, se a pessoa responsável pela vigilância de uma criança de 3 anos a deixar no quarto de brincar enquanto fala com uma amiga ao telefone e a criança não sair do quarto, mantendo a sua brincadeira inócua, pode concluir-se que houve abandono, mas não houve perigo; se, porém, na mesma hipótese, a criança abrir a janela e subir ao parapeito, tratando-se de uma apartamento num 7.º andar, então já haverá perigo concreto, pelo que o crime estará consumado.

Os crimes de perigo concreto são, pois, crimes de resultado – o resultado é o próprio perigo.

V. *Crime; Bem jurídico; Crime de perigo; Perigo; Agente; Exposição ou abandono; Crime de perigo abstracto; Crime de perigo abstracto-concreto; Consumação; Crime de resultado; Resultado.*

Crime de resultado (Dir. Penal) – Crime cujo tipo prevê um evento material que se autonomiza espacial e temporalmente da conduta do agente.

Esta categoria de crimes suscita a questão do estabelecimento de um nexo causal entre o resultado e a conduta ou, antes, o problema da imputação objectiva.

O evento material não se confunde conceptualmente com o evento jurídico que consubstancia a lesão ou ameaça de lesão do bem jurídico protegido pela norma incriminadora.

Por exemplo, no crime de ofensa à integridade física simples (artigo 143.º, C. P.), o evento material é a lesão no corpo da vítima; o evento jurídico é a ofensa ao bem jurídico integridade física (que, no caso concreto, tem por suporte físico a própria vítima). Já, no crime de contrafacção de moeda (artigo 262.º, C. P.), o evento material é a moeda contrafeita, enquanto o evento jurídico é o perigo para a circulação de valores monetários.

A classificação decorre de um critério de distinção que contrapõe aos crimes de resultado os crimes de mera actividade.

V. *Crime; Resultado; Agente; Causalidade; Nexo de causalidade; Imputação objectiva; Bem jurídico; Contrafacção de moeda; Moeda; Crime de mera actividade; Evento jurídico; Evento material; Vítima; Norma.*

Crime de resultado cortado (Dir. Penal) – Por via de regra, a tipicidade subjectiva incide sobre a tipicidade objectiva, ou seja, diz-se que existe dolo quando o agente conhece e quer praticar o facto objectivamente descrito no tipo de crime. Assim, o dolo – isto é, o conhecer e querer uma determinada actuação – tem por objecto os elementos objectivos do tipo.

Nos crimes de resultado cortado, ou crimes incongruentes ou ainda crimes de resultado parcial, o elemento subjectivo do tipo é mais abrangente do que os elementos objectivos, isto é, há uma parte da tipicidade subjectiva que não tem correspondente na tipicidade objectiva, já que o agente actua com uma determinada intenção que não se refere a um qualquer elemento que se encontre descrito no tipo objectivo de crime.

O furto (artigo 203.º, C. P.) é um crime de resultado cortado, uma vez que é necessário para o seu cometimento, para além do dolo de subtracção de coisa móvel alheia, que o agente actue (subtraia coisa móvel alheia) com ilegítima intenção de apropriação. Este elemento subjectivo especial do tipo (a ilegítima intenção de apropriação) não se refere a um elemento objectivo da tipicidade, já que não é necessário, para que o crime se considere consumado, a efectiva apropriação da coisa.

V. *Crime; Tipo; Dolo; Elementos objectivos do tipo; Elementos subjectivos do tipo; Crime de resultado; Furto; Coisa móvel; Agente; Consumação.*

Crime de resultado parcial (Dir. Penal) – V. *Crime; Crime de resultado cortado.*

Crime de tomar (Dir. Penal) – V. *Crime; Crime de dano.*

Crime diverso (Proc. Penal) – De acordo com a alínea *f)* do artigo 1.º, C. P. P., constitui alteração substancial dos factos aquela que tem por efeito a imputação ao arguido de um crime diverso. A noção de crime diverso não é, assim, dada pela lei.

Frederico Isasca considera que existe crime diverso quando se verifica uma alteração da imagem social ou da valoração social do objecto do processo, por força de uma alteração de factos ocorrida nos autos (sendo que, em caso de dúvida, deve o tribunal concluir pela natureza diversa do crime imputado, cumprindo sempre as garantias de defesa do arguido – v. *Alteração Substancial dos Factos e sua relevância no Processo Penal Português*, 1992, págs. 115 e segs).

V. *Crime; Alteração substancial dos factos; Objecto do processo.*

Crime duradouro (Dir. Penal) – Crime cuja consumação se prolonga no tempo, produzindo uma compressão reversível do bem jurídico tutelado pela norma incriminadora, cuja manutenção intensifica qualitativamente a afectação desse bem. Por exemplo, a privação da liberdade pessoal torna-se tanto mais grave quanto mais tempo durar, pelo que a lei qualifica como circunstância agravante do sequestro e do rapto a duração por mais de dois dias – artigos 158.º, n.º 2-*a*), e 160.º, n.º 2-*a*), C. P..

É, pois, exemplo de crime duradouro o crime de sequestro, previsto no artigo 158.º, C. P..

Enquanto a situação lesiva subsistir será possível a actuação em legítima defesa por parte de um terceiro.

Por outro lado, o prazo de prescrição só se inicia no dia em que cessar a consumação, de acordo com o artigo 119.º, n.º 2-*a*), C. P..

A classificação decorre de um critério de distinção que contrapõe aos crimes duradouros os crimes instantâneos.

V. *Crime; Bem jurídico; Circunstâncias agravantes; Sequestro; Rapto; Legítima defesa; Prescrição; Consumação; Crime instantâneo.*

Crime especial (Dir. Penal) – Crime cujo tipo prevê características especiais ou qualidades do agente, tais como a de funcionário ou a de descendente ou ascendente.

A classificação decorre de um critério de distinção que contrapõe os crimes especiais aos crimes gerais.

V. *Crime; Funcionário; Descendente; Ascendente; Crime geral; Elementos subjectivos do tipo; Crime especial impróprio; Crime especial próprio.*

Crime especial impróprio (Dir. Penal) – Crime cujo tipo prevê determinadas características do agente, existindo incriminação paralela para os agentes que não detêm essas características.

Nestes crimes, a característica típica do agente não é fundamento da incriminação, mas sim da agravação.

V. crime de peculato e crime de abuso de confiança (artigos 375.º e 205.º, C. P., respectivamente) – o crime de abuso de confiança traduz-se na apropriação de coisa transmitida a título não translativo da propriedade e pode ser cometido por qualquer pessoa; se o agente for um funcionário e o bem apropriado estiver relacionado com o exercício das suas funções, então o crime cometido será o de peculato.

V. *Crime; Crime especial; Elementos subjectivos do tipo; Agente; Agravação; Peculato; Abuso de confiança; Crime geral; Crime especial próprio.*

Crime especial próprio (Dir. Penal) – Crime cujo tipo prevê características especiais do agente, não existindo incriminação paralela para os agentes que não detêm essas características.

Nestes crimes, a característica típica do agente é fundamento da incriminação, já que, se o agente que não tem as características exigidas pelo tipo incriminador praticar o facto legalmente descrito, não comete qualquer crime.

São exemplos os crimes de corrupção – artigos 372.º e segs., C. P. –, uma vez que só podem ser cometidos por funcionários, não existindo incriminação para as pessoas que cometam os mesmos factos, mas que não o sejam.

V. *Crime; Crime especial; Elementos subjectivos do tipo; Agente; Crime geral; Funcionário; Crime especial impróprio.*

Crime essencialmente militar (Dir. Penal) – V. *Crime; Crimes militares; Crime estritamente militar.*

Crime estritamente militar (Dir. Penal) – A Constituição da República refere-se aos crimes estritamente militares no seu artigo 213.º, ao estabelecer a competência dos tribunais militares.

De acordo com o n.º 2 do artigo 1.º do Código de Justiça Militar – aprovado pela Lei n.º 100/2003, de 15 de Novembro –, constitui crime estritamente militar o facto lesivo dos interesses militares de defesa nacional e os demais que a Constituição comete às Forças Armadas e como tal qualificado pela lei.

A partir de 1997, a Constituição da República passou a aludir a crimes estritamente militares. O conceito de crime estritamente militar é utilizado pela Constituição como parâmetro delimitador dos casos que os tribunais judiciais com composição mista e os tribunais militares julgam. O conceito serve também para circunscrever o âmbito de intervenção dos assessores especiais junto do Ministério Público e para definir o âmbito material da justiça penal militar e, consequentemente, do Código de Justiça Militar.

Quanto ao significado e alcance do conceito, a lei limitou-se, como se referiu, a uma definição mínima e formal: facto ilícito, típico e culposo lesivo de interesses militares da defesa nacional e dos demais que a Constituição comete às Forças Armadas. É necessário que a lei qualifique o facto como estritamente militar.

O Código de Justiça Militar não considera que os factos lesivos dos interesses dos militares da defesa nacional e dos demais cuja tutela a Constituição atribui às Forças Armadas só possam ser cometidos por militares. Por isso, há crimes estritamente militares comuns e específicos. Nos primeiros, o sujeito é indeterminado; nos segundos, os agentes possíveis ficam circunscritos a uma ou várias categorias de militares determinadas.

A lei, constitucional e infraconstitucional, adoptou a expressão crime estritamente militar em detrimento da expressão crime essencialmente militar.

O Tribunal Constitucional pronunciou-se sobre várias questões relacionadas com a noção de crime essencialmente militar. V., entre outros, os Acórdãos n.ᵒˢ 370/94 – publicado no *Diário da República*, II série, de 7 de Setembro de 1994 –, 679/94 e 680/94 – ambos publicados no *Diário da República*, II série, de 25 de Fevereiro de 1995 –, 958/96 – publicado no *Diário da República*, II série, de 19 de Dezembro de 1996 –, 967/96 – publicado no *Diário da República*. II série, de 24 de Dezembro de 1996 –, 271/97 – publicado no *Diário da República*, I-A série, de 15 de Maio de 1997 –, 47/99 – publicado no *Diário da República*, II série, de 26 de Março de 1999 –, 48/99 –

publicado no *Diário da República*, II série, de 29 de Março de 1999 –, 217/2001 – publicado no *Diário da República*, I-A série, de 21 de Junho de 2001 – e 337/2003, de 7 de Julho (inédito), que se pronunciaram, a maioria (os arestos que contêm juízos de não inconstitucionalidade são citados, fundamentalmente, pelas declarações de voto apostas), pela inconstitucionalidade de normas do Código de Justiça Militar que consagravam, no direito penal militar, soluções mais gravosas do que as consagradas no direito penal comum, tais como limites da pena mais elevados ou requisitos específicos em matéria de comparticipação.

V. *Crime; Crimes militares; Código de Justiça Militar; Assessoria militar; Crime geral; Crime especial; Tribunal; Tribunal militar; Ministério Público; Facto; Ilicitude; Tipicidade; Culpa; Agente; Pena; Comparticipação.*

Crime exaurido (Dir. Penal) – V. *Crime; Exaurimento.*

Crime fiscal Dir. Penal) – V. *Crimes tributários.*

Crime formal (Dir. Penal) – V. *Crime; Crime de mera actividade.*

Crime geral (Dir. Penal) – Crime, cujo tipo não estabelece qualquer exigência relativa ao agente, pelo que pode ser cometido por qualquer pessoa.

A classificação decorre de um critério que contrapõe aos crimes gerais os crimes especiais.

V. *Crime; Agente; Crime especial.*

Crime habitual (Dir. Penal) – V. *Crime; Habitualidade.*

Crime impossível (Dir. Penal) – Expressão utilizada para referir as situações em que o sujeito configura como crime um facto que não se encontra legalmente previsto como tal.

A configuração pelo agente de um facto típico que, na realidade, o não é, é criminalmente irrelevante.

V. *Crime.*

Crime incongruente (Dir. Penal) – V. *Crime; Crime de resultado cortado.*

Crime instantâneo (Dir. Penal) – Crime cuja consumação ocorre num momento preciso, nele se esgotando – por exemplo, o homicídio (artigo 131.º, C. P.).

A classificação decorre de um critério de distinção que contrapõe aos crimes instantâneos os crimes duradouros.

V. *Crime; Consumação; Homicídio; Crime duradouro.*

Crime material (Dir. Penal) – V. *Crime; Crime de resultado.*

Crime monoexecutivo (Dir. Penal) – Crime cuja consumação requer apenas a prática de um acto executivo.

É exemplo de crime monoexecutivo o crime de homicídio (artigo 131.º, C. P.).

A classificação decorre de um critério de distinção que contrapõe aos crimes monoexecutivos os crimes pluri-executivos.

V. *Crime pluri-executivo; Crime; Homicídio.*

Crime monossubjectivo (Dir. Penal) – Crime que, de acordo com a descrição típica, pode ser cometido por um único agente.

A classificação decorre de um critério de distinção que contrapõe aos crimes monossubjectivos os crimes plurissubjectivos.

V. *Crime; Agente; Crime plurissubjectivo.*

Crime natural (Dir. Penal) – Expressão que se refere a incriminações às quais subjaz um desvalor ético pré-jurídico.

Esta categoria de crimes, na qual se enquadra o núcleo central e tradicional do direito penal (assim, por exemplo, crimes contra as pessoas, crimes contra o património), mantém uma forte correspondência com o quadro axiológico social.

A classificação decorre de um critério de distinção que contrapõe aos crimes naturais os crimes artificiais.

V. *Crime; Crime artificial; "Mala in se".*

Crime omissivo (Dir. Penal) – V. *Omissão.*

Crime particular (Proc. Penal) – Crime que, como o próprio nome indica, não é público e, por isso, para ser investigado e processualmente tramitar, necessita, além de queixa do ofendido ou de outras pessoas, que o próprio ofendido deduza acusação particular e se constitua assistente (artigo 50.º, C. P. P.).

Todavia, o Ministério Público procede, igualmente, a quaisquer diligências que julgue indispensáveis à descoberta da verdade e que caibam na sua competência, participa nos actos processuais em que intervier a acusação particular, acusa conjuntamente com esta e recorre das decisões judiciais.

V. *Crime; Crime público; Queixa; Ofendido; Acusação particular; Assistente; Ministério Público; Acto processual; Recurso; Diligência; Competência.*

Crime permanente (Dir. Penal) – V. *Crime; Crime duradouro.*

Crime pluri-executivo (Dir. Penal) – Crime, cuja consumação requer a prática de vários actos de execução.

É exemplo de um crime pluri-executivo o crime de tortura, previsto no artigo 244.º, n.º 1-*b*), C. P., uma vez que a tortura implica a prática sucessiva de vários actos.

A classificação decorre de um critério de distinção que contrapõe os crimes pluri-executivos aos crimes monoexecutivos.

V. *Crime; Actos de execução; Tortura e outros tratamentos cruéis, degradantes ou desumanos graves; Crime monoexecutivo.*

Crime pluri-ofensivo (Dir. Penal) – V. *Crime; Crime complexo.*

Crime plurissubjectivo (Dir. Penal) – Crime cujo cometimento implica necessariamente o envolvimento de mais do que uma pessoa.

É exemplo de crime plurissubjectivo o crime de participação em rixa, previsto no artigo 151.º, C. P..

A classificação decorre de um critério de distinção que contrapõe aos crimes plurissubjectivos os crimes monossubjectivos.

V. *Crime; Crime monossubjectivo; Participação em rixa.*

Crime preterintencional (Dir. Penal) – Crime complexo que associa, na descrição típica, a um resultado doloso um outro resultado que, de acordo com o artigo 18.º, C. P., terá de ser subjectivamente imputado ao agente a título de negligência.

O resultado *praeter intencional* consubstancia um resultado agravante do tipo base que subjaz à incriminação.

O crime preterintencional é, pois, um crime no qual o agente pretende praticar um facto que corresponde a uma incriminação (por exemplo, o agente pretende bater em outrem – artigo 143.º, C. P.) e dá origem à produção de um resultado que não era abrangido pelo seu plano (continuando com o exemplo, o agente, ao agredir a vítima, causa-lhe a morte – artigo 145.º, C. P.).

V. *Crime; Crime complexo; Agravação pelo resultado; Dolo; Resultado; Negligência; Tipo; Tipo base.*

Crime privilegiado (Dir. Penal) – Modalidade de crime que, em relação ao mesmo crime na sua configuração simples, é punida com uma pena menos grave. Na tipificação do crime privilegiado são acrescentadas circunstâncias de diversa índole que fundamentam a atenuação da pena.

A norma que consagra o crime privilegiado encontra-se numa relação de especialidade com a norma que consagra o crime na sua configuração simples.

São exemplos de crimes privilegiados, entre outros, os homicídios privilegiados (artigo 133.º, C. P.) e a pedido (artigo 134.º, C. P.) em relação ao homicídio simples (artigo 131.º, C. P.). Quer o homicídio privilegiado, quer o homicídio a pedido, são homicídios, ou seja, são crimes que implicam que alguém mate outrem. No entanto, essa acção (matar outrem) ocorre em circunstâncias específicas descritas no respectivo tipo privilegiado, circunstâncias que fundamentam uma atenuação da pena.

V. *Crime; Pena; Circunstâncias atenuantes; Concurso de normas; Norma especial; Homicídio; Homicídio privilegiado; Homicídio a pedido da vítima.*

Crime público (Proc. Penal) – Crime cujo processo é iniciado oficiosamente pelo Ministério Público, sem necessidade de intervenção do ofendido ou de outras pessoas.

V. *Crime; Processo; Ministério Público; Ofendido.*

Crime putativo (Dir. Penal) – V. *Crime; Crime impossível*.

Crime qualificado (Dir. Penal) – V. *Qualificação*.

Crime simples – V. *Crime base*

Crimes ambientais (Dir. Penal) – Expressão que se refere às infracção penais que protegem bens relacionados com o ambiente.
V. *Crime; Danos contra a natureza; Poluição; Poluição com perigo comum*.

Crimes cometidos através da imprensa (Dir. Penal) – De acordo com o artigo 30.º da Lei n.º 2/99, de 13 de Janeiro (Lei de Imprensa), a publicação de textos ou imagens que ofendam bens jurídicos penalmente protegidos é punida nos termos gerais, sem prejuízo da aplicação dos crimes de atentado à liberdade de imprensa e de desobediência qualificada, previstos nos artigos 33.º e 32.º, respectivamente, da referida Lei.
Sempre que a lei não cominar agravação em função do meio de comissão, os crimes cometidos através da imprensa são punidos com as penas previstas na respectiva norma incriminadora, elevadas de um terço nos seus limites mínimos e máximos.
O artigo 31.º do diploma referido contém regras de comparticipação específicas para a determinação da responsabilidade criminal dos agentes envolvidos na publicação.
V. *Crime; Bem jurídico; Atentado à liberdade de imprensa; Desobediência qualificada; Circunstâncias agravantes; Pena; Comparticipação; Agente*.

Crimes contra a honra (Dir. Penal) – Crimes previsto nos artigos 180.º a 189.º, C. P..
São crimes contra a honra a difamação, a injúria, a ofensa à memória de pessoa falecida e a ofensa a pessoa colectiva, organismo ou serviço.
V. *Crime; Honra; Difamação; Injúria; Ofensa à memória de pessoa falecida; Ofensa a pessoa colectiva, organismo ou serviço*.

Crimes contra a humanidade (Dir. Penal) – V. *Crime contra a humanidade*.

Crimes contra a propriedade (Dir. Penal) – Subconjunto dos crimes contra o património (artigos 202.º a 235.º, C. P.), que protegem várias dimensões do direito de propriedade.
Os crimes contra a propriedade encontram-se previstos nos artigos 203.º a 216.º, C. P..
V. *Crime*.

Crimes contra as pessoas (Dir. Penal) – Conjunto de incriminações que protegem bens pessoais, que se encontra nos artigos 131.º a 201.º, C. P. (crimes contra a vida, contra a integridade física, contra a liberdade, contra a honra, entre outros).
V. *Crime; Vida; Integridade física; Honra*.

Crimes contra a vida (Dir. Penal) – V. *Vida*.

Crimes contra o património (Dir. Penal) – Conjunto de incriminações que protegem bens patrimoniais, tais como a propriedade, certos direitos patrimoniais (atinentes, por exemplo, às relações creditícias e bens do sector público e cooperativo).
Os crimes contra o património encontram-se previstos nos artigos 202.º a 235.º, C. P..
V. *Crime*.

Crimes contra pessoa que goze de protecção internacional (Dir. Penal) – Crime, previsto no artigo 322.º, C. P., que se traduz genericamente na prática de crimes contra a vida, a integridade física, a liberdade ou honra de pessoa que goze de protecção internacional e se encontre no exercício de funções.
As incriminações em questão encontram-se em relação de subsidiariedade expressa com outras aplicáveis para as quais se encontre prevista pena mais grave.
O artigo 322.º, n.º 3, do Código Penal enuncia as pessoas que gozam de protecção internacional e que são: Chefe de Estado, Chefe de Governo, ministro dos Negócios Estrangeiros, representante ou funcionário de Estado estrangeiro que goze de protecção internacional, bem como familiares que os acompanhem.

A Convenção sobre Prevenção e Repressão de Crimes contra Pessoas Gozando de Protecção Internacional, Incluindo os Agentes Diplomáticos, adoptada em Nova Iorque em 9 de Dezembro de 1973, foi aprovada, para ratificação, pela Resolução da Assembleia da República n.º 20/94, de 5 de Maio, e ratificada pelo Decreto do Presidente da República n.º 22/94, da mesma data; o respectivo instrumento de ratificação foi depositado em 11 de Setembro de 1995, conforme aviso publicado no *Diário da República*, I-A série, de 20 de Setembro de 1997.

V. *Crime; Integridade física; Crimes contra a honra; Pena.*

Crimes de colarinho branco (Dir. Penal) – A expressão crimes de colarinho branco – *white-collar crime* – surgiu pela primeira vez em 1939 durante um discurso proferido por Edwin Sutherland no *American Sociological Society*. A definição então avançada foi a de crimes cometidos por pessoas respeitáveis de elevado estatuto social no exercício da sua actividade ou função.

Na actualidade, a expressão refere-se a uma variedade de crimes que não implicam violência, normalmente cometidos no âmbito de actividades financeiras ou comerciais com o objectivo de ganhos económicos ilegítimos

V. *Crime; Direito penal económico.*

Crimes de deslocação (Dir. Penal) – V. *Crime; Crime de dano.*

Crimes de empreendimento (Dir. Penal) – V. *Crime; Crime de empreendimento.*

Crimes de guerra (Dir. Penal) – A expressão é utilizada para referir os crimes que se encontram previstos nos artigos 10.º a 16.º da Lei n.º 31/2004, de 22 de Julho – relativa às infracções de direito internacional humanitário, assim como os crimes previstos nos artigos 38.º a 49.º do Código de Justiça Militar, aprovado pela Lei n.º 100/2003, de 15 de Novembro.

Ver ainda o artigo 8.º do Estatuto de Roma do Tribunal Penal Internacional e os artigos 8 a 8 (2) (e) (XII) do Relatório da Comissão Preparatória do Tribunal Penal Internacional, que prevêem os crimes de guerra bem como os respectivos elementos.

V. *Crimes de guerra contra a propriedade; Crimes de guerra contra as pessoas; Crimes de guerra contra bens protegidos por insígnias ou emblemas distintivos; Crimes de guerra contra outros direitos; Crimes de guerra por utilização de meios de guerra proibidos; Crimes de guerra por utilização de métodos de guerra proibidos; Utilização indevida de insígnias ou emblemas distintivos; Direito internacional humanitário; Tribunal Penal Internacional (TPI).*

Crimes de guerra contra a propriedade (Dir. Penal) – Crime de guerra, previsto no artigo 15.º da Lei n.º 31/2004, de 22 de Julho – lei relativa às infracções de direito internacional humanitário –, que se traduz, genericamente, na prática de actos contra a propriedade, expressamente enunciados no preceito, no quadro de um conflito armado, tais como subtracção, danificação ou destruição de bens patrimoniais em larga escala ou de grande valor, sem necessidade militar, ataque, destruição ou danificação de edifícios consagrados ao culto religioso, à educação, às artes, à ciência ou à beneficência, ou de monumentos culturais ou históricos ou sítios arqueológicos ou hospitais, ou saque de cidade ou de localidade.

V. artigos 38.º e segs. do Código de Justiça Militar.

V. *Crime; Crimes de guerra; Direito internacional humanitário; Prescrição.*

Crimes de guerra contra as pessoas (Dir. Penal) – Crime de guerra, previsto no artigo 10.º da Lei n.º 31/2004, de 22 de Julho – relativa às infracções de direito internacional humanitário –, que se traduz na prática de um conjunto de crimes contra as pessoas, expressamente enunciados no preceito, como homicídio, tortura, mutilações físicas, tomada de reféns, deportação ou actos ultrajantes, no quadro de um conflito armado.

V. artigos 38.º e segs. do Código de Justiça Militar, aprovado pela Lei n.º 100/2003, de 15 de Novembro.

V. *Crime; Crimes de guerra; Crimes contra as pessoas; Direito internacional humanitário; Homicídio; Tortura e outros tratamentos cruéis, degradantes ou desumanos graves; Tomada de reféns.*

Crimes de guerra contra bens protegidos por insígnias ou emblemas distintivos (Dir. Penal) – Crime de guerra, previsto no artigo 13.º da Lei n.º 31/2004, de 22 de Julho – diploma relativo às infracções de direito internacional humanitário –, que se traduz genericamente no ataque a determinados bens ou pessoas relacionados com missões de paz ou humanitárias, expressamente enunciados no preceito, no quadro de um conflito armado.
V. artigos 38.º e segs. do Código de Justiça Militar.
V. *Crime; Crimes de guerra; Direito internacional humanitário; Prescrição.*

Crimes de guerra contra civis (Dir. Penal) – Crime que se encontrava previsto no artigo 241.º, C. P..
Este artigo 241.º foi revogado pela Lei n.º 31/2004, de 22 de Julho – relativa às infracções de direito internacional humanitário –, que contém o regime das violações do direito internacional humanitário.
A incriminação correspondente consta do artigo 10.º da referida Lei e actualmente designa-se do seguinte modo: *Crimes de guerra contra as pessoas* (v. esta expressão).
V. artigos 38.º e segs. do Código de Justiça Militar, aprovado pela Lei n.º 100/2003, de 15 de Novembro.
V. *Crime; Crimes de guerra; Direito internacional humanitário.*

Crimes de guerra contra outros direitos (Dir. Penal) – Crime de guerra, previsto no artigo 16.º da Lei n.º 31/2004, de 22 de Julho – lei relativa às infracções de direito internacional humanitário –, que se traduz na declaração de abolição, de suspensão ou de não admissão em tribunal de quaisquer direitos e procedimentos dos nacionais da parte inimiga, no quadro de um conflito armado.
V. artigos 38.º e segs. do Código de Justiça Militar, aprovado pela Lei n.º 100/2003, de 15 de Novembro.
V. *Crime; Crimes de guerra; Direito internacional humanitário; Tribunal.*

Crimes de guerra por utilização de meios de guerra proibidos (Dir. Penal) – Crime de guerra, previsto no artigo 12.º da Lei n.º 31/2004, de 22 de Julho – relativa às infracções de direito internacional humanitário –, que se traduz, genericamente, na utilização de determinados meios proibidos pelo direito internacional, enunciados exemplificativamente no n.º 2 do artigo, no quadro de um conflito armado (designadamente, veneno, balas que se expandem ou achatam no interior do corpo da vítima, minas antipessoal, armas químicas ou armas lazer).
V. artigos 38.º e segs. do Código de Justiça Militar, aprovado pela Lei n.º 100/2003, de 15 de Novembro.
V. *Crime; Crimes de guerra; Direito internacional humanitário.*

Crimes de guerra por utilização de métodos de guerra proibidos (Dir. Penal) – Crime de guerra, previsto no artigo 11.º da Lei n.º 31/2004, de 22 de Julho – relativa às infracções de direito internacional humanitário –, que se traduz, genericamente, em determinadas práticas, expressamente enunciadas no preceito (tais como ataques a populações ou a bens civis, cometimento de homicídios "à traição", ou uso de perfídia), no quadro de um conflito armado.
V. artigos 38.º e segs. do Código de Justiça Militar, aprovado pela Lei n.º 100/2003, de 15 de Novembro.
V. *Crime; Crimes de guerra; Direito internacional humanitário; Homicídio.*

Crimes de imprensa (Dir. Penal) – V. *Crimes cometidos através da imprensa.*

Crimes de perigo comum (Dir. Penal) – Crimes de perigo que se encontram previstos nos artigos 272.º e segs., C. P., e que se caracterizam por abrangerem factos que atentam (põem em perigo) uma generalidade de bens jurídicos, nomeadamente pessoais (a vida ou a integridade física) e patrimoniais.
V. *Crime; Crime de perigo; Bem jurídico; Integridade física; Crime de perigo abstracto; Crime de perigo abstracto-concreto.*

Crimes eleitorais (Dir. Penal) – Designação que se reporta genericamente a crimes previstos nos artigos 336.º a 343.º, C. P., e nas leis eleitorais do Presidente da República (Decreto-Lei n.º 319-A/76, de 3 de Maio – artigos 117.º e segs.), da Assembleia da República (Lei n.º 14/79, de 16 de Maio – artigos 121.º e segs.), dos órgãos das autarquias locais (Lei Orgânica n.º 1/2001, de 14 de Agosto – artigos 163.º e segs.), da Assembleia Legislativa Regional da Madeira (Lei Orgânica n.º 1/2006, de 13 de Fevereiro – artigos 128.º e segs.), da Assembleia Legislativa Regional dos Açores (Decreto-Lei n.º 267/80, de 8 de Agosto – artigos 123.º e segs.) e do Parlamento Europeu (Lei n.º 14/87, de 29 de Abril – artigos 121.º e segs.).

Os crimes previstos no Código Penal são o de *Falsificação do recenseamento eleitoral*, o de *Obstrução à inscrição de eleitor*, o de *Perturbação de assembleia eleitoral*, o de *Fraude em eleição*, o de *Coacção de eleitor*, o de *Fraude e corrupção de eleitor* e o de *Violação de segredo de escrutínio* – artigos 336.º a 342.º, C. P., respectivamente.

Os diplomas eleitorais referidos dividem os crimes eleitorais em três categorias: infracções relativas à apresentação de candidaturas (ou à organização do processo eleitoral), infracções relativas à campanha eleitoral e infracções relativas à eleição e ao apuramento.

Os crimes relativos à apresentação de candidaturas são o de *Candidatura de cidadão inelegível* (crime consagrado em todas as lei eleitorais mencionadas), o de *Falsas declarações* (sobre as condições legais relativas à aceitação de candidaturas – crime previsto na lei eleitoral das autarquias locais), o de *Candidaturas simultâneas* (crime previsto na lei eleitoral das autarquias locais), o de *Coacção constrangedora de candidatura ou visando a desistência* (crime previsto na lei eleitoral das autarquias locais), e o de *Subscrição de mais de uma candidatura* (crime previsto na lei eleitoral do Presidente da República).

Os crimes relativos à campanha – ou propaganda – eleitoral são o de *Violação dos deveres de neutralidade e imparcialidade* (crime previsto em todas as leis eleitorais mencionadas), o de *Utilização indevida de denominação sigla ou símbolo* (crime previsto em todas as leis eleitorais mencionadas), o de *Violação da liberdade de reunião e manifestação* (crime previsto em todas as leis eleitorais mencionadas), o de *Dano em material de propaganda* (crime previsto em todas as leis eleitorais mencionadas), o de *Desvio de correspondência* (crime previsto em todas as leis eleitorais mencionadas), o de *Propaganda na véspera e no dia da eleição* (crime previsto em todas as leis eleitorais mencionadas), o de *Utilização de publicidade comercial* (crime previsto nas leis eleitorais do Presidente da República, da Assembleia da República, da Assembleia Legislativa dos Açores, da Assembleia Legislativa da Madeira e do Parlamento Europeu), o de *Violação dos deveres das estações de rádio e televisão* (crime previsto nas leis eleitorais do Presidente da República, da Assembleia da República, da Assembleia Legislativa dos Açores, da Assembleia Legislativa da Madeira e do Parlamento Europeu), de *Reuniões, comícios, desfiles ou cortejos ilegais* (crime previsto nas leis eleitorais do Presidente da República, da Assembleia da República, da Assembleia Legislativa dos Açores, da Assembleia Legislativa da Madeira e do Parlamento Europeu), o de *Violação dos deveres dos proprietários das salas de espectáculos e dos que as explorem* (crime previsto nas leis eleitorais do Presidente da República, da Assembleia Legislativa dos Açores, da Assembleia Legislativa da Madeira e do Parlamento Europeu) e o de *Violação dos limites de propaganda gráfica e sonora* (crime previsto nas leis eleitorais da Assembleia da República, da Assembleia Legislativa dos Açores, da Assembleia Legislativa da Madeira e do Parlamento Europeu).

Os crimes relativos à eleição e ao apuramento são o de *Violação da capacidade eleitoral*, o de *Admissão ou exclusão abusiva de voto*, o de *Impedimento de sufrágio por abuso de autoridade*, o de *Mandatário infiel*, o de *Violação de segredo de voto*, o de *Abuso de funções públicas ou equiparadas*, o de *Despedimento ou ameaça de despedimento*, o de *Não exibição de urna*, o de *Introdução de boletim na urna, desvio desta ou de boletim de voto*, o de *Fraudes da mesa da assembleia de voto e da assembleia de apuramento distrital e geral*, o de *Obstrução à fiscalização*, o de *Recusa de receber reclamações, protestos ou contraprotestos*, o de *Não comparência de força armada*, o de *Não cumprimento do dever de participação no processo eleitoral*, o de *Denúncia caluniosa*, o de *Reclamação e recurso de má fé* e o de *Não cumprimento de outras obrigações impostas por lei* (estes comuns a todas as leis eleitorais), e ainda o de *Voto plúrimo*, o de *Coacção e artifício fraudulento sobre o eleitor*, o de *Corrupção eleitoral*, o de *Obstrução dos candidatos, mandatários, representantes distritais ou delegados das candidaturas*, o de *Perturbação das assembleias de voto* e o de *Falsificação de cadernos, boletins, actas ou documentos relativos à eleição* (estes comuns a todas as leis eleitorais, com excepção da Lei Eleitoral da Assembleia Legislativa Regional da Madeira).

São ainda crimes eleitorais os que constam da Lei n.º 13/99, de 22 de Março, que estabelece o novo regime jurídico do recenseamento eleitoral.

São crimes relativos ao recenseamento a *Promoção dolosa de inscrição* (artigo 83.º), a *Obstrução à inscrição* (artigo 84.º), a *Obstrução à detecção ou não eliminação de múltiplas inscrições* (artigo 85.º), o *Atestado falso* (artigo 86.º), a *Violação de deveres relativos à inscrição no recenseamento* (artigo 87.º), a *Violação de deveres relativos aos ficheiros e cadernos de recenseamento* (artigo 88.º), a *Falsidade de declaração formal* (artigo 89.º), a *Falsificação do cartão de eleitor* (artigo 90.º), o *Não cumprimento do dever de informação para efeito de recenseamento* (artigo 91.º), a *Falsificação dos cadernos de recenseamento* (artigo 92.º), o *Impedimento à verificação de inscrição no recenseamento* (artigo 93.º) e a *Recusa de passagem ou falsificação de certidões de recenseamento* (artigo 94.º).

V. *Crime; Falsas declarações; Denúncia caluniosa; Atestado falso.*

Crimes em aboletamento (Dir. Penal) – Crimes cometidos por militares em tempo de guerra contra o dono da casa em que estiverem aboletados (casa na qual foram acolhidos) ou da casa que tenha sido requisitada para o serviço ou contra alguma pessoa que nela habite.

Os crimes em aboletamento encontram-se previstos nos artigos 50.º a 53.º do Código de Justiça Militar, aprovado pela Lei n.º 100/2003, de 15 de Novembro: *Homicídio em aboletamento, Ofensas à integridade física em aboletamento, Agravação pelo resultado* e *Roubo ou extorsão em aboletamento*.

V. *Crime; Crimes militares; Homicídio; Integridade física; Agravação; Resultado; Roubo; Extorsão.*

Crime semipúblico (Proc. Penal) – Crime para cuja investigação (ou seja, para que se inicie o respectivo processo penal) é necessária a dedução de queixa do ofendido ou de outras pessoas titulares do direito de queixa; a queixa deve ser apresentada perante o Ministério Público, conforme estabelecido no artigo 49.º, C. P. P..

Distingue-se do crime particular, porque não necessita da dedução de acusação particular pelo assistente.

V. *Crime; Queixa; Ministério Público; Acusação particular; Assistente.*

Crimes fiscais (Dir. Penal) – V. *Crimes tributários.*

Crimes informáticos (Dir. Penal) – Crimes cometidos através de meios informáticos.

Constam da Lei n.º 109/91, de 17 de Agosto.

V. *Crime.*

Crime simples (Dir. Penal) – Crime que protege fundamentalmente um bem jurídico.

A classificação decorre de um critério que contrapõe aos crimes simples os crimes complexos.

V. *Crime; Tipo base; Bem jurídico; Crime complexo.*

Crimes laborais (Dir. Penal) – Expressão que designa os crimes relacionados com a relação laboral.

O Código do Trabalho prevê crimes laborais, nos artigos 608.º a 613.º: *Utilização indevida do trabalho de menor, Desobediência, Violação da autonomia e da independência sindicais, Retenção de quota sindical* e *Violação do direito à greve*.

Existem outros crimes laborais, para além dos que estão previstos no Código do Trabalho, nomeadamente a *Coacção sexual* e a *Violação* (artigos 163.º e 164.º, C. P., respectivamente), na parte em que nos tipos é referida a relação de trabalho.

V. *Crime; Utilização indevida do trabalho de menor; Desobediência; Violação da autonomia e da independência sindicais; Retenção de quota sindical; Violação do direito à greve; Coacção sexual; Violação.*

Crimes militares (Dir. Penal) – O Código de Justiça Militar, aprovado pela Lei n.º 100/2003, de 15 de Novembro, consagra um sistema de infracções penais militares extenso.

Algumas destas infracções foram retiradas do Código Penal.

A Parte Especial do Código de Justiça Militar consta dos artigos 25.º a 106.º.

No Capítulo I da Parte Especial (artigos 25.º a 37.º) encontram-se os crimes contra a independência e a integridade nacionais; este capítulo abrange os crimes de traição (artigos 25.º a 32.º) de violação de segredo (artigos 33.º a 35.º) e de infidelidade no serviço militar (artigos 36.º e 37.º).

Capítulo II da Parte Especial (artigos 38.º a 56.º) contém os crimes contra os direitos das pessoas, abrangendo os crimes de guerra (artigos 38.º a 49.º), os crimes em aboletamento (artigos 50.º a 53.º) e outros crimes (artigos 54.º a 56.º).

O Capítulo III da Parte Especial (artigos 57.º a 65.º) contém os crimes contra a missão das forças armadas.

O Capítulo IV da Parte Especial (artigos 66.º a 71.º) contém os crimes contra a segurança das forças armadas.

O Capítulo V da Parte Especial (artigos 72.º a 84.º) contém os crimes contra a capacidade militar e a defesa nacional, compreendendo os crimes de deserção (artigos 72.º a 75.º), os crimes relativos ao incumprimento de obrigações militares (artigos 76.º a 78.º), os crimes de dano de material de guerra (artigos 79.º e 80.º) e os crimes de extravio, furto e roubo de material de guerra (artigos 81.º a 84.º).

O Capítulo VI da Parte Especial (artigos 85.º a 100.º) contém os crimes contra a autoridade, nele se encontrando os crimes de insubordinação (artigos 85.º a 91.º) e os crimes de abuso de autoridade (artigos 92.º a 100.º).

O Capítulo VII da Parte Especial (artigos 101.º a 104.º) contém os crimes contra o dever militar.

Por último, o Capítulo VIII da Parte Especial (artigos 105.º e 106.º) contém os crimes contra o dever marítimo.

V. artigo 3.º da Lei n.º 31/2004, de 22 de Julho, que determina que o regime penal relativo às violações do direito internacional humanitário "não prejudica a aplicação do Código de Justiça Militar quando os crimes tiverem conexão com os interesses militares da defesa do Estado Português e os demais que a Constituição comete às Forças Armadas Portuguesas".

V. *Crime; Crime estritamente militar; Tribunal militar; Direito internacional humanitário.*

Crime tributário comum (Dir. Penal) – Expressão legal que designa os crimes constantes dos artigos 87.º a 91.º da Lei n.º 15/2001, de 5 de Junho, que contém o regime geral das infracções tributárias.

São crimes tributários comuns: a *burla tributária*, a *frustração de créditos*, a *associação criminosa*, a *desobediência qualificada* e a *violação de segredo*.

V. *Crime; Associação criminosa; Desobediência qualificada; Violação de segredo.*

Crimes tributários (Dir. Penal) – Conjunto de crimes que constam do Regime Geral das Infracções Tributárias, aprovado pela Lei n.º 15/2001, de 5 de Junho.

O Regime Geral das Infracções Tributárias autonomiza os crimes tributários comuns (artigos 87.º a 91.º), os crimes aduaneiros (artigos 92.º a 102.º), os crimes fiscais (artigos 103.º a 105.º) e os crimes contra a segurança social (artigos 106.º e 107.º).

Numa primeira parte, relativa a princípios gerais, o Regime define o respectivo âmbito de aplicação, o conceito e as espécies de infracções tributárias (crime tributário – facto típico, ilícito e culposo declarado punível por lei tributária anterior – e contra-ordenação tributária), o direito subsidiário (Códigos Penal e de Processo Penal e regime geral das contra-ordenações), a aplicação no espaço, critérios de imputação e responsabilidade civil pelas multas e coimas.

O artigo 11.º do Regime Geral das Infracções Tributárias, ainda na parte relativa aos princípios gerais, contém as definições legais de:

a) prestação tributária – "os impostos, incluindo os direitos aduaneiros e direitos niveladores agrícolas, as taxas e demais tributos fiscais ou parafiscais cuja cobrança caiba à administração tributária ou à administração da segurança social";

b) serviço tributário – "serviço da administração tributária ou da administração da segurança social com competência territorial para proceder à instauração dos processos tributários";

c) órgãos da administração tributária – "todas as entidades e agentes da administração a quem caiba levar a cabo quaisquer actos relativos à prestação tributária, tal como definida na alínea *a)*";

d) valor elevado – "aquele que exceder 50 unidades de conta avaliadas no momento da prática do facto";

e) valor consideravelmente elevado – "aquele que exceder 200 unidades de conta avaliadas no momento da prática do facto"; e de

f) mercadorias em circulação e de meios de transporte em circulação – "os meios de transporte, terrestres, fluviais, marítimos e aéreos, sempre que não se encontrem, respectivamente, estacionados em garagens exclusivamente privadas, ancorados, atracados ou fundeados nos locais para o efeito designados pelas autoridades competentes e estacionados nos hangares dos aeroportos internacionais ou nacionais, quando devidamente autorizados".

Segue-se uma parte relativa ao regime aplicável aos crimes tributários, nomeadamente as penas principais aplicáveis, a sua determinação, a suspensão da execução da pena de prisão.

Ainda nesta parte, artigo 16.º do Regime Geral das Infracções Tributárias prevê um conjunto de penas acessórias.

O Regime Geral das Infracções Tributárias contém um capítulo também relativo ao regime das contra-ordenações, ao qual se segue uma parte relativa ao processo.

Finalmente, são previstas as infracções em especial.

V. *Crime; Pena acessória; Tipo; Ilicitude; Culpa; Contra-ordenação; Pena de multa; Coima; Valor; Valor elevado; Valor consideravelmente elevado; Pena principal; Pena de prisão.*

Criminalidade (Dir. Penal) – Expressão que se refere aos índices estatísticos relativos à prática de crimes durante um determinado período.

V. *Crime.*

Criminalidade económica (Dir. Penal) – V. *Criminalidade; Direito penal económico.*

Criminalidade violenta ou altamente organizada (Dir. Penal; Proc. Penal) – A lei refere várias vezes o conceito de criminalidade violenta ou altamente organizada, a par, em alguns casos, de terrorismo.

Na Constituição da República, o artigo 33.º, n.º 3, estabelece que a "extradição de cidadãos portugueses do território nacional só é admitida, em condições de reciprocidade estabelecidas em convenção internacional, nos casos de terrorismo e de criminalidade internacional organizada, e desde que a ordem jurídica do Estado requisitante consagre garantias de um processo justo".

Por seu turno, o artigo 34.º, n.º 3, da Constituição, determina que ninguém "pode entrar durante a noite no domicílio de qualquer pessoa sem o seu consentimento, salvo em situação de flagrante delito ou mediante autorização judicial em casos de criminalidade especialmente violenta ou altamente organizada, incluindo o terrorismo e o tráfico de pessoas, armas e de estupefacientes, nos termos previstos na lei".

Por último, o artigo 207.º, n.º 1, sempre da Constituição, exclui da competência do tribunal do júri os casos de "terrorismo e os de criminalidade altamente organizada".

No plano infraconstitucional, o n.º 2 do artigo 1.º, C. P. P., determina o seguinte: "[p]ara efeitos do disposto no presente Código, apenas podem considerar-se como casos de terrorismo, criminalidade altamente violenta ou organizada, as condutas que : *a)* Integrem os crimes previstos nos artigos 299.º [Associação criminosa], 300.º ou 301.º [Organizações terroristas e Terrorismo, respectivamente, ambos revogados pela Lei n.º 52/2003, de 22 de Agosto, relativa ao combate ao terrorismo, prevendo esta Lei os crimes de Organizações terroristas e de Terrorismo nos seus artigos 2.º, 3.º e 4.º] do Código Penal; ou *b)* Dolosamente se dirigirem contra a vida, a integridade física ou a liberdade das pessoas e sejam puníveis com pena de máximo igual ou superior a cinco anos".

De acordo com o artigo 143.º, n.º 4, C. P. P., o Ministério Público pode determinar que o arguido não comunique com pessoa alguma, salvo o defensor, antes do primeiro interrogatório judicial, nos casos de terrorismo, criminalidade violenta ou altamente organizada.

O artigo 174.º, n.º 4-a), C. P. P., dispensa de autorização judicial a realização de revistas e buscas em casos de terrorismo ou de criminalidade altamente organizada, desde que haja fundados indícios da prática iminente de crime que ponha em grave risco a vida ou a integridade física de qualquer pessoa.

O artigo 187.º, n.º 2-a), C. P. P., permite a realização de escutas telefónicas nos casos de terrorismo, de criminalidade violenta ou altamente organizada.

O artigo 215.º, n.º 2, C. P. P., determina a elevação dos prazos de duração da prisão preventiva nos casos de terrorismo, de criminalidade violenta ou altamente organizada, e o n.º 7 do artigo 283.º, C. P. P., permite que sejam arroladas mais de 20 testemunhas nos mesmos casos.

A Lei n.º 5/2002, de 11 de Janeiro, relativa às medidas de combate à criminalidade organizada económico-financeira, estabelece um regime especial de recolha de prova, de quebra de segredo profissional e de perda de bens, relativo aos crimes de tráfico de estupefacientes, de terrorismo e de organização terrorista, de tráfico de armas, de corrupção passiva e peculato, de branqueamento de capitais, de associação criminosa, de contrabando, de tráfico e viciação de veículos furtados, de lenocínio e tráfico de menores e de contrafacção de moeda e de títulos equiparados a moeda.

Decorre destas referências legais que a noção de criminalidade violenta ou altamente organizada é preenchida em várias disposições através de catálogos de crimes, podendo afirmar-se que não existe um conceito ou mesmo um catálogo unívoco que exprima a noção em questão.

V. também a Lei n.º 101/2001, de 25 de Agosto, relativa às acções encobertas para fins de prevenção e investigação criminal, que contém, no respectivo artigo 1.º, um outro catálogo de crimes aos quais o diploma é aplicado.

O Decreto-Lei n.º 423/91, de 30 de Outubro, alterado pelas Leis n.ºs 10/96, de 23 de Março, e 136/99, de 28 de Agosto, pelo Decreto-Lei n.º 62/2004, de 22 de Março, e pela Lei n.º 31/2006, de 21 de Julho, determina o pagamento de uma indemnização, por parte do Estado, às vítimas de crimes violentos.

"As vítimas de lesões corporais graves resultantes directamente de actos intencionais de violência praticados em território português ou a bordo de navios ou aeronaves portuguesas, bem como, no caso de morte, as pessoas a quem, nos termos do n.º 1 do artigo 2009.º do Código Civil, é concedido um direito a alimentos e as que, nos termos da Lei n.º 7/2001, de 11 de Maio, vivessem em união de facto com a vítima, podem requerer a concessão de uma indemnização pelo Estado, ainda que não se tenham constituído ou não possam constituir-se assistentes no processo penal", verificados determinados requisitos, previstos no artigo 1.º. A forma de determinação do montante da indemnização está prevista no artigo 2.º, estabelecendo o artigo 3.º que "a indemnização por parte do Estado poderá ser reduzida ou excluída tendo em conta a conduta da vítima ou do requerente antes, durante ou após a prática dos factos, as suas relações com o autor ou o seu meio, ou se se mostrar contrária ao sentimento de justiça ou à ordem pública".

Portugal assinou, em 6 de Março de 1997, em Estrasburgo, a Convenção Europeia Relativa à Indemnização das Vítimas de Crimes Violentos, aberta à assinatura em 24 de Novembro de 1983, e que entrou em vigor em 1 de Fevereiro de 1998, segundo o Aviso n.º 148/97, de 10 de Maio; o Decreto do Presidente da República n.º 4/2000, de 6 de Março, ratificou esta Convenção que fora aprovada, para ratificação, pela Resolução da Assembleia da República n.º 16/2000, da mesma data; o mesmo Decreto designou como autoridade central a Comissão para a Instrução dos Pedidos de Indemnização às Vítimas de Crimes Violentos, prevista no artigo 6.º do referido DL n.º 423/91, e no Decreto Regulamentar n.º 4/93, de 22 de Fevereiro; Portugal depositou, em 13 de Agosto de 2001, junto do Secretariado do Conselho da Europa, o seu instrumento de ratificação, segundo aviso publicado do *Diário da República,* I-A série, de 1 de Outubro de 2001.

A Convenção das Nações Unidas contra a Criminalidade Organizada Transnacional, feita em Nova Iorque em 15 de Novembro de 2000, foi aprovada, para ratificação, pela Resolução da Assembleia da República n.º 32/2004, de 2 de Abril, e ratificada pelo Decreto do Presidente da República n.º 19/2004, da mesma data; o respectivo instrumento de ratificação foi depositado em 10 de Maio de 2004, conforme o Aviso n.º 121/2004, de 17 de Junho.

V. *Crime; Terrorismo; Processo de extradição; Revistas; Buscas; Flagrante delito; Tráfico de pessoas; Tráfico de armas; Tráfico e outras actividades ilícitas; Estupefaciente; Júri; Associação criminosa; Organizações terroristas; Dolo; Integridade física; Pena de prisão; Escutas telefónicas; Prisão preventiva; Rol de testemunhas; Testemunha; Prova; Sigilo profissional; Perda de bens; Corrupção; Peculato; Branqueamento; Contrabando; Furto; Lenocínio; Menor; Lenocínio e tráfico de menores; Contrafacção de moeda; Acção encoberta; Constituição; Prazo; Assistente.*

Criminologia (Dir. Penal; Criminologia) – Ciência que estuda o fenómeno criminológico, investigando as causas sócio-culturais do crime, alguns aspectos relativos ao próprio agente, bem como o sistema de aplicação da justiça penal globalmente considerado, nomeadamente as instâncias formais (polícias, Ministério Público, juiz, entre outros) e informais (família, escolas, associações privadas) de controlo.

V. *Crime; Criminologia radical; Etnometodologia; Ministério Público; Juiz.*

Criminologia radical (Dir. Penal; Criminologia) – Perspectiva crítica do interaccionismo e da etnometodologia, de cariz marxista, surgida nos anos 70, que atribui particular relevância à reflexão sobre a própria criminologia (sobre o seu objecto e método).

Esta orientação não aceita o papel ressocializador da pena (ou do sistema), já que sustenta dever ser o próprio sistema o objecto da reforma revolucionária a realizar.

V. Jorge de Figueiredo Dias e Manuel da Costa Andrade, *Criminologia, O Homem Delinquente e a Sociedade Criminógena*, 1997, p. 56 e segs..

V. *Criminologia; Etnometodologia; Pena; Fins das penas.*

Critérios de risco (Dir. Penal) – Critérios de imputação objectiva, de natureza normativa, que decorrem da relevância atribuída ao risco de produção do resultado típico que a acção comporta.

V. *Aumento de risco; Diminuição de risco; Imputação objectiva; Risco proibido; Risco permitido.*

Culpa (Dir. Penal) – A culpa consiste na censura dirigida ao agente por ter praticado o facto típico e ilícito.

Vários artigos do Código Penal se referem à culpa. Os artigos 17.º, 35.º e 37.º, entre outros, referem-se expressamente à exclusão da culpa; o artigo 40.º, n.º 2, atribui à culpa a função de limite da pena.

O princípio da culpa decorre dos artigos 1.º e 2.º da Constituição da República, nomeadamente do princípio da dignidade da pessoa humana, já que a exigência da possibilidade de censura do agente pelo facto praticado, para que se possa aplicar-lhe uma pena, impede a instrumentalização do sujeito pela prossecução de finalidades a ele alheias, tais como as de prevenção geral.

No sentido psicológico (Beling), a culpa consiste na atitude psicológica do agente relativamente ao facto. Neste sentido, a culpa abrange todos os elementos subjectivos do delito (dolo e negligência), traduzindo-se na censura dirigida ao agente por actuar com o conhecimento do facto que está a praticar (culpa dolosa) ou por actuar sem o cuidado devido (culpa negligente).

O finalismo, transferindo o dolo e a negligência para o tipo, deixou no âmbito da culpa elementos de natureza puramente normativa.

De acordo com uma concepção normativa, culpa consiste na censura dirigida ao agente por ter actuado como actuou (tipicamente) quando podia actuar de acordo com o direito.

Numa perspectiva normativa, a culpa abrange a capacidade de culpa, a consciência do ilícito e a ausência de causas de desculpa, ou seja, nesta perspectiva, a culpa consubstancia um juízo de censura do agente, por, podendo ter actuado de acordo com o direito, ter optado, em circunstâncias normais, por actuar contra ele. Nessa medida, é necessário que o agente tenha capacidade de entender o significado das suas decisões e dos seus actos, que tenha conhecimento (ou a possibilidade de o alcançar) do que é permitido e é proibido, sendo ainda necessário que não se verifique nenhuma situação especial que torne inexigível o cumprimento do comando legal.

Num sentido pessoal, o conceito de culpa refere-se ao indivíduo, à sua personalidade que se exprime no facto. Trata-se de um juízo que abrange a opção de vida que se expressa na conduta típica.

Parte significativa da doutrina identifica o dolo e a negligência como graus ou formas de culpa (v., por exemplo, Cavaleiro de Ferreira, *Lições de Direito Penal, Parte Geral*, I, 1992, págs. 282 e segs.). Nesta linha doutrinal, o dolo e a negligência não desempenham qualquer função em sede de tipicidade, integrando unicamente a categoria da culpa.

De acordo com outras perspectivas, o dolo e a negligência, a par de elementos subjectivos do tipo de crime, consubstanciam concomitantemente formas de culpa (teoria do duplo enquadramento do dolo e da negligência). Trata-se da atribuição da uma dupla função ao dolo e à negligência: em sede de tipo, como elemento subjectivo geral; em sede de culpa, como critério de graduação e de caracterização do juízo de censura.

V. *Acção; Agente; Ilicitude; Tipo; Pena; Dolo; Negligência; Causas de desculpa; Escola finalista; Consciência da ilicitude; Culpa na formação da personalidade.*

Culpa na formação da personalidade (Dir. Penal) – Perspectiva sustentada por Eduardo Correia, *Direito Criminal*, I, 1996, págs. 322 e segs., segundo a qual o substrato da culpa assentaria numa omissão do cumprimento do dever de orientar a formação da personalidade de modo a torná-la apta a respeitar os valores jurídico-penais.

V. *Culpa.*

Cúmplice (Dir. Penal) – De acordo com o artigo 27.º, C. P., é punido como cúmplice quem, dolosamente e por qualquer forma, prestar auxílio material ou moral à prática por outrem de um facto doloso.

O cúmplice é um participante, uma vez que não detém o domínio do facto.

O cúmplice é punido com a pena aplicada ao autor, especialmente atenuada.

V. *Autor; Cúmplice material; Cúmplice moral; Dolo; Comparticipação; Participante; Atenuação especial da pena; Domínio do facto.*

Cúmplice material (Dir. Penal) – De acordo com o artigo 27.º, C. P., o cúmplice material presta dolosamente um auxílio material à prática por outrem de um facto doloso.

O contributo do cúmplice material pode traduzir-se no fornecimento de um objecto necessário para a prática do crime ou na prestação de uma informação relevante.

V. *Cúmplice; Dolo; Cúmplice moral; Domínio do facto; Participante.*

Cúmplice moral (Dir. Penal) – Nos termos do artigo 27.º, C. P., o cúmplice moral presta dolosamente um auxílio moral à prática por outrem de um facto doloso.

O cúmplice moral reforça uma vontade delitiva pré-existente.

Quando o cúmplice moral actua, o autor já decidiu cometer o crime, sendo a sua decisão somente reforçada pela actuação do cúmplice.

V. *Cúmplice; Cúmplice material; Dolo; Domínio do facto; Participante.*

Cumplicidade (Dir. Penal) – V. *Cúmplice.*

Cumplicidade material (Dir. Penal) – V. *Cúmplice; Cúmplice material.*

Cumplicidade moral (Dir. Penal) – V. *Cúmplice; Cúmplice moral.*

Cumprimento de um dever (Dir. Penal) – De acordo com o n.º 2-*c*) do artigo 31.º do Código Penal, não é ilícito o facto praticado no cumprimento de um dever imposto por lei ou por ordem legítima da autoridade. O cumprimento de um dever consubstancia, portanto, uma causa de justificação.

A Constituição consagra, no seu artigo 21.º, o direito de resistência contra qualquer ordem que ofenda os direitos liberdades e garantias do destinatário da ordem.

Por seu turno, os artigos 271.º, n.º 1, da Constituição da República ("Responsabilidade dos funcionários e agentes"), e 36.º, n.º 2, C. P. ("Conflito de deveres"), determinam que o dever de obediência hierárquica cessa quando conduzir à prática de um crime.

V. *Causas de justificação; Conflito de deveres; Direito de resistência; Crime; Obediência hierárquica; Obediência indevida desculpante; Ordem legítima de autoridade.*

Cúmulo jurídico (Dir. Penal) – De acordo com o artigo 77.º, C. P., o concurso de crimes é punido com uma única pena.

A pena do concurso é escolhida de uma moldura penal que tem por limite máximo a soma das penas concretamente aplicadas a cada um dos crimes que integram o concurso, não podendo ultrapassar os 25 anos, tratando-se de pena de prisão, ou os 900 dias, tratando-se de pena de multa, e tem por limite mínimo a pena concreta mais elevada.

Assim, o juiz deverá determinar a pena aplicável a cada um dos crimes que integram o concurso. Depois, deverá somar as penas concretas, e obtém o limite máximo da pena do concurso. O limite mínimo é a pena concreta mais elevada. Entre estes limites máximo e mínimo será fixada a pena única do concurso a que se refere o mencionado artigo 77.º.

V. *Concurso de crimes; Pena; Moldura penal; Pena de prisão; Pena de multa; Crime; Limites da pena.*

Cúmulo material (Dir. Penal) – Regra de punição do concurso de crimes, de acordo com a qual são somadas as penas aplicadas a cada um dos crimes que integram o concurso.

Não é este o sistema consagrado no artigo 77.º, C. P..

V. *Concurso de crimes; Cúmulo jurídico.*

Cúmulo por arrastamento (Dir. Penal) – Expressão que se refere às situações em que vários crimes estão sucessivamente em concurso, mas alguns dos que integram a cadeia não se encontram em concurso entre si.

Pense-se, por exemplo, no crime *A* que está em concurso com o crime *B* que por sua vez está em concurso com o crime *C*, não existindo, porém, relação de concurso entre o crime *A* e o crime *C*.

Quanto à admissibilidade de operar o cúmulo jurídico nestas situações, a jurisprudência tem tergiversado entre as duas posições possíveis, fazendo actualmente vencimento a orientação que nega a realização do cúmulo por arrastamento.

A expressão pode também referir-se às situações em que o agente pratica um crime depois do trânsito em julgado da decisão que o condena em pena cuja execução é suspensa.

Nesta situação, por força da condenação pela prática do crime cometido depois do trânsito em julgado da condenação anterior, a suspensão da execução da pena é revogada, tendo o agente de cumprir a pena que havia sido suspensa.

Nesta acepção, o cúmulo por arrastamento levaria à realização do cúmulo jurídico entre a pena aplicada pela prática do segundo crime e a pena cuja execução havia sido suspensa e que vai ser cumprida.

Os artigos 77.º e 78.º, C. P., não contemplam o cúmulo por arrastamento, pelo que as situações mencionadas dão origem à sucessão de penas.

V. o Acórdão do Supremo Tribunal de Justiça, de 7 de Fevereiro de 2002, publicado na *Colectânea de Jurisprudência, Acórdãos do Supremo Tribunal de Justiça*, Ano X, Tomo I, 2002, págs. 202 a 204, de acordo com o qual o cúmulo por arrastamento não é admissível em face dos artigos 77.º e segs., C. P..

V. *Crime; Trânsito em julgado; Pena; Execução da pena; Concurso de crimes; Sucessão de penas; Suspensão da execução da pena de prisão.*

Curador – Pessoa encarregada de assistir a um inabilitado e de administrar o respectivo património, no todo ou em parte, de acordo com a decisão do tribunal.

V. artigos 153.º e segs. do Código Civil.

Custas (Proc. Penal) – Encargos devidos pela prestação de um serviço de justiça quer pelo assistente, quer pelo arguido, quer, nalguns casos, por outras pessoas que igualmente tenham responsabilidades e intervenção em determinado processo.

De acordo com o Decreto-Lei n.º 34/2008, de 26 de Fevereiro, que aprova o Regulamento das Custas Processuais (que revogou o Código das Custas Judiciais aprovado pelo Decreto-Lei n.º 224-A/96, de 26 de Novembro – rectificado pela Declaração de rectificação n.º 4-B/97, de 31 de Janeiro – alterado pelo Decreto-Lei n.º 91/97, de 22 de Abril, pela Lei n.º 59/98, de 25 de Agosto, e pelos Decretos-Leis n.ºˢ 304/99, de 6 de Agosto, 320-B/2000, de 15 de Dezembro, 323/2001, de 17 de Dezembro, 38/2003, de 8 de Março – este rectificado pela Declaração de rectificação n.º 5-C/2003, de 30 de Abril –, 324/2003, de 27 de Dezembro – rectificado pela Declaração de rectificação n.º 26/2004, de 24 de Fevereiro –, e pelas Leis n.ºˢ 45/2004, de 19 de Agosto, e 60-A/2005, de 30 de Dezembro), em processo penal, é devida taxa de justiça pelo arguido quando for condenado em 1.ª instância, decair, total ou parcialmente, em qualquer recurso ou ficar vencido em incidente que requerer ou fizer oposição. É condenado em uma só taxa de justiça, ainda que responda por vários crimes, desde que sejam julgados em um só processo. Condenado em taxa de justiça, paga também os encargos que a sua actividade houver dado lugar.

Não é devida taxa de justiça quando o processo tiver sido arquivado ou suspenso. A dispensa de pena não liberta o arguido da obrigação de pagar custas.

É devida pelo assistente taxa de justiça: se o arguido for absolvido ou não for pronunciado por todos ou alguns dos crimes constantes da acusação que haja deduzido ou com que se haja conformado; se decair, total ou parcialmente, em recurso que houver interposto, a que houver dado adesão ou em que tenha feito oposição; se ficar vencido em incidente que tenha requerido; se for rejeitada acusação que houver deduzido; se fizer terminar o processo por desistência ou abstenção injustificada de acusar. É isento, todavia, do pagamento nos casos em que, por razões supervenientes à acusação que houver deduzido ou com que se tiver conformado e que lhe não sejam imputáveis, o arguido não for pronunciado ou for absolvido; n.º 3 do artigo 287.º, C. P. P. (rejeição do requerimento para a abertura da instrução). A constituição de assistente dá lugar ao pagamento de taxa de justiça, a qual é levada em conta no caso de o assistente ser, a final, condenado em nova taxa.

À responsabilidade por custas relativas ao pedido de indemnização civil são aplicáveis as normas do processo civil.

O Ministério Público está isento de custas e multas.

V. Portaria n.º 1375/2007, de 23 de Outubro que altera a Portaria n.º 1433-A/2006, de 29 de Dezembro (o artigo 2.º) que regula o pagamento de custas e multas processuais.

Ver artigos 513.º e seguintes, C. P. P..

A legitimidade para promover a execução por custas cabe ao Ministério Público – artigo 59.º, C. P. C..

O artigo 67.º do Estatuto da Ordem dos Advogados (Lei n.º 15/2005, de 26 de Janeiro de 2006 que revogou o anterior estatuto, contido no Decreto-Lei n.º 84/84, de 16 de Março – com as alterações introduzidas pela Lei n.º 6/86, de 26 de Março, pelo Decreto-Lei n.º 119/86, de 28 de Maio, pelo Decreto-Lei n.º 325/88, de 23 de Setembro, e pelas Leis n.ºˢ 33/94, de 6 de Setembro, 30-E/2000, de 20 de Dezembro, e 80/2001, de 20 de Julho), estabelece que "o advogado não pode ser responsabilizado pela falta de pagamento de custas", se, tendo pedido o necessário para esse efeito do cliente, este não lho tiver entregue.

V. Regulamento das Custas Processuais – Decreto-Lei n.º 34/2008, de 26 de Fevereiro.

V. *Taxa de justiça; Apoio judiciário; Assistente; Arguido; Ordem dos Advogados; Advogado; Isenção de pagamento de custas; Ministério Público; Pena de multa; Recurso; Incidente; Crime; Processo; Encargos; Arquivamento do inquérito; Suspensão provisória do processo; Absolvição; Acusação; Pronúncia; Requerimento; Recurso; Dispensa de pena; Pedido de indemnização civil; Taxa de justiça; Encargos.*

D

Dactiloscopia (Proc. Penal) – Estudo das impressões digitais usadas na identificação das pessoas.

Em processo penal, é possível obter resultados na identificação de criminosos utilizando os elementos dactiloscópicos recolhidos.

Os órgãos de polícia criminal podem fazer a identificação de suspeitos da prática de um crime através de provas dactiloscópicas (quando não puderem identificá-los documentalmente ou por testemunhas – v. artigo 250.º, n.º 6, C. P. P.).

V. *Identificação da pessoa; Processo penal; Crime; Órgão de polícia criminal; Impressões digitais; Documento; Testemunha.*

Dados pessoais (Dir. Penal) – O artigo 35.º, n.º 1, da Constituição da República estabelece que "todos os cidadãos têm direito de acesso aos dados informatizados que lhes digam respeito, podendo exigir a sua rectificação e actualização e o direito de conhecer a finalidade a que se destinam, nos termos da lei". No n.º 3 da mesma disposição diz-se que "a informática não pode ser utilizada para tratamento de dados referentes a convicções filosóficas ou políticas, filiação partidária ou sindical, fé religiosa, vida privada e origem étnica, salvo mediante consentimento expresso do titular, autorização prevista por lei com garantias de não discriminação ou para processamento de dados estatísticos não individualmente identificáveis". O n.º 4 deste artigo proíbe "o acesso a dados pessoais de terceiros, salvo em casos excepcionais previstos na lei". Finalmente, o n.º 7 do mesmo artigo 35.º determina que as regras de protecção enunciadas nos números anteriores da norma são extensivas a "dados pessoais constantes de ficheiros manuais".

De acordo com o artigo 3.º-*a*) da Lei n.º 67/98, de 26 de Outubro (rectificada pela Declaração de rectificação n.º 22/98, de 28 de Novembro) – Lei da Protecção de Dados Pessoais –, entende-se por dados pessoais qualquer informação, de qualquer natureza e independentemente do respectivo suporte, incluindo som e imagem, relativa a uma pessoa singular identificada ou identificável («titular de dados»); é identificável a pessoa que possa ser identificada directa ou indirectamente, designadamente por referência a um número de identificação ou a um ou mais elementos específicos da sua identidade física, fisiológica, psíquica, económica, cultural ou social.

A Lei n.º 67/98, de 26 de Outubro, transpõe para a ordem jurídica interna a Directiva n.º 95/46/CE, do Parlamento Europeu e do Conselho, de 24 de Outubro de 1995, relativa à protecção das pessoas singulares no que diz respeito ao tratamento de dados pessoais e à livre circulação desses dados.

Do artigo 3.º da mencionada Lei constam várias definições legais relativas às matérias tratadas.

Nos termos desta Lei n.º 67/98, dado pessoal é qualquer informação, de qualquer natureza e independentemente do respectivo suporte, incluindo som e imagem, relativa a uma pessoa singular identificada ou identificável (titular dos dados). É considerada identificável a pessoa que possa ser identificada directa ou indirectamente, designadamente por referência a um número de identificação ou a um ou mais elementos específicos da sua identidade física, fisiológica, psíquica, económica, cultural ou social.

Nos termos do artigo 7.º, n.º 1, "é proibido o tratamento de dados pessoais referentes a convicções filosóficas ou políticas, filiação partidária ou sindical, fé religiosa, vida privada e origem racial ou étnica, bem como o tratamento de dados relativos à saúde e à vida sexual, incluindo os dados genéticos". Admite-se, todavia, que o tratamento dos dados pessoais que acabam de ser referidos possa ser efectuado, "mediante disposição legal ou autorização da CNPD [Comissão Nacional de Protecção de Dados]", desde que, "por motivos de interesse público importante", ele seja "indispensável ao exercício das atribuições legais ou estatutárias do seu responsável, ou quando o titular dos dados tiver dado o seu consentimento expresso", sempre "com garantias de não discriminação e com as medidas de segurança previstas no artigo 15.º"; também o tratamento dos dados que agora estão em causa é permitido nos casos previstos no n.º 3 do artigo 7.º, sendo ainda autorizado "o tratamento dos dados referentes à saúde e à vida sexual, incluindo os dados genéticos", "quando for necessário para efeitos de medicina preventiva, de diagnóstico médico, de prestação de cuidados ou tratamentos médicos ou de gestão de serviços de saúde, desde que o tratamento desses dados seja efectuado por um profissional de saúde obrigado a sigilo ou por outra pessoa sujeita igualmente a segredo profissional, seja notificado à CNPD, nos termos do artigo 27.º, e sejam garantidas medidas adequadas de segurança da informação". O titular dos dados tem, "salvo disposição legal em contrário, e pelo menos nos casos referidos nas alíneas d) e e) do artigo 6.º ["execução de uma missão de interesse público ou no exercício de autoridade..." e "prossecução de interesses legítimos do responsável pelo tratamento..."], o direito de se opor em qualquer altura, por razões ponderosas e legítimas relacionadas com a sua situação particular, a que os dados que lhe digam respeito sejam objecto de tratamento, devendo, em caso de oposição justificada, o tratamento efectuado pelo responsável deixar de poder incidir sobre esses dados"; pode igualmente o titular opor-se, "a seu pedido e gratuitamente, ao tratamento dos dados [...] que lhe digam respeito previsto pelo responsável [...] para efeitos de *marketing* directo ou qualquer outra forma de prospecção, ou de ser informado, antes de os dados serem comunicados pela primeira vez a terceiros para fins de *marketing* directo ou utilizados por conta de terceiros, e de lhe ser expressamente facultado o direito de se opor, sem despesas, a tais comunicações ou utilizações". O artigo 8.º respeita ao tratamento de dados pessoais relativos a pessoas suspeitas de actividades ilícitas, infracções penais e contra-ordenações e a decisões que apliquem penas, medidas de segurança, coimas e sanções acessórias e, em geral, ao tratamento de dados para fins de investigação policial.

A lei prevê o tratamento de dados existentes em ficheiros manuais (artigo 50.º), dispondo que este tem de cumprir os respectivos artigos 7.º, 8.º, 10.º e 11.º no prazo de cinco anos, podendo, "em qualquer caso, o titular dos dados [...] obter, a seu pedido e, nomeadamente aquando do exercício do direito de acesso, a rectificação, o apagamento ou o bloqueio dos dados incompletos, inexactos ou conservados de modo incompatível com os fins legítimos prosseguidos pelo responsável pelo tratamento"; pode a CNPD (Comissão Nacional de Protecção de Dados) "autorizar que os dados existentes em ficheiros manuais e conservados unicamente com finalidades de investigação histórica não tenham de cumprir os artigos 7.º, 8.º e 9.º, desde que não sejam em nenhum caso reutilizados para finalidade diferente".

É proibida a interconexão de dados pessoais sem autorização da CNPD, salvas as excepções previstas na lei, devendo a interconexão ser "adequada à prossecução das finalidades legais ou estatutárias e de interesses legítimos dos responsáveis dos tratamentos, não implicar discriminação ou diminuição dos direitos, liberdades e garantias dos titulares dos dados, ser rodeada de adequadas medidas de segurança e ter em conta o tipo de dados objecto de interconexão" (artigo 9.º).

O artigo 13.º dispõe que "qualquer pessoa tem o direito de não ficar sujeita a uma decisão que produza efeitos na sua esfera jurídica ou que a afecte de modo significativo, tomada exclusivamente com base num tratamento automatizado de dados destinado a avaliar determinados aspectos da sua personalidade, designadamente a sua capacidade profissional, o seu crédito, a confiança de que é merecedora ou o seu comportamento", podendo ficar sujeita a tal, desde que isso "ocorra no âmbito da celebração ou da execução de um contrato, e sob condição de o seu pedido de celebração ou execução do contrato ter sido satisfeito, ou de existirem medidas adequadas que garantam a defesa dos seus interesses legítimos, designadamente o seu direito de representação e expressão" ou, nos casos em que a CNPD o autorizar, "definindo medidas de garantia de defesa dos interesses legítimos do titular dos dados".

As medidas de segurança do tratamento dos dados encontram-se consagradas nos artigos 14.º e 15.º.

O artigo 17.º da Lei faz impender um dever de sigilo profissional sobre "os responsáveis do tratamento de dados pessoais, bem como [sobre] as pessoas que, no exercício das suas funções, tenham conhecimento dos dados pessoais tratados [...], mesmo após o termo das suas funções" e sobre os "funcionários, agentes ou técnicos que exerçam funções de assessoria à CNDP ou aos seus vogais". A violação deste dever de sigilo, "sem justa causa e sem o devido consentimento", é punida com prisão até dois anos ou multa até 240 dias, sendo a pena agravada de metade dos seus limites se o agente:

a) For funcionário público ou equiparado, nos termos da lei penal;

b) For determinado pela intenção de obter qualquer vantagem patrimonial ou outro benefício ilegítimo;

c) Puser em perigo a reputação, a honra e consideração ou a intimidade da vida privada de outrem".

A tentativa do crime de violação do sigilo profissional é sempre punível – artigos 47.º e 48.º.

A Lei cria a Comissão Nacional de Protecção de Dados com a atribuição geral "de controlar e fiscalizar o cumprimento das disposições legais e regulamentares em matéria de protecção de dados pessoais, em rigoroso respeito pelos direitos do homem e pelas liberdades e garantias consagradas na Constituição e na lei", enunciando o n.º 1 do artigo 23.º as competências da Comissão e determinando o respectivo n.º 3 que, "no exercício das suas funções, a CNDP profere decisões com força obrigatória, passíveis de reclamação e de recurso para o Tribunal Central Administrativo". A composição e o funcionamento da CNPD estão regulados nos artigos 25.º e 26.º desta Lei.

O responsável pelo tratamento de dados que tiver provocado prejuízo ao respectivo titular pela prática de acto ilícito ou violador de qualquer disposição legal relativa à protecção de dados pessoais fica obrigado a indemnizar o lesado, sobre ele impendendo uma presunção de culpa, nos termos do artigo 34.º.

A Lei n.º 69/98, de 28 de Outubro (que tinha transposto para a ordem jurídica nacional a Directiva n.º 97/66/CE, do Parlamento e do Conselho, de 15 de Dezembro de 1997), foi revogada pela Lei n.º 41/2004, de 18 de Agosto, que se ocupa da mesma matéria, transpondo a Directiva n.º 2002/58/CE, do Parlamento Europeu e do Conselho, de 12 de Julho. Encontram-se neste diploma numerosas normas que, quanto ao "tratamento de dados pessoais no contexto das redes e serviços de comunicações electrónicas acessíveis ao público", especificam e complementam as disposições da Lei da Protecção de Dados Pessoais. Para efeitos desta lei, consideram-se "dados de tráfego quaisquer dados tratados para o efeito do envio de uma comunicação através de uma rede de comunicações electrónicas ou para efeitos de facturação da mesma" – artigo 2.º, n.º1-*d*).

Nesta lei impõem-se várias obrigações ou proibições às empresas "que oferecem redes" ou que "oferecem serviços de comunicações electrónicas"; delas, destacam-se as seguintes, que especialmente têm que ver com dados pessoais e sua protecção:

– a obrigação de garantir a "inviolabilidade das comunicações e respectivos dados de tráfego realizadas através e redes públicas de comunicações electrónicas acessíveis ao público" (artigo 4.º, n.º 1);

– a proibição de escuta, de instalação de dispositivos de escuta, o armazenamento ou outros meios de intercepção ou vigilância das comunicações e dos respectivos dados por terceiros "sem o consentimento prévio e expresso dos utilizadores, com excepção dos casos previstos na lei (entre outros os constantes dos artigos 4.º, n.ºs 3 e 4, e 5.º, n.º 2, da Lei) (artigo 4.º, n.º 2);

– restrição da permissão de utilização das redes de comunicações electrónicas para armazenamento de informação ou para obter acesso à informação armazenada no equipamento terminal de um assinante ou de qualquer utilizador aos casos em que se verifiquem cumulativamente as seguintes circunstâncias: *a)* serem fornecidas ao assinante ou utilizador informações claras e completas, nomeadamente sobre os objectivos do processamento, em conformidade com o disposto na Lei de Protecção da Dados Pessoais; *b)* ser dado o direito de recusar esse processamento – artigo 5.º, n.º1;

– obrigação de eliminar ou de tornar anónimos os dados de tráfego quando deixem de ser necessários para efeitos da transmissão da comunicação, salvo se tais dados forem necessários à facturação aos assinantes e ao pagamento de interligações, nos termos dos n.ºs 2, 4, 5, 6 e 7 do artigo 6.º, e só pelo período durante o qual a factura pode ser legalmente contestada ou o pagamento reclamado(artigo 6.º, n.ºs 1 e 3);

– restrição da permissão de registo, tratamento e transmissão de dados de localização relativos a assinantes ou utilizadores das redes públicas de comunicações ou de serviços de comunicações electrónicas acessíveis ao público aos casos em que se trate de organizações com competência legal para receber chamadas de emergência e para efeitos de resposta a tais chamadas, ou "na medida e pelo tempo necessários para a prestação de serviços de valor acrescentado, desde que seja obtido consentimento prévio por parte dos assinantes ou utilizadores", devendo tal consentimento ser precedido da informação indicada no n.º 4 do artigo 7.º (artigo 7.º, n.ºs 1 e 2);

– obrigação de garantir aos assinantes e utilizadores a possibilidade de, "através de um meio simples e gratuito": *a)* retirar a qualquer momento o consentimento concedido e que ficou referido; *b)* recusar temporariamente o tratamento dos dados par cada ligação à rede ou para cada transmissão de uma comunicação (artigo 7.º, n.º 5);

– obrigação de conciliar os direitos dos assinantes que recebem facturação detalhada com o direito à privacidade dos utilizadores autores das chamadas e dos assinantes chamados, "nomeadamente submetendo à aprovação da Comissão Nacional de Protecção de Dados propostas quanto a meios que permitam aos assinantes um acesso anónimo ou estritamente privado a serviços de comunicações electrónicas acessíveis ao público", estando a aprovação por parte da Comissão condicionada a parecer favorável prévio da Autoridade Nacional de Comunicações [...]", nunca podendo as chamadas facultadas ao assinante a título gratuito, incluindo as dirigidas a serviços de emergência, constar da facturação detalhada" (artigo 8.º, n.ºs 2, 3 e 4);

– quando for oferecida a apresentação da identificação da linha chamadora, obrigação de "garantir, linha a linha, aos assinantes que efectuam chamadas e, em cada chamada, aos demais utilizadores a possibilidade de, através de um meio simples e gratuito, impedir, a apresentação da identidade da linha chamadora", bem como a de garantir ao assinante chamado a possibilidade de impedir, também através de um meio simples e gratuito, no caso de uma utilização razoável dessa função, a apresentação da identificação da linha chamadora nas chamadas de entrada", e ainda, quando aquela apresentação for possível antes de a chamada ser atendida, a de garantir ao assinante chamado a possibilidade de rejeitar, do modo já enunciado, chamadas de entrada não identificadas (artigo 9.º, n.ºs 1 a 3);

– quando for oferecida a apresentação da identificação da linha conectada, a obrigação de garantir ao assinante chamado a possibilidade de impedir, sempre através de um meio simples e gratuito, a apresentação da identificação da linha conectada ao utilizador que faz a chamada – artigo 9.º, n.º 4:

– a obrigação de "disponibilizar ao público, e em especial aos assinantes, informações transparentes e actualizadas sobre as possibilidades que acabaram de ser mencionadas (artigo 9.º, n.º 7);

"Os assinantes devem ser informados, gratuitamente e antes da inclusão dos respectivos dados em listas, impressas ou electrónicas, acessíveis ao público ou que possam ser obtidas através de serviços de informação de listas, sobre os fins a que se destinam e quaisquer outras possibilidades de utilização baseadas em funções de procura incorporada em versões electrónicas das listas", tendo o direito de decidir da inclusão dos seus dados pessoais numa lista pública e, em caso afirmativo, decidir quais os dados a incluir, na medida em que eles sejam pertinentes para os fins das listas, devendo ser garantida aos assinantes a possibilidade gratuita de verificar, corrigir, alterar ou retirar os dados incluídos nas listas; "deve ser obtido o consentimento adicional expresso dos assinantes para qualquer utilização de uma lista pública que não consista na busca de coordenadas das pessoas com base no nome e, se necessário, num mínimo de outros elementos de identificação" (artigo 13.º).

A violação do dever de confidencialidade, a proibição de intercepção ou a vigilância das comunicações e dos respectivos dados de tráfego, assim como a não observância das condições de armazenamento e acesso à informação previstas no artigo 5.º constituem contra-ordenações puníveis com a coima mínima de € 1 500 e máxima de € 25 000" – artigo 14.º, n.º 1. "Constitui contra-ordenação punível com a coima mínima de € 500 e máxima de € 20 000: a) a não observância das condições de tratamento e armazenamento de dados de tráfego e de dados de localização previstas nos artigos 6.º e 7.º"; b) a violação das obrigações previstas nos artigos 8.º, n.ºˢ 1, 2 e 4, 9.º a 11.º; c) a criação, organização ou actualização de listas de assinantes em violação do artigo 13.º, sendo puníveis a tentativa e a negligência (artigo 14.º).

O Decreto-Lei n.º 352/99, de 3 de Setembro, estabelece o regime jurídico dos ficheiros informáticos da Polícia Judiciária, que "têm por finalidade organizar e manter actualizada a informação necessária ao exercício das funções que são atribuídas pelos artigos 1.º, 2.º e 4.º do Decreto-Lei n.º 295-A/90, de 21 de Setembro, bem como fornecer os correspondentes elementos estatísticos". Nos termos do artigo 2.º deste diploma, "a recolha de dados pessoais para tratamento automatizado limita-se ao estritamente necessário à prevenção de um perigo concreto ou à repressão de infracções penais determinadas"; por outro lado, "as diferentes categorias de dados recolhidos devem, na medida do possível, ser diferenciadas em função do grau de exactidão ou de fidedignidade, devendo ser distinguidos os dados factuais dos que comportem uma apreciação sobre os mesmos". "Independentemente dos prazos de conservação dos dados pessoais registados previstos no presente diploma, estes deverão ser imediatamente apagados logo que sejam consideradas infundadas as razões que levaram à sua criação", e, "nos casos de extinção do procedimento criminal e quando ocorra sentença absolutória, terão de justificar-se, se necessário para fins de investigação e caso a caso, as razões que levam à manutenção das informações registadas, nunca podendo estas ultrapassar, porém, os prazos máximos de conservação previstos no presente diploma" (artigo 11.º, n.ºˢ 3 e 4). O artigo 15.º estabelece que, "por solicitação escrita de qualquer pessoa, devidamente identificada, é reconhecido o direito de conhecer o conteúdo do registo dos seus dados pessoais, nos termos previstos no artigo 11.º da Lei n.º 67/98, de 26 de Outubro"; "de igual modo, qualquer pessoa devidamente identificada tem o direito de exigir a rectificação, o apagamento ou o bloqueio de informações inexactas e o complemento das total ou parcialmente omissas, bem como a supressão das que tenham sido obtidas por meios ilícitos ou enganosos ou cujo registo ou conservação não sejam permitidos".

V. Lei n.º 12/2005, de 26 de Janeiro, relativa à informação genética pessoal e informação de saúde.

O regime do Decreto-Lei n.º 7/2004, de 7 de Janeiro – que transpõe para a ordem jurídica portuguesa a Directiva n.º 2000/31/CE, do Parlamento Europeu e do Conselho, de 8 de Junho de 2000 –, relativo ao comércio electrónico no mercado interno não é aplicável ao tratamento de dados pessoais.

O Decreto-Lei n.º 92/2004, de 20 de Abril, "regula a forma, extensão e limites da interconexão a efectivar entre os serviços da administração fiscal e as instituições da segurança social no domínio do acesso e tratamento da informação de natureza tributária e contributiva relevante para assegurar o controlo do cumprimento das obrigações fiscais e contributivas, garantindo a atribuição rigorosa das prestações sociais e a concessão de benefícios fiscais, bem como promovendo a eficácia na prevenção e combate à fraude e evasão fiscal e contributiva no âmbito das respectivas competências".

A Lei n.º 41/2004, de 18 de Agosto, transpõe para a ordem jurídica portuguesa a Directiva n.º 2002/58/CE, do Parlamento Europeu e do Conselho, de 12 de Julho, relativa ao tratamento de dados pessoais e à protecção da privacidade no sector das comunicações electrónicas acessíveis ao público, "especificando e complementando as disposições da Lei n.º 61/98, de 26 de Outubro [...]". De acordo com o n.º 3 deste diploma, ele visa assegurar "a protecção dos interesses legítimos dos assinantes que sejam pessoas colectivas na medida em que tal protecção seja compatível com a sua natureza", constituindo excepções às normas desta lei as que foram "definidas em legislação especial" e que "se mostrem estritamente necessárias para a protecção de actividades relacionadas com a segurança pública, a defesa, a segurança do Estado e a prevenção, investigação e repressão de infracções penais" (n.º 4).

V. Convenção para a Protecção das Pessoas relativamente ao Tratamento de Dados de Carácter Pessoal, aberta à assinatura em Estrasburgo em 28 de Janeiro de 1981, aprovada, para ratificação, pela Resolução da Assembleia da República n.º 23/93, de 9 de Julho (rectificada pela Rectificação n.º 10/93, de 20 de Agosto), tendo o instrumento de ratificação sido depositado por Portugal em 2 de Setembro de 1993 e tendo a Convenção entrado em vigor no nosso País em 1 de Janeiro de 1994.

V. *Pessoa singular; Comissão Nacional de Protecção de Dados (CNPD); Protecção de dados pessoais; Sentença absolutória; Devassa por meio de informática; Polícia Judiciária; Pessoa colectiva.*

Danificação ou subtracção de documento e notação técnica (Dir. Penal) – Crime, previsto no artigo 259.º, C. P., que se traduz na destruição, danificação, inutilização, ocultação, dissimulação ou subtracção de documento ou notação técnica da qual o agente não pode – ou não pode exclusivamente – dispor, ou da qual outra pessoa pode exigir legalmente a entrega ou apresentação, com intenção de causar prejuízo a outra pessoa ou ao Estado ou com intenção de obtenção de benefício ilegítimo.

O crime é agravado se for praticado por funcionário.

Se os ofendidos forem particulares o crime é semipúblico.

V. *Crime; Documento; Notação técnica; Agente; Agravação; Funcionário; Ofendido; Crime semipúblico.*

Dano (Dir. Penal; Proc. Penal)

1. Crime previsto no artigo 212.º, C. P., que se traduz na destruição, no todo ou em parte, na danificação, na desfiguração ou na inutilização de coisa alheia.

Trata-se de um crime semipúblico.

Nos casos a que se refere o artigo 207.º, C. P. – se o agente for familiar da vítima ou a coisa furtada for de valor diminuto –, o crime é particular.

Há lugar à atenuação especial da pena nos casos de restituição ou reparação, nos termos do artigo 206.º, C. P..

2. Lesão, pela prática de uma infracção penal, de direitos civis de certas pessoas (abrangidas pelo conceito lato ou extensivo de ofendido) e que, nesta perspectiva, são designadas (jurídico-civilmente) como lesadas pela infracção causadora do dano ou prejuízo.

A responsabilidade civil originada pela prática de um crime é apreciada e decidida, no processo penal, por força do princípio de adesão, consagrado no artigo 71.º, C. P. P..

V. *Crime; Crime semipúblico; Crime particular; Furto; Agente; Atenuação especial da pena; Valor diminuto; Ofendido; Reparação; Restituição; Dano patrimonial; Dano não patrimonial; Pedido de indemnização civil;*

Culpa; Dolo; Negligência; Agravação, Processo de adesão; Acção civil.

Dano com violência (Dir. Penal) – Crime, previsto no artigo 214.º, C. P., que se traduz numa agravação dos crimes previstos nos artigos 212.º e 213.º, C. P. (*Dano* e *Dano qualificado*, respectivamente), em função de ser utilizada violência contra uma pessoa ou ameaça com perigo iminente para a vida ou integridade física ou de a pôr na impossibilidade de resistir.

O preceito prevê ainda uma agravação em função do resultado morte.

V. *Crime; Agravação; Ameaça; Dano; Dano qualificado; Integridade física; Perigo; Vida.*

Dano em bens militares ou de interesse militar (Dir. Penal) – V. *Sabotagem contra a defesa nacional.*

Dano emergente – Prejuízo patrimonial resultante para alguém de facto ilícito de outrem, para o credor da inexecução da obrigação pelo devedor, ou genericamente, de um acto alheio, gerador de responsabilidade civil. O dano emergente representa uma diminuição efectiva do património.

V. *Lucro cessante; Indemnização; Património.*

Dano morte (Dir. Penal; Proc. Penal) – É o dano que se consubstancia na ofensa do direito à vida de alguém; isto é, na própria perda da vida.

É questão discutida na doutrina portuguesa a de saber se este dano é objecto de uma autónoma indemnização, sendo maioritária a opinião afirmativa.

Na jurisprudência, porém, é hoje praticamente pacífico o entendimento de que o dano morte é indemnizável.

Mas, mesmo entre os defensores da ressarcibilidade do dano morte, há divergências quanto à questão de saber a quem é atribuído o direito indemnizatório, entendendo alguns que ele entra na esfera jurídica da vítima, transmitindo-se depois *mortis causa* aos seus herdeiros, e defendendo outros que o direito é atribuído originariamente às pessoas enunciadas no n.º 2, do artigo 496.º do Código Civil (cônjuge não separado judicialmente de pessoas e bens e aos filhos ou outros descendentes; na falta destes, aos pais ou outros ascendentes, e, por último, aos irmãos ou sobrinhos que os representem).

O pedido de indemnização deve, em princípio, ser deduzido no processo penal respectivo (artigo 71.º, C. P. P.), podendo sê-lo em separado, perante o tribunal cível, nos casos previstos no artigo 72.º, C. P. P..

V. *Morte; Indemnização; Descendente; Ascendente; Pedido de indemnização civil; Acção civil.*

Dano não patrimonial (Dir. Penal; Proc. Penal) – Lesão que se produz em interesses insusceptíveis de avaliação pecuniária.

Assim acontece com as dores físicas ou os sofrimentos psicológicos que decorrem para o lesado de um comportamento ilícito e culposo de outrem.

A lei civil portuguesa toma, expressa e positivamente, posição quanto à ressarcibilidade dos danos não patrimoniais, dizendo que devem ser atendidos, na fixação da indemnização, quando, "pela sua gravidade, mereçam a tutela do direito".

Estes danos são compensáveis, sendo a respectiva indemnização fixada equitativamente pelo tribunal, tendo em conta o grau de culpabilidade – ou de censurabilidade – do agente, a situação económica deste e a do lesado e quaisquer outras circunstâncias atendíveis.

Se a vítima falecer, serão considerados os danos morais por ela sofridos até ao momento da morte e, pela própria morte, existe também direito a uma indemnização.

Para além disso, e sempre em caso de morte da vítima, têm um direito de indemnização pelos danos morais próprios, resultantes do sofrimento com essa morte, o cônjuge da vítima e os parentes dela que se acham enunciados no artigo 496.º, n.º 2, do Código Civil.

V. artigo 496.º, Código Civil.

O pedido de indemnização deve, em princípio, ser deduzido no processo penal respectivo, podendo sê-lo em separado, perante o tribunal cível, nos casos previstos no artigo 72.º, C. P. P.; v. artigo 71.º, C. P. P..

V. *Indemnização; Ilicitude; Culpa; Morte; Dano morte; Grau de culpabilidade; Paren-*

tesco; Pedido de indemnização civil; Acção civil.

Dano patrimonial (Dir. Penal; Proc. Penal) – Prejuízo que se traduz na lesão de interesses de ordem patrimonial com a prática do crime, tanto podendo consistir numa diminuição do património como num seu não aumento, isto é, num dano emergente como num lucro cessante.

O artigo 564.º, n.º 1, do Código Civil, diz que "o dever de indemnizar compreende não só o prejuízo causado, como os benefícios que o lesado deixou de obter em consequência da lesão", estabelecendo assim o princípio da ressarcibilidade dos danos emergentes e dos lucros cessantes.

Verificado o dano, ele deve ser reparado por forma a reconstituir a situação que existiria se não tivesse ocorrido o evento que obriga à reparação.

O pedido de indemnização deve, em princípio, ser deduzido no processo penal respectivo (artigo 71.º, C. P. P.), podendo sê-lo em separado, perante o tribunal cível, nos casos previstos no artigo 72.º, C. P. P..

V. *Crime; Dano; Indemnização; Pedido de indemnização civil; Dano emergente; Lucro cessante; Acção civil; Processo de adesão.*

Dano qualificado (Dir. Penal) – Crime, previsto no artigo 213.º, C. P., que se traduz genericamente numa agravação do tipo base de dano (artigo 212.º, C. P.) em função de circunstâncias relacionadas com a natureza da coisa objecto do crime taxativamente enumeradas nos n.ºs 1 (valor elevado da coisa, monumento público, coisa destinada ao uso e utilidade públicos, coisa pertinente ao património cultural legalmente classificada ou em vias de classificação, ou coisa alheia afecta ao culto religioso ou à veneração da memória dos mortos e que se encontre em lugar destinado ao culto ou em cemitério) e 2 (valor consideravelmente elevado da coisa, coisa natural ou produzida pelo homem oficialmente arrolada ou posta sob protecção oficial da lei, coisa que possua importante valor científico, artístico ou histórico e se encontre em colecção ou exposição públicas ou acessíveis ao público ou coisa que possua significado importante para o desenvolvimento tecnológico ou económico) do preceito.

Nos termos do artigo 213.º, n.º 3, C. P., tem aplicação, a propósito do dano qualificado, o disposto nos artigos 204.º, n.ºs 3 e 4 (aplicação apenas da circunstância mais grave, no caso de concurso de circunstâncias, e exclusão da qualificação, no caso de valor diminuto da coisa danificada), 206.º (atenuação especial da pena no caso de reparação do dano) e 207.º-*a*) (natureza semipública do crime no caso de a vítima ser familiar do agente), C. P..

V. *Crime; Dano; Agravação; Tipo; Tipo base; Objecto do crime; Valor elevado; Valor consideravelmente elevado; Arrolamento; Valor diminuto; Atenuação especial da pena; Crime particular; Reparação; Restituição; Crime semipúblico.*

Dano qualificado por deslocação para ou de espectáculo desportivo (Dir. Penal) – Crime previsto no artigo 22.º da Lei n.º 16/2004, de 11 de Maio (relativa às manifestações de violência associada ao desporto), que se traduz genericamente na produção de danos em transporte público ou em instalação ou equipamento utilizados pelo público ou de utilidade colectiva, quando da deslocação para ou de espectáculo desportivo.

V. *Crime; Dano.*

Dano relativo a dados ou programas informáticos (Dir. Penal) – Crime previsto no artigo 5.º da Lei n.º 109/91, de 17 de Agosto (criminalidade informática), que se traduz genericamente na destruição de dados ou de programa informáticos.

V. *Crime.*

Danos contra a natureza (Dir. Penal) – Crime, previsto no artigo 278.º, C. P., que se traduz na eliminação de exemplares de fauna ou flora, na destruição de *habitat* natural ou no esgotamento de recursos de subsolo, de forma grave, com violação de disposições legais ou regulamentares.

O n.º 2 do preceito prevê a punição de quem comercializar ou detiver para comercialização exemplar de fauna ou flora de espécie protegida, vivo ou morto, bem como qualquer parte ou produto de exemplar daquela.

O artigo 278.º, n.º 3, C. P., consagra a responsabilidade penal pela prática do facto descrito no n.º 1 com negligência.
V. *Crime; Agente; Negligência.*

Debate instrutório (Proc. Penal) – Discussão levada a cabo, na fase de instrução, perante o juiz de instrução, por forma oral e contraditória, pelos advogados das partes (do arguido e do assistente) para apurar se, no decurso do inquérito e da própria instrução, foram recolhidos indícios de facto e elementos de direito suficientes para submeter o arguido a julgamento.

A disciplina do debate, a sua direcção e organização competem ao juiz de instrução, detendo este, no necessário, poderes correspondentes aos conferidos ao presidente da audiência de discussão e julgamento. É recusado qualquer requerimento ou diligência de prova que ultrapasse a natureza indiciária exigida nesta fase.

O debate só pode ser adiado por absoluta impossibilidade de ter lugar, nomeadamente por grave e legítimo impedimento de o arguido estar presente.

O debate "decorre sem sujeição a formalidades especiais: o juiz abre o debate com uma exposição sumária sobre os actos de instrução a que tiver procedido e sobre as questões de prova relevantes para a decisão instrutória; em seguida, concede a palavra ao Ministério Público, ao advogado do assistente e ao defensor para que estes, querendo, requeiram a produção de provas indiciárias suplementares que se proponham apresentar; segue-se a produção da prova sob a directa orientação do juiz. Antes de encerrar o debate, o juiz concede, de novo, a palavra ao Ministério Público, ao advogado do assistente e ao defensor para que estes, querendo, formulem em síntese as suas conclusões sobre a suficiência ou insuficiência dos indícios recolhidos e sobre as questões de direito de que dependa o sentido da decisão instrutória.

O juiz assegura, todavia, a contraditoriedade na produção da prova e a possibilidade de o arguido ou o seu defensor se pronunciarem sobre ela em último lugar".

Do debate instrutório é lavrada acta a qual será redigida por súmula.
V. artigos 297.º a 305.º, C. P. P..

V. *Inquérito; Instrução; Advogado; Arguido; Assistente; Juiz de instrução; Indícios; Julgamento; Juiz; Audiência de discussão e julgamento; Requerimento; Diligência; Prova; Acusação; Requerimento para abertura da instrução; Alteração dos factos descritos na acusação ou no requerimento para a abertura de instrução; Defensor; Acta; Questão de direito; Ministério Público; Decisão instrutória; Prova; Acto de instrução.*

Decisão (Proc. Penal) – V. *Sentença; Acórdão.*

Decisão com força executiva (Proc. Penal) – É a decisão penal condenatória transitada em julgado, com força executiva em todo o território português e ainda em território estrangeiro (conforme os tratados, convenções e regras de direito internacional aplicáveis).

Também as decisões penais absolutórias são exequíveis logo que proferidas, sem prejuízo do disposto no artigo 214.º, n.º 3, C. P. P. – se, no caso da extinção imediata da medida de coacção resultante de sentença absolutória, "o arguido vier a ser posteriormente condenado no mesmo processo, pode, enquanto a sentença condenatória não transitar em julgado, ser sujeito a medidas de coacção [...] admissíveis no caso".
V. artigo 467.º, C. P. P..
V. *Trânsito em julgado; Absolvição; Execução; Medidas de coacção; Sentença.*

Decisão de consciência (Dir. Penal) – Decisão que corresponde ao cumprimento de um dever ético do agente.

O facto de consciência contrário ao direito, ou seja, o facto praticado em execução de uma decisão de consciência que contraria um comando legal pode relevar em sede de culpa.
V. *Culpa.*

Decisão inexequível (Proc. Penal) – Decisão penal que não é executável, em virtude de não estar reduzida a escrito, de não ter determinada a pena ou a medida de segurança a aplicar, ou de determinar a aplicação de sanção que não esteja prevista na lei portuguesa. Tratando-se de sentença penal estrangeira, não é exequível a decisão que não tenha cumprido as formalidades legais necessárias (revisão e confirmação) para que se execute na nossa ordem jurídica.

V. artigo 468.º, C. P. P. (decisões inexequíveis).

V. *Decisão com força executiva; Pena; Medida de segurança; Sanção; Sentença; Confirmação de sentença estrangeira; Sentença penal estrangeira.*

Decisão instrutória (Proc. Penal) – Despacho proferido pelo juiz de instrução, de pronúncia ou não pronúncia do arguido pelo crime de cuja prática vem acusado, encerrado que esteja o debate instrutório e que constitui o culminar da fase facultativa que é a instrução.

A decisão instrutória é nula na parte que pronunciar o arguido por factos que constituam alteração substancial dos descritos na acusação do Ministério Público ou do assistente ou no requerimento para a abertura da instrução – artigo 309.º, C. P. P.. Esta nulidade deve ser arguida no prazo de oito dias contados da data de notificação da decisão.

A decisão instrutória que pronunciar o arguido pelos factos constantes da acusação do Ministério Público (formulada nos termos do artigo 283.º ou do n.º 4 do artigo 285.º) é irrecorrível, mesmo na parte em que apreciar nulidades e outras questões prévias ou incidentais, e determina a remessa imediata dos autos ao tribunal competente para o julgamento.

A tramitação desta fase processual está regulada nos artigos 307.º a 310.º, C. P. P..

O Assento n.º 6/2000, publicado no *Diário da República*, I-A série, de 7 de Março de 2000, decidiu: "A decisão instrutória que pronunciar o arguido pelos factos constantes da acusação do Ministério Público é recorrível na parte respeitante à matéria relativa às nulidades arguidas no decurso do inquérito ou da instrução e às demais questões prévias e incidentais".

V. *Despacho; Juiz de instrução; Arguido; Pronúncia; Não-pronúncia; Crime; Debate instrutório; Instrução; Nulidade; Acusação; Ministério Público; Assistente; Alteração substancial dos factos descritos na acusação; Requerimento para abertura de instrução; Notificação; Recurso; Inquérito; Questão prévia.*

Decisão interlocutória (Proc. Penal) – Decisão inominada, normalmente de natureza processual, proferida no decurso de um processo, e que, não pondo termo ao processo – não sendo uma decisão final –, não corresponde a uma fase tipificada.

Pode discutir-se a natureza da decisão de não-pronúncia, uma vez que, não sendo uma decisão final, é, todavia, uma decisão que põe termo ao processo relativamente ao arguido a que diz respeito, uma vez que é proferida no final da fase de instrução e significa que o arguido não deve ser pronunciado pela prática dos factos de que é acusado – o processo deve terminar aí.

V. *Juiz; Processo; Arguido; Não-pronúncia.*

Decisão quadro (Dir. Penal) – Decisão do Conselho Europeu que vincula os Estados a adoptar as orientações consagradas em matérias de natureza criminal.

Declaração de incompetência (Proc. Penal) – Declaração proferida para significar a situação em que se encontra um tribunal quando não tem poder jurisdicional para, em processo penal, julgar determinado crime, e que é reconhecida e declarada oficiosamente pelo próprio órgão ou que pode ser deduzida, também, pelo Ministério Público, pelo arguido ou pelo assistente. Esta declaração deve ser proferida até ao trânsito em julgado da decisão final.

Tratando-se de incompetência territorial do juiz de instrução, só pode ser declarada e deduzida até ao início do debate instrutório. Tratando-se de incompetência territorial do tribunal de julgamento, só pode ser declarada até ao início da audiência de julgamento – v. artigo 32.º, C. P. P. (conhecimento e dedução da incompetência).

V. *Competência; Incompetência; Tribunal; Crime; Conhecimento oficioso; Ministério Público; Arguido; Assistente; Trânsito em julgado; Debate instrutório; Juiz de instrução; Audiência de discussão e julgamento.*

Declarações (Proc. Penal) – V. *Inquirição; Declarações do arguido; Declarações do assistente e das partes civis; Declarações para memória futura.*

Declarações de peritos e consultores técnicos (Proc. Penal) – As suas declarações são tomadas pelo presidente a quem os outros juízes, os jurados, o Ministério Público e os advogados do assistente e das partes civis podem sugerir quaisquer pedidos de esclarecimento ou perguntas úteis para a boa decisão da causa.
V. artigo 350.º, C. P. P..
V. *Perito; Prova pericial; Consultor técnico; Ministério Público; Advogado; Juiz; Jurado; Assistente; Partes civis.*

Declarações do arguido (Proc. Penal) – As declarações do arguido são sempre prestadas sem juramento.
Às declarações do arguido aplicam-se as regras previstas nos artigos 128.º e 138.º, C.P.P., por remissão do artigo 140.º, n.º 2, C.P.P., e que, resumidamente, são as seguintes: o depoimento é um acto pessoal que não pode em caso algum ser feito por procurador; o arguido é inquirido sobre factos de que tenha conhecimento directo; a inquirição sobre factos relativos à personalidade e ao carácter do arguido, bem como às suas condições pessoais e à sua conduta anterior, só é permitida na medida do estritamente indispensável para prova de elementos constitutivos do crime ou para aplicação de medida de coacção ou de garantia patrimonial.
Nos termos do artigo 140.º, n.º 1, C.P.P., "sempre que o arguido prestar declarações, e ainda que se encontre detido ou preso, deve encontrar-se livre na sua pessoa, salvo se forem necessárias cautelas para prevenir o perigo de fuga ou actos de violência".
O interrogatório do arguido pode decorrer no âmbito do primeiro interrogatório judicial de arguido detido (artigo 141.º, C.P.P.), do primeiro interrogatório não judicial de arguido detido (artigo 143.º, C.P.P.) e nos demais casos (artigo 144.º, C.P.P.).
Na fase da audiência de discussão e julgamento, o presidente informa o arguido de que tem direito a prestar declarações em qualquer momento da audiência, desde que elas se refiram ao objecto do processo, sem que no entanto a tal seja obrigado e sem que o seu silêncio possa desfavorecê-lo.

Ao Ministério Público, ao defensor, aos representantes do assistente e das partes civis não são permitidas interferências nas declarações do arguido, nomeadamente sugestões quanto ao modo de declarar.
Dispondo-se o arguido a prestar declarações, cada um dos juízes e dos jurados pode fazer-lhe perguntas sobre os factos que lhe sejam imputados e solicitar-lhe esclarecimentos sobre as declarações prestadas. O arguido pode recusar a resposta a alguma ou a todas as perguntas sem que isso o possa desfavorecer – direito ao silêncio.
O Ministério Público, o advogado do assistente e o defensor podem solicitar ao presidente que formule ao arguido determinadas perguntas.
"Não podem valer como meio de prova as declarações de um co-arguido em prejuízo de outro co-arguido quando o declarante se recusar a responder às perguntas formuladas".
V. artigos 343.º, 344.º e 345.º, C.P.P..
V. *Arguido; Juramento; Detenção; Prisão; Procurador; Inquirição; Facto; Crime; Elemento constitutivo do tipo de crime; Medidas de coacção; Medidas de garantia patrimonial; Primeiro interrogatório judicial de arguido detido; Primeiro interrogatório não judicial de arguido detido; Julgamento; Objecto do processo; Direito ao silêncio; Jurado; Júri.*

Declarações do assistente e das partes civis (Proc. Penal) – Ao assistente e às partes civis, nos termos do disposto no artigo 145.º, C. P. P., podem ser tomadas declarações – que ficam sujeitas ao regime de prestação da prova testemunhal, mas não são precedidas de juramento – sobre factos constantes do processo, desde que a requerimento seu ou do arguido ou sempre que a autoridade judiciária entender conveniente. Ficam sujeitos ao dever de verdade e a responsabilidade penal pela sua violação.
Na fase da audiência de discussão e julgamento, podem ser tomadas declarações ao assistente, ao responsável civil e ao lesado, mediante perguntas formuladas por qualquer dos juízes e jurados ou pelo presidente, a solicitação do Ministério Público, do defensor ou dos advogados das partes civis ou do assistente – v. artigos 346.º e 347.º, C. P. P..

V. *Assistente; Partes civis; Testemunha; Prova testemunhal; Juramento; Inquirição; Facto; Requerimento; Arguido; Autoridade judiciária; Julgamento; Ministério Público; Advogado; Jurado; Defensor.*

Declarações para memória futura (Proc. Penal) – Mecanismo processual previsto nos artigos 271.º e 294.º, C. P. P., que é utilizado pelo juiz de instrução – a requerimento do Ministério Público, do assistente, do arguido ou das partes civis – para inquirir, no decurso de inquérito, testemunhas em caso de doença grave ou deslocação para o estrangeiro que, previsivelmente, a impeça de estar presente em julgamento, bem como no caso de vítima de crime de tráfico de pessoas ou contra a liberdade e autodeterminação sexual.

Podem ser feitas em inquérito e em instrução a fim de que o depoimento possa, se necessário, ser tomado em conta, no julgamento.

No caso de processo por crime contra a liberdade e autodeterminação sexual de menor, procede-se sempre à inquirição do ofendido no decurso do inquérito, desde que a vítima não seja ainda maior.

A inquirição é feita pelo juiz, podendo em seguida o Ministério Público, os advogados do assistente e das partes civis e o defensor, por esta ordem, formular perguntas adicionais.

"Esta tomada de declarações não prejudica a prestação de depoimento em audiência de julgamento, sempre que ela for possível e não puser em causa a saúde física ou psíquica de pessoa que o deva prestar".

V. *Juiz de instrução; Requerimento; Ministério Público; Assistente; Arguido; Partes civis; Inquirição; Testemunha; Julgamento; Inquérito; Instrução; Depoimento; Vítima.*

Declarante (Proc. Penal) – É aquele que emite uma declaração.

V. *Declarações do arguido; Declarações do assistente e das partes civis; Declarações para memória futura.*

Decreto-Lei – Acto normativo emanado do Governo no domínio da competência legislativa que o artigo 198.º da Constituição da República lhe atribui.

São promulgados pelo Presidente da República e publicados na I.ª Série do *Diário da República*.

As leis e os decretos-leis têm igual valor, "sem prejuízo da subordinação às correspondentes leis dos decretos-leis publicados no uso de autorização legislativa e dos que desenvolvam as bases gerais dos regimes jurídicos".

São leis gerais da República as leis e os decretos-leis cuja razão de ser envolva a sua aplicação a todo o território nacional e assim o decretem.

V. também artigo 112.º, n.ºs 1, 2 e 5, da Constituição.

V. *Lei.*

Decreto legislativo regional – Diploma legal emanado dos órgãos legislativos próprios das Regiões Autónomas – as Assembleias Legislativas das regiões autónomas.

A Lei Constitucional n.º 1/2004, de 24 de Julho, substituiu, em toda a Constituição, a expressão "Assembleias Legislativas Regionais" por "Assembleias Legislativas das regiões autónomas". Também a restrição constitucional anterior, (formulada como segue: "com respeito pelos princípios fundamentais das leis gerais da República, em matérias de interesse específico para as regiões que não estejam reservadas à competência própria dos órgãos de soberania"), desapareceu do actual texto da Constituição.

V. artigos 227.º, 228.º, 229.º, 232.º e 233.º da Constituição da República, alterados pela referida Lei Constitucional n.º 1/2004.

Os decretos legislativos regionais que procedam a adaptações de normas de leis gerais da República devem indicar expressamente o diploma legal e os preceitos objecto de adaptação. V. a Lei n.º 2/2005, de 24 de Janeiro – Lei da publicação, identificação e formulário dos diplomas (que alterou os artigos 2.º, 3.º, 7.º, 8.º, 9.º, 11.º, 12.º, 13.º, 15.º, eliminou o artigo 17.º e renumerou os artigos 18.º e 19.º para 17.º e 18.º da Lei n.º 74/98, de 24 de Novembro).

V. *Lei.*

Defensor (Proc. Penal) – Profissional do foro que exerce as suas funções numa causa.

O arguido pode constituir advogado em qualquer altura do processo. Tendo o arguido mais do que um defensor constituído, as notificações são feitas àquele que for indicado em primeiro lugar no acto de constituição – v. artigo 62.º, C. P. P..

Sendo vários arguidos no mesmo processo podem eles ser assistidos por um só defensor se isso não contrariar a função da defesa – v. artigo 65.º, C. P. P..

A nomeação pode ser feita pelo Ministério Público ou por autoridade de polícia criminal sempre que o arguido for surdo, mudo, analfabeto, desconhecedor da língua portuguesa, menor de 21 anos ou se suscitar a questão da sua inimputabilidade ou imputabilidade diminuída. A nomeação é feita pelo Ministério Público se o arguido não tiver advogado constituído nem defensor nomeado – nomeação obrigatória – no despacho de encerramento do inquérito, quando contra ele for deduzida acusação.

O defensor exerce os direitos que a lei reconhece ao arguido, "salvo o que ela reservar pessoalmente a este" – artigo 63.º, C. P. P..

O arguido pode retirar eficácia ao acto realizado em seu nome pelo defensor, desde que o faça por declaração expressa anterior a decisão relativa àquele acto.

"Se o defensor, relativamente a um acto em que a assistência for necessária, não comparecer, se ausentar antes de terminado ou recusar ou abandonar a defesa, é imediatamente nomeado outro defensor; mas, pode também, quando a nomeação imediata se revelar impossível ou inconveniente, ser decidido interromper a realização de acto" – n.º 1 do artigo 67.º, C. P. P..

Há casos – previstos no artigo 64.º, C. P. P. – em que há obrigatoriedade de assistência de defensor.

A Lei n.º 34/2004, de 29 de Julho (Lei do Regime de Acesso ao Direito e aos Tribunais), com as alterações introduzidas pela Lei n.º 47/2007, de 28 de Agosto, estabelece paralelamente ao Código de Processo Penal, as condições de nomeação de defensor ao arguido, a dispensa de patrocínio e a substituição de defensor.

Nos termos do artigo 39.º da referida Lei, "a nomeação é antecedida da advertência ao arguido do seu direito a constituir advogado. Caso não constitua advogado, o arguido deve proceder, no momento em que presta termo de identidade e residência, à emissão de uma declaração relativa ao rendimento, património e despesa permanente do seu agregado familiar [...]. Se a secretaria concluir pela insuficiência económica do arguido, deve ser-lhe nomeado defensor ou, no caso contrário, adverti-lo de que deve constituir advogado.

A nomeação de defensor ao arguido tem carácter provisório e depende de concessão de apoio judiciário pelos serviços da segurança social" – ver n.os 1 a 6 do artigo 39.º.

Nos termos do artigo 42.º, "o advogado nomeado defensor pode pedir dispensa de patrocínio, invocando fundamento que considere justo, em requerimento dirigido à Ordem dos Advogados" que aprecia e delibera o pedido no prazo de 5 dias. Pode, em caso de urgência, ser nomeado outro defensor ao arguido.

Nos termos do artigo 41.º são elaboradas escalas de prevenção para a nomeação (e consequente assistência) dos defensores.

V. *Advogado; Arguido; Ordem dos Advogados; Acesso à justiça; Apoio judiciário; Obrigatoriedade de assistência; Inquérito; Despacho, Inimputabilidade; Imputabilidade diminuída; Ministério Público; Notificação; Acto.*

Defensor oficioso (Proc. Penal) – Denomina-se assim o defensor nomeado para representar, em juízo, o arguido, quando este não tiver constituído advogado próprio.

V. artigo 62.º, C. P. P..

V. *Defensor; Acesso à justiça; Apoio judiciário; Obrigatoriedade de assistência; Nomeação oficiosa.*

Defesa Nacional – É a actividade desenvolvida pelo Estado e pelos cidadãos no sentido de garantir, no respeito da ordem constitucional, das instituições democráticas e das convenções internacionais, a independência nacional, a integridade do território, e a liberdade e a segurança das populações contra qualquer agressão ou ameaça externas.

O Estado Português preconiza a solução dos problemas e conflitos internacionais pela via da negociação e da arbitragem, considerando seu dever contribuir para a preservação da paz e da segurança internacionais, nos termos da Constituição.

De acordo com as normas de direito internacional, Portugal actua pelos meios legítimos adequados para defesa dos interesses nacionais, dentro ou fora do seu território, da zona económica exclusive ou dos fundos marinhos contíguos e ainda do espaço aéreo sob responsabilidade nacional. No exercício do direito de legítima defesa reconhecido na Carta das Nações Unidas, Portugal reserva o recurso à guerra para os casos de agressão militar efectiva ou iminente. A defesa nacional é igualmente exercida no quadro dos compromissos internacionais assumidos pelo País.

As principais orientações e medidas da política de defesa nacional constarão necessariamente do programa do Governo aprovado em Conselho de Ministros e apresentado à Assembleia da República. Entende-se por conceito estratégico de defesa nacional a definição dos aspectos fundamentais da estratégia global do Estado adoptada para a consecução dos objectivos da política de defesa nacional. As Forças Armadas asseguram, de acordo com a Constituição e as leis em vigor, a execução da componente militar da defesa nacional.

A componente militar da defesa nacional é exclusivamente assegurada pelas Forças Armadas e as forças de segurança colaboram na execução da política de defesa nacional, nos termos da lei.

V. Lei n.º 29/82, de 11 de Dezembro, alterada pelas Leis n.ºˢ 41/83, de 21 de Dezembro, 111/91, de 29 de Agosto, 113/91, de 29 de Agosto, 18/95, de 13 de Julho, e Lei Orgânica n.º 3/99, de 18 de Setembro – Lei da Defesa Nacional e das Forças Armadas.

"Delicta in se" (Dir. Penal) – V. *"Mala in se"*.

"Delicta mere prohibita" (Dir. Penal) – V. *"Mala prohibita"*

Delito (Dir. Penal/Proc. Penal) – Acção ou omissão voluntária contra a lei penal.
O termo também é usado como alternativo à palavra crime.
V. *Crime*.

Delinquente por tendência (Dir. Penal) – O Código Penal não contém uma definição de delinquente por tendência. No entanto, prevê a aplicação de penas relativamente indeterminadas a tal categoria de agente nos artigos 83.º, 84.º e 85.º.

No n.º 1 do mencionado artigo 83.º, referente aos pressupostos de pena relativamente indeterminada, prevê-se a aplicação de tal pena a quem praticar crime doloso a que devesse aplicar-se concretamente prisão efectiva por mais de dois anos e tiver cometido anteriormente dois ou mais crimes dolosos, a cada um dos quais tenha sido ou seja aplicada prisão efectiva também por mais de dois anos, sempre que a avaliação conjunta dos factos praticados e da personalidade do agente revelar uma acentuada inclinação para o crime, que no momento da condenação ainda persista.

O artigo 84.º, n.º 1, C. P., prevê a aplicação de pena relativamente indeterminada nos casos em que o agente praticou crime doloso ao qual seja aplicada pena de prisão efectiva, tendo praticado anteriormente quatro ou mais crimes aos quais tenha sido ou seja aplicada pena de prisão efectiva.

A caracterização da inclinação do agente para o crime é feita nos termos do referido n.º 1 do artigo 83.º, C. P..

O artigo 85.º, C. P., prevê restrições à aplicação de pena relativamente indeterminada, para os casos em que o agente não completou 25 anos à data da prática dos crimes.

Há casos em que a declaração judicial de delinquente por tendência tem efeitos na vida profissional da pessoa: assim acontece, por exemplo, nos termos do artigo 4.º, n.º 3, da Lei n.º 13/2006, de 17 de Abril – que estabelece o regime de transporte de crianças e jovens até aos 16 anos –, que dispõe que tal declaração indicia a falta de idoneidade, indispensável para os candidatos à actividade principal de tal transporte.

V. *Pena relativamente indeterminada; Agente; Crime; Dolo; Pena de prisão.*

Demandante (Proc. Civil; Proc. Penal) – Designação genérica da parte principal que solicita a adopção de uma providência judicial.

Demandante civil (Proc. Penal) – Designação dada, em processo penal, a quem, não se tendo constituído assistente, é lesado com a prática do crime e, por isso, solicita ao arguido (através do pedido de indemnização civil) compensação pelos danos sofridos.
V. *Assistente; Lesado; Pedido de indemnização civil; Arguido; Dano; Crime.*

Demandado civil (Proc. Penal) – Designação genérica daquele contra quem é pedida uma providência judicial.
Em processo penal, é aquele contra quem é pedida uma compensação pelos danos sofridos com a prática do crime.
V. *Pedido de indemnização civil; Dano; Crime.*

Denegação de justiça (Dir. Penal) – Crime previsto no artigo 12.º da Lei n.º 34/87, de 16 de Julho, que consagra a punição do titular de cargo político que no exercício das suas funções se nega a administrar a justiça ou a aplicar o direito.
V. *Crime; Cargo político; Denegação de justiça e prevaricação.*

Denegação de justiça e prevaricação (Dir. Penal) – Crime previsto no artigo 369.º, C. P., que se traduz na promoção ou não promoção, na condução, na decisão ou não decisão, ou na prática de acto decorrente do exercício do cargo de funcionário, conscientemente e contra direito, no âmbito de inquérito processual, processo jurisdicional, por contra-ordenação ou disciplinar.
Constitui ainda crime de denegação de justiça e prevaricação a execução ilegal de medida privativa da liberdade ou a sua não execução nos termos da lei, crime que também é punível quando o funcionário actua com negligência grosseira.
O artigo 369.º, n.ºˢ 2 e 3, C. P., consagram agravações do tipo base.

O n.º 4 deste artigo consagra a incriminação do funcionário que, sendo para tal competente, ordena ou executa medida privativa da liberdade de forma ilegal, ou omite ordená-la ou executá-la nos termos da lei.
O n.º 5 do mesmo artigo consagra a punição da negligência grosseira (o crime negligente reporta-se à factualidade descrita no n.º 4, isto é, prevê a punição do funcionário que, negligentemente, ordenar ou executar medida privativa da liberdade de forma ilegal, ou omitir ordená-la ou executá-la nos termos da lei).
V. artigo 224.º, C. P. P., que determina a punição com as penas previstas nos n.º 4 e 5 do artigo 369.º do Código Penal o incumprimento da decisão do Supremo Tribunal de Justiça sobre a petição de *habeas corpus*, relativa ao destino a dar à pessoa presa.
V. *Denegação de justiça; Crime; Funcionário; Inquérito; Promoção; Contra-ordenação; Agravação; Negligência grosseira; Tipo; Tipo base; Pena; Supremo Tribunal de Justiça; "Habeas corpus".*

Denúncia (Proc. Penal) – Comunicação da ocorrência de um facto a uma entidade.
Pode ser obrigatória – artigo 242.º, C. P. P. – ou facultativa – artigo 244.º, C. P. P. – e pode ser feita verbalmente – sendo depois reduzida a escrito – ou por escrito, não estando sujeita a formalidades especiais.
Contém, na medida do possível, os factos que constituem o crime, o dia, hora, local e circunstâncias em que foi cometido e tudo o que se averiguar acerca da identificação dos agentes e dos ofendidos, bem como os meios de prova conhecidos.
É uma das formas pelas quais o Ministério Público "adquire a notícia do crime".
Sempre que uma autoridade judiciária, um órgão de polícia criminal ou outra entidade policial presenciarem qualquer crime de denúncia obrigatória, levantam ou mandam levantar auto de notícia.
A denúncia feita a entidade diversa do Ministério Público é transmitida a este no mais curto prazo e este procede ou manda proceder ao registo de todas as denúncias que lhe forem transmitidas.
A denúncia é obrigatória, ainda que os agentes do crime não sejam conhecidos:

a) para as entidades policiais quanto a todos os crimes de que tomarem conhecimento;

b) para os funcionários, para os crimes de que tomarem conhecimento no exercício das suas funções e por causa delas.

Quando a denúncia se referir a crime cujo procedimento dependa de queixa ou de acusação particular, a denúncia só dá lugar a instauração de inquérito se a queixa for apresentada no prazo legalmente previsto.

Esta matéria está regulada nos artigos 242.º a 247.º, C. P. P..

Há diplomas atinentes a certas actividades profissionais que fazem impender sobre esses profissionais o dever de denúncia de certos crimes. Assim acontece, por exemplo, com o artigo 23.º, n.º 1-*j*), do Estatuto do Notariado, aprovado pelo Decreto-Lei n.º 26/2004, de 4 de Fevereiro, que impõe aos notários o dever de denunciar "os crimes de que tomar conhecimento no exercício das suas funções e por causa delas, designadamente os crimes de natureza económica, financeira e de branqueamento de capitais"; também o artigo 18.º, n.º 1-*a*) do Decreto-Lei n.º 35/2004, de 21 de Fevereiro, que rege a actividade de segurança privada, faz impender, sobre as entidades titulares de alvará ou de licença para esta actividade, o dever de "comunicar de imediato à autoridade judiciária ou policial competente a prática de qualquer crime de que tenham conhecimento no exercício das suas actividades".

V. *Facto; Crime; Agente; Ofendido; Meios de prova; Arguido; Ministério Público; Autoridade judiciária; Órgão de polícia criminal; Auto de notícia; Notário; Branqueamento; Segurança privada; Queixa; Acusação particular; Notícia do crime; Denúncia obrigatória; Denúncia facultativa; Transmissão e recepção de denúncias e queixas.*

Denúncia a entidade incompetente para o procedimento (Proc. Penal) – A denúncia feita a entidade diversa do Ministério Público é transmitida a este no mais curto prazo, que não pode exceder dez dias.

V. artigo 245.º, C. P. P..

V. *Denúncia; Ministério Público; Prazo.*

Denúncia caluniosa (Dir. Penal) – Crime previsto no artigo 365.º, C. P., que se traduz genericamente na imputação a outrem de factos que constituem crime, contra-ordenação ou falta disciplinar, com intenção de que se instaure o respectivo procedimento e com consciência por parte do agente da falsidade da imputação.

O artigo 365.º, n.ᵒˢ 3 e 4, C. P., consagram agravações do tipo base, em função do meio utilizado (n.º 3 – se "o meio utilizado pelo agente se traduzir em apresentar, alterar ou desvirtuar meio de prova") e dos efeitos da conduta do agente (n.º 4 – se "do facto resultar a privação da liberdade do ofendido").

As leis eleitorais prevêem igualmente crimes de denúncia caluniosa.

V. *Crime; Contra-ordenação; Agravação; Tipo; Tipo base; Crimes eleitorais.*

Denúncia facultativa (Proc. Penal) – Existe denúncia facultativa quando qualquer pessoa que tenha notícia de um crime o denuncia ao Ministério Público, a uma autoridade judiciária ou aos órgãos de polícia criminal, salvo se o procedimento depender de queixa ou de acusação particular.

V. artigo 244.º, C. P. P..

V. *Denúncia; Denúncia obrigatória; Crime; Ministério Público; Autoridade judiciária; Órgão de polícia criminal; Queixa; Acusação particular.*

Denúncia obrigatória (Proc. Penal) – A denúncia é obrigatória (ainda que os agentes do crime não sejam conhecidos) para as entidades policiais, quanto aos crimes de que tomarem conhecimento e, para os funcionários (o conceito de funcionário aqui é o previsto no artigo 386.º, C. P.: o "funcionário civil", o "agente administrativo" e "quem, mesmo provisória ou temporariamente, mediante remuneração ou a título gratuito, voluntária ou obrigatoriamente, tiver sido chamado a desempenhar ou a participar no desempenho de uma actividade compreendida na função pública administrativa ou jurisdicional, ou, nas mesmas circunstâncias, desempenhar funções em organismos de utilidade pública ou nelas participar"), quanto aos crimes de que tomarem conhecimento no exercício das suas funções e por causa delas.

Quando a denúncia se referir a crime cujo procedimento dependa de queixa ou de acusação particular, a denúncia só dá lugar a instauração de inquérito se a queixa for apresentada no prazo legalmente previsto.

V. artigos 242.º, 243.º e 248.º, C. P. P..

De acordo com o artigo 6.º da Lei n.º 50/2007, de 31 de Agosto (Lei da Responsabilidade penal por comportamentos antidesportivos), "os titulares dos órgãos e os funcionários das federações desportivas ou das ligas profissionais, associações de clubes nelas filiados devem transmitir ao Ministério Público notícia dos crimes previstos na presente lei de que tenham conhecimento no exercício das suas funções e por causa delas".

V. *Denúncia; Denúncia facultativa; Agente; Crime; Funcionário; Queixa; Acusação particular.*

Departamento Central de Investigação e Acção Penal (DCIAP) (Proc. Penal) – O DCIAP é um órgão de coordenação e de direcção da investigação e de prevenção da criminalidade violenta, altamente organizada ou de especial complexidade. É constituído por um procurador-geral adjunto, que dirige, e por procuradores da República.

Compete ao DCIAP coordenar a direcção da investigação dos seguintes crimes: contra a paz e a humanidade; organização terrorista e terrorismo; contra a segurança do Estado, com excepção dos crimes eleitorais; tráfico de estupefacientes, substâncias psicotrópicas; associação criminosa para o tráfico; branqueamento de capitais; corrupção peculato e participação económica em negócio; insolvência dolosa; administração danosa em unidade do sector público; fraude na obtenção ou desvio de subsídio, subvenção ou crédito; infracções económico-financeiras cometidas de forma organizada; infracções económico-financeiras de dimensão nacional ou transnacional.

Compete ainda ao DCIAP dirigir o inquérito e exercer a acção penal relativamente a estes crimes quando a actividade criminosa ocorrer em comarcas pertencentes a diferentes distritos judiciais; precedendo despacho do Procurador-Geral da República, quando, relativamente a crimes de manifesta gravidade, a especial complexidade ou dispersão territorial da actividade criminosa justificarem a direcção concentrada da investigação. Compete, finalmente, ao DCIAP realizar as acções de prevenção relativamente aos seguintes crimes: branqueamento de capitais; administração danosa em unidade do sector público; fraude na obtenção ou desvio de subsídio, subvenção ou crédito; infracções económico-financeiras de dimensão nacional ou transnacional.

O exercício das funções de coordenação do Departamento Central de Investigação e Acção Penal compreende: o exame e a execução de formas de articulação com outros departamentos e serviços, nomeadamente de polícia criminal, com vista ao reforço da simplificação, racionalidade e eficácia dos procedimentos; a colaboração com os Departamentos de Investigação e Acção Penal das sedes dos distritos judiciais, a elaboração de estudos sobre a natureza, o volume e as tendências de evolução da criminalidade e os resultados obtidos na prevenção, na detecção e no controlo.

O Departamento Central de Investigação e Acção Penal foi instalado através da Portaria n.º 264/99, de 12 de Abril.

V. *Procurador-geral adjunto; Procurador da República; Inquérito; Princípio da investigação; Procurador-Geral da República; Acção de prevenção; Acção penal; Inquérito; Ministério Público; Comarca; Crime.*

Departamento de Investigação e Acção Penal (DIAP) (Proc. Penal) – Órgão que centraliza a investigação criminal e onde correm termos os processos durante a fase de inquérito, para o qual é canalizada toda a informação e indícios relevantes a constar dos processos instaurados contra os arguidos, resultante da investigação criminal e acção penal durante a referida fase de inquérito, desenvolvida pelos órgãos de polícia criminal que actuam na directa dependência do Ministério Público.

Na comarca sede de cada distrito judicial existe um Departamento de Investigação e Acção Penal.

V. *Inquérito; Processo; Arguido; Indícios; Arguido; Órgão de polícia criminal; Ministério Público; Comarca.*

Depoimento (Proc. Penal) – V. *Inquirição*

Depoimento de parte (Proc. Penal) – Ao depoimento de parte aplicam-se as regras do processo civil, com as necessárias adaptações: o depoimento pode ser promovido pelo juiz ou requerido por qualquer das partes, não só em relação à parte contrária, como em relação às respectivas compartes, desde que se trate de pessoas com capacidade judiciária, devendo ser indicados, sob pena de não admissão, os factos sobre que deva recair.

O objecto do depoimento de parte é restrito a factos pessoais ou de que o depoente deva ter conhecimento, não podendo em qualquer caso ser admitido depoimento sobre factos criminosos ou torpes de que seja arguido a parte.

O depoimento é prestado sob juramento e será reduzido a escrito.

V. artigos 552.º e segs., C. P. C., tendo o artigo 555.º a redacção que lhe foi dada pelo Decreto-Lei n.º 180/96, de 25 de Setembro.

V. *Juiz; Capacidade judiciária; Facto; Juramento; Arguido.*

Depoimento indirecto (Proc. Penal) – Declarações sobre factos constantes do processo dos quais não se tem conhecimento directo, mas por intermédio de outrem.

Também conhecido como *testemunho de ouvir dizer*, este depoimento só pode servir como meio de prova se o juiz chamar a depor as pessoas a quem se ouviu dizer esses determinados factos.

Não tem relevância probatória o depoimento de quem recusar ou não estiver em condições de indicar a pessoa ou a fonte através das quais tomou conhecimento dos factos constitutivos do crime.

Este meio de prova encontra-se regulado no artigo 129.º, C. P. P..

V. *Facto; Testemunha; Testemunho; Prova; Meios de prova; Crime; Processo.*

Depósito – "Contrato pelo qual uma das partes entrega à outra uma coisa, móvel ou imóvel, para que a guarde e restitua quando for exigida" – artigo 1185.º do Código Civil.

Depósito, em sentido próprio, é o contrato que tem por objecto coisas infungíveis ou coisas fungíveis quando a obrigação de restituição se refira à própria coisa depositada; o depósito de coisas fungíveis (isto é, o depósito em que a obrigação de restituir tem por objecto coisas do mesmo género e quantidade) é qualificado pela lei de irregular (artigo 1205.º, Código Civil), sendo-lhe aplicáveis as normas que regem o mútuo.

O depositário tem de guardar a coisa pelo modo que tiver sido convencionado e a coisa deve ser restituída com os respectivos frutos ao depositante, não podendo a restituição ser recusada com o fundamento de que o depositante não é o seu proprietário ou não tem qualquer direito sobre ela. As despesas da restituição são da conta do depositante.

V. *Coisa imóvel; Coisa móvel; Frutos; Coisa fungível.*

Deprecada (Proc. Penal) – V. *Carta precatória.*

Depreciação do valor de moeda metálica (Dir. Penal) – Crime previsto no artigo 263.º, C. P., que se traduz genericamente na diminuição por qualquer modo do valor de moeda metálica legítima com intenção de a pôr em circulação.

Também constitui crime o fabrico de moeda metálica com o mesmo ou maior valor que o da legítima, sem autorização legal e com intenção de a passar.

V. *Crime; Moeda.*

Desacatamento ou recusa de execução de decisão de tribunal (Dir. Penal) – Crime previsto no artigo 13.º da Lei n.º 34/87, de 16 de Julho, que consagra a punição do titular de cargo político que, no exercício das suas funções, recusar acatamento ou execução de decisão judicial transitada em julgado.

V. *Crime; Cargo político; Trânsito em julgado; Decisão; Decisão com força executiva.*

Descaminho ou destruição de objectos colocados sob o poder público (Dir. Penal) – Crime previsto no artigo 355.º, C. P., que

se traduz na destruição, danificação, inutilização, total ou parcial, ou subtracção, por qualquer forma, ao poder público a que está sujeito, de documento ou outro móvel, bem como de coisa que tiver sido arrestada, apreendida ou objecto de providência cautelar.
V. *Crime; Documento; Coisa móvel; Arresto; Apreensão.*

Descendente – Aquele que descende de outrem, o seu ascendente.

Desconto (Dir. Penal) – De acordo com o artigo 80.º, C. P., a detenção, a prisão preventiva e a obrigação de permanência na habitação, sofridas pelo arguido no processo em que vier a ser condenado, são descontadas por inteiro no cumprimento da pena de prisão que lhe for aplicada.
Se for aplicada a pena de multa, a detenção, a prisão preventiva e a obrigação de permanência na habitação são descontadas à razão de 1 dia de privação da liberdade por, pelo menos, 1 dia de multa.
Nos termos do artigo 81.º, C. P., se a pena imposta por decisão transitada em julgado for posteriormente substituída por outra, é descontada nesta a pena anterior, na medida em que já estiver cumprida. Se ambas as penas tiverem diferentes naturezas, na nova pena é feito o desconto que ao tribunal parecer equitativo.
De acordo com o artigo 82.º, C. P., qualquer medida processual ou pena que o agente tenha sofrido no estrangeiro, pelo mesmo ou pelos mesmos factos, é descontada nos termos dos artigos 80.º e 81.º, C. P..
V. os Acórdãos do Tribunal Constitucional n.ºs 462/2004 (inéditos) – no qual o Tribunal Constitucional decidiu não julgar inconstitucionais as normas dos artigos 371.º e 368.º, n.ºs 1-*a*) e 2-*a*), do Código de Justiça Militar, aprovado pelo Decreto-Lei n.º 141/77, de 9 de Abril, este último na redacção dos Decretos-Leis n.ºs 226/79, de 21 de Julho, e 415/79, de 13 de Outubro, interpretadas no sentido de que o período de detenção para extradição, sofrido pelo arguido no estrangeiro, não releva no cômputo da duração máxima da prisão preventiva permitida no processo criminal militar de que emergiu o pedido de extradição –, e 298/99 (publicado no *Diário da República*, II série, de 16 de Julho de 1999), no qual o Tribunal Constitucional decidiu não julgar inconstitucionais as normas dos artigos 3.º, 215.º e 229.º do Código de Processo Penal, na interpretação segundo a qual na contagem dos prazos máximos de duração da prisão preventiva não é de considerar o tempo de detenção provisória para extradição sofrida no estrangeiro pelo arguido que foi extraditado para Portugal.
V. *Detenção; Prisão preventiva; Obrigação de permanência na habitação; Arguido; Pena de multa; Pena de prisão; Trânsito em julgado; Processo de extradição.*

Descriminalização (Dir. Penal) – Expressão que se refere à cessação da vigência de uma lei que criminalizava um facto, por força da entrada em vigor de uma nova lei que procede à eliminação desse facto punível "do número das infracções penais" (artigo 2.º, n.º 2, C. P.).
De acordo com este artigo 2.º, n.º 2, C. P., o facto punível deixa de o ser quando ocorre a descriminalização; se tiver havido condenação, ainda que transitada em julgado, cessam a execução e os seus efeitos penais.
V. *Lei; Crime; Aplicação da lei penal no tempo; Facto; Trânsito em julgado; Sentença condenatória.*

Desigualdade de armas (Proc. Penal) – Expressão usada para significar a desigualdade de meios processuais que pode existir entre a acusação (encabeçada pelo Ministério Público) e a defesa do arguido.
Visa-se, no processo penal de estrutura acusatória, impedir que esta desigualdade se verifique, dotando a defesa do arguido de meios e direitos processuais próprios que lhe permitam defender-se das acusações que lhe são imputadas.
V. artigos 60.º, 61.º e 62.º, C. P. P..
V. *Direito de defesa; Arguido; Ministério Público; Processo penal; Processo acusatório; Princípio do contraditório.*

Desistência (Dir. Penal) – O artigo 24.º, n.º 1, do C. P. estabelece que a tentativa deixa de ser punível quando o agente voluntariamente desistir de prosseguir na execução do crime, ou impedir a sua consumação, ou, não obstante a consumação, impedir a verificação do resultado não compreendido no tipo de crime.

A doutrina distingue a desistência do arrependimento.

A primeira tem lugar nos casos em que o agente interrompe o processo executivo, quando ainda não tinha feito tudo o que era objectivamente necessário para a consumação, ou seja, quando o processo executivo do crime ainda se encontra na fase da tentativa inacabada. Nestes casos, a execução do crime que o agente decidiu cometer fica incompleta.

O arrependimento tem lugar quando o agente já cometeu todos os actos de execução do crime que decidiu cometer. O arrependimento pode acontecer quando o processo executivo se encontra na fase da tentativa acabada, bem como quando já ocorreu a consumação, mas antes do exaurimento do crime – são particularmente ilustrativos destes casos os crimes de perigo, já que entre a produção do perigo e a efectiva lesão do bem jurídico protegido medeia um período no qual pode ter lugar o arrependimento.

O arrependimento implica um comportamento activo do agente para evitar a consumação ou o resultado não compreendido no tipo de crime, ao passo que a desistência se traduz num mero não fazer, isto é, na não prossecução da execução.

A desistência só é relevante se for voluntária. Nessa medida, a cessação da prática de actos de execução tem de resultar de uma decisão do agente, não sendo, pois, relevantes os casos em que o agente foi, ou vai ser, impedido de prosseguir na execução do crime.

O artigo 24.º, n.º 2, C. P., estabelece ainda que, quando a consumação ou a verificação do resultado forem impedidas por facto independente da conduta do desistente, a tentativa não é punível, se este se esforçar seriamente por evitar uma ou outra. A lei equipara, pois, o esforço sério para evitar a consumação ou a verificação do resultado ao acto de impedimento de uma e de outra.

O Código Penal consagra regras específicas de desistência de determinados crimes. V., por exemplo, o artigo 286.º, de acordo com o qual o agente dos crimes dos artigos 272.º, 273.º, 277.º e 280.º a 284.º – crimes ambientais, de propagação de doença e de recusa de médico – beneficia da atenuação da pena ou mesmo da dispensa de pena se remover voluntariamente o perigo antes de se verificar dano considerável.

O Decreto-Lei n.º 433/82, de 27 de Outubro, consagra, no artigo 14.º, regras idênticas às do artigo 24.º, C. P., no âmbito das contra-ordenações.

V. *Tentativa; Tentativa acabada; Tentativa inacabada; Agente; Consumação; Actos de execução; Consumação; Crime; Resultado; Resultado não compreendido no tipo de crime; Exaurimento; Crime de perigo; Bem jurídico; Tipo; Crimes ambientais; Propagação de doença, alteração de análise ou de receituário; Recusa de médico; Atenuação especial da pena; Dispensa de pena; Dano.*

(Proc. Penal) – V. *Desistência de queixa; Desistência do recurso.*

Desistência activa (Dir. Penal) – V. *Desistência.*

Desistência de queixa (Proc. Penal) – Só pode verificar-se desistência de queixa em crimes cujo procedimento dependa de queixa ou de acusação particular, cessando, com a desistência da queixa efectuada, a intervenção do Ministério Público no processo, pois deixa de ser necessária a investigação do crime e a prossecução da acção penal.

A homologação da queixa é feita pelo juiz ou pelo Ministério Público, consoante a fase processual em que o processo se encontrar – v. artigo 51.º, C. P. P..

V. *Crime; Queixa; Acusação particular; Ministério Público; Juiz; Acção penal; Homologação; Crime particular; Crime semipúblico; Processo.*

Desistência do recurso (Proc. Penal) – O artigo 415.º, C. P. P., dispõe que "o Ministério Público, o arguido, o assistente e as partes civis podem desistir do recurso interposto, até ao momento de o processo ser concluso ao relator para exame preliminar", fazendo-se a desistência por requerimento ou por termo no processo e é

verificada por despacho do relator, sendo julgada em conferência.
V. *Recurso; Ministério Público; Arguido; Assistente; Partes civis; Juiz relator; Requerimento; Termo; Conferência; Relator.*

Desistência na comparticipação (Dir. Penal) – O Código Penal consagra regras específicas para os casos de desistência em situações de comparticipação.
O artigo 25.º estabelece que, "se vários agentes comparticiparem no facto, não é punível a tentativa daquele que voluntariamente impedir a consumação ou a verificação do resultado, nem a daquele que se esforçar seriamente por impedir uma ou outra, ainda que os outros comparticipantes prossigam na execução do crime ou o consumem".
A lei prevê, pois, neste preceito situações de *arrependimento* (v., quanto a este termo, o que é referido a propósito da desistência).
O Decreto-Lei n.º 433/82, de 27 de Outubro, no artigo 15.º, consagra regras idênticas às do artigo 25.º, C. P., no âmbito das contra-ordenações.
V. *Comparticipação; Desistência; Agente; Consumação; Resultado; Crime; Contra-ordenação.*

Desistência voluntária (Dir. Penal) – V. *Desistência.*

Desobediência (Dir. Penal) – Crime previsto no artigo 348.º, C. P., que se traduz no incumprimento de ordem ou mandado legítimos, regularmente comunicados e emanados de autoridade ou funcionário competente.
O crime de desobediência só ocorre, porém, quando a lei cominar a punição no caso ou quando tal cominação for feita pelo funcionário ou pela autoridade que emite a ordem ou o mandado.
São vários os preceitos que cominam a punição da desobediência.
Exemplificativamente, veja-se o artigo 33.º do Decreto-Lei n.º 15/93, de 22 de Janeiro (desobediência qualificada de quem "se opuser a actos de fiscalização ou se negar a exibir os documentos exigidos pelo presente diploma [DL n.º 15/93 relativo ao tráfico e consumo de estupefacientes], depois de advertido das consequências penais da sua conduta" e de quem "não cumprir as obrigações impostas pelo artigo 20.º [participação à autoridade policial da subtracção ou extravio de substâncias proibidas pela entidade responsável pela sua guarda]"), o artigo 381.º do Código dos Valores Mobiliários (desobediência de quem se recusar a acatar as ordens da CMVM), o artigo 609.º do Código do Trabalho (desobediência da entidade patronal que se recusa a fazer cessar a situação de exploração de trabalho de menores depois de devidamente intimada para o fazer) e o artigo 204.º, n.º 4, do Código de Processo Civil (a conduta de quem, tendo recebido a citação, não entregue logo que possível ao citando os elementos deixados pelo funcionário, do que será previamente advertido).
V. *Crime; Mandado; Funcionário; Documento; Estupefaciente; Tráfico e outras actividades ilícitas; Menor; Citação.*

Desobediência a ordem de dispersão de reunião pública (Dir. Penal) – Crime previsto no artigo 304.º, C. P., que se traduz no incumprimento de ordem legítima de retirada de ajuntamento ou de reunião pública, dada por autoridade competente com a advertência de que a desobediência constitui crime.
O artigo 304.º, n.º 2, C. P., prevê uma agravação no caso de o desobediente ser promotor da reunião ou ajuntamento.
V. *Crime; Desobediência; Agravação.*

Desobediência qualificada (Dir. Penal) – O artigo 348.º, n.º 2, C. P., estabelece a pena para os casos em que uma disposição legal cominar a punição da desobediência qualificada.
Veja-se, exemplificativamente, o crime previsto no artigo 46.º da Lei n.º 67/98, de 26 de Outubro, rectificada pela Declaração de rectificação n.º 22/98, de 28 de Novembro (Lei da Protecção de Dados Pessoais), que consagra a punição de quem, depois de devidamente notificado para o efeito, não fizer cessar o tratamento de dados pessoais, assim como os crimes previstos nos artigos 32.º da Lei n.º 2/99, de 13 de Janeiro, 66.º da Lei n.º 4/2001, de 23 de Fevereiro, e 90.º da Lei n.º 15/2001, de 5 de Junho. V., também, o crime do artigo 73.º

da Lei n.º 27/2007, de 30 de Julho (Lei da Televisão).
V. *Crime; Desobediência; Pena; Dados pessoais; Notificação.*

Despacho (Proc. Penal) – Acto decisório que pode ser proferido pelo juiz ou pelo Ministério Público.
É proferido pelo juiz quando este conhece de qualquer decisão interlocutória ou quando põe termo ao processo, fora dos casos em que conhece a final do objecto do processo (que são os casos de prolação de sentença).
V. *Acto decisório; Juiz; Ministério Público; Decisão interlocutória; Objecto do processo; Sentença.*

Despacho de não pronúncia (Proc. Penal) – Despacho proferido pelo juiz de instrução que não pronuncia o arguido pelo crime de que vem acusado, no caso de não terem sido recolhidos indícios suficientes no decurso do inquérito e da instrução da prática do crime, ou no caso de se não terem verificado os pressupostos de que depende a aplicação ao arguido de uma pena ou de uma medida de segurança – constitui uma infirmação da acusação que conduz ao arquivamento do processo.
V. artigo 308.º, C. P. P. (relativo ao despacho de pronúncia e de não pronúncia).
V. *Despacho; Juiz de instrução; Instrução; Arguido; Crime; Indícios; Indícios suficientes; Pronúncia; Inquérito; Decisão instrutória; Pena; Medida de segurança; Despacho de pronúncia.*

Despacho de pronúncia (Proc. Penal) – Despacho que é proferido pelo juiz de instrução e que pronuncia o arguido pelo crime de que vem acusado, no caso de terem sido recolhidos indícios suficientes de se terem verificado os pressupostos de que depende a aplicação ao arguido de uma pena ou de uma medida de segurança.
Constitui uma confirmação da acusação, ao invés do despacho de não-pronúncia.
V. artigo 308.º, C. P. P. (relativo ao despacho de pronúncia e de não pronúncia).
V. *Despacho; Juiz de instrução; Instrução; Pronúncia; Arguido; Decisão instrutória; Crime; Indícios; Indícios suficientes; Pena; Medida de segurança; Acusação; Arquivamento do inquérito.*

Despenalização (Dir. Penal) – Expressão que se refere à cessação da vigência de uma lei incriminadora, por força de uma outra lei que atenua os efeitos incriminadores daquela lei.
Quando ocorre a despenalização, os factos continuam a gerar responsabilidade criminal, verificando-se, porém, um tratamento mais favorável consagrado no regime novo.
O artigo 2.º, n.º 4, C. P., estabelece que, quando as disposições penais vigentes no momento da prática do facto punível forem diferentes das estabelecidas em leis posteriores, é sempre aplicado o regime que concretamente se mostrar mais favorável ao agente; se tiver havido condenação, ainda que transitada em julgado, cessam a execução e os seus efeitos penais, logo que a parte da pena que se encontrar cumprida atinja o limite máximo da pena prevista na lei posterior.
O condenado que pretenda beneficiar do regime posterior mais favorável fora dos casos referidos na parte final do n.º 4 do artigo 2.º do C. P., tem de requerer a abertura da audiência, de acordo com o artigo 371.º-A do C. P. P..
O Tribunal Constitucional, num processo de fiscalização concreta da constitucionalidade, já apreciou a conformidade à Constituição do segmento final do artigo 2.º, n.º 4, C. P., na redacção anterior à da Lei n.º 59/2007, de 4 de Setembro, que consagrava a cláusula que excepcionava da aplicação retroactiva da lei mais favorável as situações abrangidas por caso julgado, tendo concluído, com votos de vencido, pela não inconstitucionalidade, no Acórdão n.º 644/98, publicado no *Diário da República*, II série, de 21 de Julho de 1999.
No entanto, diversas dimensões normativas de tal preceito foram julgadas inconstitucionais. Assim, no Acórdão n.º 677/98, o Tribunal Constitucional decidiu julgar materialmente inconstitucional, por violação do princípio da aplicação retroactiva da lei penal mais favorável, consagrado no n.º 4 do artigo 29.º da Constituição, a norma constante do n.º 4 do artigo 2.º do Código Penal, na parte em que veda a

aplicação da lei penal nova que transforma em crime semipúblico um crime público, quando tenha havido desistência da queixa apresentada e trânsito em julgado da sentença condenatória; no Acórdão n.º 240/97, o Tribunal Constitucional decidiu julgar inconstitucional, por ofensa do n.º 4 do artigo 29.º da Constituição, as normas conjugadas dos artigos 2.º, n.º 4, do Código Penal, e 666.º, n.º 1, do Código de Processo Civil, na interpretação segundo a qual, entrando em vigor, posteriormente a uma decisão condenatória do arguido e antes de esta ter formado caso julgado material, uma lei penal que, eventualmente, se apresente como mais favorável em concreto, não pode tal lei conduzir à modificação da decisão proferida pelo próprio tribunal, se a mesma já não for passível de recurso; e, no Acórdão n.º 572/2003. o Tribunal Constitucional decidiu julgar inconstitucional, por violação do princípio da aplicação retroactiva da lei penal mais favorável consagrado no n.º 4 do artigo 29.º da Constituição, a norma constante do artigo 2.º, n.º 4, do Código Penal, na interpretação de que veda a aplicação da lei penal nova que descriminaliza o facto típico, imputado ao arguido, já objecto de sentença condenatória transitada em julgado (estes arestos são consultáveis em *www.tribunalconstitucional.pt.*).

V. *Lei; Vigência da lei; Aplicação da lei no tempo; Descriminalização; Facto; Responsabilidade criminal; Agente; Sentença; Trânsito em julgado; Caso julgado; Crime semipúblico; Crime público; Desistência; Queixa; Entrada em vigor; Arguido.*

Destruição de monumentos (Dir. Penal) – Crime previsto no artigo 242.º, C. P., que se traduz na destruição ou danificação, em tempo de guerra ou de conflito armado, de monumentos culturais ou históricos ou de estabelecimentos afectos à ciência, às artes, à cultura, à religião ou a fins humanitários, não existindo necessidade militar e ocorrendo violação de normas ou princípios de direito internacional geral ou comum.

V. *Crime.*

Desvalor da acção (Dir. Penal) – Dimensão do juízo de ilicitude incidente sobre a acção do agente.

A autonomização do desvalor da acção (por contraponto ao *desvalor do resultado* – v. esta expressão) permite, por exemplo, a explicação, segundo alguma doutrina, da solução consagrada no artigo 38.º, n.º 4, C. P., consistente na punição do agente com a pena aplicável à tentativa quando desconhece o consentimento do titular dos interesses afectados com a prática do facto.

V. *Acção; Facto; Ilicitude; Agente; Pena; Tentativa; Consentimento.*

Desvalor do resultado (Dir. Penal) – Dimensão do juízo de ilicitude incidente sobre o resultado, isto é, juízo de ilicitude (de contrariedade à ordem jurídica) que tem por objecto o resultado do facto típico, em virtude de tal resultado lesar ou ameaçar lesar bens jurídicos penalmente protegidos.

V. *Desvalor da acção; Ilicitude; Resultado; Bem jurídico.*

Desvio de subvenção, subsídio ou crédito bonificado (Dir. Penal) – Crime previsto no artigo 37.º do Decreto-Lei n.º 28/84, de 20 de Janeiro (infracções anti-económicas e contra a saúde pública), que se traduz na utilização de prestações obtidas a título de subvenção, subsídio ou crédito bonificado, para fins diferentes daqueles a que legalmente se destinam.

De acordo com o artigo 21.º deste DL n.º 28/84, considera-se subsídio ou subvenção a prestação feita a empresa ou unidade produtiva, à custa de dinheiros públicos, quando tal prestação não seja, pelo menos em parte, acompanhada de contraprestação segundo os termos normais do mercado, ou quando se tratar de prestação inteiramente reembolsável sem exigência de juro ou com juro bonificado, e deva, pelo menos em parte, destinar-se ao desenvolvimento da economia.

V. *Crime.*

Desvio no processo causal (Dir. Penal) – Situação em que o agente desencadeia um processo lesivo, pretendendo atingir um dado objecto, vindo porém a atingir o objecto pretendido através de um outro processo causal diverso do inicialmente desencadeado.

Haverá lugar a imputação objectiva se o desvio no processo causal não for relevante, ou seja, se o processo que desencadeia o evento ainda for inserível no âmbito dos riscos juridicamente relevantes que a conduta do agente originou. Se o desvio no processo causal for relevante, não haverá então imputação objectiva, subsistindo somente a possibilidade de punição do agente por facto tentado.

É exemplo de uma situação de desvio no processo causal o caso em que alguém, pretendendo matar outrem por afogamento, o empurra do cimo de uma ponte, vindo a vítima a morrer porque bate com a cabeça, na queda, no pilar da ponte. Neste caso, o desvio não é relevante, já que a possibilidade de embater mortalmente, durante a queda, no pilar da ponte consubstancia um risco que se insere no âmbito dos riscos desencadeados pelo comportamento do agente (empurrar a vítima do cimo da ponte).

V. *Agente; Evento material; Imputação objectiva; Resultado; Tentativa.*

Detenção (Proc. Penal) – Meio de cerceamento (privação) da liberdade.

A detenção pode ocorrer em flagrante delito ou fora de flagrante delito e é efectuada ou para o detido ser apresentado a julgamento sob forma sumária, ou ser presente ao juiz competente para interrogatório judicial ou, ainda, para aplicação ou execução de uma medida de coacção e não pode durar mais de 48 horas (artigos 27.º, n.º 3, e 28.º da Constituição da República, e 254.º a 261.º, C. P. P.).

Visa, assim, assegurar a presença imediata, ou no mais curto prazo, do detido perante a autoridade judiciária competente para a prática de determinado acto processual.

V. *Delito; Flagrante delito; Detido; Detenção em flagrante delito; Detenção fora de flagrante delito; Julgamento; Juiz; Interrogatório judicial de arguido; Primeiro interrogatório judicial de arguido detido; Medidas de coacção; Autoridade judiciária; Acto processual.*

Detenção de arma proibida (Dir. Penal) – A Lei n.º 5/2006, de 23 de Fevereiro, "estabelece o regime jurídico relativo ao fabrico, montagem, reparação, importação, exportação, transferência, armazenamento, circulação, comércio, aquisição, cedência, detenção, manifesto, guarda, segurança, uso e porte de armas, seus componentes e munições, bem como o enquadramento legal das operações de prevenção criminal", do seu âmbito ficando excluídas "as actividades relativas a armas e munições destinadas às Forças Armadas, às Forças e serviços de segurança, bem como a outros serviços públicos cuja lei expressamente as exclua, bem como aquelas que se destinem exclusivamente a fins militares", e, ainda, "as actividades [...] relativas a armas de fogo cuja data de fabrico seja anterior a 31 de Dezembro de 1980, bem como aquelas que utilizem munições obsoletas, constantes do anexo a este diploma e que dele faz parte integrante, e que pelo seu interesse histórico, técnico e artístico possam ser preservadas e conservadas em colecções públicas ou privadas" (artigo 1.º).

O artigo 86.º desta Lei n.º 5/2006 prevê o crime de detenção de arma proibida, que se traduz, genericamente, no transporte, na detenção, na importação, na compra, na guarda, na aquisição, na obtenção ou no porte de arma "fora das condições legais ou em contrário das prescrições das autoridades competentes".

De acordo com o artigo 95.º deste diploma, "as entidades colectivas, qualquer que seja a sua forma jurídica, são responsáveis pelos crimes previstos nos artigos 86.º [...], quando cometidos em seu nome ou no interesse da entidade pelos titulares dos seus órgãos no exercício de funções ou seus representantes, bem como por uma pessoa sob a autoridade destes, em seu nome e no interesse colectivo, ou quando o crime se tenha tornado possível em virtude da violação de deveres de cuidado e vigilância que lhes incumbem", não excluindo a responsabilidade criminal das pessoas colectivas e a individual dos agentes.

As penas previstas são diversas essencialmente em função do tipo de arma, produto ou substância que esteja em causa.

O artigo 90.º determina que, como pena acessória, "pode incorrer na interdição temporária de detenção, uso e porte de arma quem for condenado pela prática de crime previsto na presente lei [entre outros, detenção de arma proibida] ou pela prática, a título doloso ou negligente, de crime em cuja preparação ou execução tenha sido relevante a utilização ou disponibilidade sobre a arma"; "o período de interdição tem o limite mínimo de um ano e o máximo igual ao limite superior da moldura penal do crime [...]"; "a interdição implica a proibição de detenção, uso e porte de armas, designadamente para efeitos pessoais, funcionais ou laborais, desportivos, venatórios ou outros, bem como de concessão ou renovação de licença, cartão europeu de arma de fogo [...], devendo o condenado fazer entrega da ou das armas, licenças e demais documentação no posto ou unidade policial da área da sua residência no prazo de 15 dias contados do trânsito em julgado"; "a interdição é decretada independentemente de o condenado gozar de isenção ou dispensa de licença ou licença especial".

Às pessoas colectivas, quando condenadas pelo crime de detenção de armas proibidas, são aplicáveis as penas de multa e de dissolução, sendo "os limites mínimo e máximo da pena de multa [...] determinados tendo como referência a moldura abstracta da pena prevista para as pessoas singulares; "a pena de dissolução só é decretada quando os fundadores da entidade colectiva tenham tido a intenção, exclusiva ou predominante, de, por meio dela, praticar os crimes [...] [referidos] ou quando a prática reiterada de tais crimes mostre que a entidade colectiva está a ser utilizada, exclusiva ou predominantemente, para esse efeito, quer pelos seus membros, quer por quem exerça a respectiva administração, gerência ou direcção"; às pessoas colectivas ainda podem ser aplicadas as penas acessórias de injunção judiciária, interdição temporária do exercício de actividade, privação do direito a subsídios, subvenções ou incentivos, encerramento temporário de estabelecimento e publicidade da decisão condenatória (artigo 96.º).

Por seu lado, o artigo 97.º qualifica como contra-ordenação, entre outros, a detenção, guarda ou transporte de arma de fogo, arma de alarme ou outras ainda, fora dos casos em que tal é permitido, cominando tal comportamento com uma coima de € 600 a € 6 000; e o artigo 98.º dispõe que "quem, sendo titular de licença, detiver, usar ou for portador, transportar armas fora das condições previstas [...] [na lei] é punido com um coima de € 500 a € 5 000".

V. *Arma; Crime; Detenção de armas e outros dispositivos, produtos ou substâncias em locais proibidos; Pessoa colectiva, Representação; Dever de cuidado; Pena; Pena acessória; Dolo; Negligência; Moldura penal; Porte de arma; Licença de uso e porte de arma; Dolo; Negligência; Residência; Trânsito em julgado; Sentença condenatória; Injunção judiciária; Contra-ordenação; Coima.*

Detenção de armas e outros dispositivos, produtos ou substâncias em locais proibidos (Dir. Penal) – A Lei n.º 5/2006, de 23 de Fevereiro, "estabelece o regime jurídico relativo ao fabrico, montagem, reparação, importação, exportação, transferência, armazenamento, circulação, comércio, aquisição, cedência, detenção, manifesto, guarda, segurança, uso e porte de armas, seus componentes e munições, bem como o enquadramento legal das operações de prevenção criminal".

O artigo 89.º desta Lei prevê o crime de detenção de armas e outros dispositivos, produtos ou substâncias em locais proibidos, que se traduz genericamente no transporte, detenção, uso, distribuição ou porte de arma, "munições, engenhos, instrumentos, mecanismos, produtos ou substâncias referidas no artigo 86.º [...]" em espaços públicos (recintos desportivos ou religiosos, locais onde decorra manifestação cívica ou política, ou em estabelecimento de diversão nocturna), "sem estar especificamente autorizado por legítimo motivo de serviço ou pela autoridade competente".

O crime é punido "com pena de prisão até cinco anos ou com pena de multa até 600 dias, se pena mais grave lhe não couber por força de outra disposição legal".

O artigo 90.º determina que, como pena acessória, "pode incorrer na interdição temporária de detenção, uso e porte de arma quem for condenado pela prática de crime previsto na presente lei [entre outros, detenção de armas e outros dispositivos, produtos ou substâncias em locais proibidos] ou pela prática, a título doloso ou negligente, de crime em cuja preparação ou execução tenha sido relevante a utilização ou disponibilidade sobre a arma"; "o período de interdição tem o limite mínimo de um ano e o máximo igual ao limite superior da moldura penal do crime [...]"; "a interdição implica a proibição de detenção, uso e porte de armas, designadamente para efeitos pessoais, funcionais ou laborais, desportivos, venatórios ou outros, bem como de concessão ou renovação de licença, cartão europeu de fogo [...], devendo o condenado fazer entrega da ou das armas, licenças e demais documentação no posto ou unidade policial da área da sua residência no prazo de 15 dias contados do trânsito em julgado"; "a interdição é decretada independentemente de o condenado gozar de isenção ou dispensa de licença ou licença especial".

V. *Arma; Crime; Detenção de arma proibida; Pena de prisão; Pena de multa; Pena acessória; Dolo; Negligência; Moldura penal; Porte de arma; Licença de uso e porte de arma; Residência; Trânsito em julgado; Sentença condenatória.*

Detenção em flagrante delito (Proc. Penal) – Nos termos do disposto no artigo 255.º, C. P. P., a detenção em flagrante delito só pode ser efectuada nos casos de crimes puníveis com pena de prisão e pode ser executada por qualquer autoridade judiciária ou entidade policial, se bem que, se estas não estiverem presentes ou não puderem ser chamadas em tempo útil, qualquer pessoa possa proceder à detenção, desde que entregue imediatamente o detido a uma dessas entidades.

Tratando-se de crime cujo procedimento dependa de queixa, a detenção só se mantém quando o titular do direito respectivo o exercer.

Se o crime depender de acusação particular não há lugar a detenção em flagrante delito, mas apenas à identificação do seu agente.

V. *Detenção; Crime; Pena de prisão; Delito; Flagrante delito; Autoridade judiciária; Queixa; Acusação particular.*

Detenção fora de flagrante delito (Proc. Penal) – A detenção fora de flagrante delito só pode ser efectuada através de mandado do juiz ou por mandado do Ministério Público, quando houver fundadas razões para considerar que o visado se não apresentaria espontaneamente perante autoridade judiciária no prazo que lhe fosse fixado. As autoridades de polícia criminal podem também ordenar a detenção fora de flagrante delito, por iniciativa própria, mas apenas nos casos previstos no artigo 257.º, C. P. P.:

a) se se tratar de caso em que seja admissível a prisão preventiva;

b) se existirem elementos que tornem fundado o receio de fuga; *c)* se não for possível esperar, dada a urgência e o perigo, pela intervenção da autoridade judiciária.

V. *Detenção; Mandado; Juiz; Ministério Público; Prisão preventiva; Autoridade de polícia criminal; Autoridade judiciária; Prazo.*

Detenção ilegal (Proc. Penal) – Cerceamento ilegal da liberdade, que ocorre quando:

a) esteja excedido o prazo para entrega ao poder judicial;

b) a detenção se mantenha fora dos locais legalmente permitidos;

c) a detenção tenha sido efectuada ou ordenada por entidade incompetente;

d) seja motivada por facto pelo qual a lei não a permite.

Nestes casos, o detido à ordem de qualquer autoridade pode requerer – através de um pedido de *habeas corpus* – ao juiz de instrução da área onde se encontre que ordene a sua imediata apresentação judicial para ser ouvido; o requerimento pode ser subscrito pelo detido ou por qualquer cidadão no gozo dos seus direitos políticos. O juiz decide, ouvidos o Ministério Público e o defensor constituído ou nomeado para o efeito – artigos 220.º e 221.º, C. P. P..

Quem tiver sofrido detenção ilegal, nos termos do disposto no artigo 225.º, C. P. P., pode requerer, perante o tribunal competente, indemnização dos danos sofridos com a privação da liberdade, quando: a privação da liberdade for ilegal; a privação da liberdade se tiver devido a erro gros-

seiro na apreciação dos pressupostos de facto de que dependia; se comprovar que o arguido não foi agente do crime ou actuou justificadamente.
V. *Detenção; Prazo; Facto; "Habeas corpus"; Juiz de instrução; Requerimento; Ministério Público; Defensor; Indemnização; Pedido de indemnização civil.*

Detenção ilegal de arma (Dir. Penal) – Crime que se encontrava previsto no artigo 6.º da Lei n.º 22/97, de 27 de Junho, e que se traduzia, genericamente, na detenção, utilização ou transmissão de arma não registada ou sem a licença legalmente exigida.
A Lei n.º 22/97 foi revogada pela Lei n.º 5/2006, de 23 de Fevereiro, que aprovou o novo regime jurídico das armas e suas munições.
O artigo 86.º desta Lei n.º 5/2006 prevê o crime de detenção de arma proibida.
V. *Crime; Arma; Detenção de arma proibida; Detenção de armas e outros dispositivos, produtos ou substâncias em locais proibidos; Licença de uso e porte de arma.*

Determinação da medida da pena (Dir. Penal) – Operação que visa a fixação do quanto exacto da pena a aplicar ao agente num caso concreto.
De acordo com o artigo 71.º, n.º 1, C. P., a determinação da medida da pena, dentro dos limites definidos na lei, é feita em função da culpa do agente e das exigências de prevenção.
O artigo 71.º, n.º 2, C. P., enuncia várias circunstâncias que podem ser ponderadas na determinação da medida da pena, tais como o grau de ilicitude do facto, o respectivo modo de execução ou as suas consequências, a intensidade do dolo ou da negligência, os sentimentos e os fins do agente, as suas condições pessoais ou económicas, a sua conduta anterior e posterior ao facto ou a sua falta de preparação para manter uma conduta lícita.
V. *Pena; Culpa; Agente; Ilicitude; Dolo; Negligência; Fins das penas.*

Detido (Proc. Penal) – Pessoa que é objecto da detenção quer em flagrante delito, quer fora de flagrante delito.

Também se pode utilizar o termo, num sentido amplo, para significar o arguido que está preso, quer em cumprimento de pena quer em cumprimento da medida de coacção de prisão preventiva.
Significa, por isso, a pessoa que está privada de liberdade.
V. *Delito; Detenção em flagrante delito; Detenção fora de flagrante delito; Pena; Medidas de coacção; Prisão preventiva.*

Devassa da vida privada (Dir. Penal) – Crime previsto no artigo 192.º, C. P., que se traduz genericamente em gravar conversa, captar imagens, escutar às ocultas ou divulgar factos relativos à vida privada, sem consentimento e com intenção de devassar a vida privada.
V. *Crime; Consentimento; Elementos subjectivos especiais do tipo.*

Devassa por meio de informática (Dir. Penal) – Crime previsto no artigo 193.º, C. P., que se traduz na criação, manutenção ou utilização de ficheiro automatizado de dados individualmente identificáveis e referentes a convicções políticas, religiosas ou filosóficas, à filiação partidária ou sindical, à vida privada, ou a origem étnica.
V. *Crime; Ficheiro automatizado; Dados pessoais; Protecção de dados pessoais.*

Dever (Dir. Penal) – V. *Dever jurídico.*

Dever de cuidado (Dir. Penal) – O artigo 15.º, C. P., prevê, como elemento da negligência, a violação do dever de cuidado, determinando que age com negligência quem, por não proceder com o cuidado a que, segundo as circunstâncias, está obrigado e de que é capaz, representar o facto, sem se conformar com tal representação (negligência consciente), ou não chegar sequer a representar a realização do facto (negligência inconsciente).
V. *Dever objectivo de cuidado; Dever subjectivo de cuidado; Facto; Negligência; Negligência consciente; Negligência inconsciente.*

Dever de esclarecimento (Dir. Penal) – O artigo 156.º, C. P., consagra a incriminação das intervenções e tratamentos médico-cirúrgicos arbitrários, que têm lugar quando não existe consentimento do paciente.

De acordo com o artigo 157.º do Código Penal, o consentimento só é eficaz quando o paciente tiver sido devidamente esclarecido sobre o diagnóstico e a índole, alcance, envergadura e possíveis consequências da intervenção ou do tratamento, salvo se isso implicar a comunicação de circunstâncias que, a serem conhecidas pelo paciente, poriam em perigo a sua vida ou seriam susceptíveis de lhe causar grave dano à saúde, física ou psíquica.

V. *Crime; Consentimento; Intervenções e tratamentos médico-cirúrgicos arbitrários.*

Dever de garante (Dir. Penal) – O artigo 10.º, n.º 1, C. P., procede à equiparação, para efeito de incriminação, da omissão à acção.

De acordo com o n.º 2 do preceito, a comissão de um resultado por omissão só é punível quando sobre o omitente recair um dever jurídico que pessoalmente o obrigue a evitar esse resultado (dever de garante).

As fontes do dever de garante identificadas pela doutrina são a lei, o contrato, as situações de ingerência prévia (isto é, situações em que o agente cria, através de uma actuação prévia, a situação de perigo, passando a estar obrigado a evitar a produção do resultado lesivo) e, por último, com opiniões divergentes, algumas situações em que o agente detém o monopólio dos meios de salvamento (por exemplo, a pessoa que numa praia deserta é a única que pode proceder ao salvamento de alguém que, na água, se encontra em dificuldades).

V. *Omissão; Omissão impura; Omissão pura; Dever jurídico; Ingerência prévia.*

Dever de sigilo (Dir. Penal) – V. *Segredo; Sigilo profissional.*

Dever jurídico – Situação jurídica passiva que determina para uma pessoa a necessidade de praticar ou não praticar determinado facto.

O cumprimento de um dever pode, normalmente, ser obtido pelo titular do direito correspondente, através de uma acção judicial ou, caso o incumprimento seja definitivo, tem o titular o direito a ser indemnizado pelos prejuízos que o incumprimento lhe acarretar.

O dever jurídico pode ter um titular determinado (quando lhe corresponde um direito de crédito de alguém) ou recair sobre todas as pessoas, exceptuando o titular do direito correspondente (quando este tem um direito real ou outro direito absoluto); pode ainda recair sobre a generalidade dos sujeitos ou sobre um grupo e não existir nenhum direito subjectivo que se lhe contraponha; assim sucede quando o dever é imposto no interesse geral ou no interesse público.

Por vezes o cumprimento de um dever exclui o carácter ilícito do incumprimento de um outro dever.

V. *Facto; Direito; Indemnização; Cumprimento de um dever; Causas de justificação; Ilicitude.*

Dever objectivo de cuidado (Dir. Penal) – Dever de diligência, ao qual, de acordo com critérios de normalidade, o agente se encontra vinculado quando inicia uma qualquer actividade que comporta riscos.

O incumprimento do dever objectivo de cuidado constitui elemento do comportamento negligente.

V. *Dever de cuidado; Dever subjectivo de cuidado; Negligência; Negligência consciente; Negligência inconsciente.*

Deveres de conduta (Proc. Penal) – Têm deveres de conduta, em processo penal, o arguido, as pessoas que, na generalidade, assistem à audiência de julgamento, os advogados e defensores, nos termos dos artigos 324.º, 325.º e 326.º, C. P. P..

Assim, o arguido bem como as pessoas que assistem ao julgamento devem "comportar-se de modo a não prejudicar a ordem e a regularidade dos trabalhos, a independência de critério e a liberdade de acção dos participantes processuais e a respeitar a dignidade do lugar".

O arguido, ainda que se encontre detido ou preso, "assiste à audiência livre na sua pessoa, salvo se forem necessárias cautelas para prevenir o perigo de fuga ou actos de violência". O arguido, detido ou preso, é, sempre que possível, o último a entrar na sala de audiência e o primeiro a ser dela retirado". Se, no decurso da audiência, "o arguido faltar ao respeito devido ao tribunal, é advertido, e, se persistir no comportamento, é mandado recolher a qualquer dependência do tribunal [...]".

Por seu lado, os advogados ou defensores, durante as alegações ou requerimentos, não devem: afastar-se do respeito devido ao tribunal; procurar protelar ou embaraçar o decurso normal dos trabalhos, usar expressões injuriosas ou difamatórias. Se o fizerem, são advertidos pelo presidente do tribunal.

V. *Arguido; Defensor; Advogado; Tribunal; Detenção; Prisão; Audiência de discussão e julgamento; Alegações; Injúria; Difamação.*

Dever subjectivo de cuidado (Dir. Penal) – Dever de diligência, ao qual, de acordo com as suas efectivas capacidades, o agente se encontra vinculado quando inicia uma qualquer actividade que comporta riscos.

O incumprimento do dever subjectivo de cuidado releva em sede de responsabilidade por facto negligente.

V. *Dever de cuidado; Dever objectivo de cuidado; Negligência; Negligência consciente; Negligência inconsciente.*

Diário da República – As leis, para vigorarem, têm de ser, obrigatoriamente, publicadas no jornal oficial, o *Diário da República* (artigo 5.º, n.º 1, do Código Civil).

V. artigo 1.º da Lei n.º 74/98, de 11 de Novembro, alterada pela Lei n.º 2/2005, de 24 de Janeiro – Lei da publicação, identificação e formulário dos diplomas.

O artigo 3.º desta Lei enuncia a composição formal do *Diário da República* e respectivos conteúdos, dispondo que, na sua 1.ª série, ele compreende duas partes, a A e a B.

"São objecto de publicação na parte A da 1.ª série do *Diário da República*:

a) As leis constitucionais;

b) As convenções internacionais, os respectivos decretos presidenciais e avisos de ratificação, bem como os restantes avisos a elas respeitantes;

c) As leis orgânicas, as leis, os decretos--leis e os decretos legislativos regionais;

d) Os decretos do Presidente da República;

e) As resoluções da Assembleia da República;

f) Os decretos dos Ministros da República [?] de nomeação e exoneração dos Presidentes dos Governos regionais dos Açores e da Madeira;

g) Os regimentos da Assembleia da República, do Conselho de Estado e das Assembleias Legislativas Regionais;

h) As decisões e as declarações do Tribunal Constitucional que a lei mande publicar na 1.ª série do *Diário da República*;

i) As decisões de uniformização de jurisprudência do Supremo Tribunal de Justiça e do Tribunal de Contas e as decisões do Supremo Tribunal Administrativo a que a lei confira força obrigatória geral;

j) Os resultados dos referendos e das eleições para o Presidente da República, a Assembleia da República, as Assembleias Legislativas Regionais e o Parlamento Europeu, nos termos da respectiva legislação aplicável;

l) A mensagem de renúncia do Presidente da República;

m) As moções de rejeição do Programa do Governo, de confiança e de censura;

n) Os pareceres do Conselho de Estado previstos nas alíneas *a)* a *e)* do artigo 145.º da Constituição e aqueles que o próprio Conselho de Estado delibere publicar".

"São objecto de publicação na parte B da 1.ª Série do *Diário da República*:

a) Os demais decretos do governo;

b) As resoluções do Conselho de Ministros e as portarias que contenham disposições genéricas;

c) As resoluções das Assembleias Legislativas Regionais e os decretos regulamentares regionais;

d) Os despachos normativos dos membros do Governo;

e) As decisões de outros tribunais não mencionados no número anterior às quais a lei confira força obrigatória geral;

f) Os resultados das eleições para os órgãos das autarquias locais;

g) Os orçamentos dos serviços do Estado que a lei mande publicar na 1.ª Série e as declarações sobre transferências de verbas;

h) As declarações relativas à renúncia ou à perda de mandato dos deputados à

Assembleia da República e às Assembleias Legislativas Regionais dos Açores e da Madeira".

O *Diário da República* tem actualmente uma versão electrónica, que "inclui um registo de acesso livre e gratuito, do qual constam as datas da sua efectiva distribuição", fazendo este registo "prova para todos os efeitos legais" e devendo abranger "as edições do *Diário da República* desde 25 de Abril de 1974" (artigo 18.º da citada Lei).

O despacho normativo n.º 16/97, de 3 de Abril, alterado pelos despachos normativos n.ºˢ 75/98, de 17 de Novembro, 31/99, de 11 de Junho, 15/2000, de 4 de Março, e 47/2001, de 21 de Dezembro, ocupa-se da normalização da publicação dos actos da 2.ª série do *Diário da República*.

V. *Lei; Decreto-Lei; Constituição; Tribunal Constitucional; Supremo Tribunal de Justiça; Tribunal.*

"Dies a quo" (Proc. Penal) – Expressão que designa o dia a partir do qual é contado um prazo.

V. *Prazo.*

Difamação (Dir. Penal) – Crime previsto no artigo 180.º, C. P., que se traduz na imputação a outra pessoa de um facto, mesmo sob a forma de suspeita, dirigindo-se o agente a terceiro, ou na formulação de um juízo, ofensivos da sua honra, ou ainda na reprodução de tal imputação ou de tal juízo.

A conduta não será punível quando a imputação for feita para realizar interesses legítimos e o agente provar a verdade dessa imputação ou tiver fundamento sério para, em boa fé, a reputar verdadeira.

O artigo 180.º, n.º 3, C. P., afasta a aplicação da regra de não punibilidade do n.º 2 do mesmo artigo nos casos em que se trata da imputação de facto relativo à intimidade da vida privada e familiar, sem prejuízo, porém, do disposto nas alíneas *b), c)* e *d)* do n.º 2 do artigo 31.º do mesmo Código.

A boa fé *supra* aludida é excluída quando o agente não cumpre o dever de informação sobre a verdade da imputação que as circunstâncias do caso impunham.

V. o Acórdão do Supremo Tribunal de Justiça n.º 5/96, de 14 de Março, publicado no *Diário da República*, I-A série, de 24 de Maio de 1996, que entendeu que a "difamação, mesmo que cometida através de publicação unitária, constituindo crime de abuso de liberdade imprensa, não tem a natureza de crime permanente, consumando-se com a publicação do texto ou da imagem, pelo que o prazo de prescrição do respectivo procedimento criminal tem início no dia da referida publicação, nos termos do artigo 119.º, n.º 1, do Código Penal".

V. *Crime; Facto; Honra; Punibilidade; Prescrição do procedimento criminal; Dever; Honra.*

Difusão de epizootias (Dir. Penal) – Crime previsto, no artigo 271.º do Código Penal na versão originária, que se traduzia genericamente na difusão de doença de modo a causar dano a número considerável de animais domésticos, a quaisquer outros animais úteis ao homem ou a grandes culturas, plantações ou florestas.

A norma incriminadora foi revogada pelo Decreto-Lei n.º 48/95, de 15 de Março.

Actualmente o artigo 281.º, C. P., prevê o crime de perigo relativo a animais ou vegetais.

V. *Crime; Perigo relativo a animais ou vegetais.*

Dilação (Proc. Penal) – Termo que designa genericamente o prolongamento de um prazo ou a atribuição de um prazo suplementar.

V. *Prazo; Expediente dilatório.*

Diligência (Proc. Penal) – Não existe definição legal de diligência.

A lei utiliza este conceito em várias disposições, pretendendo com ele referir-se a actos processuais ou materiais que integram a marcha do processo.

V. *Acto; Acto processual; Processo.*

Diminuição de risco (Dir. Penal) – Expressão que se refere às situações em que o agente pratica um facto lesivo que evita a produção de um resultado mais grave do que aquele que foi provocado em consequência desse facto.

A doutrina maioritária considera que a diminuição de risco consubstancia um critério de imputação objectiva do resultado à conduta (um critério por via do qual é negada a imputação objectiva). Há, porém, quem entenda que as situações aqui abrangidas deverão ser tratadas como casos de direito de necessidade.

Por este critério, e tendo presente o entendimento dominante, nega-se a existência de imputação objectiva nos casos em que o agente causa um determinado resultado por via de uma actuação que evitou um resultado mais grave que se produziria na esfera da vítima. Por exemplo, para evitar um atropelamento, o agente empurra a vítima para o passeio, causando-lhe pequenas escoriações.

V. *Agente; Facto; Resultado; Direito de necessidade; Imputação objectiva; Vítima.*

Direcção-Geral dos Serviços Prisionais (Proc. Penal) – A Direcção-Geral dos Serviços Prisionais (DGSP) é um serviço da administração directa do Estado, integrado no Ministério da Justiça. A DGSP tem por missão assegurar a gestão do sistema prisional, executar as penas e medidas privativas de liberdade, garantindo a criação de condições para a reinserção social dos reclusos e contribuindo para a defesa da ordem e da paz social.

A orgânica da DGSP foi estabelecida pelo Decreto-Lei n.º 125/2007, de 27 de Abril, pelas Portarias n.ºˢ 516/2007 e 559/2007, de 30 de Abril e pelo Despacho n.º 10 505/2007, *in Diário da República* II, de 4 de Junho de 2007. Os estabelecimentos prisionais dividem-se pelos distritos judiciais: para este efeito, existem os distritos judiciais do Porto, Coimbra, Lisboa e Évora.

V. *Pena; Medida privativa da liberdade; Ressocialização.*

Direito – O termo direito usa-se, fundamentalmente, em duas acepções:
1) direito objectivo – conjunto de regras gerais, abstractas, hipotéticas e dotadas de coercibilidade que regem as relações numa dada comunidade;
2) direito subjectivo – poder ou faculdade, provindos do direito objectivo, de que dispõe uma pessoa e que se destina, normalmente, à realização de um interesse juridicamente relevante.

Direito adjectivo – Fala-se de direito adjectivo para significar o direito processual, isto é, o ramo do direito que disciplina a forma de resolução dos litígios surgidos em consequência do não acatamento das regras que regulam as relações entre os sujeitos de direito, o que, em processo penal, significa o direito que disciplina e regula a actividade processual na investigação e averiguação da prática do crime e dos seus autores e correspondente imputação da responsabilidade penal, com aplicação da respectiva sanção.

V. *Crime; Autor; Responsabilidade criminal; Direito Processual Penal; Sanção; Código de Processo Penal.*

Direito ao silêncio (Proc. Penal) – Está consagrado no artigo 343.º, n.º 1, C. P. P., e é um direito que confere ao arguido a possibilidade de, na audiência de discussão e julgamento, "não querendo, este não prestar declarações sobre o objecto do processo, os factos que lhe são imputados e sobre o crime de vem acusado, sem que, no entanto, o seu silêncio possa desfavorecê-lo".

Todavia, quando as questões colocadas ao arguido respeitem à sua identificação pessoal (nome, filiação, freguesia, naturalidade estado civil, local de trabalho, residência e sobre a existência de processos pendentes), aí a regra é a oposta: o arguido é obrigado a responder e com verdade, uma vez que "a falta de resposta às perguntas feitas ou a falsidade da mesma o pode fazer incorrer em responsabilidade penal" – artigo 342.º, C. P. P..

V. *Arguido; Julgamento; Facto; Processo; Objecto do processo; Crime; Acusação, Identificação da pessoa; Responsabilidade criminal; Declarações; Declarações do arguido.*

Direito à vida (Dir. Penal) – V. *Vida.*

Direito criminal (Dir. Penal) – V. *Direito penal.*

Direito de asilo (Dir. Penal) – V. *Asilo.*

Direito de correcção (Dir. Penal) – O direito de correcção é tradicionalmente considerado uma causa de justificação.

Trata-se de um – assim considerado – direito que assiste aos educadores de infligir pequenas e fisicamente inconsequentes ofensas corporais no âmbito do exercício do poder-dever de educar relativo aos respectivos educandos.

As situações abrangidas podem ser próximas de casos de maus tratos.

V. *Causas de justificação; Maus tratos e infracção de regras de segurança; Ofensas corporais.*

Direito de defesa (Dir. Penal; Proc. Penal) – Expressão equivalente, em processo penal, a garantias de defesa e que implica a imposição, através do exercício de concretos direitos plasmados na lei ordinária, da salvaguarda dos direitos, liberdades e garantias do cidadão, enquanto arguido num processo.

É, assim, por um lado, um direito geral, com carácter programático e com uma abertura orientadora: este direito de defesa abarca não só as garantias de defesa definidas, ampla e genericamente, no artigo 32.º da Constituição da República Portuguesa, mas também todas as que pontualmente se extraiam da lei ordinária, dando forma e expressão à sua natureza residual e nuclear bem como à sua natureza orientadora e conformadora, na estruturação do sistema de garantias processuais penais para defesa do arguido, face à desigualdade de armas que se possa estabelecer, de partida, entre a acusação e a defesa.

Tem a sua expressão positiva no n.º 1 do artigo 32.º da Constituição da República que estatui: "O processo criminal assegurará todas as garantias de defesa".

Também, se utiliza a expressão "direito de defesa" para referir o direito que assiste ao sujeito que actua em legítima defesa de repelir pela força a agressão que o ameaça ou que ameaça terceiros.

V. *Arguido; Desigualdade de armas; Acusação; Defensor; Legítima defesa; Direito; Constituição.*

Direito de execução de penas (Dir. Penal) – V. *Execução da pena.*

Direito de mera ordenação social (Dir. Penal) – Sector normativo relativo ao regime legal das contra-ordenações, das coimas e do respectivo processo.

Trata-se de direito sancionatório, não integrando, porém, o direito penal.

V. *Coima; Contra-ordenação; Direito Penal.*

Direito de necessidade (Dir. Penal) – O direito de necessidade é uma causa de justificação.

De acordo com o artigo 34.º, C. P., não é ilícito o facto praticado como meio adequado para afastar um perigo actual que ameace interesses juridicamente protegidos do agente ou de terceiro, quando se verifiquem os seguintes requisitos:

– não ter sido voluntariamente criada pelo agente a situação de perigo, salvo tratando-se de proteger interesse de terceiro;

– haver sensível superioridade do interesse a salvaguardar relativamente ao interesse sacrificado; e

– ser razoável impor ao lesado o sacrifício do seu interesse em atenção à natureza ou ao valor do interesse ameaçado.

O Código Civil prevê, no artigo 339.º, a figura do estado de necessidade. De acordo com o n.º 1 de tal preceito, é lícita a acção daquele que destruir ou danificar coisa alheia com o fim de remover o perigo actual de um dano manifestamente superior, quer do agente quer de terceiro.

V. *Causas de justificação; Direito de necessidade defensivo; Estado de necessidade desculpante; Ilicitude.*

Direito de necessidade defensivo (Dir. Penal) – Causa de justificação supralegal que se verifica na situação em que o agente actua para evitar uma situação de perigo decorrente de um comportamento de terceiro que é agressor imediato inocente, utilizado ou não por agressor mediato.

Por exemplo, actua ao abrigo do direito de necessidade defensivo quem, para evitar um acidente mais grave, embate num veículo descontrolado, por falta de travões, sem que essa avaria possa ser imputável ao condutor do automóvel sem travões – pode resultar de caso fortuito ou de actuação intencional do mecânico que pretendeu instrumentalizar o condutor do veículo para provocar um acidente.

Trata-se de uma categoria que se situa entre a legítima defesa e o direito de necessidade.
Cfr. Maria Fernanda Palma, *A Justificação por Legítima Defesa como Problema de Delimitação de Direitos*, 1990, págs. 765 e segs..
V. *Causas de justificação supralegais; Direito de necessidade; Legítima defesa; Legítima defesa preventiva; Caso fortuito*.

Direito de resistência (Dir. Penal) – De acordo com o artigo 21.º da Constituição da República, todos "têm o direito de resistir a qualquer ordem que ofenda os seus direitos, liberdades e garantias e de repelir pela força qualquer agressão, quando não seja possível recorrer à autoridade pública".
Trata-se do fundamento constitucional para diversas causas de justificação, como, por exemplo, a legítima defesa.
V. *Causas de justificação; Conflito de deveres; Legítima defesa; Obediência hierárquica; Obediência indevida desculpante*.

Direito internacional humanitário (Dir. Penal) – Conjunto de princípios e valores tutelados pelas incriminações cujo regime consta da Lei n.º 31/2004, de 22 de Julho, incriminações que correspondem aos crimes da competência do Tribunal Internacional Penal.
O direito internacional humanitário caracteriza-se fundamentalmente pelo reconhecimento genérico da sua vigência pela comunidade internacional.
De acordo com os artigos 8.º, n.º 1, e 29.º, n.º 2, da Constituição da República, "os princípios de direito internacional comummente reconhecidos" fazem parte integrante do direito interno e os tribunais nacionais podem realizar julgamentos aplicando tais princípios sem necessidade de intermediação de lei da Assembleia da República.
V. *Conflito armado de carácter internacional; Conflito armado de carácter não internacional; Convenções de Genebra; Crianças; Crime de genocídio; Crime contra a humanidade; Crimes de guerra; Incitamento à guerra; Pessoas protegidas; Recrutamento de mercenários; Tribunal Penal Internacional (TPI)*.

Direito internacional penal (Dir. Penal) – Conjunto de princípios e regras que prevêem crimes, penas e respectivo processo, de âmbito internacional, aplicáveis por tribunais internacionais.
O artigo 29.º, n.º 2, da Constituição da República, determina que o princípio da legalidade, consagrado no n.º 1 do mesmo artigo, não impede a punição, nos limites da lei interna, por acção ou omissão que no momento da sua prática seja considerada criminosa segundo os princípios gerais de direito internacional comummente reconhecidos.
O artigo 7.º, n.º 7, da Constituição determina que "Portugal pode, tendo em vista a realização de uma justiça internacional que promova o respeito pelos direitos da pessoa humana e dos povos, aceitar a jurisdição do Tribunal Internacional Penal, nas condições de complementaridade e demais termos estabelecidos pelo Estatuto de Roma".
Constituem concretizações do direito internacional penal os julgamentos de Nuremberga e de Tóquio, realizados na sequência da 2.ª Guerra Mundial. Mais recentemente, foram constituídos, *ad hoc*, os tribunais internacionais para os crimes cometidos no Ruanda e na Ex-Jugoslávia.
O Estatuto de Roma do Tribunal Penal Internacional instituiu, com carácter de permanência, o Tribunal Penal Internacional, com regime próprio, encontrando-se expressamente definidos os crimes para cujo julgamento detém competência.
A expressão pode ainda ser utilizada para referir normas internacionais convencionais que visem a resolução de conflitos entre as legislações dos vários Estados.
V. *Tribunal Penal Internacional (TPI); Direito internacional humanitário*.

Direito judiciário (Proc. Penal; Org. Judiciária) – Conjunto de regras atinentes ao funcionamento da justiça e à orgânica dos tribunais.
V. *Tribunal*.

Direito moral – Direito cujo objecto é um interesse insusceptível de avaliação patrimonial.

Direito Penal – O direito penal é constituído pelo conjunto de princípios e normas, codificadas ou constantes de diplomas avulsos, que consagram os pressupostos gerais da punição (teoria geral da infracção), que prevêem as condutas puníveis (crimes) e que estabelecem as penas e respectivos regimes.

Num sentido amplo, direito penal abrange todas as matérias relacionadas com a determinação da responsabilidade penal dos sujeitos, compreendendo também, desse modo, o direito processual penal e o direito de execução de penas.

Como ramo científico do direito, refere-se ao estudo e análise das questões jurídicas relacionadas com a responsabilidade penal.

V. *Direito processual penal; Direito penal de justiça; Direito penal económico; Direito penal secundário; Responsabilidade criminal; Crime; Pena; Execução da pena.*

Direito penal administrativo (Dir. Penal) – Expressão que se refere à tutela penal de uma dada ordem administrativa (historicamente originária do Estado de polícia iluminista, consolidada juridicamente com a Revolução Francesa) que constitui o antecedente do direito de mera ordenação social.

V. *Contra-ordenação; Contravenção; Crime.*

Direito penal de justiça (Dir. Penal) – Expressão que se refere ao núcleo tradicional do direito penal (como, por exemplo, os crimes contra as pessoas).

Ao direito penal de justiça subjazem valores significativamente enraizados na comunidade, que correspondem, no essencial, aos direitos fundamentais.

O direito penal de justiça encontra-se, tradicionalmente, no Código Penal.

V. *Direito penal; Direito penal secundário.*

Direito penal do inimigo (Dir. Penal) – Expressão introduzida recentemente no debate doutrinal por Günther Jacobs, na sequência dos atentados de 11 de Setembro de 2001 nos Estados Unidos da América.

A expressão direito penal do inimigo refere-se a um sector dentro do sistema penal que pretende fazer face a uma criminalidade particularmente perigosa (da qual constitui exemplo o ocorrido em 11 de Setembro de 2001), através da derrogação de princípios que caracterizam o *direito penal do cidadão* (direito penal comum).

O direito penal do inimigo, pressupondo um estatuto diferenciado de agentes do crime (o inimigo por contraposição ao cidadão), consagra soluções mais graves, em termos de afectação de direitos, liberdades e garantias, do que as consagradas pelo direito penal comum.

São, fundamentalmente, três as suas características: é construído em função de uma ameaça futura; consagra penas desproporcionadamente altas ou gravosas; e determinadas garantias processuais são restringidas ou mesmo suprimidas.

É configurável na actualidade como expressão paradigmática do direito penal do inimigo o estatuto dos detidos na base de Guantánamo.

Direito penal económico (Dir. Penal) – Sector do direito penal que tutela bens jurídicos relativos à actividade económica.

V. *Bem jurídico; Direito penal secundário.*

Direito penal internacional (Dir. Penal) – Conjunto de princípios e regras que determinam o âmbito de aplicação geográfica da lei penal nacional.

Trata-se, pois, do conjunto de normas relativas à aplicação da lei penal no espaço.

V. *Aplicação da lei penal no espaço.*

Direito penal secundário (Dir. Penal) – A expressão refere-se a um conjunto de crimes, cujo regime, por regra, consta de diplomas legais avulsos (embora este não seja critério decisivo), e que tutela bens jurídicos relativos aos direitos sociais e económicos, consagrados constitucionalmente.

O surgimento do direito penal secundário consubstancia o alargamento da intervenção da tutela penal a áreas sociais cuja crescente complexidade reclama uma evolução legislativa acentuada.

Daí que os crimes que integram o direito penal secundário surjam normalmente em diplomas avulsos e não no Código Penal (entre outras razões, nomeadamente históricas), já que a alteração de um código deve, em princípio, implicar uma ponderação mais profunda do que a

que é inerente à alteração de um diploma sobre uma matéria delimitada.
V. *Bem jurídico; Direito penal de justiça; Direito penal económico.*

Direito penitenciário (Dir. Penal) – Expressão que se referia às normas relativas à execução de penas.
Actualmente é utilizada a expressão direito de execução de penas.
V. Decreto-Lei n.º 265/79, de 1 de Agosto, relativo ao regime de execução das penas.
V. *Execução da pena.*

Direito positivo – Direito constituído pelo conjunto de normas jurídicas efectivamente em vigor, em dado momento e em dada comunidade.

Direito probatório (Proc. Penal) – Conjunto de normas que regulam a actividade probatória.
Fala-se de direito probatório formal para significar as regras que disciplinam o modo de produção das provas em juízo, e em direito probatório material para referir as normas que regulam a admissibilidade das provas, indicando os meios probatórios que podem ser utilizados e o respectivo valor.
V. Livro III, C. P. P. – Da prova.
V. *Prova; Meios de prova.*

Direito Processual Penal – Conjunto de normas codificadas (no Código de Processo Penal e outra legislação avulsa) que permitem a realização de actos, com obediência a determinadas formalidades, praticados e ordenados pelo tribunal e pelas outras autoridades judiciárias competentes, com vista à descoberta dos factos constitutivos da prática de um crime e do seu agente ou agentes, para que, a final, o tribunal possa proferir decisão sobre a aplicação ou não de uma determinada sanção ao arguido.
É, assim, o ramo do direito que permite, processualmente, apurar a responsabilidade penal dos agentes para que lhes possa ser aplicada uma pena ou uma medida de segurança, previstas para a conduta penalmente digna de censura pelo direito penal substantivo.

V. *Acto; Crime; Arguido; Tribunal; Sanção; Processo Penal; Direito adjectivo; Tribunal; Autoridade judiciária; Pena; Medida de segurança; Direito Penal.*

Discricionariedade – Em termos jurídicos é usada para significar uma característica de algo que é arbitrário, algo que é feito sem restrições, livre de condições.

Discriminação racial ou religiosa (Dir. Penal) – Crime previsto no artigo 240.º, C. P., que se traduz genericamente na constituição de organização ou no desenvolvimento de actividades que incitem à discriminação, ao ódio ou à violência raciais ou religiosas, ou na participação nessas organizações ou nessas actividades.
Constitui ainda crime de discriminação racial ou religiosa a provocação de violência ou a difamação, em reunião pública, em escrito destinado ao público ou em qualquer meio de comunicação social, com a intenção de incitar à discriminação racial ou de a encorajar (nesta modalidade, a incriminação implica dolo directo).
V. *Crime; Difamação; Dolo.*

Dispensa de pena (Dir. Penal) – De acordo com o artigo 74.º, C. P., quando o crime for punível com pena de prisão não superior a 6 meses, ou só com multa não superior a 120 dias, pode o tribunal declarar o réu culpado mas não aplicar qualquer pena, se:
– a ilicitude do facto e a culpa do agente forem diminutas;
– o dano tiver sido reparado; e
– à dispensa não se opuserem razões de prevenção.
Pode ainda uma norma prever a dispensa de pena para situações diversas, tendo, contudo, de se verificar, em princípio, os requisitos contidos nas alíneas do n.º 1 do artigo 74.º do Código Penal, que se deixaram enunciadas.
A lei refere, no entanto, a dispensa de pena com pressupostos específicos em normas da parte especial (v., por exemplo, o n.º 3 do artigo 143.º – ofensas corporais recíprocas – e o n.º 3 do artigo 186.º – ofensas contra a honra recíprocas –, ambos do Código Penal).

O instituto da dispensa de pena está ligado à ausência de necessidade da punição no caso concreto (as finalidades da própria punição não se verificam no caso).
V. *Crime; Pena; Pena de prisão; Pena de multa; Ilicitude; Culpa; Dano; Reparação; Punibilidade.*

Dispositivos ilícitos (Dir. Penal) – O artigo 104.º da Lei n.º 5/2004, de 10 de Fevereiro (Lei das comunicações electrónicas), sob a epígrafe "Dispositivos ilícitos", prevê vários crimes relacionados com as comunicações electrónicas.
O n.º 2 do artigo contém várias definições, entre as quais a de dispositivo ilícito: é dispositivo ilícito um equipamento ou programa informático concebido ou adaptado com vista a permitir o acesso a um serviço protegido, sob forma inteligível, sem autorização do prestador de serviço.
De acordo com o mesmo n.º 2, serviço protegido é qualquer serviço de televisão, radiodifusão sonora ou da sociedade de informação, desde que prestado mediante remuneração e com base em acesso condicional, ou o fornecimento de acesso condicional aos referidos serviços considerados como um serviço em si mesmo.
Ainda de acordo com o mesmo n.º 2, consubstancia dispositivo de acesso condicional um equipamento ou programa informático, concebido ou adaptado com vista a permitir o acesso, sob forma inteligível, a um serviço protegido.
V. *Crime.*

Dissolução (Dir. Penal) – Pena aplicável às pessoas colectivas que se traduz na respectiva extinção. O artigo 90.º-F, C. P., determina que a pena de dissolução é decretada pelo tribunal quando a pessoa colectiva ou entidade equiparada tiver sido criada tiver sido criada com a intenção exclusiva ou predominante de praticar crimes ou que está a ser utilizada com essa intenção.
V. ainda, por exemplo, o artigo 7.º, n.º 1-*c*), do Decreto-Lei n.º 28/84, de 20 de Janeiro – Infracções Económicas e contra a Saúde Pública –, que prevê a pena de dissolução aplicável às pessoas colectivas que pratiquem infracções anti-económicas ou contra a saúde pública.

Em alguns diplomas, a pena de dissolução de pessoa colectiva é prevista como pena principal (v. o referido artigo 7.º), enquanto outros diplomas a prevêem como pena acessória (v. artigo 16.º-*c*), do Regime Geral das Infracções Tributárias, aprovado pela Lei n.º 15/2001, de 5 de Junho]).
V. *Pena; Responsabilidade criminal; Pessoa colectiva; Pena principal; Infracção anti-económica e contra a saúde pública.*

Distribuição – As acções propostas num tribunal são distribuídas, através de tratamento automático, entre as suas várias secções e entre os diferentes juízos ou varas, quando se trate de comarca em que haja mais do que um juiz e se o tribunal dispuser de sistema informático: tal operação tem por finalidade a repartição igualitária do serviço entre as diversas secções de secretaria e entre os diversos juízos do tribunal.
Quando for possível o tratamento automático, ele será utilizado, a fim de garantir "o mesmo grau de aleatoriedade no resultado e de igualdade na distribuição do serviço"; nestes casos, "as listagens produzidas por computador, quando assinadas ou rubricadas por magistrado ou funcionário que intervém no acto por elas documentado, têm o mesmo valor que os livros, pautas e listas que visam substituir" – artigo 209.º-A, Código de Processo Civil, aditado pelo Decreto-Lei n.º 180/96, de 25 de Setembro.
Nos tribunais colectivos, os processos são distribuídos entre os diversos juízes, a fim de determinar quem é o respectivo relator.
V. *Tribunal; Juízo; Juiz; Vara criminal; Magistrado; Funcionário de justiça; Juiz relator; Processo.*

Distribuição ilícita de bens da sociedade (Dir. Penal) – Crime, previsto no artigo 514.º do Código das Sociedades Comerciais, que se traduz na apresentação de proposta, pelo gerente, administrador ou director de sociedade, de distribuição ilícita de bens da sociedade.
V. *Crime.*

Distribuição irregular de títulos de ingresso (Dir. Penal) – Crime, previsto no

artigo 21.º da Lei n.º 16/2004, de 11 de Maio (manifestações de violência associadas ao desporto), que se traduz genericamente na distribuição de títulos de ingresso em recinto desportivo sem a devida autorização.
V. *Crime*.

Distrito judicial (Org. Judiciária) – Circunscrição judicial que abrange vários círculos judiciais e em que exerce jurisdição um tribunal de Relação.
O território nacional dividia-se em quatro distritos judiciais, com sede em Lisboa, Porto, Coimbra e Évora. Para além destes, o Decreto-Lei n.º 186-A/99, de 31 de Maio, previa já a criação dos Tribunais da Relação de Guimarães e de Faro, "sem que daí resulte a criação de novos distritos judiciais". O Tribunal da Relação de Guimarães foi instalado no dia 2 de Abril de 2002.
V. artigos 15.º, n.º 1, 21.º, n.ºˢ 1 e 2, e 47.º e segs. da Lei de Organização e Funcionamento dos Tribunais Judiciais (Lei n.º 3/99, de 13 de Janeiro, rectificada pela Declaração de rectificação n.º 7/99, de 16 de Fevereiro, e alterada pela Lei n.º 101/99, de 26 de Julho, pelos Decretos-Leis n.ºˢ 323/2001, de 17 de Dezembro, e 38/2003, de 8 de Março, pela Lei n.º 105/2003, de 10 de Dezembro, pelo Decreto-Lei n.º 53/2004, de 18 de Março, pela Lei n.º 42/2005, de 29 de Agosto, e pelo Decreto-Lei n.º 76-A/2006, de 29 de Março, este último rectificado pela Declaração de rectificação n.º 28-A/2006, de 26 de Maio).
V. *Círculo judicial; Tribunal da Relação*.

Diversão (Proc. Penal) – Em processo penal, este termo serve para traduzir a ideia – segundo a orientação penal definida pelo nosso sistema e os próprios princípios de política criminal que o enformam – da menor intervenção possível do Estado na esfera do cidadão.
Ou seja, o sistema cria mecanismos de avaliação de situações e prevê consequências jurídicas para a prática de determinados ilícitos que se traduzem numa menor intervenção do direito criminal: trata-se do funcionamento do princípio da oportunidade, baseado em razões de política criminal, que conduzirá a uma forma desviada ou divertida da tramitação normal de um processo pela prática de uma infracção.
Esta ideia de diversão está patente na orientação político-criminal subjacente às previsões dos artigos 280.º, C. P. P. – forma de diversão pura, na pequena criminalidade – e 281.º, C. P. P. – forma de diversão com intervenção.
Assim, o artigo 280.º prevê o arquivamento do processo nos casos em que o processo seja instaurado por crime relativamente ao qual se encontre prevista na lei a possibilidade de dispensa de pena; o artigo 281.º prevê a suspensão provisória do processo, mediante a imposição ao arguido de injunções e regras de conduta, desde que o crime não seja punido com pena de prisão superior a cinco anos.
V. *Política criminal; Princípio da oportunidade; Arquivamento do inquérito em caso de dispensa de pena; Dispensa de pena; Suspensão provisória do processo; Relação jurídica; Pena de prisão; Pena; Arguido; Limites da pena*.

Documentação de declarações orais (Proc. Penal) – As declarações prestadas oralmente na audiência são sempre documentadas na acta, sob pena de nulidade.
V. artigo 363.º, C. P. P..
V. *Audiência; Acta; Nulidade; Forma da documentação (de declarações orais)*.

Documento
1. (Dir. Penal) – De acordo com o artigo 255.º, C. P., documento consiste na declaração corporizada em escrito, ou registada em disco, fita gravada ou qualquer outro meio técnico, inteligível para a generalidade das pessoas ou para um certo círculo de pessoas que, permitindo reconhecer o emitente, é idónea para provar facto juridicamente relevante, quer tal destino lhe seja dado no momento da sua emissão quer posteriormente; e bem assim o sinal materialmente feito, dado ou posto numa coisa para provar facto juridicamente relevante e que permite reconhecer à generalidade das pessoas ou a um certo círculo de pessoas o seu destino e a prova que dele resulta.
O artigo 170.º, C. P. P., determina que "o tribunal pode, oficiosamente ou a requerimento, declarar no dispositivo da sen-

tença, mesmo que esta seja absolutória, um documento como junto aos autos como falso, devendo, para tal fim, quando o julgar necessário e sem retardamento sensível do processo, mandar proceder às diligências e admitir a produção da prova necessárias"; "sempre que o tribunal tiver ficado com a fundada suspeita da falsidade de um documento, transmite cópia deste ao Ministério Público, para os efeitos da lei"; pode recorrer-se autonomamente "do dispositivo relativo à falsidade", "nos mesmos termos em que poderia recorrer-se da parte restante da sentença"

2. Nos termos do disposto no artigo 362.º do Código Civil, é "qualquer objecto elaborado pelo homem com o fim de reproduzir ou representar uma pessoa, coisa ou facto". Os documentos podem ser escritos (nas modalidades de autênticos, particulares e autenticados) ou não escritos.

V. *Incidente de falsidade; Documento autenticado; Documento particular; Autenticação; Facto; Prova; Meios de prova; Documento de identificação; Danificação ou subtracção de documento e notação técnica; Sentença; Sentença absolutória; Diligência; Ministério Público; Recurso; Documento autêntico.*

Documento autenticado – "Os documentos particulares são havidos por autenticados, quando confirmados pelas partes, perante notário, nos termos prescritos nas leis notariais" – artigo 363.º, n.º 3, do Código Civil.

V. artigos 35.º, n.ºˢ 1 e 3, e 150.º a 152.º do Código do Notariado.

Autenticado é, pois, o documento particular cujo conteúdo é confirmado pelas partes perante o notário, que, em consequência, nele lavra um termo de autenticação.

O artigo 169.º, C. P. P., dispõe que se consideram provados "os factos materiais constantes de documento [...] autenticado, enquanto a autenticidade do documento ou a veracidade do seu conteúdo não forem fundadamente postas em causa".

V. *Documento; Documento particular; Notário; Prova; Força probatória; Falsificação de documento.*

Documento autêntico – É o documento "exarado com as formalidades legais pelas autoridades públicas, nos limites da sua competência ou, dentro do círculo de actividade que lhe é atribuído, pelo notário ou outro oficial público provido de fé pública" – artigo 363.º, n.º 2, do Código Civil.

Nos termos do artigo 35.º, n.º 2, do Código do Notariado, são autênticos não apenas os documentos exarados pelo notário nos livros ou em instrumentos avulsos, mas também "os certificados, certidões e outros documentos análogos por ele expedidos".

O n.º 1 do artigo 369.º do Código Civil estabelece que a autoridade ou oficial público que exara o documento tem de ser competente em razão da matéria e do lugar, não pode estar legalmente impedido de o lavrar, embora no n.º 2 se determine que se considera autoridade ou oficial público competente aquele que, exercendo publicamente as respectivas funções, lavrou o documento, a menos que "os intervenientes ou beneficiários conhecessem, no momento da sua feitura, a falsa qualidade da autoridade ou oficial público, a sua incompetência ou a irregularidade da sua investidura".

Tais documentos fazem "prova plena dos factos que referem como praticados pela autoridade ou oficial público respectivo, assim como dos factos que neles são atestados com base nas percepções da entidade documentadora; os meros juízos pessoais do documentador só valem como elementos sujeitos à livre apreciação do julgador".

Esta "força probatória só pode ser ilidida com base na [...] falsidade [do documento]". Há falsidade do documento quando se atesta como tendo sido objecto da percepção da autoridade ou oficial um facto que não se verificou ou como tendo sido praticado pela entidade responsável um acto que o não foi.

V. artigos 369.º e segs., Código Civil.

O artigo 169.º, C. P. P., dispõe que se consideram provados "os factos materiais constantes de documento autêntico [...], enquanto a autenticidade do documento ou a veracidade do seu conteúdo não forem fundadamente postas em causa".

V. *Notário; Certidão; Competência; Prova; Força probatória; Falsificação de documento.*

Documento de identificação (Dir. Penal) – De acordo com o artigo 255.º, C. P., documento de identificação é o bilhete de identidade, o passaporte, a cédula ou outros certificados ou atestados a que a lei atribui força de identificação das pessoas ou do seu estado ou situação profissional, de onde possam resultar direitos ou vantagens, designadamente no que toca a subsistência, aboletamento, deslocação, assistência, saúde ou meios para ganhar a vida ou de melhorar o seu nível.
V. *Documento; Bilhete de identidade; Passaporte; Certificado.*

Documento particular – Qualquer documento escrito e assinado pelo seu autor (pessoalmente ou por outrem a seu rogo, se ele não puder ou não souber assinar) que não seja documento autêntico nem tenha sido confirmado pelas partes perante notário.
O documento particular, cuja autoria seja reconhecida nos termos legais ou não tenha sido impugnado, faz prova plena quanto às declarações atribuídas ao seu autor e contrárias aos seus interesses, podendo, no entanto, ser arguida a sua falsidade.
A força probatória do documento pode ser livremente fixada pelo julgador quando o mesmo tiver vícios externos (rasuras, notas marginais, palavras entrelinhadas ou emendas sem a devida ressalva).
V. artigos 373.º e segs. do Código Civil.
O artigo 3.º, n.º 1, do Decreto-Lei n.º 290-D/99, de 2 de Agosto, alterado pelo Decreto-Lei n.º 62/2003, de 3 de Abril, dispõe que "o documento electrónico satisfaz o requisito legal de forma escrita quando o seu conteúdo seja susceptível de representação como declaração escrita", tendo a força probatória do documento particular assinado "quando lhe seja aposta uma assinatura electrónica qualificada, certificada por uma entidade certificadora credenciada" (n.º 2).
V. *Documento; Documento autêntico; Notário; Falsificação de documento; Força probatória.*

Documento passado em país estrangeiro – Nos termos do artigo 365.º, n.º 1, do Código Civil, "os documentos autênticos ou particulares passados em país estrangeiro, na conformidade da respectiva lei, fazem prova como o fariam os documentos da mesma natureza exarados em Portugal".
A legalização pode ser exigida se houver fundadas dúvidas acerca da sua autenticidade ou da autenticidade do reconhecimento.
A legalização é feita de acordo com o disposto no artigo 540.º, do Código de Processo Civil, nos termos seguintes:
a) Nos documentos autênticos feitos em conformidade com a lei do país em que foram passados, é necessário o reconhecimento da assinatura do funcionário público, feito por agente diplomático ou consular português no Estado respectivo, e que a assinatura deste agente se encontre autenticada com o selo branco consular respectivo;
b) Para os documentos particulares lavrados fora de Portugal, ainda que legalizados por funcionário público estrangeiro, exigem-se os reconhecimentos referidos na alínea anterior.
Sendo oferecidos em juízo "documentos escritos em língua estrangeira, que careçam de tradução, o juiz, oficiosamente ou a requerimento de alguma das partes, ordena que o apresentante a junte". "Surgindo dúvidas fundadas sobre a idoneidade da tradução, o juiz ordenará que o apresentante junte tradução feita por notário ou autenticada por funcionário diplomático ou consular do Estado respectivo; na impossibilidade de obter a tradução ou não sendo a determinação cumprida no prazo fixado, pode o juiz determinar que o documento seja traduzido por perito designado pelo tribunal". V. artigo 140.º, Código de Processo Civil, na redacção que lhe foi dada pelos Decretos-Leis n.ºs 329-A/95, de 12 de Dezembro, e 180/96, de 25 de Setembro.
O artigo 44.º do Código do Notariado determina que os documentos passados em país estrangeiro, em conformidade com a respectiva lei, podem ser admitidos a instruir actos notariais, independentemente de legalização, salvo se houver fundadas dúvidas sobre a sua autenticidade, caso em que pode ser exigida a legalização. Já o documento em língua estrangeira

deve ser acompanhado de tradução, feita nos termos legais, já descritos.

Pela Convenção Relativa à Supressão da Exigência da Legalização dos Actos Públicos Estrangeiros (Convenção da Haia de 5 de Outubro de 1961), aprovada, para ratificação, pelo Decreto-Lei n.º 48 450, de 24 de Junho de 1968, os Estados contratantes passaram a dispensar a legalização dos actos públicos seguintes:

a) Os documentos provenientes de uma autoridade ou de um funcionário dependentes de qualquer jurisdição do Estado, compreendidos os provenientes do Ministério Público, de um escrivão de direito ou de um oficial de diligências;

b) Os documentos administrativos;

c) Os actos notariais;

d) As declarações oficiais, tais como menções de registo, vistos para data determinada e reconhecimentos de assinatura, inseridos em actos de natureza privada.

A única formalidade que pode ser exigida para atestar a veracidade da assinatura, a qualidade em que o signatário do acto actuou e, sendo caso disso, a autenticidade do selo ou do carimbo que constam do acto, consiste na aposição de uma apostila, tal como definida no anexo ao diploma antes referido, a qual é aposta no documento ou em folha anexa, a requerimento do signatário ou de qualquer portador do acto, pelas autoridades determinadas por cada Estado contratante.

V. *Documento; Documento autêntico; Documento particular; Prova; Tradução; Notário; Perito; Ministério Público.*

Dogmática criminal (Dir. Penal) – Conjunto de princípios e regras identificados e construídos pela doutrina relativos ao direito penal.

A expressão significa o estudo científico do direito penal.

V. *Direito Penal.*

Dolo (Dir. Penal) – O dolo constitui, para um significativo sector da doutrina, e por influência da escola finalista, o elemento subjectivo geral do tipo de crime.

Há, porém, doutrina que considera o dolo como forma de culpa, configurando o tipo somente com elementos objectivos.

Há ainda doutrina que enquadra o dolo no tipo (como elemento subjectivo geral, a par da negligência) e que o considera simultaneamente forma de culpa (doutrina do duplo enquadramento do dolo).

O dolo é composto por um elemento intelectual ou cognitivo e por um elemento volitivo. O elemento intelectual traduz-se na representação que o agente realiza dos elementos objectivos do crime; o elemento volitivo consiste na vontade do agente de cometer o facto (ou de concretizar os seus efeitos).

O artigo 14.º, C. P., prevê três modalidades ou graus de dolo:

– dolo directo (de primeiro grau ou intenção (n.º 1)) , de acordo com o qual o agente representa e quer a produção do facto típico;

– dolo necessário (n.º 2), de acordo com o qual o agente representa como efeito necessário da conduta a produção de um dado evento e, não obstante, actua; e

– dolo eventual (n.º 3), de acordo com o qual o agente prevê a possibilidade da produção de um dado evento e actua conformando-se/aceitando a concretização desse evento.

V. *Dolo alternativo; Dolo de perigo; Dolo directo; Dolo eventual; Dolo geral; Dolo necessário; Tipo; Crime; Escola finalista; Elementos subjectivos do tipo; Elementos objectivos do tipo; Culpa; Agente.*

Dolo alternativo (Dir. Penal) – Verifica-se o dolo alternativo nas situações em que o agente configura a possibilidade de realização de um de dois tipos objectivos de ilícito, pretendendo que um ou outro se concretize: por exemplo, o agente dispara contra duas pessoas de quem não gosta, aceitando acertar em qualquer uma delas.

V. *Dolo; Agente; Resultado; Ilicitude; Tipo.*

Dolo antecedente (Dir. Penal) – A expressão refere-se às situações em que o agente já decidiu praticar o facto típico num determinado momento, mas acidentalmente dá origem ao respectivo resultado num momento anterior: por exemplo, o agente decidiu matar uma pessoa; quando se dirige de automóvel ao local pensado para concretizar o seu plano – matá-la-ia com um tiro de pistola numa praça pública –, atropela a sua vítima, por distracção na condução, e mata-a.

Nestas situações não é possível afirmar a existência de dolo de tipo, pois é exigida uma conexão entre o dolo e a realização do facto típico que aqui não se verifica.
V. *Dolo; Agente.*

Dolo de perigo (Dir. Penal) – Nos crimes de perigo concreto, o dolo abrange, para além dos demais elementos típicos, o próprio perigo, pelo que o agente pretende, nesta categoria de crimes, a produção do próprio perigo.

A dificuldade da identificação teórica – e, sobretudo, prática – desta figura está na delimitação das situações de dolo de dano, uma vez que a distinção releva na definição da fronteira entre a responsabilidade pelo crime de perigo e a responsabilidade pelo crime de dano na forma tentada.

Rui Pereira, *O Dolo de Perigo, Contribuição para a dogmática da imputação subjectiva nos crimes de perigo concreto*, 1995, em especial págs. 117 e segs., sustenta que o dolo de perigo assume o modelo do dolo necessário, configurando o agente o perigo (que é a possibilidade de dano), não se autoconformando com o dano (o que, a acontecer, reconduziria a situação ao dolo eventual de dano) nem se autotranquilizando com a sua não produção, isto é, não afastando da sua consciência a representação do perigo (o que, a acontecer, reconduziria a situação à negligência).
V. *Crime de perigo concreto; Dolo; Agente; Crime de dano; Tentativa; Dolo necessário; Dolo eventual; Negligência.*

Dolo directo (Dir. Penal) – De acordo com o artigo 14.º, n.º 1, C. P., age com dolo directo quem, representando um facto que preenche um tipo de crime, actuar com intenção de o realizar.

O dolo directo traduz-se na intenção de praticar um dado facto, com consciência de todos os seus elementos.
V. *Dolo; Crime.*

Dolo eventual (Dir. Penal) – O artigo 14.º, n.º 3, C. P., estabelece que, quando a realização de um facto que preenche um tipo de crime for representada como consequência possível da conduta, há dolo se o agente actuar conformando-se com aquela realização.

O dolo eventual implica que o agente, configurando a possibilidade da realização de um dado facto, actue aceitando tal realização.

Saber quando o agente se conforma ou não com a realização do facto releva para distinguir a situação dos casos de negligência consciente. As doutrinalmente denominadas fórmulas de Frank (fórmula hipotética e fórmula positiva) constituem critérios de determinação dessa conformação.
V. *Dolo; Crime; Tipo; Negligência consciente; Fórmula hipotética de Frank; Fórmula positiva de Frank.*

Dolo geral (Dir. Penal) – Situação em que o agente pretende produzir um determinado resultado, desencadeando vários processos lesivos, sendo-lhe indiferente a produção desse resultado por via de um ou de outro processo lesivo desencadeado.

Nestes casos, se o resultado for produzido por qualquer um dos processos desencadeados, afirma-se a realização do facto com dolo geral. Constitui exemplo o caso do agente que, pretendendo matar, desfere vários golpes com um machado na vítima e de seguida enterra-a, sendo-lhe indiferente se a morte ocorre na sequência dos golpes de machado, ou por asfixia.
V. *Dolo.*

Dolo necessário (Dir. Penal) – O artigo 14.º, n.º 2, C. P., estabelece que age com dolo necessário (ao qual também se dá o nome de dolo directo de segundo grau) quem representar a realização de um facto que preenche um tipo de crime como consequência necessária da sua conduta.

Nas situações de dolo necessário, o agente configura a realização do facto que preenche um tipo de crime como consequência necessária da sua conduta, e, não obstante, actua, praticando o crime.
V. *Dolo; Crime; Tipo.*

Dolo subsequente (Dir. Penal) – A expressão reporta-se às situações em que o agente se conforma com a realização do facto típico depois de este ter ocorrido: por exemplo, o agente, depois de verificar que atropelou acidentalmente um seu inimigo, aprova e congratula-se com a sua morte.

Nestes casos, o agente não será punido por facto doloso, uma vez que o dolo só releva quando se verifique no momento em que ele actua.

O dolo subsequente é, portanto, irrelevante; poderá apenas consubstanciar circunstância agravante no contexto da determinação concreta da pena aplicável por força do crime negligente porventura cometido.

V. *Dolo; Crime; Tipo; Circunstâncias agravantes; Pena.*

"Dolus" (Dir. Penal) – V. *Dolo.*

"Dolus alternativus" (Dir. Penal) – V. *Dolo alternativo.*

"Dolus antecedens" (Dir. Penal) – V. *Dolo antecedente.*

"Dolus directus" (Dir. Penal) – V. *Dolo directo.*

"Dolus eventualis" (Dir. Penal) – V. *Dolo eventual.*

"Dolus generalis" (Dir. Penal) – V. *Dolo geral.*

"Dolus subsequens" (Dir. Penal) – V. *Dolo subsequente.*

Domicílio – O domicílio, sede jurídica de uma pessoa singular, é o lugar onde a pessoa tem a sua residência habitual.

Tendo a pessoa residência alternadamente em diversos lugares, o domicílio será em qualquer deles; não havendo residência habitual, entende-se que o domicílio é no lugar da sua residência ocasional ou, não sendo esta determinada, no lugar onde se encontrar. Este é o que a lei chama o *domicílio voluntário geral* (artigo 82.º, Código Civil).

O artigo 34.º, n.os 1 a 3, da Constituição da República estabelece que o domicílio é inviolável, que "a entrada no domicílio dos cidadãos contra a sua vontade só pode ser ordenada pela autoridade judicial competente, nos casos e segundo as formas previstas na lei" e que "ninguém pode entrar durante a noite no domicílio de qualquer pessoa sem o seu consentimento, salvo em situação de flagrante delito ou mediante autorização judicial em casos de criminalidade especialmente violenta ou altamente organizada, incluindo o terrorismo e o tráfico de pessoas, de armas e de estupefacientes, nos termos previstos na lei".

A residência do titular é um dos elementos identificadores que deve constar do bilhete de identidade, nos termos do artigo 5.º-f) da Lei n.º 33/99, de 18 de Maio, alterada pelo Decreto-Lei n.º 323/2001, de 17 de Dezembro, dispondo o artigo 3.º, n.º 2, desta Lei que "o bilhete de identidade cujo prazo de validade estiver excedido não pode ser usado para comprovação da residência do seu titular".

O domicílio das pessoas colectivas designa-se por sede.

V. *Pessoa singular; Bilhete de identidade; Pessoa colectiva; Autoridade judiciária; Consentimento; Flagrante delito; Criminalidade violenta ou altamente organizada; Estupefaciente.*

Domínio do facto (Dir. Penal) – Critério de distinção entre autoria e participação.

De acordo com o critério do domínio do facto, é autor o agente que detém o domínio do facto, ou seja, o agente que detém o domínio do processo executivo do crime.

A doutrina distingue entre domínio positivo do facto e domínio negativo do facto.

V. *Autor; Agente; Domínio negativo do facto; Domínio positivo do facto; Participante; Participação.*

Domínio negativo do facto (Dir. Penal) – Tem o domínio negativo do facto o agente que tem a possibilidade de fazer cessar a prática de actos executivos de um crime.

Esta noção abrange sujeitos que não podem ser considerados autores (atendendo aos princípios e finalidades do direito penal).

Com efeito, a teoria do domínio negativo do facto, numa perspectiva puramente literal, amplia infundadamente o conceito de autor, abrangendo sujeitos cuja atitude nenhuma conexão apresenta com o facto ilícito. Com efeito, se domina o facto quem puder evitá-lo, e quem puder evitar o facto é autor, então será autor, por exemplo, de um homicídio, quem puder fazer terminar uma rixa pela força, na qual não teve intervenção, e da qual resulte a morte de uma pessoa.

Nessa medida, não é determinante para a classificação como autor a detenção do domínio negativo do facto.

V. *Autor; Agente; Ilicitude; Domínio do facto; Domínio positivo do facto.*

Domínio positivo do facto (Dir. Penal) – Tem o domínio positivo do facto o agente que detém a possibilidade de fazer avançar ou regredir o processo executivo (por exemplo, o agente que utiliza uma arma de fogo para matar uma pessoa).

Para a generalidade da doutrina, esta é a dimensão do critério do domínio do facto relevante para distinguir a autoria da participação.

V. *Autor; Agente; Domínio do facto; Domínio negativo do facto; Participante; Participação.*

Doutrina diacrónica dos fins das penas (Dir. Penal) – Perspectiva que identifica a concretização das várias teorias dos fins das penas em momentos diversos:
– com a emissão da norma incriminadora visar-se-ia a prevenção geral, na medida em que, com a ameaça penal, se pretende evitar a prática de crimes;
– no momento da condenação, assumiria particular relevância a teoria da retribuição, uma vez que se trata de reagir, em concreto, à prática do crime;
– no momento da execução da pena de prisão, ter-se-ia em vista a prevenção especial, uma vez que durante a execução da pena de prisão terá lugar o processo de reabilitação social do agente do crime.

V. *Pena; Fins das penas.*

Duração da pena de prisão (Dir. Penal) – Período de execução da pena de prisão, que se encontra legalmente limitado.

De acordo com o artigo 41.º, C. P., a pena de prisão tem, em regra, a duração mínima de 1 mês e a duração máxima de 20 anos.

Pode, porém, a lei prever o limite máximo de 25 anos, como acontece, por exemplo, nos artigos 132.º e 77.º, n.º 2, C. P. (homicídio qualificado e limite máximo do concurso de crimes, respectivamente).

V. *Execução da pena; Pena de prisão; Homicídio qualificado; Concurso de crimes.*

Dúvida razoável (Proc. Penal) – Toda a dúvida que tenha o juiz – aquando da formação da sua convicção pessoal sobre os factos e o caso que lhe são submetidos a julgamento e depois de realizada toda a prova em audiência – sobre a prática dos factos constantes da acusação deduzida contra o arguido ou sobre a autoria dos mesmos, dúvida que impede o julgador de condenar o arguido.

Perante essa dúvida, o juiz deverá absolver o arguido em obediência ao princípio *in dubio pro reo*.

Como indica a expressão do direito americano, só se deve condenar em julgamento o arguido *"beyound reasonable doubt"*.

V. *Juiz; Julgamento; Prova; Facto; Audiência de discussão e julgamento; Absolvição; Arguido; Princípio "in dubio pro reo"; Autoria.*

E

Edital (Proc. Penal) – Anúncio afixado em lugares públicos ou publicado na imprensa, por ordem de uma autoridade, a fim de levar ao conhecimento público certo facto.
Quando não se conhece o paradeiro do demandado judicialmente ou é incerta a pessoa a citar, a respectiva citação é feita editalmente.
V. *Facto; Paradeiro; Citação.*

Economia processual (Proc. Penal) – Expressão de uma ideia que deve nortear todo o *iter* processual-penal e que se deve impor a todos os intervenientes processuais, traduzindo-se na necessidade de encurtar o mais possível a duração do processo, não devendo recorrer-se a actos ou expedientes dilatórios que perturbem a marcha deste.
É, assim, um princípio segundo o qual, na tramitação dos processos, devem ser evitadas dilações de qualquer ordem, não sendo lícito praticar actos inúteis no processo e devendo a forma dos actos ser a mais simples e a mais adequada ao objectivo que se pretenda atingir.
V. *Acto processual; Processo; Acto inútil; Expediente dilatório.*

Efeito automático da condenação (Dir. Penal) – Expressão doutrinária que se reporta às consequências jurídicas directas e necessárias da condenação (pena) aplicada ao arguido em processo penal.
De acordo com o n.º 4 do artigo 30.º da Constituição da República, nenhuma pena envolve como efeito necessário a perda de quaisquer direitos civis, profissionais ou políticos. O artigo 65.º do Código Penal consagra regra idêntica no n.º 1, determinando, porém, no n.º 2, que a lei pode fazer corresponder a certos crimes a proibição do exercício de determinados direitos ou profissões.
A justificação da proibição do efeito automático das penas é a de obviar a um efeito estigmatizante das sanções penais, e também a de impedir a violação dos princípios da culpa e da proporcionalidade das penas – que impõem uma ponderação, em concreto, da adequação da gravidade do ilícito à da culpa, afastando-se, assim, a possibilidade de penas fixas ou *ex lege*.
Todavia, há que realçar que a proibição de penas automáticas não deverá abranger os casos em que a um certo tipo de crime corresponda uma sanção do tipo de proibição ou inibição de conduzir, principal ou acessoriamente, desde que não tenha carácter perpétuo e possa ser fundamentada em termos de ilicitude e culpa pela mediação do juiz (cfr., entre outros, os Acórdãos do Tribunal Constitucional n.ºs 362/92, 183/94, 264/99, 327/99 e 461/00 – in *www.tribunalconstitucional.pt* –, nos quais o Tribunal Constitucional decidiu não julgar inconstitucional precisamente a norma que prevê a sanção acessória de inibição de conduzir).
V. *Pena; Pena acessória; Arguido; Crime; Sentença; Sanção; Princípio da culpa; Princípio da proporcionalidade; Ilicitude; Culpa; Juiz; Proibição de conduzir veículos com motor.*

Efeito devolutivo do recurso (Proc. Penal) – Num sentido amplo, pode dizer-se que os recursos têm sempre efeito devolutivo, na medida em que constituem o meio de impugnação de decisões judiciais e, consequentemente, por eles se submete o litígio a uma reapreciação por um tribunal superior (devolve-se-lhe a apreciação), seja quanto às questões de facto e de direito (Relação), seja somente quanto às questões jurídicas (Supremo).

A expressão tem um sentido técnico mais restrito: significa que um recurso tem efeito meramente devolutivo, isto é, que não tem a interposição de recurso um efeito suspensivo quanto à execução da decisão recorrida, ou, sendo o recurso de agravo, quanto à marcha do processo.

V. *Recurso; Sentença; Acórdão; Tribunal; Tribunal da Relação; Supremo Tribunal de Justiça; Questão de facto; Questão de direito.*

Efeitos das penas (Dir. Penal) – Nos termos do disposto no artigo 65.º do Código Penal, a expressão *efeito das penas* quer significar que nenhuma pena envolve, como seu efeito necessário, a perda de quaisquer direitos civis, profissionais ou políticos.

A lei consagra, no entanto, em relação a certos crimes a proibição do exercício de determinados direitos ou profissões (v., por exemplo, o artigo 179.º, C. P., que prevê a possibilidade de inibição do exercício do poder paternal do agente de crimes sexuais, e os artigos 28.º a 31.º da Lei n.º 34/87, de 16 de Julho, relativa aos crimes de responsabilidade de titulares de cargos políticos, que prevêem a demissão e a perda de mandato dos titulares de cargos políticos que pratiquem crimes previstos no diploma – *Traição à Pátria, Atentado contra a Constituição da República, Atentado contra o Estado de Direito, Coacção contra órgãos constitucionais, Prevaricação, Denegação de justiça, Desacatamento ou recusa de execução de decisão de tribunal, Violação de normas de execução orçamental, Suspensão ou restrições ilícitas de direitos, liberdades e garantias, Corrupção passiva para acto ilícito, Corrupção passiva para acto lícito, Corrupção activa, Peculato, Peculato de uso, Peculato por erro de outrem, Participação económica em negócio, Emprego de força pública contra execução de lei ou de ordem legal, Recusa de cooperação, Abuso de poderes* e *Violação de poderes* (v. estas expressões).

V. *Sanção; Pena; Pena acessória; Direito; Inibição do poder paternal; Abuso sexual de crianças; Abuso sexual de menores dependentes; Cargo político.*

Efeitos dos recursos (Proc. Penal) – Os recursos podem ter dois efeitos: efeito suspensivo ou efeito devolutivo.

V. *Recurso; Efeito devolutivo do recurso; Efeito suspensivo do recurso (da decisão recorrida).*

Efeito suspensivo do processo (Proc. Penal) – Designa-se assim o efeito da interposição do recurso que se traduz em suspender a própria marcha do processo.

Têm efeito suspensivo do processo, nos termos do artigo 408.º, C. P. P.:

a) os recursos interpostos de decisões finais condenatórias, sem prejuízo do disposto no artigo 214.º (esta disposição refere os casos de extinção das medidas de coacção);

b) o recurso do despacho de pronúncia, sem prejuízo no disposto no artigo 310.º ("a decisão instrutória que pronunciar o arguido pelos factos constantes da acusação do Ministério Público é irrecorrível e determina a remessa imediata dos autos ao tribunal competente para o julgamento" – n.º 1; e, "é recorrível o despacho que indeferir a arguição da nulidade cominada no artigo anterior").

Estes recursos têm efeito suspensivo do processo quando deles depender a validade ou a eficácia dos actos subsequentes, suspendendo a decisão recorrida nos restantes casos.

V. *Recurso; Processo; Sentença condenatória; Medidas de coacção; Despacho de pronúncia; Pronúncia; Arguido; Decisão instrutória; Facto; Acusação; Ministério Público; Tribunal; Julgamento; Nulidade.*

Efeito suspensivo do recurso (da decisão recorrida) (Proc. Penal) – Designa-se assim o efeito da interposição do recurso que consiste em suspender os efeitos da decisão recorrida, nomeadamente a sua exequibilidade, ou em suspender, nalguns casos, a própria marcha do processo.

Assim, suspendem os efeitos da decisão recorrida, nos termos do artigo 408.º, C. P. P.:

"*a)* os recursos interpostos de decisões que condenarem ao pagamento de quaisquer importâncias, nos termos deste Código, se o recorrente depositar o seu valor;

b) o recurso do despacho que julgar quebrada a caução;

c) o recurso do despacho que ordene a execução da prisão, em caso de não cumprimento de pena não privativa da liberdade;
d) o recurso do despacho que considere sem efeito, por falta de pagamento de taxa de justiça, o recurso da decisão final condenatória".
V. *Recurso; Sentença; Acórdão; Decisão inexequível; Processo; Recorrente; Caução; Despacho; Pena de prisão; Pena; Taxa de justiça.*

Eficácia (Proc. Penal) – Denominação dada ao poder de produzir determinados efeitos jurídicos.

Elemento constitutivo do tipo de crime (Dir. Penal) – O tipo de crime consubstancia uma descrição de um comportamento que constitui o crime.
Tal descrição é feita por recurso a elementos, nomeadamente o agente, a acção, o objecto do crime, o resultado, a imputação objectiva (nos crimes de resultado), as específicas intenções do agente, entre outros.
Os elementos constitutivos do crime são os elementos previstos pela norma penal cuja verificação num dado caso concreto permite afirmar que o crime foi cometido.
Existem, por outro lado, elementos acidentais que apenas têm relação com a gravidade do crime cometido (elementos agravantes ou atenuantes), não sendo relevantes para a configuração substancial do crime.
V. *Crime; Tipo; Agente; Acção; Objecto do crime; Resultado; Elementos acidentais; Circunstâncias agravantes; Circunstâncias atenuantes.*

Elementos acidentais (Dir. Penal) – Elementos que não fazem parte do tipo incriminador, embora assumam relevância, nomeadamente para efeito de graduação da pena entre os limites da penalidade.
A relevância dos elementos acidentais apenas se repercute em sede de gravidade do crime, tornando o facto mais ou menos grave; dito de outro modo, o crime subsiste, quer essas circunstâncias se verifiquem ou não.

Encontramos no artigo 71.º, n.º 2, C. P., exemplos de elementos que não fazem parte do tipo de crime: o grau de ilicitude do facto, a intensidade do dolo ou da negligência, os sentimentos do agente, as suas condições pessoais, a sua conduta anterior, entre outros.
V. *Tipo; Pena; Facto; Moldura penal; Crime; Circunstâncias agravantes; Circunstâncias atenuantes; Ilicitude; Dolo; Negligência; Antecedentes criminais.*

Elementos de direito (Dir. Penal) – V. *Elementos normativos.*

Elementos de facto (Dir. Penal) – V. *Elementos descritivos.*

Elementos descritivos (Dir. Penal) – Os elementos descritivos do tipo são aqueles cujo significado é apreensível sem recurso a uma valoração normativa ou jurídica.
A apreensão do seu significado decorre dos conhecimentos gerais da vivência social, não carecendo da intermediação de uma qualquer valoração legal.
É exemplo de um elemento descritivo a "doença" a que se refere o artigo 152.º, n.º 1, C. P..
V. *Tipo; Elementos do tipo; Elementos normativos.*

Elementos do tipo (Dir. Penal) – Elementos empregados, pela lei, na descrição do (tipo legal de) crime: existem elementos descritivos, elementos normativos e elementos mistos.
Os elementos objectivos do tipo incriminador devem ser conhecidos pelo agente (no caso de crimes dolosos) ou deve existir a possibilidade de o agente os conhecer (nos casos de crimes negligentes – negligência inconsciente).
Os tipos-justificadores, que prevêem as causas de justificação, são por alguma doutrina referidos como elementos negativos do tipo, isto é, elementos cuja ausência é condição de verificação do tipo.
V. *Tipo; Crime; Agente; Dolo; Culpa; Causas de justificação.*

Elementos essenciais (Dir. Penal) – V. *Elemento constitutivo do tipo de crime.*

Elementos não escritos (Dir. Penal) – O tipo incriminador traduz-se na descrição de um comportamento que a ordem jurídica pretende proibir.

Nessa descrição, são utilizados expressamente vários elementos que pretendem significar realidades da vida (sujeitos, objectos, comportamentos, actuações, intenções, entre outras).

Contudo, a descrição do comportamento típico abrange, em muitos casos, elementos que não são expressamente referidos na norma incriminadora mas que integram o facto.

Nos crimes de resultado, por exemplo (pense-se no homicídio – artigo 131.º, C. P.), é necessário que ocorra uma acção (no caso, matar) e o respectivo resultado (a morte da vítima). Mas é também necessária a existência de um nexo de imputação do resultado à acção (imputação objectiva) ou de um nexo causal, nexo que não é referido expressamente pelo tipo (decorre da articulação entre o tipo incriminador e o artigo 10.º do Código Penal), mas que o integra (a imputação objectiva integra a tipicidade objectiva). Trata-se, pois, de um elemento não escrito do tipo.

V. *Elementos do tipo; Tipo; Crime de resultado; Homicídio; Imputação objectiva; Nexo de causalidade; Vítima.*

Elementos negativos do tipo (Dir. Penal) – São as circunstâncias relevantes para o juízo sobre a antijuridicidade ou ilicitude, ou seja, todos os elementos, gerais ou especiais, descritivos ou normativos, objectivos ou subjectivos, referidos à dimensão da conduta do agente que permite afirmar a exclusão da ilicitude.

São, pois, circunstâncias que, na valoração global da conduta, excluem a ilicitude da mesma. Isto é, a ilicitude de uma conduta que resulta da sua subsunção formal a um tipo legal de crime pode ser excluída pela existência de determinadas circunstâncias. Essas circunstâncias constituem os elementos negativos do tipo.

Os elementos negativos do tipo consubstanciam, fundamentalmente, as causas de justificação.

Para além deste sentido, fala-se também em elementos negativos do tipo para referir aqueles elementos cuja não verificação é necessária para que o crime seja cometido (por exemplo, a falta do consentimento do titular do domicílio no crime de violação de domicílio – artigo 190.º, C. P.).

V. *Ilicitude; Elementos do tipo; Tipo; Elementos descritivos; Elementos objectivos; Elementos subjectivos; Consentimento; Causas de justificação; Domicílio; Violação de domicílio.*

Elementos normativos (Dir. Penal) – São elementos cuja caracterização implica uma valoração.

Não são meramente descritivos, só podendo ser representados e pensados sob a lógica pressuposição de uma norma ou valor, seja especificamente jurídica ou simplesmente cultural ou supralegal, determinada ou a determinar.

É exemplo a coisa móvel alheia objecto do crime de furto (artigo 203.º, C. P.). O carácter alheio da coisa pressupõe a noção de propriedade, que é um conceito jurídico.

V. *Tipo; Elementos do tipo; Elementos descritivos; Ilicitude; Coisa móvel; Furto; Propriedade; Coisa.*

Elementos objectivos do tipo (Dir. Penal) – Elementos objectivos são as realidades referidas no tipo que consubstanciam a materialização exterior do facto punível.

São elementos objectivos do tipo incriminador, nomeadamente:

a) o agente, que, na generalidade dos casos, pode ser qualquer pessoa (nos crimes especiais, o agente detém uma determinada qualidade ou relação com a vítima ou exerce uma específica função, como, por exemplo, o funcionário público, o agente de autoridade, o juiz, a autoridade administrativa);

b) a conduta, que se reconduz necessariamente a um comportamento humano e voluntário – o que exclui da acção os puros actos reflexos ou cometidos em estado de inconsciência ou sob o impulso de forças irresistíveis;

c) o bem jurídico, que é o valor tutelado pela norma incriminadora.

V. *Elementos do tipo; Tipo; Agente; Juiz; Autoridade administrativa; Ilicitude; Bem jurídico; Funcionário.*

Elementos subjectivos do tipo (Dir. Penal) – Elementos que caracterizam a dimensão subjectiva do facto típico, isto é, que se referem à atitude psicológica do agente, àquilo que ele pretendia no momento em que realizou a acção típica.

De acordo com a doutrina maioritária, integram a dimensão subjectiva do facto o dolo, a negligência e outros elementos subjectivos especiais (especiais intenções).

Há, porém, doutrina que considera que os elementos subjectivos do tipo são apenas os elementos referentes a tendências, intenções e atitudes pessoais que interessam, apenas ou primariamente, à valoração da ilicitude. Para quem assim entende, o dolo e a negligência são tipos de culpa insusceptíveis de ser reconduzidos a elementos do tipo, sendo antes exigência do próprio princípio da culpa.

V. *Elementos do tipo; Tipo; Dolo; Negligência; Ilicitude; Culpa; Elementos subjectivos especiais do tipo.*

Elementos subjectivos especiais do tipo (Dir. Penal) – O tipo de crime comporta, de acordo com a doutrina maioritária, elementos subjectivos gerais que são o dolo e a negligência.

Porém, alguns tipos de crime, para além dos elementos subjectivos gerais, contêm elementos subjectivos especiais, que se traduzem em intenções específicas. É, por exemplo, o caso do furto, previsto no artigo 203.º, C. P., que, para além do dolo de subtracção de coisa móvel alheia, exige a ilegítima intenção de apropriação da coisa subtraída.

V. *Tipo; Crime; Dolo; Elementos subjectivos do tipo; Elementos subjectivos gerais do tipo; Negligência; Coisa móvel; Furto.*

Elementos subjectivos gerais do tipo (Dir. Penal) – Os elementos subjectivos gerais do tipo são o dolo e a negligência.

V. *Tipo; Elementos subjectivos do tipo; Elementos subjectivos especiais do tipo; Dolo; Negligência.*

Embriaguez (Dir. Penal) – Estado de alteração em que se encontra o agente de determinado tipo de crime por excessiva ingestão de bebidas alcoólicas.

Nos termos do disposto no artigo 101.º, C. P., deve ser cassado o título de condução de veículo a motor quem o faça, nos termos do disposto nos artigos 291.º (condução perigosa de veículo rodoviário), 292.º (condução de veículo em estado de embriaguez ou sob influência de determinadas substâncias), 295.º (crime de embriaguez e intoxicação) e 200.º (Omissão de auxílio) todos do Código Penal.

O artigo 291.º, C. P., prevê o crime de condução perigosa de veículo rodoviário que se traduz, genericamente, na condução de veículo rodoviário quando não se está em condições de o fazer ou em violação grosseira das regras de circulação rodoviária, com criação de perigo para a vida ou integridade física de outrem ou para bens patrimoniais alheios de valor elevado.

O artigo 292.º, C. P., prevê o crime de condução de veículo em estado de embriaguez, que ocorre quando alguém, pelo menos por negligência, conduz veículo, com ou sem motor, em via pública ou equiparada, com uma taxa de álcool no sangue igual ou superior a 1,2g/l.

O artigo 295.º, C. P., prevê a punição de quem se colocar no estado de inimputabilidade devido à ingestão de bebida alcoólica ou de substância tóxica e praticar, nesse estado, facto típico e ilícito.

Por seu turno, o artigo 200.º, C. P., prevê o crime de omissão de auxílio em situação de grave necessidade, nomeadamente desastre ou calamidade, que ponha em perigo a vida, a integridade física ou a liberdade de outra pessoa.

V. artigos 152.º a 158.º do Código da Estrada, aprovado pelo Decreto-Lei n.º 114/94, de 3 de Maio, revisto e republicado pelo Decreto-Lei n.º 44/2005, de 23 de Fevereiro, referentes ao processo de fiscalização da condução sob o efeito do álcool ou de outras substâncias.

V. *Agente; Tipo; Crime; Facto; Ilicitude; Negligência; Crime de embriaguez e intoxicação; Valor elevado; Inimputabilidade; Crime de condução perigosa de veículo rodoviário; Condução de veículo em estado de embriaguez ou sob a influência de estupefacientes ou substâncias psicotrópicas.*

Emprego de força pública contra execução de lei ou de ordem legal (Dir. Penal) – Crime, previsto no artigo 24.º da Lei n.º 34/87, de 16 de Julho (infracções dos titulares de cargos políticos), que consagra a punição do titular de cargo político que requisite ou empregue força pública ilegitimamente.
V. *Crime; Cargo político.*

Emprego de força pública contra a execução da lei ou de ordem legítima (Dir. Penal) – Crime previsto no artigo 24.º da Lei n.º 34/87, de 16 de Julho (infracções dos titulares de cargos políticos), que prevê a punição do titular de cargo político que requisite ou empregue força pública ilegitimamente.
V. *Crime; Cargo político.*

Encargos (Proc. Penal) – Termo utilizado para designar as despesas que as partes no processo penal deverão pagar, relacionadas com a actividade a que deram causa.

O arguido condenado é responsável pelo pagamento, a final, dos encargos a que a sua actividade houver dado lugar.

Se forem vários os arguidos condenados em taxa de justiça e não for possível individualizar a responsabilidade de cada um deles pelos encargos, esta é solidária, quando os encargos resultarem de uma actividade comum, e conjunta nos demais casos.

Se forem simultaneamente condenados em taxa de justiça o arguido e o assistente, é conjunta a responsabilidade pelos encargos que não puderem ser imputados à simples actividade de um ou de outro, ou seja, a responsabilidade pelos encargos é repartida por ambos de igual modo.

Quando o procedimento depender de acusação particular, o assistente condenado em taxa paga também os encargos a que a sua actividade houver dado lugar.

Ver artigos 514.º e 518.º, C. P. P., com as alterações introduzidas pelo Decreto-Lei 34/2008, de 26 de Fevereiro (Regulamento das Custas Processuais).
V. *Processo; Custas; Taxa de justiça; Arguido; Assistente; Acusação particular.*

Encerramento de estabelecimento (Dir. Penal) – Pena aplicável a pessoas colectivas, de acordo com o artigo 90.º-L, C. P..

A pena de encerramento pode ser aplicada quando o crime tiver sido praticado no exercício e no âmbito da actividade inerente ao estabelecimento.
V. *Pena; Pessoa colectiva.*

Encerramento definitivo do estabelecimento (Dir. Penal) – V. *Encerramento temporário ou definitivo de estabelecimento.*

Encerramento do inquérito (Proc. Penal) – Decisão proferida pelo Ministério Público, quando entende que chega ao fim das investigações que levou a cabo no decurso da fase de inquérito, sendo consequentemente o inquérito ou arquivado ou deduzida a correspondente acusação.

Nos termos do disposto no artigo 276.º, C. P. P., o Ministério Público encerra o inquérito, arquivando-o ou deduzindo acusação, nos "prazos máximos de seis meses, se houver arguidos presos ou sob obrigação de permanência na habitação, ou de oito meses se os não houver".

Este "prazo de seis meses é elevado para oito meses, quando o inquérito tiver por objecto um dos crimes referidos no artigo 215.º, n.º 2, [C. P. P.] para dez meses, quando, independentemente do tipo de crime, o procedimento se revelar de excepcional complexidade, nos termos do artigo 215.º, n.º 3, parte final, [C. P. P.], para doze meses, nos casos referidos no artigo 215.º, n.º 3 [C. P. P.]".

O prazo de duração do inquérito, para que se possa proceder ao seu encerramento, conta-se a "partir do momento em que o inquérito tiver passado a correr contra pessoa determinada ou em que se tiver verificado a constituição de arguido" – artigo 276.º, n.º 3, C. P. C..

O magistrado titular do processo comunica ao superior hierárquico imediato a violação de qualquer prazo previsto nos n.ºs 1 e 2 ou no n.º 6 do artigo 89.º (relacionado com a consulta do auto e obtenção de certidão e informação por sujeitos processuais), indicando as razões que explicam o atraso e o período necessário para concluir o inquérito. Neste caso, o superior hierárquico pode avocar o processo e dá conhecimento ao Procurador--Geral da República, ao arguido e ao assistente da violação do prazo e do período necessário para concluir o inquérito. Recebida esta comunicação, o Procurador-Geral pode determinar a aceleração processual.

V. *Ministério Público; Inquérito; Acusação; Arquivamento do inquérito; Arquivamento do inquérito em caso de dispensa de pena; Arguido; Obrigação de permanência na habitação; Procurador-Geral da República; Aceleração processual; Consulta de auto e obtenção de certidão e informação por sujeitos processuais.*

Encerramento temporário ou definitivo do estabelecimento (Dir. Penal) – Pena acessória prevista no regime legal dos crimes contra a economia e contra a saúde pública (cfr. artigos 8.º, 17.º e 18.º do Decreto-Lei n.º 28/84, de 20 de Janeiro), que, como a designação indica, se traduz no encerramento (temporário ou definitivo) do estabelecimento do agente dos crimes contra a economia ou contra a saúde pública.

Constitui também sanção acessória no âmbito do ilícito de mera ordenação social (v. artigo 21.º do Decreto-Lei n.º 433/82, de 27 de Outubro).

V. *Pena; Pena acessória; Crime; Direito penal económico; Sanção; Ilícito de mera ordenação social.*

Encobridor (Dir. Penal) – Agente cuja actuação visa a impunidade dos agentes do crime.

O Código Penal de 1886 definia o encobridor no respectivo artigo 23.º, por via de uma enumeração extensa que abrangia os que de qualquer modo alteravam os vestígios do crime, para evitar ou dificultar a acção da justiça, os que ocultavam ou inutilizavam provas, os que, devendo realizar exame, falseavam o seu resultado, os que, por qualquer meio, adquiriam o produto do crime, auxiliando o respectivo agente, e os que davam guarida ao agente do crime para o ajudar a subtrair-se à acção da justiça.

No Código Penal de 1982, a figura do encobridor não se encontra expressamente prevista. Alguns comportamentos que materialmente se traduzem no encobrimento são, porém, tipificados autonomamente. É o caso dos crimes de favorecimento previstos nos artigos 367.º e 368.º.

V. *Agente; Crime; Favorecimento pessoal; Favorecimento pessoal praticado por funcionário.*

Energia nuclear (Dir. Penal) – Tipo de crime previsto no artigo 273.º, C. P., punido com pena de prisão (com uma moldura penal variável) e que ocorre quando se verificam os factos descritos no tipo de crime estatuído no artigo 272.º, C. P.:

– provocar incêndio de relevo;
– provocar explosão por qualquer forma; libertar gases tóxicos ou asfixiantes; emitir radiações ou libertar substâncias radioactivas;
– provocar inundação ou avalanche;
– provocar desmoronamento ou desabamento de construção, criando perigo para a vida ou para a integridade física de outrem ou para bens patrimoniais alheios de valor elevado;

sendo estes factos praticados mediante libertação de energia nuclear.

A tipificação deste crime está prevista a título de negligência – v. n.ºˢ 2 e 3 do artigo 272.º e, conjugadamente, a redacção do artigo 273.º, C. P..

V. *Tipo; Crime; Pena; Pena de prisão; Moldura penal; Facto; Integridade física; Vida; Património; Valor elevado; Negligência.*

Entidade Reguladora para a Comunicação Social (ERCS) Foi criada pela Lei n.º 53/05, de 8 de Novembro, extinguindo-se a Alta Autoridade para a Comunicação Social. A ERCS rege-se pelas normas previstas nos Estatutos aprovados por esta lei.

A ERC é uma pessoa colectiva de direito público, com natureza de entidade administrativa independente, que visa assegurar as funções que lhe foram constitucionalmente atribuídas, definindo com independência a orientação das suas actividades, sem sujeição a quaisquer directrizes ou orientações por parte do poder político.

A universalidade de bens, direitos, obrigações e garantias pertencentes à Alta Autoridade para a Comunicação Social transmitiram-se automaticamente para a ERCS.

Nos termos dos respectivos Estatutos (publicados em anexo à Lei n.º 53/05, de 8 de Novembro citada), a ERC é uma pessoa colectiva de direito público, dotada de autonomia administrativa e financeira e de património próprio, com natureza de entidade administrativa independente, exercendo os necessários poderes de regulação e de supervisão.

Nos termos do artigo 6.º, estão sujeitas à supervisão e intervenção do conselho regulador todas as entidades que, "sob jurisdição do Estado Português, prossigam actividades de comunicação social, designadamente:

a) As agências noticiosas;

b) As pessoas singulares ou colectivas que editem publicações periódicas, independentemente do suporte de distribuição que utilizem;

c) Os operadores de rádio e de televisão, relativamente aos serviços de programas que difundam ou aos conteúdos complementares que forneçam, sob sua responsabilidade editorial, por qualquer meio, incluindo por via electrónica;

d) As pessoas singulares ou colectivas que disponibilizem ao público, através de redes de comunicações electrónicas, serviços de programas de rádio ou de televisão, na medida em que lhes caiba decidir sobre a sua selecção e agregação;

e) As pessoas singulares ou colectivas que disponibilizem regularmente ao público, através de redes de comunicações electrónicas, conteúdos submetidos a tratamento editorial e organizados como um todo coerente".

São atribuições da ERC no domínio da comunicação social:

a) Assegurar o livre exercício do direito à informação e à liberdade de imprensa;

b) Velar pela não concentração da titularidade das entidades que prosseguem actividades de comunicação social com vista à salvaguarda do pluralismo e da diversidade, sem prejuízo das competências expressamente atribuídas por lei à Autoridade da Concorrência;

c) Zelar pela independência das entidades que prosseguem actividades de comunicação social perante os poderes político e económico;

d) Garantir o respeito pelos direitos, liberdades e garantias;

e) Garantir a efectiva expressão e o confronto das diversas correntes de opinião, em respeito pelo princípio do pluralismo e pela linha editorial de cada órgão de comunicação social;

f) Assegurar o exercício dos direitos de antena, de resposta e de réplica política;

g) Assegurar, em articulação com a Autoridade da Concorrência, o regular e eficaz funcionamento dos mercados de imprensa escrita e de áudio-visual em condições de transparência e equidade;

h) Colaborar na definição das políticas e estratégias sectoriais que fundamentam a planificação do espectro radioeléctrico, sem prejuízo das atribuições cometidas por lei ao ICP-ANACOM;

i) Fiscalizar a conformidade das campanhas de publicidade do Estado, das Regiões Autónomas e das autarquias locais com os princípios constitucionais da imparcialidade e isenção da Administração Pública;

j) Assegurar o cumprimento das normas reguladoras das actividades de comunicação social – ver artigo 8.º.

V. *Processo dos crimes de imprensa; Crimes cometidos através da imprensa.*

Entrada em vigor da lei – Em regra, a lei não entra em vigor no dia da sua publicação no *Diário da República*, mas, sim, decorrido um certo lapso de tempo (*vacatio legis*) após essa publicação (artigo 2.º, n.º 1, da Lei n.º 74/98, de 11 de Novembro, alterada pelas Leis n.ºs 2/2005, de 24 de Janeiro, e 26/2006, de 30 de Junho).

O período de *vacatio legis* pode encontrar-se fixado na própria lei; não o estando, será de cinco dias em todo o território nacional e no estrangeiro (anteriormente, era de cinco dias no continente, de quinze dias nos Açores e Madeira, e de trinta dias no estrangeiro) – artigo 2.º da citada Lei.

O artigo 5.º do Código Civil determina que "a lei só se torna obrigatória depois de publicada no jornal oficial" e que "entre a publicação e a vigência da lei decorrerá o tempo que a própria lei fixar ou, na falta de fixação, o que for determinado em legislação especial".

V. *Lei; Publicação da lei; Diário da República; Vacatio legis.*

Entrega ilícita de pessoa a entidade estrangeira (Dir. Penal) – Tipo de crime previsto no artigo 321.º, C. P., que é punido com pena de prisão até 5 anos, se pena mais grave lhe não couber por força de outra disposição legal.

Este tipo de crime é preenchido quando alguém em território português pratique factos conducentes à entrega ilícita de pessoa, nacional ou estrangeira, a Estado estrangeiro, a agente deste ou a qualquer entidade pública ou particular existente nesse Estado, usando para tal fim de violência ou de fraude.

V. *Tipo; Crime; Pena; Pena de prisão; Ilicitude; Pessoa singular; Estrangeiros; Fraude.*

Equidade – Chama-se juízo de equidade àquele em que o juiz resolve o litígio de acordo com um critério de justiça, sem recorrer a uma norma pré-estabelecida.

Julgar segundo a equidade significa, pois, dar a um conflito a solução que parece ser a mais justa, atendendo apenas às características da situação e sem recurso à lei eventualmente aplicável. A equidade tem, consequentemente, conteúdo indeterminado, variável, de acordo com as concepções de justiça dominantes em cada sociedade e em cada momento histórico. Independentemente da questão de saber se é fonte de direito, ela pode constituir um critério de correcção na aplicação do direito.

Na ordem jurídica portuguesa, os tribunais só podem resolver segundo a equidade quando haja disposição legal que o permita (por exemplo, artigos 339.º, n.º 2, 437.º, n.º 1, e 489.º, n.º 1, do Código Civil), ou haja acordo das partes e a relação jurídica não seja indisponível, e ainda quando as partes tenham previamente convencionado o recurso à equidade nos termos de convenção de arbitragem (cfr. artigo 22.º da Lei n.º 31/86, de 29 de Agosto, alterada pelo Decreto-Lei n.º 38/2003, de 8 de Março, rectificado pela Declaração de rectificação n.º 5-C/2003, de 30 de Abril).

Os juízos de paz, nos termos do n.º 2 do artigo 26.º da Lei n.º 78/2001, de 13 de Julho, não estão sujeitos "a critérios de legalidade estrita, podendo, se as partes assim o acordarem, decidir segundo juízos de equidade quando o valor da acção não exceda metade do valor da alçada do tribunal de 1.ª instância".

Como fonte de direito, no sistema português, a equidade carece, pois, de autonomia como tal, visto que só é permitido o recurso a ela, se existir disposição legal que o admita ou quando as partes tenham validamente deliberado nesse sentido.

V. artigo 4.º do Código Civil.

V. *Fontes de direito; Tribunal de primeira instância.*

Erro (Dir. Penal) – Falsa representação da realidade.

Ao erro equipara-se a ignorância, que consiste na ausência total de representação.

É tradicional a distinção entre erro de facto e erro de direito, que remonta ao direito romano.

O direito vigente consagra a distinção entre erro de tipo (artigo 16.º, n.º 1, C. P.), erro sobre os pressupostos de facto de uma causa de justificação ou de desculpa (artigo 16.º, n.º 2, C. P.) e erro sobre a ilicitude (artigo 17.º, C. P.).

Os casos de erro previstos no artigo 16.º implicam a exclusão do dolo, ao passo que o erro do artigo 17.º leva à exclusão da culpa, se o erro não for censurável.

V. *Elementos de facto; Elementos de direito; Tipo; Causas de justificação; Ilicitude; Dolo; Culpa.*

Erro de direito (Dir. Penal) – Tradicionalmente, considerava-se este tipo de erro, em contraposição ao erro de facto, como um erro absolutamente irrelevante.

Daqui derivou a tendência para o entender como um erro sobre os elementos normativos do tipo legal, que deixava o dolo intocado.

Esta concepção é, todavia, de repudiar, pois o dolo exige a representação de todos os elementos constitutivos do tipo legal de crime, sejam eles meramente descritivos ou normativos.

A expressão pode também referir a falta de consciência da ilicitude, cujo regime se encontra no artigo 17.º, C. P., do qual decorre a exclusão da culpa se o erro não for censurável.

V. *Erro; Erro de facto; Elementos normativos; Elementos descritivos; Tipo; Dolo; Crime; Consciência da ilicitude; Culpa.*

Erro de execução (Dir. Penal) – Erro de execução ou *aberratio ictus* é uma expressão que designa a situação em que o agente, pretendendo atingir um objecto, atinge, por força de circunstâncias a que é alheio e que não domina, objecto diverso. Por exemplo, A, pretendendo atingir B com uma arma de fogo, dispara e atinge C, por deficiente utilização da arma.

Não se trata de uma verdadeira situação de erro susceptível de ser reconduzida às categorias previstas nos artigos 16.º e 17.º, C. P..

A solução genericamente defendida pela doutrina para este tipo de casos consiste na punição do agente, em concurso efectivo, por facto tentado relativamente ao objecto que pretendeu atingir e por facto negligente relativamente ao objecto concretamente atingido.

É ainda configurável a punição do agente por facto doloso consumado, se não existir distonia típica entre o objecto atingido e o objecto que se pretendeu atingir (por exemplo: o agente pretendia atingir uma pessoa – A – e atinge outra pessoa – B).

V. *Agente; Arma; Concurso; Concurso de crimes; Consumação; Dolo; Erro; Negligência; Objecto do crime; Tentativa.*

Erro de facto (Dir. Penal) – Tradicionalmente, caracteriza-se este tipo de erro por contraposição ao erro de direito.

Trata-se do erro sobre as circunstâncias factuais do crime, sendo considerado relevante para excluir o dolo.

O erro de facto tanto pode referir-se a circunstâncias de facto do tipo incriminador (artigo 16.º, n.º 1, C. P.), como a circunstâncias de facto de uma causa de justificação ou de desculpa (artigo 16.º, n.º 2, C. P.).

O regime do erro de facto encontra-se no artigo 16.º, C. P..

A sua consequência é, como se disse, a exclusão do dolo.

V. *Erro; Erro de direito; Dolo; Tipo; Causas de justificação; Causas de desculpa.*

Erro de proibição (Dir. Penal) – A expressão pode significar a falta de consciência da ilicitude.

Nesse sentido, reporta-se ao erro cujo regime se encontra consagrado no artigo 17.º do Código Penal – do qual decorre a exclusão da culpa, se o erro não for censurável ("Age sem culpa quem actuar sem consciência da ilicitude, se o erro lhe não for censurável").

O erro sobre a proibição diz-se directo, quando o agente configura que um facto não é crime quando o é: por exemplo, o agente pensa que passar um cheque sem cobertura não é crime, nos casos em que é. Fala-se de erro de proibição indirecto, quando o agente, configurando como típica a sua conduta, pensa estar a agir ao abrigo de uma causa de justificação que não existe na ordem jurídica.

Num outro sentido, a expressão pode também significar o erro sobre proibições axiologicamente neutras, isto é, sobre proibições cujo conhecimento é razoavelmente indispensável para que o agente possa tomar consciência da ilicitude, erro a que se refere o artigo 16.º, n.º 1, 2.ª parte, C. P..

V. *Erro; Ilicitude; Erro sobre a ilicitude; Culpa; Elementos descritivos; Elementos normativos; Crime; Tipo; Facto; Causas de justificação; Agente.*

Erro de subsunção (Dir. Penal) – Hipótese que ocorre quando, sabendo o agente que a sua conduta é proibida, todavia a leva a cabo, na convicção de que ela é subsumível num tipo legal de crime, quando na realidade o é noutro diferente (furto/abuso de confiança, por exemplo).

O erro de subsunção é irrelevante juridicamente.

V. *Erro; Agente; Tipo; Crime; Furto; Abuso de confiança.*

Erro ignorância (Dir. Penal) – Erro que corresponde ao desconhecimento do que existe.

A expressão é utilizada, por contraposição a erro suposição, para referir as situações em que o agente desconhece a verificação dos elementos do tipo de crime que objectivamente está a cometer (situações enquadráveis no n.º 1 do artigo 16.º, C. P.). Assim, se o agente desconhece (ignora) que está a disparar sobre uma pessoa, pensando que se trata de uma estátua, actua em erro (ignorância) de tipo. Já o erro suposição se reporta aos casos em que o agente pensa estar a praticar um crime cujo objecto não existe (o agente dispara contra um cadáver pensando tratar-se de uma pessoa viva – são os casos de tentativa impossível).

Por seu turno, a ignorância da lei será avaliada nos termos do artigo 17.º, C. P. – se a falta de consciência da ilicitude não for censurável, o agente não será punido.

A suposição do cometimento de um crime que não pode, objectivamente, ser cometido reconduz-se à tentativa impossível ou inidónea.

A suposição do cometimento de um crime que legalmente não existe reconduz-se à figura do crime impossível.

A suposição dos pressupostos de facto de uma causa de justificação reconduz-se ao artigo 16.º, n.º 2, C. P. (exclusão do dolo).

V. *Erro; Erro suposição; Agente; Tentativa impossível; Tentativa inidónea; Crime impossível.*

Erro intelectual (Dir. Penal) – Também denominado como erro de representação ou de percepção, respeita à falsa percepção ou representação da realidade.

Diferentemente do erro moral, o erro intelectual consiste no desconhecimento do substrato da valoração, isto é, é um erro que tem por objecto a realidade valorada como crime pela ordem jurídica.

A este tipo de erro se refere o artigo 16.º, C. P., que estatui, como sua consequência, a exclusão do dolo.

O erro moral reporta-se à própria valoração, ou seja, ao conteúdo da norma jurídica. Dito de outro modo, o erro moral tem por objecto a norma jurídica.

V. *Erro; Erro moral; Crime; Dolo.*

Erro moral (Dir. Penal) – Erro que se traduz num desfasamento entre a consciência ética do agente e os valores vigentes no ordenamento jurídico.

Trata-se de um erro sobre a existência de uma dada incriminação ou sobre a existência ou os limites de uma causa de justificação.

Diferentemente do erro intelectual, o erro moral consiste num erro sobre a valoração de um substrato, isto é, sobre a valoração da realidade que consubstancia o facto punível.

O denominado erro moral tem o seu regime legal consagrado no artigo 17.º, C. P.: se o erro não for censurável, o agente não é punido; se o erro for censurável, o agente é punido com a pena aplicável ao crime doloso, pena que pode ser especialmente atenuada.

V. *Erro; Erro intelectual; Causas de justificação; Crime; Dolo; Atenuação especial da pena; Agente.*

Erro na execução (Dir. Penal) – V. *Erro; Erro de execução.*

"Error facti" (Dir. Penal) – V. *Erro; Erro de facto.*

"Error in persona vel in objecto" (Dir. Penal) – É o erro sobre o objecto da conduta criminosa.

Integra-se no erro sobre a factualidade típica e destina-se a abarcar as situações de erro que se verificam sobre os objectos da conduta criminosa.

Se os objectos da conduta (o que se queria atingir e o que efectivamente se atingiu), são tipicamente idênticos, a doutrina preponderante sustenta a irrelevância do erro. Por exemplo, o agente pensa que o António é o Bento. Os objectos são tipicamente idênticos (ambos são pessoas), mas há erro sobre a identidade da vítima, que é, em princípio, irrelevante.

As dificuldades surgem quando os objectos da acção – o intencional e o atingido – são tipicamente diferentes: nestas hipóteses faltou, efectivamente, o conhecimento ou representação de um elemento pertencente ao tipo legal de crime cometido, o que coloca o agente em face de um erro relevante, que exclui o dolo.

Assim, se o agente pretendia atingir uma peça de caça que configura escondida num arbusto e mata alguém que se encontrava nesse arbusto, é, em princípio, excluído o dolo de homicídio, já que matar uma peça de caça não é o mesmo que matar uma pessoa.

V. *Crime; Erro; Facto; Acção; Tipo; Objecto do crime; Dolo; Erro sobre o objecto; Homicídio; Responsabilidade criminal; Agente; Vítima.*

"Error iuris" (Dir. Penal) – V. *Erro; Erro de direito.*

Erro sobre a identidade da vítima (Dir. Penal) – Erro que se verifica quando o agente pratica o facto sobre uma vítima que não é aquela sobre a qual ele tinha representado a prática do facto criminoso.

O erro sobre a pessoa a que se dirigir o facto punível não exime de responsabilidade criminal.

É, pois, irrelevante, salvo se estiver em causa um tipo que atribua relevância, em concreto, à identidade da vítima.

Assim, por exemplo, se *A* pretende matar *B*, com o qual não tem qualquer relação familiar, e mata *C*, pai de *A*, sem disso ter consciência, *A* não será punido pelo crime de homicídio qualificado – artigo 132.º, C. P. –, não obstante ter matado o pai daquele, mas sim pelo homicídio simples – artigo 131.º, C. P..

V. *Erro; Agente; Facto; Ofendido; Crime; Homicídio; Homicídio qualificado; Responsabilidade criminal; Vítima.*

Erro sobre a ilicitude (Dir. Penal) – Quando se verifica este erro, estamos perante um vício da consciência ética do agente.

O erro sobre a ilicitude – ou a falta de consciência da ilicitude – tem o seu regime no artigo 17.º, C. P., que determina a exclusão da culpa do agente se o erro não for censurável.

Isto é, se o erro não for censurável, o agente não é punido; se o erro for censurável, o agente é punido com a pena aplicável ao crime doloso, pena que pode, então, ser especialmente atenuada.

Esta disposição refere-se ao erro sobre a ilicitude nos casos em que é exigível que o desvalor do facto seja conhecido de todos os cidadãos normalmente socializados – diferentemente do que acontece com o erro previsto no artigo 16.º, n.º 1, C. P., que se refere a proibições cujo conhecimento não decorre da partilha dos valores sociais comummente reconhecidos e aceites.

V. *Erro; Agente; Ilicitude; Culpa; Dolo; Atenuação especial da pena; Punibilidade; Crime.*

Erro sobre a punibilidade (Dir. Penal) – V. *Erro; Erro sobre a ilicitude.*

Erro sobre as circunstâncias do facto (Dir. Penal) – Erro a que se refere o artigo 16.º, C. P..

O erro sobre as circunstâncias do facto abrange o erro sobre elementos de facto de um tipo legal de crime, isto é, o erro sobre as circunstâncias essenciais de um crime.

O Código Penal, no artigo mencionado, refere-se também ao erro sobre circunstâncias de direito de um tipo de crime, ao erro sobre proibições cujo conhecimento seja razoavelmente indispensável para que o agente possa tomar consciência da ilicitude, e ao erro sobre um estado de coisas que a existir excluiria a ilicitude do facto ou a culpa do agente, determinando em todos os casos a exclusão do dolo.

Trata-se de proibições axiologicamente neutras, cujo desconhecimento deve ser tratado essencialmente como um erro sobre a factualidade típica, ou seja, como um erro que exclui o dolo, pois o desconhecimento destas proibições não revela uma consciência ética do agente deficientemente formada, antes manifestando uma falta de percepção de todos os elementos necessários para que o agente saiba que está a cometer um crime.

V. *Erro; Facto; Tipo; Crime; Elementos descritivos; Ilicitude; Consciência da ilicitude; Agente; Dolo.*

Erro sobre causas de exclusão da culpa (Dir. Penal) – A suposição errada da existência de uma norma que preveja uma causa de exculpação não está expressamente prevista na lei, sendo tal situação relevante em sede de culpa.

O erro sobre os pressupostos de facto de uma causa de desculpa origina a exclusão do dolo, nos termos do artigo 16.º, n.º 2, C. P..

V. *Erro; Culpa; Dolo; Causas de desculpa.*

Erro sobre causas de justificação (Dir. Penal) – Erro equiparável ao erro sobre elementos do tipo, pois tipo e causa de justificação constituem como que uma unidade, já que o facto só é ilícito se não ocorrer a causa de justificação.

O erro sobre a existência legal e os limites legais de uma causa de justificação constitui, segundo um sector significativo da doutrina portuguesa, erro sobre a ilicitude do facto. O agente conhece as circunstâncias de facto em que actua, mas pensa que há uma causa de exclusão da ilicitude que lhe permite actuar desse modo.

V. artigo 16.º, n.º 2, C. P., de acordo com o qual é excluído o dolo nos casos de erro sobre um estado de coisas que, a existir, excluiria a ilicitude do facto.

V. *Erro; Tipo; Ilicitude; Elementos descritivos; Elementos do tipo; Causas de justificação; Ilicitude; Erro sobre a ilicitude; Facto; Agente; Dolo.*

Erro sobre o objecto (Dir. Penal) – Verifica-se quando o objecto da conduta que se atingiu com a prática do facto criminoso não é aquele que se pretendia atingir.

V. *"Error in persona vel in objecto".*

Erro sobre o processo causal (Dir. Penal) – O erro sobre o processo causal pode ser relevante quando o modo de execução do crime se encontre previsto no tipo incriminador, isto é, nos chamados crimes de forma vinculada (por exemplo, o agente desconhece que está a utilizar um meio para cometer o homicídio que aumenta o sofrimento da vítima – dispara uma arma que pensa ter uma bala, quando a arma tem um projéctil com uma substância que causa a morte de modo particularmente doloroso – artigo 132.º, n.º 2-c), C. P.).

Pode ainda relevar o erro sobre o meio empregado: assim, por exemplo, se o agente desconhecer que dispara uma arma de fogo, pensando tratar-se de um brinquedo, é excluído o dolo, nos termos do artigo 16.º, n.º 1, C. P..

Pode ainda configurar-se a situação em que o agente pretende matar, agindo sobre a vítima num primeiro momento (dando-lhe, por exemplo, veneno) e, pretendendo ocultar o cadáver, a enterra num segundo momento, pensando que a vítima terá morrido envenenada, quando na realidade morreu asfixiada na sequência do enterro.

Nos casos deste tipo, são configuráveis duas soluções: ou se considera que a acção foi executada com dolo geral, punindo-se o agente pelo crime de homicídio respectivo; ou existirá uma tentativa de homicídio, reportada ao primeiro momento, em concurso com um homicídio negligente, reportado ao segundo momento, onde ainda é configurável uma tentativa impossível de profanação de cadáver.

Situação de certo modo inversa da anterior será aquela em que o agente pretende matar num segundo momento, mas tal resultado ocorre num primeiro. Por exemplo, o agente pretende imobilizar a vítima para depois a matar; para o efeito, ministra-lhe veneno que lhe causa a morte. Pensando que a vítima ainda está viva, dispara uma arma de fogo.

Nesta hipótese, mais uma vez, duas soluções são configuráveis: ou se trata de uma acção executada com dolo geral; ou existirá um homicídio negligente reportado ao primeiro momento e uma tentativa impossível de homicídio reportada ao segundo momento.

V. *Erro; Causalidade; Nexo de causalidade; Arma; Tipo; Crime de forma vinculada; Dolo; Dolo geral; Agente; Tentativa impossível; Tentativa inidónea; Homicídio; Negligência; Profanação de cadáver ou de lugar fúnebre.*

Erro suposição (Dir. Penal) – Erro que corresponde à suposição do que não existe.

A expressão é normalmente utilizada, por contraposição a erro ignorância, para significar as situações de erro em que o agente configura erradamente a verificação dos pressupostos de facto de uma causa de justificação ou de desculpa – situações enquadráveis no n.º 2 do artigo 16.º, C. P., cuja consequência é a exclusão do dolo.

Também se utiliza a expressão erro suposição para referir as situações em que o agente pensa estar a cometer um crime que não pode cometer, ou por inexistência do objecto, ou por inidoneidade do meio empregado (tentativa impossível ou inidónea).

V. *Erro; Erro ignorância; Agente; Causas de justificação; Causas de desculpa; Dolo; Crime; Tentativa impossível; Tentativa inidónea.*

Escalamento (Dir. Penal) – Noção legal, relativa aos tipos de crime contra o património, contida na alínea *e)* do artigo 202.º, C. P., e que significa a introdução, em casa ou em lugar fechado dela dependente, por local normalmente não destinado à entrada, nomeadamente telhados,

portas de terraços ou de varandas, janelas, paredes, aberturas subterrâneas ou por qualquer dispositivo destinado a fechar ou impedir a entrada ou passagem.
V. *Tipo; Crime; Património*.

Escola clássica (Dir. Penal) – Primeira escola moderna do direito penal, veículo das ideias do período do Iluminismo, que nasce com Beccaria e que parte do *contrato social* como fundamento para o direito de punir.

Assenta na ideia de que se deve ceder ao poder o mínimo de liberdade possível para manter a necessária sociabilidade, pelo que todo o castigo que vá para além do indispensável é injusto.

Daqui deduz Beccaria o princípio da legalidade das penas: só as leis gerais podem fixar penas; deve existir um magistrado especial para as aplicar; o juiz deve cingir-se à lei; as penas devem ser proporcionais à gravidade dos crimes.

Na sua pureza primitiva, a escola clássica representa o racionalismo jusnaturalista (a fé na razão, crendo numa ordem necessária informada pela justiça absoluta que à razão é possível descobrir) e foi sob a sua influência que foram elaborados os Códigos Penais da segunda metade do século XIX.

V. Jorge de Figueiredo Dias, *Direito Penal, Parte Geral*, Tomo I, *Questões Fundamentais; A Doutrina Geral do Crime*, 2004, págs. 230 e segs..

V. *Direito Penal; Princípio da legalidade; Norma geral; Princípio da proporcionalidade; Pena; Juiz; Crime*.

Escola finalista (Dir. Penal) – Escola que surgiu para superar os postulados do neokantismo, desenvolvendo a sua corrente jurídico-filosófica a partir do Direito Natural (é a Hans Welzel que se deve este movimento).

Parte, assim, da teoria da natureza das coisas (o principal problema é, partindo de estruturas lógico-objectivas, definir qual é na realidade a natureza das coisas), segundo a qual a aplicação do direito não pode fazer-se por uma simples subsunção dos factos a uma norma jurídica.

Decisivo para esta escola seria determinar o *ser*, a *natureza da coisa* que se escondia sob o conceito fundamental de toda a construção do crime, ou seja, sob o conceito de *acção*: um conceito pré-jurídico que teria de ser ontologicamente determinado e que depois teria de ser aceite, mesmo pela lei, em todas as suas implicações normativas.

Com esta escola concluiu-se que o homem dirige finalisticamente os processos causais naturais em direcção a fins mentalmente antecipados: toda acção humana é a determinação final de um processo causal.

A consequência deste pensamento é a de que o dolo passa agora a conformar um elemento essencial da tipicidade, substituindo-se às concepções causais-objectivas uma concepção pessoal-final do ilícito, só assim se atingindo uma verdadeira *concepção normativa de culpa*.

V. Jorge de Figueiredo Dias, *Direito Penal, Parte Geral*, Tomo I, *Questões Fundamentais; A Doutrina Geral do Crime*, 2004, págs. 230 e segs..

V. *Norma jurídica; Acção; Dogmática criminal; Dolo; Crime; Autoria; Omissão; Omissão imprópria; Participante; Tipo; Culpa; Subsunção*.

Escola neoclássica (Dir. Penal) – Funda-se essencialmente na filosofia dos valores de origem neokantiana, tal como ela foi desenvolvida pela escola de Baden, que pretende retirar o Direito do mundo naturalista do *ser* para, como *ciência do espírito*, o situar numa zona intermediária entre aquele mundo e o do puro *dever ser* – mundo dos sentidos e dos valores.

Assim, no que toca ao universo do crime, há que preencher os conceitos com estas referências, nomeadamente caracterizando o ilícito como danosidade social, e a culpa como censurabilidade do agente por ter agido como agiu, quando podia ter agido de forma diferente. A acção continua a ser concebida, no essencial, como comportamento humano causalmente ligado a uma modificação do mundo exterior e à vontade do agente. A tipicidade é considerada materialmente como uma *unidade de sentido socialmente danoso*, relevando elementos objectivos e subjectivos. A *concepção normativa da culpa* traduz-se num juízo de censura do agente por ter praticado o facto.

V. Figueiredo Dias, *Direito Penal, Parte Geral*, Tomo I, *Questões Fundamentais; A Doutrina Geral do Crime*, 2004, págs. 230 e segs..
V. *Crime; Ilicitude; Culpa; Agente; Acção; Tipo; Facto; Elementos subjectivos do tipo; Elementos objectivos do tipo*.

Escola normativista (Dir. Penal) – V. *Escola neoclássica*.

Escola ôntico-fenomenológia (Dir. Penal) – V. *Escola finalista*.

Escravidão (Dir. Penal) – Tipo de crime previsto no artigo 159.º, C. P., punido com pena de prisão de 5 a 15 anos, que se verifica quando o agente:
 a) reduza outra pessoa ao estado ou condição de escravo, ou quando
 b) aliene, ceda ou adquira pessoa ou dela se aposse com a intenção de a manter na situação de escrava.
A Convenção Suplementar à Abolição da Escravatura, do Tráfico de Escravos e das Instituições e Práticas Análogas à Escravatura, concluída em Genebra em 7 de Setembro de 1956, foi aprovada, para ratificação, pelo Decreto-Lei n.º 42 172, de 2 de Março de 1959, tendo sido ratificada em 10 de Agosto de 1959, segundo aviso publicado no *Diário do Governo*, 1.ª série, de 21 de Maio de 1959.
V. *Tipo; Crime; Pena de prisão; Agente*.

Escusa (Proc. Penal) – Nos termos do disposto no artigo 43.º, C. P. P., é o pedido, feito ao tribunal competente, pelo juiz a quem foi distribuído o processo – também pode ser "requerido pelo Ministério Público, pelo arguido, pelo assistente e pelas partes civis" – para nele não intervir, quando haja o risco de esta intervenção ser considerada suspeita, por existir, nos termos da lei, "motivo sério e grave, adequado a gerar desconfiança sobre a sua imparcialidade".
O juiz não pode "declarar-se voluntariamente suspeito, mas pode pedir ao tribunal competente que o escuse de intervir".
Assim, os actos processuais praticados por juiz "recusado ou escusado até ao momento em que a recusa ou a escusa forem solicitadas só são anulados quando se verificar que deles resulta prejuízo para a justiça da decisão do processo; os praticados posteriormente só são válidos se não puderem ser repetidos utilmente e se se verificar que deles não resulta prejuízo para a justiça da decisão do processo".
O pedido de escusa deve ser apresentado perante o tribunal imediatamente superior ou perante a secção criminal do Supremo Tribunal de Justiça, tratando-se de juiz a ele pertencente.
Depois de apresentado o pedido, o juiz visado pratica apenas os actos processuais urgentes ou necessários para assegurar a continuidade da audiência.
O tribunal dispõe de um prazo de 30 dias a contar da entrega do pedido para decidir sobre a escusa.
Esta decisão é irrecorrível.
V. artigos 43.º, n.ºs 1 a 5, e 45.º, C. P. P..
V. *Juiz; Ministério Público; Arguido; Assistente; Partes civis; Tribunal; Imparcialidade; Distribuição; Processo; Acto processual; Anulabilidade; Acto; Acto urgente*.

Escutas telefónicas (Proc. Penal) – Meio de obtenção de prova, efectuado por um órgão de polícia criminal.
A intercepção e gravação de conversações ou comunicações telefónicas só podem ser autorizadas durante o inquérito, se houver razões para crer que a diligência é indispensável para a descoberta da verdade ou que a prova seria, de outra forma, impossível ou muito difícil de obter, por despacho fundamentado do juiz de instrução e mediante requerimento do Ministério Público quanto a crimes previstos no artigo 187.º, C. P. P.:
 a) puníveis com pena de prisão superior, no seu máximo, a três anos;
 b) relativos ao tráfico de estupefacientes;
 c) de detenção de arma proibida e de tráfico de armas;
 d) de contrabando;
 e) de injúria e de ameaça, de coacção, de devassa da vida privada e de perturbação da paz e sossego, quando cometidos através de telefone;
 f) de ameaça com prática de crime ou de abuso e simulação de sinais de perigo, ou
 g) de evasão, quando o arguido haja sido condenado por algum dos crimes previstos nas alíneas anteriores.

A autorização pode ser solicitada ao juiz dos lugares onde eventualmente se puder efectivar a conversação ou comunicação telefónica ou da sede da entidade competente para a investigação criminal, tratando-se dos crimes:

a) terrorismo, criminalidade violenta ou altamente organizada;
b) sequestro, rapto e tomada de reféns;
c) contra a identidade cultural e integridade pessoal;
d) contra a segurança do Estado;
e) falsificação de moeda ou títulos equiparados a moeda;
f) abrangidos por convenção sobre segurança da navegação aérea ou marítima.

Nestes casos, a autorização é levada, no prazo máximo de setenta e duas horas, ao conhecimento do juiz do processo, a quem cabe praticar os actos jurisdicionais subsequentes.

A intercepção e gravação das conversas referentes a todos os crimes descritos "só podem ser autorizadas, independentemente da titularidade do meio de comunicação utilizado, contra:

a) suspeito ou arguido;
b) pessoa que sirva de intermediário, relativamente à qual haja fundadas razões para crer que recebe ou transmite mensagens destinadas ou provenientes de suspeito ou arguido; ou
c) vítima de crime, mediante o respectivo consentimento, efectivo ou presumido" – n.º 4 do artigo 187.º, C. P. P..

A intercepção e a gravação "são autorizadas pelo prazo máximo de três meses, renovável por períodos sujeitos ao mesmo limite, desde que se verifiquem os respectivos requisitos de admissibilidade".

Têm de ser observados, sob pena de nulidade, todos os requisitos e formalidades das operações das escutas, estabelecidas no artigo 188.º, C. P. P.: é lavrado pelo órgão de polícia criminal auto da intercepção, no qual "indica as passagens relevantes para a prova, descreve de modo sucinto o respectivo conteúdo e explica o seu alcance para a descoberta da verdade". Tal não impede que o órgão de polícia criminal que proceder à investigação tome previamente conhecimento do conteúdo da comunicação interceptada a fim de poder praticar os actos cautelares necessários e urgentes para assegurar os meios de prova.

O órgão de polícia criminal leva ao conhecimento do Ministério Público, de 15 em 15 dias a partir da primeira intercepção efectuada no processo, os correspondentes suportes técnicos, bem como os respectivos autos e relatórios. O Ministério Público leva ao conhecimento do juiz os elementos no prazo máximo de 48 horas.

"O juiz determina a destruição imediata dos suportes técnicos e relatórios manifestamente estranhos ao processo" que disserem respeito a:

a) conversações em que não intervenham o suspeito ou arguido, a pessoa que sirva de intermediário, relativamente à qual haja fundadas razões para crer que recebe ou transmite mensagens destinadas ou provenientes de suspeito ou arguido ou a vítima do crime;
b) que abranjam matérias cobertas pelo segredo profissional, de funcionário ou de Estado, ou
c) cuja divulgação possa afectar gravemente direitos, liberdades e garantias, ficando todos os intervenientes vinculados ao dever de segredo relativamente às conversações de que tenham tomado conhecimento.

Durante o inquérito, o juiz determina, a requerimento do Ministério Público, a transcrição e junção aos autos das conversações e comunicações indispensáveis para fundamentar a aplicação de medidas de coacção.

A partir do encerramento do inquérito, o assistente e o arguido podem examinar os suportes técnicos e obter cópia das partes que pretendam transcrever, bem como dos relatórios, até ao termo dos prazos previstos para requerer a abertura da instrução ou apresentar a contestação.

Nos termos do n.º 9 do artigo 188.º, C. P. P., "só podem valer como prova as conversações que:

a) o Ministério Público mandar transcrever ao órgão de polícia criminal que tiver efectuado a intercepção e a gravação e indicar como meio de prova na acusação;
b) o arguido transcrever a partir das cópias previstas no número anterior e juntar ao requerimento de abertura de instrução ou à contestação; ou

c) o assistente transcrever a partir das cópias previstas no número anterior e juntar ao processo no prazo previsto para requerer a abertura de instrução, ainda que não a requeira ou não tenha legitimidade para o efeito".

O tribunal pode proceder à audição das gravações para determinar a correcção das transcrições já efectuadas ou a junção aos autos de novas transcrições, sempre que entender necessário. As pessoas cujas conversações ou comunicações tiverem sido escutadas e transcritas podem examinar os respectivos suportes técnicos até ao encerramento da audiência de julgamento.

Os suportes técnicos que não originarem transcrições para servirem como meio de prova são guardados em envelope lacrado, à ordem do tribunal, e destruídos após o trânsito em julgado da decisão que puser termo ao processo.

Após o trânsito em julgado, os suportes técnicos que não forem destruídos serão guardados em envelope lacrado, junto ao processo, e só podem ser utilizados em caso de interposição de recurso extraordinário – v. n.ᵒˢ 10, 11, 12 e 13 do artigo 188.º.

Esta disciplina é aplicada às conversações transmitidas por telefone, "correio electrónico ou outra forma de transmissão de dados por via telemática, mesmo que se encontrem guardadas em suporte digital, e à intercepção das comunicações entre presentes" – v. também artigo 189.º, C. P. P..

Todos estes requisitos têm de ser observados sob pena de nulidade – artigo 190.º, C. P. P..

A Lei n.º 41/2004, de 18 de Agosto, transpôs para a ordem jurídica portuguesa a Directiva n.º 2002/58/CE, do Parlamento Europeu e do Conselho, de 12 de Julho, relativa ao tratamento de dados pessoais e à protecção da privacidade no sector das comunicações electrónicas acessíveis ao público, "especificando e complementando as disposições da Lei n.º 61/98, de 26 de Outubro (Lei da Protecção de Dados Pessoais)". De acordo com o artigo 1.º, n.º 3, do diploma, este visa assegurar "a protecção dos interesses legítimos dos assinantes que sejam pessoas colectivas na medida em que tal protecção seja compatível com a sua natureza", constituindo excepções às normas desta lei as que foram "definidas em legislação especial" e que "se mostrem estritamente necessárias para a protecção de actividades relacionadas com a segurança pública, a defesa, a segurança do Estado e a prevenção, investigação e repressão de infracções penais" (n.º 4). O artigo 4.º dispõe que "as empresas que oferecem redes ou serviços de comunicações electrónicas devem garantir a inviolabilidade das comunicações e respectivos dados de tráfego realizadas através de redes públicas de comunicações e de serviços de comunicações electrónicas acessíveis ao público", proibindo "a escuta, a instalação de dispositivos de escuta, o armazenamento ou outros meios de intercepção ou vigilância de comunicações e dos respectivos dados de tráfego por terceiros sem o consentimento prévio e expresso dos utilizadores, com excepção dos casos previstos na lei"; acrescenta, porém, que estas regras não impedem "as gravações legalmente autorizadas de comunicações e dos respectivos dados de tráfego, quando realizadas no âmbito de práticas comerciais lícitas, para o efeito de prova de uma transacção comercial nem de qualquer outra comunicação feita no âmbito de uma relação contratual, desde que o titular dos dados tenha sido informado e dado o seu consentimento".

V. Acórdão do Tribunal Constitucional n.º 70/08 (publicado no *Diário da República*, II Série, de 7 de Julho), no qual se decidiu não julgar inconstitucional a norma do artigo 188.º, n.º 3, do Código de Processo Penal, na redacção anterior à Lei n.º 48/2007, de 29 de Agosto, quando interpretada no sentido de que o juiz de instrução pode destruir o material coligido através de escutas telefónicas, quando considerado não relevante, sem que antes o arguido dele tenha conhecimento e possa pronunciar-se sobre o eventual interesse para a sua defesa.

V. *Meios de prova; Prova; Órgão de polícia criminal; Juiz; Crime; Pena de prisão; Estupefaciente; Contrabando; Injúria; Ameaça; Coacção; Devassa da vida privada; Auto; Nulidade; Segredo; Arguido; Assistente; Dados pessoais; Despacho; Pena; Arma; Inquérito; Instrução; Prazo; Abertura de instrução; Requerimento para abertura de instrução; Juiz de instrução; Suspeito; Vítima; Segredo profissional; Segredo de Estado; Ministério Público; Ameaça; Terrorismo; Criminalidade violenta; Criminalidade altamente organizada; Tráfico de estupefacientes; Diligência; Coacção; Tribunal; Audiência de discussão e julgamento; Trânsito em julgado; Recurso; Recursos extraordinários.*

Esfera de protecção da norma (Dir. Penal) – Critério de imputação objectiva, de acordo com o qual, para que se possa afirmar que um dado resultado é imputável a uma concreta acção, é necessário que esse resultado se encontre no âmbito de riscos que a norma violada visa prevenir.

Assim, se uma pessoa circular num automóvel durante a noite, com as luzes de sinalização apagadas, viola uma norma de direito estradal que impõe a circulação de noite com luzes de presença. No entanto, se um ciclista, que circulava igualmente sem luzes, for atropelado mortalmente por um automobilista que não o viu, não se pode imputar esse resultado ao automobilista que circulava sem luzes, mesmo que se diga que, se este circulasse com as luzes de presença ligadas, iluminaria o ciclista que seria visto pelo terceiro. A regra que exige a circulação durante a noite com luzes visa fundamentalmente prevenir os riscos da circulação não sinalizada do próprio (ver e ser visto) e não iluminar terceiros que circulem sem luzes (o resultado produzido – a morte do ciclista – não se insere no âmbito de riscos que a norma violada visa prevenir, isto é, não se insere na esfera de protecção da norma).

V. *Imputação objectiva; Norma jurídica; Acção.*

Especial complexidade (Proc. Penal) – Característica de um processo que, nomeadamente pelo número de arguidos ou de ofendidos ou devido ao carácter altamente organizado do crime, implica que a sua tramitação seja diferente do comum dos processos, nomeadamente quanto aos prazos de duração das várias fases processuais, que são alargados.

Dispõe o artigo 107.º, n.º 6, C. P. P., que, quando o procedimento se revelar de excepcional complexidade nos termos da parte final do n.º 3 do artigo 215.º, o juiz, a requerimento do Ministério Público, do arguido, do assistente ou das partes civis, pode prorrogar os prazos da contestação e de apresentação do rol de testemunhas, do requerimento para a abertura da instrução, da interposição do recurso e da contestação do pedido de indemnização civil deduzido, até ao limite máximo de trinta dias.

Por seu lado, o artigo 306.º, C. P. P., determina que o prazo de dois meses previsto para a duração da fase de instrução é elevado para três meses quando a instrução tiver por objecto um crime qualificado como revestindo especial complexidade, nos termos do artigo 215.º, C. P. P.. Nos processos relativos a estes crimes, há também alargamento dos prazos de inquérito e de apresentação de contestação, bem como do prazo de duração das medidas de coacção a aplicar (caso da medida de prisão preventiva, cujo limite temporal é dilatado) – v. artigos 213.º, n.º 2, e 215.º, n.ºˢ 2 e 3, C. P. P..

V. *Arguido; Ofendido; Crime; Juiz; Assistente; Requerimento; Partes civis; Prazo; Contestação; Rol de testemunhas; Requerimento para abertura da instrução; Inquérito; Instrução; Medidas de coacção; Prisão preventiva.*

Espionagem (Dir. Penal) – Tipo de crime previsto no artigo 317.º, C. P., punido com pena de prisão, para quem:

a) colaborar com governo, associação, organização ou serviço de informações estrangeiros, ou com agente seu, pondo em perigo interesses de Estado relativos à independência nacional e à integridade do Estado ou à sua segurança interna ou externa, transmitir, ou tornar acessível a pessoa não autorizada ou tornar público determinado facto ou documento, plano ou objecto que devem manter-se secretos, ou

b) recrutar, acolher ou receber agente que pratique o facto referido ou, de qualquer modo, o favoreça.

V. artigo 316.º, C. P. (violação de segredo de Estado).

V. *Crime; Tipo; Pena de prisão; Facto; Segredo de Estado.*

Estabelecimento prisional (Proc. Penal) – Local destinado aos arguidos que cum-

prem pena de prisão resultante da sua condenação transitada em julgado pelo crime de que foram acusados na audiência de discussão e julgamento; ou àqueles a quem seja aplicada, no decurso do processo, a medida de coacção de prisão preventiva.
V. *Arguido; Pena de prisão; Crime; Trânsito em julgado; Processo; Audiência de discussão e julgamento; Medidas de coacção; Prisão preventiva; Sentença condenatória.*

Estado civil – Situação integrada pelo conjunto das qualidades definidoras do estado pessoal que constam obrigatoriamente do registo civil.
A Comissão Internacional do Estado Civil foi criada em Berna em 25 de Setembro de 1950, tendo os respectivos estatutos e os textos internacionais relativos à sua constituição e outros sido aprovados, para adesão, pelo Decreto n.º 563/73, de 27 de Outubro, data a partir da qual Portugal se tornou membro de pleno direito da Comissão.
V. a Convenção Relativa à Dispensa de Legalização para certas Certidões de Registo Civil e Documentos, assinada em Atenas em 15 de Setembro de 1977 e aprovada, para ratificação, pelo Decreto n.º 135/82, de 20 de Dezembro.
V. também a Convenção Relativa à Troca de Informações em Matéria de Estado Civil, de 4 de Setembro de 1958, aprovada, para adesão, pelo Decreto n.º 39/80, de 26 de Junho, e que entrou em vigor para Portugal em 14 de Novembro de 1980.
V. ainda a Convenção Relativa à Emissão de Determinadas Certidões de Registo de Estado Civil Destinadas ao Estrangeiro, de 27 de Setembro de 1956, aprovada para adesão pela Lei n.º 33/81, de 27 de Agosto, tendo entrado em vigor para Portugal em 27 de Fevereiro de 1982.
V. *Estado pessoal; Registo civil; Certidão; Legalização de documento.*

Estado de necessidade defensivo (Dir. Penal) – V. *Direito de necessidade defensivo.*

Estado de necessidade desculpante (Dir. Penal) – É uma causa de exclusão da culpa do agente, prevista no artigo 35.º, C. P..

Em razão de uma situação de perigo para bens jurídicos do próprio agente ou de terceiro, a lei considera não lhe ser razoavelmente exigível comportamento diverso.
Admite-se, no estado de necessidade desculpante, que o bem protegido seja de valor igual ou, mesmo, menor do que o valor do bem jurídico sacrificado pelo comportamento do agente; a lei considera que, embora a conduta do agente seja ilícita, não lhe era, em face das circunstâncias concretas, exigível outro comportamento.
Distingue-se do direito de necessidade que é uma causa de justificação enquanto exercício de um direito de tutela.
O pressuposto do estado de necessidade desculpante é, pois, uma situação de perigo, mas esse perigo tem de ser actual e de ameaçar a vida, a integridade física, a honra ou a liberdade do agente ou de terceiro, e de não ser removível de outro modo, sendo que o facto praticado pelo agente deve ser adequado a afastá-lo, isto é, idóneo para remover o perigo e único meio apto disponível pelo agente.
De acordo com o n.º 1 do artigo 35.º, C. P., age "sem culpa quem praticar um facto ilícito adequado a afastar um perigo actual e não removível de outro modo, que ameace a vida, a integridade física, a honra ou a liberdade do agente ou de terceiro, quando não for razoável exigir-lhe, segundo as circunstâncias do caso, comportamento diferente".
Se o perigo ameaçar outros interesses jurídicos, a pena pode ser especialmente atenuada ou, excepcionalmente, o agente ser dispensado de pena (n.º 2 do mencionado artigo 35.º).
V. *Culpa; Causas de desculpa; Bem jurídico; Perigo; Ilicitude; Causas de justificação; Vida; Integridade física; Honra; Liberdade; Facto; Bem jurídico; Pena; Atenuação especial da pena; Dispensa de pena; Agente.*

Estado pessoal – Situação jurídica da pessoa especialmente no que toca, entre outras, à idade (menoridade, maioridade, emancipação), relações familiares (casado, solteiro, divorciado, viúvo), relações com o Estado (nacional, estrangeiro, naturalizado, etc.), à situação jurídica (interdito,

inabilitado, etc.) e situação económica (insolvência).
V. *Menor; Maior; Nacionalidade; Estrangeiros.*

Estenia (Dir. Penal) – V. *Excesso de legítima defesa.*

Estrangeiros (Dir. Const.) – O artigo 15.º da Constituição da República estabelece, no seu n.º 1, que "os estrangeiros e os apátridas que se encontrem ou residam em Portugal gozam dos direitos e estão sujeitos aos deveres do cidadão português", deste regime se excepcionando "os direitos políticos, o exercício das funções públicas que não tenham carácter predominantemente técnico e os direitos e deveres reservados pela Constituição e pela lei exclusivamente aos cidadãos portugueses". O n.º 3 deste artigo dispõe o seguinte regime para os cidadãos de Estados de língua portuguesa com residência permanente em Portugal: a estes "são reconhecidos, nos termos da lei e em condições de reciprocidade, direitos não conferidos a estrangeiros, salvo o acesso aos cargos de Presidente da República, Presidente da Assembleia da República, Primeiro-Ministro, Presidentes dos tribunais supremos e o serviço nas Forças Armadas e na carreira diplomática". "A lei pode atribuir a estrangeiros residentes no território nacional, em condições de reciprocidade, capacidade eleitoral activa e passiva para a eleição dos titulares dos órgãos de autarquias locais" (n.º 4).

Há ainda a ter em atenção o artigo 33.º da Constituição, em particular os respectivos n.ºs 8 e 9, que garantem o direito de asilo "aos estrangeiros e aos apátridas perseguidos ou gravemente ameaçados de perseguição, em consequência da sua actividade em favor da democracia, da libertação social e nacional, da paz entre os povos, da liberdade e dos direitos da pessoa humana", remetendo para a lei ordinária a definição do estatuto do refugiado político.

"Os estrangeiros são equiparados aos nacionais quanto ao gozo de direitos civis, salvo disposição legal em contrário"; "não são, porém, reconhecidos aos estrangeiros os direitos que, sendo atribuídos pelo respectivo Estado aos seus nacionais, o não sejam aos portugueses em igualdade de circunstâncias" – artigo 14.º do Código Civil.

Com o Decreto-Lei n.º 237-A/2006, de 14 de Dezembro (que aprova o Regulamento da Nacionalidade Portuguesa), está previsto o estabelecimento da filiação de estrangeiros nascidos no território português – artigo 5.º, casos de aquisição da nacionalidade originária por efeito da lei – e também a atribuição da nacionalidade por efeito da vontade a nascido no estrangeiro – artigo 8.º – atribuição da nacionalidade por efeito da vontade.

É ainda possível, nos termos do disposto nos artigos 19.º e 23.º, a naturalização de estrangeiros residentes no território português, bem como a naturalização de estrangeiros nascidos no território português.

O Decreto-Lei n.º 244/98, de 8 de Agosto, alterado pela Lei n.º 97/99, de 26 de Julho, e pelos Decretos-Leis n.ºs 4/2001, de 10 de Janeiro (rectificada pela Declaração de rectificação n.º 3-A/2001, de 31 de Janeiro) e 34/2003 (este rectificado pela Declaração de rectificação n.º 2-D/2003, de 31 de Março), de 25 de Fevereiro, ocupa-se do regime de entrada, permanência, saída e afastamento (o termo usado pela versão legal anterior era expulsão) de estrangeiros do território nacional; aquele diploma foi regulamentado pelo Decreto-Lei n.º 65/2000, de 26 de Abril (o último rectificado pela Declaração de rectificação n.º 7-B/2000, de 30 de Junho).

A Lei n.º 24/2000, de 23 de Agosto, concedera autorização ao Governo para alterar as atribuições e competências do Serviço de Estrangeiros e Fronteiras e "para legislar em matéria de expulsão e direito de asilo de cidadãos estrangeiros". Esse regime foi aprovado pelo Decreto-Lei n.º 252/2000, de 16 de Outubro, alterado pelo Decreto-Lei n.º 290-A/2001, de 17 de Novembro.

A Lei n.º 20/98, de 12 de Maio, alterada pela Lei n.º 118/99, de 11 de Agosto, define o regime da prestação de trabalho subordinado por estrangeiros em território português.

O objecto da Lei n.º 134/99, de 28 de Agosto, tem uma relação directa com a situação dos estrangeiros, pois ele é a prevenção e proibição da "discriminação racial sob todas as suas formas" e o sancionamento da "prática de actos que se traduzam na violação de quaisquer direitos fundamentais, ou na recusa ou condicionamento do exercício de quaisquer direitos económicos, sociais ou culturais, por quaisquer pessoas, em razão da sua pertença a determinada raça, cor, nacionalidade ou origem étnica"; foi criada a Comissão para a Igualdade e contra a Discriminação Racial, à qual cabe recomendar a adopção das medidas legislativas que considere adequadas a prevenir práticas discriminatórias em razão da raça, da cor, da nacionalidade ou da origem étnica, a publicitação de casos de violação do princípio da igualdade, bem como a elaboração de um relatório anual sobre a situação da igualdade em Portugal. De acordo com a esta Lei, discriminação racial consiste em "qualquer distinção, exclusão, restrição ou preferência em função da raça, cor, ascendência, origem nacional ou étnica, que tenha por objectivo ou produza como resultado a anulação ou restrição do reconhecimento, fruição ou exercício, em condições de igualdade, de direitos, liberdades e garantias ou de direitos económicos, sociais e culturais". A figura do mediador sócio-cultural, cuja função é "colaborar na integração de imigrantes e minorias étnicas, na perspectiva do reforço do diálogo intercultural e da coesão social" foi criada e tem o respectivo estatuto jurídico na Lei n.º 105/2001, de 31 de Agosto. O Decreto-Lei n.º 251/2002, de 22 de Novembro, criou o Alto-Comissariado para a Imigração e Minorias Étnicas [ainda é assim?].

No quadro da política de asilo comum, objecto do Tratado da Comunidade Europeia, foi criado o Fundo Europeu para os Refugiados, pela Decisão n.º 2000/596/CE, do Conselho, de 28 de Setembro. O Decreto-Lei n.º 218/2001, de 4 de Agosto, estabelece o regime que lhe é aplicável.

Na transposição da Directiva n.º 2001/55/CE, do Conselho, de 20 de Julho, a Lei n.º 67/2003, de 23 de Agosto, estabelece normas mínimas em matéria de concessão de protecção temporária no caso de afluxo maciço de pessoas deslocadas.

O artigo 35.º do Decreto-Lei n.º 83/2000, de 11 de Maio, alterado pelo Decreto-Lei n.º 108/2004, de 11 de Maio, e pela Lei n.º 13/2005, de 26 de Janeiro, estabelece que o passaporte para estrangeiros pode ser emitido para "indivíduos que, autorizados a residir em território português, sejam apátridas ou nacionais de países sem representação diplomática ou consular em Portugal ou que demonstrem de forma inequívoca, não poder obter outro passaporte", para "indivíduos estrangeiros que, sem passaporte próprio, no estrangeiro recorram à protecção diplomática ou consular portuguesa ao abrigo de acordos de cooperação consular celebrados entre Portugal e os seus países de origem" e para "indivíduos estrangeiros que se encontrem fora do território português, quando razões excepcionais recomendem a concessão do passaporte para estrangeiros". Este passaporte é válido por um período máximo de dois anos (artigo 38.º, n.º 1).

Na transposição da Directiva n.º 2001/40/CE, do Conselho, de 28 de Maio, a Lei n.º 53/2003, de 22 de Agosto, "disciplina o reconhecimento de uma decisão de afastamento tomada por uma autoridade competente de um Estado membro da União Europeia ou da Islândia e da Noruega contra um nacional de um país terceiro [é nacional de um país terceiro "qualquer pessoa que não possua a nacionalidade de um dos Estados-membros da União Europeia, dos Estados partes no Acordo sobre o Espaço Económico Europeu ou da Suíça"]".

O n.º 5 do artigo 2.º da Lei n.º 33/99, de 18 de Maio, alterada pelo Decreto-Lei n.º 323/2001, de 17 de Dezembro, e pelo Decreto-Lei n.º 194/2003, de 23 de Agosto, dispõe que "aos cidadãos brasileiros a que, nos termos da Convenção Luso-Brasileira, aprovada por Resolução de 29 de Dezembro de 1971, tenha sido concedido o estatuto geral de igualdade do direitos e deveres, é atribuído bilhete de identidade de acordo com as disposições do Decreto-Lei n.º 126/72, de 22 de Abril".

Entre a República Portuguesa e a República Federativa do Brasil foi assinado, em Porto Seguro em 22 de Abril de 2000, o Tratado de Amizade, Cooperação e Consulta, aprovado, para ratificação, pela

Resolução da Assembleia da República n.º 83/2000, de 28 de Setembro, e ratificado pelo Decreto do Presidente da República n.º 79/2000, de 14 de Dezembro; este Tratado revogou a Convenção sobre Igualdade de Direitos e Deveres entre Brasileiros e Portugueses de 1971; o Decreto-Lei n.º 154/2003, de 15 de Julho, regulamentou a aplicação do Tratado. O Acordo de Cooperação entre a República Portuguesa e a República Federativa do Brasil para a Prevenção e a Repressão do Tráfico Ilícito de Migrantes, assinado em Lisboa em 11 de Julho de 2003, foi aprovado pelo Decreto n.º 42/2003, de 20 de Setembro. O Decreto n.º 43/2003, de 24 de Setembro, aprovou o Acordo entre a República Portuguesa e a República Federativa do Brasil sobre a Facilitação de Circulação de Pessoas, assinado em Lisboa em 11 de Julho de 2003. Na mesma data foi também assinado o Acordo entre a República Portuguesa e a República Federativa do Brasil sobre Contratação Recíproca de Nacionais, aprovado pelo Decreto n.º 40/2003, de 19 de Setembro; o Aviso n.º 206/2003, de 4 de Outubro, torna público que, em 25 de Julho e em 19 de Setembro de 2003, foram emitidas notas, respectivamente pelo Ministério dos Negócios Estrangeiros da República Federativa do Brasil e pelo Ministério dos Negócios Estrangeiros de Portugal, em que se comunica terem sido cumpridas as formalidades constitucionais internas de aprovação do Acordo.

A Convenção Quadro para a Protecção das Minorias Nacionais, aberta à assinatura dos Estados membros do Conselho da Europa em Estrasburgo, em 1 de Fevereiro de 1995, aprovada, para ratificação, pela Resolução da Assembleia da República n.º 42/2001, em 5 de Abril de 2001, foi ratificada pelo Decreto do Presidente da República n.º 33/2001, de 25 de Junho; pelo Aviso n.º 59/2002, de 2 de Julho, foi tornado público que o Governo da República Portuguesa depositou, em 7 de Maio de 2002, junto do Secretário-Geral do Conselho da Europa, o seu instrumento de ratificação desta Convenção.

Entre os Governos da República Portuguesa e da República da Hungria foi assinado em Lisboa, em 28 de Janeiro de 2000, o Acordo sobre a Readmissão de Pessoas em Situação Irregular, tendo este sido aprovado pela Resolução da Assembleia da República n.º 62/2001, de 6 de Outubro de 2001; a este Acordo foi acrescentado um parágrafo, segundo informação constante do Aviso n.º 111/2003, de 15 de Março; o Aviso n.º 9/2003, tornou público que, em 23 de Janeiro e 3 de Outubro de 2002, foram emitidas notas, respectivamente pelo Ministério dos Negócios Estrangeiros português e pela Embaixada da República da Hungria em Lisboa, em que se comunica terem sido cumpridas as formalidades constitucionais internas de aprovação deste Acordo.

Entre a República Portuguesa e a República da Roménia foi assinado em Lisboa, em 26 de Setembro de 2002, o Acordo sobre a Readmissão de Pessoas em Situação Irregular, tendo este sido aprovado pela Resolução da Assembleia da República n.º 43/2003, de 23 de Maio de 2003, e ratificado pelo Decreto do Presidente da República n.º 32/2003, da mesma data; o Aviso n.º 192/2003, de 14 de Agosto, torna público terem sido emitidas notas, em 28 de Maio e em 2 de Julho de 2003, respectivamente pelo Ministério dos Negócios Estrangeiros da Roménia e pelo Ministério dos Negócios Estrangeiros de Portugal, em que se comunica terem sido cumpridas as formalidades constitucionais internas de aprovação do Acordo.

O Acordo sobre a Readmissão de Pessoas em Situação Irregular, assinado em Lisboa, em 12 de Novembro de 2001, entre a República Portuguesa e a República da Estónia, foi aprovado pela Resolução da Assembleia da República n.º 46/2003, de 23 de Maio de 2003, e ratificado pelo Decreto do Presidente da República n.º 35/2003, da mesma data; o Aviso n.º 207/2003, de 15 de Outubro, torna público terem, em 17 de Dezembro de 2001 e 3 de Julho de 2003, sido emitidas notas, respectivamente pelo Ministério dos Negócios Estrangeiros da República da Estónia e pelo Ministério dos Negócios Estrangeiros de Portugal, em que se comunica o cumprimento das respectivas formalidades constitucionais de aprovação deste Acordo.

A Resolução da Assembleia da República n.º 32/2004, de 12 de Fevereiro, aprovou, para ratificação, o Protocolo Adicional contra o Tráfico Ilícito de Migrantes por via Terrestre, Marítima e Aérea, adoptado pela Assembleia Geral das Nações Unidas em 15 de Novembro de 2000, tendo sido ratificado pelo Decreto do Presidente da República n.º 19/2004, de 2 de Abril.

O Acordo sobre Concessão de Vistos de Múltiplas Entradas para Determinadas Categorias de Pessoas, assinado em Brasília em 30 de Julho de 2002, aprovado pelo Decreto do Governo n.º 34/2003, de 30 de Julho, entrou em vigor em 1 de Outubro de 2003 para a República Portuguesa, República de Angola, República Democrática de São Tomé e Príncipe e República de Cabo Verde, segundo o Aviso n.º 34/2004, de 10 de Abril.

O Acordo sobre Isenção de Taxas e Emolumentos Devidos à Emissão e Renovação de Autorizações de Residência para os Cidadãos da Comunidade dos Países de Língua Portuguesa foi assinado em Brasília em 30 de Julho de 2002, tendo sido aprovado pelo Decreto do Governo n.º 37/2003, de 30 de Julho; entrou em vigor em 1 de Outubro de 2003 para a República Portuguesa, República de Angola, República Democrática de São Tomé e Príncipe e República de Cabo Verde, segundo o Aviso n.º 35/2004, de 10 de Abril.

O Acordo sobre Estabelecimento de Requisitos Comuns Máximos para a Instalação de Processo de Visto de Curta Duração, assinado em Brasília em 30 de Julho de 2002, aprovado pelo Decreto do Governo n.º 35/2003, de 30 de Julho, entrou em vigor em 1 de Outubro de 2003 para a República Portuguesa, República de Angola, República Democrática de São Tomé e Príncipe e República de Cabo Verde, segundo o Aviso n.º 36/2004, de 10 de Abril.

O Acordo sobre Estabelecimento de Balcões Específicos nos Postos de Entrada e Saída para o Atendimento de Cidadãos da Comunidade dos Países de Língua Portuguesa foi assinado em Brasília em 30 de Julho de 2002, tendo sido aprovado pelo Decreto do Governo n.º 33/2003, de 30 de Julho; entrou em vigor em 1 de Outubro de 2003 para a República Portuguesa, República de Angola, República Democrática de São Tomé e Príncipe e República de Cabo Verde, segundo o Aviso n.º 37/2004, de 10 de Abril.

O Acordo sobre Concessão de Visto Temporário para Tratamento Médico a Cidadãos da Comunidade dos Países de Língua Portuguesa foi assinado em Brasília em 30 de Julho de 2002, tendo sido aprovado pelo Decreto do Governo n.º 32/2003, de 30 de Julho; entrou em vigor em 1 de Outubro de 2003 para a República Portuguesa, República de Angola, República Democrática de São Tomé e Príncipe e República de Cabo Verde, segundo o Aviso n.º 37/2004, de 10 de Abril.

V. Lei n.º 23/2007, de 4 de Julho que aprova o regime jurídico de entrada, permanência, saída e afastamento de estrangeiros do território nacional e Portaria n.º 395/2008, de 6 de Junho que aprova o modelo de declaração de entrada de estrangeiros nos termos da referida Lei n.º 23/2007.

A Lei n.º 27/2008, de 30 de Junho, estabelece as condições e procedimentos de concessão de asilo ou protecção subsidiária e os estatutos de requerente de asilo, de refugiado e de protecção subsidiária, transpondo para a ordem jurídica interna as Directivas n.ºˢ 2004/83/CE, do Conselho, de 29 de Abril, e 2005/85/CE, do Conselho, de 1 de Dezembro, sendo, assim, revogadas as Leis n.ºˢ 15/98, de 26 de Março e 20/2006, de 23 de Junho.

V. *Passaporte; Bilhete de identidade; Asilo; Refugiado; Nacionalidade.*

Estupefaciente (Dir. Penal) – Substância com características que provocam alterações no estado físico e/ou psicológico de quem a consome e criadora de dependência no consumidor.

Estas substâncias, quando consumidas, transportadas ou possuídas, relevam para o preenchimento de determinados tipos de crimes.

V. artigos 86.º, 87.º, 88.º, C. P., relativos ao regime aplicável aos alcoólicos e equiparados – que prevêem a aplicação a estes de pena relativamente indeterminada, caso eles pratiquem crime ao qual se deva aplicar pena de prisão efectiva – e a Lei n.º 30/2000, de 29 de Dezembro, relativa ao regime aplicável ao consumo de estupefacientes e substâncias psicotrópicas.

O Código da Estrada, aprovado pelo Decreto-Lei n.º 114/94, de 3 de Maio, revisto e republicado pelo Decreto-Lei n.º 44/2005, de 23 de Fevereiro, contém, no artigo 81.º, uma norma relativa à condução sob influência de substâncias legalmente consideradas como psicotrópicas. O Decreto Regulamentar n.º 24/98, de 30 de Outubro, regulamenta os procedimentos para a fiscalização da condução sob a influência do álcool ou de substâncias estupefacientes ou psicotrópicas. A Portaria n.º 1005/98, de 30 de Novembro, rectificada pela Declaração de rectificação n.º 22-V/98, de 31 de Dezembro, fixa as taxas a cobrar pelos exames de fiscalização da condução sob a influência de substâncias psicotrópicas, estabelecendo a Portaria n.º 1006/98, de 30 de Novembro, rectificada pela Declaração de rectificação n.º 22-X/98, de 31 de Dezembro, as regras sobre as análises para confirmação de substâncias estupefacientes ou psicotrópicas no sangue.

As regras relativas ao controlo do mercado lícito de estupefacientes, substâncias psicotrópicas, precursores e outros produtos químicos susceptíveis de utilização no fabrico de droga, encontram-se estabelecidas pelo Decreto Regulamentar n.º 61/94, de 12 de Outubro, alterado pelo Decreto Regulamentar n.º 23/99, de 22 de Outubro.

O Decreto-Lei n.º 31/99, de 5 de Fevereiro, criara o Instituto Português da Droga e da Toxicodependência, que visava "recolher, tratar e divulgar dados e informações relativos ao consumo e ao tráfico ilícitos de drogas, bem como promover junto dos jovens e da população em geral a prevenção do consumo de drogas". O Decreto-Lei n.º 269-A/2002, de 29 de Novembro, alterado pelo Decreto-Lei n.º 172/2005, de 14 de Outubro, criou o Instituto da Droga e da Toxicodependência (IDT) que "tem por missão garantir a unidade intrínseca do planeamento, da concepção, da gestão, da fiscalização e da avaliação das diversas fases da prevenção, do tratamento e da reinserção no domínio da droga e da toxicodependência, na perspectiva da melhor eficácia da coordenação e execução das políticas e estratégias definidas". O Serviço Regional de Prevenção da Toxicodependência da Madeira foi criado pelo decreto regulamentar regional n.º 9/2002/M, de 25 de Junho.

A Lei Tutelar Educativa (Lei n.º 166/99, de 14 de Setembro), que substituiu parcialmente a chamada O. T. M., estabelece no artigo 13.º, n.º 2, que podem ser impostas regras de conduta aos menores e, nomeadamente, a proibição de consumir bebidas alcoólicas. Do mesmo modo, pode ser imposta às crianças e jovens a frequência de programas de tratamento da habituação alcoólica, do consumo habitual de estupefacientes [...]" (artigo 14.º). O artigo 21.º refere que o juiz deve providenciar para que estas medidas sejam cumpridas em instituições ou entidades específicas.

A Lei n.º 109/99, de 3 de Agosto, prevê núcleos de acompanhamento médico aos toxicodependentes reclusos.

A Lei n.º 29/2000, de 29 de Novembro, define o regime aplicável ao consumo de estupefacientes e substâncias psicotrópicas, bem como a protecção sanitária e social das pessoas que consomem essas substâncias sem prescrição médica.

O Decreto-Lei n.º 15/93, de 22 de Janeiro, alterado pelo Decreto-Lei n.º 81/95, de 22 de Abril, pela Lei n.º 45/96, de 3 de Setembro, pelo Decreto-Lei n.º 214/2000, de 2 de Setembro, pela Lei n.º 30/2000, de 29 de Novembro, pelo Decreto-Lei n.º 69/2001, de 24 de Fevereiro, pelas Leis n.ºˢ 101/2001 e 104/2001, ambas de 25 de Agosto, pelo Decreto-Lei n.º 323/2001, de 17 de Dezembro, e pelas Leis n.ºˢ 3/2003, de 15 de Janeiro (que transpõe a Directiva n.º 2001/8/CE, da Comissão, de 8 de Fevereiro), e 47/2003, de 22 de Agosto, enumera "as plantas, substâncias e preparações que, em cumprimento das obrigações decorrentes das Convenções das Nações Unidas sobre Estupefacientes (1961) e sobre Substâncias Psicotrópicas (1971), estão sujeitas a medidas de controlo e à aplicação de sanções em caso de ocorrência de contra-ordenações na sua produção, tráfico ou consumo".

A já referida Lei n.º 30/2000 veio descriminalizar o consumo de estupefacientes, substituindo as penas por sanções de mera ordenação social, criando os órgãos necessários à respectiva aplicação. Por seu lado, o Decreto Legislativo Regional n.º 7/2001/A, de 27 de Abril, criou e estabeleceu "a distribuição geográfica e a composição das «comissões para a dissuasão da toxicodependência», bem como a competência para a nomeação dos seus membros, definindo os serviços com intervenção nos processos de contra-ordenação e o destino das coimas aplicadas".

O Decreto-Lei n.º 1/2003, de 6 de Janeiro, reorganiza as estruturas de coordenação do combate à droga e à toxicodependência.

O artigo 88.º da Lei n.º 5/2006, de 23 de Fevereiro, prevê o crime de uso e porte de arma sob o efeito de álcool e substâncias estupefacientes ou psicotrópicas, que ocorre quando alguém, pelo menos por negligência, detém, transporta ou usa arma com uma taxa de álcool igual ou superior a 1,2 g/l ou não estando em condições de o fazer em segurança, por se encontrar sob a influência de substâncias psicotrópicas ou estupefacientes ou de produtos com efeito análogo perturbadores da aptidão física, mental ou psicológica.

O artigo 90.º deste último diploma determina que, como pena acessória, "pode incorrer na interdição temporária de detenção, uso e porte de arma quem for condenado pela prática de crime previsto na presente lei [entre outros, uso e porte de arma sob o efeito de álcool e substâncias estupefacientes ou psicotrópicas] ou pela prática, a título doloso ou negligente, de crime em cuja preparação ou execução tenha sido relevante a utilização ou disponibilidade sobre a arma"; "o período de interdição tem o limite mínimo de um ano e o máximo igual ao limite superior da moldura penal do crime [...]"; "a interdição implica a proibição de detenção, uso e porte de armas, designadamente para efeitos pessoais, funcionais ou laborais, desportivos, venatórios ou outros, bem como de concessão ou renovação de licença, cartão europeu de arma de fogo [...], devendo o condenado fazer entrega da ou das armas, licenças e demais documentação no posto ou unidade policial da área da sua residência no prazo de 15 dias contados do trânsito em julgado"; "a interdição é decretada independentemente de o condenado gozar de isenção ou dispensa de licença ou licença especial".

Portugal é membro da Convenção Única, de 1961, sobre Estupefacientes, adoptada pela Assembleia Geral das Nações Unidas em 30 de Março de 1961, e que foi aprovada, para ratificação, pelo Decreto-Lei n.º 435/70, de 12 de Setembro, tendo o respectivo instrumento de ratificação sido depositado em 30 de Dezembro de 1971, conforme aviso publicado no *Diário do Governo*, 1.ª série, de 10 de Janeiro de 1973.

Com relação com esta questão, v. também a Convenção sobre as Substâncias Psicotrópicas, adoptada pela Assembleia Geral das Nações Unidas em 21 de Fevereiro de 1971, de que Portugal é parte, tendo a Convenção sido aprovada, para adesão, pelo Decreto n.º 10/79, de 30 de Janeiro.

V. ainda a Convenção das Nações Unidas Contra o Tráfico Ilícito de Estupefacientes e Substâncias Psicotrópicas, adoptada pela Assembleia Geral das Nações Unidas em 20 de Dezembro de 1988, sendo Portugal parte desta Convenção, que foi aprovada, para ratificação, pela Resolução da Assembleia da República n.º 29/91, de 6 de Setembro.

O Protocolo Adicional à Convenção Única sobre Estupefacientes, concluído em Genebra em 25 de Março de 1972, foi aprovado, para adesão, pelo Decreto n.º 161/78, de 21 de Dezembro, encontrando-se Portugal a ele vinculado.

A Convenção das Nações Unidas contra o Tráfico Ilícito de Estupefacientes e Substâncias Psicotrópicas, adoptada em Viena em 20 de Dezembro de 1998, foi aprovada, para ratificação, pela Resolução da Assembleia da República n.º 29/91, de 6 de Setembro, tendo sido ratificada pelo Decreto do Presidente da República n.º 45/1991, da mesma data, e o instrumento de ratificação sido depositado em 3 de Dezembro do mesmo ano, conforme o Aviso n.º 23/92, de 5 Março.

O Decreto n.º 41/98, de 10 de Novembro, aprova o Acordo entre a República Portuguesa e a República de Cuba sobre Cooperação na Prevenção do Uso Indevido e Repressão do Tráfico Ilícito de

Estupefacientes e Substâncias Psicotrópicas, assinado em Havana em 8 de Julho de 1998.

O Decreto n.º 43/98, de 13 de Novembro, aprova o Convénio entre o Governo da República Portuguesa e a República e o Governo da República Oriental do Uruguai para a Prevenção do Uso Indevido e Repressão do Tráfico Ilícito de Estupefacientes e Substâncias Psicotrópicas e Seus Precursores e Produtos Químicos Essenciais, assinado em 20 de Julho de 1998, em Lisboa; pelo Aviso n.º 112/2001, de 26 de Outubro, foi tornado público que, em 26 de Novembro de 1998 e em 29 de Junho de 2001, foram remetidas notas verbais, respectivamente pelo Ministério dos Negócios Estrangeiros de Portugal e pelo Ministério das Relações Exteriores do Uruguai, a comunicar terem sido cumpridas as formalidades requeridas pelas ordens jurídicas de ambos os países para a aprovação do Convénio referido.

A Resolução da Assembleia da República n.º 40/99, de 15 de Maio, aprova, para ratificação, o Acordo Bilateral entre a República Portuguesa e a República de Moçambique no Domínio do Combate ao Tráfico Ilícito de Estupefacientes, Substâncias Psicotrópicas e Criminalidade Conexa, assinado em Maputo em 13 de Abril de 1995; este Acordo foi ratificado pelo Decreto do Presidente da República n.º 144/99, de 15 de Maio.

A Resolução da Assembleia da República n.º 9/2000, de 28 de Janeiro, aprova o Tratado entre a República Portuguesa e o Reino de Espanha para a Repressão do Tráfico Ilícito de Drogas no Mar, tendo o Aviso n.º 32/2001, de 10 de Abril, tornado público que, em 27 de Setembro de 2000 e em 22 de Dezembro do mesmo ano, foram emitidas notas, respectivamente pelo Ministério de Assuntos Exteriores de Espanha e pela Embaixada de Portugal em Madrid, em que se comunica a aprovação do Tratado, que entrou em vigor em 21 de Janeiro de 2001.

O Aviso n.º 75/2001, de 2 de Agosto, tornou público que, em 6 de Junho e em 5 de Julho de 2001, respectivamente pelo Ministério dos Negócios Estrangeiros de Portugal e pelo Ministério das Relações Exteriores da Argentina, foram emitidas notas em que se comunica terem sido cumpridas as formalidades requeridas pelos ordenamentos jurídicos de ambos os países para a aprovação do Convénio sobre Prevenção de Uso Indevido e Repressão do Tráfico Ilícito de Estupefacientes e de Substâncias Psicotrópicas entre o Governo da República Portuguesa e o Governo da República da Argentina, assinado em Buenos Aires em 21 de Julho de 1997; este Convénio foi aprovado pelo Decreto do Presidente da República n.º 66/97, de 30 de Dezembro, tendo entrado em vigor no dia 4 de Agosto de 2001.

O Decreto n.º 3/2003, de 24 de Janeiro, aprova o Acordo de Cooperação entre a República Portuguesa e a República do Paraguai para a Luta contra o Tráfico Ilícito de Estupefacientes e Substâncias Psicotrópicas e Delitos Conexos, assinado em Assunção em 3 de Setembro de 2001.

Entre a República Portuguesa e a República Federativa do Brasil foi assinado em Lisboa, em 11 de Julho de 2003, o Acordo de Cooperação para a Prevenção e a Repressão do Tráfico Ilícito de Drogas, que foi aprovado pelo Decreto do Governo n.º 42/2003, de 20 de Setembro, tendo o Aviso n.º 183/2004, de 2 de Dezembro, tornado público que, em 3 de Fevereiro e em 12 de Agosto de 2004, foram emitidas notas, respectivamente, pelo Ministério dos Negócios Estrangeiros de Portugal e pela Embaixada da República Federativa do Brasil, em que se comunica terem sido cumpridas as respectivas formalidades constitucionais internas de aprovação do Acordo.

O Decreto n.º 5/2004, de 26 de Março, aprovou o Protocolo de Cooperação entre a República Portuguesa e a República Federativa do Brasil para a Redução da Procura, Combate à Produção e Repressão ao Tráfico Ilícito de Drogas e Substâncias Psicotrópicas, para o Estabelecimento de um Plano de Formação de Técnicos, assinado em Brasília em 12 de Junho de 2002.

V. *Tipo; Crime; Consumo; Menor; Medidas tutelares educativas; Substância psicotrópica; Descriminalização; Pena; Ilícito de mera ordenação social; Coima; Tráfico e outras actividades ilícitas; Tráfico e consumo em lugares públicos ou de reunião; Arma; Uso e porte de arma sob o efeito de álcool e substâncias estupefacientes ou psicotrópicas; Pena acessória; Dolo; Negligência; Moldura penal; Porte de arma; Licença de uso e porte de arma; Residência; Trânsito em julgado; Sentença condenatória.*

Etnometodologia (Dir. Penal; Criminologia) – Perspectiva que procura a explicação da criminalidade através da análise e do estudo da intersubjectividade dos agentes do crime.

A etnometodologia debruça-se sobre o quotidiano dos agentes utilizando, nessa abordagem, os instrumentos da micro-sociologia, explicitando os concretos sistemas de regras, de expectativas e de significados que conduzem aos (ou que estão na base dos) comportamentos desviantes.

Cfr. Figueiredo Dias e Costa Andrade, *Criminologia, O Homem Delinquente e a Sociedade Criminógena*, 1997, págs. 54 e segs..

V. *Criminologia; Agente.*

Eutanásia (Dir. Penal) – Expressão que significa "morte suave" ou "morte doce".

Traduz-se na provocação da morte de uma pessoa numa fase terminal da vida para evitar o sofrimento inerente a uma doença ou a um estado de degenerescência.

A lei penal não prevê a eutanásia enquanto tal. O Código Penal somente prevê o homicídio a pedido (artigo 134.º) e o homicídio privilegiado (artigo 133.º).

Algumas situações de eutanásia poderão ainda reconduzir-se aos casos referidos no n.º 2 do artigo 35.º, C. P. (estado de necessidade desculpante).

V. *Homicídio a pedido; Homicídio privilegiado; Estado de necessidade desculpante.*

Evasão (Dir. Penal) – Tipo de crime previsto no artigo 352.º, C. P., que ocorre quando alguém, encontrando-se privado de liberdade, se evade.

É punido com pena de prisão até dois anos; contudo, se o agente se entregar espontaneamente às autoridades até à declaração de contumácia, a pena pode ser especialmente atenuada.

V. artigos 349.º (tirada de presos), 350.º (auxílio de funcionário à evasão) e 351.º (negligência na guarda), C. P..

V. *Tipo; Crime; Pena; Pena de prisão; Agente; Atenuação especial da pena; Contumácia; Tirada de presos; Auxílio de funcionário à evasão; Negligência na guarda.*

Evento jurídico (Dir. Penal) – Todo o crime produz um efeito jurídico que se traduz na lesão do bem jurídico protegido pela incriminação ou na sua colocação em perigo.

Este efeito consubstancia o evento jurídico do crime.

V. *Evento material; Bem jurídico; Crime.*

Evento material (Dir. Penal) – Nos crimes de resultado, ou materiais, o facto típico, para além do evento jurídico, produz um efeito no objecto material do crime, um resultado material. Esse efeito consubstancia o evento material.

Por exemplo, no homicídio (artigo 131.º, C. P.), o evento material é a morte da vítima, na contrafacção de moeda (artigo 262.º, C. P.), o evento material é a moeda contrafeita.

V. *Crime; Crime de resultado; Evento jurídico; Homicídio; Contrafacção de moeda; Moeda.*

Exame (Proc. Penal) – "Meio de obtenção de prova" (v. epígrafe do Título III, do Capítulo I, do Livro II do C. P. P. – Actos processuais), que é realizado aos lugares e às coisas relacionadas com o crime para que, através da inspecção de vestígios que possam ter resultado da prática daquele, se recolham indícios relativos ao modo e lugar, bem como às pessoas que o tenham praticado ou sobre as quais aquele tenha sido cometido.

V. artigo 171.º, C. P. P. – nos termos desta disposição, logo que houver notícia da prática do crime, providencia-se para evitar que os seus vestígios se apaguem ou alterem antes de serem examinados.

Se os vestígios se encontrarem alterados ou tiverem desaparecido, descreve-se o estado em que se encontram as pessoas, os lugares e as coisas que possam ter existido, procurando-se reconstituí-los.

O n.º 3 desta norma estabelece que, enquanto não estiver presente no local a autoridade judiciária ou o órgão de polícia criminal competentes, cabe a qualquer agente da autoridade tomar provisoriamente as providências necessárias para a obtenção da prova.

V. *Meios de prova; Prova; Notícia do crime; Crime; Indícios; Órgão de polícia criminal; Autoridade judiciária.*

Exame e destruição de substâncias psicotrópicas (Proc. Penal) – As plantas, substâncias e preparações apreendidas no âmbito do Decreto-Lei n.º 15/93, de 22 de Janeiro – alterado pelo Decreto-Lei n.º 81/95, de 22 de Abril, pela Lei n.º 45/96, de 3 de Setembro, pelo Decreto-Lei n.º 214/2000, de 2 de Setembro, pela Lei n.º 30/2000, de 29 de Novembro, pelo Decreto-Lei n.º 69/2001, de 24 de Fevereiro, pelas Leis n.ºs 101/2001 e 104/2001, ambas de 25 de Agosto, pelo Decreto-Lei n.º 323/2001, de 17 de Dezembro, e pelas Leis n.ºs 3/2003, de 15 de Janeiro (que transpôs a Directiva n.º 2001/8/CE, da Comissão, de 8 de Fevereiro), e 47/2003, de 22 de Agosto –, serão examinadas por ordem da autoridade judiciária competente.

Após o exame laboratorial, o perito procede à recolha, identificação, pesagem acondicionamento e selagem de uma amostra. No prazo de cinco dias após a junção do relatório do exame laboratorial, a autoridade judiciária competente ordena a destruição da droga, que se faz por incineração, lavrando-se o correspondente auto.

V. artigo 62.º do DL n.º 15/93 (exame de destruição das substâncias).

V. *Autoridade judiciária; Estupefaciente; Substância psicotrópica; Auto; Perito; Exame.*

Exame do lugar da infracção (Proc. Penal) – Procedimento de investigação realizado pelo defensor, enquanto averiguação complementar e paralela às realizadas pelo Ministério Público e pelos órgãos auxiliares da investigação, no decurso da fase de inquérito para recolha de prova.

Já na fase da audiência de discussão e julgamento, o "tribunal pode quando considerar necessário à boa decisão da causa", nos termos do artigo 354.º, C. P. P., "deslocar-se ao local onde tiver ocorrido qualquer facto cuja prova se mostre essencial e convocar para o efeito os participantes processuais cuja presença entender conveniente".

Nos termos do n.º 1 do artigo 371.º, C. P. P., "por meio de exame das pessoas, dos lugares e das coisas, inspeccionam-se os vestígios que possa ter deixado o crime e todos os indícios relativos ao modo, como e ao lugar onde foi praticado, às pessoas que o cometeram ou sobre as quais foi cometido". Logo que houver notícia da prática do crime, "providencia-se para evitar, quando possível, que os seus vestígios se apaguem ou alterem antes de examinados, proibindo-se, se necessário, a entrada ou o trânsito de pessoas estranhas no local do crime ou quaisquer outros actos que possam prejudicar a descoberta das verdade" – n.º 2 do mesmo artigo.

Nos termos do disposto no artigo 173.º, n.º 1, C. P. P., "a autoridade judiciária ou o órgão de polícia criminal competente podem determinar que alguma ou algumas das pessoas se não afastem do local do exame e obrigar, com o auxílio da força pública, se necessário, as que pretenderem afastar-se a que nele se conservem enquanto o exame não terminar e a sua presença for indispensável".

V. artigos 171.º a 173.º, C. P. P..

V. *Exame; Prova; Defensor; Ministério Público; Inquérito; Autoridade de polícia criminal; Órgão de polícia criminal; Audiência de discussão e julgamento; Facto; Crime; Indícios; Notícia do crime; Autoridade judiciária.*

Exaurimento (Dir. Penal) – Noção doutrinária que significa o esgotamento de todos os efeitos do crime para lá da respectiva consumação.

O crime exaurido é assim um crime que já produziu todos os seus efeitos possíveis.

A referência ao exaurimento tem especial sentido, por exemplo, nos crimes de perigo, na medida em que, depois do cometimento do crime, ou seja, depois de produzido o perigo, ainda pode o processo lesivo avançar até ao momento da efectiva lesão do bem jurídico tutelado pela norma incriminadora.

V. artigo 24.º, C. P., relativo à desistência.

V. *Crime; Consumação; Crime de perigo; Desistência; Bem jurídico.*

"Exceptio veritatis" (Dir. Penal) – Expressão que se reporta à prova da verdade dos factos nos crimes contra a honra, como circunstância que fundamenta a não punição do agente, ou seja, este não é punido se provar a verdade dos factos imputados.
V. artigos 180.º, n.º 2, 181.º, n.º 2, e 185.º, n.º 2, C. P., que consagram a relevância da *exceptio veritatis*.
V. *Honra; Crimes contra a honra; Honra; Agente*.

Excesso de legítima defesa (Dir. Penal) – Situação que ocorre quando, verificados os pressupostos da defesa, o meio empregado não é o necessário, tornando-se a defesa excessiva, e, como tal, não legítima.
Significa isto que se está perante um facto praticado que, ainda que constitua um acto destinado a afastar uma agressão actual e ilícita, não respeita os limites do direito de defesa, indo para além do que a lei permite, pelo que é um acto de defesa ilícita.
O excesso é, pois, uma defesa que vai além da medida da necessidade e, porque assim acontece, ou seja, porque já não se trata de legítima defesa, o facto praticado constitui crime, se for um facto típico e culposo.
A doutrina distingue excesso intensivo de excesso extensivo, sendo que só o primeiro é o verdadeiro excesso.
De acordo com o disposto no artigo 33.º, C. P., no caso de excesso de legítima defesa, a pena pode ser especialmente atenuada (n.º 1). No entanto, se o excesso resultar de perturbação, medo ou susto não censuráveis, o agente não será punido (n.º 2). Os casos em que o excesso resulta de sentimentos, como a ira, a raiva, ou que decorre de atitudes impetuosas (excesso esténico) são enquadráveis no artigo 33.º, n.º 1, C. P.: a pena pode ser especialmente atenuada. Os casos de medo, susto ou de qualquer outra perturbação equiparável (excesso asténico) enquadram-se no n.º 2 do mesmo artigo: o agente não é punido, se a perturbação, o medo ou o susto não forem censuráveis.
V. *Legítima defesa; Facto; Ilicitude; Culpa; Tipo; Crime; Excesso intensivo; Excesso extensivo; Pena; Atenuação especial da pena; Censurabilidade*.

Excesso extensivo (Dir. Penal) – Fala-se neste tipo de excesso de legítima defesa para referir os factos praticados quando já não há agressão, isto é, quando a agressão, tendo ocorrido, já findou, estendendo, nesta situação, o defendente a sua actividade para além do momento em que a agressão se verificou.
São situações que se encontram próximas dos casos de retorsão.
Pode, em função do caso concreto, ser aplicável analogicamente o disposto no artigo 33.º, C. P., o que permite a atenuação especial da pena ou, mesmo, a não punição do agente, se o excesso resultar de perturbação, medo ou susto não censuráveis.
V. *Legítima defesa; Facto; Pena; Retorsão; Atenuação especial da pena; Analogia; Agente; Censurabilidade*.

Excesso intensivo (Dir. Penal) – Verdadeiro excesso de legítima defesa, a que se refere o artigo 33.º, C. P., caracterizando-se pelo uso de meios desnecessários – porque mais graves e intensos do que o que seria necessário – para repelir a agressão.
O acto de defesa excessivo constitui facto punível, mas a lei confere-lhe um regime especial de punição (pena especialmente atenuada ou, mesmo, a não punição, se o excesso resultar de medo ou susto não censuráveis) – v. os n.ᵒˢ 2 e 3 do artigo 33.º, C. P..
V. *Legítima defesa; Facto; Atenuação especial da pena*.

Execução (Proc. Penal; Dir. Penal) – Pode falar-se em execução em sentido amplo, referindo-a a quaisquer decisões ou ordens do juiz ou tribunal que devam ser realizadas coactivamente.
O n.º 3 do artigo 205.º da Constituição da República Portuguesa dispõe que "a lei regula os termos da execução das decisões dos tribunais relativamente a qualquer autoridade e determina as sanções a aplicar aos responsáveis pela sua inexecução".
Pode o termo ser utilizado para designar a actuação do próprio poder judicial, significando que, com a execução da decisão, a sentença condenatória é imediatamente exequível e aplicada ao

arguido e, consequentemente, produtora de efeitos.

No plano substancial, pode falar-se em execução no sentido de *actos de execução* (v. esta expressão).

V. *Sentença; Acórdão; Juiz; Tribunal; Sanção; Sentença condenatória; Arguido; Execução da pena; Decisão executiva; Eficácia; Actos de execução.*

Execução da pena (Proc. Penal) – À aplicação da pena na sentença executória – isto é, transitada em julgado – segue-se a execução dessa pena.

A execução da pena ou a execução da sentença condenatória não constitui, como no processo executivo, um processo autónomo, mas antes uma fase na qual o agente cumpre a pena na qual foi condenado.

V. *Execução; Pena; Sentença; Sentença condenatória; Trânsito em julgado; Processo; Agente.*

Execução da pena de multa (Proc. Penal) – Processo para efectivar o pagamento da multa, que é realizado após o trânsito em julgado da decisão que a impôs e pelo quantitativo nela fixado.

O prazo para o pagamento é de quinze dias a contar da notificação.

Pode apresentar-se um requerimento para substituição da multa por dias de trabalho.

Findo o prazo de pagamento da multa ou de alguma das suas prestações, sem que o pagamento esteja efectuado, procede-se à execução patrimonial.

V. artigo 489.º, C. P. P. (prazo de pagamento da multa).

V. *Execução; Processo; Pena de multa; Trânsito em julgado; Prazo; Notificação; Requerimento.*

Execução da pena de prisão (Proc. Penal) – Nos termos do disposto nos artigos 477.º e seguintes, C. P. P., é o processo através do qual os condenados em pena de prisão começam a cumprir a pena que lhes foi aplicada – os arguidos dão entrada no estabelecimento prisional por mandado do juiz competente, enviando o Ministério Público ao Tribunal de Execução de Penas e aos serviços prisionais e de reinserção social, no prazo de cinco dias após o trânsito em julgado, cópia da sentença que aplica a pena privativa da liberdade.

Em caso de recurso da decisão, o Ministério Público envia aos serviços prisionais cópia da decisão, com a indicação de que dela foi interposto recurso.

Os presos são libertados por mandado do juiz, no termo do cumprimento da pena de prisão ou para início do período de liberdade condicional.

V. o Decreto-Lei n.º 265/79, de 1 de Agosto, relativo ao regime de execução das medidas privativas da liberdade.

V. *Execução; Processo; Pena de prisão; Arguido; Mandado; Juiz; Ministério Público; Tribunal de Execução de Penas; Trânsito em julgado; Sentença; Recurso; Liberdade condicional; Regime aberto; Serviços de Reinserção Social.*

Execução da pena e medida de segurança privativa da liberdade (Dir. Penal; Proc. Penal) – Nos termos do disposto no artigo 507.º, C. P. P., o requerimento para a "substituição do tempo de prisão por prestação de trabalho a favor da comunidade, nos termos do artigo 99.º, C. P., é apresentado até 60 dias antes da data calculada para a revisão obrigatória ou no requerimento da revisão, devendo o internado indicar as habilitações profissionais e literárias, a situação profissional e familiar, bem como, se possível, mencionar alguma instituição em que pretenda prestar trabalho".

Se a prestação de trabalho a favor da comunidade ou a liberdade condicional forem revogadas, "o tribunal decide se o agente deve cumprir o resto da pena ou continuar o internamento pelo mesmo tempo" – artigo 99.º, n.º 6, C. P. P..

V. *Execução; Pena; Requerimento; Pena; Pena de prisão; Prestação de trabalho a favor da comunidade; Liberdade condicional; Tribunal.*

Execução da pena relativamente indeterminada (Proc. Penal) – Processo para executar este tipo de pena privativa da liberdade, no qual, e no prazo de trinta dias após a entrada no estabelecimento prisional, os serviços técnicos prisionais elaboram plano individual de readaptação do condenado em pena relativamente indeterminada.

Este plano individual de readaptação incluirá os regimes de trabalho, aprendizagem, tratamento e desintoxicação que se mostrem adequados; tanto o plano como as suas modificações são submetidos a homologação do Tribunal de Execução de Penas (TEP) e comunicados ao delinquente.

Até se mostrar cumprida a pena que concretamente caberia ao crime cometido, são remetidos ao TEP novos relatórios e pareceres sobre a execução da pena e o comportamento prisional do recluso.

V. artigo 509.º, C. P. P..

V. *Execução; Processo; Pena; Prazo; Estabelecimento prisional; Serviços de reinserção social; Pena relativamente indeterminada; Tribunal de Execução de Penas; Crime; Plano de readaptação.*

Execução da prestação de trabalho a favor da comunidade (Proc. Penal) – Se o tribunal decidir aplicar a prestação de trabalho a favor da comunidade, solicita aos serviços de reinserção social a elaboração de um plano de execução que o elaboram no prazo de trinta dias.

"Transitada em julgado, a condenação é comunicada aos serviços de reinserção social e à entidade a quem o trabalho deva ser prestado, devendo aqueles proceder à colocação do condenado no posto de trabalho no prazo máximo de três meses".

V. artigo 496.º, C. P. P..

V. *Execução; Processo; Pena de prisão; Pena de substituição; Tribunal; Serviços de reinserção social; Trânsito em julgado; Arguido; Prazo.*

Execução da prisão por dias livres (Proc. Penal) – A decisão que fixar no processo o cumprimento da prisão por dias livres, em regime de semi-detenção ou de permanência na habitação, com fiscalização por meios técnicos de controlo à distância, especifica os elementos necessários à sua execução, incluindo a data do seu início, enviando o tribunal aos serviços prisionais e de reinserção social cópia da sentença.

Este regime pode ser adiado, mediante autorização do tribunal, por motivos de saúde do condenado ou da sua vida profissional ou familiar.

As entradas e saídas do estabelecimento prisional pelo condenado são anotadas em processo individual; as faltas de entrada são comunicadas ao tribunal e este, se não considerar a falta justificada, ordena o cumprimento da prisão em tempo contínuo pelo tempo que faltar, passando-se, para o efeito, mandados de captura.

A prisão por dias livres consiste, de acordo com o artigo 45.º, n.º 2, C. P., na privação da liberdade por períodos correspondentes a fins de semana, não podendo exceder 18 períodos (cada período tem a duração mínima de 36 horas e a máxima de 48, equivalendo a 5 dias de prisão contínua).

A prisão por dias livres tem lugar nos casos em que é aplicada pena de prisão em medida não superior a 3 meses, que não deva ser substituída por multa ou por outra pena não privativa da liberdade, desde que o tribunal conclua que, no caso, esta forma de cumprimento realiza de modo adequado as finalidades da punição.

V. artigos 487.º e seguintes, C. P. P..

V. *Execução; Processo; Prisão por dias livres; Pena; Pena de prisão; Tribunal; Serviços de reinserção social; Sentença; Mandado; Fins das penas.*

Execução das medidas de segurança não privativas da liberdade (Proc. Penal) – Forma de efectivar a aplicação de medidas de segurança não privativas da liberdade, como, por exemplo, a "interdição de actividade" ou a "cassação da licença de condução".

A prorrogação do período de interdição ou o reexame da situação que fundamentou a aplicação da medida são decididos pelo tribunal, precedendo audição do Ministério Público, do defensor e das pessoas a elas sujeitas.

V. artigo 508.º, C. P. P..

V. *Execução; Medida de segurança; Cassação do título e interdição do título de condução de veículo motorizado; Interdição de actividades; Tribunal; Ministério Público; Defensor.*

Execução das medidas de segurança privativas da liberdade (Proc. Penal) – Forma de efectivar a aplicação de medidas de segurança restritivas da liberdade, como, por exemplo, o internamento.

Neste processo, a decisão especifica o tipo de instituição em que deve ser cumprido e determina a duração máxima e mínima, cumprindo-se este início e cessação por mandado do tribunal. O Ministério Público envia ao Tribunal de Execução de Penas, aos serviços prisionais e de reinserção social e à instituição onde o internamento se efectuar, cópia da sentença que aplicar a medida de segurança privativa da liberdade.

Na instituição onde o internamento se efectuar é organizado um processo individual e o Tribunal de Execução de Penas pode ordenar uma revisão, prorrogação e reexame do internamento.

V. artigos 501.º e seguintes e 479.º a 482.º, C. P. P. – relativos à execução das medidas de segurança.

V. *Execução; Medida de segurança; Processo; Mandado; Sentença; Tribunal; Ministério Público; Tribunal de Execução de Penas; Serviços de reinserção social; Internamento compulsivo; Internamento.*

Execução das penas acessórias (Proc. Penal) – Processo que serve para impor o cumprimento de determinadas penas que se aplicam juntamente com a pena principal, nomeadamente a imposição da proibição ou suspensão de exercício da função pública; a suspensão ou proibição de exercício de profissão ou actividade que dependa de título público ou de autorização ou homologação de autoridade pública; a incapacidade eleitoral; a incapacidade para exercer o poder paternal, a tutela, a curatela, a administração de bens; a proibição de condução de veículos motorizados (v. artigos 499.º e 500.º, C. P. P.).

Todas as decisões do tribunal que determinem as proibições, as suspensões ou as incapacidades referidas são comunicadas pelo tribunal às entidades competentes (serviços, autoridade pública, organismo profissional, comissão de recenseamento, conservatória do registo civil, entre outras).

V. *Execução; Pena; Pena principal; Pena acessória; Proibição do exercício de função; Suspensão do exercício de função; Poder paternal; Proibição de conduzir veículos com motor; Tribunal; Registo civil.*

Execução de bens (Proc. Penal) – Processo destinado a fazer actuar as providências adequadas à reparação efectiva do direito violado com a prática do crime.

Está previsto no artigo 510.º, C. P. P., que a execução de bens se rege pelo Código das Custas Judiciais e, subsidiariamente, pelo Código de Processo Civil, em tudo o que não esteja previsto na lei adjectiva criminal.

Com o produto dos bens executados efectuam-se os pagamentos pela ordem seguinte: as multas penais e as coimas; a taxa de justiça; os encargos liquidados a favor do Estado, do Cofre Geral dos Tribunais e do Serviço Social do Ministério da Justiça; os restantes encargos, proporcionalmente; as indemnizações – artigo 511.º, C. P. P..

V. *Direito; Crime; Pena de multa; Coima; Encargos; Indemnização; Taxa de justiça.*

Execução defeituosa (Dir. Penal) – V. *Erro de execução.*

Execução de sentenças penais estrangeiras (Proc. Penal) – Processo que permite que as sentenças penais estrangeiras, transitadas em julgado, sejam executadas em Portugal, no âmbito da cooperação judiciária internacional, ao abrigo da Lei n.º 144/99, de 31 de Agosto (Lei da Cooperação Judiciária Internacional).

O "pedido de delegação" da execução da sentença é formulado pelo Estado da condenação – artigo 95.º, n.º 2, do referido diploma.

A execução da sentença estrangeira limita-se:

a) à pena ou medida de segurança que impliquem privação da liberdade ou pena pecuniária, se, neste último caso, forem encontrados em Portugal bens do condenado suficientes para garantir, no todo ou em parte, essa execução;

b) à perda de produtos, objectos e instrumentos do crime;

c) à indemnização civil constante da mesma, se o interessado a requerer.

A execução das custas do processo limita-se às que forem devidas ao Estado requerente.

A força executiva da sentença estrangeira depende de prévia revisão e confirmação.

Quando se pronunciar pela revisão e confirmação, o tribunal:
"*a)* está vinculado à matéria de facto considerada provada na sentença estrangeira;
b) não pode converter uma pena privativa de liberdade em pena pecuniária;
c) não pode agravar, em caso algum, a reacção estabelecida na sentença estrangeira" – artigo 100.º, n.º 2.
A execução de uma sentença estrangeira faz-se em conformidade com a legislação portuguesa.
É competente para a execução da sentença revista e confirmada o tribunal de 1.ª instância da comarca da residência ou da última residência em Portugal do condenado ou, se não for possível determiná--las, o tribunal da comarca de Lisboa.
V. *Execução; Sentença; Sentença penal estrangeira; Trânsito em julgado; Pena; Medida de segurança; Pena de multa; Crime; Indemnização; Pedido de indemnização civil; Custas; Pedido de revisão e confirmação de sentença penal estrangeira; Confirmação de sentença estrangeira; Matéria de facto; Competência; Tribunal de primeira instância; Tribunal de comarca.*

Executor material (Dir. Penal) – A expressão é utilizada para referir o agente que executa materialmente o facto nos casos de autoria mediata.
É, pois, o agente por intermédio do qual o autor mediato pratica o facto.
V. *Agente; Autor; Autor mediato.*

Exigibilidade (Dir. Penal) – V. *Inexegibilidade.*

Exercício da caça (Proc. Penal) – Só é permitido o exercício da caça aos "titulares de carta de caçador, de seguro de responsabilidade civil por danos causados a terceiros e demais documentos legalmente exigidos" – artigo 63.º do Decreto-Lei n.º 202/2004, de 18 de Agosto, alterado pelo Decreto-Lei n.º 201/2005, de 24 de Novembro (Regime jurídico da conservação, fomento e exploração dos recursos cinegéticos).
Os documentos exigidos são: a licença de caça, a licença dos cães que acompanhem o caçador, a licença de uso e porte de arma e o livrete de manifesto, o recibo comprovativo do pagamento do prémio de seguro de caça válido, o bilhete de identidade ou passaporte e, quando menor, a autorização escrita da pessoa que legalmente o represente.
Estes documentos são obrigatórios para o caçador "trazer consigo e apresentá-los às autoridades com competência para a fiscalização sempre que sejam exigidos" – artigo 65.º do referido diploma legal.
A Lei de Bases Gerais da Caça estabelece os princípios orientadores que devem nortear a actividade cinegética nas suas diferentes vertentes, com especial ênfase para a conservação do meio ambiente, criação e melhoria das condições que possibilitam o fomento das espécies cinegéticas e exploração racional da caça, na perspectiva da gestão sustentável dos recursos cinegéticos.
V. *Carta de caçador; Bilhete de identidade; Passaporte; Menor; Arma; Licença de uso e porte de arma.*

Exercício de um direito (Dir. Penal) – É uma causa de exclusão da ilicitude (significando que o facto praticado pelo agente não é ilícito), prevista no artigo 31.º, n.º 2-*b)*, C. P..
O exercício do direito de informar por parte dos jornalistas pode, nos casos em que possa ser afectada a honra de terceiros, consubstanciar exemplo desta causa de justificação.
V. *Ilicitude; Causas de justificação; Facto.*

Exibicionismo (Dir. Penal) – V. *Actos exibicionistas.*

Eximente (Dir. Penal) – A expressão é utilizada como termo genérico para referir circunstâncias que levam à exclusão da responsabilidade criminal, tais como as causas de justificação ou as causas de desculpa.
V. *Responsabilidade criminal; Causas de desculpa; Causas de justificação.*

"Ex officio" (Proc. Penal) – Expressão latina que significa em virtude ou por força da função, por dever de ofício ou oficiosamente.
V. *Conhecimento oficioso.*

Expediente dilatório (Proc. Penal) – Designação dada ao uso manifestamente reprovável dos meios processuais com vista a entorpecer a acção da justiça e a protelar, sem fundamento sério, a descoberta da verdade, a marcha do processo e/ou o trânsito em julgado da decisão.
Nos termos do disposto no artigo 720.º do Código de Processo Civil, o uso de expedientes dilatórios pode fundamentar a condenação como litigante de má fé "das partes" que deles se sirvam no decurso do processo.
V. *Dilação; Acto inútil; Processo; Trânsito em julgado.*

Exploração de menor na mendicidade (Dir. Penal) – Tipo de crime constante do artigo 296.º, C. P., fazendo parte dos crimes contra a ordem e a tranquilidade públicas, inserido na secção dos crimes de anti--socialidade perigosa, que se caracteriza pelo exercício de uma conduta que explore um menor de 16 anos de idade ou pessoa "psiquicamente incapaz", utilizando-o para mendigar.
É um crime de perigo e é punido com pena de prisão até três anos.
V. *Utilização de menor na mendicidade Crime; Crime de perigo; Menor; Pena; Pena de prisão; Tipo.*

Exploração ilícita de jogo (Dir. Penal) – Crime, previsto no artigo 108.º do Decreto--Lei n.º 422/89, de 2 de Dezembro, que se traduz, genericamente, na exploração de jogos de fortuna ou de azar fora dos locais legalmente autorizados.
V. o Acórdão do Tribunal Constitucional n.º 93/2001, publicado no *Diário da República*, II série, de 5 de Junho de 2001, no qual este Tribunal decidiu não julgar inconstitucional o mencionado artigo 108.º da Lei do Jogo.

Exposição (Dir. Penal) – V. *Exposição ou abandono.*

Exposição ou abandono (Dir. Penal) – Tipo de crime contra a vida, previsto no artigo 138.º, C. P., que pune o agente com pena de prisão de moldura variável (que pode ir até aos 10 anos), se este colocar em perigo a vida de outra pessoa:

a) expondo-a em lugar que a sujeite a uma situação de que ela, só por si, não possa defender-se, ou,
b) abandonando-a, sem defesa, quando lhe coubesse o dever de a guardar, vigiar ou assistir.
Constitui agravante da moldura penal a circunstância de o facto ser praticado por ascendente ou descendente, adoptante ou adoptado da vítima.
Consubstancia igualmente agravante a circunstância de resultar do facto ofensa à integridade física grave da vítima ou a sua morte.
V. *Crime; Tipo; Pena; Pena de prisão; Moldura penal; Perigo; Ofendido; Ofensa à integridade física simples; Ofensa à integridade física por negligência; Ofensa à integridade física grave; Ascendente; Descendente; Adopção; Morte; Circunstâncias agravantes.*

Exposições introdutórias (Proc. Penal) – Realizados os actos introdutórios no início da audiência de discussão e julgamento (v. artigos 329.º a 338.º, C. P. P.), o presidente dá a palavra, pela ordem indicada, ao Ministério Público, aos advogados do assistente, do lesado e do responsável civil e ao defensor, para que cada um indique os factos que se propõe provar.
V. artigo 339.º, C. P. P..
V. *Audiência de discussão e julgamento; Actos introdutórios; Ministério Público; Advogado; Assistente; Arguido; Defensor; Facto.*

Exposições, memoriais ou requerimentos (Proc. Penal) – O arguido pode apresentar exposições, memoriais ou requerimentos – que são sempre integrados nos autos – em qualquer fase do processo, desde que se contenham dentro do objecto do processo ou tenham por finalidade a salvaguarda dos seus direitos fundamentais.
V. artigo 98.º, C. P. P..
V. *Arguido; Processo; Objecto do processo.*

Expulsão (Dir. Penal; Proc. Penal) – Medida que implica a obrigatoriedade imposta a cidadão estrangeiro de sair do território nacional (*vulgo expulsão*), em termos regulados por legislação especial e sem prejuízo do disposto em tratado ou convenção internacional.

De acordo com o artigo 97.º C. P., a medida de internamento de inimputável estrangeiro pode ser substituída por expulsão do território nacional.
V. o disposto na Lei n.º 144/99, de 31 de Agosto – Cooperação Judiciária Internacional – e na Lei n.º 50/2007, de 31 de Agosto – Condições de entrada, permanência, saída e afastamento de estrangeiros do território português –, que regula o processo através do qual se expulsa do território nacional um cidadão de diferente nacionalidade.
V. *Nacionalidade; Estrangeiros; Cooperação judiciária internacional.*

Extinção da pena (Dir. Penal) – Extinção da punição/pena aplicada, pelo decurso do seu cumprimento.
V. *Pena.*

Extinção do procedimento criminal (Dir. Penal) – Verificação de uma circunstância que impede a prossecução do processo penal, extinguindo-se, consequentemente, a pretensão punitiva do Estado.
É causa de extinção do procedimento criminal, por exemplo, a amnistia (v. artigo 128.º, n.º 2, C. P.).
V. *Sanção; Amnistia.*

Extorsão (Dir. Penal) – Crime contra a propriedade previsto no artigo 223.º, C. P., que pune, com pena de prisão (de moldura variável, consoante a verificação de determinados requisitos, no preenchimento do tipo de crime – v. os n.os 1 a 4 do referido artigo), quem, com intenção de conseguir para si ou para terceiro enriquecimento ilegítimo, constranger outra pessoa, por meio de violência ou de ameaça com mal importante, a uma disposição patrimonial que acarrete, para ela ou para outrem, prejuízo.
V. *Ameaça; Prejuízo; Crime; Tipo; Pena; Pena de prisão; Moldura penal.*

Extradição (Dir. Penal) – V. *Processo de extradição.*

F

Facto (Dir. Penal) – Termo que é utilizado pela lei (v., por exemplo, o Titulo II do Livro I, ou os artigos 14.º e 17.º, C. P.) para referir o crime.
É também utilizado para referir o substrato ontológico susceptível de ser qualificado como crime.
V. *Crime*.

Facto jurídico – Qualquer facto, natural ou humano, que produz efeitos de direito.
Em sentido estrito, facto jurídico é aquele que, por contraposição a acto jurídico, não consubstancia um acto de vontade humana.
V. *Direito; Acto jurídico*.

Falência (Dir. Com.; Dir. Penal; Proc. Civil) – O Código dos Processos Especiais de Recuperação da Empresa e de Falência, aprovado pelo Decreto-Lei n.º 132/93, de 23 de Julho, e depois alterado pelos Decretos-Leis n.ᵒˢ 157/97, de 24 de Junho, 315/98, de 20 de Outubro, 323/2001, de 17 de Dezembro, e 38/2003, de 8 de Março, dispunha que podia ser declarado em regime de falência quer o devedor insolvente que não seja titular de empresa, quer a empresa em situação económica difícil ou em situação de insolvência (artigos 1.º e 27.º).
Este diploma foi substituído pelo Código da Insolvência e da Recuperação de Empresas, aprovado pelo Decreto-Lei n.º 53/2004, de 18 de Março, alterado pelos Decretos-Leis n.ᵒˢ 200/2004, de 18 de Agosto, e 76-A/2006, de 29 de Março (rectificado pela Declaração de rectificação n.º 28-A/2006, de 26 de Maio), texto do qual desaparece a referência à falência.
V. *Insolvência*.

Falsidade de depoimento ou declaração (Dir. Penal; Proc. Penal) – Crime previsto no artigo 359.º, C. P., que se traduz genericamente na prestação de depoimento de parte fazendo falsas declarações relativamente a factos sobre os quais o depoente deve depor, depois de ter prestado juramento e de ter sido advertido das consequências penais da prestação de depoimento falso.
Também constitui crime de falsidade de depoimento ou declaração a prestação de depoimento falso pelo assistente e pelas partes civis no processo penal, bem como as falsas declarações do arguido relativamente à sua identidade e aos respectivos antecedentes criminais.
O artigo 361.º, C. P., prevê agravações do crime de falsidade de depoimento ou declaração, em função da intenção lucrativa do agente, ou de resultar do facto demissão de lugar, perda de posição profissional, destruição de relações familiares ou sociais, ou condenação de uma pessoa pelo crime que o agente praticou.
V. Acórdão do Supremo Tribunal de Justiça n.º 9/2007, publicado no *Diário da República*, I série, de 6 de Julho, decidiu: o arguido em liberdade que, em inquérito, ao ser interrogado nos termos do artigo 144.º, C. P. P., se legalmente advertido, presta falsas declarações a respeito dos seus antecedentes criminais, incorre na prática do crime de falsas declarações, p. e p. no artigo 359.º, n.ᵒˢ 1 e 2 do Código Penal.
V. *Crime; Depoimento de parte; Juramento; Inquirição; Identificação da pessoa; Arguido; Assistente; Partes civis; Antecedentes criminais; Agravação; Sentença condenatória*.

Falsidade de informações (Dir. Penal) – Crime previsto no artigo 13.º da Lei n.º 5/2002, de 11 de Janeiro – que consagra medidas de combate à criminalidade orga-

nizada e económico-financeira –, que se traduz no fornecimento de informações ou na entrega de documentos falsos ou deturpados no âmbito de procedimento ordenado nos termos do Capítulo II do mesmo diploma (relativo à quebra do segredo profissional), por membro dos órgãos sociais das instituições de crédito e de sociedades financeiras, seu empregado ou prestador de serviços ou funcionário da administração fiscal.
V. *Crime; Sigilo profissional; Documento; Falsificação de documento.*

Falsidade de testemunho, perícia, interpretação ou tradução (Dir. Penal) – Crime previsto no artigo 360.º, C. P., que se traduz genericamente na prestação de declarações falsas ou na recusa de prestação de declarações, por parte de testemunha, perito, intérprete ou tradutor.
O artigo 361.º, C. P., prevê agravações do crime de falsidade de testemunho, perícia, interpretação ou tradução, em função da intenção lucrativa do agente, ou de resultar do facto demissão de lugar, perda de posição profissional, destruição de relações familiares ou sociais, ou condenação de uma pessoa pelo crime que o agente praticou.
O artigo 15.º da Lei n.º 102/2001, de 25 de Agosto (Cooperação entre Portugal e os tribunais internacionais para a Ex-Jugoslávia e o Ruanda), remete para o artigo 360.º, C. P., determinando que "o crime previsto no artigo 360.º do Código Penal cometido em Portugal no decurso de diligência solicitada pelo Tribunal Internacional é, para todos os efeitos, considerado cometido perante tribunal português". O respectivo procedimento depende, contudo, de participação do Tribunal Internacional.
V. *Crime; Perito; Testemunha; Intérprete; Tradução; Agravação; Diligência.*

Falsidade informática (Dir. Penal) – Crime, previsto no artigo 4.º da Lei n.º 109/91, de 17 de Agosto, que se traduz genericamente na adulteração de dados ou de programa informático, com intenção de provocar engano, de modo a produzir os mesmos efeitos de um documento falsificado.

V. *Crime; Documento; Falsificação de documento.*

Falsificação de documento (Dir. Penal) – Designação do crime de falsificação ou contrafacção de documento anterior à entrada em vigor da Lei n.º 59/2007, de 4 de Setembro.
V. *Falsificação ou contrafacção de documento.*

Falsificação de estado civil (Dir. Penal) – Crime previsto no artigo 248.º, C. P., que se consubstancia genericamente em fazer figurar no registo civil nascimento inexistente ou em usurpar ou alterar o próprio estado civil ou de outra pessoa, de maneira a pôr em perigo a verificação oficial do estado civil ou de posição jurídica familiar.
V. *Crime; Estado civil; Registo civil.*

Falsificação de notação técnica (Dir. Penal) – Crime previsto no artigo 258.º, C. P., que se traduz genericamente em fabricar notação técnica, falsificá-la, fazer constar dela facto juridicamente relevante ou em usar notação técnica falsificada.
V. *Crime; Notação técnica.*

Falsificação do recenseamento eleitoral (Dir. Penal) – Crime previsto no artigo 336.º, C. P., que ocorre quando:
– alguém fornece elementos falsos para se inscrever no recenseamento eleitoral;
– alguém inscreve outra pessoa no recenseamento eleitoral, sabendo que essa pessoa não tem o direito de se inscrever;
– alguém impede a inscrição no recenseamento eleitoral de outra pessoa que tem direito a inscrever-se; ou
– alguém, por qualquer modo, falsifica recenseamento eleitoral.
É ainda considerada falsificação de recenseamento eleitoral a situação em que um membro de comissão de recenseamento, com intuito fraudulento, não procede à elaboração ou à correcção dos cadernos eleitorais.
V. *Crime; Crimes eleitorais.*

Falsificação ou contrafacção de documento (Dir. Penal) – Crime previsto no artigo 256.º, C. P., que se traduz genericamente no fabrico de documento falso, em fazer constar de documento facto juridicamente relevante, ou no uso de documento falso com intenção de causar prejuízo a outra pessoa ou ao Estado, ou de obter para si ou para outra pessoa benefício ilegítimo.

V. artigo 22.º da Lei n.º 57/98, de 18 de Agosto.

Decidiu o Assento n.º 3/98, de 5 de Novembro, publicado no *Diário da República*, I-A série, de 22 de Dezembro de 1998: "Na vigência do Código Penal de 1982, redacção original, a chapa de matrícula de um veículo automóvel, nele aposta, é um documento com igual força à de um documento autêntico, pelo que a sua alteração dolosa consubstancia um crime de falsificação de documento previsto e punível pelas disposições combinadas dos artigos 228.º, n.ᵒˢ 1, alínea *a*), e 2, e 229.º, n.º 3, daquele diploma".

Por seu lado, o Assento n.º 8/2000, de 4 de Maio, publicado no *Diário da República*, I-A série, de 23 de Maio de 2000, entendeu: "No caso de a conduta do agente preencher as previsões de falsificação e de burla do artigo 265.º, n.º 1, alínea *a*), e do artigo 217.º, n.º 1, respectivamente, do Código Penal, revisto pelo Decreto-Lei n.º 48/95, de 15 de Março, verifica-se concurso real ou efectivo de crimes".

V. *Crime; Documento; Documento autêntico; Concurso de crimes; Burla.*

Falsificação praticada por funcionário (Dir. Penal) – Crime previsto no artigo 257.º, C. P., que se considera praticado quando o funcionário, no exercício das suas funções, omite, em documento a que a lei atribui fé pública, facto que esse documento visa certificar ou autenticar, ou quando o funcionário, no exercício das suas funções, intercala acto ou documento em protocolo, registo ou livro oficial, sem cumprir as formalidades legais, com intenção de causar prejuízo a outra pessoa ou ao Estado ou com a intenção de obter para si ou para outra pessoa benefício ilegítimo.

V. *Crime; Documento; Funcionário; Documento autêntico; Documento autenticado.*

Falta (Proc. Penal) – Em processo penal, falta é o não comparecimento em acto processual de pessoa regularmente convocada ou notificada para o efeito.

A falta pode ser justificada ou injustificada. Nos termos dos artigos 116.º, n.ᵒˢ 1 e 2, e 117.º, C. P. P., a falta de comparência "considera-se justificada se o motivo residiu em facto impeditivo de comparência que lhe não é imputável".

A lei exige o cumprimento de determinadas formalidades para que a falta possa ser justificada – artigo 117.º, n.º 2: "a impossibilidade de comparecimento deve ser comunicada com cinco dias de antecedência, se for previsível, e no dia e hora designados para a prática do acto, se for imprevisível".

Nos termos do n.º 1 do artigo 117.º, C. P. P., como referido, a falta considera-se justificada quando "motivada por facto não imputável ao faltoso que o impeça de comparecer no acto processual para que foi convocado ou notificado".

Pelo contrário, quando não houver justificação para a falta esta considera-se injustificada e, nesse caso, "o juiz condena o faltoso ao pagamento de uma soma entre duas e dez UCs".

Quanto às faltas dadas por advogados, pode a autoridade judiciária comunicar as injustificadas ao organismo disciplinar da respectiva Ordem.

V. artigos 116.º e 117.º, C. P. P..

V. *Acto processual; Notificação; Unidade de conta; Autoridade judiciária; Advogado; Ordem dos Advogados.*

Falta de cobrança de entradas de capital (Dir. Penal) – Crime previsto no artigo 509.º do Código das Sociedades Comerciais que se traduz genericamente na omissão, pelo gerente, administrador ou director de sociedade, de actos necessários para a realização de entradas de capital.

V. *Crime.*

Falta de consciência da ilicitude (Dir. Penal) – V. *Ilicitude; Consciência da ilicitude; Erro sobre a ilicitude.*

Falta do Ministério Público, do defensor e do representante do assistente ou das partes civis (Proc. Penal) – Nos termos do artigo 330.º, C. P. P., se, no início da audiência, não estiver presente o Ministério Público ou o defensor, o presidente procede, sob pena de nulidade insanável, à substituição do Ministério Público pelo substituto legal, e do defensor por outro advogado ou advogado estagiário.

Em caso de falta do representante do assistente ou das partes civis, a audiência prossegue, sendo o faltoso admitido a intervir logo que comparecer. Tratando-se de falta do representante do assistente em procedimento dependente de acusação particular, a audiência é adiada por uma só vez; a falta justificada ou a segunda falta valem como desistência da acusação, salvo se houver oposição do arguido.

V. *Audiência de discussão e julgamento; Ministério Público; Defensor; Nulidade; Nulidade insanável; Partes civis; Assistente; Acusação particular; Continuidade da audiência; Falta.*

Falta do assistente, de testemunhas, peritos, consultores técnicos ou das partes civis (Proc. Penal) – Sem prejuízo do disposto no artigo 116.º, C. P. P. (falta injustificada de comparecimento), a falta do assistente, de testemunhas, peritos ou consultores técnicos ou das partes civis não dá lugar ao adiamento da audiência (o assistente e as partes civis são representados pelos respectivos advogados constituídos).

V. *Falta; Assistente; Perito; Consultor técnico; Partes civis; Advogado.*

Favorecimento de credores (Dir. Penal) – Crime previsto no artigo 229.º, C. P., que se considera praticado quando o devedor, conhecendo a sua situação de insolvência ou prevendo a sua iminência e com intenção de favorecer certos credores em prejuízo de outros, solver dívidas ainda não vencidas ou as solver de maneira diferente do pagamento em dinheiro ou valores usuais, ou der garantias a que não é obrigado.

O artigo 229.º-A, C. P., agrava a pena se, em consequência da prática do crime, "resultarem frustrados créditos de natureza laboral, em sede de processo executivo ou processo especial de insolvência".

V. *Crime; Insolvência; Agravação; Pena; Insolvência.*

Favorecimento do inimigo (Dir. Penal) – Crime previsto no artigo 27.º do Código de Justiça Militar, aprovado pela Lei n.º 100/2003, de 15 de Novembro (encontrava-se anteriormente no artigo 313.º, C. P. – Ajuda a forças armadas inimigas), que se traduz em ter, directa ou indirectamente, entendimentos com o estrangeiro com intenção de favorecer ou ajudar a execução de operações militares inimigas contra Portugal ou de causar prejuízo à defesa militar portuguesa em tempo de guerra.

O artigo 27.º, n.º 2, do Código de Justiça Militar prevê a agravação da pena em quatro categorias de situações:

– evitar combate ou entregar ao inimigo material de guerra; desviar do seu destino força militar;

– arriar a bandeira nacional sem ordem do comandante, dando a entender que a força se rendeu; e

– prestar a outros militares nacionais informações erradas acerca das operações.

O n.º 3 do mesmo artigo prevê uma atenuação para o caso de os fins referidos não serem atingidos ou de o prejuízo causado ser pouco significativo.

V. *Crime; Crimes militares; Agravação; Pena; Circunstâncias atenuantes.*

Favorecimento pessoal (Dir. Penal) – Crime previsto no artigo 367.º, C. P., que ocorre quando alguém, total ou parcialmente, impede, frustra ou ilude actividade probatória ou preventiva de autoridade competente, com intenção ou com consciência de evitar que outra pessoa, que praticou um crime, seja submetida a pena ou medida de segurança.

É ainda crime a prestação de auxílio a outrem com a intenção de evitar que uma pena seja executada.

V. *Crime; Prova; Pena; Medida de segurança; Execução da pena; Favorecimento pessoal praticado por funcionário.*

Favorecimento pessoal praticado por funcionário (Dir. Penal) – Crime previsto no artigo no artigo 368.º, C. P., cuja descrição típica é idêntica à do crime de favorecimento pessoal, previsto no artigo 367.º, C. P., só que praticado "por funcionário que intervenha ou tenha competência para intervir no processo, ou por quem tenha competência para ordenar a exe-

cução de pena ou de medida de segurança, ou seja incumbido de a executar".
V. *Crime; Favorecimento pessoal; Funcionário; Pena; Medida de segurança; Execução da pena.*

Férias judiciais (Proc. Penal) – São férias judiciais os períodos que decorrem entre 22 de Dezembro e 3 de Janeiro, entre o Domingo de Ramos e a segunda-feira de Páscoa e entre 1 de Agosto e 31 de Agosto – v. artigo 12.º, da Lei de Organização e Funcionamento dos Tribunais Judiciais (Lei n.º 3/99, de 13 de Janeiro, rectificada pela Declaração de rectificação n.º 7/99, de 16 de Fevereiro, e alterada pela Lei n.º 101/99, de 26 de Julho, pelos Decretos-Leis n.ºˢ 323/2001, de 17 de Dezembro, e 38/2003, de 8 de Março – este rectificado pela Declaração de rectificação n.º 5-C/2003, de 30 de Abril –, pela Lei n.º 105/2003, de 10 de Dezembro e pela Lei n.º 42/2005, de 29 Agosto).
A alteração do período de férias judiciais foi realizada pela referida Lei n.º 42/05.
O artigo 143.º, n.ºˢ 1 e 2, do Código de Processo Civil, na redacção que lhe foi dada pelo Decreto-Lei n.º 329-A/95, de 12 de Dezembro, diz que "não se praticam actos processuais nos dias em que os tribunais estiverem encerrados, nem durante o período de férias judiciais", exceptuando "as citações, notificações e os actos que se destinem a evitar dano irreparável".
Embora o artigo 144.º, n.º 1, C. P. P., determine que os prazos judiciais se suspendem durante as férias judiciais, há processos urgentes, cujo andamento prossegue durante aquelas: assim acontece com os processos tutelares e com os processos de arguidos presos.
V. *Tribunal; Citação; Notificação; Preso; Arguido.*

Feto (Dir. Penal) – Objecto do crime de aborto.
Existe feto desde o momento da nidação até ao início do parto.
V. *Crime; Aborto; Infanticídio; Nidação; Objecto do crime.*

Fiança – É uma das garantias especiais das obrigações, de natureza pessoal.

"O fiador garante a satisfação do direito de crédito, ficando pessoalmente obrigado perante o credor" – artigo 627.º, n.º 1, do Código Civil.
A fiança, que normalmente é convencional, mas que também pode ser imposta por lei, "tem o conteúdo da obrigação principal e cobre as consequências legais e contratuais da mora ou culpa do devedor" – artigo 634.º, Código Civil.
Nos casos em que a lei obriga o devedor a oferecer um fiador, o credor pode recusar o que lhe é oferecido, se este não tiver capacidade para se obrigar ou carecer de bens suficientes para garantir a obrigação.
V. *Obrigação; Culpa.*

Fiança bancária (Proc. Penal) – Fiança prestada por um banco.
V. *Fiança.*

Ficheiro automatizado (Dir. Penal) – O artigo 2.º-*d)* da Lei n.º 10/91, de 29 de Abril, alterada pela Lei n.º 28/94, de 29 de Agosto – Lei da Protecção de Dados Pessoais face à Informática – definia ficheiro automatizado como "o conjunto estruturado de informações objecto de tratamento automatizado, centralizado ou repartido por vários locais".
Estas leis foram revogadas pela Lei n.º 67/98, de 26 de Outubro (rectificada pela Declaração de rectificação n.º 22/98, de 28 de Novembro), que constitui a actual Lei da Protecção de Dados Pessoais, onde não se encontra referência autónoma a ficheiros automatizados. A alínea *c)* do artigo 3.º desta Lei define "ficheiro de dados pessoais" ou "ficheiro" como "qualquer conjunto estruturado de dados pessoais, acessível segundo critérios determinados, quer seja centralizado, descentralizado ou repartido de modo funcional ou geográfico". Como facilmente se compreende, o desaparecimento da referência aos ficheiros automatizados decorre de uma mais ampla tutela legal do tratamento de dados pessoais.
A lei prevê o tratamento de dados existentes em ficheiros manuais, dispondo que este tem de cumprir algumas das normas da nova lei no prazo de cinco anos, podendo, "em qualquer caso, o titular dos dados [...] obter, a seu pedido e, nomea-

damente aquando do exercício do direito de acesso, a rectificação, o apagamento ou o bloqueio dos dados incompletos, inexactos ou conservados de modo incompatível com os fins legítimos prosseguidos pelo responsável pelo tratamento"; pode a CNPD [Comissão Nacional de Protecção de Dados] "autorizar que os dados existentes em ficheiros manuais e conservados unicamente com finalidades de investigação histórica não tenham de cumprir os artigos 7.º, 8.º e 9.º, desde que não sejam em nenhum caso reutilizados para finalidade diferente" (cfr. artigo 50.º).

O Decreto Regulamentar n.º 27/95, de 31 de Outubro, que regulamentara a utilização e manutenção dos ficheiros automatizados existentes na Polícia Judiciária – determinando que a respectiva finalidade era "organizar e manter actualizada a informação necessária ao exercício das funções que lhe [eram] atribuídas pelos artigos 1.º, 2.º e 4.º do Decreto-Lei n.º 295-A/90, de 21 de Setembro, bem como fornecer os correspondentes elementos estatísticos" –, deve, ao que parece, considerar-se tacitamente revogado.

No domínio da identificação criminal e de contumazes, o Decreto-Lei n.º 62/99, de 2 de Março (rectificado pela Declaração de rectificação n.º 10-C/99, de 31 de Março), veio estabelecer o regime jurídico dos ficheiros informáticos da Direcção-Geral dos Serviços Judiciários.

A Lei n.º 33/99, de 18 de Maio, alterada pelo Decreto-Lei n.º 323/2001, de 17 de Dezembro, que regula a identificação civil e a emissão do bilhete de identidade de cidadão nacional, contém várias normas relativas à protecção da segurança da informação contida em ficheiros informáticos, determinando o respectivo artigo 47.º, n.º 1, que "a violação das normas relativas a ficheiros informatizados de identificação civil é punida nos termos dos artigos 35.º e seguintes da Lei n.º 67/98, de 26 de Outubro". O n.º 2 do mesmo artigo 47.º estabelece que "quem, por forma indevida, obtiver, fornecer a outrem ou fizer uso de dados ou informações constantes de ficheiros não automatizados de identificação civil, desviando-os da finalidade legal, é punido com pena de prisão ou multa até 120 dias".

O regime dos ficheiros informáticos dos Institutos de Medicina Legal de Lisboa, do Porto e de Coimbra encontra-se definido pelo Decreto-Lei n.º 395/99, de 13 de Outubro.

V. *Dados pessoais; Protecção de dados pessoais; Polícia Judiciária; Contumácia; Identificação da pessoa; Bilhete de identidade; Crime; Pena de prisão; Pena de multa; Revogação de lei.*

Finalismo (Dir. Penal) – V. *Escola finalista.*

Fins das penas (Dir. Penal) – Objectivos que a aplicação e execução da pena visam alcançar.

Neste contexto, são tradicionalmente identificadas as finalidades de prevenção geral e de prevenção especial (teorias relativas dos fins da penas). É também afirmada a função de retribuição (teorias absolutas dos fins das penas).

Dentro da finalidade de prevenção geral, é ainda distinguida a prevenção geral positiva (ou de integração) da prevenção geral negativa (ou de intimidação).

A prevenção especial centra-se na ideia de reintegração social do agente do crime; o objectivo em causa é o de evitar que o agente que delinquiu não volte a cometer crimes.

A prevenção geral, por seu turno, consiste em evitar que a generalidade dos destinatários das normas penais pratiquem crimes; esta fórmula consubstancia a ideia de prevenção geral negativa; porém, é ainda referida a prevenção geral positiva, consistente no reforço da confiança da comunidade no funcionamento das instâncias de controlo, ou seja, no sistema penal.

Por último, a ideia retribuição está ligada à expiação da culpa, através de um mal (a pena) como reacção a um outro mal (o crime).

O artigo 40.º, n.º 1, C. P., estabelece que a aplicação de penas e de medidas de segurança visa a protecção de bens jurídicos e a reintegração do agente na sociedade, acrescentando, no n.º 2, que em caso algum a pena pode ultrapassar a medida da culpa. A doutrina identifica no n.º 1 a consagração das finalidades de prevenção (geral e especial); no n.º 2, assume particular relevo a perspectiva retribucionista.

Do artigo 40.º resulta, pois, que a culpa, mais do que fundamento da pena (ou *em vez de* fundamento da pena), consubstancia um seu limite. Tal significa que a pena não pode ultrapassar o limite da culpa, mas esta não pode isolada e autonomamente fundamentar a pena.

V. *Pena; Crime; Agente; Culpa; Medida de segurança; Doutrina diacrónica dos fins das penas*.

Fiscalização da constitucionalidade – V. *Tribunal Constitucional; Inconstitucionalidade*.

Flagrante delito (Dir. Penal; Proc. Penal) – Expressão usada para significar todo o crime que está a ser cometido ou acabou de se cometer, mas também para designar os casos em que o agente seja, logo após o crime, perseguido por qualquer pessoa ou encontrado com objectos ou sinais que mostrem claramente que acabou de cometer o crime ou de nele participar.

Esta noção encontra-se enunciada no artigo 256.º, C. P. P..

O Acórdão n.º 2/2004 do Supremo Tribunal de Justiça, publicado no *Diário da República*, I-A série, de 12 de Maio de 2004, entendeu: "Quando tenha havido libertação do arguido – detido em flagrante delito para ser presente a julgamento em processo sumário – por virtude de a detenção ter ocorrido fora do horário de funcionamento normal dos tribunais (artigo 387.º, n.º 2, do Código de Processo Penal), o início da audiência deverá ocorrer no 1.º dia útil seguinte àquele em que foi detido, ainda que para além das quarenta e oito horas, mantendo-se, pois, a forma de processo sumário".

V. *Crime; Agente; Arguido; Julgamento; Processo sumário; Tribunal; Audiência de discussão e julgamento; Indícios; Detenção; Detenção em flagrante delito; Quase flagrante delito; Presunção de flagrante delito*.

Fontes de direito – Em sentido técnico, fontes de direito costumam ser definidas como os processos de criação e revelação de normas jurídicas.

De acordo com o artigo 1.º, do Código Civil, é fonte imediata de direito a lei – leis constitucionais, leis da Assembleia da República, decretos-leis do Governo e decretos legislativos regionais (v. artigos 112.º, 161.º, 164.º e segs., 198.º, 227.º e 228.º da Constituição da República) e as normas corporativas. A persistência da referência às normas corporativas como fontes imediatas de direito, após a nova ordem constitucionalmente definida em 1976, não pode compreender-se senão como lapso do legislador que procedeu à revisão do Código Civil; há, porém, uma corrente na doutrina que entende esta referência como designativa das normas regulamentares de certas pessoas colectivas, designadamente públicas ou de utilidade pública.

Saber se, na ordem jurídica portuguesa, o costume deve ser considerado fonte de direito supõe averiguar da existência de regras, de origem consuetudinária, generalizadamente observadas e em relação às quais exista também generalizada convicção da sua juridicidade.

Há autores que utilizam a expressão *fonte de direito* para significar as sedes em que se encontra vertido ou localizado o direito que vigora: trata-se de uma acepção pouco comum.

V. *Norma jurídica; Lei; Decreto-lei; Decreto legislativo regional; Pessoa colectiva; Costume*.

Força probatória (Proc. Penal) – Grau de certeza com que as provas demonstram a realidade dos factos a que se referem, isto é, a eficácia de um meio de prova para determinar a convicção do julgador.

A uma prova pode a parte contrária opor contraprova, isto é, reduzir o grau de certeza com que a prova demonstrava a realidade de um facto, tornando-o, pela contraprova, duvidoso (artigo 346.º, Código Civil).

A força probatória varia de tipo de prova para tipo de prova e, dentro de um tipo de prova, em função de vícios da prova.

A força probatória pode ser plena, demonstrando assim cabalmente a realidade dos factos a que se refere ou o grau de certeza com que demonstrou os factos a serem livremente apreciados pelo julgador (artigos 358.º, n.ºs 3 e 4; 361.º, 366.º, 371.º n.º 1 *in fine*; 376.º, 389.º, 391.º e 396.º do Código Civil e artigo 127.º, C. P. P.).

Os documentos autênticos fazem prova plena dos factos neles atestados, desde que não seja impugnada a sua veracidade. Os documentos particulares, quando reconhecida a sua autoria pelo notário ou por ambas as partes, fazem prova plena quanto às afirmações atribuídas ao seu autor, sem prejuízo da arguição de falsidade. Os documentos particulares quando confirmados pelas partes perante notário dizem-se autenticados e têm a força probatória dos documentos autênticos.

Em processo penal, há no Código de Processo Penal três artigos relevantes em matéria de força probatória ou valor probatório das provas: artigos 167.º, 168.º e 169.º.

"As reproduções fotográficas, cinematográficas, fonográficas ou por meio de processo electrónico e, de um modo geral, quaisquer reproduções mecânicas só valem como prova dos factos ou coisas reproduzidas se não forem ilícitas, nos termos da lei penal" – n.º 1, do artigo 167.º.

"[...] Quando não se puder juntar ao auto ou nele conservar o original de qualquer documento, mas unicamente a sua reprodução mecânica, esta tem o mesmo valor probatório do original [...]" – artigo 168.º, n.º 1, C. P. P..

Consideram-se provados os factos materiais constantes de documento autêntico ou autenticado enquanto a autenticidade do documento ou a veracidade do seu conteúdo não forem fundadamente postas em causa." – artigo 169.º, C. P. P..

V. *Documento, Documento particular; Documento autêntico; Documento autenticado; Prova; Princípio da livre apreciação da prova; Eficácia; Meio de prova; Notário.*

Forças Armadas – A organização, funcionamento e disciplina das Forças Armadas consta da Lei n.º 29/82, de 11 de Dezembro – alterada pelas Leis n.ºˢ 41/83, de 21 de Dezembro, 111/91, de 29 de Agosto, 113/91, de 29 de Agosto, 18/95, de 13 de Julho, e pelas Leis Orgânicas n.ºˢ 3/99, de 18 de Dezembro, e 4/2001, de 30 de Agosto –, nomeadamente dos respectivos artigos 17.º a 24.º.

Nos termos do artigo 17.º da referida Lei, as Forças Armadas asseguram, de acordo com a Constituição e as leis em vigor, a execução da componente militar da defesa nacional. A componente militar da defesa nacional é exclusivamente assegurada pelas Forças Armadas.

Obedecem aos órgãos de soberania competentes, nos termos da Constituição e da lei, e a sua organização baseia-se, em tempo de paz, no serviço militar voluntário.

A estrutura das Forças Armadas compreende os órgãos militares de comando e os três ramos das Forças Armadas: Marinha, Exército e Força Aérea; os órgãos militares de comando das Forças Armadas são o Chefe do Estado-Maior-General das Forças Armadas e os Chefes de Estado--Maior dos referidos três ramos.

A missão genérica das Forças Armadas consiste em assegurar a defesa militar contra qualquer agressão ou ameaça externas.

V. *Defesa Nacional; Órgão de soberania; Constituição.*

Forma de documentação (de declarações orais) (Proc. Penal) – De acordo com o artigo 364.º, C. P. P., "a documentação das declarações prestadas oralmente na audiência é efectuada, em regra, através de gravação magnetofónica ou áudio-visual, sem prejuízo da utilização de meios estenográficos ou estenotípicos, ou de outros meios técnicos idóneos a assegurar a reprodução integral daquelas.

Quando houver lugar a gravação magnetofónica ou áudio-visual, deve ser consignado na acta o início e o termo da gravação de cada declaração".

V. *Audiência; Documentação de declarações orais.*

Forma de processo (Proc. Penal) – As acções podem ser de várias espécies (declarativas ou executivas) consoante os seus fins, conforme dispõe o artigo 4.º do Código de Processo Civil: "o processo pode ser comum ou especial"; "o processo especial aplica-se aos casos expressamente designados na lei; o processo comum é aplicável a todos os casos a que não corresponda processo especial" (artigo 460.º do Código de Processo Civil).

"O processo comum é ordinário, sumário e sumaríssimo" – artigo 461.º, C. P. C..

O artigo 142.º, n.º 2, do Código de Processo Civil, na redacção do Decreto-Lei n.º 329-A/95, de 12 De Dezembro, estabelece que a forma de processo se determina pela "lei vigente à data em que a acção é proposta", dispondo o n.º 1 do mesmo artigo que "a forma dos diversos actos processuais é regulada pela lei que vigore no momento em que são praticados".

Em processo penal, para além da forma comum de processo, existem as seguintes formas de processo especiais – o processo sumário (artigos 381.º a 391.º, C. P. P.); o processo abreviado (artigos 391.º-A a 391.º-F) e o processo sumaríssimo (artigos 392.º a 398.º, C. P. P.) que determinam uma tramitação diversa da tramitação do processo comum, visando, nomeadamente, uma simplificação processual, em ordem ao processamento e julgamento mais célere do processo.

V. *Acção; Processo; Processo sumário; Processo sumaríssimo; Acto processual; Processo abreviado.*

Forma escrita dos actos (Proc. Penal) – Os actos processuais que tiverem de praticar-se sob a forma escrita são redigidos de forma perfeitamente legível, não contendo espaços em branco que não sejam inutilizados, nem entrelinhas, rasuras ou emendas – que não sejam ressalvadas.

Podem utilizar-se máquinas de escrever ou processadores de texto. Podem igualmente utilizar-se fórmulas pré-impressas, formulários em suporte electrónico ou carimbos, a completar com o texto respectivo, podendo recorrer-se a assinatura electrónica certificada.

Em caso de manifesta ilegibilidade do documento, qualquer participante processual interessado pode solicitar, sem encargos, a respectiva transcrição dactilográfica.

V. artigo 93.º C. P. P..
V. *Acto; Oralidade dos actos.*

Formas de crime (Dir. Penal) – Modos de surgimento do crime.

A teoria geral da infracção, numa primeira abordagem (desde logo didáctica), refere-se à análise do crime consumado, doloso, por acção, cometido por um agente.

Porém, o crime pode assumir outras configurações. Pode, nomeadamente (e apenas por exemplo), ser cometido por omissão ou pode não alcançar a fase da consumação.

A expressão formas de crime refere-se às várias configurações que o crime, nesta perspectiva, pode assumir.

V. *Crime; Consumação; Dolo; Comparticipação; Negligência; Omissão; Tentativa; Acção; Elementos do tipo; Elementos objectivos do tipo; Elementos subjectivos do tipo; Tipo.*

Formas especiais de crime (Dir. Penal) – V. *Formas de crime.*

Fórmula hipotética de Frank (Dir. Penal) – Critério de distinção entre o dolo eventual e a negligência consciente.

De acordo com a fórmula hipotética de Frank, há dolo eventual quando é possível afirmar que o agente actuaria se tivesse configurado como certa a hipótese de realização do tipo (hipótese que apenas configurou como uma possibilidade, ainda que forte). Dito de outro modo: de acordo com esta fórmula, o dolo eventual existe quando se puder afirmar que, mesmo configurando como certa a realização do facto, o agente ainda assim teria actuado.

Esta fórmula foi ultrapassada pelo próprio autor (fórmula positiva de Frank), dada as suas dificuldades, nomeadamente em termos probatórios.

V. *Dolo eventual; Negligência consciente; Facto; Tipo; Fórmula positiva de Frank.*

Fórmula positiva de Frank (Dir. Penal) – Critério de distinção entre o dolo eventual e a negligência consciente que consubstancia uma superação da fórmula hipotética de Frank.

De acordo com a fórmula positiva, há dolo eventual quando a atitude do agente do crime for a seguinte: aconteça o que acontecer (no que respeita à realização do facto que preenche um tipo legal de crime), eu actuo.

V. *Dolo eventual; Negligência consciente; Facto; Crime; Fórmula hipotética de Frank.*

Fragmentaridade do direito penal (Dir. Penal) – V. *Princípio da fragmentaridade.*

Fraude (Dir. Penal) – Crime fiscal previsto no artigo 103.º da Lei n.º 15/2001, de 5 de Junho (Regime Geral das Infracções Tributárias), que se traduz num conjunto de condutas, expressamente enunciadas – tais como ocultação de factos ou de valores que devam constar de livros contabilísticos, ocultação de factos ou de valores que devam ser declarados à administração ou celebração de negócio simulado – que visam a não liquidação, entrega ou pagamento de prestação tributária ou a obtenção indevida de benefícios fiscais, reembolsos ou outras vantagens patrimoniais susceptíveis de causarem diminuição das receitas tributárias.

O artigo 104.º do mesmo diploma consagra uma enumeração de circunstâncias que qualificam o crime de fraude fiscal: conluio do agente com terceiros, o agente ser funcionário público ou socorrer-se de funcionário público, com grave abuso de funções, o agente falsificar ou viciar livros, programas informáticos ou quaisquer documentos probatórios exigidos pela lei, o agente usar os elementos referidos e interposição de pessoas residentes fora do território nacional e aí submetidas a um regime mais favorável.

V. *Crime; Crimes tributários; Qualificação; Funcionário; Documento; Aplicação da lei penal no espaço.*

Fraude contra a segurança social (Dir. Penal) – Crime contra a segurança social previsto no artigo 106.º da Lei n.º 15/2001, de 5 de Junho (Regime Geral das Infracções Tributárias), que se traduz num conjunto de condutas, enunciadas por remissão para o tipo que prevê o crime de fraude (artigo 103.º do mesmo diploma), que visam a não liquidação, entrega ou pagamento, total ou parcial, ou o recebimento indevido, total ou parcial, de prestações de segurança social com intenção de obtenção de vantagem patrimonial de valor superior a € 7500.

O crime de fraude contra a segurança social pode ser cometido pelas entidades empregadoras, pelos trabalhadores independentes e pelos beneficiários.

V. *Crime; Fraude.*

Fraude e corrupção de eleitor (Dir. Penal) – Crime previsto no artigo 341.º, C. P., que ocorre quando alguém, mediante artifício fraudulento, leva eleitor a votar, o impede de votar ou o leva a votar em certo sentido, ou quando alguém compra ou vende voto.

V. *Crime; Crimes eleitorais.*

Fraude em eleição (Dir. Penal) – Crime, previsto no artigo 339.º, C. P., que ocorre quando alguém vota mais de uma vez na mesma eleição ou actua de modo a provocar falso apuramento do escrutínio ou quando alguém falsifica o apuramento, a publicação ou a acta oficial do resultado da votação.

V. *Crime; Crimes eleitorais; Acta.*

Fraude na obtenção de crédito (Dir. Penal) – Crime previsto no artigo 38.º do Decreto-Lei n.º 28/84, de 20 de Janeiro, que é praticado quando alguém, ao apresentar uma proposta de concessão, manutenção ou modificação das condições de um crédito destinado a um estabelecimento ou empresa, presta informações escritas inexactas ou incompletas, utiliza documentos relativos à situação económica inexactos ou incompletos, ou oculta as deteriorações da situação económica que tenham ocorrido após a apresentação do pedido de crédito.

O n.º 2 do artigo referido prevê um agravamento para o caso de o agente obter crédito de valor consideravelmente elevado.

V. *Crime; Agravação; Documento; Agente; Valor consideravelmente elevado.*

Fraude na obtenção de subsídio ou subvenção (Dir. Penal) – Crime previsto no artigo 36.º do Decreto-Lei n.º 28/84, de 20 de Janeiro, que se traduz genericamente na obtenção de subsídio ou subvenção, fornecendo-se às entidades competentes informações relevantes, inexactas ou incompletas, omitindo-se informações relevantes ou utilizando-se documento relevante para a concessão do subsídio ou da subvenção obtido através de informações inexactas ou incompletas.

O n.º 2 do preceito referido prevê um agravamento para as situações particularmente graves, que são enumeradas no n.º 5 do mesmo artigo – obtenção de subsídio consideravelmente elevado, utilização de documento falso, prática do facto com abuso de funções ou poderes, obtenção de auxílio de funcionário que abusa das suas funções ou poderes.

A negligência é punida, de acordo com o n.º 6 do artigo em questão, mas apenas quando estejam em causa os factos descritos nas alíneas a) e b) do n.º 1 do artigo 36.º do referido DL n.º 28/84, que são fornecimento às entidades competentes de informações relevantes inexactas ou incompletas ou omissão de informações relevantes.

De acordo com o artigo 21.º do mesmo DL n.º 28/84, considera-se subsídio ou subvenção a prestação feita a empresa ou unidade produtiva, à custa de dinheiros públicos, quando tal prestação não seja, pelo menos em parte, acompanhada de contraprestação segundo os termos normais do mercado, ou quando se tratar de prestação inteiramente reembolsável sem exigência de juro ou com juro bonificado, e deva, pelo menos em parte, destinar-se ao desenvolvimento da economia.

V. os Acórdãos do Tribunal Constitucional n.ºˢ 1142/92, de 6 de Novembro (inédito), 480/98 – publicado no *Diário da República*, II série, de 25 de Novembro de 1999 –, 604/99 – publicado no *Diário da República*, II série, de 26 de Maio de 2000 –, 139/2003 – publicado no *Diário da República*, II série, de 3 de Outubro de 2003 – e 530/2003 – publicado no *Diário da República*, II série, de 6 de Janeiro de 2004 –, arestos que se pronunciaram sobre o regime do crime de fraude na obtenção de subsídio ou subvenção, e nos quais é citada jurisprudência adicional.

O Acórdão do Supremo Tribunal de Justiça n.º 2/2006, publicado no *Diário da República*, I-A série, de 4 de Janeiro, estabeleceu a seguinte doutrina: "O crime de fraude na obtenção de subsídio ou subvenção previsto no Decreto-Lei n.º 28/84, de 20 de Janeiro, consuma-se com a disponibilização ou entrega do subsídio ou subvenção ao agente".

V. *Crime; Documento; Agravação; Funcionário; Negligência; Consumação; Agente.*

Fraude no transporte de mercadorias em regime suspensivo (Dir. Penal) – Crime aduaneiro, previsto no artigo 95.º da Lei n.º 15/2001, de 5 de Junho (Regime Geral das Infracções Tributárias), que se traduz num conjunto de comportamentos expressamente enunciados que têm em comum a violação das regras relativas ao transporte de mercadorias "em regime suspensivo" (subtracção ou substituição de mercadorias; alteração ou inutilização de meios de selagem, de segurança ou de identificação aduaneira das mercadorias, com o fim de as subtrair ou substituir; não observação dos itinerários fixados com o fim de fugir à fiscalização e não apresentação de mercadorias nas estâncias aduaneiras de destino).

V. *Crime; Crime aduaneiro.*

Fraude sexual (Dir. Penal) – Crime previsto no artigo 167.º, C. P., que ocorre quando alguém, aproveitando-se fraudulentamente de erro sobre a sua identidade pessoal, pratica com outra pessoa acto sexual de relevo.

A pena é agravada se o acto sexual for cópula, coito anal ou oral.

V. *Crime; Acto sexual de relevo; Pena; Agravação.*

Fraude sobre mercadorias (Dir. Penal) – Crime, previsto no artigo 23.º do Decreto-Lei n.º 28/84, de 20 de Janeiro, que se traduz genericamente na utilização no mercado, com intenção de enganar outrem nas relações negociais, de mercadorias contrafeitas, pirateadas, falsificadas ou depreciadas, simulando tratar-se de mercadorias autênticas, não alteradas ou intactas, ou ainda na utilização de mercadorias de natureza diferente ou de qualidade ou quantidade inferiores às que o agente afirma possuírem ou que elas aparentarem.

V. *Crime.*

Frustração de créditos (Dir. Penal) – Crime previsto no artigo 227.º-A, C. P. – preceito aditado pelo Decreto-Lei n.º 38/2003, de 8 de Março –, que ocorre quando o devedor, após prolação de sentença condenatória exequível, destrói, danifica, faz desaparecer, oculta ou sonega parte do seu património, para dessa forma intencionalmente frustrar, total ou parcialmente, a satisfação de um crédito de outrem. O agente só será, porém, punido se, instaurada a acção executiva, nela não se conseguir satisfazer inteiramente os direitos do credor.

Crime tributário comum, previsto no artigo 88.º da Lei n.º 15/2001, de 5 de Junho (Regime Geral das Infracções Tributárias), que se traduz, genericamente, na destruição ou alienação do património, com o intuito de frustrar crédito tributário, por quem souber que tem de entregar tributo já liquidado ou em processo de liquidação ou que tem dívida à segurança social.

V. *Crime; Sentença condenatória; Património; Crimes tributários.*

Frutos – Segundo o artigo 212.º, n.º1, do Código Civil, "diz-se fruto de uma coisa tudo o que ela produz periodicamente, sem prejuízo da sua substância".

Distinguem-se na lei os frutos *naturais* que compreendem os que provêm directa e espontaneamente da coisa, e os frutos *civis*, que são rendas ou interesses que a coisa produz em consequência de uma relação jurídica.

Há ainda que distinguir entre frutos *pendentes* (os que ainda não foram separados da coisa principal) e os *percipiendos*, para se referir àqueles que, podendo e devendo já ter sido percebidos, o não foram por culpa do possuidor da coisa.

V. *Coisa.*

Função de classificação do conceito de acção (Dir. Penal) – V. *Acção.*

Função de definição do conceito de acção (Dir. Penal) – V. *Acção.*

Função selectiva negativa do conceito de acção (Dir. Penal) – V. *Acção.*

Funcionalismo (Dir. Penal) – Perspectiva que parte das concepções de Luhmann sobre a análise das sociedades como sistemas sociais, de acordo com a qual o direito consubstancia o instrumento de institucionalização e de estabilização de expectativas sociais de acção.

Numa perspectiva funcionalista, a função do direito penal é a manutenção de padrões de acção que organizam as expectativas sociais sobre o comportamento alheio.

De acordo com o funcionalismo sistémico de cariz radical (Günther Jakobs), o direito penal tem por função, em primeira linha, a protecção da norma incriminadora, surgindo a protecção de bens jurídicos fundamentais como decorrência desse primeiro desiderato.

V. *Bem jurídico; Direito penal.*

Funcionário (Dir. Penal) – O artigo 386.º, C. P., contém o conceito de funcionário.

De acordo com este preceito, e para efeitos da lei penal, o termo funcionário abrange o funcionário civil, o agente administrativo, quem, mesmo provisória ou temporariamente, mediante remuneração ou a título gratuito, voluntária ou obrigatoriamente, tiver sido chamado a desempenhar ou a participar no desempenho de uma actividade compreendida na função pública, administrativa ou jurisdicional, ou, nas mesmas circunstâncias, desempenhar funções em organismos de utilidade pública ou nelas participar.

Aos funcionários são equiparados os gestores, titulares dos órgãos de fiscalização e trabalhadores de empresas públicas, nacionalizadas, de capitais públicos ou com participação maioritária de capital público e ainda empresas concessionárias de serviços públicos.

São ainda equiparados a funcionários, para efeitos do disposto nos artigos 372.º a 374.º, C. P., os magistrados, funcionários, agentes e equiparados da União Europeia, independentemente da nacionalidade ou residência, os funcionários nacionais de outros Estados-Membros da União Europeia, quando a infracção tiver sido cometida, total ou parcialmente, em território português, e todos os que, mesmo provisória ou temporariamente, mediante remuneração ou a título gratuito, voluntária ou obrigatoriamente, tiverem sido chamados a desempenhar ou a participar no desempenho de uma actividade compreendida na função pública administrativa ou jurisdicional, ou, nas mesmas circunstâncias, desempenharem funções em organismos de utilidade pública ou nelas participarem, no âmbito de qualquer organização internacional de direito público de que Portugal seja membro, quando a infracção tiver sido cometida, total ou parcialmente, em território português.

Para efeito de responsabilização pela prática de crime de *Corrupção activa com prejuízo do comércio internacional*, previsto no artigo 41.º-A do Decreto-Lei n.º 28/84, de 20 de Janeiro, consideram-se funcionários estrangeiros todos os que exerçam uma função pública para país estrangeiro, quer detenham um mandato, nomeadamente administrativo ou judiciário, para o qual foram nomeados ou eleitos, quer exerçam funções para uma empresa, organismo público ou empresa concessionária de serviços públicos, independentemente do nível nacional ou local, e ainda qualquer funcionário ou agente de uma organização internacional ou supranacional de direito público.

V. *Magistrado; Corrupção activa com prejuízo do comércio internacional; Crime especial.*

Funcionário de justiça (Org. Judiciária) – Têm esta designação genérica os funcionários das secretarias dos tribunais ou de serviços do Ministério Público. Assim, são funcionários de justiça os nomeados em lugares dos quadros de pessoal de secretarias de tribunais ou de serviços do Ministério Público.

De acordo com o seu Estatuto (Decreto-Lei n.º 343/99, de 26 de Agosto) os funcionários de justiça distribuem-se pelos seguintes grupos de pessoal:
 a) Pessoal oficial de justiça;
 b) Pessoal de informática;
 c) Pessoal técnico-profissional;
 d) Pessoal administrativo;
 e) Pessoal auxiliar;
 f) Pessoal operário.

Nos termos do artigo 3.º, o grupo de pessoal oficial de justiça compreende as categorias de secretário de tribunal superior e de secretário de justiça e as carreiras judicial e dos serviços do Ministério Público. Na carreira judicial integram-se as seguintes categorias:
 a) Escrivão de direito;
 b) Escrivão-adjunto;
 c) Escrivão auxiliar.

Na carreira dos serviços do Ministério Público integram-se as seguintes categorias:
 a) Técnico de justiça principal;
 b) Técnico de justiça-adjunto;
 c) Técnico de justiça auxiliar.

As categorias de secretário de tribunal superior, secretário de justiça, escrivão de direito e técnico de justiça principal correspondem a lugares de chefia.

A acção disciplinar sobre os funcionários de justiça relativamente às penas de gravidade inferior à de multa compete ao Presidente do Supremo Tribunal de Justiça, cabendo reclamação da sua decisão para o plenário do Conselho Superior da Magistratura, segundo o artigo 43.º da Lei de Organização e Funcionamento dos Tribunais Judiciais – Lei n.º 3/99, de 13 de Janeiro, rectificada pela Declaração de rectificação n.º 7/99, de 16 de Fevereiro, e alterada pela Lei n.º 101/99, de 26 de Julho, pelos Decretos-Leis n.ºs 323/2001, de 17 de Dezembro, 38/2003, de 8 de Março, pela Lei n.º 105/2003, de 10 de Dezembro, pelo Decreto-Lei n.º 53/2004, de 18 de Março, pela Lei n.º 42/2005, de 29 de Agosto, e pelo Decreto-Lei n.º 76-A/2006, de 29 de Março, este último rectificado pela Declaração de rectificação n.º 28-A/2006, de 26 de Maio.

Os funcionários de Justiça do Ministério Público estão submetidos à jurisdição do Conselho Superior do Ministério Público, órgão em que se encontram representados.

O Estatuto dos Funcionários de Justiça foi aprovado pelo Decreto-Lei n.º 343/99, de 26 de Agosto, alterado pelos Decretos-Leis n.ºs 175/2000, de 9 de Agosto, 96/2002, de 12 de Abril (as normas constantes dos artigos 98.º e 11.º-*a*) deste diploma foram declaradas inconstitucionais, com força obrigatória geral, pelo Acórdão do Tribunal Constitucional n.º 73/2002, publicado no *Diário da República*, I-A série, de 16 de Março de 2002), e 169/2003, de 1 de Agosto, e pela Lei n.º 42/2005, de 29 de Agosto.

V. *Tribunal; Secretaria judicial; Ministério Público; Supremo Tribunal de Justiça; Conselho Superior do Ministério Público; Pena; Pena de multa.*

Funcionário judicial (Org. Judiciária) – V. *Funcionário de justiça.*

Fundamentação de sentença (Proc. Penal) – Parte escrita integrante da decisão, na qual o juiz enumera os factos provados e não provados e especifica, através de uma exposição – tanto quanto possível completa, ainda que concisa –, os motivos de facto e de direito da decisão que profere e que a fundamentam, com indicação das provas que serviram para fundar a convicção do tribunal – v. artigo 374.º, n.º 2, C. P. P..

V. *Sentença; Juiz; Facto; Motivo de facto; Prova; Motivo de direito.*

Furto (Dir. Penal) – Crime previsto no artigo 203.º, C. P., que se traduz na subtracção de coisa móvel alheia, com ilegítima intenção de apropriação para si ou para outra pessoa.

Trata-se de um crime semipúblico, pelo que depende de queixa. A tentativa é punível.

V. *Crime; Coisa móvel; Crime semipúblico; Furto de uso de veículo; Furto qualificado; Queixa; Tentativa.*

Furto de uso de veículo (Dir. Penal) – Crime previsto no artigo 208.º, C. P., que se traduz na utilização de automóvel ou de outro veículo motorizado, aeronave, barco ou bicicleta, "sem autorização de quem de direito".

Trata-se de um crime semipúblico e, nos casos a que se refere o artigo 207.º, C. P. – se o agente tiver uma relação familiar com a vítima ou a coisa furtada for de diminuto valor e se destinar à utilização imediata e indispensável, à satisfação de uma necessidade do agente ou de um seu familiar –, assume a natureza de crime particular.

V. *Crime; Furto; Crime particular; Crime semipúblico; Furto; Valor diminuto.*

Furto qualificado (Dir. Penal) – Crime previsto no artigo 204.º, C. P., que tem por base o crime de furto previsto no artigo 203.º, ao qual são acrescentadas várias circunstâncias, expressamente previstas nos n.ºs 1 e 2 do preceito, que agravam a moldura penal do crime (valor elevado ou consideravelmente elevado da coisa; transporte da coisa em veículo; ser coisa afecta ao culto religioso; o agente explorar situação de especial debilidade da vítima; ser coisa fechada em gaveta, cofre ou receptáculo equiparado; introduzir-se o agente ilegitimamente em habitação; usurpar o agente título, insígnia ou uniforme de autoridade pública; a habitualidade; deixar a vítima em difícil situação económica; tratar-se de coisa com importante significado para o desenvolvimento económico ou tecnológico; ser coisa altamente perigosa; utilização de arma pelo agente, entre outras circunstâncias).

V. o Assento n.º 7/2000, de 19 de Janeiro, publicado no *Diário da República*, I-A série, de 7 de Março de 2000, que decidiu: "Não é enquadrável na previsão da alínea *e*) do n.º 2 do artigo 204.º do Código Penal a conduta do agente que, em ordem à subtracção de coisa alheia, se introduz em veículo automóvel através do rompimento, fractura ou destruição, no todo ou em parte, de dispositivo destinado a fechar ou impedir a entrada no interior daquele veículo".

V. *Furto; Crime; Crime qualificado; Agravação; Moldura penal; Valor elevado; Valor consideravelmente elevado; Agente; Habitualidade; Coisa; Arma; Vítima.*

G

Garantias de defesa (Proc. Penal) – V. *Direito de defesa.*

Genocídio (Dir. Penal) – V. *Crime de genocídio.*

Graduação da pena (Dir. Penal; Proc. Penal) – Operação consistente na fixação da pena concreta a aplicar.
V. *Pena; Determinação da medida da pena.*

Grau de culpabilidade (Dir. Penal) – Gravidade da censura que é atribuída ao agente que praticou uma acção típica, ilícita e culposa (crime), e cuja medida, a final, terá correspondência no tipo e no *quantum* de sanção a aplicar, dentro da moldura penal estabelecida para o tipo legal de crime em causa.
V. *Agente; Crime; Acção; Tipo; Ilicitude; Culpa; Sanção; Moldura penal; Tipo; Crime.*

Grau de jurisdição (Org. Judiciária) – Fala-se em grau de jurisdição – 1.º e 2.º graus – para referir se o tribunal julgou em 1.ª ou em 2.ª instância, ou seja, para referir se a decisão emanada é proferida em sede de recurso (2.º grau de jurisdição) ou não.
V. *Tribunal; Instância; Tribunal de primeira instância; Tribunal da Relação; Recurso.*

Gravação da prova (Proc. Penal) – Documentação em suporte fonográfico de provas produzidas em audiência, o que confere a possibilidade de as gravações serem utilizadas como meio de prova.

De acordo com o princípio geral estabelecido no artigo 363.º, C. P. P., as declarações prestadas oralmente na audiência são documentadas na acta, sob pena de nulidade. A documentação das declarações prestadas oralmente na audiência é efectuada através de gravação magnetofónica ou audiovisual, sem prejuízo da utilização de meios estenográficos ou estenotípicos, ou de outros meios técnicos idóneos a assegurar a reprodução integral daquelas nos termos do artigo 364.º, C. P. P.. Em sede de recurso, o artigo 412.º, C. P. P., determina que, quando as provas tenham sido gravadas, as especificações que imponham decisão diversa da recorrida e as que devam ser renovadas se fazem por referência ao consignado na acta, nos termos do disposto no n.º 2 do artigo 364.º, devendo o recorrente indicar correctamente as passagens em que se funda a impugnação.

O Acórdão n.º 9/2005, publicado no *Diário da República*, I-A série, de 6 de Dezembro, decidiu que, "quando o recorrente impugne a decisão em matéria de facto e as provas tenham sido gravadas, o recurso deve ser interposto no prazo de 15 dias, fixado no artigo 411.º, n.º 1, do Código de Processo Penal, não sendo subsidiariamente aplicável em processo penal o disposto no artigo 698.º, n.º 6, do Código de Processo Civil".
V. *Prova; Meios de prova; Audiência de discussão e julgamento; Documento; Tribunal; Registo fonográfico; Tribunal singular; Arguido; Recurso; Interposição de recurso; Matéria de facto.*

Gravações e fotografias ilícitas (Dir. Penal) – Crime previsto no artigo 199.º, C. P., que ocorre quando alguém, sem consentimento, grava palavras proferidas por outra pessoa e não destinadas ao público, mesmo que lhe sejam dirigidas, ou utiliza ou permite que se utilizem essas gravações, mesmo que licitamente produzidas.

O crime tem também lugar quando alguém, contra a vontade do visado, fotografa ou filma outra pessoa, mesmo em eventos em que tenha legitimamente participado, ou utiliza ou permite que sejam utilizadas essas fotografias ou esses filmes, mesmo que licitamente obtidos.

De acordo com o artigo 199.º, n.º 3, C. P., a pena é agravada nos casos a que se refere o artigo 197.º – o facto ser praticado para obter recompensa ou enriquecimento, para o agente ou outra pessoa, ou para causar prejuízo a outra pessoa ou ao Estado, ou o facto ser praticado através de meio de comunicação social.

De acordo com o mesmo preceito, é aplicável o disposto no artigo 198.º do mesmo diploma relativo à queixa, ou seja, trata-se de um crime semipúblico.

V. *Crime; Ilicitude; Pena; Agravação; Queixa; Crime semipúblico.*

Guarda Nacional Republicana (Proc. Penal) – Este corpo é, nos termos do disposto no artigo. 6.º da Lei de Organização da Investigação Criminal – Lei n.º 49/2008, de 27 de Agosto, que revogou a Lei n.º 21/2000, de 10 de Agosto – "um órgão de polícia criminal de competência genérica".

Compete-lhe, no âmbito do processo penal, coadjuvar as autoridades judiciárias na investigação e desenvolver as acções de prevenção e investigação da sua competência ou que lhes sejam cometidas pelas autoridades judiciárias competentes.

A coordenação nacional deste órgão de polícia é assegurada por um conselho coordenador – v. artigo 13.º.

Assim, é da competência da Guarda Nacional Republicana, enquanto órgão de polícia criminal, a investigação dos crimes cuja competência não esteja reservada a outros órgãos de polícia criminal e ainda dos crimes cuja investigação lhe seja cometida pela autoridade judiciária competente para a direcção do processo.

V. Lei de Organização da Investigação Criminal – Lei n.º 49/2008, de 27 de Agosto, Decreto-Lei n.º 305/2002, de 13 de Dezembro, e Lei n.º 63/2007, de 6 de Novembro – que aprova a orgânica da Guarda Nacional Republicana.

V. a Resolução do Conselho de Ministros n.º 44/2007, de 19 de Março, que aprova as opções fundamentais de reforma da Guarda Nacional Republicana.

V. *Órgão de polícia criminal; Crime; Competência; Polícia Judiciária; Autoridade judiciária; Processo; Prova; Meios de prova.*

H

"Habeas corpus" (Proc. Penal) – Providência concedida nos casos de detenção ilegal – artigo 220.º, C. P. P. – e nos de prisão ilegal – artigo 222.º, C. P. P. –, que visa a libertação do sujeito ilegitimamente privado da liberdade.

No caso de detenção ilegal, a petição é apresentada ao juiz de instrução da área onde se encontre o detido e pode ter qualquer um dos seguintes fundamentos:
1) estar excedido o prazo para entrega ao poder judicial;
2) manter-se a detenção fora dos casos legalmente permitidos;
3) ter sido a detenção efectuada ou ordenada por entidade incompetente;
4) ser a detenção motivada por facto pelo qual a lei não a permite.

Quando a petição de *habeas corpus* a apresentar seja por prisão ilegal, é-o perante o (presidente do) Supremo Tribunal de Justiça, podendo ter como fundamento a ilegalidade da prisão proveniente de situações como as enumeradas nos números 3 e 4 *supra* citados, além de uma situação de manutenção da prisão para além dos prazos fixados na lei ou por decisão judicial.

Em ambos os casos, a providência pode ser formulada pelo detido ou preso ou por qualquer cidadão no gozo dos seus direitos políticos.

Este meio de reacção contra a privação ilegal de liberdade além da concretização ordinária, tem consagração constitucional no artigo 31.º da Lei Fundamental.

V. também o artigo 225.º, C. P. P..

O Acórdão n.º 10/2005 do Tribunal Constitucional (inédito) decidiu: "Não é inconstitucional a taxatividade dos requisitos previstos no artigo 222.º, n.º 2, do Código de Processo Penal para a concessão da providência de *habeas corpus*".

V. *Pena de prisão; Detenção; Prisão ilegal; Detenção ilegal; Detido; Preso; Juiz de instrução; Prazo; Prisão preventiva; Supremo Tribunal de Justiça; Inconstitucionalidade; Constituição.*

Habitualidade (Dir. Penal) – A expressão – ou o que ela pretende significar (pois as fórmulas usadas pela lei variam) –, é utilizada em vários preceitos como circunstância agravante de crimes. V., por exemplo, os artigos 141.º, n.º 2, e 204.º, n.º1-*h*), ambos do Código Penal, preceitos que consagram a habitualidade como circunstância agravante dos crimes de aborto e de furto, respectivamente; v. também o artigo 119.º, n.º 2-*b*), C. P., que determina o início do prazo de prescrição do procedimento criminal nos crimes habituais: a contagem do prazo inicia-se no dia da prática do último acto.

À noção de habitualidade está ligada uma ideia de prática reiterada, continuada – habitual – de crimes.

V. *Crime; Circunstâncias agravantes; Aborto; Furto; Prazo; Prescrição; Prescrição do procedimento criminal; Delinquente por tendência.*

Herdeiro – É todo aquele que sucede na totalidade ou numa quota do património do falecido, contrapondo-se ao legatário, que sucede em bens ou valores determinados (artigo 2030.º, n.º 2, do Código Civil).

Os herdeiros, por força da lei, são legítimos ou legitimários, conforme possam ou não ser afastados pela vontade do *de cuius*, e ainda testamentários, os que o autor da herança pode instituir no caso ou de não ter herdeiros legitimários ou, tendo-os, na parte correspondente à quota disponível.

V. *Património.*

Hipoteca – É, na prática, a mais importante das garantias especiais das obrigações.

Segundo o artigo 686.º do Código Civil, "a hipoteca confere ao credor o direito de ser pago pelo valor de certas coisas imóveis, ou equiparadas [automóveis, navios, aviões...], pertencentes ao devedor ou a terceiro, com preferência sobre os demais credores que não gozem de privilégio especial ou de prioridade de registo".

A hipoteca não acarreta o desapossamento do proprietário do bem hipotecado, sendo um direito real acessório. Como tal, é oponível não só ao devedor ou ao terceiro que a constituiu, mas também a qualquer terceiro que posteriormente adquira o bem onerado.

As hipotecas podem ser voluntárias, legais ou judiciais, consoante resultem de negócio jurídico (unilateral ou contrato), da lei ou de decisão judicial.

A hipoteca extingue-se pela extinção da obrigação a que serve de garantia, pela usucapião por terceiro do prédio hipotecado, desde que tenham decorrido vinte anos sobre o registo da aquisição e cinco sobre o vencimento da obrigação, pelo perecimento da coisa hipotecada e ainda por renúncia do credor (devendo a renúncia, para ser válida, ser expressa e feita por documento autenticado).

V. artigos 686.º a 732.º, Código Civil, tendo o artigo 731.º a redacção que lhe foi dada pelo Decreto-Lei n.º 163/95, de 13 de Julho.

V. Decreto-Lei n.º 125/90, de 16 de Abril, alterado pelos Decretos-Leis n.ºˢ 17/95, de 27 de Janeiro, e 343/98, de 6 de Novembro, que contém o regime jurídico das obrigações hipotecárias.

O artigo 2.º do Código do Registo Predial – aprovado pelo Decreto-Lei n.º 224/84, de 6 de Julho (rectificado por declaração publicada no *Diário da República*, I série, de 29 de Setembro de 1984), e alterado pelos Decretos-Leis n.ºˢ 355/85, de 2 de Outubro; 60/90, de 14 de Fevereiro (este último rectificado por Declaração publicada no *Diário da República*, I-A série, de 31 de Março de 1990); 80/92, de 7 de Maio; 30/93, de 12 de Fevereiro; 227/94, de 8 de Setembro; 267/94, de 25 de Outubro; 67/96, de 31 de Maio; 375-A/99, de 20 de Setembro; 533/99, de 11 de Dezembro; 273/2001, de 13 de Outubro; 323/2001, de 17 de Dezembro e 38/2003, de 8 de Março (este rectificado pela Declaração de rectificação n.º 5-C/2003, de 30 de Abril) – estabelece, no seu n.º 1-*h)*, que está sujeita a registo "a hipoteca, a sua cessão ou modificação, a cessão do grau de prioridade do respectivo registo [...]", dispondo a alínea *i)* da mesma norma que está também sujeita a registo "a transmissão de créditos garantidos por hipoteca [...], quando importe transmissão da garantia".

Determina o artigo 3.º, n.º 2, do Código do Registo de Bens Móveis (Decreto-Lei n.º 277/95, de 25 de Outubro, rectificado pela Declaração de rectificação n.º 131/95, de 31 de Outubro, e alterado pelo Decreto-Lei n.º 311-A/95, de 21 de Novembro) que "a hipoteca [que recaia sobre um móvel registável] só produz efeitos entre as partes depois da realização do registo".

V. *Obrigação; Coisa imóvel; Documento autêntico; Documento autenticado.*

Homicídio (Dir. Penal) – Crime previsto no artigo 131.º, C. P., que se traduz em matar outra pessoa.

V. *Crime, Homicídio a pedido da vítima, Homicídio por negligência, Homicídio privilegiado, Homicídio qualificado; Crimes de guerra.*

Homicídio a pedido da vítima (Dir. Penal) – Crime, previsto no artigo 134.º, C. P., que ocorre quando o agente mata outra pessoa, "determinado pelo pedido sério, instante e expresso" que a vítima lhe formulou.

V. *Crime; Homicídio; Agente; Vítima.*

Homicídio por negligência (Dir. Penal) – Crime previsto no artigo 137.º, C. P., que determina a punição de "quem matar outra pessoa por negligência".

O artigo 137.º, n.º 2, C. P., prevê a incriminação do homicídio praticado com negligência grosseira.

V. *Crime; Homicídio; Negligência; Negligência grosseira.*

Homicídio privilegiado (Dir. Penal) – Crime previsto no artigo 133.º, C. P., que se traduz em matar outra pessoa, dominado

por compreensível emoção violenta, compaixão, desespero ou outro motivo de relevante valor social ou moral que diminuam sensivelmente a culpa do agente.
Trata-se de um privilegiamento que assenta fundamentalmente numa menor culpa do agente.
V. *Homicídio; Crime; Crime privilegiado; Culpa; Agente.*

Homicídio qualificado (Dir. Penal) – Crime, previsto no artigo 132.º, C. P., que se traduz em matar outrem em circunstâncias que revelem especial censurabilidade ou perversidade.
O n.º 2 do mesmo artigo prevê, nas suas diversas alíneas, um conjunto de circunstâncias que são susceptíveis de revelar a especial censurabilidade ou perversidade a que se refere o n.º 1 do preceito. São referidas – numa enunciação que é meramente exemplificativa e geral – relações familiares como as de parentesco na linha recta ou conjugais entre o agente e a vítima, a especial fragilidade de certas vítimas, certos modos de execução do facto particularmente dolorosos, determinadas finalidades do agente (tais como a avidez), determinados motivos (tais como o ódio racial ou o motivo torpe ou fútil), a utilização de veneno, a premeditação e a prática do facto por causa do exercício de determinadas funções exercidas pela vítima.
É discutido na doutrina o fundamento dogmático da qualificação. A doutrina maioritária e a jurisprudência sustentam que tal fundamento é a maior culpa do agente. Alguma doutrina sustenta, por outro lado, que esse fundamento reside na maior ilicitude do facto, à qual acresce, naturalmente, uma maior culpa do agente.
V. *Crime; Homicídio; Qualificação; Culpa; Parentesco; Ofendido; Agente; Ilicitude; Vítima; Jurisprudência.*

Homologação (Proc. Penal) – Confirmação por uma autoridade de um acto praticado por particular.
Em processo penal existe homologação no caso da desistência de queixa do ofendido, relativamente aos crimes dela dependentes (crimes semipúblicos e particulares): se o ofendido exerceu o direito de queixa e pretende, posteriormente, desistir dela, essa desistência tem de ser homologada.
A competência para a homologação cabe à autoridade judiciária que dirige a fase em que o processo se encontra (artigo 51.º, C. P. P.). O mesmo acontece com a desistência do pedido de indemnização cível enxertado na acção penal (v. artigo 81.º, C. P. P.).
V. *Acto; Desistência de queixa; Ofendido; Queixa; Crime; Crime semipúblico; Crime particular; Autoridade judiciária; Pedido de indemnização civil; Acção penal.*

Honorários (Proc. Penal) – Remuneração de serviços prestados por dados profissionais, geralmente exercendo profissões liberais.
A fixação dos honorários pelo advogado é extremamente variável, sendo estabelecidos certos princípios gerais quanto a essa fixação no artigo 65.º do Estatuto da Ordem dos Advogados – Lei n.º 15/2005, de 26 de Janeiro de 2006 que aprova o Estatuto da Ordem dos Advogados e revoga o anterior Estatuto (contido no Decreto-Lei n.º 84/84, de 16 de Março, com as alterações introduzidas pela Lei n.º 6/86, de 26 de Março, pelo Decreto-Lei n.º 119/86, de 28 de Maio, pelo Decreto-Lei n.º 325/88, de 23 de Setembro, pela Lei n.º 33/94, de 6 de Setembro, pela Lei n.º 30-E/2000, de 20 de Dezembro e pela Lei n.º 80/2001, de 20 de Julho): os respectivos factores são o tempo gasto, a dificuldade do assunto, a importância do serviço prestado, as posses dos interessados, os resultados obtidos, a praxe do foro e o estilo da comarca.
O apoio judiciário, modalidade de protecção jurídica, foi instituído em substituição da assistência judiciária pelo Decreto-Lei n.º 387-B/87, de 29 de Dezembro, alterado pela Lei n.º 46/96, de 3 de Setembro, entretanto regulado pela Lei n.º 30-E/2000, de 20 de Dezembro, também alterada pelo Decreto-Lei n.º 38/2003, de 8 de Março (rectificado pela Declaração de rectificação n.º 5-C/2003, de 30 de Abril) e pela Lei n.º 47/2007, de 28 de Agosto. Esta Lei (Lei do Acesso ao Direito) continua a incluir o apoio judiciário nas medidas de protecção jurídica.

No diploma que regula o apoio judiciário estabelece-se que, em qualquer caso de apoio judiciário, os advogados, advogados estagiários e solicitadores têm direito a receber honorários pelos serviços que hajam prestado, não tendo de aguardar o fim do processo para exercer tal direito; os honorários relativos a serviços prestados no âmbito do apoio judiciário constam, nos seus limites mínimos e máximos, de tabelas – anualmente revistas pela Ordem dos Advogados e pela Câmara dos Solicitadores e aprovadas pelo Ministério da Justiça –, sendo fixados pelo juiz dentro dos limites mínimo e máximo, tendo em conta os critérios usualmente adoptados nas profissões forenses.

Os honorários, quando não são voluntariamente pagos, podem ser exigidos judicialmente, através de uma acção de honorários – v. artigo 76.º, Código de Processo Civil.

V. Portaria n.º 1386/04, de 10 de Novembro (que revogou a Portaria n.º 150/02, de 19 de Fevereiro), que estabelece os valores dos honorários a atribuir aos advogados, advogados estagiários e solicitadores pelos serviços prestados no âmbito do apoio judiciário.

De acordo com a Portaria n.º 210/2008, de 29 de Fevereiro (que procede a alterações à Portaria n.º 10/2008, de 3 de Janeiro), no que respeita ao modelo de pagamento dos honorários dos advogados, deixa de haver um pagamento periódico ao longo de todo o processo e passa a pagar-se uma provisão inicial de 30%, procedendo-se, no final do processo, ao pagamento das quantias remanescentes.

V. *Advogado; Advogado estagiário; Solicitador; Apoio judiciário; Câmara dos Solicitadores; Ordem dos Advogados; Comarca.*

Honra (Dir. Penal) – Bem jurídico directamente tutelado pelos crimes previstos nos artigos 180.º a 189.º, C. P..

Este bem jurídico consiste na imagem social do indivíduo, tratando-se de uma representação valorativa, em função de parâmetros éticos. É sinónimo de reputação.

Há no conceito de honra uma dimensão fáctica que densifica o seu conteúdo.

Assim, como honra objectiva ou exterior entende-se a representação que os outros têm sobre uma pessoa, ou seja, a reputação que uma pessoa tem no contexto social envolvente.

Como honra subjectiva ou interior entende-se o juízo valorativo que cada pessoa faz de si mesma.

V. *Bem jurídico; Calúnia; Crime; Difamação; Injúria; Ofensa à memória de pessoa falecida; Ofensa a pessoa colectiva, organismo ou serviço.*

Honra objectiva (Dir. Penal) – V. *Honra.*

Honra subjectiva (Dir. Penal) – V. *Honra.*

I

Identificação da pessoa – Uma pessoa singular é identificada, em primeira linha, pelo respectivo nome, podendo ser complementada a sua identificação ou individualização por recurso a elementos naturais – como o sexo, cor dos olhos, altura, impressões digitais – e circunstanciais – como a filiação, estado civil, profissão.

A Lei n.º 33/99, de 18 de Maio, alterada pelos Decretos-Leis n.º 323/2001, de 17 de Dezembro, e 194/2003, de 23 de Agosto, regula a identificação civil e a emissão do bilhete de identidade de cidadão nacional. No seu artigo 1.º, estabelece que "a identificação civil tem por objecto a recolha, tratamento e conservação dos dados pessoais individualizadores de cada cidadão com o fim de estabelecer a sua identidade civil", declarando que serão garantidos na identificação civil os princípios da legalidade, autenticidade, veracidade, univocidade e segurança dos dados identificadores dos cidadãos.

"A base de dados de identificação tem por finalidade organizar e manter actualizada a informação necessária ao estabelecimento da identidade dos cidadãos e à emissão do correspondente bilhete de identidade" – artigo 21.º da Lei n.º 33/99. "Além dos elementos identificadores que constam do bilhete de identidade, são recolhidos os seguintes dados pessoais do respectivo titular: *a)* Número e ano do assento de nascimento e conservatória onde foi lavrado; *b)* Filiação; *c)* Impressão digital; *d)* Endereço postal; *e)* Estado civil e, se casado, o nome do cônjuge; *f)* Perda da nacionalidade; *g)* Data do óbito".

"Os dados pessoais constantes da base de dados são recolhidos e actualizados a partir de declarações dos seus titulares ou de impressos próprios por eles preenchidos ou a seu pedido, exceptuando o número do bilhete de identidade, atribuído automaticamente na sua primeira emissão"; "a impressão digital é reconhecida no momento da entrega do pedido", sendo "a data da morte [...] recolhida da comunicação da conservatória do registo civil detentora do assento de óbito", e "a perda da nacionalidade [...] recolhida da comunicação da Conservatória dos Registos Centrais". V. artigos 22.º e 23.º da Lei n.º 33/99.

Confere-se ao titular da informação o direito a tomar conhecimento dos dados que lhe digam respeito, bem como a obter "a reprodução exacta dos registos", de igual modo se atribuindo o direito de exigir a respectiva correcção e o completamento das omissões – artigos 29.º e 30.º.

"Os dados registados na base [...], bem como os constantes do respectivo pedido e do verbete onomástico, podem ser comunicados às entidades policiais e judiciárias, para efeitos de investigação ou de instrução criminal, sempre que os dados não possam ou não devam ser obtidos das pessoas a quem respeitam e as entidades em causa não tenham acesso à base de dados ou esta não contenha a informação referida", dependendo esta comunicação "de solicitação fundamentada do próprio magistrado ou de autoridade da polícia criminal [...]"; "a comunicação deve ser recusada quando o pedido se não mostrar fundamentado" (artigo 24.º).

Dispõe o artigo 27.º:
"1 – Podem ainda aceder à informação sobre identificação civil os descendentes, ascendentes, o cônjuge, tutor ou curador do titular da informação ou, em caso de falecimento deste, os presumíveis herdeiros, desde que mostrem interesse legítimo e não haja risco de intromissão na vida privada do titular da informação;

2 – Mediante solicitação fundamentada, pode o Ministro da Justiça, ouvido o director-geral dos Registos e do Notariado, autorizar o acesso à informação sobre identificação civil a outras entidades, desde que se mostre comprovado o fim a que se destina, não haja risco de intromissão na vida privada do titular e a informação não seja utilizada para fins incompatíveis com os que determinaram a sua recolha".

A Lei n.º 5/95, de 21 de Fevereiro, alterada pela Lei n.º 49/98, de 11 de Agosto, veio estabelecer, no seu artigo 1.º, que os agentes das forças ou serviços de segurança "podem exigir a identificação de qualquer pessoa que se encontre ou circule em lugar público, aberto ao público ou sujeito a vigilância policial, sempre que sobre a mesma [...] existam fundadas suspeitas da prática de crimes contra a vida e a integridade das pessoas, a paz e a humanidade, a ordem democrática, os valores e interesses da vida em sociedade e o Estado ou tenha penetrado ou permaneça irregularmente no território nacional ou contra a qual penda processo de extradição ou de expulsão"; esta exigência de identificação só pode ter lugar depois de os agentes que a ela procedam "exibirem prova da sua qualidade e de terem comunicado ao identificando os seus direitos e, de forma objectiva, as circunstâncias concretas que fundam a obrigação de identificação e os vários meios por que se pode identificar", determinando a omissão deste dever de comunicação a nulidade da ordem de identificação. "Os cidadãos maiores de 16 anos devem ser portadores de documento de identificação sempre que se encontrem em lugares públicos, abertos ao público ou sujeitos a vigilância policial"; a identificação deve ser feita através do bilhete de identidade, de passaporte, de documento original ou cópia autenticada que contenha o nome completo, a assinatura e a fotografia do titular, para os cidadãos portugueses; quanto aos cidadãos nacionais de Estados membros da Comunidade Europeia, a identificação é feita pelo título de residência, pelo bilhete de identidade, pelo passaporte, por documento original ou cópia autenticada, nos termos já enunciados; por fim, os estrangeiros nacionais de países terceiros identificam-se pelo título de residência, pelo bilhete de identidade de estrangeiro ou pelo passaporte.

Nos termos do artigo 4.º da mesma Lei n.º 5/95, "quando o cidadão não possa identificar-se, por não ser portador de documento de identificação, o recurso ao procedimento a que se refere o artigo 3.º [e que será descrito de seguida] só terá lugar na impossibilidade de utilização dos seguintes meios:

a) Identificação por um terceiro, devidamente identificado, que garanta a veracidade dos dados pessoais oferecidos pelo cidadão não portador de documento com que possa identificar-se;

b) Comunicação do identificando com pessoa da sua confiança, no sentido de apresentar, por via dela, os meios de identificação;

c) Acompanhamento do identificando ao lugar onde se encontrem os seus documentos de identificação".

Segundo os n.ºˢ 1 e 2 do artigo 3.º e este artigo 4.º, caso não seja possível a identificação pelos documentos enunciados ou pelas formas neste último previstas, ou ela seja recusada, "terá lugar um procedimento de identificação que consiste em conduzir o identificando ao posto policial mais próximo, onde permanecerá pelo tempo estritamente necessário à identificação e que não poderá, em caso algum, exceder duas horas", podendo tal procedimento "incluir, em caso de necessidade, provas dactiloscópicas, fotográficas ou de análoga natureza, as quais são destruídas, na presença do identificando, não se confirmando a suspeita, e ainda a indicação, pelo identificando, de residência onde possa ser encontrado e receber comunicações"; "a redução a auto do procedimento de identificação é obrigatória em caso de recusa de identificação e é nos demais casos dispensada, a solicitação da pessoa a identificar"; quando seja lavrado auto, do mesmo será entregue cópia ao identificando e ao Ministério Público – n.ºˢ 3 e 4 da mesma disposição. "O procedimento de identificação será sempre comunicado a pessoa da confiança do identificando, quando este o solicite" (artigo 3.º, n.º 6).

V. Lei n.º 5/2008, de 12 de Fevereiro que aprova a criação de uma base de dados de perfis de ADN para fins de identificação civil e criminal.

V. *Pessoa singular; Nome; Bilhete de identidade; Nacionalidade; Estado civil; Descendente; Ascendente Magistratura judicial; Registo civil; Nulidade; Passaporte; Estrangeiros; Dados pessoais; Princípio da veracidade; Protecção de dados pessoais; Ministério Público; Dactiloscopia; Domicílio; Auto.*

Identificação de suspeito (Proc. Penal) – Acto pelo qual um cidadão, mediante a apresentação de bilhete de identidade ou passaporte (se for cidadão português) ou de título de residência, bilhete de identidade, passaporte ou documento que o substitua (no caso de ser cidadão estrangeiro), se identifica perante os órgãos de polícia criminal; estes devem provar a sua qualidade, comunicar ao suspeito as circunstâncias que fundamentam a obrigação de identificação, quando esse cidadão seja encontrado em lugar público, aberto ao público ou sujeito a vigilância criminal, "sempre que sobre ele recaiam fundadas suspeitas:

a) da prática de crimes;

b) da pendência de processo de extradição ou de expulsão;

c) de que tenha penetrado ou permaneça irregularmente em território nacional ou,

d) de haver contra este mandado de detenção".

V. artigo 250.º, C. P. P..

No caso de ser cidadão estrangeiro, existem vários meios de identificação: título de residência, bilhete de identidade, passaporte ou documento que substitua o passaporte.

O regime da obrigação do porte de documento de identificação está previsto na Lei n.º 5/95, de 21 de Fevereiro, nomeadamente no seu artigo 2.º: "Os cidadãos maiores de 16 anos devem ser portadores de documento de identificação sempre que se encontrem em lugares públicos, abertos ao público ou sujeitos a vigilância policial".

V. *Suspeito; Identificação da pessoa; Bilhete de identidade; Passaporte; Documento; Residência; Nacionalidade; Estrangeiros; Órgão de polícia criminal; Crime; Mandado; Detenção; Processo de extradição; Expulsão; Mandado de detenção.*

Identificação do arguido (Proc. Penal) – Na fase da audiência de discussão e julgamento, o juiz (presidente se for um tribunal colectivo) começa por perguntar ao arguido pelo seu nome, filiação, freguesia e concelho de naturalidade, data de nascimento, estado civil, profissão, local de trabalho e residência, sobre a existência de processos pendentes e, se necessário, pede exibição de documento oficial bastante de identificação. A ausência de resposta ou a falsidade da mesma pode fazer incorrer o arguido em responsabilidade penal.

V. artigo 342.º, C. P. P..

V. *Arguido; Processo; Documento de identificação; Responsabilidade penal; Juiz; Tribunal colectivo.*

Ilegalidade – Muitas vezes o termo ilegalidade – por contraposição a ilicitude, que supõe sempre o incumprimento de um dever jurídico – é reservado para significar a inobservância de um ónus, situação em que a consequência não é uma sanção mas, apenas, a inexistência de uma vantagem ou verificação de uma desvantagem. Assim, por exemplo, dir-se-á que é ilegal a venda de um bem imóvel por forma diversa da escritura pública: os contraentes não sofrem qualquer sanção, mas o contrato celebrado é nulo, não produzindo, por isso, os efeitos que eram os visados.

O termo ilegalidade também tem outra relevância jurídica – o Tribunal Constitucional pode declarar a ilegalidade de determinadas normas cuja apreciação lhe tenha sido requerida, por serem violadoras de normas ou princípios constitucionais.

A declaração de ilegalidade, com força obrigatória geral pelo Tribunal Constitucional, produz efeitos desde a entrada em vigor da norma declarada ilegal e determina a repristinação das normas que, eventualmente, ela haja revogado.

Tratando-se, porém, de ilegalidade por infracção de norma legal posterior, a declaração só produz efeitos desde a entrada em vigor desta última. "Ficam ressalvados os caso julgados, salvo decisão em contrário do Tribunal Constitucional quando a norma respeitar a matéria penal, disciplinar ou de ilícito de mera ordenação social e for de conteúdo menos favorável ao arguido". Ainda, "quando a segurança jurídica, razões de equidade ou interesse público de excepcional relevo, que deverá ser fundamentado, o exigirem poderá o Tribunal Constitucional fixar os efeitos da inconstitucionalidade ou da ilegalidade com alcance mais restrito" do que o acima descrito.

V. artigo 282.º da Constituição da República.

V. *Ónus; Dever jurídico; Sanção; Eficácia; Tribunal Constitucional; Norma jurídica; Repristinação; Caso julgado; Ilícito de mera ordenação social: Arguido; Aplicação da lei penal no tempo.*

Ilícito de mera ordenação social (Dir. Penal) – Trata-se de uma categoria de infracções que, integrando o domínio do direito sancionatório público, tem natureza diversa da do direito penal.

As contra-ordenações surgiram – na Alemanha, nos anos 40 do século passado – para permitir, precisamente, a circunscrição do direito penal aos comportamentos que de modo mais grave atentam contra os valores fundamentais da vida em sociedade.

A contra-ordenação, à qual corresponde, como sanção principal, a coima – sanção pecuniária, que difere da multa porque nunca poderá ser convertida em prisão –, traduz-se numa infracção que atenta contra uma certa organização social, relevante para o normal funcionamento da vida comunitária, e que apenas de um modo remoto protege valores fundamentais. Assim, por exemplo, no âmbito da circulação rodoviária: é irrelevante, do ponto de vista ético, que se circule pela esquerda ou pela direita; mas é importante, para proteger, desde logo, a integridade das pessoas, que existam regras de circulação pré-definidas.

O regime geral do ilícito de mera ordenação social encontra-se no Decreto--Lei n.º 433/82, de 27 de Outubro, existindo concomitantemente regimes gerais de determinadas categorias de contra--ordenações (v., por exemplo, o regime geral das contra-ordenações laborais, constante dos artigos 614.º e seguintes do Código do Trabalho, que contêm o regime de um conjunto de matérias relativas às contra-ordenações laborais, tais como a classificação das contra-ordenações em função da respectiva gravidade, os valores das coimas, a punição da negligência como regra geral, o destino das coimas, a própria noção de contra-ordenação laboral, entre outras questões.

V. *Contravenção; Crime Direito Penal; Contra-ordenação; Coima; Pena de multa; Pena de prisão; Direito penal administrativo; Contra-ordenação laboral; Negligência.*

Ilícito penal (Dir. Penal) – V. *Ilicitude.*

Ilicitude (Dir. Penal) – No âmbito penal, e em sentido formal, a ilicitude traduz-se na contrariedade ao Direito, ou seja, na violação da proibição contida no preceito penal.

Em sentido material, a ilicitude consiste na afectação – lesão ou ameaça de lesão – de um bem jurídico fundamental protegido pela norma incriminadora.

A ilicitude, no contexto da teoria geral da infracção, afere-se, depois de afirmado o preenchimento do tipo legal de crime, pela inexistência de causas de justificação (que se encontram, genericamente, previstas nos artigos 31.º, 32.º, 34.º, 36.º, 38.º e 39.º, C. P.).

V. *Bem jurídico; Tipo; Crime; Causas de justificação.*

Ilicitude formal (Dir. Penal) – V. *Ilicitude.*

Ilicitude material (Dir. Penal) – V. *Ilicitude.*

Ilicitude objectiva (Dir. Penal) – O facto típico tem elementos objectivos e elementos subjectivos.

Por exemplo, no crime de homicídio, a dimensão objectiva do facto é constituída pela acção, pelo agente, pelo resultado, pelo objecto do facto e pela imputação do resultado à conduta do agente. No mesmo crime, a dimensão subjectiva é constituída pelo dolo ou pela negligência.

A ilicitude objectiva consiste no juízo de desvalor incidente sobre a dimensão objectiva do facto típico, isto é, o juízo de desvalor sobre o facto na sua dimensão objectiva, independentemente portanto do dolo e da negligência.

A autonomização de tal juízo decorre da divisão entre a parte objectiva e a parte subjectiva do crime, divisão que permite a identificação de valorações incidentes sobre cada uma dessas dimensões.

V. *Ilicitude; Homicídio; Acção; Agente; Resultado; Ilicitude pessoal; Tipo; Dolo; Negligência; Imputação objectiva; Imputação subjectiva.*

Ilicitude pessoal (Dir. Penal) – A ilicitude pessoal consiste no juízo de desvalor incidente sobre a acção típica na sua dimensão objectiva, mas também na subjectiva, ou seja, abrangendo a atitude psicológica do agente para com o facto praticado (o dolo ou a negligência).

Para quem considera que a tipicidade apenas comporta elementos objectivos (traduzindo-se, nessa perspectiva, numa mera descrição objectiva do facto penalmente relevante), o dolo e a negligência não fazem parte do tipo de ilícito. De acordo com tal entendimento, as causas de justificação apenas comportam elementos objectivos, isto é, para que um facto típico seja justificado, não é necessário que o agente tenha consciência de que está a actuar ao abrigo de uma causa de justificação; basta, para tanto, que objectivamente se verifiquem os elementos da causa de justificação, independentemente do conhecimento, por parte do agente, de que está a agir ao abrigo de uma causa de justificação.

Por exemplo, se *A* agredir *B* no momento exacto em que *B* se prepara para matar *A*, não se apercebendo *A* da agressão iminente de *B*, *A* actua objectivamente ao abrigo da causa de justificação legítima defesa (objectivamente evita a agressão de *B*) sem o saber.

Se se considerar que a tipicidade apenas comporta elementos objectivos, o facto estará justificado. Para quem considera que o tipo comporta também elementos subjectivos, poder-se-á aplicar analogicamente o disposto no artigo 38.º, n.º 4, C. P. (preceito que se reporta aos casos em que o consentimento é desconhecido do agente, determinando a aplicação da pena aplicável à tentativa), podendo o agente ser punido por facto tentado (esta solução não é unanimemente aceite pela doutrina).

V. *Ilicitude; Acção; Agente; Dolo; Negligência; Tipo; Causas de justificação; Pena; Tentativa; Ilicitude objectiva; Legítima defesa; Elementos do tipo; Elementos objectivos do tipo; Elementos subjectivos do tipo; Analogia; Consentimento.*

Ilicitude subjectiva (Dir. Penal) – V. *Ilicitude pessoal.*

Imóvel – V. *Coisa imóvel.*

Imparcialidade (Proc. Penal) – A nossa lei processual prevê casos em que o juiz, por ter – ou poder ter – qualquer interesse directo ou indirecto na causa, não pode exercer, em relação a ela, as suas funções em jurisdição contenciosa ou voluntária: são os casos de impedimento do juiz.

Também as partes podem opor, nos casos previstos na lei, suspeição ao juiz, que, sendo julgada procedente, inibe, de igual modo, o juiz do exercício das suas funções.

O artigo 7.º do Estatuto dos Magistrados Judiciais (Lei n.º 21/85, de 30 de Julho, alterada pelo Decreto-Lei n.º 342/88, de 28 de Setembro, pelas Leis n.ºs 2/90, de 20 de Janeiro, 10/94, de 5 de Maio, 44/96, de 3 de Setembro, 81/98, de 3 de Dezembro, e 143/99, de 31 de Agosto, 3-B/2000, de 4 de Abril, e 42/2005, de 29 de Agosto) estabelece regras que visam garantir a imparcialidade dos juízes no exercício das suas funções.

Assim, é-lhes vedado:

"a) Exercer funções em tribunal ou juízo em que sirvam juízes de direito, magistrados do Ministério Público ou funcionários de justiça a que estejam ligados por casamento, parentesco ou afinidade em qualquer grau da linha recta ou até ao 3.º grau da linha colateral;

b) Servir em tribunais em que tenham desempenhado funções de Ministério Público nos últimos três anos, ou que pertençam ao círculo judicial em que, em igual período, tenham tido escritório de advogado".

Também os magistrados do Ministério Público estão abrangidos por impedimentos (v. artigos 125.º do Código de Processo Civil, na redacção do Decreto-Lei n.º 329-A/95, de 12 de Dezembro, e 83.º do Estatuto do Ministério Público – Lei n.º 47/86, de 15 de Outubro, alterada pelas Leis n.ºs 2/90, de 20 de Janeiro, 23/92, de 20 de Agosto, 10/94, de 5 de Maio, 60/98, de 27 de Agosto, e 42/2005, de 29 de Agosto).

Finalmente, os funcionários de justiça estão igualmente abrangidos por impedimentos, podendo ser-lhes oposta suspeição.

V. *Juiz; Jurisdição contenciosa; Jurisdição graciosa; Impedimento; Suspeição; Juízo (criminal); Ministério Público; Funcionário de justiça; Parentesco; Afinidade; Círculo judicial; Advogado; Tribunal de círculo; Magistrado; Impedimento de juiz.*

Impedimento (Proc. Penal) – É uma circunstância que impede o exercício de funções em relação a uma dada causa.

Significa, em processo penal, que a pessoa não pode intervir no processo numa dada posição processual – seja na qualidade de juiz, Ministério Público, perito, intérprete ou funcionário de justiça.

V. *Processo; Sujeito processual; Juiz; Impedimento de juiz; Ministério Público; Perito; Funcionário de justiça.*

Impedimento de fiscalização (Dir. Penal) – Crime, previsto no artigo 522.º do Código das Sociedades Comerciais, que se traduz, genericamente, no impedimento ou dificultação pelo gerente ou administrador de sociedade da realização de "actos necessários à fiscalização da vida da sociedade, executados, nos termos e formas que sejam de direito, por quem tenha por lei, pelo contrato social ou por decisão judicial, o dever de exercer a fiscalização, ou por pessoa que actue à ordem de quem tenha esse dever".

V. *Crime.*

Impedimento de juiz (Proc. Penal) – Situação de facto que impede o exercício da função jurisdicional por parte do juiz.

Ocorre em quatro situações previstas taxativamente pela lei processual penal, no artigo 39.º, C. P. P.:

1) quando for, ou tiver sido, cônjuge ou representante legal do arguido, do ofendido ou de pessoa com a faculdade de se constituir assistente ou parte civil, ou quando com qualquer dessas pessoas viver ou tiver vivido em condições análogas às dos cônjuges;

2) quando ele, ou o seu cônjuge, ou a pessoa que com ele viver em condições análogas às dos cônjuges, for ascendente, descendente, parente até ao 3.º grau, tutor ou curador, adoptante ou adoptado do arguido, do ofendido ou de pessoa com a faculdade de se constituir assistente ou parte civil ou for afim destes até àquele grau;

3) quando tiver intervindo no processo como representante do Ministério Público, órgão de polícia criminal, defensor, advogado do assistente ou da parte civil ou do perito;

4) quando no processo tiver sido ouvido, ou dever sê-lo, como testemunha.

Não podem igualmente exercer funções no mesmo processo juízes que sejam entre si cônjuges, parentes ou afins até ao terceiro grau ou que vivam em condições análogas às dos cônjuges.

Há ainda a previsão da situação de "impedimento de juiz por participação em processo", no artigo 40.º, C. P. P.. De acordo com esta norma, nenhum juiz pode intervir em julgamento, recurso ou pedido de revisão relativos a processo em que tiver:

a) aplicado medida de coacção;

b) presidido a debate instrutório; participado em julgamento anterior;

c) proferido ou participado em decisão de recurso ou pedido de revisão anteriores;

d) recusado o arquivamento em caso de dispensa de pena, a suspensão provisória do processo – ou a forma sumaríssima por discordar da sanção proposta.

V. *Impedimento; Juiz; Imparcialidade; Representação; Arguido; Ofendido; Assistente; Partes civis; Ascendente; Descendente; Parentesco; Tutor; Curador; Adopção; Afinidade; Ministério Público; Órgão de polícia criminal; Defensor; Advogado; Perito; Testemunha; Recurso; Revisão; Julgamento; Debate instrutório; Inquérito; Instrução; Prisão preventiva; Agente; Processo; Recurso; Arquivamento;*

Dispensa de pena; Suspensão provisória do processo; Processo sumaríssimo; Sanção.

Impedimento ou perturbação de cerimónia fúnebre (Dir. Penal) – Crime previsto no artigo 253.º, C. P., que se traduz no impedimento ou na perturbação de cortejo ou de cerimónia fúnebre, através de "violência ou de ameaça com mal importante".

Poderá constituir ameaça com mal importante, por exemplo, a ameaça de instauração de um procedimento criminal.

V. *Crime; Ameaça.*

Impedimento, perturbação ou ultraje a acto de culto (Dir. Penal) – Crime previsto no artigo 252.º, C. P., que se traduz no impedimento ou na perturbação do exercício legítimo do culto de religião, por meio de "violência ou de ameaça com mal importante"; poderá ser ameaça com mal importante a ameaça de instauração de um procedimento criminal.

Também ocorre o crime em questão quando alguém publicamente vilipendia acto de culto de religião ou dele escarnece.

V. *Crime; Ameaça.*

Importunação sexual (Dir. Penal) – Crime contra a liberdade sexual previsto no artigo 170.º, C. P., que se traduz na prática, perante uma pessoa, de actos de carácter exibicionista, ou no constrangimento a contacto de natureza sexual, importunando-a.

A lei não define actos exibicionistas. Contudo, dada a inserção sistemática do tipo incriminador assim designado, bem como o significado corrente da expressão, pode afirmar-se que actos exibicionistas são actos por via dos quais o seu autor torna visíveis zonas do corpo directamente relacionadas com a actividade sexual.

V. *Crime; Liberdade sexual; Tipo.*

Imposição de regras de conduta (Dir. Penal)

1. Medida tutelar educativa, prevista na Lei Tutelar Educativa, aprovada pela Lei n.º 166/99, de 14 de Setembro.

"Tem por objectivo criar ou fortalecer condições para que o comportamento do menor se adeqúe às normas e valores jurídicos essenciais da vida em sociedade", podendo ser impostas, nomeadamente, as seguintes regras:

a) Não frequentar certos meios, locais ou espectáculos;

b) Não acompanhar determinadas pessoas;

c) Não consumir bebidas alcoólicas;

d) Não frequentar certos grupos ou associações;

e) Não ter em seu poder certos objectos.

Antes de aplicar a medida, "o tribunal pode pedir aos serviços de reinserção social informação sobre instituições ou entidades junto das quais o menor deve cumprir a medida, respectivos programas, horários, condições de frequência e vagas disponíveis", tendo aqueles serviços de informar em prazo não superior a 20 dias (artigo 21.º).

O artigo 13.º, cujo n.º 2 se deixou citado, determina, no n.º 3, que "as regras de conduta não podem representar limitações abusivas ou desrazoáveis à autonomia de decisão e de condução da vida do menor e têm a duração máxima de dois anos".

V. *Menor; Medidas tutelares educativas; Serviços de reinserção social.*

2. V. *Regras de conduta.*

Impressões digitais (Proc. Penal) – Marcas que são deixadas pelas pontas dos dedos nos objectos em que estas tocam.

Estas impressões são auxiliares da investigação criminal, nomeadamente nas fases preliminares do processo (por exemplo, no inquérito), sendo recolhidas, a maior parte das vezes, pelos órgãos de polícia criminal.

O estudo das impressões digitais usadas na identificação das pessoas é feito pela dactiloscopia.

V. *Investigação criminal; Inquérito; Órgão de polícia criminal; Dactiloscopia.*

Impugnação (Proc. Penal) – É um modo de defesa realizado através da contestação, pelo arguido, dos factos por que é acusado.

O termo é usado, mesmo na linguagem jurídica, para significar genericamente contestação em sentido não técnico, isto é, qualquer modo juridicamente admitido de pôr em causa uma decisão.

V. *Arguido; Contestação; Facto.*

Impugnação da aplicação ou manutenção das medidas de coacção (Proc. Penal) – Sem prejuízo do recurso ao *habeas corpus* (em caso de detenção ilegal ou em caso de prisão ilegal), da decisão que aplicar ou mantiver as medidas de coacção há recurso, julgado no prazo máximo de trinta dias a partir do momento em que os autos forem recebidos.

Só o arguido e o Ministério Público em benefício do arguido podem interpor recurso da decisão que aplicar, mantiver ou substituir as medidas de coacção aplicadas.

Não existe relação de litispendência ou de caso julgado entre este recurso e a providência de *habeas corpus*, independentemente dos respectivos fundamentos.

A decisão que indeferir a aplicação, revogar ou declarar extintas as medidas de coacção é irrecorrível.

V. artigo 219.º, C. P. P.

V. *Recurso; Caso julgado; Litispendência; Medidas de coacção; Habeas corpus; Ministério Público; Arguido; Detenção; Prazo.*

Imputabilidade (Dir. Penal) – A imputabilidade traduz-se na capacidade do agente, reportada ao momento da prática do facto, de avaliar a ilicitude do facto [e/] ou de se determinar de harmonia com essa avaliação.

Trata-se de uma característica do agente, necessária para que seja formulado o juízo de culpa.

A imputabilidade pode ser afastada (o agente será então inimputável) em razão da idade (os menores de dezasseis anos são inimputáveis) ou por anomalia psíquica.

A imputabilidade não é excluída quando provier de anomalia psíquica e esta tiver sido provocada pelo agente com intenção de praticar o facto (artigo 20.º, n.º 4, C. P.). Pode constituir exemplo destes casos a situação em que alguém ingere bebida alcoólica em quantidade excessiva para, sob o efeito do álcool, praticar o crime.

V. *Agente; Acção livre na causa; Culpa; Ilicitude; Anomalia psíquica; Inimputabilidade; Crime.*

Imputabilidade diminuída (Dir. Penal) – Fala-se em imputabilidade diminuída quando a capacidade do agente de avaliar a ilicitude do facto, no momento em que o pratica, ou de se determinar de acordo com essa avaliação, se encontra reduzida.

Se a diminuição for sensível, o agente ainda poderá ser declarado inimputável, de acordo com o artigo 20.º, n.º 2, C. P..

Alguns tipos incriminadores prevêem, como fundamento de privilegiamento, circunstâncias que consubstanciam situações de imputabilidade diminuída: assim acontece, por exemplo, com o legalmente designado homicídio privilegiado, previsto no artigo 133.º, C. P., na parte em que prevê o cometimento do homicídio sob o domínio de uma compreensível emoção violenta.

V. *Imputabilidade; Agente; Ilicitude; Tipo; Crime privilegiado; Culpa; Homicídio privilegiado; Inimputabilidade.*

Imputação objectiva (Dir. Penal) – Nos crimes de resultado, constitui elemento objectivo não escrito do tipo a existência de um nexo de ligação entre o resultado (ou evento) e a acção do agente. Tradicionalmente, este nexo tem sido identificado e construído com apelo a teorias de causalidade.

O Código Penal, no seu artigo 10.º, permite sustentar a consagração da teoria da causalidade adequada, uma vez que determina que, "quando um tipo legal de crime compreender um certo resultado, o facto abrange não só a acção adequada a produzi-lo como a omissão da acção adequada a evitá-lo".

Contudo, a doutrina tem vindo a identificar critérios normativos de imputação do resultado à acção do agente que visam resolver problemas para os quais as teorias assentes numa ideia de causalidade não dão resposta eficaz.

São exemplos de critérios de imputação objectiva os critérios de risco: diminuição de risco, aumento de risco, risco permitido.

A expressão imputação objectiva compreende, pois, toda a matéria relativa à resolução dos problemas de relação entre o resultado e a acção do agente através de critérios normativos, que não assentam em critérios puros de causalidade.

No limite, os critérios de imputação objectiva podem mesmo contrastar, nas soluções a que conduzem, com os critérios de causalidade, isto é, pode negar-se a imputação objectiva em casos nos quais existe, ontologicamente, causalidade – por exemplo, se alguém, para impedir que outrem seja atropelado, o empurra para o passeio, provocando-lhe, desse modo, lesões físicas, poderá não ser responsabilizado por tais lesões, por força do critério da diminuição do risco, negando-se desse modo a existência de um nexo de imputação objectiva, não obstante existir causalidade.

V. *Crime de resultado; Elementos objectivos do tipo; Elementos não escritos; Tipo; Resultado; Acção; Agente; Causalidade; Nexo de causalidade; Causalidade adequada; Omissão; Esfera de protecção da norma; Aumento de risco; Diminuição de risco; Risco permitido; Risco proibido.*

Imputação subjectiva (Dir. Penal) – Expressão que se refere às questões relativas à atitude psicológica do agente em relação ao facto, ou seja, às questões relacionadas com o dolo e com a negligência.

Trata-se, fundamentalmente, da matéria relativa à caracterização do nexo de natureza volitiva entre o agente e o facto praticado.

V. *Agente; Dolo; Negligência.*

Imunidade (Dir. Penal; Proc. Penal) – Pressuposto de aplicação da lei penal.

Traduz-se numa prerrogativa do estatuto de determinados cargos, nos termos da qual os respectivos titulares se encontram isentos de responsabilidade criminal no exercício das suas funções.

Limitação que deriva imediatamente do direito constitucional relativa a determinadas categorias de pessoas, em razão das funções que desempenham ou dos cargos que ocupam (Presidente da República, ministros, deputados, por exemplo), e que vale como verdadeiro pressuposto ou obstáculo processual – seja para instauração de processo, seja para a prisão.

De acordo com o n.º 1 do artigo 157.º da Constituição da República, os deputados não respondem civil, criminal ou disciplinarmente, pelos votos e opiniões que emitirem no exercício das suas funções.

Para a efectivação da responsabilidade criminal dos deputados, v. n.ºˢ 2 (autorização da Assembleia da República para a audição dos deputados como declarantes ou arguidos), 3 (autorização da Assembleia da República para a detenção ou prisão de um deputado) e 4 (decisão da Assembleia da República sobre a suspensão do deputado no caso de contra ele ser movido procedimento criminal), todos do mesmo artigo 157.º da Constituição.

Para a efectivação da responsabilidade criminal do Presidente da República, dispõe o artigo 130.º da Constituição que compete ao Supremo Tribunal de Justiça julgar o Presidente da República por crimes praticados no exercício das suas funções; a iniciativa cabe à Assembleia da República; a condenação implica a destituição do cargo e a impossibilidade de reeleição; o Presidente da República só responde por crimes estranhos ao exercício das suas funções depois de findo o mandato.

Para a efectivação da responsabilidade criminal dos membros do Governo, v. artigo 196.º da Constituição – autorização da Assembleia da República para a detenção ou prisão de um membro do Governo; decisão da Assembleia da República sobre a suspensão do membro do Governo no caso de contra ele ser movido procedimento criminal.

V., ainda, o n.º 2 do artigo 216.º da Constituição, relativo ao estatuto dos juízes (irresponsabilidade dos juízes pelas suas decisões).

V., por último, a Lei n.º 34/87, de 16 de Julho, em especial os artigos 32.º e segs., que contêm regras especiais de processo para o julgamento dos titulares de cargos políticos.

V. *Pressuposto processual; Responsabilidade criminal; Pena de prisão; Declarante; Arguido; Detenção; Supremo Tribunal de Justiça; Sentença condenatória; Detenção; Juiz; Processo; Irresponsabilidade; Cargo político; Constituição da República Portuguesa.*

Inamovibilidade dos magistrados (Org. Judiciária) – Trata-se de uma das garantias de independência da magistratura, consagrada constitucionalmente, e que consiste na proibição de transferência, suspensão, aposentação, demissão ou mudança de situação, por qualquer outra forma, dos magistrados, fora dos casos legalmente estabelecidos.

V. artigo 216.º, n.º 1, da Constituição da República, artigo 6.º do Estatuto dos Magistrados Judiciais (Lei n.º 21/85, de 30 de Julho, alterada pelo Decreto-Lei n.º 342/88, de 28 de Setembro, e pelas Leis n.ºs 2/90, de 20 de Janeiro, 10/94, de 5 de Maio, 44/96, de 3 de Setembro, 81/98, de 3 de Dezembro, 143/99, de 31 de Agosto, 3-B/2000, de 4 de Abril, e 42/2005, de 29 de Agosto) e artigo 4.º, n.º 2, da Lei de Organização e Funcionamento dos Tribunais Judiciais (Lei n.º 3/99, de 13 de Janeiro, rectificada pela Declaração de rectificação n.º 7/99, de 16 de Fevereiro, e alterada pela Lei n.º 101/99, de 26 de Julho, pelos Decretos-Leis n.ºs 323/2001, de 17 de Dezembro, e 38/2003, de 8 de Março – este rectificado pela Declaração de rectificação n.º 5-C/2003, de 30 de Abril –, pela Lei n.º 105/2003, de 10 de Dezembro, pelo Decreto-Lei n.º 53/2004, de 18 Março, pela Lei n.º 42/2005, de 29 de Agosto, e pelo Decreto-Lei n.º 76-A/2006, de 29 de Março – este rectificado pela Declaração de rectificação n.º 28-A/2006, de 26 de Maio).

O artigo 148.º, n.º 1, do Estatuto dos Magistrados Judiciais determina que "aos vogais do Conselho Superior da Magistratura que não sejam juízes é aplicável o regime de garantias dos magistrados judiciais".

V. *Magistrado; Magistratura judicial; Conselho Superior da Magistratura.*

Incapacidade (Dir. Penal) – V. *Imputabilidade; Inimputabilidade.*

Incêndios, explosões e outras condutas especialmente perigosas (Dir. Penal) – Crime previsto no artigo 272.º, C. P., que se traduz genericamente em provocar incêndio de relevo ou explosão, libertar gases tóxicos, emitir radiações ou substâncias radioactivas, provocar inundação ou desprendimento, ou avalanche de terras ou pedras, ou provocar desmoronamento ou desabamento de construção, criando perigo para a vida ou para a integridade física de outrem ou para bens patrimoniais alheios de valor elevado.

A negligência é punida, nos termos dos n.ºs 2 e 3 do mencionado artigo 272.º.

V. *Crime; Crime de perigo; Vida; Integridade física; Negligência; Valor elevado.*

Incidente (Proc. Penal) – Ocorrência estranha ao desenrolar normal de um processo que dá lugar a processado próprio e com fins específicos.

O tribunal competente para a causa em apreço é também o competente para conhecer dos incidentes que nela se levantem – artigo 96.º do Código de Processo Civil.

Porém, a decisão do incidente "não constitui [...] caso julgado fora do processo respectivo, excepto se alguma das partes requerer o julgamento com essa amplitude e o tribunal for competente do ponto de vista internacional e em razão da matéria e da hierarquia".

V. *Tribunal; Competência; Processo; Caso julgado; Julgamento.*

Incidente de falsidade (Proc. Penal) – Incidente destinado a averiguar da veracidade de um documento.

A falsidade de qualquer documento apresentado em juízo deve ser deduzida através de um incidente no próprio processo em que o documento é apresentado.

O incidente de falsidade é processado nos próprios autos da acção em que foi suscitado sempre que possa ser julgado juntamente com ela.

Os actos judiciais também podem ser arguidos de falsidade em incidente no próprio processo, sendo tais incidentes instruídos e julgados nos mesmos termos que os de incidente de falsidade de documentos.

V. *Incidente; Documento; Falsificação de documento; Acto processual.*

Incitamento à desobediência colectiva (Dir. Penal) – Crime previsto no artigo 330.º, C. P., que se traduz no incitamento, em reunião pública ou por qualquer meio de comunicação com o público, à desobediência de leis de ordem pública, com intenção de destruir, alterar ou subverter pela violência o Estado de direito constitucionalmente estabelecido.

Constitui igualmente crime a divulgação, nas mesmas condições, de notícias, falsas ou tendenciosas, susceptíveis de

provocar inquietação na população, bem como a provocação de divisões no seio das forças armadas e a instigação à luta política pela violência.
V. *Crime; Incitamento à guerra civil ou à alteração violenta do Estado de Direito.*

Incitamento à guerra (Dir. Penal) – Crime que se encontrava previsto no artigo 236.º, C. P., e que se considerava cometido por quem incitasse, pública e repetidamente, ao ódio contra um povo, com intenção de desencadear uma guerra.
O artigo 236.º, C. P., foi revogado pela Lei n.º 31/2004, de 22 de Julho, que consagra, no respectivo artigo 17.º, o crime de incitamento à guerra, com descrição equivalente à contida no revogado artigo 236.º.
V. *Crime; Direito internacional humanitário.*

Incitamento à guerra civil ou à alteração violenta do Estado de Direito (Dir. Penal) – Crime previsto no artigo 326.º, C. P., que é cometido por quem incitar publicamente habitantes de território português ou forças militares, militarizadas ou de segurança ao serviço do Estado português, à guerra civil ou à alteração violenta do Estado de direito.
O n.º 2 do mencionado artigo 326.º prevê uma agravação para o caso de o facto ser acompanhado de distribuição de armas.
V. *Crime; Alteração violenta do Estado de Direito; Agravação; Arma.*

Incitamento ao uso de estupefacientes ou substâncias psicotrópicas (Dir. Penal) – Crime previsto no artigo 29.º do Decreto-Lei n.º 15/93, de 22 de Janeiro, que se traduz na indução, no incitamento ou na instigação de outrem ao uso ilícito de substâncias proibidas.
V. *Crime; Estupefaciente; Substância psicotrópica.*

Incitamento à prática de genocídio (Dir. Penal) – V. *Crime de genocídio.*

Incitamento ou ajuda ao suicídio (Dir. Penal) – Crime previsto no artigo 135.º, C. P., que se traduz no incitamento ou na ajuda ao suicídio de outrem.

A punição do agente só tem lugar se o suicídio for cometido, seja na forma consumada, seja na tentada.
O n.º 2 do mencionado artigo 135.º consagra uma agravação para o caso de a vítima ser menor de 16 anos ou ter, por qualquer motivo, a sua capacidade de valoração ou de determinação sensivelmente diminuída.
V. *Crime; Suicídio; Consumação; Tentativa; Inimputabilidade; Agravação; Menor; Propaganda do suicídio.*

Incompetência (Proc. Penal) – Qualidade ou atributo do órgão ou representante em cujo âmbito de poderes funcionais não cabe a prática de certo acto ou categoria de actos que se considere.
Em direito processual penal, é a qualidade ou atributo do tribunal em cujo âmbito de poderes jurisdicionais não cabe o de julgar certo ilícito ou categoria de ilícitos penais ou o de preparar o seu julgamento.
A competência material e funcional dos tribunais em matéria penal é regulada pelas disposições do Código de Processo Penal e, subsidiariamente, pelas leis de organização judiciária.
V. artigos 10.º a 31.º, C. P. P.: nestas disposições estão reguladas as competências material e funcional do Supremo Tribunal de Justiça, dos tribunais da Relação, dos tribunais colectivos, dos tribunais singulares, do tribunal de júri e do tribunal de execução de penas; a competência territorial e a competência por conexão.
V. *Competência; Acto jurídico; Tribunal; Ilicitude; Julgamento; Tribunal da Relação; Supremo Tribunal de Justiça; Tribunal colectivo; Tribunal singular; Júri; Tribunal de Execução de Penas; Tribunal de instrução criminal; Conexão (competência por).*

Inconstitucionalidade – Verifica-se quando há uma contrariedade da lei à Constituição: pode ser orgânica, material ou formal.
Quando uma norma jurídica é organicamente inconstitucional, tal significa que o órgão do qual emanou não é o competente. A inconstitucionalidade material verifica-se quando o seu conteúdo viola princípios fixados na Constituição. A inconstitucio-

nalidade diz-se formal quando o diploma não reveste a forma exigida.

A fiscalização da constitucionalidade dos actos normativos é efectuada pelo Tribunal Constitucional – v. artigos 277.º e seguintes da Constituição da República.

O modelo de fiscalização da constitucionalidade adoptado pela ordem jurídica portuguesa é de tipo misto, correspondendo a fiscalização concreta da constitucionalidade e da legalidade ao sistema de controlo difuso, enquanto que a fiscalização preventiva, a fiscalização abstracta (sucessiva) da constitucionalidade e da ilegalidade e a inconstitucionalidade por omissão correspondem ao sistema de controlo concentrado.

V. *Constituição; Norma jurídica; Competência; Princípio; Tribunal Constitucional.*

Indemnização (Proc. Penal) – Em sentido lato, é a reparação do prejuízo de uma pessoa, em razão do incumprimento ou do deficiente cumprimento de uma obrigação, da violação de um direito absoluto ou da violação de uma norma que proteja interesses privados.

No âmbito do direito processual penal, significa, pois, a reparação do prejuízo de uma pessoa, em razão da violação de um direito com a prática do crime.

É, ainda que a título excepcional, em alguns casos, indemnizável o dano provindo da prática de um acto lícito ou realizado sem culpa mas, como regra (v. artigo 483.º, n.º 2, do Código Civil), a obrigação de indemnizar pressupõe a culpa do agente e essa culpa, consoante a sua graduação, isto é, a sua gravidade, pode influenciar a medida da obrigação de indemnizar.

Consoante a menor ou maior gravidade da culpa, a lei designa-a por dolo ou negligência, sendo que, dentro destas duas grandes categorias, se podem ainda estabelecer diversos graus de culpabilidade do agente.

Havendo vários responsáveis pelos prejuízos, a respectiva obrigação de indemnização será solidária, como determina o artigo 497.º do Código Civil.

A forma ideal de indemnização é a reposição das coisas no estado em que elas se encontrariam se não fora a lesão (artigo 562.º, Código Civil). Só quando "a reconstituição natural não seja possível, não repare integralmente os danos ou seja excessivamente onerosa para o devedor", a lei admite que a indemnização seja fixada em dinheiro.

Para o cálculo da indemnização devem ter-se em conta não só os danos emergentes como os lucros cessantes, prevendo também a lei, expressamente no artigo 496.º do Código Civil, a possibilidade de indemnização de danos não patrimoniais.

V. o Decreto-Lei n.º 423/91, de 30 de Outubro, alterado pelas Leis n.ºˢ 10/96, de 23 de Março, e 136/99, de 28 de Agosto, e pelo Decreto-Lei n.º 62/2004, de 22 de Março, e pela Lei n.º 31/2006, de 21 de Julho, que vem determinar o pagamento de uma indemnização, por parte do Estado, às vítimas de crimes violentos. "As vítimas de lesões corporais graves resultantes directamente de actos intencionais de violência praticados em território português ou a bordo de navios ou aeronaves portuguesas, bem como, no caso de morte, as pessoas a quem, nos termos do n.º 1 do artigo 2009.º do Código Civil, é concedido um direito a alimentos e as que, nos termos da Lei n.º 7/2001, de 11 de Maio, vivessem em união de facto com a vítima, podem requerer a concessão de uma indemnização pelo Estado, ainda que não se tenham constituído ou não possam constituir-se assistentes no processo penal", verificados determinados requisitos, previstos no artigo 1.º. A forma de determinação do montante da indemnização está prevista no artigo 2.º, estabelecendo o artigo 3.º que "a indemnização por parte do Estado poderá ser reduzida ou excluída tendo em conta a conduta da vítima ou do requerente antes, durante ou após a prática dos factos, as suas relações com o autor ou o seu meio, ou se se mostrar contrária ao sentimento de justiça ou à ordem pública".

A Lei n.º 129/99, de 20 de Agosto, veio estabelecer um regime de atribuição, pelo Estado, de um adiantamento de "indemnizações devidas às vítimas de violência conjugal, nomeadamente nas situações previstas no artigo 14.º da Lei n.º 61/91, de 13 de Agosto"; se a vítima vier a obter a reparação, total ou parcial, dos danos que sofreu, fica com a obrigação de restituir as importâncias recebidas a título de adiantamento e, caso não tenha havido reparação dos danos, o Estado fica sub-rogado no crédito indemnizatório até ao limite do quantitativo adiantado (artigos 9.º e 10.º).

Portugal assinou, em 6 de Março de 1997, em Estrasburgo, a Convenção Europeia Relativa à Indemnização das Vítimas de Crimes Violentos, aberta à assinatura em 24 de Novembro de 1983, e que entrou em vigor em 1 de Fevereiro de 1998, segundo o Aviso n.º 148/97, de 10 de Maio; o Decreto n.º 4/2000, de 6 de Março, do Presidente da República, ratificou esta Convenção que fora aprovada, para ratificação, pela Resolução da Assembleia da República n.º 16/2000, da mesma data; o mesmo Decreto designou como autoridade central a Comissão para a Instrução dos Pedidos de Indemnização às Vítimas de Crimes Violentos, prevista no artigo 6.º do referido DL n.º 423/91, e no Decreto Regulamentar n.º 4/93, de 22 de Fevereiro; Portugal depositou, em 13 de Agosto de 2001, junto do Secretariado do Conselho da Europa, o seu instrumento de ratificação, segundo aviso publicado do *Diário da República*, I-A série, de 1 de Outubro de 2001.

V. artigos 71.º e segs., C. P. P..

V. *Dano; Direito; Obrigação; Crime; Pedido de indemnização civil; Acção civil; Processo de adesão; Culpa; Dolo; Negligência; Agente; Lesado; Dano não patrimonial; Norma jurídica; Dano emergente; Lucro cessante; Vítima; Assistente.*

Indemnização por privação da liberdade ilegal ou injustificada (Proc. Penal) – Nos termos do artigo 225.º do C. P. P., "quem tiver sofrido detenção, prisão preventiva ou obrigação de permanência na habitação pode requerer, perante o tribunal competente, indemnização dos danos sofridos, quando:

a) a privação da liberdade for ilegal, nos termos do n.º 1 do artigo 220.º, ou do n.º 2 do artigo 222.º;

b) a privação da liberdade se tiver devido a erro grosseiro na apreciação dos pressupostos de facto de que dependia; ou

c) se comprovar que o arguido não foi agente do crime ou actuou justificadamente".

No caso das alíneas *b)* e *c)* o dever de indemnizar cessa, se o arguido tiver concorrido, por dolo ou negligência, para a privação da sua liberdade.

O pedido de indemnização não pode ser proposto depois de decorrido um ano sobre o momento em que o detido ou preso foi libertado ou foi definitivamente decidido o processo penal respectivo.

V. *Detenção; Prisão preventiva; Obrigação de permanência na habitação; Tribunal; Competência; Indemnização; Agente; Ilegalidade; Erro; Dolo; Negligência; Prazo; Processo penal.*

Independência (Proc. Penal) – A independência dos tribunais está consagrada no artigo 203.º da Constituição da República, que determina que os tribunais apenas se encontram sujeitos à lei.

O artigo 3.º da Lei de Organização e Funcionamento dos Tribunais Judiciais (Lei n.º 3/99, de 13 de Janeiro, rectificada pela Declaração de rectificação n.º 7/99, de 16 de Fevereiro, e alterada pela Lei n.º 101/99, de 26 de Julho, pelos Decretos-Leis n.ºˢ 323/2001, de 17 de Dezembro e 38/2003, de 8 de Março – rectificado pela Declaração de rectificação n.º 5-C/2003, de 30 de Abril –, pela Lei n.º 105/2003, de 10 de Dezembro, rectificada pela Declaração de rectificação n.º 7/99, de 16 de Fevereiro, e alterada pela Lei n.º 101/99, de 26 de Julho, pelos Decretos-Leis n.ºˢ 323/2001, de 17 de Dezembro, e 38/2003, de 8 de Março, pela Lei n.º 105/2003, de 10 de Dezembro, pelo Decreto-Lei n.º 53/2004, de 18 de Março, pela Lei n.º 42/2005, de 29 de Agosto, e pelo Decreto-Lei n.º 76-A/2006, de 29 de Março, este rectificado pela Declaração de rectificação n.º 28-A/2006, de 26 de Maio), reafirma a independência dos tribunais.

Quanto à independência dos magistrados judiciais, v. artigo 4.º, n.º 2, da L. O. T. J. e artigo 4.º do Estatuto dos Magistrados Judiciais (Lei n.º 21/85, de 30 de Julho, alterada pelos Decretos-Leis n.ºˢ 342/88, de 28 de Setembro, 3-B/2000, de 4 de Abril, pelas Leis n.ºˢ 2/90, de 20 de Janeiro, 10/94, de 5 de Maio, 44/96, de 3 de Setembro, 81/98, de 3 de Dezembro, 143/99, de 31 de Agosto, e 42/2005, de 29 de Agosto).

A autonomia do Ministério Público está consagrada no artigo 219.º, n.º 2, da Cons-

tituição da República, no artigo 5.º, n.º 2 da L. O. T. J. e no artigo 2.º do Estatuto do Ministério Público (aprovado pela Lei n.º 47/86, de15 de Outubro, alterada pelas Leis n.ᵒˢ 2/90, de 20 de Janeiro, 23/92, de 20 de Agosto, 10/94, de 5 Maio, e 60/98, de 27 de Agosto, e n.º 42/2005).
V. *Juiz; Ministério Público; Magistratura; Tribunal.*

Indicações (Dir. Penal) – Circunstâncias cuja ocorrência permite a realização da interrupção voluntária da gravidez, desde que verificados os demais requisitos legais.
De acordo com o artigo 142.º, C. P., essas circunstâncias são: perigo de morte ou de grave e irreversível lesão para o corpo ou para a saúde física ou psíquica da mulher (tendo de ser, neste caso, a interrupção da gravidez o único meio para remover tal perigo); perigo de morte ou de grave e duradoura lesão para o corpo ou para a saúde física ou psíquica da mulher (mostrando-se neste caso a interrupção da gravidez um meio indicado para evitar tal perigo); existência de seguros motivos para prever que o nascituro virá a sofrer, de forma incurável, de doença grave ou de malformação congénita; a gravidez ter resultado de crime contra a liberdade e autodeterminação sexual. O preceito estabelece ainda a possibilidade de realização da interrupção voluntária da gravidez, por opção da mulher grávida, nas primeiras 10 semanas; porém, nestes casos não existe qualquer indicação, apenas estabelecendo a lei um prazo.
Em função da sua natureza, as indicações podem ser designadas como terapêuticas (ou médicas), embriopáticas (ou fetopáticas ou eugénicas), criminológicas (ou éticas, jurídicas ou humanitárias) e sociais (esta última categoria de indicações não se encontra consagrada no sistema português).
V. *Aborto; Crime; Feto; Interrupção voluntária da gravidez; Vida intra-uterina; Autodeterminação sexual.*

Indiciado (Proc. Penal) – Pessoa sobre a qual recaem indícios da prática de determinado crime, podendo já ter sido, ou não, constituído arguido.
V. *Indícios; Crime; Arguido.*

Indícios (Proc. Penal) – Indicadores de facto que sugerem que o arguido terá responsabilidade criminal no facto criminoso em investigação e que poderão ser infirmados ou, pelo contrário, comprovados no decurso do processo, servindo de base, neste último caso, ao substrato fáctico para se submeter o arguido a julgamento.
Se os indícios existentes contra determinado arguido se confirmarem no decurso da investigação, conduzem, aquando do encerramento do inquérito, à dedução de acusação; se, pelo contrário, no decurso da investigação, "se tiver recolhido prova bastante de se não ter verificado o crime", o inquérito é arquivado – v. artigo 277.º, C. P. P..
V. *Arguido; Responsabilidade criminal; Prova; Julgamento; Facto; Processo; Inquérito; Acusação; Arquivamento do inquérito.*

Indícios suficientes (Proc. Penal) – São os indicadores de facto dos quais resulta uma possibilidade razoável de ao arguido vir a ser aplicada, em julgamento, uma pena ou uma medida de segurança e que, por isso, sustentam desde logo a acusação contra ele proferida.
Assim, se no decurso do inquérito (ou da instrução) se chegar à conclusão de que há indícios suficientes para submeter o arguido a julgamento, é deduzida a correspondente acusação (ou despacho de pronúncia, no caso de ter sido requerida a instrução), com base nesses indicadores.
V. artigos 283.º e 308.º, C. P. P..
V. *Indícios; Arguido; Pena; Medida de segurança; Julgamento; Acusação; Inquérito; Despacho; Pronúncia; Instrução.*

"In dubio pro reo" (Dir. Penal) – V. *Princípio do "in dubio pro reo".*

Indulto (Dir. Penal) – Medida de graça, de natureza individual, que se traduz em fazer cessar os efeitos de uma condenação.
De acordo com o artigo 134.º-*f*) da Constituição da República, compete ao Presidente da República conceder indultos, ouvido o Governo.
De acordo com o artigo 128.º, n.º 4, C. P., o indulto extingue a pena, no todo ou em parte, ou substitui-a por outra mais

favorável prevista na lei, ao contrário da amnistia que, sendo também uma medida de graça, extingue o procedimento criminal.

V. *Sentença condenatória; Pena; Amnistia; Comutação de pena; Perdão; Perdão genérico.*

Inexigibilidade (Dir. Penal) – Juízo segundo o qual não se pode pedir ao agente que, em determinadas circunstâncias, actue de acordo com o Direito.

Trata-se de um juízo que se realiza no momento em que se aprecia a culpa do agente e remete para padrões sociais de uma actuação normalmente diligente.

O artigo 35.º, C. P., determina que "age sem culpa quem praticar um facto ilícito adequado a afastar um perigo actual e não removível de outro modo, que ameace a vida, a integridade física, a honra ou a liberdade do agente ou de terceiro, quando não for razoável exigir-lhe, segundo as circunstâncias do caso, comportamento diferente".

V. *Culpa; Agente; Ilicitude; Vida; Integridade física; Honra; Estado de necessidade desculpante.*

Infanticídio (Dir. Penal) – Crime previsto no artigo 136.º, C. P., que é cometido quando a mãe mata o filho durante ou logo após o parto, estando ainda sob a sua influência perturbadora.

Trata-se de um verdadeiro homicídio – não já de um aborto –, o que suscita o problema da determinação do início da vida para efeitos penais, uma vez que o facto (a morte de uma pessoa, não de um feto) pode acontecer durante o parto, isto é, num momento anterior ao do nascimento completo e com vida, a que se refere o artigo 66.º, n.º 1, do Código Civil.

A doutrina penalista, com fundamento no artigo 136.º, C. P., identifica como momento relevante para a determinação do começo da vida, o do início do parto, ou seja, o momento do início das contracções irreversíveis.

Verifica-se, nessa medida, que o início da vida para efeitos criminais não coincide com o início da vida para efeitos civis.

V. *Crime; Vida; Aborto.*

Infanticídio privilegiado (Dir. Penal) – V. *Infanticídio; Crime privilegiado.*

Infidelidade (Dir. Penal) – Crime previsto no artigo 224.º, C. P., que ocorre quando o agente, a quem foi confiado, por lei ou acto jurídico, o encargo de dispor de interesses patrimoniais, alheios ou de os administrar ou fiscalizar, causa a esses interesses, intencionalmente e com grave violação dos deveres que lhe incumbem, prejuízo patrimonial importante.

V. *Crime; Agente; Lei; Acto jurídico; Dano.*

Infidelidade diplomática (Dir. Penal) – Crime previsto no artigo 319.º, C. P., que tem lugar quando um agente, em representação oficial do Estado português, conduz negócio de Estado com governo estrangeiro ou organização internacional, ou perante eles assume compromisso, sem para isso estar devidamente autorizado, com intenção de provocar prejuízos a interesses nacionais.

V. *Crime; Prejuízo.*

Informação dos serviços de reinserção social (Proc. Penal) – Respostas a solicitações concretas sobre a situação pessoal, familiar, escolar, laboral ou social do arguido e, eventualmente, da vítima, elaborada por serviços de reinserção social, com o objectivo de auxiliar o tribunal e/ou o juiz no conhecimento da personalidade do arguido, com vista a, a final, garantir a escolha da melhor sanção a aplicar àquele.

Esta informação é expedida pelos serviços e junta ao processo até ao encerramento da audiência de discussão e julgamento.

V. artigo 1.º, n.º 1-*h)*, C. P. P..

V. *Arguido; Ofendido; Serviços de reinserção social; Tribunal; Juiz; Sanção; Audiência de discussão e julgamento.*

Informações falsas (Dir. Penal)

1. Crime, previsto no artigo 519.º do Código das Sociedades Comerciais, que se traduz genericamente na prestação de informações falsas relativas à vida societária pelo sujeito sobre quem impende a obrigação de prestar tais informações (o tipo incriminador remete para a obrigação de prestar declarações nos "termos deste Código").

2. Crime previsto no artigo 11.º do Decreto-Lei n.º 423/91, de 30 de Outubro

(que contém o regime da protecção às vítimas de crimes violentos), que ocorre quando alguém obtém, ou tenta obter, uma indemnização do Estado, com fundamento na circunstância de ter sido vítima de crime violento, com base em informações que sabe serem falsas ou inexactas.
V. *Crime; Tipo; Vítima de crime violento; Indemnização; Vítima.*

Infracção (Dir. Penal) – Expressão que, em Direito, significa a violação de um dever, de uma obrigação.
No âmbito penal, significa o crime.
V. *Crime; Dever jurídico; Obrigação; Contra-ordenação.*

Infracção de regras de construção, dano em instalações e perturbação de serviços (Dir. Penal) – Crime previsto no artigo 277.º, C. P., que se traduz genericamente na violação de regras relativas a diversas actividades – tais como as de planeamento, direcção ou execução de construção, demolição ou instalação –, na destruição ou não instalação de mecanismos destinados à segurança de certas actividades – mecanismos de segurança no trabalho –, ou na perturbação da exploração de determinados serviços – comunicações, fornecimento de água, luz ou energia –, com criação de perigo para a vida ou para a integridade física de outrem ou para bens patrimoniais alheios de valor elevado.
V. *Crime; Integridade física; Valor elevado.*

Infracção tributária (Dir. Penal) – De acordo com o disposto no n.º 1 do artigo 2.º da Lei n.º 15/2001, de 5 de Junho – Regime Geral das Infracções Tributárias –, é "todo o facto típico, ilícito e culposo declarado punível por lei tributária anterior".
As infracções tributárias dividem-se em crimes e contra-ordenações – v. n.º 2 do artigo 2.º.
No n.º 3 estabelece-se que, "se o mesmo facto constituir simultaneamente crime e contra-ordenação, o agente será punido a título de crime, sem prejuízo da aplicação das sanções acessórias previstas para a contra-ordenação".
Às infracções tributárias (qualificadas como crimes) e seu processamento aplica-se o regime geral das Infracções Tributárias, aplicando-se subsidiariamente as disposições do Código Penal, do Código de Processo Penal e respectiva legislação complementar.
Quanto às contra-ordenações e respectivo processamento, aplica-se o regime geral do ilícito de mera ordenação social – v. artigo 3.º.
V. *Facto; Ilicitude; Tipo; Culpa; Crime; Crimes tributários; Contra-ordenação; Ilícito de mera ordenação social.*

Infracções anti-económicas e contra a saúde pública (Dir. Penal) – Designação que abrange crimes e contra-ordenações.
As infracções anti-económicas e contra a saúde pública constam do Decreto-Lei n.º 28/84, de 20 de Janeiro.
Visam proteger determinados bens jurídicos relacionados com a actividade económica e com a saúde pública.
O referido diploma distingue os crimes contra a saúde pública (artigo 22.º) dos crimes contra a economia (artigos 23.º a 41.º-C).
O artigo 8.º do mencionado diploma contém a enunciação das penas acessórias aplicáveis pela prática das infracções criminais previstas.
V. *Crime; Contra-ordenação; Bem jurídico; Pena acessória.*

Infracções artificiais (Dir. Penal) – V. *Crime artificial.*

Infracções económico-financeiras (Dir. Penal) – V. *Infracções anti-económicas e contra a saúde pública.*

Infracções naturais (Dir. Penal) – V. *Crime natural.*

Infracções tributárias (Dir. Penal) – V. *Infracção tributária; Crimes tributários.*

Ingerência prévia (Dir. Penal) – Actuação que cria ou potencia o perigo de verificação de um dado resultado que, em determinados casos (desde logo e por exemplo, quando tal actuação é ilícita), é considerada fonte de dever de garante, isto é, fonte da obrigação de agir no sentido de evitar o resultado, cujo perigo de verificação foi potenciado pela actuação prévia.

É exemplo de uma situação de ingerência prévia geradora do dever de garante a colocação de um invisual numa zona de tráfego automóvel intenso, sem lhe prestar o auxílio devido em face do perigo em que se encontra.

Deste modo, o agente que assim actua fica vinculado a evitar a produção do resultado, podendo incorrer em responsabilidade criminal por omissão, nos termos do artigo 10.º, C. P. – articulado com o tipo incriminador da parte especial que prevê o resultado produzido (a hipótese enunciada pode também convocar a aplicação do artigo 138.º, C. P.).

A ingerência consubstancia também fundamento da qualificação do crime de omissão de auxílio, consagrada no n.º 2 do artigo 200.º, C. P..

V. *Perigo; Resultado; Ilicitude; Dever de garante; Agente; Omissão; Tipo; Omissão de auxílio; Qualificação.*

Inibição de conduzir (Dir. Penal) – V. *Proibição de conduzir veículos com motor; Pena acessória.*

Inibição do poder paternal (Dir. Penal) – Pena acessória, prevista no artigo 179.º, C. P., aplicável a quem for condenado pela prática dos crimes dos artigos 163.º a 176.º, C. P. (crimes contra a liberdade e autodeterminação sexual).

V. *Pena acessória; Poder paternal; Autodeterminação sexual.*

Inimputabilidade (Dir. Penal) – A inimputabilidade pode resultar da idade ou de anomalia psíquica.

De acordo com o artigo 19.º, C. P., os menores de 16 anos são inimputáveis.

Os menores entre os 12 e os 16 anos ficam sujeitos ao regime constante da Lei Tutelar Educativa, aprovada pelo Decreto-Lei n.º 314/78, de 27 de Outubro, alterado sucessivamente pelos Decretos-Leis n.ᵒˢ 185/93, de 22 de Maio, 48/95, de 15 de Março, 58/95, de 31 de Março, 120/98, de 8 de Maio e pelas Leis n.ᵒˢ 133/99, de 28 de Agosto, 147/99, de 1 de Setembro, 166/99, de 14 de Setembro, e 31/2003, de 22 de Agosto. De acordo com esta Lei, os menores, que praticarem facto qualificado como crime, são sujeitos a medidas tutelares educativas, tais como a admoestação, a proibição de condução de ciclomotores, a reparação do ofendido, a realização de tarefas a favor da comunidade, a imposição de regras de conduta ou de obrigações, a frequência de programas formativos, o acompanhamento educativo ou o internamento em centro educativo.

Por seu turno, existe um regime para jovens adultos (jovens entre os 16 e os 21 anos) constante do Decreto-Lei n.º 401/82, de 23 de Setembro, que, além do mais, prevê a possibilidade de atenuação especial da pena aplicável ao jovem e a possibilidade de aplicação de medidas de correcção (admoestação, imposição de obrigações, multa e internamento em centro de detenção), quando a pena de prisão correspondente ao crime não for superior a dois anos, e, em face das circunstâncias, for de concluir que a prisão não se afigura necessária nem conveniente à reinserção social do jovem.

De acordo com o artigo 20.º, n.º 1, C. P., é inimputável quem, por força de uma anomalia psíquica, for incapaz, no momento da prática do facto, de avaliar a ilicitude deste ou de se determinar de acordo com essa avaliação.

Também "pode ser declarado inimputável quem, por força de uma anomalia psíquica grave, não acidental e cujos efeitos não domina, sem que por isso possa ser censurado, não tiver, no momento da prática do facto, a capacidade para avaliar a ilicitude deste ou para se determinar com essa avaliação sensivelmente diminuída" – artigo 20.º, n.º 2, C. P..

Contudo, se se verificarem os respectivos pressupostos, nomeadamente se o agente apresentar um grau de perigosidade social relevante, poderá ser-lhe aplicada uma medida de segurança, nos termos dos artigos 91.º e segs., C. P..

A inimputabilidade impede a formulação do juízo de censura da culpa, pelo que não será aplicável ao agente uma pena.

V. *Anomalia psíquica; Ilicitude; Imputabilidade diminuída; Agente; Perigosidade; Medida de segurança; Culpa; Pena; Menor; Atenuação especial da pena; Admoestação; Pena de multa; Pena de prisão; Imputabilidade; Medida tutelar educativa.*

Injunção judiciária (Dir. Penal) – Pena aplicável às pessoas colectivas, nos termos do artigo 90.°-G, C.P., por via da qual o tribunal ordena à pessoa colectiva que adopte determinadas providências, designadamente as que forem necessárias para cessar a actividade ilícita ou evitar as suas consequências.

Pena acessória, no âmbito da criminalidade económica, que se traduz numa ordem do tribunal dirigida ao agente para que este faça cessar a actividade ilícita – cfr. artigos 8.° e 11.° do Decreto-Lei n.° 28/84, de 20 de Janeiro (regime das infracções anti-económicas e contra a saúde pública).

A injunção visa pôr termo a uma situação irregular (por hipótese, fazer cessar a situação de armazenamento de bens em locais não indicados às autoridades, quando essa indicação é exigida – artigo 28.°, n.° 1, do Decreto-Lei n.° 28/84) ou potencialmente perigosa e restabelecer a legalidade.

V. *Pena acessória, Criminalidade económica; Infracções anti-económicas e contra a saúde pública.*

Injúria (Dir. Penal) – Crime, previsto no artigo 181.°, C. P., que ocorre quando alguém imputa factos ou dirige palavras a outrem ofensivos da sua honra e consideração.

V. *Crime; Honra; Difamação.*

Inquérito (Proc. Penal) – Fase processual que, dirigida pelo Ministério Público (assistido pelos órgãos de polícia criminal que actuam sob a directa orientação daquele e na sua dependência funcional), consiste no conjunto de diligências que visa investigar a existência de um crime, determinar os seus agentes e a respectiva responsabilidade e descobrir e recolher os indícios e as provas, em ordem à decisão sobre o seu desfecho: termina com a dedução de acusação (artigos 283.°, 284.° e 285.°, C. P. P.) ou, pelo contrário, procede-se ao seu arquivamento (artigo 277.°, C. P. P.).

Está regulado nos artigos 262.° a 285.°, C. P. P.: aí se prevêem os *actos a praticar pelo juiz de instrução* (artigo 268.°: nomeadamente, proceder ao primeiro interrogatório judicial de arguido detido; proceder à aplicação de uma medida de coacção ou de garantia patrimonial; proceder a buscas e apreensões; tomar conhecimento do conteúdo de correspondência apreendida); os *actos a ordenar ou a autorizar pelo juiz de instrução* (artigo 269.°: nomeadamente, a efectivação de perícias; a efectivação de exames; buscas domiciliárias; apreensões de correspondência; intercepção, gravação ou registo de conversações ou comunicações); e os *actos que podem ser delegados pelo Ministério Público nos órgãos de polícia criminal* (artigo 270.°: o Ministério Público pode conferir a órgãos de polícia criminal o encargo de procederem a diligências e investigações relativas ao inquérito).

Em regra, a notícia de um crime dá sempre lugar à abertura de inquérito – v. artigo 262.°, n.° 2, C. P. P..

Esgotado o prazo de trinta dias – "contado da data do despacho de arquivamento ou da notificação deste ao assistente ou ao denunciante com a faculdade de se constituir assistente" (artigo 278.°, n.° 1, C. P. P.) –, o inquérito pode ser reaberto "se surgirem novos elementos de prova que invalidem os fundamentos invocados pelo Ministério Público no despacho de arquivamento – v. artigo 279.°, C. P. P..

No caso de dedução de acusação, no final do inquérito, o processo prossegue ou com a fase (facultativa) da instrução – se esta for requerida – ou com a consequente audiência de discussão e julgamento.

O Acórdão do Supremo Tribunal de Justiça n.° 1/2006, publicado no *Diário da República*, I-A série, de 2 de Janeiro, estabeleceu a seguinte doutrina: "A falta de interrogatório como arguido, no inquérito, de pessoa determinada contra quem o mesmo corre, sendo possível a notificação, constitui a nulidade prevista no artigo 120.°, n.° 2, alínea d), do Código de Processo Penal".

V. *Ministério Público; Órgão de polícia criminal; Diligência; Crime; Prova; Indícios; Meios de prova; Acusação; Acusação pelo Ministério Público; Acusação pelo assistente; Acusação particular; Arquivamento do inquérito; Actos de inquérito; Juiz de instrução; Arguido; Primeiro interrogatório judicial de arguido detido; Medidas de coacção; Medidas de garantia patrimonial; Busca; Apreensão; Intercepções, gravação ou registo de conver-*

sações e comunicações; Notícia do crime; Notificação; Nulidades dependentes de arguição; Instrução; Julgamento.

Inquirição (Proc. Penal) – Acto de instrução do processo no qual o juiz ouve os depoimentos prestados pelas testemunhas.

A inquirição é normalmente feita na audiência final, podendo todavia sê-lo antecipadamente se houver fundado receio de se tornar muito difícil ou impossível na altura própria. São, nomeadamente, os casos previstos no artigo 271.º, C. P. P.: – Declarações para memória futura: "em caso de doença grave ou de deslocação para o estrangeiro de uma testemunha, que previsivelmente a impeça de ser ouvida em julgamento, bem como nos casos de vítimas de crime de tráfico de pessoas ou contra a liberdade e autodeterminação sexual, o juiz de instrução, a requerimento do Ministério Público, do arguido, do assistente ou das partes civis, pode proceder à sua inquirição no decurso do inquérito, a fim de que o depoimento possa, se necessário, ser tomado em conta no julgamento".

A inquirição é feita pelo juiz, podendo o Ministério Público, o arguido, o defensor e os advogados do assistente e das partes civis "solicitar ao juiz a formulação de perguntas adicionais e podendo ele autorizar que sejam" eles a fazê-las.

– Pode também ser a inquirição feita antecipadamente quando a testemunha resida fora da comarca, goze da prerrogativa de ser inquirida na sua residência ou na sede dos serviços (em virtude do cargo que ocupa) ou quando não possa comparecer no tribunal por motivo de doença.

V. *Instrução; Testemunha; Audiência de discussão e julgamento; Requerimento; Ministério Público; Arguido; Assistente; Partes civis; Inquérito; Comarca; Residência; Declarações para memória futura.*

Inquirição das testemunhas (Proc. Penal) – À produção da prova testemunhal na audiência são aplicáveis as disposições gerais sobre aquele meio de prova.

A inquirição de testemunhas menores de dezasseis anos é levada a cabo apenas pelo presidente. Finda ela, os outros juízes, jurados, Ministério Público, defensor e advogados do assistente e das partes civis, podem pedir ao presidente que lhe formule perguntas.

V. artigos 131.º, 132.º e 133.º, C. P. P..

V. *Testemunha; Prova testemunhal; Meio de prova; Juiz; Jurado; Ministério Público; Defensor; Advogado; Assistente; Partes civis.*

Insolvência – Nos termos do Código dos Processos Especiais de Recuperação da Empresa e de Falência, aprovado pelo Decreto-Lei n.º 132/93, de 23 de Abril (rectificado pela Declaração de rectificação n.º 141/93, de 31 de Julho), alterado pelos Decretos-Leis n.ºs 157/97, de 24 de Junho, 315/98, de 20 de Outubro, 323/2001, de 17 de Dezembro, e 38/2003, de 8 de Março (este rectificado pela Declaração de rectificação n.º 5-C/2003, de 30 de Abril), a insolvência constituía sempre uma situação factual de insuficiência patrimonial de qualquer sujeito jurídico, traduzida na insusceptibilidade de cumprimento das suas obrigações; desta situação patrimonial podia decorrer, para qualquer devedor, a declaração de falência, se, além de insolvente, tratando-se de uma empresa e não se verificasse a sua inviabilidade económica ou a impossibilidade da sua recuperação financeira ou da adopção de uma providência de recuperação da empresa.

Este diploma foi substituído pelo Código da Insolvência e da Recuperação de Empresas, aprovado pelo Decreto-Lei n.º 53/2004, de 18 de Março, alterado pelos Decretos-Leis n.ºs 200/2004, de 18 de Agosto, e 76-A/2006, de 29 de Março (rectificado pela Declaração de rectificação n.º 28-A/2006, de 26 de Maio), texto do qual desapareceu a referência à falência.

Nos termos do artigo 3.º deste Código, "é considerado em situação de insolvência o devedor que se encontre impossibilitado de cumprir as suas obrigações vencidas"; "as pessoa colectivas e os patrimónios autónomos por cujas dívidas nenhuma pessoa singular responda pessoal e ilimitadamente, por forma directa ou indirecta, são também consideradas insolventes quando o seu passivo seja manifestamente superior ao activo, avaliados segundo as normas contabilísticas aplicáveis", salvo se o activo se mostrar superior ao passivo, "avaliados segundo as seguintes regras: *a)* Consideram-se no activo e no passivo os elementos identificáveis, mesmo que não constantes do balanço, pelo seu justo valor; *b)* Quando o devedor seja titular de uma empresa, a valorização baseia-se numa perspectiva de continuidade ou de liquidação, consoante o que se afigure mais provável, mas em qualquer caso com exclusão da rubrica de trespasse; *c)* Não se incluem no passivo dívidas que apenas hajam de ser pagas à custa de fundos distribuíveis ou do activo restante depois de satisfeitos ou acautelados os direitos dos demais credores do devedor", acrescentando o n.º 4 do mesmo artigo que se equipara "à situação de insolvência actual a que seja meramente iminente, no caso de apresentação pelo devedor à insolvência".

V. *Falência; Obrigação; Devedor; Insolvência dolosa; Património; Pessoa colectiva.*

Insolvência dolosa (Dir. Penal) – Crime, previsto no artigo 227.º, C. P., que se traduz genericamente na prática, por parte do devedor, de actos de redução do respectivo activo patrimonial, com a intenção de prejudicar os credores.

O n.º 2 do preceito prevê a punição do "terceiro que praticar algum dos factos descritos no n.º 1 com o conhecimento do devedor ou em benefício deste".

O n.º 3, por seu turno, prevê, para os casos em que o devedor é uma pessoa colectiva, a punição de "quem tiver exercido de facto a respectiva gestão ou direcção efectiva e houver praticado alguns dos factos previstos no n.º 1".

V. *Crime; Insolvência; Pessoa colectiva; Agravação; Insolvência negligente.*

Insolvência negligente (Dir. Penal) – Crime previsto no artigo 228.º, C. P., que se traduz, genericamente, na criação, por grave incúria ou imprudência, de um estado de insolvência.

Constitui também crime não requerer nenhuma providência de recuperação de empresas, tendo conhecimento das dificuldades económicas e financeiras da sua empresa. O agente só é, porém, punido se ocorrer a situação de insolvência e esta vier a ser reconhecida judicialmente.

O n.º 2 do mencionado artigo 228.º consagra, para os casos em que o devedor é uma pessoa colectiva, a punição de "quem tiver exercido de facto a respectiva gestão ou direcção efectiva e houver praticado alguns dos factos previstos no n.º 1".

V. *Crime; Insolvência; Insolvência dolosa; Negligência; Falência; Pessoa colectiva.*

Instância (Proc. Penal)
1. Tribunal ou juízo em que corre o processo.
2. Também se fala em instância para significar a hierarquia judicial dos vários tribunais que conhecem da causa: 1.ª e 2.ª instâncias (esta última, a de recurso).
3. O termo pode também ser usado para designar as perguntas que, numa inquirição, se destinam a esclarecer ou completar certos pontos do depoimento.

V. *Processo; Tribunal; Recurso; Tribunal de primeira instância; Tribunal da Relação; Inquirição.*

Instigação (Dir. Penal) – V. *Instigador.*

Instigação pública a um crime (Dir. Penal) – Crime previsto no artigo 297.º, C. P., que se traduz na provocação ou incitamento à prática de um crime, através de reunião pública, meio de comunicação social, divulgação de escrito ou de outro meio de reprodução técnica.

V. *Crime; Instigador.*

Instigador (Dir. Penal) – O artigo 26.º, C. P., refere-se ao instigador como aquele que dolosamente determina outrem à prática do facto.

O instigador origina, assim, através da sua actuação, a vontade de cometer o crime do autor.

O instigador é punido como autor, desde que haja execução ou começo de execução por parte do instigado.

V. *Autor; Dolo; Crime; Actos de execução; Comparticipação.*

Instituto de Reinserção Social – Órgão auxiliar da Administração da Justiça responsável pelas políticas de prevenção criminal e de reinserção social, designadamente nos domínios da prevenção da delinquência juvenil, das medidas tutelares educativas e da promoção de medidas penais alternativas à prisão.

As acções de prevenção criminal em que o Instituto de Reinserção Social (IRS) participa são orientadas para a limitação da possibilidade de cometimento de crimes, contribuindo simultaneamente para o desenvolvimento social, desempenhando, assim, uma importante função no processo de reinserção social dos reclusos, promovendo quer o trabalho em meio prisional, quer a educação e a formação profissional em meio prisional, orientando o recluso na interacção entre a comunidade e o estabelecimento prisional, e preparando-o para a liberdade.

O IRS desempenha, também, funções na área da Justiça de Crianças e Jovens, nomeadamente no âmbito do processo tutelar educativo e da protecção de crianças e jovens em perigo. É ainda objectivo do IRS assegurar apoio técnico aos tribunais no âmbito da jurisdição da família.

A Direcção-Geral de Reinserção Social (criada pelo Decreto-Lei n.º 126/2007, de 27 de Abril) é o serviço responsável pela definição e execução das políticas de prevenção criminal e de reinserção social de jovens e adultos, designadamente, pela promoção e execução de medidas tutelares educativas e medidas alternativas à prisão.

V. *Medidas tutelares educativas; Pena de prisão; Processo tutelar; Protecção de crianças e jovens em perigo.*

Instituto Nacional da Farmácia e do Medicamento – Órgão ao qual compete, no âmbito do Decreto-Lei n.º 15/93, de 22 de Janeiro, (alterado pelo Decreto-Lei n.º 81/95, de 22 de Abril, pela Lei n.º 45/96, de 3 de Setembro, pelo Decreto-Lei n.º 214/2000, de 2 de Setembro, pela Lei n.º 30/2000, de 29 de Novembro, pelo Decreto-Lei n.º 69/2001, de 24 de Fevereiro, pelas Leis n.ºˢ 101/2001 e 104/2001, ambas de 25 de Agosto, pelo Decreto-Lei n.º 323/2001, de 17 de Dezembro, e pelas Leis n.ºˢ 3/2003, de 15 de Janeiro – que transpõe a Directiva n.º 2001/8/CE, da Comissão, de 8 de Fevereiro –, e 47/2003, de 22 de Agosto –, diploma que regula o Tráfico e Consumo de Estupefacientes e de Substâncias Psicotrópicas), fiscalizar as actividades autorizadas de cultivo, produção, fabrico e emprego, comércio por grosso, distribuição, importação, exportação, trânsito aquisição, venda, entrega e detenção de determinadas plantas, substâncias e preparações.

As infracções detectadas são comunicadas às entidades competentes para investigação criminal ou para investigação e instrução contra-ordenacional.

V. *Instrução; Contra-ordenação; Estupefaciente; Substância psicotrópica.*

Instrução (Proc. Penal) – Fase processual, com carácter facultativo, destinada à comprovação judicial da decisão de deduzir acusação ou de arquivar o inquérito, em ordem a decidir se se submete ou não a causa a julgamento.

É solicitada, mediante requerimento, sem formalidades especiais, pelo arguido ou pelo assistente; nos crimes particulares o assistente não pode requerer a abertura da instrução. Deve conter, em súmula, as razões de facto e de direito de discordância relativamente à acusação ou não acusação, bem como, se for o caso, a indicação dos meios de prova a requerer e dos actos de instrução que o requerente pretenda realizar.

A instrução pode ser requerida nos termos do disposto no artigo 287.º, C. P. P..

A respectiva direcção compete a um juiz de instrução, assistido pelos órgãos de polícia criminal.

Nos termos do artigo 289.º, C. P. P., "a instrução é formada pelo conjunto de actos de instrução que o juiz entenda dever levar a cabo e, obrigatoriamente, por um debate instrutório, oral e contraditório, no qual podem participar o Ministério Público, o arguido, o defensor, o assistente e o seu advogado, mas não as partes civis".

O Ministério Público, o arguido, o defensor, o assistente e o seu advogado podem assistir aos actos de instrução por qualquer deles requeridos e suscitar pedidos de esclarecimento ou requerer que sejam formuladas as perguntas que entenderem relevantes para a descoberta da verdade.

Os actos de instrução efectuam-se pela ordem que o juiz reputar mais conveniente; este indefere – por despacho – os actos requeridos que entenda não interessarem à instrução ou servirem para protelar o andamento do processo e pratica ou ordena oficiosamente aqueles que considerar úteis. Do despacho referido cabe reclamação, sendo irrecorrível o despacho que a decidir.

Esta fase processual encontra-se regulada nos artigos 286.º a 310.º, C. P. P..

Termina com a decisão instrutória que pode ser de pronúncia ou de não-pronúncia. A decisão de pronúncia do arguido é irrecorrível.

Não há lugar a instrução nas formas de processo especiais – artigo 286.º, n.º 3.

V. o Assento n.º 1/97 do Supremo Tribunal de Justiça, publicado no *Diário da República*, I-A série, de 18 de Outubro de 1997, que decidiu: "Requerida a instrução por um só ou por alguns dos arguidos abrangidos por uma acusação, os efeitos daquela estendem-se aos restantes que por ela possam ser afectados, mesmo que a não tenham requerido. A final, a decisão instrutória que vier a ser proferida deve abranger todos os arguidos constantes da referida acusação, por não haver lugar, neste caso, à aplicação posterior do n.º 2 do artigo 311.º do Código de Processo Penal".

V. *Acusação; Inquérito; Arquivamento do inquérito; Requerimento; Julgamento; Arguido; Assistente; Prova; Meios de prova; Juiz de instrução; Órgão de polícia criminal; Debate instrutório; Decisão instrutória; Ministério Público; Defensor; Advogado; Partes civis; Pronúncia; Não-pronúncia; Recurso; Processo especial; Requerimento para a abertura da instrução; Acto de instrução; Forma de processo; Despacho.*

Instrumentos de escutas telefónicas (Dir. Penal) – Crime, previsto no artigo 276.º, C. P., que se traduz genericamente na utilização ou detenção de instrumento ou aparelhagem, especificamente destinado à montagem de escuta telefónica, ou à violação de correspondência ou telecomunicações, fora das condições legais ou contrariando as prescrições da autoridade competente.

V. *Crime; Escutas telefónicas.*

Instrumentos do crime (Dir. Penal) – Objectos que serviram ou que estavam destinados a servir para a prática de um crime.

V. *Crime; Perda de instrumentos e produtos.*

Insuficiência económica (Proc. Penal) – Nos termos do disposto no artigo 8.º da Lei n.º 34/2004, de 29 de Julho – Lei de Acesso ao Direito –, alterada e republicada pela Lei n.º 47/2007, de 28 de Agosto (que transpõe para a ordem jurídica nacional a Directiva n.º 2003/8/CE, do Conselho, de 27 de Janeiro, relativa à melhoria do acesso à justiça), "encontra-se em situação de insuficiência económica aquele que, tendo em conta factores de natureza económica e a respectiva capacidade contributiva, não tem condições objectivas para suportar pontualmente os custos de um processo".

Aplica-se esta noção de insuficiência económica também às pessoas colectivas sem fins lucrativos.

A insuficiência económica das pessoas singulares é apreciada de acordo com os seguintes critérios:

a) O requerente cujo agregado familiar tenha um rendimento relevante para efeitos de protecção jurídica igual ou inferior a três quartos do indexante de apoios sociais não tem condições objectivas para suportar qualquer quantia relacionada com os custos de um processo, devendo igualmente beneficiar de atribuição de agente de execução e de consulta jurídica gratuita – n.º 1-*a)* do artigo 8.º-A (aditado pela Lei n.º 47/2007, de 28 de Agosto, à Lei n.º 34/2004, de 29 de Julho);

b) O requerente cujo agregado familiar tenha um rendimento relevante para efeitos de protecção jurídica superior a três quartos e igual ou inferior a duas vezes e meia o valor do indexante de apoios sociais tem condições objectivas para suportar os custos de uma consulta jurídica sujeita ao pagamento prévio de uma taxa, mas não tem condições objectivas para suportar pontualmente os custos de um processo e, por esse motivo, beneficia de apoio judiciário nas modalidades de pagamento faseado e de atribuição de agente de execução – n.º 1-*b)* do artigo 8.º-A (aditamento feito pela Lei n.º 47/2007 à Lei n.º 34/2004);

c) Não se encontra em situação de insuficiência económica o requerente cujo agregado familiar tenha um rendimento relevante para efeitos de protecção jurídica superior a duas vezes e meia o valor do indexante de apoios sociais.

O rendimento relevante para efeitos de protecção jurídica é o montante que resulta da diferença entre o valor do rendimento líquido completo do agregado familiar e o valor da dedução relevante para efeitos de protecção jurídica e calcula-se nos termos previstos no anexo à mesma Lei. Considera-se que pertencem ao mesmo agregado familiar as pessoas que vivam em economia comum com o requerente de protecção jurídica – n.ºs 2 e 3.

Se o valor dos créditos depositados em contas bancárias e o montante de valores mobiliários admitidos à negociação em mercado regulamentado, de que o requerente ou qualquer membro do seu agregado familiar sejam titulares, forem superiores a 24 vezes valor do indexante de apoios sociais, considera-se que o requerente de protecção jurídica não se encontra em situação de insuficiência económica, independentemente do valor do rendimento relevante para efeitos de protecção jurídica do agregado familiar.

O requerente pode solicitar, excepcionalmente e por motivo justificado, que a apreciação da insuficiência económica tenha em conta apenas o rendimento, o património e a despesa permanente próprios ou dele e de alguns elementos do seu agregado familiar.

Se, perante um caso concreto, o dirigente máximo dos serviços de segurança social competente para a decisão sobre a concessão de protecção jurídica entender que a aplicação dos critérios enunciados conduz a uma manifesta negação do acesso ao direito e aos tribunais pode, por despacho especialmente fundamentado e sem possibilidade de delegação, decidir de forma diversa daquela que resulta da aplicação dos referidos critérios.

V. n.ºs 4 a 8.º do artigo 8.º-A.

A prova da insuficiência económica é feita nos termos a definir por portaria conjunta dos ministros responsáveis pelas áreas da justiça e da segurança social.

Em caso de dúvida sobre a verificação de uma situação de insuficiência económica, pode ser solicitado pelo dirigente máximo do serviço de segurança social que aprecia o pedido que o requerente autorize, por escrito, o acesso a informações e documentos bancários e que estes sejam exibidos perante esse serviço e, quando tal se justifique, perante a administração tributária.

Se todos os elementos necessários à prova da insuficiência económica não forem entregues com o requerimento de protecção jurídica, os serviços da segurança social notificam o interessado, com referência expressa à cominação prevista no número seguinte: – o indeferimento do pedido – para que este os apresente no prazo de 10 dias, suspendendo-se o prazo para a formação de acto tácito. No termo deste prazo, se o interessado não tiver procedido à apresentação de todos os elementos de prova necessários, o requerimento é indeferido, sem necessidade de proceder a nova notificação ao requerente.

V. artigos 8.º-A e 8.º-B da Lei n.º 34/2004, alterada pela Lei n.º 47/2007.

V. *Acesso à justiça; Apoio judiciário; Pessoa colectiva; Processo; Custas; Preparos; Taxa de justiça; Notificação; Prazo; Processo; Apoio judiciário.*

Integridade física (Dir. Penal) – Bem jurídico tutelado pelos crimes de ofensas à integridade física constantes dos artigos 143.º a 152.º, C. P., que tem por conteúdo (identificável em face do artigo 144.º, C. P., que procede à agravação de formas graves de agressão das várias dimensões do bem jurídico em causa) a preservação da integridade do corpo físico, a manutenção das capacidades funcionais do indivíduo, a manutenção do estado de saúde física e psíquica e a manutenção da imagem.

V. *Crime; Bem jurídico; Agravação; Ofensa à integridade física grave; Ofensa à integridade física simples; Ofensa à integridade física por negligência; Ofensa à integridade física qualificada.*

Inteligências com o estrangeiro para constranger o Estado português (Dir. Penal) – Crime que se encontrava previsto no artigo 312.º, C. P., e que se traduzia na manutenção de "inteligências com governo de Estado estrangeiro, com partido, associação, instituição ou grupo estrangeiro, ou com agente seu, com intenção de constranger o Estado Português a [...]" declarar guerra, não declarar ou não manter a neutralidade, declarar ou manter a neutralidade ou sujeitar-se a ingerência de Estado estrangeiro nos negócios portugueses, adequada a pôr em perigo a independência ou integridade de Portugal.

O artigo 312.º, n.º 2, C. P., previa ainda a punição de quem, com a referida intenção, publicamente fizesse ou divulgasse "afirmações" que sabia serem falsas ou grosseiramente deformadas.

Por último, o n.º 3 do mencionado artigo 312.º previa a punição de quem, directa ou indirectamente, recebesse ou aceitasse promessa de dádiva para facilitar ilegítima ingerência estrangeira nos negócios portugueses, adequada a pôr em perigo a independência ou a integridade de Portugal.

O artigo 312.º, C. P., foi revogado pela Lei n.º 100/2003, de 15 de Novembro, que aprovou o Código de Justiça Militar.

O crime de inteligências com o estrangeiro para constranger o Estado Português encontra-se actualmente previsto no artigo 30.º do Código de Justiça Militar, com redacção idêntica à do revogado artigo 312.º.

V. *Crime; Crimes militares; Código de Justiça Militar; Revogação da lei.*

Inteligências com o estrangeiro para provocar a guerra (Dir. Penal) – Crime que se encontrava previsto no artigo 310.º, C. P., e que se traduzia na manutenção de "inteligências com governo de Estado estrangeiro, com partido, associação, instituição ou grupo estrangeiro, ou com algum agente seu, com intenção de promover ou provocar a guerra ou acção armada contra Portugal".

O artigo 310.º, C. P., foi revogado pela Lei n.º 100/2003, de 15 de Novembro, que aprovou o Código de Justiça Militar.

O crime de inteligências com o estrangeiro para provocar a guerra encontra-se previsto no artigo 28.º do Código de Justiça Militar, com redacção idêntica à do revogado artigo 310.º.

V. *Crime; Crimes militares.*

Intenção (Dir. Penal) – V. *Dolo; Dolo directo.*

Intercepções, gravação ou registo de conversações e comunicações (Proc. Penal) – As intercepções, gravações ou registo de conversações surgem, no processo penal, enquanto meio de obtenção da prova – ver artigos 187.º e segs. do Código de Processo Penal.

"A intercepção e gravação de conversações ou comunicações telefónicas só podem ser autorizadas [...]":

Durante o inquérito, se houver razões para crer que a diligência é indispensável para a descoberta da verdade ou que a prova seria, de outra forma, impossível ou muito difícil de obter, por despacho fundamentado do juiz de instrução e mediante requerimento do Ministério Público, quanto a crimes:

a) puníveis com pena de prisão superior, no seu máximo, a três anos;

b) relativos ao tráfico de estupefacientes;

c) de detenção de arma proibida e de tráfico de armas;

d) de contrabando;

e) de injúria e de ameaça, de coacção, de devassa da vida privada e de perturbação da paz e sossego, quando cometidos através de telefone;.

f) de ameaça com prática de crime ou de abuso e simulação de sinais de perigo, ou

g) de evasão, quando o arguido haja sido condenado por algum dos crimes previstos nas alíneas anteriores.

A autorização pode ser solicitada ao juiz dos lugares onde eventualmente se puder efectivar a conversação ou comunicação telefónica ou da sede da entidade competente para a investigação criminal, tratando-se dos crimes:

a) de terrorismo, criminalidade violenta ou altamente organizada;

b) de sequestro, rapto e tomada de reféns;

c) contra a identidade cultural e integridade pessoal;

d) contra a segurança do Estado;

e) de falsificação de moeda ou títulos equiparados a moeda;

f) abrangidos por convenção sobre segurança da navegação aérea ou marítima.

Nestes casos, a autorização é levada, no prazo máximo de setenta e duas horas, ao conhecimento do juiz do processo, a quem cabe praticar os actos jurisdicionais subsequentes.

A intercepção e gravação das conversas referentes a todos os crimes descritos "só podem ser autorizadas, independentemente da titularidade do meio de comunicação utilizado, contra:
 a) suspeito ou arguido;
 b) pessoa que sirva de intermediário, relativamente à qual haja fundadas razões para crer que recebe ou transmite mensagens destinadas ou provenientes de suspeito ou arguido; ou
 c) vítima de crime, mediante o respectivo consentimento, efectivo ou presumido" – n.º 4, artigo 187.º, C. P. P..

A intercepção e a gravação "são autorizadas pelo prazo máximo de três meses, renovável por períodos sujeitos ao mesmo limite, desde que se verifiquem os respectivos requisitos de admissibilidade".

Têm de ser observados, sob pena de nulidade, todos os requisitos e formalidades das operações estabelecidos no artigo 188.º, C. P. P.: é lavrado o auto da intercepção, pelo órgão de polícia criminal, o qual "indica as passagens relevantes para a prova, descreve de modo sucinto o respectivo conteúdo e explica o seu alcance para a descoberta da verdade". Tal não impede que o órgão de polícia criminal que proceder à investigação tome previamente conhecimento do conteúdo da comunicação interceptada a fim de poder praticar os actos cautelares necessários e urgentes para assegurar os meios de prova.

O órgão de polícia criminal leva ao conhecimento do Ministério Público, de 15 em 15 dias a partir da primeira intercepção efectuada no processo, os correspondentes suportes técnicos, bem como os respectivos autos e relatórios. O Ministério Público leva ao conhecimento do juiz os elementos no prazo máximo de 48 horas.

"O juiz determina a destruição imediata dos suportes técnicos e relatórios manifestamente estranhos ao processo":
 a) que disserem respeito a conversações em que não intervenham o suspeito ou arguido, a pessoa que sirva de intermediário, relativamente à qual haja fundadas razões para crer que recebe ou transmite mensagens destinadas ou provenientes de suspeito ou arguido ou a vítima do crime;
 b) que abranjam matérias cobertas pelo segredo profissional, de funcionário ou de Estado, ou
 c) cuja divulgação possa afectar gravemente direitos, liberdades e garantias, ficando todos os intervenientes vinculados ao dever de segredo relativamente às conversações de que tenham tomado conhecimento.

Durante o inquérito, o juiz determina, a requerimento do Ministério Público, a transcrição e junção aos autos das conversações e comunicações indispensáveis para fundamentar a aplicação de medidas de coacção.

A partir do encerramento do inquérito, o assistente e o arguido podem examinar os suportes técnicos e obter cópia das partes que pretendam transcrever, bem como dos relatórios, até ao termo dos prazos previstos para requerer a abertura da instrução ou apresentar a contestação.

Nos termos do n.º 9 do artigo 188.º, C. P. P., "só podem valer como prova as conversações que:
 a) o Ministério Público mandar transcrever ao órgão de polícia criminal que tiver efectuado a intercepção e a gravação e indicar como meio de prova na acusação;
 b) o arguido transcrever a partir das cópias previstas no número anterior e juntar ao requerimento de abertura de instrução ou à contestação; ou
 c) o assistente transcrever a partir das cópias previstas no número anterior e juntar ao processo no prazo previsto para requerer a abertura de instrução, ainda que não a requeira ou não tenha legitimidade para o efeito".

O tribunal pode proceder à audição das gravações para determinar a correcção das transcrições já efectuadas ou a junção aos autos de novas transcrições, sempre que entender necessário. As pessoas cujas conversações ou comunicações tiverem sido escutadas e transcritas podem examinar os respectivos suportes técnicos até ao encerramento da audiência de julgamento.

Os suportes técnicos que não originarem transcrições para servirem como meio de prova são guardados em envelope lacrado, à ordem do tribunal, e destruídos após o trânsito em julgado da decisão que puser termo ao processo.

Após o trânsito em julgado, os suportes técnicos que não forem destruídos serão guardados em envelope lacrado, junto ao processo, e só podem ser utilizados em caso de interposição de recurso extraordinário – v. n.ᵒˢ 10, 11, 12 e 13 do artigo 188.º.

Esta disciplina é aplicada às conversações transmitidas por telefone, "correio electrónico ou outra forma de transmissão de dados por via telemática, mesmo que se encontrem guardadas em suporte digital, e à intercepção das comunicações entre presentes" – v. também artigo 189.º, C. P. P..

Nos termos do artigo 190.º, C. P. P., todos os requisitos e condições referidos (constantes dos artigos 187.º, 188.º e 189.º, C. P. P.) têm de ser observados, sob pena de nulidade.

"O disposto nos artigos 187.º, 188.º e 189.º, do C. P. P., é aplicável às conversações ou comunicações transmitidas por qualquer meio técnico diferente do telefone, designadamente correio electrónico ou outras formas de transmissão de dados por via telemática, mesmo que se encontrem guardadas em suporte digital e à intercepção das comunicações entre presentes".

V. o Acórdão do Tribunal Constitucional, publicado no *Diário da República*, II Série, de 2 de Junho de 2004,onde se afirma que as provas obtidas na sequência e dependência de uma prova obtida ilegalmente (e, por isso, nula) são, igualmente, consideradas inválidas.

V. *Prova; Meio de obtenção de prova; Escutas telefónicas; Despacho; Juiz; Pena de prisão; Tráfico e outras actividades ilícitas; Estupefaciente; Arma; Contrabando; Injúria; Ameaça; Coacção; Devassa da vida privada; Nulidade; Auto; Órgão de polícia criminal; Arguido; Assistente; Segredo; Processo.*

Interdição – Situação jurídica de uma pessoa que se encontra, total ou parcialmente privada do exercício pessoal e livre dos seus direitos, em virtude de uma decisão judicial.

Podem ser declarados interditos todos aqueles que, por anomalia psíquica, surdez-mudez ou cegueira, se mostrem incapazes de governar a sua pessoa e bens (artigo 138.º do Código Civil), pelo processo estabelecido nos artigos 944.º e segs. do Código de Processo Civil, a maioria dos quais tem a redacção dada pelo Decreto-Lei n.º 329-A/95, de 12 de Dezembro.

A interdição só pode ser decretada quando a pessoa, afectada por qualquer das situações enunciadas, o esteja actualmente, sendo essa afectação incapacitante e permanente para o governo da sua pessoa e bens, embora não tenha de ser necessariamente irremediável.

A interdição torna o sujeito incapaz de exercício, equiparando-o à situação de menor.

A interdição desencadeia, em alguns casos, a inibição do exercício de certas actividades profissionais; assim, por exemplo, dispõe o artigo 88.º-a) do Estatuto da Câmara dos Solicitadores (Decreto-Lei n.º 88/2003, de 26 de Abril, alterado pelas Leis n.ᵒˢ 49/2004, de 24 de Agosto, e 14/2006, de 26 de Abril) que "é cancelada a inscrição" de solicitador por interdição dele".

O Decreto-Lei n.º 162/2003, de 24 de Julho, qualifica como contra-ordenação a venda e a cedência de imitações de arma de fogo a interditos por anomalia psíquica, ou a sua posse ou uso por eles.

V. Convenção Relativa à Interdição e às Medidas de Protecção Análogas, concluída em Haia a 17 de Julho de 1905, publicada no *Diário do Governo* n.º 175, de 27 de Julho de 1912, tendo o instrumento de ratificação, por parte de Portugal, sido depositado em 24 de Junho de 1912.

V. *Anomalia psíquica; Menor; Solicitador; Câmara dos Solicitadores; Arma; Incapacidade.*

Interdição da concessão de licença de condução de veículo motorizado (Dir. Penal) – V. *Cassação do título e interdição da concessão do título de condução de veículo com motor.*

Interdição de actividades (Dir. Penal) – Medida de segurança prevista no artigo 100.º, C. P., que se traduz na interdição de determinadas actividades – que, de acordo com o preceito, podem ser "profissão, comércio ou indústria", não havendo qualquer outra especificação.

V. *Medida de segurança.*

Interdição de detenção, uso e porte de armas (Dir. Penal) – A Lei n.º 5/2006, de 23 de Fevereiro, "estabelece o regime jurídico relativo ao fabrico, montagem, reparação, importação, exportação, transferência, armazenamento, circulação, comércio, aquisição, cedência, detenção, manifesto, guarda, segurança, uso e porte de armas, seus componentes e munições, bem como o enquadramento legal das operações de prevenção criminal".
O artigo 90.º determina que, como pena acessória, "pode incorrer na interdição temporária de detenção, uso e porte de arma quem for condenado pela prática de crime previsto na presente lei [designadamente, detenção de arma proibida; tráfico de armas, uso e porte de arma sob efeito de álcool ou substâncias psicotrópicas; detenção de armas e outros dispositivos, produtos ou substâncias em locais proibidos] ou pela prática, a título doloso ou negligente, de crime em cuja preparação ou execução tenha sido relevante a utilização ou disponibilidade sobre a arma"; "o período de interdição tem o limite mínimo de um ano e o máximo igual ao limite superior da moldura penal do crime [...]"; "a interdição implica a proibição de detenção, uso e porte de armas, designadamente para efeitos pessoais, funcionais ou laborais, desportivos, venatórios ou outros, bem como de concessão ou renovação de licença, cartão europeu de fogo [...], devendo o condenado fazer entrega da ou das armas, licenças e demais documentação no posto ou unidade policial da área da sua residência no prazo de 15 dias contados do trânsito em julgado"; "a interdição é decretada independentemente de o condenado gozar de isenção ou dispensa de licença ou licença especial".
V. *Arma; Crime; Detenção de arma proibida; Tráfico de armas; Uso e porte de arma sob efeito de álcool ou substâncias psicotrópicas; Detenção de armas e outros dispositivos, produtos ou substâncias em locais proibidos; Pena de prisão; Pena de multa; Pena acessória; Dolo; Negligência; Moldura penal; Porte de arma; Licença de uso e porte de arma; Residência; Trânsito em julgado; Sentença condenatória.*

Interdição do exercício de actividade (Dir. Penal) – Pena aplicável às pessoas colectivas, nos termos do artigo 90.º-J, C.P., quando o crime tiver sido praticado no exercício das actividades cuja interdição é determinada (embora a lei não explicite as actividades em causa, pode afirmar-se que as actividades cuja interdição se decreta se relacionam com o objecto da pessoa colectiva condenada).
V. *Pena; Pessoa colectiva.*

Interdição temporária do exercício de certas actividades ou profissões (Dir. Penal) – Pena acessória aplicável aos agentes de crimes económicos – cfr. artigos 8.º e 12.º do Decreto-Lei n.º 28/84, de 20 de Janeiro.
Constitui também sanção acessória no âmbito do ilícito de mera ordenação social (cfr. artigo 21.º do Decreto-Lei n.º 433/82, de 27 de Outubro).
V. *Pena acessória; Ilícito de mera ordenação social.*

Internamento (Dir. Penal) – Termo que se reporta à medida de privação da liberdade de inimputáveis.
V. *Internamento compulsivo; Internamento em centro educativo; Inimputabilidade.*

Internamento compulsivo (Dir. Penal) – Internamento de portador de anomalia psíquica grave por decisão judicial.
O internamento compulsivo pode ser decretado se o portador da anomalia psíquica criar, por força dela, uma situação de perigo para bens jurídicos de relevante valor, próprios ou alheios, de natureza pessoal ou patrimonial, e se se recusar a submeter-se ao necessário tratamento médico.
O internamento compulsivo pode ser requerido pelo representante legal do portador de anomalia psíquica, por qualquer pessoa com legitimidade para requerer a sua interdição, pelas autoridades de saúde pública e pelo Ministério Público.
O regime do internamento compulsivo encontra-se na Lei n.º 36/98, de 24 de Julho (Lei de Saúde Mental), nomeadamente nos artigos 12.º e segs..
V. *Internamento; Anomalia psíquica; Internamento de urgência; Representação; Ministério Público; Legitimidade; Interdição.*

Internamento de urgência (Dir. Penal) – De acordo com o artigo 22.º da Lei de Saúde Mental, aprovada pela Lei n.º 36/98, de 24 de Julho, o portador de anomalia psíquica pode ser internado compulsivamente de urgência sempre que, verificando-se os pressupostos do internamento compulsivo, exista perigo iminente para os bens jurídicos referidos no artigo 12.º, n.º 1, da mesma Lei ("bens jurídicos, de relevante valor, próprios ou alheios, de natureza pessoal ou patrimonial"), nomeadamente por deterioração aguda do estado do agente.

V. *Internamento; Anomalia psíquica; Internamento compulsivo; Bem jurídico; Valor relevante.*

Internamento em centro educativo (Dir. Penal) – Medida tutelar educativa prevista no artigo 17.º da Lei n.º 166/99, de 14 de Setembro (Lei Tutelar Educativa), pela qual se visa proporcionar ao menor que pratique facto qualificado como crime, através do afastamento temporário do seu meio habitual e da utilização de programas e métodos pedagógicos, a interiorização de valores conformes ao Direito e a aquisição de recursos que lhe permitam, no futuro, conduzir a sua vida de modo social e juridicamente responsável.

V. *Medidas tutelares educativas; Menor.*

Interposição de recurso (Proc. Penal) – Acto processual que é realizado por intermédio de requerimento dirigido ao tribunal superior àquele em que o processo corre os seus termos.

É permitido, em processo penal, como princípio geral, recorrer "dos acórdãos, das sentenças e dos despachos cuja irrecorribilidade não estiver prevista na lei" – artigo 399.º, C. P. P..

V. artigos 400.º e segs., C. P. P..

V. *Recurso; Requerimento; Acórdão; Despacho; Sentença; Tribunal; Tribunal da Relação; Supremo Tribunal de Justiça.*

Interpretação da lei – Operação técnico-jurídica tendente a determinar o conteúdo e o sentido das normas jurídicas.

A interpretação pode assumir, ela própria, o carácter de norma jurídica e isso acontecerá se um ou vários preceitos de um diploma esclarecerem o sentido de outro ou outros preceitos desse mesmo diploma, ou se, após a publicação de uma lei, se publica uma outra tendente a fixar o sentido da primeira e a eliminar dúvidas que na sua aplicação se tenham suscitado. Em qualquer destes casos, a lei interpretativa pode provir do órgão que elaborou a lei interpretada (falando-se neste caso – e, segundo alguns autores, só nestes – em *interpretação autêntica*) ou pode emanar de órgão legislativo diverso. As leis interpretativas integram-se nas leis interpretadas, pelo que a sua aplicação no tempo tem carácter retroactivo, embora com algumas limitações (v. artigo 13.º do Código Civil).

Mas, a maioria das vezes, são os tribunais, os juristas e, genericamente, todas as pessoas que têm de fazer essa interpretação. Quanto a esta interpretação existem regras que lhe determinam critérios, métodos, extensão e limites.

O primeiro passo na interpretação de uma lei consiste na sua interpretação literal, isto é, na apreensão do sentido puramente gramatical ou textual da lei; uma vez operada esta, e de acordo com o n.º 1 do artigo 9.º do Código Civil, o intérprete deve recorrer a elementos extraliterais, que lhe permitam "reconstituir a partir dos textos o pensamento legislativo".

Fundamentalmente, tais elementos respeitam, por um lado, à averiguação de qual o fim da lei (*ratio legis*), isto é, de qual o objectivo que se pretendeu alcançar com a lei (*elemento teleológico*), para o que se deverão ter em atenção as circunstâncias em que ela foi elaborada tanto quanto aquelas em que ela vai ser efectivamente aplicada; por outro lado, tem de se ter em consideração o conjunto do sistema jurídico em que a lei se integra e com o qual tem de se harmonizar (*elemento sistemático*); finalmente, deve ainda atender-se às circunstâncias histórico-jurídicas em que a lei foi elaborada, designadamente à norma que ela substituiu, à evolução geral do sistema jurídico à data da sua elaboração, à sua fonte inspiradora e aos respectivos trabalhos preparatórios (*elemento histórico*).

Considerados todos os elementos sumariamente enunciados, pode concluir-se que o sentido da lei é conforme ao seu texto (*interpretação declarativa*) ou, pelo contrário, que existe uma desconformidade entre a letra da lei e o pensamento legislativo, carecendo aquela de uma interpretação destinada a corrigir essa inadequação do texto ao sentido da norma; neste último caso, pode caber uma *interpretação restritiva*, se se concluir que a lei usou uma formulação demasiado ampla, ou uma *interpretação extensiva*, se, ao contrário, a lei usou uma forma de expressão excessivamente restrita, não abarcando todas as situações carecidas de regulação e que manifestamente era objectivo da lei prevenir e regular.

Existem uma série de argumentos interpretativos que, pela frequência da sua utilização, convém referir, e que são estes: permitido o mais, entende-se igualmente permitido o menos; havendo um certo regime jurídico para um determinado conjunto de situações, entende-se que as que não são abrangidas por ele devem considerar-se reguladas por uma regra oposta (interpretação *a contrario sensu*); e, finalmente, qualquer fim visado pela lei deve entender-se que legitima os meios necessários à sua prossecução.

O n.º 2 do já citado artigo 9.º impõe uma limitação importante ao intérprete, ao determinar que "não pode, porém, ser considerado [...] o pensamento legislativo que não tenha na letra da lei um mínimo de correspondência verbal, ainda que imperfeitamente expresso". O n.º 3 da mesma disposição consagra um princípio de razoabilidade que deve presidir à interpretação, afirmando que, "na fixação do sentido e alcance da lei, o intérprete presumirá que o legislador consagrou as soluções mais acertadas e soube exprimir o seu pensamento em termos adequados".

O artigo 11.º do Código Civil, estabelece, quanto às normas excepcionais, que elas admitem interpretação extensiva, não comportando, porém, aplicação analógica.

V. *Lei; Norma excepcional; Analogia; Norma jurídica; Publicação da lei*.

Intérprete (Proc. Penal) – Encontram-se previstos na lei processual penal casos de nomeação de intérpretes para os actos judiciais:
– quando tenha de ser ouvido um estrangeiro em juízo;
– quando tenha de ser interrogado um surdo, um surdo-mudo ou um mudo.

De acordo com o artigo 91.º, C. P. P., os intérpretes prestam, em qualquer fase do processo, o seguinte compromisso: "Comprometo-me por minha honra a desempenhar fielmente as funções que me são confiadas". Não prestam este compromisso "os intérpretes que forem funcionários públicos e intervierem no exercício das suas funções". Este compromisso é prestado perante a autoridade judiciária ou autoridade de polícia criminal competente, as quais advertem quem os dever prestar das sanções em que incorre se os recusar ou a eles faltar.

O intérprete é nomeado por autoridade judiciária ou órgão de polícia criminal.

O intérprete está sujeito a segredo de justiça, nos termos gerais, e não pode revelar as conversações entre o arguido e o seu defensor, seja qual for a fase do processo em que ocorrerem, sob pena de violação do segredo profissional.

V. artigos 91.º e 92.º, C. P. P..

V. *Acto processual; Estrangeiros; Autoridade judiciária; Sanção; Órgão de polícia criminal; Segredo de justiça*.

Interrogatório judicial de arguido (Proc. Penal) – "Sempre que o arguido prestar declarações, e ainda que se encontre detido ou preso, deve encontrar-se livre na sua pessoa, salvo se forem necessárias cautelas para prevenir o perigo de fuga ou acto de violência" – artigo 140.º, n.º 1, C. P. P..

O arguido não presta juramento em caso algum.

Há, em processo penal, o "primeiro interrogatório judicial de arguido detido" e o "primeiro interrogatório não judicial de arguido detido" – v. artigos 141.º e 143.º, C. P. P..

Além destes dois tipos de interrogatórios, o Código de Processo Penal prevê outros interrogatórios, conforme resulta do artigo 144.º, C.P.P.: "os subsequentes interrogatórios de arguido preso e os interrogatórios de arguido em liberdade são feitos no inquérito pelo Ministério Público e na instrução e em julgamento pelo respectivo juiz [...]" – n.º 1.

"No inquérito, os interrogatórios referidos [no número anterior] podem ser feitos por órgão de polícia criminal no qual o Ministério Público tenha delegado a sua realização" – n.º 2. Estes interrogatórios de arguido preso são sempre feitos com assistência de defensor.

A entidade que proceder ao interrogatório de arguido em liberdade informa-o previamente de que tem o direito de ser assistido por advogado.

Na fase de inquérito, e correndo o mesmo "contra pessoa determinada, em relação à qual haja suspeita fundada da prática de crime, é obrigatório interrogá-la como arguido. Cessa a obrigatoriedade quando não for possível a notificação" – artigo 272.º, n.º 1, C.P.P.. Nos termos do n.º 2 da mesma disposição legal, "o Ministério Público, quando proceder a interrogatório de um arguido ou acareação ou reconhecimento em que aquele deva participar, comunica-lhe, pelo menos com vinte e quatro horas de antecedência, o dia, a hora e o local da diligência". Este período de antecedência é facultativo sempre que o arguido se encontrar preso e não tem lugar relativamente ao interrogatório não judicial de arguido detido.

Quando haja defensor, este é notificado para a diligência com pelo menos 24 horas de antecedência, salvo nos casos de interrogatório judicial de arguido detido, ou, nos casos de extrema urgência, "sempre que haja fundado motivo para recear que a demora possa prejudicar o asseguramento de meios de prova, ou ainda quando o arguido dele prescindir" – artigo 272.º, n.º 2, C. P. P..

Nos termos do artigo 103.º, C. P. P., o interrogatório do arguido não pode ser efectuado entre as 0 e as 7 horas, salvo em acto seguido à detenção quando o próprio arguido o solicite ou nas situações de revistas e buscas efectuadas por órgão de polícia criminal, nos casos de terrorismo, criminalidade violenta ou altamente organizada.

O interrogatório de arguido tem a duração máxima de quatro horas, podendo ser retomado, em cada dia, por uma só vez e idêntico prazo máximo, após um intervalo mínimo de sessenta minutos. São nulas, não podendo ser utilizadas como prova, as declarações prestadas para além destes limites. O Acórdão uniformizador de jurisprudência do Supremo Tribunal de Justiça n.º 1/2006, publicado no *Diário da República*, I-A série, de 2 de Janeiro, estabeleceu a seguinte doutrina: "A falta de interrogatório como arguido, no inquérito, de pessoa determinada contra quem o mesmo corre, sendo possível a notificação, constitui a nulidade prevista no artigo 120.º, n.º 2, alínea d), do Código de Processo Penal".

V. *Arguido; Primeiro interrogatório judicial de arguido detido; Primeiro interrogatório não judicial de arguido detido; Detenção; Juramento; Ministério Público; Instrução; Julgamento; Inquérito; Juiz; Órgão de polícia criminal; Acareação; Prova; Meios de prova; Diligência; Defensor; Notificação; Nulidades dependentes de arguição; Revistas; Busca; Nulidade; Prazo; Declarações do arguido; Advogado.*

Interrupção da gravidez (Dir. Penal) – O Código Penal utiliza o termo aborto nos preceitos que consagram a incriminação do facto consistente na causação da morte do feto. A expressão interrupção da gravidez é utilizada nos preceitos referentes à não punição do agente pela causação da morte do feto.

A Resolução da Assembleia da República n.º 28/2004, de 19 de Março, refere-se a "medidas de prevenção" no âmbito da interrupção voluntária da gravidez. Tais medidas incidem em quatro áreas: educação, apoio à maternidade, planeamento familiar e interrupção voluntária da gravidez.

V. o Acórdão do Tribunal Constitucional n.º 617/06 – publicado no *Diário da República* de 20 de Novembro de 2006 – nos termos do qual se "tem por verificada a constitucionalidade e a legalidade do referendo proposto na Resolução da Assembleia da República n.º 54-A/2006, sobre a despenalização da interrupção voluntária da gravidez".

V. *Aborto; Indicações; Interrupção da gravidez não punível; Feto; Agente.*

Interrupção da gravidez não punível (Dir. Penal) – O artigo 142.º do Código Penal prevê as situações e as condições em que a interrupção voluntária da gravidez não é punível.

Para além das indicações previstas nas alíneas do n.º 1 do artigo mencionado, articuladas com os prazos (salvo a indicação prevista na alínea a), cuja verificação permite a realização da interrupção da gravidez em qualquer momento – perigo de morte ou de grave e irreversível lesão para o corpo ou para a saúde física ou psíquica da mulher, sendo a interrupção da gravidez o único meio de remoção de tal perigo), a intervenção tem de ser realizada por médico, em estabelecimento de saúde oficial ou oficialmente reconhecido e com o consentimento da mulher grávida.

A verificação das circunstâncias que tornam não punível a interrupção da gravidez tem de ser certificada em atestado médico, escrito e assinado antes da intervenção, por médico diferente daquele por quem, ou sob cuja direcção, a interrupção vai ser realizada.

O consentimento da mulher grávida é prestado em documento assinado pela mulher ou a seu rogo, sempre que possível com a antecedência mínima de 3 dias relativamente à data da intervenção. No caso de a mulher grávida ser menor ou psiquicamente incapaz, o consentimento deve ser prestado pelos sujeitos a que se refere o artigo 142.º, n.º 3-b), C. P. (representante legal, ascendente ou descendente ou, na falta destes, qualquer parente na linha colateral).

A interrupção da gravidez pode ainda ter lugar, por opção da mulher grávida, nas primeiras dez semanas de gravidez (v. Lei n.º 16/2007, de 17 de Abril, relativa à realização da interrupção voluntária da gravidez).

V. sobre a conformidade constitucional das normas que consagram a não punição da interrupção voluntária da gravidez, os Acórdãos do Tribunal Constitucional n.os 25/84 e 85/85 (publicados no *Diário da República* de 4 de Abril de 1984 e de 25 de Junho de 1985, respectivamente). V., ainda, quanto à conformidade constitucional da pergunta a submeter a referendo sobre a interrupção voluntária da gravidez, os Acórdão do Tribunal Constitucional n.os 288/98 e 617/2006 (publicados no *Diário da República* de 18 de Abril de 1998 e de 20 de Novembro de 2006, respectivamente).

V. *Aborto; Indicações; Consentimento; Documento; Assinatura; Menor; Representação; Ascendente; Descendente; Parentesco.*

Interrupção da prescrição (Dir. Penal; Proc. Penal) – De acordo com o artigo 121.º, n.º 1, C. P., a prescrição do procedimento criminal interrompe-se com a constituição de arguido, com a notificação da acusação ou, não tendo esta sido deduzida, com a notificação da decisão instrutória que pronunciar o arguido, ou com a notificação do requerimento para aplicação da sanção em processo sumaríssimo, com a declaração de contumácia, ou com a notificação do despacho que designa dia para audiência na ausência de arguido.

"Depois de cada interrupção começa a correr novo prazo de prescrição" – artigo 121.º, n.º 2, C. P..

"A prescrição do procedimento tem sempre lugar quando, desde o seu início e ressalvado o tempo de suspensão, tiver decorrido o prazo normal de prescrição acrescido de metade. Quando, por força de disposição especial, o prazo de prescrição for inferior a 2 anos, o limite máximo da prescrição corresponde ao dobro desse prazo" – artigo 121.º, n.º 3, C. P..

O artigo 126.º, C. P., prevê as causas de interrupção da prescrição da pena e da medida de segurança. São estas a execução de pena ou da medida de segurança e a declaração de contumácia.

V. *Prescrição; Prescrição do procedimento criminal; Arguido; Notificação; Acusação; Decisão instrutória; Pronúncia; Requerimento; Processo sumaríssimo; Contumácia; Despacho; Audiência de discussão e julgamento; Suspensão da prescrição; Pena; Prescrição da pena; Medida de segurança; Prescrição da medida de segurança.*

Interrupção do nexo causal (Dir. Penal) – V. *Causalidade; Nexo de causalidade; Interrupção do processo causal.*

Interrupção do processo causal (Dir. Penal) – Situação em que ao processo lesivo desencadeado pelo agente se sobrepõe um outro, autónomo, que produz antecipadamente o resultado que o processo inicial iria desencadear.

Não sendo possível imputar à acção do agente o resultado, por força da interrupção do processo causal, sempre subsistirá a punição por facto tentado.

V. *Causalidade; Nexo de causalidade; Desvio no processo causal; Resultado; Tentativa; Agente; Acção.*

Interrupção voluntária da gravidez (Dir. Penal) – V. *Aborto; Interrupção da gravidez; Interrupção da gravidez não punível.*

Intervenção hierárquica (Proc. Penal) – Situação processual, prevista no artigo 278.º, C. P. P., em que o imediato superior hierárquico do agente do Ministério Público a quem caiba o processo, no prazo de vinte dias a contar da data em que a abertura de instrução já não puder ser requerida, por sua iniciativa ou a requerimento do assistente ou do denunciante com a faculdade de se constituir assistente, pode determinar que seja formulada acusação ou prossigam as investigações, "indicando, neste caso, as diligências a efectuar e o prazo para o seu cumprimento".

Igualmente, o assistente e o denunciante (com a faculdade de se constituir assistente) podem, se optarem por não requerer a abertura de instrução, suscitar a intervenção hierárquica, no prazo de vinte dias – n.º 2 do artigo 278.º.

V. *Ministério Público; Instrução; Acusação; Diligência; Despacho; Arquivamento do inquérito; Notificação; Assistente; Prazo; Requerimento para abertura da instrução.*

Intervenção obrigatória de advogado (Proc. Penal) – Significa a imposição, pela lei, de constituição obrigatória de advogado.

Em processo penal, encontra-se regulada no artigo 64.º, C. P. P., sob a epígrafe "Obrigatoriedade de assistência".

Assim, é obrigatória a assistência do defensor:

"*a)* nos interrogatórios de arguido detido ou preso;

b) no debate instrutório e na audiência, salvo tratando-se de processo que não possa dar lugar à aplicação de pena de prisão ou de medida de segurança de internamento;

c) em qualquer acto processual, à excepção da constituição de arguido, sempre que o arguido for surdo, mudo, analfabeto, desconhecedor da língua portuguesa, menor de 21 anos ou se suscitar a questão da sua inimputabilidade ou da sua imputabilidade diminuída;

d) nos recursos ordinários ou extraordinários e nos casos de declarações para memória futura;

e) na audiência de julgamento realizada na ausência do arguido".

Fora destas situações, pode ser nomeado defensor ao arguido, a pedido do tribunal ou do arguido.

Nos termos do n.º 3 da referida disposição, se ele não tiver advogado constituído nem defensor nomeado, é obrigatória a nomeação de defensor quando contra ele for deduzida acusação, devendo a identificação do defensor constar do despacho de encerramento do inquérito.

V. *Advogado; Defensor; Arguido; Primeiro interrogatório judicial de arguido detido; Debate instrutório; Audiência de discussão e julgamento; Pena; Pena de prisão; Medida de segurança; Acto processual; Arguido; Imputabilidade; Imputabilidade diminuída; Inimputabilidade; Recurso; Recursos ordinários; Recursos extraordinários; Declarações para memória futura; Inquérito; Encerramento do inquérito; Acusação; Despacho.*

Intervenções e tratamentos médico-cirúrgicos (Dir. Penal) – De acordo com o artigo 150.º, n.º 1, C. P., as intervenções e os tratamentos que, segundo o estado dos conhecimentos e da experiência da medicina, se mostrarem indicados e forem levados a cabo, de acordo com as *leges artis*, por um médico ou outra pessoa legalmente autorizada, com intenção de prevenir, diagnosticar, debelar ou minorar doença, sofrimento, lesão ou fadiga corporal, ou perturbação mental, não se consideram ofensa à integridade física.

No entanto, se forem violadas as *leges artis*, e, por essa via, for criado um perigo para a vida ou perigo de grave ofensa para o corpo ou para a saúde, o agente será punido com pena de prisão até 2 anos ou com pena de multa até 240 dias, se pena mais grave lhe não couber por força de outra disposição legal (n.º 2 do mesmo artigo).

V. *Intervenções e tratamentos médico-cirúrgicos arbitrários; "Leges artis"; Integridade física; Agente; Pena de prisão; Pena de multa.*

Intervenções e tratamentos médico-cirúrgicos arbitrários (Dir. Penal) – Crime previsto no artigo 156.º, C. P., que se traduz na realização de intervenções ou tratamentos médico-cirúrgicos sem o consentimento do paciente.

O facto não é, porém, punível, quando se verificarem as circunstâncias previstas no n.º 2 do artigo, isto é, quando a obtenção do consentimento não for possível ou dessa obtenção resultar adiamento que implique perigo para a vida ou perigo grave para a saúde do paciente.

Trata-se de um crime semipúblico.

V. *Crime; Consentimento; Intervenções e tratamentos médico-cirúrgicos; Crime semipúblico.*

Introdução em lugar vedado ao público (Dir. Penal) – Crime, previsto no artigo 191.º, C. P., que se traduz na entrada ou permanência, "sem o consentimento de quem de direito", em pátios, jardins ou espaços vedados anexos a habitação, em barcos ou outros meios de transporte, em lugar vedado e destinado a serviço ou a empresa públicos, a serviço de transporte ou ao exercício de profissões ou actividades, ou em qualquer outro lugar vedado e não livremente acessível ao público.

V. *Crime; Consentimento; Violação de domicílio.*

Introdução fraudulenta no consumo (Dir. Penal) – Crime aduaneiro, previsto no artigo 96.º da Lei n.º 15/2001, de 5 de Junho (Regime Geral das Infracções Tributárias), que se traduz num conjunto de comportamentos que têm em comum a introdução no consumo de mercadorias com a intenção de subtracção ao pagamento de impostos especiais sobre o álcool e as bebidas alcoólicas, produtos petrolíferos ou tabaco.

V. *Crime; Crime aduaneiro; Dolo; Infracção; Infracção tributária.*

Invalidade – Qualidade do acto jurídico ao qual faltam ou em que são irregulares elementos, internos ou formais, essenciais, o que tem como consequência a sua insusceptibilidade para produzir os efeitos jurídicos a que se destinava.

Consoante a gravidade do vício que afecta o acto, assim ele pode ser inexistente, nulo ou anulável; conforme, por outro lado, o vício atinja integralmente o acto, ou não, a respectiva invalidade será total ou parcial.

V. *Acto jurídico; Irregularidade; Nulidade; Eficácia.*

Invasão da área do espectáculo desportivo (Dir. Penal) – Crime previsto no artigo 25.º da Lei n.º 16/2004, de 11 de Maio, que ocorre genericamente quando alguém entra ilegitimamente em recinto desportivo durante o respectivo espectáculo.

V. *Crime.*

Investigação criminal (Proc. Penal) – Conjunto de diligências que, nos termos da lei processual penal, visam averiguar a existência de um crime, determinar os seus agentes e a sua responsabilidade, descobrir e recolher as provas no âmbito do processo.

A direcção da investigação cabe à autoridade judiciária competente em cada fase do processo, que é assistida na investigação pelos órgãos de polícia criminal.

Assim, no inquérito, a direcção cabe ao Ministério Público, assistido pelos órgãos de polícia criminal.

Na fase de instrução (se a ela houver lugar, dado que é uma fase facultativa), a sua direcção cabe ao juiz de instrução criminal. A fase da audiência de discussão e julgamento é dirigida pelo juiz de julgamento (singular ou pelo juiz presidente – se se tratar de um tribunal colectivo).

V. Lei n.º 49/2008, de 27 de Agosto – Lei de Organização da Investigação Criminal.

V. *Diligência; Crime; Agente; Prova; Processo; Autoridade judiciária; Órgão de polícia criminal; Juiz de instrução; Instrução; Inquérito; Ministério Público.*

Irregularidade (Proc. Penal) – Figura que só determina – diferentemente da nulidade – "a invalidade do acto a que se refere, e dos termos subsequentes que este possa afectar", quando tiver sido "arguida pelos interessados no próprio acto" ou, no caso em que ao acto os interessados "não tenham assistido, nos três dias seguintes a contar daquele em que tiverem sido notificados para qualquer termo do processo ou intervindo em algum acto".

Esta figura está regulada no artigo 123.º, C. P. P. (v. também o artigo 122.º).

Também, oficiosamente, pode reparar-se a irregularidade quando desta se tome conhecimento e quando ela possa afectar o valor do acto praticado – n.º 2 do mesmo artigo.

O Acórdão n.º 5/02 do Supremo Tribunal de Justiça, publicado no *Diário da República*, I-A série, de 17 de Junho de 2002, entendeu: "A não documentação das declarações prestadas oralmente na audiência de julgamento, contra o disposto no artigo 363.º do Código de Processo Penal, constitui irregularidade, sujeita ao regime estabelecido no artigo 123.º do mesmo diploma legal, pelo que, uma vez sanada, o tribunal já dela não pode conhecer".

V. *Acto jurídico; Notificação; Nulidade; Invalidade; Audiência de discussão e julgamento; Tribunal*.

Irregularidade na convocação de assembleias sociais (Dir. Penal) – Crime, previsto no artigo 515.º do Código das Sociedades Comerciais, que se traduz genericamente na violação dos prazos legais para a convocação de assembleia geral de sócios, de assembleia especial de accionistas ou de assembleia de obrigacionistas.

O crime só pode ser cometido por quem tiver competência para convocar a assembleia.

V. *Crime; Prazo*.

Irregularidades na emissão de títulos (Dir. Penal) – Crime, previsto no artigo 526.º do Código das Sociedades Comerciais, que se traduz genericamente na aposição pelo administrador de sociedade da assinatura em títulos cuja emissão seja irregular.

V. *Crime; Assinatura*.

Irrenunciabilidade – Embora seja característico dos direitos subjectivos que o seu titular possa livremente decidir do seu exercício ou não exercício, podendo também, em princípio, renunciar a eles, há direitos relativamente aos quais a lei dispõe expressamente serem irrenunciáveis ou serem-no em dadas circunstâncias.

Assim, por exemplo, o direito à vida é irrenunciável.

V. *Direito; Vida*.

Irresponsabilidade (Proc. Penal) – A lei consagra o princípio de que os magistrados judiciais são irresponsáveis pelas suas decisões (artigos 216.º, n.º 2, da Constituição da República, e 5.º, n.º 1, do Estatuto dos Magistrados Judiciais – Lei n.º 21/85, de 30 de Julho, alterada pelo Decreto-Lei n.º 342/88, de 28 de Setembro, pelas Leis n.ºˢ 2/90, de 20 de Janeiro, 10/94, de 5 de Maio, 44/96, de 3 de Setembro, 81/98, de 3 de Dezembro, e 143/99, de 31 de Agosto, 3-B/2000, de 4 de Abril, e 42/2005, de 29 de Agosto), no sentido em que só podem ser sujeitos a responsabilidade civil, criminal ou disciplinar, em razão do exercício das suas funções, nos casos especialmente previstos na lei.

V. *Magistratura judicial; Responsabilidade criminal*.

Irretroactividade da lei penal (Dir. Penal) – V. *Princípio da irretroactividade da lei penal*.

Isenção de pagamento de custas (Proc. Penal) – Vertente do apoio judiciário que estabelece o não pagamento de quaisquer montantes a título de custas – encargos judiciais – para evitar que a alguém seja impedido ou dificultado o exercício do direito de acesso aos tribunais "em razão da sua condição social ou cultural, ou por insuficiência de meios económicos" – v. artigo 20.º da Constituição da República.

O apoio judiciário, modalidade de protecção jurídica, foi instituído em substituição da assistência judiciária pelo Decreto-Lei n.º 387-B/87, de 29 de Dezembro (alterado pela Lei n.º 46/96, de 3 de Setembro), foi entretanto regulado pela Lei n.º 30-E/2000, de 20 de Dezembro,

alterada pelo Decreto-Lei n.º 38/2003, de 8 de Março (rectificado pela Declaração de rectificação n.º 5-C/2003, de 30 de Abril). Esta Lei n.º 30-E/2000 foi mais tarde revogada pela Lei n.º 34/2004, de 29 de Julho – na transposição da Directiva n.º 2003/8/CE, do Conselho, de 27 de Janeiro –, por sua vez alterada pela Lei n.º 47/2008, de 28 de Agosto, que procedeu a um conjunto de modificações ao regime de apoio judiciário e de acesso ao direito e aos tribunais, mas continuando a incluir o apoio judiciário entre as medidas de protecção jurídica.
V. artigo 4.º do Regulamento das Custas Processuais (Decreto-Lei n.º 34/2008, de 26 de Fevereiro) que estabelece quem está isento do pagamento de custas.

V. *Apoio judiciário; Custas; Protecção jurídica; Insuficiência económica; Tribunal.*

Isenção de pena (Dir. Penal) – Expressão utilizada pela lei, em normas da Parte Especial do Código Penal, para referir casos em que ao agente não é aplicável a pena pelo facto cometido, por ausência de necessidade da punição.

As situações de isenção de pena previstas pela lei muitas vezes reconduzem-se a casos de dispensa de pena.

Noutros casos, consubstanciam situações cuja não punição decorre da falta de dignidade punitiva do facto, situações essas que assumem relevância em sede de punibilidade em sentido restrito; poderiam ser condições de punibilidade, isto é, circunstâncias legalmente previstas que determinam a não punição do agente, porque, em face dessas circunstâncias, o facto praticado não tem relevância suficiente para justificar a aplicação de uma pena. Daqui decorre que a designação *isenção de pena* tem sido aplicada a situações que, em rigor, têm diversos enquadramentos dogmáticos.

Em face desta imprecisão, a lei tem vindo, nas sucessivas alterações, a abandonar a expressão isenção de pena, adoptando a expressão dispensa de pena ou reconfigurando os tipos incriminadores, pelo que a figura da isenção da pena é actualmente residual.

V. *Pena; Agente; Dispensa de pena; Punibilidade; Tipo; Fins das penas.*

Isolamento cautelar (Dir. Penal) – V. *Medidas de contenção.*

"Iter criminis" (Dir. Penal) – Expressão que se reporta à sucessão de actos e eventos que culmina com o cometimento do crime, isto é com a consumação ou, até, com o exaurimento.

É composto, e por ordem de ocorrência, pela mera reflexão sobre a prática do crime, pelos actos preparatórios, pelos actos de execução, aos quais se segue a consumação e ulteriormente o exaurimento do crime.

V. *Crime; Actos de execução; Actos preparatórios; Consumação; Exaurimento; "Nula cogitatio".*

J

Jogo fraudulento (Dir. Penal) – Crime previsto no artigo 113.º do Decreto-Lei n.º 422/89, de 2 de Dezembro, que se traduz, genericamente, na exploração de jogo através de erro ou engano.
V. *Crime; Jogos de fortuna ou azar.*

Jogos de fortuna ou azar (Dir. Penal) – De acordo com o artigo 1.º do Decreto-Lei n.º 422/89, de 2 de Dezembro (rectificado por declaração publicada no *Diário da República*, I-A série, de 30 de Dezembro de 1989), jogos de fortuna ou azar são aqueles cujo resultado é contingente, por assentar exclusiva ou fundamentalmente na sorte.
Este diploma, alterado pelo Decreto-Lei n.º 10/95, de 19 de Janeiro, pela Lei n.º 28/2004, de 16 de Julho, e pelo Decreto-Lei n.º 40/2005, de 17 de Fevereiro, permite a prática de alguns jogos de fortuna e azar nos casinos existentes nas zonas de jogo e nas épocas estabelecidas para o seu funcionamento.
V. *Coacção à prática de jogo; Exploração ilícita de jogo; Jogo fraudulento; Material de jogo; Prática de jogo ilícito; Presença em local de jogo ilícito; Usura para jogo.*

Jovens (Dir. Penal) – O Decreto-Lei n.º 401/82, de 23 de Setembro consagra o regime especial para jovens com idades compreendidas entre os 16 e os 21 anos (jovens adultos) que tenham cometido um "facto qualificado como crime".
Aos menores com idades compreendidas entre os 12 e os 16 anos que pratiquem "facto qualificado como crime" é aplicável o regime constante da Lei Tutelar Educativa, aprovada pela Lei n.º 166/99, de 14 de Setembro.
De acordo com a alínea *a*) do artigo 5.º da Lei de Protecção de Crianças e Jovens em Perigo, aprovada pelo Decreto-Lei n.º 314/78, de 27 de Outubro, alterado sucessivamente pelos Decretos-Leis n.ºˢ 185/93, de 22 de Maio, 48/95, de 15 de Março, 58/95, de 31 de Março, 120/98, de 8 de Maio e pelas Leis n.ºˢ 133/99, de 28 de Agosto, 147/99, de 1 de Setembro, 166/99, de 14 de Setembro, e 31/2003, de 22 de Agosto, criança ou jovem é a pessoa com menos de 18 anos ou a pessoa com menos de 21 anos que solicite a continuação da intervenção iniciada antes de atingir os 18 anos.
A Lei n.º 1/2006, de 13 de Janeiro, aprova o Estatuto Jurídico do Conselho Nacional de Juventude, "pessoa colectiva de direito privado, sem fins lucrativos, que congrega as diversas organizações de juventude e conselhos regionais de juventude que dele façam parte", tendo âmbito nacional e congregando "organizações de juventude representativas dos vários sectores da vida juvenil que prossigam, entre outros, como objectivo, o desenvolvimento sócio-cultural dos jovens e se identifiquem com os valores da democracia".
V. *Crime; Menor; Inimputabilidade; Medida de correcção; Protecção de crianças e jovens em perigo.*

Jovens adultos (Dir. Penal) – V. *Jovens.*

Juiz – Todo aquele que, por lei ou designação das partes (assim acontece, por exemplo, no caso de juiz arbitral), exercer funções jurisdicionais, isto é, de resolução de litígios (conflitos de interesses) entre particulares ou entre particulares e o Estado.
O conjunto hierarquicamente organizado dos juízes forma a magistratura judicial, que se compõe de juízes do Supremo Tribunal de Justiça, juízes das Relações e

juízes de direito e que têm por missão julgar, segundo o direito, as questões que lhes são submetidas e fazer executar as suas decisões.

O juiz ou magistrado judicial só pode exercer as suas funções dentro da área da sua circunscrição judicial, a menos que a lei autorize expressamente o contrário.

V. *Magistratura judicial; Círculo judicial; Supremo Tribunal de Justiça; Tribunal da Relação.*

Juiz adjunto (Proc. Penal) – Membro do tribunal colectivo: este é formado por três juízes, dos quais um é o juiz presidente e os outros dois se designam por vogais ou adjuntos.

Quando a discussão e julgamento da causa são feitos com intervenção do tribunal colectivo, o artigo 648.º do Código de Processo Civil – aplicável subsidiariamente ao processo penal – dispõe que "antes da discussão o processo vai com vista, por cinco dias, a cada um dos juízes adjuntos, salvo se o juiz da causa o julgar dispensável em atenção à simplicidade da causa".

V. *Tribunal colectivo; Juiz presidente; Julgamento.*

Juiz de instrução (Proc. Penal) – Juiz que preside à fase processual facultativa da instrução e a quem compete a direcção dela, sendo também juiz da fase de inquérito, quando nesta fase se esteja perante actos que devam ser praticados, ordenados ou autorizados por juiz – actos respeitantes aos direitos, liberdades e garantias do arguido, nos termos do disposto nos artigos 268.º e 269.º, C. P. P.. Quanto aos actos de instrução, v. artigos 290.º e 291.º, C. P. P..

Este juiz exerce funções nos tribunais de instrução criminal.

Deve ser sempre diferente do juiz que preside à fase final do julgamento.

Nos termos definidos no artigo 17.º, C. P. P., "compete ao juiz de instrução proceder à instrução, decidir quanto à pronúncia e exercer todas as funções jurisdicionais até à remessa do processo para julgamento [...]".

V. o Acórdão do Tribunal Constitucional n.º 186/98, publicado no *Diário da República*, I-A série de 20 de Março de 1998, que decidiu: "Declara, com força obrigatória geral, a inconstitucionalidade da norma constante do artigo 40.º do Código de Processo Penal, na parte em que permite a intervenção no julgamento do juiz que, na fase de inquérito, decretou e posteriormente manteve a prisão preventiva do arguido, por violação do artigo 32.º, n.º 5, da Constituição da República Portuguesa".

V. *Juiz; Acto; Acto de instrução; Actos de inquérito; Inquérito; Instrução; Julgamento; Arguido; Tribunal de Instrução Criminal; Inconstitucionalidade; Prisão preventiva; Pronúncia.*

Juiz de julgamento (Proc. Penal) – Magistrado que preside à fase da audiência de discussão e julgamento e que é um juiz que, até esse momento, não interveio no processo.

Se o tribunal para julgar o crime for um tribunal colectivo, o juiz que preside à audiência será o magistrado que dirige a fase de julgamento; se o tribunal for singular, haverá um único magistrado a julgar o caso submetido a julgamento.

A ele incumbe a disciplina e direcção dos trabalhos, sem prejuízo de outros poderes e deveres que por lei lhe forem atribuídos – v. artigo 323.º, C. P. P..

V. *Juiz; Audiência de discussão e julgamento; Tribunal; Magistratura; Crime; Tribunal colectivo; Tribunal singular; Dever.*

Juiz de 1.ª instância (Org. Judiciária) – Em regra é o juiz de comarca.

V. *Juiz; Tribunal de comarca; Tribunal de primeira instância.*

Juiz militar (Proc. Penal; Justiça Militar) – É um juiz que integra o quadro dos tribunais competentes para o julgamento de crimes estritamente militares, nos termos da Lei de Organização e Funcionamento dos Tribunais Judiciais (Lei n.º 3/99, de 13 de Janeiro, rectificada pela Declaração de rectificação n.º 7/99, de 16 de Fevereiro, e alterada pela Lei n.º 101/99, de 26 de Julho, pelos Decretos-Leis n.ºs 323/2001, de 17 de Dezembro, e 38/2003, de 8 de Março, pela Lei n.º 105/2003, de 10 de Dezembro, pelo Decreto-Lei n.º 53/2004, de 18 de Março, pela Lei n.º 42/2005, de 29 de Agosto, e pelo Decreto-Lei n.º 76-A/ 2006, de 29 de Março, este rectificado pela Declaração de rectificação n.º 28-A/2006, de 26 de Maio) e do Código de Justiça Militar (Lei n.º 100/2003, de 15 de Novembro).

O seu estatuto foi aprovado pela Lei n.º 101/2003, sendo, nos termos dos seus artigos 3.º e segs., os juízes "inamovíveis e independentes", estando "sujeitos por factos praticados no exercício das suas funções ao regime disciplinar previsto no Estatuto dos Magistrados Judiciais", e competindo ao Conselho Superior da Magistratura a acção disciplinar sobre estes.

São nomeados pelo Conselho Superior da Magistratura e estão sujeitos ao regime de comissão de serviço.

V. *Juiz; Crime estritamente militar; Crimes militares; Julgamento; Crime; Código de Justiça Militar; Justiça penal militar; Inamovibilidade dos magistrados; Irresponsabilidade; Magistratura judicial; Conselho Superior da Magistratura.*

Juiz natural (Proc. Penal) – É o juiz a quem, nos termos da lei, cabe a competência para a causa.

Essa competência, em regra, não pode ser alterada – v. artigo 32.º, n.º 9, da Constituição da República.

V. *Juiz; Competência; Princípio do juiz natural.*

Juízo (criminal) (Org. Judiciária) – Em processo penal, o juízo ou juízo criminal significa um tribunal com competência especializada para a preparação e julgamento de crimes, para actos de instrução criminal e para conhecimento de recursos em processos por contra-ordenações.

Nos tribunais criminais pode também haver juízos com competência específica: são as varas criminais para o julgamento de crimes mais graves (processos cuja competência para julgamento cabe ao tribunal de júri ou ao tribunal colectivo).

V. *Tribunal; Tribunal de competência especializada; Julgamento; Crime; Recurso; Contra-ordenação; Vara criminal; Tribunal de júri; Tribunal colectivo.*

Juízo de pequena instância criminal (Org. Judiciária) – Nos termos do disposto no artigo 102.º, n.ºˢ 1 e 2 da Lei de Organização e Funcionamento dos Tribunais Judiciais (Lei n.º 3/99, de 13 de Janeiro, rectificada pela Declaração de rectificação n.º 7/99, de 16 de Fevereiro, e alterada pela Lei n.º 101/99, de 26 de Julho, pelos Decretos-Leis n.ºˢ 323/2001, de 17 de Dezembro, e 38/2003, de 8 de Março – este rectificado pela Declaração de rectificação n.º 5-C/2003, de 30 de Abril –, e pela Lei n.º 105/2003, de 10 de Dezembro, pelo Decreto-Lei n.º 53/2004, de 18 de Março, pela Lei n.º 42/2005, de 29 de Agosto, e pelo Decreto-Lei n.º 76-A/2006, de 29 de Março, este rectificado pela Declaração de rectificação n.º 28-A/2006, de 26 de Maio), "compete aos juízos de pequena instância criminal preparar e julgar as causas a que corresponda a forma de processo sumário, abreviado e sumaríssimo.

Compete ainda aos juízos de pequena instância criminal julgar os recursos das decisões das autoridades administrativas em processo de contra-ordenação", salvo o julgamento dos recursos das decisões das autoridades administrativas em processos de contra-ordenação nos domínios laboral e da segurança social – cuja competência é dos tribunais de trabalho – e dos julgamentos das questões da competência dos tribunais de comércio e marítimo (artigos 87.º, 89.º e 90.º, L. O. F. T. J.).

V. *Processo sumario; Processo abreviado; Processo sumaríssimo; Recurso; Contra-ordenação; Competência; Forma de processo.*

Juízo de prognose póstuma (Dir. Penal) – Apreciação realizada pelo julgador para averiguar a normalidade e previsibilidade da verificação do evento em face da conduta do agente, com vista a afirmar a existência de nexo causal, de acordo com a teoria da causalidade adequada.

O julgador deve colocar-se na perspectiva do agente antes da acção, com os conhecimentos gerais e especiais de que ele dispunha, e interrogar-se sobre a possibilidade de produção do resultado que teve lugar.

Há causalidade adequada quando for possível afirmar que a verificação do resultado, em face da acção do agente, é normal e previsível; caso tal afirmação não possa ser feita, tem de entender-se que a acção não foi causa adequada do resultado.

V. *Nexo de causalidade; Causalidade adequada; Agente; Resultado; Acção.*

Juiz presidente – É o juiz que preside aos tribunais colectivos que são formados por três juízes.

O presidente do colectivo dirige a audiência e os trabalhos e preside à reunião do colectivo.

O artigo 107.º da Lei de Organização e Funcionamento dos Tribunais Judiciais (Lei n.º 3/99, de 13 de Janeiro, rectificada pela Declaração de rectificação n.º 7/99, de 16 de Fevereiro, e alterada pela Lei n.º 101/99, de 26 de Julho, pelos Decretos-Leis n.ºˢ 323/2001, de 17 de Dezembro, e 38/2003, de 8 de Março, e pela Lei n.º 105/2003, de 10 de Dezembro, pelo Decreto-Lei n.º 53/2004, de 18 de Março, pela Lei n.º 42/2005, de 29 de Agosto, e pelo Decreto-Lei n.º 76-A/2006, de 29 de Março, rectificado este pela Declaração de rectificação n.º 28-A/2006, de 26 de Maio) estabelece quem é que preside ao tribunal colectivo.

Segundo o artigo 108.º, n.º 1, do mesmo diploma, compete ao presidente do tribunal colectivo:

"*a)* Dirigir as audiências de discussão e julgamento;

b) Elaborar os acórdãos nos julgamentos penais;

c) Proferir a sentença final nas acções cíveis;

d) Suprir as deficiências das sentenças e dos acórdãos referidos nas alíneas anteriores, esclarecê-los, reformá-los e sustentá-los nos termos das leis de processo;

e) Exercer as demais funções atribuídas por lei".

Há, ainda, na organização judiciária portuguesa um outro tribunal colectivo que também tem um presidente, contudo, é composto por treze membros juízes – é o Tribunal Constitucional.

V. *Juiz; Magistratura; Tribunal colectivo; Audiência de discussão e julgamento; Acórdão; Sentença; Reforma de acórdão; Tribunal Constitucional; Juiz adjunto; Juiz de julgamento.*

Juiz relator (Proc. Penal) – Os acórdãos (e decisões singulares) das Relações e do Supremo Tribunal de Justiça, bem como do Supremo Tribunal Administrativo e do Tribunal Constitucional – ou seja, dos tribunais colectivos, compostos por três juízes ou mais –, são redigidos por um juiz, a quem o processo foi distribuído e que o acompanhou desde a sua entrada no respectivo tribunal: é o juiz relator.

V. *Tribunal colectivo; Supremo Tribunal de Justiça; Tribunal da Relação; Supremo Tribunal Administrativo; Tribunal Constitucional; Acórdão.*

Juiz singular (Proc. Penal) – Juiz que julga individualmente e não em colectivo.

A sua competência determina-se em relação à do colectivo, isto é, são da sua competência as questões que não se encontrem legalmente afectas ao tribunal colectivo, como determina a lei – v. artigo 16.º, C. P. P..

V. *Juiz; Tribunal singular; Tribunal colectivo; Competência.*

Julgamento (Proc. Penal) – Momento processual da fase de audiência, discussão e julgamento, que é público – sob pena de nulidade insanável, salvo nos casos em que o presidente decidir a exclusão ou a restrição da publicidade – e contínuo, decorrendo sem qualquer interrupção ou adiamento até ao seu encerramento, nos termos previstos pelo artigo 328.º, C. P. P..

Neste momento processual, pretende o tribunal, com a produção de prova aí realizada, apurar a verdade do caso que lhe é submetido a julgamento e quem foi o seu agente, em ordem à boa decisão da causa.

A audiência de julgamento é documentada em acta, sendo que o "princípio geral da documentação de declarações orais", previsto no artigo 363.º, C. P. P., implica que estas sejam documentadas em acta, sob pena de nulidade, nos termos do artigo 364.º, C. P. P..

Ao julgamento, propriamente dito, segue-se a fase de elaboração da sentença, sua discussão e votação – artigo 365.º, C. P. P..

V. artigos 321.º e segs., C. P. P..

V. *Audiência de discussão e julgamento; Princípio da publicidade; Princípio da imediação; Juiz; Juiz presidente; Tribunal; Nulidade, Prova; Acta; Declarações do arguido, Assistente; Partes civis; Sentença; Publicidade.*

Julgamento na ausência do arguido (Proc. Penal) – Julgamento que é efectuado sem a presença do arguido regularmente notificado.

Normalmente, faltando o arguido, o julgamento só é adiado se o tribunal considerar indispensável para o apuramento da verdade a sua presença.

Havendo audiência sem a presença do arguido, a sentença é-lhe notificada logo que seja detido ou se apresente voluntariamente e o prazo para apresentação de recurso conta-se a partir da notificação da sentença.

Todos os trâmites processuais estão previstos nos artigos 333.º e 334.º, C. P. P..

Sempre que a audiência tiver lugar na ausência do arguido, "este é representado, para todos os efeitos possíveis, pelo defensor"; "em caso de conexão de processos, os arguidos presentes e ausentes são julgados conjuntamente, salvo se o tribunal tiver como mais conveniente a separação de processos".

Se, depois de realizadas as diligências necessárias, não for possível notificar o arguido do despacho que designa o dia para a audiência (ou executar a detenção ou a prisão preventiva), o arguido é notificado por editais para se apresentar em juízo, num prazo de 30 dias, sob pena de ser declarado contumaz – v. artigo 337.º, C. P. P..

A sentença será notificada ao arguido "que foi julgado como ausente logo que seja detido ou se apresente voluntariamente" – v. artigo 334.º, n.ºs 4, 5 e 6, C. P. P..

V. *Julgamento; Arguido; Notificação; Tribunal; Sentença; Detenção; Prazo; Recurso; Defensor; Conexão (competência por); Despacho; Edital; Prisão preventiva; Revelia; Contumácia; Defensor; Processo; Diligência.*

Jurado (Proc. Penal) – Designação atribuída às pessoas singulares que compõem o tribunal de júri, para além dos magistrados judiciais.

O regime do Júri está previsto no Decreto-Lei n.º 387-A/87, de 29 de Dezembro.

Nos artigos 4.º e 5.º estão previstos os casos de incompatibilidades para ser jurado e os casos de impedimento, respectivamente, e, no artigo 6.º, prevêem-se as hipóteses de solicitar a escusa e, também, a recusa.

Podem ser jurados os cidadãos portugueses inscritos no recenseamento eleitoral que satisfaçam as seguintes condições:
 a) idade inferior a 65 anos;
 b) escolaridade obrigatória;
 c) ausência de doença ou anomalia física ou psíquica que torne impossível o bom desempenho do cargo;
 d) pleno gozo dos direitos civis e políticos;
 e) não estarem presos ou detidos, nem em estado de contumácia, nem haverem sofrido condenação definitiva em pena de prisão efectiva.

O processo de selecção de jurados efectua-se através de duplo sorteio, o qual se processa a partir dos cadernos de recenseamento eleitoral – artigo 8.º –: há um sorteio de pré-selecção e um sorteio de selecção (artigos 9.º a 11.º).

Os jurados decidem apenas segundo a lei e o direito e não estão sujeitos a ordens ou instruções. Não podem abster-se de julgar com fundamento na falta, obscuridade ou ambiguidade da lei ou em dúvida insanável sobre a matéria de facto.

O desempenho da função de jurado constitui serviço público obrigatório, sendo a sua recusa injustificada punida como crime de desobediência qualificada.

V. *Júri; Pessoa singular; Magistrado; Magistratura judicial; Preso; Detido; Contumácia; Sentença condenatória; Pena de prisão; Pena; Contumácia; Crime de desobediência.*

Juramento (Proc. Penal) – Acto solene praticado pelas testemunhas perante a autoridade judiciária competente, a qual adverte previamente quem o prestar das sanções em que incorre se o recusar ou a ele faltar.

É condensado na seguinte frase: "Juro por minha honra dizer toda a verdade e só a verdade".

V. artigo 91.º, C. P. P..

V. *Acto; Testemunha; Autoridade judiciária; Sanção.*

Júri (Proc. Penal) – Chama-se júri, ou tribunal de júri, ao que é composto pelos três juízes que constituem o tribunal colectivo e por oito jurados, destes sendo quatro efectivos e quatro suplentes. O tribunal é presidido pelo presidente do tribunal colectivo.

Compete ao tribunal de júri julgar os processos que, tendo a sua intervenção sido requerida pelo Ministério Público, pelo arguido ou pelo assistente, respeitarem a crimes previstos no Título II e no Capítulo I do Título V do Livro II do Código Penal (por exemplo, julgamento dos crimes contra o património e dos crimes contra a segurança nacional, contra a soberania nacional e ainda dos crimes contra a realização do Estado de Direito e crimes eleitorais) – salvo se tiverem por objecto crimes de terrorismo ou se referirem a criminalidade altamente organizada – e na Lei Penal relativa às Violações do Direito Internacional Humanitário, bem como os processos que, não devendo ser julgados pelo tribunal singular, e tendo a sua intervenção sido requerida pelos mesmos sujeitos processuais, respeitarem a crimes cuja pena máxima abstractamente aplicável for superior a oito anos de prisão (por exemplo, o crime de homicídio, o crime de homicídio qualificado, crime de sequestro (agravado), alguns crimes contra a liberdade sexual; crime de roubo (agravado)).

O júri intervém na decisão das questões da culpa e da determinação da sanção.

V. artigo 13.º, C. P. P., e Decreto-Lei n.º 387-A/87, de 29 de Dezembro, relativo ao regime do júri.

V. *Tribunal; Juiz; Jurado; Tribunal colectivo; Ministério Público; Arguido; Assistente; Partes civis; Crime; Crimes contra o património; Crimes eleitorais; Tribunal singular; Pena; Pena de prisão; Homicídio; Homicídio qualificado; Sequestro; Agravação; Roubo; Questão da culpa; Questão da determinação da sanção; Culpa; Agravação; Tribunal singular.*

Jurisdição – Poder ou direito de julgar.

Prerrogativa de aplicar o direito que cabe exclusivamente ao poder judicial – artigo 202.º, n.º 1, da Constituição da República.

V. *Constituição.*

Jurisdição contenciosa (Proc. Penal; Org. Judiciária) – Por contraposição à jurisdição graciosa ou voluntária, designa-se por contenciosa aquela que tem por fim a composição de litígios.

V. *Jurisdição graciosa.*

Jurisdição graciosa (Proc. Penal; Org. Judiciária) – Jurisdição graciosa ou voluntária é aquela que tem por fim a regulação de situações de interesses carecidos de composição, mas que não são propriamente litígios.

Jurisprudência – Por jurisprudência pode designar-se a decisão irrecorrível de um tribunal, o conjunto de decisões dos tribunais ou, mais vulgarmente, a doutrina que resulta de um conjunto de decisões judiciais proferidas num mesmo sentido sobre uma dada matéria e provinda de tribunais da mesma instância, do Supremo Tribunal de Justiça ou do Tribunal Constitucional.

A jurisprudência não é, no sistema jurídico português, fonte imediata de direito, excepto, quanto muito, e para quem assim o entendesse, no caso dos assentos, cuja base legal desapareceu entretanto.

Existe hoje o recurso extraordinário para fixação de jurisprudência que, não estabelecendo regras, nem interpretativas, com força obrigatória geral, define-as com carácter de alguma vinculatividade para os tribunais.

V. *Tribunal; Supremo Tribunal de Justiça; Tribunal Constitucional; Assento; Recurso para fixação de jurisprudência; Recursos extraordinários.*

Justiça penal militar (Proc. Penal) – É a justiça que é aplicada para julgar os crimes estritamente militares.

Para melhor a caracterizar, há que diferenciar a justiça militar em tempo de paz e a justiça militar em tempo de guerra: nesta última, são criados tribunais militares; quanto à justiça militar em tempo de paz, extrai-se da Constituição da República que os tribunais que julguem crimes estritamente militares são tribunais judiciais e integram um ou mais juízes militares, mas não podem ter uma composição integral ou maioritariamente militar. Ou seja, em tempo de paz, têm competência para o julgamento de crimes estritamente militares os tribunais judiciais; em tempo de guerra são constituídos tribunais militares ordinários e podem ser constituídos tribunais militares extraordinários.

Estão definidas (no Código de Justiça Militar – Lei n.º 100/2003, de 15 de Novembro) três instâncias de tribunais judiciais e de tribunais militares ordinários e uma instância de tribunais militares extraordinários. Deve referir-se ainda a existência de secções de instrução criminal militar nos tribunais de instrução criminal do Porto e de Lisboa.

O Supremo Tribunal de Justiça Militar, para além da instância de recurso nos casos em que a lei processual penal e a lei de organização judiciária o prevê, tem ainda competência para julgar (em primeira instância) os oficiais generais dos três ramos das Forças Armadas e da Guarda Nacional Republicana.

São aplicáveis aos processos de natureza penal militar as disposições do Código de Processo Penal, salvo disposição legal em contrário.

V. *Crime estritamente militar; Crimes militares; Tribunal judicial; Código de Justiça Militar; Tribunal; Tribunal militar; Recurso; Competência; Tribunal de primeira instância; Guarda Nacional Republicana; Constituição.*

"Jus sanguinis" – É um dos critérios jurídicos usados para determinar a nacionalidade de uma pessoa singular.

Quando, numa ordem jurídica, é este o critério adoptado, isso significa que as pessoas se consideram nacionais do Estado da nacionalidade do respectivo pai.

V. artigo 1.º, n.º 1, alíneas *a)* e *b)*, da Lei da Nacionalidade – Lei n.º 37/81, de 3 de Outubro, alterada pela Lei n.º 25/94 de 19 de Agosto, e pelos Decretos-Leis n.ºˢ 22-A/2001, de 14 de Dezembro, 194/2003, de 23 de Agosto, 22-A/2001, de 14 de Dezembro.

V. *Nacionalidade.*

"Jus soli" – Critério em função do qual se fixa a nacionalidade de uma pessoa singular. Esta é a do local onde a pessoa nascer.

V. artigo 1.º, n.º 1, alíneas *c)* e *d)* da Lei da Nacionalidade – Lei n.º 37/81, de 3 de Outubro, alterada pela Lei 25/94 de 19 de Agosto, e pelos Decretos-Leis n.ºˢ 22-A/2001, de 14 de Dezembro, pelo Decreto-Lei n.º 194/2003, de 23 de Agosto, e pelas Leis Orgânicas n.ºˢ 1/2004, de 15 de Janeiro, e 2/2006, de 17 de Abril.

V. *Nacionalidade.*

L

"Labeling approach" (Dir. Penal; Criminologia) – V. *Teoria interaccionista*.

Lacuna – A expressão lacunas da lei ou, com mais propriedade, lacunas da ordem jurídica designa as situações – carecidas de regime jurídico – que a lei ou uma norma jurídica não legal não prevê e, consequentemente, não regula, ou aquelas que, estando previstas, não têm regime jurídico.
Para se chegar à identificação de uma lacuna, é forçoso um prévio trabalho de interpretação, pois se, designadamente, a situação couber na previsão de uma norma interpretada extensivamente, não há qualquer lacuna a integrar.
Por outro lado, das lacunas há que distinguir as situações que o direito não regula por se encontrarem fora do seu âmbito, isto é, as situações extra-jurídicas.
Lacunas são, pois, os casos omissos na disciplina jurídica e que devem ser juridicamente regulados.
A primeira e privilegiada forma de integração de lacunas é, segundo o artigo 10.º do Código Civil, a analogia.
V. *Norma jurídica; Lei; Analogia*.

Lançamento de projéctil contra veículo (Dir. Penal) – Crime previsto no artigo 293.º, C. P., que se traduz no arremesso de "projéctil contra veículo em movimento, de transporte por ar, água ou terra".
V. *Crime*.

Legalidade (Dir. Penal) – V. *Princípio da legalidade*.

Legalização de documento (Dir. Civil; Proc. Penal) – Utiliza-se esta expressão para significar a legalização de documento passado em país estrangeiro, necessária quando "houver fundadas dúvidas acerca da sua autenticidade ou da autenticidade do reconhecimento" – artigo 365.º, n.º 2, do Código Civil.
Tendo sido o documento passado no estrangeiro em conformidade com a lei local e não havendo dúvidas sobre a sua autenticidade, pode ele ser admitido a instruir actos notariais independentemente de prévia legalização (cfr. artigo 44.º do Código do Notariado).
A Convenção Relativa à Supressão da Exigência de Legalização dos Actos Públicos Estrangeiros (Convenção da Haia de 5 de Outubro de 1961), aprovada, para ratificação, pelo Decreto-Lei n.º 48 450, de 24 de Junho de 1968, veio dispensar a legalização de vários actos públicos estrangeiros, bastando, quanto a eles, a aposição de uma apostilha pelas entidades determinadas por cada Estado contratante. As entidades portuguesas competentes para emitir a apostilha são a Procuradoria-Geral da República e as procuradorias-gerais distritais, conforme aviso publicado no *Diário do Governo*, 1.ª série, de 2 de Abril de 1969.
V. a Convenção Europeia sobre a Supressão da Legalização dos Actos Exarados pelos Agentes Diplomáticos e Consulares, aprovada, para ratificação, pelo Decreto n.º 99/82, de 26 de Agosto (tendo Portugal depositado o respectivo instrumento de ratificação, segundo aviso publicado no *Diário da República*, I série, de 19 de Janeiro de 1983).
V. também a Convenção Relativa à Dispensa de Legalização para certas Certidões de Registo Civil e Documentos, assinada em Atenas em 15 de Setembro de 1977, e aprovada, para ratificação, pelo Decreto n.º 135/82, de 20 de Dezembro (tendo Portugal depositado o respectivo instrumento de ratificação segundo aviso publicado no

Diário da República, I série, de 28 de Dezembro de 1984).
V. *Documento; Documento passado em país estrangeiro; Registo civil; Certidão; Procuradoria-Geral da República.*

"Leges artis" (Dir. Penal) – Regras técnicas de um determinado ramo científico, cujo incumprimento fundamenta a incriminação nos casos legalmente previstos.
O artigo 150.º, C. P., por exemplo, faz referência às *leges artis* da medicina.
V. *Intervenções e tratamentos médico-cirúrgicos.*

Legítima defesa (Dir. Penal) – Causa de justificação prevista nos artigos 31.º, n.º 1-*a*), e 32.º, C. P., nos termos da qual é excluída a ilicitude do facto típico, quando este é praticado como meio necessário para repelir uma agressão actual e ilícita de interesses juridicamente protegidos do agente ou de terceiro.
O artigo 337.º, n.º 1, do Código Civil consagra, por seu turno, a justificação do acto destinado a afastar qualquer agressão actual e contrária à lei contra pessoa ou património do agente ou de terceiro, desde que não seja possível fazê-lo pelos meios normais e o prejuízo causado pelo acto não seja manifestamente superior ao que pode resultar da agressão. O n.º 2 do preceito determina ainda que o acto se considera igualmente justificado, ainda que haja excesso de legítima defesa, se o excesso for devido a perturbação ou medo não culposo do agente.
V. *Causas de justificação; Património; Excesso de legítima defesa; Legítima defesa preventiva; Culpa; Agente; Lei; Património; Prejuízo.*

Legítima defesa preventiva (Dir. Penal) – Causa de justificação supralegal.
Situação próxima da legítima defesa, mas em que não existe o factor temporal, isto é, não se verifica a actualidade da agressão que se visa repelir. As situações abrangidas podem ir desde o simples anúncio da futura agressão até à fase final da sua preparação, uma vez que a fase de execução (fase posterior à de preparação) constitui o momento em que já haverá legítima defesa em sentido próprio, por se considerar então actual a agressão.
Há legítima defesa preventiva, por exemplo, no caso de um incapacitado de locomoção agir sobre o seu agressor no momento em que o vê, da janela, a aproximar-se do edifício onde se encontra sabendo que ele (o agressor) vai concretizar a agressão e sendo esse o único modo de a repelir.
Cfr. Maria Fernanda Palma, *A Justificação por Legítima Defesa como Problema de Delimitação de Direitos*, 1990, págs. 765 e segs..
V. *Legítima defesa; Actos de execução; Actos preparatórios; Causas de justificação; Causas de justificação supralegais; Ilicitude; Direito de necessidade defensivo.*

Legítima defesa putativa (Dir. Penal) – Situação em que o agente configura uma situação objectiva de legítima defesa sem que tal situação corresponda à realidade.
Por exemplo, o agente pensa que vai ser agredido por alguém que o aborda para perguntar as horas e agride essa pessoa.
A tais casos é aplicável o artigo 16.º, n.º 2, C. P., cuja consequência é a exclusão do dolo.
V. *Legítima defesa; Dolo.*

Legitimidade (Proc. Penal) – Em termos gerais e civilísticos, diz-se que uma pessoa tem legitimidade para praticar certo acto quando é sujeito – passivo ou activo – da situação jurídica sobre a qual o referido acto vai exercer o seu efeito, quando tem título jurídico que lhe permite desencadear efeitos em esfera jurídica alheia ou quando, excepcionalmente, a lei lhe permite a prática do acto.
Trata-se, portanto, de uma qualidade do sujeito jurídico que é aferida em cada relação e diz respeito ao conteúdo concreto desta.
O Ministério Público tem legitimidade para dar início ao processo penal quando adquire a notícia do crime, no caso de crime público, ou no momento da dedução da queixa, no caso de crime semipúblico e de crime particular (nesta última situação é ainda necessário que o titular do direito de queixa se constitua assistente e, no final do inquérito, que deduza acusação).
V. artigos 48.º a 52.º, C. P. P..

Têm legitimidade para se constituírem assistentes no processo penal as pessoas referidas no artigo 68.º, C. P. P..

V. *Acto jurídico; Ministério Público; Crime semipúblico; Crime particular; Notícia do crime; Crime público; Queixa; Assistente; Inquérito; Acusação; Crime; Notícia do crime.*

Lei – Fonte imediata de direito (artigo 1.º, n.º 1, do Código Civil), é toda a "disposição genérica provinda dos órgãos estaduais competentes".

Em sentido restrito ou formal, leis são apenas as normas elaboradas pela Assembleia da República – v. artigos 161.º-c), 164.º e 165.º da Constituição da República.

Em sentido material, leis são não apenas as leis da Assembleia da República como também os decretos-leis provenientes do Governo e os decretos legislativos regionais provindos dos órgãos legislativos das Regiões Autónomas (sobre matérias de interesse específico para elas).

V. Lei n.º 2/2005, de 24 de Janeiro (que alterou a Lei n.º 74/98, de 11 de Novembro), que estabelece o regime a que deve obedecer a publicação e identificação dos diplomas legais.

Esta Lei determina, no n.º 1 do seu artigo 7.º, que os diplomas legais "são identificados por um número e pela data da respectiva publicação no *Diário da República*", sendo a numeração distinta para os vários tipos de actos legislativos, de acordo com o artigo 8.º, n.º 1, do mesmo diploma.

É este diploma que se ocupa também do formulário dos actos legislativos.

V. *Fontes de direito; Decreto-Lei; Decreto legislativo regional; Publicação da lei.*

Lei de emergência (Dir. Penal) – Lei que consagra a incriminação de um dado comportamento num período em que se verificam circunstâncias excepcionais que justificam essa incriminação.

O regime do artigo 2.º, n.º 3, C. P. – que determina a aplicação da norma incriminadora aos factos praticados no domínio da respectiva vigência, mesmo depois da cessação desta –, abrange, a par das leis temporárias (que consagram um prazo de vigência), as leis de emergência.

V. *Lei; Lei penal temporária.*

Lei especial – V. *Lei; Norma especial; Norma geral.*

Lei geral – V. *Lei; Norma geral.*

Lei penal em branco (Dir. Penal) – Preceito penal que remete, total ou parcialmente, a descrição do comportamento típico para fonte diversa, por via de regra de natureza regulamentar.

V. o Acórdão do Tribunal Constitucional n.º 534/98, publicado no *Diário da República*, II série, de 7 de Agosto de 1998, que considerou que a norma constante da alínea c) do n.º 1 do artigo 71.º do Decreto-Lei n.º 25/93, de 22 de Janeiro, interpretada no sentido de remeter para portaria a definição, a título análogo ao que resulta da prova pericial, dos limites quantitativos máximos para cada dose média individual diária das plantas, substâncias ou preparações constantes das tabelas I a IV anexas ao mesmo diploma, não viola o princípio da legalidade da lei penal incriminadora, consagrado no n.º 1 do artigo 29.º, em conjugação com a alínea c) do n.º 1 do artigo 165.º, ambos da Constituição da República Portuguesa.

O Acórdão do mesmo Tribunal n.º 545/2000, publicado no *Diário da República*, II série, de 6 de Fevereiro de 2001, decidiu não julgar inconstitucional a norma resultante dos artigos 43.º e 65.º do Decreto n.º 44 623, de 10 de Outubro de 1962, em conjugação com o disposto no n.º 14 do edital da Direcção-Geral das Florestas de 17 de Dezembro de 1999, para o qual aqueles preceitos remetem (os preceitos do diploma legal proíbem, punindo, a pesca numa área definida pelo referido edital).

V. *Tipo; Prova pericial; Princípio da legalidade.*

Lei penal temporária (Dir. Penal) – Lei penal que vigora num determinado período de tempo.

De acordo com o disposto no artigo 2.º, n.º 3, C. P., quando a lei vale para um determinado período de tempo, o facto praticado durante esse período continua a ser punível, mesmo depois da cessação da vigência da respectiva lei incriminadora.

O regime deste artigo 2.º, n.º 3, C. P., decorre da circunstância de a lei temporária ter cessado a sua vigência não por força de uma nova lei (revogação), mas sim pela cessação dos pressupostos que justificavam a vigência da norma ou pelo decurso do respectivo prazo de vigência (caducidade), o que significa que não se verifica uma alteração da valoração que a lei faz do facto, mas sim uma alteração das circunstâncias em que o facto é praticado.

V. *Lei temporária; Princípio da irretroactividade da lei penal; Revogação da lei; Caducidade da lei; Facto.*

Lei-Quadro da Política Criminal (Dir. Penal; Proc. Penal) – Lei que prevê o regime da definição de objectivos, prioridades e orientações em matéria de prevenção da criminalidade, investigação criminal, acção penal e execução de penas e medidas de segurança.

A Lei-Quadro da Política Criminal foi aprovada pela Lei n.º 17/2006, de 23 de Maio.

De acordo com esta lei, a política criminal deve ser congruente com as valorações da Constituição e da lei sobre os bens jurídicos (por esta lei chamado princípio da congruência).

A política criminal tem por objectivos prevenir e reprimir a criminalidade e reparar os danos individuais e sociais dela resultantes, tomando em consideração as necessidades concretas de defesa dos bens jurídicos. Os crimes que forem objecto de prioridade nas acções de prevenção, na investigação e no procedimento podem ser indicados através do bem jurídico tutelado, da norma legal que os prevê, do modo de execução, do resultado, dos danos individuais e sociais ou da penalidade.

As orientações de política criminal podem compreender a indicação de tipos de crimes ou de fenómenos criminais em relação aos quais se justifique especialmente a suspensão provisória do processo, o arquivamento em caso de dispensa de pena, o processo sumaríssimo, o julgamento por tribunal singular de processos por crimes puníveis com pena de prisão superior a cinco anos ou a aplicação de outros regimes legalmente previstos para a pequena criminalidade.

O Governo na condução da política do país apresenta à Assembleia da República propostas de lei sobre os objectivos, prioridades e orientações de política criminal.

O Ministério Público, nos termos do respectivo estatuto e das leis de organização judiciária, e os órgãos de polícia criminal, de acordo com as correspondentes leis orgânicas, assumem os objectivos e adoptam as prioridades e orientações constantes da lei sobre política criminal.

Compete ao Procurador-Geral da República, no âmbito dos inquéritos e das acções de prevenção da competência do Ministério Público, emitir as directivas, ordens e instruções destinadas a fazer cumprir a lei sobre política criminal.

V. também a Lei n.º 51/2007, de 31 de Agosto (orientações de política criminal).

Com a Lei n.º 19/2008, de 21 de Abril (que aprova medidas de combate à corrupção), são introduzidas, pelo seu artigo 6.º, alterações ao relatório sobre os crimes de corrupção (previsto no n.º 2 do artigo 14.º da Lei n.º 17/2006), que deve conter uma parte específica relativa aos crimes associados à corrupção.

V. *Pena; Medida de segurança; Política criminal; Bem jurídico; Crime; Suspensão provisória do processo; Dispensa de pena; Processo sumaríssimo; Pequena criminalidade; Ministério Público; Órgão de polícia criminal; Procurador-Geral da República; Acção de prevenção; Relatório sobre crimes de corrupção.*

Lei temporária – Uma norma temporária é a que se destina a vigorar durante um período de tempo, certo ou incerto.

A norma temporária cessa a sua vigência por caducidade, independentemente, pois, do surgimento de outra norma, em especial da publicação de qualquer outra lei que a revogue ou substitua (cfr. artigo 7.º, n.º 1, do Código Civil, *a contrario*).

V. *Lei; Caducidade da lei; Revogação da lei.*

Leitura permitida de declarações do arguido (Proc. Penal) – Nos termos do artigo 357.º, C. P. P., a leitura de declarações anteriormente feitas pelo arguido só é permitida:

– a sua própria solicitação e, neste caso, seja qual for a entidade perante a qual tiverem sido prestadas; ou

– quando tendo sido feitas perante juiz, houver contradições ou discrepâncias entre elas e as feitas em julgamento.
V. *Arguido; Julgamento; Juiz.*

Lenocínio (Dir. Penal) – Crime previsto no artigo 169.º, C. P., que se considera cometido quando alguém, com intenção lucrativa, fomenta, favorece ou facilita o exercício por outra pessoa de prostituição ou a prática de actos sexuais de relevo.
O n.º 2 do artigo 169.º, C. P., consagra uma agravação para os casos em que o agente usa de violência, ameaça grave, ardil, manobra fraudulenta ou abuso de autoridade, resultante de uma relação familiar ou de dependência hierárquica, económica ou de trabalho, bem como para os casos em que o agente se aproveita de incapacidade psíquica da vítima ou de qualquer outra situação de especial vulnerabilidade.
O Tribunal Constitucional, nos Acórdãos n.ᵒˢ 144/2004 – publicado no *Diário da República*, II série, de 19 de Abril de 2004 –, 196/2004 (inédito) e 303/2004 – publicado no *Diário da República*, II série, de 20 de Julho de 2004 –, decidiu não julgar inconstitucional a incriminação do lenocínio constante do artigo 170.º, C. P..
V. *Crime; Acto sexual de relevo; Agravação; Ameaça; Agente; Incapacidade; Inconstitucionalidade.*

Lenocínio de menores (Dir. Penal) – Crime previsto no artigo 175.º, C. P., que se considera praticado quando alguém fomenta, favorece ou facilita o exercício da prostituição de menor.
O n.º 2 do artigo 175.º, C. P., consagra uma agravação para os casos em que o agente usa violência, ameaça grave, ardil, manobra fraudulenta, abuso de autoridade resultante de uma relação familiar ou de dependência hierárquica, económica ou de trabalho, actua profissionalmente ou com intenção lucrativa, ou se aproveita de incapacidade psíquica da vítima ou de situação de especial vulnerabilidade.
O Protocolo Facultativo à Convenção sobre os Direitos da Criança Relativo à Venda de Crianças, Prostituição Infantil e Pornografia Infantil, aberto para assinatura em Nova Iorque em 25 de Maio de 2000, foi aprovado, para ratificação, pela Resolução da Assembleia da República n.º 16/2003, de 5 de Março, ratificado pelo Decreto do Presidente da República n.º 14/2003, da mesma data, tendo entrado em vigor para Portugal em 16 de Junho de 2003.
V. *Crime; Menor; Acto sexual de relevo; Agravação; Ameaça; Crianças; Tráfico de pessoas; Vítima.*

Lesado (Proc. Penal) – O lesado é aquele que sofreu um dano.
Em processo penal é parte civil, entendendo-se como tal a pessoa que sofreu danos ocasionados com a prática do crime, ainda que se não tenha constituído ou não possa constituir-se como assistente.
A intervenção processual do lesado restringe-se à "sustentação e à prova do pedido de indemnização civil, competindo-lhe, correspondentemente, os direitos que a lei confere aos assistentes".
O lesado "pode fazer-se representar por advogado, sendo obrigatória a representação sempre que, em razão do valor do pedido, se deduzido em separado, fosse obrigatória a constituição de advogado, nos termos da lei de processo civil".
Se não tiver manifestado o propósito de deduzir pedido de indemnização ou se não tiver sido notificado para tal, o lesado pode deduzir o pedido até 20 dias depois de ao arguido ser notificado o despacho de acusação ou, se o não houver, o despacho de pronúncia.
V. artigos 74.º, 76.º e 77.º, C. P. P..
V. *Crime; Dano; Partes civis; Prova; Indemnização; Assistente; Acção civil; Advogado; Intervenção obrigatória de advogado; Prova; Assistente; Representação; Processo de adesão; Acusação; Pronúncia.*

Liberdade condicional (Dir. Penal; Proc. Penal) – O regime legal da liberdade condicional encontra-se nos artigos 61.º a 64.º do Código Penal.
Para além dos demais pressupostos, relativos, nomeadamente, ao período de pena cumprido, a aplicação da liberdade condicional tem lugar quando for de esperar, atentas as circunstâncias do caso, a vida anterior do agente, a sua personalidade e a evolução desta durante a exe-

cução da pena de prisão, que o condenado, uma vez em liberdade, conduzirá a sua vida de modo socialmente responsável, sem cometer crimes, e a liberdade se revelar compatível com a defesa da ordem e da paz social.

A aplicação da liberdade condicional depende sempre do consentimento do condenado.

Até dois meses antes da data admissível para a libertação condicional do condenado ou para efeitos de concessão do período de adaptação à liberdade condicional em regime de permanência na habitação, com fiscalização por meios técnicos de controlo à distância, os serviços prisionais remetem ao Tribunal de Execução das Penas relatório dos serviços técnicos prisionais sobre a execução da pena e o comportamento prisional do recluso e parecer fundamentado sobre a concessão da liberdade condicional, elaborado pelo director do estabelecimento. Até 4 meses antes da data admissível, o Tribunal de Execução das Penas solicita aos serviços de reinserção social: plano individual de readaptação; relatório social contendo uma análise dos efeitos da pena ou relatório social contendo outros elementos com interesse para a decisão sobre a liberdade condicional ou a concessão do período de adaptação à liberdade condicional.

O pedido de elaboração do plano é obrigatório sempre que o condenado se encontre preso há mais de cinco anos.

A decisão sobre a libertação condicional do arguido implica parecer do Ministério Público e audição do condenado – só depois o Tribunal de Execução das Penas emite despacho.

"O despacho que negar a liberdade condicional é susceptível de recurso", bem como o que a revogar.

V. artigos 90.º, C. P., e 484.º – processo da liberdade condicional – a 486.º, C. P. P..

V. o Assento n.º 2/99, de 19 de Novembro de 1998, publicado no *Diário da República*, I-A série, de 11 de Fevereiro de 1999, que entendeu "No domínio do Código Penal de 1982 e do Código de Processo Penal de 1987 não pode beneficiar de liberdade condicional o recluso que, embora condenado em pena de prisão superior a seis meses, esteja a cumprir prisão igual ou inferior a seis meses por virtude da aplicação de perdão ou perdões genéricos".

O Acórdão uniformizador de jurisprudência do Supremo Tribunal de Justiça n.º 3/2006, publicado no *Diário da República*, I-A série, de 9 de Janeiro, entendeu: "Nos termos dos n.ᵒˢ 5 do artigo 61.º e 3 do artigo 62.º do Código Penal, é obrigatória a libertação condicional do condenado logo que este, nela consentindo, cumpra cinco sextos de pena de prisão superior a 6 anos ou de soma de penas sucessivas que exceda 6 anos de prisão, mesmo que no decurso do cumprimento se tenha ausentado ilegitimamente do estabelecimento prisional".

A Convenção para a Vigilância de Pessoas Condenadas ou Libertadas Condicionalmente, aberta para assinatura em Estrasburgo, em 30 de Novembro de 1964, foi aprovada, para ratificação, pela Resolução da Assembleia da República n.º 50/94, de 12 de Agosto, e ratificada pelo Decreto do Presidente da República n.º 65/94, da mesma data, tendo o respectivo instrumento de ratificação sido depositado em 16 de Novembro de 1994, conforme o Aviso n.º 19/95, de 12 de Janeiro.

V. *Pena; Pena de prisão; Agente; Execução da pena; Crime; Consentimento; Perdão; Perdão genérico; Estabelecimento prisional; Sentença condenatória; Tribunal de Execução de Penas; Parecer; Serviços de reinserção Social; Plano de readaptação.*

Liberdade de imprensa (Proc. Penal) – É garantida a liberdade de imprensa nos termos da Constituição da República e da lei.

A liberdade de imprensa (nos termos definidos na Lei de Imprensa – Lei n.º 2/99, de 13 de Janeiro, com as alterações introduzidas pela Lei n.º 18/2003, de 11 de Junho) abrange o direito de informar, de se informar e de ser informado, sem impedimentos nem discriminações. O exercício destes direitos não pode ser impedido ou limitado por qualquer tipo ou forma de censura. Tem como únicos limites os que decorrem da Constituição e da lei, de forma a salvaguardar o rigor e a objectividade da informação, a garantir os direitos ao bom nome, à reserva da

intimidade da vida privada, à imagem e à palavra dos cidadãos e a defender o interesse público e a ordem democrática.
Nos termos do artigo 2.º da referida lei, a liberdade de imprensa implica:
"*a)* o reconhecimento dos direitos e liberdades fundamentais dos jornalistas;
b) o direito de fundação de jornais e quaisquer outras publicações, independentemente de autorização administrativa, caução ou habilitação prévias;
c) o direito de livre impressão e circulação de publicações, sem que alguém a isso se possa opor por quaisquer meios não previstos na lei".
O direito dos cidadãos a serem informados é garantido, nomeadamente, através:
a) de medidas que impeçam níveis de concentração lesivos do pluralismo da informação;
b) da publicação do estatuto editorial das publicações informativas;
c) do reconhecimento dos direitos de resposta e de rectificação;
d) da identificação e veracidade da publicidade;
e) do respeito pelas normas deontológicas no exercício da actividade jornalística.
V. *Processo dos crimes de imprensa.*

Liberdade para prova (Dir. Penal; Proc. Penal) – De acordo com o artigo 94.º, C. P., se da revisão da situação do internado, por força da aplicação de medida de segurança de internamento, resultar que há razões para esperar que a finalidade da medida possa ser alcançada em meio aberto, o tribunal coloca o internado em liberdade para prova. A revisão da situação do internado é realizada nos termos do artigo 93.º, C. P., quando é "invocada a existência de causa justificativa da cessação do internamento".
O período de liberdade para prova é fixado entre um mínimo de dois anos e um máximo de cinco, não podendo ultrapassar o tempo que faltar para o limite máximo de duração do internamento.
A liberdade para prova implica a imposição de regras de conduta – tais como não exercer determinadas profissões, não frequentar determinados lugares, não residir em determinado local, não acompanhar determinadas pessoas, não ter em seu poder determinados objectos ou ter de se apresentar periodicamente perante determinadas entidades – e a sujeição a tratamentos, a regimes de cura ambulatórios apropriados e a exames e observações nos locais indicados pelo tribunal.
A liberdade para prova é revogada quando o comportamento do agente revelar que o internamento é indispensável ou quando o agente for condenado em pena privativa da liberdade e não se verificarem os pressupostos da suspensão da respectiva execução (v. artigo 95.º, C. P.).
V. artigo 90.º, C. P..
V. *Medida de segurança; Internamento; Agente; Pena de prisão; Tribunal; Revogação de lei.*

Liberdade pessoal (Dir. Penal) – Bem jurídico tutelado pelos crimes previstos nos artigos 153.º, 154.º, 155.º, 156.º, 158.º, 159.º, 160.º, 161.º e 162.º, C. P..
Traduz-se genericamente na possibilidade de movimentação e de actuação sem constrangimentos e de disposição do corpo e das suas capacidades – tem, pois, natureza pluridimensional.
V. *Bem jurídico; Crime.*

Liberdade sexual (Dir. Penal) – Bem jurídico tutelado pelos crimes previstos nos artigos 163.º, 164.º, 165.º, 166.º, 167.º, 168.º, 169.º e 170.º, C. P.. Os artigos 171.º a 176.º, C. P. protegem igualmente a liberdade sexual, associada ao livre desenvolvimento da personalidade do menor – cfr. Jorge de Figueiredo Dias, Nótula do artigo 163.º, *Comentário Conimbricense do Código Penal, Parte Especial*, Tomo I, 1999, págs. 441 e segs..
Traduz-se genericamente na possibilidade individual de decidir, livre e conscientemente, sobre os vários aspectos relevantes do exercício (positivo) da sexualidade.
V. *Bem jurídico; Crime.*

Licença de uso e porte de arma (Dir. Penal) – Dispõe o artigo 26.º, n.º 1, da Lei n.º 5/2006, de 23 de Fevereiro – que "estabelece o regime jurídico relativo ao fabrico, montagem, reparação, importação, exportação, transferência, armazenamento, circulação, comércio, aquisição, cedência, detenção, manifesto, guarda, segurança, uso e porte de armas, seus componentes e munições, bem como o enquadramento legal das operações de prevenção criminal", do seu âmbito ficando excluídas "as actividades relativas a armas e munições destinadas às Forças Armadas, às Forças e serviços de segurança, bem como a outros serviços públicos cuja lei expressamente as exclua, bem como aquelas que destinem exclusivamente a fins militares", e, ainda, "as actividades [...] relativas a armas de fogo cuja data de fabrico seja anterior a 31 de Dezembro de 1980, bem como aquelas que utilizem munições obsoletas, constantes do anexo a este diploma e que dele faz parte integrante, e que pelo seu interesse histórico, técnico e artístico possam ser preservadas e conservadas em colecções públicas ou privadas" (artigo 1.º) –, que "o certificado de aprovação para uso e porte de armas de fogo é o documento emitido pela Direcção Nacional da PSP, atribuído ao candidato que tenha obtido classificação de apto nas provas teórica e prática do exame de aptidão, comprovando que o examinado pode vir a obter licença de uso e porte de armas da classe a que o mesmo se destina". O n.º 2 da mesma disposição determina que "o deferimento do pedido de inscrição e frequência no curso de formação bem como a aprovação no exame de aptidão não conferem quaisquer direitos ao requerente quanto à concessão da licença".

Para dispor de licença de uso e de porte de armas de fogo, é necessária a frequência de cursos "ministrados pela PSP ou por entidades por si credenciadas para o efeito", bem como a submissão a exame médico destinado "a certificar se o requerente está apto, ou apto com restrições, à detenção, uso e porte de arma, bem como se está na posse de todas as suas faculdades psíquicas, sem historial clínico que deixe suspeitar poder vir a atentar contra a sua integridade física ou de terceiros".

Os artigos 12.º a 19.º tratam dos termos em que é concedida licença para uso e porte de armas de cada uma das classes, dispondo o artigo 20.º que, "para além da não verificação dos requisitos exigidos na presente lei para a concessão da licença pretendida, pode o pedido ser recusado, nomeadamente, quando tiver sido determinada a cassação da licença ao requerente, não forem considerados relevantes os motivos justificativos da pretensão ou não se considerem adequados para os fins requeridos".

"As licenças de uso e porte ou de detenção de armas são emitidas por um período de tempo determinado e podem ser renovadas a pedido do interessado", nunca podendo ser concedidas vitaliciamente" (artigo 27.º).

Diz o artigo 28.º, n.º 1, que "a renovação da licença de uso e porte de arma deve ser requerida até 60 dias antes do termo do seu prazo e depende da verificação, à data do pedido, dos requisitos exigidos para a sua concessão". "Nos caso em que se verifique a caducidade das licenças, o respectivo titular tem o prazo de 180 dias para promover a sua renovação ou proceder à transmissão das respectivas armas", devendo, quando a renovação não seja autorizada, entregar a [...] arma na PSP, acompanhada dos documentos inerentes, no prazo de 15 dias após a notificação da decisão, sob pena de incorrer em crime de desobediência" (artigo 29.º).

Esta lei cria também "o cartão europeu de arma de fogo" – "documento que habilita o seu titular a deter uma ou mais armas de fogo em qualquer Estado membro da União Europeia desde que autorizado pelo Estado membro de destino" (artigo 70.º, n.º 1); os restantes números da disposição e o artigo 71.º tratam dos requisitos e processo de obtenção do cartão e da autorização portuguesa, quando for esse o caso.

O artigo 90.º determina que, como pena acessória, "pode incorrer na interdição temporária de detenção, uso e porte de arma quem for condenado pela prática de crime previsto na presente lei [nomeadamente detenção de arma proibida, tráfico de armas, uso e porte de arma sob efeito de álcool e substâncias psicotrópicas, e detenção de armas e outros dispositivos ou substâncias em locais proibidos] ou pela prática, a título doloso ou negligente, de crime em cuja preparação ou execução tenha sido relevante a utilização ou disponibilidade sobre a arma"; "o período de interdição tem o limite mínimo de um ano e o máximo igual ao limite superior da moldura penal do crime [...]"; "a interdição implica a proibição de detenção, uso e porte de armas, designadamente para efeitos pessoais, funcionais ou laborais, desportivos, venatórios ou outros, bem como de concessão ou renovação de licença, cartão europeu de arma de fogo [...], devendo o condenado fazer entrega da ou das armas, licenças e demais documentação no posto ou unidade policial da área da sua residência no prazo de 15 dias contados do trânsito em julgado"; "a interdição é decretada independentemente de o condenado gozar de isenção ou dispensa de licença ou licença especial".

Por seu lado, o artigo 93.º da mesma Lei dispõe que "pode ser aplicada medida de segurança de cassação de licença de detenção, uso e porte de armas [...] a quem: *a)* For condenado por crime previsto na presente lei, pela prática dos crimes referidos no n.º 2 do artigo 14.º [crime indiciador de falta idoneidade para efeito de concessão de licença] ou por crime relacionado com armas de fogo ou cometido com violência contra pessoas ou bens; *b)* For absolvido da prática dos crimes referidos na alínea anterior apenas por inimputabilidade, desde que a personalidade do agente e o facto praticado façam recear o cometimento de novos crimes que envolvam tais armas ou o agente se revele inapto para a detenção [...] uso e porte das mesmas". "Esta medida tem a duração mínima de 2 e máxima de 10 anos". "A cassação implica a caducidade do ou dos títulos, a proibição de concessão de nova licença ou alvará ou de autorização de aquisição de arma pelo período de duração da medida e ainda a proibição de detenção, uso e porte de arma ou armas, designadamente para efeitos pessoais, funcionais ou laborais, desportivos, venatórios ou outros durante o mesmo período, devendo o arguido ou quem por ele for responsável fazer entrega de armas, licenças e demais documentação no posto ou unidade policial da área da sua residência no prazo de 15 dias contados do trânsito em julgado". Finalmente, o artigo 108.º regula a cassação das licenças pelo director nacional da PSP, sem prejuízo do respectivo processo judicial.

V. *Arma; Detenção ilegal de arma; Detenção ilegal de arma; Detenção de arma proibida; Detenção de armas e outros dispositivos, produtos ou substâncias em locais proibidos; Tráfico de armas; Uso e porte de arma sob o efeito de álcool e substâncias estupefacientes ou psicotrópicas; Notificação; Desobediência; Integridade física; Pena acessória; Crime; Dolo; Negligência; Moldura penal; Residência; Trânsito em julgado; Dolo; Negligência; Porte de arma; Licença de uso e porte de arma; Sentença condenatória; Medida de segurança; Crimes contra as pessoas; Sentença absolutória; Inimputabilidade; Agente; Arguido.*

Ligações com o estrangeiro (Dir. Penal) – Crime previsto no artigo 331.º, C. P., que se traduz genericamente na manutenção de ligações com governo estrangeiro, com partido, associação, instituição ou grupo estrangeiro ou com algum dos seus agentes, com intenção de destruir, alterar ou subverter pela violência o Estado de Direito constitucionalmente estabelecido.

O tipo incriminador exige que as ligações tenham por finalidade receber instruções, directivas, dinheiro ou valores, ou colaborar em diversas actividades expressamente previstas no artigo 331.º-*b)*, C. P..

A norma incriminadora encontra-se numa relação de subsidiariedade expressa com outras normas aplicáveis que prevejam pena mais grave, isto é, só se aplica quando não for aplicável ao mesmo facto outra norma que preveja pena mais grave.

V. *Crime; Concurso de normas; Pena.*

Limite máximo da pena de multa (Dir. Penal) – De acordo com o artigo 47.º, n.º 1, C. P., a pena de multa tem por limite máximo 360 dias.

A lei prevê, no entanto, casos em que a pena de multa pode atingir 900 dias (v., por exemplo, o artigo 77.º, n.º 2, C. P., relativo ao limite máximo da pena do concurso de crimes, ou seja, no caso de serem cometidos vários crimes antes do trânsito em julgado da decisão condenatória por qualquer um deles, a moldura penal do concurso pode ter por limite máximo 900 dias de multa).

V. *Pena; Pena de multa; Concurso de crimes; Trânsito em julgado.*

Limite máximo da pena de prisão (Dir. Penal) – De acordo com o artigo 41.º, n.º 1, C. P., a pena de prisão tem por limite máximo 20 anos.

A lei prevê, no entanto, casos em que a pena de prisão pode atingir 25 anos (v., por exemplo, artigos 77.º, n.º 2, e 132.º, C. P. – limite máximo da pena do concurso de crimes e homicídio qualificado, respectivamente; v., também, artigo 41.º, n.º 2, C. P.).

V. *Pena; Pena de prisão; Concurso de crimes; Homicídio; Homicídio qualificado.*

Limite mínimo da pena de multa (Dir. Penal) – De acordo com o artigo 47.º, n.º 1, C. P., a pena de multa tem, em regra, por limite mínimo 10 dias.

V. *Pena; Pena de multa.*

Limite mínimo da pena de prisão (Dir. Penal) – De acordo com o artigo 41.º, n.º 1, C. P., a pena de prisão tem, em regra, por limite mínimo 1 mês.

V. *Pena; Pena de prisão.*

Limites da pena (Dir. Penal) – V. *Pena; Limite máximo da pena de multa; Limite mínimo da pena de multa; Limite máximo da pena de prisão; Limite mínimo da pena de prisão.*

Língua dos actos e nomeação de intérprete (Proc. Penal) – Nos actos processuais, tanto escritos como orais, utiliza-se a língua portuguesa, sob pena de nulidade.

Quando intervier no processo pessoa que não conhecer ou não dominar a língua portuguesa, é nomeado intérprete idóneo. O arguido, neste caso, pode escolher intérprete diferente do nomeado (por autoridade judiciária ou autoridade de polícia criminal) para traduzir as conversas com o seu defensor.

O intérprete está sujeito a segredo de justiça, nos termos gerais e não pode revelar as conversações de que tenha conhecimento, seja qual for a fase do processo em que ocorrerem.

V. artigo 92.º, C. P. P..

V. *Compromisso; Intérprete; Nulidade; Processo; Arguido; Autoridade judiciária; Órgão de polícia criminal; Defensor; Segredo de justiça.*

Litígio transfronteiriço (Proc. Penal) – Litígio em que o requerente de protecção jurídica tem, à data de apresentação do pedido, domicílio ou residência habitual num Estado membro da União Europeia diferente do estado membro do foro.

A autoridade nacional competente para transmitir e receber pedidos de protecção jurídica no âmbito de litígios transfronteiriços é a segurança social.

O acesso à justiça nos litígios transfronteiriços é regulado pelo Decreto-Lei n.º 71/2005, de 17 de Março.

Litispendência (Proc. Penal) – Situação que se verifica quando, no mesmo ou em diferentes tribunais, se encontrem pendentes dois processos entre os mesmos sujeitos e a respeito do mesmo facto.

A litispendência origina no processo penal um conflito positivo de competência que é dirimido nos termos dos artigos 34.º e segs. do Código de Processo Penal. Há conflito de competência quando, em qualquer estado do processo, dois ou mais tribunais, de diferente ou da mesma espécie, se considerarem competentes para conhecer do mesmo crime imputado ao mesmo arguido.

O conflito cessa logo que um dos tribunais se declarar, mesmo oficiosamente, incompetente ou competente, segundo o caso.

V. *Tribunal; Facto; Crime; Excepção dilatória.*

Local da prática do facto (Dir. Penal) – V. *Lugar da prática do facto.*

Localização celular (Proc. Penal) – As autoridades judiciárias e as autoridades de polícia criminal podem obter dados sobre a localização celular quando eles forem necessários para afastar perigo para a vida ou ofensa à integridade física grave. Se esses dados se referirem a processo em curso, a sua obtenção deve ser comunicada ao juiz no prazo máximo de 48 horas.

V. artigo 252.º-A, C. P. P..

A localização celular é uma medida cautelar e de polícia.

V. *Autoridade judiciária; Autoridade de polícia criminal; Ofensa à integridade física grave; Juiz; Prazo; Medidas cautelares e de polícia.*

"Locus delicti" (Dir. Penal) – V. *Lugar da prática do facto*.

Lucro cessante – O lucro cessante configura a frustração de um ganho. O prejuízo sofrido por alguém, por facto de outrem, pode traduzir-se – para além dos danos directa ou indirectamente produzidos – na frustração de benefícios que o lesado esperava fundadamente obter e que só não foram obtidos por causa da lesão.
V. artigo 564.º, n.º 1, do Código Civil: " O dever de indemnizar compreende não só o prejuízo causado, como os benefícios que o lesado deixou de obter em consequência da lesão.
V. *Dano emergente; Indemnização; Lesado*.

Lugar da prática do facto (Dir. Penal) – De acordo com o artigo 7.º, C. P., o facto considera-se praticado tanto no lugar em que, total ou parcialmente, e sob qualquer forma de comparticipação, o agente actuou, ou, no caso de omissão, devia ter actuado, como naquele em que o resultado típico ou o resultado não compreendido no tipo de crime se tiver produzido.

No caso de tentativa, o facto considera-se igualmente praticado no lugar em que, de acordo com a representação do agente, o resultado se deveria ter produzido.

O referido artigo 7.º, C. P., consagra, pois, a teoria da ubiquidade.

V. *Comparticipação; Omissão; Tipo; Agente; Princípio da administração supletiva da justiça penal; Princípio da defesa dos interesses nacionais; Princípio da nacionalidade; Princípio da territorialidade; Princípio da validade universal; Resultado; Tentativa*.

M

Magistrado – Em sentido lato, pessoa que exerce funções de autoridade pública, com poderes autónomos de ordenar e decidir.
Além dos magistrados judiciais, existem os magistrados administrativos e os do Ministério Público.
Em sentido estrito, pessoa que exerce funções jurisdicionais – juiz.
V. *Juiz; Magistratura; Magistratura judicial; Ministério Público.*

Magistratura – Este termo designa ou uma classe e organização de magistrados ou o período durante o qual se exerce a função de magistrado.
Distinguem-se a magistratura judicial, a magistratura do Ministério Público e a magistratura administrativa.
A primeira é composta por juízes de direito, juízes das Relações e juízes do Supremo Tribunal de Justiça.
A segunda é composta pelo Procurador-Geral da República, vice-Procurador--Geral da República, Procuradores-gerais--adjuntos, procuradores da República e procuradores adjuntos.
A magistratura administrativa é composta por juízes de círculo, juízes do Tribunal Central Administrativo e juízes do Supremo Tribunal Administrativo.
V. *Juiz; Magistratura judicial; Ministério Público; Juiz; Tribunal da Relação; Supremo Tribunal de Justiça; Procurador-Geral da República; Vice-Procurador-Geral da República; Procurador-geral-adjunto; Procurador da República; Procurador adjunto; Supremo Tribunal Administrativo.*

Magistratura judicial (Proc. Penal) – A magistratura judicial é constituída por juízes do Supremo Tribunal de Justiça, juízes das Relações e juízes de direito.

O artigo 217.º da Constituição da República Portuguesa determina que "os juízes dos tribunais judiciais formam um corpo único e regem-se por um só estatuto".
Têm funções jurisdicionais, isto é, de decisão das questões que lhes são submetidas, em harmonia com a lei, devendo "assegurar a defesa dos direitos e interesses legalmente protegidos dos cidadãos, reprimir a violação da legalidade democrática, dirimir conflitos de interesses públicos e privados".
Esta magistratura é independente, irresponsável e inamovível.
A independência consiste no facto de o magistrado exercer a função de julgar segundo a lei, sem sujeição a ordens ou instruções, salvo o dever de acatamento dos tribunais inferiores em relação às decisões dos tribunais superiores, proferidas por via de recurso.
A irresponsabilidade consiste em não responderem os juízes pelos seus julgamentos, sem prejuízo das excepções que a lei consignar e das sanções que, por abusos ou irregularidades no exercício da função, lhes possam caber à face das leis civis, criminais e disciplinares.
A inamovibilidade consiste na nomeação vitalícia dos juízes e em estes não poderem ser transferidos, promovidos, suspensos, aposentados, demitidos ou, por qualquer outra forma, mudados de situação, senão nos casos e pelo modo expressamente previstos no Estatuto dos Magistrados Judiciais (Lei n.º 21/85, de 30 de Julho, alterada pelo Decreto-Lei n.º 342/88, de 28 de Setembro, pelas Leis n.ºs 2/90, de 20 de Janeiro, 10/94, de 5 de Maio, 44/96, de 3 de Setembro, 81/98, de 3 de Dezembro, 143/99, de 31 de Agosto, 3-B/2000, de 4 de Abril, e 42/2005, de 29 de Agosto).

V. a Lei n.º 26/2008, de 27 de Junho que procedeu à nona alteração da Lei n.º 21/85, de 30 de Julho – Estatuto dos Magistrados Judiciais – no que se refere às seguintes matérias estatutárias: regras de concurso, avaliação curricular, preenchimento de vagas e graduação de magistrados e, ainda, quanto ao modo de designação dos membros do Conselho Superior da Magistratura.

V. *Magistratura; Magistrado; Juiz; Supremo Tribunal de Justiça; Tribunal da Relação; Irresponsabilidade; Inamovibilidade dos magistrados; Círculo judicial; Tribunal; Conselho Superior da Magistratura.*

Maior – Sujeito que atingiu 18 anos de idade.

"Mala in se" (Dir. Penal) – Expressão que se reporta a crimes que contêm um desvalor pré-jurídico, por corresponderem a comportamentos socialmente desvaliosos, genericamente considerados graves.

Constituem esta categoria, em termos gerais e não de modo taxativo, os crimes que tutelam bens jurídicos pessoais, bem como os crimes que tutelam bens jurídicos patrimoniais.

V. *Crime; "Mala prohibita"; Bem jurídico.*

"Mala prohibita" (Dir. Penal) – Expressão que se reporta a crimes cujo desvalor resulta, fundamentalmente, da intervenção legislativa.

Integram esta categoria, em termos gerais embora não taxativamente, os crimes que protegem bens jurídicos relacionados com a vida económica ou que protegem bens sociais.

V. *Crime; "Mala in se"; Bem jurídico.*

Mandado (Proc. Penal) – Ordem emitida pelas autoridades judiciárias com um fim determinado.

Há vários tipos de mandados em processo penal: mandado de comparência, de detenção, de libertação e de notificação.

A comunicação entre os serviços de justiça e entre as autoridades judiciárias e os órgãos de polícia criminal é feita mediante mandado, carta ou ofício.

V. *Autoridade judiciária; Órgão de polícia criminal; Mandado de comparência; Mandado de detenção; Mandado de notificação.*

Mandado de comparência (Proc. Penal) – Mandado, previsto nos artigos 273.º e 293.º, C. P. P., que é emitido pelo Ministério Público ou pela autoridade de polícia criminal, quando seja necessário assegurar a presença de qualquer pessoa em acto de inquérito, devendo ser notificado ao interessado com, pelo menos, três dias de antecedência, salvo em caso de urgência devidamente fundamentado. Quando for necessário assegurar a presença de pessoa em acto de instrução é emitido pelo juiz.

Por regra, o mandado é notificado ao interessado com, pelo menos, três dias de antecedência.

Se o mandado se referir ao assistente ou ao denunciante com a faculdade de se constituir assistente representado por advogado, este é informado da realização da diligência para, querendo, estar presente.

V. *Mandado; Ministério Público; Autoridade de polícia criminal; Inquérito; Notificação; Instrução; Acto; Advogado; Diligência; Assistente.*

Mandado de detenção (Proc. Penal) – Mandado previsto nos artigos 257.º, 258.º e 273.º, C. P. P., que é efectuado quando a detenção, fora de flagrante delito, é ordenada pelo juiz, para os crimes em que seja admissível a prisão preventiva.

Os mandados de detenção são passados em triplicado e contêm, sob pena de nulidade:

"a) a data da emissão e a assinatura da autoridade judiciária ou de polícia criminal competentes;

b) a identificação de pessoa a deter;

c) a identificação do facto que motivou a detenção e das circunstâncias que legalmente a fundamentam".

Em caso de urgência e de perigo na demora, "é admissível a requisição da detenção por qualquer meio de telecomunicação, seguindo-se-lhe imediatamente confirmação por mandado [...]".

Por seu turno, o mandado de libertação, regulado no artigo 480.º do mesmo Código, é ordenado pelo juiz no termo do cumprimento da pena de prisão ou quando deva ser iniciado o período de liberdade condicional.

V. *Mandado; Detenção; Flagrante delito; Detenção fora de flagrante delito; Juiz; Crime;*

Prisão preventiva; Nulidade; Assinatura; Autoridade judiciária; Autoridade de polícia criminal; Identificação da pessoa; Pena de prisão; Liberdade condicional.

Mandado de notificação (Proc. Penal) – Mandado que se destina, fundamentalmente, a transmitir uma ordem de comparência perante os serviços de justiça, uma convocação para participar em diligência processual ou o conteúdo de determinado acto realizado ou despacho proferido no processo.

Nos termos do n.º 1 do artigo 273.º, C. P. P., "sempre que for necessário assegurar a presença de qualquer pessoa em acto de inquérito, o Ministério Público ou a autoridade de polícia criminal em que tenha sido delegada a diligência emitem mandado de comparência, do qual conste a identificação da pessoa, a indicação do dia, do local e da hora a que deve apresentar-se e a menção das sanções em que incorre no caso de falta injustificada".

O mandado de comparência é "notificado com pelo menos três dias de antecedência, salvo em caso de urgência devidamente fundamentado, em que pode ser deixado ao notificando apenas o tempo necessário à comparência".

V. *Mandado; Notificação; Diligência; Despacho; Actos de inquérito; Ministério Público; Autoridade de polícia criminal; Identificação da pessoa.*

Mandante (Proc. Penal) – No contrato de mandato, o mandante é a parte por conta de quem a outra se obriga a praticar actos jurídicos.

É este contrato que habitualmente se celebra entre uma pessoa – o mandante – e o advogado que o representa em juízo.

V. artigos 1161.º e 1162.º do Código Civil.
V. *Mandato; Acto jurídico; Mandatário; Advogado.*

Mandatário (Proc. Penal) – No contrato de mandato, o mandatário é a parte que se obriga a realizar actos jurídicos por conta do outro contraente.

As obrigações do mandatário consistem, no essencial, na prática de actos compreendidos no contrato de mandato, segundo as instruções do mandante.

O mandatário pode, na execução do mandato, fazer-se substituir por outrem ou servir-se de auxiliares, nos mesmos termos em que o procurador o pode fazer.

Em processo penal, o arguido pode constituir advogado – mandatário – em qualquer fase do processo.

Os assistentes são sempre representados por advogado.

V. artigos 1161.º e 1162.º do Código Civil e 62.º a 67.º e 70.º, C. P. P..

V. *Mandato; Acto jurídico; Procurador; Defensor; Advogado; Intervenção obrigatória de advogado.*

Mandato (Proc. Penal) – Nos termos do disposto no artigo 1157.º do Código Civil, "é o contrato pelo qual uma das partes se obriga a praticar um ou mais actos jurídicos por conta da outra".

É livremente revogável por qualquer das partes, sendo irrelevante convenção em contrário.

Trata-se, em princípio, de um contrato gratuito, excepto se tiver por objecto actos que o mandatário pratique por profissão, caso em que, por lei, se presume oneroso.

Diz-se mandato com representação aquele em que o mandatário recebeu do mandante, através de procuração, poderes para o representar, e mandato sem representação aquele em que o mandatário age em nome próprio, adquirindo os direitos e assumindo as obrigações que transfere depois para o mandante.

É o contrato que habitualmente se celebra entre uma pessoa e o advogado que o representa em juízo.

V. artigos 62.º a 67.º e 70.º, C. P. P..

V. *Acto jurídico; Mandatário; Procuração; Obrigação; Mandato judicial; Advogado.*

Mandato judicial (Proc. Penal) – Mandato acompanhado da outorga de poderes de representação em juízo a um profissional do foro: advogado, advogado estagiário ou solicitador.

A lei impõe em muitos casos a intervenção obrigatória de advogado que represente as partes em juízo, podendo elas, mesmo em casos em que isso não é obrigatório, constituir mandatário judicial.

Constituir advogado significa mandatar advogado para representar a parte em tribunal em todos os actos de determinado processo, sendo o mandato conferido por procuração forense ou por mera declaração verbal da parte no auto de qualquer diligência que se pratique no processo.

Tanto a revogação por parte do mandante como a renúncia ao mandato por parte do mandatário, para serem eficazes, devem ser requeridas no próprio processo e notificadas tanto ao mandatário e ao mandante como à parte contrária.

O Estatuto da Ordem dos Advogados – Lei n.º 15/2005, de 16 de Janeiro – determina que "só os advogados e advogados estagiários com inscrição em vigor na Ordem dos Advogados podem, em todo o território nacional e perante qualquer jurisdição, instância, autoridade ou entidade pública ou privada, praticar actos próprios da profissão e, designadamente, exercer o mandato judicial".

V. *Mandato; Advogado; Advogado estagiário; Solicitador; Intervenção obrigatória de advogado; Ordem dos Advogados; Tribunal; Procuração forense; Diligência; Processo; Auto; Mandante; Mandatário; Requerimento; Notificação.*

Manipulação do mercado (Dir. Penal) – Crime, previsto no artigo 379.º do Código dos Valores Mobiliários, que se traduz genericamente na utilização de artifícios (divulgação de informações falsas ou incompletas, operações de natureza fictícia ou outras práticas fraudulentas) tendentes a alterar o normal funcionamento do mercado de valores mobiliários.

V. *Crime.*

Mapa judiciário – V. *Organização e Funcionamento dos Tribunais Judiciais.*

Marco (Dir. Penal) – De acordo com o artigo 202.º-g), C. P., é qualquer construção, plantação, valado, tapume ou outro sinal, destinado a estabelecer os limites entre diferentes propriedades, posto por decisão judicial ou com acordo de quem esteja legitimamente autorizado para o dar.

O artigo 216.º, C. P., prevê o crime de alteração de marcos, que ocorre quando alguém altera ou arranca marco, com intenção de apropriação, total ou parcial, de coisa imóvel alheia, para si ou para terceiro.

V. *Crime; Propriedade; Coisa imóvel.*

Matéria de direito (Proc. Penal) – É questão de direito tudo o que respeita à interpretação e aplicação da lei e seu regime; ou seja, sempre que, para alcançar uma solução jurídica, houver "necessidade de recorrer a uma disposição legal" – Paulo Cunha, *Processo Comum de Declaração*, Tomo II, pág. 38.

V. *Lei; Interpretação da lei.*

Matéria de facto (Proc. Penal) – É questão de facto o apuramento de acontecimentos e de realidades que se faça à margem da aplicação directa da lei, por averiguação de factos, cuja existência ou não existência não depende do recurso a qualquer norma jurídica.

V. o Assento n.º 2/03 do Supremo Tribunal de Justiça, publicado no *Diário da República*, I-A série, de 30 de Janeiro de 2003, que estabeleceu a seguinte doutrina: "Sempre que o recorrente impugne a decisão proferida sobre matéria de facto, em conformidade com o disposto nos n.ºˢ 3 e 4 do artigo 412.º do Código de Processo Penal, a transcrição ali referida incumbe ao tribunal".

O Acórdão do Supremo Tribunal de Justiça n.º 10/2005, publicado no *Diário da República*, I-A, de 7 de Dezembro, fixou a seguinte doutrina: "Após as alterações ao Código de Processo Penal, introduzidas pela Lei n.º 59/98, de 25 de Agosto, em matéria de recursos, é admissível recurso para o Tribunal da Relação da matéria de facto fixada pelo tribunal colectivo".

V. *Lei; Facto; Recurso; Impugnação; Tribunal da Relação; Tribunal colectivo.*

Material de jogo (Dir. Penal) – Crime previsto no artigo 115.º do Decreto-Lei n.º 422/89, de 2 de Dezembro, que se traduz genericamente na divulgação, no fabrico, na importação, no transporte ou na exposição de material ou utensílios destinados à prática de jogos de fortuna ou azar, "sem autorização da Inspecção-Geral de Jogos".

V. *Crime; Jogos de fortuna ou azar.*

Matricídio (Dir. Penal) – Homicídio no qual a vítima é a mãe do agente.
Matar a mãe enquadra-se, em princípio (pois o preceito não funciona automaticamente), no artigo 132.º, n.º 2-*a*), C. P., que consagra o homicídio qualificado.
V. *Homicídio, Homicídio qualificado.*

Maus tratos (Dir. Penal) – Crime, previsto no artigo 152.º-A, C. P., que se considera praticado quando alguém, que tem "ao seu cuidado, à sua guarda, sob a responsabilidade da sua direcção ou educação ou a trabalhar ao seu serviço, pessoa menor ou particularmente indefesa, em razão da idade, deficiência, doença ou gravidez", inflige a essa pessoa maus tratos físicos ou psíquicos, a trata cruelmente, a emprega em actividades perigosas, desumanas ou proibidas ou a sobrecarrega com trabalhos excessivos.
O artigo 152.º-A, n.º 2, C. P., consagra agravações em função da verificação dos resultados ofensa à integridade física grave e morte.
V. *Crime; Menor; Descendente; Agravação pelo resultado; Morte; Ofensa à integridade física grave; Resultado; Utilização indevida do trabalho de menor; Violência doméstica.*

Mediação em processo penal (Proc. Penal) – O regime da mediação penal foi criado pela Lei n.º 21/2007, de 12 de Junho.
Pode ter lugar em processo por crime cujo procedimento dependa de queixa ou de acusação particular – artigo 2.º, n.º 1. A mediação em processo penal só pode ter lugar em processo por crime cujo procedimento dependa apenas de queixa, quando se trate de crime contra as pessoas ou de crime contra o património – artigo 2.º, n.º 2.
Independentemente da natureza do crime, a mediação em processo penal não pode ter lugar nos seguintes casos:
a) o tipo legal de crime preveja pena de prisão superior a 5 anos;
b) se trate de processo por crime contra a liberdade ou autodeterminação sexual;
c) se trate de processo por crime de peculato, corrupção ou tráfico de influência;
d) o ofendido seja menor de 16 anos;
e) seja aplicável processo sumário ou sumaríssimo.

O Ministério Público, em qualquer momento do inquérito, se tiverem sido recolhidos indícios de se ter verificado o crime e de que o arguido foi o seu agente, e se entender que desse modo se pode responder adequadamente às exigências de prevenção que no caso se façam sentir, designa um mediador das listas organizadas e remete-lhe a informação que considere essencial sobre o arguido e o ofendido e uma descrição sumária do objecto do processo.
A mediação é um processo informal e flexível, conduzido por um terceiro imparcial, o mediador, que promove a aproximação entre o arguido e o ofendido e os apoia na tentativa de encontrar activamente um acordo que permita a reparação dos danos causados pelo facto ilícito e contribua para a restauração da paz social.
O arguido e o ofendido podem, a qualquer momento, revogar o seu consentimento para a participação na mediação.
Não resultando da mediação acordo entre arguido e ofendido ou não estando o processo de mediação concluído no prazo de três meses sobre a remessa do processo para mediação, o mediador informa disso o Ministério Público, prosseguindo o processo penal. O mediador pode solicitar ao Ministério Público uma prorrogação, até um máximo de dois meses, desde que se verifique uma probabilidade de alcançar um acordo.
Resultando acordo, o seu teor é reduzido a escrito, em documento assinado pelo arguido e pelo ofendido e transmitido pelo mediador ao Ministério Público.
O conteúdo do acordo é livremente fixado pelos sujeitos processuais, não podendo incluir sanções privativas da liberdade ou deveres que ofendam a dignidade do arguido ou cujo cumprimento se deva prolongar por mais de seis meses.
A remessa do processo para mediação determina a suspensão do prazo para requerer a abertura da instrução e dos prazos de duração máxima do inquérito.
Os prazos de prescrição do procedimento criminal suspendem-se desde a remessa do processo para mediação até à sua devolução pelo mediador ao Ministério Público ou, tendo resultado da media-

ção acordo, até à data fixada para o seu cumprimento.

Nas sessões de mediação, o arguido e o ofendido devem comparecer pessoalmente, podendo fazer-se acompanhar de advogado ou de advogado estagiário.

Pelo processo de mediação não há lugar ao pagamento de custas – artigo 9.º.

V. artigos 1.º a 9.º da Lei n.º 21/2007, de 12 de Julho.

V. Portaria n.º 68-A/2008, de 22 de Janeiro, que aprova o modelo de notificação de envio do processo para mediação penal, previsto no n.º 3 do artigo 3.º da Lei n.º 21/2007 (notificação do arguido e do ofendido de que o processo foi remetido para mediação) e Portaria n.º 68-C/2008, que aprova o Regulamento do Sistema de Mediação Penal.

V. *Arguido; Ofendido; Crimes contra as pessoas; Crimes contra o património; Tipo; Pena; Pena de prisão; Autodeterminação sexual; Liberdade sexual; Peculato; Corrupção; Tráfico de influência; Advogado; Ministério Público; Mediador; Prazo; Prescrição; Prescrição do procedimento criminal; Inquérito; Indícios; Requerimento para abertura da instrução; Instrução; Sanção; Sujeito processual; Dever; Documento; Facto; Menor; Processo sumário; Processo sumaríssimo; Objecto do processo; Agente; Queixa; Acusação particular; Custas.*

Mediador penal (Proc. Penal) – No desempenho das suas funções, o mediador penal deve observar os deveres de imparcialidade, independência, confidencialidade e diligência. O mediador tem o dever de guardar segredo profissional em relação ao teor das sessões de mediação; fica vinculado ao segredo de justiça em relação à informação processual de que tiver conhecimento em virtude de participação no processo de mediação.

A fiscalização da actividade dos mediadores penais cabe à comissão prevista no n.º 6 do artigo 33.º da Lei n.º 78/2001, de 13 de Julho (lei que define o funcionamento, organização e competência dos julgados de paz) – v. artigo 10.º, n.º 6 da Lei n.º 21/2007, de 12 de Junho (Lei da mediação penal).

São organizadas, nos quadros dos serviços de mediação dos julgados de paz, listas contendo os nomes das pessoas habilitadas a exercer as funções de mediador penal, o respectivo domicílio profissional, endereço electrónico e contacto telefónico.

"Cabe ao Ministério da Justiça: *a)* desenvolver os procedimentos conducentes à inscrição dos mediadores nas listas; *b)* assegurar a manutenção e actualização das listas, bem como a sua disponibilização aos serviços do Ministério Público; *c)* criar um sistema que garanta a designação sequencial dos mediadores pelo Ministério Público; *d)* disponibilizar as listas de mediadores penais na página oficial do Ministério da Justiça.

A inscrição nas listas não investe o mediador penal na qualidade de agente nem garante o pagamento de qualquer remuneração fixa por parte do Estado.

A remuneração pela prestação de serviços de mediador penal consta de tabela fixada por despacho do Ministro da Justiça, sendo suportada por verbas inscritas no orçamento do organismo do Ministério da Justiça ao qual incumbe promover os meios de resolução alternativa de litígios.

As pessoas habilitadas a exercer as funções de mediador penal constam de listas de mediadores penais que são preenchidas mediante um procedimento de selecção, podendo candidatar-se quem satisfizer os seguintes requisitos:

a) ter mais de 25 anos de idade;

b) estar no gozo dos seus direitos civis e políticos;

c) ter licenciatura ou experiência profissional adequadas;

d) estar habilitado com um curso de mediação reconhecido pelo Ministério da Justiça;

e) ser pessoa idónea para o exercício da actividade de mediador penal;

f) ter o domínio da língua portuguesa.

Os critérios de graduação e os termos do procedimento de selecção são aprovados por portaria do Ministro da Justiça.

O mediador contacta o arguido e o ofendido para obter os seus consentimentos livres e esclarecidos quanto à sua participação na mediação, informando-os dos seus direitos e deveres e da natureza, finalidade e regras aplicáveis ao processo de mediação, e verifica se aqueles reúnem

condições para participar no processo de mediação.
V. artigos 10.º a 14.º da Lei n.º 21/2007, de 12 de Junho.
V. Portaria n.º 68-B/2008, de 22 de Janeiro, que aprova o Regulamento do Procedimento de Selecção dos Mediadores Penais a inscrever nas listas previstas no artigo 11.º da Lei n.º 21/2207.
V. *Mediação em processo penal; Arguido; Ofendido; Ministério Público; Julgado de paz; Dever; Segredo de justiça; Sigilo profissional.*

Medida cautelar e de polícia (Proc. Penal) – V. *Medidas cautelares e de polícia.*

Medida da pena (Dir. Penal) – A determinação da medida da pena, dentro dos limites definidos na lei, é, de acordo com o disposto no artigo 71.º, C. P., feita em função da culpa do agente e das exigências de prevenção.
Na determinação concreta da pena a aplicar, o tribunal deve atender a todas as circunstâncias que, não fazendo parte do tipo de crime, depuserem a favor ou contra o agente. O artigo 71.º, n.º 2, C. P., enumera, exemplificativamente, um conjunto de circunstâncias que podem ser ponderadas na fixação concreta da medida da pena, tais como o grau de ilicitude do facto, a intensidade do dolo, os sentimentos manifestados pelo agente no cometimento do crime, a sua conduta anterior e posterior ao crime, a falta de preparação para manter uma conduta lícita, entre outros.
V. *Pena; Culpa; Fins das penas; Prevenção especial; Prevenção geral; Tipo; Crime; Agente; Ilicitude; Dolo; Antecedentes criminais.*

Medida de coacção (Proc. Penal) – V. *Medidas de coacção.*

Medida de coacção de interdição de acesso a recintos desportivos (Proc. Penal) – Medida de coacção prevista no artigo 27.º da Lei n.º 16/2004, de 11 de Maio (que se pode aplicar a Manifestações de violência associadas ao desporto, nomeadamente, aos seguintes tipos de crime: distribuição irregular de títulos de ingresso; dano qualificado por deslocação para ou de espectáculo desportivo; participação em rixa na deslocação para ou de espectáculo desportivo; arremesso de objectos; invasão da área do espectáculo desportivo; tumultos – v. artigos 21.º a 26.º da referida lei). Tem a função de meio de prevenção de manifestações de violência associadas ao desporto.
"Se houver fortes indícios da prática de crime [...], o juiz pode impor ao arguido medida de interdição de acesso a recintos em espectáculos desportivos da modalidade em que ocorrem os factos".
A esta medida aplicam-se os prazos máximos previstos para a prisão preventiva.
V. *Medidas de coacção; Indícios; Crime; Arguido; Juiz; Prazo; Prisão preventiva.*

Medida de contenção (Dir. Penal) – V. *Medidas de contenção.*

Medida de correcção (Dir. Penal) – Consequência jurídica de crime, aplicável a jovens maiores de 18 anos e menores de 21 anos, quando das circunstâncias do caso e da personalidade do agente resulta que a pena de prisão até dois anos não é necessária nem conveniente à sua reinserção social.
Constituem medidas de correcção a admoestação, a imposição de determinadas obrigações, a multa e o internamento em centros de detenção (cfr. artigo 6.º do Decreto-Lei n.º 401/82, de 23 de Setembro – Jovens adultos).
V. *Crime; Admoestação; Jovens; Menor; Agente; Pena; Pena de prisão; Imposição de obrigações; Pena de multa; Internamento.*

Medida de graça (Dir. Penal) – Acto, cuja competência é atribuída a determinados órgãos do Estado, pelo qual se extinguem ou atenuam os efeitos da prática de uma infracção.
Constituem exemplos de medidas de graça a *amnistia*, o *indulto* e o *perdão*.
V. *Perdão; Amnistia; Indulto; Infracção.*

Medida de segurança (Dir. Penal) – Consequência jurídica da prática de um facto típico e ilícito por agente considerado inimputável nos termos do artigo 20.º, C. P. (inimputabilidade em razão de anomalia psíquica), quando, por virtude da anomalia psíquica e da gravidade do facto praticado, houver fundado receio de que venha a cometer outros factos da mesma espécie.

A medida de segurança é, pode dizer-se, o correspondente da pena, nos casos em que o agente que pratica o facto considerado crime (facto típico e ilícito) é inimputável e perigoso. Como não é possível aplicar-se uma pena, uma vez que esta pressupõe a culpa e o inimputável não a tem (é insusceptível de ser objecto do juízo de culpabilidade), aplica-se a medida de segurança.

A perigosidade do agente é pressuposto da aplicação de medidas de segurança.

A medida de segurança privativa da liberdade traduz-se no internamento em estabelecimento de cura, tratamento ou segurança – artigos 91.º e segs., C. P..

As medidas de segurança não privativas da liberdade são a interdição de actividades (artigo 100.º, C. P.), a cassação do título e interdição da concessão do título de condução de veículo com motor (artigo 101.º, C. P.) e a aplicação de regras de conduta (artigo 102.º, C. P.).

A aplicação de medidas de segurança visa a protecção de bens jurídicos, só podendo ser aplicada se for proporcionada à gravidade do facto e à perigosidade do agente – artigo 40.º, C. P..

V. artigos 501.º a 508.º, C. P. P..

V. *Agente; Imputabilidade; Inimputabilidade; Anomalia psíquica; Perigosidade; Internamento compulsivo; Cassação da licença e interdição da concessão da licença de condução de veículo motorizado; Regras de conduta; Bem jurídico; Pena; Tipo; Culpa; Ilicitude.*

Medida de segurança não privativa da liberdade (Dir. Penal) – V. *Medida de segurança.*

Medida de segurança privativa da liberdade (Dir. Penal) – V. *Medida de segurança.*

Medida não privativa da liberdade (Dir. Penal; Proc. Penal) – Trata-se de uma expressão usada em processo penal para significar as medidas que podem ser aplicadas ao agente no decurso do processo, mas que não implicam um cerceamento da liberdade.

São, pois, medidas que contendem com os direitos liberdades e garantias, mas não levam à perda de liberdade física do arguido, tais como a identificação de suspeito – artigo 250.º, C. P. P.; a apreensão de correspondência – artigo 252.º, C. P. P.; a localização celular – artigo 252.º-A, C. P. P.; e revistas e buscas – artigo 251.º, C. P. P..

V. *Processo; Arguido; Medida privativa da liberdade; Revistas; Busca; Apreensão de correspondência; Identificação de suspeito.*

Medida privativa da liberdade (Dir. Penal; Proc. Penal) – Trata-se de uma expressão que se reporta a todas as medidas aplicadas no âmbito do processo penal que implicam o encarceramento (ou enclausuramento) de um sujeito, a perda da liberdade física.

Neste sentido, é medida privativa da liberdade a prisão preventiva, a pena de prisão e o internamento.

Num sentido amplo, ainda é medida privativa da liberdade a obrigação de permanência na habitação.

V. *Prisão preventiva; Pena de prisão; Medida de segurança; Internamento; Obrigação de permanência na habitação.*

Medidas cautelares e de polícia (Proc. Penal) – Actos praticados pelos órgãos de polícia criminal, quando necessários e urgentes para assegurar os diversos meios de prova, competindo-lhes nomeadamente: proceder a exames dos vestígios do crime, assegurando a manutenção do estado das coisas e dos lugares; colher informações das pessoas que facilitem a descoberta dos agentes do crime e a sua reconstituição; proceder a apreensões no decurso de revistas ou buscas, bem como adoptar as medidas necessárias à conservação ou manutenção dos objectos apreendidos.

Estão previstas nos artigos 248.º a 252.º, C. P. P..

São elas: a identificação de suspeito, as revistas, as buscas e a apreensão de correspondência.

V. *Acto; Prova; Meios de prova; Órgão de polícia criminal; Indícios; Crime; Identificação de suspeito; Apreensão; Revistas; Busca; Apreensão de correspondência.*

Medidas de coacção (Proc. Penal) – Medidas que podem ser aplicadas ao arguido desde o início do processo.

Dado que contendem com os direitos, liberdades e garantias do arguido, só podem ser aplicadas pelo juiz de instrução, excepto a de termo de identidade e residência.

Têm de subordinar-se aos princípios da necessidade, adequação e proporcionalidade – artigo 193.º, C. P. P..

À excepção do termo de identidade e residência, as medidas de coacção e de garantia patrimonial são aplicadas por despacho do juiz, durante o inquérito a requerimento do Ministério Público e, depois do inquérito mesmo oficiosamente, ouvido o Ministério Público.

Nos termos do artigo 194.º, n.º 4, C. P. P., "a fundamentação do despacho que aplicar qualquer medida de coacção ou de garantia patrimonial, à excepção do termo de identidade e residência contém, sob pena de nulidade:

a) a descrição dos factos concretamente imputados ao arguido, incluindo sempre que forem conhecidas, as circunstâncias de tempo, lugar e modo;

b) a enunciação dos elementos do processo que indiciam os factos imputados, sempre que a sua comunicação não puser gravemente em causa a investigação, impossibilitar a descoberta da verdade ou criar perigo para a vida, a integridade física ou psíquica ou a liberdade dos participantes processuais ou das vítimas do crime;

c) a qualificação jurídica dos factos imputados;

d) a referência aos factos concretos que preenchem os pressupostos de aplicação da medida, incluindo os previstos nos artigos 193.º e 204.º'" (princípio da adequação e proporcionalidade e a verificação dos requisitos gerais de aplicação das medidas).

Não podem ser considerados para fundamentar a aplicação ao arguido de medida de coacção ou de garantia patrimonial, à excepção do termo de identidade e residência, quaisquer factos ou elementos do processo que não lhe tenham sido comunicados durante a respectiva audição. Se tal não puser em causa a investigação, o arguido e o seu defensor podem consultar os elementos do processo determinantes da aplicação da medida durante o interrogatório judicial e no prazo previsto para a interposição de recurso.

Os "requisitos gerais" da aplicação das medidas de coacção são a verificação – "em concreto, no momento de aplicação da medida" – artigo 204.º, C. P. P. – de:

1) fuga ou perigo de fuga;

2) perigo de perturbação do inquérito ou da instrução do processo e perigo para a aquisição, conservação ou veracidade da prova ou, ainda,

3) perigo, em razão da natureza e das circunstâncias do crime ou da personalidade do arguido, de que este continue a actividade criminosa ou de que perturbe a ordem e a tranquilidade públicas.

São medidas de coacção o termo de identidade e residência, a obrigação de permanência na habitação, a caução, a prisão preventiva, a proibição e imposição de condutas, a obrigação de apresentação periódica e a suspensão do exercício de funções, de profissão e de direitos.

Estas medidas podem ser revogadas, substituídas ou extintas, podendo ser impugnadas pelo interessado – artigo 212.º, C. P. P..

A revogação e a substituição têm lugar oficiosamente ou a requerimento do Ministério Público ou do arguido, devendo estes ser ouvidos, salvo nos casos de impossibilidade devidamente fundamentada.

A aplicação de medidas de coacção e de garantia patrimonial "depende da prévia constituição como arguido da pessoa que delas for objecto" – artigo 192.º, C. P. P..

Elas devem ser "adequadas às exigências cautelares que o caso requer e proporcionais à gravidade do crime e às sanções que previsivelmente venham a ser aplicadas".

A medida de coacção obrigação de permanência na habitação pode ser fiscalizada através de vigilância electrónica, nos termos da Lei n.º 122/99, de 20 de Agosto.

V. artigos 191.º a 219.º, C. P. P..

No âmbito do Decreto-Lei n.º 15/93, de 22 de Janeiro, alterado pela Lei n.º 45/96, de 3 de Setembro, e pelo Decreto-Lei n.º 323/2001 de 17 de Dezembro, que regula o Tráfico e Consumo de Estupefacientes e Substâncias Psicotrópicas, nomeadamente de acordo com o seu artigo 55.º, se o crime imputado for punível com pena de prisão de máximo superior a três anos e o arguido tiver sido considerado toxicodependente, pode o juiz impor a medida de coacção de obrigação de tratamento em estabelecimento adequado, podendo solicitar o apoio do Instituto de Reinserção Social. A prisão preventiva não é imposta a arguido que tenha em curso um programa de tratamento de toxicodependência, salvo se existirem necessidades cautelares de especial relevância.

V. *Arguido; Direito de defesa; Juiz de instrução; Termo de identidade e residência; Princípio da adequação; Princípio da necessidade; Princípio da proporcionalidade; Inquérito; Ministério Público; Requerimento; Despacho; "Ex officio"; Nulidade; Defensor; Interposição de recurso; Instrução; Prova; Obrigação de permanência na habitação; Caução; Prisão preventiva; Proibição de permanência, de ausência e de contactos; Obrigação de apresentação periódica; Suspensão do exercício de funções, de profissão e de direitos; Impugnação; Medidas de garantia patrimonial; Crime; Sanção; Estupefaciente; Substância psicotrópica; Pena de prisão; Instituto de Reinserção Social.*

Medidas de contenção (Dir. Penal) – Medidas aplicáveis nos centros educativos, que têm as finalidades previstas no artigo 179.º da Lei Tutelar Educativa, aprovada pela Lei n.º 166/99, de 14 de Setembro.

Visam impedir que os menores cometam actos lesivos ou que coloquem em perigo a sua pessoa ou a de outrem, impedir fugas, evitar danos importantes nas dependências ou equipamentos dos centros ou vencer a resistência violenta dos menores às ordens e orientações do pessoal do centro no exercício legítimo das suas funções.

De acordo com o artigo 178.º da referida Lei, as medidas de contenção são a "contenção física pessoal" e o "isolamento cautelar".

A contenção física pessoal traduz-se na utilização da força para imobilização do menor (artigo 182.º da mesma Lei).

O isolamento cautelar tem lugar em "dependência especialmente adequada a evitar os actos e as situações justificativas do recurso a este tipo de medidas", não pode prolongar-se por mais de vinte e quatro horas consecutivas e é imediatamente comunicado ao tribunal (artigos 183.º e 184.º da Lei Tutelar Educativa).

V. *Medidas tutelares educativas; Menor; Tribunal; Medidas disciplinares.*

Medidas de garantia patrimonial (Proc. Penal) – Medidas de natureza económica que são aplicadas aos arguidos, em função de exigências processuais.

São elas a caução económica e o arresto preventivo.

Quanto à primeira, havendo fundado receio de que faltem ou diminuam substancialmente as garantias de pagamento da pena pecuniária, das custas do processo ou de qualquer outra dívida para com o Estado, o Ministério Público requer que o arguido preste caução económica; havendo fundado receio de que faltem ou diminuam substancialmente as garantias de pagamento da indemnização ou de outras obrigações civis derivadas do crime, o lesado pode requerer que o arguido ou o demandado civilmente prestem caução.

A requerimento do Ministério Público ou do lesado, pode o juiz decretar o arresto, nos termos da lei do processo civil; se tiver sido previamente fixada e não prestada caução económica, fica o requerente dispensado da prova do fundado receio de perda de garantia patrimonial.

Estas medidas estão previstas e reguladas nos artigos 227.º e 228.º, C. P. P..

V. *Arguido; Caução económica; Arresto preventivo; Pena de multa, Custas; Ministério Público; Indemnização; Obrigação; Crime; Lesado; Demandado civil; Requerimento; Arresto.*

Medidas de promoção e de protecção dos direitos (Dir. Penal) – Medidas aplicadas pelas comissões de protecção de crianças e jovens em perigo e pelos tribunais.

O regime destas medidas encontra-se na Lei de Protecção de Crianças e Jovens em Perigo, aprovada pela Lei n.º 147/99, de 1 de Setembro, nomeadamente nos seus artigos 34.º e segs..

As medidas de promoção e de protecção dos direitos visam pôr termo a situações de perigo para crianças e jovens, proporcionando-lhes as condições de protecção e de promoção da sua segurança, da sua saúde, da sua formação, da sua educação, do seu bem-estar e do seu desenvolvimento integral. Visam também garantir a recuperação física e psicológica das crianças e jovens vítimas de qualquer forma de exploração ou abuso (v. artigo 34.º).

As medidas de promoção e de protecção dos direitos são o apoio junto dos pais, o apoio junto de outro familiar, a confiança a pessoa idónea, o apoio para autonomia de vida, o acolhimento familiar e o acolhimento em instituição (v. artigo 35.º da Lei n.º 147/99).

V. *Protecção de crianças e jovens em perigo; Crianças; Jovens; Confiança de menor; Vítima; Menor.*

Medidas de segurança (Dir. Penal) – V. *Medida de segurança.*

Medidas disciplinares (Dir. Penal) – Medidas aplicáveis nos centros educativos, nos quais é executada a medida tutelar educativa de internamento, que constituem o último recurso para corrigir as condutas dos menores que consubstanciem infracções disciplinares – artigo 185.º da Lei Tutelar Educativa, aprovada pela Lei n.º 166/99, de 14 de Setembro.

As medidas disciplinares obedecem ao princípio da tipicidade, ou seja, só são admissíveis as medidas legalmente previstas (legalmente tipificadas) e constam dos artigos 194.º a 197.º da referida Lei (v., ainda, artigos 186.º e 187.º do mesmo diploma).

As medidas disciplinares são a repreensão, a suspensão do uso de dinheiro de bolso concedido pelo centro educativo, a não atribuição de dinheiro de bolso, a suspensão do uso pelo menor de dinheiro do seu pecúlio, a suspensão da participação em actividades recreativas programadas, a perda de autorização de saída de fim-de-semana ou de férias, e a suspensão do convívio com os companheiros.

V. *Medidas tutelares educativas; Menor; Centro educativo.*

Medidas tutelares educativas (Dir. Penal) – Medidas aplicáveis a menores com idades compreendidas entre os 12 e os 16 anos que pratiquem facto qualificado pela lei como crime.

Estas medidas visam a educação do menor para o direito e a sua inserção, de forma digna e responsável, na vida em comunidade.

As medidas tutelares educativas são a admoestação, a privação de conduzir ciclomotores ou de obter permissão para os conduzir, a reparação ao ofendido, a realização de prestações económicas ou tarefas a favor da comunidade, a imposição de regras de conduta, a imposição de obrigações, a frequência de programas formativos, o acompanhamento educativo e o internamento em centro educativo.

O regime jurídico das medidas tutelares educativas, bem como os respectivos processos de aplicação e de execução, encontram-se regulados na Lei Tutelar Educativa, aprovada pela Lei n.º 166/99, de 14 de Setembro (v., nomeadamente, os respectivos artigos 2.º e 4.º e segs.).

V. *Menor; Jovens; Crime; Menor; Admoestação; Privação do direito a conduzir; Reparação ao ofendido; Ofendido; Realização de prestações económicas a favor da comunidade; Realização de tarefas a favor da comunidade; Imposição de regras de conduta; Imposição de obrigações; Internamento em centro educativo.*

Meio de prova (Proc. Penal) – V. *Meios de prova.*

Meios de comunicação social (Proc. Penal) – É permitida aos órgãos de comunicação social, dentro dos limites da lei, a narração circunstanciada do teor dos actos processuais que se não encontrem cobertos por segredo de justiça ou a cujo decurso for permitida a assistência do público em geral.

Não é porém autorizada, sob pena de desobediência simples:

a) a reprodução de peças processuais ou de documentos incorporados no processo, até à sentença de 1.ª instância, salvo se tiverem sido obtidos mediante certidão solicitada com menção do fim a que se destina, ou se para tal tiver havido autorização expressa da autoridade judiciária que presidir à fase do processo no momento da publicação;

b) a transmissão ou registo de imagens ou de tomadas de som relativas à prática de qualquer acto processual, nomeadamente de audiência, salvo se a autoridade judiciária, por despacho a autorizar; não pode, porém ser autorizada a transmissão ou registo de imagens ou tomada de som relativas a pessoa que a tal se opuser;

c) a publicação, por qualquer meio, da identidade de vítimas de crimes de tráfico de pessoas, contra a liberdade e autodeterminação sexual, a honra ou a reserva da vida privada, excepto se a vítima consentir expressamente na revelação da sua identidade ou se o crime for praticado através de órgão de comunicação sexual.

Não é permitida, sob pena de desobediência simples, a publicação, por qualquer meio, de conversações ou comunicações interceptadas no âmbito de um processo, salvo se não estiverem sujeitas a segredo justiça e os intervenientes expressamente consentirem na publicação.

V. *Processo; Segredo de justiça; Crime; Vítima; Liberdade sexual; Autodeterminação sexual; Crimes contra a honra; Tráfico de pessoas; Devassa da vida privada; Autoridade judiciária; Certidão; Desobediência; Segredo de justiça; Acto processual.*

Meio de obtenção de prova (Proc. Penal) – São os mecanismos pelos quais se recolhe a prova.

Estão previstos nos Capítulos I, II, III e IV do Título III do Livro III (Prova) do Código de Processo Penal e são os seguintes: os exames; as revistas, as buscas, as apreensões e as escutas telefónicas.

V. artigos 171.º a 190.º, C. P. P..

V. *Prova; Meios de prova; Escutas telefónicas; Revistas; Busca; Apreensão; Exame.*

Meios de prova (Proc. Penal) – São os meios, legítimos e admissíveis, de acordo com o Código de Processo Penal, por via dos quais é demonstrada a ocorrência dos factos que constituem o objecto do processo.

De acordo com o princípio da legalidade da prova, ínsito no artigo 125.º, C. P. P., "são admissíveis as provas que não forem proibidas por lei".

Existem os seguintes meios de prova:

1) testemunhal – a inquirição de testemunha; o depoimento indirecto; "vozes públicas" e convicções pessoais; as declarações do arguido, do assistente e das partes civis; a prova por acareação;

2) por reconhecimento – reconhecimento de objectos e de pessoas;

3) pericial;

4) documental.

V. artigos 124.º, 125.º, 126.º e 127.º, e 128.º, 146.º; 147.º, 151.º, 164.º, C. P. P..

V. *Prova; Métodos proibidos de prova; Princípio da legalidade; Prova testemunhal; Testemunha; Inquirição; Declarações do arguido; Declarações do assistente e das partes civis; Prova por acareação; Vozes públicas; Prova por reconhecimento; Prova pericial; Prova documental.*

Meios de prova de interesse nacional (Dir. Penal) – Crime previsto no artigo 318.º, C. P., que se considera praticado quando alguém falsifica, subtrai, destrói, inutiliza, faz desaparecer ou dissimula, meio de prova sobre facto referente a relações entre Portugal e Estado estrangeiro ou organização internacional, adequado a pôr em perigo direitos ou interesses nacionais.

Se a acção se traduzir em arrancar, deslocar, colocar falsamente, tornar irreconhecível ou, de qualquer modo, suprimir marcos, balizas ou outros sinais indicativos dos limites do território português, o agente é punido com pena menos grave.

V. *Crime; Meios de prova; Agente; Pena.*

Menção redundante de ilicitude (Dir. Penal) – Referência expressa no tipo a critérios de valoração inerentes à noção geral de ilicitude.

Menções redundantes de ilicitude são, pois, fórmulas legais cujo significado corresponde à ideia de ilicitude.

As menções redundantes de ilicitude são, como a designação sugere, inúteis, pelo que a expressão tem fundamentalmente relevância doutrinal.

V. *Tipo; Ilicitude.*

Menor – Pessoa que não atingiu ainda a maioridade, isto é, de idade inferior a 18 anos – artigo 122.º do Código Civil.
V. *Maior*.

Métodos proibidos de prova (Proc. Penal) – Todos os métodos ou formas que visem recolher provas mediante tortura, coacção ou, em geral, ofensa da integridade física ou moral das pessoas, e que, como tal, não podem ser utilizadas, pois são nulas.

São ofensivas da integridade física ou moral as provas obtidas, mesmo que com consentimento das pessoas, mediante:

a) perturbação da liberdade de vontade ou de decisão, através de maus tratos, ofensas corporais, administração de meios de qualquer natureza, hipnose ou utilização de meios cruéis ou enganosos;

b) perturbação por qualquer meio da capacidade de memória ou de avaliação;

c) utilização da força fora dos casos e dos limites permitidos por lei;

d) ameaça com medida legalmente inadmissível;

e) promessa de vantagem legalmente inadmissível.

Ressalvados os casos que estejam previstos na lei, são igualmente nulas, não podendo ser utilizadas, as provas obtidas mediante intromissão na vida privada, no domicílio, na correspondência ou nas telecomunicações, sem o consentimento do respectivo titular.

V. artigo 126.º, C. P. P..

V. *Prova; Meios de prova; Coacção; Integridade física; Nulidade; Consentimento; Domicílio; Escutas telefónicas; Intercepções, gravação ou registo de conversações e comunicações*.

Ministério Público (Proc. Penal) – Magistratura que representa o Estado, defende os interesses que a lei determinar, participa na execução da política criminal definida pelos órgãos de soberania, exerce a acção penal orientada pelo princípio da legalidade e defende a legalidade democrática, nos termos da Constituição da República, do Estatuto que a rege e da lei.

É, assim, um órgão do Estado, constituído por uma organização hierárquica de magistrados, encarregados, em especial, de representar junto dos tribunais o Estado, as regiões autónomas, as autarquias locais, os incapazes, os ausentes e os incertos, de exercer a acção penal e de defender a legalidade democrática e os interesses que a lei ponha a seu cargo.

Não existe qualquer relação de subordinação ou de dependência da magistratura do Ministério Público em relação à magistratura judicial, antes constituindo duas magistraturas independentes e paralelas.

São magistrados do Ministério Público o Procurador-Geral da República, o Vice-Procurador-Geral da República, os procuradores-gerais adjuntos, os procuradores da República, os procuradores adjuntos e os procuradores distritais.

No processo penal, enquanto "autoridade judiciária" (v. artigo 1.º, n.º 1-*b*), C. P. P.), compete-lhe colaborar com o tribunal na descoberta da verdade e na realização do Direito, obedecendo a critérios de estrita legalidade e objectividade. Em especial, compete-lhe receber denúncias, queixas e participações, dirigir o inquérito e deduzir a acusação, sustentando-a na instrução e no julgamento, bem como promover a execução das penas e das medidas de segurança.

V. artigos 1.º a 8.º do Estatuto do Ministério Público (aprovado pela Lei n.º 47/86, de15 de Outubro, alterada pelas Leis n.ºs 2/90, de 20 de Janeiro, 23/92, de 20 de Agosto, 10/94, de 5 Maio, 60/98, de 27 de Agosto, e 42/2005, de 29 de Agosto), os artigos 219.º e 220.º da Constituição da República Portuguesa e a Lei de Organização e Funcionamento dos Tribunais Judiciais – Lei n.º 3/99, de 13 de Janeiro, rectificada pela Declaração de rectificação n.º 7/99, de 16 de Fevereiro, e alterada pela Lei n.º 101/99, de 26 de Julho, pelos Decretos-Leis n.ºs 323/2001, de 17 de Dezembro e 38/2003, de 8 de Março (rectificado pela Declaração de rectificação n.º 5-C/2003, de 30 de Abril), pela Lei n.º 105/2003, de 10 de Dezembro, rectificada pela Declaração de rectificação n.º 7/99, de 16 de Fevereiro, e alterada pela Lei n.º 101/99, de 26 de Julho, pelos Decretos-Leis n.ºs 323/2001, de 17 de Dezembro, e 38/2003, de 8 de Março, pela Lei n.º 105/2003, de 10 de Dezembro, pelo Decreto-Lei n.º 53/2004, de 18 de Março, pela Lei n.º 42/2005, de 29 de Agosto, e pelo Decreto-Lei n.º 76-A/2006, de 29 de Março, este rectificado pela Declaração de rectificação n.º 28-A/2006, de 26 de Maio. V. também o diploma que regulamenta a Lei de Organização e Funcionamento dos Tribunais Judiciais (Decreto-Lei n.º 186-A/99, de 31 de Maio, alterado pelos Decretos-Leis n.ᵒˢ 290/99, de 30 de Julho, 27-B/2000, de 3 de Março, 178/2000, de 9 de Agosto, 246-A/2001, de 14 de Setembro, 74/2002, de 16 de Março, 148/2004, de 21 de Junho, e 219/2004, de 26 de Outubro).

V. o Acórdão n.º 5/94 do Supremo Tribunal de Justiça, publicado no *Diário da República*, I-A série, de 16/12/94, que decidiu: "Em face das disposições conjugadas dos artigos 48.º a 52.º e 401.º, n.º 1, alínea *a*), do Código de Processo Penal, e atentas a origem, natureza e estrutura, bem como o enquadramento constitucional e legal do Ministério Público, tem este legitimidade e interesse para recorrer de quaisquer decisões mesmo que lhe sejam favoráveis e assim concordantes com a sua posição anteriormente assumida no processo".

V. *Magistratura; Órgão de soberania; Acção penal; Magistratura judicial; Tribunal; Procurador-Geral da República; Vice-Rrocurador-Geral da República; Procurador-geral adjunto; Procurador da República; Procurador adjunto; Procurador-geral distrital; Denúncia; Queixa; Inquérito; Acusação; Instrução; Julgamento; Pena; Medida de segurança; Política criminal; Supremo Tribunal de Justiça; Legitimidade; Processo; Recurso; Transmissão e recepção de denúncias e queixas.*

Militar (Dir. Penal) – De acordo com o artigo 4.º, n.º 1, do Código de Justiça Militar, aprovado pela Lei n.º 100/2003, de 15 de Novembro, consideram-se militares os oficiais, sargentos e praças dos quadros permanentes das Forças Armadas e da Guarda Nacional Republicana em qualquer situação (alínea *a*)); os oficiais, sargentos e praças não pertencentes aos quadros permanentes na efectividade de serviço (alínea *b*)); e os alunos das escolas de formação de oficiais e sargentos (alínea *c*)).

O n.º 2 do artigo 4.º do Código de Justiça Militar estabelece que os aspirantes a oficial se consideram como oficiais, para efeitos penais.

V. *Tribunal militar; Guarda Nacional Republicana.*

Modificabilidade da decisão recorrida (Proc. Penal) – Sem prejuízo do disposto no artigo 410.º, C. P. P. (fundamentos do recurso), a decisão do tribunal de primeira instância sobre matéria de facto pode ser modificada:
– "*a*) se do processo constarem todos os elementos de prova que lhe serviram de base;
– *b*) se a prova tiver sido impugnada nos termos do n.º 3 do artigo 412.º (ou seja, especificando o recorrente os concretos pontos de facto que considera incorrectamente julgados, as concretas provas que impõem decisão diversa da recorrida e as provas que devem ser renovadas);
– *c*) se tiver havido renovação da prova.
V. artigo 431.º, C. P. P..

V. *Tribunal de primeira instância; Prova; Matéria de facto; Recurso; Processo; Renovação da prova.*

Moeda (Dir. Penal) – Nos termos do artigo 255.º, C. P., moeda é o papel-moeda, compreendendo as notas de banco e a moeda metálica, que tenham, esteja legalmente previsto que venham a ter ou tenham tido, nos últimos 20 anos, curso legal em Portugal ou no estrangeiro.

De acordo com o artigo 267.º, C. P., são equiparados a moeda, para efeito do disposto nos artigo 262.º a 266.º do mesmo Código, os títulos de crédito nacionais e estrangeiros constantes, por força da lei, de um tipo de papel e de impressão especialmente destinados a garanti-los contra o perigo de imitações e que, pela sua natureza e finalidade, não possam, só por si, deixar de incorporar um valor patrimonial, bem como os bilhetes ou fracções da lotaria nacional e os cartões de garantia ou de crédito.

V. *Contrafacção de moeda; Depreciação do valor de moeda metálica; Passagem de moeda falsa; Passagem de moeda falsa de concerto com o falsificador; Aquisição de moeda falsa para ser posta em circulação; Títulos equiparados a moeda.*

Moldura penal (Dir. Penal) – Expressão que se refere aos concretos limites mínimo e máximo da pena entre os quais é escolhida a pena concreta a aplicar a um crime.
V. *Pena; Crime; Limite máximo da pena de multa; Limite mínimo da pena de multa; Limite máximo da pena de prisão; Limite mínimo da pena de prisão.*

Momento da prática do facto (Dir. Penal) – De acordo com o artigo 3.º, C. P., o facto considera-se praticado no momento em que o agente actuou ou, no caso de omissão, deveria ter actuado, independentemente do momento em que o resultado típico se tenha produzido.
O critério da acção do agente (ou da omissão) justifica-se, por ser esse o momento em que o agente decide praticar o facto, isto é, decide violar a proibição constante da norma penal.
O momento da prática do facto releva, desde logo, para a determinação da lei aplicável. De acordo com o artigo 2.º, C. P., é aplicável a lei vigente no momento da prática do facto.
V. *Facto; Agente; Acção; Omissão; Resultado; Aplicação da lei penal no tempo.*

Morte (Dir. Penal) – De acordo com o artigo 2.º da Lei n.º 141/99, de 28 de Agosto, a morte corresponde à cessação irreversível das funções do tronco cerebral.
De acordo com o n.º 1 do artigo 3.º do mesmo diploma, a verificação da morte é da competência dos médicos, nos termos da lei.
Nos termos do mesmo artigo 3.º, n.º 2, e do n.º 1 do artigo 12.º da Lei n.º 12/93, de 22 de Abril, cabe à Ordem dos Médicos, ouvido o Conselho Nacional da Ética para as Ciências da Vida, enunciar e manter actualizado, de acordo com os progressos científicos que venham a registar-se, o conjunto de critérios e regras de semiologia médico-legal idóneos para a verificação da morte cerebral.
A Declaração da Ordem dos Médicos n.º 235/94, de 11 de Outubro, contém a enunciação das condições prévias (tais como, conhecimento da causa e irreversibilidade da situação clínica, estado de coma com ausência de resposta motora à estimulação dolorosa na área dos pares craneanos ou ausência de respiração espontânea, entre outras), das regras de semiologia (ausência de reflexos fotomotores com pupilas de diâmetro fixo, de reflexos oculocefálicos, entre outros) e da metodologia (realização de vários exames e de conjuntos de provas da situação clínica da pessoa) para que possa ser certificada a morte cerebral.

Motim de presos (Dir. Penal) – Crime previsto no artigo 354.º, C. P., que ocorre quando os presos, detidos ou internados, se amotinam e, concertando as suas forças, atacam funcionário legalmente encarregado da sua guarda, ou o constrangem, por meio de violência ou ameaça de violência, a praticar acto ou a abster-se de o praticar, ou promovem a sua evasão ou a evasão de terceiro.
V. *Preso; Crime; Evasão.*

Motivação da sentença (Proc. Penal) – A motivação da sentença é constituída pelo conjunto dos fundamentos de facto e de direito que justificam a decisão e têm de constar obrigatoriamente dela (v. artigo 379.º, C. P. P.), sendo a sua falta fundamento de nulidade desta.
A sentença, como o próprio nome indica, é a decisão que é proferida – por um tribunal singular – no fim do julgamento penal e, como tal, pode ser impugnada em sede de recurso.
V. *Sentença; Acórdão; Recurso; Motivo de facto; Motivo de direito; Nulidade; Julgamento; Tribunal singular.*

Motivação do recurso (Proc. Penal) – O artigo 412.º, n.º 1, C. P. P., diz que "a motivação enuncia especificamente os fundamentos do recurso e termina pela formulação de conclusões, deduzidas por artigos, em que o recorrente resume as razões do pedido".
O n.º 2 da mesma disposição enuncia um conjunto de menções, relativas à matéria de direito, que devem constar das conclusões, dizendo o n.º 3 quais as especificações que do requerimento de interposição devem fazer parte, quanto à matéria de facto, podendo algumas destas últimas fazer-se "por referência aos suportes

técnicos, havendo lugar a transcrição", "quando as provas tenham sido gravadas".

Versando matéria de direito, as conclusões devem indicar: as normas jurídicas violadas; o sentido em que, no entendimento do recorrente, o tribunal recorrido interpretou cada norma ou com que a aplicou, e o sentido em que ela devia ter sido interpretada ou com que devia ter sido aplicada; em caso de erro na determinação da norma aplicável, a norma jurídica que deve ser aplicada.

Quando impugne a decisão proferida sobre matéria de facto, o recorrente deve especificar:

"*a)* os concretos pontos de facto que considera incorrectamente julgados;

b) as concretas provas que impõem decisão diversa da recorrida;

c) as provas que devem ser renovadas".

O Acórdão n.º 337/00 do Tribunal Constitucional, publicado no *Diário da República*, I-A série, de 21 de Junho de 2000, decidiu: "Declara com força obrigatória geral, a inconstitucionalidade da norma constante dos artigos 412.º, n.º 1, e 420.º, n.º 1, do Código de Processo Penal (na redacção anterior à Lei n.º 59/98, de 25 de Agosto), quando interpretados no sentido de a falta de concisão das conclusões da motivação implicar a imediata rejeição do recurso, sem que previamente seja feito convite ao recorrente para suprir tal deficiência".

V. também o Acórdão n.º 320/02 do Tribunal Constitucional, publicado no *Diário da República*, I-A série, de 7 de Outubro de 2002, que entendeu: "Declara com força obrigatória geral a inconstitucionalidade da norma do artigo 412.º, n.º 2, do Código de Processo Penal, interpretada no sentido de que a falta de indicação, nas conclusões da motivação, de qualquer das menções contidas nas suas alíneas *a), b)* e *c)* tem como efeito a rejeição liminar do recurso do arguido, sem que ao mesmo seja facultada a oportunidade de suprir tal deficiência".

V. *Recurso; Interposição de recurso; Matéria de direito; Matéria de facto; Admissão do recurso; Inconstitucionalidade; Requerimento.*

Motivo de direito (Proc. Penal) – Os motivos de direito constituem parte integrante da motivação de recurso do arguido recorrente.

Nos termos do artigo 412.º, n.º 1, C. P. P., o recorrente enuncia os fundamentos de direito do recurso interposto, nos quais baseia a sua pretensão e apresenta as razões do pedido.

V. *Recurso; Motivação do recurso; Recorrente; Arguido.*

Motivo de facto (Proc. Penal) – Os motivos de facto constituem parte integrante da motivação de recurso do arguido recorrente; nos termos do artigo 412.º, n.º 1, C. P. P., o recorrente enuncia os fundamentos de facto do recurso interposto, nos quais alicerça a sua pretensão e apresenta as razões do pedido.

V. *Recurso; Motivação do recurso; Recorrente; Arguido.*

Movimento reflexo (Dir. Penal) – V. *Acto reflexo.*

Multa (Dir. Penal) – V. *Pena de multa.*

Multa alternativa (Dir. Penal) – V. *Pena alternativa; Pena de multa.*

Multa autónoma (Dir. Penal) – V. *Pena de multa.*

Multa complementar (Dir. Penal) – V. *Pena de multa.*

Multa de substituição (Dir. Penal) – V. *Pena de multa.*

Munições (Dir. Penal) – A Lei n.º 5/2006, de 23 de Fevereiro, "estabelece o regime jurídico relativo ao fabrico, montagem, reparação, importação, exportação, transferência, armazenamento, circulação, comércio, aquisição, cedência, detenção, manifesto, guarda, segurança, uso e porte de armas, seus componentes e munições, bem como o enquadramento legal das operações de prevenção criminal", do seu âmbito ficando excluídas "as actividades relativas a armas e munições destinadas às Forças Armadas, às Forças e serviços de segurança, bem como a outros serviços públicos cuja lei expressamente as exclua, bem como aquelas que destinem exclusivamente a fins militares", e, ainda, "as actividades [...] relativas a armas de fogo cuja data de fabrico seja anterior a 31 de Dezembro de 1980, bem como aquelas que utilizem munições obsoletas, constantes do anexo a este diploma e que dele faz parte integrante, e que pelo seu interesse histórico, técnico e artístico possam ser preservadas e conservadas em colecções públicas ou privadas" (artigo 1.º).

Os artigos 33.º e segs. deste diploma ocupam-se do regime da aquisição de munições.

V. *Arma; Licença de uso e porte de arma; Porte de arma; Uso e porte de armas e substâncias ou engenhos explosivos ou pirotécnicos em recintos públicos; Uso e porte de arma sob o efeito de álcool e substâncias estupefacientes ou psicotrópicas.*

N

Nacionalidade – É a qualidade de um sujeito de pertença a certo Estado.

A forma de aquisição originária – aquela que se verifica pelo nascimento ou por acto ou facto jurídico que se refere ao nascimento – da nacionalidade ou cidadania é definida pelo direito interno de cada Estado, sendo, no essencial, dois os critérios em função dos quais se determina: o *jus soli* e o *jus sanguinis*.

V. Lei n.º 37/81, de 3 de Outubro, alterada pela Lei n.º 25/94, de 19 de Agosto, pelos Decretos-Leis n.ºs 22-A/2001, de 14 de Dezembro, 194/2003, de 23 de Agosto de 2003, e pelas Leis Orgânicas n.ºs 1/2004, de 15 de Janeiro, e 2/2006, de 17 de Abril – Lei da Nacionalidade.

O Decreto-Lei n.º 237-A/2006, de 14 de Dezembro aprovou o Regulamento da Nacionalidade Portuguesa.

Segundo este Regulamento, "a nacionalidade portuguesa pode ter como fundamento a atribuição, por efeito da lei ou da vontade, ou a aquisição, por efeito da vontade, da adopção plena ou da naturalização. A perda da nacionalidade portuguesa só pode ocorrer por efeito de declaração de vontade" – v. artigos 1.º, 2.º e 3.º – e só produz efeitos a partir da data do registo – artigo 12.º.

Perde a nacionalidade portuguesa quem, sendo nacional de outro Estado, declare que não quer ser português – artigos 29.º e 30.º.

As declarações para fins de atribuição, aquisição e perda de nacionalidade portuguesa são prestadas pelas pessoas a quem respeitam, por si ou por procurador bastante, sendo capazes, ou pelos seus representantes legais, sendo incapazes – artigo 31.º. A tramitação e decisão dos pedidos de aquisição e perda de nacionalidade estão a cargo da Conservatória dos Registos Centrais. Uma vez decidido o processo, é obrigatório o registo, na mesma Conservatória, das declarações para atribuição, aquisição e perda da nacionalidade, bem como para a naturalização de estrangeiros". Pode haver oposição à aquisição da nacionalidade, promovida a acção judicial pelo Ministério Público nos tribunais administrativos e fiscais – v. artigo 56.º e seguintes. Constituem, nos termos aí definidos, fundamento de oposição à aquisição de nacionalidade portuguesa, por efeito da vontade ou da adopção:

a) inexistência de ligação efectiva à comunidade nacional;

b) a condenação, com trânsito e julgado, da sentença, pela prática de crime punível com pena de prisão de máximo igual ou superior a três anos;

c) o exercício de funções públicas com carácter predominantemente técnico ou a prestação de serviço militar não obrigatório a Estado estrangeiro.

Nos termos do artigo 1.º, n.º 1, deste diploma, "são portugueses de origem:

a) Os filhos de mãe portuguesa ou de pai português nascidos no território português;

b) Os filhos de mãe portuguesa ou de pai português nascidos no estrangeiro se o progenitor português aí se encontrar ao serviço do Estado Português;

c) Os filhos de mãe portuguesa ou de pai português nascidos no estrangeiro se tiverem o seu nascimento inscrito no registo civil português ou se declararem que querem ser portugueses;

d) Os indivíduos nascidos no território português, filhos de estrangeiros, se pelo menos um dos progenitores também aqui tiver nascido e aqui tiver residência, independentemente de título, ao tempo do nascimento;

e) Os indivíduos nascidos no território português, filhos de estrangeiros que não se encontrem ao serviço do respectivo Estado, se declararem que querem ser portugueses e desde que, no momento do nascimento, um dos progenitores aqui resida legalmente há pelo menos cinco anos;

f) Os indivíduos nascidos no território português e que não possuam outra nacionalidade".

O n.º 2 do mesmo artigo presume "nascidos no território português, salvo prova em contrario, os recém-nascidos que aqui tenham sido expostos".

A nacionalidade portuguesa pode ainda ser adquirida, por efeito de declaração:

– Pelos filhos menores ou incapazes de pai ou mãe que, por sua vez, tenham adquirido a nacionalidade portuguesa (artigo 2.º);

– Por estrangeiro casado há mais de três anos com nacional português – devendo, neste caso, a declaração ser feita na constância do matrimónio, não prejudicando a aquisição "a declaração de nulidade ou anulação do casamento [...] pelo cônjuge que o contraiu de boa fé" (artigo 3.º, n.ºˢ 1 e 2);

– Por estrangeiro que viva em união de facto há mais de três anos com nacional português, sendo necessária uma acção judicial de reconhecimento dessa situação, a interpor no tribunal cível (artigo 3.º, n.º 3).

"Os que hajam perdido a nacionalidade portuguesa por efeito de declaração prestada durante a sua incapacidade podem adquiri-la, quando capazes, mediante declaração" (artigo 4.º).

Também adquire a nacionalidade portuguesa o adoptado plenamente por nacional português (artigo 5.º).

Nos termos do artigo 6.º, n.º 1, a nacionalidade portuguesa pode ser concedida pelo Governo, por naturalização, "aos estrangeiros que satisfaçam cumulativamente os seguintes requisitos:

a) Serem maiores ou emancipados à face da lei portuguesa;

b) Residirem legalmente no território português há pelo menos seis anos;

c) Conhecerem suficientemente a língua portuguesa;

d) Não terem sido condenados, com trânsito em julgado da sentença, pela prática de crime punível com pena de prisão de máximo igual ou superior a 3 anos, segundo a lei portuguesa".

A naturalização pode ainda ser concedida – a requerimento do interessado – nas situações previstas nos restantes números do mesmo artigo 6.º, designadamente:

– "aos menores, nascidos no território português, filhos de estrangeiros, desde que preencham os requisitos das alíneas *c)* e *d)* do número anterior e desde que, no momento do pedido, se verifique uma das seguintes condições: *a)* um dos progenitores aqui resida legalmente há pelo menos cinco anos; *b)* o menor aqui tenha concluído o 1.º ciclo do ensino básico";

– aos indivíduos que tenham tido a nacionalidade portuguesa e que, tendo-a perdido, nunca tenham adquirido outra nacionalidade", ainda que não preencham os requisitos das alíneas *b)* e *c)* acima referidas;

– "aos indivíduos nascidos no estrangeiro com, pelo menos, um ascendente do 2.º grau da linha recta de nacionalidade portuguesa e que não tenha perdido esta nacionalidade", independentemente do requisito da alínea *b) supra;*

– "a indivíduos nascidos no território português, filhos de estrangeiros, que aqui tenham permanecido habitualmente nos 10 anos imediatamente anteriores ao pedido", também independentemente do requisito da alínea *b);*

– "aos indivíduos que, não sendo apátridas, tenham tido a nacionalidade portuguesa, aos que forem havidos como descendentes de portugueses, aos membros de comunidades de ascendência portuguesa e aos estrangeiros que tenham prestado ou sejam chamados a prestar serviços relevantes ao Estado Português ou à comunidade nacional", com dispensa dos requisitos das alíneas *b)* e *c).*

Nos termos do artigo 9.º, "constituem fundamento de oposição à aquisição da nacionalidade portuguesa ("a oposição é deduzida pelo Ministério Público no prazo de um ano a contar da data do facto de que dependa a aquisição [...] em processo a instaurar [...]", sendo obrigatória para todos a participação ao Ministério Público destes factos):

a) A inexistência de ligação efectiva à comunidade nacional;

b) A condenação, com trânsito em julgado da sentença, pela prática de crime punível com pena de prisão de máximo igual ou superior a 3 anos, segundo a lei portuguesa;

c) O exercício de funções públicas sem carácter predominantemente técnico ou a prestação de serviço militar não obrigatório a Estado estrangeiro".

Os artigos 11.º e 12.º da referida Lei estabelecem, respectivamente, que "a atribuição da nacionalidade portuguesa produz efeitos desde o nascimento, sem prejuízo da validade das relações jurídicas anteriormente estabelecidas com base em outra nacionalidade", e que "os efeitos das alterações de nacionalidade só se produzem a partir da data do registo dos actos ou factos de que dependem".

Em caso de conflito de leis sobre a nacionalidade, devem ter-se em conta os artigos 28.º e 29.º: "se alguém tiver duas ou mais nacionalidades e uma delas for portuguesa, só esta releva face à lei portuguesa"; "nos conflitos positivos de duas ou mais nacionalidades estrangeiras releva apenas a nacionalidade do Estado em cujo território o plurinacional tenha a sua residência habitual ou, na falta desta, a do Estado com o qual mantenha uma vinculação mais estreita".

"Perdem a nacionalidade portuguesa os que, sendo nacionais de outro Estado, declarem que não querem ser portugueses" – artigo 8.º.

A reaquisição de nacionalidade portuguesa por quem a tenha perdido, nos termos da Lei n.º 2098, de 29 de Julho de 1959, revogada pela actual Lei da Nacionalidade, ou de legislação anterior a esta, por aquisição voluntária de nacionalidade estrangeira, ocorre:

"*a)* Desde que não tenha sido lavrado o registo definitivo da perda de nacionalidade, excepto se declarar que não quer adquirir a nacionalidade portuguesa;

b) Mediante declaração, quando tenha sido lavrado o registo definitivo da perda da nacionalidade" – artigo 31.º, n.º 1, na redacção da já referida Lei n.º 1/2004.

Nos termos do artigo 30.º, n.º 2, sempre na redacção da Lei n.º 1/2004, "sem prejuízo da validade das relações jurídicas anteriormente estabelecidas com base em outra nacionalidade, a aquisição da nacionalidade portuguesa nos termos previstos no número anterior [reaquisição da nacionalidade portuguesa por mulher que a tivesse perdido pelo casamento] produz efeitos desde a data do casamento".

Os registos de nacionalidade encontram-se regulados pelo Decreto-Lei n.º 322/82, de 12 de Agosto, alterado pelos Decretos-Leis n.ºs 117/93, de 13 de Abril, 253/94, de 20 de Outubro, 37/97, de 31 de Janeiro, e pela Lei n.º 33/99, de 18 de Maio.

O Decreto-Lei n.º 135/2005, de 17 de Agosto, define as taxas a aplicar pelos actos relativos à aquisição de nacionalidade por naturalização.

O n.º 2 do artigo 101.º do Código do Registo Civil, na redacção que lhe foi dada pelo Decreto-Lei n.º 36/97, de 31 de Janeiro, dispõe que, "para efeitos dos assentos de nascimento ocorrido em território português, a lavrar antes da entrada em vigor deste diploma e de que não haja registo anterior, considera-se naturalidade o lugar em que o nascimento ocorreu ou o lugar, em território português, da residência habitual da mãe do registando, à data do nascimento, cabendo a opção ao registando, aos pais, a qualquer pessoa por eles incumbida de prestar a declaração ou a quem tenha o registando a seu cargo; na falta de acordo entre os pais, a naturalidade será a do lugar de nascimento".

A Lei n.º 33/99, de 18 de Maio, alterada pelo Decreto-Lei n.º 323/2001, de 17 de Dezembro, que regula a identificação civil e a emissão do bilhete de identidade de cidadão nacional estabelece, no seu artigo 22.º, que, para "além dos elementos identificadores que constam do bilhete de identidade, são recolhidos [outros] dados pessoais do respectivo titular", entre os quais a "perda da nacionalidade"; esta "é recolhida da comunicação da Conservatória dos Registos Centrais" e "deve ser efectuada à Direcção de Serviços de Identificação Civil até ao dia 8 do mês seguinte ao da feitura do registo (artigos 23.º, n.º 4, e 40.º)" – a título de curiosidade refere-se que o artigo 40.º do Decreto-Lei n.º 76-/2006, de 29 de Março, determina que o termo "direcção" utilizado "em qualquer acto normativo, estatuto, negócio unilateral ou contrato", considera-se substituído por "conselho de administração executivo").

A Resolução da Assembleia da República n.º 19/2000, de 6 de Março, aprova, para ratificação, a Convenção Europeia sobre a Nacionalidade, aberta à assinatura dos Estados membros do Conselho da Europa em Estrasburgo em 27 de Novembro de 1997, tendo sido ratificada pelo Decreto do Presidente da República n.º 7/2000, da mesma data; segundo o Aviso n.º 120/2001, de 28 de Novembro, o Governo português depositou, em 15 de Outubro de 2001, o seu instrumento de ratificação junto do Secretariado do Conselho da Europa.

V. *"Jus soli"; "Jus sanguinis"; Nascimento; Estrangeiros; Residência; Menor; Incapacidade; Relação jurídica; Adopção; Sentença condenatória; Trânsito em julgado; Ascendente; Descendente; Ministério Público; Registo civil; Identificação da pessoa; Bilhete de identidade.*

Não cumprimento de obrigações relativas a protecção de dados (Dir. Penal) – Crime previsto no artigo 43.º da Lei n.º 67/98, de 26 de Outubro, rectificada pela Declaração de rectificação n.º 22/98, de 28 de Novembro (Lei da Protecção de Dados Pessoais), que se traduz genericamente num conjunto de comportamentos, expressamente enunciados, violadores de deveres relacionados com a recolha e tratamento de dados pessoais, tais como o fornecimento de falsas informações nos pedidos de autorização para tratamento de dados pessoais, o desvio de dados, a interconexão ilegal de dados, entre outros.

V. *Crime; Dados pessoais; Protecção de dados pessoais; Comissão Nacional de Protecção de Dados (CNPD).*

Não-pronúncia (Proc. Penal) – Decisão que é proferida pelo juiz de instrução na fase da instrução – quando esta tiver lugar –, depois de realizadas as diligências instrutórias requeridas e autorizadas e o debate instrutório correspondente.

Este despacho significa a decisão judicial de não comprovação da acusação que recaía sobre o arguido, ou de confirmação da decisão de arquivamento do inquérito, por não terem sido recolhidos indícios suficientes de se terem verificado os pressupostos de que dependia a aplicação ao arguido de uma pena ou de uma medida de segurança.

A decisão de não-pronúncia do arguido é recorrível – v. o artigo 310.º, n.º 1, C. P. P., *a contrario*. Diz este preceito: "A decisão instrutória que pronunciar o arguido pelos factos constantes da acusação do Ministério Público, formulada nos termos do artigo 283.º ou do n.º 4 do artigo 285.º, é irrecorrível, mesmo na parte em que apreciar nulidades e outras questões prévias ou incidentais, e determina a remessa imediata dos autos ao tribunal competente para o julgamento".

V. artigos 307.º a 310.º, C. P. P..

V. *Instrução; Juiz de instrução; Diligência; Acusação; Arguido; Tribunal de instrução criminal; Decisão instrutória; Debate instrutório; Despacho; Arquivamento do inquérito; Indícios; Pena; Medida de segurança; Recurso.*

Não punibilidade (Dir. Penal) – V. *Punibilidade.*

Nascimento (Dir. Penal) – V. *Vida.*

Negligência (Dir. Penal) – Elemento subjectivo do tipo de crime que consiste na violação do dever de diligência que sobre o agente (sobre todas as pessoas) impende, isto é, na omissão das cautelas necessárias para que o facto típico não ocorra.

De acordo com o artigo 15.º, C. P., age com negligência quem – por não proceder com o cuidado a que, segundo as circunstâncias, está obrigado e de que é capaz – representar como possível a realização de um facto que preenche um tipo de crime, mas actuar sem se conformar com essa realização (negligência consciente) ou não chegar sequer a representar a possibilidade de realização do facto (negligência inconsciente).

O facto negligente só é punível quando a lei expressamente o preveja – artigo 13.º, C. P..

V. *Tipo; Crime; Dever de cuidado; Dever objectivo de cuidado; Dever subjectivo de cuidado; Negligência consciente; Negligência inconsciente.*

Negligência consciente (Dir. Penal) – Actuação de quem, violando os deveres de cuidado a que se encontra vinculado e de que é capaz, representa como possível a realização de um facto típico, actuando, embora não se conformando com tal realização.

Quando uma pessoa actua com negligência consciente, ela configura a possibilidade de vir a dar origem através da sua acção ao resultado proibido, convencendo-se, porém, de que esse resultado não irá ocorrer.

V. artigo 15.º, C. P., em especial a alínea a).
V. *Negligência; Dever de cuidado; Dever objectivo de cuidado; Dever subjectivo de cuidado; Tipo; Resultado.*

Negligência grosseira (Dir. Penal) – Categoria ou grau particularmente grave de negligência, que se traduz no incumprimento especialmente intenso dos deveres de cuidado.

O Código Penal refere-se a casos de negligência grosseira, nomeadamente nos artigos 137.º, n.º 2, 156.º, n.º 3, e 369.º, n.º 5, autonomizando o tipo incriminador, ao qual faz corresponder uma pena mais grave do que a prevista para os casos de negligência (no caso do artigo 137.º, que no n.º 1 prevê o homicídio negligente), ou prevendo apenas a punição da negligência grosseira (nos casos dos artigos 156.º, n.º 3, e 369.º, n.º 5 – intervenções e tratamentos médico-cirúrgicos arbitrários e denegação de justiça e prevaricação, respectivamente).

V., ainda, artigo 291.º, n.ºs 1-*b*) e 3, C. P..
V. *Negligência; Dever de cuidado; Tipo; Pena; Homicídio; Intervenções e tratamentos médico-cirúrgicos arbitrários; Denegação de justiça e prevaricação.*

Negligência inconsciente (Dir. Penal) – Actuação de quem, não representando como possível a realização de um facto típico, mas impendendo sobre ele o dever de representar tal realização, actua, em violação dos deveres de cuidado a que se encontra vinculado e de que é capaz e provoca, desse modo, o facto típico.

V. artigo 15.º, C. P., em especial a alínea b).
V. *Negligência; Tipo; Dever de cuidado; Dever objectivo de cuidado; Dever subjectivo de cuidado.*

Negligência na guarda (Dir. Penal) – Crime previsto no artigo 351.º, C. P., que ocorre quando o funcionário encarregado da guarda de pessoa legalmente privada de liberdade permite, por negligência grosseira, a sua evasão.
V. *Crime; Negligência; Negligência grosseira; Evasão.*

Nexo de causalidade (Dir. Penal) – Relação causal que se estabelece, nos crimes de resultado, entre a acção do agente e o resultado ou evento.

São várias as teorias que visam fornecer os critérios de resolução das questões relativas à causalidade, tais como a teoria da *conditio sine qua non* ou a teoria da causalidade adequada.

A expressão nexo de causalidade aponta, numa perspectiva estritamente literal, para a resolução da questão que visa tratar, através de critérios de causalidade (ontológica), deixando de lado outro tipo de critérios, tais como os critérios de risco (normativos).

Daí que seja em alternativa utilizada a expressão *imputação objectiva*, pois esta admite uma maior amplitude.
V. *Acção; Agente; Causalidade; Crime de resultado; Resultado; Causalidade adequada; Critérios de risco; Imputação objectiva; Teoria da equivalência das condições.*

Nexo de imputação objectiva (Dir. Penal) – V. *Imputação objectiva.*

Nidação (Dir. Penal) – Implantação do óvulo fecundado nas paredes do útero. Ocorre, por via de regra, entre os 13 e os 15 dias após a fecundação.

É com a nidação que se inicia a vida intra-uterina, uma vez que é esse o momento em que o óvulo fecundado se aloja no útero.

Tem então início a correspondente tutela penal, com a incriminação do aborto.
V. *Aborto; Interrupção voluntária da gravidez; Vida intra-uterina.*

Nome – Vocábulo ou conjunto de vocábulos que identificam uma pessoa.

Nome patronímico (nome de família ou apelido): elemento do nome que, atribuído em função da filiação, é usado pelos membros de uma mesma família. Têm direito a usá-lo todos os descendentes e ainda os adoptados (v. artigos 1988.º e 1995.º do Código Civil, e 36.º, n.º 4, da Constituição da República).

"O nome completo deve compor-se, no máximo, de seis vocábulos gramaticais, simples ou compostos, dos quais só dois podem corresponder ao nome próprio e quatro a apelidos", devendo, na respectiva composição, ser observadas as regras enunciadas nas várias alíneas do n.º 2 do artigo 103.º do Código do Registo Civil, na redacção que lhe foi dada pelo Decreto-Lei n.º 36/97, de 31 de Janeiro:

a) Os nomes próprios devem ser portugueses, de entre os constantes da onomástica nacional ou adaptados, gráfica e foneticamente, à língua portuguesa, não devendo suscitar dúvidas sobre o sexo do registando;

b) São admitidos os nomes próprios estrangeiros sob a forma originária se o registando for estrangeiro, houver nascido no estrangeiro ou tiver outra nacionalidade além da portuguesa;

c) São ainda admitidos os nomes próprios estrangeiros sob a forma originária se algum dos progenitores do registando for estrangeiro ou tiver outra nacionalidade além da portuguesa;

d) A irmãos não pode ser dado o mesmo nome próprio, salvo se um deles for falecido;

e) Os apelidos são escolhidos entre os que pertençam a ambos ou só a um dos pais do registando ou a cujo uso qualquer deles tenha direito, podendo, na sua falta, escolher-se um dos nomes por que sejam conhecidos;

f) Se a filiação não ficar estabelecida, pode o declarante escolher os apelidos a atribuir ao registando e, se não o fizer, observa-se o disposto no artigo 108.º [do referido DL n.º 36/97]".

O artigo 1875.º do Código Civil, determina que "o filho usará apelidos do pai e da mãe ou só de um deles", pertencendo a escolha dos apelidos do menor aos pais, que decidirão por acordo, decidindo o juiz na falta de acordo dos pais; sendo a maternidade ou paternidade estabelecidas posteriormente ao registo de nascimento, os apelidos do filho podem ser alterados.

Havendo adopção plena, o adoptado perde os seus apelidos de origem, constituindo-se o seu novo nome nos termos acima citados; "a pedido do adoptante, pode o tribunal, excepcionalmente, modificar o nome próprio do menor, se a modificação salvaguardar o seu interesse, nomeadamente o direito à identidade pessoal, e favorecer a integração na família" – artigo 1988.º do Código Civil, na redacção que lhe foi dada pelo Decreto-Lei n.º 185/93, de 22 de Maio. Se a adopção for restrita, só por decisão judicial e a requerimento do adoptante, ao adoptado serão atribuídos apelidos daquele, devendo, no entanto, no novo nome figurar um ou mais apelidos da sua família natural.

Se os pais forem desconhecidos ou, sendo conhecidos, se houverem ausentado para lugar não sabido, deixando os filhos ao desamparo, "compete ao conservador atribuir ao registando um nome completo, devendo escolhê-lo de preferência entre os nomes de uso vulgar ou derivá-lo de alguma característica particular ou do lugar em que foi encontrado, mas sempre de modo a evitar denominações equívocas ou capazes de recordarem a sua condição de abandonado", devendo, no entanto, "respeitar-se qualquer indicação escrita encontrada em poder do abandonado, ou junto dele, ou por ele próprio fornecida" (v. artigo 108.º do Código do Registo Civil).

Nome próprio: elemento do nome que permite distinguir os membros de uma mesma família, composto, no máximo de dois vocábulos gramaticais e relativamente ao qual já se deixaram enunciadas as regras aplicáveis.

O Código Civil, no artigo 72.º, estabelece que "toda a pessoa tem direito a usar o seu nome, completo ou abreviado, e a opor-se a que outrem o use ilicitamente para sua identificação ou outros fins". O mesmo preceito prevê precauções a adoptar no caso de existirem nomes total ou parcialmente idênticos.

As alterações do nome oficial só são permitidas nos casos previstos no Código ou com autorização do Ministro da Justiça (artigo 104.º do Código do Registo Civil).

Após o casamento, qualquer dos cônjuges, conservando os seus apelidos, tem direito a usar apelidos do outro até ao máximo de dois (artigo 1677.º, Código Civil), podendo ser privado judicialmente desse direito após a morte do cônjuge ou encontrando-se separado judicialmente de pessoas e bens ou divorciado (artigo 1677.º-C, Código Civil).

O Código de Processo Civil prevê a possibilidade de se pedirem providências ao tribunal para impedir o uso prejudicial de nome idêntico ao daquele que as requer (artigo 1474.º, n.º 2).

Sobre os problemas jurídicos do nome, v. Convenção n.º 4 da Comissão Internacional do Estado Civil (CIEC) Relativa a Alteração de Nomes Próprios e Apelidos, assinada em Istambul a 4 de Setembro de 1958, e aprovada, para adesão, pela Resolução da Assembleia da República n.º 5/84, de 16 de Fevereiro (tendo o instrumento de adesão de Portugal sido depositado, segundo aviso publicado no *Diário da República*, I série, de 13 de Julho de 1984).

V. também a Convenção n.º 19 da mesma Comissão, Relativa à Lei Aplicável aos Nomes Próprios e Apelidos, concluída em Munique em 5 de Setembro de 1980 e aprovada, para adesão, pela Resolução da Assembleia da República n.º 8/84, de 3 de Março, cujo instrumento de vinculação foi depositado por parte de Portugal e registado em 3 de Julho de 1990, tendo a Convenção entrado em vigor no nosso país a 1 de Outubro de 1990.

V. *Descendente; Adopção; Registo civil; Requerimento; Bilhete de identidade*.

Nomeação oficiosa (Proc. Penal) – O artigo 43.º do Código de Processo Civil estabelece que, se uma pessoa deseja propor uma acção ou tem de defender-se numa que contra si tenha sido proposta e não encontra na circunscrição judicial advogado que aceite ser seu mandatário, pode dirigir-se à Ordem dos Advogados para que lhe nomeie um.

"Nos casos em que é concedido apoio judiciário, na modalidade de nomeação de patrono, compete à Ordem dos Advogados a escolha e nomeação de advogado, nos termos da portaria do membro do Governo responsável pela área da justiça" – artigo 30.º, n.º 1, da Lei n.º 34/2004, de 29 de Julho (regime de acesso ao direito e aos tribunais), alterado pela Lei n.º 47/2007, de 28 Agosto. "A nomeação deve, em regra, recair em advogado com escritório na comarca onde o processo corre termos", mas pode também recair sobre solicitador em moldes a convencionar entre a Ordem dos Advogados e a Câmara dos Solicitadores. A nomeação deve ser notificada pela Ordem dos Advogados ao patrono e ao requerente, e, quando o pedido de patrono ou a substituição de patrono tiver sido apresentado na pendência de um processo. A Ordem dos Advogados deve comunicar ao tribunal a nomeação do novo patrono.

V. artigos 30.º e 31.º do mesmo diploma, com as alterações introduzidas pela Lei n.º 47/2007, de 28 de Agosto.

O patrono nomeado pode pedir escusa devendo comunicar no processo esse facto – interrompendo este pedido, quando apresentado na pendência de processo, qualquer prazo que esteja em curso –, que, sendo concedida, deverá ser acompanhada da nomeação de novo patrono, excepto no caso de o fundamento do pedido ser a inexistência de fundamento legal da pretensão, caso em que a Ordem dos Advogados pode recusar nova nomeação para o mesmo fim (artigo 34.º, sempre do mesmo diploma).

O beneficiário do apoio judiciário pode requerer a substituição do patrono nomeado, fundamentando o seu pedido (artigo 32.º da Lei n.º 34/2004).

O patrono nomeado pode também substabelecer, com reserva, para determinada diligência.

Esta Lei n.º 34/2004 (na redacção dada pela Lei n.º 47/2007, de 28 Agosto) ocupa-se actualmente do acesso ao direito e apoio judiciário, tendo revogado a anterior Lei n.º 30-E/2000, de 20 de Dezembro (que fora alterada pelo Decreto-Lei n.º 38/2003, de 8 de Março).

V. Portaria n.º 210/2008, de 29 de Fevereiro que altera a Portaria n.º 10/2008, de 3 de Janeiro (que regulamenta a Lei n.º 34/2004, na redacção dada pela Lei n.º 47/2007) – regulamenta as condições da prestação das defesas oficiosas por advogados em matéria de acesso ao direito.

V. o Acordo Europeu sobre a Transmissão de Pedidos de Assistência Judiciária, aberto à assinatura em Estrasburgo em 27 de Janeiro de 1977, aprovado, para ratificação, pelo Decreto do Governo n.º 57/84, de 28 de Setembro, tendo o instrumento de ratificação por parte de Portugal sido depositado em 16 de Junho de 1986, conforme aviso publicado no *Diário da República*, I série, de 15 de Julho de 1986.

V. *Ordem dos Advogados; Advogado; Advogado estagiário; Mandatário; Apoio judiciário; Comarca, Solicitador; Câmara dos Solicitadores; Prazo; Escusa; Tribunal; Juiz; Acesso ao direito.*

"Non bis in idem" (Dir. Penal; Proc. Penal) – V. *Princípio do "non bis in idem".*

Norma – V. *Norma jurídica.*

Norma de valoração (Dir. Penal) – Critério de valoração de um dado comportamento, subjacente ao tipo legal, que indica o carácter proibido da conduta valorada.

O tipo incriminador procede, literalmente, à descrição do comportamento qualificado como crime. A norma de valoração está implícita no tipo, já que a lei apenas prevê como crimes os comportamentos que considera proibidos. A proibição subjaz, portanto, à descrição do crime.

V. *Norma jurídica; Tipo; Crime; Norma sancionatória.*

Norma especial – A norma especial consagra um regime que, não se encontrando em oposição ao regime geral, tem, em relação a este, certas particularidades, conformes com o sector específico de relações a que se aplica.

Isto é, constituindo a previsão da norma especial um sub-conjunto da previsão da norma geral, caracterizado como uma espécie desta última, o regime estabelecido pela norma especial tem, relativamente ao regime geral, as especificidades adequadas à espécie que contempla.

O artigo 7.º, n.º 3, do Código Civil determina que a "lei geral não revoga a lei especial, excepto se outra for a intenção inequívoca do legislador".

V. *Norma jurídica; Norma geral; Revogação da lei.*

Norma excepcional – Norma que regula um sector particular de relações, de forma oposta – ou totalmente diversa – àquela que genericamente vigora para o conjunto das relações do mesmo género.

O artigo 11.º do Código Civil determina que "as normas excepcionais não comportam aplicação analógica, mas admitem interpretação extensiva".

V. *Norma jurídica; Analogia; Interpretação da lei.*

Norma favorável (Dir. Penal) – Norma penal que limita o âmbito de aplicação de uma norma incriminadora ou que atenua o efeito punitivo de uma outra norma sancionatória.

A expressão pode igualmente ser utilizada, no âmbito da sucessão temporal de leis, para referir normas que consagram regimes menos gravosos do que aqueles que se encontram consagrados em leis anteriores.

É exemplo de uma norma favorável a que consagra uma causa de justificação do facto ou de desculpa do agente.

V. *Norma jurídica; Norma incriminadora; Norma sancionatória; Aplicação da lei penal no tempo; Causas de justificação; Causas de desculpa; Agente.*

Norma geral – Norma que constitui o regime-regra do tipo de relações que regula.

V. *Norma jurídica.*

Norma incriminadora (Dir. Penal) – Norma que consagra os pressupostos da punição do sujeito e a respectiva sanção.

V. *Norma jurídica; Punibilidade; Sanção; Norma favorável.*

Norma jurídica – Designa-se assim toda a regra destinada a regular relações inter-subjectivas que assumem importância na vida social ou económica, emanada dos órgãos ou enunciadas pelos meios considerados competentes para definir o direito em certa sociedade e dotadas das características da generalidade, abstracção, hipoteticidade e coercibilidade.

Norma sancionatória (Dir. Penal) – Expressão que se refere à dimensão da norma penal que consagra a sanção do comportamento proibido (do crime).
V. *Norma jurídica; Norma de valoração; Sanção; Crime.*

Notação técnica (Dir. Penal) – De acordo com o artigo 255.º, C. P., notação técnica é a notação de um valor, de um peso ou de uma medida, de um estado ou do decurso de um acontecimento, feita através de aparelho técnico que actua, total ou parcialmente, de forma automática, que permite reconhecer à generalidade das pessoas – ou a um certo círculo de pessoas – os seus resultados, e se destina à prova de facto juridicamente relevante, quer tal destino lhe seja dado no momento da sua realização quer posteriormente.

É exemplo de notação técnica o cartão para marcar o horário nos relógios de ponto do funcionalismo.
V. *Prova; Falsificação de notação técnica.*

Notário – É o funcionário público incumbido da função notarial na área da jurisdição do seu cartório.

A função notarial tem, fundamentalmente, por fim dar forma e conferir autenticidade aos actos jurídicos extrajudiciais, participando na elaboração de documentos ou garantindo a sua autenticidade.

O Código do Notariado (que fora aprovado pelo Decreto-Lei n.º 47 619, de 31 de Março de 1967, alterado posteriormente por vários diplomas) resulta do Decreto-Lei n.º 207/95, de 14 de Agosto (rectificado pela Declaração de rectificação n.º 130/95, de 31 de Outubro), alterado pelos Decretos-Leis n.ºˢ 40/96, de 7 de Maio (este rectificado pela Declaração de rectificação n.º 10-A/96, de 31 de Maio), 250/96, de 24 de Dezembro (rectificado pela Declaração de rectificação n.º 4-A/97, de 31 de Janeiro), 257/96, de 31 de Dezembro (rectificado pela Declaração de rectificação n.º 5-A/97, de 28 de Fevereiro), 380/98, de 27 de Novembro, 375-A/99, de 20 de Setembro, 410/99, de 15 de Outubro, 64-A/2000, de 22 de Abril, e 237/2001, de 30 de Agosto (rectificado pela Declaração de rectificação n.º 20-AS/2001, de 30 de Novembro), 273/2001, de 13 de Outubro, 322-A/2001, de 14 de Dezembro, 194/2003, de 23 de Agosto, 287/2003, de 12 de Novembro, e 2/2005, de 4 de Janeiro.

Por seu turno o Decreto-Lei n.º 26/2004, de 4 de Fevereiro, alterado pelo Decreto-Lei n.º 51/2004, de 29 de Outubro, aprovou o chamado Estatuto do Notariado, cujo artigo 1.º caracteriza o notário como "o jurista a cujos documentos escritos, elaborados no exercício da sua função, é conferida fé pública", sendo, "simultaneamente, um oficial público que confere autenticidade aos documentos e assegura o seu arquivamento e um profissional liberal que actua de forma independente, imparcial e por livre escolha dos interessados", sendo "a natureza pública e privada da função notarial [...] incindível". Trata-se, como se vê, de um diploma profundamente inovador na matéria, dado que transforma os notários em profissionais liberais embora com um estatuto especial, estabelecendo o respectivo artigo 2.º que, "no território da República Portuguesa, há uma classe única de notários", estando estes sujeitos "à fiscalização e acção disciplinar do Ministro da Justiça e dos órgãos competentes da Ordem dos Notários".

Nos termos do artigo 25.º, para se ter acesso à função notarial é necessário: "*a)* não estar inibido do exercício de funções públicas ou interdito para o exercício de funções notariais; *b)* possuir licenciatura em Direito reconhecida pelas leis portuguesas; *c)* ter frequentado o estágio notarial [que é organizado pela Ordem dos Notários, "tem a duração de 18 meses e é realizado sob a orientação de notário com, pelo menos, sete anos de exercício de funções notariais, livremente escolhido pelo estagiário ou designado pela Ordem dos Notários", concluído o qual "o notário patrono elabora uma informação do estágio, na qual se pronuncia sobre a aptidão do estagiário para o exercício da função notarial"]; *d)* ter obtido aprovação em concurso realizado pelo Conselho do Notariado [aberto por aviso do Ministério da Justiça, publicado no *Diário da República*, ouvida a Ordem e que "consiste na prestação de provas públicas de avaliação da capacidade para o exercício da função notarial", com uma componente escrita e uma oral]".

O conteúdo da função notarial encontra-se descrito no artigo 4.º deste diploma. Nos termos do artigo 10.º, "o notário exerce as suas funções em nome próprio e sob sua responsabilidade, com respeito pelos princípios da legalidade, autonomia, imparcialidade, exclusividade e livre escolha".

"O notário tem direito a usar, como símbolo da fé pública, selo branco, de forma circular, representando em relevo o escudo da República Portuguesa, circundado pelo nome do notário e pela identificação do respectivo cartório, de acordo com o modelo aprovado por portaria do Ministério da Justiça"; "o selo branco e o seu correspondente digital, pertença de cada notário, são registados no Ministério da Justiça e não podem ser alterados sem autorização do Ministro da Justiça"; "Em caso de cessação definitiva de funções, o Ministério deve ser informado de imediato, podendo autorizar o uso do selo branco e do seu correspondente digital pelo substituto designado pela direcção da Ordem dos Notários, devendo, nesses casos, fazer-se expressa menção da situação em que é usado o selo branco ou o seu correspondente digital".

O respectivo artigo 6.º, n.º 2, determina que "na sede de cada município existe, pelo menos, um notário, cuja actividade está dependente da atribuição de licença", sendo a "competência do notário [...] exercida na circunscrição territorial do município em que está instalado o respectivo cartório", muito embora ele pratique "todos os actos da sua competência ainda que respeitem a pessoas domiciliadas ou a bens situados fora da respectiva circunscrição territorial" (artigo 7.º).

Os deveres dos notários encontram-se enunciados no artigo 23.º do Estatuto do Notariado.

O artigo 39.º do estatuto da Ordem dos Notários, aprovado pelo Decreto-Lei n.º 27/2004, de 4 de Fevereiro proíbe os notários de publicitar a sua actividade recorrendo a qualquer forma de comunicação com o objectivo de promover a solicitação de clientela", em termos semelhantes aos do artigo 16.º do Estatuto do Notariado.

A cessação de actividade ocorre por exoneração, limite de idade, incapacidade, morte ou interdição definitiva do exercício de actividade.

Dispõe o artigo 60.º do Estatuto da Ordem dos Notários que estes são responsáveis perante o Ministro da Justiça e a Ordem dos Notários.

O Decreto-Lei n.º 87/2001, de 17 de Março (rectificado pela Declaração de rectificação n.º 10-B/2001, de 30 de Abril, alterado pelos DL n.ºs 178-A/2005, de 28 de Outubro e 76-AA/2006, de 29 de Março (rectificado pela Declaração de rectificação n.º 28-A/2006, de 26 de Maio), aprovou a Lei Orgânica da Direcção-Geral dos Registos e Notariado.

A criação de cartórios notariais de competência especializada foi prevista pelo Decreto-Lei n.º 35/2000, de 14 de Março.

A Portaria n.º 130/2005, de 2 de Fevereiro, fixa o horário de funcionamento dos cartórios notariais.

V. *Acto jurídico; Documento; Documento autêntico; Princípio da legalidade.*

Notícia do crime (Proc. Penal) – Conjunto de factos que indiciam o preenchimento de um tipo legal de crime e apontam determinado(s) sujeito(s) como seu(s) autor(es); esta informação é transmitida pelos órgãos de polícia criminal ao Ministério Público no mais curto prazo, que não pode exceder dez dias, e vale como denúncia. Esta comunicação de factos conduz à instauração do competente inquérito.

Assim, sempre que uma autoridade judiciária, um órgão de polícia criminal ou outra entidade policial presenciarem qualquer crime de denúncia obrigatória, levantam ou mandam levantar auto de notícia para se poder perseguir criminalmente determinada(s) pessoa(s).

Esta matéria está regulada nos artigos 241.º e 243.º, C. P. P..

V. *Crime; Ministério Público; Órgão de polícia criminal; Inquérito; Denúncia; Queixa; Auto de notícia.*

Notificação (Proc. Penal) – Meio utilizado para chamamento das pessoas a juízo ou para lhes comunicar certos factos, fora dos casos em que tem aplicação a citação.

Estão previstas duas modalidades de notificações: as relativas a processos pendentes, que podem dirigir-se às partes ou a terceiros, e as notificações avulsas.

Em processo penal, nos termos do disposto no artigo 113.º, C. P. P., as notificações efectuam-se mediante:

a) contacto pessoal com o notificando e no lugar em que este for encontrado;

b) via postal registada, por meio de carta ou aviso;

c) via postal simples, por meio de carta ou aviso, nos casos expressamente previstos;

d) editais e anúncios, nos casos em que a lei expressamente o admitir".

Quando efectuadas por via postal registada, as notificações presumem-se feitas no 3.º dia posterior ao do envio, devendo a cominação aplicável constar do acto de notificação.

V. *Citação; Notificação judicial avulsa; Notificações relativas a processos pendentes; Edital; Facto.*

Notificação judicial avulsa (Proc. Penal) – Processo utilizado para uma pessoa, por via judicial, comunicar a outra um facto.

A notificação é requerida ao tribunal, sendo feita por este na própria pessoa do notificando.

Não é, contudo, um meio de fazer valer direitos, pois estes só podem ser exercidos nos competentes processos instaurados para o efeito.

V. *Notificação; Facto; Requerimento; Tribunal; Direito.*

Notificações relativas a processos pendentes (Proc. Penal) – Notificações que são feitas no decurso de um processo crime.

Em processo penal há obrigatoriamente notificação da acusação (artigo 283.º, C. P. P.), do arquivamento do processo (artigo 277.º, C. P. P.), da data da realização da audiência de discussão e julgamento (artigo 313.º, C. P. P.), da data do debate instrutório (artigo 297.º, C. P. P.), da decisão instrutória (artigo 307.º, C. P. P.), da sentença ou acórdão (quer proferido em 1.ª instância, quer em sede de recurso).

V. *Notificação; Acusação; Inquérito; Arquivamento do inquérito; Audiência de discussão e julgamento; Instrução; Debate instrutório; Decisão instrutória; Sentença; Recurso.*

"Nula cogitatio" (Dir. Penal) – Mera configuração mental da prática do crime.

A reflexão sobre o cometimento de um facto típico não gera responsabilidade penal.

V. *Crime; Actos preparatórios; Actos de execução.*

Nulidade (Proc. Penal) – Em processo penal, é a consequência jurídica expressamente prevista na lei para a violação ou inobservância de uma disposição legal.

Quando a lei não cominar a nulidade, o acto é, em princípio, irregular.

Nos termos do artigo 122.º, C. P. P., "as nulidades tornam inválido o acto em que se verificarem, bem como os que dele dependerem e aquelas que puderem afectar", determinando-se, na declaração de nulidade, "os actos que passam a considerar-se inválidos" e ordenando-se, "sempre que necessário e possível, a sua repetição".

"Ao declarar uma nulidade o juiz aproveita todos os actos que ainda possam ser salvos do efeito daquela".

Há nulidades insanáveis (v. artigo 119.º, C. P. P.) e nulidades dependentes de arguição (v. artigo 120.º, C. P. P.).

As nulidades, nos termos do disposto no artigo 121.º, C. P. P., "ficam sanadas se os participantes processuais interessados:

a) renunciarem expressamente a argui--las;

b) tiverem aceite expressamente os efeitos jurídicos do acto anulável; ou

c) se tiverem prevalecido de faculdade a cujo exercício o acto anulável se dirigia".

"As nulidades respeitantes a falta ou a vício de notificação ou de convocação para acto processual ficam sanadas se a pessoa interessada comparecer ou renunciar a comparecer ao acto".

Como resulta do que ficou exposto, a nulidade em direito processual penal tem um regime diverso do da nulidade em direito material privado, não se distinguindo naquele claramente entre nulidade e anulabilidade, sendo como regra sanável e havendo casos em que não é do conhecimento oficioso do tribunal.

V. o Assento do Supremo Tribunal de Justiça, publicado no *Diário da República*, I-A série, de 6 de Agosto de 1992, que entendeu: "Não é insanável a nulidade da alínea *a)*, do artigo 379.°, do Código de Processo Penal de 1987, consistente na falta de indicação na sentença penal das provas que serviram para formar a convicção do tribunal, ordenada pelo artigo 374.°, n.° 2, parte final, do mesmo Código, por isso não lhe sendo aplicável a disciplina do corpo do artigo 119.° daquele diploma legal".

V. também o Acórdão n.° 1/94, do Supremo Tribunal de Justiça, publicado no *Diário da República*, I-A série, de 11 de Fevereiro de 1994, que estabeleceu a seguinte doutrina: "As nulidades de sentença enumeradas de forma taxativa nas alíneas *a)* e *b)* do artigo 379.° do Código de Processo Penal não têm de ser arguidas, necessariamente, nos termos estabelecidos na alínea *a)*, do n.° 3, do artigo 120.° do mesmo diploma processual, podendo sê-lo, ainda, em motivação de recurso para o tribunal superior".

V. *Acto jurídico; Irregularidade; Anulabilidade; Notificação; Convocação para acto processual; Acto processual; Conhecimento oficioso; Nulidades insanáveis; Sentença; Motivação da sentença; Prova; Nulidades dependentes de arguição; Invalidade; Recurso; Motivação do recurso; Tribunal; Supremo Tribunal de Justiça.*

Nulidade da sentença (Proc. Penal) – É nula a sentença:

a) que não contiver as seguintes menções: a decisão condenatória ou absolutória; a fundamentação, que consta da enumeração dos factos provados e não provados; uma exposição completa, ainda que concisa, dos motivos de facto e de direito, que fundamentam a decisão; a indicação e exame crítico das provas que serviram para formar a convicção do tribunal;

b) que "condenar por factos diversos dos descritos na acusação ou na pronúncia, se a houver, fora dos casos previstos nos artigos 358.° e 359.°'" – casos de alteração não substancial dos factos descritos na acusação ou na pronúncia e de alteração substancial dos factos descritos na acusação ou na pronúncia;

c) "quando o tribunal deixe de pronunciar-se sobre questões que devesse apreciar ou conheça de questões de que não podia tomar conhecimento".

As nulidades da sentença devem ser arguidas ou conhecidas em recurso, sendo lícito ao tribunal supri-las, "reparando" a decisão – v. artigos 379.°, n.° 2, e 414.°, n.° 4, C. P. P..

V. artigo 379.°, C. P. P..

V. o Acórdão do Supremo Tribunal de Justiça n.° 7/2008, publicado no *Diário da República*, I Série, de 30 de Julho: "Em processo por crime de condução perigosa de veículo ou por crime de condução de veículo em estado de embriaguez ou sob a influência de estupefacientes ou substâncias psicotrópicas, não constando da acusação ou da pronúncia a indicação, entre as disposições legais aplicáveis, do n.° 1 do artigo 69.° do Código Penal, não pode ser aplicada a pena acessória de proibição de conduzir ali prevista, sem que ao arguido seja comunicada, nos termos dos n.ºs 1 e 3 do artigo 358.° do Código de Processo Penal, a alteração da qualificação jurídica dos factos daí resultante, sob pena de a sentença incorrer na nulidade prevista na alínea *b)* do n.° 1 do artigo 379.° deste último diploma legal".

V. *Sentença; Nulidade; Facto; Fundamentação de sentença; Sentença condenatória; Sentença absolutória; Motivo de facto; Motivo de direito; Motivação da sentença; Prova; Acusação; Pronúncia; Alteração não substancial dos factos descritos na acusação ou na pronúncia; Alteração substancial dos factos descritos na acusação ou na pronúncia; Recurso.*

Nulidades dependentes de arguição (Proc. Penal) – Nulidades que devem, como a designação indica, ser arguidas pelos interessados.

São as constantes do artigo 120.°, C. P. P., além das que como tal forem cominadas em outras disposições legais.

Constituem nulidades dependentes de arguição:

"*a)* o emprego de uma forma de processo quando a lei determinar a utilização de outra;

b) a ausência, por falta de notificação, do assistente e das partes civis, nos casos em que a lei exigir a respectiva comparência;
c) a falta de nomeação de intérprete, nos casos em que a lei a considere obrigatória;
d) a insuficiência do inquérito ou da instrução, por não terem sido praticados actos legalmente obrigatórios, e a omissão posterior de diligências que pudessem reputar-se essenciais para a descoberta da verdade".
V. artigo 120.º, n.º 2, C. P. P..
Nos termos do n.º 3 da mesma disposição, as nulidades devem ser arguidas:
"*a)* tratando-se de nulidade de acto a que o interessado assista, antes que o acto esteja terminado;
b) tratando-se da nulidade referida na alínea *b)* do número anterior, até cinco dias após a notificação do despacho que designar dia para a audiência;
c) tratando-se de nulidade respeitante ao inquérito ou à instrução, até ao encerramento do debate instrutório ou, não havendo lugar a instrução, até cinco dias após a notificação do despacho que tiver encerrado o inquérito;
d) logo no início da audiência nas formas de processo especiais".
Por regra, as nulidades ficam sanadas se os participantes processuais interessados:
a) renunciarem a argui-las;
b) tiverem aceitado os efeitos "do acto anulável";
c) se se tiverem prevalecido de faculdade a cujo exercício "o acto anulável" se dirigia.
Contudo, as nulidades respeitantes a vício de notificação ou de convocação para acto processual ficam sanadas se a pessoa interessada comparecer ou renunciar a comparecer ao acto, salvo os casos em que o interessado compareça com intenção de arguir a nulidade.
O Acórdão do Supremo Tribunal de Justiça n.º 1/2006, publicado no *Diário da República*, I-A série, de 2 de Janeiro, decidiu: "A falta de interrogatório como arguido, no inquérito, de pessoa determinada contra quem o mesmo corre, sendo possível a notificação, constitui a nulidade prevista no artigo 120.º, n.º 2, alínea *d)*, do Código de Processo Penal".

V. *Nulidade; Acto jurídico; Forma de processo; Notificação; Assistente; Partes civis; Intérprete; Anulabilidade; Convocação para acto processual; Inquérito; Instrução; Diligência; Debate instrutório; Despacho; Audiência de discussão e julgamento; Arguido; Interrogatório judicial de arguido.*

Nulidades insanáveis (Proc. Penal) – "Nulidades que devem ser oficiosamente declaradas em qualquer fase do procedimento" e que são as constantes do artigo 119.º, C. P. P., "além de outras que como tal forem cominadas em outras disposições legais".
Como a própria designação indica, tais vícios não são susceptíveis de sanação.
De acordo com o artigo 121.º, C. P. P., as nulidades ficam sanadas – salvo se forem insanáveis – se os participantes processuais interessados:
"*a)* renunciarem expressamente a argui-las;
b) tiverem aceite expressamente os efeitos jurídicos do acto anulável; ou
c) se tiverem prevalecido de faculdade a cujo exercício o acto anulável se dirigia".
Contudo, as nulidades respeitantes a vício de notificação ou de convocação para acto processual ficam sanadas se a pessoa interessada comparecer ou renunciar a comparecer ao acto, salvo os casos em que o interessado compareça com intenção de arguir a nulidade – n.º 3 do artigo 121.º, C. P. P..
V. artigo 119.º, C. P. P..
V. o Assento n.º 2/2000 do Supremo Tribunal de Justiça, publicado no *Diário da República*, I-A série, de 6 de Janeiro de 2000, que estabeleceu a seguinte doutrina: "Integra nulidade insanável da alínea *b)*, do artigo 119.º, do Código de Processo Penal a adesão posterior do Ministério Público à acusação deduzida pelo assistente relativa a crimes de natureza pública ou semipública e fora do caso previsto no artigo 284.º, n.º 1, do mesmo diploma legal".
V. *Nulidade; Acto jurídico; Anulabilidade; Conhecimento oficioso; Notificação; Convocação para acto processual; Ministério Público; Acusação; Assistente; Crime público; Crime semipúblico.*

"Nullum crimen nulla poena sine culpa" (Dir. Penal) – Corolário do princípio da legalidade, consagrado no artigo 29.º da Constituição da República, segundo o qual não há crime e não há pena sem culpa.
V. *Crime; Culpa; Pena; Princípio da legalidade; Constituição.*

"Nullum crimen nulla poena sine lege certa" (Dir. Penal) – Corolário do princípio da legalidade, consagrado no artigo 29.º da Constituição da República, segundo o qual não há crime e não há pena sem lei que os preveja.
A lei deve ser clara e precisa, de modo a permitir aos destinatários a apreensão do seu conteúdo, ou seja, a apreensão do que é proibido.
V. *Crime; Pena; Lei; Princípio da legalidade; Constituição.*

"Nullum crimen nulla poena sine lege praevia" (Dir. Penal) – Corolário do princípio da legalidade, consagrado no artigo 29.º da Constituição da República, segundo o qual não há crime e não há pena sem lei prévia, isto é, anterior à prática do facto que constitui objecto de apreciação.
Implica a proibição da aplicação retroactiva da lei penal incriminadora.
V. *Crime; Pena; Lei; Princípio da legalidade; Aplicação da lei penal no tempo; Constituição.*

"Nullum crimen nulla poena sine lege scripta" (Dir. Penal) – Corolário do princípio da legalidade, consagrado no artigo 29.º da Constituição da República, segundo o qual não há crime e não há pena sem lei escrita que os preveja.
V. *Crime; Pena; Lei; Princípio da legalidade; Constituição.*

"Nullum crimen nulla poena sine lege stricta" (Dir. Penal) – Corolário do princípio da legalidade, consagrado no artigo 29.º da Constituição da República, segundo o qual não há crime e não há pena sem lei formal, isto é, lei parlamentar ou do Governo mediante autorização legislativa da Assembleia da República (artigo 165.º, n.º 1-*c*), da Constituição).
V. *Crime; Pena; Lei; Princípio da legalidade; Constituição.*

O

Obediência hierárquica (Dir. Penal) – O artigo 31.º, n.º 1-c), C. P., determina que não é ilícito o facto praticado no cumprimento de um dever imposto por ordem legítima de autoridade (v. artigo 271.º, n.º 3 da Constituição).
De acordo com os artigos 271.º, n.º 3, da Constituição da República e 36.º, n.º 2, C. P., o dever de obediência hierárquica cessa quando conduzir à prática de um crime.
V. *Ilicitude; Causas de justificação; Cumprimento de um dever; Conflito de deveres; Crime; Obediência indevida desculpante.*

Obediência indevida desculpante (Dir. Penal) – Nos termos do artigo 37.º, C. P., "age sem culpa o funcionário que cumpre uma ordem sem conhecer que ela conduz à prática de um crime, não sendo isso evidente no quadro das circunstâncias por ele representado".
V. *Obediência hierárquica; Culpa; Crime; Causas de desculpa; Funcionário.*

Objecto (Dir. Penal) – V. *Objecto do crime.*

Objecto do crime (Dir. Penal) – Designa-se por objecto do crime a pessoa ou a coisa sobre a qual incide a actividade do agente do facto típico.
V. *Crime; Agente; Tipo.*

Objecto do processo (Proc. Penal) – Designação dada aos factos constantes da acusação deduzida contra o arguido e que constituem o objecto da prova a produzir em audiência.
O objecto do processo delimita o âmbito desse mesmo processo – é o tema enunciado pela acusação. A "questão" que se discute ou tema recorrente a todo o conjunto do processo: é o tema que se coloca no momento da acusação, no momento da pronúncia, no momento do julgamento, no momento de aplicação da decisão na fase da elaboração da sentença e, eventualmente, em sede de recurso por ofensa aos limites do caso julgado, e que vai determinar em concreto:
a) os poderes de cognição do juiz; ou seja, o juiz para ser um juiz acusatório e não um juiz de um processo de estrutura inquisitória tem de manter-se dentro daquele objecto;
b) os limites do caso julgado (porque circunscreve os poderes de cognição do juiz, a sentença só pode e deve ir até aos limites do tema que lhe é proposto pela acusação).
V. *Facto; Acusação; Arguido; Prova; Julgamento; Pronúncia; Sentença; Caso julgado; Recurso; Juiz; Processo inquisitório; Processo acusatório.*

Obrigação – "Vínculo jurídico por virtude do qual uma pessoa fica adstrita para com outra à realização de uma prestação": esta a noção legal contida no artigo 397.º do Código Civil.
Numa acepção mais restrita, fala-se também de obrigação para designar o lado passivo da relação obrigacional (obrigação como sinónimo de dívida).

Obrigação de apresentação periódica (Proc. Penal) – Medida de coacção aplicável pelo juiz "se o crime imputado for punível com pena de prisão de máximo superior a seis meses".
Consiste na obrigação de o arguido se "apresentar a uma entidade judiciária ou a um certo órgão de polícia criminal em dias e horas pré-estabelecidos, tomando em conta as exigências profissionais do arguido e o local em que habita".

Esta medida pode ser cumulada com qualquer outra medida de coacção, com excepção da obrigação de permanência na habitação e da prisão preventiva.

V. artigos 198.º, 203.º e 218.º, C. P. P..

V. *Medidas de coacção; Crime; Pena de prisão; Juiz; Inquérito; Arguido; Órgão de polícia criminal; Prisão preventiva; Obrigação de permanência na habitação.*

Obrigação de permanência na habitação (Proc. Penal) – Medida de coacção que o juiz pode impor ao arguido "se houver fortes indícios de prática de crime doloso punível com pena de prisão de máximo superior a três anos".

Se considerar inadequadas ou insuficientes, no caso, as outras medidas de coacção (à excepção da prisão preventiva), "o juiz pode impor ao arguido a obrigação de não se ausentar, ou de não se ausentar sem autorização, da habitação própria ou de outra em que de momento resida ou, nomeadamente, quando tal se justifique em instituição adequada a prestar-lhe apoio social e de saúde".

Pode haver, nos termos do artigo 213.º, C. P. P., reexame dos pressupostos da obrigação de permanência na habitação.

O juiz procede oficiosamente ao reexame dos pressupostos, decidindo se a medida é de manter ou deve ser substituída ou revogada:

"*a)* no prazo máximo de três meses a contar da data da sua aplicação ou do último reexame; e

b) quando no processo forem proferidos despacho de acusação ou de pronúncia de decisão que conheça, a final, do objecto do processo e não determine a extinção da medida aplicada".

A fim de fundamentar esta decisão o juiz, oficiosamente ou a requerimento do Ministério Público ou do arguido, pode solicitar a elaboração de perícia sobre a personalidade e de relatório social ou de informação dos serviços de reinserção social, desde que o arguido consinta na sua realização.

Nos termos do n.º 5 do artigo 213.º, a decisão que mantenha a obrigação de permanência na habitação é susceptível de recurso nos termos gerais, mas não determina a inutilidade superveniente de recurso interposto de decisão prévia que haja aplicado ou mantido a medida em causa".

V. artigo 201.º, C. P. P..

A obrigação de permanência na habitação pode ser fiscalizada com a utilização de meios técnicos de controlo à distância, nos termos previstos na lei – nomeadamente, através da vigilância electrónica, nos termos da Lei n.º 122/99, de 20 de Agosto.

A permanência na habitação com fiscalização por meios técnicos consubstancia, ainda, nos termos do artigo 44.º, C. P., uma forma de execução da pena de prisão.

V. *Medidas de coacção; Juiz; Arguido; Indícios; Crime; Dolo; Pena; Pena de prisão; Vigilância electrónica.*

Obrigatoriedade de assistência de defensor (Proc. Penal) – Nos termos do disposto no artigo 64.º, C. P. P., é obrigatória a assistência de defensor:

"*a)* nos interrogatórios de arguido detido ou preso;

b) no debate instrutório e na audiência, salvo tratando-se de processo que não possa dar lugar à aplicação de pena de prisão ou de medida de segurança de internamento;

c) em qualquer acto processual, à excepção da constituição de arguido, sempre que o arguido for surdo, mudo, analfabeto, desconhecer a língua portuguesa, menor de 21 anos, ou se suscitar a questão da sua inimputabilidade ou da sua imputabilidade diminuída;

d) nos recursos ordinários ou extraordinários;

e) nos casos a que se referem os artigos 271.º e 294.º [Declarações para memória futura];

f) na audiência de julgamento realizada na ausência do arguido;

g) nos demais casos que a lei determinar".

Fora destes casos, "pode ser nomeado defensor ao arguido, a pedido do tribunal ou do arguido, sempre que as circunstâncias do caso revelarem a necessidade ou a conveniência de o arguido ser assistido".

Sem prejuízo destas situações, se o arguido não tiver advogado constituído nem defensor nomeado é obrigatória a

nomeação de defensor quando contra ele for deduzida acusação, devendo a identificação do defensor constar do despacho de encerramento do inquérito. Neste caso, o arguido é informado, no despacho de acusação, de que fica obrigado, caso seja condenado, a pagar os honorários do defensor oficioso, salvo se lhe for concedido apoio judiciário, e que pode proceder à substituição desse defensor mediante a constituição de advogado.
V. artigo 64.º, C. P. P..
V. *Defensor; Defensor oficioso; Arguido; Primeiro interrogatório judicial de arguido detido; Debate instrutório; Audiência de discussão e julgamento; Julgamento; Pena de prisão; Medida de segurança; Acto processual; Imputabilidade; Imputabilidade diminuída; Inimputabilidade; Recurso; Recursos ordinários; Recursos extraordinários; Declarações para memória futura; Advogado; Acusação; Inquérito; Honorários; Apoio judiciário.*

Obrigatoriedade de constituição de arguido (Proc. Penal) – Nos termos do artigo 58.º, C. P. P, é obrigatória a constituição de arguido:
"*a)* correndo inquérito contra pessoa determinada, em relação à qual haja suspeita fundada da prática de crime, esta prestar declarações perante qualquer autoridade judiciária ou órgão de polícia criminal;
b) tenha de ser aplicada a qualquer pessoa uma medida de coacção ou de garantia patrimonial;
c) um suspeito for detido, nos termos e para os efeitos previstos nos artigos 254.º a 261.º;
d) for levantado auto de notícia que dê uma pessoa como agente de um crime e aquele lhe for comunicado, salvo se a notícia for manifestamente infundada.
A constituição de arguido opera-se através da comunicação, oral ou por escrito, feita ao visado por uma autoridade judiciária ou um órgão de polícia criminal, de que a partir desse momento aquele deve considerar-se arguido num processo penal e da indicação e, se necessário, explicação dos direitos e deveres processuais referidos no artigo 61.º, que por essa razão passam a caber-lhe".

A constituição de arguido feita por órgão de polícia criminal é comunicada à autoridade judiciária no prazo de dez dias e por esta apreciada, em ordem à sua validação, no prazo de dez dias. A não validação não prejudica as provas anteriormente obtidas.
V. *Arguido; Inquérito; Medida de coacção; Órgão de polícia criminal; Autoridade judiciária; Suspeito; Agente; Detenção; Auto de notícia; Crime; Prazo; Prova.*

Obstrução à inscrição de eleitor (Dir. Penal) – Crime previsto no artigo 337.º, C. P., que se traduz na determinação de eleitor a não se inscrever no recenseamento eleitoral ou a inscrever-se fora da unidade geográfica ou do local próprio, ou para além do prazo, utilizando violência, ameaça de violência ou artifício fraudulento.
V. *Crime; Crimes eleitorais; Ameaça.*

Obstrução ao exercício da jurisdição (Proc. Penal) – Esta situação processual está prevista nos artigos 37.º e 38.º, C. P. P..
Ocorre quando, em qualquer estado do processo posterior ao despacho que designar dia para a audiência, "em virtude de graves situações locais idóneas a perturbar o desenvolvimento do processo:
a) o exercício da jurisdição pelo tribunal competente se revelar impedido ou gravemente dificultado;
b) for de recear daquele exercício grave perigo para a segurança ou a tranquilidade públicas;
c) a liberdade de determinação dos participantes no processo se encontrar gravemente comprometida".
Nestes casos, a competência é atribuída a outro tribunal da mesma espécie e hierarquia onde a obstrução previsivelmente não se verifique.
Cabe às secções criminais do Supremo Tribunal de Justiça decidir do pedido de atribuição de competência que lhe seja dirigido pelo tribunal obstruído, pelo Ministério Público, pelo arguido, pelo assistente ou pelas partes civis. Se este pedido (do arguido, do assistente ou das partes civis) for considerado manifestamente infundado, o requerente é conde-

nado ao pagamento de uma soma entre seis e vinte unidades de conta.
V. *Supremo Tribunal de Justiça; Tribunal; Ministério Público; Arguido; Assistente; Partes civis; Unidade de conta; Despacho; Audiência de discussão e julgamento; Competência.*

Ofendido (Proc. Penal) – Consideram-se ofendidos em processo penal "os titulares dos interesses que a lei especialmente quis proteger com a incriminação, desde que maiores de dezasseis anos" – artigo 68.º, n.º 1-*a*), C. P. P..
Os ofendidos podem constituir-se como assistentes no processo penal respectivo.
V. *Assistente; Processo.*

Ofensa à honra do Presidente da República (Dir. Penal) – Crime previsto no artigo 328.º, C. P., que se considera praticado quando alguém injuria ou difama o Presidente da República ou quem constitucionalmente o substitui.
O artigo 328.º, n.º 2, C. P., consagra uma agravação do crime nos casos em que a injúria ou a difamação são feitas por meio de palavras proferidas publicamente, de publicação de escrito ou de desenho, ou por qualquer meio técnico de comunicação com o público.
O procedimento criminal cessa se o Presidente da República expressamente declarar que dele desiste.
V. *Crime; Difamação; Injúria; Agravação.*

Ofensa à integridade física (Dir. Penal) – V. *Integridade física; Ofensa à integridade física grave; Ofensa à integridade física por negligência; Ofensa à integridade física qualificada; Ofensa à integridade física simples.*

Ofensa à integridade física grave (Dir. Penal) – Crime previsto no artigo 144.º, C. P., que se traduz na ofensa do corpo ou da saúde de outra pessoa, de forma a:
– privá-lo de importante órgão ou membro, ou a desfigurá-lo grave e permanentemente (alínea *a*));
– tirar-lhe ou afectar-lhe, de maneira grave, a capacidade de trabalho, as capacidades intelectuais ou de procriação, ou a possibilidade de utilizar o corpo, os sentidos ou a linguagem (alínea *b*));
– provocar-lhe doença particularmente dolorosa ou permanente, ou anomalia psíquica grave ou incurável (alínea *c*)); ou
– provocar-lhe perigo para a vida.
O artigo 145.º, C. P., consagra uma agravação pelo resultado nos casos em que o agente, cometendo o crime de ofensa à integridade física grave, produz negligentemente o resultado morte.
O mencionado artigo 145.º consagra ainda uma outra agravação pelo resultado nos casos em que o agente, cometendo o crime de ofensa à integridade física simples, produz negligentemente um dos resultados previstos no já referido artigo 144.º, C. P..
V. *Crime; Integridade física; Agravação pelo resultado; Agente; Ofensa à integridade física simples.*

Ofensa à integridade física por negligência (Dir. Penal) – Crime previsto no artigo 148.º, C. P., que se traduz na ofensa do corpo ou da saúde de outra pessoa por negligência.
Pode ter lugar a dispensa de pena se o agente for médico, no exercício da sua profissão, e do acto médico não resultar doença ou incapacidade para o trabalho por mais de 8 dias, ou se da ofensa não resultar doença ou incapacidade para o trabalho por mais de 3 dias.
O n.º 3 do artigo 148.º do Código Penal consagra uma agravação para os casos em que do facto resulta uma ofensa à integridade física grave.
O crime é semipúblico.
V. *Crime; Negligência; Integridade física; Dispensa de pena; Agente; Agravação; Ofensa à integridade física grave; Crime semipúblico.*

Ofensa à integridade física privilegiada (Dir. Penal) – Crime previsto no artigo 147.º, C. P., que tem lugar quando a ofensa à integridade física ocorre nas circunstâncias do artigo 133.º, C. P., ou seja, quando o agente actua dominado por compreensível emoção violenta, por compaixão, desespero ou motivo de relevante valor social que diminua sensivelmente a sua culpa.
O privilegiamento traduz-se na atenuação especial da pena do crime de ofensa à integridade física que tiver sido cometido.

V. *Crime; Crime privilegiado; Integridade física; Culpa; Pena; Atenuação especial da pena; Homicídio privilegiado.*

Ofensa à integridade física qualificada (Dir. Penal) – Crime previsto no artigo 146.º, C. P., que ocorre quando a ofensa à integridade física – a lei refere expressamente as ofensas previstas nos artigos 143.º, 144.º e 145.º, C. P. – for produzida em circunstâncias que revelem especial censurabilidade ou perversidade do agente.

São susceptíveis de revelar essa especial censurabilidade ou perversidade as circunstâncias previstas no artigo 132.º, n.º 2, C. P.: relação de filiação ou conjugal com a vítima, particular situação de indefesa da vítima, utilização de tortura, ser o agente motivado por avidez, ódio racial, religioso ou político ou por motivo torpe ou fútil, utilização de veneno, prática do facto com mais duas pessoas, haver premeditação ou ser o facto praticado contra determinados agentes por causa do exercício das respectivas funções.

A qualificação traduz-se no agravamento de um terço dos limites mínimo e máximo da pena prevista para o crime.

V. *Crime; Homicídio qualificado; Integridade física; Agente; Ofensa à integridade física grave; Ofensa à integridade física simples; Agravação; Limite mínimo da pena de prisão; Limite máximo da pena de prisão; Qualificação.*

Ofensa à integridade física simples (Dir. Penal) – Crime previsto no artigo 143.º, C. P., que se traduz na ofensa do corpo ou da saúde de outra pessoa.

O artigo 143.º, n.º 2, C. P., determina que o procedimento criminal depende de queixa, salvo quando a ofensa é cometida contra agentes das forças e serviços de segurança, no exercício das suas funções ou por causa delas. Esta referência aos agentes das forças e serviços de segurança tem de ser articulada com o artigo 146.º, C. P., que prevê o crime de ofensa à integridade física qualificada. Este preceito, ao remeter para o n.º 2 do artigo 132.º, C. P., a indicação das circunstâncias susceptíveis de revelar a especial censurabilidade ou perversidade do agente, tipifica como crime de ofensa à integridade física qualificada (e, nessa medida, como crime público) a ofensa da integridade física de agentes das forças e serviços de segurança, no exercício das suas funções ou por causa delas (alínea *l*) do n.º 2 do mencionado artigo 132.º).

O tribunal pode dispensar de pena quando tiver havido lesões recíprocas e não se tiver provado qual dos contendores agrediu primeiro ou quando o agente tiver unicamente exercido retorsão sobre o agressor.

O artigo 145.º, C. P., consagra duas agravações pelo resultado. A primeira, para os casos em que o agente produz o resultado morte. A segunda, para os casos em que o agente produz um dos resultados previstos no artigo 144.º, C. P..

V. *Crime; Integridade física; Queixa; Ofensa à integridade física qualificada; Crime público; Dispensa de pena; Ofensa à integridade física grave; Agravação pelo resultado.*

Ofensa à memória de pessoa falecida (Dir. Penal) – Crime previsto no artigo 185.º, C. P., que se traduz genericamente na ofensa grave, por qualquer forma, da memória de pessoa falecida.

A ofensa não é punível se já tiverem decorrido 50 anos sobre o falecimento.

V. *Crime.*

Ofensa a organismo, serviço ou pessoa colectiva (Dir. Penal) – Crime previsto no artigo 187.º, C. P., que se considera cometido quando alguém, sem ter fundamento para, em boa fé, os considerar verdadeiros, afirma ou propala factos inverídicos capazes de ofenderem a credibilidade, o prestígio ou a confiança que são devidos a organismo ou serviço que exerça autoridade pública, pessoa colectiva, instituição ou corporação.

V. *Crime; Pessoa colectiva.*

Ofensas corporais (Dir. Penal) – Designação sinónima de ofensa à integridade física.

V. *Ofensa à integridade física simples.*

Omissão (Dir. Penal) – Omissão é nada fazer. Em direito penal, o comportamento omissivo assume relevância.

De acordo com o disposto no artigo 10.º, C. P., quando um tipo legal de crime compreender um certo resultado, o facto abrange não só a acção adequada a produzi-lo, como a omissão da acção adequada a evitá-lo, salvo se outra for a intenção da lei.

A comissão de um resultado por omissão só é, porém, punível quando sobre o omitente recair um dever jurídico que pessoalmente o obrigue a evitar o resultado.

Desta disposição legal, articulada com o tipo incriminador da parte especial que prevê o resultado produzido, resulta o fundamento da punição do agente que nada faz para evitar um determinado resultado previsto no respectivo tipo incriminador para uma dada acção (omissão impura).

A lei penal prevê, no entanto, determinados crimes, de acordo com os quais se pune o comportamento omissivo (omissão pura). Nesses casos, a incriminação resulta directamente do tipo incriminador que prevê um comportamento omissivo (é exemplo o crime do artigo 200.º do Código Penal – omissão de auxílio).

V. *Crime; Tipo; Resultado; Acção; Dever de garante; Omissão de auxílio; Omissão impura; Omissão pura; Lei; Dever jurídico.*

Omissão de auxílio (Dir. Penal) – Crime previsto no artigo 200.º, C. P., que se considera praticado quando alguém, em caso de grave necessidade, nomeadamente provocada por desastre, acidente, calamidade pública ou situação de perigo comum, que ponha em perigo a vida, a integridade física ou a liberdade de outra pessoa, deixa de lhe prestar o auxílio necessário ao afastamento do perigo, seja por acção pessoal, seja promovendo o socorro.

O artigo 200.º, n.º 2, C. P., consagra uma agravação para os casos em que a situação de ameaça é criada pelo omitente.

A omissão de auxílio não é punível quando se verificar grave risco para a vida ou para a integridade física do omitente ou quando, por outro motivo relevante, o auxílio lhe não for exigível.

O crime de omissão de auxílio consubstancia uma omissão pura.

V. *Crime; Omissão; Agravação; Omissão pura; Integridade física.*

Omissão de denúncia (Dir. Penal) – Crime previsto no artigo 245.º, C. P., que se considera cometido quando o superior hierárquico, que tem conhecimento da prática, por subordinado, de um crime de tortura e outros tratamentos cruéis, degradantes ou desumanos (previsto no artigo 243.º, C. P.) ou de um crime de tortura e outros tratamentos cruéis, degradantes ou desumanos graves (previsto no artigo 244.º, C. P.), não faz a denúncia no prazo de três dias.

V. *Denúncia; Crime; Omissão; Omissão impura; Tortura e outros tratamentos cruéis degradantes ou desumanos; Tortura e outros tratamentos cruéis; degradantes ou desumanos graves.*

Omissão imprópria (Dir. Penal) – Significa o mesmo que *omissão impura* (v. esta expressão).

V. *Crime; Omissão.*

Omissão impura (Dir. Penal) – Crime omissivo, cuja tipicidade resulta da equiparação da omissão à acção, operada pelo artigo 10.º, C. P..

Nesta categoria de crimes, o tipo incriminador é composto pela norma do artigo 10.º do Código Penal em conjugação com o tipo da parte especial que consagra a punição da produção do resultado por acção; ou seja, a norma que incrimina o comportamento omissivo decorre de um tipo constante da parte especial que prevê um comportamento activo (por exemplo, o homicídio), conjugado com a norma do mencionado artigo 10.º, C. P., que procede à equiparação do comportamento activo ao comportamento omissivo – o comportamento do agente que, devendo actuar para evitar um determinado resultado (no exemplo do homicídio, a morte de um filho menor), nada faz para evitar esse resultado.

V. *Crime; Omissão; Tipo; Resultado; Dever de garante; Homicídio; Menor.*

Omissão própria (Dir. Penal) – Significa o mesmo que *omissão pura* (v. esta expressão).

V. *Crime; Omissão.*

Omissão pura (Dir. Penal) – Crime omissivo previsto pelo tipo incriminador constante da parte especial.

Nesta categoria de incriminações, o respectivo tipo prevê, como comportamento proibido, uma omissão.
É exemplo de omissão pura o crime de omissão de auxílio previsto no artigo 200.º, C. P..
V. *Crime; Omissão; Tipo; Omissão de auxílio.*

Ónus – Comportamento necessário para o exercício de um direito ou realização de um interesse próprio.
Trata-se de figura distinta do dever, porque o comportamento não é aqui obrigatoriamente imposto pela lei: está na disponibilidade do sujeito realizá-lo ou não, sabendo tão-somente que a sua realização é condição necessária para o exercício de um seu direito, para a obtenção de uma vantagem, para a realização de um seu interesse ou para evitar uma desvantagem (que não é, em qualquer caso, uma sanção).
Aquele sobre quem impende o ónus tem, pois, de cumpri-lo para obter a vantagem ou evitar a desvantagem.
V. *Dever jurídico; Sanção.*

Ónus da prova – O encargo de fazer prova dos factos constitutivos (e, em caso de dúvida, os factos são considerados constitutivos) de um direito cabe àquele que invoca esse direito; quanto aos factos impeditivos, modificativos ou extintivos do direito, a prova cabe àquele contra quem o direito é invocado. O artigo 343.º do Código Civil contém as regras especiais sobre ónus da prova.
As partes podem convencionar o que quiserem sobre provas, com as seguintes restrições, casos em que a convenção será nula: tratar-se de direito indisponível; tornar-se, por virtude da inversão do ónus da prova, particularmente difícil a uma das partes o exercício do seu direito; excluir-se um meio legal de prova ou admitirem-se meios de prova diversos dos legais; contrariar disposições de lei sobre prova que se fundem em razões de ordem pública.
O artigo 516.º do Código de Processo Civil preceitua que a dúvida sobre quem tem o ónus da prova se deve resolver contra a parte a quem o facto aproveita.

Em alguns casos previstos no artigo 344.º do Código Civil, o ónus da prova inverte-se: assim, nomeadamente, quando "haja presunção legal, dispensa ou liberação do ónus da prova ou convenção válida nesse sentido; há também inversão do ónus da prova quando "a parte contrária tiver culposamente tornado impossível a prova ao onerado [...]".
Em processo penal, diferentemente do que acontece no direito processual civil, não existe ónus da prova.
V. *Ónus; Prova; Facto; Nulidade; Presunção.*

Oralidade dos actos (Proc. Penal) – Salvo quando a lei dispuser de modo diferente, a prestação de quaisquer declarações processa-se por forma oral.
V. artigo 96.º, C. P. P..
V. *Declarações; Documentação de declarações orais.*

Ordem de produção da prova (Proc. Penal) – Nos termos do artigo 341.º, C. P. P., a produção de prova deve respeitar a seguinte ordem: declarações do arguido; apresentação dos meios de prova indicados pelo Ministério Público, pelo assistente e pelo lesado; apresentação dos meios de prova indicados pelo arguido e pelo responsável civil.
V. *Prova; Meios de prova; Arguido; Assistente; Lesado; Ministério Público.*

Ordem dos Advogados – Associação representativa dos licenciados em Direito que fazem da advocacia profissão.
A Ordem dos Advogados goza de personalidade jurídica e tem a sua sede em Lisboa.
A inscrição na Ordem é condição necessária para o exercício da advocacia.
A estrutura, competência e funções da Ordem dos Advogados encontram-se consagradas no respectivo Estatuto, consubstanciado na Lei n.º 15/2005, de 16 de Janeiro, que revogou o anterior Estatuto contido no Decreto-Lei n.º 84/84, de 16 de Março (alterado pelos Decretos-Leis n.ºs 119/86, de 28 de Maio e 325/88, de 23 de Setembro, e pelas Leis n.ºs 33/94, de 6 de Setembro, 30-E/2000, de 20 de Dezembro, e 80/2001, de 20 de Julho).
V. *Advogado.*

Ordem legítima de autoridade (Dir. Penal; Proc. Penal) – É a ordem que satisfaz os requisitos legais e que emana da entidade competente.
De acordo com o artigo 31.º, n.º 1-c), C. P., não é ilícito o facto praticado no cumprimento de um dever imposto por ordem legítima de autoridade.
V. artigo 271.º da Constituição da República Portuguesa
V. *Obediência hierárquica; Cumprimento de um dever; Causas de justificação; Conflito de deveres; Obediência indevida desculpante.*

Orientações de política criminal – V. *Política criminal; Lei-quadro de política criminal.*

Organização e funcionamento dos tribunais judiciais (Org. Judiciária) – A Lei n.º 52/2008, de 28 de Agosto – Lei de Organização e Funcionamento dos Tribunais Judiciais – estabelece o novo regime aplicável à organização e funcionamento dos tribunais judiciais.
No entanto, esta Lei será sujeita (ver seu Capítulo IX, Secção I – *Disposições finais e transitórias*) a um período experimental. De acordo com o disposto no seu artigo 171.º, n.º 1, esta lei (só) "é aplicável a título experimental, até 31 de Agosto de 2010, às comarcas Alentejo Litoral, Baixo-Vouga e Grande Lisboa Noroeste". Dispõe o n.º 2: "A instalação e o funcionamento das comarcas piloto referidas no número anterior são definidos por decreto-lei a publicar no prazo de 60 dias após a publicação da presente lei".
De acordo com o disposto no n.º 1 do artigo 172.º, "seis meses antes do termo do período experimental, é elaborado pelo Ministério da Justiça um relatório de avaliação do impacto da aplicação da presente lei às comarcas piloto". O n.º 2 deste artigo diz: "Durante a elaboração do relatório de avaliação são ouvidos o Conselho Superior da Magistratura, o Conselho Superior do Ministério Público, a Ordem dos Advogados, a Câmara dos Solicitadores e o Conselho dos Oficiais de Justiça".
De acordo com o artigo 187.º, n.ºˢ 1, 2 e 3, "a presente lei entra em vigor no 1.º dia útil do ano judicial seguinte ao da sua publicação, sendo apenas aplicável às comarcas piloto referidas no n.º 1 do artigo 171.º. "A aplicação da presente lei às comarcas piloto referidas no n.º 1 do artigo 171.º está sujeita a um período experimental com termo a 31 de Agosto de 2010, como referido.
A partir de 1 de Setembro de 2010, tendo em conta a avaliação referida no artigo 172.º, a presente lei aplica-se a todo o território nacional".
Os mapas anexos a esta lei apenas entram em vigor a partir de 1 de Setembro de 2010, salvo no que respeita ao mapa II anexo a esta lei que entra em vigor para as comarcas piloto no 1.º dia útil do ano judicial seguinte ao da sua publicação.
V. *Tribunal; Comarca; Ministério Público; Conselho Superior do Ministério Público; Ordem dos Advogados; Câmara dos Solicitadores; Funcionário de justiça.*

Organizações terroristas (Dir. Penal) – A definição de organizações terroristas e o crime a elas associado constavam do artigo 300.º, C. P.. O artigo 11.º da Lei n.º 52/2003, de 22 de Agosto – Lei do Combate ao Terrorismo –, revogou expressamente tal preceito.
De acordo com o artigo 2.º da Lei n.º 52/2003, considera-se organização terrorista todo o agrupamento de duas ou mais pessoas que, actuando concertadamente, visem prejudicar a integridade e a independência nacionais, impedir, alterar ou subverter o funcionamento das instituições do Estado previstas na Constituição, forçar a autoridade pública a praticar um acto, a abster-se de o praticar ou a tolerar que se pratique, ou ainda a intimidar certas pessoas, grupos de pessoas ou a população em geral, mediante crime contra a vida, a integridade física ou a liberdade das pessoas; crime contra a segurança dos transportes e das comunicações, incluindo as informáticas, telegráficas, telefónicas, de rádio ou de televisão; crime de produção dolosa de perigo comum, através da libertação de substâncias radioactivas ou de gases tóxicos ou asfixiantes, de inundação ou de avalancha, desmoronamento de construção, contaminação de alimentos e águas destinadas a consumo humano, ou difusão de doença, praga, planta ou animal nocivos; actos que

destruam ou impossibilitem o funcionamento ou desviem dos seus fins normais, definitiva ou temporariamente, total ou parcialmente, meios ou vias de comunicação, instalações de serviços públicos ou destinadas ao abastecimento e satisfação de necessidades vitais da população; investigação e desenvolvimento de armas biológicas ou químicas; ou crimes que impliquem o emprego de energia nuclear, armas de fogo, biológicas ou químicas, substâncias ou engenhos explosivos, meios incendiários de qualquer natureza, encomendas ou cartas armadilhadas, sempre que, pela sua natureza ou pelo contexto em que são cometidos, estes crimes sejam susceptíveis de afectar gravemente o Estado ou a população que se visa intimidar.

O n.º 2 do artigo 2.º da Lei n.º 52/2003 prevê a punição de quem promover ou fundar grupo, organização ou associação terrorista, a eles aderir ou os apoiar, nomeadamente através do fornecimento de informações ou meios materiais, ou através de qualquer forma de financiamento das suas actividades.

O n.º 3 do mesmo artigo prevê a punição da chefia da organização terrorista.

O n.º 4 do mesmo artigo prevê a punição dos actos preparatórios da constituição da associação terrorista.

O n.º 5 sempre do mesmo artigo consagra a possibilidade de atenuação especial da pena para casos de desistência.

V. *Crime; Integridade física; Dolo; Crime de perigo comum; Actos preparatórios; Atenuação especial da pena; Desistência; Outras organizações terroristas.*

Órgão de polícia criminal (Proc. Penal) – Qualquer entidade ou agente policial a quem caiba levar a cabo quaisquer actos ordenados por uma autoridade judiciária ou determinados pelo Código de Processo Penal (artigo 1.º, n.º 1-*f*), C. P. P.).

Compete aos órgãos de polícia criminal, nomeadamente, recolher a notícia do crime, descobrir os seus agentes e realizar os actos necessários à preservação dos meios de prova recolhidos.

De acordo com as disposições constantes do Código de Processo Penal e com a Lei n.º 49/2008, de 27 de Agosto (Lei da Organização da Investigação Criminal), os órgãos de polícia criminal que tiverem notícia de um crime, por conhecimento próprio ou mediante notícia, transmitem-na ao Ministério Público no mais curto prazo, que não pode exceder dez dias, sem prejuízo de, no âmbito do despacho de natureza genérica previsto no n.º 4 do artigo 270.º do Código de Processo Penal, deverem iniciar de imediato a investigação e, em todos os casos, praticar os actos cautelares necessários e urgentes para assegurar os meios de prova, nomeadamente proceder a exames dos vestígios do crime; colher informações das pessoas que facilitem a descoberta dos agentes do crime e a sua reconstituição; proceder a apreensões no decurso de revistas ou buscas ou em caso de urgência ou perigo na demora, bem como adoptar as medidas cautelares necessárias à conservação ou manutenção dos objectos apreendidos – v. artigo 249.º, C. P. P..

Os órgãos de polícia criminal podem proceder à identificação de qualquer pessoa encontrada em lugar público, aberto ao público ou sujeito a vigilância policial, sempre que sobre ela recaiam fundadas suspeitas da prática de crimes, da pendência de processo de extradição ou de expulsão, de que tenha penetrado ou permaneça irregularmente no território nacional ou de haver contra si mandado de detenção – v. artigo 250.º, C. P. P..

Os órgãos de polícia criminal actuam no processo sob a direcção e na dependência funcional da autoridade judiciária competente, sem prejuízo da respectiva organização hierárquica – n.º 4 do artigo 2.º da Lei de Organização da Investigação Criminal.

Assim, os órgãos de polícia criminal podem proceder também, nos termos do artigo 251.º, C. P. P., sem prévia autorização da autoridade judiciária (para além dos casos previstos no n.º 5 do artigo 174.º):

"*a)* à revista de suspeitos em caso de fuga iminente ou de detenção e a buscas no lugar em que se encontrarem, salvo tratando-se de busca domiciliária, sempre que tiverem fundada razão para crer que neles se ocultam objectos relacionados com o crime, susceptíveis de servirem a prova e que de outra maneira poderiam perder-se;

b) à revista de pessoas que tenham de participar ou pretendam assistir a qualquer acto processual ou que, na qualidade de suspeitos, devam ser conduzidos a posto policial, sempre que houver razões para crer que ocultam armas ou outros objectos com os quais possam praticar actos de violência".

Podem, pois, os órgãos de polícia criminal impulsionar e desenvolver "por si as diligências legalmente admissíveis, sem prejuízo de a autoridade judiciária poder, a todo o tempo, avocar o processo, fiscalizar o seu andamento e legalidade e dar instruções específicas sobre a realização de quaisquer actos" – n.º 7 da referida Lei.

Há órgãos de polícia criminal de competência genérica e de competência específica.

São órgãos de polícia criminal de competência genérica:
a) Polícia Judiciária;
b) Guarda Nacional Republicana;
c) Polícia de Segurança Pública.

São órgãos de polícia criminal de competência específica todos aqueles a quem a lei confira esse estatuto, ou seja, todos os restantes órgãos de polícia criminal.

Compete-lhes coadjuvar as autoridades judiciárias na investigação e desenvolver as acções de prevenção e investigação da sua competência ou que lhes sejam cometidas pelas autoridades judiciárias competentes.

De acordo com o artigo 10.º da referida Lei, os órgãos de polícia criminal cooperam mutuamente no exercício das suas atribuições.

V. artigo 1.º, n.º 1-*c)*, C. P. P., e Lei n.º 49/2008, de 27 de Agosto Lei de Organização da Investigação Criminal.

V. *Acto; Autoridade judiciária; Notícia do crime; Agente; Inquérito; Prova; Meios de prova; Competência; Guarda Nacional Republicana; Polícia Judiciária; Polícia de Segurança Pública; Exame; Crime; Revistas; Busca; Detenção; Processo de extradição; Transmissão e recepção de denúncias e queixas; Acção de prevenção; Diligência; Apreensão.*

Órgão de soberania – Em termos jurídicos, não é claro o critério que assiste ao conceito e à distinção entre órgãos de soberania e outros órgãos do Estado.

O critério pode ser um de dois: *a)* os órgãos de soberania são os órgãos superiores do poder político; *b)* os órgãos de soberania são os órgãos que exercem as funções típicas do Estado, tradicionalmente divididas em função legislativa, governamental (executiva) e jurisdicional.

Em sentido lato, órgão de soberania pode caracterizar-se como a entidade que exerce qualquer função social, política ou administrativa ou como a pessoa investida no poder de representá-la por lei ou por estatuto.

A Constituição da República Portuguesa enuncia como órgãos de soberania o Presidente da República, a Assembleia da República, o Governo e os tribunais.

Órgãos da pessoa colectiva – Os órgãos da pessoa colectiva são as entidades, singulares ou colegiais, a quem cabe, por força da lei e dos estatutos, a formação e execução da vontade da pessoa colectiva.

Os órgãos são, pois, realidades diversas das pessoas que os integram como seus titulares ou suportes.

Castro Mendes, *Teoria Geral do Direito Civil*, Vol. I, Lisboa, 1978, pág. 229, escreve: "Chama-se órgão ao elemento inserido na organização da pessoa colectiva com vista à actuação desta".

V. *Pessoa colectiva; Pessoa singular.*

Ortotanásia (Dir. Penal) – Expressão que designa a denominada eutanásia por omissão.

Trata-se, pois, de um comportamento omissivo.

O agente não cumpre os deveres que sobre si impendem para evitar a morte da vítima, com a intenção de abreviar a situação de sofrimento desta.

A lei não prevê expressamente a ortotanásia. Contudo, a situação pode reconduzir-se a um caso de homicídio, porventura privilegiado (artigos 133.º ou 134.º, C. P.), ou até poderá o agente não ser punido, por força do estado de necessidade desculpante (artigo 34.º, C. P.).

V. *Eutanásia; Homicídio; Crime privilegiado; Estado de necessidade desculpante.*

Outras infracções às regras de amortização de quotas ou acções (Dir. Penal) – Crime, previsto no artigo 513.º do Código das Sociedades Comerciais, que se traduz genericamente na amortização de quotas ou de acções com violação das disposições legais aplicáveis.
V. *Crime*.

Outros interrogatórios (Proc. Penal) – Os subsequentes interrogatórios (subsequentes quer ao primeiro interrogatório judicial de arguido detido, quer ao primeiro interrogatório não judicial de arguido detido) de arguido preso e os interrogatórios de arguido em liberdade são feitos no inquérito pelo Ministério Público e na instrução e em julgamento pelo respectivo juiz, sendo que no inquérito podem também ser feitos por órgão de polícia criminal no qual o Ministério Público tenha delegado a sua realização.
"Os interrogatórios de arguido preso são sempre feitos com assistência de defensor". A entidade que proceder ao interrogatório de arguido preso informa-o previamente de que tem o direito de ser assistido por advogado.

V. artigo 144.º, C. P. P..
V. *Primeiro interrogatório judicial de arguido detido; Primeiro interrogatório não judicial de arguido detido; Arguido; Ministério Público; Órgão de polícia criminal; Juiz; Instrução; Julgamento; Defensor; Advogado; Inquérito*.

Outras organizações terroristas (Dir. Penal) – Aos grupos, organizações e associações previstos no n.º 1 do artigo 2.º da Lei n.º 52/2003, de 22 de Agosto, são equiparados, nos termos do artigo 3.º da mesma Lei, os agrupamentos de duas ou mais pessoas que, actuando concertadamente, visem, mediante a prática dos factos descritos no mencionado n.º 1 do artigo 2.º, prejudicar a integridade ou independência de um Estado, impedir, alterar ou subverter o funcionamento das instituições desse Estado ou de uma organização pública internacional, forçar as respectivas autoridades a praticar um acto, a abster-se de o praticar ou a tolerar que se pratique, ou ainda intimidar certos grupos de pessoas ou populações.
V. *Organizações terroristas*.

P

Paradeiro – É o lugar onde uma pessoa singular se encontra em dado momento.
O artigo 82.º, n.º 2, do Código Civil dispõe que, não tendo uma pessoa residência habitual e não sendo possível determinar o lugar da sua residência ocasional, se considera domiciliada no lugar onde se encontrar.
V. *Pessoa singular; Domicílio.*

Parecer (Proc. Penal) – Designação dada ao resultado de uma consulta feita a pessoa ou entidade sobre matéria em que seja especialista.
Em processo penal, os pareceres de advogados, professores ou técnicos podem ser juntos, independentemente de despacho, em qualquer momento do processo.
V. *Advogado; Despacho; Processo.*

Parentesco – Vínculo que une duas pessoas em consequência de uma delas descender da outra (parentesco na linha recta) ou de ambas procederem de progenitor comum (parentesco na linha colateral) – artigos 1578.º e 1580.º do Código Civil.

Parricídio (Dir. Penal) – Homicídio em que a vítima é o pai do agente.
O artigo 132.º, n.º 2-*a*), C. P., prevê, como circunstância susceptível de revelar a especial censurabilidade ou perversidade do agente que fundamento o homicídio qualificado, a existência de uma relação de filiação, natural ou adoptiva, entre o agente e a vítima do homicídio.
V. *Homicídio; Homicídio qualificado; Agente; Adopção.*

Parte especial (Dir. Penal) – Sector de direito penal positivo que contém os tipos incriminadores, bem como determinados aspectos de regime específicos de algumas incriminações.
A parte especial do direito penal consta do Código Penal e de legislação avulsa.
V. *Parte geral; Tipo.*

Parte geral (Dir. Penal) – Conjunto de regras que, tendencialmente, se aplicam articuladamente com cada um dos tipos incriminadores e que se encontram no Código Penal, especificamente nos seus primeiros 130 artigos.
V. *Parte especial; Tipo.*

Partes civis (Proc. Penal) – Lesados ou demandantes civis, a quem, no processo, não tenha sido atribuída a categoria processual de assistente e tenham sido prejudicados com a prática do crime.
Pode também ser a pessoa com responsabilidade meramente civil na prática dos factos que consubstanciam o crime (contra quem é deduzido o pedido de indemnização civil), podendo "intervir voluntariamente no processo".
V. artigo 73.º, C. P. P..
V. *Lesado; Demandante; Crime; Assistente; Arguido; Pedido de indemnização civil.*

Participação (Dir. Penal) – V. *Participante; Participação criminosa; Participação em cadeia; Participação em motim; Participação em motim armado; Participação em rixa.*

Participação criminosa (Dir. Penal) – Num sentido amplo, a expressão refere-se às questões relacionadas com a intervenção de vários agentes na prática do crime.
Num sentido restrito, refere-se às questões relativas ao participante, expressão agora utilizada por contraposição a autor. Neste sentido, é participante o cúmplice e

o instigador (embora este seja punido como autor).
V. *Agente; Crime; Autor; Participante; Cúmplice; Instigador.*

Participação de surdo, de deficiente auditivo ou de mudo (Proc. Penal) – Quando estas pessoas devam prestar declarações, deve, ao surdo ou deficiente auditivo ser nomeado intérprete idóneo de língua gestual, leitura labial ou expressão escrita. Ao mudo, se souber escrever, formulam-se as perguntas oralmente, respondendo por escrito.
A falta de intérprete implica o adiamento da audiência.
V. Artigo 93.º, C. P. P..
V. *Intérprete; Audiência de discussão e julgamento.*

Participação económica em negócio (Dir. Penal) – Crime previsto no artigo 377.º, C. P., que ocorre genericamente quando um funcionário, com intenção de obter para si ou para terceiro participação económica ilícita, lesa interesses que lhe competia proteger, ou quando um funcionário recebe vantagem patrimonial por efeito de acto jurídico-civil relativo a interesses de que tinha, "por força das suas funções", "a disposição", ou ainda quando um funcionário obtém vantagem patrimonial de cobrança que lhe competia realizar.
Crime previsto no artigo 23.º da Lei n.º 34/87, de 16 de Julho, que consagra a punição do titular de cargo político que lese, em negócio, os interesses que lhe compete defender ou realizar "em razão das suas funções".
V. *Crime; Funcionário; Cargo político.*

Participação em cadeia (Dir. Penal) – Expressão que se refere às situações em que vários agentes determinam ou auxiliam sucessivamente outros agentes em ordem à prática de um crime: instigador do instigador, cúmplice do instigador, cúmplice do cúmplice ou instigador do cúmplice.
A doutrina maioritária, ainda que com posições discordantes quanto a algumas das situações enunciadas (nomeadamente, nos casos de instigação em cadeia, nos quais deve aceitar-se a punição do instigador do instigador), pronuncia-se no sentido da não punição do agente periférico.
Cfr. Helena Morão, *Da Instigação em Cadeia – Contributo para a Dogmática das Formas de Comparticipação na Instigação*, Coimbra Editora, 2006.
V. *Crime; Agente; Cúmplice; Instigador.*

Participação em motim (Dir. Penal) – Crime previsto no artigo 302.º, C. P., que consiste em tomar parte em motim, durante o qual forem cometidas colectivamente violências contra pessoas ou contra a propriedade.
O artigo 302.º, n.º 2, C. P., consagra a agravação da pena para o agente que tiver provocado ou dirigido o motim.
Se o agente se retirar do motim na sequência de ordem ou admoestação da autoridade não será punido.
V. *Crime; Agravação; Pena; Agente; Participação em motim armado.*

Participação em motim armado (Dir. Penal) – Crime previsto no artigo 303.º, C. P., que se traduz numa agravação do crime de participação em motim, nos casos em que o motim é armado.
O motim é armado quando um dos intervenientes é portador de arma de fogo ostensiva ou quando vários participantes são portadores de armas de fogo, ostensivas ou ocultas, ou de objectos, ostensivos ou ocultos, susceptíveis de serem utilizados como tal.
Quem trouxer arma sem conhecimento dos demais participantes no motim é punido como se efectivamente participasse em motim armado.
Se o agente se retirar do motim na sequência de ordem ou admoestação da autoridade não será punido.
V. *Participação em motim; Crime; Agravação; Agente; Arma.*

Participação em rixa (Dir. Penal) – Crime previsto no artigo 151.º, C. P., que consiste em intervir ou tomar parte em rixa de duas ou mais pessoas, da qual resulte morte ou ofensa à integridade física grave.
Trata-se de um crime de participação necessária, que só se considera praticado quando intervierem no mínimo três pessoas.

A participação em rixa não é punível quando for determinada por motivo não censurável, nomeadamente quando visar reagir contra ataque, defender outrem ou separar os contendores.

V. *Crime; Crime plurissubjectivo; Morte; Ofensa à integridade física grave; Participação em rixa na deslocação para ou de espectáculo desportivo; Legítima defesa.*

Participação em rixa na deslocação para ou de espectáculo desportivo (Dir. Penal) – Crime previsto no artigo 23.º da Lei n.º 16/2004, de 11 de Maio, que ocorre quando alguém intervém ou toma parte em rixa, aquando da deslocação para ou de espectáculo desportivo, da qual resulte morte ou ofensa à integridade física dos contendores, risco de ofensa à integridade física ou perigo para terceiros, ou alarme ou inquietação entre a população.

V. *Crime; Participação em rixa; Morte; Ofensa à integridade física por negligência; Ofensa à integridade física grave; Ofensa à integridade física qualificada; Ofensa à integridade física simples; Risco.*

Participação fraudulenta em assembleia geral (Dir. Penal) – Crime, previsto no artigo 517.º do Código das Sociedades Comerciais, que ocorre genericamente quando alguém se apresenta fraudulentamente em assembleia geral de sócios, em assembleia especial de accionistas ou em assembleia de obrigacionistas como titular de acções, quotas, partes sociais ou obrigações.

V. *Crime.*

Participante (Dir. Penal) – Num sentido amplo, participante é o agente que intervém no cometimento do facto típico.

Num sentido restrito, participante é o interveniente no facto típico que não tem o domínio positivo do facto, ou seja, que não é autor.

Neste sentido serão participantes os cúmplices e os instigadores (embora, quanto a estes, não exista unanimidade na doutrina).

V. *Autor; Cúmplice; Domínio do facto; Domínio positivo do facto; Facto; Instigador; Tipicidade.*

Passagem de moeda falsa (Dir. Penal) – Crime previsto no artigo 265.º, C. P., que se traduz genericamente em pôr em circulação, por qualquer meio, moeda falsa ou falsificada, moeda metálica depreciada ou moeda metálica fabricada sem autorização legal.

O artigo 265.º, n.º 2, C. P., prevê uma atenuação da pena nos casos em que o agente só toma conhecimento de que a moeda é falsa depois de a ter recebido.

V. *Crime; Moeda; Agravação; Pena; Atenuação especial da pena; Agente; Passagem de moeda falsa de concerto com o falsificador.*

Passagem de moeda falsa de concerto com o falsificador (Dir. Penal) – Crime previsto no artigo 264.º, C. P., que se considera cometido quando alguém, concertando-se com o agente dos crimes de contrafacção de moeda e de depreciação do valor de moeda metálica, passa ou põe em circulação, por qualquer meio, a moeda falsa.

V. *Crime; Passagem de moeda falsa; Moeda; Agente; Contrafacção de moeda; Depreciação do valor de moeda metálica.*

Passaporte – O n.º 1 do artigo 1.º do Decreto-Lei n.º 83/2000, de 11 de Maio – alterado pelos Decretos-Leis n.ºs 278/2000, de 10 de Novembro, e 108/2004, de 11 de Maio, pela Lei n.º 13/2005, de 26 de Janeiro, e pelo Decreto-Lei n.º 138/2006, de 26 de Julho –, caracteriza o passaporte como "um documento de viagem individual, que permite ao seu titular a entrada e saída do território nacional, bem como do território de outros Estados que o reconheçam para esse efeito".

A composição do passaporte encontra-se enunciada no artigo 3.º.

Nos termos do artigo 2.º, n.º 1, o passaporte pode ser comum, diplomático, especial para estrangeiros ou temporário.

"Têm direito à titularidade de passaporte comum os cidadãos de nacionalidade portuguesa" (artigo 14.º).

Os passaportes comuns são válidos "por um período de cinco anos", e, quanto aos "menores de idade inferior a quatro anos, a validade do passaporte é de dois anos.

"A concessão, emissão e uso do passaporte diplomático são regulados por legislação própria [...]", sendo-lhe subsidiariamente aplicáveis as regras para os passaportes comuns (artigo 29.º).

O artigo 30.º enuncia as pessoas que têm direito à titularidade de passaporte especial e que são, entre outras, os deputados à Assembleia da República, os magistrados dos tribunais superiores, os presidentes de câmaras municipais e outras pessoas, ao abrigo de lei especial. De acordo com o artigo 33.º, "o passaporte especial apenas deve ser utilizado quando o seu titular se desloque na qualidade que justifica a sua concessão".

O passaporte para estrangeiros pode ser emitido para "indivíduos que, autorizados a residir em território português, sejam apátridas ou nacionais de países sem representação diplomática ou consular em Portugal ou que demonstrem de forma inequívoca, não poder obter outro passaporte", para "indivíduos estrangeiros que, sem passaporte próprio, no estrangeiro recorram à protecção diplomática ou consular portuguesa ao abrigo de acordos de cooperação consular celebrados entre Portugal e os seus países de origem", e para "indivíduos estrangeiros que se encontrem fora do território português, quando razões excepcionais recomendem a concessão do passaporte para estrangeiros". Este passaporte é válido por um período máximo de dois anos (artigo 38.º, n.º 1).

O Decreto-Lei n.º 332-A/2000, de 30 de Dezembro, alterado pelo Decreto-Lei n.º 199/2001, de 13 de Julho, regula o passaporte temporário.

Actualmente, o passaporte temporário é o "documento de viagem individual que permite a circulação do respectivo titular de e para fora do território nacional durante um período de tempo limitado". Tem validade máxima de seis meses e "deve ser substituído por um passaporte comum logo que possível, ainda que dentro do prazo de validade". As condições de emissão deste passaporte "devem ser sempre fundamentadas, designadamente nos casos em que se verifique comprovada urgência na emissão de um documento de viagem individual e se verifique: *a)* Uma indisponibilidade momentânea do sistema de concessão dos passaportes; *b)* A circunstância de a entidade competente não se encontrar acreditada como centro emissor de passaportes".

O passaporte pode, também, ser substituído, por um título de viagem único (artigo 2.º, n.º 4), o qual, nos termos do artigo 39.º, n.º 1, "é emitido a favor de indivíduos de nacionalidade portuguesa, devidamente confirmada, que se encontrem indocumentados no estrangeiro e aos quais, por urgência, não seja possível, em tempo oportuno, oferecer prova de identificação bastante", "com a validade estritamente necessária ao regresso a Portugal" (artigo 40.º)

O Decreto-Lei n.º 86/2000, de 12 de Maio, alterado pelo Decreto-Lei n.º 139/2006, de 26 de Julho, criou a base de dados de emissão de passaportes e cometeu a respectiva gestão ao Serviço de Estrangeiros e Fronteiras; esta base tem "por finalidade registar, armazenar, tratar, manter actualizada, validar e disponibilizar a informação associada ao processo de concessão de passaportes, nas suas diferentes categorias [...]" (artigo 1.º).

Entre a República Portuguesa e a República de El Salvador foi assinado um Acordo sobre Supressão de Vistos em Passaportes Comuns e Ordinários, em Madrid em 17 de Maio de 2002; este Acordo foi aprovado pelo Decreto do Governo n.º 2/2003, de 18 de Janeiro de 2003, tendo o Aviso n.º 170/2003, de 7 de Junho, tornado público que, "em 18 de Setembro de 2002 e em 4 de Março de 2003, foram emitidas notas, respectivamente pelo Ministério das Relações Exteriores da República de El Salvador e pelo Ministério dos Negócios Estrangeiros de Portugal, em que se comunica terem sido cumpridas as respectivas formalidades constitucionais internas de aprovação do Acordo [...]".

V. *Documento; Nacionalidade; Menor; Magistrado; Tribunal; Estrangeiros.*

Patentes, modelos de utilidade e registos de desenhos ou modelos obtidos de má fé (Dir. Penal) – Crime, previsto no artigo 326.º do Código da Propriedade Industrial, aprovado pelo Decreto-Lei n.º 36/2002, de 5 de Março, que se traduz genericamente na obtenção, ilegítima e com má fé, de patente, de modelo de utilidade ou de registo de desenho ou de modelo que não lhe pertence.

Na decisão condenatória, o tribunal anula oficiosamente a patente, o modelo de utilidade ou o registo ou, a pedido do interessado, transmiti-los-á a favor do inventor ou do criador.
V. *Crime; Sentença condenatória*.

Património – Conjunto de todos os direitos e obrigações susceptíveis de avaliação pecuniária de que cada pessoa é titular.
V. *Direito; Obrigação; Pessoa singular; Pessoa colectiva*.

Patrocínio judiciário (Proc. Penal) – Representação dos sujeitos processuais em juízo por profissionais do foro (advogados, advogados estagiários e solicitadores) na condução e orientação técnico-jurídica do processo.
Em alguns casos, é obrigatória a constituição de advogado.
Nos termos do artigo 64.º, C. P. P., é obrigatória a assistência:
– no interrogatório de arguido detido ou preso;
– no debate instrutório e na audiência;
– em qualquer acto processual, à excepção da constituição de arguido, sempre que o arguido for surdo, mudo, surdo-mudo, analfabeto, desconhecedor da língua portuguesa, menor de 21 anos ou suscitar a questão da sua imputabilidade diminuída;
– nos recursos ordinários e extraordinários; nas declarações para memória futura (artigos 271.º e 294.º, C. P. P.);
– na audiência de julgamento realizada na ausência do arguido e nos demais casos que a lei determinar.
Fora destes casos pode ser nomeado defensor ao arguido, a pedido do tribunal ou do arguido, sempre que as circunstâncias revelem a necessidade ou conveniência de o arguido ser assistido.
Sem prejuízo destas considerações, se o arguido não tiver advogado constituído nem defensor nomeado, é obrigatória a nomeação de defensor quando contra ele for deduzida acusação, devendo a identificação do defensor constar do despacho de encerramento do inquérito. Neste caso, o arguido é informado, no despacho de acusação, de que fica obrigado, caso seja condenado, a pagar os honorários do defensor oficioso, salvo se lhe for concedido apoio judiciário, e que pode proceder à substituição desse defensor mediante a constituição de advogado.
V. *Advogado; Advogado estagiário; Solicitador; Primeiro interrogatório judicial de arguido detido; Arguido; Debate instrutório; Audiência de discussão e julgamento; Acto processual; Tribunal; Processo; Prazo; Imputabilidade; Imputabilidade diminuída; Recursos ordinários; Recursos extraordinários; Declarações para memória futura; Inquérito; Acusação; Despacho; Encerramento do inquérito; Honorários; Apoio judiciário; Defensor*.

Patrocínio oficioso (Proc. Penal) – V. *Nomeação oficiosa*.

Paz pública (Dir. Penal) – Bem jurídico tutelado pelos crimes que constam dos artigos 297.º a 306.º, C. P. (Instigação pública a um crime, Apologia pública de um crime, Associação criminosa, Participação em motim, Participação em motim armado, Desobediência a ordem de dispersão de reunião pública, Ameaça com prática de crime e Abuso e simulação de sinais de perigo).
O bem jurídico "paz pública" traduz-se fundamentalmente na preservação da ordem (ou paz) pública.
V. *Abuso e simulação de sinais de perigo; Ameaça com prática de crime; Apologia pública de um crime; Associação criminosa; Bem jurídico; Desobediência a ordem de dispersão de reunião pública; Instigação pública a um crime; Participação em motim; Participação em motim armado*.

Peculato (Dir. Penal) – Crime previsto no artigo 375.º, C. P., que se traduz na apropriação ilegítima, por parte de funcionário, em proveito próprio ou de outra pessoa, de dinheiro ou qualquer coisa móvel, pública ou particular, que lhe tenha sido entregue, esteja na sua posse ou lhe seja acessível em razão das suas funções.
Crime previsto no artigo 20.º da Lei n.º 34/87, de 16 de Julho, que se refere especificamente ao titular de cargo político

que praticar os factos descritos no mencionado artigo 375.º, C. P..

O crime de peculato é um crime específico impróprio, ou seja, o tipo incriminador exige uma qualidade do agente (no caso, a de funcionário), existindo uma incriminação para os casos em que o agente não tem essa qualidade, incriminação essa que é o abuso de confiança (artigo 205.º C. P.).

V. *Crime; Funcionário; Coisa móvel; Cargo político; Crime especial; Crime especial impróprio; Crime especial próprio; Crime geral; Peculato de uso; Abuso de confiança.*

Peculato de uso (Dir. Penal) – Crime previsto no artigo 376.º, C. P., que se considera cometido quando o funcionário faz uso ou permite que outra pessoa faça uso, para fins alheios àqueles a que se destinam, de veículos ou de outras coisas móveis de valor apreciável, públicos ou particulares, que lhe forem entregues, estiverem na sua posse ou lhe forem acessíveis em razão das suas funções.

O artigo 376.º, n.º 2, C. P., prevê, também como crime de peculato de uso, a situação em que o funcionário, sem que especiais razões de interesse público o justifiquem, dá a dinheiro público destino para uso público diferente daquele a que está legalmente afectado.

Crime previsto no artigo 21.º da Lei n.º 34/87, de 16 de Julho, que se refere especificamente ao titular de cargo político que praticar os factos descritos no referido artigo 376.º, C. P..

V. *Peculato; Crime; Cargo político; Funcionário; Coisa móvel.*

Peculato por erro de outrem (Dir. Penal) – Crime previsto no artigo 22.º da Lei n.º 34/87, de 16 de Julho, que consagra a punição do titular de cargo político que receber importâncias não devidas, aproveitando-se de erro de outrem.

V. *Crime; Peculato; Cargo político; Peculato de uso.*

Pedido de aceleração processual (Proc. Penal) – Pedido que pode ser feito pelo Ministério Público, pelo assistente, pelo arguido ou pelas partes civis, quando tenham sido excedidos os prazos previstos na lei para a duração de cada fase processual.

Consoante a entidade que no momento do pedido dirija o processo, este ou é decidido pelo Procurador-Geral da República ou pelo Conselho Superior da Magistratura.

O juiz ou o Ministério Público instruem o pedido com os elementos disponíveis e relevantes para a decisão e remetem o processo ao Conselho Superior da Magistratura ou à Procuradoria-Geral da República.

A decisão é tomada, sem formalidades especiais, no sentido de:

a) indeferir o pedido por falta de fundamento bastante ou os atrasos verificados se encontrarem justificados;

b) requisitar informações complementares;

c) mandar proceder a inquérito, em prazo que não pode exceder quinze dias, sobre os atrasos e as condições em que se verificaram, ou;

d) propor ou determinar as medidas disciplinares, de gestão, de organização ou de racionalização de métodos que a situação justificar.

V. artigos 108.º, 109.º e 110.º, C. P. P..

Encontram-se impedidos de intervir na deliberação os juízes que, por qualquer forma, tiverem participado no processo.

"A decisão é notificada ao requerente e imediatamente comunicada ao tribunal ou à entidade que tiverem o processo a seu cargo. É-o igualmente às entidades com jurisdição disciplinar sobre os responsáveis por atrasos que se tenham verificado".

O pedido que seja manifestamente infundado é sancionado com o pagamento de "uma soma ente seis e vinte" unidades de conta.

V. *Aceleração processual; Ministério Público; Assistente; Arguido; Partes civis; Prazo; Procuradoria-Geral da República; Procurador-Geral da República; Conselho Superior da Magistratura; Notificação; Processo; Juiz; Unidade de conta; Tribunal.*

Pedido de indemnização civil (Proc. Penal) – Pretensão de conteúdo económico, fundada na prática de um crime, como forma de ressarcir os prejuízos patrimoniais ou não patrimoniais daquele resultantes e que, normalmente, é deduzida no processo penal respectivo – expressão do princípio de adesão da acção civil à acção penal, consagrado no artigo 71.º, C. P. P..

Pode, contudo, ser deduzido em separado, perante o tribunal civil, nos casos previstos no artigo 72.º, C. P. P., quando:

a) o processo penal não tiver conduzido à acusação dentro de oito meses, a contar da notícia do crime, ou estiver sem andamento durante esse lapso de tempo;

b) o processo penal tiver sido arquivado ou suspenso provisoriamente, ou o procedimento se tiver extinguido antes do julgamento;

c) o procedimento depender de queixa ou de acusação particular;

d) não houver ainda danos ao tempo da acusação, estes não forem conhecidos ou não forem conhecidos em toda a sua extensão;

e) a sentença penal não se tiver pronunciado sobre o pedido de indemnização civil, nos termos do artigo 82.º, n.º 3;

f) for deduzido contra o arguido e outras pessoas com responsabilidade meramente civil, ou somente contra estas haja sido provocada, nessa acção, a intervenção principal do arguido;

g) o valor do pedido permitir a intervenção civil do tribunal colectivo, devendo o processo penal correr perante o tribunal singular;

h) o processo penal correr sob a forma sumaríssima;

i) o lesado não tiver sido informado da possibilidade de deduzir o pedido civil no processo penal ou notificado para o fazer [...]".

O pedido de indemnização civil é deduzido pelo lesado, nos termos do artigo 74.º, C. P. P., e "quem tiver legitimidade para deduzir pedido de indemnização civil deve manifestar no processo, até ao encerramento do inquérito, o propósito de o fazer".

Nos termos do artigo 75.º, C. P. P., logo que, no decurso do inquérito, tomarem conhecimento da existência de eventuais lesados, as autoridades judiciárias e os órgãos de polícia criminal devem informá--los da possibilidade de deduzirem pedido de indemnização civil em processo penal e das formalidades a observar. Quem tiver sido informado nestes termos ou, não o tendo sido, se considere lesado, pode manifestar no processo, até ao encerramento do inquérito, o propósito de o fazer.

Quando "apresentado pelo Ministério Público ou pelo assistente, o pedido é deduzido na acusação ou, em requerimento articulado, no prazo em que esta deve ser formulada".

O "lesado que tiver manifestado o propósito de deduzir" pedido "é notificado do despacho de acusação ou, não o havendo, do despacho de pronúncia, se a ele houver lugar, para, querendo, deduzir o pedido, em requerimento articulado, no prazo de vinte dias".

Se não tiver manifestado o propósito de deduzir pedido de indemnização ou se não tiver sido notificado, o lesado pode deduzir o pedido até 20 dias depois de ao arguido ser notificado o despacho de acusação, ou, se o não houver, o despacho de pronúncia.

V. artigos 77.º a 81.º, C. P. P..

O requerimento não está sujeito a formalidades especiais.

O pedido de indemnização civil pode ser contestado pela parte contra quem é deduzido.

A decisão penal, ainda que absolutória, que conhecer do pedido civil constitui caso julgado nos termos em que a lei atribui eficácia de caso julgado às sentenças civis.

Nos termos do artigo 377.º do Código de Processo Penal, com as alterações introduzidas pelo Decreto-Lei n.º 34/2008, de 26 de Fevereiro (que aprova o Regulamento das Custas Judiciais), havendo condenação no que respeita ao pedido de indemnização civil, é o demandado condenado a pagar as custas suportadas pelo demandante nesta qualidade e, caso as cumule, na qualidade de assistente. Havendo absolvição no que respeita ao pedido de indemnização, é o demandante condenado em custas.

V. o Assento n.º 5/00 do Supremo Tribunal de Justiça, publicado no *Diário da República*, I-A série, de 2 de Março de 2000, que decidiu: "A dedução, perante a jurisdição civil do pedido de indemnização fundado nos mesmos factos que constituem objecto da acusação, não determina a extinção do procedimento quando o referido pedido cível tiver sido apresentado depois de exercido o direito de queixa se o processo estiver sem andamento há mais de oito meses após a formulação da acusação".

V. *Indemnização; Crime; Acção civil; Dano patrimonial; Dano não patrimonial; Tribunal; Lesado; Acusação; Notícia do crime; Arquivamento do inquérito; Extinção do procedimento criminal; Suspensão provisória do processo; Sentença; Arguido; Tribunal colectivo; Tribunal singular; Processo sumaríssimo; Notificação; Legitimidade; Processo; Inquérito; Ministério Público; Assistente; Pronúncia; Despacho; Requerimento; Articulado; Contestação; Facto; Queixa; Acusação particular; Processo; Autoridade judiciária; Órgão de polícia criminal; Despacho de pronúncia; Caso julgado; Absolvição; Sentença absolutória; Custas.*

Pedido de revisão e confirmação de sentença penal estrangeira (Proc. Penal) – Este processo está regulado nos artigos 234.º a 240.º, C. P. P..

Quando uma sentença penal estrangeira "deva ter eficácia em Portugal, a sua força executiva depende de prévia revisão e confirmação".

É competente para a revisão e confirmação "a relação do distrito judicial em que o arguido tiver o último domicílio ou, na sua falta, for encontrado, ou em que tiver o último domicílio ou for encontrado o maior número de arguidos. Se não for possível assim encontrar o tribunal competente, é competente o Tribunal da Relação de Lisboa.

Têm legitimidade para pedir a revisão e confirmação de sentença o Ministério Público, o arguido, o assistente e as partes civis.

Para confirmação de sentença penal estrangeira é necessário:

"*a)* que, por lei, tratado ou convenção a sentença possa ter força executiva em território português;

b) que o facto que motivou a condenação seja também punível pela lei portuguesa;

c) que a sentença não tenha aplicado pena ou medida de segurança proibida pela lei portuguesa;

d) que o arguido tenha sido assistido por defensor e, quando ignorasse a língua usada no processo, por intérprete;

e) que, salvo tratado ou convenção em contrário, a sentença não respeite a crime qualificável, segundo a lei portuguesa ou a do país em que foi proferida a sentença, de crime contra a segurança do Estado".

"Valem correspondentemente para confirmação de sentença penal estrangeira, na parte aplicável, os requisitos de que a lei do processo civil faz depender a confirmação da sentença civil estrangeira", e no procedimento de revisão "seguem-se os trâmites da lei do processo civil em tudo quanto se não prevê na lei especial" – artigo 240.º, C. P. P..

Nos termos do artigo 239.º, C. P. P., a execução da sentença penal estrangeira confirmada não se inicia enquanto o condenado não cumprir as penas ou medidas de segurança da mesma natureza em que tiver sido condenado pelos tribunais portugueses.

V. *Sentença penal estrangeira; Arguido; Domicílio; Competência; Tribunal; Tribunal da Relação; Distrito judicial; Legitimidade; Ministério Público; Assistente; Partes civis; Tratado; Pena; Medida de segurança; Crime; Defensor; Intérprete; Advogado; Facto; Sentença condenatória.*

Pedofilia (Dir. Penal) – Expressão corrente utilizada para designar os crimes sexuais em que a vítima seja uma criança.

A lei não consagra qualquer conceito de pedofilia e, no regime dos crimes contra a autodeterminação sexual – artigos 171.º a 179.º, C. P. –, o termo não é utilizado.

V. *Autodeterminação sexual; Crianças.*

Pena (Dir. Penal) – Consequência jurídica do crime.

A lei não contém uma definição material de pena.

O artigo 24.º, n.º 2, da Constituição da República, estabelece que em caso algum haverá pena de morte.

O artigo 25.º, n.º 2, da Constituição determina, por seu turno, que ninguém pode ser submetido a tortura, nem a tratos ou penas cruéis, degradantes ou desumanos.

De acordo com o artigo 30.º da Constituição, não pode haver pena com carácter perpétuo ou de duração ilimitada.

Por outro lado, nenhuma pena envolve como efeito necessário a perda de quaisquer direitos civis, profissionais ou políticos.

De acordo com o artigo 40.º, C. P., a aplicação da pena visa a protecção de bens jurídicos e a reintegração do agente na sociedade, não podendo, em caso algum, a pena ultrapassar a medida da culpa.

V. *Crime; Admoestação; Bem jurídico; Culpa; Efeito automático das penas; Medida de segurança; Pena acessória; Pena alternativa; Pena de morte; Pena de multa; Pena de prisão; Pena de substituição; Pena principal; Prestação de trabalho a favor da comunidade; Prisão por dias livres; Regime de prova; Suspensão da execução da pena de prisão; Fins das penas.*

Pena abstracta (Dir. Penal) – V. *Moldura penal*.

Pena acessória (Dir. Penal; Proc. Penal) – Pena, cuja aplicação pressupõe a fixação na sentença de uma pena principal, aplicando-se com essa pena.

V. artigo 90.º-A, C. P., relativo às penas acessórias aplicáveis às pessoas colectivas.

V. artigos 499.º e 500.º, C. P. P..

V. artigo 137.º-C do Decreto-Lei n.º 244/98, de 8 de Agosto, alterado pela Lei n.º 97/99, de 26 de Julho, e pelos Decretos-Leis n.ºˢ 4/2001, de 10 de Janeiro (rectificado pela Declaração de rectificação n.º 3-A/2001, de 31 de Janeiro), e 34/2003 (este rectificado pela Declaração de rectificação n.º 2-D/2003, de 31 de Março), de 25 de Fevereiro, que contém o regime de entrada, permanência, saída e afastamento de estrangeiros; o referido artigo 137.º-C consagra a possibilidade de aplicação das penas acessórias previstas nos artigos 66.º a 68.º, C. P., aos agentes dos crimes previstos no Decreto-Lei n.º 244/98, de 8 de Agosto, diploma que contém o regime da entrada, permanência, saída e afastamento de estrangeiros.

V. o Acórdão do Tribunal Constitucional n.º 249/92, publicado no *Diário da República*, II série, de 27 de Outubro de 1992, que julgou inconstitucional, por violar o disposto no n.º 4 do artigo 30.º da Constituição (proibição da perda automática de direitos pela prática de um crime), a norma contida no n.º 1 do artigo 29.º da Lei n.º 69/78, de 3 de Novembro, na medida em que impõe aos juízes de direito o dever de enviarem, mensalmente, por intermédio das respectivas secretarias, à comissão recenseadora, relação contendo os elementos de identificação dos cidadãos automaticamente privados de capacidade eleitoral activa por condenação em pena de prisão pela prática de crime doloso, nos termos das disposições constantes dos artigos 2.º, n.º 1-*c*), da Lei n.º 14/79, de 16 de Maio, 3.º-*c*), do Decreto-Lei n.º 701-B/76, de 29 de Setembro, e 3.º-*c*), do Decreto-Lei n.º 319-A/76, de 3 de Maio, comunicação que é realizada para efeito de eliminação das inscrições respectivas, eliminação que, por sua vez, se encontra prevista no artigo 31.º, n.º 1-*e*), da Lei n.º 69/78, com a redacção que lhe foi dada pelo artigo 1.º da Lei n.º 81/88, de 20 de Julho.

V. também o Acórdão do mesmo Tribunal n.º 667/94, publicado no *Diário da República*, II série, de 24 de Fevereiro de 1995, que decidiu julgar não inconstitucional a aplicação da inibição de conduzir na sequência da condenação pela prática de crime rodoviário.

V. *Pena; Pena principal; Efeitos das penas; Sentença; Estrangeiros; Juiz; Secretaria judicial; Dolo; Proibição de conduzir veículos com motor.*

Pena acessória de privação de direito de entrar em recintos desportivos (Dir. Penal) – Pena acessória, prevista no artigo 28.º da Lei n.º 16/2004, de 11 de Maio, que, como a designação indica, se traduz na privação do direito de entrar em recinto desportivo, por força da condenação pela prática de crimes no contexto de espectáculos desportivos.

V. *Pena; Pena principal; Pena acessória*.

Pena alternativa (Dir. Penal) – Quando se fala em pena alternativa, têm-se presentes os casos em que o julgador pode escolher o tipo de pena entre duas modalidades.

A lei consagra em várias disposições a pena de multa em alternativa à pena de prisão (v., por exemplo, artigos 217.º a 222.º, C. P.).

Não obstante a pena de prisão surgir referida em primeiro lugar, o aplicador deve sempre preferir a pena de multa à pena de prisão, nos termos do artigo 70.º, C. P..
V. *Pena; Pena de multa; Pena de prisão; Fins das penas.*

Pena compósita (Dir. Penal) – Expressão utilizada para referir a aplicação cumulativa de uma pena principal e de uma pena acessória.
V. *Pena; Pena principal; Pena acessória.*

Pena concreta (Dir. Penal) – Pena aplicável em concreto a um arguido na sequência da condenação pela prática de um crime.
V. *Pena, Arguido; Crime; Moldura penal.*

Pena de dissolução (Dir. Penal) – Pena principal aplicável às pessoas colectivas, nos termos do artigo 90.º-F, C. P. (v., ainda, artigo 90.º-A, C. P.).
V. *Pena, Responsabilidade criminal das pessoas colectivas.*

Pena de morte (Dir. Penal) – Pena cuja execução consiste na lesão da vida do executado.

De acordo com o artigo 24.º da Constituição da República, em caso algum haverá pena de morte.

V. a Convenção de Salvaguarda dos Direitos do Homem e das Liberdades Fundamentais, Relativa à Abolição da Pena de Morte, aberta para assinatura em Estrasburgo em 28 de Abril de 1983, emendada pelo Protocolo n.º 11, Relativo à Reestruturação do Mecanismo de Controlo Estabelecido pela Convenção, e respectivo anexo, aberto para assinatura em Estrasburgo em 11 de Maio de 1994; Portugal é parte deste Protocolo, que foi aprovado para ratificação pela Resolução da Assembleia da República n.º 21/97, de 3 de Maio, e ratificado pelo Decreto do Presidente da República n.º 20/97, da mesma data.

A Convenção para a Protecção dos Direitos do Homem e das Liberdades Fundamentais, Relativo à Abolição da Pena de Morte em Quaisquer Circunstâncias, aberta para assinatura em Vilnius em 3 de Maio de 2002, foi aprovada, para ratificação, pela Resolução da Assembleia da República n.º 44/2003, de 23 de Maio, e ratificada pelo Decreto do Presidente da República n.º 33/2003, da mesma data; Portugal depositou o instrumento de ratificação em 3 de Outubro de 2003, conforme aviso publicado no *Diário da República*, I-A série, de 12 de Novembro de 2003.

Portugal também é parte no Segundo Protocolo Facultativo ao Pacto Internacional sobre os Direitos Civis e Políticos com vista à Abolição da Pena de Morte, concluído em Nova Iorque em 15 de Dezembro de 1989, tendo este sido aprovado, para ratificação pela Resolução da Assembleia da República n.º 25/90, de 27 de Setembro, e ratificado pelo Decreto do Presidente da República n.º 54/90, da mesma data; o instrumento de ratificação foi depositado em 19 de Outubro de 1990, conforme aviso publicado no *Diário da República*, I-A série, de 26 de Novembro de 1990.

V. *Pena; Constituição.*

Pena de multa (Dir. Penal) – Pena principal de natureza pecuniária.

De acordo com o artigo 47.º, C. P., a pena de multa é fixada em dias, sendo, em regra, o limite mínimo de 10 dias e o máximo de 360. Cada dia de multa corresponde a uma quantia entre € 1 e € 498,80.

O não pagamento da pena de multa implica o cumprimento de prisão, nos termos do artigo 49.º, C. P.: "Se a multa, que não tenha sido substituída por trabalho, não for paga voluntária ou coercivamente, é cumprida prisão subsidiária pelo tempo correspondente reduzido a dois terços, ainda que o crime não fosse punível com prisão, não se aplicando, para o efeito, o limite mínimo dos dias de prisão constante no n.º 1 do artigo 41.º"' – n.º 1.

A pena de multa pode ser prevista como a única pena aplicável a um tipo de crime.

Pode também ser prevista como *alternativa*, quando a lei a prevê como alternativa à pena de prisão – devendo, nestes casos ser preferida a pena de multa à de prisão, sempre que esta realizar de forma adequada e suficiente as finalidades da punição – (artigo 70.º, C. P.).

A pena de multa é *complementar*, quando a lei prevê a punição de um crime com pena de prisão e, concomitantemente, com pena de multa. Esta modalidade não se afigura compatível com os princípios que enformam o sistema punitivo actualmente vigente, nomeadamente com o princípio da necessidade, já que a lei deve optar por uma das sanções, ou permitir ao julgador tomar essa opção em face do caso concreto (v., também, o artigo 70.º, C. P.).

Por último, a pena de multa pode ser *de substituição*, nas situações em que é aplicada ao agente pena de prisão não superior a 6 meses: nestes casos, a pena de prisão é substituída por pena de multa, nos termos do artigo 44.º, C. P..

V. artigo 90.º-M, C. P., que consagra o regime da pena de multa aplicável às pessoas colectivas.

V. artigos 489.º a 491.º e 512.º, C. P. P..

V. também artigo 26.º da Lei Tutelar Educativa, aprovada pela Lei n.º 166/99, de 14 de Setembro.

V. *Pena; Pena de prisão; Pena alternativa; Princípio da necessidade; Pena de substituição; Agente; Pena principal; Limite máximo da pena de multa; Limite máximo da pena de multa; Fins das penas.*

Pena de prisão (Dir. Penal; Proc. Penal) – Pena principal consistente na privação da liberdade.

A pena de prisão tem, em regra, a duração mínima de 1 mês e a duração máxima de 20 anos (artigo 41.º, C. P.).

Casos há, porém, em que a lei prevê o máximo de 25 anos – v. artigos 41.º, n.º 2, 77.º, n.º 2, relativo aos limites da pena do concurso, determinando que em caso algum o concurso pode ser punido com pena de prisão superior a 25 anos, e 132.º (todos do C. P.), relativo ao homicídio qualificado, que prevê como limite máximo da pena de prisão os 25 anos, por exemplo.

V. artigos 477.º a 483.º, C. P. P., relativos à execução da pena de prisão.

"A condenação por decisão transitada em julgado: *a)* em pena de prisão efectiva, pela prática de qualquer crime que atente contra a vida, a integridade física ou a liberdade pessoal; *b)* pela prática de crime contra a liberdade e a autodeterminação sexual", salvo se tiver havido reabilitação ou se a entidade competente (DGTT) "considerar, de forma justificada, que estão reunidas as condições de idoneidade, tendo em conta, nomeadamente, o tempo decorrido desde a prática dos factos", constitui indício falta de idoneidade, indispensável para os candidatos à actividade principal de transporte de crianças e jovens até aos 16 anos (artigo 4.º, n.º 3, da Lei n.º 13/2006, de 17 de Abril).

A Lei da Nacionalidade – Lei n.º 37/81, de 3 de Outubro, alterada pela Lei n.º 25/94, de 19 de Agosto, pelos Decretos-Leis n.ºˢ 22-A/2001, de 14 de Dezembro, 194/2003, de 23 de Agosto de 2003, e pelas Leis Orgânicas n.ºˢ 1/2004, de 15 de Janeiro, e 2/2006, de 17 de Abril – estabelece, como requisito de aquisição da nacionalidade portuguesa, por naturalização, por estrangeiros, "não terem sido condenados, com trânsito em julgado da sentença, pela prática de crime punível com pena de prisão de máximo igual ou superior a 3 anos, segundo a lei portuguesa" (artigo 6.º, n.º 1-*d)*); de acordo com o artigo 9.º-*b)*, desta Lei, constitui fundamento de oposição à aquisição da nacionalidade portuguesa o mesmo facto.

V. *Pena; Pena principal; Concurso de crimes; Homicídio; Homicídio qualificado; Execução da pena de prisão; Sentença condenatória; Trânsito em julgado; Crime; Vida; Integridade física; Liberdade pessoal; Liberdade sexual; Autodeterminação sexual; Estrangeiros; Nacionalidade; Limite mínimo da pena de prisão; Limite máximo da pena de prisão.*

Pena de substituição (Dir. Penal) – Pena que pode substituir qualquer uma das penas principais concretamente determinadas.

A pena de substituição pressupõe a determinação de uma pena principal, sendo aplicada *em vez* dessa pena.

V. artigo 44.º, C. P..

V. *Pena; Pena principal; Pena acessória; Pena de multa.*

Penalidade (Dir. Penal) – V. *Moldura penal.*

Pena maior (Dir. Penal) – Modalidade de pena mais grave prevista no sistema penal português anterior ao que o Código

Penal de 1982 consagrou. O sistema anterior distinguia modalidades de penas de prisão (v. artigos 55.º e segs. do anterior Código).

No Código Penal em vigor apenas existe uma modalidade de pena de prisão, pelo que perdeu relevância a referência a pena de prisão maior.

V. *Pena; Pena de prisão.*

Pena não privativa da liberdade (Dir. Penal; Proc. Penal) – V. *Pena de multa; Prestação de trabalho a favor da comunidade.*

Pena pecuniária (Dir. Penal) – V. *Pena de multa.*

Pena principal (Dir. Penal) – Pena que, encontrando-se expressamente prevista para o sancionamento do crime, pode ser fixada pelo juiz independentemente de qualquer outra (a sua aplicação não pressupõe a determinação de outra pena).

As penas principais aplicáveis às pessoas singulares são a pena de prisão e a pena de multa.

As penas principais aplicáveis às pessoas colectivas são a pena de multa e a pena de dissolução (artigo 90.º-A, C. P.).

V. *Pena; Crime; Pena acessória; Pena de multa; Pena de prisão; Pena de substituição.*

Pena privativa da liberdade (Dir. Penal; Proc. Penal) – V. *Pena de prisão.*

Pena relativamente indeterminada (Dir. Penal) – Pena aplicável a delinquentes por tendência e a alcoólicos e equiparados.

Assume a natureza, numa perspectiva substancial, de medida de segurança, já que a sua aplicação depende da perigosidade do agente.

A pena relativamente indeterminada tem o seu período de duração fixado em concreto dentro de limites mínimo e máximo pré-estabelecidos.

O termo efectivo da pena é determinado em função da avaliação do arguido, realizada durante a execução da pena, nos termos previstos para a liberdade condicional, sendo também aplicável o regime de liberdade para prova (v. artigos 89.º e 90.º, C. P.).

Este regime justifica-se, em face da acentuada inclinação para o crime que o agente revela.

Nos casos a que se refere o artigo 83.º, n.º 1, C. P. – quem praticar crime doloso a que devesse aplicar-se concretamente prisão efectiva por mais de 2 anos e tiver cometido anteriormente dois ou mais crimes dolosos, a cada um dos quais tenha sido ou seja aplicada prisão efectiva também por mais de 2 anos –, a pena relativamente indeterminada tem um mínimo correspondente a dois terços da pena de prisão que concretamente caberia ao crime cometido e um máximo correspondente a esta pena acrescida de 6 anos, sem exceder 25 anos no total (v. artigo 83.º, n.º 2, C. P.).

Nos casos a que se refere o artigo 84.º, n.º 1, C. P. – quem praticar crime doloso a que devesse aplicar-se concretamente pena de prisão efectiva e tiver cometido anteriormente quatro ou mais crimes dolosos, a cada um dos quais tenha sido ou seja aplicada pena de prisão efectiva –, a pena relativamente indeterminada tem um mínimo correspondente a dois terços da pena de prisão que concretamente caberia ao crime cometido e um máximo correspondente a esta pena acrescida de 4 anos, sem exceder 25 anos no total (v. n.º 2 do artigo 84.º do C. P.).

Nos casos a que se refere o artigo 85.º, n.º 1, C. P. – quando os crimes foram praticados antes de o agente ter completado 25 anos de idade –, o limite máximo da pena relativamente indeterminada corresponde a um acréscimo de 4 ou 2 anos à prisão que concretamente caberia ao crime cometido, consoante se verifiquem os pressupostos do artigo 83.º ou 84.º do C. P. (v. n.º 2 do artigo 85.º, C. P.).

A pena relativamente indeterminada aplicável a alcoólicos e equiparados (v. artigos 86.º, n.º 1, e 88.º, C. P.) tem, nos termos do n.º 2 do artigo 86.º do C. P., um mínimo correspondente a metade da pena de prisão que concretamente caberia ao crime cometido e um máximo correspondente a esta pena acrescida de 2 anos na primeira condenação, e de 4 anos nas restantes, sem exceder 25 anos no total. A execução da pena é orientada no sentido de eliminar a tendência para o consumo de

bebidas alcoólicas ou de substâncias estupefacientes.
V. artigo 509.º, C. P. P..
V. o Acórdão do Tribunal Constitucional n.º 549/94, publicado no *Diário da República,* II série, de 20 de Dezembro de 1994, que decidiu não julgar inconstitucional a norma constante do artigo 88.º do Código Penal de 1982, enquanto torna aplicável, com as devidas adaptações, aos delinquentes que abusem de estupefacientes o disposto para os alcoólicos no artigo 86.º do mesmo Código, isto é, a punição com pena relativamente indeterminada (com um mínimo correspondente a metade da pena de prisão que concretamente caberia ao crime cometido e um máximo correspondente a esta pena, acrescida de 4 anos) do delinquente que abuse de estupefacientes e, relacionado com este abuso, pratique um crime a que devesse aplicar-se concretamente prisão.
V. *Pena; Delinquente por tendência; Alcoólico; Medida de segurança; Perigosidade; Agente; Arguido; Liberdade condicional; Liberdade para prova; Execução da pena; Execução da pena de prisão; Dolo; Pena de prisão; Crime; Estupefaciente; Plano individual de readaptação social.*

Penas não privativas da liberdade (Dir. Penal) – V. *Pena de multa.*

Penas privativas da liberdade (Dir. Penal) – V. *Pena de prisão.*

Pena suspensa (Dir. Penal) – V. *Suspensão da execução da pena de prisão.*

Penhor – Garantia real de uma dívida que se constitui pela entrega ao credor, pelo devedor ou por um terceiro, de uma coisa móvel que fica a garantir o cumprimento da obrigação. O penhor implica, em princípio, a entrega da coisa (artigo 669.º do Código Civil), embora esta possa ser dispensada por não convir às partes.
O credor adquire o direito de se fazer pagar, com preferência sobre os outros credores, pelo valor da coisa móvel ou pelo valor dos créditos ou outros direitos não susceptíveis de hipoteca, pertencentes ao devedor ou a terceiro – artigo 666.º, n.º 1, do Código Civil.

Vencida a obrigação, o credor pode requerer judicialmente o pagamento pelo produto da venda da coisa empenhada: se as partes assim tiverem convencionado, o credor pode também fazer-se pagar pela adjudicação da coisa pelo valor que o tribunal fixar (v. artigo 675.º, Código Civil, com a redacção que lhe foi dada pelo Decreto-Lei n.º 38/2003, de 8 de Março – rectificado pela Declaração de rectificação n.º 5-C/2003, de 30 de Abril).
As regras aplicáveis ao penhor de coisas são extensivas, na parte compatível, ao penhor de direitos que tenham por objecto coisas móveis e que sejam transmissíveis. O titular do direito empenhado deve entregar ao credor os documentos comprovativos do direito, a menos que tenha algum interesse legítimo na sua conservação.
V. artigos 679.º e segs., Código Civil.
A extinção do penhor e o decorrente direito à restituição das coisas empenhadas – que o artigo 18.º do DL n.º 365/99 chama resgate – depende do "prévio pagamento do capital, juros e comissões legais devidas" e "pode ficar condicionado ao pré-aviso de cinco dias úteis, devendo, nesse caso, ficar convencionado no respectivo contrato." A venda de coisas dadas em penhor pode ser realizada "em caso de mora por período superior a três meses", sendo a venda realizada por propostas em carta fechada ou em leilão, podendo ainda ser feita directamente "a entidades que, por determinação legal, tenham direitos a adquirir determinados bens" (artigo 20.º, n.º 1).
V. *Obrigação; Coisa móvel; Coisa; Direito; Documento.*

Penhora – Acto judicial de apreensão dos bens do executado, que ficam à disposição do tribunal para o exequente ser pago por eles.
"Salvo nos casos especialmente previstos na lei, o exequente adquire pela penhora o direito de ser pago com preferência a qualquer outro credor que não tenha garantia real anterior" – artigo 822.º, n.º 1, do Código Civil.
Se os bens sobre que deve recair a penhora já se encontrarem arrestados, o arresto é convertido em penhora por

simples despacho (artigo 846.º do Código de Processo Civil, na redacção do Decreto-Lei n.º 38/2003, de 8 de Março, rectificado pela Declaração de rectificação n.º 5-C/2003, de 30 de Abril), retroagindo os efeitos da penhora à data do arresto.

Podem ser penhorados bens imóveis, bens móveis e direitos.

O artigo 838.º, n.º 1, do Código de Processo Civil, alterado pelo já citado DL n.º 38/2003, diz que, "sem prejuízo de também poder ser feita nos termos gerais, a penhora de coisas imóveis realiza-se por comunicação electrónica à conservatória do registo predial competente, a qual vale como apresentação para o efeito da inscrição no registo".

"A penhora de créditos consiste na notificação ao devedor, feita com as formalidades da citação pessoal e sujeita ao regime desta, de que o crédito fica à ordem do tribunal de execução" – n.º 1 do artigo 856.º, Código de Processo Civil, na redacção dada pelo já referido DL n.º 38/2003.

Por seu lado, "a penhora de coisas móveis não sujeitas a registo é realizada com a efectiva apreensão dos bens e a sua imediata remoção para depósitos, assumindo o agente de execução que efectuou a diligência a qualidade de fiel depositário" – artigo 848.º, n.º 1, Código de Processo Civil, sempre na redacção do mencionado DL n.º 38/2003.

"À penhora de coisas móveis sujeitas a registo aplica-se, com as devidas adaptações, o disposto no artigo 838.º [que trata da penhora de bens imóveis]" – artigo 851.º, na redacção do DL n.º 38/2003.

V. *Coisa imóvel; Coisa móvel; Direito; Notificação; Citação.*

Pequena criminalidade (Dir. Penal) – Expressão que se reporta aos crimes menos graves, gravidade aferida em função da reduzida penalidade abstractamente prevista.

V. *Crime.*

Perda de bens (Dir. Penal) – Pena acessória, nomeadamente no âmbito da criminalidade económica (cfr. artigos 8.º e 9.º do Decreto-Lei n.º 28/84, de 20 de Janeiro), que se traduz genericamente, como a designação sugere, na perda de objectos ou produtos relacionados com o crime.

Constitui também sanção acessória no âmbito do ilícito de mera ordenação social – v. artigo 21.º do Decreto-Lei n.º 433/82, de 27 de Outubro.

V. artigo 16.º-*i*) do Regime Geral das Infracções Tributárias, aprovado pela Lei n.º 15/2001, de 5 de Junho.

V. *Pena acessória; Crime; Ilícito de mera ordenação social.*

Perda de bens a favor do Estado (Dir. Penal; Proc. Penal) – V. *Perda de instrumentos e produtos.*

Perda de instrumentos e produtos (Dir. Penal) – De acordo com o artigo 109.º, C. P., são declarados perdidos a favor do Estado os objectos apreendidos que tiverem servido ou estivessem destinados a servir para a prática de um facto ilícito típico, ou que por este tiverem sido produzidos, quando, pela sua natureza ou pelas circunstâncias do caso, puserem em perigo a segurança das pessoas, a moral ou a ordem públicas, ou oferecerem sério risco de ser utilizados para o cometimento de novos factos ilícitos típicos. Tal declaração tem lugar ainda que nenhuma pessoa possa ser punida pelo facto.

Se a lei não fixar destino especial aos objectos, o juiz pode ordenar que sejam total ou parcialmente destruídos ou postos fora do comércio.

V. artigo 14.º do Decreto-Lei n.º 12 487, de 24 de Outubro de 1926.

V. artigo 137.º-A do Decreto-Lei n.º 244/98, de 8 de Agosto, que contém o regime de entrada, permanência, saída e afastamento de estrangeiros.

O Acórdão do Tribunal Constitucional n.º 202/2000, publicado no *Diário da República*, II série, de 11 de Outubro de 2000, decidiu julgar inconstitucional, por ofensa do princípio constitucional da proporcionalidade, conjugado com o artigo 62.º, n.º 2 da Constituição da República, a norma do artigo 31.º, n.º 10, da Lei n.º 30/86, de 27 de Agosto (relativa ao exercício da caça), na parte em que prevê, como efeito necessário da prática do crime ali tipificado, e independentemente da ponderação das circunstâncias do caso, a perda dos instrumentos da infracção.

A Convenção Relativa ao Branqueamento, Detecção, Apreensão e Perda dos Produtos do Crime, aberta para assinatura em Estrasburgo em 8 de Novembro de 1990, foi aprovada, para ratificação, pela Resolução da Assembleia da República n.º 70/97, de 13 de Dezembro, tendo o seu instrumento de ratificação sido depositado em 19 de Outubro de 1998, de acordo com aviso publicado no *Diário da República*, I-A série, de 1 de Fevereiro de 1999.

V. *Crime; Apreensão; Facto; Ilicitude; Tipo; Estrangeiros; Juiz; Magistratura judicial; Tribunal Constitucional.*

Perda de vantagens (Dir. Penal) – De acordo com o artigo 111.º, C. P., toda a recompensa, dada ou prometida aos agentes de um facto ilícito típico, para eles ou para outrem, é perdida a favor do Estado.

V. *Facto; Ilicitude; Tipo.*

Perdão (Dir. Penal) – Medida de graça que se traduz em fazer cessar os efeitos sancionatórios da prática de uma facto ilícito e típico.

Pode referir-se a uma categoria de infracções, assumindo a natureza de perdão genérico, ou pode referir-se a um condenado em particular, traduzindo-se então num indulto (historicamente foi também utilizada a expressão perdão individual).

V. *Amnistia; Comutação de pena; Indulto; Perdão genérico; Ilicitude; Tipo.*

Perdão genérico (Dir. Penal) – Perdão que se reporta a uma categoria de crimes.

Difere da amnistia, uma vez que esta consiste em considerar não praticada uma infracção, ao passo que o perdão se reporta à cessação, parcial ou total, dos efeitos da condenação.

De acordo com o artigo 128.º, n 3, C. P., o perdão genérico extingue a pena, no todo ou em parte.

V. *Crime; Perdão; Amnistia; Pena; Indulto.*

Perdão individual (Dir. Penal) – V. *Perdão; Indulto.*

Perícia (Proc. Penal) – Forma de prova que consiste em pedir a um particular que esclareça o tribunal sobre certos aspectos de facto do processo que careçam da opinião de um especialista (perito).

A prova pericial tem lugar quando a percepção ou a apreciação dos factos exigirem especiais conhecimentos técnicos, científicos ou artísticos.

Pode ser obrigatória, como sucede nos casos de autópsias e exames às faculdades mentais do arguido.

A Portaria n.º 1178-C/2000, de 15 de Dezembro, rectificada pela Declaração de rectificação n.º 16-AA/2000, de 29 de Dezembro, aprova as tabelas de custos para perícias médico-legais. Por sua vez, a Portaria n.º 1178-D/2000, de 15 de Dezembro, além de fixar a tabela para despesas, actualiza as quantias a pagar aos peritos referidas nas alíneas *a*) e *b*) do n.º 1 do artigo 34.º do Código das Custas Judiciais, revogado pelo Decreto-Lei n.º 34/2008, de 26 de Fevereiro – Regulamento das Custas Judiciais.

V. *Perito; Prova; Perícia médico-legal e forense; Perícia sobre a personalidade; Tribunal; Arguido; Custas; Prova pericial.*

Perícia médico-legal e forense (Proc. Penal) – Prova que tem lugar quando a apreciação ou a percepção de certos factos exigirem especiais conhecimentos, realizada por peritos designados para o efeito, que elaboram um relatório no qual mencionam e descrevem as suas respostas e conclusões devidamente fundamentadas.

Nos termos do artigo 159.º, C. P. P., as perícias médico-legais e forenses que se insiram nas atribuições do Instituto Nacional de Medicina Legal são realizadas pelas delegações deste, e excepcionalmente, pelos gabinetes médico-legais.

Podem, ainda, estas perícias ser realizadas por entidades terceiras, públicas ou privadas, contratadas ou indicadas para o efeito pelo Instituto.

As perícias médico-legais e forenses de natureza laboratorial e a perícia relativa a questões psiquiátricas podem ser realizadas por entidades terceiras, públicas ou privadas, contratadas ou indicadas pelo Instituto e, relativamente, às últimas referidas, podem participar também especialistas em psicologia e criminologia.

V. Lei n.º 45/2004, de 19 de Agosto que estabelece o regime jurídico das perícias médico-legais e forenses.

Nos termos do artigo 1.º deste diploma, as "perícias médico-legais são realizadas, obrigatoriamente, nas delegações e nos gabinetes médico-legais do Instituto Nacional de Medicina Legal".

As perícias médico-legais são solicitadas por autoridade judiciária ou judicial e ordenadas por despacho da mesma – v. artigos 2.º e 5.º.

No exercício das suas funções periciais, os médicos e outros técnicos "têm acesso à informação relevante, nomeadamente à constante dos autos, a qual lhes deve ser facultada em tempo útil pelas entidades competentes por forma a permitir a indispensável compreensão dos factos e uma mais exaustiva e rigorosa investigação pericial" – artigo 10.º, n.º 1.

Há ainda exames e perícias no âmbito da genética, biologia e toxicologia forenses, no âmbito da psiquiatria e psicologia forense e no âmbito da tanatologia forense.

Consideram-se perícias médico-legais urgentes aquelas em que se imponha assegurar com brevidade a "observação de vítimas de violência, tendo designadamente em vista a colheita de vestígios ou amostras susceptíveis de se perderem ou alterarem rapidamente, bem como o exame do local em situações de vítimas mortais de crime doloso ou em que exista suspeita de tal" – artigo 13.º

No âmbito do Decreto-Lei n.º 15/93, de 22 de Janeiro, alterado pela Lei n.º 45/96, de 3 de Setembro, e pelo Decreto-Lei n.º 323/2001 de 17 de Dezembro – Tráfico e Consumo de Estupefacientes e Substâncias Psicotrópicas –, nomeadamente nos termos do disposto nos artigos 52.º e seguintes, logo que, no decurso do inquérito ou da instrução, haja notícia de que o arguido era toxicodependente à data dos factos que lhe são imputados, é ordenada a realização urgente de perícia adequada à determinação do seu estado e, na medida do possível, o perito deve pronunciar-se sobre a natureza dos produtos consumidos pelo arguido, o seu estado no momento de realização da perícia e o reflexo do consumo na capacidade de avaliar a ilicitude dos seus actos ou de se determinar de acordo com a avaliação feita.

V. *Facto; Prova; Prova pericial; Perito; Autoridade judiciária; Despacho; Auto; Exame; Dolo; Estupefaciente; Substância psicotrópica; Criminologia; Ilicitude; Inquérito; Instrução; Criminologia.*

Perícia sobre a personalidade (Proc. Penal) – Prova que tem lugar quando a apreciação ou a percepção de certos factos exigirem especiais conhecimentos, realizada por peritos designados para o efeito, que elaboram um relatório no qual mencionam e descrevem as suas respostas e conclusões devidamente fundamentadas.

Pode, nos termos do artigo 160.º, C. P. P., haver lugar a esta perícia quando seja necessária a avaliação da personalidade e da perigosidade do arguido e das suas características psíquicas (independentes de causas patológicas), bem como do seu grau de socialização.

É deferida a serviços especializados ou a serviços de reinserção social ou, quando isso não for possível ou conveniente, ainda, a especialistas em criminologia, psicologia, sociologia ou psiquiatria.

Podem também as perícias (artigo 152.º) e as perícias sobre a personalidade (artigo 159.º) ser realizadas por entidades terceiras que para tanto tenham sido contratadas por quem tivesse de as realizar – ver artigo 160.º-A, C. P. P.

V. *Prova; Prova pericial; Facto; Perito; Arguido; Perigosidade; Serviços de reinserção social; Criminologia.*

Perícia sobre o estado psíquico do arguido (Proc. Penal) – Quando na audiência se suscitar fundadamente a questão da inimputabilidade – ou da inimputabilidade diminuída – do arguido, o presidente, oficiosamente ou a requerimento, ordena a comparência de um perito para se pronunciar sobre o estado psíquico daquele.

V. *Perito; Prova pericial; Inimputabilidade; Inimputabilidade diminuída; Arguido.*

Perigo (Dir. Penal) – Possibilidade significativa de produção de um resultado proibido.

Dito de outro modo, o perigo é a possibilidade forte de lesão de um bem jurídico.
V. *Crime de perigo; Resultado; Bem jurídico.*

Perigo abstracto (Dir. Penal) – V. *Perigo; Crime de perigo abstracto.*

Perigo abstracto-concreto (Dir. Penal) – V. *Perigo; Crime de perigo abstracto-concreto.*

Perigo concreto (Dir. Penal) – V. *Perigo; Crime de perigo concreto.*

Perigo relativo a animais ou vegetais (Dir. Penal) – Crime, previsto no artigo 281.º, C. P., que se traduz genericamente na difusão de doença, praga, planta ou animal nocivo, ou na utilização de alimentos, criando perigo de dano a número considerável de animais alheios, domésticos ou úteis ao homem ou a culturas, plantações ou florestas alheias.
O facto negligente é punido, nos termos dos n.ºˢ 2 e 3 do mesmo artigo.
V. *Crime; Perigo; Dano; Negligência.*

Perigosidade (Dir. Penal) – Pressuposto da aplicação das medidas de segurança que se traduz na possibilidade de o agente vir a praticar facto ilícito típico.
De acordo com o artigo 91.º, n.º 1, C. P., aplica-se a medida de segurança de internamento a quem tiver praticado um facto ilícito típico e for considerado inimputável por anomalia psíquica, desde que, por virtude da anomalia psíquica e da gravidade do facto praticado, houver fundado receio de que venha a cometer outros factos da mesma espécie.
V. *Medida de segurança; Agente; Ilicitude; Tipo; Internamento; Internamento compulsivo; Anomalia psíquica; Imputabilidade; Inimputabilidade.*

Perito (Proc. Penal) – Pessoa tecnicamente especializada que realiza a perícia solicitada pelo tribunal e que faz parte de uma "lista de peritos existentes em cada comarca", sendo "obrigado a desempenhar a função para que tiver sido competentemente nomeado" – v. artigo 153.º, C. P. P..

O perito nomeado pode pedir escusa com base na falta de condições indispensáveis para a realização da perícia; pode, ainda, "ser substituído pela autoridade judiciária que o tiver nomeado quando não apresentar o relatório no prazo fixado ou quando desempenhe de forma negligente o encargo que lhe foi cometido".
Esta decisão é irrecorrível.
V. *Perícia; Prova; Prova pericial; Consultor técnico; Comarca; Autoridade judiciária; Prazo; Negligência; Perícia médico-legal e forense; Recurso.*

Personalidade judiciária – "A personalidade judiciária consiste na susceptibilidade de ser parte" – artigo 5.º, n.º 1, do Código de Processo Civil.
Nos termos do n.º 2 da mesma disposição, "quem tiver personalidade jurídica tem igualmente personalidade judiciária", isto é, têm-na todas as pessoas singulares desde o seu nascimento com vida e ainda as pessoas colectivas legalmente constituídas (e reconhecidas, quando o reconhecimento for necessário).
V. *Pessoa singular; Pessoa colectiva.*

Perturbação de assembleia social (Dir. Penal) – Crime, previsto no artigo 516.º do Código das Sociedades Comerciais, que se traduz genericamente no impedimento violento de participação em assembleia social de sócio ou outra pessoa legitimada.
V. *Crime.*

Pesos e medidas falsos (Dir. Penal) – Crime previsto no artigo 270.º, C. P., que ocorre quando alguém, com intenção de causar prejuízo a outra pessoa ou ao Estado, apõe sobre pesos, medidas, balanças ou outros instrumentos de medida, "uma punção falsa ou falsifica a existente"; ou quando alguém altera pesos, medidas, balanças ou outros instrumentos de medida "que estejam sujeitos legalmente à existência de uma punção"; ou ainda quando alguém utiliza pesos, medidas, balanças ou outros instrumentos de medida falsos ou falsificados.
V. *Crime; Prejuízo.*

Pessoa colectiva – Organização de pessoas ou bens destinada a prosseguir determinados fins, a que a lei atribui personalidade jurídica, isto é, que pode ser titular de direitos e obrigações. As pessoas colectivas podem ser de direito público ou de direito privado.

Todas as pessoas colectivas e algumas entidades que o não são têm de se encontrar registadas no ficheiro central de pessoas colectivas, sendo atribuído a cada uma um número de identificação e, a seu pedido, um cartão de identificação.

Toda a denominação ou firma de uma pessoa colectiva tem de ser admitida pelo Registo Nacional de Pessoas Colectivas, não podendo ela ser validamente constituída nem registada definitivamente sem a exibição do respectivo certificado de admissibilidade.

V. artigos 157.º e segs. do Código Civil.

V. também o Decreto-Lei n.º 129/98, de 13 de Maio (entretanto alterado pelos Decretos-Leis n.ºs 12/2001, de 25 de Janeiro – este rectificado pela Declaração de rectificação n.º 3-B/2001, de 31 de Janeiro –, 323/2001, de 17 de Dezembro, 2/2005, de 4 de Janeiro, e 76-A/2006, de 29 de Março – o último rectificado pela Declaração de rectificação n.º 28-A/2006, de 26 de Maio), que veio aprovar o regime do Registo Nacional de Pessoas Colectivas, integrando o Registo Nacional de Pessoas Colectivas na Direcção-Geral dos Registos e do Notariado como conservatória do registo comercial, e revogando a generalidade dos diplomas anteriores, à excepção de parte do articulado do DL n.º 144/83, que continuou em vigor (salvo os seus artigos 1.º, 4.º e 71.º a 91.º).

V. *Registo Nacional de Pessoas Colectivas; Revogação de lei.*

Pessoa singular – Todo o indivíduo nascido com vida é, a partir do momento do nascimento completo, uma pessoa jurídica – artigo 66.º, n.º 1, Código Civil.

A designação de pessoa singular usa-se por contraposição à de pessoa colectiva.

V. *Pessoa colectiva.*

Pessoas protegidas (Dir. Penal) – De acordo com o artigo 2.º-*f*) da Lei n.º 31/2004, de 22 de Julho, relativa às violações do direito internacional humanitário, pessoas protegidas em conflitos armados internacionais são as pessoas referidas nas Convenções de Genebra de 1949 e no I Protocolo Adicional, nomeadamente os feridos, doentes, náufragos, prisioneiros de guerra, pessoal sanitário ou religioso e população civil.

Em conflito armado de carácter não internacional, são pessoas protegidas os feridos, os doentes, os náufragos, bem como as pessoas que não participam activamente nas hostilidades em poder do inimigo.

Em conflito armado de carácter internacional e em conflito armado de carácter não internacional, são pessoas protegidas os membros das forças armadas e combatentes da parte inimiga que tenham deposto as armas ou não tenham outros meios de defesa.

V. *Conflito armado de carácter internacional; Conflito armado de carácter não internacional; Convenções de Genebra; Direito internacional humanitário.*

Plano de readaptação (Dir. Penal; Proc. Penal) – De acordo com o artigo 89.º, C. P., em caso de aplicação de pena relativamente indeterminada, é elaborado um plano individual de readaptação do delinquente com base nos conhecimentos que sobre ele houver e, sempre que possível, com a sua concordância.

O plano de readaptação pode ser alterado durante a execução da pena relativamente indeterminada, alterações que são comunicadas ao delinquente.

V. *Pena; Pena relativamente indeterminada; Execução da pena; Execução da pena relativamente indeterminada.*

Plano de reinserção social (Dir. Penal; Proc. Penal) – Plano que se traduz na imposição ao condenado, que beneficia da suspensão da execução da pena de prisão, de um regime de prova de deveres, regras de conduta e obrigações, de acordo com o artigo 54.º, C. P..

A decisão que suspender a execução da prisão com regime de prova deve conter o plano de reinserção social que o tribunal solicita aos serviços de reinserção social.

V. artigo 494.º, C. P. P..

V. *Pena de prisão; Suspensão da execução da pena de prisão; Regime de prova; Instituto de Reinserção Social.*

Poder paternal Conjunto de deveres e de poderes-deveres atribuídos aos pais para proverem à saúde, educação e alimentação dos filhos menores não emancipados, e à administração dos seus bens.

Os direitos que integram o poder paternal são irrenunciáveis.

O artigo 36.º da Constituição da República impõe iguais deveres e confere iguais direitos a ambos os pais na educação e manutenção dos filhos, determinando que eles não possam ser separados dos pais, a menos que estes não cumpram para com eles os seus deveres fundamentais, e sempre mediante decisão judicial.

A Lei n.º 59/99, de 30 de Junho, alterou o artigo 1906.º do Código Civil, que se ocupa do regime jurídico do exercício do poder paternal em caso de divórcio, separação judicial de pessoas e bens, declaração de nulidade ou anulação do casamento. Esta disposição da lei civil estabelece o princípio de que o poder paternal deve ser exercido por ambos os progenitores, dizendo, no respectivo n.º 1, que, "desde que obtido o acordo dos pais, o poder paternal é exercido em comum por ambos, decidindo as questões relativas à vida do filho em condições idênticas às que vigoram para tal efeito na constância do matrimónio". Só quando não haja acordo dos pais se estabelece que o tribunal determine, "através de decisão fundamentada", que "o poder paternal seja exercido pelo progenitor a quem o filho for confiado", hipótese em que "os pais podem acordar que determinados assuntos sejam resolvidos entre ambos ou que a administração dos bens do filho seja assumida pelo progenitor a quem o menor tenha sido confiado". Caso o exercício do poder paternal caiba apenas a um dos progenitores, tem o outro "o poder de vigiar a educação e as condições de vida do filho".

Por morte de um dos cônjuges, o poder paternal passa a competir ao cônjuge sobrevivo (artigo 1904.º do Código Civil).

Há casos em que os pais podem ser inibidos, total ou parcialmente, do exercício do poder paternal, podendo ainda ser limitado judicialmente esse exercício.

V. artigos 1877.º e segs. do Código Civil.

V. *Menor; Irrenunciabilidade; Inibição do poder paternal.*

Polícia de Segurança Pública (Proc. Penal) – Nos termos do artigo 6.º da Lei n.º 49/2008, de 27 de Agosto – Lei da Organização da Investigação Criminal –, que revogou a anterior Lei n.º 21/2000, de 10 de Agosto, é o órgão de polícia criminal, de "competência genérica", que tem a competência de "investigação dos crimes cuja competência não esteja reservada a outros órgãos de polícia criminal e ainda dos crimes cuja investigação lhe seja cometida pela autoridade judiciária competente para a direcção do processo".

A Polícia de Segurança Pública designará oficiais de ligação junto da Polícia Judiciária para articulação específica com o laboratório de polícia científica.

A coordenação deste órgão de polícia criminal é assegurada por um Conselho Coordenador. O Conselho Coordenador dos órgãos de polícia criminal é presidido pelos membros do Governo responsáveis pelas áreas da justiça e da administração interna – v. artigo 13.º da Lei de Organização da Investigação Criminal.

V. Lei n.º 49/2008, de 27 de Agosto – Lei da Organização da Investigação Criminal.

V. Lei n.º 53/2007, de 31 de Agosto, que aprova a orgânica da Polícia de Segurança Pública.

V. a Resolução do Conselho de Ministros n.º 44/2007, de 19 de Março, que aprova as opções fundamentais de reforma da Polícia de Segurança Pública.

V. *Órgão de polícia criminal; Crime; Competência; Polícia Judiciária; Autoridade judiciária; Processo.*

Polícia Judiciária (Proc. Penal) – Órgão de polícia criminal, ao qual, nos termos do n.º 1 do artigo 7.º da Lei n.º 49/2008, de 27 de Agosto – Lei da Organização da Investigação Criminal – que revoga a Lei 21/2000, de 10 de Agosto, é atribuída a competência para investigação dos crimes cuja investigação lhe seja cometida pela autoridade judiciária competente para a direcção do processo.

É, pois, um corpo superior de polícia criminal auxiliar da administração da justiça, organizado hierarquicamente na dependência do Ministro da Justiça e fiscalizado nos termos da lei.

Está sujeita ao dever de cooperação com entidades públicas e privadas bem como ao dever de cooperação internacional.

É da competência reservada da Polícia Judiciária, não podendo ser deferida a outros órgãos de polícia criminal a investigação dos seguintes crimes – artigo 7.º da Lei n.º 49/2008:

"*a*) Crimes dolosos ou agravados pelo resultado, quando for elemento do tipo a morte de uma pessoa;

b) Escravidão, sequestro, rapto e tomada de reféns;

c) Contra a identidade cultural e integridade pessoal e os previstos na Lei Penal Relativa Às Violações do Direito Internacional Humanitário;

d) Contrafacção de moeda, títulos de crédito, valores selados, selos e outros valores equiparados ou a respectiva passagem;

e) Captura ou atentado à segurança de transporte por ar, água, caminho-de-ferro ou de transporte rodoviário a que corresponda, em abstracto, pena igual ou superior a 8 anos de prisão;

f) Participação em motim armado;

g) Associação criminosa;

h) Contra a segurança do Estado, com excepção dos que respeitem ao processo eleitoral;

i) Branqueamento;

j) Tráfico de influência, corrupção, peculato e participação económica em negócio;

l) Organizações terroristas e terrorismo;

m) Praticados contra o Presidente da República, o Presidente da Assembleia da República, o Primeiro-Ministro, os presidentes dos tribunais superiores e o Procurador-Geral da República, no exercício das suas funções ou por causa delas;

n) Prevaricação e abuso de poderes praticados por titulares de cargos políticos;

o) Fraude na obtenção ou desvio de subsídio ou subvenção e fraude na obtenção de crédito bonificado;

p) Roubo em instituições de crédito, repartições da Fazenda Pública e correios;

q) Conexos com os crimes referidos nas alíneas *d*), *j*) e *o*).

3 – É ainda da competência reservada da Polícia Judiciária a investigação dos seguintes crimes, sem prejuízo do disposto no artigo seguinte:

a) Contra a liberdade e autodeterminação sexual de menores ou incapazes ou a que corresponda, em abstracto, pena superior a 5 anos de prisão;

b) Furto, dano, roubo ou receptação de coisa móvel que:

i) Possua importante valor científico, artístico ou histórico e se encontre em colecções públicas ou privadas ou em local acessível ao público;

ii) Possua significado importante para o desenvolvimento tecnológico ou económico;

iii) Pertença ao património cultural, estando legalmente classificada ou em vias de classificação; ou

iv) Pela sua natureza, seja substância altamente perigosa;

c) Burla punível com pena de prisão superior a 5 anos;

d) Insolvência dolosa e administração danosa;

e) Falsificação ou contrafacção de cartas de condução, livretes e títulos de registo de propriedade de veículos automóveis e certificados de matrícula, de certificados de habilitações literárias e de documento de identificação ou de viagem;

f) Incêndio, explosão, libertação de gases tóxicos ou asfixiantes ou substâncias radioactivas, desde que, em qualquer caso, o facto seja imputável a título de dolo;

g) Poluição com perigo comum;

h) Executados com bombas, granadas, matérias ou engenhos explosivos, armas de fogo e objectos armadilhados, armas nucleares, químicas ou radioactivas;

i) Relativos ao tráfico de estupefacientes e de substâncias psicotrópicas, tipificados nos artigos 21.º, 22.º, 23.º, 27.º e 28.º do Decreto-Lei n.º 15/93, de 22 de Janeiro, e dos demais previstos neste diploma que lhe sejam participados ou de que colha notícia;

j) Económico-financeiros;

l) Informáticos e praticados com recurso a tecnologia informática;

m) Tráfico e viciação de veículos e tráfico de armas;

n) Conexos com os crimes referidos nas alíneas *d*), *j*) e *l*).

4 – Compete também à Polícia Judiciária, sem prejuízo das competências da Unidade de Acção Fiscal da Guarda Nacional Republicana, do Serviço de Estrangeiros e Fronteiras e da Comissão do Mercado dos Valores Mobiliários, a investigação dos seguintes crimes:
   a) Tributários de valor superior a € 500 000;
   b) Auxílio à imigração ilegal e associação de auxílio à imigração ilegal;
   c) Tráfico de pessoas;
   d) Falsificação ou contrafacção de documento de identificação ou de viagem, falsidade de testemunho, perícia, interpretação ou tradução, conexos com os crimes referidos nas alíneas *b)* e *c)*;
   e) Relativos ao mercado de valores mobiliários".
A coordenação deste órgão de polícia criminal é assegurado por um Conselho Coordenador – v. artigo 13.º – presidido pelos membros do Governo responsáveis pelas áreas da justiça e da administração interna. V. Lei Orgânica da Polícia Judiciária – Lei n.º 37/08, de 6 de Agosto, e Decreto-Lei n.º 13/2003, de 30 de Abril.
Este último diploma regula a forma, extensão e limites da relação de cooperação entre a Polícia Judiciária e os órgãos da Administração Tributária. Com vista à realização das finalidades dos inquéritos relativos aos crimes tributários cuja competência para a respectiva investigação esteja reservada ou seja deferida à Polícia Judiciária, bem como dos crimes de branqueamento de capitais, a Polícia Judiciária pode solicitar a consulta em tempo real das bases de dados da Direcção-Geral dos Impostos e da Direcção-Geral das Alfândegas e dos Impostos Especiais sobre o Consumo. Os deveres decorrentes do segredo de justiça, bem como do sigilo fiscal e profissional impendem sobre todos os funcionários das entidades envolvidas que tenham acesso à informação recolhida – v. artigos 2.º e segs..
De acordo com a referida Lei Orgânica da Polícia Judiciária, esta polícia é "um corpo superior de polícia criminal organizado hierarquicamente na dependência do Ministro da Justiça e fiscalizado nos termos da lei; é um serviço central da administração directa do Estado, dotado de autonomia administrativa" – artigo 1.º.
Dispõe de um sistema de informação criminal de âmbito nacional, visando o tratamento e difusão da informação, a regular em diploma próprio – artigo 8.º.
São autoridades, nos termos do artigo 11.º: o director nacional; directores nacionais-adjuntos; directores das unidades nacionais; directores das unidades territoriais; subdirectores das unidades territoriais; assessores de investigação criminal; coordenadores superiores de investigação criminal; coordenadores de investigação criminal; inspectores-chefes.
A direcção nacional da Polícia Judiciária compreende: o director nacional; os directores nacionais adjuntos que coadjuvam o director nacional; o conselho superior da Polícia Judiciária.
Existem as seguintes unidades de apoio à investigação: a unidade de informação de investigação criminal; a unidade de cooperação internacional; o laboratório de polícia científica; a unidade de telecomunicações e informática. Existem, igualmente, as seguintes unidades nacionais: a unidade nacional contra o terrorismo; a unidade nacional de combate à corrupção; a unidade nacional de combate ao tráfico de estupefacientes.
V. *Órgão de polícia criminal; Crime; Competência; Autoridade judiciária; Homicídio; Integridade física; Dolo; Autodeterminação sexual; Pena de prisão; Agente; Ofendido; Menor; Incêndios, explosões e outras condutas especialmente perigosas; Poluição; Perigo; Furto; Roubo; Dano; Contrafacção; Receptação; Coisa móvel; Falsificação de documento; Carta de condução; Passaporte; Bilhete de identidade; Crime contra a humanidade; Escravidão; Sequestro; Rapto; Tomada de reféns; Organizações terroristas; Terrorismo; Participação em motim armado; Captura ou desvio de aeronave, navio, comboio ou veículo de transporte colectivo de passageiros; Atentado à segurança de transporte rodoviário; Atentado à segurança de transporte por ar, água ou caminho de ferro; Associação criminosa; Estupefaciente; Branqueamento; Corrupção; Peculato; Participação económica em negócio; Tráfico de influência; Administração danosa; Fraude na obtenção de subsídio ou subvenção; Fraude na obtenção de crédito; Desvio de subvenção,*

subsídio ou crédito bonificado; *Infracções anti-económicas e contra a saúde pública; Contrafacção de moeda; Contrafacção de selos, cunhos, marcas ou chancelas; Contrafacção de valores selados; Passagem de moeda falsa; Insolvência dolosa; Atentado à liberdade de imprensa; Procurador-Geral da República; Crimes tributários; Tráfico de armas; Auxílio à imigração ilegal; Associação de auxílio à imigração ilegal; Estrangeiros; Tráfico de pessoas; Coacção grave; Extorsão; Burla; Falsidade de testemunho, perícia, interpretação ou tradução; Guarda Nacional Republicana; Polícia de Segurança Pública; Funcionário; Segredo de justiça; Sigilo profissional.*

Polícia Judiciária Militar (Proc. Penal) – É o órgão de polícia criminal com competência específica nos processos por crimes estritamente militares, competindo-lhe as funções que, pelo Código de Processo Penal, são atribuídas aos órgãos de polícia criminal e que actua, no processo, sob a direcção das autoridades judiciárias e na sua dependência funcional.

Tem ainda a competência reservada que lhe é atribuída pela respectiva lei orgânica, aprovada pelo Decreto-Lei n.º 200/2001, de 13 de Julho, com as alterações introduzidas pela Lei n.º 100/2003, de 15 de Novembro.

Compete à Polícia Judiciária Militar:
a) coadjuvar as autoridades judiciárias na investigação;
b) desenvolver e promover as acções de prevenção e investigação da sua competência ou que lhe sejam cometidas pelas autoridades judiciárias competentes.

É, como já foi referido, da competência específica da Polícia Judiciária Militar a investigação dos crimes estritamente militares – v. artigos 2.º a 5.º do mesmo diploma.

A Polícia Judiciária Militar integra, nos termos do artigo 18.º da sua Lei Orgânica: *a)* o director; *b)* o subdirector; *c)* a Direcção dos Serviços Administrativos e Financeiros; *d)* a 1.ª divisão de investigação criminal; *e)* a 2.ª divisão de investigação criminal; e *f)* a divisão de apoio técnico.

V. *Órgão de polícia criminal; Autoridade judiciária; Competência; Crime estritamente militar.*

Política criminal (Dir. Penal) – A expressão designa o conjunto de meios e critérios a empregar, bem como as soluções a consagrar, pelo direito penal, para a prevenção da criminalidade, os critérios e soluções que revelam a orientação político-jurídica, assim como o plano e os objectivos do Estado em matéria penal.

A Lei n.º 17/2006, de 23 de Maio, aprova a Lei-Quadro da Política Criminal, estabelecendo, no seu artigo 2.º, que "a definição de objectivos, prioridades e orientações, nos termos da (presente) lei, não pode:

a) Prejudicar o princípio da legalidade, a independência dos tribunais e a autonomia do Ministério Público;
b) Conter directivas, instruções ou ordens sobre processos determinados;
c) Isentar de procedimento qualquer crime".

O artigo 3.º dispõe, embora redundantemente, que "a política criminal deve ser congruente com as valorações da Constituição e da lei sobre os bens jurídicos".

Os objectivos da política criminal são "prevenir e reprimir a criminalidade e reparar os danos individuais e sociais dela resultantes, tomando em consideração as necessidades concretas de defesa dos bens jurídicos" (artigo 4.º).

A Lei n.º 51/2007, de 31 de Agosto, estabeleceu as orientações a seguir em matéria de política criminal. Assim, são objectivos gerais da política criminal prevenir, reprimir e reduzir a criminalidade, promovendo a defesa de bens jurídicos, a protecção da vítima e a reintegração do agente na sociedade. São objectivos específicos (artigo 2.º):

"*a)* prevenir, reprimir e reduzir a criminalidade violenta, grave ou organizada, incluindo o homicídio, a ofensa à integridade física grave, a violência doméstica, os maus tratos, o sequestro, os crimes contra a liberdade e autodeterminação sexual, o roubo, o incêndio florestal, a corrupção, o tráfico de influência, o branqueamento, o terrorismo, as organizações terroristas e a associação criminosa dedicada ao tráfico de pessoas, de estupefacientes e substâncias psicotrópicas e de armas;

b) promover a protecção de vítimas especialmente indefesas, incluindo crianças e adolescentes, mulheres grávidas e pessoas idosas, doentes e deficientes;

c) garantir o acompanhamento e a assistência a agentes acusados ou condenados pela prática de crimes, designadamente quando haja risco de continuação da actividade criminosa.

São considerados crimes de prevenção prioritária (artigo 3.º):

"a) A ofensa à integridade física contra professores, em exercício de funções ou por causa delas, e outros membros da comunidade escolar, a ofensa à integridade física contra médicos e outros profissionais de saúde, em exercício de funções ou por causa delas, a participação em rixa, a violência doméstica, os maus tratos, a infracção de regras de segurança, o tráfico de pessoas e os crimes contra a liberdade e autodeterminação sexual de menores, no âmbito dos crimes contra as pessoas;

b) O furto com introdução ou penetração em habitação, o furto em estabelecimento comercial ou industrial, o furto de veículo, o furto de coisa colocada ou transportada em veículo, o roubo com arma ou em transporte colectivo, a burla de massa e o abuso de cartão de garantia ou de crédito, no âmbito dos crimes contra o património;

c) A discriminação racial, religiosa ou sexual e a tortura e outros tratamentos cruéis, degradantes ou desumanos, no âmbito dos crimes contra a identidade cultural e integridade pessoal;

d) A falsificação de documento, a contrafacção de moeda, a passagem de moeda falsa, o incêndio florestal, os danos contra a natureza, a poluição, a corrupção de substâncias alimentares ou medicinais, a condução perigosa de veículo rodoviário e a condução de veículo em estado de embriaguez ou sob a influência de estupefacientes ou substâncias psicotrópicas, no âmbito dos crimes contra a sociedade;

e) A sabotagem, o tráfico de influência, a resistência e coacção sobre funcionário, a desobediência, o branqueamento, a corrupção, o peculato e a participação económica em negócio, no âmbito dos crimes contra o Estado;

f) As organizações terroristas, o terrorismo, o tráfico de estupefacientes e substâncias psicotrópicas, o tráfico de armas, o auxílio à imigração ilegal, a burla tributária, o contrabando, a introdução fraudulenta no consumo, a fraude fiscal, o abuso de confiança fiscal, a fraude contra a segurança social, o abuso de confiança contra a segurança social, a criminalidade informática, a condução sem habilitação legal e contra a genuinidade, qualidade ou composição de géneros alimentícios e aditivos alimentares, no âmbito da legislação avulsa".

São considerados crimes de investigação prioritária:

"a) O homicídio, a ofensa à integridade física contra professores, em exercício de funções ou por causa delas, e outros membros da comunidade escolar, a ofensa à integridade física contra médicos e outros profissionais de saúde, em exercício de funções ou por causa delas, a ofensa à integridade física grave, a violência doméstica, os maus tratos, a infracção de regras de segurança, o sequestro, o rapto, a tomada de reféns, o tráfico de pessoas e os crimes contra a liberdade e autodeterminação sexual, no âmbito dos crimes contra as pessoas;

b) O furto qualificado previsto nas alíneas *d), f)* e *i)* do n.º 1 e no n.º 2 do artigo 204.º do Código Penal, o abuso de confiança previsto nos n.ºˢ 4 e 5 do artigo 205.º do Código Penal, o roubo, a burla qualificada prevista no n.º 2 do artigo 218.º do Código Penal, a burla informática e nas telecomunicações prevista na alínea *b)* do n.º 5 do artigo 221.º do Código Penal e o abuso de cartão de garantia ou de crédito, no âmbito dos crimes contra o património;

c) A discriminação racial, religiosa ou sexual e a tortura e outros tratamentos cruéis, degradantes ou desumanos, no âmbito dos crimes contra a identidade cultural e integridade pessoal;

d) A falsificação de documento punível com pena de prisão superior a 3 anos e associada ao tráfico de pessoas, ao auxílio à imigração ilegal, ao terrorismo e ao tráfico de veículos, a contrafacção de moeda, a passagem de moeda falsa, o incêndio florestal, os danos contra a natureza, a poluição, a corrupção de substâncias alimentares ou medicinais e a associação criminosa, no âmbito dos crimes contra a sociedade;

e) A sabotagem, o tráfico de influência, a resistência e coacção sobre funcionário, a desobediência, o branqueamento, a corrupção, o peculato e a participação económica em negócio, no âmbito dos crimes contra o Estado;

f) As organizações terroristas, o terrorismo, o tráfico de estupefacientes e substâncias psicotrópicas, o tráfico de armas, o auxílio à imigração ilegal, a burla tributária prevista no n.º 3 do artigo 87.º do Regime Geral das Infracções Tributárias (RGIT), anexo à Lei n.º 15/2001, de 5 de Junho, o contrabando, a introdução fraudulenta no consumo, a fraude fiscal qualificada, o abuso de confiança fiscal previsto no n.º 5 do artigo 105.º do RGIT, a fraude contra a segurança social, na forma qualificada, prevista no n.º 3 do artigo 106.º do RGIT, o abuso de confiança contra a segurança social, na forma qualificada, previsto no n.º 1 do artigo 107.º do RGIT, na parte em que remete para o n.º 5 do artigo 105.º do RGIT e a criminalidade informática, no âmbito da legislação avulsa".

Na prevenção e investigação destes crimes prossegue-se, de modo reforçado, a repressão de: actos de violência contra as pessoas; associações criminosas e organizações terroristas; meios especialmente perigosos, incluindo armas de fogo, nucleares, químicas e bacteriológicas; meios especialmente complexos como a informática e a Internet.

Relativamente às orientações sobre a pequena criminalidade, estabelece o artigo 11.º da referida Lei n.º 51/2007 que "as orientações sobre a criminalidade menos grave destinam-se a favorecer a reparação da ofensa causada à vítima do crime, a reintegração social do agente e a celeridade processual e abrangem, designadamente:

a) O aborto com consentimento da mulher grávida fora das situações de não punibilidade legalmente previstas, a ofensa à integridade física simples, a participação em rixa, a ameaça, a fraude sexual, a importunação sexual, a difamação e a injúria, no âmbito dos crimes contra as pessoas;

b) O furto, o abuso de confiança, o dano e a burla não qualificados e a burla para obtenção de alimentos, bebidas ou serviços, no âmbito dos crimes contra o património;

c) A subtracção de menor e a falsificação de documento puníveis com pena de prisão não superior a 3 anos e a condução de veículo em estado de embriaguez ou sob a influência de estupefacientes ou substâncias psicotrópicas, no âmbito dos crimes contra a sociedade;

d) A emissão de cheque sem provisão e o tráfico de estupefacientes e substâncias psicotrópicas de menor gravidade ou praticado pelo traficante consumidor e a condução sem habilitação legal, no âmbito da legislação avulsa".

Quanto à aplicação de medidas de coacção, o Ministério Público, de acordo com as directivas e instruções genéricas aprovadas pelo Procurador-Geral da República, requer, preferencialmente, a aplicação de medidas de coacção diversas da prisão preventiva.

O Ministério Público, de acordo com as directivas e instruções genéricas aprovadas pelo Procurador-Geral da República, também propõe ao juiz, em qualquer fase do processo, que as medidas de coacção de prisão preventiva e de obrigação de permanência na habitação sejam associadas a programas de acesso ao ensino, à formação profissional e ao trabalho, sempre que o arguido se manifeste interessado e esses programas se revelem adequados a prevenir a prática de futuros crimes (estes programas são desenvolvidos pelos serviços de reinserção social, no caso de obrigação de permanência na habitação, e pelos serviços prisionais, no caso de prisão preventiva).

"Compete ao Governo, através dos seus membros responsáveis pelas áreas da justiça e da administração interna, tomar, de forma coordenada, as medidas necessárias à afectação adequada dos meios humanos e materiais necessários ao cumprimento" da lei de política criminal "pelo Ministério Público, pelos órgãos de polícia criminal e pelos departamentos da Administração pública que apoiem as acções de prevenção e a actividade de investigação criminal".

V. artigos 1.º a 21.º da Lei n.º 51/2007, de 31 de Agosto.

V. *Criminalidade; Prevenção especial; Prevenção geral; Princípio da legalidade; Independência; Tribunal; Ministério Público; Bem jurídico; Crime; Reparação; Arma; Órgão de polícia criminal; Acção de prevenção; Associação criminosa; Organizações terroristas; Medidas de coacção; Prisão preventiva; Procurador-Geral da República; Juiz; Processo; Obrigação de permanência na habitação; Homicídio; Furto; Furto de veículo; Burla; Participação em rixa; Tortura; Falsificação de documento; Corrupção; Condução de veículo em estado de embriaguez ou sob a influência de estupefacientes ou substâncias psicotrópicas; Coacção; Peculato; Participação económica em negócio; Terrorismo; Tráfico de estupefacientes; Tráfico de armas; Auxílio à imigração ilegal; Abuso de confiança; Desobediência.*

Poluição (Dir. Penal) – Crime previsto no artigo 279.º, C. P., que ocorre quando alguém, de forma grave e não observando disposições regulamentares ou obrigações impostas pelas entidades competentes de acordo com aquelas disposições, polui águas ou solos ou, por qualquer forma, degrada as suas qualidades; polui o ar mediante utilização de aparelhos técnicos ou de instalações; ou provoca poluição sonora mediante a utilização de aparelhos técnicos ou de instalações, em especial de máquinas ou de veículos terrestres, fluviais, marítimos ou aéreos de qualquer natureza.

O agente actua de forma grave quando prejudicar de modo duradouro a fruição da natureza, impedir de modo duradouro a utilização de recurso natural ou criar perigo de disseminação de microrganismo ou substância prejudicial para o corpo ou saúde das pessoas.

V. Protocolo à Convenção de 1979 sobre Poluição Atmosférica Transfronteiriça a Longa Distância Relativo ao Financiamento a Longo Prazo do Programa Comum de Vigilância Contínua e de Avaliação do Transporte a Longa Distância dos Poluentes Atmosféricos na Europa, concluído em Genebra em 28 de Setembro de 1984, que foi aprovado para adesão pelo Decreto do Governo n.º 5/88, de 9 de Abril, tendo o respectivo instrumento de ratificação sido depositado por parte de Portugal em 18 de Janeiro de 1989, conforme aviso publicado no *Diário da República*, I série, de 17 de Abril de 1989.

V. *Crime; Danos contra a natureza; Poluição com perigo comum; Pena; Contra-ordenação; Nacionalidade.*

Poluição com perigo comum (Dir. Penal) – Crime previsto no artigo 280.º, C. P., que se traduz numa agravação do crime de poluição, em função da criação de perigo para a vida ou para a integridade física de outrem ou para bens patrimoniais alheios de valor elevado.

V. *Poluição; Crime; Agravação; Integridade física; Valor elevado.*

Pornografia de menores (Dir. Penal) – Crime previsto no artigo 176.º, C. P., que consiste, genericamente, na utilização de menor em actividade pornográfica ou na produção, aquisição ou detenção de material pornográfico com menores (ainda que esse material somente represente de modo realista o menor).

V. *Crime, Menor; Autodeterminação sexual.*

Porte de arma (Dir. Penal) – A Lei n.º 5/2006, de 23 de Fevereiro, "estabelece o regime jurídico relativo ao fabrico, montagem, reparação, importação, exportação, transferência, armazenamento, circulação, comércio, aquisição, cedência, detenção, manifesto, guarda, segurança, uso e porte de armas, seus componentes e munições, bem como o enquadramento legal das operações de prevenção criminal", do seu âmbito ficando excluídas "as actividades relativas a armas e munições destinadas às Forças Armadas, às Forças e serviços de segurança, bem como a outros serviços públicos cuja lei expressamente as exclua, bem como aquelas que destinem exclusivamente a fins militares", e, ainda, "as actividades [...] relativas a armas de fogo cuja data de fabrico seja anterior a 31 de Dezembro de 1980, bem como aquelas que utilizem munições obsoletas, constantes do anexo a este diploma e que dele faz parte integrante, e que pelo seu interesse histórico, técnico e artístico possam ser preservadas e conservadas em colecções públicas ou privadas" (artigo 1.º).

Os portadores de qualquer arma encontram-se obrigados a cumprir um conjunto de regras que constam dos artigos 39.º e 40.º desta Lei n.º 5/2006, para além de outras que resultem de dispositivos regulamentares. Os artigos 41.º a 44.º desta Lei contêm regras relativas ao uso, porte e transporte de armas de fogo, de armas eléctricas, de aerossóis de defesa e de outras "de letalidade reduzida".

Há uma proibição, constante do artigo 45.º, para "a detenção ou o porte de arma sob a influência de álcool ou de outras substâncias estupefacientes ou psicotrópicas, sendo o portador de arma, por ordem de autoridade policial competente, obrigado, sob pena de incorrer em crime de desobediência qualificada, a submeter-se a provas ["exames de pesquisa de álcool no ar expirado, análise de sangue e outros exames médicos adequados"] para a sua detenção".

O artigo 90.º determina que, como pena acessória, "pode incorrer na interdição temporária de detenção, uso e porte de arma quem for condenado pela prática de crime previsto na presente lei [detenção de arma proibida, tráfico de armas, uso e porte de arma sob efeito de álcool e substâncias psicotrópicas, e detenção de armas e outros dispositivos ou substâncias em locais proibidos] ou pela prática, a título doloso ou negligente, de crime em cuja preparação ou execução tenha sido relevante a utilização ou disponibilidade sobre a arma"; "o período de interdição tem o limite mínimo de um ano e o máximo igual ao limite superior da moldura penal do crime [...]"; "a interdição implica a proibição de detenção, uso e porte de armas, designadamente para efeitos pessoais, funcionais ou laborais, desportivos, venatórios ou outros, bem como de concessão ou renovação de licença, cartão europeu de arma de fogo [...], devendo o condenado fazer entrega da ou das armas, licenças e demais documentação no posto ou unidade policial da área da sua residência no prazo de 15 dias contados do trânsito em julgado"; "a interdição é decretada independentemente de o condenado gozar de isenção ou dispensa de licença ou licença especial".

Por seu lado, o artigo 97.º qualifica como contra-ordenação a detenção, transporte [...] de arma de fogo, arma de alarme ou outras ainda, fora dos casos em que tal é permitido, cominando tal comportamento com uma coima de € 600 a € 6 000; e o artigo 98.º dispõe que, "quem, sendo titular de licença, detiver, usar ou for portador, transportar armas fora das condições previstas [...] [na lei] é punido com um coima de € 500 a € 5 000".

V. *Arma; Licença de uso e porte de arma; Detenção ilegal de arma; Detenção de arma proibida; Detenção de armas e outros dispositivos, produtos ou substâncias em locais proibidos; Uso e porte de armas e substâncias ou engenhos explosivos ou pirotécnicos em recintos públicos; Uso e porte de arma sob o efeito de álcool e substâncias estupefacientes ou psicotrópicas; Estupefaciente; Substância psicotrópica; Desobediência; Qualificação; Pena acessória; Crime; Dolo; Negligência; Moldura penal; Residência; Trânsito em julgado; Dolo; Negligência; Sentença condenatória; Contra-ordenação; Coima.*

Posição de garante (Dir. Penal) – V. *Dever de garante.*

"Praeter" intencionalidade (Dir. Penal) – V. *Crime preterintencional.*

Prática de actos adequados a provocar a guerra (Dir. Penal) – Crime previsto no artigo 29.º do Código de Justiça Militar, aprovado pela Lei n.º 100/2003, de 15 de Novembro (constava antes do artigo 311.º, C. P.), que ocorre quando um português ou estrangeiro ou apátrida, residente em Portugal ou encontrando-se em Portugal, pratica actos não autorizados pelo Governo Português e adequados a expor o Estado Português a declaração de guerra ou a acção armada.

V. *Crime; Estrangeiros; Apátrida; Residência.*

Prática ilícita de actos ou operações de seguros, de resseguros ou de gestão de fundos de pensões (Dir. Penal) – Crime previsto no artigo 202.º do Decreto-Lei n.º 94-B/98, de 17 de Abril, que se traduz na prática de actos ou operações de seguros ou de gestão de fundos de pensões, por conta própria ou alheia, sem a necessária autorização.

V. *Crime.*

Prática ilícita de jogo (Dir. Penal) – Crime previsto no artigo 110.º do Decreto-Lei n.º 422/89, de 2 de Dezembro, que se traduz na prática de jogos de fortuna ou azar fora dos locais legalmente autorizados.
V. *Crime; Jogos de fortuna ou azar*.

Prazo (Proc. Penal) – Lapso de tempo dentro do qual deve ser exercido um direito, cumprida uma obrigação, praticado determinado acto ou produzido um efeito jurídico.

Os prazos podem ser convencionalmente estabelecidos pelas partes, fixados pela lei, pelos tribunais ou por qualquer outra autoridade.

Os artigos 104.º e 105.º, C. P. P., fixam as regras relativas às contagens dos prazos de actos processuais. Como regra geral, aplicam-se à contagem dos prazos para a prática de actos processuais as disposições da lei de processo civil.

As regras aplicáveis à contagem do prazo quando haja dúvidas sobre a fixação deste, encontram-se no artigo 279.º do Código Civil, e são as seguintes:

1 – Os prazos que se refiram ao princípio, meio ou fim do mês, reportam-se respectivamente ao dia 1, 15 e último dia do mês; referindo-se ao princípio, meio e fim do ano, referem-se respectivamente ao dia 1 de Janeiro, 30 de Junho e 31 de Dezembro;

2 – O prazo conta-se a partir do dia subsequente ao do facto do qual começa a correr;

3 – Se o prazo for de horas, também na sua contagem não se inclui a hora em que se produz o evento a partir do qual ele corre;

4 – Sendo o prazo marcado em semanas, meses ou anos, a contar de determinada data, termina às 24 horas do dia que corresponda a essa data, dentro da última semana, mês ou ano; caso não exista data correspondente no último mês de contagem do prazo, deve entender-se que ele finda no último dia desse mês;

5 – Quando se diz que o prazo é de oito ou quinze dias, deve entender-se que é uma ou duas semanas, respectivamente, sendo de um ou dois dias o prazo que for designado por 24 ou 48 horas;

6 – O prazo que termine em domingo ou feriado transfere-se para o primeiro dia útil seguinte; o mesmo acontece quando o acto sujeito a prazo tiver de ser praticado num processo e o prazo termine em férias judiciais.

Em processo penal, não havendo disposição legal em contrário, é de dez dias o prazo para a prática de qualquer acto processual.

Também em processo penal, correm em férias os prazos relativos a processos nos quais devam praticar-se:

a) os actos processuais relativos a arguidos detidos ou presos, ou indispensáveis à garantia da liberdade das pessoas;

b) os actos de inquérito e de instrução, bem como os debates instrutórios e audiências, relativamente aos quais for reconhecida, por despacho de quem a elas presidir, vantagem em que o seu início, prosseguimento ou conclusão ocorra sem aquelas limitações;

c) os actos relativos a processos sumários e abreviados;

d) os actos processuais relativos aos conflitos de competência, requerimentos de recusa e pedidos de escusa;

e) os actos relativos à concessão da liberdade condicional, quando se encontrar cumprida a parte da pena necessária à sua aplicação;

f) os actos de mero expediente, bem como as decisões das autoridades judiciárias, sempre que necessário.

O acto pode ser praticado fora do prazo no caso de haver justo impedimento – artigo 145.º, n.º 4, C. P. C., considerando-se como tal "o evento não imputável à parte nem aos seus representantes ou mandatários que obste à prática atempada do acto".

"Independentemente de justo impedimento, pode o acto ser praticado dentro dos três primeiros dias úteis subsequentes ao termo do prazo, ficando a sua validade dependente do pagamento, até ao termo do 1.º dia útil posterior ao da prática do acto, de uma multa de montante igual a um quarto de justiça inicial por cada dia de atraso, não podendo a multa exceder a 3 UC" – artigo 145.º, n.º 5, C. P. C., na redacção do Decreto-Lei n.º 324/2003, de 27 de Dezembro, rectificado pela Declaração de rectificação n.º 26/2004, de 24 de Fevereiro.

O artigo 145.º, C. P. C., classifica os prazos judiciais em dilatórios e peremptórios.

A lei fixa alguns prazos gerais que, na falta de disposição especial, vinculam as partes no processo, os magistrados judiciais, os funcionários de justiça e os magistrados do Ministério Público:

a) o prazo geral para a prática de qualquer acto processual pelas partes é de dez dias (antes era de cinco dias) – artigo 153.º, C. P. C., com a redacção do DL n.º 329-A/95;

b) o prazo geral para os juízes proferirem os seus despachos é também de dez dias (antes era igualmente de cinco dias) salvo se os despachos forem de mero expediente ou considerados urgentes, caso em que devem ser proferidos no prazo máximo de dois dias – artigo 160.º, C. P. C., na versão do mesmo diploma;

c) o prazo geral para as promoções dos magistrados do Ministério Público é, nos termos do mesmo artigo 160.º, C. P. C., de dez dias;

d) o prazo geral para os actos da secretaria é, de acordo com o artigo 166.º, C. P. C., de cinco dias.

V. *Direito; Obrigação; Acto; Tribunal; Acto processual; Facto; Férias judiciais; Arguido; Detido; Preso; Inquérito; Instrução; Audiência de discussão e julgamento; Debate instrutório; Despacho; Processo sumário; Processo abreviado; Liberdade condicional; Pena; Autoridade judiciária; Escusa.*

Precursores (Dir. Penal) – Crime previsto no artigo 22.º do Decreto-Lei n.º 15/93, de 22 de Janeiro, que se traduz no fabrico, na importação, na exportação, no transporte, na distribuição ou na detenção de "equipamento, materiais ou substâncias inscritas nas tabelas V e VI" anexas ao mencionado diploma, com conhecimento de que vão ser utilizados no cultivo, produção ou fabrico ilícitos de estupefacientes ou substâncias psicotrópicas.

V. *Crime; Estupefaciente; Substância psicotrópica.*

Prejuízo – Dano patrimonial (perda ou deterioração de um bem, realização de uma despesa, perda de um ganho...) ou moral (sofrimento físico ou psicológico, atentado à dignidade, ao respeito da vida privada...) sofrido por uma pessoa, em consequência de facto praticado por um terceiro.

V. *Facto; Dano.*

Preparação (Dir. Penal) – V. *Actos preparatórios.*

Preparos (Proc. Penal) – Importâncias a pagar em tribunal pelos sujeitos do processo e em diversos momentos deste, que consistem em adiantamentos de percentagens do imposto de justiça.

Prescrevia-se no anterior Código das Custas Judiciais, o Decreto-Lei n.º 212/89, de 30 de Junho (em vigor até ao Decreto-Lei n.º 224-A/96, de 26 de Novembro), no seu artigo 96.º, n.º 1, que, nos processos, incidentes, recursos e actos sujeitos a custas haveria lugar a preparos. Os preparos podiam "ser iniciais para despesas e para julgamento".

A partir da entrada em vigor do referido DL n.º 224-A/96, a lei passou a falar em taxa de justiça inicial e taxa de justiça subsequente (v. artigos 23.º e 25.º do Código das Custas Judiciais – aprovado pelo Decreto-Lei n.º 324/2003, de 27 de Dezembro, rectificado pela Declaração de rectificação n.º 26/2004, de 24 de Fevereiro, e pelas Leis n.ᵒˢ 45/2004, de 19 de Agosto, e 60-A/2005, de 30 de Dezembro), mantendo o termo "preparos" apenas para designar "os preparos para despesas" – v. artigos 43.º e segs. do mesmo Código.

A parte que estiver isenta de custas ou beneficiar de isenção do seu prévio pagamento (por gozar do benefício de apoio judiciário) não terá de proceder aos preparos.

O artigo 98.º, n.º 3, do Estatuto da Ordem dos Advogados, contido na Lei n.º 15/2005, de 26 de Janeiro de 2006 – que revogou o anterior, constante do Decreto-Lei n.º 84/84, de 16 de Março, alterado pela Lei n.º 6/86, de 26 de Março, pelos Decretos-Leis n.ᵒˢ 119/86, de 28 de Maio, e 325/88, de 23 de Setembro, e pelas Leis n.ᵒˢ 33/94, de 6 de Setembro, 30-E/2000, de 20 de Dezembro, e 80/2001, de 20 de Julho –, estabelece que o advogado apenas pode ser responsabilizado pelo pagamento de preparos, despesas ou quaisquer outros encargos que tenham sido provisionados para tal efeito pelo cliente e não é obrigado a dispor das provisões que tenha recebido para honorários, desde que a afectação destas aos honorários seja do conhecimento do cliente.

V. *Taxa de justiça; Tribunal; Processo; Incidente; Recurso; Acto; Acto processual; Custas; Julgamento; Isenção de pagamento de custas; Advogado; Honorários; Apoio judiciário; Acesso à justiça.*

Prescrição (Dir. Penal) – Extinção do poder de iniciar ou continuar um processo ou de aplicar as consequências jurídicas de um facto ilícito típico, por força do decurso de um período de tempo durante o qual tal poder não foi exercido.

A lei prevê causas de suspensão e de interrupção da prescrição.

Quando a causa de suspensão da prescrição cessa, a prescrição volta a correr; quando a causa de interrupção da prescrição cessa, começa a correr novo prazo de prescrição.

O artigo 7.º da Lei n.º 31/2004, de 22 de Julho, consagra a imprescritibilidade dos crimes de genocídio, contra a humanidade e de guerra.

V. o Acórdão do Tribunal Constitucional n.º 596/2003, publicado no *Diário da República*, II série, de 12 de Fevereiro de 2004, que decidiu julgar inconstitucional, por violação do disposto no artigo 280.º da Constituição da República quanto à competência do Tribunal Constitucional, a norma contida no artigo 120.º, n.º 1, alínea *a)*, do Código Penal, na versão de 1995 (actualmente com a redacção da Lei n.º 65/98, de 2 de Setembro), ou no artigo 119.º, n.º 1, alínea *a)*, do Código Penal, na versão de 1982, na interpretação segundo a qual, na devolução de questão prejudicial para juízo não penal, aí prevista, se compreende o recurso de fiscalização concreta interposto para o Tribunal Constitucional, em processo crime, para apreciação de uma questão de inconstitucionalidade nele suscitada.

O Acórdão do mesmo Tribunal n.º 412/2003, publicado no *Diário da República*, II série, de 5 de Fevereiro de 2004, decidiu julgar inconstitucionais, por violação do artigo 29.º, n.ºˢ 1 e 3, da Constituição, as normas dos artigos 335.º e 337.º do Código de Processo Penal de 1987, conjugados com o artigo 120.º, n.º 1, alínea *d)*, do Código Penal de 1982 (redacção originária), na interpretação segundo a qual a declaração de contumácia pode ser equiparada, como causa de interrupção da prescrição do procedimento criminal, à marcação de dia para julgamento em processo de ausentes, aí prevista.

O Acórdão n.º 483/2002, também do Tribunal Constitucional, publicado no *Diário da República*, II série, de 10 de Janeiro de 2003, decidiu julgar inconstitucional, por ofensa dos princípios da paz jurídica, da certeza, da segurança, da necessidade de imposição de pena e da proporcionalidade, que se extraem dos artigos 2.º, 18.º, n.º 2, 29.º e 32.º, n.º 2, da Constituição, o conjunto normativo resultante das normas constantes dos artigos 118.º (seus números 1 e 4), 270.º, n.ºˢ 1 e 2, e 207.º, todos do Código Penal, na interpretação segundo a qual, no crime de propagação de doença contagiosa agravado pelo resultado, o início do prazo de contagem da prescrição do procedimento criminal é referido ao último resultado agravativo ocorrido, e julgar inconstitucional, por violação do n.º 2 do artigo 18.º da Constituição, a norma vertida na alínea *c)* do n.º 1 do artigo 120.º do Código Penal, quando interpretada no sentido de a interrupção do prazo prescricional se haver ainda de ter como verificada a partir da notificação de um despacho de pronúncia, não obstante ter este sido considerado posteriormente inválido.

Finalmente, o Acórdão n.º 449/2002 do mesmo Tribunal, publicado no *Diário da República*, II série, de 12 de Dezembro de 2002, decidiu não julgar inconstitucional a norma do artigo 119.º, n.º 1, do Código Penal de 1982, quando interpretada no sentido de abranger, como causa de suspensão do prazo de prescrição do procedimento criminal, a declaração de contumácia.

V. o Assento n.º 1/99, de 12 de Novembro, publicado no *Diário da República*, I-A série, de 5 de Janeiro de 1999, que decidiu o seguinte: "Na vigência do Código Penal de 1982, redacção original, a notificação para as primeiras declarações, para comparência ou interrogatório do agente, como arguido no inquérito, sendo o acto determinado ou praticado pelo Ministério Público, não interrompe a prescrição do procedimento criminal, ao abrigo do disposto no artigo 120.º, n.º 1, a), daquele diploma".

Por seu lado o Assento n.º 11/2000, de 16 de Novembro, publicado no *Diário da República*, I-A série, de 30 de Novembro de 2000, fixou a seguinte doutrina: "No Código Penal de 1982 (redacção do Decreto-Lei n.º 400/82, de 23 de Setembro), e em crime a que for aplicável pena com limite máximo igual ou superior a 5 anos de prisão, o procedimento criminal extingue-se, por efeito da prescrição, logo que sobre a prática do crime sejam decorridos 10 anos, o que resulta do seu artigo 117.º, n.º 1, b) e c)".

O Assento n.º 12/2000, de 16 de Novembro, publicado no *Diário da República*, I-A série, de 6 de Dezembro de 2000, entendeu: "No domínio da vigência do Código Penal de 1982, versão original, a partir da entrada em vigor do Código de Processo Penal de 1987, a prescrição do procedimento criminal não se interrompe com a notificação para as primeiras declarações para comparência ou interrogatório do agente, como arguido, na instrução".

O Acórdão uniformizador de jurisprudência n.º 6/2001, de 8 de Março, publicado no *Diário da República*, I-A série, de 30 de Março de 2001, veio decidir: "A regra do n.º 3 do artigo 121.º do Código Penal, que estatui a verificação da prescrição do procedimento quando, descontado o tempo de suspensão, tiver decorrido o prazo normal da prescrição, acrescido de metade, é aplicável, subsidiariamente, nos termos do artigo 32.º do regime geral das contra-ordenações (Decreto-Lei n.º 433/82, de 27 de Outubro, alterado pelo Decreto-Lei n.º 244/95, de 14 de Setembro), ao regime prescricional do procedimento contra-ordenacional".

Finalmente, o Acórdão uniformizador de jurisprudência n.º 11/2005, publicado no *Diário da República*, I-A série, de 19 de Dezembro, fixou a seguinte doutrina: "Sucedendo-se no tempo leis sobre o prazo de prescrição do procedimento contra-ordenacional, não poderão combinar-se, na escolha do regime concretamente mais favorável, os dispositivos mais favoráveis de cada uma das leis concorrentes".

O Acórdão do Supremo Tribunal de Justiça n.º 5/2008, de 13 de Maio, decidiu: "no domínio da vigência do CP82 e do CPP87, versão originárias, a declaração de contumácia não constituía causa de suspensão da prescrição do procedimento criminal".

V. Acórdão do Tribunal Constitucional n.º 183/08, publicado no *Diário da República*, I Série, de 21 de Abril de 2008, que "declara, com força obrigatória geral a inconstitucionalidade da norma extraída das disposições conjugadas do artigo 119.º, n.º 1, alínea a), C. P., e do artigo 336.º, n.º 1, C. P. P., ambos na redacção originária, na interpretação segundo a qual a prescrição do procedimento criminal se suspende com a declaração de contumácia".

V. *Tipo; Ilicitude; Interrupção da prescrição; Suspensão da prescrição; Crime de genocídio; Crime contra a humanidade; Crimes de guerra; Questão prejudicial; Tribunal Constitucional; Inconstitucionalidade; Paz pública; Contumácia; Julgamento; Pena; Princípio da proporcionalidade; Crime; Agravação; Resultado; Notificação; Despacho de pronúncia; Agente; Arguido; Inquérito; Instrução; Ministério Público; Pena de prisão; Contra-ordenação; Prescrição da medida de segurança; Prescrição da pena; Prescrição do procedimento criminal; Aplicação da lei penal no tempo; Contra-ordenação.*

Prescrição da medida de segurança (Dir. Penal) – De acordo com o artigo 124.º, C. P., as medidas de segurança prescrevem no prazo de 15 ou de 10 anos, consoante se trate de medidas de segurança privativas ou não privativas da liberdade.

A medida de segurança de cassação da licença de condução prescreve no prazo de 5 anos.

V. *Prescrição; Medida de segurança; Interrupção da prescrição; Suspensão da prescrição; Cassação da licença e interdição da concessão da licença de condução de veículo motorizado.*

Prescrição da pena (Dir. Penal) – De acordo com o artigo 122.º, C. P., as penas prescrevem no prazo de 20 anos, se forem superiores a 10 anos de prisão; de 15 anos, se forem iguais ou superiores a 5 anos de prisão; de 10 anos, se forem iguais ou superiores a 2 anos de prisão; e de 4 anos, nos restantes casos.

O prazo de prescrição da pena começa a contar no dia em que transitar em julgado a decisão que tiver aplicado a pena.

De acordo com o artigo 123.º, C. P., a prescrição da pena principal envolve a prescrição da pena acessória que não tiver sido executada bem como os efeitos da pena que ainda se não tiverem verificado.

V. *Prescrição; Pena; Pena de prisão; Trânsito em julgado; Interrupção da prescrição; Pena acessória; Pena principal; Suspensão da prescrição.*

Prescrição do procedimento criminal (Dir. Penal; Proc. Penal) – De acordo com o artigo 118.º, C. P., o procedimento criminal prescreve logo que sobre a prática do crime tiverem decorrido 15 anos, quando se tratar de crimes puníveis com pena de prisão cujo limite máximo for superior a 10 anos; de 10 anos, quando se tratar de crimes puníveis com pena de prisão cujo limite máximo for superior a 5 anos, mas que não exceda 10 anos; de 5 anos, quando se tratar de crimes puníveis com pena de prisão cujo limite máximo for igual ou superior a 1 ano, mas inferior a 5 anos; de 2 anos nos restantes casos.

De acordo com o artigo 119.º, C. P., o prazo de prescrição do procedimento criminal corre desde o dia em que o facto se tiver consumado.

Nos crimes permanentes, o prazo só corre desde o dia em que cessar a consumação.

Nos crimes continuados e nos crimes habituais, o prazo só corre a partir do dia da prática do último acto.

Nos crimes consumados, o prazo só corre desde o dia do último acto de execução.

No caso de cumplicidade, atende-se ao facto do autor.

Quando for relevante a verificação de um resultado não compreendido no tipo de crime, o prazo de prescrição só corre a partir do dia em que esse resultado se verificar.

V. o Acórdão do Tribunal Constitucional n.º 483/2002, publicado no *Diário da República,* II série, de 10 de Janeiro de 2003, que decidiu julgar inconstitucional, por ofensa dos princípios da paz jurídica, da certeza, da segurança, da necessidade de imposição de pena e da proporcionalidade, que se extraem dos artigos 2.º, 18.º, n.º 2, 29.º e 32.º, n.º 2, da Constituição, o conjunto normativo resultante das normas constantes dos artigos 118.º (números 1 e 4), 270.º, números 1 e 2, e 207.º, todos do Código Penal, na interpretação segundo a qual, no crime de propagação de doença contagiosa agravado pelo resultado, o início do prazo de contagem da prescrição do procedimento criminal é referido ao último resultado agravativo ocorrido; e julgar inconstitucional, por violação do n.º 2 do artigo 18.º da Constituição, a norma vertida na alínea c) do n.º 1 do artigo 120.º do Código Penal, quando interpretada no sentido de a interrupção do prazo prescricional se haver ainda de ter como verificada a partir da notificação de um despacho de pronúncia, não obstante ter este sido considerado posteriormente inválido.

V. *Prescrição; Procedimento criminal; Crime; Pena de prisão, Consumação; Crime duradouro; Crime continuado; Actos de execução Habitualidade; Cúmplice; Autor; Interrupção da prescrição; Resultado; Tipo; Paz pública; Suspensão da prescrição; Princípio da proporcionalidade; Propagação de doença, alteração de análise ou de receituário; Agravação; Notificação; Despacho de pronúncia.*

Presença em local de jogo ilícito (Dir. Penal) – Crime, previsto no artigo 11.º do Decreto-Lei n.º 422/89, de 2 de Dezembro, que se traduz na permanência em local de jogo ilícito, por causa deste.

V. *Crime; Jogos de fortuna ou azar.*

Presença do arguido (Proc. Penal) – É obrigatória a presença do arguido na audiência, sem prejuízo do disposto nos artigos 333.º, n.ºs 1 e 2, e 334.º, n.ºs 1 e 2 (casos de falta e julgamento na ausência do arguido notificado para a audiência e audiência na ausência do arguido em casos especiais e de notificação edital).

O arguido que tiver comparecido em audiência não pode afastar-se dela até ao seu termo.

V. artigo 333.º, C. P. P..
V. *Audiência de discussão e julgamento; Falta; Arguido; Notificação; Edital.*

Preso (Proc. Penal) – Num sentido amplo, o termo abrange, para além do condenado a pena de prisão, o arguido que se encontra cerceado na sua liberdade ou privado dela, em virtude da aplicação das medidas de coacção de prisão preventiva ou de obrigação de permanência na habitação.
Num sentido restrito, é o condenado a pena de prisão na fase de cumprimento de pena.
O arguido sujeito a prisão preventiva e condenado a pena de prisão mantém o estatuto de arguido (submetido à medida de coacção prisão preventiva) até ao trânsito em julgado da sentença condenatória.
V. *Pena de prisão; Arguido; Medidas de coacção; Prisão preventiva; Obrigação de permanência na habitação; Trânsito em julgado; Sentença condenatória.*

Pressuposto negativo da punição (Dir. Penal) – V. *Amnistia; Comutação de pena; Indulto; Perdão genérico.*

Pressuposto processual (Proc. Penal) – Condição cuja verificação é indispensável para que o tribunal promova e prossiga o andamento do processo e se ocupe do mérito deste.
Constituem pressupostos processuais subjectivos – relativos, pois, aos sujeitos – a personalidade e capacidade judiciária, a legitimidade, o patrocínio judiciário (quando obrigatório), por exemplo.
O pressuposto processual relativo ao tribunal é a competência deste.
V. *Tribunal; Processo; Personalidade judiciária; Capacidade judiciária; Legitimidade; Patrocínio judiciário; Competência; Sujeito processual.*

Pressupostos do crime (Dir. Penal) – No sentido mais comum, a expressão *pressupostos do crime* abrange os elementos que têm de se verificar para que se possa afirmar a prática de um crime.
Tais elementos são: a tipicidade do comportamento, a sua ilicitude, a culpa do agente e a punibilidade em sentido restrito.
V. *Crime; Culpa; Ilicitude; Punibilidade; Tipo; Agente.*

Prestação de trabalho a favor da comunidade (Dir. Penal; Proc. Penal) – A prestação de trabalho a favor da comunidade é uma pena não privativa da liberdade, que consiste na prestação de serviços gratuitos ao Estado, a outras pessoas colectivas de direito público ou a entidades privadas cujos fins o tribunal considere de interesse para a comunidade.
A prestação de trabalho a favor da comunidade tem lugar nos casos em que ao agente deve ser aplicada pena de prisão em medida não superior a dois anos, desde que o tribunal conclua que as finalidades da punição se realizam de modo adequado por via da prestação de trabalho.
O regime legal da prestação de trabalho a favor da comunidade consta dos artigos 58.º e 59.º, C. P..
A pena de trabalho a favor da comunidade consubstancia uma pena de substituição.
V. artigos 496.º e 498.º, C. P. P..
V. também o artigo 26.º da Lei Tutelar Educativa, aprovada pela Lei n.º 166/99, de 14 de Setembro.
V. *Pena; Pena de prisão; Fins das penas; Pena de substituição.*

Presunção – É uma ilação que a lei (presunção legal) ou o julgador (presunção judicial) tira de um facto conhecido para firmar um desconhecido – artigo 349.º do Código Civil.
V. *Presunção legal; Presunção "iuris et de iure"; Presunção "iuris tantum"; Facto.*

Presunção de flagrante delito (Proc. Penal) – Presunção que se verifica no caso em que "o agente seja, logo após o crime, perseguido por qualquer pessoa ou encontrado com objectos ou sinais que mostrem claramente que acabou de o cometer ou nele participar".
V. artigo 256.º, n.º 2, C. P. P..
V. *Flagrante delito; Crime; Agente; Participação; Quase flagrante delito.*

Presunção de inocência (Dir. Penal; Proc. Penal) – V. *Princípio da presunção de inocência.*

Presunção de insuficiência económica (Proc. Penal) – V. Lei n.º 34/2004, de 29 de Julho (que transpõe a Directiva n.º 2003/8/CE, do Conselho, de 27 de Janeiro) – Lei do Acesso ao Direito e aos Tribunais –, com as alterações introduzidas pela Lei n.º 47/2007, de 28 de Agosto, no artigo 1.º da qual se estabelece que "o sistema de acesso ao direito e aos tribunais destina-se a assegurar que a ninguém seja dificultado ou impedido, em razão da sua condição social ou cultural, ou por insuficiência de meios económicos, o conhecimento, o exercício ou a defesa dos seus direitos".

Encontra-se em situação de insuficiência económica "aquele que, tendo em conta o rendimento, o património e a despesa permanente do seu agregado familiar, não tem condições objectivas para suportar pontualmente os custos de um processo" – artigo 8.º, n.º 1.

Presunção que fundamenta o benefício de apoio judiciário, invocada mediante requerimento, da qual goza:

a) quem estiver a receber alimentos por necessidade económica;

b) quem reunir as condições exigidas para a atribuição de quaisquer subsídios em razão da sua carência de alimentos;

c) quem tiver rendimentos mensais, provenientes do trabalho, iguais ou inferiores a uma vez e meia o salário mínimo nacional;

d) filho menor para efeitos de investigar ou impugnar a sua maternidade ou paternidade;

e) requerente de alimentos;

f) os titulares de direito a indemnização por acidentes de viação.

"A decisão sobre a concessão de apoio judiciário compete ao dirigente máximo dos serviços de segurança social da área de residência do requerente" – artigo 20.º, n.º 1.

Em processo penal, a nomeação do defensor ao arguido e a dispensa do patrocínio, substituição e remuneração são feitas nos termos do Código de Processo Penal. A nomeação é antecedida da advertência ao arguido do seu direito a escolher e constituir defensor ou a requerer a concessão de apoio judiciário e de que, não constituindo defensor, nem requerendo a concessão do apoio, ou este não lhe sendo concedido, é responsável pelo pagamento dos honorários que o defensor apresentar para remuneração dos serviços prestados, bem como das despesas que este incorrer com a sua defesa.

A indicação de defensor é solicitada ao conselho distrital da Ordem dos Advogados; esta pode organizar escalas de presenças de advogados ou advogados estagiários, comunicando-as aos tribunais. O pagamento dos honorários ao defensor é feito pelo tribunal.

Ver o disposto na referida Lei n.º 34/04, com as alterações sofridas pela Lei n.º 47/2007 que procedeu a um conjunto de alterações ao regime de apoio judiciário e de acesso ao direito e aos tribunais constante da Lei n.º 30-E/2000, de 20 de Dezembro (alterada pelo Decreto-Lei n.º 38/2003, de 8 de Março, este rectificado pela Declaração de rectificação n.º 5-C/2003, de 30 de Abril).

V. *Presunção; Acesso à justiça; Apoio judiciário; Requerimento; Menor; Indemnização; Residência; Defensor; Arguido; Patrocínio judiciário; Honorários; Ordem dos Advogados; Advogado; Advogado estagiário; Tribunal.*

Presunção "iuris et de iure" – Presunção absoluta, que não é ilidível por prova em contrário.

Só são desta natureza as presunções legais quando a lei o disser.

V. *Presunção; Presunção legal; Prova; Presunção "iuris tantum".*

Presunção "iuris tantum" – Presunção *iuris tantum* ou *tantum iuris* é a que, sendo relativa, pode ser ilidida mediante prova em contrário.

É este o regime-regra, nos termos do artigo 350.º, n.º 2, do Código Civil.

V. *Presunção; Presunção legal; Prova; Presunção "iuris et de iure".*

Presunção legal – É a que resulta da lei, podendo ser ilidível ou inilidível.

V. *Presunção; Presunção "iuris tantum"; Presunção "iuris et de iure".*

Prevaricação (Dir. Penal) – Crime previsto no artigo 11.º da Lei n.º 34/87, de 16 de Julho, que ocorre quando o titular de

cargo político conduz ou decide contra direito um processo em que intervém no exercício das suas funções, com a intenção de por essa forma prejudicar ou beneficiar alguém.
V. *Crime; Cargo político; Denegação de justiça e prevaricação.*

Prevenção especial (Dir. Penal) – A prevenção especial, como fim da pena, centra-se na ideia de reintegração social do agente do crime; o objectivo em causa é o de evitar que o agente que delinquiu não volte a cometer crimes.
V. *Pena; Fins das penas; Crime; Agente.*

Prevenção geral (Dir. Penal) – A prevenção geral, como fim da pena, traduz-se em evitar que a generalidade dos destinatários das normas penais pratiquem crimes. Esta fórmula consubstancia a ideia de prevenção geral negativa.

Porém, é ainda referida a prevenção geral positiva ou de integração, consistente no reforço, por via da aplicação da pena, da confiança da comunidade na norma violada (reafirmação contrafáctica das normas violadas) e no funcionamento das instâncias de controlo, ou seja, no sistema penal.
V. *Pena; Fins das penas; Crime.*

Prevenção geral negativa (Dir. Penal) –
V. *Prevenção geral; Fins das penas.*

Prevenção geral positiva V. *Fins das penas; Prevenção geral.*

Primeiro interrogatório judicial de arguido detido (Proc. Penal) – Ocorre quando o arguido detido, que não deva ser de imediato julgado, é interrogado pelo juiz de instrução no prazo máximo de quarenta e oito horas após a detenção, logo que lhe for presente, com a indicação circunstanciada dos motivos da detenção e das provas que a fundamentam; é feito com a assistência do Ministério Público e do defensor.

Quanto à sua identificação, o arguido deve responder com verdade, implicando a falsidade das suas respostas responsabilidade penal.

O juiz deve informar o arguido dos seus direitos e deveres processuais, explicando--lhos se for necessário, dos motivos da detenção, dos factos que lhe são concretamente imputados, incluindo, sempre que forem conhecidas, as circunstâncias de tempo, lugar e modo, e, dos elementos do processo que indiciam os factos imputados, "sempre que a sua comunicação não puser em causa a investigação, não dificultar a descoberta da verdade nem criar perigo para a vida, a integridade física ou psíquica ou a liberdade dos participantes processuais ou das vítimas do crime" – n.º 4, alínea *d)* do artigo 141.º, C. P. P..

Todas as informações, à excepção dos direitos do arguido, ficam a constar de auto.

Prestando declarações, o arguido pode confessar ou negar os factos ou a sua participação neles e indicar as causas que possam excluir a ilicitude ou a culpa, bem como quaisquer circunstâncias que possam relevar para a determinação da sua responsabilidade ou da medida da sanção.
V. artigo 141.º, C. P. P..

V. *Detenção; Arguido; Ministério Público; Defensor; Julgamento; Juiz de instrução; Identificação da pessoa; Direito; Dever jurídico; Responsabilidade criminal; Facto; Imputação objectiva; Imputação subjectiva; Participante; Auto; Confissão; Ilicitude; Culpa; Causas de desculpa; Causas de justificação; Outros interrogatórios.*

Primeiro interrogatório não judicial de arguido detido (Proc. Penal) – Ocorre quando o arguido detido, que não for interrogado pelo juiz de instrução em acto seguido à detenção, é apresentado ao Ministério Público competente, podendo este ouvi-lo sumariamente.

Este interrogatório obedece às disposições relativas ao primeiro interrogatório judicial de arguido detido. Após o interrogatório, o Ministério Público, se não libertar o detido, providencia para que ele seja presente ao juiz de instrução.
V. artigo 143.º, C. P. P..

V. *Primeiro interrogatório judicial de arguido detido; Detenção; Arguido; Julgamento; Juiz de instrução; Ministério Público; Defensor; Outros interrogatórios.*

Princípio – Orientação que informa o conteúdo de um conjunto de normas jurídicas que tem de ser tomada em consideração pelo intérprete, mas que pode, em alguns casos, ter directa aplicação.

Os princípios extraem-se das fontes e dos preceitos através da construção científica e servem, por sua vez, de orientação ao legislador na definição de novos regimes.

Princípio da acusação (Proc. Penal) – Princípio característico de um processo de tipo acusatório – como é o nosso – que impõe que a imparcialidade, objectividade e independência só serão asseguradas quando a entidade julgadora não tenha também funções de investigação preliminar e de acusação das infracções, somente lhe competindo investigar e julgar dentro dos limites que lhes são postos por uma acusação fundamentada e deduzida por um órgão diferenciado.

Decorrem daqui as seguintes implicações:

1) o tribunal a quem cabe o julgamento não pode, por sua iniciativa, investigar, ou seja, começar uma investigação tendente ao esclarecimento de um crime e à determinação de seus agentes;

2) a dedução de acusação é pressuposto de toda a actividade judicial de investigação, conhecimento e decisão – é a acusação que define e fixa o objecto do processo.

V. *Processo acusatório; Acusação; Princípio da investigação; Investigação criminal; Processo inquisitório; Tribunal; Julgamento; Crime; Juiz; Objecto do processo; Processo.*

Princípio da adesão (Proc. Penal) – V. *Processo de adesão.*

Princípio da administração supletiva da justiça penal (Dir. Penal) – Princípio relativo à aplicação da lei penal no espaço, consagrado no artigo 5.º, n.º 1-*f*), C. P., segundo o qual a lei penal portuguesa é aplicável a factos praticados fora do território português por estrangeiros que forem encontrados em Portugal e cuja extradição haja sido requerida, quando constituírem crimes que admitam a extradição e esta não possa ser concedida.

V. *Aplicação da lei penal no espaço; Estrangeiros; Crime; Processo de extradição.*

Princípio da concentração (Proc. Penal) – Princípio de que decorre a exigência de uma prossecução tanto quanto possível unitária e continuada de todos os actos e termos processuais, devendo estes, no decurso do processo, desenvolver-se concentradamente, no espaço e no tempo.

Este princípio ganha o seu maior e mais autónomo relevo na audiência de julgamento: a vertente da concentração espacial tem aí maior expressão, exigindo que a audiência se desenvolva num mesmo local; a vertente da concentração temporal exige que, uma vez iniciada a audiência, ela decorra sem interrupções, com solução de continuidade até final.

V. artigo 328.º, C. P. P..

V. *Acto processual; Audiência de discussão e julgamento; Acto; Processo; Continuidade processual.*

Princípio da conexão (Dir. Penal) – Princípio que decorre do princípio da legalidade.

De acordo com o princípio da conexão, a previsão do facto punível e a respectiva punição devem constar da mesma norma.

V. *Princípio da legalidade; Norma jurídica.*

Princípio da contraditoriedade (Proc. Penal) – Princípio que se opõe a uma estrutura puramente inquisitória do processo penal e que traduz o dever do juiz penal ouvir tanto as contribuições da acusação como as da defesa, de modo a fazer-se cumprir a regra da igualdade de partes ou de "armas", valendo, deste modo, tanto as contribuições de uma como as de outra.

V. artigos 340.º e 341.º, C. P. P..

V. *Processo inquisitório; Princípio do contraditório; Juiz; Acusação; Defensor; Princípio da igualdade de armas.*

Princípio da culpa (Dir. Penal) – Princípio segundo o qual não há crime, nem pena, sem culpa, e a medida da pena não pode ultrapassar a medida da culpa.

O princípio da culpa resulta da consagração constitucional do princípio do respeito pela dignidade da pessoa humana e do direito à liberdade (artigos 1.º e 27.º da Constituição da República).

O princípio da culpa compreende fundamentalmente três dimensões: a de limite da pena (artigo 40.º, n.º 2, C. P.), a de critério de determinação da pena, enquanto seu pressuposto de aplicação (artigos 71.º e 72.º, C. P.) e a de princípio de responsabilidade subjectiva (artigo 1.º da Constituição, na referência ao respeito pela dignidade da pessoa humana) – v. Fernanda palma, Direito Penal, Parte geral, 1994, p.62 e ss. e Jorge de Figueiredo Dias, Culpa e personalidade. Para uma reconstrução ético-jurídica do conceito de culpa em Direito Penal, Coimbra Editora, 1983 e Direito Penal Português, Parte Geral, Consequências Jurídicas do Crime; Editorial Aequitas, 1993.

V., entre outros, os Acórdãos do Tribunal Constitucional n.ºs 422/2001, publicado no *Diário da República*, II série, de 14 de Novembro de 2001, que apreciou a conformidade à Constituição da norma que determina a perda da licença de caça no caso de condenação por crime de caça; e 22/2003, publicado no *Diário da República*, II série, de 18 de Fevereiro de 2003, no qual o Tribunal Constitucional decidiu "julgar inconstitucional, por violação dos princípios da igualdade, da culpa, da necessidade e da proporcionalidade, a norma constante do n.º 1 do artigo 3.º do Decreto--Lei n.º 400/82, de 23 de Setembro, enquanto dela decorre o estabelecimento, para a pena de prisão, do limite mínimo previsto no n.º 1 do artigo 40.º do Código Penal aprovado por aquele diploma, relativamente a um tipo legal de crime previsto em legislação avulsa cuja moldura penal tenha como limite máximo um limite igual ou inferior ao limite mínimo consagrado no mesmo n.º 1 do artigo 40.º'".

V. *Culpa; Crime; Pena; Princípio da igualdade; Princípio da necessidade; Princípio da proporcionalidade; Pena de prisão; Limite mínimo da pena de prisão; Tipo; Moldura penal; Limite máximo da pena de prisão.*

Princípio da defesa dos interesses nacionais (Dir. Penal) – Princípio relativo à aplicação da lei penal no espaço, consagrado no artigo 5.º, n.º 1-*a)*, C. P., segundo o qual a lei penal portuguesa é aplicável a determinados factos praticados fora do território nacional, quando se trate de crimes que atentem contra interesses do Estado português, cuja afectação, e consequente protecção, não depende da localização geográfica da realização da acção.

Os crimes, aos quais, de acordo com o princípio da defesa dos interesses nacionais, é aplicável a lei penal portuguesa, encontram-se enunciados na alínea *a)* do artigo 5.º, n.º 1, C. P. (crime de burla informática e nas comunicações – artigo 221.º, C,P.; crime de contrafacção de moeda; crime de depreciação do valor de moeda metálica; crime de moeda falsa de concerto com o falsificador; crime de passagem de moeda falsa; crime de aquisição de moeda falsa para ser posta em circulação; crime de títulos equiparados a moeda; crime de contrafacção de valores selados; crime de contrafacção de selos, cunhos, marcas ou chancelas; crime de pesos e medidas falsos – artigos 262.º a 271.º, C. P.; os crimes contra a independência e a integridade nacionais – artigos 308.º a 321.º, C. P., e os crimes contra a realização do Estado de direito – artigos 325.º a 335.º, C. P.) .

V. *Aplicação da lei penal no espaço; Lugar da prática do facto; Princípio da territorialidade; Burla informática e nas comunicações; Contrafacção de moeda; Depreciação do valor de moeda metálica; Passagem de moeda falsa; Passagem de moeda falsa de concerto com o falsificador; Aquisição de moeda falsa para ser posta em circulação; Títulos equiparados a moeda; Contrafacção de valores selados; Contrafacção de selos, cunhos, marcas ou chancelas; Pesos e medidas falsos; Crime contra a independência e a integridade nacionais; Crime contra a realização do Estado de Direito.*

Princípio da fixação de competência (Proc. Penal) – Princípio que consagra a competência material e funcional dos tribunais em matéria penal (Supremo Tribunal de Justiça, Tribunal da Relação, tribunal de júri, tribunal colectivo, tribunal singular, Tribunal de Execução de Penas) e que é regulado no Código de Processo Penal e pelas leis de organização judiciária.

Destina-se a determinar o tribunal competente para a realização do julgamento ou para a prática de outros actos jurisdicionais.

V. artigos 10.º e segs. do Código de Processo Penal, 22.º da Lei de Organização e Funcionamento dos Tribunais Judiciais – Lei n.º 3/99, de 13 de Janeiro, alterada pela Lei n.º 101/99, de 26 de Julho, pelos Decretos-Lei n.ºs 323/2001, de 17 de Dezembro, e 38/03, de 8 de Março, pela Lei n.º 105/03, de 10 de Dezembro, pelo Decreto-Lei n.º 53/2004, de 18 de Março, pela Lei n.º 42/2005, de 29 de Agosto, e pelo Decreto-Lei n.º 76-A/2006, de 29 de Março, este rectificado pela Declaração de rectificação n.º 28-A/2006, de 26 de Maio.

V. *Competência; Supremo Tribunal de Justiça; Tribunal da Relação; Júri; Tribunal colectivo; Tribunal singular; Tribunal de Execução de Penas.*

Princípio da fragmentaridade (Dir. Penal) – O carácter fragmentário do direito penal resulta da circunstância de apenas ser crime o comportamento que atente contra valores fundamentais da vida em sociedade de modo particularmente grave (carácter duplamente fragmentário do direito penal).

Dito de outro modo, só determinados comportamentos (os mais graves) são qualificados como crime, pelo que o critério de selecção é o da gravidade do facto, não existindo a pretensão de a lei penal abranger todo um sector da vida social. Desse modo, o direito penal atravessa a vida em sociedade, intervindo nas situações mais graves.

Daí a ideia de fragmentaridade, já que não existe "continuidade" entre os vários comportamentos penalmente relevantes.

V. *Crime; Princípio da necessidade; Princípio da subsidiariedade.*

Princípio da humanidade das penas (Dir. Penal) – O artigo 25.º, n.º 2, da Constituição da República consagra o princípio da humanidade das penas, segundo o qual ninguém pode ser submetido a tortura, nem a tratos ou penas cruéis, degradantes ou desumanas.

O princípio da humanidade do direito penal resulta da dignidade da pessoa humana.

V. Decisão da Comissão Europeia dos Direitos do Homem, de 8 de Julho de 1978 (citada por Anabela Miranda Rodrigues, *A posição jurídica do recluso na execução da pena privativa da liberdade – Seu fundamento e âmbito*, Coimbra, 1982, pág. 177 e nota 464), na qual se procedeu à apreciação da medida de internamento de recluso em cela disciplinar, concluindo-se pela legitimidade da medida. Alertou-se, no entanto, para a circunstância de um prolongamento da medida poder colidir com a proibição de penas desumanas.

V. *Pena; Tortura e outros tratamentos cruéis, degradantes ou desumanos; Tortura e outros tratamentos cruéis, degradantes ou desumanos graves.*

Princípio da igualdade (Dir. Penal; Proc. Penal) – Princípio constitucional consagrado no artigo 13.º da Constituição da República, segundo o qual todos os cidadãos têm a mesma dignidade social e são iguais perante a lei (n.º 1), não podendo ninguém ser privilegiado, beneficiado, prejudicado, privado de qualquer direito ou isento de qualquer dever em razão de ascendência, sexo, raça, língua, território de origem, religião, convicções políticas ou ideológicas, instrução, situação económica, condição social ou orientação sexual.

O princípio da igualdade tem naturalmente aplicação no âmbito penal, quer no plano substantivo, quer no plano adjectivo.

No direito penal substantivo, matérias relacionadas com as penas (nos casos em que, por exemplo, o Código de Justiça Militar previa, para factos praticados por militares, penas muito mais graves do que as penas previstas para os mesmos factos praticados por não militares), entre outras, constituem campo privilegiado de concretização do princípio da igualdade.

No direito penal adjectivo, o princípio da igualdade tem aplicação, nomeadamente, em matérias relacionadas com o estatuto processual dos arguidos, tais como os direitos e deveres de arguidos presos preventivamente e de arguidos não presos.

V., exemplificativamente, os Acórdãos do Tribunal Constitucional n.ºs 370/94 (*Diário da República*, II série, de 7 de Setembro de 1994), 679/94 e 680/94 (ambos publicados no *Diário da República*, II série, de 25 de Fevereiro de 1995), 958/96 (*Diário da República*, II série, de 19 de Dezembro de 1996), 967/96 (*Diário da República*. II série, de 24 de Dezembro de 1996), 271/97 (*Diário da República*, I-A série, de 15 de Maio de 1997), 47/99 (*Diário da República*, II série, de 26 de Março de 1999), 48/99 (*Diário da República*, II série, de 29 de Março de 1999), 217/2001 (*Diário da República*, I-A série, de 21 de Junho de 2001) e 337/2003, de 7 de Julho (inédito), que se pronunciaram, a maioria (os arestos que contêm juízos de não inconstitucionalidade citam-se, fundamentalmente, pelas declarações de voto apostas), pela inconstitucionalidade de normas do Código de Justiça Militar que consagravam no direito penal militar soluções mais gravosas do que as consagradas no direito penal comum, tais como limites da pena mais elevados ou requisitos específicos em matéria de comparticipação

A Convenção Internacional sobre a Eliminação de Todas as Formas de Discriminação Racial, aberta para assinatura em 7 de Março de 1966 em Nova Iorque, foi aprovada, para adesão, pela Lei n.º 7/82, de 29 de Abril (tendo sido, em relação a esta, depositada por Portugal a Carta de Confirmação e Adesão, segundo aviso publicado no *Diário da República*, I série, de 8 de Outubro de 1982). A Emenda ao Artigo 8.º desta Convenção, concluída em Nova Iorque em 25 de Maio de 2000, foi aprovada, para ratificação, pela Resolução da Assembleia da República n.º 4/2001, de 27 de Janeiro, e ratificada pelo Decreto do Presidente da República n.º 5/2001, da mesma data; o Aviso n.º 95/2001, de 24 de Agosto, veio tornar público "que o Governo da República Portuguesa depositou, em 2 de Março de 2000, junto do Secretário-Geral da Organização das Nações Unidas a declaração de adesão ao mecanismo previsto no artigo 14.º desta Convenção Internacional".

A Convenção para a Prevenção e Repressão do Crime de Genocídio, adoptada pela Assembleia Geral das Nações Unidas em 9 de Dezembro de 1948, foi aprovada, para ratificação, pela Resolução da Assembleia da República n.º 37/98, de 14 de Julho, e aprovada pelo Decreto do Presidente da República n.º 33/98, da mesma data.

A Convenção Europeia dos Direitos do Homem determina, no seu artigo 14.º, que o gozo dos direitos e liberdades nela reconhecidos deve ser assegurado sem distinções, sejam estas "fundadas no sexo, raça, cor, língua, religião, opiniões políticas ou outras, a origem nacional ou social, a pertença a uma minoria nacional, a riqueza, o nascimento ou qualquer outra situação".

Portugal é também parte na Convenção sobre a Eliminação de Todas as Formas de Discriminação Contra as Mulheres, ratificada pela Lei n.º 23/80, de 26 de Julho; a Emenda a esta Convenção foi aprovada, para ratificação, pela Resolução da Assembleia da República n.º 15/97, de 21 de Março, e ratificada pelo Decreto do Presidente da República n.º 16/97, da mesma data, tendo o Aviso n.º 125/2006, de 13 de Janeiro, tornado público que o instrumento de aceitação da emenda foi depositado por Portugal junto do Secretário-Geral das Nações Unidas em 8 de Janeiro de 2002; o Protocolo Opcional àquela Convenção foi adoptado em Nova Iorque, em 6 de Outubro de 1999, aprovado, para ratificação, pela Resolução da Assembleia da República n.º 17/2002, em 21 de Dezembro de 2001, e ratificado pelo Decreto do Presidente da República n.º 15/2002, de 15 de Março; o Aviso n.º 63/2006, de 11 de Janeiro, torna público que o instrumento de ratificação foi depositado junto do Secretário-Geral das Nações Unidas em 26 de Abril de 2002.

V. *Arguido; Crime; Pena; Crimes militares; Prisão preventiva; Código de Justiça Militar; Comparticipação; Crime de genocídio.*

Princípio da igualdade de armas (Proc. Penal) – Quer este princípio significar que, de um ponto de vista legal, existe no nosso sistema jurídico igualdade de armas entre a acusação e a defesa e que o arguido, para que esta igualdade se possa efectivar, se encontra munido de direitos e garantias processuais que lhe devem permitir influenciar, activamente, a decisão a proferir pelo tribunal no caso concreto – assim, nomeadamente, a atribuição ao arguido do direito de não dizer a verdade sobre os factos que lhe são imputados; do direito ao silêncio; do direito ao recurso; do direito de assistência por defensor, do direito à

produção de prova e apresentação dos meios de prova que entender convenientes.
V. artigo 60.º, C. P. P..
Por outro lado, ao arguido competem também determinados deveres processuais – dever de responder com verdade sobre a sua identificação, dever de comparência pessoal nos actos para que é convocado, prestar termo de identidade e residência logo que assuma a qualidade de arguido; sujeitar-se a medidas de prova e medidas de coacção e garantia patrimonial especificadas na lei e ordenadas e efectuadas por entidade competente – que determinam e influenciam a marcha do processo (artigo 61.º, C. P. P.).
Assim, de acordo com este princípio da igualdade de armas, o arguido, num processo de natureza acusatória, é sujeito e não objecto do processo, significando isto que se lhe deve assegurar uma posição jurídica (activa) que lhe permita uma participação constitutiva na "declaração do direito do caso concreto", bem como conformadora do objecto do processo (opondo-se a uma estrutura puramente inquisitória do processo penal na qual o arguido é objecto do processo) – que se traduz no dever de o juiz penal ouvir tanto as contribuições da acusação como as da defesa, de modo a fazer-se cumprir a regra da igualdade de partes ou de "armas".
Este princípio é reflexo também das garantias de defesa definidas, ampla e genericamente, no artigo 32.º da Constituição da República Portuguesa.
V. *Arguido; Juiz; Direito de defesa; Acusação; Direito ao silêncio; Tribunal; Recurso; Defensor; Identificação da pessoa; Processo acusatório; Processo inquisitório; Objecto do processo; Termo de identidade e residência; Medidas de coacção; Prova.*

Princípio da imediação (Proc. Penal) – Princípio que pressupõe o contacto imediato entre o juiz e a fonte de prova, para que se dê cumprimento à análise do material fáctico de acordo com a livre convicção do julgador.
V. artigos 340.º, n.º 1, e 127.º, C. P. P..
V. *Juiz; Prova; Facto; Princípio da livre apreciação da prova.*

Princípio da investigação (Proc. Penal) – Princípio relativo à fase da "prossecução processual". Visa a obtenção da prova em processo penal, tendo por horizonte a procura da verdade material.
De acordo com este princípio, o juiz penal deve criar as bases necessárias para a sua decisão, significando isto que não se deve bastar com as contribuições da acusação e da defesa, mas antes, e para além destas, criar oficiosamente as bases necessárias para a decisão final.
Este princípio é aflorado directamente no artigo 340.º, C. P. P: "O tribunal ordena, oficiosamente ou a requerimento, a produção de todos os meios de prova cujo conhecimento se lhe afigure necessário à descoberta da verdade e à boa decisão da causa".
É, assim, um poder-dever, que ao tribunal incumbe, de esclarecer e instruir autonomamente, mesmo para além das contribuições da acusação e da defesa, o facto sujeito a julgamento, criando aquele o suporte necessário à sua decisão – embora sempre dentro dos limites e objecto do processo definido pela acusação.
Como decorrência deste princípio, em processo penal, não existe ónus da prova e, consequentemente, não há um princípio de auto-responsabilidade probatória das "partes", precisamente porque o juiz pode, oficiosamente, produzir os meios de prova que repute necessários para a descoberta da verdade e boa decisão da causa.
Todavia, há incidências diferentes deste princípio, consoante a fase processual em que se encontre o processo, nomeadamente a sua relevância subsidiária quando se está na fase da audiência de discussão e julgamento, comparativamente com as fases preliminares, nomeadamente a fase do inquérito.
V. *Prova; Juiz; Acusação; Requerimento; Tribunal; Julgamento; Meio de prova; Objecto do processo; Ónus da prova; Inquérito; Verdade material; Audiência de discussão e julgamento; Inquérito.*

Princípio da irretroactividade da lei penal (Dir. Penal) – De acordo com o n.º 3 do artigo 29.º da Constituição da República, não podem ser aplicadas penas ou medidas de segurança que não estejam expressamente cominadas em lei anterior.

De acordo com o n.º 4 do mesmo artigo 29.º da Constituição, ninguém pode sofrer pena ou medida de segurança mais graves do que as previstas no momento da correspondente conduta ou da verificação dos respectivos pressupostos, aplicando-se retroactivamente as leis penais de conteúdo mais favorável ao arguido.

O princípio da irretroactividade da lei penal reporta-se, portanto, às normas incriminadoras, isto é, às normas que determinam ou agravam a responsabilidade criminal do agente. As normas favoráveis ao agente têm aplicação retroactiva.

O artigo 2.º, C. P., concretiza, no plano infraconstitucional, o princípio da irretroactividade das normas incriminadoras, bem como o da aplicação retroactiva das normas favoráveis; o seu n.º 1 consagra o princípio da aplicação da lei vigente no momento da prática do facto; o n.º 2, reportando-se às situações de descriminalização, determina a aplicação retroactiva da norma que elimine do mundo das infracções o facto em causa, implicando tal aplicação a cessação dos efeitos da condenação, ainda que com trânsito em julgado; o n.º 3 refere-se à de leis temporárias, cuja aplicação aos factos praticados no domínio da sua vigência não cessa com o fim da vigência da norma, já que o que determina a cessação da vigência da norma é a alteração das circunstâncias que ditaram a sua entrada em vigor (ou o decurso do prazo de vigência) e não uma alteração da valoração que a lei faz do facto praticado; finalmente, o n.º 4 refere-se às situações de despenalização, determinando a aplicação retroactiva da lei penal de conteúdo mais favorável ao arguido (diferentemente do que acontece nos casos previsto no n.º 2, nos casos do n.º 4, a lei nova criminaliza o facto, só que consagra um regime penal mais favorável).

V. o Acórdão do Tribunal Constitucional n.º 677/98, publicado no *Diário da República*, II série, de 4 de Março de 1999, no qual o Tribunal Constitucional decidiu "julgar materialmente inconstitucional, por violação do princípio da aplicação retroactiva da lei penal mais favorável, consagrado no n.º 4 do artigo 29.º da Constituição, a norma constante do n.º 4 do artigo 2.º do Código Penal, na parte em que veda a aplicação da lei penal nova que transforma em crime semipúblico um crime público, quando tenha havido desistência da queixa apresentada e trânsito em julgado da sentença condenatória".

O Acórdão uniformizador de jurisprudência n.º 11/2005, publicado no *Diário da República*, I-A série, de 19 de Dezembro, fixou a seguinte doutrina: "Sucedendo-se no tempo leis sobre o prazo de prescrição do procedimento contra-ordenacional, não poderão combinar-se, na escolha do regime concretamente mais favorável, os dispositivos mais favoráveis de cada uma das leis concorrentes".

V. *Aplicação da lei penal no tempo; Pena; Medida de segurança; Responsabilidade criminal; Agente; Descriminalização; Sentença condenatória; Despenalização; Lei penal temporária; Trânsito em julgado; Caso julgado; Crime semipúblico; Crime público; Queixa; Prescrição; Contra-ordenação.*

Princípio da judicialização (Dir. Penal) – De acordo com o artigo 27.º, n.º 2, da Constituição da República, ninguém pode ser total ou parcialmente privado da liberdade, a não ser em consequência de sentença judicial condenatória pela prática de acto punido por lei com pena de prisão ou de aplicação judicial de medida de segurança.

O n.º 3 do artigo 27.º da Constituição estabelece excepções ao disposto no n.º 2 do mesmo artigo, prevendo a privação da liberdade, entre outros, nos casos de detenção em flagrante delito, prisão preventiva, prisão disciplinar imposta a militares.

V. *Pena; Pena de prisão; Sentença condenatória; Flagrante delito; Detenção em flagrante delito; Medida de segurança; Prisão preventiva; Código de Justiça Militar.*

Princípio da jurisdição penal (Proc. Penal) – Significa este princípio que só os tribunais podem aplicar penas, sendo eles o único órgão de soberania para aplicar a justiça penal em nome do povo, e que o processo penal é o processo próprio para aplicar a justiça criminal – v. artigo 202.º, n.º 1, da Constituição da República.

Dispõe o artigo 2.º, C. P. P.: "A aplicação das penas e medidas de segurança criminais só pode ter lugar em conformidade com as disposições deste Código", e, ainda, o artigo 8.º, C. P. P.: "Os tribunais judiciais são os órgãos competentes para decidir as causas penais e aplicar penas e medidas de segurança criminais".

V. *Tribunal; Órgão de soberania; Processo; Processo Penal; Pena; Medida de segurança.*

Princípio da legalidade

1. (Dir. Penal) – De acordo com o artigo 29.º, n.º 1, da Constituição da República, ninguém pode ser sentenciado criminalmente senão em virtude de lei anterior que declare punível a acção ou a omissão, nem sofrer medida de segurança cujos pressupostos não estejam fixados em lei anterior.

O artigo 165.º, n.º 1-*c*), da Constituição, consagra a reserva relativa de competência legislativa da Assembleia da República em matéria de definição dos crimes, das penas, das medidas de segurança e dos respectivos pressupostos, assim como de processo criminal.

Por seu turno, o artigo 1.º, C. P., sob a epígrafe "Princípio da legalidade", estabelece que só pode ser punido criminalmente o facto descrito e declarado passível de pena por lei anterior ao momento da sua prática. O n.º 2 do artigo 1.º contém a fórmula correspondente no âmbito das medidas de segurança. Por último, o n.º 3 do preceito proíbe o recurso à analogia para qualificar um facto como crime, definir um estado de perigosidade ou determinar a pena ou medida de segurança que lhes corresponde.

O princípio da legalidade, doutrinalmente formulado através da expressão latina, introduzida por Feuerbach, *nullum crimen, nulla poena sine lege*, é uma decorrência do Estado de Direito democrático e tem corolários, dirigidos quer ao legislador, quer ao intérprete e aplicador, que se reconduzem às seguintes máximas: *nullum crimen, nulla poena sine lege*, reserva de lei; *nulla poena sine crimen*, princípio da conexão; *nullum crimen, nulla poena sine lege certa*; princípio da tipicidade; *nullum crimen, nulla poena sine lege praevia*; proibição da retroactividade.

O princípio da legalidade penal impõe ao legislador uma especial clareza e determinação na elaboração de normas incriminadoras, normas que só podem constar de acto legislativo (Lei ou Decreto-Lei do Governo com autorização legislativa da Assembleia da República); supõe a conexão clara entre o facto e a sanção (princípio da conexão); veda o recurso à analogia no âmbito de normas incriminadoras; impõe especiais restrições em matéria de interpretação, nomeadamente inviabilizando resultados interpretativos que não tenham uma correspondência – clara, efectiva e antevisível – com a letra da lei; e proíbe a aplicação retroactiva da lei penal, permitindo, porém, a aplicação retroactiva de normas favoráveis (artigos 29.º, n.º 4, da Constituição, e 2.º, n.ºˢ 2 e 4, C. P.).

O artigo 29.º, n.º 2, da Constituição determina que o princípio da legalidade não impede a punição, nos limites da lei interna, por acção ou omissão que no momento da sua prática seja considerada criminosa segundo os princípios gerais de direito internacional comummente reconhecidos.

V. *Aplicação da lei penal no tempo; Princípio da irretroactividade da lei penal; Crime; Medida de segurança; Pena; Pressupostos do crime; Analogia; Perigosidade; Lei; Decreto-Lei; Interpretação da lei; Tribunal Penal Internacional.*

2. (Proc. Penal) – Princípio segundo o qual a promoção e prossecução do processo penal consubstancia um dever que impende sobre o Ministério Público: a sua actividade deve desenvolver-se sob o signo da estrita vinculação à lei e não segundo considerações de oportunidade de qualquer ordem (política, financeira ou social).

O princípio da legalidade visa pôr a justiça penal a coberto de suspeitas e de tentações de parcialidade ou de arbítrio, preservando, assim, um dos fundamentos essenciais do Estado de direito, evitando o perigo de aparecimento de influências externas.

Liga-se este princípio à ideia de igualdade na aplicação do direito: ele implica para o titular público da promoção processual, o exercício dos poderes que a lei lhe confere sem atentar contra o estado ou contra as pessoas. Cabe, no entanto, salientar duas limitações ao princípio da legalidade no sentido da oportunidade (princípio da oportunidade): o arquivamento do processo em caso de dispensa ou isenção de pena e a suspensão provisória do processo – artigos 280.º e 281.º, C. P. P..

V. *Ministério Público; Princípio da oportunidade; Arquivamento do inquérito; Dispensa de pena; Isenção de pena; Suspensão provisória do processo; Pequena criminalidade.*

Princípio da livre apreciação da prova (Proc. Penal) – Princípio que visa que, com a produção da prova em julgamento, se ofereçam ao tribunal as condições necessárias – através das contribuições e provas produzidas pela acusação e pela defesa – para que este forme a sua convicção sobre a existência ou não de factos relevantes para a prolação da decisão final, com especial atenção às circunstâncias concretas do caso e de acordo com a livre convicção do juiz.

A prova é apreciada segundo as regras da experiência e a livre convicção da entidade competente, salvo quando a lei dispuser diferentemente.

Todavia, não pode o princípio apontar para uma apreciação imotivável e incontrolável – e portanto arbitrária – da prova produzida.

Se a apreciação se pode considerar discricionária, esta tem os seus limites estabelecidos pelo dever de procurar a verdade material.

No nosso sistema, é o juiz que valora a prova de acordo com a sua convicção.

V. artigo 127.º, C. P. P..

V. *Prova; Facto, Juiz; Julgamento; Verdade material; Discricionariedade.*

Princípio da nacionalidade (Dir. Penal) – Princípio, relativo à aplicação da lei penal no espaço, de acordo com o qual a lei penal portuguesa é aplicável a factos praticados fora do território nacional por nacionais, ou por estrangeiros contra nacionais, nos casos a que se refere o artigo 5.º, n.º 1-*b*) e *e*), C. P..

A alínea *b*) do n.º 1 do artigo 5.º do C. P. determina a aplicação da lei penal portuguesa a factos praticados fora do território nacional contra portugueses por portugueses que viverem habitualmente em Portugal ao tempo da prática dos factos e aqui forem encontrados.

O artigo 5.º, n.º 1-*e*), C. P., determina a aplicação da lei penal portuguesa a factos praticados fora do território nacional por portugueses (nacionalidade activa) ou por estrangeiros contra portugueses (nacionalidade passiva), sempre que os agentes forem encontrados em Portugal, os factos forem também puníveis pela legislação do lugar em que tiverem sido praticados, salvo quando nesse lugar não se exercer poder punitivo, e constituírem crime que admita extradição e esta não possa ser concedida.

V. *Aplicação das leis no espaço; Aplicação da lei penal no espaço; Nacionalidade; Estrangeiros; Agente; Processo de extradição; Lugar da prática do facto; Princípio da territorialidade.*

Princípio da necessidade (Dir. Penal; Proc. Penal) – Princípio que se retira do artigo 18.º, n.º 2, da Constituição da República, segundo o qual a restrição de direitos e liberdades fundamentais só pode legitimamente ter lugar quando absolutamente necessária à protecção de outros valores, também eles com dignidade constitucional.

No âmbito do direito penal, o princípio da necessidade impõe uma especial ponderação em matéria de pena, quer no momento da determinação concreta (pelo julgador – v., por exemplo, o artigo 72.º, n.º 1, C. P.), quer no momento da sua previsão normativa (pela lei).

O princípio da necessidade tem também aplicação no processo penal, nomeadamente, em matéria de medidas de coacção (artigo 193.º, C. P. P.).

V. *Pena; Medidas de coacção; Princípio da fragmentaridade; Princípio da proporcionalidade; Princípio da subsidiariedade.*

Princípio da oficialidade (Proc. Penal) – Trata-se de um princípio que se destina a apurar a quem compete a iniciativa, o impulso, de investigar a prática de uma infracção e a decisão de a submeter ou não a julgamento, no sentido de estabelecer se uma tal iniciativa deve pertencer a uma entidade pública ou estadual, ou, antes, a quaisquer entidades particulares, designadamente ao ofendido pela infracção.

O nosso sistema optou por considerar a promoção processual das infracções como tarefa estadual, a realizar oficiosamente, sendo ao Estado que incumbe o dever de administrar e realizar a justiça penal. Assim, no nosso direito processual penal actual, o princípio da oficialidade tem a sua consagração plena na atribuição a uma entidade pública – o Ministério Público – da iniciativa de investigar a prática de uma infracção e da decisão de a submeter ou não a julgamento. Cabe, assim, ao Ministério Público "promover o processo penal" e "receber as denúncias, as queixas e as participações".

Investigada a notícia do crime, ainda na fase do inquérito, é esta mesma entidade quem decide, finda aquela, da acusação ou do arquivamento do processo.

No entanto, cabe referir que este princípio da promoção processual oficiosa não se afirma sem limitações e até mesmo excepções: é o caso das limitações derivadas da existência dos crimes semipúblicos e das excepções advindas da existência dos crimes particulares em sentido estrito.

V. *Julgamento; Ofendido; Ministério Público; Denúncia; Queixa; Inquérito; Acusação; Notícia do crime; Arquivamento do inquérito; Crime público; Crime semipúblico; Crime particular*.

Princípio da oportunidade (Proc. Penal) – Expressão de desvio a um princípio de legalidade estrito, baseado em razões de política criminal e concretizado nos artigos 280.º e 281.º, C. P. P., como manifestação do princípio de legalidade aberto a uma ideia de diversão que, nestes casos, conduz a uma tramitação processual diferente da normal. Em vez da dedução de acusação e da realização do consequente julgamento da infracção no caso de recolha de indícios suficientes, existem as hipóteses alternativas de arquivamento por dispensa de pena e da suspensão provisória do processo.

V. *Princípio da legalidade; Política criminal; Diversão; Indícios; Arquivamento; Dispensa de pena; Suspensão provisória do processo*.

Princípio da oralidade (Proc. Penal) – Este princípio significa que, no processo penal, o juiz deverá decidir em função das provas que são produzidas oralmente em audiência.

V. artigo 363.º, C. P. P..

V. *Juiz; Prova; Audiência de discussão e julgamento*.

Princípio da presunção de inocência (Proc. Penal) – Princípio nuclear do processo penal português que enforma toda a sua estrutura (acusatória) e que tem consagração constitucional no número 2 do artigo 32.º da Lei Fundamental – "Todo o arguido se presume inocente até ao trânsito em julgado da sentença de condenação, devendo ser julgado no mais curto prazo compatível com as garantias de defesa".

É decorrente da orientação de política criminal que se defende no nosso Estado de Direito, democrático e social, sendo a pedra angular da defesa da dignidade da pessoa humana e dos direitos, liberdades e garantias do cidadão, frente ao Estado e ao seu poder punitivo.

Significa, pois, que, enquanto não houver prova em contrário, se deve dar predominância ao valor da liberdade em relação ao valor da sua privação, como se deve dar predominância ao valor da inocência sobre o valor da culpabilidade.

Necessariamente ligado a este princípio, como seu corolário, está o princípio do *in dubio pro reo*.

V. *Arguido; Trânsito em julgado; Sentença; Sentença condenatória; Direito de defesa; Política criminal; Princípio do "in dubio pro reo"; Prova; Culpa*.

Princípio da proibição da "reformatio in pejus" (Proc. Penal) – V. *"Reformatio in pejus"*.

Princípio da proporcionalidade (Dir. Penal; Proc. Penal) – Princípio, decorrente do princípio do Estado de Direito democrático, segundo o qual as restrições de direitos e liberdades fundamentais só podem legitimamente ter lugar desde que proporcionais à gravidade e aos efeitos dos factos cuja prática as fundamenta.

O princípio da proporcionalidade tem aplicação, nomeadamente, em matéria de penas (quer no momento da sua previsão legal, quer no momento da determinação concreta da medida da pena a aplicar – v. artigos 70.º e 71.º, C. P.) e de medidas de coacção – v. artigo 193.º, C. P. P..

V. *Medida de coacção; Pena; Princípio da fragmentaridade; Princípio da necessidade; Princípio da subsidiariedade.*

Princípio da publicidade (Proc. Penal) – Princípio que vale substancialmente na fase da audiência de discussão e julgamento, e que se justifica para se dissiparem eventuais suspeitas que se possam gerar sobre a imparcialidade, objectividade e independência do tribunal, visando uma maior transparência na aplicação da justiça penal com uma audiência aberta ao público.

Dispõe o artigo 321.º, n.º 1, C. P. P.: "A audiência de julgamento é pública, sob pena de nulidade insanável, salvo nos casos em que o presidente decidir a exclusão ou a restrição da publicidade". E estes são, nos termos do disposto no artigo 87.º do C. P. P., os casos em que, "oficiosamente ou a requerimento do Ministério Público, do arguido, ou do assistente pode [...] o juiz decidir, por despacho, restringir a livre assistência do público ou que o acto, ou parte dele, decorra com exclusão da publicidade".

"Em caso de processo por crime sexual que tenha por ofendido um menor de dezasseis anos, os actos processuais decorrem em regra com exclusão da publicidade" – v. n.º 2 do artigo 321.º, C. P. P.. Também em caso de processo por crime de tráfico de pessoas ou contra a liberdade e autodeterminação sexual, os actos processuais decorrem, em regra, com exclusão da publicidade – artigo 87.º, n.º 3, C. P. P..

Decorrendo o acto com exclusão da publicidade, "apenas podem assistir as pessoas que nele tiverem que intervir, bem como outras que o juiz tiver que admitir por razões atendíveis, nomeadamente de origem profissional ou científica".

A exclusão da publicidade não abrange, em caso algum, a leitura da sentença.

V. *Audiência de discussão e julgamento; Imparcialidade; Tribunal; Nulidade; Nulidades insanáveis; Requerimento; Ministério Público; Arguido; Assistente; Despacho; Menor; Abuso sexual de crianças; Abuso sexual de menores dependentes; Sentença; Acto; Juiz; Liberdade sexual; Tráfico de pessoas.*

Princípio da subsidiariedade (Dir. Penal) – Princípio segundo o qual a intervenção do direito penal só terá legitimamente lugar quando a intervenção dos demais sectores normativos da ordem jurídica se afigurar ineficaz na protecção dos valores ou bens cuja protecção é pretendida – direito penal e processual penal chamados a intervir enquanto *ultima ratio*.

Trata-se de uma decorrência do princípio da necessidade, consagrado no artigo 18.º da Constituição da República: a intervenção do direito penal não é necessária se a questão a decidir for adequadamente resolvida por outro sector normativo.

O princípio da subsidiariedade relativo ao Tribunal Penal Internacional encontra-se consagrado no artigo 17.º do Estatuto de Roma do Tribunal Penal Internacional (ratificado pelo Presidente da República – Decreto n.º 2/2002, de 18 de Janeiro). De acordo com este princípio, o Tribunal Penal Internacional só exercerá a sua jurisdição se os Estados com competência para apreciar o facto não o fizerem ou não puderem fazê-lo.

V. *Princípio da fragmentaridade; Princípio da necessidade; Princípio da proporcionalidade; Tribunal Penal Internacional (TPI).*

Princípio da suficiência (Proc. Penal) – Princípio consagrado no artigo 7.º, C. P. P., que traduz o facto de o processo penal ser, em princípio, o lugar adequado ao conhecimento de todas as questões cuja solução se revele necessária à decisão a tomar, bastando-se a si mesmo, ou seja, sendo auto-suficiente.

Se assim não fosse, pelo surgimento de uma questão penal ou, mesmo, não penal – as chamadas questões prejudiciais –, pôr-se-iam em risco as exigências de concentração processual ou de continuidade do processo penal.

Doutrinariamente, o relevante é saber como, se e em que medida, o tratamento das questões prejudiciais pode ou deve constituir uma restrição ou limitação a este princípio da suficiência do processo penal.

Existem duas perspectivas sobre o conhecimento das questões prejudiciais no processo penal:

1) a tese do conhecimento obrigatório, que defende que não há qualquer suspensão ou interrupção do processo para efeitos de se discutir, na jurisdição própria, a questão que eventualmente tenha surgido, em nome do princípio da suficiência do processo penal;

2) a tese da devolução obrigatória, que defende que, sempre que surja uma questão de natureza não penal, ela deve ser obrigatoriamente devolvida para o tribunal competente para ser julgada e, só depois de transitada em julgado, se progride na resolução da questão processual penal principal em análise.

A tese que vigora no direito processual penal português é uma *tese de devolução facultativa* ou *de suficiência discricionária*: surgida uma questão prejudicial, o próprio tribunal verifica se há uma acentuada conveniência na sua devolução, só devolvendo a questão para a jurisdição competente se considerar que isso é indispensável para uma boa solução da causa penal.

Esta orientação procura, assim, a possível concordância prática entre o princípio da suficiência e o princípio, contrário, da adequação funcional.

V. *Princípio da concentração; Questão prejudicial; Processo; Tribunal; Competência; Trânsito em julgado.*

Princípio da territorialidade (Dir. Penal) – Constitui o princípio geral relativo à aplicação da lei penal no espaço.

O princípio da territorialidade encontra-se formulado no artigo 4.º, C. P., segundo o qual a lei penal portuguesa é aplicável, salvo Tratado ou Convenção Internacional em contrário, a factos praticados em território português ou a bordo de navios ou aeronaves portugueses, seja qual for a nacionalidade do agente.

A extensão, por força do princípio da territorialidade, da aplicação da lei penal portuguesa a factos praticados a bordo de navios ou aeronaves portugueses é designada por *princípio do pavilhão ou da bandeira* (embora não exista unanimidade na doutrina quanto à consideração do princípio do pavilhão ou da bandeira como uma extensão do princípio da territorialidade).

O lugar da prática do facto é determinado pelo critério da ubiquidade, consagrado no artigo 7.º, C. P., segundo o qual o facto se considera praticado no local onde o agente actuou, ou, no caso de omissão, deveria ter actuado, como no local onde se produzir o resultado ou, no caso de tentativa, no local onde seria previsível a produção do resultado.

V. *Aplicação das leis no espaço; Aplicação da lei penal no espaço Nacionalidade; Lugar da prática do facto; Agente; Omissão; Resultado; Tentativa; Princípio da administração supletiva da justiça penal; Princípio da defesa dos interesses nacionais; Princípio da nacionalidade; Princípio da validade universal.*

Princípio da tipicidade (Dir. Penal; Proc. Penal) – Princípio, decorrente do princípio da legalidade, segundo o qual só é crime o facto legalmente tipificado como tal, também só sendo possível a aplicação das penas legalmente previstas.

O princípio da tipicidade tem igualmente aplicação no âmbito do processo penal, nomeadamente em matéria de medidas de coacção e de garantia patrimonial: só podem ser aplicadas as medidas que se encontrarem legalmente previstas.

V. *Crime; Pena; Medidas de coacção; Medidas de garantia patrimonial; Princípio da legalidade; Tipo.*

Princípio da ubiquidade (Dir. Penal) – V. *Lugar da prática do facto; Aplicação da lei penal no espaço.*

Princípio da unidade ou indivisibilidade do objecto do processo (Proc. Penal) – Significa este princípio que o objecto do processo deve ser conhecido e julgado na sua totalidade.

V. *Objecto do processo.*

Princípio da universalidade (Dir. Penal) – V. *Princípio da validade universal.*

Princípio da validade universal (Dir. Penal) – Princípio, relativo à aplicação da lei penal no espaço, consagrado no artigo 5.º, n.º 1-c), C. P., segundo o qual a lei penal portuguesa é aplicável a factos praticados fora do território português, desde que o agente seja encontrado em Portugal e não possa ser extraditado, quando estejam em causa os crimes previstos nos artigos 159.º a 161.º, 171.º, 172.º, 175.º, 176.º e 278.º a 280.º, C. P..

Os crimes em questão protegem bens cuja tutela – reportada a factos praticados fora do território nacional – é assumida pelo Estado, por força da necessidade de cooperação na protecção de certos bens da humanidade de valor universal que não depende da localização do facto.

V. *Aplicação da lei penal no espaço; Agente; Processo de extradição; Lugar da prática do facto; Escravidão; Rapto; Abuso sexual de crianças; Abuso sexual de menores dependentes; Lenocínio e tráfico de menores; Código de Justiça Militar; Bem jurídico; Princípio da territorialidade.*

Princípio da veracidade (Proc. Penal) – O princípio da veracidade ou da verdade material determina que a decisão do processo há-de reflectir a realidade objectiva dos factos.

Outros princípios podem, porém, impedir que a *verdade processual* (o que é apurado no processo) coincida com a *verdade material* (o que efectivamente se passou).

Assim, pode acontecer, a título de exemplo, que, por força das regras sobre proibição de prova (que protegem bens do arguido, tais como a integridade física – proibição de tortura – ou a privacidade – proibição de provas obtidas mediante intromissão na correspondência), seja anulada a prova produzida, tendo o arguido de ser absolvido em casos nos quais fosse certo que a prova anulada *inequivocamente incriminava* o arguido.

V Acórdão do Tribunal Constitucional n.º 198/04, publicado no Diário da República, II Série, de 2 de Junho de 2004, no qual o Tribunal considerou que as provas obtidas na sequência e decorrência de uma prova nula são igualmente inválidas.

V. *Verdade material; Prova; Arguido; Integridade física; Tortura e outros tratamentos cruéis, degradantes ou desumanos; Tortura e outros tratamentos cruéis, degradantes ou desumanos graves; Intercepções, gravação ou registo de conversações e comunicações; Sentença absolutória.*

Princípio da vinculação temática do tribunal (Proc. Penal) – Significa este princípio que o tribunal está vinculado ao tema do processo definido pela acusação – ou pelo requerimento para a abertura da instrução –, não podendo decidir para além do fixado assim no objecto do processo.

V. *Tribunal; Acusação; Instrução; Requerimento para a abertura da instrução; Objecto do processo.*

Princípio do contraditório (Proc. Penal) – O princípio do contraditório traduz-se na garantia, de cada uma das partes no processo, de efectiva participação em todos os seus actos, de forma a que "a parte" possa ser ouvida, possa impugnar quer a admissão dos meios de prova, quer a força probatória dos mesmos, numa palavra, que possa ter oportunidade de influenciar a decisão judicial que vai ser tomada.

O princípio do contraditório permite tratar o arguido como sujeito do processo, com um papel dinâmico na conformação do objecto do mesmo, permitindo que o arguido contradite os meios de prova apresentados contra si, requeira diligências de prova e processuais – através de meios processualmente válidos –, recorra das decisões que o afectem, para lhe permitir construir a sua defesa e lutar pelos seus interesses, na mira da obtenção da verdade material.

Segundo este princípio – que, na redacção que foi dada ao artigo 3.º do Código de Processo Civil pelo Decreto-Lei n.º 180/96, de 25 de Setembro, assume na nossa lei uma importância e uma compreensão muito amplas –, deve, pois, ser sempre dada oportunidade à parte contra quem é formulado um pedido, invocado um argumento ou produzida uma prova, de se pronunciar, não havendo decisão antes de tal acontecer.

O artigo 3.º do Código de Processo Civil enuncia este princípio geral, determinando que "o tribunal não pode resolver o conflito de interesses que a acção pressupõe sem que a resolução lhe seja pedida por uma das partes e a outra seja devidamente chamada para deduzir oposição", esclarecendo que "só nos casos excepcionais previstos na lei se podem tomar providências contra determinada pessoa sem que esta seja previamente ouvida", explicitando ainda que "o juiz deve observar e fazer cumprir, ao longo de todo o processo, o princípio do contraditório, não lhe sendo lícito, salvo caso de manifesta desnecessidade, decidir questões de direito ou de facto, mesmo que de conhecimento oficioso, sem que as partes tenham tido a possibilidade de sobre elas se pronunciarem".

O princípio do contraditório encontra-se concretizado em várias outras normas do Código de Processo Civil, determinando o artigo 517.º que, em princípio, não são admissíveis nem poderão ser produzidas quaisquer provas "sem audiência contraditória da parte a quem hajam de ser opostas".

No processo penal são expressão da valência do princípio do contraditório o disposto nos artigos 61.º, 301.º e 327.º, C. P. P.. Assim, como espelho da contraditoriedade do processo penal apresentam-se os direitos e deveres processuais do arguido que se impõem ao longo de todo o *iter* processual; na fase de instrução, a obrigação da contraditoriedade na produção de prova e a possibilidade de o arguido (ou o seu defensor) se pronunciarem sobre ela em último lugar e, na fase de julgamento, a obrigação que impende sobre o tribunal de os meios de prova apresentados no decurso da audiência serem contraditados ("submetidos ao princípio do contraditório" – artigo 327.º, n.º 2, C. P. P.) mesmo que tenham sido oficiosamente produzidos pelo tribunal.

V. *Direito; Dever; Instrução; Prova; Arguido; Defensor; Meio de prova; Audiência de discussão e julgamento; Princípio do contraditório.*

No domínio dos processos tutelares, estabelece o artigo 147.º-E, aditado à O. T. M. pela Lei n.º 133/99, de 28 de Agosto, que "as partes têm direito a conhecer as informações, relatórios, exames e pareceres constantes do processo, podendo pedir esclarecimentos, juntar outros elementos ou requerer a solicitação de informações que considerem necessários", só indeferindo o juiz, "por despacho irrecorrível", "os requerimentos que se mostrarem inúteis, de realização impossível ou com intuito manifestamente dilatório"; finalmente, o n.º 3 do mesmo artigo dispõe que "é garantido o contraditório relativamente às provas que forem obtidas pelos meios previstos no n.º 1".

V. *Acto processual; Prova; Impugnação; Meios de prova; Questão de facto; Questão de direito; Conhecimento oficioso; Articulado; Audiência de discussão e julgamento; Nulidade; Citação; Requerimento; Despacho; Recurso.*

Princípio do "in dubio pro reo" (Proc. Penal) – Este princípio, que deve enformar todo o processo penal, decorre, desde logo, do princípio constitucional da presunção da inocência que impera até ao trânsito em julgado da decisão, significando, assim, que se deve dar predominância ao valor da liberdade e da inocência sobre o valor da culpabilidade.

Quer isto dizer que, depois de esgotados todos os meios e possibilidades de investigação da verdade material – que ao tribunal e ao juiz são dados através do princípio da investigação –, se o tribunal ou o juiz permanecer em dúvida sobre a veracidade de certos factos ou sobre a realidade de certa prova ou, no limite, sobre a acusação que impende sobre o arguido, deve proferir uma decisão que lhe seja favorável.

Na dúvida, o juiz deve decidir a favor do arguido, no sentido da sua inocência e não da sua culpa.

V. *Princípio da presunção da inocência; Culpa; Absolvição; Princípio da investigação; Prova; Trânsito em julgado; Liberdade; Culpa; Verdade material; Tribunal; Juiz; Facto; Acusação; Arguido.*

Princípio do juiz natural (Proc. Penal) – Princípio, plasmado no n.º 7 do artigo 32.º da Constituição da República Portuguesa, que determina que toda a causa tem definidos, pré-determinadamente, o tribunal que lhe compete e o seu juiz (exigência de determinabilidade), proibindo, assim, quer a criação de tribunais *ad hoc*, quer a atribuição de competência a um tribunal diferente do que era legalmente competente à data do crime (princípio da fixação de competência).

Juiz legal ou natural é não apenas o juiz da sentença em primeira instância, mas todos os juízes chamados a participar numa decisão, sendo certo que esta exigência constitucional vale, igualmente, para os juízes de instrução e para os tribunais colectivos.

Segundo a doutrina, este princípio comporta ainda a dimensão da observância das determinações de procedimento referentes à divisão funcional interna – distribuição de processos.

V. *Tribunal; Juiz; Tribunal "ad hoc"; Competência; Juiz de instrução; Tribunal de primeira instância; Crime; Tribunal colectivo; Sentença; Distribuição.*

Princípio do "non bis in idem" (Dir. Penal; Proc. Penal) – De acordo com o n.º 5 do artigo 29.º da Constituição da República, ninguém "pode ser julgado mais do que uma vez pela prática do mesmo crime".

Embora a Constituição faça referência ao "julgamento", o núcleo essencial deste princípio compreende a proibição da duplicação dos efeitos jurídico-criminais de um dado facto.

Trata-se, verdadeiramente, da proibição da dupla valoração do facto.

Assim, não viola o princípio do *non bis in idem*, por exemplo, a norma do n.º 1 do artigo 6.º, C. P., de acordo com a qual a lei penal portuguesa é aplicável a factos praticados fora do território nacional, mesmo em casos em que o agente já foi julgado no estrangeiro, desde que se tenha subtraído ao cumprimento total ou parcial da condenação. Haverá, porém, lugar ao desconto da pena cumprida no estrangeiro, a realizar de acordo com o artigo 82.º, C. P..

V. *Crime; Julgamento; Aplicação da lei penal no espaço; Agente; Sentença condenatória; Pena; Desconto.*

Princípio do pavilhão ou da bandeira (Dir. Penal) – V. *Princípio da territorialidade.*

Princípio do processo equitativo (Proc. Penal) – Princípio segundo o qual o processo penal assegura ao arguido todas as garantias de defesa, concretizadas num estatuto (o estatuto de arguido) que compreende vários direitos e deveres processuais.

O processo equitativo é o processo que assegura ao arguido uma possibilidade efectiva de exercício dos seus direitos de defesa.

V. artigo 32.º da Constituição da República Portuguesa e artigos 60.º e 61.º, C. P. P..

V. *Arguido; Direito de defesa; Igualdade de armas.*

Princípio do vicariato (Dir. Penal) – O princípio do vicariato traduz-se na substituição da pena por internamento em estabelecimento destinado a inimputáveis pelo tempo correspondente à duração da pena, e que tem lugar nos termos e nas condições dos artigos 104.º e seguintes, C. P..

Genericamente, tal substituição poderá ter lugar quando o agente não for declarado inimputável, mas se mostrar que, por virtude de anomalia psíquica de que sofria já ao tempo da prática do crime, o regime dos estabelecimentos comuns de execução de penas lhe será prejudicial ou que ele prejudicará seriamente esse regime.

O vicariato tem também lugar nos casos em que a anomalia psíquica surge posteriormente à prática do crime.

V. Maria João Antunes, *O internamento de inimputáveis em estabelecimentos destinados a imputáveis – Os artigos 103.º, 104.º e 105.º do Código Penal de 1982*, Coimbra, 1993, págs. 123 e segs..

V. *Pena; Internamento; Inimputabilidade; Anomalia psíquica; Crime; Medida de segurança.*

Princípios gerais de processo penal (Proc. Penal) – Princípios que enformam todo o processo penal, aos quais os intervenientes processuais devem obediência, e que se podem dividir da seguinte forma:

– princípios relativos à promoção ou iniciativa processual: são estes os princípios da oficialidade, da legalidade e da acusação;

– princípios relativos à prossecução ou decurso processual: trata-se dos princípios da investigação, da contraditoriedade, da

suficiência e da concentração – temporal e espacial;
– princípios relativos à prova: os princípios da investigação, da livre apreciação da prova e do *in dubio pro reo*; e
– princípios relativos à forma: estão aqui em causa os princípios da publicidade, da oralidade e da imediação.

V. *Princípio da oficialidade; Princípio da legalidade; Princípio da acusação; Princípio da investigação; Princípio da contraditoriedade; Princípio da suficiência; Princípio da concentração; Princípio da livre apreciação da prova; Princípio do "in dubio pro reo"; Princípio da publicidade; Princípio da oralidade; Princípio da imediação.*

Prisão (Dir. Penal) – V. *Pena de prisão.*

Prisão em regime de semi-detenção (Dir. Penal; Proc. Penal) – O regime de semi-detenção consiste na privação da liberdade que permite ao condenado prosseguir a sua actividade profissional normal, os seus estudos ou a sua formação profissional, por força de saídas estritamente limitadas ao cumprimento destas funções.

A aplicação deste regime só é possível se a pena concretamente aplicada não for superior a um ano, não se verificarem as condições para a substituição por multa ou por outra pena não privativa da liberdade, dando o condenado o seu consentimento – v. artigo 46.º, C. P..

V. *Pena; Pena de prisão; Pena de multa; Sentença condenatória; Consentimento; Pena principal; Pena de substituição.*

Prisão ilegal (Proc. Penal) – Cerceamento ilícito da liberdade proveniente:
1) de ordem de prisão dada por entidade não competente, ou
2) de ser a prisão motivada por facto pelo qual a lei a não permite.

Ocorre também quando se verifica a manutenção da prisão para além dos prazos fixados na lei ou por decisão judicial.

Quando se esteja perante uma prisão ilegal, pode formular-se uma petição de *habeas corpus* a apresentar perante o (presidente do) Supremo Tribunal de Justiça.

V. *Competência; Prazo; Prisão preventiva; "Habeas corpus"; Supremo Tribunal de Justiça; Prisão.*

Prisão perpétua (Proc. Penal) – Prisão que consiste na aplicação de uma pena ao arguido – pena de prisão – que cumprirá até à sua morte.

Como a própria designação indica, é uma prisão que terá o seu fim com a morte do arguido e que, portanto, não tem uma medida de pena concreta calculada.

No nosso regime processual penal não existe este tipo de pena de prisão dentro do catálogo possível de sanções a aplicar.

V. artigo 30.º, n.º 1 da Constituição da República Portuguesa.

V. *Pena; Arguido; Pena de prisão; Medida da pena.*

Prisão por dias livres (Dir. Penal; Proc. Penal) – A prisão por dias livres consiste, de acordo com o artigo 45.º, n.º 2, C. P., na privação da liberdade por períodos correspondentes a fins de semana, não podendo exceder 18 períodos.

Cada período tem a duração mínima de 36 horas e máxima de 48, equivalendo a 5 dias de prisão contínua.

A prisão por dias livres tem lugar nos casos em que é aplicada pena de prisão em medida não superior a um ano, que não deva ser substituída por pena de outra espécie, desde que o tribunal conclua que, no caso, esta forma de cumprimento realiza de modo adequado as finalidades da punição.

V. artigos 487.º e 488.º, C. P. P..

V. *Pena; Pena de prisão; Pena de multa; Fins das penas; Pena de substituição; Pena não privativa da liberdade.*

Prisão preventiva (Proc. Penal) – Medida de coacção aplicável ao arguido subsidiariamente, ou seja, quando se considerem todas as outras inadequadas ou insuficientes e quando houver fortes indícios da prática de crime doloso punível com pena de prisão de máximo superior a cinco anos, ou se se tratar de pessoa que tiver penetrado ou permaneça irregularmente em território nacional, ou contra a qual estiver em curso processo de extradição ou de expulsão – v. artigos 28.º da Constituição da República e 202.º, C. P. P..

A prisão preventiva pode ser suspensa na sua execução – nos casos previstos no artigo 211.º, C. P. P. – e os seus pressupostos podem ser revistos – v. artigo 213.º, C. P. P..Nos termos deste artigo, o juiz procede oficiosamente ao reexame dos pressupostos da prisão preventiva, decidindo se ela é de manter ou deve ser substituída ou revogada:

"*a)* no prazo máximo de três meses a contar da data da sua aplicação ou do último reexame; e

b) quando no processo forem proferidos despacho de acusação ou de pronúncia de decisão que conheça, a final, do objecto do processo e não determine a extinção da medida aplicada".

A fim de fundamentar esta decisão o juiz, oficiosamente ou a requerimento do Ministério Público ou do arguido, pode solicitar a elaboração de perícia sobre a personalidade e de relatório social ou de informação dos serviços de reinserção social, desde que o arguido consinta na sua realização.

Nos termos do n.º 5 do artigo 213.º, "a decisão que mantenha a prisão preventiva ou a obrigação de permanência na habitação é susceptível de recurso nos termos gerais, mas não determina a inutilidade superveniente de recurso interposto de decisão prévia que haja aplicado ou mantido a medida em causa".

Este instituto tem prazos máximos de duração previstos no artigo 215.º, C. P. P., consoante as fases do processo e o tipo de crime em questão.

A regra geral vem estabelecida no n.º 1 deste artigo que prescreve que "a prisão preventiva extingue-se quando, desde o seu início, tiverem decorrido:

a) quatro meses sem que tenha sido deduzida acusação;

b) oito meses sem que, havendo lugar a instrução, tenha sido proferida decisão instrutória;

c) um ano e dois meses sem que tenha havido condenação em primeira instância;

d) um ano e seis meses sem que tenha havido condenação com trânsito em julgado".,.

Os prazos referidos são elevados, respectivamente, para um ano, um ano e quatro meses, dois anos e seis meses e três anos e quatro meses, quando o procedimento for por um dos seguintes crimes (furto de veículos; falsificação de documentos; falsificação de moeda, títulos de crédito, valores selados, selos e equiparados; burla; insolvência dolosa; administração danosa do sector público ou cooperativo; falsificação; peculato ou participação económica em negócio; branqueamento de vantagens de proveniência ilícita; fraude na obtenção ou desvio de subsídio, subvenção ou crédito; crime abrangido por convenção de segurança de navegação aérea ou marítima) e se revelar de excepcional complexidade, devido ao número de arguidos ou de ofendidos ou ao carácter altamente organizado do crime. A especial complexidade apenas pode ser declarada pela primeira instância por despacho fundamentado, oficiosamente ou a requerimento do Ministério Público, ouvidos o arguido e o assistente.

Se houver recurso para o Tribunal Constitucional, alguns prazos – ver n.º 5 do artigo 215.º – são acrescentados de seis meses, o mesmo acontecendo se o processo penal tiver sido suspenso para julgamento, em outro tribunal, de questão prejudicial.

Na contagem dos prazos de duração máxima da prisão preventiva são incluídos os períodos em que o arguido tiver estado sujeito a obrigação de permanência na habitação.

Por fim – v. n.ºs 6 e 7 –, no caso de o arguido ter sido condenado a pena de prisão em 1.ª instância e a sentença condenatória ter sido confirmada em sede de recurso ordinário, o prazo máximo da prisão preventiva eleva-se para metade da pena que tiver sido fixada; a existência de vários processos contra o arguido por crimes praticados antes de lhe ter sido aplicada a prisão preventiva não permite exceder os prazos fixados.

Para que esta medida seja aplicada ao arguido, além da subsidiariedade na sua aplicação (inadequação ou insuficiência das outras medidas de coacção) que deve sempre ser considerada, é necessária a verificação dos seguintes pressupostos – artigo 202.º, C. P. P..

1) existência de fortes indícios da prática de crime doloso punível com pena de prisão superior a cinco anos;

2) existência de fortes indícios da prática de crime doloso de terrorismo, criminalidade violenta ou altamente organizada

punível com pena de prisão de máximo superior a 3 anos; ou

3) tratar-se de pessoa que tiver penetrado ou permaneça irregularmente em território nacional, ou contra a qual estiver em curso processo de extradição ou de expulsão,

além dos pressupostos gerais de aplicação de qualquer medida de coacção – artigo 204.º, C. P. P.:

a) fuga ou perigo de fuga;

b) perigo de perturbação do decurso do inquérito ou da instrução do processo e, nomeadamente, perigo para a aquisição, conservação ou veracidade da prova ou

c) perigo, em razão da natureza e das circunstâncias do crime ou da personalidade do arguido, de que este continue a actividade criminosa ou perturbe gravemente a ordem e a tranquilidade públicas.

V. artigos 202.º, 205.º, 213.º, 215.º, 216.º, 217.º, todos do C. P. P..

No âmbito do Decreto-Lei n.º 15/93, de 22 de Janeiro, alterado pela Lei n.º 45/96, de 3 de Setembro, e pelo Decreto-Lei n.º 323/2001 de 17 de Dezembro – Tráfico e Consumo de Estupefacientes e Substâncias Psicotrópicas –, nomeadamente de acordo com o disposto no respectivo artigo 54.º, sempre que o crime imputado for de tráfico de droga, desvio de percursores, branqueamento de capitais ou de associação criminosa, é correspondentemente aplicável o disposto no artigo 209.º, C. P. P. ("para efeito de aplicação ou de execução de uma medida de coacção é correspondentemente aplicável o disposto no artigo 115.º") – quando haja dificuldades na aplicação ou execução de uma medida de coacção, "o funcionário de justiça, encarregado de efectuar uma notificação ou de cumprir um mandado, pode, quando tal se revelar necessário, recorrer à colaboração de força pública, a qual é requisitada à autoridade mais próxima do local onde dever intervir.").

Antes de se pronunciar sobre a subsistência dos pressupostos da prisão preventiva de acordo com o artigo 213.º, C. P. P., o Ministério Público colherá do departamento competente da Polícia Judiciária informação actualizada que releve para a devida apreciação. Quando o procedimento se reporte a um dos crimes referidos, é aplicável o disposto no já citado artigo 215.º, C. P. P..

V. os Acórdãos do Tribunal Constitucional, n.ºˢ 12/05 e 13/05, publicados no *Diário da República*, II série, de 28 e 29 de Junho, nos quais se decidiu "não julgar inconstitucional o artigo 225.º, n.º 2, do Código de Processo Penal de 1987, na parte em que faz depender a indemnização por «prisão preventiva que, não sendo ilegal, venha a revelar-se injustificada» da existência de um «erro grosseiro na apreciação dos pressupostos de facto de que dependia»".

V. *Medidas de coacção; Arguido; Indícios, Crime; Dolo; Princípio da subsidiariedade; Pena de prisão; Juiz; Requerimento; Relatório social; Serviços de reinserção social; Acusação; Instrução; Decisão instrutória; Sentença condenatória; Trânsito em julgado; Tribunal de primeira instancia; "Habeas corpus"; Processo de extradição; Expulsão; Inquérito; Prova; Estupefaciente; Substância psicotrópica; Tráfico e outras actividades ilícitas; Precursores; Branqueamento; Associação criminosa; Funcionário de justiça; Notificação; Mandado; Ministério Público; Polícia Judiciária; Prazo; Objecto do processo; Despacho de pronúncia; Perícia sobre a personalidade; Despacho; Tribunal Constitucional; Processo Penal; Questão prejudicial; Obrigação de permanência na habitação; Processo; Recurso; Recursos ordinários*.

Prisão subsidiária (Dir. Penal) – Pena de prisão cujo cumprimento ocorre no caso de a multa aplicada pela decisão condenatória não ser, voluntária ou coercivamente, paga.

O regime da conversão da multa não paga em pena de prisão subsidiária encontra-se no artigo 49.º, C. P..

V. *Pena de prisão; Pena de multa*.

Privação do direito a conduzir (Dir. Penal) – É uma das medidas tutelares educativas previstas na Lei Tutelar Educativa, designação que substituiu a primitiva Organização Tutelar de Menores e depois a de Lei Tutelar de Menores, tendo sido aprovada pela Lei n.º 166/99, de 14 de Setembro – v. artigos 4.º, n.º 1-b), 10.º e 19.º, n.º 2.

A medida, aplicável a menores pelo tribunal de família e de menores em processo próprio, pode ser a da privação do direito a conduzir ciclomotores (cassação da licença por período entre um mês e um ano) ou a de proibição de obtenção da licença de condução desses veículos (por período de igual duração)

Qualquer destas medidas pode ser cumulada com outra medida tutelar.

V. *Medidas tutelares educativas; Menor.*

Privação do direito a participar em feiras ou mercados (Dir. Penal) – Pena acessória, aplicável ao agente de crimes económicos (v. artigos 8.º e 15.º do Decreto-Lei n.º 28/84, de 20 de Janeiro – Infracções anti-económicas e contra a saúde pública).

Constitui também sanção acessória no âmbito do ilícito de mera ordenação social – v. artigo 21.º do Decreto-Lei n.º 433/82, de 27 de Outubro – Regime geral do ilícito de mera ordenação social.

V. *Pena; Pena acessória; Sanção; Ilícito de mera ordenação social.*

Privação do direito a subsídios ou subvenções outorgados por entidades ou serviços públicos (Dir. Penal) – Pena acessória aplicável ao agente de crimes económicos (v. artigos 8.º e 14.º do Decreto-Lei n.º 28/84, de 20 de Janeiro – Infracções anti-económicas e contra a saúde pública).

V. *Pena; Pena acessória; Infracções anti-económicas e contra a saúde pública.*

Privação do direito a subsídios, subvenções ou incentivos (Dir. Penal) – Pena aplicável às pessoas colectivas, cujo regime consta do artigo 90.º-I, C. P..

V. *Pena; Responsabilidade criminal das pessoas colectivas.*

Privação do direito de abastecimento através de órgãos da Administração Pública ou de entidades do sector público (Dir. Penal) – Pena acessória aplicável ao agente de crimes económicos (v. artigos 8.º e 16.º do Decreto-Lei n.º 28/84, de 20 de Janeiro – Infracções anti-económicas e contra a saúde pública)

V. *Pena; Pena acessória; Infracções anti-económicas e contra a saúde pública.*

Privação do direito de participar em arrematações ou concursos públicos de fornecimentos (Dir. Penal) – Pena acessória aplicável ao agente de crimes económicos (v. artigos 8.º e 13.º do Decreto-Lei n.º 28/84, de 20 de Janeiro – Infracções anti-económicas e contra a saúde pública.

Constitui também sanção acessória no âmbito do ilícito de mera ordenação social, cfr. artigo 21.º do Decreto-Lei n.º 433/82, de 27 de Outubro – Regime geral do ilícito de mera ordenação social.

V. *Pena; Pena acessória; Sanção; Ilícito de mera ordenação social.*

Privilegiamento (Dir. Penal) – V. *Crime privilegiado.*

Procedimento de identificação (Proc. Penal) – Em razão da obrigação de porte de documento de identificação, imposta pela Lei n.º 5/95, de 21 de Fevereiro (artigo 2.º – os cidadãos maiores de 16 anos devem ser portadores de documento de identificação sempre que se encontrem em lugares públicos, abertos ao público ou sujeitos a vigilância policial), quando o cidadão não possa identificar-se, por não ser portador de documento identificativo, devem utilizar-se os seguintes meios:

1) identificação por um terceiro, devidamente identificado, que garanta a veracidade dos dados pessoais oferecidos;

2) comunicação do identificando com pessoa da sua confiança, no sentido de apresentar, por via dela, os documentos de identificação;

3) acompanhamento do identificando ao lugar onde se encontrem os seus documentos de identificação.

Dispõe, também, o artigo 3.º que este procedimento consiste, nos casos de impossibilidade de identificação ou nos casos de recusa de identificação, em conduzir o identificando ao posto policial mais próximo, onde permanecerá pelo tempo estritamente necessário à identificação, período que não poderá exceder duas horas (pode este procedimento incluir, em caso de necessidade, provas dactiloscópicas, fotográficas ou de natureza análoga).

A redução a auto do procedimento de identificação é obrigatória, em caso de recusa de identificação, e é nos demais casos dispensada, a solicitação da pessoa a identificar.

Este procedimento (condução ao posto policial) só terá lugar na impossibilidade de utilização dos seguintes meios: identificação por um terceiro, devidamente identificado que garanta a veracidade dos dados pessoais oferecidos pelo cidadão não portador de documento com que possa identificar-se; comunicação do identificando com pessoa da sua confiança, no sentido de apresentar, por via dela, os meios de identificação; acompanhamento do identificando ao lugar onde se encontrem os seus documentos de identificação.

Quando se deva presumir que o identificando possa ser menor, os agentes devem comunicar com os responsáveis pelo mesmo.

V. artigo 250.º, C. P. P..

V. *Identificação da pessoa; Bilhete de identidade; Passaporte; Auto; Presunção; Menor; Documento de identificação.*

Processamento e julgamento das contravenções e transgressões (Proc. Penal) – São subsidiariamente aplicáveis a estes processos as disposições do Código de Processo Penal (v. artigo 2.º), aplicando-se-lhes em tudo o mais o prescrito no Decreto-Lei n.º 17/91, de 10 de Janeiro (v. artigos 3.º a 21.º).

Nos termos das disposições deles constantes, é lavrado auto de notícia por qualquer autoridade, agente de autoridade ou funcionário público que presencie a contravenção, e é admitido o pagamento voluntário da multa se à contravenção corresponder esta.

Quando tiver notícia de contravenção ou transgressão que não tenha presenciado, a autoridade procede a inquérito, notificando o infractor ou remetendo o processo ao Ministério Público, quando não lhe corresponda pena de multa.

A remessa a tribunal do auto de notícia que faça fé em juízo equivale à acusação; não é necessária a constituição de arguido e não há lugar à constituição de assistente nem à dedução de pedido cível.

Só é admissível recurso da sentença, do despacho que puser termo ao processo, ou do despacho que, não recebendo a acusação, não designar dia para julgamento.

Os detidos em flagrante delito por contravenção ou transgressão punível com pena de prisão são julgados em processo sumário, quando à detenção tiver procedido qualquer autoridade judiciária ou entidade policial e a audiência se iniciar no máximo de quarenta e oito horas ou, em alguns casos – "*a)* se o arguido solicitar esse prazo para preparação da sua defesa; *b)* se ao julgamento faltarem testemunhas de que o Ministério Público ou o arguido não prescindam; *c)* se o tribunal, oficiosamente ou a requerimento do Ministério Público, considerar necessário que se proceda a quaisquer diligências de prova essenciais à descoberta da verdade e que possam previsivelmente realizar-se dentro daquele prazo" – no máximo de cinco dias após a detenção (v. artigo 19.º do referido DL n.º 17/91).

As contravenções e transgressões foram extintas pelas Leis n.ºˢ 25/2006, de 30 de Junho, 28/2006, de 4 de Julho, e 30/2006, de 11 de Julho.

V. *Contravenção; Auto de notícia; Pena de multa; Inquérito; Ministério Público; Pena; Acusação; Arguido; Assistente; Pedido de indemnização civil; Recurso; Sentença; Despacho; Processo; Julgamento; Flagrante delito; Pena de prisão; Processo sumário; Autoridade judiciária; Detenção; Audiência de discussão e julgamento; Testemunha; Requerimento; Diligência; Prova.*

Processo (Proc. Penal) – Sequência de actos destinados à justa composição, por um órgão imparcial de autoridade (o tribunal), de um conflito de interesses ou litígio.

V. *Tribunal.*

Processo abreviado (Proc. Penal) – Forma de processo simplificada e mais célere do que o processo comum, que tem lugar em caso de crime punível com pena de multa ou pena de prisão não superior a cinco anos, quando haja provas simples e evidentes de que resultem indícios suficientes de se ter verificado o crime e de quem foi o seu agente.

Nestes casos, o Ministério Público, em face do auto de notícia ou após realizar inquérito sumário, deduz acusação para julgamento.

São ainda julgados os crimes puníveis com pena de prisão de limite máximo superior a cinco anos, mesmo em caso de concurso de crimes, quando o Ministério Público, na acusação, entender que não deve ser aplicada, em concreto, pena de prisão superior a cinco anos.

Considera-se que há provas simples e evidentes quando, nomeadamente:

a) o agente tenha sido detido em flagrante delito e o julgamento não puder efectuar-se sob a forma de processo sumário;

b) a prova for essencialmente documental e possa ser recolhida no prazo previsto para a dedução de acusação; ou

c) a prova assentar em testemunhas presenciais com versão uniforme dos factos.

Esta acusação "deve conter os elementos" da acusação de um processo comum e "a identificação do arguido e a narração dos factos podem ser efectuadas no todo ou em parte, por remissão para o auto de notícia ou para a denúncia".

É deduzida no prazo de 90 dias a contar da aquisição da notícia do crime, tratando-se de crime público ou da apresentação de queixa.

"Se o procedimento depender de acusação particular, a acusação do Ministério Público tem lugar depois de deduzida acusação [...]"

Recebidos os autos o juiz procede ao saneamento do processo – v. artigo 311.º, C. P. P..

Se não rejeitar a acusação, designa dia para a audiência, com procedência sobre os julgamentos em processo comum, sem prejuízo da prioridade a conferir aos processos urgentes.

O julgamento "regula-se pelas disposições relativas ao julgamento em processo comum" e tem início no prazo de 90 dias a contar da dedução da acusação.

É aplicável ao processo abreviado o disposto no artigo 391.º, C. P. P. (recorribilidade): só é admissível recurso da sentença ou de despacho que puser termo ao processo.

V. artigos 391.º-A a 391.º-E, C. P. P..

V. *Crime; Pena de multa; Pena de prisão; Prova, Indícios; Agente; Meio de obtenção de prova; Ministério Público; Acusação; Julgamento; Identificação da pessoa; Arguido; Auto de notícia; Acusação particular; Notificação; Debate instrutório; Julgamento; Processo comum; Notícia do crime; Processo comum; Recurso; Sentença; Despacho.*

Processo acusatório (Proc. Penal) – Processo cuja estrutura põe no centro o arguido, enquanto sujeito dotado de inalienáveis direitos, revelando a relação angular que caracteriza o processo penal de um Estado de Direito, que tem no vértice o arguido e cujos lados são formados pela actividade do Ministério Público e do juiz.

É, assim, um processo cuja característica é tratar o arguido como sujeito, com um papel dinâmico na conformação do objecto do processo – e não como objecto do processo penal –, a quem se atribuem irrenunciáveis direitos de defesa perante o poder punitivo do Estado.

Processo com finalidades e meios próprios que visa punir todos os culpados – e só esses –, mas respeitando as liberdades e garantias individuais. Visa atingir a verdade material, mas utilizando para tanto apenas os meios processualmente válidos, e persegue a obtenção de uma solução justa do caso, respeitando integralmente as formas processuais.

Um processo que, com esta estrutura dialéctica, como é a do nosso processo penal, visa realizar a justiça, respeitando as exigências de segurança do direito.

V. *Arguido; Ministério Público; Juiz; Objecto do processo; Direito de defesa; Verdade material; Meios de defesa; Princípio da acusação; Princípio da investigação; Princípio da contraditoriedade.*

Processo causal (Dir. Penal) – V. *Causalidade.*

Processo comum (Proc. Penal) – Processo comum é a forma de processo aplicável em todos os casos para que não esteja previsto processo especial.

V. *Processo especial; Forma de processo.*

Processo correccional (Proc. Penal) – Forma de processo prevista no Código de Processo Penal de 1929 para os crimes cuja moldura penal não fosse superior a dois anos de prisão.

V. *Processo; Crime; Moldura penal; Pena de prisão.*

Processo das infracções anti-económicas e contra a saúde pública (Proc. Penal) – São julgados em processo sumário estes crimes previstos no Decreto-Lei n.º 28/84, de 20 de Janeiro, quando não lhes corresponda pena mais grave do que a de prisão até três anos e multa, e os infractores tenham sido presos em flagrante delito.

Qualquer pessoa, singular ou colectiva, pode intervir como assistente em processos instaurados pelos crimes previstos neste diploma. As associações de consumidores e as associações profissionais são, igualmente, admitidas a intervir como assistentes nos processos por estes crimes.

A investigação deste tipo de crimes é da competência exclusiva da Polícia Judiciária e da Direcção-Geral da Fiscalização Económica, que procede a inquérito preliminar.

A aplicação das coimas e sanções acessórias compete, conforme os crimes definidos no diploma, ou ao Director do Instituto da Qualidade Alimentar ou a uma comissão constituída por um magistrado judicial que a presidirá, pelo Director-Geral de Fiscalização Económica e pelo Director do Instituto da Qualidade Alimentar.

V. *Crime; Pena; Processo sumário; Pena de prisão; Pena de multa; Flagrante delito; Pessoa singular; Pessoa colectiva; Assistente; Polícia Judiciária; Inquérito; Coima; Sanção; Pena acessória; Magistratura judicial.*

Processo de adesão (Proc. Penal) – No nosso direito processual penal, o pedido de indemnização derivado de um crime deve, em princípio ser deduzido no processo penal respectivo – a isto se chama princípio de adesão da acção civil à acção penal, previsto no artigo 71.º, C. P. P..

Visa-se com este sistema permitir, de certo modo, que a justiça penal se pronuncie sobre o objecto da acção civil e que se faça, desta forma, ressaltar o interesse social existente na obrigação de o delinquente reparar o prejuízo civil que causou com o crime, cumprindo-se melhor as exigências de economia processual, de protecção do lesado e de auxílio à função repressiva do processo penal.

Como refere Figueiredo Dias, *in Direito Processual Penal,* I Volume, Coimbra Editora, 1974, "a reparação de perdas e danos arbitrada em processo penal é um efeito penal da condenação [...] 'hoc sensu' uma parte da pena pública, que não se identifica, nos seus fins e nos seus fundamentos, com a indemnização civil, nem com ela tem de coincidir no seu montante".

V. artigos 71.º e seguintes, C. P. P..

V. *Pedido de indemnização civil; Crime; Acção civil; Acção penal; Obrigação; Dano; Lesado; Pena.*

Processo de confirmação de sentença penal estrangeira (Proc. Penal) – V. *Pedido de revisão e confirmação de sentença penal estrangeira.*

Processo de contra-ordenação (Proc. Penal) – Encontra-se descrito no Decreto-Lei n.º 433/82, de 27 de Outubro (e Decretos-Leis n.ᵒˢ 356/89, de 17 de Outubro, 244/95, de 14 de Setembro), nomeadamente nos respectivos artigos 33.º e seguintes.

Em traços gerais, o processamento das contra-ordenações e a aplicação das coimas e das sanções acessórias pertencem às autoridades administrativas.

No entanto, nos termos do artigo 76.º deste diploma, o tribunal não está vinculado à apreciação do facto como contra-ordenação, podendo, oficiosamente ou a requerimento do Ministério Público, converter o processo em processo criminal.

Os processos de contra-ordenação têm a sua competência igualmente estabelecida em razão da matéria e do território, podendo também verificar-se a competência por conexão (de processos).

Quando ocorra um concurso de crime e contra-ordenação, ou quando, pelo mesmo facto, uma pessoa deva responder a título de crime e a título de contra-ordenação, o processamento da contra-ordenação cabe às autoridades competentes para o processo criminal. Por outro lado, a autoridade administrativa competente remeterá o processo ao Ministério Público sempre que considere que a infracção constitui um crime.

São aplicáveis, subsidiariamente e devidamente adaptados, a este processo os preceitos reguladores do processo criminal.

Não é permitida a aplicação de coima ou de sanção acessória pelas autoridades administrativas sem antes se assegurar ao arguido o seu direito de audição e de defesa, sendo que as decisões, despachos e demais medidas tomadas pelas autoridades administrativas no decurso do processo, são susceptíveis de impugnação judicial.

É competente para conhecer do recurso o tribunal em cuja área territorial se tiver consumado a infracção.

Ao receber o recurso, o juiz fixa a data da audiência e o Ministério Público deve estar presente, competindo-lhe promover todas as provas dos factos que considere relevantes para a decisão.

É aplicado neste processo, igualmente, o princípio da proibição da *reformatio in pejus*.

O carácter definitivo da decisão da autoridade administrativa ou o trânsito em julgado da decisão judicial que aprecie o facto como contra-ordenação ou como crime precludem a possibilidade de reapreciação de tal facto como contra-ordenação, e o trânsito em julgado da sentença ou do despacho judicial que aprecie o facto como contra-ordenação preclude igualmente o seu novo conhecimento como crime.

A revisão das decisões definitivas ou transitadas em julgado, em matéria contra-ordenacional, obedece ao disposto nos artigos 449.º e seguintes, C. P. P., sempre que o contrário não resulte do diploma que rege o ilícito de mera ordenação social, isto é, do referido DL n.º 433/82.

V. *Contra-ordenação; Tribunal; Facto; Coima; Requerimento; Ministério Público; Competência; Conexão (competência por); Crime; Autoridade administrativa; Direito de defesa; Despacho; Impugnação; Juiz; Audiência de discussão e julgamento; Prova; Arguido; Recurso; "Reformatio in pejus"; Trânsito em julgado; Sentença; Despacho; Recurso de revisão.*

Processo de extradição (Proc. Penal) – Processo previsto na Lei n.º 144/99, de 31 de Agosto (Cooperação Judiciária Internacional), que regula os termos em que se deve efectuar a extradição, enquanto forma de cooperação judiciária internacional em matéria penal.

É um processo que tem carácter urgente e compreende uma fase administrativa – destinada à apreciação do pedido de extradição pelo Ministro da Justiça – e uma fase judicial, da exclusiva competência da secção criminal do Tribunal da Relação. O julgamento do recurso da decisão final cabe à secção criminal do Supremo Tribunal de Justiça.

A extradição pode ter lugar para efeitos de procedimento penal ou para cumprimento de pena ou de medida de segurança privativas da liberdade, por crime cujo julgamento seja da competência dos tribunais do Estado requerente.

Todavia, para qualquer desses efeitos, só é admissível a entrega da pessoa reclamada, no caso de crime, ainda que tentado, punível pela lei portuguesa e pela lei do Estado requerente com pena ou medidas privativas da liberdade de duração máxima não inferior a um ano.

Para instrução deste processo é elaborado um pedido, que deve indicar:

1) a autoridade de que emana e a autoridade a quem se dirige, podendo esta designação ser feita em termos gerais;

2) o objecto e motivos do pedido;

3) a qualificação jurídica dos factos;

4) a identificação do suspeito, arguido ou condenado, da pessoa cuja extradição ou transferência se requer e a da testemunha ou perito a quem devam pedir-se declarações;

5) a narração dos factos;

6) o texto das disposições legais aplicáveis no Estado que o formula;

7) quaisquer documentos;

8) a demonstração de que, no caso concreto, a pessoa a extraditar está sujeita à jurisdição penal do Estado requerente;

9) a prova, no caso de infracção cometida em terceiro Estado, de que este não reclama o extraditando por causa dessa infracção;

10) a garantia formal de que a pessoa reclamada não será extraditada para terceiro Estado, nem detida para procedimento penal, para cumprimento de pena ou para outro fim, por factos diversos dos que fundamentam o pedido e lhe sejam anteriores ou contemporâneos.

Ao pedido de extradição devem ser juntos os seguintes elementos:

a) mandado de detenção da pessoa reclamada;

b) certidão ou cópia autenticada da decisão que ordenou a expedição do mandado de detenção, no caso de extradição para procedimento criminal;

c) certidão ou cópia autenticada de decisão condenatória, no caso de extradição para cumprimento de pena, bem como documento comprovativo da pena a cumprir;

d) cópia dos textos legais relativos à prescrição do procedimento criminal ou da pena;

e) declaração da autoridade competente relativa a motivos de suspensão ou interrupção de prazos da prescrição;

f) cópia dos textos legais relativos à possibilidade de recurso da decisão ou efectivação de novo julgamento, no caso de condenação em processo cuja audiência de discussão e julgamento tenha decorrido na ausência da pessoa reclamada.

É consagrado no artigo 54.º do mesmo diploma o direito de audição do extraditando, bem como a possibilidade de oposição por parte dele.

É título necessário e suficiente para a entrega do extraditando a certidão da decisão, transitada em julgado, que ordenar a extradição.

A Constituição da República Portuguesa estabelece, por seu turno, no artigo 33.º, n.º 3, que "a extradição de cidadãos portugueses do território nacional só é admitida, em condições de reciprocidade estabelecidas em convenção internacional, nos casos de terrorismo e de criminalidade internacional organizada, e desde que a ordem jurídica do estado requisitante consagre garantias de um processo penal justo e equitativo". Por outro lado, só é admitida a extradição por crimes a que corresponda, segundo o direito do Estado requisitante, pena ou medida de segurança privativa ou restritiva da liberdade com carácter perpétuo ou de duração indefinida, se, nesse domínio, o Estado requisitante for parte de Convenção internacional a que Portugal esteja vinculado e oferecer garantias de que tal pena ou medida de segurança não será aplicada ou executada – n.º 4. "Não é admitida a extradição nem a entrega a qualquer título, por motivos políticos ou por crimes a que corresponda, segundo o direito do estado requisitante, pena de morte ou outra de que resulte lesão irreversível da integridade física" – n.º 6.

V. o Acórdão do Tribunal Constitucional n.º 1146/96, publicado no *Diário da República*, I-A série, de 20 de Dezembro de 1996, que declara a inconstitucionalidade, com força obrigatória geral, por violação do artigo 33.º, n.º 3, da Constituição da República, da norma constante do artigo 4.º, n.º 1, alínea *a)*, do Decreto-Lei n.º 437/75, de 16 de Agosto (em vigor no território de Macau), na parte em que permite a extradição por crimes puníveis no Estado requerente com a pena de morte, havendo garantia da sua substituição, se esta garantia, de acordo com o ordenamento penal e processual do Estado requerente, não for juridicamente vinculante para os respectivos tribunais.

A Convenção Europeia de Extradição, aberta para assinatura, em Paris, a 13 de Dezembro de 1957, foi aprovada, para ratificação, pela Resolução da Assembleia da República n.º 23/89, de 21 de Agosto, ratificada pelo Decreto do Presidente da República n.º 57/89, da mesma data, tendo o respectivo instrumento de ratificação sido depositado conforme aviso publicado no *Diário da República*, I-A série, de 31 de Março de 1990.

V.; *Cooperação judiciária internacional; Tribunal; Tribunal da Relação; Supremo Tribunal de Justiça; Sentença; Crime; Pena; Medida de segurança; Medida privativa da liberdade; Julgamento; Competência; Tentativa; Identificação da pessoa; Testemunha; Arguido; Perito; Qualificação; Facto; Documento; Prova; Detido; Mandado; Mandado de detenção; Certidão; Sentença condenatória Prescrição; Prescrição do procedimento criminal; Prescrição da pena; Interrupção da prescrição; Suspensão da prescrição; Trânsito em julgado; Recurso; Julgamento na ausência do arguido; Tribunal Constitucional; Inconstitucionalidade; Pena de morte.*

Processo de querela (Proc. Penal) – V. *Querela*.

Processo de revisão e confirmação de sentença penal estrangeira (Proc. Penal) – Este processo está previsto e regulado nos artigos 234.º a 240.º, C. P. P..

V. *Pedido de revisão e confirmação de sentença penal estrangeira.*

Processo dos crimes de imprensa (Proc. Penal) – O procedimento por crimes de imprensa – previsto e regulado na Lei n.º 2/99, de 13 de Janeiro – Lei de Imprensa –, com as alterações introduzidas pela Lei n.º 18/2003, de 11 de Junho, rege-se, nos termos do disposto nos artigos 37.º e seguintes da referida Lei, pelas disposições do C.P.P. e da legislação complementar, em tudo o que não estiver especialmente previsto naquela.

Para conhecer dos crimes de imprensa é competente o tribunal de comarca da sede da pessoa colectiva proprietária da publicação ou, no caso de propriedade de pessoa singular, o do seu domicílio. No caso de publicação estrangeira importada, o tribunal competente é o da sede ou domicílio da entidade importadora.

Para conhecer dos crimes de difamação ou injúria, é competente o tribunal da comarca do domicílio do ofendido.

Instaurado o procedimento criminal, se o autor do escrito ou imagem for desconhecido, o Ministério Público ordena a notificação do director da publicação para, no prazo de cinco dias, declarar no inquérito qual a identidade do autor. Se o notificado nada disser, incorre no crime de desobediência qualificada e, se declarar falsamente desconhecer a identidade ou indicar como autor do escrito ou imagem quem se provar que o não foi, incorre nas penas previstas no artigo 360.º, n.º 1, C. P., sem prejuízo de procedimento por denúncia caluniosa.

As sentenças condenatórias por crimes cometidos através da imprensa são, quando o ofendido o requeira, no prazo de cinco dias após o trânsito em julgado, obrigatoriamente publicadas no próprio periódico, por extracto. A publicação tem lugar no prazo de três dias a contar da notificação judicial, quando se trate de publicações diárias e num dos primeiros números seguintes, quando a periodicidade for superior.

O processamento das contra-ordenações compete à entidade responsável pela sua aplicação – a E. R. C.: Entidade Reguladora para a Comunicação Social (que substituiu, nesta competência, a extinta Alta Autoridade para a Comunicação Social), criada pela Lei n.º 53/05, de 8 de Novembro.

V. *Crime; Crimes cometidos através da imprensa; Tribunal; Tribunal de comarca; Competência; Pessoa colectiva; Pessoa singular; Domicílio; Difamação; Injúria; Ofendido; Ministério Público; Notificação; Inquérito; Desobediência qualificada; Pena; Denúncia caluniosa; Sentença condenatória; Trânsito em julgado; Contra-ordenação; Liberdade de imprensa.*

Processo dos crimes de responsabilidade dos titulares de cargos políticos (Proc. Penal) – Estes crimes têm regras especiais de processo.

Nos termos dos artigos 32.º e seguintes da Lei n.º 34/87, de 16 de Julho (Lei da Responsabilidade dos Titulares de Cargos Políticos), com a redacção dada pelo Lei n.º 108/2001, de 28 de Novembro, "à instrução e julgamento dos crimes de responsabilidade de que trata a presente lei aplicam-se as regras gerais de competência e de processo, com as especialidades constantes" do diploma em questão, nomeadamente: "o julgamento dos crimes a que se refere a presente lei far-se-á sem intervenção do júri"; "a instrução e o julgamento de processos relativos a crime de responsabilidade de titular de cargo político cometido no exercício das suas funções far-se-ão, por razões de celeridade, em separado dos relativos a outros co-responsáveis que não sejam também titulares de cargo político".

Nos crimes a que se refere a presente lei, "têm legitimidade para promover o processo penal o Ministério Público, sem prejuízo do especialmente disposto nas disposições do presente capítulo, e, em subordinação a ele: *a)* o cidadão ou a entidade directamente ofendidos pelo acto considerado delituoso; *b)* qualquer membro de assembleia deliberativa, relativamente aos crimes imputados a titulares de cargos políticos que, individualmente, ou através do respectivo órgão, respondam perante aquela; *c)* as entidades a quem incumba a tutela sobre órgãos políticos, relativamente aos crimes imputados a titulares do órgão titulado; *d)* a entidade a

quem compete a exoneração de titular de cargo político, relativamente aos crimes imputados a este".
V. artigos 33.º a 39.º e 41.º a 43.º.

São cargos políticos, para os efeitos desta Lei, "o de Presidente da República; o de Presidente da Assembleia da República; o de Deputado à Assembleia da República; o de membro do Governo; o de deputado ao Parlamento Europeu; o de ministro da República para Região Autónoma [sic]; o de membro de órgão de Governo próprio da região autónoma; o de governador de Macau, de secretário-adjunto do Governo de Macau ou de deputado à Assembleia Legislativa de Macau [sic]; o de membro de órgão representativo da autarquia local; e o de Governador Civil".

Os "crimes de responsabilidade" de titular de cargo político (v. Capítulo II, do referido diploma) são os seguintes: *Crime de traição à Pátria; Atentado contra a Constituição da República; Atentado contra o Estado de Direito; Coacção contra órgãos constitucionais; Prevaricação; Denegação de justiça; Desacatamento ou recusa de execução de decisão de tribunal; Violação de normas de execução orçamental; Suspensão ou restrição ilícita de direitos, liberdades e garantias; Corrupção passiva para acto ilícito; Corrupção passiva para acto lícito; Corrupção activa; Peculato; Peculato de uso; Peculato por erro de outrem; Participação económica em negócio; Emprego de força pública contra a execução de lei de ordem legal; Recusa de cooperação; Abuso de poderes; Violação de segredo* – v. artigos 7.º a 27.º.

O Presidente da República, pelos crimes praticados no exercício das suas funções, responde perante o Plenário do Supremo Tribunal de Justiça.

Nenhum deputado à Assembleia da República pode ser detido ou preso sem autorização da Assembleia, salvo por crime punível com pena maior e em flagrante delito. A Assembleia da República decide se o deputado deve ser suspenso ou não para efeitos de seguimento do processo.

Movido procedimento criminal contra um membro do Governo, e indiciado este definitivamente por despacho de pronúncia ou equivalente, salvo no caso de crime punível com pena maior, a Assembleia da República decide se o membro do Governo deve ou não ser suspenso para efeitos de prosseguimento do processo.

O Primeiro-Ministro responde perante o Plenário do Tribunal da Relação de Lisboa, com recurso para o Supremo Tribunal de Justiça – v. artigos 33.º a 40.º.

Aos deputados ao Parlamento Europeu designados por Portugal aplicam-se, no que se refere à sua detenção ou prisão, bem como ao julgamento dos "crimes de responsabilidade" que cometam no exercício das suas funções, as disposições comunitárias e as disposições aplicáveis da Lei n.º 3/85, de 13 de Março.

Há "regras aplicáveis" (v. Capítulo IV – Regras especiais de processo) também aos membros dos governos regionais: "movido procedimento judicial contra membro do governo regional pela prática de qualquer crime, e indiciado este por despacho de pronúncia ou equivalente, o processo só seguirá os seus termos no caso de ao facto corresponder pena maior, se o membro do governo for suspenso do exercício das suas funções".

Os julgamentos destes crimes fazem-se sem intervenção do tribunal de júri e, por razões de celeridade, realizam-se em separado dos relativos a outros co-responsáveis que não sejam titulares de cargo político.

V. *Crime; Cargo político; Instrução; Julgamento; Competência; Júri; Comparticipação; Participante; Legitimidade; Ministério Público; Ofendido; Traição à Pátria; Atentado contra a Constituição da República; Atentado contra o Estado de Direito; Coacção contra órgãos constitucionais; Prevaricação; Denegação de justiça; Desacatamento ou recusa de execução de decisão de tribunal; Violação de normas de execução orçamental; Suspensão ou restrição ilícitas de direitos, liberdades e garantias; Corrupção passiva para acto ilícito; Corrupção passiva para acto lícito; Corrupção activa; Peculato; Peculato de uso; Peculato por erro de outrem; Participação económica em negócio; Emprego de força pública contra execução de lei ou de ordem legal; Recusa de cooperação; Abuso de poderes; Violação de segredo; Supremo Tribunal de Justiça; Detenção; Preso; Flagrante delito; Pena maior; Despacho de pronúncia, Processo; Recurso; Tribunal da Relação.*

Processo especial (Proc. Penal) – O processo é especial quando obedece a uma tramitação própria, definida expressamente pela lei para um específico campo de aplicação.

Regula-se pelas disposições que lhe são próprias e pelas disposições gerais e comuns.

O Código de Processo Penal prevê como processos especiais o processo sumário (artigos 381.º e segs.), o processo abreviado (artigos 391.º-A e segs.) e o processo sumaríssimo (artigos 392.º e segs.).

V. *Processo comum; Processo abreviado; Processo sumário; Processo sumaríssimo.*

Processo inquisitório (Proc. Penal) – Processo de estrutura radicalmente diversa da do processo penal de estrutura acusatória: trata o arguido não como parte ou sujeito processual mas como objecto do próprio processo.

Num processo com estas características, revela-se toda a força de um Estado fundado em princípios totalitários, com desconsideração pela liberdade e pelas garantias fundamentais do arguido e pela sua dignidade de pessoa humana: os direitos de defesa tornam-se aparentes e visa-se, apenas, obter a confissão do arguido pelos factos de que está acusado.

V. *Processo acusatório; Princípio da contraditoriedade; Arguido; Sujeito processual; Confissão; Direito de defesa.*

Processo Penal
1 – Ramo de direito adjectivo que regula, através do Código de Processo Penal, os sujeitos do processo (juiz, Ministério Público, arguido e seu defensor, advogado, assistente, órgãos de polícia criminal); os actos processuais; a prova (os meios de prova, os meios de obtenção da prova); as medidas a aplicar (medidas de coacção, medidas de garantia patrimonial), as fases do processo (inquérito, instrução e julgamento); os vários tipos de processo (além da tramitação normal, do processo ordinário, os processos especiais – sumário, abreviado e sumaríssimo); os recursos (ordinários e extraordinários); as execuções (execução da pena privativa da liberdade, execução das penas não privativas da liberdade, execução das medidas de segurança, execução da pena relativamente indeterminada); a responsabilidade por custas.

2 – Conjunto de actos que visam o apuramento da responsabilidade penal de um sujeito pelo tribunal criminal. Neste sentido pode também falar-se em acção penal.

V. Convenção Relativa ao Auxílio Judiciário Mútuo em Matéria Penal entre os Estados Membros da União Europeia, elaborada pelo Conselho em conformidade com o artigo 34.º do Tratado da União Europeia, assinada em Bruxelas em 29 de Maio de 2000. O Segundo Protocolo a esta Convenção, aberto à assinatura em Estrasburgo em 8 de Novembro de 2001, foi aprovado, para ratificação, pela Resolução da Assembleia da República n.º 18/2006, de 9 de Março.

V. *Juiz, Ministério Público, Arguido; Defensor, Advogado, Assistente, Órgãos de polícia criminal; Acto processual; Prova; Meios de prova; Meio de obtenção da prova; Medidas de coacção; Medidas de garantia patrimonial; Inquérito; Instrução; Julgamento; Processo sumário; Processo abreviado; Processo sumaríssimo; Recurso; Recurso ordinário; Recurso extraordinário; Execução da pena; Execução da pena de prisão; Execução da pena e medida de segurança privativa da liberdade; Execução da prestação de trabalho a favor da comunidade; Execução da pena de multa; Execução das medidas de segurança não privativas da liberdade; Execução da pena relativamente indeterminada; Responsabilidade criminal; Acção penal.*

Processo sumário (Proc. Penal) – Processo mais célere que o processo comum – porque os seus actos e termos são reduzidos ao mínimo indispensável ao conhecimento e boa decisão da causa – e que tem lugar para julgar os detidos em flagrante delito por crime punível com pena de prisão de limite máximo não superior a cinco anos, mesmo em caso de concurso de infracções, quando à detenção tiver procedido qualquer autoridade judiciária ou entidade policial ou quando a detenção tiver sido efectuada por outra pessoa e, num prazo que não exceda duas horas, o detido tenha sido entregue a uma das entidades referidas, tendo esta redigido auto sumário da entrega.

São também julgados na forma de processo sumário os detidos em flagrante delito por crime punível com pena de prisão de limite máximo superior a cinco anos, mesmo em caso de concurso de infracções, quando o Ministério Público, na acusação, entenda que não deve ser aplicada, em concreto, pena de prisão superior a cinco anos.

Para o processo se desenrolar no mais curto prazo possível, a autoridade judiciária, se não for o Ministério Público ou a entidade policial que tiverem procedido à detenção ou a quem tenha sido efectuada a entrega do detido, apresentam-no no mais curto prazo possível ao Ministério Público junto do tribunal competente para julgamento.

Se o Ministério Público tiver razões para crer que o julgamento não poderá ser iniciado no prazo de 48 horas após a detenção, liberta imediatamente o arguido, podendo sujeitá-lo a termo de identidade e residência, ou apresenta-o ao juiz para efeitos de aplicação de outra medida de coacção ou de garantia patrimonial.

Pode proceder-se ao adiamento da audiência até ao limite do 5.º dia posterior à detenção ou até ao limite de 30 dias se o arguido solicitar esse prazo para preparação da sua defesa ou se o tribunal, oficiosamente ou a requerimento do Ministério Público, considerar essencial que se proceda a quaisquer diligências de prova para a descoberta da verdade (v. artigo 387.º, C. P. P.); no caso de adiamento, o juiz adverte o arguido de que esta se realizará na data designada, mesmo que aquele não compareça, sendo representado por defensor. Nos termos do artigo 385.º, C. P. P. (libertação do arguido), "se a apresentação ao juiz não tiver lugar em acto seguido à detenção em flagrante delito, o arguido só continua detido se houver razões para crer que não se apresentará espontaneamente perante a autoridade judiciária no prazo que lhe for fixado".

Em caso de libertação, o órgão de polícia criminal notifica o arguido para comparecer perante o Ministério Público, no dia e hora que forem designados, para ser submetido:

"*a*) a audiência de julgamento em processo sumário, com a advertência de que esta se realizará, mesmo que este não compareça, sendo representado por defensor;

b) a primeiro interrogatório judicial e eventual aplicação de medida de coacção ou de garantia patrimonial".

A tramitação do processo sumário encontra-se regulada no artigo 389.º, C. P. P., e o reenvio do mesmo para outra forma de processo feita pelo tribunal só se verifica quando (v. artigo 390.º, C. P. P.):

a) se verificar a inadmissibilidade, no caso, do processo sumário;

b) não tenham podido, por razões devidamente justificadas, realizar-se, no prazo máximo previsto no artigo 387.º (casos de impossibilidade de audiência imediata), as diligências de prova necessárias à descoberta da verdade; ou,

c) o procedimento se revelar de excepcional complexidade, devido, nomeadamente, ao número de arguidos ou de ofendidos ou ao carácter altamente organizado do crime.

Esta forma de processo está regulada nos artigos 381.º a 391.º, C. P. P..

V. *Forma de processo; Processo comum; Acto processual; Termo; Detido; Detenção; Flagrante delito; Crime; Pena de prisão; Autoridade judiciária; Audiência de discussão e julgamento; Ministério Público; Julgamento; Prazo; Tribunal; Termo de identidade e residência; Medidas de coacção; Medidas de garantia patrimonial; Defensor; Prova; Diligência.*

Processo sumaríssimo (Proc. Penal) – Forma de processo prevista para os crimes puníveis com pena de prisão não superior a cinco anos ou só com pena de multa, quando o Ministério Público entender que ao caso deve ser concretamente aplicada pena ou medida de segurança não privativas da liberdade O Ministério Público requer ao tribunal que essa aplicação tenha lugar em processo sumaríssimo.

O requerimento termina com a indicação precisa pelo Ministério Público:

a) das sanções concretamente propostas;

b) da quantia exacta a atribuir a título de reparação.

O juiz rejeita o requerimento e reenvia o processo para outra forma que lhe caiba quando for legalmente inadmissível o procedimento; quando o requerimento for manifestamente infundado; quando entender que a sanção proposta é manifestamente insusceptível de realizar de forma adequada e suficiente as finalidades da punição. Em alternativa a reenviar o processo para outra forma pode fixar sanção diferente na sua espécie ou medida, com a concordância do Ministério Público e do arguido.

Não é permitida a intervenção, nesta forma de processo, de partes civis, sem prejuízo da possibilidade de aplicação do disposto no artigo 82.º-A (reparação da vítima em casos especiais).

V. artigos 392.º a 398.º, C. P. P..

V. *Processo; Forma de processo; Pena; Pena de prisão; Pena de multa; Ministério Público; Medida de segurança; Requerimento; Processo comum; Juiz; Notificação; Arguido; Despacho; Acusação; Sentença condenatória; Trânsito em julgado; Julgamento; Sanção; Partes civis; Reparação da vítima em casos especiais.*

Processo tutelar (Proc. Penal) – Processo da competência dos tribunais de família e menores que visa a aplicação de medidas tutelares educativas (antes designadas por medidas de protecção, assistência e educação).

A prática, por menor com idade compreendida entre os 12 e os 16 anos, de facto qualificado pela lei como crime dá lugar à aplicação de medida tutelar educativa. Estas medidas visam a educação do menor para o direito e a sua inserção, de forma digna e responsável, na vida em comunidade.

Só pode aplicar-se medida tutelar a menor que cometa facto qualificado pela lei como crime e que seja passível de medida tutelar por lei anterior ao momento da sua prática – v. artigos 1.º a 5.º da Lei Tutelar Educativa (Lei n.º 166/99, de 14 de Setembro).

O processo tutelar é secreto até ao despacho que designar data para a audiência preliminar ou para a audiência, se aquela não tiver lugar. A publicidade do processo faz-se com respeito pela personalidade do menor e pela sua vida privada.

O menor, os pais, o representante legal ou a pessoa que tenha a sua guarda de facto, podem constituir ou requerer a nomeação de defensor, em qualquer fase do processo. A audição do menor é sempre realizada pela autoridade judiciária – v. artigos 41.º e segs. da Lei Tutelar Educativa.

Pode haver detenção do menor em flagrante delito e fora de flagrante delito – artigos 51.º, 52.º e 53.º.

São aplicadas aos menores as medidas cautelares que se revelem adequadas e proporcionais às exigências preventivas ou processuais que o caso requerer, nomeadamente: "a entrega do menor aos pais, representante legal, pessoa que tenha a sua guarda de facto ou outra pessoa idónea, com imposição de obrigações ao menor; a guarda do menor em instituição pública ou privada; a guarda do menor em centro educativo" – v. artigo 57.º.

A aplicação destas medidas é feita por despacho do juiz, a requerimento do Ministério Público (durante o inquérito) e, posteriormente, mesmo oficiosamente – v. artigo 59.º.

"Constituem objecto de prova os factos juridicamente relevantes para a verificação da existência ou inexistência do facto, para avaliação da necessidade de medida cautelar e para determinação da medida a aplicar" – artigo 65.º. A prova por acareação em que intervenha o menor é ordenada pela autoridade judiciária e tem lugar na sua presença – v. artigo 70.º.

Vigora no processo tutelar o princípio da não adesão: o pedido civil é deduzido em separado perante o tribunal competente – artigo 91.º.

Divide-se o processo tutelar em fase de inquérito (abertura do inquérito contra o menor com a denúncia ou notícia do facto, cuja direcção pertence ao Ministério Público, assistido pelos órgãos de polícia criminal – artigos 72.º a 76.º), fase jurisdicional (compreende a comprovação judicial dos factos; a avaliação da necessidade de aplicação de medida tutelar; a determinação de medida tutelar; a execução de medida tutelar – v. artigo 92.º), audiência preliminar (para produção de prova), audiência de julgamento (decisão sobre a necessidade de medida tutelar a aplicar e sobre a medida a aplicar) e recursos – v. artigos 72.º a 127.º.

V. *Medidas tutelares educativas; Recurso; Audiência de discussão e julgamento; Prova; Representação; Defensor; Centro educativo;*

Pedido de indemnização civil; Princípio da adesão; Tribunal; Inquérito; Ministério Público; Órgãos de polícia criminal; Autoridade judiciária; Facto; Acareação; Despacho; Juiz; Detenção; Detenção em flagrante delito; Detenção fora de flagrante delito; Menor; Crime; Competência.

Procuração – É o acto pelo qual alguém atribui a outrem, voluntariamente, poderes de representação (artigo 262.º do Código Civil), devendo tal acto revestir, em princípio, a forma necessária para o acto que o procurador haja de realizar.

V. *Acto jurídico; Representação; Procuração forense; Procurador.*

Procuração forense (Proc. Penal) – A nossa lei processual civil não distingue claramente entre mandato e procuração, estabelecendo o artigo 35.º do Código de Processo Civil que o mandato judicial pode ser conferido:
a) por meio de instrumento público ou de documento particular, com intervenção notarial, nos termos da respectiva legislação;
b) por declaração verbal da parte no auto de qualquer diligência que se pratique no processo.

A procuração, seja conferida por declaração verbal em auto, seja constante de documento, "atribui poderes ao mandatário para a [a parte outorgante da procuração] representar em todos os actos e termos do processo principal e respectivos incidentes, mesmo perante os tribunais superiores, sem prejuízo das disposições que exijam a outorga de poderes especiais por parte do mandante", presumindo a lei que, entre os poderes conferidos ao mandatário judicial, está o de substabelecer.

V. *Procuração; Mandato; Mandato judicial; Documento; Notário; Auto; Diligência; Mandatário; Tribunal; Advogado; Processo; Substabelecimento; Incidente; Diligência.*

Procurador – Pessoa a quem alguém atribui voluntariamente poderes de representação, por procuração.

V. *Procuração; Representação.*

Procurador adjunto (Org. Judiciária) – Magistrado do Ministério Público que exerce funções em comarcas segundo o quadro constante das leis de organização judiciária, competindo-lhe, nos termos do disposto no artigo 64.º do Estatuto do Ministério Público – Lei n.º 47/86, de 15 de Outubro, alterada pelas Leis n.ºs 2/90, de 20 de Janeiro, 23/92, de 20 de Agosto, 10/94, de 5 Maio, 60/98, de 27 de Agosto, e 42/2005, de 29 de Agosto –, representar o Ministério Público nos tribunais de 1.ª instância.

Sem prejuízo da orientação do procurador-geral distrital respectivo, a distribuição de serviço pelos procuradores-adjuntos da mesma comarca faz-se por despacho do competente procurador da República.

Quando haja, nas comarcas, dois ou mais procuradores-adjuntos, estes substituem-se uns aos outros segundo a ordem estabelecida pelo procurador da República.

V. *Ministério Público; Procurador da República; Comarca; Tribunal; Tribunal de primeira instância.*

Procurador da República (Org. Judiciária) – Compete aos procuradores da República, nos termos do artigo 63.º do Estatuto do Ministério Público – Lei n.º 47/86, de 15 de Outubro, alterada pelas Leis n.ºs 2/90, de 20 de Janeiro, 23/92, de 20 de Agosto, 10/94, de 5 Maio, 60/98, de 27 de Agosto, e 42/2005, de 29 de Agosto –, representar o Ministério Público nos tribunais de 1.ª instância, devendo assumir pessoalmente essa representação quando o justifiquem a gravidade da infracção, a complexidade do processo ou a especial relevância do interesse a sustentar, nomeadamente nas audiências de tribunal colectivo ou de júri.

Compete-lhe ainda: orientar e fiscalizar o exercício das funções do Ministério Público e manter informado o procurador-geral distrital; emitir ordens e instruções; conferir posse aos procuradores-adjuntos; proferir as decisões previstas nas leis de processo; definir formas de articulação com órgãos de polícia criminal, organismos de reinserção social e estabelecimentos de acompanhamento, tratamento e cura, além das demais funções conferidas por lei.

V. *Ministério Público; Tribunal de primeira instância; Audiência de discussão e julgamento; Tribunal colectivo; Júri; Processo; Procurador adjunto; Órgão de polícia criminal; Serviços de reinserção social.*

Procurador-geral adjunto (Org. Judiciária) – Magistrado do Ministério Público que exerce funções na procuradoria-geral distrital e a quem, nos termos do artigo 59.º do Estatuto do Ministério Público – Lei n.º 47/86, de15 de Outubro, alterada pelas Leis n.ºˢ 2/90, de 20 de Janeiro, 23/92, de 20 de Agosto, 10/94, de 5 Maio, 60/98, de 27 de Agosto, e 42/2005, de 29 de Agosto –, compete assumir, sob a direcção do procurador-geral distrital, a representação do Ministério Público no Tribunal da Relação e superintender e coordenar as áreas de intervenção que lhe forem delegadas.

V. *Ministério Público; Tribunal da Relação.*

Procurador-Geral da República (Org. Judiciária) – Figura máxima da magistratura do Ministério Público.

Compete ao Procurador-Geral da República, nos termos do artigo 12.º do Estatuto do Ministério Público – Lei n.º 47/86, de15 de Outubro, alterada pelas Leis n.ºˢ 2/90, de 20 de Janeiro, 23/92, de 20 de Agosto, 10/94, de 5 Maio, 60/98, de 27 de Agosto, e 42/2005, de 29 de Agosto):

– presidir à Procuradoria-Geral da República;

– representar o Ministério Público no Supremo Tribunal de Justiça, no Tribunal Constitucional, no Supremo Tribunal Administrativo, no Supremo Tribunal Militar e no Tribunal de Contas;

– requerer ao Tribunal Constitucional a declaração com força obrigatória geral da inconstitucionalidade ou ilegalidade de qualquer norma.

Como presidente da Procuradoria--Geral da República, compete-lhe também promover a defesa da legalidade democrática; dirigir, coordenar e fiscalizar a actividade do Ministério Público e emitir as directivas, ordens e instruções a que deve obedecer a actuação dos respectivos magistrados; convocar o Conselho Superior do Ministério Público e o Conselho Consultivo da Procuradoria-Geral da República e presidir às respectivas reuniões; informar o Ministro da Justiça da necessidade de medidas legislativas tendentes a conferir exequibilidade aos preceitos constitucionais; fiscalizar superiormente a actividade processual dos órgãos de polícia criminal; inspeccionar, ou mandar inspeccionar, os serviços do Ministério Público e ordenar a instauração de inquérito, sindicâncias e processos criminais ou disciplinares aos seus magistrados; propor ao ministro da Justiça providências legislativas com vista à eficiência do Ministério Público e ao aperfeiçoamento das instituições judiciárias ou a pôr termo a decisões divergentes dos tribunais ou dos órgãos da Administração Pública; intervir, pessoalmente ou por substituição, nos contratos em que o Estado seja outorgante, quando a lei o exigir; superintender nos serviços de inspecção do Ministério Público; dar posse ao vice-procurador-geral da República, aos procuradores-gerais-adjuntos e aos inspectores do Ministério Público; exercer, sobre os funcionários dos serviços de apoio técnico e administrativo da Procuradoria--Geral da República e dos serviços que funcionam na dependência desta, a competência que pertence aos ministros, salvo quanto à nomeação, além das demais funções que lhe sejam atribuídas por lei.

V. *Ministério Público; Procuradoria-Geral da República; Supremo Tribunal Administrativo; Supremo Tribunal de Justiça; Tribunal Constitucional; Inconstitucionalidade; Ilegalidade; Magistratura; Conselho Superior do Ministério Público; Conselho Consultivo da Procuradoria-Geral da República; Órgão de polícia criminal; Inquérito; Tribunal; Procurador-geral adjunto.*

Procurador-geral distrital (Org. Judiciária) – Nos termos do disposto nos artigos 57.º e seguintes do Estatuto do Ministério Público – Lei n.º 47/86, de15 de Outubro, alterada pelas Leis n.ºˢ 2/90, de 20 de Janeiro, 23/92, de 20 de Agosto, 10/94, de 5 Maio, 60/98, de 27 de Agosto, e 42/2005, de 29 de Agosto –, compete ao procurador-geral distrital "dirigir e coordenar a actividade do Ministério Público no distrito judicial e emitir ordens e instruções; representar o Ministério Público junto do Tribunal da Relação; propor ao

Procurador-Geral da República a adopção de directivas que visem a uniformização de procedimentos do Ministério Público; coordenar a actividade dos órgãos de polícia criminal; conferir posse aos procuradores da República e aos procuradores--adjuntos na comarca sede do distrito judicial".

"A procuradoria-geral distrital é dirigida por um procurador-geral-adjunto com a designação de procurador-geral distrital".

V. *Ministério Público; Distrito judicial; Tribunal da Relação; Procurador-Geral da República; Procuradoria-Geral da República; Órgão de polícia criminal; Procurador da República; Procurador adjunto; Comarca.*

Procuradoria (Proc. Penal) – Encargo que impende sobre a parte que é condenada nas custas e que se destina a indemnizar a outra parte no processo de despesas por ela realizadas com os seus mandatários judiciais.

A parte vencedora, na proporção em que o seja, tem direito a receber do vencido, desistente ou confitente, em cada instância ou no Supremo Tribunal de Justiça, uma quantia a título de procuradoria que entra em regra de custas, sendo que a procuradoria é devida nas próprias transacções.

É o seguinte o teor do artigo 40.º, n.º 1, do Código das Custas Judiciais, na redacção que lhe foi dada pelo Decreto-Lei n.º 324/2003, de 27 de Dezembro: "sem prejuízo do disposto no regime do acesso ao direito e aos tribunais [v. Lei n.º 30-E/2000, de 20 de Dezembro, alterada pelo Decreto-Lei n.º 38/2003, de 8 de Março – rectificado pela Declaração de rectificação n.º 5-C/2003, de 30 de Abril], a parte vencedora, na proporção em que o seja, tem direito a receber do vencido, desistente ou confitente, na primeira instância e nos tribunais superiores, salvo nos incidentes, uma quantia a título de procuradoria"; por seu lado, o artigo 41.º do mesmo diploma, na redacção do mesmo DL n.º 324/2003, dispõe que "a procuradoria é arbitrada pelo tribunal, tendo em atenção o valor, a complexidade da causa, o volume e a natureza da actividade desenvolvida e ainda a situação económica do responsável, entre um décimo e um quarto da taxa de justiça devida". E que, "quando o tribunal a não arbitre, a procuradoria é igual a um décimo da taxa de justiça devida".

V. *Custas; Mandatário; Mandato judicial; Instância; Supremo Tribunal de Justiça; Acesso à justiça; Queixa; Confissão; Incidente; Processo; Tribunal; Taxa de justiça.*

Procuradoria da República (Org. Judiciária) – Existem procuradorias da República na sede dos círculos judiciais, sendo que, nas comarcas sede de distrito judicial, pode haver uma ou mais procuradorias da República.

Compreendem o procurador ou procuradores da República e procuradores--adjuntos, sendo dirigidas por um procurador da República.

V. artigos 61.º, 62.º e 63.º do Estatuto do Ministério Público – Lei n.º 47/86, de 15 de Outubro, alterada pelas Leis n.ºˢ 2/90, de 20 de Janeiro, 23/92, de 20 de Agosto, 10/94, de 5 Maio, 60/98, de 27 de Agosto, e 42/2005, de 29 de Agosto.

V. *Tribunal de círculo; Tribunal de comarca; Distrito judicial; Procurador da República; Procurador-adjunto.*

Procuradoria-Geral da República (Org. Judiciária) – De acordo com o n.º 1 do artigo 222.º da Constituição da República, "[...] é o órgão superior do Ministério Público, com a composição e a competência definidas na lei".

"A Procuradoria-Geral da República é presidida pelo Procurador-Geral da República e compreende o Conselho Superior do Ministério Público, que inclui membros eleitos pela Assembleia da República e membros entre si eleitos pelos magistrados do Ministério Público".

A competência deste órgão é vasta, sendo de destacar as seguintes funções, de entre as que lhe são cometidas:

a) promover a defesa da legalidade democrática;

b) funções disciplinares e de gestão dos quadros do Ministério Público e de direcção, coordenação e fiscalização da actividade deste;

c) funções de consulta jurídica do Governo;

d) propor ao Ministro da Justiça a adopção das providências legislativas relativas ao Ministério Público e às instituições judiciárias, no sentido do seu aperfeiçoamento;

e) propor as alterações dos textos legislativos que entenda necessárias.

V. *Ministério Público; Procurador-Geral da República; Conselho Superior do Ministério Público; Competência.*

Procuradoria ilícita (Dir. Penal) – Pratica o crime de procuradoria ilícita quem realizar actos próprios dos advogados e solicitadores ou auxiliar ou colaborar na prática desses actos sem que esteja inscrito na Ordem dos Advogados ou na Câmara dos Solicitadores, respectivamente, ou seja mestre ou doutor em Direito ou docente de faculdade de Direito – artigo 7.º da Lei n.º 49/2004, de 24 de Agosto de 2004.

É um crime semipúblico e são titulares do direito de queixa, tendo a possibilidade de se constituírem assistentes, o lesado, a Ordem dos Advogados e a Câmara dos Solicitadores.

V. *Crime; Advogado; Solicitador; Ordem dos Advogados; Câmara dos Solicitadores; Crime semipúblico; Assistente; Lesado; Queixa.*

Profanação de cadáver ou de lugar fúnebre (Dir. Penal) – Crime previsto no artigo 254.º, C. P., que ocorre quando alguém subtrai, destrói ou oculta, sem consentimento de quem de direito, cadáver ou parte dele, ou cinzas de pessoa falecida; profana cadáver ou parte dele, ou cinzas de pessoa falecida, praticando actos ofensivos do respeito devido aos mortos; ou profana lugar onde repousa pessoa falecida ou monumento aí erigido em sua memória, praticando actos ofensivos do respeito devido aos mortos.

V. *Crime; Ofensa à memória de pessoa falecida.*

Proibição da dupla valoração do facto (Dir. Penal; Proc. Penal) – V. *Princípio do "non bis in idem".*

Proibição de celebrar contratos (Dir. Penal) – Pena aplicável às pessoas colectivas, cujo regime se encontra no artigo 90.º-H, C. P..

A proibição pode ter a duração de um a cinco anos.

V. *Pena; Responsabilidade criminal das pessoas colectivas.*

Proibição de conduzir veículos com motor (Dir. Penal; Proc. Penal) – Pena acessória cujo regime consta do artigo 69.º, C. P..

Traduz-se genericamente, como a designação sugere, na interdição de condução de veículos com motor, aplicável por força da prática de crime relacionado com a condução de veículos motorizados.

As situações em que tem lugar a aplicação da pena de conduzir veículos com motor constam das três alíneas do n.º 1 do artigo 69.º, C. P. – condenação por crime de *Condução perigosa de veículo rodoviário* ou de *Condução de veículo em estado de embriaguez ou sob a influência de estupefacientes ou substâncias psicotrópicas* (v. estas expressões); condenação por crime cometido com utilização de veículo e cuja execução tiver sido por essa utilização facilitada de forma relevante; e condenação por crime de desobediência, por recusa de submissão às provas legalmente estabelecidas para a detecção de condução do veículo sob o efeito do álcool, estupefacientes, substâncias psicotrópicas ou produtos com efeito análogo.

A pena é fixada num período entre 3 meses e 3 anos.

V. artigo 500.º, C. P. P..

V. *Pena acessória; Crime; Desobediência; Estupefaciente; Substância psicotrópica; Pena.*

Proibição de exercício de função (Dir. Penal; Proc. Penal) – V. *Proibição do exercício de função.*

Proibição de regresso (Dir. Penal) – Teoria relativa ao nexo de causalidade, desenvolvida por Frank, segundo a qual não devem ser consideradas causa de um evento as condições anteriores a uma actuação dirigida, livre e conscientemente, à produção do resultado.

V. *Causalidade; Imputação objectiva; Nexo de causalidade.*

Proibição de valoração de provas (Proc. Penal) – Não valem em julgamento, nomeadamente para o efeito de formação da convicção do tribunal, quaisquer provas que não tiverem sido produzidas ou examinadas em tribunal.

Ressalvam-se as provas contidas em actos processuais cuja leitura, visualização ou audição em audiência sejam permitidas (ex., leitura permitida de autos e declarações; leitura permitida de declarações do arguido – v. artigos 356.º e 357.º, C. P. P.).

V. *Prova; Leitura permitida de declarações do arguido; Julgamento; Prova; Acto processual.*

Proibição do exercício de função (Dir. Penal; Proc. Penal) – Pena acessória, prevista no artigo 66.º, C. P., aplicável ao titular de cargo público, funcionário público ou agente da administração que, no exercício da actividade para que foi eleito ou nomeado, cometer crime punido com pena de prisão superior a 3 anos, desde que o facto seja praticado com flagrante e grave abuso da função ou com manifesta e grave violação dos deveres que lhe são inerentes; revele indignidade no exercício do cargo; ou implique a perda da confiança necessária ao exercício da função.

V. artigo 499.º, C. P. P..

V. *Pena; Pena acessória; Cargo político; Funcionário; Crime; Pena de prisão.*

Proibição e imposição de condutas (Proc. Penal) – Medida de coacção imposta ao arguido quando haja fortes indícios da prática de crime doloso punível com pena de prisão de máximo superior a três anos.

Pode impor-se ao arguido, cumulativa ou separadamente, as obrigações de: não se ausentar para o estrangeiro ou não o fazer sem autorização; não permanecer, ou não permanecer sem autorização, na área de uma determinada povoação, freguesia ou concelho ou na residência onde o crime tenha sido cometido ou onde habitem os ofendidos seus familiares ou outras pessoas sobre as quais possam ser cometidos novos crimes; não se ausentar da povoação, freguesia ou concelho do seu domicílio ou não se ausentar sem autorização, salvo para lugares pré-determinados, nomeadamente para o lugar do trabalho; não contactar, por qualquer meio, com determinadas pessoas ou não frequentar certos lugares ou certos meios; não adquirir, não usar ou, no prazo que lhe for fixado, entregar armas ou outros objectos e utensílios que detiver, capazes de facilitar a prática de outro crime; sujeitar-se, mediante prévio consentimento, a tratamento de dependência de que padeça e haja favorecido a prática do crime, em instituição adequada.

V. artigo 200.º, C. P. P..

V. *Arguido; Medidas de coacção; Crime; Dolo; Pena de prisão; Domicílio; Indícios; Moldura penal; Consentimento; Prazo; Arma.*

Promoção (Proc. Penal) – Despacho exarado pelo magistrado do Ministério Público que intervém no processo, no qual este dá conta do seu entendimento sobre determinado assunto e que reveste, geralmente, as características de solicitação ou sugestão/parecer da adopção de determinada medida ou decisão.

Por exemplo, o Ministério Público requer que ao arguido seja aplicada uma determinada medida de coacção, durante o inquérito.

V. *Ministério Público; Despacho; Processo; Arguido; Medidas de coacção; Inquérito.*

Pronúncia (Proc. Penal) – Despacho, proferido pelo juiz de instrução, de pronúncia do arguido pelo crime de que vem acusado, encerrado que esteja o debate instrutório e que constitui o culminar da fase facultativa que é a instrução.

O despacho de pronúncia implica a sujeição do arguido a julgamento por se verificarem indícios suficientes dos pressupostos de que depende a aplicação ao arguido de uma pena ou de uma medida de segurança – é a confirmação da acusação.

A decisão instrutória é nula na parte que pronunciar o arguido por factos que constituam alteração substancial dos descritos na acusação do Ministério Público ou do assistente ou no requerimento para a abertura da instrução – artigo 309.º, C. P. P.. Esta nulidade deve ser arguida no prazo de oito dias contados da data de notificação da decisão.

A decisão instrutória que pronunciar o arguido pelos factos constantes da acusação do Ministério Público é irrecorrível.

V. *Despacho; Juiz de instrução; Instrução; Arguido; Crime; Debate instrutório; Pena; Medida de segurança; Decisão instrutória; Nulidade; Alteração substancial dos factos; Acusação; Ministério Público; Assistente; Requerimento para abertura da instrução; Nulidades dependentes de arguição; Notificação; Recurso.*

Propagação de doença, alteração de análise ou de receituário (Dir. Penal) – Crime previsto no artigo 283.º, C. P., que ocorre quando alguém propaga doença contagiosa; ou quando um médico, enquanto tal, ou um seu empregado, um enfermeiro ou empregado de laboratório, ou uma pessoa legalmente autorizada a elaborar exame ou registo auxiliar de diagnóstico ou tratamento médico ou cirúrgico, fornece dados ou resultados inexactos; ou ainda quando um farmacêutico, enquanto tal, ou um empregado de farmácia fornece substâncias medicinais em desacordo com o prescrito em receita médica.
A negligência é punida nos termos do artigo 283.º, n.ºˢ 2 e 3, C. P..
V. *Crime; Negligência.*

Propaganda do suicídio (Dir. Penal) – Crime previsto no artigo 139.º, C. P., que ocorre quando alguém, por qualquer modo, faz propaganda ou publicidade de produto, objecto ou método preconizado como meio para produzir a morte de forma adequada a provocar suicídio.
V. *Crime; Incitamento ou ajuda ao suicídio; Suicídio.*

Propriedade – Direito real que integra todas as prerrogativas que se podem ter sobre um bem.
De acordo com o artigo 1305.º do Código Civil, "o proprietário goza de modo pleno e exclusivo dos direitos de uso, fruição e disposição das coisas que lhe pertencem, dentro dos limites da lei e com observância das restrições por ela impostas".
O n.º 1 do artigo 62.º da Constituição da República garante "o direito à propriedade privada e à sua transmissão em vida ou por morte [...]".
O artigo 1316.º do Código Civil enuncia as formas de aquisição da propriedade, sendo elas o contrato, a sucessão por morte, a usucapião, a ocupação, a acessão e ainda outras formas que a lei expressamente prevír.
Os artigos 1344.º e segs. do Código Civil ocupam-se do regime da propriedade de bens imóveis, determinando os seus limites, os direitos, deveres e sujeições do seu titular; os artigos 1385.º e segs., por sua vez, tratam de problemas atinentes à propriedade das águas; os artigos 1403.º e segs. estabelecem as regras respeitantes à compropriedade; finalmente, os artigos 1414.º e segs. (com as alterações de redacção decorrentes do Decreto-Lei n.º 267/94, de 25 de Outubro), sempre do Código Civil, ocupam-se do regime da propriedade horizontal.
V. *Coisa imóvel; Crimes contra o património.*

Protecção às vítimas de crimes violentos (Dir. Penal) – A protecção das vítimas de crimes violentos encontra-se regulada no Decreto-Lei n 423/91, de 30 de Outubro, alterado pela Lei n.º 10/96, de 23 de Março, que consagra o regime legal da atribuição de indemnização pelo Estado.
A protecção traduz-se na concessão de alimentos ou de uma indemnização por parte do Estado.
V. Decreto Regulamentar n.º 4/93, de 22 de Fevereiro.
V., ainda, artigo 82.º-A, C. P. P..
V. *Vítima de crime violento; Crime; Indemnização.*

Protecção de crianças e jovens em perigo (Dir. Penal) – A protecção de crianças e jovens em perigo encontra-se regulada na Lei de Protecção de Crianças e Jovens em Perigo, aprovada pela Lei n.º 147/99, de 1 de Setembro.
O regime em questão tem por objecto a promoção dos direitos e a protecção das crianças e jovens em perigo, por forma a garantir o seu bem-estar e desenvolvimento integral – artigo 1.º.
Considera-se em perigo a criança ou jovem abandonado, que sofre maus tratos, que não recebe os cuidados normais, submetida a trabalhos excessivos, submetida a comportamentos que afectem grave-

mente a sua segurança ou que assume comportamentos de risco – artigo 3.º.

O artigo 35.º desta Lei prevê as medidas de promoção dos direitos e de protecção – apoio junto dos pais, apoio junto de outro familiar, confiança a pessoa idónea, apoio para a autonomia de vida, acolhimento familiar, acolhimento em instituição e confiança a pessoa seleccionada para a adopção ou a instituição com vista a adopção futura.

V. Lei Tutelar Educativa, aprovada pela Lei n.º 166/99, de 14 de Setembro.

V. ainda a Convenção Relativa à Competência das Autoridades e à Lei Aplicável em Matéria de Protecção de Menores, celebrada na Haia em 5 de Outubro de 1961, aprovada, para ratificação, pelo Decreto-Lei n.º 48 494, de 22 de Julho de 1968, tendo Portugal depositado o respectivo instrumento de ratificação em 6 de Dezembro de 1968, conforme aviso publicado no *Diário do Governo*, 1.ª série, de 24 de Janeiro de 1969, e tendo a Convenção entrado em vigor para Portugal em 4 de Fevereiro de 1969; pelo Aviso n.º 287/95, de 4 de Outubro, tornou-se público que, por nota de 1 de Setembro de 1995 e nos termos do artigo 25.º da Convenção por último referida, o Ministério dos Negócios Estrangeiros do Reino dos Países Baixos notificou ter Portugal, por nota datada de 12 de Junho de 1995 e recebida em 10 de Agosto de 1995, informado de que a sua autoridade designada é o Instituto de Reinserção Social; o Aviso n.º 114/2001, de 3 de Novembro, tornou público que o Secretariado Permanente da Conferência da Haia de Direito Internacional Privado comunicou, no âmbito desta Convenção que, em conformidade com o artigo 21.º, alínea 3), da mesma, a República Portuguesa aceitou a adesão da República da Polónia à Convenção, com efeitos a partir de 2 de Outubro de 2001.

V. *Crianças; Jovens; Medidas de promoção e de protecção dos direitos; Confiança de menor; Adopção.*

Protecção de dados pessoais – A Lei n.º 67/98, de 26 de Outubro – que transpôs para a ordem jurídica nacional a Directiva n.º 95/46/CE, do Parlamento Europeu e do Conselho, de 24 de Outubro de 1995 –, rectificada pela Declaração de rectificação n.º 22/98, de 28 de Novembro, constitui a Lei de Protecção de Dados Pessoais.

Esta lei "aplica-se ao tratamento de dados pessoais por meios total ou parcialmente automatizados, bem como ao tratamento por meios não automatizados de dados pessoais contidos em ficheiros manuais ou a estes destinados", não sendo aplicável "ao tratamento de dados pessoais efectuado por pessoa singular no exercício de actividades exclusivamente pessoais ou domésticas" (artigo 4.º, n.ºˢ 1 e 2).

Este diploma (v. artigo 4.º, n.º 3) abrange o tratamento de dados pessoais realizado:

a) No âmbito das actividades de estabelecimento do responsável do tratamento situado em território português;

b) Fora do território nacional, em local onde a legislação portuguesa seja aplicável por força do direito internacional;

c) Por responsável que, não estando estabelecido no território da União Europeia, recorra, para tratamento de dados pessoais, a meios, automatizados ou não, situados no território português, salvo se esses meios só forem utilizados para trânsito através do território da União Europeia".

A Lei cria uma Comissão Nacional de Protecção de Dados, "entidade administrativa independente com poderes de autoridade, que funciona junto da Assembleia da República" (artigo 21.º, n.º 1), com a atribuição de "controlar e fiscalizar o cumprimento das disposições legais e regulamentares em matéria de protecção de dados pessoais, em rigoroso respeito pelos direitos do homem e pelas liberdades e garantias consagradas na Constituição e na lei" – artigo 22.º. A competência desta Comissão vem enunciada no artigo 23.º.

A Lei aplica-se também "à videovigilância e outras formas de captação, tratamento e difusão de sons e imagens que permitam identificar pessoas sempre que o responsável pelo tratamento esteja domiciliado ou sediado em Portugal ou utilize um fornecedor de acesso a redes informáticas e telemáticas estabelecido em território português" – artigo 4.º, n.º 4.

De notar que a Lei se aplica ainda "ao tratamento de dados pessoais que tenham por objectivo a segurança pública, a defesa nacional e a segurança do Estado", embora "sem prejuízo do disposto em normas especiais constantes de instrumentos de direito internacional a que Portugal se vincule e de legislação específica atinente aos respectivos sectores" (artigo 4.º, n.º 7).

O artigo 7.º, n.º 1, proíbe o tratamento automatizado de dados pessoais referentes a "convicções filosóficas ou políticas, filiação partidária ou sindical, fé religiosa, vida privada e origem racial ou étnica, bem como o tratamento de dados relativos à saúde e à vida sexual, incluindo os dados genéticos", mas são amplas as excepções a esta proibição constantes dos restantes números do mesmo artigo.

O artigo 5.º enuncia regras relativas aos dados pessoais, determinando o artigo 6.º que o "tratamento de dados pessoais só pode ser efectuado se o seu titular tiver dado de forma inequívoca o seu consentimento ou se o tratamento for necessário para "vários (e amplos) fins enunciados nas várias alíneas deste preceito. O consentimento, quando necessário, deve corresponder a uma "qualquer manifestação de vontade, livre específica e informada, nos termos da qual o titular aceita que os seus dados pessoais sejam objecto de tratamento" (artigo 3.º-*h*)); a informação que tem de ser prestada ao titular dos dados encontra-se enunciada nos n.ºˢ 1 a 4 do artigo 10.º, dispondo os n.ºˢ 5 e 6 desta norma os casos em que a informação pode ser dispensada.

O titular dos dados tem, "salvo disposição legal em contrário, e pelo menos nos casos referidos nas alíneas *d*) e *e*) do artigo 6.º, o direito de se opor em qualquer altura, por razões ponderosas e legítimas relacionadas com a sua situação particular, a que os dados que lhe digam respeito sejam objecto de tratamento, devendo, em caso de oposição justificada, o tratamento efectuado pelo responsável deixar de poder incidir sobre esses dados"; pode igualmente o titular opor-se, "a seu pedido e gratuitamente, ao tratamento dos dados [...] que lhe digam respeito previsto pelo responsável [...] para efeitos de *marketing* directo ou qualquer outra forma de prospecção, ou de ser informado, antes de os dados serem comunicados pela primeira vez a terceiros para fins de *marketing* directo ou utilizados por conta de terceiros, e de lhe ser expressamente facultado o direito de se opor, sem despesas, a tais comunicações ou utilizações" – artigo 12.º.

O artigo 8.º, n.º 1, respeita à "criação e manutenção de registos centrais relativos a pessoas suspeitas de actividades ilícitas, infracções penais, contra-ordenações e decisões que apliquem penas, medidas de segurança, coimas e sanções acessórias", determinando que eles só podem ser mantidos "por serviços públicos com competência específica prevista na respectiva lei de organização e funcionamento, observando normas procedimentais e de protecção de dados previstas em diploma legal, com parecer prévio da CNPD"; o n.º 2 deste preceito refere-se ao tratamento de dados pessoais relativos a estas pessoas, impondo a sua autorização pela CNPD, com observância das "normas de protecção de dados e de segurança da informação, quando tal tratamento for necessário à execução de finalidades legítimas do seu responsável, desde que não prevaleçam os direitos, liberdades e garantias do titular dos dados"; finalmente, o n.º 3 dispõe que "o tratamento de dados pessoais para fins de investigação policial deve limitar-se ao necessário para a prevenção de um perigo concreto ou repressão de uma infracção determinada, para o exercício de competências previstas no respectivo estatuto orgânico ou noutra disposição legal e ainda nos termos de acordo ou convenção internacional de que Portugal seja parte".

É proibida a interconexão de dados pessoais sem autorização da CNPD, salvas as excepções previstas na lei, devendo a interconexão ser "adequada à prossecução das finalidades legais ou estatutárias e de interesses legítimos dos responsáveis dos tratamentos, não implicar discriminação ou diminuição dos direitos, liberdades e garantias dos titulares dos dados, ser rodeada de adequadas medidas de segurança e ter em conta o tipo de dados objecto de interconexão" (artigo 9.º).

O artigo 13.º dispõe que "qualquer pessoa tem o direito de não ficar sujeita a uma decisão que produza efeitos na sua esfera jurídica ou que a afecte de modo significativo, tomada exclusivamente com base num tratamento automatizado de dados destinado a avaliar determinados aspectos da sua personalidade, designadamente a sua capacidade profissional, o seu crédito, a confiança de que é merecedora ou o seu comportamento", podendo ficar sujeita a tal, desde que isso "ocorra no âmbito da celebração ou da execução de um contrato, e sob condição de o seu pedido de celebração ou execução do contrato ter sido satisfeito, ou de existirem medidas adequadas que garantam a defesa dos seus interesses legítimos, designadamente o seu direito de representação e expressão" ou nos casos em que a CNPD o autorizar, "garantido que se mostre o respeito pelos direitos, liberdades e garantias dos titulares dos dados" (artigo 15.º, n.º 2).

As medidas de segurança do tratamento dos dados encontram-se consagradas nos artigos 14.º e 15.º.

O artigo 17.º faz impender um dever de sigilo profissional sobre os responsáveis de tratamento de dados pessoais, para quaisquer pessoas que tenham conhecimento de dados pessoais no exercício das suas funções, bem como para os "funcionários, agentes ou técnicos que exerçam funções de assessoria à CNDP ou aos seus vogais", dever que persiste mesmo para além do exercício de funções e cuja violação faz incorrer o agente em sanções penais (artigos 47.º a 49.º). Prevê-se também um conjunto de práticas proibidas e sancionadas criminalmente nos artigos 43.º a 46.º.

A Lei n.º 69/98, de 28 de Outubro – que transpôs para a ordem jurídica nacional a Directiva n.º 97/66/CE, do Parlamento e do Conselho, de 15 de Dezembro de 1997 –, tem por objecto o "tratamento de dados pessoais no sector das telecomunicações, especificando e complementando as disposições da Lei da Protecção de Dados Pessoais", e é "aplicável ao tratamento de dados pessoais em ligação com a oferta de serviços de telecomunicações acessíveis ao público nas redes públicas de telecomunicações, nomeadamente através da Rede Digital com Integração de Serviços (RDIS) e das redes públicas móveis digitais" – artigo 3.º, n.º 1. Os prestadores de serviços têm a obrigação de adopção de "todas as medidas técnicas e organizacionais necessárias para garantir a segurança dos serviços de telecomunicações" (artigo 4.º, n.º 1) e a de garantir a confidencialidade e o sigilo das comunicações (artigo 5.º, n.º 1); quanto aos "dados do tráfego relativos aos utilizadores e assinantes tratados para estabelecer chamadas e armazenados pelo operador de uma rede pública" ou "pelo prestador de um serviço de telecomunicações acessível ao público", determina o n.º 1 do artigo 6.º que eles sejam apagados e tornados anónimos após a conclusão da chamada". "Os dados pessoais inseridos em listas impressas ou electrónicas de assinantes acessíveis ao público ou que se possam obter através de serviços de informações telefónicas devem limitar-se ao estritamente necessário para identificar um determinado assinante, a menos que este tenha consentido inequivocamente na publicação de dados suplementares", tendo o assinante (se pessoa singular ou colectiva sem fim lucrativo) direito de, "a seu pedido e gratuitamente", não figurar em qualquer lista, se opor a que os seus dados pessoais sejam utilizados para fins de *marketing* directo, solicitar que o seu endereço seja omitido, total ou parcialmente, bem como exigir que não conste qualquer referência reveladora do seu sexo – artigo 11.º.

A Lei qualifica os ilícitos decorrentes do incumprimento das respectivas regras nos artigos 14.º a 16.º, determinando, quanto às contra-ordenações, que compete à Comissão Nacional de Protecção de Dados o seu processamento e a aplicação das coimas por violação dos artigos 5.º, n.º 3, 6.º, 11.º e 12.º, competindo o processamento das restantes ao Instituto das Comunicações de Portugal.

O Decreto-Lei n.º 129/98, de 13 de Maio, que reorganizou o Registo Nacional de Pessoas Colectivas e que integrou normas relativas à protecção dos dados constantes do Ficheiro Central de Pessoas Colectivas nos respectivos artigos 21.º a 31.º, enuncia, nos artigos 74.º e segs. (na redacção que lhes foi dada pelo Decreto-Lei n.º 323/2001, de 17 de Fevereiro), as sanções em que incorrem aqueles que utilizarem indevidamente os dados.

A Lei n.º 33/99, de 18 de Maio, alterada pelo Decreto-Lei n.º 323/2001, de 17 de Dezembro, que regula a identificação civil e a emissão do bilhete de identidade de cidadão nacional estabelece, no seu artigo 1.º, que "a identificação civil tem por objecto a recolha, tratamento e conservação dos dados pessoais individualizadores de cada cidadão com o fim de estabelecer a sua identidade civil", declarando que serão garantidos na identificação civil os princípios da legalidade, autenticidade, veracidade, univocidade e segurança dos dados identificadores dos cidadãos. "A base de dados de identificação tem por finalidade organizar e manter actualizada a informação necessária ao estabelecimento da identidade dos cidadãos e à emissão do correspondente bilhete de identidade" – artigo 21.º da Lei n.º 33/99.

"Os dados registados na base [...], bem como os constantes do respectivo pedido e do verbete onomástico, podem ser comunicados às entidades policiais e judiciárias, para efeitos de investigação ou de instrução criminal, sempre que os dados não possam ou não devam ser obtidos das pessoas a quem respeitam e as entidades em causa não tenham acesso à base de dados ou esta não contenha a informação referida", dependendo esta comunicação "de solicitação fundamentada do próprio magistrado ou de autoridade da polícia criminal [...]"; "a comunicação deve ser recusada quando o pedido se não mostrar fundamentado" (artigo 24.º).

Dispõe o artigo 27.º: "1 – Podem ainda aceder à informação sobre identificação civil os descendentes, ascendentes, o cônjuge, tutor ou curador do titular da informação ou, em caso de falecimento deste, os presumíveis herdeiros, desde que mostrem interesse legítimo e não haja risco de intromissão na vida privada do titular da informação; 2 – Mediante solicitação fundamentada, pode o Ministro da Justiça, ouvido o director-geral dos Registos e do Notariado, autorizar o acesso à informação sobre identificação civil a outras entidades, desde que se mostre comprovado o fim a que se destina, não haja risco de intromissão na vida privada do titular e a informação não seja utilizada para fins incompatíveis com os que determinaram a sua recolha".

O titular da informação tem o direito a tomar conhecimento dos dados que lhe digam respeito, bem como a obter "a reprodução exacta dos registos", de igual modo se lhe atribuindo o direito de exigir a respectiva correcção e o completamento das omissões – artigos 29.º e 30.º da mesma Lei n.º 33/99.

Segundo o artigo 31.º, "os dados são conservados na base de dados até cinco anos após a data do óbito do seu titular", podendo "ser conservados em ficheiro histórico durante 20 anos a partir do óbito do seu titular". O artigo 33.º enuncia as medidas de controlo para segurança da informação, dispondo o n.º 1 que "à base de dados devem ser conferidas as garantias de segurança necessárias a impedir a consulta, a modificação, a supressão, o adicionamento, a destruição ou a comunicação de dados por forma não consentida pelo presente diploma".

A entidade responsável pela base de dados de identificação civil é a Direcção-Geral dos Registos e do Notariado, competindo ao respectivo director-geral "decidir sobre as reclamações respeitantes ao acesso à informação em matéria de identificação civil, cabendo recurso hierárquico da sua decisão".

A regulação das bases de dados da Procuradoria-Geral da República sobre pedidos de transferência de pessoas condenadas, sobre processos crime contra agentes da autoridade e sobre extradições activas e passivas foi realizada, respectivamente, pelos Decretos-Leis n.ºs 293/99, 294/99 e 295/99, todos de 3 de Agosto; regulação paralela das bases de dados da mesma entidade, relativas à fixação de competência do tribunal singular, nos termos do artigo 16.º, n.º 3, C. P. P. e à suspensão provisória de processos crime, nos termos dos artigos 281.º e 282.º, C. P. P. foram realizadas, respectivamente, pelos Decretos-Leis n.ºs 298/99, e 299/99, ambos de 4 de Agosto.

O regime dos ficheiros informáticos da Polícia Judiciária foi definido pelo Decreto-Lei n.º 352/99, de 3 de Setembro.

V. também a Lei n.º 41/2004, de 18 de Agosto, que transpõe para a ordem jurídica portuguesa a Directiva n.º 2002/58/CE, do Parlamento Europeu e do Conselho, de 12 de Julho, relativa ao tratamento de dados pessoais e à protecção da privacidade no sector das comunicações electrónicas acessíveis ao público, "especificando e complementando as disposições da Lei n.º 61/98, de 26 de Outubro [...]".

V. Convenção para a Protecção das Pessoas relativamente ao Tratamento Automatizado de Dados de Carácter Pessoal, aberta à assinatura dos Estados membros do Conselho da Europa, em Estrasburgo, 28 de Janeiro de 1981, aprovada, para ratificação, pela Resolução da Assembleia da República n.º 23/93, de 9 de Julho (rectificada pela Declaração de rectificação n.º 10/93, de 20 de Agosto), tendo o instrumento de ratificação sido depositado por Portugal em 2 de Setembro de 1993, e tendo a Convenção entrado em vigor no nosso País em 1 de Janeiro de 1994.

V. *Dados pessoais; Ficheiro automatizado; Base de dados; Reclamação; Recurso; Polícia Judiciária; Princípio da igualdade; Autorização; Segredo profissional; Procuradoria--Geral da República; Competência; Tribunal singular; Suspensão provisória do processo.*

Protecção de testemunhas em processo penal (Proc. Penal) – V. Lei n.º 93/99, de 14 de Julho, e Decreto-Lei n.º 190/2003, de 22 de Agosto.
V. *Testemunha.*

Protecção jurídica (Proc. Penal) – Instituto que reveste as modalidades de consulta jurídica e de protecção judiciária.
O artigo 20.º, n.º 1, da Constituição da República referia expressamente o direito à protecção jurídica, estabelecendo o artigo 6.º do Decreto-Lei n.º 387-B/87, de 29 de Dezembro, que "a protecção jurídica reveste as modalidades de consulta jurídica e de apoio judiciário".

Na sua versão actual, aquela disposição constitucional estabelece que "a todos é assegurado o acesso ao direito e aos tribunais para defesa dos seus direitos e interesses legítimos, não podendo a justiça ser denegada por insuficiência de meios económicos". O DL n.º 387-B/87 foi entretanto revogado pela Lei n.º 30-E/2000, de 20 de Dezembro, a qual, por sua vez, foi revogada pela Lei n.º 34/2004, de 29 de Julho, com as alterações introduzidas pela Lei n.º 47/2007, de 28 de Agosto.

Esta Lei n.º 34/2004, alterada pela referida Lei n.º 47/2007, contém o regime de acesso ao direito e aos tribunais.

Nos termos do artigo 1.º, n.º 1, deste diploma, "o sistema de acesso ao direito e aos tribunais destina-se a assegurar que a ninguém seja dificultado ou impedido, em razão da sua condição social ou cultural, ou por insuficiência de meios económicos, o conhecimento, o exercício ou a defesa dos seus direitos". "Têm direito a protecção jurídica, nos termos da presente lei, os cidadãos nacionais e da União Europeia, bem como os estrangeiros e os apátridas com título de residência válido num Estado membro da União Europeia, que demonstrem estar em situação de insuficiência económica", sendo aos estrangeiros sem título de residência reconhecido o direito a protecção jurídica "na medida em que ele seja atribuído aos Portugueses pelas leis dos respectivos Estados" (artigo 7.º, n.ºˢ 1 e 2); esta protecção, embora apenas na modalidade de apoio judiciário, pode ser igualmente concedida a pessoas colectivas quando façam a prova da situação de insuficiência económica.

"A protecção judiciária é concedida para questões ou causas judiciais concretas ou susceptíveis de concretização em que o utente tenha um interesse próprio e que versem sobre direitos directamente lesados ou ameaçados de lesão" – artigo 6.º.

Também a actual Lei de Defesa do Consumidor (Lei n.º 24/96, de 31 de Julho, alterada pela Lei n.º 85/98, de 16 de Dezembro, e pelo Decreto-Lei n.º 67/2003, de 8 de Abril) enuncia, no respectivo artigo 3.º-g), como direito dos consumidores, o direito "à protecção jurídica e a uma justiça acessível e pronta".

Ver o Decreto-Lei n.º 71/2005, de 17 Março – acesso à justiça nos litígios transfronteiriços.

V. *Acesso à justiça; Apoio judiciário; Consulta jurídica; Insuficiência económica; Honorários; Nacionalidade; Estrangeiros; Apátrida; Pessoa singular; Pessoa colectiva; Litígio transfronteiriço.*

Prova (Proc. Penal) – Num sentido lato, é a demonstração da realidade de um facto ou da existência de um acto jurídico. Num sentido mais restrito, é o processo que tem por fim tal demonstração.

Quando o valor de determinado meio de prova está estabelecido na lei, a prova diz-se vinculada. Em caso contrário, a prova é livre.

Em processo penal, vigora o princípio da livre apreciação da prova, enunciado no artigo 127.º, C. P. P.: "Salvo quando a lei dispuser diferentemente, a prova é apreciada segundo as regras da experiência e a livre convicção da entidade competente".

A prova pode ser feita por confissão de uma das partes no processo de qualquer facto que lhe seja desfavorável.

Quando a prova resulta de documento diz-se documental.

Quando se trate de factos para cuja apreciação sejam necessários conhecimentos especializados, a prova é feita por meio de peritos e diz-se pericial: o valor desta prova é livremente apreciado pelo tribunal.

A prova testemunhal só não é admitida quando a lei a exclua e, quanto ao seu valor, também o tribunal tem liberdade para apreciar.

V. *Facto; Acto jurídico; Meio de obtenção de prova; Método proibido de prova; Força probatória; Confissão; Documento; Prova documental; Perito; Prova pericial; Testemunha; Prova testemunhal; Tribunal; Princípio da livre apreciação da prova; Processo; Prova livre; Prova vinculada.*

Prova documental (Proc. Penal) – Toda a prova que se faça no processo mediante a apresentação e junção, oficiosa ou a requerimento, de documentos.

Entende-se por prova por documento a declaração, sinal ou notação corporizada em escrito ou qualquer outro meio técnico.

Pode ser feita oficiosamente ou a requerimento, não podendo, contudo, juntar-se documento que contiver declaração anónima, salvo se for, ele mesmo, objecto ou elemento do crime.

A regra é a de que o documento deve ser junto no decurso do inquérito ou da instrução e, não sendo isso possível, deve sê-lo até ao final da audiência.

Se o documento for escrito em língua estrangeira, é ordenada, sempre que necessário, a sua tradução.

Consideram-se provados os factos materiais constantes de documento autêntico ou autenticado enquanto a autenticidade do documento ou a veracidade do seu conteúdo não forem fundadamente postas em causa.

V. artigos 164.º a 170.º, C. P. P..

V. *Documento; Prova; Meio de obtenção da prova; Inquérito; Instrução; Audiência de discussão e julgamento; Documento autêntico; Autenticação; Incidente de falsidade; Crime.*

Prova livre (Proc. Penal) – A prova diz-se livre quando é deixada ao julgador liberdade na sua apreciação, sendo esta realizada segundo a livre convicção do julgador. O seu valor não está estabelecido na lei.

V. artigo 127.º, C. P. P..

V. *Prova; Princípio da livre apreciação da prova.*

Prova pericial (Proc. Penal) – Prova feita através de perícia, que tem lugar quando a percepção ou a apreciação dos factos exigirem especiais conhecimentos científicos, técnicos ou artísticos, realizada, nos termos do disposto no artigo 152.º, C. P. P., em estabelecimento, laboratório ou serviço oficial apropriado ou por perito, ou por pessoa de honorabilidade e de reconhecida competência na matéria.

A perícia é ordenada, oficiosamente ou a requerimento, por despacho da autoridade judiciária. O despacho é notificado ao Ministério Público, quando este não for o seu autor, ao arguido, ao assistente e às partes civis.

Quando se tratar de perícia sobre características físicas ou psíquicas de pessoa que não haja prestado consentimento, o despacho é da competência do juiz; estas perícias são realizadas por médico ou outra pessoa legalmente autorizada. "Quando se tratar de análises de sangue ou de outras células corporais, os exames efectuados e as amostras recolhidas só podem ser utilizados no processo em curso ou em outro já instaurado, devendo ser destruídos, mediante despacho do juiz, logo que não sejam necessários".

Finda a perícia, é elaborado um relatório pericial no qual os peritos "mencionam e descrevem as suas respostas e conclusões devidamente fundamentadas".

Aos peritos podem ser pedidos esclarecimentos pela autoridade judiciária, pelo arguido, pelo assistente, pelas partes civis e pelos consultores técnicos.

O "juízo técnico, científico ou artístico inerente à prova pericial presume-se subtraído à livre apreciação do julgador" ou seja, o juiz não pode apreciar livremente os dados científicos resultante da prova pericial efectuada, mas apenas cingir-se às conclusões extraídas pelos peritos (da perícia efectuada), não podendo, assim, pôr em causa as respostas a que estes chegaram.

V. artigos 151.º a 163.º, C. P. P..

V. *Prova; Perito; Meio de obtenção da prova; Método proibido de prova; Presunção; Princípio da livre apreciação da prova; Consultor técnico; Autoridade judiciária; Arguido; Assistente; Partes civis; Requerimento; Despacho; Ministério Público; Consentimento; Juiz; Competência.*

Prova por acareação (Proc. Penal) – Prova que se obtém pela audição e inerente interrogatório entre co-arguidos, entre testemunhas, entre estas e o arguido ou o assistente, entre o arguido e o assistente, quando haja contradição entre as declarações por eles prestadas.

Procede-se à acareação sempre que "a diligência se afigurar útil à descoberta da verdade".

A acareação tem lugar "oficiosamente ou a requerimento".

V. artigo 146.º, C. P. P..

V. *Acareação; Arguido; Testemunha; Testemunho; Assistente; Prova; Meio de obtenção da prova; Diligência; Requerimento.*

Prova por reconhecimento (Proc. Penal) – Prova presencial que pode ser realizada relativamente a pessoas e a objectos, nos termos do disposto nos artigos 147.º e 148.º, C. P. P..

No caso de ser relativa a pessoas, quem procede à identificação deve descrevê-la com a indicação de todos os pormenores de que se recorde; é-lhe perguntado se já a tinha visto antes e em que condições e é ainda interrogada sobre circunstâncias que possam influir na credibilidade da identificação.

O reconhecimento por fotografia, filme ou gravação realizado no âmbito da investigação criminal só pode servir como meio de prova quando for seguido de reconhecimento efectuado nos termos do n.º 2 do artigo 144.º, C. P. P.. As fotografias, filmes ou gravações que se refiram apenas a pessoas que não tiverem sido reconhecidas podem ser juntas ao auto, mediante o respectivo consentimento.

O reconhecimento que não obedecer a estes requisitos não tem valor como meio de prova, seja qual for a fase do processo em que ocorrer.

No caso de reconhecimento de objectos, o procedimento será o mesmo em tudo quanto seja correspondentemente aplicável.

V. *Prova; Prova pericial; Meio de obtenção da prova; Método proibido de prova; Auto; Consentimento; Processo.*

Prova testemunhal (Proc. Penal) – Prova sobre os factos constantes do processo que se obtém mediante a inquirição de testemunhas que tenham conhecimento directo daqueles.

Não é admissível como depoimento a reprodução de vozes ou rumores públicos. Se o depoimento resultar do que se ouviu dizer a pessoas determinadas, o juiz pode chamar estas a depor.

Qualquer pessoa que se não encontre interdita por anomalia psíquica tem capacidade para ser testemunha e só pode recusar-se nos casos previstos na lei, enunciados no artigo 134.º, C. P. P.): "*a)* os descendentes, ascendentes, os irmãos, os afins até ao segundo grau, os adoptantes, os adoptados e o cônjuge do arguido; *b)* quem tiver sido cônjuge do arguido, ou quem, sendo de outro ou do mesmo sexo, com ele conviver ou tiver convivido em condições análogas às dos cônjuges, relativamente a factos ocorridos durante o casamento ou a coabitação".

Tratando-se de depoimento de menor de 18 anos em crimes contra a liberdade e autodeterminação sexual de menores, pode ter lugar perícia sobre a personalidade.

A "entidade competente para receber o depoimento adverte, sob pena de nulidade, as pessoas [...] da faculdade que lhes assiste de recusarem o depoimento".

A testemunha não é obrigada a responder a perguntas quando alegar que das respostas resulta a sua responsabilização penal.

Para efeito de ser notificada, a testemunha pode indicar a sua residência, o local de trabalho ou outro domicílio à sua escolha.

Estão impedidos de depor como testemunhas, nos termos do artigo 133.º, C. P. P.:

a) o arguido e os co-arguidos no mesmo processo ou em processos conexos, enquanto mantiverem aquela qualidade;

b) as pessoas que se tiverem constituído assistentes, a partir do momento da constituição;

c) as partes civis";

d) os peritos, em relação às perícias que tiverem realizado.

Em caso de separação de processos, os arguidos de um mesmo crime ou de um crime conexo, mesmo que já condenados por sentença transitada em julgado, só podem depor como testemunhas se nisso expressamente consentirem.

V. artigos 128.º a 139.º, C. P. P..

V. *Testemunha; Testemunho; Prova; Facto; Meio de obtenção da prova; Método proibido de prova; Vozes públicas; Interdição; Anomalia psíquica; Acareação; Depoimento indirecto; Ascendente; Descendente; Cônjuge; Afinidade; Nulidade; Arguido; Partes civis; Assistente; Conexão (competência por); Notificação; Perito; Perícia; Condenação; Trânsito em julgado; Perícia sobre a personalidade.*

Prova vinculada (Proc. Penal) – Prova – ao contrário da prova livre, cuja apreciação é deixada ao julgador segundo a sua livre convicção – cujo valor, isto é, cuja força probatória (modo como o meio de prova determina a convicção do julgador) resulta da lei.

Ver, exemplificativamente, o disposto no artigo 169.º, C. P. P.: "consideram-se provados os factos materiais constantes de documento autêntico ou autenticado enquanto a autenticidade do documento ou a veracidade do seu conteúdo não forem fundadamente postas em causa".

V. *Prova; Princípio da livre apreciação da prova; Prova livre; Força probatória; Documento autêntico; Documento autenticado.*

Publicação da lei – As leis têm de ser publicadas no *Diário da República* para entrarem em vigor, isto é, para se tornarem vinculativas.

O artigo 119.º, n.º 1, da Constituição da República enuncia os actos normativos que devem ser publicados no *Diário da República*, estabelecendo o seu n.º 2 que "a falta de publicidade dos actos previstos nas alíneas *a)* a *h)* do número anterior [apenas exceptua os resultados das eleições e dos referendos] e de qualquer acto de conteúdo genérico dos órgãos de soberania, das regiões autónomas e do poder local implica a sua ineficácia jurídica".

O artigo 5.º do Código Civil determina que "a lei só se torna obrigatória depois de publicada no jornal oficial".

É a Lei n.º 2/2005, de 24 de Janeiro (que alterou a Lei n.º 74/98, de 11 de Novembro), que se ocupa do regime da publicação, identificação e formulário dos diplomas legais, sendo a expressão por ela usada, no respectivo artigo 1.º, n.º 1, a de que "a eficácia jurídica dos actos a que se refere a presente lei depende da publicação". Determina o artigo 4.º desta Lei que "o texto dos diplomas é enviado para publicação no *Diário da República*, depois de cumpridos os requisitos constitucionais ou legais, por intermédio dos serviços competentes dos órgãos donde provenham". O artigo 6.º, n.º 2, que se ocupa da publicação de alterações a diplomas em vigor, dispõe que, "quando a natureza ou a extensão da alteração o justificar, deve proceder-se à republicação integral do diploma, em anexo".

V.,também, o Decreto-Lei n.º 391/93, de 23 de Novembro.

V. *Lei; Vigência da lei.*

Publicidade

1. (Proc. Penal) – Característica que deve revestir toda a audiência de discussão e julgamento e trave-mestra do processo de tipo acusatório, devendo entender-se por tal não só que qualquer cidadão tem o direito de assistir ao desenrolar da audiência de julgamento, bem como que são admissíveis os correspectivos relatos públicos.

Os casos em que a audiência não é pública são, nos termos dos artigo 87.º,

C. P. P., aqueles em que "oficiosamente ou a requerimento do Ministério Público, do arguido, ou do assistente pode o juiz decidir, por despacho, restringir a livre assistência do público ou que o acto, ou parte dele, decorra com exclusão da publicidade"; "em caso de processo por crime de tráfico de pessoas ou contra a liberdade e autodeterminação sexual, os actos processuais decorrem em regra com exclusão da publicidade".

V. *Princípio da publicidade; Audiência de discussão e julgamento; Julgamento; Processo acusatório; Requerimento; Assistente; Juiz; Ministério Público; Arguido; Despacho; Acto processual; Menor.*

2. A lei proíbe total ou parcialmente a publicidade quando esta tem por objecto certos bens.

Assim, por exemplo, A Lei n.º 5/2006, de 23 de Fevereiro, que estabelece "o regime jurídico relativo ao fabrico, montagem, reparação, importação, exportação, transferência, armazenamento, circulação, comércio, aquisição, cedência, detenção, manifesto, guarda, segurança, uso e porte de armas, seus componentes e munições, bem como o enquadramento legal das operações de prevenção criminal" (artigo 1.º), proíbe, no seu artigo 81.º, "a publicidade a armas, suas características e aptidões, excepto em publicações da especialidade, feiras de armas, feiras de caça, provas desportivas de tiro e, relativamente a armas longas, feiras agrícolas"; o artigo 102.º da mesma Lei determina que "quem efectuar publicidade a armas de fogo fora das condições previstas na [...] lei é punido com uma coima de € 1000 a € 20 000".

O artigo 21.º do Decreto-Lei n.º 7/2004, de 7 de Janeiro, que transpõe para a ordem jurídica portuguesa a Directiva n.º 2000/31/CE, do Parlamento Europeu e do Conselho, de 8 de Junho de 2000, impõe que, "nas comunicações publicitárias prestadas à distância, por via electrónica", sejam "claramente identificados de modo a serem apreendidos com facilidade por um destinatário comum" o anunciante, a natureza publicitária da mensagem logo que esta seja apresentada no terminal de forma ostensiva, e as "ofertas promocionais, como descontos, prémios ou brindes, e os concursos ou jogos promocionais", assim como os condicionalismos a que ficam submetidos; a omissão da prestação destas informações constitui contra-ordenação sancionável com coima de € 2500 a € 50 000, segundo o artigo 37.º, sendo a contra-ordenação sancionável com coima de € 5 000 a € 100 000, se for reincidente, e agravada em um terço destes limites se for praticada por uma pessoa colectiva; este regime sancionatório pode ser complementado com as sanções previstas no artigo 38.º, não prejudicando a sua aplicação a dos regimes especiais vigentes.

V. *Contra-ordenação; Coima; Reincidência; Pessoa colectiva.*

Publicidade da decisão condenatória (Dir. Penal) – Pena acessória prevista em vários diplomas (cfr., por exemplo, os artigos 8.º e 19.º do Decreto-Lei n.º 28/84, de 20 de Janeiro – Infracções anti-económicas e contra a saúde pública).

Constitui também sanção acessória do ilícito de mera ordenação social (v., por exemplo, o n.º 1-c) e o n.º 2 do artigo 627.º do Código do Trabalho).

Nos termos do artigo 90.º-M, C. P., a pena aplicável a pessoa colectiva pode ser publicada, devendo sê-lo nos casos de pena de admoestação, de pena de interdição do exercício de actividade e de pena de encerramento de estabelecimento.

V. *Pena, Pena acessória; Ilícito de mera ordenação social; Infracções anti-económicas e contra a saúde pública.*

Punibilidade (Dir. Penal) – Categoria analítica do facto punível que, a par da ilicitude e da culpa, implica uma valoração da acção.

Este momento analítico implica a ponderação de critérios de necessidade, de oportunidade, de adequação e de proporcionalidade da punição, em face da (reduzida ou mesmo ausente) dignidade punitiva do facto.

Em determinados tipos incriminadores, a lei prevê circunstâncias que determinam a não punição do agente (v., para alguma doutrina, o suicídio tentado ou consumado no crime de incitamento ou ajuda ao suicídio – artigo 135.º, C. P. – ou a morte ou a ofensa à integridade física grave no crime de participação em rixa – artigo 151.º, C. P.).

Tais circunstâncias, relevantes em sede de punibilidade, designam-se como condições de punibilidade ou condições objectivas de punibilidade.

V. *Crime, Culpa, Ilicitude; Princípio da necessidade; Princípio da proporcionalidade; Tipo; Agente; Suicídio; Tentativa; Consumação; Incitamento ou ajuda ao suicídio; Morte; Integridade física; Participação em rixa; Condições objectivas de punibilidade.*

Q

Qualificação (Dir. Penal) – Previsão de circunstâncias de um crime que fundamentam uma maior ilicitude do facto ou uma maior culpa do agente e que determinam o agravamento dos limites abstractos da pena legalmente estabelecido relativamente aos limites que a lei consagra para crime na sua configuração simples (não qualificada).

Um crime qualificado pressupõe, pois, sempre a existência de um crime simples.

O artigo 132.º, C. P., por exemplo, que define o homicídio qualificado, prevê várias circunstâncias que acrescem ao crime de homicídio simples (artigo 131.º, C. P.), circunstâncias essas que, revelando uma maior culpa do agente (de acordo com a doutrina maioritária), fundamentam um agravamento da pena do tipo simples – o artigo 131.º, que prevê o crime de homicídio, estabelece pena de prisão de 8 a 16 anos, enquanto que o artigo 132.º, que prevê o crime de homicídio qualificado, estabelece pena de prisão de 12 a 25 anos.

V. *Crime; Ilicitude; Culpa; Agente; Pena; Crime simples; Homicídio qualificado; Pena de prisão; Ofensa à integridade física qualificada*.

Quase flagrante delito (Proc. Penal) – Expressão empregue para denominar o crime que "se acabou de cometer" – v. artigo 256.º, n.º 1, 2.ª parte, C. P. P..

V. *Flagrante delito; Agente; Crime; Participação; Presunção de flagrante delito*.

Quebra de marcas e de selos (Dir. Penal) – Crime aduaneiro previsto no artigo 99.º da Lei n.º 15/2001, de 5 de Junho (Regime Geral das Infracções Tributárias), que se traduz genericamente na destruição de marcas, selos ou sinais, prescritos nas leis aduaneiras, apostos por funcionário competente, para identificar, segurar ou manter inviolável mercadoria sujeita a fiscalização ou para certificar que sobre esta recaiu providência cautelar.

V. *Crime; Crimes tributários*.

Queixa (Proc. Penal) – Acto pelo qual o ofendido dá conhecimento ao Ministério Público de que se deu a prática de um crime para que esta entidade dê início à investigação criminal e ao correspondente inquérito; a queixa também pode ser realizada por "outras pessoas", nos termos do n.º 1 do artigo 49.º, C. P. P..

"A queixa pode ser apresentada pelo titular do direito respectivo, por mandatário judicial ou por mandatário munido de poderes especiais" – artigo 49.º, n.º 3.

Considera a lei feita ao Ministério Público toda a queixa dirigida a qualquer outra entidade que tenha a obrigação legal de a transmitir a este.

Os crimes dependentes de queixa de particular são crimes semipúblicos, e o processo intentado por estes pode não prosseguir se houver desistência da queixa apresentada e a respectiva homologação, que cabe, na fase do inquérito, ao Ministério Público e, nas outras fases processuais, respectivamente, ao juiz de instrução ou ao presidente do tribunal.

Existem especificidades para o caso de concurso de crimes que estão previstas no artigo 52.º, C. P. P: nesse caso, o "Ministério Público promove imediatamente o processo por aqueles para que tiver legitimidade, se o procedimento criminal pelo crime mais grave não depender de queixa ou acusação particular, ou se os crimes forem de igual gravidade"; "se o crime pelo qual o Ministério Público pode promover o processo for de menor gravidade, as pessoas a quem a lei confere o direito de

queixa ou de acusação particular são notificadas para declararem, em cinco dias, se querem ou não usar desse direito".
V. artigo 49.º, C. P. P..

A mediação em processo penal só pode ter lugar em processo por crime cujo procedimento dependa de queixa do ofendido, quando se trate de crime contra as pessoas ou de crime contra o património.

V. *Ofendido; Ministério Público; Crime; Denúncia; Mandatário; Mandato judicial; Inquérito; Crime semipúblico; Desistência de queixa; Homologação; Juiz de instrução; Juiz presidente; Tribunal; Concurso de crimes; Acusação particular; Notificação; Direito; Legitimidade; Desistência de queixa; Transmissão e recepção de denúncias e queixas; Mediação em processo penal; Crime.*

Querela (Proc. Penal) – Forma de processo prevista no Código de Processo Penal de 1929, que se iniciava quando estavam em causa crimes aos quais correspondia uma pena superior a dois anos de prisão.

Nesta forma de processo, adquirida a notícia do crime iniciava-se o inquérito preliminar, havendo obrigatoriamente a fase de instrução, a qual se denominava como instrução preparatória. Finda esta, o Ministério Público acusava provisoriamente – a chamada querela provisória. Depois desta, iniciava-se a fase da instrução contraditória, da competência de um juiz, terminando a instrução com a dedução, pelo Ministério Público, da acusação definitiva. O processo prosseguia para julgamento, o qual era sempre realizado por tribunal colectivo.

No processo de querela, o juiz de julgamento era o mesmo da instrução contraditória.

V. *Crime; Pena de prisão; Processo; Forma de processo; Notícia do crime; Instrução; Juiz; Ministério Público; Acusação; Julgamento; Tribunal colectivo.*

Questão da culpa (Proc. Penal) – Momento de elaboração da sentença em que se atende às questões de facto que tenham sido alegadas pela acusação e pela defesa e que tenham resultado da discussão da causa.

São sujeitas a deliberação e votação para se apurar:
a) se se verificaram os elementos constitutivos do tipo de crime;
b) se o arguido praticou o crime ou nele participou;
c) se o arguido actuou com culpa;
d) se existe causa de exclusão da ilicitude ou da culpa;
e) se se verificaram quaisquer outros pressupostos de que a lei faça depender a punibilidade do agente ou a aplicação a este de uma medida de segurança;
f) se se verificaram os pressupostos de que depende o arbitramento de indemnização.

V. artigo 368.º, C. P. P..

V. *Sentença; Questão de facto; Acusação; Tipo; Crime; Arguido; Culpa; Ilicitude; Causas de justificação; Causas de desculpa; Punibilidade; Sanção; Medida de segurança; "Césure"; Indemnização.*

Questão da determinação da sanção (Proc. Penal) – Momento de elaboração da sentença no qual o tribunal, após as deliberações e votações realizadas no momento de averiguação da culpa (questão de culpabilidade), decide, através de votação, qual a sanção (pena ou medida de segurança) a aplicar ao arguido, quer na sua espécie quer na sua medida – artigos 70.º e 71.º, C. P..

Para tal, o tribunal socorre-se, também, através do seu presidente, de toda a documentação existente nos autos relativa aos antecedentes criminais do arguido, à perícia sobre a sua personalidade e ao relatório social.

V. artigo 369.º, C. P. P..

V. *Sentença; Tribunal, Culpa; "Césure"; Sanção; Pena; Medida de segurança; Arguido; Juiz presidente; Antecedentes criminais; Registo criminal; Documento; Perito; Perícia sobre a personalidade; Relatório social.*

Questão de direito (Proc. Penal) – Questão que se resolve pela aplicação de uma norma jurídica ou exige uma qualificação que se realiza com recurso a um conceito jurídico.

V. *Norma jurídica.*

Questão de facto (Proc. Penal) – Questão que se resolve por via do apuramento

da ocorrência de certo facto e/ou das circunstâncias em que se verificou.
V. *Facto*.

Questão prejudicial (Proc. Penal) – Questão de cuja resolução depende o conhecimento e resolução de uma outra.
São questões que têm objecto ou natureza diferente da questão principal que se analisa no processo e que, sendo susceptíveis de constituírem objecto de um processo autónomo, são de resolução prévia e indispensável para que se possa conhecer da questão principal.
Há três grupos de questões prejudiciais em processo penal: as questões prejudiciais não penais em processo penal; as questões prejudiciais penais em processo não penal (que aqui não se consideram); as questões prejudiciais penais em processo penal.
V. artigo 338.º, C. P. P..
V. *Questão prejudicial não penal em processo penal; Questão prejudicial penal em processo penal*.

Questão prejudicial não penal em processo penal (Proc. Penal) – Questão que surge como antecedente lógico-jurídico da decisão processual-penal, necessária à sua resolução, e que é atinente a outro ramo de direito. Assim, por exemplo, questões de natureza administrativa, civil ou constitucional, tais como a propriedade da coisa, relativamente a um crime patrimonial; a subsistência ou não do casamento, relativamente a um crime de bigamia.
Existem duas perspectivas sobre o conhecimento das questões prejudiciais no processo penal:
1) a tese do conhecimento obrigatório, que defende que não deve haver qualquer suspensão ou interrupção do processo para efeitos de se discutir na jurisdição própria a questão que eventualmente tenha surgido, em nome do princípio da suficiência do processo penal;
2) a tese da devolução obrigatória, que entende que, sempre que surja uma questão de natureza não penal, ela deve ser obrigatoriamente devolvida para o tribunal competente para ser julgada e, só depois de transitada em julgado a decisão que lhe respeite, é que se pode progredir na resolução da questão processual penal principal em análise.
O entendimento que vigora no direito processual penal português é uma *tese de devolução facultativa ou de suficiência discricionária*: surgida uma questão prejudicial, o próprio tribunal verifica se há uma acentuada conveniência na sua devolução e só devolverá a questão para a jurisdição competente se considerar que isso é indispensável para uma boa solução da causa penal.
Esta posição procura, assim, a possível concordância prática ente o princípio da suficiência e o princípio contrário da adequação funcional.
V. *Questão prejudicial; Princípio da suficiência; Tribunal; Crime; Competência; Trânsito em julgado; Processo*.

Questão prejudicial penal em processo penal (Proc. Penal) – Questão que surge como antecedente lógico-jurídico da decisão processual penal a proferir e que, como tal, faz depender da sua resolução a resposta à questão principal. É, no entanto, da mesma natureza desta: por exemplo, num crime de difamação, a questão de saber se o facto difamatório imputado é ou não crime.
V. *Princípio da suficiência; Tribunal; Crime; Difamação; Competência; Trânsito em julgado; Processo*.

Questão prévia (Proc. Penal) – Questão processual (de natureza adjectiva), cuja resolução deve ser efectuada antes da resolução da questão principal.
É exemplo de questão prévia a determinação da competência, material ou territorial, do tribunal (saber, por hipótese, se um arguido acusado da prática de um homicídio a pedido – artigo 134.º, C. P. – deve ser julgado em tribunal singular – artigo 16.º, C. P. P. – ou em tribunal colectivo – artigo 14.º, C. P. P. –, já que a pena abstracta tem por limite máximo 3 anos de prisão, o que fundamenta a intervenção do tribunal singular, mas trata-se de um crime doloso de cujo tipo faz parte a morte da vítima, o que fundamenta a intervenção do tribunal colectivo).
Como decorre do exemplo apresentado, a decisão da questão prévia precede logicamente a apreciação do objecto do pro-

cesso e consubstancia a verificação de uma condição dessa apreciação (continuando no exemplo dado, a apreciação do objecto do processo no qual é investigada a prática de um crime de homicídio a pedido só será realizada depois da determinação da competência do tribunal – note-se, porém, que a competência do tribunal pode ser questionada já no decurso da audiência de julgamento).

V. *Questão principal; Competência; Arguido; Crime; Homicídio a pedido da vítima; Tribunal singular; Tribunal colectivo; Pena; Pena de prisão; Dolo; Objecto do processo; Audiência de discussão e julgamento.*

Questão principal (Proc. Penal) – Questão de mérito que constitui o objecto do processo.
V. *Objecto do processo.*

R

Rapto (Dir. Penal) – Crime, previsto no artigo 161.º, C. P., que ocorre quando alguém, por meio de violência, ameaça ou astúcia, rapta (priva da liberdade) outra pessoa, deslocando-a do seu meio normal, com a intenção de submeter a vítima a extorsão, cometer crime contra a sua liberdade e autodeterminação sexual, obter resgate ou recompensa ou constranger a autoridade pública ou um terceiro a uma acção ou omissão ou a suportar uma actividade.

A lei não contém uma definição de rapto, pelo que o significado da expressão é o comum: privação da liberdade pessoal de outrem contra a sua vontade.

O artigo 160.º, n.º 2, Código Penal prevê diversas circunstâncias agravantes do rapto, tais como a sua duração por mais de dois dias, ser utilizada tortura ou outro tratamento cruel, ser praticado contra pessoa particularmente indefesa, resultar do rapto ofensa à integridade física grave da vítima ou a sua morte, entre outras.

A Convenção sobre os Aspectos Civis do Rapto Internacional de Crianças, adoptada na Haia em 25 de Outubro de 1980, foi aprovada pelo Decreto n.º 33/83, de 11 de Maio, tendo o instrumento de ratificação sido depositado em 29 de Setembro de 1983, conforme aviso publicado no *Diário da República*, I série, de 4 de Novembro de 1984; a Convenção entrou em vigor para Portugal em 1 de Dezembro de 1983, conforme aviso publicado no *Diário da República*, I série, de 31 Maio; a autoridade central é o Instituto de Reinserção Social, de acordo com o Aviso n.º 302/95, de 18 de Outubro.

V. *Crime; Ameaça; Extorsão; Autodeterminação sexual; Liberdade sexual; Circunstâncias agravantes; Integridade física; Ofensa à integridade física grave; Crianças; Acção; Omissão*.

Ratificação – Acto jurídico pelo qual uma pessoa aceita na sua esfera jurídica os efeitos de acto praticado em seu nome por terceiro que não dispunha de poderes para a sua prática. A ratificação intervém, pois, no domínio da representação sem poderes e está sujeita à forma exigida para a procuração, tendo eficácia retroactiva.

V. artigo 268.º, Código Civil.
V. *Acto jurídico; Procuração*.

Realização de prestações económicas a favor da comunidade (Dir. Penal) – Medida tutelar educativa, prevista na Lei Tutelar Educativa (que substituiu uma parte substancial da O. T. M.), aprovada pela Lei n.º 166/99, de 14 de Setembro.

De acordo com o artigo 12.º, ela consiste em o menor entregar uma quantia em benefício de entidade, pública ou privada, de fim não lucrativo, podendo o tribunal decidir que a quantia seja paga em prestações, "desde que não desvirtue o significado da medida, atendendo o juiz, na fixação do montante da compensação ou da prestação, apenas às disponibilidades económicas do menor".

A decisão do tribunal deve fixar o montante e a forma da prestação económica, bem como a entidade sua destinatária (artigo 20.º, n.º 1).

V. *Menor; Medidas tutelares educativas; Realização de tarefas a favor da comunidade; Tribunal*.

Realização de tarefas a favor da comunidade (Dir. Penal) – Medida tutelar educativa, prevista na Lei Tutelar Educativa, aprovada pela Lei n.º 166/99, de 14 de Setembro.

De acordo com o artigo 12.º, esta consiste em o menor "exercer actividade em benefício de entidade, pública ou privada, de fim não lucrativo", com a "duração máxima de sessenta horas" e "não podendo exceder três meses".

Estabelece ainda a lei que ela "não pode ocupar mais de dois dias por semana e três horas por dia e respeita o período de repouso do menor, devendo salvaguardar um dia de descanso semanal e ter em conta a frequência da escolaridade, bem como outras actividades que o tribunal considere importantes para a formação do menor".

A decisão do tribunal deve fixar a forma da actividade, a respectiva duração, bem como a entidade que acompanha a execução ou que é sua destinatária (artigo 20.º, n.º 1).

V. *Menor; Medidas tutelares educativas.*

Receptação (Dir. Penal) – Crime previsto no artigo 231.º, C. P., que ocorre quando alguém, com intenção de obter para si ou para outra pessoa vantagem patrimonial, dissimula coisa que foi obtida por outrem mediante facto ilícito típico contra o património, a recebe em penhor, a adquire por qualquer título, a detém, conserva, transmite ou contribui para transmitir, ou de qualquer forma assegura, para si ou para outra pessoa, a sua posse.

É também crime de receptação, nos termos do n.º 2 do mesmo artigo 231.º do C. P., a aquisição ou o recebimento, a qualquer título, sem confirmação prévia da sua legítima proveniência, de coisa que, pela sua qualidade ou pela condição de quem a oferece, ou pelo montante do preço proposto, faz razoavelmente suspeitar de que provém de facto ilícito típico contra o património.

V. *Crime; Ilicitude; Tipo; Crimes contra o património; Receptação de mercadorias objecto de crime aduaneiro; Património.*

Receptação de mercadorias objecto de crime aduaneiro (Dir. Penal) – Crime aduaneiro, previsto no artigo 100.º da Lei n.º 15/2001, de 5 de Junho (Regime Geral das Infracções Tributárias), que se traduz genericamente na aquisição de mercadoria objecto de crime aduaneiro, com a intenção de obter para si ou para terceiro vantagem patrimonial.

V. *Crime; Crime aduaneiro.*

Reclamação (Proc. Penal) – A reclamação é a impugnação judicial de uma decisão junto do próprio órgão que a proferiu.

V. *Impugnação.*

Reconstituição do facto (Proc. Penal) – É uma forma de prova – meio de prova – que consiste na reprodução, tão fiel quanto possível, das condições em que se afirma ou se supõe ter ocorrido determinado facto e na repetição do modo de realização do mesmo.

V. artigo 150.º, C. P. P..
V. *Facto; Prova; Meios de prova.*

Recorrente (Proc. Penal) – Todo aquele que interpõe um recurso.

V. *Recurso; Recorrido.*

Recorrido (Proc. Penal) – Nome dado à parte contrária à que interpõe o recurso, isto é, àquela contra quem o recurso é interposto.

V. *Recurso; Recorrente.*

Recrutamento de mercenários (Dir. Penal) – Crime, que se encontrava previsto no artigo 238.º, C. P., que ocorria quando alguém recrutasse, ou intentasse recrutar, mercenários para serviço militar de Estado estrangeiro ou para qualquer organização armada nacional ou estrangeira que se propusesse por meios violentos derrubar o governo legítimo de outro Estado ou atentar contra a independência, a integridade territorial ou o funcionamento normal das instituições do mesmo Estado.

De acordo com o artigo 238.º, n.º 2, C. P., era mercenário quem como tal fosse considerado pelo direito internacional.

O artigo 238.º, C. P., foi revogado pela Lei n.º 31/2004, de 22 de Julho – que aprovou o Código de Justiça Militar –, que prevê, no artigo 17.º, o crime de recrutamento de mercenários, com redacção idêntica à do revogado artigo 238.º *supra* citado.

V. *Crime; Crimes militares; Código de Justiça Militar; Direito internacional humanitário.*

Rectificação de sentença (Proc. Penal) – A rectificação – ou correcção – da sentença, nos termos do disposto no artigo 380.º, C. P. P., é feita pelo tribunal, oficiosamente ou a requerimento, quando:

a) não sendo nula, não tiverem sido observados ou não tiverem sido integralmente observados os requisitos a que a mesma deve obedecer, de acordo com o artigo 374.°, C. P. P. (nomeadamente, no relatório, indicações tendentes à identificação das partes, indicações relativas ao crime imputado, indicação sumária das conclusões contidas na contestação, se apresentada; conter, a seguir ao relatório, a fundamentação – com enumeração dos factos provados e não provados, indicação e exame crítico das provas, bem como uma indicação dos motivos de facto e de direito que fundamentam a decisão);

b) a sentença contiver erro, lapso, obscuridade ou ambiguidade cuja eliminação não importe modificação essencial.

"Se já tiver subido recurso da sentença, a correcção é feita, quando possível, pelo tribunal competente para conhecer do recurso" – n.° 2.

V. *Sentença; Tribunal; "Ex officio"; Requerimento; Nulidade; Contestação; Crime; Fundamentação de sentença; Facto; Prova; Matéria de facto; Matéria de direito; Recurso; Competência; Motivo de facto; Motivo de direito.*

Recurso (Proc. Penal) – Pedido de reapreciação de certa decisão judicial, apresentado a um órgão judiciário superior.

O direito ao recurso é uma garantia expressamente prevista pelo n.° 1 do artigo 32.° da Constituição da República, desde a revisão constitucional de 1997.

Em processo penal os recursos podem ser ordinários (recursos perante as Relações e o Supremo Tribunal de Justiça) e extraordinários (recurso para fixação de jurisprudência e recurso de revisão).

V. artigos 399.° e segs., C. P. P..

É interposto no prazo de vinte dias e conta-se:

a) a partir da notificação da decisão;

b) tratando-se de sentença, do respectivo depósito na secretaria;

c) tratando-se de decisão oral reproduzida em acta, a partir da data em que tiver sido proferida, se o interessado estiver ou dever considerar-se presente.

O requerimento é sempre motivado, sob pena de não admissão de recurso, podendo a motivação, no caso de recurso interposto por declaração na acta, ser apresentada no prazo de 20 dias contado da data da interposição.

Se o recurso tiver por objecto a reapreciação da prova gravada, os prazos estabelecidos nos n.ºs 1 e 3 são elevados para trinta dias.

V. artigo 411.°, C. P. P..

V. o Assento do Supremo Tribunal de Justiça, publicado no *Diário da República*, I-A série, de 6 de Agosto de 1992, que fixou a seguinte doutrina: "Formuladas várias pretensões de recurso, podem algumas rejeitar-se em conferência, prosseguindo o recurso quanto às demais, em obediência ao princípio da cindibilidade".

V. também o Assento n.° 1/2000 do Supremo Tribunal de Justiça, publicado no *Diário da República*, I-A série, de 21 de Maio de 2002, que decidiu: "No regime do Código de Processo Penal vigente – n.° 2 do artigo 400.°, na versão da Lei n.° 59/98, de 25 de Agosto – não cabe recurso ordinário da decisão final do tribunal da Relação, relativa à indemnização civil, se for irrecorrível a correspondente decisão penal".

V. *Recorrente; Recorrido; Tribunal; Recursos ordinários; Recurso perante as Relações; Recurso perante o Supremo Tribunal de Justiça; Recursos extraordinários; Recurso para fixação de jurisprudência; Recurso de revisão; Conferência; Tribunal da Relação; Pedido de indemnização civil.*

Recurso à prostituição de menores (Dir. Penal) – Crime previsto no artigo 174.°, C. P., que ocorre quando alguém, sendo maior, praticar acto sexual de relevo com menor entre 14 e 18 anos, mediante pagamento ou outra contrapartida.

Se o acto sexual de relevo consistir em cópula, coito anal ou oral ou introdução vaginal ou anal de partes do corpo ou objectos, a pena é agravada.

V. *Crime, Autodeterminação sexual; Pena; Agravação.*

Recurso de decisão proferida contra jurisprudência fixada pelo Supremo Tribunal de Justiça (Proc. Penal) – É admissível recurso directo para o Supremo Tribunal de Justiça de qualquer decisão proferida contra jurisprudência por ele fixada, a interpor no prazo de 30 dias a contar do trânsito em julgado da decisão recorrida. Pode o recurso ser interposto pelo arguido, pelo assistente ou pelas partes civis e é obrigatório para o Ministério Público.

O Supremo Tribunal de Justiça pode, nestas situações, limitar-se a aplicar a jurisprudência fixada infirmando a decisão proferida, apenas devendo proceder ao reexame das questões se, porventura, entender a sua jurisprudência de algum modo ultrapassada.

V. artigo 446.º, C. P. P..

V. *Recurso; Ministério Público; Supremo Tribunal de Justiça; Jurisprudência; Uniformização de jurisprudência; Prazo; Trânsito em julgado.*

Recurso de revisão (Proc. Penal) – Recurso interposto ou pelo Ministério Público, ou pelo assistente, ou ainda pelo condenado ou seu defensor, para rever uma decisão já transitada em julgado, quando:

a) uma outra sentença transitada em julgado tiver considerado falsos meios de prova que tenham sido determinantes para a decisão;

b) uma outra sentença transitada tiver dado como provado crime, cometido por juiz ou jurado, relacionado com o exercício da sua função no processo;

c) os factos que serviram de fundamento à condenação forem inconciliáveis com os dados como provados noutra sentença, e da oposição resultarem graves dúvidas sobre a justiça da condenação;

d) se descobrirem novos factos ou meios de prova que, de *per si* ou combinados com os que foram apreciados no processo, suscitem graves dúvidas sobre a justiça da condenação;

e) se descobrir que serviram de fundamento à condenação provas proibidas porque obtidas através de métodos proibidos de prova;

f) seja declarada pelo Tribunal Constitucional a inconstitucionalidade com força obrigatória geral de norma de conteúdo menos favorável ao arguido que tenha servido de fundamento à condenação;

g) uma sentença vinculativa do estado português proferida por uma instância internacional, for inconciliável com a condenação ou suscitar graves dúvidas sobre a sua justiça.

É admissível ainda que o procedimento se encontre extinto ou a pena prescrita ou cumprida.

O requerimento a pedir a revisão é apresentado no tribunal onde se proferiu a sentença que deve ser revista e é processado por apenso aos autos da decisão a rever e, posteriormente, o juiz do processo remete-o ao Supremo Tribunal de Justiça, acompanhado de informação sobre o mérito do pedido, que nega ou autoriza a revisão, seguindo-se o pagamento de custas pelos requerentes ou o reenvio do processo ao tribunal de categoria e composição idênticas às do tribunal que proferiu a decisão a rever.

A decisão revista pode ser, no juízo de revisão, ou uma sentença absolutória, a que corresponderá uma indemnização, nos termos do disposto no artigo 462.º, C. P. P., ou uma sentença condenatória.

No caso de despachos que ponham termo ao processo, quando deles for admitida revisão, o Supremo Tribunal de Justiça, ao concedê-la, declara sem efeito o referido despacho e ordena que o processo siga.

Tendo sido negada a revisão ou mantida a decisão revista, não pode haver nova revisão com o mesmo fundamento.

V. artigos 449.º e seguintes, C. P. P..

V. *Recurso; Ministério Público; Arguido; Defensor; Sentença; Trânsito em julgado; Crime; Juiz; Jurado; Meios de prova; Prova; Sentença condenatória; Facto; Tribunal; Pena; Prescrição; Prescrição da pena; Extinção do procedimento criminal; Requerimento; Apenso; Supremo Tribunal de Justiça; Custas; Sentença absolutória; Indemnização; Despacho; Reenvio; Tribunal Constitucional; Inconstitucionalidade; Métodos proibidos de prova.*

Recurso extraordinário (Proc. Penal) – V. *Recurso; Recursos extraordinários.*

Recurso independente (Proc. Penal) – É o recurso principal, de que pode ficar dependente outro, o recurso subordinado (se o houver) – v. artigo 404.º, C. P. P..

V. *Recurso; Recurso subordinado.*

Recurso no interesse da unidade do direito (Proc. Penal) – Recurso previsto no artigo 447.º, C. P. P. que atribui ao Procurador-Geral da República a faculdade de determinar a interposição de recurso para fixação de jurisprudência de decisão transitada em julgado há mais de trinta dias.

Sempre que "tiver razões para crer que uma jurisprudência fixada esteja ultrapassada, o procurador-geral da República pode interpor recurso do acórdão que firmou essa jurisprudência no sentido do seu reexame [...]" – artigo 447.º, n.º 2, C. P. P..

V. *Recurso; Procurador-Geral da República; Recurso para fixação de jurisprudência; Trânsito em julgado; Jurisprudência; Acórdão.*

Recurso oral (Proc. Penal) – V. *Recurso por declaração na acta.*

Recurso ordinário (Proc. Penal) – V. *Recurso; Recursos ordinários.*

Recurso para fixação de jurisprudência (Proc. Penal) – É um recurso extraordinário que pode ser interposto quando, no domínio da mesma legislação, o Supremo Tribunal de Justiça proferir dois acórdãos que, relativamente à mesma questão de direito, assentem em soluções opostas. Cabe, neste caso, recurso para o pleno das secções criminais do acórdão proferido em último lugar.

Pode ser interposto pelo arguido, pelo assistente ou pelas partes civis, que recorrem para o pleno das secções criminais do acórdão proferido em último lugar. É obrigatório para o Ministério Público.

Nos termos do disposto no n.º 2 do artigo 437.º, C. P. P., é também admissível este recurso quando um Tribunal da Relação proferir acórdão que esteja em oposição com outro, da mesma ou de diferente Relação ou do Supremo Tribunal de Justiça, e dele não for admissível recurso ordinário, salvo se a orientação perfilhada naquele acórdão estiver de acordo com a jurisprudência já anteriormente fixada pelo Supremo Tribunal de Justiça.

É interposto no prazo de 30 dias a contar do trânsito em julgado do acórdão proferido em último lugar e não tem efeito suspensivo.

Em regra, a decisão que resolver o conflito tem eficácia no processo em que o recurso foi interposto e nos processos cuja tramitação tiver sido suspensa; todavia, a decisão que resolver o conflito não constitui jurisprudência obrigatória para os tribunais judiciais, mas estes devem fundamentar as divergências relativas à jurisprudência fixada naquela decisão.

V. artigos 437.º e seguintes, C. P. P..

V. o Assento n.º 9/2000 do Supremo Tribunal de Justiça, publicado no *Diário da República*, I-A série, de 27 de Maio, de 2000, que decidiu: "Considerando o disposto nos artigos 412.º, n.ºˢ 1 e 2, alínea b), 420.º, n.º 1, 438.º, n.º 2, e 448.º, todos do Código de Processo Penal, no requerimento de interposição de recurso de fixação de jurisprudência deve constar, sob pena de rejeição, para além dos requisitos exigidos no referido artigo 438.º, n.º 2, o sentido em que deve fixar-se a jurisprudência cuja fixação é pretendida".

V. *Recurso; Jurisprudência; Recursos extraordinários; Acórdão; Supremo Tribunal de Justiça; Questão de direito; Ministério Público; Arguido; Assistente; Partes civis; Recursos ordinários; Tribunal da Relação; Prazo; Trânsito em julgado; Efeito suspensivo do recurso; Eficácia; Processo; Tribunal; Requerimento; Uniformização de jurisprudência.*

Recurso para o tribunal pleno (Proc. Penal) – Se, no domínio da mesma legislação, o Supremo Tribunal de Justiça proferisse dois acórdãos que, relativamente à mesma questão fundamental de direito, assentassem sobre soluções opostas, podia recorrer-se para o tribunal pleno do acórdão proferido em último lugar. Também cabia este recurso se um tribunal da Relação proferisse um acórdão que estivesse em oposição com outro, dessa ou de diferente Relação, sobre a mesma questão fundamental de direito, e dele não fosse admitido recurso de revista ou agravo por motivo estranho à alçada do tribunal.

O Tribunal Pleno decidia através de Assentos.

A inconstitucionalidade da disposição que previa os Assentos foi declarada, com força obrigatória geral, pelo Acórdão do Tribunal Constitucional n.º 743/96, de 28 de Maio, nos seguintes termos: "Declara a inconstitucionalidade, com força obrigatória geral, da norma do artigo 2.º do Código Civil, na parte em que atribui aos tribunais competência para fixar doutrina com força obrigatória geral, por violação do disposto no artigo 115.º, n.º 5, da Constituição [actual artigo 112.º, n.º 6]".

A disposição foi também revogada pelo Decreto-Lei n.º 329-A/95, de 12 de Dezembro.

Actualmente, existe a possibilidade de interpor um recurso extraordinário para fixação de jurisprudência.

V. *Recurso; Supremo Tribunal de Justiça; Acórdão; Tribunal da Relação; Questão de direito; Alçada; Assento; Recursos extraordinários; Inconstitucionalidade; Recurso para fixação de jurisprudência; Uniformização de jurisprudência; Jurisprudência.*

Recurso para a Relação (Proc. Penal) – V. *Recurso; Recurso perante as Relações. Tribunal da Relação.*

Recurso perante as Relações (Proc. Penal) – De acordo com o artigo 427.º, C. P. P., "exceptuados os casos em que há recurso directo para o Supremo Tribunal de Justiça, o recurso de decisão proferida por um tribunal de 1.ª instância interpõe-se para o Tribunal da Relação" que conhece de facto e de direito (artigo 428.º C. P. P.).Quando conhece de facto e de direito, a Relação admite a renovação da prova, se se verificarem os vícios referidos nas alíneas do artigo 410.º, n.º 2, C. P. P. ., a saber: insuficiência para a decisão da matéria de facto provada; contradição insanável da fundamentação ou entre a fundamentação e a decisão; erro notório na apreciação da prova, podendo a decisão da 1.ª instância ser modificada. A decisão que admitir a renovação da prova é definitiva e fixa os termos e a extensão com que a prova produzida em primeira instância pode ser renovada (artigo 430.º, C. P. P.).

V. artigos 427.º e seguintes, C. P. P..

O Acórdão do Supremo Tribunal de Justiça n.º 10/2005, publicado no *Diário da República*, I-A série, de 7 de Dezembro, fixou a seguinte doutrina: "Após as alterações ao Código de Processo Penal, introduzidas pela Lei n.º 59/98, de 25 de Agosto, em matéria de recursos, é admissível recurso para o Tribunal da Relação da matéria de facto fixada pelo tribunal colectivo".

V. *Recurso; Tribunal da Relação; Supremo Tribunal de Justiça; Tribunal de primeira instância; Matéria de facto; Matéria de direito; Audiência de discussão julgamento; Tribunal singular; Arguido; Acta; Defensor; Advogado; Assistente; Requerimento; Prova; Renovação da prova; Fundamentação de sentença; Erro; Facto; Tribunal colectivo.*

Recurso para o Supremo Tribunal de Justiça (Proc. Penal) – V. *Recurso; Recurso perante o Supremo Tribunal de Justiça; Supremo Tribunal de Justiça.*

Recurso perante o Supremo Tribunal de Justiça (Proc. Penal) – Recorre-se para este Tribunal, nos termos do artigo 432.º, C. P. P.:

"*a)* de decisões das relações proferidas em primeira instância;

b) de decisões que não sejam irrecorríveis proferidas pelas relações, em recurso, nos termos do artigo 400.º [dito de outro modo, de decisões proferidas pela relação, em recurso, que não sejam, nos termos do artigo 400.º, irrecorríveis];

c) de acórdãos finais proferidos pelo tribunal do júri ou pelo tribunal colectivo que apliquem pena de prisão superior a cinco anos visando exclusivamente o reexame da matéria de direito; (nestes casos, não é admissível recurso prévio para a relação, sem prejuízo do disposto no artigo 414.º, n.º 8, C. P. P.);

d) de decisões interlocutórias que devam subir com os recursos referidos nas alíneas anteriores".

Sem prejuízo do disposto no artigo 410.º, n.ᵒˢ 2 e 3, C. P. P. – que determina a possibilidade de o Supremo Tribunal de Justiça conhecer de matéria de facto, quando se verifique:

"*a)* a insuficiência para a decisão da matéria de facto provada;

b) a contradição insanável da fundamentação;

c) erro notório da apreciação da prova)", desde que o vício resulte do texto da decisão recorrida –, "o recurso interposto para o Supremo Tribunal de Justiça visa

exclusivamente o reexame da matéria de direito" – artigo 434.º, C. P. P..
"Recorre-se, ainda, para o Supremo Tribunal de Justiça, noutros casos que a lei especialmente preveja" – artigo 433.º, C. P. P..
Na audiência, o "tribunal é constituído pelo presidente da secção, pelo relator e por um juiz-adjunto".
V. artigos n.ºˢ 432.º, 433.º, 434.º e 435.º, C. P. P..
V. *Recurso; Supremo Tribunal de Justiça; Tribunal da Relação; Tribunal de primeira instância; Acórdão; Tribunal; Júri; Tribunal colectivo; Decisão interlocutória; Questão de direito; Matéria de facto; Fundamentação de sentença; Erro; Prova; Juiz presidente; Juiz relator; Juiz adjunto.*

Recurso "per saltum" (Proc. Penal) – Recorre-se *per saltum* quando o recurso é interposto directamente da 1.ª instância para o Supremo Tribunal de Justiça.
Nos termos das alíneas c) e d) do artigo 432.º, C. P. P., recorre-se para o Supremo Tribunal de Justiça "dos acórdãos finais proferidos pelo tribunal de júri" e "de acórdãos finais proferidos pelo tribunal colectivo, que apliquem pena de prisão superior a cinco anos, visando exclusivamente o reexame de matéria de direito".
V. *Recurso; Tribunal de primeira instância; Supremo Tribunal de Justiça; Acórdão; Tribunal colectivo; Júri; Matéria de direito.*

Recurso por declaração na acta (Proc. Penal) – O recurso de decisão proferida em audiência pode ser, também em audiência, interposto por simples declaração em acta – v. artigo 411.º, n.º 2, C. P. P..
V. *Recurso; Audiência de discussão e julgamento; Acta; Notificação; Motivação; Prova.*

Recursos extraordinários (Proc. Penal) – Recursos que incidem sobre decisões já transitadas em julgado e que podem utilizar-se quando haja de reparar um vício do processo ou da sentença.
São eles:
– o recurso para fixação de jurisprudência (artigo 437.º, C. P. P.);
– o recurso de decisão proferida contra jurisprudência fixada pelo Supremo Tribunal de Justiça(artigo 446.º, C. P. P.);
– o recurso no interesse na unidade do direito (artigo 447.º, C. P. P.); e
– o recurso de revisão (artigo 449.º, C. P. P.).
V. *Recurso; Trânsito em julgado; Processo; Sentença; Recurso de decisão proferida contra jurisprudência fixada pelo Supremo Tribunal de Justiça; Supremo Tribunal de Justiça; Jurisprudência; Recurso para fixação de jurisprudência; Recurso de revisão; Recurso no interesse da unidade do direito.*

Recurso no interesse da unidade do direito (Proc. Penal) – O Procurador-Geral da República pode determinar que seja interposto recurso para fixação de jurisprudência de decisão transitada em julgado há mais de trinta dias.
Sempre que tiver razões para crer que uma jurisprudência fixada está ultrapassada, o Procurador-Geral da República pode interpor recurso do Acórdão que firmou essa jurisprudência no sentido do seu reexame, no sentido da sua modificação.
A decisão que resolve o conflito não tem eficácia no processo em que o recurso tiver sido interposto.
V. artigo 447.º, C. P. P..
Aplicam-se subsidiariamente as disposições que regulam os recursos ordinários.
V. *Recurso ordinário; Procurador-Geral da República; Jurisprudência; Recursos extraordinários; Recurso para fixação de jurisprudência; Processo.*

Recursos ordinários (Proc. Penal) – Diz-se ordinário o recurso de sentença ou despacho que ainda não transitou em julgado.
O princípio geral, enunciado no artigo 399.º do C. P. P., é o de que, em processo penal, "é permitido recorrer das sentenças e dos despachos cuja irrecorribilidade não estiver prevista na lei", tendo legitimidade para recorrer quem tiver interesse em agir.
Nos termos do disposto no n.º 1 do artigo 401.º do C. P. P., "têm legitimidade para recorrer:
a) o Ministério Público, de quaisquer decisões, ainda que no exclusivo interesse do arguido;
b) o arguido e o assistente, de decisões contra eles proferidas;

c) as partes civis, da parte das decisões contra cada uma proferidas;

d) aqueles que tiverem sido condenados ao pagamento de quaisquer importâncias, nos termos deste Código, ou tiverem a defender um direito afectado pela decisão".

O recurso interposto de uma sentença abrange no seu âmbito toda a decisão, sendo, no entanto, admissível a limitação de um recurso a uma parte dela, quando a parte recorrida se puder autonomizar da parte não recorrida, por forma a tornar possível uma apreciação e decisão autónomas.

É autónoma a parte da decisão que se referir: a matéria penal; a matéria civil; em caso de concurso de crimes, a cada um dos crimes; em caso de unidade criminosa, à questão da culpabilidade, relativamente àquela que se referir à determinação da sanção; em caso de comparticipação criminosa, a cada um dos arguidos.

Quando a "lei não restringir a cognição do tribunal ou os respectivos poderes, o recurso pode ter como fundamento quaisquer questões de que pudesse conhecer a decisão recorrida".

"Mesmo nos casos em que a lei restrinja a cognição do tribunal de recurso a matéria de direito, o recurso pode ter como fundamentos, desde que o vício resulte do texto da decisão recorrida, por si só ou conjugada com as regras da experiência comum", de acordo com o disposto no artigo 410.º, C. P. P.:

a) a insuficiência para a decisão da matéria de facto provada;

b) a contradição insanável da fundamentação ou entre a fundamentação e a decisão;

c) o erro notório na apreciação da prova; desde que o vício resulte do texto da decisão recorrida (por si só ou conjugada com as regras da experiência comum).

Por outro lado, o recurso tem sempre de ter motivação e as respectivas conclusões: a motivação enuncia especificamente os fundamentos do recurso e as conclusões resumem as razões do pedido.

O prazo para interposição do recurso é de vinte dias e conta-se a partir da notificação da decisão ou, tratando-se de sentença, do respectivo depósito na secretaria;

tratando-se de decisão oral reproduzida em acta, a partir da data em que tiver sido proferida, se o interessado estiver ou dever considerar-se presente.

O recurso de decisão proferida em audiência pode ser interposto por simples declaração na acta.

Nos termos do artigo 411.º, o requerimento de interposição de recurso é sempre motivado sob pena de não admissão do recurso, podendo a motivação, no caso de recurso interposto por declaração na acta, ser apresentada no prazo de 20 dias contado da data da interposição. Se o recurso tiver por objecto a reapreciação da prova gravada o prazo é elevado para trinta dias.

No requerimento de interposição de recurso pode-se requerer que se realize audiência, especificando-se os pontos da motivação do recurso que se pretendem ver debatidos.

Regime de subida dos recursos:

Em regra, sobem nos próprios autos os recursos interpostos das decisões que ponham termo à causa e os que com aqueles deverem subir; e sobem em separado os que deverem subir imediatamente, nos termos do disposto no artigo 406.º, C. P. P. (Subida nos autos e em separado).

Sobem, imediatamente, os recursos cuja retenção os tornaria absolutamente inúteis.

Sobem ainda imediatamente – n.º 2 do artigo 407.º, C. P. P. – "os recursos interpostos:

"*a)* de decisões que ponham termo à causa;

b) de decisões posteriores às referidas na alínea anterior;

c) de decisões que apliquem ou mantenham medidas de coacção ou de garantia patrimonial;

d) de decisões que condenem no pagamento de quaisquer importâncias;

e) de despacho em que o juiz não reconhecer impedimento contra si deduzido;

f) de despacho que recusar ao Ministério Público legitimidade para prossecução do processo;

g) de despacho que não admitir a constituição de assistente ou a intervenção de parte civil;

h) de despacho que indeferir o requerimento para a abertura de instrução;

i) da decisão instrutória [...];

j) de despacho que indeferir requerimento de submissão de arguido suspeito de anomalia mental à perícia respectiva".

"Quando não deverem subir imediatamente, os recursos sobem e são instruídos e julgados conjuntamente com o recurso interposto da decisão que tiver posto termo à causa" – n.º 3 do artigo 407.º, C. P. P..

Efeitos do recurso:
Nos termos do disposto no artigo 408.º, C. P. P., os recursos com efeito suspensivo podem ter esse efeito suspensivo quanto ao processo, ou suspender os efeitos da decisão recorrida.

Assim, "têm efeito suspensivo do processo:

a) os recursos interpostos de decisões finais condenatórias, sem prejuízo do disposto no artigo 214.º;

b) o recurso do despacho de pronúncia, sem prejuízo do disposto no artigo 310.º'".

"Suspendem os efeitos da decisão recorrida:

a) os recursos interpostos de decisões que condenarem ao pagamento de quaisquer importâncias, nos termos deste Código, se o recorrente depositar o seu valor;

b) o recurso do despacho que julgar quebrada a caução;

c) o recurso do despacho que ordene a execução da prisão, em caso de não cumprimento de pena não privativa da liberdade;

d) o recurso do despacho que considere sem efeito, por falta de pagamento de taxa de justiça, o recurso da decisão final condenatória" – n.º 2.

Os sujeitos processuais afectados pela interposição de recurso podem responder no prazo de 20 dias.

V. *Recurso; Tribunal; Sentença; Despacho; Trânsito em julgado; Legitimidade; Interesse em agir; Ministério Público; Arguido; Assistente; Partes civis; Matéria de direito; Matéria de facto; Prova; Fundamentação de sentença; Motivação da sentença; Prazo; Notificação; Secretaria judicial; Acta; Audiência de discussão e julgamento; Competência; Medidas de coacção; Medidas de garantia patrimonial; Juiz; Impedimento; Impedimento de juiz; Requerimento; Requerimento para abertura da instrução; Decisão instrutória; Anomalia psíquica; Perícia; Perícia médico-legal e psiquiátrica; Efeito devolutivo do recurso; Efeito suspensivo do recurso; Efeito suspensivo do processo; Caução; Pena de prisão; Execução da pena de prisão; Taxa de justiça; Sentença condenatória; Sujeito processual.*

Recurso subordinado (Proc. Penal) – "No caso de recurso interposto por uma das partes civis, a parte contrária pode interpor recurso [subordinado]" – artigo 404.º, n.º 1, C. P. P..

A apreciação do recurso subordinado depende do desfecho do recurso principal, na medida em que se o recorrente no recurso principal desistir do recurso, se o recurso principal ficar sem efeito ou se o tribunal não tomar conhecimento dele, o recurso subordinado fica sem efeito (n.º 3 do artigo 404.º, C. P. P.).

É interposto no prazo de vinte dias a partir da notificação do despacho que tiver admitido o recurso da parte contrária.

V. *Recurso; Recurso principal; Partes civis; Desistência do recurso; Prazo; Notificação; Despacho.*

Recusa (Proc. Penal) – Nos termos do disposto no artigo 43.º, C. P. P., "pode" [a inibição da participação de um juiz em determinado processo] ser requerida pelo Ministério Público, pelo arguido, pelo assistente e pelas partes civis".

Ocorre quando se corra o risco de a intervenção daquele ser considerada suspeita, por existência de motivo sério e grave que seja adequado a gerar a desconfiança sobre a imparcialidade do magistrado.

Nos termos do disposto no n.º 2 do referido artigo, e fora dos casos previstos no artigo 40.º, C. P. P. (impedimento por participação em processo), pode constituir fundamento de recusa a intervenção do juiz noutro processo ou em fases anteriores do mesmo processo.

O requerimento de recusa deve ser apresentado perante o tribunal imediatamente superior ou perante a secção criminal do Supremo Tribunal de Justiça, tratando-se de juiz a ele pertencente.

Depois de apresentado o requerimento de recusa, o juiz visado pratica apenas os actos processuais urgentes ou necessários para assegurar a continuidade da audiên-

cia. O tribunal dispõe de um prazo de 30 dias a contar da entrega do respectivo requerimento ou pedido, para decidir sobre a recusa.
V. artigo 45.º, C. P. P..
V. *Juiz; Ministério Público; Assistente; Arguido; Partes civis; Magistrado; Processo; Imparcialidade; Impedimento; Impedimento de juiz; Requerimento; Supremo Tribunal de Justiça; Acto; Acto processual; Acto urgente.*

Recusa de cooperação (Dir. Penal) – Crime, previsto no artigo 25.º da Lei n.º 34/87, de 16 de Julho, que consagra a punição do titular de cargo político que, tendo recebido requisição legal da autoridade competente, recuse prestar cooperação, possível em razão do seu cargo, para a realização de serviço público.
V. *Crime; Cargo político.*

Recusa de identificação (Proc. Penal) – V. *Identificação da pessoa; Procedimento de identificação.*

Recusa de médico (Dir. Penal) – Crime previsto no artigo 284.º, C. P., que ocorre quando o médico recusa "o auxílio da sua profissão em caso de perigo para a vida ou perigo grave para a integridade física de outra pessoa, que não possa ser removido de outra maneira".
V. *Crime; Perigo; Integridade física.*

Recusa ilícita de informações (Dir. Penal) – Crime, previsto no artigo 518.º do Código das Sociedades Comerciais, que se traduz genericamente na recusa pelo gerente ou administrador de sociedade de consulta ou envio de documentos que a lei determine para preparação de assembleias sociais.
V. *Crime; Documento.*

Recusa ilícita de lavrar acta (Dir. Penal) – Crime, previsto no artigo 521.º do Código das Sociedades Comerciais, que se traduz genericamente na não elaboração de acta de assembleia social por quem tem o dever de o fazer.
V. *Crime; Acta.*

Reenvio (Proc. Penal) – Pode verificar-se o reenvio do processo de uma forma para outra ou, após o julgamento em 1.ª instância, pelo tribunal de recurso para outro, de categoria ou composição idênticas ao que proferiu a decisão recorrida.
Nos termos da lei, "sempre que, por existirem os vícios referidos nas alíneas do n.º 2 do artigo 410.º [a) a insuficiência para a decisão da matéria de facto provada; b) a contradição insanável da fundamentação; c) erro notório da apreciação da prova], não for possível decidir da causa, o tribunal de recurso determina o reenvio do processo para novo julgamento relativamente à totalidade do objecto do processo ou a questões concretamente identificadas na decisão de reenvio" – artigo 426.º, n.º 1, C. P. P.. "O reenvio decretado pelo Supremo Tribunal de Justiça, no âmbito do recurso interposto, em 2.ª instância, de acórdão da relação é feito para este tribunal, que admite a renovação da prova ou reenvia o processo para novo julgamento em 1.ª instância".
Nos termos do n.º 3 do mesmo artigo 426.º, "no caso de haver processos conexos, o tribunal superior faz cessar a conexão e ordena a separação de algum ou alguns deles para efeitos de novo julgamento quando o vício referido no número anterior recair apenas sobre eles".
Quando for decretado o reenvio do processo, o novo julgamento compete ao tribunal que tiver efectuado o julgamento anterior, sem prejuízo do disposto no artigo 40.º, ou, no caso de não ser possível, ao tribunal que se encontre mais próximo, de categoria e composição idênticas às do tribunal que proferiu a decisão recorrida.
V. artigos 426.º e 426.º-A, C. P. P..
V. *Forma de processo; Processo; Tribunal; Tribunal de primeira instância; Recurso; Audiência de discussão e julgamento; Matéria de facto; Prova; Fundamentação de sentença; Conexão (competência por); Renovação da prova; Tribunal da Relação; Supremo Tribunal de Justiça.*

Redução de risco (Dir. Penal) – V. *Risco; Diminuição de risco.*

Reforma de acórdão (Proc. Penal) – As regras dos artigos 666.º a 670.º do Código de Processo Civil, alterados pelos Decretos-Leis n.ºˢ 329-A/95, de 12 de Dezembro, e 180/96, de 25 de Setembro, relativas a vícios e reforma da sentença, são aplicáveis aos acórdãos das Relações, sendo ainda nulos tais acórdãos quando forem lavrados contra o vencido ou sem o necessário vencimento.

"A rectificação, aclaração ou reforma do acórdão, bem como a arguição de nulidade, são decididas em conferência. Quando o pedido ou a reclamação forem complexos ou de difícil decisão, pode esta ser precedida de vista por quarenta e oito horas, a cada um dos juízes adjuntos" – artigo 716.º, n.º 2, do Código de Processo Civil.

Se o Supremo Tribunal de Justiça mandar reformar o acórdão, a reforma será feita nos precisos termos que o Supremo tiver fixado e nela intervirão, sempre que possível, os mesmos juízes.

V. artigo 718.º do Código de Processo Civil.

V. também o artigo 731.º do mesmo Código.

V. *Acórdão; Tribunal da Relação; Sentença; Nulidade; Vencimento; Aclaração de acórdão; Conferência; Juiz adjunto; Supremo Tribunal de Justiça; Reforma de acórdão.*

Reforma de sentença (Proc. Penal) – Com fundamento em ilegalidade da condenação em custas e/ou multa, a parte condenada pode pedir a reforma da sentença nesse ponto.

Se não for admitida a reforma, do despacho de não admissão não há recurso; sendo admitida, "a decisão que deferir considera-se complemento e parte integrante da sentença" – v. artigos 66.º, n.º 2, Código de Processo Civil.

V. *Sentença; Custas; Pena de multa; Despacho; Recurso.*

"Reformatio in pejus" (Proc. Penal) – A proibição da chamada *reformatio in pejus* constitui um princípio que enforma todo o processo penal e que se traduz na proibição de reforma da sentença para pior, no sentido de, em recurso, a pena aplicada ao arguido não poder ser agravada.

A teleologia deste princípio é a de não se desincentivar a interposição de recursos pelo arguido, quando repute a sentença de injusta, na medida em que se elimina, através da dita proibição, o receio de este de ver a sua condenação agravada.

V. o Acórdão do Tribunal Constitucional n.º 499/97, que decidiu: "Julgar inconstitucionais as normas dos artigos 409.º, n.ºˢ 1 e 2, do Código de Processo Penal e 9.º, n.º 3, alínea *a)*, da Lei n.º 15/94, de 11 de Maio, conjugadamente, na interpretação segundo a qual a revogação pelo Supremo Tribunal de Justiça do perdão concedido na 1.ª instância por aplicação da Lei n.º 15/94, de 11 de Maio {artigo 8.º, n.º 1, alínea *d}*, fundamentada no artigo 9.º, n.º 3, alínea *a)*, do mesmo diploma, não se encontra subordinada à proibição da *reformatio in pejus* consagrada no artigo 409.º, n.ºˢ 1 e 2, do Código de Processo Penal".

V. *Sentença; Pena; Arguido; Recurso; Supremo Tribunal de Justiça; Perdão; Tribunal de primeira instância; Agravação.*

Refugiado (Dir. Penal) – Refugiado é, de acordo com a alínea *e)* do artigo 2.º da Lei n.º 20/2006, de 23 de Junho, relativa ao Quadro Jurídico-Legal sobre Asilo e Refugiados, "a pessoa que preenche os requisitos estabelecidos no artigo 1.A da Convenção de Genebra".

V. Leis n.ºˢ 15/98, de 26 de Março, e 20/2006, de 23 de Julho, relativas quadro legal do asilo e dos refugiados, e Convenção de Genebra relativa ao Estatuto dos Refugiados, de 28 de Julho de 1951, alterada pelo Protocolo de Nova Iorque, de 31 de Janeiro de 1967.

V. *Convenções de Genebra.*

Regime aberto (Dir. Penal) – Designação utilizada para referir o regime de prisão de recluso relativamente ao qual o perigo de evasão é diminuto.

De acordo com o artigo 14.º, n.º 5, do Decreto-Lei n.º 265/79, de 1 de Agosto, o internamento em regime aberto é executado prescindindo-se, total ou parcialmente, de medidas contra o perigo de evasão dos reclusos.

Em função do tipo de medidas de que se prescinde e, desse modo, do grau de liberdade que se confere ao recluso, o regime aberto designa-se como virado para o exterior ou virado para o interior.

O regime aberto virado para o exterior compreende autorizações de saída do recluso do estabelecimento prisional.

O regime aberto virado para o interior circunscreve-se à não aplicação de medidas restritivas da liberdade ao recluso dentro do estabelecimento prisional.

V. *Pena de prisão; Regime fechado; Medida privativa da liberdade; Estabelecimento prisional.*

Regime aberto virado para o exterior (Dir. Penal) – V. *Regime aberto.*

Regime aberto virado para o interior (Dir. Penal) – V. *Regime aberto.*

Regime de prova (Dir. Penal; Proc. Penal) – O regime de prova, previsto no artigo 53.º, C. P., traduz-se num plano individual de readaptação social do condenado, determinado pelo tribunal, executado com vigilância e apoio, e aplicado durante o período de suspensão da execução da pena de prisão.

O regime de prova assenta num plano de readaptação individual que é dado a conhecer ao condenado, obtendo-se, sempre que possível o seu acordo, e por via do qual são impostos deveres ou regras de conduta, tais como o pagamento de indemnização à vítima, dar ao lesado satisfação moral adequada, entregar contribuições monetárias a instituições, não exercer determinadas profissões, não frequentar certos lugares, não ter em seu poder certos objectos que facilitem a prática de crimes, entre outros (v. artigos 51.º, 52.º e 54.º, C. P.).

O regime de prova tem lugar sempre que for considerado conveniente e adequado a facilitar a reintegração do condenado na sociedade.

O regime de prova é em regra de ordenar, quando a pena de prisão, cuja execução for suspensa, tiver sido aplicada em medida superior a 1 ano e o condenado não tiver ainda completado, ao tempo do crime, 25 anos de idade.

V. *Pena de prisão; Suspensão da execução da pena de prisão; Indemnização.*

Regime de punição do concurso (Dir. Penal) – V. *Concurso de crimes.*

Regime de semi-detenção (Dir. Penal; Proc. Penal) – De acordo com o artigo 46.º, C. P., a pena de prisão aplicada em medida não superior a um ano – que não deva ser substituída por multa ou por outra pena não privativa da liberdade, nem cumprida em dias livres – pode ser executada em regime de semi-detenção, se o condenado nisso consentir.

O regime de semi-detenção consiste numa privação da liberdade que permite ao condenado prosseguir a sua actividade profissional normal, a sua formação profissional ou os seus estudos, através de saídas estritamente limitadas ao cumprimento das suas obrigações.

V. artigos 487.º e 488.º, C. P. P..

V. *Pena de prisão; Pena de multa; Prisão por dias livres.*

Regime de subida dos recursos (Proc. Penal) – V. *Recurso; Subida dos recursos.*

Regime especial de recolha de prova (Proc. Penal) – Regime específico de adopção de medidas de combate à criminalidade organizada, económico-financeira, em que se estabelece uma recolha especial de prova (por exemplo, é admitido o registo de voz e imagem, por qualquer meio, sem consentimento do visado), a quebra do segredo profissional e a perda de bens a favor do Estado relativamente a determinados tipos de crimes: nomeadamente, terrorismo, organização terrorista, tráfico de armas, branqueamento de capitais, corrupção passiva e peculato, associação criminosa, contrabando, lenocínio, tráfico de menores, contrafacção de moeda e títulos equiparados.

V. *Prova; Meio de obtenção de prova; Sigilo profissional; Perda de bens; Crime; Terrorismo; Organizações terroristas; Tráfico de armas; Branqueamento; Corrupção; Peculato; Contrabando; Lenocínio e tráfico de menores; Associação criminosa; Contrafacção de moeda.*

Regime fechado (Dir. Penal) – Designação utilizada para referir o regime de privação da liberdade de recluso relativamente ao qual existe perigo de evasão.

De acordo com o artigo 14.º, n.º 4, do Decreto-Lei n.º 265/79, de 1 de Agosto, a privação da liberdade em regime fechado é

executada em condições de segurança capazes de prevenir o perigo de evasão dos reclusos.
V. artigo 17.º da Lei n.º 166/99, de 14 de Setembro que refere o internamento em regime fechado como medida cautelar.
V. *Pena de prisão; Regime aberto.*

Regime Geral das Infracções Tributárias (Dir. Penal) – Regime das infracções praticadas no âmbito das relações tributárias – violação das "normas reguladoras das prestações tributárias"; dos regimes tributários, aduaneiros e fiscais; dos benefícios fiscais e franquias aduaneiras; das contribuições e prestações relativas ao sistema de solidariedade e segurança social.
Este regime, que se encontra na Lei n.º 15/2001, de 5 de Junho (entre outras, alterada, recentemente, pela Lei n.º 67-A/2007, de 31 de Dezembro, pelo Decreto-Lei n.º 307-A/2007, de 31 de Agosto), é aplicável, seja qual for a nacionalidade do agente, a factos praticados em território português e a bordo de navios ou aeronaves portugueses.
As infracções tributárias consideram-se praticadas no momento e no lugar em que, total ou parcialmente, e sob qualquer forma de comparticipação, o agente actuou ou, no caso de omissão, devia ter actuado, ou naqueles em que o resultado típico se tiver produzido.
As infracções tributárias omissivas consideram-se praticadas na data em que termine o prazo para o cumprimento dos respectivos deveres tributários.
Procede-se, no diploma, à distinção entre crimes tributários e contra-ordenações tributárias.
No processo penal tributário, a notícia do crime é adquirida por conhecimento próprio do Ministério Público ou dos órgãos da administração tributária com competência delegada para os actos de inquérito, por intermédio dos órgãos de polícia criminal ou dos agentes tributários, e mediante denúncia.
No processo de contra-ordenação tributária, a competência pertence às autoridades tributárias e há um processo próprio de aplicação de coimas – v. artigos 51.º e seguintes da referida Lei.

Estão previstos no diploma em questão diversos tipos de crimes: crimes tributários comuns, crimes aduaneiros, crimes fiscais e crimes contra a segurança social e, ainda, vários tipos de contra-ordenações tributárias – contra-ordenações aduaneiras e contra-ordenações fiscais.
V. o Acórdão n.º 3/2003 do Supremo Tribunal de Justiça, publicado no *Diário da República*, I-A série, de 10 de Julho de 2003, que decidiu: "Na vigência do Regime Jurídico das Infracções Fiscais não Aduaneiras, aprovado pelo Decreto-Lei n.º 20-A/90, de 15 de Janeiro, com a redacção original e a que lhe foi dada pelo Decreto-Lei n.º 394/93, de 24 de Novembro, não se verifica concurso real entre o crime de fraude fiscal, previsto e punido pelo artigo 23.º daquele RJIFNA, e os de falsificação e de burla, previstos no Código Penal, sempre que estejam em causa apenas interesses fiscais do Estado, mas somente concurso aparente de normas com prevalência das que prevêem o crime de natureza fiscal".
V. *Crimes tributários; Agente; Comparticipação; Omissão; Resultado; Contra-ordenação; Prazo; Dever jurídico; Notícia do crime; Ministério Público; Órgão de polícia criminal; Inquérito; Denúncia; Coima; Autoridade tributária; Crime; Tipo; Crime aduaneiro; Concurso de crimes; Burla; Competência; Crimes contra a Segurança Social.*

Regime jurídico das acções encobertas para fins de prevenção e investigação criminal (Proc. Penal) – V. *Acção encoberta.*

Regime jurídico da avaliação, utilização e alienação de bens apreendidos pelos órgãos de polícia criminal (Proc. Penal) – Está contido no Decreto-Lei n.º 11/2007, de 19 de Janeiro, o regime jurídico da avaliação, utilização, alienação e indemnização dos bens apreendidos pelos órgãos de polícia criminal no âmbito de processos crime e contra-ordenacionais que sejam susceptíveis de vir a ser declarados perdidos a favor do Estado, regulando os respectivos procedimentos.
Os bens apreendidos que venham a ser declarados perdidos a favor do Estado são-lhes afectos quando:
a) possuam interesse criminalístico, histórico, documental ou museológico;

b) se trate de armas, munições, veículos, aeronaves, embarcações equipamentos de telecomunicações e de informática ou outros bens fungíveis com interesse para o exercício das respectivas competências legais.

Os objectos referidos no n.º 1 podem ser utilizados provisoriamente pelos órgãos de polícia criminal, através de declaração de utilidade operacional, desde a sua apreensão e até à declaração de perda ou restituição, mediante despacho fundamentado do responsável máximo da respectiva instituição quando sejam susceptíveis de, a final, virem a ser declarados perdidos a favor do Estado. O proprietário ou legítimo possuidor do bem é notificado do despacho e pode requerer à autoridade que superintende o processo que profira despacho em que aprecie, provisoriamente, a susceptibilidade ou não de perda do bem, a final, a favor do Estado. Esta decisão reveste carácter urgente.

O bem apreendido é avaliado para efeitos de fixação do valor de indemnização a pagar ao proprietário caso o bem não venha, a final, a ser declarado perdido a favor do Estado.

V. *Bem apreendido pelos órgãos de polícia criminal; Órgão de polícia criminal; Crime; Contra-ordenação; Despacho; Indemnização.*

Registo civil – Organiza e realiza a publicidade de factos que interessam à condição jurídica das pessoas singulares.

Por exemplo, o nascimento, a filiação, a adopção, o casamento, a interdição e inabilitação definitivas, as convenções antenupciais e as alterações do regime de bens convencionado ou legalmente fixado, a regulação do poder paternal, sua alteração e cessação, a inibição ou suspensão do exercício do poder paternal, etc. – artigo 1.º do Código do Registo Civil.

O Código do Registo Civil actualmente em vigor foi aprovado pelo Decreto-Lei n.º 131/95, de 6 de Junho (rectificado pela Declaração de rectificação n.º 96/95, de 31 de Julho), alterado pelos Decretos-Leis n.ºˢ 36/97, de 31 de Janeiro, 120/98, de 8 de Maio, 375-A/99, de 20 de Setembro, 228/2001, de 20 de Agosto, 273/2001, de 13 de Outubro, 323/2001, de 17 de Dezembro, e 113/2002, de 20 de Abril, e 53/2004, de 18 de Março.

O Decreto-Lei n.º 13/2001, de 25 de Janeiro, estabelece um regime especial de procedimentos para o registo dos nascimentos ocorridos em unidades de saúde, públicas ou privadas.

V. Convenção Relativa à Dispensa de Legalização para Certas Certidões de Registo Civil e Outros Documentos, assinada em Atenas em 15 de Setembro de 1977, aprovada, para ratificação, pelo Decreto n.º 135/82, de 20 de Dezembro, e já ratificada por Portugal, conforme aviso publicado no *Diário da República*, I série, de 28 de Dezembro de 1984.

V. também Convenção Relativa à Emissão de Certidões Multilingues de Actos do Registo Civil, assinada em Viena em 8 de Setembro de 1976, aprovada pelo Decreto do Governo n.º 34/83, de 12 de Maio, e já entrada em vigor em Portugal (v. avisos publicados no *Diário da República*, I série, de 25 e 30 de Julho de 1983, respectivamente).

V., ainda, Convenção Relativa à Emissão de Determinadas Certidões de Registo de Estado Civil Destinadas ao Estrangeiro, de 27 de Setembro de 1956, aprovada, para adesão, pela Lei n.º 33/81, de 27 de Agosto, e entrada em vigor para Portugal em 27 de Fevereiro de 1982.

V. *Pessoa singular; Adopção; Interdição; Poder paternal; Certidão; Documento; Estado civil; Legalização de documento.*

Registo criminal (Dir. Penal; Proc. Penal) – Documento que encerra o conjunto de informações relativas ao passado criminal de um cidadão, que se justifica por razões de política criminal, baseadas em considerações de prevenção geral ou especial, nomeadamente pela ajuda na investigação criminal, policial e judicial e como auxiliar da justiça penal.

A matéria relativa à identificação criminal encontra-se regulada na Lei n.º 57/98, de 18 de Agosto (regulamentada e desenvolvida pelo Decreto-Lei n.º 381/98, de 27 de Setembro, alterado pelo Decreto-Lei n.º 20/2007, de 23 de Janeiro).

O registo criminal é constituído, nos termos do disposto no n.º 2 do artigo 4.º da Lei n.º 57/98, "pelos elementos de identi-

ficação civil do arguido, por extractos de decisões criminais e por comunicações de factos a este respeitantes, sujeitos a registo".
As decisões sujeitas a registo encontram-se enumeradas no artigo 5.º da Lei n.º 57/98, de 15 de Agosto, e são as seguintes:
a) decisões que apliquem penas e medidas de segurança, que determinem o seu reexame, suspensão, revogação e que declarem a sua extinção;
b) decisões que concedam ou revoguem a liberdade condicional ou a liberdade para a prova;
c) decisões de dispensa de pena;
d) decisões que determinem ou revoguem o cancelamento no registo;
e) decisões que apliquem perdões e que concedam indultos ou comutações de penas;
f) decisões que determinem a não transcrição em certificados do registo criminal de condenações que tenham aplicado;
g) decisões que ordenem ou recusem a extradição;
h) acórdãos proferidos em recurso extraordinário de revisão;
i) acórdãos de revisão e confirmação de decisões condenatórias estrangeiras.
Estão, ainda, sujeitos a registo criminal os seguintes factos:
a) o pagamento de multa;
b) o falecimento do arguido condenado".
Os extractos das decisões e as comunicações de factos a que se refere o mencionado n.º 2 do artigo 4.º contêm, ainda, as seguintes menções: "indicação do tribunal que proferiu a decisão e do número do processo; a identificação civil do condenado; a data e forma da decisão; o conteúdo da decisão" – v. n.ᵒˢ 3 e 4 do artigo 4.º.
O certificado de registo criminal pode ser requerido para "fins de emprego" ou "para outros fins" – artigos 11.º e 12.º.
V. *Antecedentes criminais; Arguido; Política criminal; Prevenção geral; Prevenção especial; Pena; Medida de segurança; Extinção da pena; Liberdade condicional; Liberdade para prova; Dispensa de pena; Perdão; Indulto; Comutação de pena; Certificado; Sentença condenatória; Processo de extradição; Recursos extraordinários; Recurso de revisão; Acórdão; Confirmação de sentença estrangeira; Pena de multa; Identificação da pessoa.*

Registo das pessoas colectivas – A Lei n.º 2/73, de 10 de Fevereiro, instituiu o registo nacional de identificação, aplicável "a cada associação, fundação ou sociedade que no País tenha a sua sede, estabelecimento, agência, sucursal, filial ou outra representação".
O Decreto-Lei n.º 129/98, de 13 de Maio, aprovou o regime do Registo Nacional de Pessoas Colectivas; este diploma foi entretanto alterado pelos Decretos-Leis n.ᵒˢ 12/2001, de 25 de Janeiro (rectificado pela Declaração de rectificação n.º 3-B/2001, de 31 de Janeiro), e 323/2001, de 17 de Dezembro.
Segundo o seu artigo 1.º, aquele "tem por função organizar e gerir o ficheiro central de pessoas colectivas, bem como apreciar a admissibilidade de firmas e denominações"; compete-lhe "identificar as pessoas colectivas e entidades equiparadas, inscrever a sua constituição, modificação e dissolução no FCPC [ficheiro central de pessoas colectivas] e providenciar o respeito pelos princípios da exclusividade e da verdade das respectivas firmas e denominações" (artigo 78.º).
O Decreto-Lei n.º 134/2003, de 28 de Junho, aprovou o registo das pessoas colectivas religiosas, previsto na Lei n.º 16/2003, de 22 de Junho.
V. *Pessoa colectiva.*

Registo de acto inexistente ou realizado com ocultação da verdade (Dir. Penal) – Crime previsto no artigo 328.º do Código da Propriedade Industrial, aprovado pelo Decreto-Lei n.º 36/2002, de 5 de Março, que se traduz em fazer registar um acto juridicamente inexistente ou com ocultação da verdade, independentemente da violação de direitos de terceiros.
V. *Crime.*

Registo de procurações irrevogáveis (Proc. Penal) – Ao abrigo do disposto no artigo 1.º da Lei n.º 19/2008, de 21 de Abril (lei que aprova medidas de combate a corrupção e procede à primeira alteração à Lei n.º 5/2002, de 11 de Janeiro), é criada, no âmbito do Ministério da Justiça, uma base de dados de procurações, sendo de registo obrigatório as procurações irrevogáveis que contenham poderes de trans-

ferência da titularidade de imóveis (a regulamentar pelo Governo no prazo de 90 dias a contar da entrada em vigor da lei).
V. *Procuração; Base de dados.*

Registo fonográfico (Proc. Penal) – Os registos fonográficos, bem como quaisquer outras reproduções mecânicas de factos ou de coisas, fazem prova plena dos factos ou coisas que representam, a menos que a parte contra quem são apresentados os impugne.
Documentam-se em acta declarações prestadas oralmente, sob pena de nulidade. V. artigos 363.º, 364.º e 412.º, n.º 4, todos do C. P. P..
V. *Prova; Gravação da prova; Facto; Documentação de declarações orais; Nulidade.*

Registo Nacional de não Dadores – Ficheiro, da responsabilidade do Instituto de Gestão Informática da Saúde, que contém a informação sobre a total ou parcial indisponibilidade para a dádiva *post mortem* de certos órgãos ou tecidos ou para a afectação desses órgãos ou tecidos a determinados fins.
O Registo Nacional de não Dadores foi criado pelo Decreto-Lei n.º 244/94, de 26 de Setembro.
De acordo com a Lei n.º 12/93, de 22 de Abril, são considerados como potenciais dadores *post mortem* todos os cidadãos nacionais, os apátridas e estrangeiros residentes em Portugal que não tenham manifestado junto do Ministério da Saúde a sua qualidade de não dadores (artigo 10.º).
O Registo Nacional de não Dadores contém um ficheiro autónomo relativo aos indivíduos que expressamente autorizam que o seu cadáver seja utilizado para fins de ensino e de investigação científica. A utilização de cadáveres para esses fins encontra-se regulada no referido DL n.º 274/99; o artigo 20.º deste contém uma norma penal aplicável a quem "comercializar cadáver ou parte dele, ou peças, tecidos ou órgãos" para fins de ensino e/ou investigação científica.
V. *Morte; Nacionalidade; Apátrida; Estrangeiros; Vida.*

Registo obtido ou mantido com abuso de direito (Dir. Penal) – Crime, previsto no artigo 327.º do Código da Propriedade Industrial, aprovado pelo Decreto-Lei n.º 36/2002, de 5 de Março, que se traduz no requerimento, na obtenção ou na manutenção em vigor, em seu nome ou no de terceiro, de registo de marca, de nome, de insígnia ou de logotipo que constitua reprodução ou imitação de marca ou nome comercial pertencentes a nacional de qualquer país da União Europeia, independentemente de, no nosso país, gozar da prioridade estabelecida no artigo 12.º do Código da Propriedade Industrial, com a finalidade comprovada de constranger essa pessoa a uma disposição patrimonial que acarrete para ela um prejuízo ou para dela obter uma ilegítima vantagem económica.
V. *Crime.*

Regras de conduta (Dir. Penal) – Medidas que o tribunal pode aplicar ao condenado em pena de prisão, cuja execução tenha sido suspensa, destinadas a facilitar a sua reintegração na sociedade – v. artigo 52.º, C. P..
V. *Pena de prisão, Suspensão da execução da pena de prisão.*

Regras de desconto (Dir. Penal) – V. *Desconto.*

Regras de punição do concurso (Dir. Penal) – V. *Concurso de crimes.*

Reincidência (Dir. Penal) – De acordo com o artigo 75.º, C. P., é punido como reincidente quem cometer um crime doloso que deva ser punido com pena de prisão efectiva superior a 6 meses, depois de ter sido condenado por sentença transitada em julgado em pena de prisão efectiva superior a 6 meses por outro crime doloso se, de acordo com as circunstâncias do caso, o agente for de censurar, por a condenação ou as condenações anteriores não lhe terem servido de suficiente advertência contra o crime.
O crime anterior não releva se entre ele e o seguinte tiverem decorrido mais de 5 anos, não se imputando neste período o tempo de cumprimento de pena.
As condenações proferidas por tribunais estrangeiros contam para efeito de reincidência.

A prescrição da pena, a amnistia, o perdão genérico e o indulto não obstam à verificação da reincidência.
De acordo com o artigo 12.º do Decreto-Lei n.º 265/79, de 1 de Agosto, considera-se reincidente, para efeito de separação dos reclusos nos estabelecimentos prisionais, o recluso que tenha anteriormente cumprido uma medida privativa da liberdade.
V. *Crime; Agente; Dolo; Pena de prisão; Sentença condenatória; Trânsito em julgado; Sentença penal estrangeira; Amnistia; Indulto; Perdão genérico; Prescrição da pena; Estabelecimento prisional; Medida privativa da liberdade; Censurabilidade.*

Rejeição do recurso (Proc. Penal) – Nos termos do artigo 420.º, C. P. P., o recurso é rejeitado sempre que:
a) for manifesta a sua improcedência;
b) se verifique causa que devia ter determinado a sua não admissão nos termos do n.º 2 do artigo 414.º (decisão irrecorrível);
c) o recorrente não apresente, complete ou esclareça as conclusões formuladas e esse vício afectar a totalidade do recurso".
V. *Recurso; Admissão do recurso.*

Relação (Org. Judiciária) – V. *Tribunal da Relação.*

Relação de consumpção (Dir. Penal) – V. *Concurso de normas.*

Relação de consumpção impura (Dir. Penal) – V. *Concurso de normas.*

Relação de consumpção pura (Dir. Penal) – V. *Concurso de normas.*

Relação de especialidade (Dir. Penal) – V. *Concurso de normas.*

Relação de subsidiariedade (Dir. Penal) – V. *Concurso de normas.*

Relação de subsidiariedade expressa (Dir. Penal) – V. *Concurso de normas.*

Relação de subsidiariedade implícita (Dir. Penal) – V. *Concurso de normas.*

Relação jurídica – Em sentido lato, é qualquer relação da vida social que seja juridicamente relevante, isto é, a que o direito atribua efeitos.
Em sentido restrito, é a relação interprivada que o direito regula através da atribuição a um sujeito de um direito e a imposição ao outro de um dever ou sujeição.
V. *Direito; Dever jurídico; Sujeição.*

Relator (Org. Judiciária) – V. *Juiz relator.*

Relatório pericial (Proc. Penal) – Relatório que é elaborado pelos peritos após a conclusão da perícia e que contém as respostas e conclusões fundamentadas ao que lhes era questionado.
Pode o documento ser objecto de pedidos de esclarecimento pela autoridade judiciária, pelo arguido, pelo assistente, pelas partes civis e pelos consultores técnicos.
É elaborado logo em seguida à perícia mas, caso não o seja, deve ser apresentado num prazo não superior a sessenta dias após a realização daquela; em casos de especial complexidade, o prazo pode ser prorrogado por mais trinta dias.
Pode haver mais do que um relatório pericial, no caso de a perícia ser elaborada por mais de um perito, quando houver discordância entre eles.
V. artigo do 157.º, C. P. P..
V. *Perito; Prova pericial; Documento; Prazo; Especial complexidade; Autoridade judiciária; Arguido; Assistente; Partes civis; Consultor técnico.*

Relatório sobre os crimes de corrupção (Proc. Penal) – Com a Lei n.º 19/2008, de 21 de Abril (que aprova medidas de combate à corrupção), são introduzidas, pelo seu artigo 6.º, alterações ao relatório sobre os crimes de corrupção (previsto no n.º 2 do artigo 14.º da Lei n.º 17/2006, de 23 de Maio) que deve conter uma parte específica relativa aos crimes associados à corrupção, da qual constarão obrigatoriamente os seguintes pontos:
a) mapas estatísticos dos processos distribuídos, arquivados, objecto de acusação, pronúncia ou não pronúncia, bem como condenações e absolvições e respectiva pendência em cada uma das fases;
b) áreas de incidência da corrupção activa e passiva;

c) análise da duração da fase de investigação e exercício da acção penal, instrução e julgamento com especificação das causas;

d) análise das causas do não exercício da acção penal, da não pronúncia e absolvição;

e) indicação do valor dos bens apreendidos e dos perdidos a favor do Estado; *f)* principais questões jurisprudenciais;

g) avaliação da coadjuvação dos órgãos de polícia criminal;

h) referência à cooperação internacional

i) formação específica dos magistrados

j) Elenco das directivas do Ministério Público;

k) Propostas relativas a meios materiais e humanos do Ministério Público e dos órgãos de polícia criminal e medidas legislativas, resultantes da análise da prática judiciária.

V. *Ministério Público; Órgão de polícia criminal; Magistrado; Jurisprudência; Absolvição; Acção Penal; Não-pronúncia; Julgamento; Acusação; Pronúncia.*

Relatório social (Proc. Penal) – Informação sobre a inserção familiar e sócio-profissional do arguido e, eventualmente, da vítima, elaborada pelos serviços de reinserção social, com o objectivo de auxiliar o tribunal ou o juiz no conhecimento da personalidade do arguido, "quando [aquele o] considerar necessário à correcta determinação da sanção que eventualmente possa vir a ser aplicada".

"Independentemente de solicitação, os serviços oficiais de reinserção social podem enviar ao tribunal, quando o acompanhamento do arguido o aconselhar, o relatório social ou a respectiva actualização".

V. artigos 1.º, n.º 1-*g)*, e 370.º, C. P. P..

V. *Arguido; Ofendido; Perícia sobre a personalidade; Serviços de reinserção social; Tribunal; Juiz; Sanção.*

RENNDA (Dir. Penal) – V. *Registo Nacional de Não Dadores.*

Renovação da prova (Proc. Penal) – No recurso perante a Relação, quando esta deva conhecer de facto e de direito, a renovação da prova admite-se, caso se verifiquem os seguintes vícios:

1) insuficiência da matéria de facto provada para a decisão;
2) contradição insanável da fundamentação ou entre a fundamentação e a decisão;
3) erro notório da apreciação da prova.

Há renovação da prova quando houver razões para crer que ela permitirá evitar o reenvio do processo – artigo 430.º, n.º 1, C. P. P.. O reenvio do processo significa a remessa dos autos "para novo julgamento relativamente à totalidade do objecto do processo ou a questões concretamente identificadas na decisão de reenvio".

A decisão que admitir ou recusar a renovação da prova é definitiva e fixa os termos e a extensão com que a prova produzida em primeira instância pode ser renovada.

A renovação realiza-se em audiência.

Ver o disposto no artigo 430.º, C. P. P..

V. *Prova; Recurso; Tribunal da Relação; Fundamentação da sentença; Erro; Objecto do processo; Questão de facto; Questão de direito; Facto; Reenvio; Tribunal de primeira instância; Processo; Julgamento; Audiência de discussão e julgamento.*

Renúncia ao decurso e prática de acto fora do prazo (Proc. Penal) – A pessoa em benefício da qual um prazo for estabelecido pode renunciar ao seu decurso, mediante requerimento endereçado à autoridade judiciária que dirigir a fase do processo a que o acto respeitar.

Os actos processuais só podem ser praticados fora dos prazos estabelecidos por lei, por despacho da referida autoridade, a requerimento do interessado e ouvidos os outros sujeitos processuais, desde que se prove justo impedimento. O requerimento é apresentado no prazo de três dias contado do termo do prazo legalmente fixado ou da cessação do impedimento.

Quando o procedimento se revelar de excepcional complexidade, o juiz, a requerimento do Ministério Público, do arguido, do assistente ou das partes civis, pode prorrogar os prazos (contestação do pedido de indemnização civil; contestação e rol de testemunhas; requerimento para abertura da instrução; interposição de recurso e apresentação da respectiva motivação) até ao limite máximo de 30 dias.

V. artigo 107.º, C. P. P..
V. *Acto; Acto processual; Requerimento; Autoridade judiciária; Processo; Prazo; Despacho; Impedimento; Especial complexidade; Juiz; Ministério Público; Arguido; Assistente; Partes civis; Motivação; Recurso; Contestação; Rol de testemunhas; Pedido de indemnização civil; Sujeito processual.*

Renúncia ao recurso (Proc. Penal) – A lei permite às partes renunciar aos recursos que tivessem ou tenham direito a interpor, mas determina que a eficácia da renúncia antecipada de uma das partes depende de idêntica declaração da parte contrária.
V artigo 681.º do Código de Processo Civil, cujo n.º 5 tem a redacção dada pelo Decreto-Lei n.º 329-A/95, de 12 de Dezembro.
V. *Recurso; Eficácia.*

Reparação (Dir. Penal) – Comportamento posterior à prática do crime que visa a compensação pelos prejuízos causados.
De acordo com o artigo 206.º, C. P., a reparação integral do prejuízo causado pelo furto, até ao início da audiência de julgamento em 1.ª instância, sem dano ilegítimo de terceiro, fundamenta a atenuação especial da pena.
A reparação é ainda relevante em relação a outros crimes – v., por exemplo, o artigo 225.º, n.º 6, relativo ao crime de abuso de cartão de garantia ou de crédito.
V. *Crime; Prejuízo; Furto; Audiência de discussão e julgamento; Tribunal de primeira instância; Atenuação especial da pena; Abuso de cartão de garantia ou de crédito; Restituição.*

Reparação ao ofendido (Dir. Penal) – Sendo esta expressão susceptível de designar, com propriedade, outras realidades jurídicas, em particular a de um sujeito ter obrigação de indemnizar outro pelos prejuízos que lhe tiver causado, usa-se aqui no sentido de significar apenas uma medida tutelar educativa, prevista na Lei Tutelar Educativa, aprovada pela Lei n.º 166/99, de 14 de Setembro.
De acordo com o artigo 11.º, n.º 1, desta Lei, "consiste em o menor:
a) Apresentar desculpas ao ofendido;
b) Compensar economicamente o ofendido, no todo ou em parte, pelo dano patrimonial;
c) Exercer, em benefício do ofendido, actividade que se conexione com o dano, sempre que for possível e adequado".
O n.º 2 do mesmo artigo esclarece que o pedido de desculpas consiste "em o menor exprimir o seu pesar pelo facto, por qualquer das seguintes formas:
a) Manifestação, na presença do juiz e do ofendido, do seu propósito de não repetir factos análogos;
b) Satisfação moral ao ofendido, mediante acto que simbolicamente traduza arrependimento".
A apresentação de desculpas é uma medida que não pode ser imposta judicialmente, pois exige o consentimento do menor, o que é bem compreensível, dadas as suas natureza e teleologia.
Por seu lado, o n.º 3 dispõe que a compensação económica pode ser realizada em prestações, "desde que não desvirtue o significado da medida, atendendo o juiz, na fixação do montante da compensação ou da prestação, apenas às disponibilidades económicas do menor".
Quanto à actividade em benefício do ofendido – que tem o limite máximo de doze horas, distribuídas, no máximo, por quatro semanas – diz o n.º 4 que ela "não pode ocupar mais de dois dias por semana e três horas por dia e respeita o período de repouso do menor, devendo salvaguardar um dia de descanso semanal e ter em conta a frequência da escolaridade, bem como outras actividades que o tribunal considere importantes para a formação do menor".
V. *Indemnização; Menor; Medidas tutelares educativas; Dano patrimonial; Ofendido; Facto; juiz; Consentimento.*

Reparação da vítima em casos especiais (Proc. Penal) – O tribunal, em caso de condenação, pode arbitrar uma quantia a título de reparação por prejuízos sofridos quando particulares exigências de protecção da vítima o imponham – quando não tenha sido deduzido pedido de indemnização civil no processo penal ou em separado.
V. artigo 82.º-A, C. P. P..
V. *Pedido de indemnização civil; Vítima.*

Réplica (Proc. Penal) – Resposta às alegações orais do Ministério Público, por parte do(s) advogado(s) do assistente, do arguido e das partes civis (se as houver), para refutação quer dos argumentos expostos, quer para exposição daqueles que não tenham sido anteriormente apresentados e/ou discutidos.
V. artigo 360.º, n.º 2, C. P. P..
V. *Alegações orais; Ministério Público; Assistente; Arguido; Partes civis.*

Representação – Actua em representação de outrem aquele (representante) que realiza um ou mais actos jurídicos em nome desse outrem (o representado).
Tendo o representante poderes para praticar o acto em nome alheio e confinando-se, na realização dele, aos limites dos poderes que lhe competem, aquele produz os seus efeitos na esfera jurídica do representado.
Se o acto for praticado em nome de outrem sem que tenha havido atribuição de poderes de representação ao seu autor, o acto é ineficaz em relação ao representado enquanto não for por ele ratificado.
A representação diz-se *legal,* quando resulta da lei para suprir as incapacidades do menor (artigo 124.º, Código Civil), do interdito (artigo 139.º, Código Civil); e *voluntária,* quando resulta de acto voluntário denominado procuração: "acto pelo qual alguém atribui a outrem, voluntariamente, poderes representativos" (artigo 262.º, Código Civil).
V. *Acto jurídico; Menor; Interdição; Procuração; Mandado; Eficácia.*

Reprodução ilegítima de programa protegido (Dir. Penal) – Crime previsto no artigo 9.º da Lei n.º 109/91, de 17 de Agosto, que se traduz genericamente na divulgação ilegítima de um programa informático protegido por lei.
V. *Crime.*

Requerimento (Proc. Penal) – Documento pelo qual uma parte faz ao juiz (ou à autoridade judiciária competente em determinada fase do processo) qualquer solicitação.
Os requerimentos podem ser escritos e assinados pelos interessados, salvo quando a lei exija a assinatura de mandatário judicial.
O Decreto-Lei n.º 28/92, de 27 de Fevereiro, veio permitir que os requerimentos assinados pelo advogado sejam remetidos à secretaria judicial por telecópia, presumindo-se verdadeiros e exactos, salvo prova em contrário (quando provenientes do aparelho com o número constante da lista oficial).
V. *Documento; Juiz; Assinatura; Mandatário; Advogado; Secretaria judicial; Telecópia; Autoridade judiciária.*

Requerimento para abertura da instrução (Proc. Penal) – Requerimento, sem formalidades especiais, elaborado pelo arguido (relativamente a factos pelos quais o Ministério Público ou o assistente, em caso de procedimento dependente de acusação particular, tiverem deduzido acusação) ou pelo assistente relativamente a factos pelos quais o Ministério Público não tiver deduzido acusação (nos processos em que se investigue a prática de um crime particular, o assistente não pode requerer a abertura da instrução) que deve conter, em súmula, as razões de facto e de direito de discordância relativamente à acusação ou não acusação, bem como, se for o caso, a indicação dos meios de prova a requerer e dos actos de instrução que o requerente pretende realizar.
É o mecanismo processual que dá início à fase facultativa da instrução que se segue à do inquérito.
Este requerimento é deduzido no prazo de 20 dias a contar da notificação da acusação ou do arquivamento do inquérito.
O requerimento só pode ser rejeitado por extemporâneo, por incompetência do juiz ou por inadmissibilidade legal da instrução.
O despacho de abertura de instrução é notificado ao Ministério Público, ao assistente, ao arguido e ao seu defensor.
V. artigo 287.º, C. P. P..
A direcção da instrução compete ao juiz (assistido pelos órgãos de polícia criminal).
A instrução é formada pelo conjunto de actos de instrução que o juiz entenda levar a cabo e, obrigatoriamente, por um debate instrutório.

O Acórdão do Supremo Tribunal de Justiça n.º 7/2005, de 4 de Novembro, entendeu que "não há lugar a convite ao assistente para aperfeiçoar o requerimento de abertura de instrução, apresentado nos termos do artigo 28.º, n.º 2, do Código de Processo Penal, quando for omisso relativamente à narração sintética dos factos que fundamentam a aplicação de uma pena ao arguido".

V. *Requerimento; Instrução; Arguido; Assistente; Crime particular; Questão de facto; Questão de direito; Prova; Meios de prova; Inquérito; Notificação; Acusação; Arquivamento do inquérito; Incompetência; Juiz; Pena; Arguido; Acto de instrução; Prazo; Debate instrutório; Órgão de polícia criminal; Acto de instrução.*

Reserva compulsiva (Dir. Penal) – Pena acessória, prevista no artigo 18.º do Código de Justiça Militar, aprovado pela Lei n.º 100/2003, de 15 de Novembro.

V. *Pena acessória; Código de Justiça Militar.*

Reserva de lei (Dir. Penal) – A expressão é utilizada para referir matérias cujo regime só pode ser realizado através de lei formal (Assembleia da República).

A reserva pode ser absoluta (só a Assembleia da República pode legislar) ou relativa (a Assembleia da República pode autorizar o Governo a legislar mediante lei de autorização legislativa).

De acordo com a alínea *c)* do n.º 1 do artigo 165.º da Constituição, integra a reserva relativa de competência legislativa a definição dos crimes, penas, medidas de segurança e respectivos pressupostos, bem como o processo criminal. De acordo com a alínea *d)* do mesmo preceito, integra a reserva relativa de competência legislativa o regime geral de punição das infracções disciplinares, bem como dos actos ilícitos de mera ordenação social e do respectivo processo.

V. *Crime; Pena; Medida de segurança; Ilícito de mera ordenação social; Constituição.*

Residência – A residência é o lugar que serve de base de vida a uma pessoa singular. A residência habitual é o domicílio. V. artigo 82.º, n.º 1, do Código Civil.

A residência do titular é uma das informações que deve constar do bilhete de identidade, nos termos do artigo 5.º-*f)* da Lei n.º 33/99, de 18 de Maio, alterada pelo Decreto-Lei n.º 323/2001, de 17 de Dezembro, dispondo o artigo 3.º, n.º 2, desta Lei que "o bilhete de identidade cujo prazo de validade estiver excedido não pode ser usado para comprovação da residência do seu titular".

O Decreto-Lei n.º 41/2006, de 21 de Fevereiro, alterando o Decreto-Lei n.º 176/2003, de 2 de Agosto, dispõe, no seu artigo 7.º, n.º 3, que se consideram "equiparados a residentes para efeitos de atribuição da prestação de subsídio de funeral os estrangeiros portadores de títulos válidos de autorização de permanência ou visto de trabalho, bem como os refugiados ou apátridas portadores de título de protecção temporária válidos"; nos termos do n.º 4 da mesma disposição, "consideram-se ainda equiparados a residentes para efeitos de atribuição da prestação de abono de família a crianças e jovens: *a)* os refugiados ou apátridas portadores de título de protecção temporária válido; *b)* os cidadãos estrangeiros portadores de títulos válidos de permanência, ou respectivas prorrogações, nos termos e condições a definir em portaria conjunta dos Ministros de Estado e da Administração Interna, da Presidência e do Trabalho e da Solidariedade Social".

O artigo 15.º da Lei n.º 37/81, de 3 de Outubro, alterada pela Lei n.º 25/94, de 19 de Agosto, pelos Decretos-Leis n.ºˢ 22-A/2001, de 14 de Dezembro, 194/2003, de 23 de Agosto de 2003, e pelas Leis Orgânicas n.ºˢ 1/2004, de 15 de Janeiro, e 2/2006, de 17 de Abril – Lei da Nacionalidade –, estabelece que, para os efeitos de aquisição de nacionalidade, "entende-se que residem legalmente no território português os indivíduos que aqui se encontram, com a sua situação regularizada perante as autoridades portuguesas, ao abrigo de qualquer dos títulos, vistos ou autorizações previstos no regime de entrada, permanência, saída e afastamento de estrangeiros e no regime do direito de asilo", sem prejuízo dos "regimes especiais de residência legal resultantes de tratados ou convenções de que Portugal seja Parte, designadamente

no âmbito da União Europeia e da Comunidade dos Países de Língua Oficial Portuguesa".
V. *Domicílio, Bilhete de identidade; Estrangeiros; Apátrida; Nacionalidade; Asilo; Tratado.*

Residência habitual – É o local onde uma pessoa singular normalmente vive, de onde se ausenta, em regra, por períodos mais ou menos curtos. O artigo 82.º, n.º 1, do Código Civil, dispõe que "a pessoa tem domicílio no lugar da sua residência habitual".
V. *Pessoa singular; Domicílio.*

Resistência e coacção sobre funcionário (Dir. Penal) – Crime, previsto no artigo 347.º, C. P., que ocorre quando alguém emprega violência ou ameaça grave contra funcionário ou membro das Forças Armadas, militarizadas ou de segurança, para se opor a que ele pratique acto relativo ao exercício das suas funções, ou para o constranger a que pratique acto relativo ao exercício das suas funções mas contrário aos seus deveres.
V. *Crime; Funcionário; Dever.*

Responsabilidade criminal (Dir. Penal) – Obrigação de responder pela prática do crime, o que se traduz na sujeição aos efeitos de uma condenação criminal, isto é, na sujeição à aplicação de uma pena.
De acordo com o artigo 11.º, C. P., a responsabilidade criminal tem carácter pessoal. Só existe responsabilidade criminal das pessoas colectivas quando a lei expressamente a previr (como é o caso, desde logo, do n.º 2 do mencionado artigo 11.º, nos termos do qual as pessoas colectivas respondem criminalmente pela prática de uma série de crimes previstos no Código Penal).
A responsabilidade criminal é apurada necessariamente no processo criminal e determinada pela respectiva decisão judicial.
A responsabilidade criminal extingue-se pela execução da condenação, pela prescrição, pela morte, pela amnistia, pelo perdão genérico e pelo indulto.
V. os Acórdãos do Tribunal Constitucional n.ºs 212/95 (publicado no *Diário da República*, II série, de 24 de Junho de 1995) e 213/95 (publicado no *Diário da República*, II série, de 26 de Junho de 1995) que apreciaram a conformidade à Constituição de várias normas do Decreto-Lei n.º 28/84, de 20 de Janeiro que consagram a responsabilidade criminal das pessoas colectivas, tendo concluído pela não inconstitucionalidade.
V. *Crime; Pena; Pessoa colectiva; Detenção de arma proibida; Tráfico de armas; Arma; Representação; Pena de multa; Pessoa singular; Pena acessória; Sentença; Sentença condenatória; Prescrição; Amnistia; Indulto; Morte; Perdão genérico; Obrigação; Limite mínimo da pena de prisão; Limite máximo da pena de prisão; Pena acessória.*

Responsabilidade criminal das pessoas colectivas (Dir. Penal) – As pessoas colectivas e entidades equiparadas (são equiparadas as sociedades civis e as associações de facto), com excepção do Estado, de outras pessoas colectivas públicas e de organizações internacionais de direito público, são responsáveis pelos crimes que cometerem (quando a respectiva responsabilidade esteja legalmente consagrada) em seu nome e no interesse colectivo por pessoas que nelas ocupem uma posição de liderança ou por quem aja sob a autoridade dessas pessoas em virtude de uma violação dos deveres de vigilância ou de controlo que lhes incumbem.
Entende-se que ocupam uma posição de liderança os órgãos e representantes da pessoa colectiva e quem nela tiver autoridade para exercer o controlo da sua actividade.
A responsabilidade das pessoas colectivas não exclui a responsabilidade individual dos respectivos agentes nem depende da responsabilização destes.
V. artigos 11.º e 90.º-A a 90.º-M, C. P..
V. *Responsabilidade criminal; Pessoa colectiva.*

Responsabilidade penal (Dir. Penal) – V. *Responsabilidade criminal.*

Ressocialização (Dir. Penal) – Finalidade de reintegração do arguido na sociedade – após a condenação –, que preside, dogmaticamente, à orientação de política criminal, defendida pelo nosso sistema.

A consagração legal desta preocupação de reintegração e ressocialização dos sujeitos autores do facto criminoso está evidenciada nos artigos 40.º, n.º 1 ("A aplicação de penas e medidas de segurança visa a protecção de bens jurídicos e a reintegração do agente na sociedade") e 70.º ("Se ao crime forem aplicáveis, em alternativa, pena privativa e não privativa da liberdade, o tribunal dá preferência à segunda sempre que esta realizar de forma adequada e suficiente as finalidades da punição"), ambos do Código Penal.

V. *Arguido; Sentença condenatória; Pena; Medida de segurança; Crime; Pena privativa da liberdade; Pena não privativa da liberdade; Tribunal; Fins das penas.*

Restituição (Dir. Penal) – Comportamento posterior à prática do crime de furto que se traduz na entrega (devolução) da coisa furtada.

De acordo com o artigo 206.º, C. P., a restituição da coisa objecto do furto, até ao início da audiência de julgamento em 1.ª instância, fundamenta a atenuação especial da pena.

A restituição é ainda relevante em relação a outros crimes (v., por exemplo, o n.º 6 do artigo 225.º, C. P., relativo ao crime de abuso de cartão de garantia ou de crédito).

V. *Furto; Audiência de discussão e julgamento; Tribunal de primeira instância; Atenuação especial da pena; Reparação; Abuso de cartão de garantia ou de crédito; Coisa.*

Restituição dos objectos apreendidos (Proc. Penal) – Logo que se tornar desnecessário manter a apreensão para efeito de prova, os objectos são restituídos a quem de direito.

Logo que transitar em julgado a sentença, os objectos são restituídos, salvo se tiverem sido declarados perdidos a favor do Estado.

As pessoas a quem devam ser restituídos os objectos são notificadas para procederem ao seu levantamento no prazo máximo de 90 dias, findo o qual passam a suportar os custos do seu depósito; se não procederem ao levantamento no prazo de um ano a contar da notificação, os objectos consideram-se perdidos a favor do Estado.

V. artigo 186.º, C. P. P..

V. *Apreensão; Depósito; Prova; Meio de obtenção da prova; Perda de bens a favor do Estado; Notificação.*

Resultado (Dir. Penal) – Elemento objectivo do tipo nos crimes materiais ou de resultado.

Evento material que se autonomiza, espacial e temporalmente, da acção do agente, objectivamente imputável a esta.

Pode afirmar-se que o resultado é a consequência material da acção típica (por exemplo, no homicídio – artigo 131.º, C. P. – a morte da vítima é o resultado da acção de matar outrem).

V. *Crime; Tipo; Crime de resultado; Elementos objectivos do tipo; Evento jurídico; Evento material; Acção; Agente; Imputação objectiva; Homicídio; Resultado não compreendido no tipo de crime; Vítima.*

Resultado não compreendido no tipo de crime (Dir. Penal) – A lei refere-se ao resultado não compreendido no tipo de crime, nomeadamente nos artigos 7.º, 24.º e 119.º, n.º 4, C. P. (local da prática do facto, desistência e início do prazo de prescrição, respectivamente).

A verificação do resultado não compreendido no tipo de crime consubstancia o exaurimento do crime. Trata-se da verificação da lesão do bem jurídico protegido pela norma incriminadora, nos casos em que a descrição típica apenas se refere ao comportamento que não chega a lesar o bem jurídico protegido em todas as suas dimensões.

Nestes casos, em que o cometimento do crime (a consumação formal do crime) ainda não implica a lesão em todas as suas dimensões do bem jurídico protegido, depois do cometimento do crime é ainda possível a evolução do processo lesivo desencadeado até ao momento da efectiva lesão do bem jurídico (consumação material ou exaurimento). Esse evento (a lesão do bem jurídico), que ocorre depois da consumação formal do crime, consubstancia o resultado não compreendido no tipo de crime. Por exemplo, no crime de exposição ou abandono previsto no artigo 138.º C. P., se a vítima morrer, depois da exposição, esse resultado (a morte da vítima) é ainda uma consequência da acção típica que ocorre depois da consumação formal do crime, ou seja, depois da verificação de todos os elementos da norma incriminadora (este resultado consubstancia, porém, resultado agravante, nos termos do n.º 3 do artigo 138.º C. P.).

V. *Resultado; Crime; Tipo; Lugar da prática do facto; Desistência; Prescrição; Exaurimento; Bem jurídico; Consumação formal; Consumação material; Exposição ou abandono.*

Retenção de quota sindical (Dir. Penal) – Crime previsto no artigo 612.º do Código do Trabalho que se traduz na retenção e não entrega à associação sindical de quota sindical cobrada pelo empregador.

V. *Crime; Crimes laborais.*

Retorsão (Dir. Penal) – Realização sequencial de ofensas entre dois contendores: um ofende e o outro ofende porque o primeiro ofendeu.

A lei refere casos de retorsão que fundamentam a dispensa de pena, nos casos de ofensas à integridade física simples (n.º 3 do artigo 143.º, C. P.) e nos crimes contra a honra (n.º 3 do artigo 186.º, C. P.).

V. *Dispensa de pena; Ofensa à integridade física simples; Honra.*

Retractação (Dir. Penal) – Acto por via do qual o agente do crime manifesta a censura e o repúdio do comportamento criminoso.

De acordo com o artigo 362.º, C. P., a punição pelos crimes dos artigos 359.º, 360.º e 361-a), C. P. (falsidade de depoimento ou declaração e falsidade de testemunho, perícia, interpretação ou tradução), não tem lugar se o agente se retractar voluntariamente, a tempo de a retractação poder ser tomada em conta na decisão e antes que tenha resultado do depoimento, relatório, informação ou tradução falsos prejuízo para terceiros.

V. *Crime; Falsidade de depoimento ou declaração; Falsidade de testemunho, perícia, interpretação ou tradução; Prejuízo.*

Retribuição (Dir. Penal) – V. *Fins das penas.*

Retroactividade – V. *Irretroactividade da lei penal.*

Revelia (Proc. Penal) – Situação de alheamento do arguido em relação ao processo, nos casos em que, tendo sido citado ou notificado da existência de um processo instaurado contra si, não intervém por forma nenhuma no decurso do mesmo.

A revelia do arguido pode conduzir à declaração de contumácia.

V. *Arguido; Processo; Notificação; Citação; Contumácia; Julgamento na ausência do arguido.*

Revisão (Proc. Penal) – V. *Recurso de revisão.*

Revisão de sentença estrangeira (Proc. Penal) – V. *Confirmação de sentença estrangeira; Sentença penal estrangeira.*

Revistas (Proc. Penal) – Diligências judiciais ordenadas enquanto meios de obtenção de prova, quando houver indícios de que alguém oculta na sua pessoa quaisquer objectos relacionados com um crime ou que possam servir de prova.

São autorizadas ou ordenadas por despacho pela autoridade judiciária competente, devendo esta, sempre que possível, presidir à diligência.

Este despacho tem um prazo de validade máxima de 30 dias, sob pena de nulidade.

Há casos em que os órgãos de polícia criminal podem proceder à revista sem autorização ou despacho da autoridade judiciária, nomeadamente nos casos (artigo 174.º, C. P. P.):

a) de terrorismo, criminalidade violenta ou altamente organizada, quando haja fundados indícios da prática iminente de crime que ponha em grave risco a vida ou a integridade de qualquer pessoa;

b) em que os visados consintam, desde que o consentimento prestado fique, por qualquer forma documentado;

c) aquando de detenção em flagrante por crime a que corresponda pena de prisão.

Nos casos previstos na alínea *a) supra*, a realização da diligência é, sob pena de nulidade, imediatamente comunicada ao juiz de instrução e por este apreciada em ordem à sua validação.

Antes de se proceder à revista é entregue ao visado cópia do despacho que a determinou.
V. artigos 174.º, 175.º e 251.º, C. P. P..
No âmbito do regime do Decreto-Lei n.º 15/93, de 22 de Janeiro, alterado pela Lei n.º 45/96, de 3 de Setembro e pelo Decreto-Lei n.º 323/2001 de 17 de Dezembro – Tráfico e Consumo de Estupefacientes e Substâncias Psicotrópicas –, nomeadamente de acordo com o disposto no artigo 53.º, quando houver indícios de que alguém oculta ou transporta no seu corpo estupefacientes ou substâncias psicotrópicas, é ordenada revista. Na falta de consentimento do visado, a revista depende de prévia autorização da autoridade judiciária competente.
V. *Diligência; Crime; Meio de obtenção de prova; Indícios; Prova; Meios de prova; Métodos proibidos de prova; Despacho; Autoridade judiciária; Competência; Órgão de polícia criminal; Terrorismo; Criminalidade violenta ou altamente organizada; Integridade física; Consentimento; Documento; Pena; Pena de prisão; Detenção; Flagrante delito; Substância psicotrópica; Estupefaciente; Nulidade; Juiz de instrução.*

Revogação da lei – Forma de cessação da vigência da lei, que resulta de uma nova manifestação legislativa em sentido diverso ao da anterior.
A revogação pode ser total ou parcial (derrogação), podendo também ser expressa ou tácita, consoante a nova lei diga quais as disposições que ficam revogadas ou não o faça, resultando a revogação da incompatibilidade entre os regimes que respectivamente se estabelecem.
O artigo 7.º do Código Civil dispõe que:
"1. Quando se não destine a ter vigência temporária, a lei só deixa de vigorar se for revogada por outra lei.
2. A revogação pode resultar de declaração expressa, da incompatibilidade entre as novas disposições e as regras precedentes ou da circunstância de a nova lei regular toda a matéria da lei anterior.
3. A lei geral não revoga a lei especial, excepto se outra for a intenção inequívoca do legislador.
4. A revogação da lei revogatória não importa o renascimento da lei que esta revogara".
V. *Lei; Lei temporária; Lei penal temporária; Norma geral; Norma especial.*

Risco (Dir. Penal) – Possibilidade de produção de um resultado.
V. *Aumento de risco; Diminuição de risco; Imputação objectiva; Risco permitido; Risco proibido.*

Risco permitido (Dir. Penal) – A vida em sociedade comporta riscos. Existem comportamentos que, não obstante implicarem um aumento do risco de produção de eventos lesivos na esfera de terceiros, são admissíveis, dado o risco por eles criados ainda se confinar a uma margem de risco permitida ou lícita. Por exemplo, se alguém oferecer uma passagem de avião a outra pessoa com a perspectiva de ocorrer um acidente, não se poderá imputar ao ofertante os efeitos do acidente que porventura aconteça, já que viajar de avião tem riscos conhecidos e aceitáveis.
Nestes casos não há lugar à afirmação do nexo de imputação objectiva
V. *Risco; Aumento de risco; Diminuição de risco; Imputação objectiva; Risco proibido; Nexo de causalidade.*

Risco proibido (Dir. Penal) – A criação de um risco proibido fundamenta a imputação à conduta do agente dos eventos que ocorram por via da concretização do risco aumentado ou potenciado ilicitamente.
É exemplo de um risco proibido a circulação automóvel em excesso de velocidade (ultrapassando os limites máximos legais).
V. *Risco; Aumento de risco; Diminuição de risco; Imputação objectiva; Risco permitido.*

Rixa (Dir. Penal) – Contenda entre duas ou mais pessoas.
V. artigo 151.º, C. P..
V. *Participação em rixa.*

Rol de testemunhas (Proc. Penal) – Peça escrita na qual se encontram os nomes e demais elementos de identificação das pessoas – nomeadamente morada e profissão – que podem contribuir para esclarecimento de factos constantes do processo.

O rol não pode exceder o número de 20 testemunhas, número que só pode ser ultrapassado se tal se afigurar necessário para a descoberta da verdade, designadamente se o processo se revelar de especial complexidade, devido ao número de arguidos ou ofendidos, ou ao carácter altamente organizado do crime, ou quando tenham sido praticados crimes de terrorismo, crimes puníveis com pena de prisão de máximo superior a oito anos ou, ainda, pelos crimes identificados nas alíneas *a)* a *g)*, do n.º 2 do artigo 215.º, C. P. P. (nomeadamente, furto de veículos; falsificação de documentos; falsificação de moeda, de título de crédito, de valores selados, selos e equiparados; burla; insolvência dolosa; falsificação; corrupção; peculato; branqueamento de vantagens de proveniência ilícita; fraude na obtenção ou desvio de subsídio, subvenção ou crédito).

Na fase do julgamento, o arguido tem 20 dias para apresentar o rol de testemunhas a contar da notificação do despacho que designa dia para audiência; juntamente com este, o arguido pode indicar os peritos e consultores técnicos que entender – artigo 315.º, C. P. P..

O Ministério Público, o assistente, o arguido ou as partes civis podem alterar o rol de testemunhas até três dias antes da data fixada para a audiência; depois de apresentado o rol, não podem oferecer-se novas testemunhas de fora da comarca, salvo se quem as oferecer se prontificar a apresentá-las na audiência.

V. *Testemunha; Identificação da pessoa; Facto; Processo; Especial complexidade; Arguido; Ofendido; Verdade material; Crime; Criminalidade violenta ou altamente organizada; Terrorismo; Pena de prisão; Julgamento; Perito; Consultor técnico; Ministério Público; Assistente; Partes civis; Furto; Falsificação de documento; Contrafacção de moeda;* *Títulos equiparados a moeda; Contrafacção de valores selados; Burla; Insolvência dolosa; Corrupção; Peculato; Branqueamento; Fraude na obtenção de subsídio ou subvenção; Fraude na obtenção de crédito; Notificação; Despacho; Audiência de discussão e julgamento; Testemunho; Prova; Comarca.*

Roubo (Dir. Penal) – Crime, previsto no artigo 210.º, C. P., que ocorre quando alguém, com a ilegítima intenção de apropriação para si ou para outra pessoa, subtrai ou constrange outrem a que lhe entregue coisa móvel alheia, por meio de violência contra uma pessoa ou de ameaça com perigo iminente para a vida ou integridade física ou colocando-a na impossibilidade de resistir.

O artigo 210.º, n.º 2, C. P., consagra agravações do crime de roubo, tais como a produção de perigo para a vida da vítima, ser a coisa roubada de valor elevado ou consideravelmente elevado ou altamente perigosa, entre outras.

O n.º 3 do mesmo artigo consagra a agravação pelo resultado morte.

A Convenção UNIDROIT sobre Bens Culturais Roubados ou Ilicitamente Exportados, adoptada em Roma em 22 de Junho de 1995, foi aprovada pela Resolução da Assembleia da República n.º 34/2000 e ratificada pelo Decreto do Presidente da República n.º 22/2000, ambos de 4 de Abril; o respectivo instrumento de ratificação foi depositado em 19 de Julho de 2002, tendo a Convenção entrado em vigor para Portugal em 1 de Janeiro de 2003, conforme o Aviso n.º 80/2002, de 13 de Agosto; nos termos deste aviso, a autoridade nacional competente em relação a esta Convenção é a Polícia Judiciária.

V. *Crime; Coisa móvel; Agravação; Agravação pelo resultado; Valor elevado; Valor consideravelmente elevado; Integridade física; Vida; Policia Judiciária; Ratificação.*

S

Sabotagem (Dir. Penal) – Crime, previsto no artigo 329.º, C. P., que ocorre quando alguém destrói, impossibilita o funcionamento ou desvia dos seus fins normais, definitiva ou temporariamente, total ou parcialmente, meios ou vias de comunicação, instalações de serviços públicos ou destinados ao abastecimento e satisfação de necessidades vitais da população, com intenção de destruir, alterar ou subverter o Estado de direito constitucionalmente estabelecido.
V. *Crime*.

Sabotagem contra a defesa nacional (Dir. Penal) – Crime que se encontrava previsto no artigo 315.º, C. P., e que se verificava quando alguém prejudicava ou punha em perigo a defesa nacional, destruindo, danificando ou tornando não utilizáveis, no todo ou em parte, mesmo que temporariamente, obras militares ou materiais próprios das Forças Armadas, ou ainda vias ou meios de comunicação, transmissão ou transporte, instalações portuárias, fábricas ou depósitos.
O artigo 315.º, C. P., foi revogado pela Lei n.º 100/2003, de 15 de Novembro, que aprovou o Código de Justiça Militar.
O crime correspondente ao de sabotagem contra a defesa nacional encontra-se previsto no artigo 79.º do Código de Justiça Militar e é denominado dano em bens militares ou de interesse militar.
V. *Crime; Sabotagem; Código de Justiça Militar; Crimes militares*.

Sabotagem informática (Dir. Penal) – Crime previsto no artigo 6.º da Lei n.º 109/91, de 17 de Agosto, que se traduz genericamente na interferência em sistema informático com intenção de perturbar o seu funcionamento.
V. *Crime*.

Sanção (Dir. Penal) – Consequência jurídica da infracção.
Sendo a coercibilidade uma característica essencial do direito, a inobservância da norma jurídica acarreta, tendencialmente, a aplicabilidade de uma sanção.
Sanção jurídica é, pois, a consequência desfavorável que recai sobre aquele que infringiu a norma jurídica.
V. *Coima; Pena; Norma jurídica*.

Sanção acessória (Dir. Penal; Proc. Penal) – V. *Pena acessória*.

Sanção contra-ordenacional (Dir. Penal) – V. *Coima; Suspensão de autorizações, licenças e alvarás*.

Sanção penal (Dir. Penal) – V. *Pena*.

Saneamento do processo (Proc. Penal) – Recebidos os autos no tribunal de julgamento, o juiz pronuncia-se sobre nulidades e outras questões prévias ou incidentais que obstem ao conhecimento da causa.
Se o processo tiver sido remetido para julgamento sem ter havido instrução, o presidente despacha no sentido:
a) de rejeitar a acusação se a considerar manifestamente infundada;
b) de não aceitar a acusação do assistente ou do Ministério Público na parte em que ela representa uma alteração substancial dos factos.
Resolvidas as questões referidas, o presidente despacha, designando hora, dia e local para a audiência. Esta é fixada para a data mais próxima possível.
V. artigos 311.º e 312.º, C. P. P..
V. *Tribunal; Audiência de discussão e julgamento; Juiz; Nulidades; Questão prévia; Acusação; Assistente; Ministério Público; Alteração substancial dos factos; Instrução*.

Saúde pública (Dir. Penal) – Bem jurídico tutelado pelas incriminações constantes do artigo 22.º do Decreto-Lei n.º 28/84, de 20 de Janeiro.
Trata-se de um valor relacionado com a manutenção de um nível de cuidados e de higiene no tratamento de certos bens destinados ao consumo de um público indeterminado.
V. *Bem jurídico; Abate clandestino; Infracções anti-económicas e contra a saúde pública.*

Secretaria judicial (Org. Judiciária) – Conjunto de funcionários encarregados de assegurar os serviços de expediente dos tribunais judiciais.
As secretarias compreendem serviços judiciais e serviços do Ministério Público, podendo ainda compreender serviços administrativos e secções de serviço externo.
A Lei Orgânica das Secretarias Judiciais e Estatuto dos Funcionários de Justiça, aprovada pelo Decreto-Lei n.º 376/87, de 11 de Dezembro, encontra-se actualmente revogada quase por completo e substituída pelo Estatuto dos Funcionários de Justiça, aprovado pelo Decreto-Lei n.º 343/99, de 26 de Agosto, entretanto alterado pelos Decretos-Leis n.ºs 175/2000, de 9 de Agosto, 96/2002, de 12 de Abril, e 169/2003, de 1 de Agosto, e pela Lei n.º 42/2005, de 29 de Agosto.
V. artigos 119.º e segs. da Lei de Organização e Funcionamento dos Tribunais Judiciais (Lei n.º 3/99, de 13 de Janeiro, rectificada pela Declaração de rectificação n.º 7/99, de 16 de Fevereiro, e alterada pela Lei n.º 101/99, de 26 de Julho, pelos Decretos-Leis n.ºs 323/2001, de 17 de Dezembro, e 38/2003, de 8 de Março – este último rectificado pela Declaração de rectificação n.º 5-C/2003, de 30 de Abril –, pela Lei n.º 105/2003, de 10 de Dezembro, pelo Decreto-Lei n.º 53/2004, de 18 de Março, pela já referida Lei n.º 42/2005, e pelo Decreto-Lei n.º 76-A/2006, de 29 de Março, este rectificado pela Declaração de rectificação n.º 28-A/2006, de 26 de Maio). Esta Lei foi regulamentada pelo Decreto-Lei n.º 186-A/99, de 31 de Maio, alterado pelos Decretos-Leis n.ºs 290/99, de 30 de Julho, 27-B/2000, de 3 de Março, 178/2000, de 9 de Agosto, 246-A/2001, de 14 de Setembro, 74/2002, de 26 de Março, 148/2004, de 21 de Junho, e 219/2004, de 26 de Outubro.
V. ainda a Lei n.º 44/96, de 3 de Setembro, alterada pelo já citado DL n.º 343/99 e pela Lei n.º 143/99, de 31 de Agosto; o Decreto-Lei n.º 389/91, de 10 de Outubro (que regulamenta o modo de funcionamento das secretarias judiciais dos tribunais de comarca, enquanto extensões das secretarias judiciais dos tribunais de círculo) e a Portaria n.º 721-A/2000, de 5 de Setembro (rectificada pela Declaração de rectificação n.º 9-A/2000, da mesma data), que altera os quadros de pessoal das secretarias judiciais, alterada pela Portaria n.º 821/2005, de 14 de Setembro. A Portaria n.º 615/2000, de 19 de Agosto, aprova o quadro de pessoal da secretaria judicial do Tribunal Constitucional.
V. *Funcionário de justiça; Tribunal de comarca; Tribunal de círculo.*

"Sedes delicti" (Dir. Penal) – V. *Lugar da prática do facto.*

Segredo (Dir. Penal; Proc. Penal) – Facto ou informação cuja divulgação é restrita.
Em processo penal, há vários tipos de segredo: profissional, de Estado, de justiça e de funcionário: v., respectivamente, os artigos n.ºs 135.º e 182.º; 137.º e 182.º; 86.º e 136.º, todos do C. P. P..
V. *Aproveitamento indevido de segredo; Violação de segredo; Violação de segredo de correspondência ou de telecomunicações; Violação de segredo de escrutínio; Violação de segredo de Estado; Violação de segredo de justiça; Violação de segredo por funcionário; Sujeito processual; Facto; Segredo de justiça; Processo; Funcionário; Segredo de Estado; Segredo de funcionário; Sigilo profissional.*

Segredo de Estado (Dir. Penal; Proc. Penal) – O segredo de Estado abrange os factos cuja revelação possa causar dano à segurança, interna ou externa, do Estado Português ou à defesa da ordem constitucional.
As testemunhas não podem ser inquiridas sobre factos que constituam segredo de Estado – artigo 137.º, C. P. P..
O regime do segredo de Estado consta da Lei n.º 6/94, de 7 de Abril.

São abrangidos por este segredo "os documentos e informações cujo conhecimento por pessoas não autorizadas é susceptível de pôr em risco ou de causar dano à independência nacional, à unidade e integridade do Estado e à sua segurança interna e externa" – artigo 2.º, n.º 1.

A classificação como segredo de Estado é da competência do Presidente da República, do Presidente da Assembleia da República, do Primeiro-Ministro e dos Ministros. Esta classificação deve ser fundamentada, indicando-se os interesses a proteger e os motivos e as circunstâncias que as justificam.

Apenas têm acesso aos documentos em segredo de Estado, com as limitações e formalidades que venham a ser estabelecidas, as pessoas que deles careçam para o cumprimento das suas funções e que tenham sido autorizadas.

Os funcionários e agentes do Estado e quaisquer pessoas que, em razão das suas funções, tenham acesso a matérias classificadas são obrigados a guardar sigilo.

No âmbito da referida lei, foi criada a Comissão para a Fiscalização do Segredo de Estado, a quem cabe zelar pelo cumprimento das disposições da mesma.

V. *Segredo; Facto; Testemunha; Funcionário; Documento.*

Segredo de funcionário (Proc. Penal) – Segredo que respeita a factos de que funcionários tenham tido conhecimento no exercício das suas funções, sobre os quais não podem ser inquiridos – v. artigos 136.º e 137.º, C. P. P..

V. *Segredo; Facto; Funcionário; Inquirição; Violação de segredo por funcionário.*

Segredo de justiça (Proc. Penal) – Impedimento de consulta ou divulgação de factos do processo até determinada fase processual que vincula todos os participantes processuais, bem com as pessoas que, por qualquer título, tiverem tomado contacto com o processo ou tenham conhecimento de elementos a ele pertencentes. Assim, nos termos do n.º 1 do artigo 86.º, C. P. P., o processo penal é, sob pena de nulidade, público, ressalvadas as excepções previstas na lei. Porém, o juiz de instrução pode, mediante requerimento do arguido, do assistente ou do ofendido e ouvido o Ministério Público, determinar, por despacho irrecorrível, a sujeição do processo, durante a fase de inquérito, a segredo de justiça, quando entenda que a publicidade prejudica os direitos daqueles sujeitos ou participantes processuais.

Também pode o Ministério Público sempre que entender que os interesses da investigação ou os direitos dos arguidos o justifiquem, determinar a aplicação ao processo, durante a fase de inquérito, do segredo de justiça, ficando essa decisão sujeita a validação pelo juiz de instrução no prazo máximo de setenta e duas horas – neste caso, o Ministério Público pode determinar o seu levantamento em qualquer momento do inquérito.

No caso de o arguido, o assistente ou ofendido requererem o levantamento do segredo de justiça, mas o Ministério Público não o determinar, os autos são remetidos ao juiz de instrução para decisão, por despacho irrecorrível.

O segredo de justiça implica as proibições de:

a) "assistência à prática ou tomada de conhecimento do conteúdo do acto processual a que não tenham o direito ou o dever de assistir;

b) divulgação da ocorrência de acto processual ou dos seus termos, independentemente do motivo que presidir a tal divulgação" – alíneas *a)* e *b)* do n.º 8 do artigo 86.º, C. P. P..

Nos termos do n.º 9 da mesma disposição, pode "a autoridade judiciária fundadamente dar ou ordenar ou permitir que seja dado conhecimento a determinadas pessoas do conteúdo de acto ou de documento em segredo de justiça, se tal não puser em causa a investigação e se afigurar conveniente ao esclarecimento da verdade ou indispensável ao exercício de direitos pelos interessados".

"A autoridade judiciária pode autorizar a passagem de certidão em que seja dado conhecimento do conteúdo de acto ou de documento em segredo de justiça, desde que necessária a processo de natureza criminal ou à instrução de processo disciplinar de natureza pública, bem como à dedução do pedido de indemnização civil" – n.º 7.

Por último, o segredo de justiça "não impede a prestação de esclarecimentos públicos pela autoridade judiciária quando necessários ao restabelecimento da verdade e não prejudicarem a investigação, a pedido de pessoas publicamente postas em causa e para garantir a segurança de pessoas e bens ou a tranquilidade pública" – v. n.º 13 do artigo 86.º, C. P. P..

V. *Segredo; Facto; Processo; Instrução; Nulidade; Decisão instrutória; Requerimento; Sujeito processual; Acto processual; Prova; Acto; Documento; Autoridade judiciária; Certidão; Pedido de indemnização civil; Juiz de instrução; Arguido; Assistente; Ofendido; Ministério Público; Despacho; Inquérito; Participante; Prazo; Despacho.*

Segredo profissional (Dir. Penal; Proc. Penal) – V. *Sigilo profissional; Violação de segredo profissional.*

Segurança privada Dispõe o artigo 1.º, n.º 2, do Decreto-Lei n.º 35/2004, de 21 de Fevereiro – alterado pelo Decreto-Lei n.º 198/2005, de 10 de Novembro, com vista a clarificar as condições de emissão do cartão profissional e a natureza das entidades que exercem a segurança privada, quanto a nacionais de outros Estados membros da União Europeia e a entidades estabelecidas em qualquer desses Estados, de acordo com a interpretação das instâncias comunitárias, em particular a constante do Acórdão do Supremo Tribunal de Justiça de 29 de Abril de 2004 –, que está em causa uma actividade que só pode ser exercida nos termos deste diploma e que "tem uma função subsidiária e complementar da actividade das forças e dos serviços de segurança pública do Estado".

O desenvolvimento desta actividade encontra-se dependente de autorização administrativa.

O já referido DL n.º 35/2004 ocupa-se da matéria. Assim, nos termos do artigo 1.º, n.º 3, deste diploma, considera-se actividade de segurança privada:

"*a)* A prestação de serviços a terceiros por entidades privadas com vista à protecção de pessoas e bens, bem como à prevenção da prática de crimes;

b) A organização, por quaisquer entidades e em proveito próprio, de serviços de autoprotecção, com vista à protecção de pessoas e bens, bem como à prevenção da prática de crimes".

De acordo com o artigo 22.º, n.º 1, a actividade referida na alínea *a) supra* mencionada "só pode ser exercida com a autorização do Ministro da Administração Interna, titulada por alvará e após cumpridos todos os requisitos e condições estabelecidos no presente diploma e em regulamentação complementar"; o n.º 2 da mesma disposição é semelhante, referindo-se às actividades da alínea *b)* acima referida, embora, em vez de alvará, exija licença.

Os serviços de segurança privada compreendem as seguintes actividades, nos termos do artigo 2.º:

"*a)* A vigilância de bens móveis e imóveis e o controlo de entrada, presença e saída de pessoas, bem como a prevenção da entrada de armas, substâncias e artigos de uso e porte proibidos ou susceptíveis de provocar actos de violência no interior de edifícios ou locais de acesso vedado ou condicionado ao público, designadamente estabelecimentos, certames, espectáculos e convenções;

b) A protecção pessoal, sem prejuízo das competências exclusivas atribuídas às forças de segurança;

c) A exploração e a gestão de centrais de recepção e monitorização de alarmes;

d) O transporte, a guarda, o tratamento e a distribuição de valores".

O artigo 4.º vem impor a adopção de um sistema de segurança, "em conformidade com o presente diploma" para um conjunto de instituições, como, por exemplo, "o Banco de Portugal, as instituições de crédito e as sociedades financeiras"; para outras, tal adopção pode ser imposta por decisão administrativa.

"É proibido, no exercício da actividade de segurança privada:

a) A prática de actividades que tenham por objecto a prossecução de objectivos ou o desempenho de funções correspondentes a competências exclusivas das autoridades judiciárias ou policiais;

b) Ameaçar, inibir ou restringir o exercício de direitos, liberdades e garantias ou

outros direitos fundamentais, sem prejuízo do estabelecido nos n.ᵒˢ 5 e 6 do artigo seguinte ["os assistentes de recinto desportivo, no controlo de acesso aos recintos desportivos, podem efectuar revistas pessoais de prevenção e segurança com o estrito objectivo de impedir a entrada de objectos e substâncias susceptíveis de gerar ou possibilitar actos de violência", estendendo-se esta "faculdade" "ao pessoal de vigilância no controlo de acesso a instalações aeroportuárias, bem como a outros locais de acesso vedado ou condicionado ao público, sendo que, neste caso, sempre a título excepcional, mediante autorização expressa do Ministro da Administração Interna e por um período delimitado no tempo"];
 c) A protecção de bens, serviços ou pessoas envolvidas em actividades ilícitas".
V. artigo 5.º.
V. *Crime; Coisa móvel; Coisa imóvel; Autoridade judiciária; Autoridade de polícia criminal; Ameaça; Revistas; Ilicitude.*

Semi-detenção (Dir. Penal) – V. *Regime de semi-detenção.*

Semi-imputabilidade (Dir. Penal) – V. *Imputabilidade diminuída.*

Senhorio – Num contrato de arrendamento, é aquele que fica obrigado a proporcionar à outra parte o gozo temporário do imóvel, tendo como contrapartida o direito a receber a renda.
É, portanto, o locador, quando o contrato é de arrendamento.

Sentença (Proc. Penal) – Decisão final de um processo proferida pelo juiz da causa.
Quando a decisão final (ou sentença) de um processo é proveniente de um tribunal colectivo designa-se por acórdão.
É, assim, a peça processual que contém a decisão jurídica correspondente ao processo que terminou com o julgamento do caso.
Começa por um relatório – que contém as indicações da identificação do arguido, do assistente e das partes civis; a indicação do(s) crime(s) imputado(s) ao arguido; e, se tiver existido contestação, a indicação sumária das conclusões aí contidas –, ao qual se segue a fundamentação, que consta da enumeração dos factos provados e não provados, bem como de uma exposição (tanto quanto possível completa, ainda que concisa) dos motivos, de facto e de direito, que fundamentam a decisão, com indicação das provas que serviram para fundar a convicção do tribunal.
Termina esta peça processual pelo dispositivo que contém a decisão condenatória ou absolutória, com indicação das normas legais aplicáveis e outros elementos de forma, como sejam as assinaturas dos juízes que compuseram o tribunal, e o montante de custas atribuído. Se algum dos juízes assinar vencido, declara com precisão os motivos do seu voto.
V. artigo 365.º, C. P. P..
V. o Assento do Supremo Tribunal de Justiça, publicado no *Diário da República* n.º 180/92, I-A série, de 6 de Agosto de 1992, que fixou a seguinte doutrina: não é insanável a nulidade da alínea *a)* do artigo 379.º do C. P. P. de 1987, consistente na falta de indicação na sentença penal, das provas que serviram para formar a convicção do tribunal, ordenada pelo artigo 374.º, n.º 2, parte final do mesmo Código, por isso não lhe sendo aplicável a disciplina do corpo do artigo 119.º daquele diploma legal.
V., também, o Acórdão n.º 1/94, do Supremo Tribunal de Justiça, publicado no *Diário da República* n.º 35/94, I-A série, de 11 de Fevereiro de 1994, que decidiu que as nulidades de sentença enumeradas de forma taxativa nas alíneas *a)* e *b)* do artigo 379.º do Código de Processo Penal não têm de ser arguidas, necessariamente, nos termos estabelecidos na alínea *a)* do n.º 3 do artigo 120.º do mesmo diploma processual, podendo sê-lo, ainda, em motivação de recurso para o tribunal superior.
V. *Acórdão; Tribunal colectivo; Tribunal singular; Juiz presidente; Juiz singular; Juiz relator; Julgamento; Identificação da pessoa; Arguido; Assistente; Partes civis; Crime; Contestação; Fundamentação de sentença; Facto; Prova; Motivo de facto; Motivo de direito; Sentença absolutória; Sentença condenatória; Assinatura; "Césure"; Custas; Nulidade; Nulidades insanáveis; Nulidades dependentes*

de arguição; Tribunal; Recurso; Motivação do recurso; Assinatura; Voto de vencido.

Sentença absolutória (Proc. Penal) – É aquela que absolve o arguido da prática dos factos e do crime de que vem acusado e, assim, tem como efeitos a declaração de extinção de qualquer medida de coacção e, se for o caso, ordena a libertação do arguido que esteja preso preventivamente –, "salvo se ele dever continuar preso por outro motivo ou sofrer medida de segurança de internamento".

É uma decisão do tribunal que é tomada depois de realizada a audiência de discussão e julgamento, onde não se prova a autoria imputada.

V. artigo 376.º, C. P. P..

V. *Sentença; Crime; Arguido; Facto; Medidas de coacção; Prisão preventiva; Medida de segurança; Internamento; Questão da culpa; Questão da determinação da sanção; Audiência de discussão e julgamento; Tribunal; Autoria; Prova; Absolvição.*

Sentença condenatória (Proc. Penal) – É aquela que condena o arguido pela prática dos factos de que vem acusado e, assim, "especifica os fundamentos que presidiram à escolha e medida da sanção aplicada" pela verificação do crime, indicando, se necessário, o início e o regime do seu cumprimento, eventuais deveres do condenado e a sua duração, bem como o plano de readaptação social.

Considera-se, também, sentença condenatória a que tiver decretado dispensa de pena.

A sentença condenatória é a decisão do tribunal que resulta depois de efectuada a audiência de discussão e julgamento.

"Sempre que necessário, o tribunal procede ao reexame da situação do arguido, sujeitando-o às medidas de coacção admissíveis e adequadas às exigências cautelares que o caso requerer".

A Convenção Relativa à Transferência de Pessoas Condenadas, aberta para assinatura em Estrasburgo, em 21 de Março de 1983, foi aprovada, para ratificação, pela Resolução da Assembleia da República n.º 8/93, de 20 de Abril, e ratificada pelo Decreto do Presidente da República n.º 8/93, da mesma data, tendo o respectivo instrumento de ratificação sido depositado em 28 de Junho de 1993, conforme aviso publicado no *Diário da República*, I-A série, de 21 de Agosto de 1993.

A Convenção para a Vigilância de Pessoas Condenadas ou Libertadas Condicionalmente, aberta para assinatura em Estrasburgo, em 30 de Novembro de 1964, foi aprovada, para ratificação, pela Resolução da Assembleia da República n.º 50/94, de 12 de Agosto, e ratificada pelo Decreto do Presidente da República n.º 65/94, da mesma data, tendo o respectivo instrumento de ratificação sido depositado em 16 de Novembro de 1994, conforme o Aviso n.º 19/95, de 12 de Janeiro.

V. artigo 375.º, C. P. P..

V. *Sentença; Arguido; Medida da pena; Facto; Crime; Sanção; Tribunal; Plano de readaptação; Audiência de discussão e julgamento; Questão da culpabilidade; Questão da determinação da sanção; Medidas de coacção; Dispensa de pena; Liberdade condicional.*

Sentença penal estrangeira (Proc. Penal) – Decisão judicial emanada por tribunal penal pertencente a outra ordem jurídica e que, para "ter eficácia" na ordem jurídica nacional, depende de prévia revisão e confirmação".

Nos termos do artigo 234.º, C. P. P., "quando, por força de lei ou de tratado ou convenção, uma sentença penal estrangeira dever ter eficácia em Portugal, a sua força executiva depende de prévia revisão e confirmação". Isto "não tem aplicação quando a sentença penal estrangeira for invocada nos tribunais portugueses [apenas] como meio de prova".

Têm legitimidade para pedir a revisão e confirmação de sentença penal estrangeira o Ministério Público, o arguido, o assistente e as partes civis.

V. *Sentença; Lei; Tratado; Convenção; Pedido de revisão e confirmação de sentença penal estrangeira; Confirmação de sentença estrangeira; Meios de prova; Ministério Público; Arguido, Assistente; Partes civis.*

Separação de processos (Proc. Penal) – Situação processual que ocorre quando, oficiosamente ou a requerimento do Ministério Público, do arguido, do assistente ou do lesado, "o tribunal faz cessar a conexão e ordena a separação de algum ou alguns dos processos", dando origem a outro ou outros.

Nos termos do disposto no artigo 30.°, C. P. P., a separação ocorre quando:

a) houver na separação um interesse ponderoso e atendível de qualquer arguido, nomeadamente no não prolongamento da prisão preventiva;

b) a conexão puder representar um grave risco para a pretensão punitiva do Estado, para o interesse do ofendido ou do lesado;

c) a conexão puder retardar excessivamente o julgamento de qualquer dos arguidos;

d) houver declaração de contumácia, ou o julgamento decorrer na ausência de um ou alguns dos arguidos e o tribunal tiver como mais conveniente a separação de processos.

V. *Requerimento; Ministério Público; Assistente; Lesado; Arguido; Processo; Conexão de processos; Prisão preventiva; Ofendido; Contumácia; Julgamento; Julgamento na ausência do arguido; Tribunal.*

Sequestro (Dir. Penal) – Crime, previsto no artigo 158.°, C. P., que ocorre quando alguém detém, prende, mantém presa ou detida outra pessoa ou de qualquer forma a priva da liberdade.

O artigo 158.°, n.° 2, C. P., consagra várias circunstâncias agravantes do crime de sequestro.

V. *Crime; Agravação; Circunstâncias agravantes.*

Serviço militar em forças armadas inimigas (Dir. Penal) – Crime que se encontrava previsto no artigo 309.°, C. P..

Actualmente, encontra-se previsto no artigo 26.° do Código de Justiça Militar, aprovado pela Lei n.° 100/2003, de 15 de Novembro.

O crime ocorre quando um português toma armas debaixo de bandeira de nação estrangeira contra Portugal.

O n.° 2 do referido artigo 26.° do Código de Justiça Militar prevê a agravação da pena quando o facto é praticado por militar.

Se, antes das hostilidades ou da declaração de guerra, o agente estiver ao serviço do Estado inimigo com autorização do governo português, a pena pode ser especialmente atenuada.

O artigo 309.°, n.° 3, C. P., previa a não punibilidade do agente que, estando no território do Estado inimigo antes da declaração de guerra, tomava armas forçado pelas leis desse Estado. No regime actualmente em vigor, não se prevê expressamente a situação descrita, pelo que a solução resulta das regras gerais relativas à justificação do facto ou das relativas à desculpa do agente.

V. *Crime; Crimes militares; Agravação; Pena; Atenuação especial da pena; Punibilidade; Causas de desculpa; Causas de justificação.*

Serviços de identificação criminal (Proc. Penal) – São os serviços da Direcção-Geral dos Serviços Judiciários, como tal definidos na respectiva lei orgânica, competindo-lhes:

1) assegurar a prossecução das atribuições definidas por lei em matéria de registo criminal – Lei n.° 57/98, de 18 de Agosto (regulamentada e desenvolvida pelo Decreto-Lei n.° 381/98, de 27 de Setembro, alterado pelo Decreto-Lei n.° 20/2007, de 23 de Janeiro) – e de registo de contumazes – Decreto-Lei n.° 391/98, de 27 de Dezembro; e

2) transmitir aos serviços competentes as instruções de ordem interna relativas à recepção de documentos e ao controlo de dados.

V. *Registo criminal; Contumácia; Documento.*

Serviços de reinserção social (Proc. Penal) – Pessoa colectiva que, no âmbito do direito processual penal, colabora com os tribunais na administração da justiça penal, através da emissão de relatórios sociais sobre a personalidade e as condições sociais e pessoais do arguido, com legitimidade para fazer uma avaliação comportamental do mesmo e, assim, intervir, através do relatório social, na promoção e protecção do arguido e dos seus direitos, enquanto cidadão a reintegrar e ressocializar na sociedade.

V. *Relatório social; Pena; Tribunal; Ressocialização.*

Serviços médico-legais (Proc. Penal) – Os serviços médico-legais são: o Conselho Superior de Medicina Legal, os Conselhos médico-legais, os Institutos de Medicina Legal e os gabinetes médico-legais, cujas funções e competências estão reguladas nos artigos 8.º e seguintes do Decreto-Lei n.º 11/98, de 24 de Janeiro, diploma que estabelece a organização do sistema médico-legal, (alterado pelo Decreto-Lei n.º 146/2000, de 18 de Julho, e pelo Decreto-Lei n.º 96/2001, de 26 de Março), competindo-lhes, através de propostas dirigidas ao Ministro da Saúde, elaborar regulamentos nos quais constem as normas técnicas a observar nos exames e perícias médicas; elaborar recomendações relativas ao ensino da medicina legal; aprovar a realização de acções científicas; propor providências necessárias ao aperfeiçoamento da prestação dos serviços de medicina legal.

O Decreto-Lei n.º 146/2000 de 18 de Julho, procedeu à criação do Instituto Nacional de Medicina Legal.

Estes serviços encontram-se administrativamente organizados no âmbito do Ministério da Justiça e, além de colaborarem com estabelecimentos de ensino e instituições de investigação e com instituições de saúde, têm as seguintes atribuições:

a) coadjuvar os tribunais na administração da justiça, procedendo aos exames e perícias de medicina legal que lhes forem solicitados;

b) cooperar com os demais serviços e entidades que intervêm no sistema de administração da justiça;

c) promover o ensino, a formação e a investigação no âmbito da medicina legal e de outras ciências forenses;

d) prestar serviços a entidades públicas e privadas, bem como aos particulares, em domínios que envolvam a aplicação de conhecimentos médico-legais.

V. *Tribunal; Perícia médico-legal e forense.*

Serviços prisionais (Proc. Penal) – V. *Direcção-Geral dos Serviços Prisionais.*

Sigilo (Dir. Penal; Proc. Penal) – V. *Segredo.*

Sigilo profissional (Proc. Penal) – Os magistrados judiciais estão vinculados ao dever de sigilo, não podendo fazer declarações relativas a processos, nem revelar opiniões emitidas durante as conferências nos tribunais que "constem de decisões, actas ou documentos oficiais de carácter confidencial ou que versem assuntos de natureza reservada" – artigo 12.º do Estatuto dos Magistrados Judiciais (Lei n.º 21/85, de 30 de Julho, alterada pelo Decreto-Lei n.º 342/88, de 28 de Setembro, pelas Leis n.ºs 2/90, de 20 de Janeiro, 10/94, de 5 de Maio, 44/96, de 3 de Setembro, 81/98, de 3 de Dezembro, e 143/99, de 31 de Agosto, e pelos Decretos-Leis n.ºs 3-B/2000, de 4 de Abril, e 42/2005, de 29 de Agosto).

Também sobre os magistrados do Ministério Público impende um dever de sigilo, não podendo "fazer declarações relativas a processos nem emitir opiniões que versem assuntos de natureza confidencial ou reservada" – artigo 84.º do Estatuto do Ministério Público (Lei n.º 47/86, de 15 de Outubro, alterada pelas Leis n.ºs 2/90, de 20 de Janeiro, 23/92, de 20 de Agosto, 10/94, de 5 de Maio, 60/98, de 27 de Agosto, e 42/2005, de 29 de Agosto).

O advogado, por seu lado, é obrigado a segredo profissional quanto aos factos enunciados no artigo 87.º do Estatuto da Ordem dos Advogados – contido na Lei n.º 15/2005, de 26 de Janeiro de 2006, que aprova o Estatuto da Ordem dos Advogados e revoga o anterior, constante do Decreto-Lei n.º 84/84, de 16 de Março –, devendo, nos termos do artigo 82.º do mesmo diploma, abster-se de discutir em público ou nos meios de comunicação social "questões pendentes".

Estabelece o artigo 135.º, C. P. P., que "os ministros de religião ou confissão religiosa, os advogados, médicos, jornalistas, membros de instituições de crédito e as demais pessoas a quem a lei permitir ou impuser que guardem segredo podem escusar-se a depor sobre os factos por ele abrangidos.

Havendo dúvidas fundadas sobre a legitimidade da escusa, a autoridade judiciária perante a qual o incidente se tiver suscitado procede às averiguações necessárias; se concluir pela ilegitimidade da escusa ordena ou requer ao tribunal que ordene a prestação de depoimento.

De acordo com o n.º 3, "o tribunal superior àquele onde o incidente tiver sido suscitado, ou, no caso de o incidente ter sido suscitado perante o Supremo Tribunal de Justiça, o pleno das secções criminais, pode decidir da prestação de testemunho com quebra do segredo profissional sempre que esta se mostre justificada, segundo o princípio da prevalência do interesse preponderante, nomeadamente tendo em conta a imprescindibilidade do depoimento para a descoberta da verdade, a gravidade do crime e a necessidade de protecção de bens jurídicos. A intervenção é suscitada pelo juiz, oficiosamente ou a requerimento".

V. *Magistrado; Magistratura judicial; Processo; Conferência; Acta; Documento; Ministério Público; Advogado; Ordem dos Advogados; Autoridade judiciária; Tribunal; Crime; Bem jurídico; Requerimento.*

Silêncio (Proc. Penal) – V. *Direito ao silêncio.*

Simulação de crime (Dir. Penal) – Crime, previsto no artigo 366.º, C. P., que ocorre quando alguém, sem o imputar a pessoa determinada, denuncia crime ou faz criar suspeita da sua prática à autoridade competente, sabendo que ele não se verificou.

A simulação de crime é diferente da denúncia caluniosa, uma vez que neste crime a denúncia é imputada a pessoa determinada, enquanto na simulação de crime a denúncia não se refere a uma pessoa concreta.

O artigo 366.º, n.º 2, C. P., consagra a punição nas situações em que o facto se refere a contra-ordenação ou a ilícito disciplinar.

V. *Crime; Contra-ordenação; Denúncia caluniosa.*

Simulação de sinais de perigo (Dir. Penal) – Crime, previsto no artigo 306.º, C. P., que tem lugar quando alguém utiliza abusivamente sinal ou chamada de alarme ou de socorro ou simuladamente faz crer que é necessário auxílio alheio em virtude de desastre, perigo ou situação de necessidade colectiva.

V. *Crime.*

Sistema do vicariato (Dir. Penal) – V. *Princípio do vicariato.*

Sistema integrado de informação criminal (Proc. Penal) – Nos termos do artigo 11.º da Lei n.º 49/2008, de 27 de Agosto (Lei da Organização da Investigação Criminal), o dever de cooperação mútua no exercício das suas atribuições entre os órgãos de polícia criminal "é garantido, designadamente, por um sistema integrado de informação criminal que assegure a partilha de informações, de acordo com os princípios da necessidade e da competência, sem prejuízo dos regimes legais do segredo de justiça e do segredo de Estado".

O acesso à informação é regulado por níveis de acesso, no âmbito de cada órgão de polícia criminal. As autoridades judiciárias competentes podem, a todo o momento, e relativamente aos processos de que sejam titulares, aceder à informação constante do sistema integrado de informação criminal.

V. *Autoridade judiciária; Órgão de polícia criminal; Segredo de justiça; Segredo de Estado.*

Solicitador (Proc. Penal) – Profissional do foro inscrito na Câmara dos Solicitadores e que exerce profissionalmente o mandato judicial.

Só podem ser solicitadores os cidadãos da União Europeia (na redacção anterior, restringia-se a possibilidade aos portugueses) que sejam licenciados em Direito e não estejam inscritos na Ordem dos Advogados ou que "possuam bacharelato em solicitadoria, ambos com diploma oficialmente reconhecido em Portugal" ou, no caso de ser nacional de outro Estado da União Europeia, reconhecido no Estado de origem.

O Estatuto da Câmara dos Solicitadores foi aprovado pelo Decreto-Lei n.º 88/2003, de 26 de Abril, alterado pelas Leis n.ºˢ 49/2004, de 24 de Agosto e 14/2006, de 26 de Abril (que revoga a quase totalidade do anterior Estatuto, aprovado pelo Decreto-Lei n.º 483/76, de 19 de Junho), que definiu o actual Estatuto.

Os artigos 32.º, 33.º e 44.º do Código de Processo Civil delimitam a competência dos solicitadores no exercício do mandato judicial e os artigos 99.º e segs. do Estatuto tratam do exercício da solicitadoria: "além dos advogados, apenas os solicitadores com inscrição em vigor na Câmara podem, em todo o território nacional e perante qualquer jurisdição, instância, autoridade ou entidade pública ou privada, praticar actos próprios da profissão, designadamente exercer o mandato judicial, nos termos da lei, em regime de profissão liberal remunerada".

É obrigatória, nos termos do artigo 75.º, n.º 1, a inscrição na Câmara dos Solicitadores para o exercício da profissão. Quando o solicitador seja objecto de uma pena disciplinar que tenha levado ao cancelamento da sua inscrição na Câmara – e que não tenha sido uma medida de expulsão – "pode ser requerida a sua reabilitação após o cumprimento da pena", nos termos do artigo 185.º do Estatuto da Câmara dos Solicitadores.

A referida Lei n.º 49/2004 enuncia o que designa por actos próprios dos solicitadores – o exercício do chamado por este "mandato forense" e a consulta jurídica, entre outros.

Os artigos 99.º e segs. do Estatuto da Câmara dos Solicitadores tratam do exercício da solicitadoria.

O Regulamento do estágio para Solicitadores foi homologado por despacho do Ministro da Justiça de 15 de Março de 1988.

O Decreto-Lei n.º 47/92, de 4 de Abril, dispensa os solicitadores de reconhecerem a assinatura no acto de substabelecimento e de justificarem as faltas aos actos judiciais a que não possam comparecer; por seu lado, o Decreto-Lei n.º 168/95, de 15 de Julho, determinou a extensão aos solicitadores das regras de simplificação da procuração forense passada aos advogados, dispensando o reconhecimento notarial da assinatura do outorgante.

V. *Mandato; Câmara dos Solicitadores; Ordem dos Advogados; Advogado; Procuração forense; Acto; Despacho.*

Subida dos recursos (Proc. Penal) – Designa-se por subida do recurso a sua expedição do tribunal em que foi interposto para aquele que o há-de apreciar, por ser sempre este último – o tribunal *ad quem* – um tribunal superior ao tribunal *a quo*.

Os recursos, uma vez interpostos e admitidos, podem subir ao tribunal superior imediata ou diferidamente, podendo subir nos próprios autos – isto é, acompanhados de todos os elementos e documentos que constituem o processo – ou em separado – caso em que só é enviado para o tribunal superior o requerimento de interposição, acompanhado das certidões necessárias para que possa ser decidido.

Em regra, sobem nos próprios autos os recursos interpostos das decisões que ponham termo à causa e os que com aqueles deverem subir; e sobem em separado os que deverem subir imediatamente, nos termos do disposto no artigo 406.º, C. P. P. (Subida nos autos e em separado).

"Sobem imediatamente os recursos cuja retenção os tornaria absolutamente inúteis" – n.º 3 do artigo 407.º, C. P. P. – e, "quando não deverem subir imediatamente, os recursos sobem e são instruídos e julgados conjuntamente com o recurso interposto da decisão que tiver posto termo à causa" – n.º 3 do artigo 407.º, C. P. P..

Sobem, ainda, imediatamente os recursos interpostos – n.º 1 do artigo 407.º:

a) de decisões que ponham termo à causa;

b) de decisões posteriores às referidas na alínea anterior;

c) de decisões que apliquem ou mantenham medidas de coacção ou de garantia patrimonial;

d) de decisões que condenem no pagamento de quaisquer importâncias;

e) de despacho em que o juiz não reconhecer impedimento contra si deduzido;

f) de despacho que recusar ao Ministério Público legitimidade para prossecução do processo;

g) de despacho que não admitir a constituição de assistente ou a intervenção de parte civil;

h) de despacho que indeferir o requerimento para a abertura de instrução;

i) da decisão instrutória [...];

j) de despacho que indeferir requerimento de submissão de arguido suspeito de anomalia mental à perícia respectiva" – do artigo 407.º, n.º 1, C. P. P..

V. artigos 406.º (subida nos autos e em separado) e 407.º (momento da subida), C. P. P..

V. *Recurso; Tribunal; Tribunal "ad quem"; Tribunal "a quo"; Auto; Documento; Requerimento; Certidão; Recursos ordinários; Sentença; Acórdão; Medidas de coacção; Medidas de garantia patrimonial; Despacho; Impedimento; Impedimento de juiz; Ministério Público; Legitimidade; Assistente; Partes civis; Requerimento para abertura da instrução; Instrução; Decisão instrutória; Arguido; Anomalia psíquica; Perícia; Perícia médico-legal e forense.*

Suborno (Dir. Penal) – Crime, previsto no artigo 363.º, C. P., que ocorre quando alguém convence ou tenta convencer outra pessoa, através de dádiva ou promessa de vantagem patrimonial ou não patrimonial, a praticar os factos descritos nos artigos 359.º ou 360.º, C. P. (falsidade de depoimento ou declaração, ou falsidade de testemunho, perícia, interpretação ou tradução, respectivamente).

O crime considera-se cometido (consumado) no momento em que o agente convence ou tenta convencer a pessoa que vai prestar declarações (a lei refere expressamente "sem que estes – os crimes de falsidade de depoimento – venham a ser cometidos").

V. *Crime; Falsidade de depoimento ou declaração; Falsidade de testemunho, perícia interpretação ou tradução; Consumação.*

Subsidiariedade (Dir. Penal) – V. *Concurso de normas.*

Subsidiariedade expressa (Dir. Penal) – V. *Concurso de normas.*

Subsidiariedade implícita (Dir. Penal) – V. *Concurso de normas.*

Substabelecimento (Proc. Penal) – Substabelecimento ou submandato é o contrato de mandato que o mandatário faz com outrem, no âmbito do seu primitivo contrato.

Nos termos do artigo 116.º, n.º 3, do Código do Notariado, "os substabelecimentos revestem a forma exigida para as procurações".

Porém, o artigo único do Decreto-Lei n.º 342/91, de 14 de Setembro, veio dispensar de reconhecimento notarial da assinatura o substabelecimento de advogado, o mesmo regime tendo sido estendido ao acto de substabelecimento de solicitador pelo Decreto-Lei n.º 47/92, de 4 de Abril.

O artigo 36.º, n.º 2, do Código de Processo Civil, estabelece que nos poderes conferidos ao mandatário judicial se presume encontrar incluído o de substabelecer, acrescentando o n.º 3 do mesmo artigo que "o substabelecimento sem reserva implica a exclusão do anterior mandatário".

Nos termos do artigo 116.º, n.º 3 do Código do Notariado, "os substabelecimentos revestem a forma exigida para as procurações. Porém, o artigo único do Decreto-Lei n.º 342/91, de 14 de Setembro, dispensou de reconhecimento notarial da assinatura o substabelecimento de advogado.

O artigo 5.º, n.º 7, do Decreto-Lei n.º 229/2004, de 10 de Dezembro – diploma que contém o regime jurídico das sociedades de advogados –, dispõe que, "sem prejuízo da faculdade de substabelecer nos termos gerais, o mandato conferido a apenas algum ou alguns dos sócios de uma sociedade de advogados não se considera automaticamente extensivo aos restantes sócios".

V. *Procuração; Procuração forense; Mandato; Advogado; Solicitador; Mandatário.*

Substância psicotrópica (Dir. Penal) – O Decreto-Lei n.º 15/93, de 22 de Janeiro (alterado pela lei n.º 45/96, de 3 de Setembro, e pelo Decreto-Lei n.º 323/2001, de 17 de Dezembro), contém o regime do tráfico e consumo de estupefacientes e de substâncias psicotrópicas. Não contém, no entanto, qualquer noção de substância psicotrópica.

A Convenção das Nações Unidas Sobre Substâncias Psicotrópicas de 1971, aprovada para adesão pelo Decreto n.º 10/79, de 30 de Janeiro e publicada no *Diário da República*, I-A série, de 30 de Janeiro de 1979, no artigo 1.º, alínea *e*), identifica substância psicotrópica como "qualquer substância, de origem natural ou sintética, ou qualquer produto natural das Tabelas I, II, III ou IV"; o instrumento de adesão foi depositado em 10 de Abril de 1979, conforme aviso publicado no *Diário da República*, I série, de 5 de Julho de 1979.

O artigo 88.º da Lei n.º 5/2006, de 23 de Fevereiro, prevê o crime de uso e porte de arma sob o efeito de álcool e substâncias estupefacientes ou psicotrópicas, que ocorre quando alguém, pelo menos por negligência, detém, transporta ou usa arma com uma taxa de álcool igual ou superior a 1,2 g/l ou não estando em condições de o fazer em segurança, por se encontrar sob a influência de substâncias psicotrópicas ou estupefacientes ou de produtos com efeito análogo perturbadores da aptidão física, mental ou psicológica.

O artigo 90.º determina que, como pena acessória, "pode incorrer na interdição temporária de detenção, uso e porte de arma quem for condenado pela prática de crime previsto na presente lei [nomeadamente uso e porte de arma sob efeito de álcool e substâncias psicotrópicas] ou pela prática, a título doloso ou negligente, de crime em cuja preparação ou execução tenha sido relevante a utilização ou disponibilidade sobre a arma"; "o período de interdição tem o limite mínimo de um ano e o máximo igual ao limite superior da moldura penal do crime [...]"; "a interdição implica a proibição de detenção, uso e porte de armas, designadamente para efeitos pessoais, funcionais ou laborais, desportivos, venatórios ou outros, bem como de concessão ou renovação de licença, cartão europeu de arma de fogo [...], devendo o condenado fazer entrega da ou das armas, licenças e demais documentação no posto ou unidade policial da área da sua residência no prazo de 15 dias contados do trânsito em julgado"; "a interdição é decretada independentemente de o condenado gozar de isenção ou dispensa de licença ou licença especial".

A Convenção das Nações Unidas Contra o Tráfico Ilícito de Estupefacientes e Substâncias Psicotrópicas de 1988, aprovada para ratificação pela Resolução da Assembleia da República n.º 29/91, de 20 de Junho, ratificada pelo Decreto do Presidente da República n.º 45/91, de 6 de Setembro, e publicada no *Diário da República*, I-A série, de 6 de Setembro de 1991, define, no artigo 1.º, alínea r), substância psicotrópica como "qualquer substância, natural ou sintética, ou qualquer produto natural constante das Tabelas I, II, III ou IV da Convenção das Substâncias Psicotrópicas de 1971".

V. Lei n.º 18/2007, de 17 de Maio, que aprova o Regulamento de Fiscalização da Condução sob Influência do Álcool ou de Substâncias Psicotrópicas.

V. o Acórdão do Supremo Tribunal de Justiça n.º 8/2008, publicado no *Diário da República*, I Série, de 5 de Agosto, que entendeu: "Não obstante a derrogação operada pelo artigo 28.º da lei n.º 30/2000, de 29 de Novembro, o artigo 40.º, n.º 2 do Decreto-lei n.º 15/93, de 22 de Janeiro, manteve-se em vigor não só quanto ao "cultivo" como relativamente á aquisição ou detenção para consumo próprio de plantas, substâncias ou preparações compreendidas nas tabelas I a IV, em quantidade superior à necessária para o consumo médio individual durante o período de 10 dias".

V. *Estupefaciente; Arma; Uso e porte de arma sob o efeito de álcool e substâncias estupefacientes ou psicotrópicas; Crime; Dolo; Negligência; Moldura penal; Residência; Trânsito em julgado; Dolo; Porte de arma; Licença de uso e porte de arma; Sentença condenatória; Pena acessória.*

Substâncias explosivas ou análogas e armas (Dir. Penal) – Crime, que se encontrava previsto no artigo 275.º, C. P., que ocorria quando alguém importasse, fabricasse ou obtivesse por transformação, guardasse, comprasse, vendesse, cedesse ou adquirisse, "a qualquer título ou por qualquer meio", transportasse, distribuísse, detivesse, usasse ou trouxesse consigo arma classificada como material de guerra, arma proibida de fogo ou destinada a projectar substâncias tóxicas, asfixiantes, radioactivas ou corrosivas, ou engenho ou substância explosiva, radioactiva ou própria para a fabricação de gases tóxicos ou asfixiantes, fora das condições legais ou "em contrário das prescrições da autoridade competente".

O artigo 275.º, n.º 2, C. P., consagrava uma agravação para os casos em que a conduta diz respeito a engenho ou substância capaz de produzir explosão nuclear.

O n.º 3 do mesmo artigo previa a punição das condutas referentes a armas proibidas não incluídas no n.º 1.

O n.º 4 do mencionado artigo previa a punição de quem detivesse ou trouxesse consigo mecanismo de propulsão, câmara, tambor ou cano de arma proibida, silenciador ou outro aparelho de fim análogo, mira telescópica ou munições, destinados a serem montados nessas armas ou por elas disparadas, se desacompanhados destas.

O artigo 275.º, C. P., foi revogado pelo artigo 118.º da Lei n.º 5/2006, de 23 de Fevereiro, que contém o regime jurídico das armas e suas munições.

V. o Acórdão do Supremo Tribunal de Justiça n.º 3/97, de 6 de Fevereiro, publicado no *Diário da República*, I-A série, de 6 de Março de 1997, que entendeu: "A detenção, uso ou porte de uma pistola de calibre 6,35 mm não manifestada nem registada não constitui o crime previsto e punível pelo artigo 275.º, n.º 2, do Código Penal revisto pelo Decreto-Lei n.º 48/95, de 15 de Março, norma que fez caducar o assento do Supremo Tribunal de Justiça, de 5 de Abril de 1989".

Por seu lado, o Acórdão do Supremo Tribunal de Justiça n.º 2/98, de 16 de Outubro, publicado no *Diário da República*, I-A série, de 17 de Dezembro de 1998, decidiu: "Uma arma de fogo, com calibre 6,35 mm, resultante de uma adaptação ou transformação clandestina de uma arma de gás ou de alarme, constitui uma arma proibida, a ser abrangida pela previsão do n.º 2 do artigo 275.º do Código Penal, antes da alteração pela Lei n.º 65/98, de 2 de Setembro".

O Acórdão do mesmo Tribunal n.º 1/2002, de 16 de Outubro, publicado no *Diário da República*, I-A série, de 5 de Novembro de 2002, fixou a seguinte doutrina: "Uma arma de fogo com 6,35 mm de calibre resultante de adaptação ou transformação, mesmo que clandestina, de uma arma de gás ou de alarme não constitui uma arma proibida, para efeito de poder considerar-se abrangida pela previsão do artigo 275.º, n.º 2, do Código Penal, na versão de 1995".

Finalmente, o Acórdão do Supremo Tribunal de Justiça n.º 4/2004, de 13 de Maio, publicado no *Diário da República*, I-A série, de 13 de Maio de 2004, fixou a seguinte doutrina: Para efeito do disposto no artigo 275.º, n.º 3, do Código Penal, uma navalha com 8,5 cm ou 9,5 cm de lâmina só poderá considerar-se arma branca proibida, nos termos do artigo 3.º, n.º 1, alínea *f*), do Decreto-Lei n.º 207-A/75, de 17 de Abril, se possuir disfarce e o portador não justificar a sua posse.

V. *Crime; Arma; Detenção de arma proibida; Arma; Tráfico de armas; Uso e porte de arma sob o efeito de álcool e substâncias estupefacientes ou psicotrópicas; Detenção de armas e outros dispositivos, produtos ou substâncias em locais públicos; Agravação; Assento.*

Substituição da multa por trabalho (Dir. Penal) – De acordo com o artigo 48.º, C. P., o tribunal pode, a requerimento do condenado, ordenar que a pena de multa seja total ou parcialmente substituída por dias de trabalho em estabelecimento, oficinas ou obras do Estado ou de outras pessoas colectivas, de direito público, ou ainda de instituições particulares de solidariedade social, quando concluir que esta forma de cumprimento realiza de forma adequada e suficiente as finalidades da punição.

V. artigo 490.º, C. P. P..

V. *Pena de multa; Fins das penas, Requerimento; Pena de substituição.*

Substituição da pena de prisão (Dir. Penal) – De acordo com o artigo 43.º, C. P., a pena de prisão aplicada em medida não superior a um ano é substituída por pena de multa ou por outra pena não privativa da liberdade, salvo se a execução da prisão for exigida pela necessidade de prevenir o cometimento de futuros crimes.

Se a multa não for paga, o condenado cumpre a pena de prisão.

A pena de prisão aplicada em medida não superior a três anos pode ser substituída por pena de proibição, por um período de dois a cinco anos, do exercício de determinadas actividades, quando o

crime tenha sido cometido no respectivo exercício, sempre que o tribunal concluir que por esse meio se realizam as finalidades da punição.
V. *Pena; Pena de multa; Pena de prisão; Fins das penas; Pena de substituição.*

Subtracção às garantias do Estado de direito português (Dir. Penal) – Crime, previsto no artigo 201.º, C. P., que ocorre quando alguém, por meio de violência, ameaça ou qualquer meio ardiloso, faz com que outra pessoa saia do âmbito da protecção da lei penal portuguesa e se exponha a ser perseguido por razões políticas, com risco para a vida, a integridade física ou a liberdade, tornando-se objecto de violência ou de medidas contrárias aos princípios fundamentais do Estado de direito português.
É igualmente punido, de acordo com o artigo 201.º, n.º 2, C. P., o agente que impedir outra pessoa de abandonar a situação de perigo referida no n.º 1 do mesmo artigo.
V. *Crime; Ameaça; Integridade física; Vida.*

Subtracção de documento e notação técnica (Dir. Penal) – V. *Documento; Notação técnica; Danificação ou subtracção de documento e notação técnica.*

Subtracção de menor (Dir. Penal) – Crime, previsto no artigo 249.º, C. P., que ocorre quando alguém subtrai menor, por meio de violência ou de ameaça com mal importante, quando alguém determina menor a fugir, ou quando alguém se recusa a entregar menor à pessoa que sobre ele exerce poder paternal ou tutela, ou a quem ele esteja legitimamente confiado.
Trata-se de um crime semipúblico.
V. *Crime; Menor; Poder paternal; Crime semipúblico.*

Subsunção (Dir. Penal) – Enquadramento dos factos na previsão da norma, ou seja, verificação da correspondência entre a factualidade do caso e a previsão legal.

Sucessão de crimes (Dir. Penal) – Há sucessão de crimes quando o agente pratica um novo crime após o trânsito em julgado da decisão condenatória pela prática de um outro crime.
V. *Reincidência; Crime; Trânsito em julgado; Sentença condenatória.*

Sucessão de leis no tempo (Dir. Penal) – V. *Aplicação da lei penal no tempo.*

Sucessão de penas (Dir. Penal) – Expressão que se refere às situações em que várias penas são aplicadas sucessivamente, uma vez que se referem a crimes que não integram um concurso para os efeitos do disposto nos artigos 77.º e 78.º, C. P., ou seja, são crimes cuja prática não ocorreu antes do trânsito em julgado da condenação por qualquer um deles.
V. *Pena; Crime; Concurso de crimes; Trânsito em julgado; Sentença condenatória.*

Suficiência (Proc. Penal) – V. *Princípio da suficiência.*

Suicídio (Dir. Penal) – Comportamento que visa a produção da morte do próprio agente.
O Código Penal prevê a punição do incitamento ou ajuda ao suicídio (artigo 135.º) e a propaganda do suicídio (artigo 139.º).
O suicídio consubstancia, ainda, o resultado agravante de certos crimes; v., por exemplo, artigos 158.º, n.º 2 *d*), 161.º, n.º 2, alínea *a*), e 177.º, n.º 4, C. P. – sequestro, rapto e crimes contra a liberdade e autodeterminação sexual, respectivamente.
V. *Incitamento ou ajuda ao suicídio; Propaganda do suicídio; Resultado; Circunstâncias agravantes; Sequestro; Rapto; Autodeterminação sexual.*

Sujeição – Situação jurídica passiva em que se encontra o sujeito que não pode evitar a produção de determinados efeitos na sua esfera jurídica, decorrentes do exercício por outrem de um direito potestativo.
A sujeição distingue-se do dever jurídico, porque, enquanto este é violável, aquela não o é, dado que a sua realização é independente da vontade do sujeito por ela vinculado.
V. *Dever jurídico.*

Sujeito processual (Proc. Penal) – Participante a quem competem direitos e deveres processuais autónomos, no sentido de, através das suas próprias decisões, poder co-determinar, dentro de certos limites, a concreta tramitação do processo; assim acontece, nomeadamente, com o Ministério Público, o arguido e seu defensor e o assistente.

Os sujeitos processuais são, pelo que ficou dito, diferentes dos simples participantes processuais, tais como, testemunhas, declarantes, peritos ou intérpretes.

V. *Direito; Dever jurídico; Tribunal; Ministério Público; Arguido; Defensor; Assistente; Ofendido; Testemunha; Perito; Processo.*

Supremo Tribunal Administrativo (Org. Judiciária) – O Supremo Tribunal Administrativo é o órgão superior da hierarquia dos tribunais da jurisdição administrativa e fiscal, tem sede em Lisboa e jurisdição em todo o território nacional.

O seu funcionamento e competências está regulado no Estatuto dos Tribunais Administrativos e Fiscais (ETAF), aprovado pela Lei n.º 13/2002, de 19 de Fevereiro.

Funciona por secções (duas secções – uma de contencioso administrativo e outra de contencioso tributário) e em plenário (o plenário e o pleno da secção apenas conhecem matéria de direito). As duas secções (de contencioso administrativo e de contencioso tributário) funcionam em formação de três juízes ou em pleno.

Tem um presidente que é coadjuvado por três vice-presidentes.

As sessões de julgamento realizam-se nos mesmos termos e condições que no Supremo Tribunal de Justiça, sendo aplicável, com as devidas adaptações, o disposto quanto a este tribunal.

O mandato do presidente e dos vice-presidentes do Supremo Tribunal Administrativo tem a duração de cinco anos, sem lugar a reeleição.

A secção de contencioso administrativo (artigo 24.º do ETAF) tem competência diferente da secção de contencioso tributário (artigo 26.º, ETAF).

V. artigos 11.º a 30.º, ETAF.

V. *Supremo Tribunal de Justiça; Competência; Jurisdição; Matéria de direito; Juiz; Audiência de discussão e julgamento.*

Supremo Tribunal de Justiça (Org. Judiciária) – Tribunal, com sede em Lisboa, que exerce jurisdição em todo o território nacional.

É o "órgão superior da hierarquia dos tribunais judiciais", sem prejuízo da competência própria do Tribunal Constitucional – artigo 212.º da Constituição da República.

Compõe-se de secções cíveis, penais e sociais, podendo funcionar por secções, em reunião conjunta de secções ou em plenário.

Fora dos casos previstos na lei, o Supremo Tribunal de Justiça apenas conhece matéria de direito (v. artigo 410.º, n.º 2, C. P. P.).

O Supremo Tribunal de Justiça, funcionando em plenário, em matéria penal tem a competência que lhe é atribuída por lei.

Compete ao Presidente do Supremo Tribunal de Justiça, em matéria penal:

a) conhecer dos conflitos de competência entre secções;

b) autorizar a intercepção, a gravação e a transcrição de conversações ou comunicações em que intervenham o Presidente da República, o Presidente da Assembleia da República ou o Primeiro-Ministro e determinar a respectiva destruição;

c) exercer as demais atribuições conferidas por lei.

Compete ao pleno das secções criminais do Supremo Tribunal de Justiça, em matéria penal:

a) julgar o Presidente da República, o Presidente da Assembleia da República e o Primeiro-Ministro pelos crimes praticados no exercício das suas funções;

b) julgar os recursos de decisões proferidas em 1.ª instância pelas secções;

c) uniformizar a jurisprudência.

Compete às secções criminais (que funcionam com três juízes), em matéria penal:

a) julgar processos por crimes cometidos por juízes do Supremo Tribunal de Justiça e das relações e magistrados do Ministério Público que exerçam funções junto destes tribunais, ou equiparados;

b) julgar os recursos que não sejam da competência do pleno das secções;

c) conhecer dos pedidos de *habeas corpus* em virtude de prisão ilegal;

d) conhecer dos pedidos de revisão;

e) decidir sobre o pedido de atribuição de competências a outro tribunal da mesma espécie e hierarquia, nos casos de obstrução ao exercício da jurisdição pelo tribunal competente;

f) exercer as demais funções atribuídas por lei.

Compete aos presidentes das secções criminais, em matéria penal:

a) conhecer dos conflitos de competência entre tribunais de 1.ª instância do respectivo distrito judicial;

b) exercer as demais atribuições conferidas por lei.

Compete a cada juiz das secções criminais praticar os actos jurisdicionais relativos ao inquérito, dirigir a instrução, presidir ao debate instrutório e proferir despacho de pronúncia ou não pronúncia nos processos nos quais se julgue ou o Presidente da República, ou o Presidente da Assembleia da República ou o Primeiro-Ministro, bem como nos processos nos quais se julguem, também, crimes cometidos por juízes do Supremo Tribunal de Justiça e das relações e magistrados do Ministério Público que exerçam funções junto destes tribunais, ou equiparados.

V. artigo 11.º, C. P. P..

O quadro dos juízes do Supremo Tribunal de Justiça é fixado em decreto-lei e são estes que, entre si e por escrutínio secreto, elegem o seu Presidente.

A sua composição e funcionamento são regulados pela Lei n.º 3/99, de 13 de Janeiro (rectificada pela Declaração de rectificação n.º 7/99, de 16 de Fevereiro), e alterada pela Lei n.º 101/99, de 26 de Julho, pelos Decretos-Leis n.ºˢ 323/2001, de 17 de Dezembro, e 38/2003, de 8 de Março (este rectificado pela Declaração de rectificação n.º 5-C/2003, de 30 de Abril), pela Lei n.º 105/2003, de 10 de Dezembro, pelo Decreto-Lei n.º 53/2004, de 18 de Março, pela Lei n.º 42/2005, de 29 de Agosto, e pelo Decreto-Lei n.º 76-A/2006, de 29 de Março, este rectificado pela Declaração de rectificação n.º 28-A/2006, de 26 de Maio – Lei de Organização e Funcionamento dos Tribunais Judiciais.

V. também artigo 2.º do Decreto-Lei n.º 186-A/99, de 31 de Maio, alterado pelos Decretos-Leis n.ºˢ 290/99, de 30 de Julho, 27-B/2000, de 3 de Março, 246-A/2001, de 14 de Setembro, 74/2002, de 16 de Março, 148/2004, de 21 de Junho, e 219/2004, de 26 de Outubro, diploma que regulamenta aquela Lei.

É o artigo 36.º da Lei de Organização e Funcionamento dos Tribunais Judiciais que estabelece as regras de competência das secções do Supremo Tribunal de Justiça.

V. *Tribunal; Tribunal judicial; Recurso; Questão de direito; Competência; Tribunal de primeira instância; Jurisprudência; Juiz; Conflito de competência; Tribunal da Relação; Ministério Público; Crime; Jurisprudência; Recurso; "Habeas Corpus"; Prisão; Pedido de revisão de sentença penal estrangeira; Competência; Inquérito; Instrução; Debate instrutório; Despacho de pronúncia; Despacho de não pronúncia.*

Suspeição (Proc. Penal) – Há suspeição quando há desconfiança quanto à imparcialidade do juiz que, não determinando o seu impedimento (de intervir no processo), permite que as partes requeiram a sua não intervenção, através de incidente que deduzem para o efeito.

O juiz pode ser recusado (pelo Ministério Público, pelo assistente, pelo arguido ou pelas partes civis) ou pedir escusa quando a sua intervenção no processo corra o risco de "ser considerada suspeita [...]".

V. artigo 43.º, C. P. P..

V. *Juiz; Processo; Impedimento de juiz; Escusa; Recusa; Processo; Ministério Público; Assistente; Arguido; Partes civis.*

Suspeito (Proc. Penal) – Toda a pessoa relativamente à qual exista(m) indício(s) de que cometeu ou se prepara para cometer um crime, nele participou ou se prepara para participar – artigo 1.º, n.º 1-*e*), C. P. P.. Daqui decorre a sua constituição como arguido.

V. *Crime; Indícios; Arguido.*

Suspensão com regime de prova (Dir. Penal) – V. *Regime de prova.*

Suspensão da execução da pena de prisão (Dir. Penal) – De acordo com o artigo 50.º, n.º 1, C. P., o tribunal suspende a execução da pena de prisão aplicada em medida não superior a 5 anos se, atendendo à personalidade do agente, às condições da sua vida, à sua conduta anterior e posterior ao crime e às circunstâncias deste, concluir que a simples censura do facto e a ameaça da prisão realizam de forma adequada e suficiente as finalidades da punição.

O tribunal pode subordinar a suspensão da execução da pena de prisão ao cumprimento de deveres ou à observância de regras de conduta. O artigo 51.º, C. P. contém um elenco de deveres a cujo cumprimento o tribunal pode subordinar a suspensão da execução da pena de prisão (pagamento de indemnização, dar satisfação moral adequada à vítima ou entrega de uma quantia a determinadas entidades). O artigo 52.º contém, por seu turno, um enunciado de regras de conduta a cuja observância o tribunal pode subordinar a execução da suspensão da pena de prisão (não exercer determinadas profissões, não frequentar determinados lugares, não residir em certos lugares ou regiões, não acompanhar, receber ou alojar determinadas pessoas, não frequentar certas associações ou não participar em determinadas reuniões, não ter em seu poder determinados objectos, sujeitar-se, com o respectivo consentimento, a tratamento médico, residir em determinado local, frequentar certos programas e cumprir outras obrigação que se afigurem adequadas ao caso).

Os deveres, as regras de conduta e o regime de prova podem ser impostos cumulativamente.

O período de suspensão tem duração igual à da pena de prisão fixada na sentença, nunca podendo ser inferior a um ano a contar do trânsito em julgado da decisão.

A suspensão da execução da pena de prisão é revogada se no seu decurso o condenado infringir, grosseira ou repetidamente, os deveres ou regras de conduta impostos ou o plano individual de readaptação social, ou se o condenado cometer crime pelo qual venha a ser condenado e revelar que as finalidades que estavam na base da suspensão não puderam, por meio dela, ser alcançadas – v. artigo 56.º, C. P.. A revogação determina o cumprimento da pena de prisão fixada na sentença.

A suspensão da execução da pena de prisão é uma pena de substituição (embora a sua duração não tenha autonomia em relação à pena principal fixada). Com efeito, a sua aplicação pressupõe a determinação de uma pena principal (a pena de prisão). Quando se verificam os respectivos pressupostos, a pena principal não é aplicada, tendo então lugar a aplicação da pena de suspensão de execução da pena de prisão.

V. artigos 492.º a 495.º, C. P. P..

V. artigo 26.º da Lei Tutelar Educativa, aprovada pela Lei n.º 166/99, de 14 de Setembro, que regula a aplicação da suspensão da pena de prisão a jovem maior de 16 anos que esteja a cumprir medida tutelar de internamento – nestes casos o tribunal da condenação "modifica os deveres, regras de conduta ou obrigações impostos".

V. *Pena; Pena de prisão; Agente; Extinção da pena; Fins das penas; Dever jurídico; Trânsito em julgado; Sentença condenatória; Plano de readaptação; Plano individual de readaptação social; Crime; Regras de conduta; Regime de prova; Jovens; Medidas tutelares educativas; Imposição de regras de conduta; Pena de substituição; Pena principal; Facto; Dever jurídico; Execução da pena de prisão.*

Suspensão da execução do internamento (Dir. Penal) – De acordo com o artigo 98.º, C. P., o tribunal que ordenar a aplicação da medida de segurança internamento determina, em vez dela, a suspensão da sua execução, se for razoavelmente de esperar que com a suspensão se alcance a finalidade da medida.

A decisão de suspensão impõe ao agente regras de conduta necessárias à prevenção da perigosidade, bem como o dever de se submeter a tratamentos e regimes de cura ambulatórios apropriados e de se prestar a exames e observações nos lugares que forem indicados.

O agente a quem for suspensa a execução do internamento é colocado sob vigilância tutelar dos serviços de reinserção social.

V. *Internamento compulsivo; Medida de segurança; Regras de conduta; Perigosidade; Serviços de reinserção social.*

Suspensão da prescrição (Dir. Penal) – As causas de suspensão da prescrição do procedimento criminal encontram-se previstas no artigo 120.º, C. P.:

– se o procedimento não puder legalmente iniciar-se ou continuar por falta de autorização legal ou de sentença a proferir por tribunal não penal ou por efeito de devolução de questão prejudicial a juízo não penal;

– se o procedimento estiver pendente a partir da notificação da acusação ou da decisão instrutória ou ainda do requerimento para julgamento em processo sumaríssimo;

– se vigorar a declaração de contumácia;

– se a sentença não puder ser notificada ao arguido julgado na sua ausência; ou

– se o delinquente cumprir no estrangeiro pena ou medida de segurança privativas da liberdades.

As causas de suspensão da prescrição da pena e da medida de segurança constam do artigo 125.º, C. P., e são:

a) a execução não poder legalmente começar ou continuar;

b) vigorar a declaração de contumácia;

c) o condenado estar a cumprir outra pena ou medida de segurança privativas da liberdade; ou perdurar a dilação do pagamento da multa.

A prescrição volta a correr a partir do dia em que cessar a causa da suspensão.

V. o Acórdão uniformizador de jurisprudência n.º 2/2002, de 17 de Janeiro, publicado no *Diário da República*, I-A série, de 5 de Março de 2002, segundo o qual "o regime da suspensão da prescrição do procedimento criminal é extensivo, com as devidas adaptações, ao regime da suspensão prescricional das contra-ordenações previsto no artigo 27.º-A do Decreto-Lei n.º 433/82, de 17 de Outubro, na redacção dada pelo Decreto-Lei n.º 244/95, de 14 de Setembro".

V. *Prescrição; Prescrição do processo criminal; Notificação; Acusação; Decisão instrutória; Arguido; Requerimento; Julgamento; Julgamento na ausência do arguido; Processo sumaríssimo; Contumácia; Pena; Medida de segurança; Prescrição da medida de segurança; Prescrição da pena; Interrupção da prescrição; Contra-ordenação; Dilação.*

Suspensão de autorizações, licenças e alvarás (Dir. Penal) – Sanção acessória no âmbito do ilícito de mera ordenação social (v. artigo 21.º do Decreto-Lei n.º 433/82, de 27 de Outubro).

V. *Ilícito de mera ordenação social; Sanção acessória.*

Suspensão do exercício de função (Dir. Penal) – De acordo com o artigo 67.º, C. P., o arguido definitivamente condenado a pena de prisão, que não for demitido disciplinarmente de função pública que desempenhe, incorre na suspensão da função enquanto durar o cumprimento da pena.

Tal regime aplica-se igualmente a profissões ou actividades, cujo exercício dependa de título público ou de autorização ou homologação de autoridade pública.

A suspensão do exercício de função determina a perda dos direitos e regalias atribuídos ao titular, funcionário ou agente, pelo tempo correspondente.

V. *Arguido; Pena de prisão; Proibição do exercício de função; Funcionário.*

Suspensão do exercício de profissão, de função, de actividade e de direitos (Proc. Penal) – Medida de coacção prevista no artigo 199.º, C. P. P., que pode ser aplicada ao arguido pelo juiz, cumulativamente com qualquer outra medida de coacção que ao caso caiba, quando o crime imputável for punível com pena de prisão de máximo superior a dois anos.

"Pode aplicar-se a suspensão do exercício:

a) de profissão, função ou actividade, públicas ou privadas;

b) de profissão ou actividade cujo exercício dependa de um título público ou de uma autorização ou homologação da autoridade pública; sempre que a interdição do respectivo exercício possa vir a ser decretada como efeito do crime imputado".

V. *Medidas de coacção; Poder paternal; Arguido; Juiz; Crime; Pena; Pena de prisão.*

Suspensão ou restrição ilícitas de direitos, liberdades e garantias (Dir. Penal) – Crime, previsto no artigo 15.º da Lei n.º 34/87, de 16 de Julho, que consagra a punição do titular de cargo político que

suspenda o exercício de direitos, liberdades e garantias, com flagrante desvio das suas funções ou com grave violação dos inerentes deveres.
V. *Crime; Cargo político.*

Suspensão provisória do processo (Proc. Penal) – Se o crime for punível com pena de prisão não superior a cinco anos ou com sanção diferente da prisão, o Ministério Público, oficiosamente ou a requerimento do arguido ou do assistente, determina, com a concordância do juiz de instrução, a suspensão do processo mediante a imposição ao respectivo arguido de regras de conduta e injunções, desde que estejam verificados os pressupostos, constantes das alíneas *a)* a *f)*, do artigo 281.º, C. P. P., e que são:
1) concordância do arguido e do assistente;
2) ausência de condenação anterior por crime da mesma natureza;
3) ausência de aplicação anterior de suspensão provisória de processo por crime da mesma natureza;6
4) não haver lugar a medida de segurança de internamento;
5) ausência de um grau de culpa elevado;
6) ser de prever que o cumprimento das injunções e regras de conduta responda suficientemente às exigências de prevenção que no caso se façam sentir.

Também no caso de tráfico e consumo de estupefacientes, pode o juiz aplicar esta medida, desde que o crime praticado seja punível com pena de prisão não superior a três anos ou com sanção de diferente natureza.

São oponíveis ao arguido, cumulativa ou separadamente, determinadas injunções e regras de conduta – v. artigo 281.º, n.º 2, C. P. P..

A suspensão do processo pode ir até 2 anos (com excepção dos casos em que pode ir até 5 anos – v. n.º 6 e 7 do artigo 281.º, C. P. P.). A prescrição não corre no decurso de prazo de suspensão.

Se o arguido cumprir as injunções e regras de conduta, o Ministério Público arquiva o processo, não podendo ser reaberto; se o não fizer ou se durante o prazo de suspensão o arguido cometer crime da mesma natureza, o processo prossegue.

V. *Ministério Público; Juiz de instrução; Inquérito; Encerramento do inquérito; Arguido; Assistente; Antecedentes criminais; Medida de segurança; Internamento; Culpa; Princípio da oportunidade; Tráfico e outras actividades ilícitas; Estupefaciente; Pena de prisão; Sanção; Arquivamento do inquérito.*

T

Taxa de justiça (Proc. Penal) – Valor que cada interveniente processual deve prestar, por cada processo, como contrapartida pela prestação de um serviço.

A taxa de justiça é expressa com recurso à unidade de conta processual.

De acordo com o artigo 8.º do Regulamento de Custas Processuais (Decreto-Lei n.º 34/2008, de 26 de Fevereiro) é devida uma taxa de justiça em processo penal e contra-ordenacional.

A taxa de justiça devida pela constituição como assistente é auto liquidada no montante de 1UC, podendo ser corrigida, a final, pelo juiz, para um valor entre 1 UC e 10UC, tendo em consideração o desfecho do processo e a concreta actividade processual do assistente. A taxa de justiça devida pela abertura de instrução requerida pelo assistente é auto liquidada no montante de 1 UC, podendo ser corrigida, a final, pelo juiz para um valor entre 1 UC e 10 UC, tendo em consideração o desfecho do processo e a concreta actividade processual do assistente. Assim, a constituição como assistente dá lugar ao pagamento de taxa de justiça, nos termos fixados no Regulamento das Custas Processuais

O assistente é isento do pagamento de taxa de justiça quando, por razões supervenientes à acusação que houver deduzido ou com que se tiver conformado e que lhe não sejam imputáveis, o arguido não for pronunciado ou for absolvido.

A taxa de justiça é paga integralmente e de uma só vez, por cada parte ou sujeito processual, salvo disposição em contrário resultante da legislação relativa ao apoio judiciário.

O pagamento da taxa de justiça faz-se até ao momento da prática do acto processual a ela sujeito, devendo o interessado entregar o documento comprovativo do pagamento ou realizar a comprovação desse pagamento, juntamente com o articulado ou requerimento.

A base tributável para efeitos de taxa de justiça corresponde ao valor da causa, com os acertos constantes da Tabela I (anexa ao Decreto-Lei n.º 34/2008, de 26 de Fevereiro – Regulamento das Custas Processuais –, e fixa-se de acordo com as regras previstas na lei do processo respectivo.

É criada uma taxa sancionatória especial – artigo 10.º.

Montante pecuniário devido pelo arguido quando:

a) seja condenado em 1.ª instância pelo crime de que venha acusado;

b) decaia em recurso que interponha; ou

c) fique vencido em incidente que requeira ou a que apresente oposição.

Há uma só taxa de justiça para um arguido mesmo que cometa vários crimes, desde que sejam julgados num só processo.

É sempre individual e o quantitativo é fixado dentro dos limites estabelecidos para o processo correspondente ao crime mais grave pelo qual o arguido for condenado.

Prevê-se no artigo 15.º do Regulamento das Custas Processuais a dispensa de pagamento prévio da taxa de justiça. Encontram-se nesta situação:

a) o Estado, incluindo os seus serviço e organismos, as Regiões Autónomas e as autarquias locais, quando demandem ou sejam demandados nos tribunais administrativos ou tributários, salvo em matéria administrativa contratual e pré-contratual e relativas às relações laborais com os funcionários, agentes e trabalhadores do Estado;

b) as partes que beneficiarem do apoio judiciário na modalidade respectiva, nos termos fixados em legislação especial;

c) os arguidos nos processos criminais ou nos *habeas corpus* e nos recursos que apresentem em quaisquer tribunais.

V. artigo 513.º, 514.º, 515.º, 516.º e 517.º, C. P. P., e Regulamento das Custas Processuais. Está em vigor o referido Decreto-Lei n.º 34/2008 que aprovou o Regulamento das Custas Processuais.

V. o Acórdão do Supremo Tribunal de Justiça n.º 1/2004, publicado no *Diário da República*, I-A série, de 7 de Maio de 2004, que uniformizou doutrina no seguinte sentido: "A taxa de justiça paga pela constituição do assistente, nos termos do artigo 519.º, n.º 1, do Código de Processo Penal, deve ser levada em conta naquela em que aquele venha a ser condenado por ter feito terminar o processo por desistência de queixa, por força do artigo 515.º, n.º 1, daquele Código".

V. *Unidade de conta; Contra-ordenação; Assistente; Crime; Pronúncia; Absolvição; Instrução; Requerimento para abertura de instrução; Sujeito processual; Apoio judiciário; Acto processual; Articulado; Arguido; Documento; Tribunal de primeira instância; Recurso; Incidente; Processo; Apoio judiciário; "Habeas corpus"; Queixa; Desistência de queixa; Custas; Acusação; Tribunal; Tribunal Constitucional; Autoridade administrativa.*

Taxa sancionatória excepcional (Proc. Penal) – Com o Decreto-Lei n.º 34/2008, de 26 de Fevereiro, é criada uma taxa sancionatória excepcional, fixada pelo juiz entre 2 UC e 15 UC.

V. *Taxa de justiça; Juiz; Unidade de conta.*

Teleconferência (Proc. Penal) – Mecanismo usado no âmbito da protecção de testemunhas, regulado na Lei n.º 93/99, de 14 de Julho, e que se justifica sempre que ponderosas razões de protecção o imponham, tratando-se de produção de prova de crime que deva ser julgado pelo tribunal colectivo ou pelo tribunal de júri.

Para efeitos daquela lei, entende-se por teleconferência: "depoimentos ou declarações tomados sem a presença física da testemunha e com intervenção de meios técnicos de transmissão à distância, em tempo real, tanto do som como de imagens animadas" – artigo 2.º.

A teleconferência pode ser efectuada com a distorção da imagem ou da voz, ou de ambas, de modo a evitar-se o reconhecimento da testemunha.

É decidida pelo tribunal, a requerimento do Ministério Público, do arguido ou da testemunha. O requerimento contém a indicação das circunstâncias concretas que justificam a medida e a decisão é precedida da audição dos sujeitos processuais não requerentes.

"O juiz que presidir ao acto deverá assegurar a presença de um magistrado judicial no local da produção do depoimento ou das declarações" – artigo 10.º do referido diploma.

V. *Testemunha; Prova; Crime; Tribunal colectivo; Júri; Inquirição; Requerimento; Ministério Público; Arguido; Sujeito processual; Magistratura judicial; Julgamento.*

Telecópia (Proc. Penal) – O Decreto-Lei n.º 28/92, de 27 de Fevereiro, viera admitir a transmissão por telecópia "de documentos, cartas precatórias e quaisquer solicitações, informações ou mensagens entre os serviços judiciais ou entre estes e outros serviços ou organismos dotados de equipamento de telecópia, aplicando-se, com as necessárias adaptações o preceituado no artigo 3.º do Decreto-Lei n.º 54/90, de 13 de Fevereiro" [entretanto revogado pelo Decreto-Lei n.º 461/99, de 5 de Novembro, este, por sua vez, revogado pelo Decreto-Lei n.º 66/2005, de 15 de Março]" (artigo 1.º).

O artigo 150.º, n.º 2-*c)*, do Código de Processo Civil, na redacção do Decreto-Lei n.º 324/2003, de 27 de Dezembro (rectificado pela Declaração de rectificação n.º 26/2004, de 24 de Fevereiro), estabelece que "os actos processuais que devam ser praticados por escrito pelas partes são apresentados a juízo por uma das seguintes formas: [...] envio através de telecópia, valendo como data da prática do acto processual a da expedição".

V. *Documento; Carta precatória; Acto processual.*

Tentativa (Dir. Penal) – A tentativa é doutrinalmente designada como uma das formas de crime, ou seja, a tentativa consubstancia um dos modos de surgimento do crime, é uma das configurações que aquele pode assumir.

A modalidade que se contrapõe à forma de crime tentada é a forma de crime consumada.

A tentativa traduz-se na prática de actos de execução de um crime que o agente decidiu cometer, sem que se verifique a consumação.

No que respeita à tipicidade objectiva, a tentativa contém um elemento positivo, que consiste na prática de actos executivos, e um elemento negativo, que consiste na ausência de consumação.

No que respeita à tipicidade subjectiva, a tentativa consubstancia um facto doloso.

A tentativa é punível se ao crime consumado corresponder pena de prisão superior a três anos. A pena da tentativa corresponde à pena do crime consumado especialmente atenuada.

O regime geral da tentativa consta dos artigos 22.º e 23.º, C. P..

V. *Crime; Actos de execução; Desistência; "Iter criminis"; Actos preparatórios; Dolo; Consumação; Pena de prisão; Tentativa acabada; Tentativa impossível; Tentativa inacabada; Tentativa inidónea; Tentativa supersticiosa; Atenuação especial da pena.*

Tentativa acabada (Dir. Penal) – Modalidade de tentativa que se traduz na prática de todos os actos executivos.

V. *Tentativa; Actos de execução; Desistência; "Iter criminis"; Actos preparatórios; Tentativa impossível; Tentativa inacabada; Tentativa inidónea; Tentativa supersticiosa.*

Tentativa impossível (Dir. Penal) – Modalidade de tentativa na qual inexiste o objecto do facto; há, pois, tentativa impossível quando o agente configura a existência da realidade sobre a qual incide a sua acção, mas essa realidade não existe.

É exemplo corrente o de disparar, com intenção de matar, sobre um cadáver, supondo o agente que se trata de uma pessoa viva.

A tentativa impossível é punível se não for manifesta a inexistência do objecto, nos termos do artigo 23.º, n.º 3, C. P..

V. *Tentativa; Actos de execução; Actos preparatórios; Desistência; "Iter criminis";* Tentativa acabada; Tentativa inacabada; Tentativa inidónea; Tentativa supersticiosa.

Tentativa inidónea (Dir. Penal) – Modalidade de tentativa, na qual o meio empregado pelo agente é inepto para consumar o crime.

A tentativa inidónea é punível, se não for manifesta a ineptidão do meio empregado, nos termos do artigo 23.º, n.º 3, C. P..

O meio utilizado pelo agente é absolutamente inepto quando esse meio, objectivamente, não reúne as condições necessárias para produzir o evento típico (por exemplo, querer matar alguém com uma pistola de água).

O meio é relativamente inepto, quando a não consumação do crime decorre do modo como o meio é utilizado (por exemplo, visar matar alguém que se encontra a duzentos metros com uma arma de fogo que tem um alcance útil de cento e cinquenta metros).

V. *Tentativa; Crime; Tipo; Actos de execução; "Iter criminis"; Tentativa acabada; Tentativa impossível; Tentativa inacabada; Tentativa supersticiosa.*

Tentativa inacabada (Dir. Penal) – Modalidade de tentativa configurável nos crimes pluri-executivos, que se traduz na prática de actos executivos, sendo contudo ainda configurável a prática de outros actos de execução, uma vez que a execução do crime não se esgotou.

V. *Tentativa; Actos de execução; Crime pluri-executivo; Desistência; "Iter criminis"; Tentativa acabada; Tentativa impossível; Tentativa inidónea; Tentativa supersticiosa.*

Tentativa supersticiosa (Dir. Penal) – Prática de actos de execução de um plano que apenas numa perspectiva meramente supersticiosa leva à consumação.

É exemplo de tentativa supersticiosa a execução de um ritual que se traduza, por exemplo, em espetar alfinetes num boneco, para causar a morte de uma pessoa ausente.

A tentativa supersticiosa não gera responsabilidade penal, já que se afigura manifesta a ineptidão do meio empregado bem como a inexistência do objecto.

V. *Tentativa; Tentativa impossível; Tentativa inidónea.*

Teoria causal da autoria (Dir. Penal) – V. *Autor*.

Teoria da aceitação (Dir. Penal) – A teoria da aceitação visa resolver a questão da diferenciação entre o dolo eventual e a negligência consciente.

De acordo com esta teoria, existe dolo eventual quando o agente actua aceitando a produção do evento típico (do resultado) como consequência da sua conduta. Caso o agente actue, não aceitando como possibilidade a produção desse evento, haverá então negligência consciente.

V. *Dolo eventual; Negligência consciente*.

Teoria da anomia (Dir. Penal; Criminologia) – Teoria explicativa dos comportamentos criminosos, resultante dos estudos de Durkheim e de Merton, segundo a qual o comportamento desviante assenta no desequilíbrio entre as aspirações dos indivíduos (necessidades, desejos, objectivos) e as oportunidades existentes.

Esse desequilíbrio origina uma atitude de indiferença em relação às normas que regulam a vida em sociedade, já que tais normas, na perspectiva do agente, nenhuma conexão apresentam com os seus problemas de vida concretos. (cfr. Figueiredo Dias e Costa Andrade, *Criminologia, O Homem Delinquente e a Sociedade Criminógena*, 1997, págs. 311 e segs.).

Teoria da associação diferencial (Dir. Penal; Criminologia) – Teoria sustentada por Sutherland que sublinha, na explicação dos comportamentos criminosos, a relevância dos contactos com grupos diferenciados portadores de definições positivas ou negativas de actuações desviantes.

De acordo com esta perspectiva, o comportamento delinquente decorre de uma aprendizagem resultante do contacto com grupos ou agentes sociais.

Assim, segundo a teoria da associação diferencial, o comportamento criminoso é assimilado por uma aprendizagem decorrente de um relacionamento social com grupos ou sujeitos detentores de modelos de comportamentos marginais ou desviantes. (cfr. Figueiredo Dias e Costa Andrade, *Criminologia, O Homem Delinquente e a Sociedade Criminógena*, 1997, pág. 338).

Teoria da causalidade adequada (Dir. Penal) – V. *Causalidade adequada*.

Teoria da "conditio sine qua non" (Dir. Penal) – V. *Teoria da equivalência das condições*.

Teoria da culpa (Dir. Penal) – Teoria segundo a qual a consciência da ilicitude é elemento autónomo da culpa, desligado do dolo. De acordo com tal perspectiva, o dolo apenas abarca os elementos objectivos da tipicidade.

No âmbito da teoria da culpa, é discutida a questão do regime a aplicar aos casos de erro sobre os pressupostos de facto das causas de justificação.

De acordo com a teoria estrita da culpa (ou teoria rigorosa da culpa – Escola Finalista), o erro sobre os pressupostos de facto de uma causa de justificação deve ser tratado como erro de proibição, já que o dolo se traduz no conhecimento e na vontade de realizar o tipo objectivo.

De acordo com a teoria limitada da culpa (ou teoria moderada da culpa – Engisch, Roxin, Jescheck), o erro sobre os pressupostos de facto de uma causa de justificação (e até o erro sobre proibições axiologicamente irrelevantes) deve ser tratado como erro de tipo, ou porque consubstancia uma verdadeira situação de erro sobre elementos do tipo (na perspectiva da teoria dos elementos negativos do tipo), ou porque deve ser-lhe equiparado quanto à consequência jurídica (a exclusão do dolo).

O artigo 16.º, n.º 2, C. P., estabelece que o preceituado no n.º 1 do mesmo artigo, isto é, a exclusão do dolo, estatuída para o erro sobre elementos do tipo (ou sobre proibições cujo conhecimento seja razoavelmente indispensável para o agente tomar consciência da ilicitude), é aplicável também ao erro sobre os pressupostos de facto de uma causa de justificação, bem como ao erro sobre os pressupostos de facto de uma causa de desculpa. Isto é, se o agente actuar pensando que está a agir ao abrigo de uma causa de justificação ou de uma causa de desculpa (pensa que está assim a agir, porque configura erradamente os pressupostos de facto da causa de justificação ou de desculpa), é excluído

o dolo da sua acção, isto é, a conduta dolosa não é objecto do juízo de censura da culpa, subsistindo, porém, a punição pelo facto negligente.
Cfr. Jorge de Figueiredo Dias, *Direito Penal, Parte Geral, Tomo I, Questões Fundamentais, A Doutrina Geral do Crime*, Coimbra Editora, 2004, págs. 494 e segs..
V. *Culpa; Dolo; Ilicitude; Consciência da ilicitude; Elementos do tipo; Erro de proibição; Teoria do dolo; Causas de justificação; Causas de desculpa*.

Teoria da equivalência das condições (Dir. Penal) – Teoria da *conditio sine qua non* ou teoria da equivalência das condições constitui um critério que visa resolver os problemas relativos ao nexo de causalidade entre a acção e o resultado.
De acordo com tal critério, afirma-se a existência de nexo de causalidade quando, eliminando intelectualmente a condição, o evento não teria lugar; e nega-se tal nexo quando, eliminando a condição, o resultado ocorreria de igual modo. Isto significa, pois, que cada condição necessária do resultado é considerada, por si, sua causa.
A teoria da equivalência das condições não é acolhida pela doutrina na sua forma simples e ilimitada, dado estender o nexo de causalidade a comportamentos que nenhuma conexão relevante têm com o resultado típico.
V. *Causalidade; Acção; Causalidade adequada; Imputação objectiva; Nexo de causalidade; Resultado*.

Teoria do dolo (Dir. Penal) – Teoria segundo a qual a consciência da ilicitude integra o dolo, isto é, a par do conhecimento e da vontade de praticar o facto típico, o dolo abrange também a consciência da desconformidade da conduta com o direito.
A teoria do dolo estrita leva a que a falta de consciência da ilicitude tenha o mesmo tratamento do erro sobre a factualidade típica.
A teoria do dolo limitada propugna que algumas situações em que falta a consciência da ilicitude devem ser tratadas como factos dolosos: aquelas em que as concepções do agente são de todo incompatíveis com os princípios da ordem jurídica, nomeadamente com o que é lícito e com o que é ilícito.
Cfr. Jorge de Figueiredo Dias, *Direito Penal, Parte Geral, Tomo I, Questões Fundamentais, A Doutrina Geral do Crime*, Coimbra Editora, 2004, págs. 494 e segs..
V. *Consciência da ilicitude; Dolo; Ilicitude; Agente; Teoria da culpa*.

Teoria do domínio do facto (Dir. Penal) – V. *Domínio do facto; Domínio negativo do facto; Domínio positivo do facto*.

Teoria do duplo enquadramento do dolo e da negligência (Dir. Penal) – V. *Culpa; Dolo*.

Teoria do risco (Dir. Penal) – V. *Risco; Aumento de risco; Critérios de risco; Diminuição de risco; Imputação objectiva; Risco proibido; Risco permitido*.

Teoria dos elementos negativos do tipo (Dir. Penal) – Doutrina que não autonomiza o juízo de ilicitude da descrição típica do facto.
De acordo com tal teoria, as causas de justificação constituem elementos negativos do tipo, dado a sua verificação implicar a negação do preenchimento do tipo.
Dito de outro modo: de acordo com a teoria dos elementos negativos do tipo, a tipicidade abrange a descrição do facto considerado crime, assim como a sua valoração, ou seja, a ilicitude. Desse modo, as causas de justificação, na medida em que excluem a ilicitude do facto, constituem elementos negativos do tipo, já que, quando ocorrem, é excluída a própria tipicidade.
V. *Elementos negativos do tipo; Tipo; Tipo de ilícito; Ilicitude; Causas de justificação; Teoria da culpa*.

Teoria estrita da culpa (Dir. Penal) – V. *Culpa; Teoria da culpa*.

Teoria estrita do dolo (Dir. Penal) – V. *Dolo; Teoria do dolo*.

Teoria geral da infracção (Dir. Penal) – Expressão que designa o estudo e a análise dos pressupostos da responsabilidade criminal, isto é, das condições da aplicação de uma pena a um sujeito por ter praticado um facto qualificado pela lei como crime.

A teoria geral da infracção abrange questões tendencialmente presentes na análise dos crimes (de todos os crimes) que integram a parte especial do direito penal.

A teoria geral da infracção compreende o estudo da acção, da tipicidade, da ilicitude, da culpa, da punibilidade e das formas de crime, entre outras matérias.

V. *Responsabilidade criminal; Acção; Pena; Crime; Culpa; Formas de crime; Ilicitude; Punibilidade; Tipo.*

Teoria interaccionista (Dir. Penal; Criminologia) – Também denominada *labeling approach* ou teoria da reacção social, a teoria ou perspectiva interaccionista procura a explicação do comportamento delinquente nas reacções sociais à própria criminalidade.

A ideia subjacente é a de que a qualificação de um comportamento como comportamento marginal ou desviante decorre de um "rótulo" socialmente imposto pela sociedade a determinados modelos de acção previamente definidos pela própria sociedade.

Na definição de Becker, fundador desta perspectiva criminológica, "são os grupos sociais que criam a *deviance* ao elaborar as normas cuja violação constitui a *deviance* e ao aplicar estas normas a pessoas particulares, estigmatizando-as como desviantes".

O carácter desviante do comportamento não consubstancia, pois, uma qualidade ontológica da acção, constituindo antes o resultado de uma reacção social que se traduz na estigmatização social do delinquente. Este apenas se distingue do homem normal devido a essa estigmatização (cfr. Figueiredo Dias e Costa Andrade, *Criminologia, O Homem Delinquente e a Sociedade Criminógena*, 1997, págs. 342 e segs.).

Teoria limitada da culpa (Dir. Penal) – V. *Culpa; Teoria da culpa.*

Teoria limitada do dolo (Dir. Penal) – V. *Dolo; Teoria do dolo.*

Teoria moderada da culpa (Dir. Penal) – V. *Culpa; Teoria da culpa.*

Teoria objectiva da participação (Dir. Penal) – Teoria que define a autoria através de critérios objectivos, relacionados com a definição típica, encontrando-se subjacente ao conceito restritivo de autor.

De acordo com as teorias objectivas da participação, a autoria define-se em função da produção do resultado típico (teoria objectiva material) ou em função da correspondência da actuação do agente à conduta tipificada (teoria objectiva formal).

Não releva, para a definição da autoria de acordo com as teorias objectivas, a perspectiva subjectiva do agente em relação à sua posição no contexto da prática do facto, ou seja, se o agente se configura a si mesmo como autor ou como mero participante (teoria subjectiva da participação).

V. *Autor; Conceito extensivo de autor; Conceito restrito de autor; Teoria objectiva formal da autoria; Teoria objectiva material da autoria; Teoria subjectiva da participação.*

Teoria objectiva formal da autoria (Dir. Penal) – Teoria que considera autor aquele cujo comportamento corresponde à descrição típica.

Esta teoria objectiva pressupõe a explicitação pelo tipo do comportamento efectivamente punido.

No entanto, nos crimes de resultado, a lei apenas se refere à acção de um modo genérico (utiliza o verbo – por exemplo, no crime de homicídio, refere "matar outrem"), não individualizando o comportamento que é punido (continuando com o exemplo do homicídio, a lei não diz como se deve matar para cometer o crime de homicídio, pelo que qualquer forma de causar a morte é idónea a corresponder à descrição típica).

A teoria objectiva formal da autoria evidencia, portanto, dificuldades de concretização nos crimes de resultado, já que nestes o comportamento típico não é especificamente descrito pela norma incriminadora.

V. *Autor; Crime de resultado; Homicídio; Teoria objectiva da participação; Teoria objectiva material da autoria.*

Teoria objectiva material da autoria (Dir. Penal) – Teoria que considera autor o agente cujo contributo para a produção do resultado típico apresenta uma perigosidade particularmente intensa.

De acordo com a teoria objectiva material da autoria, é autor aquele cuja conduta cria um risco de produção do resultado, risco que se concretiza no resultado efectivamente produzido, de tal modo que esse resultado pode ser entendido como decorrência da acção do agente em questão.

V. *Autor; Agente; Risco; Resultado; Teoria objectiva da participação; Teoria objectiva formal da participação.*

Teoria ontológica da participação (Dir. Penal) – V. *Autor.*

Teoria rigorosa da culpa (Dir. Penal) – V. *Culpa; Teoria da culpa.*

Teoria subjectiva (Dir. Penal) – V. *Teoria subjectiva da participação.*

Teoria subjectiva da participação (Dir. Penal) – Teoria segundo a qual é autor o agente que actua com vontade de autor, ou seja, com a intenção de assumir o facto na sua globalidade, como facto seu.

Deste modo, a qualificação do agente como autor depende, primordialmente, da qualificação que o próprio agente faz da sua própria participação no facto, independentemente do conteúdo material do seu contributo para a prática do crime.

De acordo com tal teoria, será participante quem actua com vontade de participante.

O autor quer o facto como facto próprio (actua com *animus auctoris*).

O participante compreende o facto como facto alheio (actua com *animus socii*).

A teoria subjectiva da participação encontra-se subjacente ao conceito extensivo de autor.

V. *Autor; Resultado; "Animus auctoris"; "Animus socii"; Participante; Conceito extensivo de autor; Teoria objectiva formal da autoria.*

Teoria teleológica da autoria (Dir. Penal) – V. *Autor.*

Teorias absolutas dos fins das penas (Dir. Penal) – V. *Pena; Fins das penas.*

Teorias eclécticas dos fins das penas (Dir. Penal) – Doutrina que combina, no que respeita aos fins das penas, a perspectiva das teorias absolutas e a das teorias relativas.

Resulta de uma combinação das teorias absolutas e relativas dos fins das penas a solução do artigo 40.º do Código Penal, segundo a qual a aplicação de uma pena tem por finalidade a protecção de bens jurídicos (prevenção geral), sendo a culpa pressuposto da pena (retribuição).

V. *Pena; Fins das penas; Bem jurídico; Culpa; Doutrina diacrónica dos fins das penas.*

Teorias relativas dos fins das penas (Dir. Penal) – V. *Pena; Fins das penas.*

Termo (Proc. Penal) – Ao caracterizar distintivamente o termo do auto, diz José Alberto dos Reis, *Comentário ao Código de Processo Civil*, Vol. II, págs. 200 e 201, que "o *termo* se usa predominantemente para exprimir a declaração de vontade das partes e para estas exercerem certos poderes processuais; o *auto* tem como funções características a realização de diligências processuais e a produção de efeitos de carácter substancial, quando tais efeitos não dependem unicamente da vontade das partes", acrescentando que "o auto reserva-se para os actos de maior importância e para factos de maior gravidade".

V. *Auto; Diligência.*

Termo de identidade e residência (Proc. Penal) – Medida de coacção, prevista no artigo 196.º, C. P. P., que se aplica a todo aquele que for arguido num processo, ainda que já tenha sido identificado nos termos do artigo 250.º, para o efeito de ser notificado (deve indicar a sua residência, o local de trabalho ou outro domicílio à sua escolha).

Esta medida é sempre cumulável com a aplicação de qualquer outra medida de coacção.

Com a aplicação desta medida o arguido tem as seguintes obrigações:

a) comparecer perante a autoridade judiciária competente ou manter-se à disposição dela sempre que a lei o obrigar ou para tal for devidamente notificado;

b) não mudar de residência nem dela se ausentar por mais de cinco dias sem comunicar a nova residência ou o local onde possa ser encontrado.

Com a aplicação desta medida de coacção as notificações são feitas por via postal simples para a morada indicada.

O incumprimento destas obrigações implica a representação do arguido por defensor em todos os actos processuais nos quais tenha o direito ou o dever de estar presente e a realização da audiência na sua ausência.

É a única medida de coacção que pode ser aplicada pelos órgãos de polícia criminal

V. *Medidas de coacção; Arguido; Notificação; Residência; Domicílio; Autoridade judiciária; Defensor; Acto processual; Julgamento; Julgamento na ausência do arguido; Direito; Dever jurídico; Órgão de polícia criminal.*

Territorialidade (Dir. Penal) – V. *Princípio da territorialidade.*

Território português (Dir. Penal) – V. *Princípio da territorialidade.*

Terrorismo (Dir. Penal) – Com a Lei n.º 48/2007, de 29 de Agosto, o artigo 1.º do Código de Processo Penal passou a incluir, na alínea *i*), a definição de terrorismo, considerando-se este "as condutas que integrarem os crimes de organização terrorista, terrorismo e terrorismo internacional".

Crime previsto no artigo 4.º da Lei n.º 52/2003, de 22 de Agosto (diploma que revogou os artigos 300.º e 301.º, C. P.), que consiste na prática dos factos descritos no n.º 1 do artigo 2.º da mesma Lei, referente às organizações terroristas (crimes contra a vida, a integridade física, a segurança dos transportes e das comunicações, crimes de produção dolosa de perigo comum, actos que destruam meios de comunicação ou instalações de serviços públicos destinados à satisfação de necessidades da população, investigação e desenvolvimento de armas biológicas e crimes que impliquem o emprego de energia nuclear, entre outros).

O n.º 2 do mencionado artigo 4.º prevê ainda a punição do agente que praticar crime de furto qualificado, roubo, extorsão ou falsificação de documento administrativo, com vista ao cometimento dos factos descritos no n.º 1 do artigo 2.º do mesmo diploma.

A Convenção Internacional para a Eliminação do Financiamento do Terrorismo, adoptada em Nova Iorque em 9 de Dezembro de 1999, foi aprovada para ratificação pela Resolução da Assembleia da República n.º 51/2002, de 2 de Agosto, e ratificada pelo Decreto do Presidente da República n.º 31/2002, da mesma data.

A Resolução da Assembleia da República n.º 40/2001, de 25 de Junho, aprovou para ratificação, a Convenção Internacional para a Repressão de Atentados Terroristas à Bomba, adoptada em Nova Iorque em 15 de Novembro de 1997, que foi ratificada pelo Decreto do Presidente da República n.º 31/2001, de 25 de Junho; o instrumento de ratificação foi depositado em 10 de Novembro de 2001, conforme aviso publicado no *Diário da República*, I-A série, de 6 de Abril de 2002.

A Lei n.º 19/81, de 18 de Agosto, aprovou, para ratificação, a Convenção Europeia para a Repressão do Terrorismo, aberta para assinatura em Estrasburgo em 27 de Janeiro de 1977; o instrumento de ratificação foi depositado em 14 de Dezembro de 1981, conforme aviso publicado no *Diário da República*, I-A série, de 18 de Agosto de 1981.

V. *Crime; Organizações terroristas; Integridade física; Crime de perigo; Dolo; Agente; Furto qualificado; Roubo; Extorsão; Falsificação ou contrafacção de documento.*

Terrorismo internacional (Dir. Penal) – Crime previsto no artigo 5.º da Lei n.º 52/2003, de 22 de Agosto, que ocorre quando alguém pratica os factos enunciados nas várias alíneas do n.º 1 do artigo 2.º da mencionada Lei (crimes contra a vida, a integridade física, a segurança dos transportes e das comunicações, crimes de produção dolosa de perigo comum, actos que destruam meios de comunicação ou instalações de serviços públicos destinados à satisfação de necessidades da população, investigação e desenvolvimento de armas biológicas e crimes que impliquem o emprego de energia nuclear, entre outros) com as finalidades referidas no n.º 1 do artigo 3.º do mesmo diploma (visar prejudicar a integridade ou a independência de um Estado, impedir, alterar ou subverter o funcionamento das instituições desse Estado ou de uma organização pública internacional, forçar as respectivas autoridades a praticar um acto, a abster-se de o praticar ou a tolerar que se pratique ou intimidar certos grupos de pessoas ou populações).

V. *Terrorismo; Crime; Outras organizações terroristas; Organizações terroristas; Vida; Integridade física; Dolo; Crimes de perigo comum.*

Testemunha (Proc. Penal) – Particular chamado a depor em juízo, sob juramento, acerca de factos de que pessoalmente possa ter conhecimento.

As testemunhas são indicadas pelas partes, em rol, e são, em princípio, inquiridas em audiência.

Os deveres das testemunhas estão enunciados no artigo 132.º, C. P. P. e são os seguintes:

a) responder com verdade às perguntas que lhe são feitas, "não [...] [sendo] obrigada a responder com verdade quando alegue que das respostas resulta a sua responsabilização penal";

b) apresentar-se, no tempo e lugar, à autoridade por quem tiver sido convocada ou notificada;

c) prestar juramento.

Estão impedidos de depor como testemunhas:

a) o arguido e co-arguidos no mesmo processo ou em processos conexos, enquanto mantiverem aquela qualidade;

b) as pessoas que se tiverem constituído assistentes, a partir do momento dessa constituição;

c) as partes civis.

Em caso de separação de processos, os arguidos de um mesmo crime ou de um crime conexo podem depor como testemunhas, se nisso expressamente consentirem.

Para o efeito de ser notificada, a testemunha pode indicar a sua residência, o local de trabalho ou outro domicílio à sua escolha.

Sempre que deva prestar depoimento, ainda que no decurso de acto vedado ao público, a testemunha pode fazer-se acompanhar por advogado, que a informa, quando necessário, dos direitos que lhe assistem, sem intervir na inquirição (não pode acompanhar a testemunha o advogado que seja defensor de arguido no processo).

Foi publicada em 14 de Julho de 1999 a Lei de Protecção de Testemunhas em Processo Penal (Lei n.º 93/99), alterada pela Lei n.º 29/2008, de 4 de Julho, para regular a aplicação de medidas para protecção de testemunhas quando a sua vida, integridade física ou psíquica, liberdade ou bens patrimoniais de valor consideravelmente elevado sejam postos em perigo por causa do seu contributo para a prova dos factos que constituem o objecto do processo.

Para efeitos desta lei, considera-se testemunha qualquer pessoa que, independentemente do seu estatuto face à lei processual, disponha de informação ou de conhecimento necessários à revelação, percepção ou apreciação de factos que constituam objecto do processo, de cuja utilização resulte um perigo para si ou para outrem; considera-se intimidação toda a pressão ou ameaça, directa, indirecta ou potencial, que alguém exerça sobre a testemunha com o objectivo de condicionar o seu depoimento ou declarações.

As medidas de protecção de testemunhas podem abranger os "familiares das testemunhas, as pessoas que com ela vivam em condições análogas às dos cônjuges e outras pessoas que lhes sejam próximas".

Sempre que ponderosas razões de segurança o justifiquem, é admissível o recurso à teleconferência e o recurso a medidas pontuais de segurança (artigo 20.º).

No regime da protecção de testemunhas, pode recorrer-se a teleconferência e ocultação da testemunha (não revelando a identidade da testemunhas ou procedendo à distorção da imagem e/ou som); a testemunha pode beneficiar de medidas pontuais de segurança (programa especial de segurança – v. Decreto-Lei n.º 190/2003, de 22 de Agosto, que regulamenta a Lei n.º 93/99 e regula a aplicação das medidas para a protecção de testemunhas). Está igualmente previsto, um acompanhamento especial (por exemplo, a nomeação, pela autoridade judiciária, de um técnico de serviço social para o seu acompanhamento, apoio psicológico necessário por técnico especializado) para testemunhas especialmente vulneráveis – a especial vulnerabilidade pode resultar da sua diminuta ou avançada idade, do seu estado de saúde ou do facto de ter de depor ou prestar declarações contra pessoa da própria família ou de grupo social fechado em que esteja inserida numa posição de subordinação ou dependência.

V. *Testemunho; Juramento; Facto; Rol de testemunhas; Inquirição; Audiência de discussão e julgamento; Responsabilidade criminal; Notificação; Arguido; Co-arguido; Assistente; Partes civis; Conexão de processos; Consentimento; Separação de processos; Residência; Domicílio; Advogado; Defensor; Protecção de testemunhas em processo penal; União de facto; Integridade física; Liberdade pessoal; Valor consideravelmente elevado; Objecto do processo; Acareação; Julgamento; Crime; Prova; Teleconferência; Autoridade judiciária*.

Testemunho (Proc. Penal) – Acto pelo qual uma pessoa atesta a verificação de um facto de que teve conhecimento.

V. *Facto; Testemunha; Rol de testemunhas*.

"Thema decidendum" (Proc. Penal) – Corresponde ao objecto do processo definido na acusação.

É, pois, tudo o que, constando da acusação (ou da pronúncia, quando esta existir), vai ser pressuposto da actividade jurisdicional de investigação, conhecimento e decisão do processo.

V. *Objecto do processo; Acusação; Pronúncia; Processo*.

"Thema probandum" (Proc. Penal) – Corresponde à extensão da cognição permitida e aos limites da decisão a tomar pelo juiz, evidenciando a ligação entre a acusação e a defesa, na medida em que é circunscrito à matéria de facto carreada para o processo através das contribuições quer da acusação, quer da defesa.

V. *Prova; Princípio da investigação; Princípio do contraditório; Objecto do processo; Acusação; Matéria de facto*.

Tipicidade (Dir. Penal) – V. *Tipo*.

Tipo (Dir. Penal) – O termo tipo é polissémico. No entanto, é comum a todos seus os sentidos a correspondência a uma descrição.

Num sentido restrito, tipo (tipo indiciador) corresponde à descrição da conduta proibida.

Num sentido mais amplo, em que abrange o juízo de ilicitude e, nessa medida, as causas de justificação como elementos negativos, fala-se em tipo de ilícito.

Num sentido ainda mais abrangente, que compreende todos os pressupostos da punição, é utilizada a fórmula tipo total ou tipo de garantia.

São ainda comuns as expressões tipo justificador – para fazer referência às causas de justificação – e tipo de culpa, para referir circunstâncias acrescentadas a um tipo base reveladoras de uma específica atitude psicológica do agente com o facto, que releva em sede de culpa e que se repercute na sua punição (agravando ou atenuando a pena).

V. *Ilicitude; Causas de justificação; Culpa; Tipo de culpa; Tipo de garantia; Tipo de ilícito; Tipo indiciador; Tipo justificador; Tipo misto; Elementos objectivos do tipo; Crime privilegiado; Crime qualificado; Elementos subjectivos do tipo; Pena; Agravação; Circunstâncias atenuantes*.

Tipo aberto (Dir. Penal) – Descrição incompleta do facto punível, que transfere para o intérprete a tarefa de completar o tipo, dentro dos limites e das indicações nele próprio contidas.

É exemplo de um tipo aberto o tipo de homicídio qualificado, previsto no artigo 132.º, C. P., que consagra uma cláusula de especial censurabilidade ou perversidade no cometimento do homicídio (n.º 1 do artigo 132.º) complementada com uma enumeração exemplificativa (técnica dos "exemplos-padrão") de casos em que o homicídio é susceptível de revelar essa especial censurabilidade ou perversidade (n.º 2 do artigo 132.º).

V. *Tipo; Tipo fechado; Homicídio qualificado; Censurabilidade*.

Tipo base (Dir. Penal) – Expressão utilizada para fazer referência a um tipo na sua configuração mais simples, existindo outros tipos que, acrescentado circunstâncias diversas, consagram uma agravação ou uma atenuação da pena.

É exemplo de um tipo base o crime de homicídio previsto no artigo 131.º, C. P..

V. *Tipo; Agravação; Atenuação especial da pena; Homicídio.*

Tipo causal (Dir. Penal) – Tipo incriminador no qual a descrição do facto abrange todo o comportamento que produza a lesão ou o perigo de lesão do bem jurídico protegido.

O homicídio – artigo 131.º, C. P. – é um tipo causal, uma vez que protege o bem jurídico vida em toda a sua extensão e contra qualquer forma de agressão.

V. *Tipo; Crime de forma livre; Perigo; Bem jurídico; Vida; Homicídio; Tipo modal; Homicídio.*

Tipo de culpa (Dir. Penal) – Descrição de circunstâncias reveladoras de uma específica atitude psicológica do agente para com o facto, que relevam em sede de culpa, isto é, em sede de censura pessoal do agente pela atitude tomada, fundamentando uma agravação ou uma atenuação da pena a aplicar.

V. *Culpa; Tipo; Agravação; Pena; Circunstâncias atenuantes; Dolo; Negligência.*

Tipo de garantia (Dir. Penal) – Conjunto de pressupostos da aplicação de uma pena a um agente.

Neste sentido, que é o mais abrangente, a expressão tipo compreende o tipo indiciador, a ilicitude, a culpa e a punibilidade em sentido restrito.

V. *Tipo; Pena; Culpa; Ilicitude; Punibilidade; Tipo indiciador.*

Tipo de ilícito (Dir. Penal) – Noção de tipo que abrange a descrição do comportamento punível (tipo indiciador) e o juízo de ilicitude.

Neste sentido, e atendendo ao significado estritamente literal da expressão, as causas de justificação constituem elementos negativos do tipo.

A expressão é, porém, utilizada com frequência num sentido próximo do de tipo indiciador.

Na verdade, o tipo é tipo de ilícito, já que a tipificação criminal de um comportamento só tem sentido por se reportar a um facto contrário à ordem jurídica. A tipificação é, nessa medida, a concretização de um ilícito.

V. *Tipo; Ilicitude; Causas de justificação; Elementos negativos do tipo; Tipo indiciador; Tipo justificador.*

Tipo fechado (Dir. Penal) – Descrição completa do facto proibido, sem deixar ao intérprete qualquer tarefa de completar tal descrição.

Esta designação não significa porém que, quando está em causa um tipo fechado, não seja necessária qualquer actividade interpretativa, pois o tipo fechado é naturalmente objecto de interpretação. O que acontece é que, diversamente da interpretação dos tipos abertos, o intérprete não tem de proceder à delimitação da abrangência de cláusulas gerais.

É exemplo de um tipo fechado o crime de sequestro previsto no n.º 1 do artigo 158.º, C. P..

V. *Tipo; Tipo aberto; Interpretação da lei; Sequestro.*

Tipo incriminador (Dir. Penal) – A expressão refere-se à descrição do facto que fundamenta o ilícito.

Existem circunstâncias que afastam a ilicitude do facto que corresponde ao tipo incriminador: as descritas no tipo justificador.

Os tipos justificadores excluem, portanto, a ilicitude do facto descrito no tipo incriminador. São tipos justificadores as causas de justificação, tais como a legítima defesa (artigo 32.º, C. P.) ou o direito de necessidade (artigo 34.º, C. P.).

V. *Tipo; Ilicitude; Causas de justificação; Tipo justificador; Legítima defesa; Direito de necessidade.*

Tipo indiciador (Dir. Penal) – Descrição do comportamento punível nas suas dimensões objectiva e subjectiva.

Neste sentido, o tipo não compreende qualquer valoração, apenas indiciando o juízo de ilicitude, que somente será afastado se no caso concreto intervier alguma

causa de justificação (se for preenchido algum tipo justificador).
V. *Tipo; Ilicitude; Causas de justificação; Tipo justificador; Elementos objectivos do tipo; Elementos subjectivos do tipo.*

Tipo justificador (Dir. Penal) – Descrição de circunstâncias que consubstanciam causas de justificação do facto, ou seja, causas de exclusão da ilicitude do facto.
V. *Tipo; Causas de justificação; Causas de justificação supralegais; Consentimento; Cumprimento de um dever; Direito de necessidade; Direito de necessidade defensivo; Exercício de um direito; Ilicitude; Legítima defesa; Legítima defesa preventiva.*

Tipo misto (Dir. Penal) – Expressão utilizada por alguma doutrina para designar normas que descrevem circunstâncias que fundamentam a atenuação ou a agravação da pena de um tipo base, circunstâncias essas que relevam simultaneamente em sede de ilicitude e culpa.
V. *Tipo; Circunstâncias atenuantes; Circunstâncias agravantes; Culpa; Ilicitude; Tipo base.*

Tipo modal (Dir. Penal) – Tipo incriminador cuja descrição do facto apenas abrange certas formas de produção da lesão ou do perigo de lesão do bem jurídico.
São tipos modais os artigo 153.º e 154.º, C. P. (ameaça e coacção, respectivamente).
V. *Tipo; Crime de forma vinculada; Tipo causal; Bem jurídico; Ameaça; Coacção.*

Tipo objectivo (Dir. Penal) – V. *Elementos objectivos do tipo.*

Tipo permissivo (Dir. Penal) – Expressão que se refere a normas que prevêem situações em que é admitido o comportamento típico.
São exemplos de tipos permissivos as causas de justificação, tais como a legítima defesa (artigo 32.º, C. P.) ou o direito de necessidade (artigo 34.º, C. P.).
V. *Tipo; Norma favorável; Causas de justificação; Causas de justificação supralegais; Legítima defesa; Legítima defesa preventiva; Direito de necessidade; Direito de necessidade defensivo.*

Tipo privilegiado (Dir. Penal) – V. *Crime privilegiado.*

Tipo qualificado (Dir. Penal) – V. *Crime qualificado.*

Tipo subjectivo (Dir. Penal) – V. *Elementos subjectivos do tipo.*

Tipo total (Dir. Penal) – V. *Tipo de garantia.*

Tirada de presos (Dir. Penal) – Crime, previsto no artigo 349.º, C. P., que ocorre quando alguém, por meio de violência, ameaça ou artifício, liberta pessoa legalmente privada da liberdade, ou quando alguém instiga, promove ou, por qualquer forma, auxilia a evasão de pessoa legalmente privada da liberdade.
V. *Crime; Ameaça; Instigador.*

Titular de cargo político (Dir. Penal) – V. *Cargo político.*

Título executivo (Proc. Penal) – Em processo civil, significa um documento demonstrativo de um direito, que pode, segundo a lei, servir de base ao processo executivo.
Em processo penal, o título executivo é a decisão condenatória penal transitada.
A decisão transitada não tem força executiva:
– se aplicar pena ou medida de segurança inexistentes na lei portuguesa;
– se não estiver reduzida a escrito;
– se, tendo sido proferida por tribunal estrangeiro, não tiver sido revista e confirmada, nos casos em que for legalmente exigido.
V. artigos 437.º e 438.º, C. P. P..
Em processo de contra-ordenação, a decisão da autoridade administrativa que aplicar uma coima, se não for impugnada judicialmente, também é título executivo (v. artigo 89.º do Decreto-Lei n.º 433/82, de 27 de Outubro, alterado pelo Decreto-Lei n.º 244/95, de 14 de Setembro).
V. *Documento; Direito; Sentença condenatória; Trânsito em julgado; Pena; Medida de segurança; Tribunal; Sentença penal estrangeira; Pedido de revisão e confirmação de*

sentença penal estrangeira; Contra-ordenação; Autoridade administrativa; Coima.

Títulos equiparados a moeda (Dir. Penal) – De acordo com o artigo 267.º, C. P., são equiparados a moeda, para efeito do disposto nos artigos 262.º a 266.º, C. P. (contrafacção de moeda, depreciação do valor de moeda metálica, passagem de moeda falsa de concerto com o falsificador, passagem de moeda falsa e aquisição de moeda falsa para ser posta em circulação, respectivamente), os títulos de crédito nacionais e estrangeiros constantes, por força da lei, de um tipo de papel e de impressão especialmente destinados a garanti-los contra o perigo de imitações e que, pela sua natureza e finalidade, não possam, só por si, deixar de incorporar um valor patrimonial; o mesmo acontece com os bilhetes ou fracções da lotaria nacional e com os cartões de garantia ou de crédito.

V. *Moeda; Contrafacção de moeda; Depreciação do valor de moeda metálica; Passagem de moeda falsa de concerto com o falsificador; Passagem de moeda falsa; Aquisição de moeda falsa para ser posta em circulação.*

Tomada de reféns (Dir. Penal) – Crime previsto no artigo 162.º, C.,P., que ocorre quando alguém, com intenção de realizar finalidades políticas, ideológicas, filosóficas ou confessionais, sequestra, ou rapta outra pessoa, ameaçando matá-la, infligir-lhe ofensas à integridade física graves ou mantê-la detida, visando dessa forma constranger um Estado, uma organização internacional, uma pessoa colectiva, um agrupamento de pessoas ou uma pessoa singular a uma acção ou omissão, ou a suportar uma actividade.

A pena é agravada se a tomada de reféns durar mais de dois dias, e em função de a tomada de reféns ser precedida de ofensa à integridade física grave, de ser praticada contra pessoa particularmente indefesa, de ser praticada contra funcionários por causa do exercício das suas funções, ou de ser praticada mediante simulação de autoridade pública. A pena é ainda agravada se da tomada de reféns resultar suicídio, ofensa à integridade física grave ou a morte da vítima.

Quem se aproveitar da tomada de reféns é igualmente punido.

A Convenção Internacional contra a Tomada de Reféns, concluída em Nova Iorque em 17 de Dezembro de 1979, foi aprovada, para ratificação, pela Resolução da Assembleia da República n.º 3/84, de 8 de Fevereiro, tendo o seu instrumento de ratificação sido depositado em 6 de Julho de 19784, conforme aviso publicado no *Diário da República*, I série, de 17 de Setembro de 1984.

V. *Crime; Sequestro; Rapto; Ofensa à integridade física grave; Pessoa colectiva; Pessoa singular; Pena; Agravação; Circunstâncias agravantes; Funcionário; Suicídio; Morte; Vítima.*

Tortura (Dir. Penal) – V. *Tortura e outros tratamentos cruéis, degradantes ou desumanos; Tortura e outros tratamentos cruéis, degradantes ou desumanos graves.*

Tortura e outros tratamentos cruéis, degradantes ou desumanos (Dir. Penal) – Crime previsto no artigo 243.º, C. P., que ocorre quando aquele que tem por função:

a) a prevenção, perseguição, investigação ou conhecimento de infracções criminais, contra-ordenacionais ou disciplinares,

b) a execução de sanções da mesma natureza, ou

c) a protecção, guarda ou vigilância de pessoa detida ou presa,

a tortura ou trata de forma cruel, degradante ou desumana, para obter dela ou de outra pessoa confissão, depoimento, declaração ou informação, para a castigar por acto cometido ou supostamente cometido por ela ou por outra pessoa, para a intimidar ou para intimidar outra pessoa.

Aquele que usurpar essa função para os mesmos efeitos é igualmente punido nos termos do n.º 2 do artigo 243.º.

O tipo incriminador consagra uma cláusula de subsidiariedade expressa, relativamente a tipos aplicáveis ao mesmo facto que prevejam pena mais grave do que a prevista no n.º 1 do referido artigo 243.º, o que significa que o tipo só se aplica se não for aplicável ao caso outra norma que consagre pena mais grave.

Considera-se tortura, tratamento cruel, degradante ou desumano o acto que consista em infligir sofrimento físico ou psicológico agudo, cansaço físico ou psicológico grave, ou no emprego de produtos químicos, drogas ou outros meios, naturais ou artificiais, com intenção de perturbar a capacidade de determinação ou a livre manifestação de vontade da vítima.

O artigo 25.º, n.º 2, da Constituição da República consagra a proibição da tortura, de tratos e de penas cruéis, degradantes ou desumanos.

A Convenção contra a Tortura e Outras Penas ou Tratamentos Cruéis, Desumanos ou Degradantes, adoptada pela Assembleia Geral das Nações Unidas, concluída em Nova Iorque em 10 de Dezembro de 1984, foi aprovada, para ratificação, pela Resolução da Assembleia da República n.º 11/88, de 21 de Maio, e ratificada pelo Decreto do Presidente da República n.º 57/88, de 20 de Julho, tendo o respectivo instrumento de ratificação sido depositado em 9 de Fevereiro de 1989, conforme aviso publicado no *Diário da República*, I série, de 5 de Junho de 1989.

V. *Crime; Infracção; Contra-ordenação; Sanção; Detido; Preso; Confissão; Depoimento; Usurpação de funções; Tipo incriminador; Pena; Concurso de normas; Tortura e outros tratamentos cruéis, degradantes ou desumanos graves; Constituição da República Portuguesa.*

Tortura e outros tratamentos cruéis, degradantes ou desumanos graves (Dir. Penal) – Crime, previsto no artigo 244.º, C. P., que consagra a agravação do crime de tortura e outros tratamentos cruéis, degradantes ou desumanos, nos casos em que o agente desse crime produz ofensa à integridade física grave; em que emprega meios ou métodos de tortura particularmente graves; ou em que pratica habitualmente os actos de tortura referidos no artigo 243.º, C. P..

O artigo 244.º, n.º 2, C. P., consagra a agravação da pena para os casos em que dos factos descritos nesse artigo ou no artigo 243.º resulta suicídio ou morte da vítima.

V. *Crime; Tortura e outros tratamentos cruéis, degradantes ou desumanos; Agravação;* *Ofensa à integridade física grave; Suicídio; Vítima.*

TPI (Org. Judiciária) – V. *Tribunal Penal Internacional.*

Tradução (Proc. Penal) – Um documento escrito em língua estrangeira deverá ser traduzido nos termos da lei para ser apresentado em juízo.

É aos notários que compete, segundo o artigo 4.º, n.º 2-*f*), do Código do Notariado, "certificar, ou fazer e certificar, traduções de documentos".

Dispõe o artigo 172.º do mesmo Código que, se o documento oferecido em juízo se encontrar desacompanhado da respectiva tradução e dela careça, o juiz pode ordenar que o apresentante a junte. Surgindo dúvidas fundadas sobre a idoneidade da tradução, deve o juiz ordenar, oficiosamente ou a requerimento da parte contrária, que o apresentante do documento junte a sua tradução notarial ou autenticada pelo funcionário diplomático ou consular do Estado respectivo; não havendo funcionário diplomático ou consular e, não sendo possível obter tradução notarial, será o documento traduzido por perito nomeado judicialmente.

V. artigo 140.º do Código de Processo Civil com a redacção que lhe foi dada pelo Decreto-Lei n.º 329-A/95, de 12 de Dezembro.

Quando um documento escrito em língua estrangeira for necessário à instrução de um acto notarial, deve ser acompanhado da respectiva tradução feita por notário português, pelo consulado português no país em que o documento foi passado, pelo consulado desse país em Portugal ou por tradutor idóneo que afirme perante o notário, sob juramento ou compromisso de honra, a fidelidade da tradução.

V. artigo 44.º, n.º 3, Código do Notariado.

Não pode ser tradutor pessoa em relação à qual se verifique qualquer das circunstâncias enunciadas no artigo 68.º, n.º 1, deste Código, podendo, também, o notário recusar a intervenção de tradutor "que não considere digno de crédito, ainda que ele não esteja abrangido pelas proibições do n.º 1".

O artigo 5.º do Decreto-Lei n.º 237/2001, de 30 de Agosto, estabelece que "as câmaras de comércio e indústria, reconhecidas nos termos do Decreto-Lei n.º 244/92, de 29 de Outubro, os advogados e os solicitadores podem [...] certificar, ou fazer e certificar, traduções de documentos".

V. *Documento; Documento passado em país estrangeiro; Notário; Requerimento; "Ex officio"; Perito; Juramento; Advogado; Solicitador.*

Traficante-consumidor (Dir. Penal) – Crime previsto no artigo 26.º do Decreto-Lei n.º 15/93, de 22 de Janeiro, que consubstancia um privilegiamento do crime previsto no artigo 21.º do mesmo diploma (crime de tráfico de estupefacientes).

A circunstância que fundamenta o privilegiamento é o uso pelo agente das substâncias proibidas.

V. *Crime; Crime privilegiado; Tráfico e outras actividades ilícitas.*

Tráfico de armas (Dir. Penal) – A Lei n.º 5/2006, de 23 de Fevereiro, "estabelece o regime jurídico relativo ao fabrico, montagem, reparação, importação, exportação, transferência, armazenamento, circulação, comércio, aquisição, cedência, detenção, manifesto, guarda, segurança, uso e porte de armas, seus componentes e munições, bem como o enquadramento legal das operações de prevenção criminal", do seu âmbito ficando excluídas "as actividades relativas a armas e munições destinadas às Forças Armadas, às Forças e serviços de segurança, bem como a outros serviços públicos cuja lei expressamente as exclua, bem como aquelas que destinem exclusivamente a fins militares", e "as actividades [...] relativas a armas de fogo cuja data de fabrico seja anterior a 31 de Dezembro de 1980, bem como aquelas que utilizem munições obsoletas, constantes do anexo a este diploma e que dele faz parte integrante, e que pelo seu interesse histórico, técnico e artístico possam ser preservadas e conservadas em colecções públicas ou privadas" (artigo 1.º).

Os artigos 30.º e segs. ocupam-se do regime da compra e venda e doação de armas e munições, e os artigos 37.º e 38.º da aquisição por morte e do empréstimo das mesmas.

O artigo 87.º desta Lei n.º 5/2006 prevê o crime de tráfico de armas que se traduz, genericamente, na venda, cessão, distribuição por qualquer meio, mediação de "uma transacção ou, com intenção de transmitir a sua detenção, posse ou propriedade", "deter, transportar, importar, guardar, comprar, adquirir a qualquer outro título [...], usar ou trouxer consigo armas, fora das condições legais.

De acordo com o artigo 95.º deste diploma, "as entidades colectivas, qualquer que seja a sua forma jurídica, são responsáveis pelos crimes previstos nos artigos [...] e 87.º, quando cometidos em seu nome ou no interesse da entidade pelos titulares dos seus órgãos no exercício de funções ou seus representantes, bem como por uma pessoa sob a autoridade destes, em seu nome e no interesse colectivo, ou quando o crime se tenha tornado possível em virtude da violação de deveres de cuidado e vigilância que lhes incumbem", não excluindo a responsabilidade criminal das pessoas colectivas a individual dos agentes.

A pena, que é de 2 a 10 anos de prisão, é agravada se o agente for funcionários, se as armas se destinarem a grupos ou organizações criminosas ou se o agente fizer do tráfico modo de vida. Pode a pena "ser especialmente atenuada ou não ter lugar a sua punição se o agente abandonar voluntariamente a sua actividade, afastar ou fizer diminuir consideravelmente o perigo por ela provocado, impedir que o resultado que a lei quer evitar se verifique ou auxiliar concretamente na recolha das provas decisivas para a identificação ou a captura de outros responsáveis".

O artigo 90.º determina que, como pena acessória, "pode incorrer na interdição temporária de detenção, uso e porte de arma quem for condenado pela prática de crime previsto na presente lei [nomeadamente tráfico de armas] ou pela prática, a título doloso ou negligente, de crime em cuja preparação ou execução tenha sido relevante a utilização ou disponibilidade sobre a arma"; "o período de interdição tem o limite mínimo de um ano e o máximo igual ao limite superior da moldura penal do crime [...]"; "a interdição implica a proibição de detenção, uso e porte de armas, designadamente para efeitos pessoais, funcionais ou laborais, desportivos, venatórios ou outros, bem como de concessão ou renovação de licença, cartão europeu de arma de fogo [...], devendo o condenado fazer entrega da ou das armas, licenças e demais documentação no posto ou unidade policial da área da sua residência no prazo de 15 dias contados do trânsito em julgado"; "a interdição é decretada independentemente de o condenado gozar de isenção ou dispensa de licença ou licença especial".

Às pessoas colectivas, quando condenadas pelo crime de tráfico de armas, são aplicáveis as penas de multa e de dissolução, sendo "os limites mínimo e máximo da pena de multa aplicável às entidades colectivas ou equiparadas [...] determinados tendo como referência a moldura abstracta da pena prevista para as pessoas singulares; "a pena de dissolução só é decretada quando os fundadores da entidade colectiva tenham tido a intenção, exclusiva ou predominante, de, por meio dela, praticar os crimes [...] [referidos] ou quando a prática reiterada de tais crimes mostre que a entidade colectiva está a ser utilizada, exclusiva ou predominantemente, para esse efeito, quer pelos seus membros, quer por quem exerça a respectiva administração, gerência ou direcção"; às pessoas colectivas ainda podem ser aplicadas as penas acessórias de injunção judiciária, interdição temporária do exercício de actividade, privação do direito a subsídios, subvenções ou incentivos, encerramento temporário de estabelecimento e publicidade da decisão condenatória (artigo 96.º).

O artigo 97.º desta Lei qualifica como contra-ordenação a detenção, importação, compra ou aquisição por qualquer título de arma de fogo, arma de alarme ou outras ainda, fora dos casos em que tal é permitido, cominando tal comportamento com uma coima de € 600 a € 6 000.

A Convenção Europeia sobre o Controlo da Aquisição de Armas de Fogo por Particulares, aberta para assinatura em Estrasburgo em 28 de Junho de 1978, foi aprovada, para ratificação, com reservas, pelo Decreto do Governo n.º 56/84, de 28 de Setembro, tendo o respectivo instrumento de ratificação sido depositado em 2 de Outubro de 1986, conforme aviso publicado no *Diário da República*, I série, de 8 de Novembro de 1986.

V. *Crime; Arma; Pessoa colectiva; Representação; Dever de cuidado; Pena; Agravação; Funcionário; Agente; Atenuação especial da pena; Perigo; Resultado; Prova; Pena acessória; Dolo; Negligência; Moldura penal; Residência; Trânsito em julgado; Dolo; Negligência; Porte de arma; Licença de uso e porte de arma; Sentença condenatória; Contra-ordenação; Coima.*

Tráfico de estupefacientes (Dir. Penal) – V. *Tráfico e outras actividades ilícitas; Estupefaciente.*

Tráfico de influência (Dir. Penal) – Crime, previsto no artigo 335.º, C. P., que se verifica quando alguém, por si ou por interposta pessoa, com o seu consentimento ou ratificação, solicita ou aceita, para si ou para terceiro, vantagem patrimonial ou não patrimonial, ou a sua promessa, para abusar da sua influência, real ou suposta, junto de entidade pública.

O tipo prevê penas diferentes consoante o fim do agente seja o de obter uma decisão favorável ilícita ou lícita.

É ainda crime, de acordo com o artigo 335.º, n.º 2, C. P., a conduta daquele que, por si ou por interposta pessoa, com o seu consentimento ou ratificação, dá ou promete vantagem patrimonial ou não patrimonial às pessoas referidas no n.º 1 do referido artigo, para obtenção de uma decisão ilícita favorável.

V. artigo 10.º da Lei n.º 50/2007, de 31 de Agosto, relativa à verdade, lealdade e correcção na actividade desportiva.

V. *Crime; Consentimento; Tipo; Ilicitude.*

Tráfico de menor gravidade (Dir. Penal) – Crime, previsto no artigo 25.º do Decreto-Lei n.º 15/93, de 22 de Janeiro, que consubstancia um privilegiamento, com base numa atenuação da ilicitude, dos crimes constantes dos artigos 21.º e 22.º do mesmo diploma (crime de tráfico de estupefacientes e o crime de traficante-consumidor).

V. o Acórdão do Tribunal Constitucional n.º 295/2003, publicado no *Diário da República*, II série, de 23 de Janeiro de 2004, que decidiu não julgar inconstitucional a norma resultante das disposições conjugadas dos artigos 25.º e 40.º do Decreto-Lei n.º 15/93, de 22 de Janeiro, e 2.º, n.ºˢ 1 e 2, e 28.º, estes da Lei n.º 30/2000, de 29 de Novembro, interpretados no sentido de que o arguido que possui para seu consumo exclusivo "droga" em quantidade superior à necessária para consumo médio individual durante dez dias, comete um crime de tráfico de menor gravidade.

V. *Crime; Crime privilegiado; Ilicitude; Tráfico e outras actividades ilícitas; Traficante-consumidor; Estupefaciente; Arguido.*

Tráfico de menores (Dir. Penal) – V. *Menor; Lenocínio de menores.*

Tráfico de pessoas (Dir. Penal) – Crime previsto no artigo 160.º, C. P., que ocorre quando alguém, por meio de violência, ameaça grave, ardil ou manobra fraudulenta, abuso de autoridade resultante de relação de dependência hierárquica, económica de trabalho ou familiar, aproveitando qualquer situação de especial vulnerabilidade, ou mediante a obtenção do consentimento da pessoa que tem o controlo sobre a vítima, entrega, alicia, transporta, procede ao alojamento ou acolhimento de pessoa, ou propicia as condições para a prática por essa pessoa, em país estrangeiro, de prostituição ou de actos sexuais de relevo.

A Convenção Internacional para a Supressão do Tráfico de Mulheres e Crianças foi aprovada, para ratificação, pela Lei n.º 1 544, de 4 de Fevereiro de 1924, tendo o seu texto sido publicado no *Diário do Governo*, 1.ª série, de 4 de Fevereiro de 1924.

O Decreto do Presidente da República n.º 6/2001, de 27 de Janeiro, ratificou o Protocolo de Emenda à Convenção para a Supressão do Tráfico de Mulheres e Crianças e à Convenção para Supressão do Tráfico de Mulheres Maiores, aberto à assinatura em Nova Iorque em 12 de Novembro de 1947, que fora aprovado, para adesão, pela Resolução da Assembleia da República n.º 5/2001, em 28 de Setembro de 2000.

A Convenção para a Supressão do Tráfico de Pessoas e da Exploração de Outrem, concluída em Lake Success, Nova Iorque, em 21 de Março de 1950, foi aprovada, para ratificação, pela Resolução da Assembleia da República n.º 31/91, de 10 de Outubro, e ratificada pelo Decreto do Presidente da República n.º 48/91, da mesma data, tendo Portugal depositado o instrumento de ratificação em 30 de Setembro de 1992, conforme o Aviso n.º 19/93, de 26 de Janeiro.

A Resolução da Assembleia da República n.º 32/2004, de 12 de Fevereiro, aprovou, para ratificação, o Protocolo Adicional Relativo à Prevenção, à Repressão e à Punição do Tráfico de Pessoas, em especial de Mulheres e Crianças, concluído em Nova Iorque em 15 de Novembro de 2000, tendo o Decreto do Presidente da República n.º 19/2004, de 2 de Abril, ratificado o Protocolo, cujo instrumento de ratificação foi depositado em 10 de Maio de 2004, segundo o Aviso n.º 121/2004, de 17 de Junho.

O Protocolo Adicional contra o Tráfico Ilícito de Migrantes por via Terrestre, Marítima e Aérea, adoptado em Nova Iorque pela Assembleia Geral das Nações Unidas em 15 de Novembro de 2000, foi ratificado pelo mesmo Decreto do Presidente da República n.º 19/2004, tendo entrado em vigor para Portugal em 9 de Junho de 2004.

V. *Crime; Ameaça; Abuso de autoridade; Acto sexual de relevo; Ameaça; Abuso de autoridade.*

Tráfico de produtos vitivinícolas (Dir. Penal) – Crime, previsto no artigo 9.º do Decreto-Lei n.º 213/2004, de 23 de Agosto, que se traduz genericamente num conjunto de práticas, expressamente enunciadas, relacionadas com produtos vitivinícolas de região demarcada.

V. *Crime.*

Tráfico e consumo em lugares públicos ou de reunião (Dir. Penal) – Crime previsto no artigo 30.º do Decreto-Lei n.º 15/93, de 22 de Janeiro, que genericamente consagra a punição do responsável por local público que consente que esse lugar seja utilizado para tráfico ou uso ilícito de substâncias proibidas.

V. *Crime; Tráfico e outras actividades ilícitas; Traficante-consumidor; Consumo.*

Tráfico e outras actividades ilícitas (Dir. Penal) – Crime previsto no artigo 21.º do Decreto-Lei n.º 15/93, de 22 de Janeiro.

A descrição típica abrange as seguintes actividades relacionadas com estupefacientes: cultivar, produzir, fabricar, extrair, preparar, oferecer, pôr à venda, vender, distribuir, comprar, ceder, por qualquer título receber, proporcionar a outrem, transportar, importar, exportar, fazer transitar ou deter.

V. o Acórdão do Tribunal Constitucional n.º 262/2001, publicado no *Diário da República*, II série, de 18 de Julho de 2001, que não julgou inconstitucional a dimensão normativa do artigo 21.º do Decreto-Lei n.º 15/93, segundo a qual o crime de tráfico de estupefacientes não admite a tentativa.

V. *Crime; Estupefaciente; Tentativa.*

Traição à Pátria (Dir. Penal) – Crime, previsto no artigo 308.º, C. P., que ocorre quando alguém, por meio de violência, ameaça de violência, usurpação ou abuso de funções de soberania, tenta "separar a Mãe-Pátria", ou entregar a país estrangeiro ou submeter à soberania estrangeira, todo o território português ou parte dele; ou ofende ou põe em perigo a independência do país.

Crime previsto no artigo 7.º da Lei n.º 34/87, de 16 de Julho, que ocorre quando o titular de cargo político, com flagrante desvio ou abuso das suas funções ou com grave violação dos inerentes deveres, ainda que por meio não violento nem de ameaça de violência, pratica os factos descritos no já referido artigo 308.º do C. P..

V. *Crime; Usurpação de funções; Cargo político; Ameaça.*

Transgressões (Dir. Penal) – V. *Contravenção.*

Trânsito em julgado (Proc. Penal) – Diz-se que uma decisão judicial transitou em julgado quando já não admita recurso ordinário ou não seja susceptível de reclamação.

Uma vez transitada em julgado, a decisão passa a ter força de caso julgado.

V. *Recurso; Recursos ordinários; Reclamação; Caso julgado.*

Transmissão e recepção de denúncias e queixas (Proc. Penal) – Nos termos do artigo 154.º-A, C. P. P., os órgãos de polícia criminal e as autoridades judiciárias recebem denúncias e queixas pela prática de crimes contra residentes em Portugal que tenham sido cometidos no território de outro estado membro da União Europeia, sendo transmitidas no mais curto prazo pelo Ministério Público à autoridade competente do Estado membro em cujo território foi praticado o crime, salvo se os tribunais portugueses forem competentes para o conhecimento da infracção.

O Ministério Público recebe das autoridades competentes de Estados membros da União Europeia denúncias e queixas por crimes praticados em território português contra residentes noutro Estado membro, para efeitos de instauração de procedimento criminal.

V. *Autoridade judiciária; Órgão de polícia criminal; Denúncia; Queixa; Crime; Ministério Público; Competência; Tribunal; Infracção.*

Tratado – No campo do direito internacional significa um convénio, acordo ou pacto internacional, estabelecido entre dois ou mais países para a resolução de problemas comuns ou para a prevenção dos mesmos.

A Convenção das Nações Unidas sobre o Direito dos Tratados, adoptada em Viena em 23 de Maio de 1969, foi aprovada pela Resolução da Assembleia da República n.º 67/2003 e ratificada pelo Decreto do Presidente da República n.º 46/2003, ambos de 7 de Agosto, tendo o respectivo instrumento de adesão sido depositado em 6 de Fevereiro de 2004, e estando a Convenção em vigor para Portugal desde 7 de Março de 2004, conforme o Aviso n.º 27/2004, de 3 de Abril.

Tratamentos cruéis, degradantes ou desumanos (Dir. Penal) – O artigo 25.º, n.º 2, da Constituição da República deter-

mina que ninguém pode ser submetido a tortura, nem a tratos ou penas cruéis, degradantes ou desumanos.
A lei não define o que sejam tratos cruéis, degradantes ou desumanos. No entanto, os comportamentos que integram os crimes contra a humanidade consubstanciam exemplos paradigmáticos do que reconhecidamente é considerado pela comunidade internacional como tal.
V. *Crime contra a humanidade; Tortura e outros tratamentos cruéis, degradantes ou desumanos.*

Tribunal – Nos termos do artigo 205.º da Constituição da República, os tribunais são os "órgãos de soberania com competência para administrar a justiça em nome do povo".
V. *Constituição da República Portuguesa.*

Tribunal "a quo" (Proc. Penal) – É o tribunal do qual provém a decisão recorrida.
V. *Tribunal; Recurso.*

Tribunal "ad quem" (Proc. Penal) – É o tribunal para o qual é interposto recurso da decisão de um tribunal inferior que o admite.
V. *Tribunal; Recurso.*

Tribunal colectivo (Org. Judiciária) – Tribunal de 1.ª instância composto por três juízes, sendo um presidente e dois adjuntos (que são os vogais).
Na 2.ª instância (tribunais hierarquicamente superiores), os tribunais são sempre colectivos porque formados por vários juízes.
Compete ao tribunal colectivo, em matéria penal, julgar os processos que, não devendo ser julgados pelo tribunal de júri, respeitarem a crimes previstos no Título II e no Capítulo I do Título V do Livro II do Código Penal (por exemplo, julgamento dos crimes contra o património e dos crimes contra a segurança nacional, contra a soberania nacional, contra a realização do Estado de Direito e crimes eleitorais) e na Lei Penal relativa às Violações do Direito Internacional Humanitário. Compete-lhe ainda julgar os processos que, não devendo ser julgados pelo tribunal singular, respeitarem a crimes: *a)* dolosos ou agravados pelo resultado, quando for elemento do tipo a morte de uma pessoa ou crimes; *b)* cuja pena máxima, abstractamente aplicável, for superior a cinco anos de prisão, mesmo quando, no caso de concursos de infracções, for inferior o limite máximo correspondente a cada crime.
V. artigo 14.º, C. P. P..
V. *Tribunal; Tribunal de primeira instância; Juiz presidente; Tribunal da Relação; Supremo Tribunal de Justiça; Tribunal singular; Acórdão; Juiz relator; Crime; Moldura penal; Pena; Limites da pena; Júri; Dolo; Resultado; Agravação pelo resultado; Tipo.*

Tribunal Constitucional (Org. Judiciária) – Tribunal que exerce a sua jurisdição no âmbito de toda a ordem jurídica portuguesa, tem a sua sede em Lisboa e ao qual compete especificamente administrar a justiça em matérias de natureza jurídico-constitucional.
As decisões do tribunal são obrigatórias para todas as entidades públicas e privadas e prevalecem sobre as dos restantes tribunais e de quaisquer outras autoridades.
As decisões do Tribunal Constitucional são publicadas no *Diário da República*, I.ª e II.ª séries.
No exercício das suas funções, o Tribunal Constitucional tem direito "à coadjuvação dos restantes tribunais e demais autoridades".
"Compete ao Tribunal Constitucional apreciar a inconstitucionalidade e a ilegalidade nos termos dos artigos 277.º e seguintes da Constituição". Compete-lhe também a apreciação da inconstitucionalidade e da ilegalidade de quaisquer normas bem como, nos termos dos artigos 7.º a 11.º-A da Lei n.º 28/82, de 15 de Novembro, alterada pelas Leis n.ºˢ 143/85, de 26 de Novembro, 85/89, de 7 de Setembro, 88/95 de 1 de Setembro, e 13-A/95, de 26 de Fevereiro – Lei sobre a Organização, Funcionamento e Processo do Tribunal Constitucional (L. T. C.) –, exercer a sua competência relativa a morte e perda de cargo do Presidente da República, a processos eleitorais, a partidos políticos, coligações e frentes, a organizações que perfilhem a ideologia fascista, a referendos e consultas directas a nível local e a declarações de

patrimónios e rendimentos de titulares de cargos políticos. Compete-lhe, ainda, exercer as demais funções que lhe sejam atribuídas pela Constituição e pela lei.

É composto por treze juízes, sendo dez designados pela Assembleia da República e três cooptados por estes, funcionando o tribunal em sessões plenárias e por secções – três –, pelas quais se distribuem os vários juízes.

Os processos de fiscalização da constitucionalidade e da legalidade exercidos por este tribunal são:

– o processo de fiscalização abstracta (v. artigos 51.º a 56.º, L. T. C.): é aquele a que subjaz "pedido de apreciação da constitucionalidade ou legalidade das normas jurídicas referidas no artigo 281.º da Constituição da República.

"O Tribunal Constitucional aprecia e declara com força obrigatória geral: a inconstitucionalidade de quaisquer normas; a ilegalidade de quaisquer normas constantes de acto legislativo com fundamento em violação de lei com valor reforçado; a ilegalidade de quaisquer normas constantes de diploma regional, com fundamento em violação do estatuto da região autónoma; a ilegalidade de quaisquer normas constantes de diploma emanado dos órgãos de soberania com fundamento em violação dos direitos de uma região consagrados no seu estatuto", no pedido, devem especificar-se, "além das normas cuja apreciação se requer, as normas ou princípios constitucionais violados". Neste processo, "o Tribunal só pode declarar a inconstitucionalidade ou a ilegalidade de normas cuja apreciação tenha sido requerida, mas pode fazê-lo com fundamento na violação de normas ou princípios constitucionais diversos daqueles cuja violação foi invocada". "Admitido o pedido, o presidente notifica o órgão de que tiver emanado a norma impugnada para, querendo, se pronunciar sobre ele no prazo de 30 dias, ou tratando-se de fiscalização preventiva, de 3 dias".

– o processo de fiscalização preventiva (v. artigos 57.º a 61.º, L. T. C.): é o "processo que subjaz aos pedidos de apreciação da inconstitucionalidade a que se referem as normas contidas nos n.ᵒˢ 1, 2 e 4 do artigo 278.º da Constituição". Nos termos destas, "o Presidente da República pode requerer ao Tribunal Constitucional a apreciação preventiva da constitucionalidade de qualquer norma constante de tratado internacional que lhe tenha sido submetido para ratificação, de decreto que lhe tenha sido enviado para promulgação como lei ou como decreto-lei, ou de acordo internacional cujo decreto de aprovação lhe tenha sido remetido para assinatura (n.º 1). Os representantes da República podem igualmente requerer ao Tribunal Constitucional a apreciação preventiva da constitucionalidade de qualquer norma constante de decreto legislativo regional [...]" (n.º 2). "Podem requerer ao Tribunal Constitucional a apreciação preventiva da constitucionalidade de qualquer norma constante de decreto que tenha sido enviado ao Presidente da República como lei orgânica, além deste, o Primeiro-Ministro ou um quinto dos deputados à Assembleia da República em efectividade de funções" (n.º 4). Depois de distribuído, o processo (v. artigo 58.º L. T. C.), "é imediatamente concluso ao relator a fim de, no prazo de 5 dias, elaborar um memorando contendo o enunciado das questões sobre que o tribunal deverá pronunciar-se e da solução que para elas propõe, com indicação sumária dos respectivos fundamentos". "Com a entrega ao presidente da cópia do memorando é-lhe concluso o respectivo processo para o inscrever na ordem do dia da sessão plenária a realizar no prazo de 10 dias a contar do recebimento do pedido; a decisão não deve ser proferida antes de decorridos dois dias sobre a entrega das cópias do memorando a todos os juízes. Concluída a discussão e tomada a decisão do Tribunal, será o processo concluso ao relator ou, no caso de este ficar vencido, ao juiz que deva substituí-lo para elaboração do acórdão, no prazo de 7 dias, e sua subsequente assinatura". Os prazos anteriormente referidos "são encurtados pelo Presidente do Tribunal quando o Presidente da República haja usado a faculdade que lhe é conferida pelo n.º 8 do artigo 278.º da Constituição". "A decisão em que o Tribunal Constitucional se pronuncie pela inconstitucionalidade em processo de fiscalização preventiva tem os efeitos previstos no artigo 279.º da Constituição", nos termos do qual, "se o Tribunal Constitucional se pronunciar pela inconstitucionalidade de norma constante de qualquer decreto ou acordo internacional, deverá o diploma ser vetado pelo Presidente da República ou pelo Representante da República, conforme os casos, e devolvido ao órgão que o tiver aprovado". Neste caso, "o decreto não poderá ser promulgado ou assinado sem que o órgão que o tiver aprovado expurgue a norma julgada inconstitucional ou, quando for caso disso, o confirme por maioria de dois terços dos Deputados presentes [...]"; "se o diploma vier a ser reformulado, poderá o Presidente da República ou o Representante da República requerer a apreciação preventiva da constitucionalidade de qualquer das suas normas".

– o processo de fiscalização da inconstitucionalidade por omissão (v. artigos 67.º e 68.º, L. T. C.), que corresponde ao "processo do não cumprimento da Constituição por omissão das medidas legislativas necessárias para tornar exequíveis as normas constitucionais". "A decisão em que o Tribunal Constitucional verifique a existência de inconstitucionalidade por omissão tem o efeito previsto no n.º 2 do artigo 283.º da Constituição da República Portuguesa". Nos termos deste artigo, "a requerimento do Presidente da República, do Provedor de Justiça ou, com fundamento em violação de direitos das regiões autónomas, dos presidentes das Assembleias Legislativas das regiões autónomas, o Tribunal Constitucional aprecia e verifica o não cumprimento da Constituição por omissão das medidas legislativas necessárias para tornar exequíveis as normas constitucionais" (n.º 1). "Quando o Tribunal Constitucional verificar a existência de inconstitucionalidade por omissão, dará disso conhecimento ao órgão legislativo competente" (n.º 2).

– o processo de fiscalização concreta da constitucionalidade está regulado nas normas constantes dos artigos 69.º e seguintes da referida Lei. Nos termos destes, pode recorrer-se para o Tribunal Constitucional (artigo 70.º, L. T. C.), das decisões dos tribunais: *a)* que recusem a aplicação de qualquer norma, com fundamento em inconstitucionalidade; *b)* que apliquem norma cuja inconstitucionalidade haja sido suscitada durante o processo; *c)* que recusem aplicação de norma constante de acto legislativo, com fundamento na sua ilegalidade por violação de lei com valor reforçado; *d)* que recusem aplicação de norma constante de diploma regional, com fundamento na sua ilegalidade, por violação do estatuto da região autónoma ou de lei geral da República; *e)* que recusem a aplicação de norma emanada de um órgão de soberania, com fundamento na sua ilegalidade por violação do estatuto de uma região autónoma; *f)* que apliquem norma cuja ilegalidade haja sido suscitada durante o processo com qualquer dos fundamentos referidos nas alíneas *c)*, *d)* e *e)*; *g)* que apliquem norma já anteriormente julgada inconstitucional pelo próprio Tribunal Constitucional; *h)* que apliquem norma já anteriormente declarada inconstitucional pelo próprio Comissão Constitucional, nos precisos termos em que seja requerido a sua apreciação ao Tribunal Constitucional; *i)* que recusem a aplicação de norma constante de acto legislativo, com fundamento na sua contrariedade com uma convenção internacional, ou a apliquem em desconformidade com o anteriormente decidido sobre a questão pelo Tribunal Constitucional.

Os recursos de decisões judiciais para o Tribunal Constitucional são restritos à questão da inconstitucionalidade ou da ilegalidade suscitada (artigo 71.º).

Nos termos do artigo 72.º, "podem recorrer para o Tribunal Constitucional: *a)* O Ministério Público; *b)* as pessoas que, de acordo com a lei reguladora do processo em que a decisão foi proferida, tenham legitimidade para dela interpor recurso. "O prazo de interposição de recurso para o Tribunal Constitucional é de 10 dias e interrompe os prazos para a interposição de outros que porventura caibam da decisão, os quais só podem ser interpostos depois de cessada a interrupção" – artigo 75.º.

"1. O recurso para o Tribunal Constitucional interpõe-se por meio de requerimento, no qual se indica a alínea do n.º 1 do artigo 70.º ao abrigo da qual o recurso é interposto e a norma cuja inconstitucionalidade ou ilegalidade se pretende que o Tribunal aprecie. 2. Sendo o recurso interposto ao abrigo das alíneas *b)* e *f)* do n.º 1 do artigo 70.º, do requerimento deve constar a indicação da norma ou princípio constitucional ou legal que se considera violado, bem como da peça processual em que o recorrente suscitou a questão da inconstitucionalidade ou ilegalidade [...] 5. Se o requerimento [...] não indicar algum dos elementos previstos no presente artigo, o juiz convidará o requerente a prestar essa indicação no prazo de 10 dias" – cfr. artigo 75.º-A, L. T. C..

O Decreto-Lei n.º 545/99, de 14 de Dezembro regula a orgânica e funcionamento dos serviços do Tribunal Constitucional.

O Decreto-Lei n.º 91/2008, de 2 de Junho altera o Decreto-Lei n.º 303/98, de 7 de Outubro, que regula o regime de custas no Tribunal Constitucional.

V. *Tribunal; Juiz; Diário da República; Norma jurídica; Cargo político; Competência; Inconstitucionalidade; Ilegalidade; Órgão de soberania; Tratado; Lei; Decreto-Lei; Decreto legislativo regional; Juiz relator; Juiz presidente; Recurso; Interposição de recurso; Ministério Público; Legitimidade; Prazo; Requerimento; Custas.*

Tribunal da Relação (Proc. Penal) – Tribunal de 2.ª instância que exerce a sua jurisdição na área de um distrito judicial, em cada distrito judicial, podendo haver um ou mais tribunais da Relação.

Nos tribunais da Relação da sede do distrito judicial, o Ministério Público é representado pelos procuradores-gerais distritais, e, nos restantes, pelos procuradores-gerais adjuntos.

O quadro de juízes dos tribunais da Relação é fixado por decreto-lei e os juízes do quadro do tribunal elegem, de entre si, e por escrutínio secreto, o presidente do tribunal.

Os tribunais da Relação compreendem secções em matéria cível, em matéria penal e em matéria social, e funcionam sob a direcção de um presidente, em plenário e por secções – artigo 12.º, C. P. P..

Em matéria penal, o plenário das Relações tem a competência que lhe é atribuída por lei.

Compete aos presidentes das Relações:
a) conhecer dos conflitos de competência entre secções;
b) exercer as demais funções conferidas por lei.

Compete às secções criminais:
a) julgar processos por crimes cometidos por juízes de direito, procuradores da República e procuradores adjuntos;
b) julgar recursos; julgar os processos judiciais de extradição;
d) julgar os processos de revisão e confirmação de sentença penal estrangeira;
e) julgar, por intermédio do relator, os termos dos recursos que lhe estejam cometidos pela lei de processo;
f) praticar, nos termos da lei de processo, os actos jurisdicionais relativos ao inquérito, dirigir a instrução criminal, presidir ao debate instrutório e proferir despacho de pronúncia ou não pronúncia nos processos referidos na alínea *a)*;
g) exercer as demais atribuições conferidas por lei.

Compete, por seu turno, aos presidentes das secções criminais conhecer dos conflitos de competência entre tribunais de 1.ª instância do respectivo distrito judicial e exercer as demais atribuições conferidas por lei.

Compete a cada juiz das secções criminais das Relações, em matéria penal, praticar os actos jurisdicionais relativos ao inquérito, dirigir a instrução, presidir ao debate instrutório e proferir despacho de pronúncia ou de não pronúncia relativos a processos por crimes cometidos por juízes de direito, procuradores da República e procuradores adjuntos.

V. os artigos 47.º a 61.º da Lei de Organização e Funcionamento dos Tribunais Judiciais – Lei n.º 3/99, de 13 de Janeiro, rectificada pela Declaração de rectificação n.º 7/99, de 16 de Fevereiro, e alterada pela Lei n.º 101/99, de 26 de Julho, pelos Decretos-Leis n.ºs 323/2001, de 17 de Dezembro, e 38/2003, de 8 de Março – este rectificado pela Declaração de rectificação n.º 5-C/2003, de 30 de Abril –, pela Lei n.º 105/2003, de 10 de Dezembro, pelo Decreto-Lei n.º 53/2004, de 18 de Março, pela Lei n.º 42/2005, de 29 de Agosto, e pelo Decreto-Lei n.º 76-A/2006, de 29 de Março, rectificado este pela Declaração de rectificação n.º 28-A/2006, de 26 de Maio.

V. o Acórdão do Tribunal Constitucional n.º 80/01, publicado no *Diário da República*, I-A série, de 16 de Março de 2001, que decidiu: "Declara inconstitucional, com força obrigatória geral, por violação do n.º 1 do artigo 32.º da Constituição, a norma que resulta das disposições conjugadas constantes dos artigos 33.º, n.º 1, 427.º, 428.º, n.º 2, e 432.º, alínea *d*), todos do Código de Processo Penal, quando interpretadas no sentido de que, em recurso interposto de acórdão final proferido pelo tribunal colectivo de 1.ª instância pelo arguido e para o Supremo Tribunal de Justiça, muito embora nele também se intente reapreciar a matéria de facto, aquele tribunal de recurso não pode determinar a remessa do processo ao Tribunal da Relação".

V. *Tribunal; Distrito judicial; Ministério Público; Juiz; Procurador-geral distrital; Procurador-geral adjunto; Tribunal colectivo; Crime; Crimes contra o património; Crimes eleitorais; Procurador da República; Procurador-adjunto; Processo de extradição; Confirmação de sentença estrangeira; Sentença penal estrangeira; Conflito de competência; Inquérito; Instrução; Debate Instrutório; Despacho de pronúncia; Despacho de não-pronúncia; Arguido; Recurso; Acórdão; Tribunal de primeira instância; Supremo Tribunal de Justiça; Matéria de facto.*

Tribunal de círculo (Org. Judiciária) – Tribunal pertencente a uma área territorial que abrange uma ou várias comarcas.

V. *Tribunal; Círculo judicial; Comarca; Tribunal de comarca.*

Tribunal de comarca (Org. Judiciária) – São, em regra, os tribunais de 1.ª instância. A área de competência dos tribunais de 1.ª instância é a comarca.

Nos tribunais de comarca, os juízos podem ser de competência genérica, especializada ou específica.

Os tribunais de comarca podem ainda desdobrar-se em varas, com competência específica, quando o volume e a complexidade do serviço o justifiquem.

V. *Tribunal; Tribunal de primeira instância; Competência; Comarca; Juízo (criminal); Vara criminal; Tribunal de competência genérica; Tribunal de competência especializada; Tribunal de competência específica.*

Tribunal de competência especializada (Org. Judiciária) – Nos termos do artigo 78.º da Lei Orgânica dos Tribunais Judiciais (Lei n.º 3/99, de 13 de Janeiro (rectificada pela Declaração de rectificação n.º 7/99, de 16 de Fevereiro), alterada pela Lei n.º 101/99, de 26 de Julho, pelos Decretos-Leis n.ºˢ 323/2001, de 17 de Dezembro e 38/2003, de 8 de Março – este rectificado pela Declaração de rectificação n.º 5-C/2003, de 30 de Abril –, pela Lei n.º 105/2003, de 10 de Dezembro, pelo Decreto-Lei n.º 53/2004, de 18 de Março, pela Lei n.º 42/2005, de 29 de Agosto, e pelo Decreto-Lei n.º 76-A/2006, de 29 de Março, rectificado este pela Declaração de rectificação n.º 28-A/2006, de 26 de Maio), podem "ser criados os tribunais de competência especializada: de instrução criminal; de família e de menores; de trabalho; de comércio; marítimos e de execução das penas".

V. *Tribunal; Tribunal de Instrução Criminal; Tribunal de Execução de Penas.*

Tribunal de competência específica (Org. Judiciária) – São as varas e os juízos criados para o julgamento de determinadas matérias, nomeadamente varas cíveis e varas criminais, juízos cíveis e juízos criminais, juízos de pequena instância cível e juízos de pequena instância criminal.

Em alguns casos especificados, podem ser criadas varas com competência mista, cível e criminal.

V. artigo 96.º e seguintes da Lei n.º 3/99, de 13 de Janeiro, rectificada pela Declaração de rectificação n.º 7/99, de 16 de Fevereiro, e alterada pela Lei n.º 101/99, de 26 de Julho, pelos Decretos-Leis n.ºˢ 323/2001, de 17 de Dezembro e 38/2003, de 8 de Março – este rectificado pela Declaração de rectificação n.º 5-C/2003, de 30 de Abril –, pela Lei n.º 105/2003, de 10 de Dezembro, pelo Decreto-Lei n.º 53/2004, de 18 de Março, pela Lei n.º 42/2005, de 29 de Agosto, e pelo Decreto-Lei n.º 76-A/2006, de 29 de Março, este rectificado pela Declaração de rectificação n.º 28-A/2006,

de 26 de Maio – Lei da Organização e Funcionamento dos Tribunais Judiciais.
V. *Tribunal; Juízo (criminal); Vara criminal; Juízo de pequena instância criminal; Julgamento.*

Tribunal de competência genérica (Org. Judiciária) – São tribunais aos quais compete:
a) preparar e julgar os processos relativos a causas não atribuídas a outro tribunal;
b) proceder à instrução criminal, decidir quanto à pronúncia e exercer as funções jurisdicionais relativas ao inquérito, onde não houver tribunal ou juiz de instrução criminal;
c) julgar alguns dos recursos das decisões das autoridades administrativas em processos de contra-ordenação e exercer as demais competências estabelecidas na lei.
V. artigo 77.º da Lei de Organização e Funcionamento dos Tribunais Judiciais – Lei n.º 3/99, de 13 de Janeiro (rectificada pela Declaração de rectificação n.º 7/99, de 16 de Fevereiro), alterada pela Lei n.º 101/99, de 26 de Julho, pelos Decretos-Leis n.ºˢ 323/2001, de 17 de Dezembro e 38/2003, de 8 de Março – este rectificado pela Declaração de rectificação n.º 5-C/2003, de 30 de Abril –, pela Lei n.º 105/2003, de 10 de Dezembro, pelo Decreto-Lei n.º 53/2004, de 18 de Março, pela Lei n.º 42/2005, de 29 de Agosto, e pelo Decreto-Lei n.º 76-A/2006, de 29 de Março (rectificado pela Declaração de rectificação n.º 28-A/2006, de 26 de Maio).
V. *Tribunal; Processo; Instrução; Pronúncia; Inquérito; Juiz; Juiz de instrução criminal; Tribunal de Instrução Criminal; Recurso; Autoridade administrativa; Contra-ordenação.*

Tribunal de Execução de Penas (Org. Judiciária) – É um tribunal de competência especializada, ao qual compete, nos termos do artigo 91.º da Lei n.º 3/99, de 13 de Janeiro (rectificada pela Declaração de rectificação n.º 7/99, de 16 de Fevereiro), alterada pela Lei n.º 101/99, de 26 de Julho, pelos Decretos-Leis n.ºˢ 323/2001, de 17 de Dezembro e 38/2003, de 8 de Março – este rectificado pela Declaração de rectificação n.º 5-C/2003, de 30 de Abril –, pela Lei n.º 105/2003, de 10 de Dezembro, pelo Decreto-Lei n.º 53/2004, de 18 de Março, e pela Lei n.º 42/2005, de 29 de Agosto, exercer jurisdição em matéria de execução da pena de prisão, de pena relativamente indeterminada e de medida de segurança de internamento de inimputáveis; competindo-lhe, ainda, especialmente:
– conceder a liberdade condicional e decidir sobre a sua revogação;
– decidir o internamento ou a suspensão da execução da pena de prisão de imputáveis portadores de anomalia psíquica sobrevinda;
– decidir sobre a modificação da pena de prisão relativamente aos condenados que padeçam de doença grave e irreversível;
– rever, prorrogar e reexaminar a medida de segurança de internamento de inimputáveis;
– conceder a liberdade para prova;
– homologar o plano individual de readaptação do condenado;
– proferir o despacho de declaração de contumácia;
– declarar a extinção da execução da pena de prisão, da pena relativamente indeterminada e da medida de segurança de internamento;
– decidir sobre a prestação de trabalho a favor da comunidade;
– decidir sobre o cancelamento provisório no registo criminal de factos ou decisões nele transcritos;
– emitir parecer sobre a concessão e decidir sobre a revogação do indulto, bem como fazer a sua aplicação e aplicar a amnistia e o perdão genérico.
O Decreto-Lei n.º 783/76, de 29 de Outubro, alterado pelos Decretos-Leis n.º 222/77, de 30 de Maio, 204/78, de 24 de Julho, e pela Lei n.º 59/98, de 2 de Agosto, estabelecem a orgânica do Tribunal de Execução de Penas.
V. *Tribunal; Pena; Tribunal de competência especializada; Pena de prisão; Pena relativamente indeterminada; Medida de segurança; Internamento; Imputabilidade; Liberdade condicional; Anomalia psíquica; Suspensão da execução da pena de prisão; Liberdade para prova; Plano de readaptação; Homologação; Contumácia; Extinção da pena; Prestação de trabalho a favor da comunidade; Registo criminal; Indulto; Amnistia; Perdão genérico.*

Tribunal de Instrução Criminal (Org. Judiciária) – De acordo com o artigo 79.º da Lei de Organização e Funcionamento dos Tribunais Judiciais – Lei n.º 3/99, de 13 de Janeiro, rectificada pela Declaração de rectificação n.º 7/99, de 16 de Fevereiro, e alterada pela Lei n.º 101/99, de 26 de Julho, pelos Decretos-Leis n.ºs 323/2001, de 17 de Dezembro, e 38/2003, de 8 de Março (este rectificado pela Declaração de rectificação n.º 5-C/2003, de 30 de Abril), pela Lei n.º 105/2003, de 10 de Dezembro, pelo Decreto-Lei n.º 53/2004, de 18 de Março, pela Lei n.º 42/2005, de 29 de Agosto, e pelo Decreto-Lei n.º 76-A/2006, de 29 de Março (o último rectificado pela Declaração de rectificação n.º 28-A/2006, de 26 de Maio) –, compete a este tribunal proceder à instrução criminal, decidir quanto à pronúncia e exercer as funções jurisdicionais relativas ao inquérito.

Quando o interesse ou a urgência da investigação o justifique, os juízes de instrução criminal em exercício de funções podem intervir em processos que lhes estejam afectos, fora da sua área territorial de competência.

Nas comarcas, em que o movimento processual o justifique e sejam criados Departamentos de Investigação e Acção Penal (DIAP), serão também criados tribunais de instrução criminal com competência circunscrita à área da comarca ou comarca abrangidas.

V. artigo 80.º – casos especiais de competência.

V. *Instrução; Pronúncia; Inquérito; Juiz; Processo; Competência; Tribunal de comarca; Departamento de Investigação e Acção Penal (DIAP)*.

Tribunal de júri (Proc. Penal) – V. *Júri*.

Tribunal de menores (Org. Judiciária) – Tribunal ao qual compete "decretar medidas relativamente a menores que, tendo completado 12 anos e antes de perfazerem dezasseis anos, se encontrem em determinadas situações", previstas no artigo 83.º da Lei de Organização e Funcionamento dos Tribunais Judiciais – Lei n.º 3/99, de 13 de Janeiro – rectificada pela Declaração de rectificação n.º 7/99, de 16 de Fevereiro –, alterada pela Lei n.º 101/99, de 26 de Julho, pelos Decretos-Leis n.ºs 323/2001, de 17 de Dezembro, e 38/2003, de 8 de Março (este rectificado pela Declaração de rectificação n.º 5-C/2003, de 30 de Abril), pela Lei n.º 105/2003, de 10 de Dezembro, pelo Decreto-Lei n.º 53/2004, de 18 de Março, pela Lei n.º 42/2005, de 29 de Agosto, e pelo Decreto-Lei n.º 76-A/2006, de 29 de Março (este rectificado pela Declaração de rectificação n.º 28-A/2006, de 26 de Maio) –, nomeadamente:

"*a)* mostrem dificuldade séria de adaptação a uma vida social normal, pela sua situação, comportamento ou tendência que hajam revelado;

b) se entreguem à mendicidade, vadiagem, prostituição, libertinagem, abuso de bebidas alcoólicas ou uso ilícito de drogas;

c) sejam agentes de algum facto qualificado pela lei penal como crime, contravenção ou contra-ordenação".

A competência dos tribunais de menores "é extensiva a menores com idade inferior a 12 anos quando os pais ou o representante legal não aceitem a intervenção tutelar ou reeducativa de instituições oficiais ou oficializadas não judiciárias".

Os tribunais de menores são ainda competentes para: decretar medidas relativamente a menores que sejam vítimas de maus-tratos, de abandono ou de desamparo ou se encontrem em situações susceptíveis de porem em perigo a sua saúde, segurança, educação ou moralidade; decretar medidas relativamente a menores que, tendo atingido os 14 anos, se mostrem gravemente inadaptados à disciplina da família, do trabalho ou do estabelecimento de educação e assistência em que se encontrem internados; decretar medidas relativas a menores que se entreguem à mendicidade, vadiagem, prostituição, libertinagem, abuso de bebidas alcoólicas ou uso de drogas, quando tais actividades não constituírem nem estiverem conexionadas com infracções criminais; apreciar e decidir pedidos de protecção de menores contra o exercício abusivo de autoridade na família ou nas instituições a que estejam entregues.

O tribunal de menores funciona, em regra, com um só juiz.

V. *Tribunal; Menor; Tribunal de competência especializada; Ilicitude; Estupefaciente;*

Juiz; Crime; Contravenção; Contra-ordenação; Competência; Representação; Medidas tutelares educativas; Medidas disciplinares; Tribunal singular.

Tribunal de primeira instância (Org. Judiciária) – É, em regra, o tribunal de comarca.

Quando o "volume ou a natureza do serviço o justificarem, podem existir na mesma comarca vários tribunais".

Pode haver tribunais de 1.ª instância de competência especializada – que conhecem de matérias determinadas, independentemente da forma de processo aplicável – e de competência específica – que conhecem de matérias determinadas pela espécie de acção ou pela forma de processo aplicável, conhecendo ainda de recursos das decisões das autoridades administrativas em processo de contra-ordenação.

V. artigo 62.º, 63.º e 64.º da Lei Orgânica dos Tribunais Judiciais (Lei n.º 3/99, de 13 de Janeiro, rectificada pela Declaração de rectificação n.º 7/99, de 16 de Fevereiro, e alterada pela Lei n.º 101/99, de 26 de Julho, pelos Decretos-Leis n.ºs 323/2001, de 17 de Dezembro, e 38/2003, de 8 de Março – este rectificado pela Declaração de rectificação n.º 5-C/2003, de 30 de Abril –, pela Lei n.º 105/2003, de 10 de Dezembro, pelo Decreto-Lei n.º 53/2004, de 18 de Março, pela Lei n.º 42/2005, de 29 de Agosto, e pelo Decreto-Lei n.º 76-A/2006, de 29 de Março – rectificado este pela Declaração de rectificação n.º 28-A/2006, de 26 de Maio).

V. *Tribunal; Comarca; Tribunal de comarca; Tribunal de competência especializada; Forma de processo; Tribunal de competência específica; Recurso; Autoridade administrativa; Contra-ordenação.*

Tribunal judicial (Org. Judiciária) – Define o artigo 1.º da Lei de Organização e Funcionamento dos Tribunais Judiciais (Lei n.º 3/99, de 13 de Janeiro, rectificada pela Declaração de rectificação n.º 7/99, de 16 de Fevereiro, e alterada pela Lei n.º 101/99, de 26 de Julho, pelos Decretos--Leis n.ºs 323/2001, de 17 de Dezembro, e 38/2003, de 8 de Março – este último rectificado pela Declaração de rectificação n.º 5-C/2003, de 30 de Abril –, pela Lei n.º 105/2003, de 10 de Dezembro, pelo Decreto-Lei n.º 53/2004, de 18 de Março, pela Lei n.º 42/2005, de 29 de Agosto, e pelo Decreto-Lei n.º 76-A/2006, de 29 de Março, este último rectificado pela Declaração de rectificação n.º 28-A/2006, de 26 de Maio) os tribunais judiciais como "órgãos de soberania com competência para administrar a justiça em nome do povo".

Em conformidade com a regra constitucional do n.º 1 do artigo 211.º da Constituição da República, que estabelece que "os tribunais judiciais são os tribunais comuns em matéria cível e criminal e exercem jurisdição em todas as áreas não atribuídas a outras ordens judiciais", o artigo 18.º da já citada Lei preceitua que "são da competência dos tribunais judiciais as causas que não sejam atribuídas a outra ordem jurisdicional".

"Os tribunais judiciais são independentes, estando apenas sujeitos à lei", sendo a sua independência garantida "pela existência de um órgão privativo de gestão e disciplina da magistratura judicial, pela inamovibilidade dos respectivos juízes e pela sua não sujeição a quaisquer ordens ou instruções, salvo o dever de acatamento das decisões proferidas em via de recurso pelos tribunais superiores" (artigos 3.º e 4.º da Lei n.º 3/99).

V. *Magistratura judicial; Independência; Inamovibilidade dos magistrados; Conselho Superior da Magistratura; Recurso.*

Tribunal militar (Org. Judiciária) – Tribunal cuja existência é admitida pela Constituição da República para o julgamento de crimes de natureza estritamente militar num cenário de guerra.

A Constituição da República Portuguesa distingue dois cenários: guerra e paz.

Para o primeiro, continua a admitir-se a existência de tribunais militares, sendo essa a única excepção à regra da proibição de tribunais com competência exclusiva para o julgamento de certas categorias de crimes – artigo 209.º, n.º 4, da Constituição; aliás, nesta circunstância, a Constituição impõe a criação destes tribunais: "[...] durante a vigência do estado de guerra serão constituídos tribunais militares [...]" (artigo 213.º da Constituição).

A exacta configuração destes órgãos jurisdicionais fica dependente de densificação legislativa, mas ficam sujeitos aos princípios gerais dos artigos 202.º e seguintes da Constituição – os tribunais são os órgãos de soberania com competência para administrar a justiça em nome do povo; na administração da justiça incumbe aos tribunais assegurar a defesa dos direitos e interesses legalmente protegidos dos cidadãos, reprimir a violação da legalidade democrática e dirimir os conflitos de interesses públicos e privados; no exercício das suas funções os tribunais têm direito à coadjuvação das outras autoridades.

Estes tribunais só têm competência para o julgamento de crimes estritamente militares, não lhes cabendo qualquer competência no âmbito do direito disciplinar ou de julgamento de outros ilícitos penais.

V. *Crime estritamente militar; Tribunal; Competência; Julgamento; Ilicitude; Código de Justiça Militar; Constituição da República Portuguesa.*

Tribunal Penal Internacional (TPI)
(Org. Judiciária) – Instância internacional destinada a perseguir e a julgar criminalmente os autores dos crimes mais graves perpetrados na comunidade internacional.

O Estatuto do Tribunal Penal Internacional foi concluído em Roma, em 17 de Julho de 1998, tendo sido aprovado pela Resolução da Assembleia da República n.º 3/2002, de 18 de Janeiro, ratificado pelo Decreto do Presidente da República n.º 2/2002, da mesma data, tendo o instrumento de ratificação por parte de Portugal sido depositado em 5 de Fevereiro de 2002, e estando aquele em vigor para Portugal desde 1 de Julho de 2002.

O TPI foi estabelecido e aprovado por tratado por vários Estados de todo o Mundo, o que lhe confere a característica de instrumento de justiça global.

O direito aplicável é o próprio Estatuto e o respectivo Regulamento Processual, sendo ambos instrumentos de direito internacional, naquele se inscrevendo, no que se refere ao direito substantivo, os tipos de crime sobre os quais o tribunal pode exercer a sua jurisdição.

O Tribunal aplica, ainda, os Tratados e os princípios e normas de direito internacional aplicáveis, incluindo os princípios estabelecidos no direito internacional dos conflitos armados e, na sua falta, os princípios gerais do Direito que o Tribunal retire do direito interno dos diferentes sistemas jurídicos existentes, bem como, se for o caso, o direito interno dos Estados que exerceriam normalmente a sua jurisdição relativamente ao crime, sempre que esses princípios não sejam incompatíveis com o seu próprio Estatuto, com o direito internacional, nem com as normas e padrões internacionalmente reconhecidos.

A composição do tribunal reflecte, também, essa projecção internacional, sendo os magistrados eleitos pela Assembleia de Estados Partes, por escrutínio secreto, de entre pessoas de elevados padrões morais, de imparcialidade e integridade reconhecidas, com as qualificações requeridas nos respectivos países para o desempenho das mais altas funções judiciárias, devendo assegurar-se, na composição do tribunal, a representação dos principais sistemas jurídicos do mundo, uma representação geográfica equitativa e uma representação equitativa entre homens e mulheres.

O Procurador, a quem são exigidas qualificações idênticas às dos juízes, é eleito pela Assembleia dos Estados Partes, por maioria absoluta dos votos, tendo este magistrado um conteúdo funcional equivalente ao que assiste ao Ministério Público na área penal em Portugal, estando-lhe atribuída competência para instauração do inquérito *ex officio* e sua direcção, a dedução da acusação e sustentação desta em julgamento; encontra-se vinculado ao dever de investigar, e tem um especial dever de protecção das vítimas e testemunhas.

Quanto aos arguidos, a competência exerce-se apenas sobre pessoas singulares, não tendo sido consagrada a possibilidade de poderem ser responsabilizadas criminalmente pessoas colectivas.

Com a criação do TPI, os Estados partes e os que aceitam a sua jurisdição limitam-se na sua soberania, consentindo que o Tribunal exerça jurisdição sobre os crimes para que tem competência, conduzindo a uma redefinição do próprio conceito de soberania e do poder jurisdicional dos Estados; apresenta-se como uma organização internacional permanente, obrigatória e complementar das jurisdições nacionais.

A prisão perpétua está incluída no elenco das penas aplicáveis previstas no Estatuto; no entanto, apenas quando o justifiquem a extrema gravidade do crime e as circunstâncias pessoais do arguido e quando rodeada de mecanismos de revisão automática, com vista à sua eventual redução.

A Lei n.º 102/2001, de 25 de Agosto, consagra o regime da cooperação de Portugal com os tribunais penais internacionais para a ex-Jugoslávia e para o Ruanda (tribunais ad hoc criados pelas Resoluções n.ºˢ 827 e 955 do Conselho de Segurança da Organização das Nações Unidas).

V. *Tribunal; Crime; Tratado; Tipicidade; Magistrado; Tribunal; Juiz; Ministério Público; Inquérito; Acusação; Julgamento; Ofendido; Testemunha; Arguido; Pena de prisão; Pessoa singular; Pessoa colectiva; Prisão perpétua.*

Tribunal singular (Org. Judiciária) – Tribunal que é constituído apenas por um juiz.

V. *Tribunal; Juiz; Juiz singular; Tribunal colectivo.*

Tumultos (Dir. Penal) – Crime previsto no artigo 26.º da Lei n.º 16/2004, de 11 de Maio, que se traduz genericamente na actuação em grupo contra a integridade física de terceiros, no contexto de espectáculo desportivo, causando perigo para a segurança no interior do recinto desportivo.

V. *Crime; Integridade física; Ofensa à integridade física simples.*

Tutela jurisdicional – A todos é assegurado o acesso aos tribunais judiciais para defesa dos seus direitos e interesses legalmente protegidos, não podendo a justiça ser denegada por insuficiência de meios económicos.

V. *Acesso ao direito; Apoio judiciário.*

Tutor – É um dos órgãos – e o mais importante – do regime de tutela.

Quando se trata da tutela de interditos, ela cabe às pessoas referidas no artigo 143.º do Código Civil, e pela ordem que o mesmo artigo estabelece; incumbe especialmente ao tutor do interdito o cuidado pela saúde deste, podendo para esse efeito vender os bens dele, desde que autorizado judicialmente – v. artigos 143.º e segs. do Código Civil. Quando se trate da tutela de menor, o cargo de tutor recairá sobre a pessoa que for designada pelos pais ou pelo tribunal de família.

Não podem ser tutores os menores não emancipados, os interditos e os inabilitados, os dementes notórios, "as pessoas de mau procedimento ou que não tenham modo de vida conhecido", etc. – v. artigo 1933.º do Código Civil.

O tutor de menor tem os mesmos direitos e obrigações dos pais, sendo-lhe, no entanto, proibidos determinados actos e outros só sendo possíveis com autorização do tribunal, nos termos dos artigos 1937.º e 1938.º, Código Civil, ambos com a redacção que lhes foi dada pelo Decreto-Lei n.º 227/94, de 8 de Setembro.

O tutor tem direito a uma remuneração. Pode ser removido ou exonerado nos termos dos artigos 1948.º a 1950.º, Código Civil.

A acção do tutor é fiscalizada pelo conselho de família e especialmente por um dos vogais deste, denominado protutor, que também tem o dever de cooperar com o tutor no exercício das funções deste e o substitui nas suas faltas e impedimentos. O tutor tem de prestar contas finda a tutela, nos termos dos artigos 1020.º e segs., do Código de Processo Civil, com a redacção que lhes foi dada pelo Decreto-Lei n.º 329-A/95, de 12 de Dezembro.

V. artigos 1921.º e segs., e especialmente 1927.º e segs., Código Civil.

V. *Interdição; Menor; Tribunal de menores.*

U

Ubiquidade (Dir. Penal) – V. *Princípio da ubiquidade*.

Ultraje a acto de culto (Dir. Penal) – V. *Ultraje por motivo de crença religiosa*.

Ultraje a símbolos estrangeiros (Dir. Penal) – Crime, previsto no artigo 323.º, C. P., que tem lugar quando alguém, publicamente, por palavras, gestos, divulgação de escrito ou outro meio de comunicação com o público, injuria bandeira oficial ou outro símbolo de soberania de Estado estrangeiro ou de organização internacional de que Portugal seja membro.
V. *Crime; Ultraje a símbolos nacionais e regionais*.

Ultraje de símbolos nacionais e regionais (Dir. Penal) – Crime, previsto no artigo 332.º, C. P., que ocorre quando alguém publicamente, por palavras, gestos, divulgação de escrito, ou por outro meio de comunicação com o público, ultraja a República, a Bandeira ou o Hino Nacionais, as armas ou emblemas da soberania portuguesa, ou falta ao respeito que lhes é devido.
O artigo 332.º, n.º 2, C. P., contém a incriminação dos casos em que os factos referidos são praticados contra as Regiões Autónomas, as bandeiras ou hinos regionais, ou os emblemas da respectiva autonomia.
V. *Crime; Ultraje a símbolos estrangeiros*.

Ultraje por motivo de crença religiosa (Dir. Penal) – Crime, previsto no artigo 251.º, C. P., que ocorre quando alguém publicamente ofende outra pessoa ou dela escarnece, em razão da sua crença ou função religiosa, por forma adequada a perturbar a paz pública.

O artigo 251.º, n.º 2, C. P., consagra a punição de quem profana lugar ou objecto de culto ou de veneração religiosa, por forma adequada a perturbar a paz pública.
V. *Crime*.

União de facto – Desde a redacção dada ao Código Civil pelo Decreto-Lei n.º 496/77, de 25 de Novembro, que aquele atribuía alguma protecção jurídica à situação de duas pessoas que se encontrassem ligadas por uma relação estável e duradoura semelhante à dos cônjuges, não tendo havido entre elas casamento.
Só com a Lei n.º 135/99, de 28 de Agosto, o regime da união de facto veio a obter reconhecimento sistemático e regime próprio razoavelmente unificado. Esta Lei foi entretanto revogada pela Lei n.º 7/2001, de 11 de Maio, que contém o regime de protecção das uniões de facto. Nela se "regula a situação jurídica de duas pessoas, independentemente do sexo, que vivam em união de facto há mais de dois anos", não tendo o diploma a pretensão de esgotar o regime jurídico aplicável a estas, antes expressamente estabelecendo que o seu regime não prejudica "a aplicação de qualquer outra disposição legal ou regulamentar em vigor tendente à protecção jurídica de uniões de facto ou de situações de economia comum".
De acordo com o artigo 9.º da Lei, ficou cometido ao Governo o dever de publicar, "no prazo de 90 dias", "a legislação necessária à sua execução".
Nos termos do artigo 3.º, n.º 3, da Lei da Nacionalidade (Lei n.º 37/81, de 3 de Outubro, alterada pela Lei n.º 25/94, de 19 de Agosto, pelos Decretos-Leis n.os 22-A/2001, de 14 de Dezembro, 194/2003, de 23 de Agosto de 2003, e pelas Leis Orgânicas n.os 1/2004, de 15 de Janeiro, e 2/2006, de

17 de Abril), "o estrangeiro que, à data da declaração, viva em união de facto há mais de três anos com nacional português pode adquirir a nacionalidade portuguesa, após acção de reconhecimento dessa situação a interpor no tribunal cível".

Paralela à situação de união de facto, sistemática e unitariamente regulada na Lei n.º 7/2001, encontra-se a situação daqueles que vivam em economia comum há mais de dois anos, coabitando ou não em união de facto. Esta situação está regulada pela Lei n.º 6/2001, da mesma data e caracteriza-se, nos termos do respectivo artigo 2.º, como "a situação de pessoas que vivam em comunhão de mesa e habitação há mais de dois anos e tenham estabelecido uma vivência em comum de entreajuda ou partilha de recursos", dela se excluindo os agregados em que, pelo menos, um dos membros não seja maior de idade.

V. *Nacionalidade; Menor.*

Unidade de conta (Proc. Penal) – Entende-se por unidade de conta processual (UC) a "quantia em dinheiro equivalente a um quarto da remuneração mínima mensal mais elevada, garantida, no momento da condenação, aos trabalhadores por conta de outrem, arredondada, quando necessário, para a unidade de euros mais próxima ou, se a proximidade for igual, para a unidade de euros imediatamente inferior" – v. artigo 31.º do Decreto-Lei n.º 323/01, de 17 de Dezembro, que altera o artigo 5.º do Decreto-Lei n.º 212/89, de 30 de Junho (diploma que instituiu o Código das Custas Judiciais).

O Decreto-Lei n.º 212/89, de 30 de Junho estabeleceu, no seu artigo 6.º, n.º 1, que "trienalmente e com início em Janeiro de 1992, a UC considera-se automaticamente actualizada [...] a partir de 1 de Janeiro de 1992, devendo para o efeito atender-se sempre à remuneração mínima que, sem arredondamento, tiver vigorado no dia 1 de Outubro de ano anterior".

O Decreto-Lei n.º 238/2005, de 30 de Dezembro, dispõe, no seu artigo 1.º, que "o valor da retribuição mínima mensal a que se refere o n.º 1 do artigo 266.º do Código de Trabalho, aprovado pela Lei n.º 99/2003, de 27 de Agosto, é de 385,90 Euros".

Assim, em face das disposições conjugadas, a partir de 1 de Janeiro de 2007 e para o triénio 2007 a 2009 o valor da Unidade de Conta "UC" será no montante 96 Euros".

Actualmente, de acordo com o artigo 5.º do Regulamento das Custas Processuais (publicado pelo Decreto-Lei n.º 34/2008, de 26 de Fevereiro que revoga o Código das Custas Judiciais), a Unidade de Conta é actualizada anual e automaticamente, de acordo com o indexante dos apoios sociais, devendo atender-se, para o efeito, ao valor de UC respeitante ao ano anterior. O valor correspondente à UC para cada processo fixa-se no momento em que o mesmo se inicia, independentemente do momento em que a taxa deve ser paga.

V. *Custas; Processo.*

Uniformização de jurisprudência (Proc. Penal) – V. *Jurisprudência; Recurso para fixação de jurisprudência; Recurso de decisão proferida contra jurisprudência fixada pelo Supremo Tribunal de Justiça.*

Uso e porte de arma (Dir. Penal) – V. *Arma; Licença de uso e porte de arma; Porte de arma; Uso e porte de arma sob o efeito de álcool e substâncias estupefacientes ou psicotrópicas; Detenção ilegal de arma; Detenção de arma proibida; Detenção de armas e outros dispositivos, produtos ou substâncias em locais proibidos.*

Uso e porte de arma sob o efeito de álcool e substâncias estupefacientes ou psicotrópicas (Dir. Penal) – A Lei n.º 5/2006, de 23 de Fevereiro, que "estabelece o regime jurídico relativo ao fabrico, montagem, reparação, importação, exportação, transferência, armazenamento, circulação, comércio, aquisição, cedência, detenção, manifesto, guarda, segurança, uso e porte de armas, seus componentes e munições, bem como o enquadramento legal das operações de prevenção criminal", contém, no seu artigo 45.º, uma proibição para "a detenção ou o porte de arma sob a influência de álcool ou de outras substâncias estupefacientes ou psicotrópicas, sendo o portador de arma, por ordem de autoridade policial competente, obrigado, sob pena de incorrer em crime de desobediência qualificada, a submeter-se a provas ["exames de pesquisa de álcool no ar expirado, análise de sangue e outros exames médicos adequados"] para a sua detenção".

O artigo 88.º desta Lei prevê o crime de uso e porte de arma sob o efeito de álcool e substâncias estupefacientes ou psicotrópicas, que ocorre quando alguém, pelo menos por negligência, detém, transporta ou usa arma com uma taxa de álcool igual ou superior a 1,2 g/l ou, não estando em condições de o fazer em segurança, por se encontrar sob a influência de substâncias psicotrópicas ou estupefacientes ou de produtos com efeito análogo perturbadores da aptidão física, mental ou psicológica.

A pena prevista é de prisão até um ano ou de multa até 360 dias.

O artigo 90.º determina que, como pena acessória, "pode incorrer na interdição temporária de detenção, uso e porte de arma quem for condenado pela prática de crime previsto na presente lei [designadamente uso e porte de arma sob efeito de álcool e substâncias psicotrópicas] ou pela prática, a título doloso ou negligente, de crime em cuja preparação ou execução tenha sido relevante a utilização ou disponibilidade sobre a arma"; "o período de interdição tem o limite mínimo de um ano e o máximo igual ao limite superior da moldura penal do crime [...]"; "a interdição implica a proibição de detenção, uso e porte de armas, designadamente para efeitos pessoais, funcionais ou laborais, desportivos, venatórios ou outros, bem como de concessão ou renovação de licença, cartão europeu de arma de fogo [...], devendo o condenado fazer entrega da ou das armas, licenças e demais documentação no posto ou unidade policial da área da sua residência no prazo de 15 dias contados do trânsito em julgado"; "a interdição é decretada independentemente de o condenado gozar de isenção ou dispensa de licença ou licença especial".

O artigo 97.º qualifica como contra-ordenação, entre outras condutas, o uso ou porte de reproduções de arma, de arma de fogo, arma de alarme ou outras ainda, fora dos casos em que tal é permitido, cominando tal comportamento com uma coima de € 600 a € 6 000; e o artigo 98.º dispõe que, "quem, sendo titular de licença, detiver, usar ou for portador, transportar armas fora das condições previstas [...] [na lei] é punido com um coima de € 500 a € 5 000"

V. *Crime; Arma; Porte de arma; Licença de uso e porte de arma; Estupefaciente; Alcoólico; Substância psicotrópica; Detenção ilegal de arma; Detenção de arma proibida; Detenção de armas e outros dispositivos, produtos ou substâncias em locais proibidos; Desobediência; Qualificação; Pena de prisão; Pena de multa; Pena acessória; Dolo; Negligência; Actos preparatórios; Actos de execução; Sentença condenatória; Contra-ordenação; Coima; Documento; Prazo; Trânsito em julgado; Residência.*

Usura (Dir. Penal) – Crime, previsto no artigo 226.º, C. P., que tem lugar quando alguém, com intenção de alcançar benefício patrimonial, para si ou para outra pessoa, explorando situação de necessidade, anomalia psíquica, incapacidade, inépcia, inexperiência ou fraqueza de carácter do devedor, ou relação de dependência deste, faz com que ele se obrigue a conceder ou a prometer, sob qualquer forma, a seu favor ou a favor de outra pessoa, vantagem pecuniária que for, segundo as circunstâncias do caso, manifestamente desproporcionada à contraprestação.

O artigo 226.º, n.º 4, C. P., consagra agravações para os casos em que o agente faz da usura modo de vida, dissimula vantagem pecuniária ilegítima exigindo letra ou simulando contrato, ou provoca conscientemente, por meio de usura, a ruína patrimonial da vítima.

Haverá lugar à atenuação especial da pena quando o agente, até ao início da audiência de julgamento em 1.ª instância, renunciar à entrega da vantagem pecuniária pretendida, entregar o excesso pecuniário recebido, "acrescido da taxa legal desde o dia do recebimento", ou modificar o negócio de acordo com a outra parte, em harmonia com as regras da boa fé.

V. *Crime; Anomalia psíquica; Agravação; Atenuação especial da pena; Audiência de discussão e julgamento; Tribunal de primeira instância; Usura para jogo; Património; Ofendido; Agente.*

Usura para jogo (Dir. Penal) – Crime, previsto no artigo 114.º do Decreto-Lei n.º 422/89, de 2 de Dezembro, que se traduz na facultação a outrem de dinheiro ou qualquer outro meio para jogo, com intenção de obter benefício patrimonial.
V. Crime; Usura; Jogos de fortuna ou azar.

Usurpação (Dir. Penal) – Crime previsto no artigo 195.º do Código dos Direitos de Autor e dos Direitos Conexos – Decreto-Lei n.º 63/85, de 14 de Março, alterado pelas Leis n.ºˢ 45/85, de 17 de Setembro, e 114/91, de 3 de Setembro e pelos Decretos-Leis n.ºˢ 332/97, 333/97 e 334/97, todos de 27 de Novembro, e pela Lei n.º 50/2004, de 24 de Agosto – transpondo esta última a Directiva n.º 2001/29/CE, do Parlamento Europeu e do Conselho, de 22 de Maio –, que se traduz na utilização de uma obra sem autorização do respectivo autor.
V. Crime.

Usurpação de autoridade pública portuguesa (Dir. Penal) – Crime, previsto no artigo 320.º, C. P., que ocorre quando alguém, em território português, com usurpação de funções, exerce, a favor de Estado estrangeiro ou de agente deste, acto privativo de autoridade portuguesa.
V. Crime; Usurpação de funções.

Usurpação de coisa imóvel (Dir. Penal) – Crime, previsto no artigo 215.º, C. P., que se verifica quando alguém, por meio de violência ou ameaça grave, invade ou ocupa coisa imóvel alheia, com intenção de exercer direito de propriedade, posse, uso ou servidão não tutelados por lei, sentença ou acto administrativo.
É igualmente punido quem, pelos mesmos meios, desviar ou represar águas, sem que a isso tenha direito, com intenção de alcançar, para si ou para outra pessoa, benefício ilegítimo.
V. Crime; Ameaça; Coisa imóvel; Propriedade; Sentença.

Usurpação de denominação de origem ou de indicação geográfica (Dir. Penal) – Crime, previsto no artigo 8.º do Decreto-Lei n.º 213/2004, de 23 de Agosto, que se traduz genericamente na utilização abusiva de denominação de origem ou de indicação geográfica de produto vitivinícola.
V. Crime.

Usurpação de funções (Dir. Penal) – Crime previsto no artigo 358.º, C. P., que ocorre quando alguém, sem para tal estar autorizado, exerce funções ou pratica actos próprios de funcionário, de comando militar ou de força de segurança pública, arrogando-se, expressa ou tacitamente, essa qualidade; ou exerce profissão ou pratica acto próprio de uma profissão para a qual a lei exige título ou preenchimento de certas condições, arrogando-se, expressa ou tacitamente, possuí-lo ou preenchê-las, quando o não possui ou não as preenche; ou, ainda quando continua no exercício de funções públicas, depois de lhe ter sido oficialmente notificada demissão ou suspensão de funções.
V. Crime; Funcionário; Notificação.

Utilização de câmaras de vídeo (Proc. Penal) – Encontra-se regulada na Lei n.º 1/2005, de 10 de Janeiro, a utilização de câmaras de vídeo pelas forças e serviços de segurança em locais públicos de utilização comum. Esta lei regula a captação e gravação de imagem e som e seu posterior tratamento.
Só poderá ser autorizada a utilização de vídeo vigilância que vise um dos seguintes fins:
a) protecção de edifícios e instalações públicas e respectivos acessos;
b) protecção de instalações com interesse para a defesa nacional;
c) protecção da segurança das pessoas e bens, públicos ou privados, e prevenção da prática de crimes em locais em que exista razoável risco da sua ocorrência;
d) prevenção e repressão de infracções estradais.
A instalação de câmaras fixas está sujeita a autorização do membro do Governo que tutela a força ou serviço de segurança requerente, precedendo parecer da Comissão Nacional de Protecção de Dados. Esta utilização rege-se pelo princípio da proporcionalidade, só sendo autori-

zada a utilização de câmaras quando tal meio se mostre concretamente o mais adequado para a manutenção da segurança e ordem públicas e para a prevenção da prática de crimes, tendo em conta as circunstâncias concretas do local a vigiar.

Quando uma gravação, realizada de acordo com a presente lei, registe a prática de factos com relevância criminal, a força ou serviço de segurança que utilize o sistema elaborará auto de notícia, que remeterá ao Ministério Público juntamente com a fita ou suporte original das imagens e sons, no mais curto prazo possível ou, no máximo, até setenta e duas horas após o conhecimento da prática dos factos.

V. *Comissão Nacional de Protecção de Dados (CNPD); Dados pessoais; Facto; Auto de notícia; Ministério Público; Vídeovigilância.*

Utilização de menor na mendicidade (Dir. Penal) – Tipo de crime constante do artigo 296.º, C. P. – fazendo parte dos crimes contra a ordem e a tranquilidade públicas, inserido na secção dos crimes de anti-socialidade perigosa –, e caracteriza-se pelo exercício de uma conduta que explore um menor de 16 anos de idade ou pessoa "psiquicamente incapaz", utilizando-o para mendigar.

É um crime de perigo e é punido com pena de prisão até três anos.

V. *Crime; Crime de perigo; Menor; Pena de prisão; Tipo.*

Utilização indevida de insígnias ou emblemas distintivos (Dir. Penal) – Crime de guerra, previsto no artigo 14.º da Lei n.º 31/2004, de 22 Julho, que se traduz na utilização indevida com perfídia, no quadro de um conflito armado internacional ou não internacional, de bandeira de tréguas, de bandeira nacional, de insígnias militares ou de uniforme do inimigo, ou das Nações Unidas, assim como dos emblemas distintivos das Convenções de Genebra, causando desse modo morte ou ferimentos graves.

V. *Crimes de guerra; Direito internacional humanitário; Convenções de Genebra; Morte; Integridade física.*

Utilização indevida do trabalho de menor (Dir. Penal) – Crime previsto no artigo 608.º do Código do Trabalho, que se traduz genericamente na utilização do trabalho de menor em violação das regras relativas à idade e ao tipo de trabalhos admissíveis (artigos 55.º, n.º 2, e 60.º do Código do Trabalho – idade mínima de 16 anos para se ser admitido como trabalhador e garantias de protecção da saúde e educação, tais como exames médicos de aptidão, respectivamente).

V. *Crime; Menor; Crimes laborais.*

V

"**Vacatio legis**" – Período que decorre entre a publicação de uma lei e a sua entrada em vigor, destinado a possibilitar o seu conhecimento pelos respectivos destinatários.

A *vacatio legis* tem a duração que o próprio diploma legal determinar e, na falta de fixação, é de cinco dias em todo o território nacional e no estrangeiro, diversamente do que acontecia anteriormente, em que era de cinco dias no continente, de quinze dias nos Açores e na Madeira, e de trinta dias no estrangeiro.

V. as Leis n.ºs 2/2005, de 24 de Janeiro, e 26/2006, de 30 de Junho, que alteram a Lei n.º 74/98, de 11 de Novembro, e se ocupam do regime da publicação, identificação e formulário dos diplomas legais.

V. *Lei; Publicação da lei; Entrada em vigor; Diário da República.*

Valoração paralela na esfera laica do agente (Dir. Penal) – Critério doutrinal para aferir da existência de consciência da ilicitude.

Trata-se da averiguação da representação que o homem médio faz da contrariedade de um determinado comportamento aos critérios e valores socialmente vigentes com repercussão jurídica, independentemente do conhecimento técnico e específico da proibição.

V. *Ilicitude; Consciência da ilicitude.*

Valor consideravelmente elevado (Dir. Penal) – De acordo com o artigo 202.º-*b)*, C. P., valor consideravelmente elevado é aquele que exceder 200 unidades de conta avaliadas no momento da prática do facto.

V. artigos 2.º-*h)* da Lei n.º 109/91, de 17 de Agosto, e 36.º, n.º 5-*a)*, do Decreto-Lei n.º 28/84, de 20 de Janeiro.

V. o Acórdão do Tribunal Constitucional n.º 232/2002, publicado no *Diário da República*, II série, de 18 de Julho de 2002, que decidiu não julgar inconstitucional, por não violar o artigo 165.º, n.º 1-*c)*, da Constituição, o artigo 218.º, n.º 2-*b)*, C. P., na medida em que remete para o artigo 202.º-*b)*, C. P., que por sua vez remete para o diploma que fixa o valor das unidades de conta.

V. *Unidade de conta; Facto.*

Valor da prova pericial (Proc. Penal) – É o juízo técnico, científico ou artístico, inerente à prova pericial.

Presume-se subtraído à livre apreciação do julgador, pelo que, sempre que a convicção do julgador divergir do juízo contido no parecer, deve a mesma ser fundamentada.

V. artigo 163.º, C. P. P..

V. *Prova; Meios de prova; Perito; Prova pericial; Princípio da livre apreciação da prova; Parecer; Fundamentação de sentença.*

Valor diminuto (Dir. Penal) – De acordo com a alínea *c)* do artigo 202.º, C. P., valor diminuto é aquele que não exceder uma unidade de conta avaliada no momento da prática do facto.

V. *Unidade de conta; Facto.*

Valor elevado (Dir. Penal) – De acordo com o artigo 202.º-*a)*, C. P., valor elevado é aquele que exceder 50 unidades de conta avaliadas no momento da prática do facto.

V. artigo 2.º-*g)* da Lei n.º 109/91, de 17 de Agosto (criminalidade informática).

V. *Unidade de conta; Facto.*

Vara criminal (Org. Judiciária) – Desdobramento do tribunal de comarca num juízo com competência específica, quando o volume e a complexidade do serviço o justifiquem.

As varas criminais servem para o julgamento dos crimes mais graves – nos termos do n.º 1 do artigo 98.º da Lei de Organização e Funcionamento dos Tribunais Judiciais (aprovada pela Lei n.º 3/99, de 13 de Janeiro – rectificada pela Declaração n.º 7/99, de 16 de Fevereiro –, alterada pela Lei n.º 101/99, de 26 de Julho, pelos Decretos-Leis n.ºˢ 323/2001, de 17 de Dezembro, e 38/2003, de 8 de Março, pela Lei n.º 105/2003, de 10 de Dezembro, pelo Decreto-Lei n.º 53/2004, de 18 de Março, pela Lei n.º 42/05, de 29 Agosto, e pelo Decreto-Lei n.º 76-A/2006, de 29 de Março – rectificado pela Declaração de rectificação n.º 28-A/2006, de 26 de Maio).

"Compete às varas criminais proferir despacho nos termos dos artigos 311.º a 313.º do Código de Processo Penal e proceder ao julgamento e termos subsequentes nos processos de natureza criminal da competência do tribunal colectivo ou de júri".

Nos termos do n.º 2, "as varas criminais das comarcas de Lisboa e do Porto têm competência para o julgamento de crimes estritamente militares, nos termos do Código de Justiça Militar".

V. *Tribunal; Tribunal de comarca; Tribunal de competência específica; Julgamento; Crime; Competência; Despacho; Tribunal colectivo; Júri; Crime estritamente militar; Código de Justiça Militar.*

Vencimento (Proc. Penal) – Termo usado para exprimir a ideia de que a decisão judicial de um tribunal colectivo deve corresponder à opinião da maioria dos juízes que o compõem.

Dispõe o artigo 716.º, n.º 1, do Código de Processo Civil, que um acórdão deve ser lavrado de acordo com a posição da maioria dos juízes que intervieram na sua elaboração, sendo nulo "quando for lavrado contra o vencido ou sem o necessário vencimento".

Quando fica vencida a posição do relator do processo, há mudança de relator que é designado, de novo, para lavrar a decisão maioritária.

Assim, uma decisão de um tribunal colectivo – o acórdão – é lavrado no sentido do voto maioritário dos juízes que intervieram na sua elaboração, isto é, no sentido que fez vencimento – votando vencido(s) o(s) juiz(es) que, em menor número, discordarem da decisão e dos seus fundamentos.

V. *Tribunal; Tribunal colectivo; Acórdão; Juiz; Juiz relator; Voto de vencido.*

Venda, circulação ou ocultação de produtos ou artigos (Dir. Penal) – Crime, previsto no artigo 324.º do Código da Propriedade Industrial, aprovado pelo Decreto-Lei n.º 36/2002, de 5 de Março, que se traduz genericamente na venda, na colocação em circulação ou na ocultação de produtos contrafeitos, com conhecimento da situação.

V. *Crime.*

Verdade material (Proc. Penal) – Expressão usada em processo penal que traduz, no fundo, o seu objectivo primordial e que significa, através da realização do princípio da investigação, a procura da verdade real dos factos que estão em apreciação.

V. *Facto; Prova; Princípio da investigação.*

Veredito (Proc. Penal) – Decisão do júri – no tribunal de júri.

V. *Júri; Jurado.*

"Versari in re illicita" (Dir. Penal) – Expressão que se refere à regra segundo a qual quem pratica um facto ilícito responde por todas as consequências desse facto.

V. *Ilicitude; Agravação pelo resultado; Crime preterintencional.*

Vicariato (Dir. Penal) – V. *Princípio do vicariato.*

Vice-procurador-geral da República (Org. Judiciária) – É o magistrado do Ministério Público que coadjuva e substitui o Procurador-Geral da República.

É substituído nas suas faltas e impedimentos pelo procurador-geral adjunto que o Procurador-Geral da República indicar.

V. os artigos 12.º e 14.º do Estatuto do Ministério Público (aprovado pela Lei n.º 47/86, de 15 de Outubro, alterada pelas Leis n.ºˢ 2/90, de 20 de Janeiro, 23/92, de 20 de Agosto, 10/94, de 5 Maio, 60/98, de 27 de Agosto, e 42/2005, de 29 de Agosto), os artigos 219.º e 220.º da Constituição da República Portuguesa e a Lei de Organização e Funcionamento dos Tribunais Judiciais (Lei n.º 3/99, de 13 de Janeiro, rectificada pela Declaração de rectificação n.º 7/99, de 16 de Fevereiro, e alterada pela Lei n.º 101/99, de 26 de Julho, pelos Decretos-Leis n.ºˢ 323/2001, de 17 de Dezembro, e 38/2003, de 8 de Março – este rectificado pela Declaração de rectificação n.º 5-C/2003, de 30 de Abril –, pela Lei n.º 105/2003, de 10 de Dezembro, pelo Decreto-Lei n.º 53/2004, de 18 Março, pela Lei n.º 42/2005, de 29 de Agosto, e pelo Decreto-Lei n.º 76-A/2006, de 29 de Março (rectificado pela Declaração de rectificação n.º 28-A/2006, de 26 de Maio).

V. também o diploma que regulamenta a Lei de Organização e Funcionamento dos Tribunais Judiciais (Decreto-Lei n.º 186-A/99, de 31 de Maio, alterado pelos Decretos-Leis n.ºˢ 290/99, de 30 de Julho, 27-B/2000, de 3 de Março, 178/2000, de 9 de Agosto, 246-A/2001, de 14 de Setembro, 74/2002, de 16 de Março, 148/2004, de 21 de Junho, e 219/2004, de 26 de Outubro).

V. *Ministério Público; Procurador-Geral da República; Procurador-geral adjunto.*

Viciação ou destruição de dados pessoais (Dir. Penal) – Crime, previsto no artigo 45.º da Lei n.º 67/98, de 26 de Outubro, rectificada pela Declaração de rectificação n.º 22/98, de 28 de Novembro (Lei da Protecção de Dados Pessoais), que se traduz genericamente na afectação ou na inutilização ilegítimas de dados pessoais.

V. *Crime; Dados pessoais.*

Vícios da sentença (Proc. Penal) – V. *Sentença; Nulidade.*

Vida (Dir. Penal) – Bem jurídico directamente protegido pelas incriminações constantes dos artigo 132.º a 139.º, C. P. (homicídio, homicídio qualificado, homicídio privilegiado, homicídio a pedido, incitamento ou auxílio ao suicídio, infanticídio privilegiado, homicídio negligente, exposição ou abandono e propagando do suicídio).

O artigo 24.º da Constituição da República estabelece que a vida humana é inviolável.

A vida tem o seu início no momento em que começa o parto, identificando a doutrina como momento relevante, para o efeito, o do início das contracções irreversíveis tendentes à expulsão do feto do útero materno. Tal entendimento tem assento legal no tipo incriminador de infanticídio, contido no artigo 136.º, C. P., que pune como homicídio a causação da morte durante o parto.

O critério penal determinante do início da vida é, desse modo, diverso do critério civilístico, pois, segundo o artigo 66.º do Código Civil, a personalidade jurídica adquire-se no momento do nascimento completo e com vida.

O fim da vida ocorre com a morte.

V. *Bem jurídico; Homicídio; Homicídio qualificado; Homicídio privilegiado; Homicídio a pedido da vítima; Homicídio por negligência; Incitamento ou ajuda ao suicídio; Infanticídio; Exposição ou abandono; Propaganda do suicídio; Morte; Nidação.*

Vida intra-uterina (Dir. Penal) – Bem jurídico protegido pela incriminação do aborto, que abrange o período de gestação, que tem início no momento da nidação e se considera findo no início do nascimento.

V. *Aborto; Bem jurídico; Nidação; Vida.*

Video-vigilância (Dir. Penal) – Vigilância por câmaras de vídeo pelas forças e serviços de segurança em locais públicos de utilização comum, cujo regime legal consta da Lei n.º 1/2005, de 10 de Janeiro, alterada pela Lei n.º 39-A/2005, de 29 de Julho – este diploma regula a utilização de sistemas de vigilância por câmaras de vídeo pelas forças e serviços de segurança em locais públicos de utilização comum, para captação e gravação de imagem e som e seu posterior tratamento.

O Decreto-Lei n.º 207/2005, de 29 de Novembro, regula os procedimentos previstos no diploma *supra* mencionado, quanto à instalação de sistemas de vigilância rodoviária e ao tratamento da informação recolhida.

A video-vigilância só pode ser utilizada para protecção de edifícios e instalações públicas, protecção de instalações com interesse para a defesa nacional, segurança de pessoas e bens, públicos ou privados, e prevenção da prática de crimes em locais em que exista razoável risco da sua ocorrência e prevenção e repressão de infracções estradais.

A instalação de câmaras está sujeita a autorização do membro do Governo que tutela a força ou serviço de segurança requerente, precedendo parecer da Comissão Nacional de Protecção de Dados.

Nos locais onde se encontrem instaladas câmaras, deve ser afixada informação visível sobre a existência das câmaras, a finalidade da captação da imagem e som, bem como informação sobre o responsável pelo tratamento dos dados recolhidos, perante quem podem ser exercidos os direitos de acesso.

Todas as pessoas que figurem em gravações têm o direito de acesso e de eliminação. O exercício de tais direitos só poderá ser negado nos casos de perigo para a defesa do Estado ou para a segurança pública, ou quando constituir uma ameaça ao exercício dos direitos e liberdades de terceiro ou, ainda, quando esse exercício prejudique investigação criminal em curso.

V. *Comissão Nacional de Protecção de Dados (CNPD); Dados pessoais; Crime; Utilização de câmaras de vídeo.*

Vigência da lei Depois de publicada no jornal oficial, a lei entra em vigor, decorrido o prazo que ela própria se fixar ou, na falta de fixação, decorrido o tempo que for determinado em legislação especial – artigo 5.º do Código Civil.

"Quando não se destine a ter vigência temporária, a lei só deixa de vigorar se for revogada por outra lei" – artigo 7.º, n.º 1, Código Civil.

V. as Leis n.ºs 2/2005, de 24 de Janeiro, e 26/2006, de 30 de Junho, que alteraram a Lei n.º 74/98, de 11 de Novembro, estabelecendo que "os actos legislativos e os outros actos de conteúdo genérico entram em vigor no dia neles fixado, não podendo, em caso algum, o início da vigência verificar-se no próprio dia da publicação".

V. *Lei; Publicação da lei; "Vacatio legis"; Entrada em vigor; Lei temporária; Revogação da lei; Caducidade da lei; Diário da República.*

Vigilância electrónica (Proc. Penal) – Meio técnico de controlo à distância para fiscalização do cumprimento da medida de coacção obrigação de permanência na habitação, prevista no artigo 201.º, C. P. P..

O controlo à distância é efectuado por monitorização telemática posicional do arguido, dependendo do seu consentimento e ainda do consentimento de pessoas que o devam prestar (pessoas que com ele vivam ou que possam ser afectadas pela permanência obrigatória do arguido em determinado local). O consentimento do arguido é revogável a todo o tempo.

A Lei n.º 122/99, de 20 de Agosto, previu a utilização deste meio de controlo penal como uma experiência piloto temporal e espacialmente delimitada, isto é, circunscrita às comarcas onde existam meios técnicos a fixar por portaria – artigo 10.º, n.º 2. Numa primeira fase, a utilização abrangeu comarcas da região da Grande Lisboa, previstas na Portaria n.º 1462-B/2001, de 28 de Dezembro tendo, mais tarde – pela Portaria n.º 104/2003, de 27 de Janeiro –, sido estendida às comarcas de Mafra, Sesimbra, Setúbal e Vila Franca de Xira. Foi depois alargada à região do Grande Porto e a várias comarcas do norte do país pela Portaria n.º 1136/2003, de 2 de Outubro; depois, a Portaria n.º 189/2004, de 26 de Fevereiro, prosseguiu esse processo de alargamento. Por fim, a Portaria n.º 109/2005, de 27 de Janeiro, estendeu a vigilância electrónica a todas as comarcas do território nacional, revogando, desse modo, a anterior portaria n.º 189/2004.

A utilização deste meio de controlo à distância é decidida por despacho do juiz, durante o inquérito, a requerimento do Ministério Público ou do arguido e depois do inquérito, mesmo oficiosamente, ouvido o Ministério Público. A vigilância é executada através de meios técnicos que permitam, no respeito pela dignidade pessoal do arguido, detectar à distância a sua presença ou ausência em determinado local, durante os períodos de tempo fixados pelo juiz.

Cabe ao Instituto de Reinserção Social proceder à execução da vigilância electrónica.

Oficiosamente, de três em três meses, o juiz procede ao reexame das condições em que foi decidida a utilização da vigilância electrónica e à avaliação da sua execução, mantendo, alterando ou revogando a decisão.

A pena de prisão pode, nos termos do artigo 44.º, C. P., ser cumprida em regime de permanência na habitação com fiscalização por meios técnicos de controlo à distância, sempre que o tribunal concluir que esta forma de cumprimento realiza de modo adequado as finalidades da punição. Este modo de execução da pena pode ter lugar quando a pena aplicada não for superior a um ano ou quando o remanescente da pena de prisão a cumprir não for superior a um ano, descontado o período de detenção durante o processo.

V. *Medidas de coacção; Obrigação de permanência na habitação; Arguido; Consentimento; Comarca; Inquérito; Despacho; Juiz; Requerimento; "Ex officio"; Ministério Público; Instituto de Reinserção Social; Pena de prisão; Fins das penas.*

Vigilância judiciária (Dir. Penal) – Pena aplicável às pessoas colectivas, cujo regime consta do artigo 90.º-E, C. P..

A vigilância judiciária tem lugar quando à pessoa colectiva dever ser aplicada pena de multa não superior a 600 dias e implica o acompanhamento da pessoa colectiva por um representante judicial, pelo prazo de um a cinco anos. O representante judicial não tem poderes de gestão, apenas lhe incumbindo informar o tribunal da actividade da pessoa colectiva.

V. *Pena; Pessoa colectiva; Responsabilidade criminal das pessoas colectivas; Pena de multa.*

Vinculação temática do juiz/tribunal (Proc. Penal) – V. *Objecto do processo; Juiz; Tribunal.*

Vinhos ou produtos vitivinícolas anormais (Dir. Penal) – Crime previsto no artigo 7.º do Decreto-Lei n.º 213/2004, de 23 de Agosto, que se traduz genericamente na comercialização ou utilização de produtos vitivinícolas anormais ou em quantidade ou qualidade diferentes das anunciadas.

V. *Crime.*

Violação (Dir. Penal) – Crime previsto no artigo 164.º, C. P., que ocorre quando alguém, por meio de violência, ameaça grave, ou depois de, para esse fim, a ter tornado inconsciente ou posto na impossibilidade de resistir, constrange outra pessoa a sofrer ou a praticar, consigo ou com outrem, cópula, coito anal ou coito oral.

O n.º 2 do artigo 164.º, C. P., consagra a incriminação de quem, abusando de autoridade resultante de uma relação de dependência hierárquica, económica ou de trabalho, constrange outra pessoa, por meio de ordem, ou ameaça não compreendida no n.º 1 do mesmo artigo, a sofrer ou a praticar cópula, coito anal ou coito oral, consigo ou com outrem.

V. *Crime; Ameaça; Acto sexual de relevo.*

Violação da autonomia e da independência sindicais (Dir. Penal) – Crime previsto no artigo 611.º do Código do Trabalho, que se traduz genericamente na violação das regras relativas à independência e à autonomia sindicais constantes dos artigos 452.º, n.ºˢ 1 e 2, e 453.º do Código do Trabalho (autonomia e independência sindicais e proibição de actos discriminatórios em função do exercício de direitos sindicais, respectivamente).

V. *Crime; Crimes laborais.*

Violação da medida de interdição de entrada (Dir. Penal) – Crime, previsto no artigo 187.º-B da Lei n.º 23/2007, de 4 de Julho, relativo à entrada, permanência, saída e afastamento de estrangeiros, que se traduz na entrada em território nacional de estrangeiro durante o período de tempo por que a mesma lhe foi interditada.

Em caso de condenação, pode ser decretada a expulsão do estrangeiro.

V. *Crime; Estrangeiros; Sentença condenatória; Expulsão.*

Violação da obrigação de alimentos (Dir. Penal) – Crime, previsto no artigo 250.º, C. P., que se traduz no não cumprimento dessa obrigação, por quem se encontra legalmente obrigado a prestar alimentos e em condições de o fazer, pondo em perigo a satisfação, sem auxílio de terceiro, das necessidades fundamentais de quem a eles tem direito.

O cumprimento da obrigação pode fundamentar a dispensa da pena ou a declaração de extinção, no todo ou em parte, da pena ainda não cumprida.

V. *Crime; Obrigação; Dispensa de pena; Pena; Extinção da pena.*

Violação das garantias aduaneiras (Dir. Penal) – Crime aduaneiro previsto no artigo 98.º da Lei n.º 15/2001, de 5 de Junho (Regime Geral das Infracções Tributárias), que se traduz genericamente na destruição pelo dono, depositário ou transportador, de quaisquer mercadorias apreendidas nos termos da lei.

V. *Crime; Crime aduaneiro.*

Violação de correspondência ou de telecomunicações (Dir. Penal) – Crime previsto no artigo 194.º, C. P., que ocorre quando alguém, sem consentimento, abre encomenda, carta ou qualquer outro escrito que se encontre fechado e lhe não seja dirigido, ou toma conhecimento, por processos técnicos, do seu conteúdo, ou impede, por qualquer modo, que seja recebido pelo destinatário.

É igualmente punido quem, sem consentimento, se intrometer no conteúdo de telecomunicação ou dela tomar conhecimento.

O n.º 3 do artigo 194.º do Código Penal consagra a punição de quem, sem consentimento, divulga o conteúdo de cartas, encomendas, escritos fechados ou telecomunicações a que se referem os n.ᵒˢ 1 e 2 do mesmo artigo.

V. a Lei n.º 41/2004, de 18 de Agosto, que transpôs para a ordem jurídica nacional a Directiva n.º 2002/58/CE, do Parlamento Europeu e do Conselho, de 12 de Julho, relativa ao tratamento de dados pessoais e à protecção da privacidade no sector das comunicações electrónicas, consagrando regras de segurança e de confidencialidade nas redes e serviços de comunicações.

V. *Consentimento; Crime; Escutas telefónicas; Dados pessoais.*

Violação de direito de autor (Dir. Penal) – V. *Violação do direito moral.*

Violação de direitos de nome e insígnia (Dir. Penal) – Crime que se encontrava previsto no artigo 268.º do Decreto-Lei n.º 16/95, de 24 de Janeiro, e que se traduzia na alegação falsa da posse de um estabelecimento para obter registo de nome ou de insígnia, com fins especulativos ou de concorrência desleal ou no uso ilegítimo de nome ou insígnia já registados. O tipo incriminador continha um elemento subjectivo especial consistente na "intenção de causar prejuízo a outrem ou de alcançar para si ou para terceiros um benefício ilegítimo".

O citado DL n.º 16/95 foi revogado pelo Decreto-Lei n.º 36/2004, de 5 de Março, que aprovou o Código da Propriedade Industrial.

Este prevê, no artigo 333.º, como contra-ordenação a violação de direitos de nome e de insígnia. Foi, nessa medida, operada a descriminalização da infracção em questão.

V. *Contra-ordenação; Crime; Descriminalização; Elementos subjectivos especiais do tipo; Tipo.*

Violação de domicílio ou perturbação da vida privada (Dir. Penal) – Crime previsto no artigo 190.º, C. P., que se traduz na introdução, sem consentimento, na habitação de outra pessoa ou na permanência depois da intimação para dela sair.

É igualmente crime telefonar para a habitação de uma pessoa, ou para o seu telemóvel, com intenção de perturbar a sua vida privada, a sua paz e o seu sossego, nos termos do n.º 2 do artigo 190.º, C. P..

O n.º 3 do mesmo artigo 190.º, C. P., consagra uma agravação para os casos em que a violação de domicílio é cometida de noite ou em lugar ermo, por meio de violência ou ameaça de violência, com uso de arma ou por meio de arrombamento, escalamento ou chave falsa.

V. *Domicílio; Consentimento; Crime; Violação de domicílio por funcionário; Agravação; Arrombamento; Escalamento; Chaves falsas; Arma; Ameaça.*

Violação de domicílio por funcionário (Dir. Penal) – Crime previsto no artigo 378.º, C. P., que se traduz no cometimento do crime previsto no n.º 1 do artigo 190.º do Código Penal por funcionário, com abuso dos poderes inerentes às suas funções, bem como na violação do domicílio profissional de quem, pela natureza da sua actividade, está vinculado ao dever de sigilo.
V. *Domicílio; Violação de domicílio; Crime; Funcionário; Segredo; Sigilo profissional; Dever jurídico.*

Violação de imposições, proibições ou de interdições (Dir. Penal) – Crime previsto no artigo 353.º, C. P., que se traduz na violação de proibições ou interdições impostas por sentença criminal, a título de pena acessória ou de medida de segurança não privativa da liberdade.
V. *Crime; Medida de segurança; Pena acessória; Sentença.*

Violação de normas de execução orçamental (Dir. Penal) – Crime previsto no artigo 14.º da Lei n.º 34/87, de 16 de Julho, que consagra a punição do titular de cargo político que viole normas de execução orçamental que, por dever do cargo, lhe caiba cumprir.
V. *Crime; Cargo público.*

Violação de regras de construção (Dir. Penal) – V. *Infracção de regras de construção, dano em instalações e perturbação de serviços.*

Violação de regras de segurança (Dir. Penal) – Crime previsto no artigo 152.º-B, C. P., que se traduz na sujeição de trabalhador a perigo de vida ou a perigo de grave ofensa para o corpo ou saúde, com violação de regras legais.
O n.º 2 do preceito pune as situações em que o perigo é criado por negligência.
O n.º 3 prevê as situações em que do facto resulta ofensa à integridade física grave da vítima. Por último, o n.º 4 prevê os casos em que do facto resulta a morte da vítima.
V. *Crime; Ofensa à integridade física grave.*

Violação de segredo (Dir. Penal) – Crime previsto no artigo 195.º, C. P., que se traduz na revelação, sem consentimento, de segredo alheio de que o agente tem conhecimento em razão do seu estado, ofício, emprego, profissão ou arte.
Crime previsto no artigo 27.º da Lei n.º 34/87, de 16 de Julho, que ocorre quando o titular de cargo político, sem estar devidamente autorizado, revela segredo de que tomou conhecimento ou que lhe foi confiado no exercício das suas funções, com intenção de obter, para si ou para outrem, um benefício ilegítimo ou de causar um prejuízo do interesse público ou de terceiro.
Crime previsto no artigo 91.º da Lei n.º 15/2001, de 5 de Junho (Regime Geral das Infracções Tributárias), que ocorre quando alguém, sem justa causa e sem consentimento, revelar ou se aproveitar do conhecimento de segredo fiscal ou da situação contributiva perante a segurança social de que tenha conhecimento no exercício das suas funções ou por causa delas.
O n.º 2 do artigo 91.º da Lei n.º 15/2001 prevê a punição do funcionário que, sem estar devidamente autorizado, revela segredo de que teve conhecimento ou que lhe foi confiado no exercício das suas funções ou por causa delas, com a intenção de obter para si ou para outrem benefício ilegítimo ou de causar prejuízo ao interesse público, ao sistema de segurança social ou a terceiros.
O n.º 3 do mesmo artigo prevê também a punição do funcionário que revela segredo de que teve conhecimento ou que lhe foi confiado no exercício das suas funções ou por causa delas, obtido através de derrogação de sigilo bancário ou outro dever legal de sigilo.
V. *Crime; Consentimento; Segredo; Funcionário; Segredo de funcionário; Sigilo profissional; Cargo político; Prejuízo.*

Violação de segredo de correspondência ou de telecomunicações (Dir. Penal) – V. *Crime; Segredo; Violação de correspondência ou de telecomunicações; Escutas telefónicas.*

Violação de segredo de escrutínio (Dir. Penal) – Crime previsto no artigo 342.º, C. P., que ocorre quando alguém, em eleição de órgão de soberania, de região autó-

noma ou de autarquia local, realizada por escrutínio secreto, violando disposição legal destinada a assegurar o segredo de escrutínio, tomar conhecimento ou der a outra pessoa conhecimento do sentido de voto de um eleitor.
V. *Crime; Crimes eleitorais.*

Violação de segredo de Estado (Dir. Penal) – Crime, previsto no artigo 316.º, C. P., que ocorre quando alguém, pondo em perigo interesses do Estado Português relativos à independência nacional, à unidade e à integridade do Estado ou à sua segurança interna e externa, transmite, torna acessível a pessoa não autorizada ou torna público facto ou documento, plano ou objecto que devem, em nome daqueles interesses, manter-se secretos.
Constitui igualmente crime a destruição, a subtracção ou a falsificação de documento ou objecto a que se refere o artigo 316.º, n.º 1, C. P., criando-se desse modo perigo para os interesses no mesmo preceito indicados.
O artigo 316.º, n.º 3, C. P., consagra uma agravação para as situações em que o agente pratica o facto violando dever especificamente imposto pelo estatuto da sua função ou serviço ou da missão que lhe tenha sido conferida por autoridade competente.
O n.º 4 do mesmo artigo consagra a punição do agente que pratica o facto por negligência, tendo acesso aos objectos ou segredos de Estado em razão da sua função ou serviço ou da missão que lhe foi conferida por autoridade competente.
V. *Crime; Segredo; Segredo de Estado; Documento; Falsificação de documento; Agravação; Agente; Negligência; Dever jurídico; Negligência.*

Violação de segredo de justiça (Dir. Penal) – Crime previsto no artigo 371.º, C. P., que ocorre quando alguém ilegitimamente dá "conhecimento, no todo ou em parte, do teor de acto de processo penal que se encontre coberto por segredo de justiça, ou a cujo decurso não foi permitida a assistência do público em geral".
O artigo 371.º, n.º 2, Código Penal, consagra a incriminação da violação de segredo nos casos de processo por contra-ordenação e de processo disciplinar.
A descrição típica do crime de violação de segredo de justiça implica a articulação do artigo 371.º, C. P., com o artigo 86.º, C. P. P., já que este preceito determina o âmbito subjectivo do segredo de justiça ("o segredo de justiça vincula todos os participantes processuais, bem como as pessoas que, por qualquer título, tiverem tomado contacto com o processo e conhecimento de elementos a ele pertencentes" – n.º 8 do mencionado artigo 86.º).
V. *Crime; Segredo; Segredo de justiça; Violação de segredo; Sujeito processual; Contra-ordenação; Tipo; Processo.*

Violação de segredo por funcionário (Dir. Penal) – Crime, previsto no artigo 383.º, C. P., que ocorre quando um funcionário, sem a devida autorização, revela segredo de que tomou conhecimento ou que lhe foi confiado no exercício das suas funções, ou cujo conhecimento lhe foi facilitado pelo cargo que exerce, com intenção de obter para si ou para outra pessoa benefício, ou com a consciência de causar prejuízo ao interesse público ou a terceiros.
V. *Crime; Segredo; Funcionário; Violação de segredo; Prejuízo; Segredo de funcionário.*

Violação de segredo profissional (Dir. Penal) – V. *Aproveitamento indevido de segredo; Sigilo profissional.*

Violação do dever de congelamento de fundos e recursos financeiros (Dir. Penal) – Crime previsto no artigo 2.º da Lei n.º 11/2002, de 16 de Fevereiro, que ocorre quando alguém, desrespeitando as sanções financeiras ou comerciais impostas por Resolução do Conselho de Segurança das Nações Unidas ou por Regulamento da União Europeia (a que se refere o artigo 1.º da mesma Lei), coloca, directa ou indirectamente, à disposição de entidades identificadas nessas Resoluções ou Regulamentos quaisquer fundos ou recursos financeiros que as mesmas possam utilizar ou dos quais possam beneficiar.
V. *Crime.*

Violação do dever de propor dissolução da sociedade ou redução do capital (Dir. Penal) – Crime previsto no artigo 523.º do Código das Sociedades Comerciais que se traduz genericamente no não cumprimento do artigo 35.º, n.ºs 1 e 2, do Código das Sociedades Comerciais (dever de propor aos sócios a dissolução da sociedade ou a redução do capital), pelo gerente ou administrador de sociedade que verifique, pelas contas de exercício, estar perdida metade do capital.
V. *Crime*.

Violação do dever de sigilo (Dir. Penal) – Crime previsto no artigo 47.º da Lei n.º 67/98, de 26 de Outubro (Lei da Protecção de Dados Pessoais), que se traduz genericamente na divulgação ilegítima de dados pessoais, com violação da obrigação de segredo profissional.
V. *Crime; Dados pessoais; Sigilo profissional; Protecção de dados pessoais*.

Violação do direito à greve (Dir. Penal) – Crime previsto no artigo 613.º, C. P., que se traduz genericamente na violação das regras relativas ao direito à greve, nomeadamente a violação da proibição de substituição de grevistas, a violação da proibição de discriminações devidas à greve e a violação da proibição do *lock-out*.
V. *Crime; Crimes laborais*.

Violação do direito moral (Dir. Penal) – Crime, previsto no artigo 198.º do Código dos Direitos de Autor e dos Direitos Conexos – Decreto-Lei n.º 63/85, de 14 de Março, alterado pelas Leis n.ºs 45/85, de 17 de Setembro, e 114/91, de 3 de Setembro, e pelos Decretos-Leis n.ºs 332/97, 333/97 e 334/97, todos de 27 de Novembro – que se traduz genericamente na assunção da autoria de obra alheia ou no atentado fraudulento contra a genuinidade ou integridade de obra.
V. *Crime*.

Violação do exclusivo da invenção (Dir. Penal) – Crime que se encontrava previsto no artigo 261.º do Decreto-Lei n.º 16/95, de 24 de Janeiro, e que se traduzia num conjunto de comportamentos, expressamente enunciados, lesivos dos direitos do titular de patente. O tipo incriminador continha um elemento subjectivo especial consistente na "intenção de causar prejuízo a outrem ou de alcançar para si ou para terceiros um benefício ilegítimo".
O DL n.º 16/95 foi revogado pela Lei n.º 36/2002, de 5 de Março, que aprovou o Código da Propriedade Industrial.
O crime que actualmente corresponde ao constante do diploma revogado encontra-se previsto no artigo 321.º do Código da Propriedade Industrial e denomina-se violação do exclusivo da patente, do modelo de utilidade ou da topografia de produtos semicondutores.
V. *Crime; Elemento subjectivos especiais do tipo; Tipo; Prejuízo*.

Violação do exclusivo da patente, do modelo de utilidade ou da topografia de produtos semicondutores (Dir. Penal) – V. *Violação do exclusivo da invenção*.

Violação dos direitos exclusivos relativos a modelos e desenhos (Dir. Penal) – Crime que se encontrava previsto no artigo 264.º do Decreto-Lei n.º 16/95, de 24 de Janeiro, que se traduzia num conjunto de comportamentos lesivos dos direitos relativos a modelos e desenhos. O tipo incriminador continha um elemento subjectivo especial consistente na "intenção de causar prejuízo a outrem ou de alcançar um benefício ilegítimo".
O DL n.º 16/95 foi revogado pela Lei n.º 36/2002, de 5 de Março, que aprovou o Código da Propriedade Industrial.
O crime, com a mesma denominação, encontra-se actualmente previsto no artigo 322.º do Código da Propriedade Industrial, traduzindo-se num conjunto de comportamentos, expressamente previstos (reproduzir ou imitar um desenho ou modelo registado, explorar um desenho ou modelo registado pertencente a outrem, importar ou distribuir desenhos ou modelos obtidos através dos meios anteriormente referidos), lesivos dos direitos relativos a modelos e desenhos.
V. *Crime; Elemento subjectivos especiais do tipo; Tipo; Prejuízo*.

Violação do segredo de escrutínio (Dir. Penal) – V. *Crime; Segredo; Violação de segredo; Violação de segredo de escrutínio*.

Violação e uso ilegal de denominação de origem ou de indicação geográfica (Dir. Penal) – Crime previsto no artigo 325.º do Código da Propriedade Industrial, aprovado pelo Decreto-Lei n.º 36/2002, de 5 de Março, que se traduz genericamente na reprodução, imitação ou utilização abusivas de denominação de origem ou de indicação geográfica.
V. *Crime*.

Violência doméstica (Dir. Penal) – Crime previsto no artigo 152.º, C. P., que ocorre quando alguém inflige, de modo reiterado, maus tratos físicos ou psíquicos a cônjuge, ex-cônjuge, pessoa com quem o agente mantenha ou tenha mantido relação análoga à dos cônjuges, a progenitor de descendente comum em primeiro grau ou a pessoa particularmente indefesa que com o agente do crime coabite.
V. *Crime; Maus tratos; União de facto; Descendente*.

"Vis absoluta" (Dir. Penal) – V. *Acção*.

Vítima (Dir. Penal; Proc. Penal) – V. *Ofendido*.

Vítima de crime violento (Proc. Penal) – Pessoa atingida por meio de lesões corporais graves, resultantes directamente de actos intencionais de violência praticados em território português ou a bordo de navios ou aeronaves portuguesas, bem como, no caso de morte, as pessoas a quem a lei civil conceda direito a alimentos.
Estas pessoas podem requerer a concessão de indemnização pelo Estado, ainda que "não se tenham constituído ou não possam constituir-se assistentes no processo penal".
O regime jurídico da protecção do Estado a estas vítimas consta do Decreto-Lei n.º 423/91, de 30 de Outubro, alterado pelas Leis n.ºs 10/96, de 23 de Março, e 136/99, de 28 de Agosto, pelo Decreto-Lei n.º 62/2004, de 22 de Março, e pela Lei n.º 31/2006, de 21 de Julho.
"A indemnização por parte do Estado é restrita ao dano patrimonial resultante da lesão e será fixada em termos de equidade", podendo "ser reduzida ou excluída tendo em conta a conduta da vítima ou do requerente [...]".
A concessão do pedido de indemnização é da competência do Ministro da Justiça e a instrução do pedido "compete a uma comissão" que procede "a todas as diligências úteis".
Se os factos que dão direito a indemnização "tiverem sido praticados no estrangeiro", aplicam-se os referidos diplomas "quando a pessoa lesada for de nacionalidade portuguesa, desde que não tenha direito a indemnização pelo estado em cujo território o dano foi produzido".
Estes processos de concessão de indemnização são isentos de preparos e custas.
V. *Acto; Indemnização; Pedido de indemnização civil; Ofendido; Morte; Assistente; Dano; Dano patrimonial; Crime; Equidade; Preparos; Custas; Nacionalidade*.

Vitimologia – Perspectiva que analisa e estuda a situação da vítima do crime com o objectivo de reduzir ou neutralizar os efeitos traumatizantes, estigmatizantes (ou de qualquer outro modo) lesivos do crime praticado.
V. *Ofendido; Lesado; Crime*.

Voto de vencido (Org. Judiciária) – Os juízes dos tribunais colectivos podem votar vencido relativamente à decisão ou aos seus fundamentos – quando deles discordam –, ficando o seu voto lavrado no respectivo acórdão após as assinaturas.
"Considera-se lavrado contra o vencido o acórdão proferido em sentido diferente do que estiver registado no livro de lembranças" – v. artigo 717.º, Código de Processo Civil.
V. *Juiz; Tribunal colectivo; Vencimento; Acórdão; Fundamentação de sentença*.

Vozes públicas (Proc. Penal) – Meio de prova inadmissível, face à nossa lei processual penal.
O artigo 130.º, C. P. P., estabelece que "não é admissível como depoimento a reprodução de vozes ou rumores públicos".
V. *Meios de prova; Inquirição*.

"White-collar crime"
(Dir. Penal) – V. *Crimes de colarinho branco.*

X

Xenofobia (Dir. Penal) – O termo, cujo significado no âmbito penal corresponde ao sentido comum, não é utilizada no Código Penal.

Contudo, o ódio racial constitui fundamento da qualificação nos crimes de homicídio e de ofensas à integridade física – artigos 132.º, n.º 2-*f*), e 146.º, C. P., respectivamente.

V. a Lei n.º 18/2004, de 11 de Maio, e o Decreto-Lei n.º 86/2005, de 2 de Maio, que consagram o quadro jurídico do combate à discriminação por motivos de origem racial ou étnica.

V. *Homicídio; Homicídio qualificado; Ofensa à integridade física qualificada.*